I0882287

Stephan Gerstner (Hrsg.)
Grundzüge des Rechts der Erneuerbaren Energien
De Gruyter Handbuch

Grundzüge des Rechts der Erneuerbaren Energien

Eine praxisorientierte Darstellung für die neue Rechtslage zu den privilegierten Energieträgern einschließlich der Kraft-Wärme-Kopplung

Herausgegeben von
Rechtsanwalt Dr. iur. Stephan Gerstner, Partner, Redeker Sellner Dahs, Berlin

Bearbeitet von
Rechtsanwalt Sascha Ahnsehl, Amprion GmbH, Dortmund; **Rechtsanwalt und Fachanwalt für Verwaltungsrecht Dr. iur. Frank Fellenberg, LL.M.**, Redeker Sellner Dahs, Berlin; **Rechtsanwalt Dr. iur. Stephan Gerstner**, Redeker Sellner Dahs, Berlin; **Rechtsanwalt Nils Heinemann**, EWE Aktiengesellschaft, Oldenburg; **Rechtsanwalt Gunnar Hendrich, LL.M. oec.**, Amprion GmbH, Dortmund; **Rechtsanwalt Dr. iur. Jan Imgrund, LL.M.**, Redeker Sellner Dahs, Brüssel; **Rechtsanwalt Dr. iur. Ulrich Karpenstein**, Redeker Sellner Dahs, Berlin; **Rechtsanwältin Dr. iur. Simone Lünenbürger**, Redeker Sellner Dahs, Brüssel; **Rechtsanwalt Dr. iur. Tim Olbricht**, Gastransport Nord GmbH, Oldenburg; **Rechtsanwalt und Fachanwalt für Verwaltungsrecht Dr. iur. Gernot Schiller**, Redeker Sellner Dahs, Berlin; **Regierungsrätin Hanna Schumacher**, Bundesumweltministerium, Berlin

DE GRUYTER

Zitiervorschlag: Gerstner/*Bearbeiter*, Kap. 3 Rn 20.

Hinweis:
Alle Angaben in diesem Werk sind nach bestem Wissen unter Anwendung aller gebotenen Sorgfalt erstellt worden. Trotzdem kann von dem Verlag und den Autoren keine Haftung für etwaige Fehler übernommen werden.

ISBN 978-3-11-026134-9
e-ISBN 978-3-11-026135-6

Bibliografische Information der Deutschen Nationalbibliothek
Die Deutsche Nationalbibliothek verzeichnet diese Publikation in der Deutschen Nationalbibliografie; detaillierte bibliografische Daten sind im Internet über http://dnb.d-nb.de abrufbar.

© 2013 Walter de Gruyter GmbH, Berlin/Boston
Datenkonvertierung/Satz: Werksatz Schmidt & Schulz GmbH, Gräfenhainichen
Druck: Hubert & Co. GmbH & Co. KG, Göttingen
♾ Gedruckt auf säurefreiem Papier
Printed in Germany

www.degruyter.com

Vorwort

Das Recht der privilegierten Energieträger und hier insbesondere das Recht der Erneuerbaren Energien ist wie nur wenige andere Gebiete einem ständigen Wandel unterworfen. Nachdem zu Beginn dieses Teils der Umweltgesetzgebung die legislativen Neuauflagen in zwar kurzen, aber immerhin in Jahren gestaffelten Zyklen erfolgten, hat sich die parlamentarische Schlagzahl in der letzten Zeit deutlich erhöht. Es ist inzwischen zu Novellierungen gekommen, die sich teilweise innerhalb weniger Monate ablösten.

Ein besonderer – wenn auch nicht auf das Recht der privilegierten Energieträger beschränkter – Einschnitt war das im Jahr 2011 innerhalb kurzer Zeit auf den Weg gebrachte Gesetzgebungspaket, das mit der von der Bundesregierung eingeleiteten, sogenannten Energiewende verbunden ist. Es nimmt nicht Wunder, dass im Zentrum der Energiewende die Überarbeitung und – teilweise – Neukonzeption des Erneuerbare-Energien-Gesetzes (EEG) und des Kraft-Wärme-Kopplungsgesetzes (KWKG) stehen. Denn die Energiewende soll mit dem nach der Katastrophe von Fukushima beschlossenen Ausstieg aus der Atomenergie zum weiteren, verstärkten Ausbau der Stromerzeugung aus erneuerbaren Energien und der gekoppelten Erzeugung von Kraft und Wärme führen.

Die Energiewende-Gesetzgebung hat über die Mitte 2011 beschlossenen Novellen des EEG und des KWKG hinaus die Debatte über die für richtig gehaltenen Fördermaßnahmen für die privilegierten Energieträger – erneut – entfacht. Wie es scheint, wird die Diskussion auf absehbare Zeit nicht zur Ruhe kommen. Gleichzeitig ist jedoch mit dem nach der Energiewende-Gesetzgebung in Kraft getretenen Änderungen des KWKG und der landläufig als „Solarnovelle“ bezeichneten – teilweisen – Umsteuerung der Fördermechanismen nach dem EEG augenscheinlich eine Plattform erreicht, die einen Überblick über den aktuellen Rechtsrahmen der privilegierten Energieträger fordert und rechtfertigt. Zu diesem Überlick soll das vorliegende Handbuch beitragen. Es umfasst dabei nicht nur die klassischen Themen der Abnahme und Vergütung der privilegierten Energie sowie des Ausgleichsmechanismus sondern soll, seinem Anspruch als Leitfaden für die Praxis folgend, die Rahmenbedingungen für den Anlagenbau behandeln sowie kurze Abrisse zu den um das EEG und das KWKG gruppierten Randgebieten, wie beispielsweise das Erneuerbare-Energien-Wärmegesetz bieten.

Die Autoren, die in unterschiedlichen Zusammenhängen und auf unterschiedlichen Ebenen alle in der Praxis des Rechts der Energiewirtschaft tätig sind, danken allen Kolleginnen und Kollegen sowie Mitarbeiterinnen und Mitarbeitern, die mit wertvollen Hinweisen und tatkräftiger Unterstützung zur Erstellung dieses Praxishandbuchs beigetragen haben. Insbesondere danken wir Herrn Ass. jur. Korbinian Wagner für seinen unermüdlichen Einsatz auf höchstem Niveau. Der besondere Dank des Herausgebers gilt Herrn Dr. Jörgen Rubel für seine wertvolle Mitarbeit an den Manuskripten und dem Verlag De Gruyter, und hier insbesondere Herrn Ulrich Wittek und Frau Jessica Gutsche, für die hervorragende Arbeit bei Lektorat und Druck.

Wir sind für kritische Anmerkungen und engagierte Diskussionsbeiträge jederzeit dankbar und wünschen den Lesern eine ertragreiche Lektüre.

Sie erreichen uns unter:
Redeker Sellner Dahs
Rechtsanwalt Dr. iur. Stephan Gerstner
Leipziger Platz 3
10117 Berlin
Tel.: 030/885665-187, Fax: 030/885665-99
gerstner@redeker.de
www.redeker.de

Berlin, im November 2012 Stephan Gerstner

Inhaltsübersicht

Inhalt

Literaturverzeichnis

Altrock, Martin, „Subventionierende“ Preisregelungen – Die Förderung erneuerbarer Energien durch das EEG, München 2002 (zit.: *Altrock*)

Altrock, Martin/Oschmann, Volker/Theobald, Christian, EEG, Kommentar, 3. Aufl., München 2011 (zit.: Altrock/Oschmann/Theobald/*Bearbeiter*)

Assmann, Heinz/Schneider, Uwe, Wertpapierhandelsgesetz, Kommentar, 6. Aufl., Köln 2012 (zit.: Assmann/Schneider/*Bearbeiter*)

Battis, Ulrich/Krautzberger, Michael/Löhr, Rolf-Peter, Baugesetzbuch: BauGB, Kommentar, 11. Aufl., München 2009 (zit.: Battis/Krautzberger/Löhr/*Bearbeiter*)

Berliner Kommentar zum Baugesetzbuch, 3. Aufl., Köln 2010 (zit.: BK-BauGB/*Bearbeiter*)

Boldt, Gerhard/Weller, Herbert, Bundesberggesetz, Kommentar, Berlin 1984 (zit.: *Boldt/Weller*)

Boos, Karl-Heinz/Fischer, Reinfried/Schulte-Mattler, Hermann, Kreditwesengesetz KWG, Kommentar, 3. Aufl., München 2008 (zit.: Boos/Fischer/Schulte-Mattler/*Bearbeiter*)

Britz, Gabriele/Hellermann, Johannes/Hermes, Georg, EnWG, Kommentar, 2. Aufl., München 2010 (zit.: Britz/Hellermann/Hermes/*Bearbeiter*)

Bruns, Elke/Ohlhorst, Dörte/*Wenzel, Bernd/Köppel, Johann*, Erneuerbare Energien in Deutschland – Eine Biographie des Innovationsgeschehens, Berlin 2009 (zit.: *Bruns/Ohlhorst/Wenzel/Köppel*)

Büdenbender, Ulrich/Heintschell von Heinegg, Wolff/Rosin, Peter, Energierecht I – Recht der Energieanlagen, Berlin 1999 (zit.: *Büdenbender/Heintschell von Heinegg/Rosin*)

Calliess, Christian/Ruffert, Matthias, EUV/AEUV, Kommentar, 4. Aufl., München 2011 (zit.: Calliess/Ruffert/*Bearbeiter*)

Czychowski, Manfred/Reinhardt, Michael, Wasserhaushaltsgesetz, Kommentar, 10. Aufl., München 2010 (zit.: *Czychowski/Reinhardt*)

Danner, Wolfgang/Theobald, Christian, Energierecht, Kommentar, Loseblatt, München, Stand: 73. EGL, Januar 2012 (zit.: Danner/Theobald/*Bearbeiter*)

Degenhart, Heinrich/Hohlbein, Bernhard/Schomerus, Thomas, Einspeisung von Biogas in das Erdnetz, Baden-Baden 2012 (zit.: Degenhart/Hohlbein/Schomerus/*Bearbeiter*)

Feldhaus, Gerhard, Bundesimmissionsschutzrecht, Kommentar, Loseblatt, Stand: 01/2012, Heidelberg 2011 (zit.: Feldhaus/*Bearbeiter*)

Fluck, Jürgen, Kreislaufwirtschafts-, Abfall- und Bodenschutzrecht, Kommentar, Loseblatt, Heidelberg 2012 (zit.: Fluck/*Bearbeiter*)

Frenz, Walter/Müggenborg, Hans-Jürgen, EEG, Kommentar, 2. Aufl., Berlin 2011 (zit.: Frenz/Müggenborg/*Bearbeiter*)

Gabler, Andreas/Jaskulke, Nicole, KWKG 2009, Frankfurt/Main 2010 (zit.: *Gabler/Jaskulke*, KWKG 2009)

Gabler, Andreas/Metzenthin, Andreas, EEG, Kommentar, Loseblatt, Frankfurt/Main, Stand: 6/2011 (zit.: Gabler/Metzenthin/*Bearbeiter*)

Gatz, Stephan, Windenergieanlagen in der Verwaltungs- und Gerichtspraxis, Bonn 2009 (zit.: *Gatz*)

Grabherr, Edwin/Reidt, Olaf/Wysk, Peter, Luftverkehrsgesetz, Kommentar, Loseblatt, 15. Aufl., München 2011 (zit.:Grabherr/Reidt/Wysk/*Bearbeiter*)

Grabitz, Eberhard/Hilf, Meinhard, Das Recht der Europäischen Union, Kommentar, Loseblatt, 47. Aufl. 2012 (zit.: Grabitz/Hilf/*Bearbeiter*)

Hempel, Dietmar/Franke, Peter, Recht der Elektrizitäts-, Gas- und Wasserversorgung, Praktiker-Kommentar zum deutschen und europäischen Energierecht, Kommentar, Loseblatt, Neuwied, Stand: 1/2011 (zit.: Hempel/Franke/*Bearbeiter*)

Intergovernmental Panel on Climate Change, Climate Change 2007: The Physical Science Basis. Contribution of Working Group I to the Fourth Assessment, Report of the Intergovernmental Panel on Climate Change, Cambridge/New York 2007 (zit.: *IPCC, 2007*)

Jarass, Hans D., BImSchG, Kommentar, 8. Aufl., München 2010 (zit.: *Jarass*)
Kerkmann, Jochen, Naturschutzrecht in der Praxis, Handbuch, Berlin 2007 (Kerkmann/*Bearbeiter*)
Knack, Hans/Hennecke, Hans-Günter, Verwaltungsverfahrensgesetz, Kommentar, 9. Aufl., Köln 2009 (zit.: Knack/Hennecke/*Bearbeiter*)
Koch, Hans-J./Pache, Eckhard/Scheuing, Dieter, Gemeinschaftskommentar zum Bundes-Immissionsschutzgesetz, Kommentar, Loseblatt, Stand: 2011 (zit.: GK-BImSchG/*Bearbeiter*)
Kruschinski, Henrike-Uljane, Biogasanlagen als Rechtsproblem: Errichtung und wirtschaftlicher Betrieb als Beitrag zu einer nachhaltigen Energieversorgung, Aachen 2010 (zit.: *Kruschinski*)
Landmann, Robert von/Rohmer, Gustav, Umweltrecht, Großkommentar, 63. Aufl., München 2012 (zit.: Landmann/Rohmer/*Bearbeiter*)
Lehr, Ulrike/Lutz, Christian/Edler, Dietmar/O'Sullivan, Marlene/Nienhaus, Kristina/Nitsch, Joachim/Breitschopf, Barbara/Pickel, Peter/Ottmüller, Marion, Kurz- und langfristige Auswirkungen des Ausbaus der erneuerbaren Energien auf den deutschen Arbeitsmarkt, Studie im Auftrag des BMU, Osnabrück/Berlin/Karlsruhe/Stuttgart 2011 (zit.: *Lehr/Lutz/Edler/O'Sullivan u.a.*)
Lindner, Thomas, Die juristische Bestimmung des Marktpreises für Strom, Baden-Baden 2011 (zit.: *Lindner*)
Lütkes, Stefan/Ewer, Wolfgang, Bundesnaturschutzgesetz, Kommentar, München 2011 (zit.: Lütkes/Ewer/*Bearbeiter*)
Mohr, Katharina, Die Bewertung von Geruch im Immissionsschutzrecht, Berlin 2010 (zit.: *Mohr*)
Müller, Bilun, EC Legislation Concerning Renewable Energy Sources: Promotion at the Community Level and Implementation in Germany, Leiden 2005 (zit.: *Müller*)
Müller, Thorsten, 20 Jahre Recht der Erneuerbaren Energien, Berlin 2012 (zit.: Müller/*Bearbeiter*)
Müller, Thorsten/Oschmann, Volker/Wustlich, Guido, EEWärmeG, Kommentar, München 2010 (zit.: Müller/Oschmann/Wustlich/*Bearbeiter*)
Palandt, Otto, Bürgerliches Gesetzbuch, Kommentar, 70. Aufl., München 2011 (zit.: Palandt/*Bearbeiter*)
Pohlmann, Mario, Rechtsprobleme der Stromeinspeisung nach dem Stromeinspeisegesetz, Köln 1996 (zit.: *Pohlmann*)
Quaschning, Volker, Erneuerbare Energien und Klimaschutz, 2. Aufl., München 2009 (zit.: *Quaschning*, Erneuerbare Energien)
Quaschning, Volker, Regenerative Energiesysteme, München 2007 (zit.: *Quaschning*)
Redeker, Konrad/Uechtritz, Michael, Anwalts-Handbuch Verwaltungsverfahren, 2. Aufl., Köln 2012 (zit.: Redeker/Uechtritz/*Bearbeiter*)
Reshöft, Jan, EEG, Handkommentar, 3. Aufl., Baden-Baden 2009 (zit.: Reshöft/*Bearbeiter*)
Reshöft, Jan/Steiner, Sascha/Dreher, Jörg, EEG, Handkommentar, 2. Aufl., Baden-Baden 2005 (zit.: Reshöft/Steiner/Dreher/*Bearbeiter*)
Runkel, Peter/Spannowsky, Willy/Goppel, Konrad, Raumordnungsgesetz, Kommentar, München 2010 (zit.: *Runkel/Spannowsky/Goppel*)
Säcker, Franz Jürgen, Berliner Kommentar zum Energierecht, 2. Aufl., München 2010 (zit.: BK-EnR/*Bearbeiter*)
Säcker, Franz Jürgen, Handbuch zum deutsch-russischen Energierecht, München 2010 (zit.: Säcker/*Bearbeiter*)
Salje, Peter, EEG, Kommentar, 6. Aufl., Köln 2012 (zit.: *Salje*, EEG)
Salje, Peter, Energiewirtschaftsgesetz, Kommentar, Köln 2006 (zit.: *Salje*, EnWG)
Salje, Peter, Kraft-Wärme-Kopplungsgesetz 2002, Kommentar, Köln 2004 (zit.: *Salje*, KWK)
Schmauser, Marion, Das Kraft-Wärme-Kopplungsgesetz, Baden-Baden 2005 (zit.: *Schmauser*)
Schmitz, Erich, Die Nichtgewährung von Einspeisevergütungen in Höhe der Vorlieferantenpreise – Eine unbillige Behinderung i.S.d. GWB, 1990 (zit.: *Schmitz*)

Schneider, Jens-Peter/Theobald, Christian, Recht der Energiewirtschaft, 3. Aufl., München 2011 (zit.: Schneider/Theobald/*Bearbeiter*)
Schwaiger, Henning, Die Bindung der Vertragsfreiheit im Elektrizitätsverkehr zwischen öffentlichen Versorgungsunternehmen und industriellen Eigenerzeugern nach französischem, westdeutschem und EWG-Recht, München 1967 (zit.: *Schwaiger*)
Sinn, Hans-Werner, Das grüne Paradoxon: Plädoyer für eine illusionsfreie Klimapolitik, Berlin 2008 (zit.: *Sinn*)
Stelkens, Paul/Bonk, Heinz/Sachs, Michael, Verwaltungsverfahrensgesetz, Kommentar, 8. Aufl., München 2011 (zit.: Stelkens/Bonk/Sachs/*Bearbeiter*)
Stern, Nicholas, The Economics of Climate Change, Cambridge 2007 (zit.: *Stern*)
Stuhlmacher, Gerd/Stappert, Holger/Schoon, Heike/Jansen, Guido, Grundriss zum Energierecht – Der rechtliche Rahmen für die Energiewirtschaft, Frankfurt/Main 2011 (zit.: Stuhlmacher/Stappert/Schoon/Jansen/*Bearbeiter*)
Stüer, Bernhard, Handbuch des Bau- und Fachplanungsrechts, 4. Aufl., München 2009 (zit.: *Stüer*)
Ziekow, Jan, Verwaltungsverfahrensgesetz, Kommentar, 2. Aufl., Stuttgart 2010 (zit.: Ziekow/*Bearbeiter*)
Zöller, Richard, ZPO, Kommentar, 29. Aufl., Köln 2012 (zit.: Zöller/*Bearbeiter*)

Abkürzungsverzeichnis

%	Prozent
€	Euro
§	Paragraph
°C	Grad Celsius
µT	Mikrotesla
a	Jahr
a.A.	andere Ansicht
a.E.	am Ende
a.F.	alte Fassung
ABl. EG	Amtsblatt der Europäischen Gemeinschaften
ABl. EU	Amtsblatt der Europäischen Union
ABl. Schl.-H.	Amtsblatt Schleswig-Holstein
ABl.	Amtsblatt
Abs.	Absatz
abzgl.	abzüglich
AEG	Allgemeines Eisenbahngesetz
AEUV	Vertrag über die Arbeitsweise der Europäischen Union
AG	Aktiengesellschaft; Amtsgericht
AGB	Allgemeine Geschäftsbedingungen
AGEE-Stat	Arbeitsgruppe Erneuerbare Energien-Statistik
AGFW	Der Energieeffizienzverband für Wärme, Kälte und KWK e.V.
AIP	aeronautical information publication (Luftfahrthandbuch)
Alt.	Alternative
AltholzV	Altholzverordnung
Anm.	Anmerkung
AO	Abgabenordnung
ARegV	Anreizregulierungsverordnung
Art.	Artikel
Aufl.	Auflage
AusglMechAV	Ausgleichsmechanismus-Ausführungsverordnung
AusglMechV	Ausgleichsmechanismusverordnung
AVBFernwärmeV	Verordnung über Allgemeine Bedingungen für die Versorgung mit Fernwärme
avNB	aufnahme- und vergütungspflichtiger Netzbetreiber
AWZ Nordsee-ROV	Verordnung über die Raumordnung in der deutschen ausschließlichen Wirtschaftszone in der Nordsee
AWZ Ostsee-ROV	Verordnung über die Raumordnung in der deutschen ausschließlichen Wirtschaftszone in der Ostsee
AWZ	ausschließliche Wirtschaftszone
AWZ-ROPl	Raumordnungsplan für die deutsche ausschließliche Wirtschaftszone
Az.	Aktenzeichen
BAFA	Bundesamt für Wirtschaft und Ausfuhrkontrolle
BauGB	Baugesetzbuch

BauNVO	Baunutzungsverordnung
BauO LSA	Bauordnung des Landes Sachsen-Anhalt
BauO	Bauordnung
BauR	Baurecht (Zeitschrift)
BayBO	Bayerische Bauordnung
BayDSchG	Bayerisches Denkmalschutzgesetz
BayWG	Bayerisches Wassergesetz
BBergG	Bundesberggesetz
BbgBO	Brandenburgische Bauordnung
BBodSchG	Bundes-Bodenschutzgesetz
BBodSchV	Bundes-Bodenschutz- und Altlastenverordnung
BDEW	Bundesverband der Energie- und Wasserwirtschaft e.V.
BDI	Bundesverband der Deutschen Industrie e. V.
Beschl.	Beschluss
BfN	Bundesamt für Naturschutz
BGB	Bürgerliches Gesetzbuch
BGBl.	Bundesgesetzblatt
BGH	Bundesgerichtshof
BGHZ	Entscheidungssammlung des Bundesgerichtshofs in Zivilsachen
BHKW	Blockheizkraftwerk
BImSchG	Bundes-Immissionsschutzgesetz
BImSchV	Bundes-Immissionsschutzverordnung
Biokraft-NachV	Biokraftstoff-Nachhaltigkeitsverordnung
BiomasseV	Biomasseverordnung
BioSt-NachV	Biomassestrom-Nachhaltigkeitsverordnung
BLJ	Bucerius Law Journal
BlnWG	Wassergesetz Berlin
BMBF	Bundesministerium für Bildung und Forschung
BMF	Bundesministerium der Finanzen
BMU	Bundesministerium für Umwelt, Naturschutz und Reaktorsicherheit
BMVBS	Bundesministerium für Verkehr, Bau und Stadtentwicklung
BMWi	Bundesministerium für Wirtschaft und Technologie
BNatSchG	Bundesnaturschutzgesetz
BNetzA	Bundesnetzagentur
BR-Drucks.	Bundesrat-Drucksache
BRS	Baurechtssammlung
BSH	Bundesamt für Seeschifffahrt und Hydrographie
BStBl.	Bundessteuerblatt
BT-Drucks.	Bundestag-Drucksache
BTOElt	Bundestarifordnung Elektrizität
Buchst.	Buchstabe
BVerfGE	Bundesverfassungsgerichtsentscheidung
BVerwG	Bundesverwaltungsgericht
BVerwGE	Entscheidung des Bundesverwaltungsgerichts
BWaldG	Bundeswaldgesetz
bzw.	beziehungsweise
CEF	continuous ecological functionality-measures (Maßnahmen zur dauerhaften Sicherung der ökologischen Funktion)

cm	Zentimeter
CO_2	Kohlenstoffdioxid
COMP	Generaldirektion „Wettbewerb“
ct	Eurocent
ct/kWh	Eurocent pro Kilowattstunde
d.h.	das heißt
dB(A)	Schalldruckpegel in Dezibel
DBFZ	Deutsches Biomasseforschungszentrum
dena	Deutsche Energie-Agentur GmbH
DSchG Nds.	Denkmalschutzgesetz Niedersachsen
DSchG NRW	Denkmalschutzgesetz Nordrhein-Westfalen
DVBl.	Deutsches Verwaltungsblatt
DVGW	Deutscher Verein des Gas- und Wasserfaches e.V.
EAG EE	Europarechtsanpassungsgesetz Erneuerbare Energien
EE	Erneuerbare Energien
EEG	Erneuerbare-Energien-Gesetz
EE-RL	Erneuerbare Energien-Richtlinie
EEWärmeG	Erneuerbare-Energien-Wärmegesetz
EEX	European Energy Exchange AG
EG	Europäische Gemeinschaft
EGL	Ergänzungslieferung
EGV	Vertrag zur Gründung der Europäischen Gemeinschaft
Einl.	Einleitung
EMAS	Eco- Management and Audit Scheme
EnEV	Energiesparverordnung
EnLAG	Energieleitungsausbaugesetz
EnSig	Gesetz zur Sicherung der Energieversorgung
Entsch.	Entscheidung
EnWG	Energiewirtschaftsgesetz
EnWNG	Gesetz zur Neuregelung energiewirtschaftsrechtlicher Vorschriften
EPEX	European Power Exchange
et	Energiewirtschaftliche Tagesfragen (Zeitschrift)
EU	Europäische Union
EuGH	Europäischer Gerichtshof
EurUP	Zeitschrift für Europäisches Umwelt- und Planungsrecht
EUV	Vertrag über die Europäische Union
EV	Einspeisevergütung
EVPG	Energieverbrauchsrelevante-Produkte-Gesetz
EVU	Energieversorgungsunternehmen
ew	Das Magazin für die Energiewirtschaft (Zeitschrift)
EWärmeG BW	Erneuerbare-Wärme-Gesetz Baden-Württemberg
EWR	Europäischer Wirtschaftsraum
f./ff.	folgende/fortfolgende
FAZ	Frankfurter Allgemeine Zeitung
FFH	Flora-Fauna-Habitat
fKor	Korrekturfaktor

FKVO	Fusionskontrollverordnung
Fn	Fußnote
FP	Flexibilitätsprämie
ft	Fuß (1 ft = 30,48 cm)
FW	Fernwärme
GasNEV	Gasnetzentgeltverordnung
GasNZV	Gasnetzzugangsverordnung
GBl.	Gesetzblatt
GBO	Grundbuchordnung
gem.	gemäß
GEODE	Groupement Européen des entreprises et Organismes de Distribution d'Énergie
ggf.	gegebenenfalls
GIRL	Geruchsimmissions-Richtlinie
GmbH	Gesellschaft mit beschränkter Haftung
GMBl	Gemeinsames Ministerialblatt
GRUR	Deutsche Vereinigung für gewerblichen Rechtsschutz und Urheberrecht e.V.
GtV	Bundesverband Geothermie
GuD-Anlage	Gas- und Dampfturbinen-Anlage
GV NRW	Gesetz- und Verordnungsblatt für das Land Nordrhein-Westfalen
GVBl.	Gesetz- und Verordnungsblatt
GWB	Gesetz gegen Wettbewerbsbeschränkungen
GWF	Das Gas- und Wasserfach (Zeitschrift)
GWh	Gigawattstunde
GWh/a	Gigawattstunde pro Jahr
h	Stunde
H-Gas	High Gas
h.M.	herrschende Meinung
h/a	Stunden pro Jahr
ha	Hektar
HBO	Landesbauordnung Hessen
HessWG	Wassergesetz Hessen
HkNV	Herkunftsnachweisverordnung
Hs.	Halbsatz
i.d.R.	in der Regel
i.H.v.	in Höhe von
i.S.d.	im Sinne des/der
i.S.v.	im Sinne von
i.V.m.	in Verbindung mit
I+E	Zeitschrift für Immissionsschutzrecht und Emissionshandel
IDW	Institut der Wirtschaftsprüfer
IfnE	Ingenieurbüro für erneuerbare Energien
IG	Gesamtbelastung Immissionen
IPCC	Intergovernmental Panel on Climate Change
IR	InfrastrukturRecht (Zeitschrift)

IV	Vorbelastung Immissionen
IWES	Fraunhofer-Institut für Windenergie und Energiesystemtechnik
IZ	Zusatzbelastung Immissionen
JEEPL	Journal for European Environmental & Planning Law (Zeitschrift)
Jg.	Jahrgang
Jh.	Jahrhundert
JuS	Juristische Schulung (Zeitschrift)
Kap.	Kapitel
KfW	Kreditanstalt für Wiederaufbau
Kfz	Kraftfahrzeug
kg	Kilogramm
KK	Kapazitätskomponente
KoV	Kooperationsvereinbarung
KraftNAV	Kraftwerks-Netzanschlussverordnung
KrWG	Kreislaufwirtschaftsgesetz
kV	Kilovolt
kV/m	Kilovolt pro Meter
kW	Kilowatt
KWG	Kreditwesengesetz
kWh	Kilowattstunde
KWK Eη	elektrischer Wirkungsgrad der KWK
KWK Wη	Wärmewirkungsgrad-Referenzwert für KWK-Erzeugung
KWK	Kraft-Wärme-Kopplung
KWKG	Kraft-Wärme-Kopplungsgesetz
KWKK	Kraft-Wärme-Kälte-Kopplung
KWKModG	Kraft-Wärme-Kopplungsgesetz
KWK-RL	Kraft-Wärme-Kopplungsrichtlinie
KWK-VorschaltG	Gesetz zum Schutz der Stromerzeugung aus Kraft-Wärme-Koppelung
kWp	Kilowatt peak
L-Gas	Low Gas
LAG-VSW	Länderarbeitsgemeinschaft der Vogelschutzwarten
LAI	Bund/Länderarbeitsgruppe Immissionsschutz
LAWA	Bund/Länder-Arbeitsgemeinschaft Wasser
LBO	Landesbauordnung
LBP	Landschaftspflegerischer Begleitplan
LG NRW	Landschaftsgesetz Nordrhein-Westfalen
LG	Landgericht
li. Sp.	Linke Spalte
lit.	Litera (Buchstabe)
LKV	Landes- und Kommunalverband (Zeitschrift)
LNatSchG RP	Landesnaturschutzgesetz Rheinland-Pfalz
LPlG	Landesplanungsgesetz
LUA NRW	Landesumweltamt Nordrhein-Westfalen
LuftVG	Luftverkehrsgesetz
LWaldG SH	Waldgesetz für Schleswig-Holstein
LWG	Landeswassergesetz

m.w.N.	mit weiteren Nachweisen
m/s	Meter pro Sekunde
m^2	Quadratmeter
m^3	Kubikmeter
MBO	Musterbauordnung
Mg	Megagramm
Mg/a	Megagramm pro Jahr
Mio.	Million(-en)
MP	Marktprämie
Mrd.	Milliarde(-n)
MW	Megawatt
n.v.	nicht veröffentlicht
NABEG	Netzausbaubeschleunigungsgesetz
NAV	Niederspannungsanschlussverordnung
NawaRo	nachwachsende Rohstoffe
NBauO	Niedersächsische Bauordnung
NCG	NetConnect Germany GmbH & Co. KG
NdsVBl.	Niedersächsische Verwaltungsblätter
NdsWG	Wassergesetz Niedersachsen
NJW	Neue Juristische Wochenzeitschrift
NJW-RR	Neue Juristische Wochenzeitschrift Rechtsprechungs-Report
Nm^3	Normkubikmeter
Nr.	Nummer
NROG	Niedersächsisches Gesetz über Raumordnung und Landesplanung
NRW	Nordrhein-Westfalen
NuR	Natur und Recht (Zeitschrift)
NVwZ	Neue Zeitschrift für Verwaltungsrecht
NVwZ-RR	Neue Zeitschrift für Verwaltungsrecht Rechtsprechungs-Report
o.ä.	oder ähnliches
o.g.	oben genannt
ofgem	Office of the Gas and Electricity Markets
OK Gelände	Oberkante Gelände
OLG	Oberlandesgericht
ORC	Organic Rankine Cycle
OTC	Over the counter (außerbörslicher Handel)
OVG	Oberverwaltungsgericht
P_{Bem}	Bemessungsleistung
PEE	Primärenergieeinsparungen
P_{Inst}	Installierte Anlagenleistung
PKW	Personenkraftwagen
PM	Managementprämie
PV	Photovoltaik
P_{Zusatz}	Zusatzleistung
R'w	bewertetes Schalldämmmaß in dB mit Schallübertragung über flankierende Bauteile

RdE	Recht der Energiewirtschaft (Zeitschrift)
RdL	Recht der Landwirtschaft (Zeitschrift)
RdWEWi	Das Recht der Wasser- und Entsorgungswirtschaft
re. Sp.	Rechte Spalte
REE	Recht der Erneuerbaren Energien (Zeitschrift)
Ref Eη	Wirkungsgrad-Referenzwert für die getrennte Stromerzeugung
Ref Wη	Wirkungsgrad-Referenzwert für die getrennte Wärmeerzeugung
RegE	Regierungsentwurf
RhPfWG	Wassergesetz Rheinland-Pfalz
RL	Richtlinie
Rn	Randnummer
ROG	Raumordnungsgesetz
RoV	Raumordnungsverordnung
Rspr.	Rechtsprechung
rÜNB	regelverantwortlicher Übertragungsnetzbetreiber
RW	Referenzmarktwert
RWE/VEW	Rheinisch-Westfälisches Elektrizitätswerk/Vereinigte Elektrizitätswerke Westfalen
S.	Seite; Satz
SächsGVBl.	Sächsisches Gesetz- und Verordnungsblatt
SchlHWG	Wassergesetz Schleswig-Holstein
SDLWindV	Systemdienstleistungsverordnung
SeeAnlV	Seeanlagenverordnung
SeeAufG	Seeaufgabengesetz
Slg.	Sammlung
sog.	sogenannte(-r)
SPA	Special Protected Areas
SRU	Sachverständigenrat für Umweltfragen
st. Rspr.	Ständige Rechtsprechung
StAnz	Staatsanzeiger
STEAG	Steinkohlen-Elektrizität AG
StGB	Strafgesetzbuch
StrEG	Stromeinspeisungsgesetz
StromGVV	Stromgrundversorgungsverordnung
StromNEV	Stromnetzentgeltverordnung
StromNZV	Stromnetzzugangsverordnung
StromStG	Stromsteuergesetz
t	Tonne(-n)
TA Lärm	Technische Anleitung zum Schutz gegen Lärm
TA Luft	Technische Anleitung zur Reinhaltung der Luft
TAK	Tierökologische Abstandskriterien für die Errichtung von Windenergieanlagen in Brandenburg
ThürWG	Wassergesetz Thüringen
TWh	Terrawattstunde
u.a.	unter anderem
u.U.	unter Umständen
UIG	Umweltinformationsgesetz

UmwHG	Umwelthaftungsrecht
UmwRG	Umwelt-Rechtsbehelfsgesetz
ÜNB	Übertragungsnetzbetreiber
UNFCCC	United Nations Framework Convention on Climate Change
Unterabs.	Unterabsatz
UPR	Umwelt- und Planungsrecht (Zeitschrift)
Urt.	Urteil
UStG	Umsatzsteuergesetz
UTR	Umwelt- und Technikrecht (Schriftenreihe)
UVP	Umweltverträglichkeitsprüfung
UVPG	Gesetz über die Umweltverträglichkeitsprüfung
UVP-V	Verordnung über die Umweltverträglichkeitsprüfung
UVS	Umweltverträglichkeitsstudie
UVU	Umweltverträglichkeitsuntersuchung
UWG	Gesetz gegen den unlauteren Wettbewerb
v.	von/vom
VBlBW	Verwaltungsblätter für Baden-Württemberg
VDE	Verband der Elektrotechnik, Elektronik und Informationstechnik e.V.
VDEW	Verband der Elektrizitätswirtschaft e.V.
VG	Verwaltungsgericht
VGH	Verwaltungsgerichtshof
vgl.	vergleiche
VIK	Verband der Industriellen Energie- und Kraftwirtschaft e. V.
VKU	Verband kommunaler Unternehmer e.V.
VNB	Verteilernetz
VO	Verordnung
VS-RL	Vogelschutzrichtlinie
VW	Versorgungs Wirtschaft (Zeitschrift)
VwGO	Verwaltungsgerichtsordnung
VwV	Verwaltungsvorschrift
VwVfG	Verwaltungsverfahrensgesetz
WA	Allgemeines Wohngebiet
WaStrG	Bundeswasserstraßengesetz
WEA	Windenergieanlage(-n)
WG BW	Wassergesetz Baden-Württemberg
WG	Wassergesetz
WHG	Wasserhaushaltsgesetz
WKA	Windkraftanlagen
WM	Zeitschrift für Wirtschaft und Bankrecht
WpHG	Wertpapierhandelsgesetz
WSV	Wasser- und Schifffahrtsverwaltung des Bundes
WuM	Wohnungswirtschaft und Mietrecht (Zeitschrift)
WuW/E	Wirtschaft und Wettbewerb (Zeitschrift)
z.B.	zum Beispiel
ZfBR	Zeitschrift für deutsches und internationales Bau- und Vergaberecht
ZfW	Zeitschrift für Wasserrecht

Ziff.	Ziffer
zit.	zitiert
ZNER	Zeitschrift für neues Energierecht
ZPO	Zivilprozessordnung
ZUR	Zeitschrift für Umweltrecht
zust.	zustimmend
zzgl.	zuzüglich

Bearbeiterverzeichnis

Sascha Ahnsehl, Jg. 1979; Studium der Rechtswissenschaften an der Albert-Ludwigs-Universität, Freiburg i. Br.; zunächst ab 2008 Rechtsanwalt bei Wolter • Hoppenberg in Hamm im Fachbereich Energiewirtschaftsrecht; seit 2011 Justitiar bei der Amprion GmbH im Bereich Energierecht; Schwerpunkt EEG und KWK-G, Regulierungsrecht; Mitglied des Fachausschusses „Rechtsfragen EEG und KWK-G" beim BDEW; Mitglied der „Projektgruppe Horizontaler Belastungsausgleich" (PG HoBA) der deutschen Übertragungsnetzbetreiber; diverse Fachvorträge (u.a. Euroforum, ETP), Fachveröffentlichungen.

Frank Fellenberg, Dr. iur., Jg. 1970; Studium der Rechtswissenschaften in Saarbrücken, Genf, München und Cambridge (LL.M.); Rechtsanwalt seit 2000, Fachanwalt für Verwaltungsrecht seit 2006; Partner in der Kanzlei Redeker Sellner Dahs, Berlin; Veröffentlichungen und Vorträge zum Energie- und Umweltrecht.

Stephan Gerstner, Dr. iur., Jg. 1965; Studium der Rechtswissenschaften in Freiburg im Breisgau und Genf; seit 1996 Rechtsanwalt in Berlin, zunächst bei Freshfields Bruckhaus Deringer; seit 2001 Rechtsanwalt bei Redeker Sellner Dahs (Partner seit 2003); Mitglied des Managementausschusses der Sozietät; Veröffentlichungen und Vorträge zum Recht der regulierten Industrien und zum sektorspezifischen Kartellrecht

Nils Heinemann, Jg. 1977; Studium der Rechtswissenschaften an der Christian-Albrechts-Universität zu Kiel; Rechtsanwalt; seit 2005 im EWE-Konzern, u.a. für die EWE NETZ GmbH tätig; derzeit in der Rechtsabteilung der EWE Aktiengesellschaft tätig; Arbeitsschwerpunkt u.a. das Recht der Erneuerbaren Energien; Mitglied des Fachausschusses „Rechtsfragen zum EEG und KWK-G" beim BDEW.

Gunnar Hendrich, LL.M. oec., Jg. 1981; Studium der Rechtswissenschaft an der Friedrich-Schiller-Universität Jena; dort auch Aufbaustudium „Privates und Öffentliches Wirtschaftsrecht"; Rechtsanwalt seit 2008; nach kurzer Tätigkeit bei Apel Höch seit 2008 Justiziar bei der Amprion GmbH in Dortmund; dort zuständig für Energierecht.

Jan Imgrund, Dr. iur., LL.M., Jg. 1974; Studium der Rechtswissenschaft an den Universitäten Köln und Paris I (Panthéon-Sorbonne); Rechtsanwalt seit 2006; tätig im Brüsseler Büro von Redeker Sellner Dahs im Kartell-, Beihilfen- und allgemeinen Europarecht; diverse Veröffentlichungen im Kartellrecht.

Ulrich Karpenstein, Dr. iur., Jg. 1968; Studium und Promotion in Marburg, Mannheim und Fribourg; Rechtsanwalt und Partner bei Redeker Sellner Dahs; spezialisiert auf EU- und Verfassungsrecht, insbesondere europäisches Energie-, Beihilfen- und Umweltrecht; zahlreiche Prozesse vor dem EuGH und dem BVerfG.

Simone Lünenbürger, Dr. iur., Jg. 1969; Studium der Rechtswissenschaften in Mannheim; 1994–1997 promotionsbegleitend am Lorenz-von-Stein-Institut für Verwaltungswissenschaften an der Christian-Albrecht-Universität, Kiel tätig; seit 1999 Rechtsanwältin bei Redeker Sellner Dahs, seit 2010 in deren Brüsseler Büro. Tätigkeitsschwerpunkte: Europarecht, Beihilfenrecht, Recht der Erneuerbaren Energien, Regulierungsrecht und sektorspezifisches Kartellrecht.

Tim Olbricht, Dr. iur., Jg. 1976; Studium der Rechtswissenschaften an der Universität zu Köln; Referendariat in Düsseldorf; Rechtsanwalt seit 2005; bis 2006 als Rechtsanwalt in Düsseldorf tätig; seit 2006 im EWE Konzern tätig, zunächst als Leiter im rechtlichen Bereich der EWE NETZ GmbH, dann im rechtlichen Bereich der EWE ENERGIE AG, seit März 2012 Leiter des Ressorts Recht und Finanzen bei der Gastransport Nord GmbH.

Gernot Schiller, Dr. iur., Jg. 1972; Studium der Rechtswissenschaften an der Rheinischen Friedrich-Wilhelms-Universität Bonn und Ludwig-Maximilians-Universität München; Rechtsanwalt seit 2003; Fachanwalt für Verwaltungsrecht seit 2011; tätig bei Redeker Sellner Dahs; Vorträge und

Veröffentlichungen zum öffentlichen Baurecht, Energierecht, Fachplanungsrecht, Luftverkehrsrecht und Umweltrecht.

Hanna Schumacher, Jg. 1978; Studium der Rechtswissenschaften in Freiburg im Breisgau, Helsinki und Berlin, 2007–2009 Fellow beim Ecologic Institut, seit 2009 Referentin im Rechtsreferat für Erneuerbare Energien des Bundesumweltministeriums.

Kapitel 1
Grundlagen

A. Einführung

I. Entwicklung des Rechts der erneuerbaren Energien und der Kraft-Wärme-Kopplung

Das Recht der Förderung von erneuerbaren Energien und Kraft-Wärme-Kopplung (KWK) können auf eine lange gemeinsame Geschichte zurückblicken. Sie lässt sich grob in drei Phasen einteilen, in denen die Entwicklung beider Bereiche nicht immer parallel verlief, sich aber doch gegenseitig beeinflusste. Die **erste Phase beginnt mit der Elektrifizierung und endet 1990.** In diesem Zeitraum wurden Anlagen zur Erzeugung von Strom aus erneuerbaren Energien und KWK weitgehend ohne Fördergesetze errichtet und genutzt. Das Kartellrecht war Grundlage für die Ausweitung der Nutzung dieser umweltfreundlichen Energieträger (hierzu unter 1.). In einer zweiten Phase trennen sich die Wege der erneuerbaren Energien und der KWK. Für die erneuerbaren Energien (hierzu unter 2.) entwickelt sich im Zeitraum **von 1990 bis 2000 das Recht der erneuerbaren Energien**, das ab dem Jahr 2000 in einer **dritten Phase weiterentwickelt und ausdifferenziert** wird. Für die **KWK** (hierzu unter 3.) bleibt es bis zum Jahr 2000 weitgehend bei dem ungeregelten Rechtsrahmen. Hier entsteht erst im Jahr 2000 das erste Fördergesetz, das auf den Erfahrungen im Bereich der erneuerbaren Energien aufbaut und sich in der Folgezeit deutlich weniger dynamisch entwickelt als das Recht der erneuerbaren Energien. 1

1. Frühe Geschichte der Stromeinspeisung (bis 1990)

Die Nutzung von Wasserkraft und Windenergie reicht weit zurück. Die Wasserkraft wurde schon in der Antike als Antriebsmittel genutzt. Die ersten Windmühlen stammen aus dem 12. Jh. Nach der Erfindung des Drehgenerators 1866 war es nur ein kleiner Schritt zur Nutzung dieser Energien zur Stromerzeugung. Die ersten Wasserkraftwerke und Windenergieanlagen wurden Ende des 19. Jh. errichtet. Während die Windenergie erst mit Beginn der 1990er Jahre eine größere Rolle einnahm, spielte die Wasserkraft in Süddeutschland Anfang des 20. Jh. eine wichtige Rolle bei der Elektrifizierung.[1] Von den vielen Kleinanlagen, die zu Beginn des 20. Jh. errichtet wurden, bestanden die meisten bis in die 80er Jahre, in denen viele wegen der geringen Einspeisevergütungen unwirtschaftlich wurden.[2] 2

1 Müller/*Bruns/Ohlhorst*, S. 184.

2 *Bruns/Ohlhorst/Wenzel/Köppel*, S. 421.

3 Grundsätzlich war die Energieerzeugung und -verteilung bis zur Liberalisierung des Energiemarkts in den 90er Jahren in Form von regionalen Monopolen organisiert.[3] Dennoch entstanden in erster Linie zur Eigenerzeugung aber auch zum Weiterverkauf des Stroms zunächst ohne staatliche Anreize in privatwirtschaftlichen Verhältnissen KWK-Anlagen und Wasserkraftwerke.[4] Das Energiewirtschaftgesetz von 1935 sah hierzu keinerlei Regelungen vor.[5] Es enthielt eher Hindernisse für unabhängige Erzeuger.[6] Gerade im industriellen Bereich war die Stromerzeugung vielfach zu niedrigen Kosten möglich, insbesondere weil Abfallstoffe zur Stromerzeugung genutzt oder der Wärmebedarf aus Abwärme gedeckt wurde.[7] Unabhängige Stromerzeuger und Eigenerzeuger schlossen bereits in den frühen 50er Jahren Verträge mit integrierten EVU,[8] um ihren Strom in das Netz der öffentlichen Versorgung abgeben zu können und hierfür eine Vergütung zu erhalten. Grund hierfür war, dass Erzeugung und Verbrauch nicht immer in Einklang zu bringen waren. Die Anlagen wurden in erster Linie betrieben, um Strom und ggf. Wärme vor Ort zu verbrauchen. In Zeiten mit geringem Stromverbrauch bestand aber das Bedürfnis Strom abzugeben. Ohne diese Möglichkeit und eine entsprechende Vergütung des Stroms wären viele sog. Eigenerzeugungsanlagen nicht wirtschaftlich gewesen. Die RWE/VEW schlossen bereits 1950/1951 einen solchen Vertrag mit der STEAG, einem Stromerzeuger aus dem Bereich der Steinkohle.[9] **1952** kam es zu einer ersten, wenn auch regional begrenzten, **staatlichen Einflussnahme**. Der damalige bayrische Wirtschaftsminister setzte per Verordnung bestimmte Arbeits- und Leistungspreise für Strom aus Kleinwasserkraftwerken mit einer installierten Leistung von höchstens 500 kW fest, ohne aber die Elektrizitätsversorgungsunternehmen zum Abschluss von Abnahmeverträgen zu verpflichten.[10] Ende der 50er Jahre kam es dann zu einer Verbändevereinbarung zwischen dem Verband der Elektrizitätswirtschaft e.V. (VDEW) und dem Verband der industriellen Energie- und Kraftwirtschaft (VIK). Gegenstand war die Einrichtung von Gütestellen, die Entscheidungen zu Bedingungen der Abnahme von Strom aus KWK-Anlagen traf.[11]

4 Das Eingreifen des **BKartA** führte zu **weitergehenden Vereinbarungen der Verbände und einem stärkeren gesetzlichen Schutz von unabhängigen Stromerzeugern**. Es leitete 1977 ein Missbrauchsverfahren gegen RWE ein. Grund war die

3 Vgl. hierzu *Schwaiger*, S. 8 f.

4 Vgl. hierzu *Salje*, EEG, Einführung Rn 23 und *Altrock*, S. 10.

5 *Altrock*, S. 10; vgl. auch *Pohlmann*, S. 25.

6 Müller/*Müller*, S. 128.

7 Hierzu *Schwaiger*, S. 17 f.

8 Im Einzelnen hierzu *Schwaiger*, S. 179 f.; vgl. auch *Pohlmann*, S. 25 f.

9 Hierzu *Salje*, EEG, Einführung Rn 25.

10 Staatsanzeiger Bayern Nr. 11 v. 15.3.1952 (Nr. By 2/52) geändert durch die Verordnungen v. 7.5.1957 GVBl. Bayern S. 97 und v. 2.2.1963 GVBl. Bayern S. 31.

11 Hierzu *Pohlmann*, S. 26; vgl. auch *Salje*, EEG, Einführung Rn 26.

Überzeugung, dass RWE industrielle Stromabnehmer, die eine Eigenerzeugung im Wege der KWK betreiben, mit einem System von Preisen, Gebühren und Vertragsbestimmungen in der Verwertung überschüssiger Energie, meist Dampf, sowohl zur eigenen Stromversorgung der Industriebetriebe als auch zur allgemeinen Stromversorgung durch Einspeisung in das Netz, behindere.[12] Dies führte zu einer Anpassung der Vertragsbeziehungen und Aufhebung von Gebühren und zusätzlichen Entgelten, die Eigenerzeuger bisher benachteiligt hatten.[13]

In der Folge wurden die Verbände tätig. VDEW einerseits und VIK sowie BDI 5
andererseits trafen **1979 eine weitere Verbändevereinbarung.**[14] **Diese legte Mindestvergütungen für eingespeisten Strom aus erneuerbaren Energien und KWK-Anlagen fest**, deren Höhe davon abhing, inwieweit die Einspeisung einem angekündigten Fahrplan entsprach.[15] 1988 wurde für Anlagen, die nicht entsprechend einem Fahrplan einspeisten, die Vergütungen mit der Begründung angehoben, dass diese aufgrund ihrer Vielzahl auch eine gewisse Verlässlichkeit aufwiesen.[16] Letztlich wurde damit ein Leistungselement vergütet, dass bei einem langfristig notwendig werdenden Kraftwerkszubau erspart würde.[17] Die Kartellrechtsnovelle vom 26.4.1980[18] vollzog die durch die Tätigkeit des BKartA eingeleitete Liberalisierung im Strommarkt nach und verbot in § 103 Abs. 5 GWB marktbeherrschenden Unternehmen der Energiewirtschaft kleinere und von ihnen abhängige Unternehmen in der Verwertung der eigenen Anlage zu behindern. Diese Norm galt für industrielle sowie private Erzeuger und begünstigte neben erneuerbaren Energien und KWK auch alle anderen unabhängigen Energieerzeuger. Diese neue Rechtslage führte zu Auseinandersetzungen zwischen Anlagenbetreibern und Elektrizitätsversorgungsunternehmen über die Höhe der Vergütungen für den eingespeisten Strom, da sich nicht alle EVU an die Verbändevereinbarung gebunden fühlten.[19] Die Gerichte bedienten sich bei der Berechnung der Vergütungshöhe nicht der Verbändevereinbarung, sondern des Prinzips der vermiedenen Kosten,[20] für das sich Ende 1988 auch der Rat der Europäischen Gemeinschaften aussprach.[21] Dieses Prinzip warf erhebliche Schwierigkei-

12 BKartA, Tätigkeitsbericht 1977, BT-Drucks. 8/1925, S. 86.
13 Vgl. hierzu BKartA, Tätigkeitsbericht 1978, BT-Drucks. 8/2980, S. 97.
14 Im Einzelnen hierzu *Pohlmann*, S 27.
15 Vgl. hierzu *Salje*, EEG, Einführung Rn 28; BKartA, Tätigkeitsbericht 1979/1980, BT-Drucks. 565, S. 108 f.
16 Vgl. hierzu Altrock/Oschmann/Theobald/*Altrock/Oschmann*, Einführung Rn 7 und *Salje*, EEG, Einführung Rn 31.
17 *Schmitz*, S. 110.
18 BGBl. I 1980 S. 458.
19 Vgl. hierzu *Altrock*, S. 12.
20 U.a. BGHZ 119, 335 ff. = NJW 1993, 396 ff.; BGH NJW-RR 1995, 1381 ff.
21 Empfehlung des Rates v. 8.11.1988, ABl. EU 1988 Nr. L 335, S. 29, 30.

ten bei der praktischen Umsetzung auf.[22] Gleichzeitig entstanden ungleiche Preise für Regionen mit unterschiedlichen Versorgungsstrukturen,[23] da sich die jeweils vermiedenen Kosten stark unterschieden. Darüber hinaus waren die so gezahlten Preise für eine wirksame Förderung von Strom aus erneuerbaren Energien viel zu niedrig. In der Folge wurden aus der Politik Forderungen für eine Erhöhung der Einspeisevergütungen für diese Anlagen laut.[24]

2. Erneuerbare Energien (seit 1990)

6 Am **1.1.1991** trat das **Stromeinspeisegesetz**[25] in Kraft. Es basierte auf der durch das Kartellrecht entstandenen Rechtslage[26] und sah sowohl eine Verpflichtung zur Abnahme als auch zur Vergütung von Strom aus erneuerbaren Energien vor. Das Gesetz erfasste Wasserkraft, Windkraft, Sonnenenergie, Deponiegas, Klärgas oder aus Produkten oder biologischen Rest- und Abfallstoffen der Land- und Forstwirtschaft. Die Vergütungshöhe betrug nach § 3 StrEG für Wind- und Sonnenenergie 90 %, für alle anderen Energieträger 75 % der Durchschnittserlöse, die Elektrizitätsversorgungsunternehmen bei dem Weiterverkauf des Stroms an Letztverbraucher erzielten und wurde aufgrund von Daten des Statistischen Bundesamtes ermittelt. Eine Härtefallklausel sah schon damals vor, dass Stromeinspeisung nach dem StrEG, die bei einem Elektrizitätsversorgungsunternehmen mehr als 5 % seines gesamten Stromabsatzes ausmachte, vom vorgelagerten Netzbetreiber zu vergüten war (§ 4 StrEG). Bei den Energieträgern Wasserkraft, Deponie- und Klärgas wurde die Vergütung nach § 2 Nr. 1 StrEG nur für Stromerzeugungsanlagen mit einer Größe bis zu 5 MW gewährt; größere Anlagen gingen leer aus. M**itte 1994 wurde das StrEG erstmals novelliert** und die Vergütungen um 5 Prozentpunkte auf 80 % des Durchschnittserlöses angehoben. Gleichzeitig wurden Rest- und Abfallstoffe aus der gewerblichen Verarbeitung von Holz neu in das Gesetz aufgenommen.[27]

7 Wichtige Änderungen brachte die **Energierechtsnovelle 1998.**[28] Die gesamte Biomasse wurde in den Förderbereich des StrEG aufgenommen. Die Abnahme- und Zahlungspflicht traf nunmehr das Elektrizitätsversorgungsunternehmen, dessen Stromnetz die kürzeste räumliche Entfernung zu der Anlage aufwies. Die entstehenden Kosten konnten bei der Berechnung der Netzentgelte in Ansatz gebracht werden. Die Härtefallklausel wurde dahin gehend umgestaltet, dass Unternehmen, bei denen

---

22 Altrock/Oschmann/Theobald/*Altrock/Oschmann*, Einführung Rn 12.

23 *Salje*, EEG, Einführung Rn 32.

24 Fraktionen von CDU/CSU und FDP v. 17.5.1990, BT-Drucks. 11/7418, S. 2.

25 Gesetz über die Einspeisung von Strom aus erneuerbare Energien in das öffentliche Netz v. 7.12.1990, BGBl. I S. 2633.

26 Müller/*Müller*, S. 131.

27 *Salje*, EEG, Einführung Rn 35.

28 Gesetz zur Neuregelung des Energiewirtschaftsrechts v. 24.4.1998, BGBl. I S. 730.

der geförderte Stromanteil 5 % ihres Absatzes überstieg, diesen Strom an die vorgelagerten Netzbetreiber weiterleiten und von ihnen eine Erstattung der Vergütungen verlangen konnten, solange auch in deren Netz der Stromanteil aus erneuerbaren Energien 5 % nicht überstieg. Falls auch bei dem vorgelagerten Netzbetreiber die Fünf-Prozent-Grenze erreicht würde, sollte der Vergütungsanspruch für neue Anlagen in diesem Netzbereich entfallen.[29] Gleichzeitig wurde eine Überprüfungsklausel für die Härtefallregelung eingeführt, die die Bundesregierung verpflichtete, spätestens 1999 einen entsprechenden Bericht vorzulegen. Bereits im Oktober 1999 meldete die PreußenElektra AG dem Bundeswirtschaftsministerium, dass der sog. Fünf-Prozent-Deckel bereits im Jahr 1999 erreicht werde.[30] Daraufhin begannen die Arbeiten an einer Novelle, die in dem am 1.4.2000 in Kraft tretenden Gesetz für den Vorrang Erneuerbarer Energien[31] (EEG 2000) mündeten.

Ziel des **EEG 2000** war es, den Betrieb laufender Anlagen zu sichern, die Dynamik 8
im Bereich des Ausbaus der Windenergie – zu deren Ausbau das StrEG in erster Linie geführt hatte – zu erhalten und durch eine Stimulation der Nachfrageseite die Markteinführung von Techniken voranzutreiben, deren Ausbau das Stromeinspeisegesetz nicht erreicht hatte. Dies betraf insbesondere die Biomasse und Photovoltaik. In Kombination mit Maßnahmen zur Internalisierung externer Kosten soll mit dieser Preisstützung mittel- und langfristig die Wettbewerbsfähigkeit mit konventionellen Energieträgern herbeigeführt werden.[32] Das EEG 2000 war ein deutlich ausgeweitetes Gesetz, das erstmals feste, nach Technologie differenzierte Vergütungen zwischen 15 (Wasserkraft, Gase) und 99 (Solarenergie) Pfennig je eingespeister kWh enthielt. Für Windenenergie wurde das – im Grundsatz bis heute geltende – Referenzertragsmodell eingeführt, um auch einen Ausbau an etwas windschwächeren Standorten zu ermöglichen und gleichzeitig eine Überförderungen an windstarken Standorten zu vermeiden.[33] § 10 EEG 2000 enthielt neben dem Recht auf Netzanschluss erstmalig auch ein Recht auf Netzausbau, dessen Kosten vom Netzbetreiber zu tragen waren. Ein Ausgleichsmechanismus verteilte die Kosten bundesweit, indem der nach dem EEG geförderte Strom gleichmäßig an alle Elektrizitätsversorgungsunternehmen weitergegeben wurde, die ihn letztlich auch zu vergüten hatten. In den folgenden Jahren kam es zu zahllosen größeren und kleineren Änderungen. Die Grundstruktur des EEG änderte sich aber nur wenig. Hier werden im Folgenden deshalb nur die wichtigen Änderungen dargestellt.

---

29 Vgl. hierzu Uldall, Gunnar, Berichterstatter im Bundestagsausschuss für Wirtschaft, BT-Drucks. 13/9211, S. 26.

30 Altrock/Oschmann/Theobald/*Altrock/Oschmann*, EEG, Einführung Rn 16.

31 Gesetz über den Vorrang Erneuerbarer Energien v. 29.3.2000, BGBl. I S. 305.

32 Gesetzesbegründung, BT-Drucks. 14/2341, S. 7.

33 Gesetzesbegründung, BT-Drucks. 14/2341, S. 9.

9 Im **Jahr 2003** wurde durch das Erste Gesetz zur Änderung des Erneuerbare-Energien-Gesetzes[34] die **Besondere Ausgleichsregelung** (§ 11a EEG 2000) in das EEG eingefügt. Ziel der Regelung war erhebliche und nicht nur vorübergehende Beeinträchtigungen der internationalen Wettbewerbsfähigkeit von **Unternehmen des produzierenden Gewerbes** zu vermeiden.[35] Diese Unternehmen hatten bei Erfüllung bestimmter Anspruchsvoraussetzungen einen Anspruch auf Begrenzung der von ihnen abzunehmen EEG-Strommenge, um so ihre Stromkostenbelastung zu reduzieren. Voraussetzung für diese Begünstigung waren u.a. eine hohe Stromkostenbelastung und der Nachweis, dass das Unternehmen durch diese erheblich im Wettbewerb beeinträchtigt wurde.

10 Zum **1.1.2004** trat dann das Zweite Gesetz zur Änderung des Erneuerbare-Energien-Gesetzes[36] in Kraft, mit dem – nach dem Auslaufen des 100.000 Dächer-Programms – **der weitere Ausbau der Photovoltaik sichergestellt werden** sollte.[37] Es erhöhte die Vergütungen für Strom aus solarer Strahlungsenergie und hob Größenbegrenzungen für diese Anlagen auf.

11 Die nächste größere Novelle, das **EEG 2004**,[38] trat am 1.8.2004 in Kraft. Sie diente dazu, die Richtlinie zur Förderung der Stromerzeugung aus Erneuerbaren Energien (EE-RL 2001)[39] umzusetzen.[40] Das Grundsystem des EEG 2000 blieb dabei unverändert.[41] Allerdings wurden die durch die EE-RL 2001 vorgegeben Ziele für den Ausbau der erneuerbaren Energien – mindestens 12,5 % in 2010 und mindestens 20 % in 2020 – in das Gesetz aufgenommen.[42] Die **Besondere Ausgleichsregelung wurde erheblich ausgeweitet**, um auch mittelständische Unternehmen und Schienenbahnen zu erfassen. Schließlich wurde entsprechend den Vorgaben der EE-RL 2001 **Herkunftsnachweise** für Strom aus erneuerbaren Energien eingeführt, die aber nur zur Kennzeichnung des Stroms gegenüber dem Stromverbraucher außerhalb des EEG eingesetzt werden durften.

34 Erstes Gesetz zur Änderung des Erneuerbare-Energien-Gesetzes v. 16.7.2003, BGBl. I S. 1459.

35 Vgl. BT-Drucks. 15/810, S. 5.

36 Zweites Gesetz zur Änderung des Erneuerbare-Energien-Gesetzes v. 22.12.2003, BGBl. I S. 3074.

37 Vgl. hierzu im Einzelnen Reshöft/*Reshöft*, Einleitung Rn 39 ff.

38 Gesetz zur Neuregelung des Rechts der Erneuerbaren Energien im Strombereich v. 21.7.2004, BGBl. I S. 1918.

39 RL 2001/77/EG des Europäischen Parlaments und des Rates v. 27.9.2001 zu Förderung von Strom aus erneuerbaren Energiequellen im Elektrizitätsbinnenmarkt, ABl. EU Nr. L 283 v. 27.10.2001, S. 33 ff.

40 *Salje*, EEG, Einführung Rn 51; Altrock/Oschmann/Theobald/*Altrock/Oschmann*, Einführung Rn 22.

41 Altrock/Oschmann/Theobald/*Altrock/Oschmann*, Einführung Rn 24.

42 *Müller*, S. 393 ff.

Zum **1.1.2009** trat auf Grundlage des am 9.11.2007 vorgelegten **EEG-Erfahrungsberichts 2007**[43] das EEG 2009[44] in Kraft. Das Ziel für den Ausbau der erneuerbaren Energien wurde mit dem EEG 2009 deutlich angehoben. Der **Anteil am Stromverbrauch sollte in 2020 auf mindestens 30 %** und danach kontinuierlich weiter angehoben werden. Entsprechend wurden die Vergütungssätze für Strom aus erneuerbaren Energien in allen Bereichen erhöht. Dies betraf insbesondere kleine Biomasseanlagen und Windenergieanlagen. Für die solare Strahlungsenergie wurde trotz erkennbarer deutlicher Produktivitätsfortschritte lediglich die Degression von 6,5 auf 9 % erhöht. Darüber hinaus wurde eine flexible Anpassung der Degression eingeführt. Bei einem Zubau oberhalb einer vorgegebenen Bandbreite, erhöhte sich die Degression zusätzlich um einen Prozentpunkt.[45] Bei einem geringeren Wachstum des Marktes sollte sie um einen Prozentpunkt sinken (sog. Atmender Deckel). Ein wichtiges neues Instrument war das Einspeisemanagement (§§ 11 und 12 EEG 2009), mit dem die Abregelung von Strom aus erneuerbaren Energien bei Netzüberlastungen ermöglicht und eine Entschädigung vorgesehen wurde.[46] Gleichzeitig wurde eine neue Systematik geschaffen, einige Normen wurden verschoben, andere weiter ausdifferenziert oder auf mehrere Normen aufgeteilt. Im Ergebnis stieg die Anzahl der Paragrafen von 21 auf 66, statt nur einer Anlage gab es nunmehr 5. Der zusätzliche Text sollte vor allem zur Vereinfachung der Rechtsanwendung dienen,[47] warf aber teilweise auch neue Auslegungsfragen auf. 12

Zum **1.1.2010** trat die **Ausgleichsmechanismusverordnung**[48] in Kraft, die zu folgenschweren Änderungen führte.[49] Die physisch-bilanzielle Wälzung der EEG-Strommengen an die Elektrizitätsversorgungsunternehmen endete nunmehr bei den ÜNB. Diese veräußern die **EEG-Strommengen** am Tag vor der Erzeugung am **Spotmarkt** einer Börse. Da die so erzielten Einnahmen die Ausgaben für die EEG-Vergütungen nicht abdecken, erhalten die ÜNB im Wege der finanziellen Wälzung die EEG-Umlage von den Vertrieben, die im Gegenzug die geforderten Strommengen bei der Stromkennzeichnung gegenüber ihren Kunden ausweisen dürfen. Die **EEG-Umlage** wird von den ÜNB festgesetzt. Die BNetzA überwacht die korrekte Festsetzung der EEG-Umlage und die Vermarktungstätigkeit der ÜNB. 13

Zum **1.7.2010** trat das 1. Änderungsgesetz zum Erneuerbare-Energien-Gesetz in Kraft, mit dem im Wesentlichen die **Vergütungen für Photovoltaik-Anlagen um 11** 14

43 Bundesregierung, Erfahrungsbericht 2007 zum Erneuerbare-Energien-Gesetz, BT-Drucks. 16/7119.

44 Gesetz für den Vorrang Erneuerbarer Energien v. 25.10.2008, BGBl. I, S. 2074.

45 Gesetzesbegründung, BT-Drucks. 16/9477, S. 24.

46 Hierzu im Einzelnen Schumacher, ZUR 2009, 522, 525 ff.

47 Gesetzesbegründung, BT-Drucks. 16/8148, S. 35.

48 Verordnung zur Weiterentwicklung des Ausgleichsmechanismus v. 17.7.2009, BGBl. I S. 2101.

49 Vgl. hierzu im Einzelnen *Rostankowski*, ZNER 2010, 125 ff., *Rostankowki/Oschmann*, RdE 2009, 361; *Altrock/Eder*, ZNER 2009, 128 ff.

bis 16 % abgesenkt wurden. Gleichzeitig wurden der bereits 2009 in Ansätzen eingeführte atmende Deckel[50] erheblich verschärft, so dass die jährliche Degression nunmehr abhängig vom Zubau im Vorjahr 1,5–29 % betragen konnte. Diese Novelle schloss auch Photovoltaik-Anlagen auf ehemaligen Ackerflächen, die bis dahin den größten Teil der sog. Freiflächenanlagen ausgemacht hatten, von der EEG-Vergütung aus. Freiflächenanlagen konnten nunmehr ausschließlich auf Konversionsflächen, Autobahn- und Schienenwegrandstreifen sowie versiegelten Flächen errichtet werden.

15 Der erste Entwurf zur nächsten großen Novelle wurde gleichzeitig mit dem **EEG-Erfahrungsbericht 2011**[51] im Rahmen des sog. Energiewendepakets vorgelegt. Kern der **EEG-Novelle 2012**[52] war das Thema **Marktintegration**. So wurde eine optionale, gleitende Marktprämie für Strom aus allen EEG-Anlagen eingeführt, die jedoch ab 1.1.2014 für neue Biogasanlagen ab 500 kW verpflichtend wird.[53] Die Folge ist, dass EEG-Anlagenbetreiber ihren Strom künftig selbst vermarkten (oder durch Dritte vermarkten lassen) können. Sie erhalten die Differenz zu den Vergütungen in Form der Marktprämie ersetzt.[54] Daneben bemüht sich das EEG 2012 um die Kosteneffizienz. So wurde die Biomassevergütung grundlegend zu Gunsten größerer, effizienterer Anlagen umgestellt. Die bestehende Überförderung kleinerer Anlagen wurde zurückgefahren.

16 Keine zwei Monate nach dem Inkrafttreten des EEG 2012 begann die Debatte um eine erneute Novellierung. Im Dezember 2011 wurden fast 3.000 MW Photovoltaikanlagen installiert. Trotz der im EEG 2009 vorgesehenen Absenkung der Vergütungen um 15 % zum Jahreswechsel 2011/2012 erschienen die Vergütungssätze weiterhin zu hoch. Deshalb wurden die Vergütungen in einer zweiten Photovoltaiknovelle[55] erneut abgesenkt und gleichzeitig die Vergütungsklassen verändert. Auch soll die Vergütung für Strom aus solarer Strahlungsenergie nunmehr monatlich abgesenkt werden. Die Höhe der Absenkung soll sich am Zubau im jeweiligen Vorjahr orientieren. Zusätzlich wurde die Vergütung für sog. Freiflächenanlagen und Anlagen auf Nichtwohngebäuden im Außenbereich stark eingeschränkt. Schließlich wurde für Anlagen mit einer installierten Leistung von mehr als 10 kW eine Begrenzung des Vergütungsanspruchs auf 90 % des produzierten Strom vorgesehen (Marktintegrationsmodell).

---

50 Vgl. hierzu § 20a EEG 2009.

51 Bundesregierung, Erfahrungsbericht 2011 zum Erneuerbare-Energien-Gesetz, BT-Drucks. 17/6085.

52 Erneuerbare-Energien-Gesetz v. 25.10.2008, BGBl. I S. 2074.

53 Bundesregierung, Erfahrungsbericht 2011 zum Erneuerbare-Energien-Gesetz, BT-Drucks. 17/6085, S. 4.

54 Hierzu z.B. *Lehnert*, ZUR 2012, 4 ff.; im Einzelnen *Müller/Wustlich*, ZNER 2011, 380.

55 Gesetz zur Änderung des Rechtsrahmens für Strom aus solarer Strahlungsenergie und weiteren Änderungen im Recht der erneuerbaren Energien v. 23.8.2012, BGBl. I, S. 1754.

3. Kraft-Wärme-Kopplungsgesetz

Anders als im Bereich der erneuerbaren Energien wurde für den Bereich der KWK in den **90er Jahren kein Fördergesetz** geschaffen. Allerdings wurde zum 1.1.1990 die Bundestarifordnung Elektrizität (BTOElt) neu gefasst. Danach sollten bei der Berechnung der zu zahlenden Einspeisevergütungen die langfristig ersparten Kosten ausschlaggebend sein.[56] Dies führte zu einer leichten Erhöhung der Vergütungen. 17

Nur das Land Bremen erließ schon 1991 ein mit dem StrEG vergleichbares Einspeisegesetz für KWK-Anlagen.[57] Das erste bundesweite Gesetz zur Förderung der KWK widmete sich nicht dem Neubau, sondern dem Erhalt von KWK-Anlagen.[58] Diese waren über Jahre hinweg oft von Stadtwerken zur Wärmeversorgung errichtet worden oder an Industriestandorten mit hohem Wärmebedarf entstanden. Durch die Strommarktliberalisierung ab 1998 wurden am deutschen Markt Überkapazitäten sichtbar, die zu deutlich sinkenden Großmarktpreisen für Strom führten.[59] Dies gefährdete die Wirtschaftlichkeit vieler KWK-Anlagen. Deshalb wurde das **Gesetz zum Schutz der Stromerzeugung aus Kraft-Wärme-Kopplung (KWKG 2000)** erlassen. Es diente der Sicherung der ressourcenschonenden, umwelt- und klimafreundlichen **Energieerzeugung in KWK**. Auf der Grundlage der EU-Binnenmarktrichtlinie sollen „stranded investments“ im Bereich bestehender KWK-Anlagen der allgemeinen Versorgung vermieden, Produktionsstandorte erhalten und Beschäftigung gesichert werden.[60] KWK-Anlagen, die bereits vor dem 1.1.2000 betrieben wurden oder mit deren Errichtung begonnen worden war, wurde nach dem Vorbild des Erneuerbare-Energien-Gesetzes ein Anspruch auf Abnahme und Vergütung des erzeugten Stroms eingeräumt. 18

Das KWKG 2000 war von Anfang an ausdrücklich als vorläufige Regelung konzipiert. Der Bundesrat hatte der Bundesregierung anlässlich seiner Beratung empfohlen, innerhalb eines Jahres einen Gesetzentwurf für die Sicherung der Nachhaltigkeit der Stromerzeugung aus KWK vorzulegen.[61] Entsprechend wurde es am **1.1.2002** durch das Gesetz für die Erhaltung, die Modernisierung und den Ausbau der Kraft-Wärme-Kopplung (**Kraft-Wärme-Kopplungsgesetz**)[62] abgelöst. Ziel des Gesetzentwurfs war der befristete Schutz und die Modernisierung von KWK-Anlagen sowie der Ausbau der Stromerzeugung in kleinen BHKW und die Markteinführung der Brennstoffzelle im Interesse der Energieeinsparung, des Umweltschutzes und der Errei- 19

---

56 Jung, Volker, Berichterstatter im Wirtschaftsausschuss des Bundestages, BT-Drucks. 14/8059, S. 8.

57 Gesetz zur Förderung der sparsamen und umweltverträglichen Energieversorgung und Energienutzung im Lande Bremen v. 17.9.1991, Brem.GBl. S. 325.

58 Gesetz zum Schutz der Stromerzeugung in Kraft-Wärme-Kopplung (Kraft-Wärme-Kopplungsgesetz) v. 12.5.2000, BGBl. I S. 703.

59 *Salje*, KWK, Einführung Rn 26.

60 Gesetzesbegründung, BT-Drucks. 14/2765, S. 4.

61 BR-Drucks. 177/1/00.

62 BGBl. 2002 I S.1092.

chung der Klimaschutzziele der Bundesregierung.[63] Entsprechend förderte das Gesetz im Wesentlichen den Weiterbetrieb bestehender Anlagen und setzte Anreize für deren Modernisierung. Der Neubau und die Erweiterung der KWK-Kapazitäten sollten allein durch die Wirtschaft finanziert werden.[64] Das KWKG 2002 setzte im Wesentlichen die Förderung nach dem Grundprinzip des KWKG 2000 fort. Wesentliche Neuerung war, dass nach dem neuen Gesetz betreiberneutral alle KWK-Anlagen gefördert wurden, die ihren Strom in die Netze der öffentlichen Versorgung einspeisten und nur noch Strom gefördert wurde, der aus einem gekoppelten Prozess stammte,[65] während zuvor der gesamte in einer KWK-Anlage erzeugte Strom vergütet wurde. Schließlich wurde die Förderung kleiner Neuanlagen erstmals Teil des Gesetzes. Auch die Förderung durch das KWKG 2002 war in wesentlichen Teilen befristet. Für alte Bestandsanlagen lief sie bereits 2006 aus, für neue Bestandsanlagen 2009. Auch die Förderung für modernisierte KWK-Anlagen und kleine BHKW war bis 2010 befristet. Danach wäre ohne Änderung nur die Förderung für Brennstoffzellen weiter gelaufen.

20 Im Rahmen des Integrierten **Energie- und Klimapakets 2009** hat die Bundesregierung eine grundlegende Überarbeitung des **KWKG**[66] vorgelegt, mit der die Förderung von KWK-Anlagen fortgesetzt werden konnte. In § 1 wurde der neue Zweck des Gesetzes festgeschrieben, einen Beitrag zur Erhöhung der Stromerzeugung aus KWK in der Bundesrepublik Deutschland auf 25 % durch den befristeten Schutz, die Förderung der Modernisierung und des Neubaus von KWK-Anlagen, die Unterstützung der Markteinführung der Brennstoffzelle sowie die Förderung des Neu- und Ausbaus von Wärmenetzen, in die Wärme aus KWK-Anlagen eingespeist wird, im Interesse der Energieeinsparung, des Umweltschutzes und der Erreichung der Klimaschutzziele der Bundesregierung zu leisten.[67] Das KWKG 2009 fördert den Ausbau von KWK-Anlagen ohne Größenbeschränkung. Erstmals wird auch KWK-Strom vergütet, der nicht in ein Netz der öffentlichen Versorgung eingespeist, sondern vor Ort genutzt wird. Gleichzeitig stellt das neue Gesetz klar, dass KWK-Strom und EE-Strom zukünftig gleichrangig zu behandeln seien, während ihnen Vorrang vor dem übrigen Strom einzuräumen sei. Die Struktur des Fördermechanismus und des Belastungsausgleichs sind hingegen unverändert. Das Fördervolumen des KWKG 2009 ist auf jährlich bis zu 750 Mio. € begrenzt. Derzeit sieht es jedoch nicht so aus, als würde diese Begrenzung auch nur annähernd erreicht.

---

63 *Jung*, Berichterstatter im Wirtschaftsausschuss des Bundestages, BT-Drucks. 14/8059, S. 8.

64 Gesetzesbegründung, BT-Drucks. 644/01, S. 25.

65 *Schmauser*, S. 46.

66 Gesetz für die Erhaltung, die Modernisierung und den Ausbau der Kraft-Wärme-Kopplung (Kraft-Wärme-Kopplungsgesetz – KWKG) v. 19.3.2002, BGBl. I S. 1092; zuletzt geändert durch das Gesetz v. 21.8.2009, BGBl. I S. 2870.

67 Gesetzesbegründung, BT-Drucks. 16/8305, S. 14.

II. Eine nachhaltigen Energieversorgung und der Instrumentenkasten

1. Ausgangspunkte und Ziele der Förderung einer nachhaltigen Energieversorgung und der erneuerbarer Energien

Eine nachhaltige Entwicklung der Energieversorgung ist letztlich eine Energiepolitik 21 im Sinne der **Staatszielbestimmung des Art. 20a GG**, also zum Schutz der natürlichen Lebensgrundlagen. Der Schutz der natürlichen Lebensgrundlagen umfasst auch den Schutz des Klimas sowie den der endlichen Energieressourcen[68] und damit den Kerngehalt einer nachhaltigen Energiepolitik.

Auch wenn das Grundgesetz Anstoß und Anknüpfungspunkt für eine nachhal- 22 tige Energiepolitik ist, wird die Debatte um die Energiewende und eine nachhaltige Energiepolitik aus anderen Quellen gespeist. In Deutschland gibt es mehrere wesentliche Ziele, die den Takt für einen Umbau der Energieversorgung angeben und für ein Umsteuern in Richtung einer nachhaltigeren Energieversorgung ursächlich sind.

Einer der zentralen **Geburtshelfer für die erneuerbaren Energien sind die** 23 **Klimaschutzziele** und die damit verbundene Bekämpfung des Klimawandels. Das StrEG entstand im Vorfeld der Klimarahmenkonvention und war bereits auf die Verringerung des Ressourcenverbrauchs und den Klimaschutz angelegt. Dies blieb auch im EEG immer ein wesentliches Ziel des Gesetzes, wie es sich auch in den Zielbestimmungen aller Fassungen des EEG finden lässt.

Die Wissenschaft ist sich mittlerweile weitgehend einig, dass ein Klimawandel 24 stattfindet, der im Wesentlichen auf überhöhte Treibhausgasemissionen des Menschen zurückgeht.[69] Auch die negativen ökologischen und wirtschaftlichen Folgen sind mittlerweile gut erforscht und dokumentiert.[70] **Wichtigste Quelle für die Treibhausgasemissionen des Menschen ist die Verbrennung fossiler Energieträger** gefolgt von der Abholzung der Wälder.[71] Auch in Deutschland basiert die Energieversorgung traditionell vorwiegend auf fossilen Brennstoffen.

Die Bundesregierung strebt mit ihrem Energiekonzept an, bis 2020 die Treib- 25 hausgasemissionen um 40 % und entsprechend der Zielformulierung der Industriestaaten bis 2050 um mindestens 80 % – jeweils gegenüber 1990 – zu reduzieren. Dies bedeutet folgenden Entwicklungspfad bei der Minderung der Treibhausgasemission bis 2050:

---

68 *Groß*, NvwZ 2011, 129; *Behrends*, ZNER 2000, 184, 186.

69 Vgl. *IPCC, 2007*; WBGU – Wissenschaftlicher Beirat der Bundesregierung Globale Umweltveränderungen: Kassensturz für den Weltklimavertrag – Der Budgetansatz, Sondergutachten, Berlin 2009.

70 Siehe *Stern*; Wissenschaftlicher Beirat der Bundesregierung für globale Umweltfragen in seinen Hauptgutachten z.B. 2010.

71 Müller/*Rahmstorf*, S. 25.

- minus 55 % bis 2030,
- minus 70 % bis 2040,
- minus 80 % bis 95 % bis 2050.[72]

26 Insbesondere für die Erreichung der langfristigen Ziele ist ein nachhaltiger Umbau der Energiewirtschaft erforderlich. Letztlich handelt es sich hier um den nationalen Beitrag zu internationalen Schutzbemühungen, die entsprechend Art. 2 der UN-Klimarahmenkonvention darauf ausgerichtet sind, eine gefährliche anthropogene Störung des Klimasystems zu verhindern. Dieses abstrakte Ziel wird durch das sog. 2-Grad-Ziel konkretisiert. Es besagt, dass der menschlich bedingte Anstieg der Temperatur auf 2 Grad begrenzt werden soll.[73]

27 Um diese Klimaschutzziele zu erreichen, sieht das **Energiekonzept** einen kontinuierlichen Ausbau der erneuerbaren Energien im Stromsektor vor: Bis 2020 soll der Anteil der Stromerzeugung aus erneuerbaren Energien am Bruttostromverbrauch mindestens 35 %, 2050 mindestens 80 % betragen.[74] Die erneuerbaren Energien leisten bereits heute einen bedeutenden **Beitrag für die Erreichung der Klimaschutzziele.** Insgesamt trugen sie im Jahr 2010 zur Vermeidung von Treibhausgasen in einer Größenordnung von 120 Mio. t CO_2-Äquivalenten bei.[75] Auf den Stromsektor entfielen 75,3 Mio. t, davon sind rund 57 Mio. t der EEG-vergüteten Strommenge zuzuordnen.[76] Im Wärmebereich wurden 39,6 Mio. t und im Kraftstoffbereich 5,0 Mio. t CO_2-Äquivalente vermieden.[77]

28 Eine weitere wichtige Grundlage für die Debatte über den Umbau der Energieversorgung ist die Frage der **Sicherheit der Atomenergie.** Dies gilt insbesondere für die Einführung des Erneuerbare-Energien-Gesetzes im Jahr 2000. Der Ersatz der Atomenergie durch erneuerbare Energien spielte aber auch in der späteren Diskussion immer wieder eine Rolle. Das wesentliche Risiko der Nutzung der Atomenergie, das die Ablehnung dieses Energieträgers auslöst, kommt von der möglichen Freisetzung radioaktiver Strahlung beziehungsweise strahlender Materie.[78] Dieses Risiko kann in keinem Bereich der Atomwirtschaft vollständig ausgeschlossen werden, auch wenn es gering sein mag: sei es durch einen Reaktorunfall, Pannen beim Transport, der Aufbereitung von Kernbrennstäben oder der Zwischen- oder Endlagerung der Abfälle. Die damalige Bundesregierung hat deshalb im Jahr 2000 einen Vertrag mit den EVU

72 BMWi und BMU, Energiekonzept für eine umweltschonende zuverlässige und bezahlbare Energieversorgung, 2010, S. 8.

73 UNFCCC, Decision 1 CP 16, S. 2 http://unfccc.int/resource/docs/2010/cop16/eng/07a01.pdf#page=2.

74 Dazwischen bestehen noch Ziele für 2030 und 2040, die bei 50 % beziehungsweise 65 % liegen; im Einzelnen hierzu Bundesregierung, EEG-Erfahrungsbericht 2011, BR-Drucks. 348/11, S. 3.

75 BMU, Erneuerbare Energien in Zahlen, 2011, S. 13.

76 BMU, Erneuerbare Energien in Zahlen, 2011, S. 13.

77 BMU, Erneuerbare Energien in Zahlen, 2011, S. 13.

78 SRU, Umweltgutachten 2000 – Schritte ins nächste Jahrtausend, BT-Drucks. 14/3363, S. 510 ff.

zum Ausstieg aus der Atomenergie geschlossen, der 2002 durch eine Novelle des Atomgesetzes umgesetzt wurde.[79] Mit dieser Novelle wurde der Neubau von Atomkraftwerken verboten und die Laufzeit der bestehenden Atomkraftwerke auf durchschnittlich 32 Jahre befristet.

Die Laufzeiten dieser Kraftwerke sollten im Zusammenhang mit dem Energie- 29
konzept[80] aus dem Herbst 2010 verlängert werden. Die Atomenergie sollte dabei eine Brückentechnologie auf dem Weg in das Zeitalter der erneuerbaren Energien sein.[81] Nach der Reaktorkatastrophe von Fukushima im Jahr 2011 hat die Bundesregierung die Restrisiken der Kernenergie neu bewertet und entschieden, zügiger als im September 2010 geplant aus der Kernenergienutzung auszusteigen und die verbliebenen Atomkraftwerke bis Ende 2022 abzuschalten.[82]

Neben diesen zwei wichtigen Auslösern der energiepolitischen Debatte gab und 30
gibt es weitere Gründe für den Umbau der Energieversorgung, die sich teilweise mit den Zweckbestimmungen des EEG decken. Ein wichtiges Thema ist die **Energiesicherheit**, das drei Facetten hat.

- Erstens geht es langfristig um die Vorsorge für künftige Generationen, da fossile anders als erneuerbare Energieträger endlich sind.[83]
- Zweitens senkt der Einsatz erneuerbarer Energien kurzfristig die Abhängigkeit Deutschlands von Energieimporten.
- Drittens hat eine weitgehend dezentrale, regenerativ ausgerichtete Energieversorgung auch sicherheitspolitische Vorteile gegenüber einem zentral organisierten, fossil-nuklearen Energiesystem, da es weniger anfällig für Terror- oder Proliferationsgefahren ist.[84]

Gerade für die politische Diskussion waren und sind daneben **wirtschaftliche** 31
Aspekte von hoher Bedeutung. So hat die Förderung der erneuerbaren Energien in Deutschland die Entwicklung von Industriezweigen unterstützt und Wertschöpfung geschaffen. Diese Entwicklung wird mit einem Konzept von gelungener **ökologischer Industriepolitik** verknüpft.[85] Die Zahl der **Beschäftigten** im Bereich der erneuerbaren Energien in Deutschland stieg bis Ende 2009 auf rund 340.000 an und soll bis

---

79 Vgl. Gesetz zur geordneten Beendigung der Kernenergienutzung zur gewerblichen Erzeugung von Elektrizität v. 22.4.2002, BGBl. I S. 1351.

80 BMWi und BMU, Energiekonzept für eine umweltschonende zuverlässige und bezahlbare Energieversorgung, 28.9.2010.

81 BMWi und BMU, Energiekonzept für eine umweltschonende zuverlässige und bezahlbare Energieversorgung, 28.9.2010, S. 18.

82 Bundesregierung, Eckpunktepapier zur Energiewende, 6.6.2011, Punkt 4.

83 Vgl. hierzu *Müller*, JEEPL 2005, S. 393.

84 BMU, Entwurf zum EEG-Erfahrungsbericht 2011, Stand 3.5.2011, S. 147, abrufbar unter http://www.erneuerbare-energien.de/inhalt/47342/47476/.

85 Vgl. hierzu SRU, Umweltgutachten 2008, S. 82 ff.

2020 auf 450.000 bis 560.000 steigen.[86] Entsprechend erhöhen sich auch die **Investitionen** in erneuerbare Energien. Sie betrugen im Jahr 2010 27,9 Mrd. € gegenüber 10,6 Mrd. € in 2005.[87] In jedem Fall schafft die Nutzung erneuerbarer Energien **Wertschöpfung** im Inland, die beim Einkauf fossiler Energieträger ins Ausland abfließen würde. So konnte allein die erneuerbare Stromerzeugung im Jahr 2009 fossile Energieimporte im Wert von über 2,2 Mrd. € einsparen; hiervon sind etwa 80 % dem EEG zuzuschreiben.[88]

32 Dem stehen die **Kosten für die Förderung der erneuerbaren Energien** gegenüber. Die Vergütungen für Strom aus erneuerbaren Energien summierten sich 2010 auf rund 12,7 Mrd. €. Abzüglich der Erlöse für die Veräußerung des Stroms von rund 3,4 Mrd. €[89] verbleiben rund **9,3 Mrd. € Differenzkosten**, die in Form der **EEG-Umlage** auf die Stromkunden umgelegt werden. Für das Jahr 2010 betrug sie 2,047 ct/kWh, 2012 beträgt sie 3,592 ct/kWh. Das bedeutet, dass 2012 auf jede Kilowattstunde verkauften Strom, 3,592 Cent für die Förderung des EEG-Stroms zu entrichten sind. Davon entfallen jedoch 0,18 Cent auf Nachzahlungen wegen einer zu niedrigen Umlage in den Vorjahren und 0,1 Cent auf die Anlegung eines Liquiditätspuffers zur Verminderung des Kreditbedarfs bei den ÜNB, die die Aufgabe der Vermarktung wahrnehmen. Die verbleibende Kernumlage, die die sog. Differenzkosten wiedergibt, beträgt somit 3,311 ct/kWh.[90]

33 Die durch das EEG geförderten Anlagen vergrößern das Stromangebot auf den Strommärkten und verdrängen damit vergleichsweise teure Stromerzeugung vom Markt. Da sich die Preise für Strom am Spotmarkt der Strombörsen immer an den Kosten des teuersten für die Deckung des Strombedarfs noch erforderlichen Kraftwerks orientieren (sog. **Merit Order**), sinken die Beschaffungskosten für Strom durch das zusätzliche Angebot von EEG-Strom erheblich.[91] Aktuelle Studien beziffern diesen Effekt auf mehr als 3 Mrd. € pro Jahr.[92] In welchem Ausmaß sich dies auf die Strombeschaffungskosten der Vertriebe und – hieran anschließend – auf die Strompreise auswirkt, hängt stark vom jeweiligen Marktverhalten ab und wird unterschied-

---

86 *Lehr/Lutz/Edler/O'Sullivan u.a.*, S. 18 f.

87 BMU, Erneuerbare Energien in Zahlen, 2011, S. 17 f.

88 BMU, Erneuerbare Energien in Zahlen, 2011, S. 13.

89 Die Zahlen stammen von der gemeinsamen Webseite der ÜNB www.eeg-kwk.net.

90 Hierzu im Einzelnen 50Hertz, Amprion, EnBW und Tennet, Prognose der EEG-Umlage 2012 nach AusglMechV v. 14.10.2011, http://www.eeg-kwk.net/de/file/111014_Prognose_EEG-Umlage-2012_final.pdf.

91 Vgl. hierzu im Einzelnen eine Untersuchung im Auftrag des BMU, Einzel- und gesamtwirtschaftliche Analyse von Kosten- und Nutzenwirkungen des Ausbaus Erneuerbarer Energien im deutschen Strom- und Wärmemarkt, http://www.erneuerbare-energien.de/inhalt/45801/40870/.

92 Vgl. Untersuchung im Auftrag des BMU, Einzel- und gesamtwirtschaftliche Analyse von Kosten- und Nutzenwirkungen des Ausbaus Erneuerbarer Energien im deutschen Strom- und Wärmemarkt, Update S. 8, http://www.erneuerbare-energien.de/inhalt/45801/40870/.

lich bewertet. Unstrittig ist jedoch, dass der jüngste Rückgang der Beschaffungspreise Spielraum bietet, die gestiegene EEG-Umlage zumindest teilweise zu kompensieren.[93]

2. Der Instrumentenkasten für eine nachhaltige Energiepolitik

In Deutschland besteht eine Vielzahl von Instrumenten, um eine nachhaltigere Energiepolitik zu fördern.[94] Dabei gibt es verschiedene Instrumente: einerseits um die drei Sektoren Strom, Wärme und Mobilität abzudecken, andererseits gibt es aber auch eine Instrumentenvielfalt innerhalb der Sektoren mit sich teils überschneidenden, teils aber auch divergierenden Zielen. Dies liegt teilweise daran, dass – wie bereits oben dargestellt – nachhaltige Energiepolitik verschiedene Ziele verfolgt, die durch unterschiedliche Instrumente unterschiedlich gut erreicht werden können. Teilweise hängt es aber auch damit zusammen, dass die Lasten verschiedener Instrumente unterschiedliche Personen treffen und durch den Instrumentenmix eine Lastenteilung erreicht wird. 34

Im **Stromsektor** stehen neben dem EEG und dem KWKG der Emissionshandel, der sektorübergreifend Stromerzeugung, Industrie – inklusive industrieller Wärmeerzeugung – und neuerdings den Luftverkehr umfasst. Er belastet die Emittenten von Treibhausgasen und senkt die möglichen Emissionen nach und nach ab. Daneben besteht die Stromsteuer, die ebenfalls den Verbrauch von Energie belastet und so Anreize zur effizienten Energienutzung setzen soll. Beide Instrumente enthalten anders als das EEG keine Förderkomponente für bestimmte Technologien. Dafür generieren sie Einnahmen, die im Fall des Emissionshandels überwiegend wieder in die Förderung von Klimaschutzmaßnahmen fließen, während die Stromsteuer in den allgemeinen Staatshaushalt fließt. 35

Im Bereich der **Wärmeversorgung** gibt es neben der EnEV, die Effizienzanforderungen für Neubauten und Sanierungen festlegt, das Erneuerbare-Energien-Wärmegesetz, das die Nutzung von erneuerbaren Energien im Neubau ordnungsrechtlich festschreibt. Beide Instrumente richten sich an die Gebäudeeigentümer. Es sind ordnungsrechtliche Instrumente, die im Fall von Neubauten einen Mindeststandard vorschreiben. Einzelne Bundesländer haben Wärmegesetze für den Gebäudebestand erlassen und so Nutzungspflichten für erneuerbare Energien festgelegt, sobald bestimmte Sanierungsmaßnahmen durchgeführt werden. Auf Bundesebene wird der Gebäudebestand bisher nur durch Förderprogramme für mehr Energieeffizienz und den Einsatz von erneuerbaren Energien angesprochen. Diese werden im Wesentlichen aus den Einnahmen des Emissionshandels finanziert. 36

---

93 BMU, Entwurf zum EEG-Erfahrungsbericht 2011, Stand 3.5.2011, S. 145 f. http://www.erneuerbare-energien.de/inhalt/47342/47476/.

94 Eine gute Übersicht über die Instrumente des Klimaschutzrechts bietet *Koch*, NVwZ 2011, 641.

37 Im **Verkehrssektor** besteht die Biokraftstoffquote neben europäischen Grenzwerten für den Kohlenstoffdioxid-Ausstoß von PKW. Neben diesen Förderregelungen gibt es eine Reihe weiterer Maßnahmen, die den Wandel indirekt oder durch sog. weiche Maßnahmen fördern. Hierzu gehören beispielsweise Werbe- und Aufklärungskampagnen oder die Regeln zur Produktkennzeichnung.

38 Insgesamt ist dies ein Instrumentenkasten, der die unterschiedlichsten Ansätze umfasst. Mit **Quoten** werden die Marktakteure zur Erreichung bestimmter **Ziele** verpflichtet, ohne das konkret bestimmt wird, durch welche Maßnahme das Ziel zu erreichen ist. Dem liegt die Annahme zu Grunde, dass die Betroffenen den effizientesten Weg zum Erreichen der Ziele suchen und finden werden. Sie ist das Gegenbild zum traditionellen **Ordnungsrecht**, das **Einzelne zu bestimmten Maßnahmen verpflichtet**, z.B. zur Einhaltung bestimmter Energieeffizienzstandards. Parallel gibt es **Fördermittel** für Effizienzmaßnahmen, insbesondere im Gebäudebestand. Mit solchen Programmen können gezielt neue **Technologien angereizt** und Veränderungen in Sektoren angestoßen werden, denen man, z.B. aus sozialen Gründen, Pflichten nicht aufbürden will. **EEG und KWKG** verbinden die **positiven Wirkungen eines Anreizprogramms mit dem beständigen Rechtsrahmen, den das Ordnungsrecht** bietet. Gleichzeitig erfolgt eine technologiedifferenzierte Förderung, die zur Entwicklung neuer Technologien erforderlich ist. Die entstehenden Lasten werden von vergleichsweise vielen Schultern getragen.

39 Trotz der unterschiedlichen Wirkungsweisen und Ziele hat dieser Instrumentenkasten immer wieder zu Diskussionen Anlass gegeben. In erster Linie wurde die Existenzberechtigung von Instrumenten, die neben den Emissionshandel treten, in Frage gestellt. Hauptgrund dieser **Kritik**: durch die Vielzahl der Instrumente steigen die Kosten für die Erreichung der Klimaschutzziele.[95] Das Instrument des **Emissionshandels** allein könne die notwendigen Treibhausgasreduzierungen volkswirtschaftlich am günstigsten bewirken. Diese Kritik richtete sich insbesondere gegen das **EEG**, das immer wieder als ökologisch nutzlos bezeichnet wurde,[96] betraf aber auch die Stromsteuer und wendet sich im Grundsatz auch gegen das KWKG. Sie übersieht aber die praktische und politische Gemengelage in der nachhaltige Energiepolitik entsteht und umgesetzt wird. Die meisten Instrumente der Energie- und Klimapolitik verfolgen verschiedene Ziele, die von der Reduktion von Treibhausgasen über Technologieentwicklung bis zur Haushaltskonsolidierung (im Fall der Energie- und Stromsteuer) reichen. So tritt neben die Reduktion von Treibhausgasen, wie sie auch der Emissionshandel bewirken soll, die Versorgungssicherheit und die Technologieentwicklung.

95 Vgl. *Frondel/Schmidt*, Emissionshandel und Erneuerbare-Energien-Gesetz: Eine notwendige Koexistenz, RWI-Positionen Nummer 10, 22.5.2006, abrufbar unter http://www.rwi-essen.de/publikationen/rwi-positionen/66/; *Sinn*, S. 173 ff.

96 Monopolkommission, Energie 2011 – Wettbewerbsentwicklung mit Licht und Schatten, BT-Drucks. 17/7181, S. 13 f.

Die vom EEG angestoßene Technologieentwicklung ist für die langfristigen Ziele zur Minderung von Treibhausgasen erforderlich, während der Emissionshandel in erster Linie Anreize für kurzfristige Emissionsminderungen setzt.[97] Schon deshalb hat die Instrumentenvielfalt ihre Berechtigung.[98] Nur je ein Instrument für jedes Ziel zu etablieren, geht an den komplexen Zusammenhängen und Wirkungen von Instrumenten im Bereich der Energieversorgung vorbei. Alle Instrumente werden in einem politischen Kontext diskutiert und ihre Umsetzung von politischen und wirtschaftlichen Interessen beeinflusst. In der Folge verlieren sie häufig an Effektivität (ein gerade für den Emissionshandel gut dokumentiertes Phänomen).[99] Aus diesem Grund braucht es oftmals weitere Maßnahmen, um die Ziele zu erreichen und die Lasten dieser Ziele gesellschaftlich zu verteilen. Wichtig bleibt es aber, die verschiedenen Instrumente so gut wie möglich aufeinander abzustimmen. Der Emissionshandel muss beispielsweise die Ziele und Wirkungen von EEG, KWKG und Stromsteuer berücksichtigen.

Das **Erneuerbare-Energien-Gesetz** hat in diesem Instrumentenkasten eine her- 40
ausgehobene Rolle – wohl weil es sich als eins der **effektivsten Förderinstrumente** erwiesen hat. Der Anteil der erneuerbaren Energien am Stromverbrauch hat sich seit dem Inkrafttreten im Jahr 2000 von knapp 5 auf über 17 % bis Ende 2010 gesteigert.[100] Auch im internationalen Vergleich hat sich das EEG nicht nur als besonders effektiv, sondern auch als **effizientes System** zur Förderung der erneuerbaren Energien erwiesen.[101] Diese positive Bewertung dieses Instruments hat auch zu seiner Verbreitung geführt. Mittlerweile haben 24 der 27 EU-Mitgliedstaaten Einspeisetarife implementiert auch darüber hinaus finden Einspeisetarife weltweit in über 50 Ländern Anwendung.[102]

B. Europarechtliche Rahmenbedingungen

I. Beihilfenrecht und Warenverkehrsfreiheit

1. Das Beihilfenverbot

Art. 107 Abs. 1 AEUV verbietet **staatliche oder aus staatlichen Mitteln gewährte** 41
Beihilfen gleich welcher Art, die durch die Begünstigung bestimmter Unternehmen oder Produktionszweige den Wettbewerb verfälschen oder zu verfälschen drohen

97 Müller/*Kemfert/Diekmann*, S. 432.

98 Müller/*Rodi*, S. 371 f.; *Matthes*, Der Instrumenten-Mix einer ambitionierten Klimapolitik im Spannungsfeld von Emissionshandel und anderen Instrumenten, S. 17, http://www.oeko.de/oekodoc/1020/2010-078-de.pdf.

99 Vgl. *Gawel/Lehmann*, et 2011, Heft 3, 24, 25; Müller/*Kemfert/Diekmann*, S. 432 f.

100 BMU, Erneuerbare Energien in Zahlen, 2011, S. 8.

101 EU-Kommission, KOM (2005) 627 v. 13.12.2005; Müller/*Ragwitz/Held*, S. 330.

102 Müller/*Mez/Jacobs*, S. 262 f.

und damit den Handel zwischen Mitgliedstaaten beeinträchtigen. Art. 107 Abs. 2 und Abs. 3 AEUV enthalten Ausnahmen von diesem Verbot. Das Beihilfenverbot wird flankiert von Art. 108 AEUV und der beihilfenrechtlichen Verfahrensverordnung, die der Europäischen Kommission umfassende Befugnisse über die Kontrolle, die Genehmigung und die Rückforderung zuweisen.

42 In seiner Grundsatzentscheidung **PreussenElektra**[103] hat der EuGH die seinerzeitige Fördermethodik des Stromeinspeisungsgesetzes (StrEinspG) nicht als staatliche Beihilfe qualifiziert. Das StrEinspG sah – ebenso wie später das EEG – eine Abnahmepflicht der Netzbetreiber vor und legte zu deren Lasten eine Mindestvergütung fest.[104] Der Gerichtshof sah in der Verpflichtung privater Elektrizitätsversorgungsunternehmen zur Abnahme von Strom aus erneuerbaren Energiequellen zu festgelegten Mindestpreisen zwar eine Begünstigung bestimmter Unternehmen. Die Verpflichtung privater Netzbetreiber führe jedoch nicht – wie Art. 107 AEUV voraussetzt – zu einer unmittelbaren oder mittelbaren Übertragung staatlicher Mittel auf die Unternehmen, die diesen Strom erzeugen. Folglich könne auch die Aufteilung der finanziellen Belastungen zwischen den privaten Elektrizitätsversorgungsunternehmen und anderen privaten Unternehmen keine unmittelbare oder mittelbare Übertragung staatlicher Mittel darstellen. Der Umstand, dass die Abnahmepflicht auf einem Gesetz beruhe und bestimmten EVU Vorteile gewähre, könne der Regelung nicht den Charakter einer „staatlichen" Beihilfe verleihen.

43 Im Gefolge des PreussenElektra-Urteils entschied die Kommission, dass auch das **EEG 2000 keine staatliche Beihilfe** im Sinne des Unionsrechts ist.[105] Es fehle an einem Transfer staatlicher Mittel. Der Vorteil für die Erzeuger von Strom aus erneuerbaren Energiequellen beruhe auf der Abnahmeverpflichtung bei einer festgelegten Mindestvergütung, welche die Marktteilnehmer einander direkt aus eigenen Mitteln zahlen, ohne dass dies über einen staatlich verwalteten Fonds oder ein staatliches Konto laufe. Die Schlussfolgerungen des Gerichtshofs aus dem PreussenElektra-Urteil ließen sich auf alle abnahme- und vergütungspflichtigen Abnehmer übertragen – unabhängig davon, ob es sich dabei um staatliche oder um private Unternehmen handele. Ungeachtet seiner seitherigen Änderungen wird hieraus weithin der Schluss gezogen, dass dieses Gesetz auch in seinen neueren Fassungen keine staatliche Beihilfe gewährt.[106]

44 Allerdings hat die Kommission in den vergangenen Jahren zu **Fördersystemen anderer Mitgliedstaaten eine restriktivere Haltung** eingenommen. Obwohl

---

103 EuGH, Urt. v. 13.3.2001, Rs. C-379/98 – PreussenElektra, Slg. 2001, I-2099.

104 Stromeinspeisungsgesetz in der letzten Fassung v. 24.4.1998, BGBl. 1998 I, S. 730.

105 Europäische Kommission, 22.5.2002 – Erneuerbare-Energien-Gesetz, KOM (2002) 1887 fin.

106 Etwa *Altrock/Oschmann*, EEG 2011, Einführung Rn 92, 97; *Salje*, EEG 2012, Einführung Rn 74 ff.; Frenz/Müggenborg/*Ehricke*, EEG 2010, S. 138 f. Rn 42; s. nun aber OLG Düsseldorf AZ VI 3 Kart 65/12 zum Beihilfencharakter der Befreiung stromintensiver Unternehmen.

diese zur Förderung der Elektrizitätserzeugung aus erneuerbaren Energien ebenfalls gesetzlich festgelegte Einspeisevergütungen mit Umlagesystemen verbanden, stufte die Kommission sie als Beihilfe ein. Mit Blick auf neuere Urteile des EuGH zur Zurechenbarkeit einer Begünstigung zum Staat[107] sei das Vorliegen „staatlicher Mittel" im Sinne des Beihilfenrechts anzunehmen, wenn folgende Voraussetzungen erfüllt sind:

- gesetzliche Einführung einer Geldzahlungspflicht (Abgabe),
- Bestimmung einer privaten oder öffentlichen Einrichtung zur Erhebung und Verwaltung der Abgabe,
- Verwendung der Mittel zu einem gesetzlich festgelegten Zweck und
- staatliche Kontrolle der Mittel.[108]

In ihrer Entscheidung von 2006 sah die Kommission diese Voraussetzungen im Fall 45 des **österreichischen Ökostromgesetzes**[109] als erfüllt an. Sie knüpfte dabei an die Rolle der sog. Ökobilanzverantwortlichen bzw. der Ökostromabwicklungsstelle an. Nach dem Ökostromgesetz aus dem Jahr 2002 waren Ökobilanzgruppenverantwortliche verpflichtet, Ökostrom förderfähiger Erzeuger zu einem festgelegten Einspeisetarif abzunehmen. Bei den Ökobilanzgruppenverantwortlichen handelte es sich um die drei Hochspannungsnetzbetreiber in Österreich. Alle drei Netzbetreiber waren mehrheitlich in öffentlicher Hand. Die Ökobilanzgruppenverantwortlichen wiesen die erworbene elektrische Energie den Stromhändlern zu, die per Gesetz zur Abnahme der zugewiesenen Energie zu einem bestimmten Verrechnungspreis verpflichtet waren. Daneben wurden von den Letztverbrauchern Förderbeiträge erhoben, die die Ökobilanzverantwortlichen verwalteten. Mit einer Novelle von 2006 übernahm eine Ökostromabwicklungsstelle die Aufgaben, die bislang den Ökobilanzgruppenverantwortlichen zugekommen waren.

Das Vorliegen einer Beihilfe begründete die Kommission mit den Unterschieden 46 zum seinerzeitigen deutschen Stromeinspeisungsgesetz.[110] Die von den Stromhänd-

---

107 EuGH, Urt. v. 17.7.2008, Rs. C-206/06 – Essent, Slg. 2008, I-5497; EuGH, Urt. v. 15.7.2004, Rs. C-345/02 – Pearle, Slg. 2004, I-7139.

108 Europäische Kommission, Beschl. v. 8.3.2011, C 24/09 (ex N 446/08) – Staatliche Beihilfe für energieintensive Unternehmen, Ökostromgesetz, Österreich, Abl. EG Nr. L 235 S. 42 Rn 64, 68, 69, 72; Europäische Kommission, 4.7.2006, Staatliche Beihilfen NN 162/A/2003 und N 317/A/2006 – Österreich Förderung der Elektrizitätserzeugung aus erneuerbaren Energieträgern im Rahmen des österreichischen Ökostromgesetzes (Einspeisetarife), KOM (2006) 2955 endg. Rn 56, 59; Europäische Kommission, 14.4.2010, State aid N 94/2010 United Kingdom. Feed-in Tariffs to support the generation of renewable electricity from low carbon sources, KOM (2010) 2445 Rn 66 f.

109 Bundesgesetz, mit dem Neuregelungen auf dem Gebiet der Elektrizitätserzeugung aus erneuerbaren Energieträgern und auf dem Gebiet der Kraft-Wärme-Kopplung erlassen werden (Ökostromgesetz 2002), BGBl. I Nr. 149/2002; Bundesgesetz über die Förderung der Elektrizitätserzeugung aus erneuerbaren Energieträgern (Ökostromgesetz 2012), BGBl. I Nr. 11/2012.

110 Europäische Kommission, 4.7.2006, Staatliche Beihilfen NN 162/A/2003 und N 317/A/2006 – Österreich Förderung der Elektrizitätserzeugung aus erneuerbaren Energieträgern im Rahmen des österreichischen Ökostromgesetzes (Einspeisetarife), KOM (2006) 2955 endg. Rn 48–60;

lern erhobenen Verrechnungspreise könnten zwar als Abnahmepflicht im Sinne des PreussenElektra-Urteils angesehen werden. Anders als bei dem Sachverhalt, der dem PreussenElektra-Urteil zugrunde lag, seien die Abnahmepreise jedoch durch eine „Clearingstelle" in Gestalt der Ökobilanzgruppenverantwortlichen bzw. der Ökostromabwicklungsstelle gelenkt. Die Ökobilanzgruppenverantwortlichen seien zumindest staatlich dominiert. Bei der Ökostromabwicklungsstelle sei unabhängig von den Beteiligungsverhältnissen die **Einflussnahme des Staates** daran erkennbar, dass für die Ausübung eine Konzession erforderlich sei. Ferner unterliege die Ökostromabwicklungsstelle der Kontrolle des Österreichischen Rechnungshofs.

47 In Jahr 2010 stand auch ein Gesetz zur Förderung von Erneuerbaren Energien und Kraft-Wärme-Kopplung des Vereinigtes Königreichs[111] auf dem Prüfstand.[112] Dieses sieht ebenfalls eine Einspeisevergütung (sog. **feed-in tariff**) vor. Ein Ausgleich zwischen den Elektrizitätsversorgungsunternehmer erfolgt über einen gesetzlich geregelten Abgaben- und Ausgleichsfonds (**levelisation fund**). Auch diese Förderregelungen stufte die Kommission als staatliche Beihilfe ein. Hinsichtlich der Staatlichkeit der Begünstigung stellte sie darauf ab, dass der levelisation fund durch das **Office of the Gas and Electricity Markets** (Ofgem) verwaltet werde.[113] Bei der Ofgem handelt es sich um die britische Energieregulierungsbehörde im Bereich Gas- und Elektrizitätsversorgung ähnlich der BNetzA.

48 Mit Blick auf die neuere Entscheidungspraxis von EuGH und Kommission ist nicht mehr auszuschließen, dass die zuständigen Unionsorgane (Kommission und EuGH) das **EEG-Fördersystem in seiner heutigen Form** als staatliche Beihilfe qualifizieren. Das Umlagesystem des EEG zeichnet sich mittlerweile durch eine Regulierungsdichte aus, die nur noch wenig mit den Regeln des früheren StrEinspG gemein hat und sich auch vom EEG 2000 deutlich unterscheidet. Zu einer Zurechnung an den Staat könnte insbesondere die Einrichtung der sog. Clearingstelle (§ 57 EEG), die der BNetzA eingeräumten Kontrollkompetenzen (§ 61 EEG) sowie die Bußgeldvorschriften (§ 62 EEG) führen. Zusammen mit dem detaillierten, und dabei stromintensive Unternehmen begünstigenden, Regelwerk zur EEG-Umlage könnten diese Vorschriften als Indizien aufgefasst werden, dass es sich nicht (mehr) um einen rein privatrechtlichen Ausgleichsmechanismus mit lediglich untergeordnetem staatlichem Einfluss handelt.

Europäische Kommission, Beschl. v. 8.3.2011, C 24/09 (ex N 446/08) – Staatliche Beihilfe für energieintensive Unternehmen, Ökostromgesetz, Österreich, Abl. EG Nr. L 235 S. 42, Rn 68; Europäische Kommission, Aufforderung zur Stellungnahme v. 11.9.2009, Staatliche Beihilfe C 24/09 (ex N 446/08) Österreichisches Ökostromgesetz – Mutmaßliche Beihilfe für große Stromverbraucher, Abl. EG Nr. C 217, S. 12.

111 Energy Act 2008, Part 2, Electricity from renewable sources (Nr. 37–43).

112 Europäische Kommission, 14.4.2010, State aid N 94/2010 United Kingdom. Feed-in Tariffs to support the generation of renewable electricity from low carbon sources, KOM (2010) 2445.

113 Europäische Kommission, 14.4.2010, State aid N 94/2010 United Kingdom. Feed-in Tariffs to support the generation of renewable electricity from low carbon sources, KOM (2010) 2445 Rn 68 f.

Andererseits ist für die Fördersysteme Österreichs und des Vereinigten Königreichs die Einrichtung einer staatsnahen Stelle kennzeichnend, die die Fördermittel bzw. Ausgleichszahlungen verwaltet und nach gesetzlichen Vorgaben verteilt. Diese Strukturelemente fehlen dem EEG noch immer, so dass auch die heutige Fördermethodik im Ergebnis (noch) beihilfenkonform sein dürfte.

2. Der Elektrizitätsbinnenmarkt

Der **freie Warenverkehr** und der **europäische Elektrizitätsbinnenmarkt** gelten 49
im Grundsatz auch für Strom aus erneuerbaren Quellen. Obwohl beim elektrischen Stromfluss physikalisch gesehen keine Masse in Bewegung gesetzt wird, wird die Versorgung mit elektrischem Strom als Lieferung einer Ware im Sinne des freien Warenverkehrs angesehen.[114] Auch die im Rahmen der Kraft-Wärme-Kopplung erzeugte und an Dritte gelieferte Wärme bzw. Kälte wird entsprechend als Ware aufzufassen sein. Beim Betrieb von Biogasanlagen fällt die eingesetzte Biomasse und insoweit wohl auch Gülle unter den Warenbegriff. Auch das Abfallprodukt, der sog. Gärrest, wird als Ware einzustufen sein. Entscheidend ist jeweils, dass diese Stoffe einen Marktwert haben und daher Gegenstand von Handelsgeschäften sein können.[115]

In seinem **PreussenElektra-Urteil** stellte der EuGH fest, dass die im seinerzei- 50
tigen Stromeinspeisegesetz enthaltene Abnahmeverpflichtung und Einspeisevergütung *„beim gegenwärtigen Stand des Gemeinschaftsrechts“* (nunmehr: Unionsrecht) nicht die Warenverkehrsfreiheit verletzten.[116] Die Abnahmepflicht der Elektrizitätsversorgungsunternehmen könne den innergemeinschaftlichen Handel zwar potenziell behindern. Bei der Beurteilung, ob eine solche Abnahmepflicht dennoch mit Art. 30 EG-Vertrag (jetzt Art. 34 AEUV) vereinbar ist, sei jedoch das Ziel der streitigen Regelung und die Besonderheiten des Strommarktes zu beachten. Die Nutzung erneuerbarer Energiequellen zur Stromerzeugung diene dem Umweltschutz, da sie zur Verringerung der Emissionen von Treibhausgasen beitrage. Diese Politik bezwecke zugleich den Schutz der Gesundheit und des Lebens von Menschen, Tieren und Pflanzen. Zudem regle die 28. Begründungserwägung der RL 96/92/EG[117] ausdrücklich, dass die Mitgliedstaaten aus Gründen des Umweltschutzes in den Art. 8 Abs. 3, Art. 11 Abs. 3 ermächtigt werden, der Elektrizitätserzeugung auf der Grundlage erneuerbarer Energien Vorrang einzuräumen. Im Übrigen liege es in der Natur der Elektrizität, dass sich ihre Herkunft und insbesondere die Energiequelle, aus der sie gewon-

114 EuGH, Urt. v. 27.4.94, Rs. C-393/92 – Almelo, Slg. 1994 I-1477, 1516, Rn 27 f.

115 EuGH, Urt. v. 9.7.1992, Rs. C-2/90 – Wallonische Abfälle, Slg. 1992, I-04431 Rn 23 ff.

116 EuGH, Urt. v. 13.3.2001, Rs. C-379/98 – PreussenElektra, Slg. 2001, I-2180 Rn 68 ff.

117 RL 96/92/EG des Europäischen Parlaments und des Rates vom 19.12.1996 betreffend gemeinsame Vorschriften für den Elektrizitätsbinnenmarkt, Abl. EG Nr. L 27, S. 20.

nen wurde, nach der Einspeisung in ein Übertragungs- oder Verteilernetz kaum noch bestimmen lässt.

51 Die in der Folgezeit aufgekommenen Zweifel, ob die Richtlinie zum Elektrizitätsbinnenmarkt – die eine Ausnahme für erneuerbare Energien nicht vorsieht – inzwischen eine andere Bewertung verlangt,[118] dürften aufgrund der neuen **RL 2009/28/EG zur Förderung erneuerbarer Energien** ausgeräumt sein.[119] Diese Richtlinie geht explizit davon aus, dass die Mitgliedstaaten das Recht haben, ihre Fördermaßnahmen bis auf weiteres auf die Stromerzeugung in ihrem Hoheitsgebiet zu beschränken.[120]

II. Kartellrecht

1. Allgemeines

52 Das Kartellrecht regelt das Funktionieren des **freien Wettbewerbs** in der Marktwirtschaft. Das Kartellrecht ist in Deutschland im Gesetz gegen Wettbewerbsbeschränkungen (GWB) geregelt. Das deutsche Recht wird teilweise überlagert von den europäischen Kartellregelungen im AEUV (Art. 101, 102) sowie der Europäischen Fusionskontrollverordnung 139/2004. Daher spielt die Praxis der Europäischen Kommission sowie des EuGH eine bedeutende Rolle für die Kartellrechtsanwendung in Deutschland. Das deutsche Kartellrecht wird im Wesentlichen vom BKartA durchgesetzt; die Europäische Kommission wendet das europäische Kartellrecht an. Das Kartellrecht gliedert sich in drei große Teilbereiche auf: das Verbot von wettbewerbsbeschränkenden Absprachen („Kartellverbot"), das Verbot des Missbrauchs marktbeherrschender Stellungen und die Fusionskontrolle.

a) Kartellverbot

53 Das Verbot wettbewerbsbeschränkender Absprachen ist im deutschen Recht in §§ 1, 2 GWB sowie im europäischen Recht in Art. 101 AEUV geregelt. Beide Regelungen sind weitestgehend identisch, allerdings ist das europäische Recht nur auf grenzüberschreitende Sachverhalte anwendbar. Nach § 1 GWB bzw. Art. 101 Abs. 1 AEUV sind Vereinbarungen zwischen Unternehmen, Beschlüsse von Unternehmensverei-

118 Karpenstein/*Schneller*, RdE 2005, S. 6 ff.

119 RL 2009/28/EG v. 23.4.2009 zur Förderung der Nutzung von Energie aus erneuerbaren Quellen und zur Änderung und anschließenden Aufhebung der RL 2001/77/EG und RL 2003/30/EG, Abl. EG Nr. L 140, S. 16.

120 RL 2009/28/EG v. 23.4.2009, S. 16, Erwägungsgrund Nr. 25: „*... Um die Wirksamkeit ... der nationalen Förderregelungen ... zu gewährleisten, ist es unbedingt notwendig, dass die Mitgliedstaaten die Möglichkeit haben zu entscheiden, ob und in welchem Umfang ihre nationalen Förderregelungen für in anderen Mitgliedstaaten erzeugte Energie aus erneuerbaren Quellen gelten ...* ." Siehe auch Rn 75.

nigungen und aufeinander abgestimmte Verhaltensweisen, die eine Veränderung, Einschränkung oder Verfälschung des Wettbewerbs bezwecken oder bewirken, verboten. Erfasst sind insbesondere Absprachen über Preise oder sonstige Geschäftsbedingungen, Absatzmengen, Aufteilung der Absatzmärkte oder Versorgungsquellen und koordinierte Diskriminierung.

Das Kartellverbot (wie auch das Missbrauchsverbot und die Fusionskontrolle) 54
richtet sich an **Unternehmen** und **Unternehmensvereinigungen**. „Unternehmen" im Sinn des Kartellrechts sind alle natürlichen und juristischen Personen, die am wirtschaftlichen Verkehr teilnehmen, indem sie Waren oder gewerbliche Leistungen anbieten oder nachfragen.[121] Der Begriff wird denkbar weit ausgelegt; auch staatliche Stellen können u.U. Unternehmen sein.

Verboten sind **Vereinbarungen** und **abgestimmte Verhaltensweisen.** Dem Kar- 55
tellverbot liegt das Leitbild zugrunde, dass jedes Unternehmen das eigene geschäftliche Verhalten am Markt autonom und unabhängig zu bestimmen hat (sog. **„Selbstständigkeitspostulat"**). Eine wettbewerbsbeschränkende Abstimmung setzt daher spiegelbildlich voraus, dass eine wie auch immer geartete Kontaktaufnahme zwischen Unternehmen stattfindet; mündliche Absprachen oder auch reine bewusste Koordinierung untereinander reichen bereits aus.

Praxistipp
Vorsicht ist vor allem geboten bei informellen Treffen mit Wettbewerbern, z.B. im Rahmen von Verbänden.

Nicht kartellrechtlich verboten ist es dagegen, wenn Unternehmen ohne jegliche 56
Koordinierung einfach das Verhalten der anderen Marktteilnehmer beobachten und daran ihr Verhalten ausrichten.

Beispiel
Dieses Verhalten lässt sich auf den Benzinmärkten beobachten, wo die Mineralölkonzerne ihre Preise aneinander ausrichten, ohne dass explizite Absprachen notwendig wären.

Diese Abstimmungen sind kartellrechtswidrig, wenn sie eine **spürbare**[122] Wettbe- 57
werbsbeschränkung **bezwecken** oder **bewirken.**[123] Bei eindeutigen Verstößen wie Preisabsprachen wird von einem „Bezwecken" ausgegangen.

---

121 EuGH, Urt. v. 16.6.1987 – 118/85 – Slg. 1987, 2599, Rn 7; BGH, Urt. v. 11.12.2001 – KZR 5/00 = WuW/E DE-R 839, 841.

122 Vgl. die Bekanntmachung der Kommission über Vereinbarungen von geringer Bedeutung, die den Wettbewerb gem. Art. 81 Abs. 1 des Vertrags zur Gründung der Europäischen Gemeinschaft nicht spürbar beschränken (de minimis), Abl EG 2001 Nr. C 368 S. 7 sowie die „Bagatellbekanntmachung" 18/2007 des BKartA vom 13.3.2007.

123 Vgl. zur Differenzierung etwa EuGH, Urt. v. 4.6.2009 – C-8/08 – Slg. 2009, I-4529, Rn 30 ff.

58 Nach § 2 GWB bzw. Art. 101 Abs. 3 AEUV können Absprachen, die nach den soeben dargestellten Kriterien in den Anwendungsbereich des Kartellverbots fallen, **gerechtfertigt** sein, wenn die wettbewerbsbeschränkenden Wirkungen, die von ihnen ausgehen, durch **Effizienzgewinne** wieder aufgewogen werden. Z.B. beschränken Forschungskooperationen oder Vertriebsvereinbarungen zwar den Wettbewerb, haben aber oft Kosten- und andere Vorteile. Gravierende Verstöße wie Preisabsprachen unter Wettbewerbern sind dagegen nicht rechtfertigungsfähig.

b) Missbrauch marktbeherrschender Stellung

59 Die missbräuchliche Ausnutzung einer marktbeherrschenden Stellung ist nach §§ 19, 20 sowie 29 GWB und Art. 102 AEUV verboten. Teilweise gehen die Sonderregelungen zum Missbrauch nach dem EnWG den kartellrechtlichen Regeln vor; dies gilt für die Netzzugangsbedingungen und die Preise hierfür sowie (netzbezogenen) Missbrauch durch Energieversorgungsnetzbetreiber (§ 111 i.V.m. §§ 20–28a, 30 EnWG).

aa) Marktbeherrschende Stellung

60 Die Feststellung, ob ein Unternehmen eine marktbeherrschende Stellung einnimmt, setzt die Definition des **relevanten Marktes** voraus. In **sachlicher** Hinsicht zum gleichen Markt gehören all die Produkte und Dienstleistungen, die aus Sicht des Nachfragers untereinander austauschbar sind, weil sie sich zur Befriedigung eines bestimmten Bedarfs gleichermaßen eignen.[124] In **räumlicher** Hinsicht bildet einen einheitlichen Markt das Gebiet, in dem die betreffenden Produkte regelmäßig angeboten und nachgefragt werden, die Wettbewerbsbedingungen homogen sind und dessen Wettbewerbsbedingungen sich von denen benachbarter Gebiete spürbar unterscheiden.[125]

61 Ob ein Unternehmen auf einem Markt eine beherrschende Stellung einnimmt, hängt wesentlich, aber nicht ausschließlich,[126] vom jeweiligen **Marktanteil** ab. Im deutschen Recht wird eine marktbeherrschende Stellung für ein einzelnes Unternehmen vermutet, wenn dieses einen Anteil von mehr als einem Drittel hält (§ 19 Abs. 2 S. 1 GWB).[127] Im deutschen Recht kann u.U. auch schon eine „marktstarke" Stellung für die Anwendbarkeit der Missbrauchstatbestände ausreichen (vgl. § 20 Abs. 2, 4 GWB).

---

124 Ständige Rechtsprechung, vgl. BGH, Urt. v. 21.12.2004 – KVR 26/03 = BGHZ 131, 107, 110; BGH, Urt. v. 19.3.1996 – KZR 1/95 = WuW/E BGH 3058; BGH, Beschl. v. 5.10.2004 – KVR 14/03 = BGHZ 160, 321.

125 Vgl. BKartA, Beschl. v. 9.12.1999 – B4-106/99 = WuW/E DE-V 203, 207; BKartA, Beschl. v. 11.2.2000 – B4-138/99 = WuW/E DE-V 235, 237.

126 Siehe zu den weiteren in Frage kommenden Kriterien § 19 Abs. 2 Nr. 1, 2 GWB.

127 Die Schwelle wird voraussichtlich im Zuge der 8. GWB-Novelle zum 1.1.2013 auf 40 % erhöht, vgl. Gesetzentwurf zur 8. GWB-Novelle, BT-Drucks. 17/9852, § 18 Abs. 4 GWB n.F.

Im europäischen Recht kommt eine marktbeherrschende Stellung ab einem Marktanteil von ca. 40 % in Frage, ab einem Marktanteil von ca. 50 % liegt sie nahe.[128] Unternehmen können auch gemeinsam marktbeherrschend sein, wenn sie erhebliche Marktanteile auf sich vereinen und zwischen ihnen kein wesentlicher Wettbewerb herrscht (sog. „**Oligopol**").

bb) Missbrauch

Die Missbrauchstatbestände sind wesentlich in der Rechtsprechung ausgestaltet 62 worden und weisen diverse Überschneidungen auf. Ein Missbrauch einer marktbeherrschenden Stellung kann zum einen in der **Ausbeutung** der eigenen starken Marktstellung liegen. Dies kann darin bestehen, dass der Marktbeherrscher seinen Geschäftspartnern (stark) unangemessene Konditionen auferlegt wie Verwendungsbeschränkungen, überhöhte Preise oder überhöhte Vertragsdauern.[129] § 29 GWB richtet sich außerdem an Anbieter von Elektrizität und leitungsgebundenem Gas und regelt insoweit gesondert den Preismissbrauch. Zu den Erscheinungsformen des **Behinderungsmissbrauchs**[130] gehören **Kampfpreisstrategien** („predatory pricing"),[131] das Fordern von **Treuerabatten**[132] sowie **Kopplungsgeschäfte**.[133] Der **Diskriminierungsmissbrauch** besteht in der Anwendung unterschiedlicher Bedingungen bei gleichwertigen Leistungen gegenüber Handelspartnern, soweit diese hierdurch im Wettbewerb behindert werden.[134] Besondere Bedeutung im energierechtlichen Bereich hat die Rechtsfigur der sog. „**essential facilities**", derzufolge ein Marktbeherrscher, der auf eine Einrichtung Zugriff hat, die für den Zugang zu einem Markt unabdingbar ist („essential"), Dritten unter bestimmten Voraussetzungen die Mitbenutzung gestatten muss.[135] Dies ist etwa bei Stromnetzen, aber auch für Fährhä-

128 EuGH, Urt. v. 3.7.1991 – C-62/86 – Slg. 1991, I-3359.

129 Kommission, Entsch. v. 24.7.1991 – IV/31.043 – ABl EG 1992 Nr. L 72 S. 1, 23; bestätigt durch EuGH, Urt. v. 6.10.1994 – T-83/91 – Slg. 1994, II-755.

130 Art. 102 S. 1 und 2 lit. c AEUV, § 19 Abs. 4 Nr. 1, 3 und 4 sowie § 20 GWB.

131 EuGH, Urt. v. 3.7.1991 – C-62/86 – Slg. 1991, I-3359, 3455.

132 EuGH, Urt. v. 13.2.1979 – 85/76 – Slg. 1979, 461, Rn 89 f.; EuGH, Urt. v. 9.11.1983 – 322/81 – Slg. 1983, 3461, Rn 71; EuGH, Urt. v. 30.9.2003 – T-203/01 – Slg. 2003, II-4071; Kommission, Entsch. v. 13.5.2009 – COMP/C-3/37.990 – Abl. EU 2009 Nr. C 227 S. 13.

133 EuGH, Urt. v. 12.12.1991 – T-30/89 – Slg. 1991, II-1439; EuGH, Urt. v. 17.9.2007 – T-201/04 – Slg. 2007, II-3601.

134 Art. 102 S. 1 und S. 2 lit. c AEUV; § 19 Abs. 4 Nr. 3 GWB; § 20 GWB; siehe auch §§ 20 Abs. 1, 30 Abs. 1 Nr. 3 EnWG.

135 § 19 Abs. 4 S. 4 GWB. Siehe nun auch die (speziellere) Ausgestaltung für den Netzzugang in § 30 EnWG.

fen angenommen worden.[136] Eine Besonderheit des deutschen Rechts stellt schließlich das **Boykottverbot** (§ 21 Abs. 1 GWB) dar.[137]

c) Fusionskontrolle

63 Das Kartellrecht verbietet es einem Unternehmen nicht, durch inneres Wachstum aus sich heraus und im Wettbewerb eine marktbeherrschende Stellung zu erlangen. Das externe Wachstum durch Transaktionen wird aber in Fusionskontrollverfahren überprüft. Fast jedes Land der Erde kennt inzwischen Fusionskontrollvorschriften; bei Großtransaktionen kann eine Vielzahl von fusionskontrollrechtlichen Genehmigungen weltweit einzuholen sein.

64 Die deutsche Fusionskontrolle ist in §§ 35–43 GWB geregelt, die europäische in der Fusionskontrollverordnung 139/2004 („FKVO"). Ob eine Transaktion anmeldepflichtig ist, richtet sich zum einen danach, ob sie einen Zusammenschluss im Sinne der jeweiligen Regelungen darstellt. Dies ist jedenfalls immer dann der Fall, wenn die **Kontrolle** über ein Unternehmen wechselt; im deutschen Recht auch schon dann, wenn *„wettbewerblich erheblicher Einfluss"* erworben wird oder die gehaltenen Geschäftsanteile 25 % bzw. 50 % überschreiten. Ferner müssen die Gesamtumsätze der beteiligten Unternehmen die jeweiligen gesetzlichen **Schwellenwerte** überschreiten.[138] Sind die (hohen) Umsatzschwellenwerte der FKVO erfüllt, ist die Europäische Kommission für die Untersuchung der Transaktion im ganzen EWR allein zuständig.

! **Praxistipp**
Anmeldepflichten sind vor jeder Transaktion sorgfältig zu prüfen. Sie können sich auch in Ländern ergeben, in denen die Parteien kaum oder gar nicht tätig sind oder (gerade in Deutschland) wenn nur Minderheitsanteile erworben werden.

---

65 Ein Fusionskontrollverfahren gliedert sich in der Regel in zwei Phasen: In der ersten werden die unproblematischen Fälle (nach ca. einem Monat) freigegeben. Weniger als 5 % der angemeldeten Fälle werden in einer zweiten Phase geprüft, die mehrere Monate in Anspruch nehmen kann. Beurteilungsmaßstab ist, ob die Transaktion die Marktstruktur erheblich verschlechtert bzw. eine marktbeherrschende Stellung entsteht oder verstärkt wird (vgl. etwa § 36 Abs. 1 GWB; Art. 2 FKVO). Ergibt die Untersuchung der Kartellbehörde erhebliche Bedenken, kann eine Untersagung oft durch

---

136 BGH, Beschl. v. 28.6.2005 – KVR 27/04 = WuW/E DE-R 1520; OLG Düsseldorf, Beschl. v. 11.6.2003 – Kart 7/03 (V) = WuW/E DE-R 1179; BKartA, Beschl. v. 27.1.2010 – B9-188/05 = WuW/E DE-V 1879.

137 Siehe z.B. OLG Düsseldorf, Beschl. v. 8.6.2007 – VI-Kart 15/06 (V) = WuW/E DE-R 2003.

138 In manchen Ländern bestehen auch Marktanteilsschwellenwerte, z.B. in Großbritannien.

Zusagen der Parteien wie z.B. eine Veräußerung eines Teils des Zielunternehmens abgewendet werden.

2. Besonderheiten im Bereich Erneuerbare Energien

Die wichtigste Besonderheit des Bereiches der Erneuerbaren Energien besteht darin, dass die Abnahme- und Preisgarantie für EEG-Strom dafür sorgt, dass insofern ein wettbewerbsloser Bereich vorliegt, auf den das Kartellrecht keine Anwendung findet. 66

Das BKartA hat für den Erstabsatz von Elektrizität einen einheitlichen Markt definiert, der Deutschland und seit einer neueren Entscheidung erstmals auch Österreich[139] umfasst. Dieser Markt umfasst den erstmaligen Absatz aller Elektrizitätsversorger aus eigener Erzeugung sowie die Netto-Importe von Elektrizität.[140] 67

Die EEG-Stromerzeugung und -Vermarktung wird jedoch nach der Praxis des BKartA nicht in diesen Markt einbezogen: Die EEG-Stromerzeugung finde aufgrund der garantierten Vergütung außerhalb des Wettbewerbs statt.[141] Auch die Vermarktung von EEG-Strom durch die ÜNB ist nach der Praxis des BKartA nicht Bestandteil des Erstabsatzmarktes; diese reichten die abgenommenen Mengen nur an die Börse durch und stünden nicht in Wettbewerb mit den anderen Anbietern.[142] Konsequenterweise bleiben bei der Berechnung von Marktanteilen von EVU, etwa im Rahmen der Fusionskontrolle, die nach EEG eingespeisten und vergüteten Strommengen unberücksichtigt.[143] Dennoch kann der EEG-Strom bei der übrigen Marktbetrachtung eine Rolle spielen, denn – so das BKartA 68

> „[...] *aufgrund des Einspeisevorrangs und erheblicher staatlicher Subventionen verdrängt er zunehmend die Stromerzeugung aus konventionellen Kraftwerken, deren Benutzungsdauer sinkt. Der Effekt ist mit einer stetig sinkenden Nachfrage zu vergleichen. Die EEG-Kapazitäten und Einspeisevolumina haben in den letzten Jahren sehr stark zugenommen und sollen nach dem Willen des Gesetzgebers weiter deutlich steigen. Im Jahr 2010 lag das Einspeisevolumen aus EEG-Kapazitäten bei über 90 TWh. Dies entspricht einer Steigerung im Vergleich zum Jahr 2006 von etwa 80 Prozent. Dies ist bei der Beurteilung der Marktbeherrschung zu berücksichtigen.*“[144]

---

139 BKartA, Beschl. v. 8.12.2011 – B8-94/11 – http://www.bundeskartellamt.de/wDeutsch/download/pdf/Fusion/Fusion11/B8-94-11.pdf.

140 BKartA, Beschl. v. 17.1.2002 – B8-109/01 = WuW/E DE-V 511, Rn 44 ff.; bestätigt in OLG Düsseldorf, Beschl. v. 6.6.2007 – VI-2 Kart 7/04 (V) = WuW/E DE-R 2094; BGH, Beschl. v. 11.11.2008 – KVR 60/07 = WuW/E DE-R 2451.

141 BKartA, Abschlussbericht zur Sektoruntersuchung Stromerzeugung und Stromgroßhandel (B10-9/09), Januar 2011, S. 73; BKartA, Beschl. v. 8.12.2011 – B8-94/11 – Rn 30.

142 BKartA, Beschl. v. 8.12.2011 – B8-94/11 – Rn 30.

143 BKartA, Beschl. v. 8.12.2011 – B8-94/11 – Rn 43.

144 BKartA, Beschl. v. 8.12.2011 – B8-94/11 – Rn 47.

69 Eine Ausnahme vom Ausschluss des EEG-Bereichs aus den genannten Märkten könnte bei der Direktvermarktung angenommen werden, welche mit der EEG-Novelle 2012 eine erheblich größere Bedeutung gewinnt.[145] In der Entscheidung **RWE/Stadtwerke Unna** vom Dezember 2011 hat das BKartA die kartellrechtliche Einordnung der Direktvermarktung allerdings noch offen gelassen, so dass derzeit unklar ist, ob dieser Bereich dem allgemeinen Erstabsatzmarkt zuzurechnen ist.[146]

70 Da EEG-Anlagenbetreiber und -Vermarkter also, soweit es um diese Bereiche geht, schon gar keine Marktstellung haben, können sie folglich auch keinen Missbrauch einer marktbeherrschenden Stellung begehen.[147] Auch § 29 GWB ist insoweit nicht anwendbar – da die Preisgestaltung nach dem EEG vorgegeben ist, ist ein Preismissbrauch nicht möglich. Auch Kartellabsprachen zwischen EEG-Stromerzeugern und -Vermarktern sind insoweit nicht denkbar. Eine Ausnahme hiervon könnte, wie oben angedeutet, im Bereich der Direktvermarktung gelten. In der Praxis dürfte es allerdings nicht schwerfallen, den Anwendungsbereich des Kartellrechts zu bestimmen; denn Verstöße gegen Kartellrecht sind nur dort und nur insoweit möglich, wie die entsprechenden Parameter nicht gesetzlich vorgegeben sind.

71 Andere Bereiche, die eng mit der Erzeugung und Vermarktung von EEG-Strom verbunden sind, sind hiervon aber nicht betroffen. Die Hersteller von Anlagenfür Erneuerbare Energien (Solaranlagen, Windenergie, Biomassekraftwerke etc.) unterliegen uneingeschränkt dem Kartellrecht.[148] Dass z.B. Eingriffe des Staates wie die Reduzierung der EEG-Förderung auch einen mittelbaren Einfluss auf die Wettbewerbsbedingungen der Anlagenhersteller haben dürften, ändert nichts daran, dass insoweit das Kartellrecht voll anwendbar ist. In Bereichen, in denen der Wettbewerb – etwa auch durch gesetzliche Vorgaben – eingeschränkt ist, gilt der Schutz des Restwettbewerbs sogar als besonders wichtig.[149] Sofern gesetzliche Regelungen nicht jeglichen Wettbewerb ausschließen, ist daher besondere Vorsicht geboten.

III. Unionsenergierecht

1. Primärrechtlicher Rahmen

72 Mit Beginn der neunziger Jahre hat die Europäische Union eine Reihe von Richtlinien und Verordnungen auf dem Energiesektor erlassen.[150] Diese Maßnahmen

145 Siehe dazu ausführlich Kap. 5 Rn 247 ff.
146 BKartA, Beschl. v. 8.12.2011 – B8-94/11 – Rn 30.
147 *Salje*, EnWG, Einführung, Rn 239.
148 Vgl. BKartA, Beschl. v. 15.05.2006 – B5-185/05 – http://www.bundeskartellamt.de/wDeutsch/download/pdf/Fusion/Fusion06/B5-185-05.pdf.
149 Vgl. etwa OLG Düsseldorf, Beschl. v. 11.4.2001 – Kart 22/01 (V) = WuW/E DE-R 665, 666; BKartA, Beschl. v. 3.4.2008 – B 7-200/07 = WuW/E DE-V 1567, Rn 281.
150 Insbesondere RL 93/76/EWG v. 13.9.1993 zur Begrenzung von Kohlenstoffdioxidemissionen

stützten sich bislang auf die Harmonisierungskompetenz zur Herstellung eines Binnenmarktes[151] – zu dem auch der Strombinnenmarkt gehört – oder die allgemeine Umweltkompetenz der Europäischen Union.[152] Auf der Grundlage beider Kompetenzen haben das Europäische Parlament und der Rat der Europäischen Union auch die **Richtlinie 2009/28/EG** zur Förderung der Nutzung von Energie aus erneuerbaren Quellen erlassen (im folgenden EE-RL).[153] Diese Richtlinie setzt den EU-Staaten einen verbindlichen gemeinsamen Rahmen zur Förderung der erneuerbaren Energien und verpflichtet sie zur Erreichung bestimmter Mindestanteile.

Zwar darf ein Rechtsakt der EU gem. Art. 192 AEUV die **Wahl eines Mitgliedstaa- 73
tes zwischen verschiedenen Energiequellen** und die allgemeine Struktur seiner Energieversorgung nicht erheblich berühren, es sei denn, es liegt ein einstimmiger Beschluss des Rates vor. Da die EE-RL den Mitgliedstaaten völlige Freiheit lässt, wie sie ihre jeweiligen Ziele erreichen, dürfte diese Anforderung trotz der in ihr enthaltenen verbindlichen Zielvorgaben noch gewahrt sein.[154]

Der Vertrag von Lissabon hat der EU erstmals eine allgemeine Kompetenz auf 74
dem Energiesektor eingeräumt.[155] **Kompetenzrechtliche Unsicherheiten bei der Förderung erneuerbarer Energien** wurden damit allerdings nicht ausgeräumt.[156] Insbesondere nennt Art. 194 AEUV die erneuerbaren Energien nur im Zusammenhang mit der Förderung der *„Entwicklung neuer und erneuerbarer Energiequellen“*. Es

durch eine effiziente Energienutzung, ABl EG Nr. L 237 S. 28; RL 96/92/EG v. 19.12.1996 betreffend gemeinsamer Vorschriften für den Elektrizitätsbinnenmarkt, ABl EG Nr. L 27 S. 20; RL 98/30/EG v. 22.6.1998 betreffend gemeinsamer Vorschriften für den Erdgasbinnenmarkt, ABl EG Nr. L 204 S. 1; RL 2001/77/EG v. 27.9.2001 zur Förderung der Stromerzeugung aus erneuerbaren Energiequellen im Elektrizitätsbinnenmarkt, ABl EG Nr. L 283 S. 33; RL 2003/30/EG v. 8.5.2003 zur Förderung der Verwendung von Biokraftstoffen oder anderen erneuerbaren Kraftstoffen im Verkehrssektor, ABl EU Nr. L 123 S. 42; VO 1228/2003 v. 26.6.2003 über die Netzzugangsbedingungen für den grenzüberschreitenden Stromhandel, ABl EU Nr. L 176 S. 1; RL 2003/54/EG v. 26.6.2003 über gemeinsame Vorschriften für den Elektrizitätsbinnenmarkt, ABl EU Nr. 176 S. 37; RL 2003/55/EG v. 26.6.2003 über gemeinsame Vorschriften für den Erdgasbinnenmarkt, ABl EU Nr. L 176 S. 57; RL 2004/8/EG v. 11.2.2004 über die Förderung einer am Nutzwärmebedarf orientierten Kraft-Wärme-Kopplung im Energiebinnenmarkt, ABl EU Nr. L 52 S. 50; RL 2006/32/EG v. 5.4.2006 über Endenergieeffizienz und Energiedienstleistungen, ABl EU Nr. L 114 S. 64; VO 714/2009/EG v. 13.7.2009 über die Netzzugangsbedingungen für den grenzüberschreitenden Stromhandel, ABl EU Nr. L 211 S. 15; RL 2009/72/EG v. 13.7.2009 über gemeinsame Vorschriften für den Elektrizitätsbinnenmarkt, ABl EU Nr. L 211 S. 55; RL 2010/31/EU v. 19.5.2010 über die Gesamtenergieeffizienz von Gebäuden, ABl EU Nr. L 153 S. 13.

151 Vgl. Art. 114 AEUV, vormals Art. 95 EGV.

152 Vgl. Art. 192 Abs. 1 AEUV, vormals Art. 175 Abs. 1 EGV.

153 RL 2009/28/EG v. 23.4.2009, ABl EU Nr. L 140 S. 16; zu kompetenzrechtlichen Zweifeln siehe *Lehnert/Vollprecht*, ZUR 2009, 307, 308 f.; *Müller/Bitsch*, EurUP 2008, 220, 222 ff.

154 A.A. *Müller/Bitsch*, EurUP 2008, 220, 223.

155 Art. 194 AEUV.

156 Vgl. Grabitz/Hilf/*Nettesheim*, Art. 194 AEUV Rn 35 f.

wird deshalb vertreten, dass die wirtschaftliche Förderung erneuerbarer Energien, wie sie die EE-RL vorsieht, nach wie vor auf die Umweltkompetenz zu stützen sei.[157] Dies allerdings dürfte vernachlässigen, dass zu den Zielen der europäischen Energiepolitik auch die Gewährleistung der Energieversorgungssicherheit gehört. Soweit EU-Rechtsakte – wie die EE-RL – unabhängiger vom Import fossiler Energieträger machen, dürfte deshalb in Zukunft Art. 194 AEUV heranzuziehen sein.

75 Unabhängig von den EU-Kompetenzen müssen die nationalen Förderregime mit dem primärrechtlichen Grundsatz des freien Warenverkehrs in Einklang gebracht werden, der auch auf Elektrizität Anwendung findet.[158] Allerdings akzeptiert die neue EE-RL bis zu einer weiteren Harmonisierung nunmehr explizit das Nebeneinander verschiedener Förderregime einschließlich die auf innerstaatliche EE-Anlagen beschränkten Einspeisungsmechanismen und damit zugleich auch eine Teilabschottung der nationalen Märkte. Der hier angestrebte Ausgleich zwischen binnenmarkt- und umweltpolitischen Zielen dürfte sich noch im Rahmen des Primärrechts halten.[159] Langfristig ist allerdings eine weitere Angleichung der Fördersysteme und damit auch eine vom Europarecht geforderte Marktorientierung der Erneuerbaren Energien zu erwarten.

2. Die Erneuerbare-Energien-Richtlinie (RL 2009/28/EG)

a) Entstehung und Inhaltsüberblick

76 Die EE-RL geht auf die unter deutscher Ratspräsidentschaft im März 2007 gefassten Beschlüsse des Europäischen Rats zu einer integrierten Energie- und Klimapolitik zurück.[160] Diese Beschlüsse wurden von der Europäischen Kommission mit dem „Klimapaket" vom 31.1.2008 in konkrete Gesetzgebungsvorschläge umgesetzt.[161] Der Ausbau und die verstärkte Nutzung der erneuerbaren Energiequellen stellen zusammen mit der Steigerung der Energieeffizienz ein wichtiges Element zur Verwirklichung der europäischen Pläne zur Reduzierung der Treibhausgasemissionen dar. Die EE-RL behandelt als erster Rechtsakt der Union den Einsatz erneuerbarer Energien und ihren Ausbau in umfassender Weise und schreibt hierfür einen gemeinsamen rechtlichen Rahmen vor. Sie **gilt für alle Arten von Energie aus erneuerbaren Quellen**, also für

---

157 So Calliess/Ruffert/*Calliess*, Art. 194 AEUV Rn 15.

158 EuGH Urt. v. 13.3.2001 – Rs. C-379/98 – Slg. 2001, I-2099; *Karpenstein/Schneller*, RdE 2005, 6 ff.

159 So auch *Müller/Bitsch*, EurUP 2008, 220, 227.

160 Vgl. Europäischer Rat (Brüssel), 8./9.3.2007, Schlussfolgerungen des Vorsitzes, Nr. 7224/1/07 REV 1.

161 Zu dem „Klimapaket" gehören daneben: Neuregelung des EU-Emissionshandels, RL 2009/29/EG v. 23.4.2009, ABl EU Nr. L 140 S. 63; Neuregelung der Qualität von Kraftstoffen, RL 2009/30/EG v. 23.4.2009, ABl EU Nr. L 140 S. 88; Richtlinie zur Speicherung von Kohlendioxid, RL 2009/31/EG v. 23.4.2009, ABl EU Nr. L 140 S. 114.

elektrische Energie, Wärme und Kälte sowie für Biokraft- und flüssige Biobrennstoffe aus erneuerbaren Quellen. Sie bündelt damit die Vorgängerrichtlinien 2001/77/EG (Strom-Richtlinie) und 2003/30/EG (Bio-Kraftstoff-Richtlinie) in einem Rechtsakt.[162] Der umfassende Regelungsansatz ist zu begrüßen, denn eine Erhöhung des Anteils an Energie aus erneuerbaren Quellen kann nur durch die Nutzung der Potenziale in sämtlichen Bereichen der Energieerzeugung erreicht werden.[163]

In der EE-RL werden erstmals **verbindliche nationale Ziele** für den Gesamtan- 77
teil von Energie aus erneuerbaren Quellen am Bruttoendenergieverbrauch (das entspricht dem Endenergieverbrauch, zuzüglich der Leitungsverluste und des Eigenverbrauchs der Erzeugungsanlagen in den Sektoren Strom und Wärme) und für ihren Anteil im Verkehrssektor festgelegt. Die Vorgängerrichtlinie, die zudem nur für den Stromsektor galt, sah lediglich unverbindliche Richtziele vor.[164] Zur Erreichung dieser nationalen Ziele baut die Richtlinie in erster Linie auf die (eventuell bereits vorhandenen) **nationalen Förderinstrumente**. Grundsätzlich können Mitgliedstaaten sich auf ihre Zielvorgaben nur die Menge an erneuerbarer Energie gutschreiben, die im Mitgliedstaat selbst hergestellt wird. Die Richtlinie sieht jedoch auch die Möglichkeit sog. flexibler Mechanismen vor, mit Hilfe derer Mitgliedstaaten sich Energie aus erneuerbaren Quellen anrechnen dürfen, die außerhalb ihres Territoriums hergestellt wird.

Die Zielverpflichtungen der Mitgliedstaaten werden von **ergänzenden Regelun- 78
gen** flankiert. Solche flankierenden Rahmenregeln betreffen die im Zusammenhang mit der Förderung erneuerbarer Energiequellen stehenden Verwaltungsverfahren, Informations- und Ausbildungspflichten, Herkunftsnachweise sowie Rahmenregeln für den Netzzugang. Es werden Kriterien für die Bewertung der Nachhaltigkeit von Biokraftstoffen und flüssigen Biokraftstoffen vorgeschrieben. Konkrete finanzielle Fördermaßnahmen für Vorhaben im Bereich der erneuerbaren Energien spart die EE-RL aus.[165]

Die Inhalte der EE-RL gelten nicht unmittelbar in den Mitgliedstaaten. Eine Richt- 79
linie ist immer nur hinsichtlich ihrer Ziele verbindlich und **muss von den Mitgliedstaaten stets in nationales Recht umgesetzt werden**. Insoweit überlässt sie den Mitgliedstaaten die Wahl der Form und der Mittel.[166] Die EE-RL war bis zum 5.12.2010

162 RL 2001/77/EG v. 27.9.2001, ABl EG Nr. L 283 S. 33 und RL 2003/30/EG v. 8.5.2003, ABl EU Nr. L 123 S. 42. Diese wurden durch die umfassende EE-RL, die am 25.6.2009 in Kraft getreten ist, ersetzt und zum 1.1.2012 aufgehoben.

163 *Lehnert/Vollprecht*, ZUR 2009, 307, 308.

164 Vgl. Art. 3 Abs. 2 i.V.m. Anhang RL 2001/77/EG; dazu *Lehnert/Vollprecht*, ZUR 2009, 307, 308.

165 Eine konkrete Förderung sieht allerdings die Verordnung 663/2009/EG v. 13.7.2009 über ein Programm zur Konjunkturbelebung durch eine finanzielle Unterstützung der Gemeinschaft zugunsten von Vorhaben im Energiebereich vor, ABl EU Nr. L 200, S. 31.

166 Vgl. Art. 288 Abs. 3 AEUV.

von den Mitgliedstaaten umzusetzen.[167] In Deutschland wurde sie maßgeblich durch das „Europarechtsanpassungsgesetz Erneuerbare Energien" umgesetzt.[168]

b) Verbindliche nationale Gesamtziele

80 Die EE-RL legt für die Mitgliedstaaten verbindliche nationale Gesamtziele auf dem Gebiet der Nutzung von Energie aus erneuerbaren Energien fest.[169] Die EE-RL knüpft damit an bereits vom Europäischen Rat im März 2007 unter deutscher Ratspräsidentschaft verbindlich beschlossene, unionsweite Zielsetzungen an.[170] Dieser hatte sich auf einen verbindlichen Anteil von 20 % erneuerbarer Energie am Gesamtenergieverbrauch in der Union und von 10 % im Verkehrssektor bis 2020 geeinigt. Die EE-RL legt nunmehr für jeden Mitgliedstaat **individuelle nationale Gesamtziele für das Jahr 2020** fest, die sich nach dem bereits vorhandenen Anteil der erneuerbaren Energien und dem Bruttoinlandsprodukt berechnen und von 10 % für Malta bis 49 % für Schweden reichen.[171] Es handelt sich um Mindestziele, die von den Mitgliedstaaten selbstverständlich überschritten werden können. Die Steigerungsraten gegenüber den Werten von 2005 schwanken zwischen 6,2 % für Rumänien und 13,5 % für Großbritannien. Deutschland ist dazu verpflichtet, seinen Anteil von Energie aus erneuerbaren Quellen am Bruttoendenergieverbrauch von 5,8 % im Jahr 2005 auf 18 % im Jahr 2020 zu steigern. Die individuelle Zielfestlegung zollt der Tatsache Rechnung, dass die Ausgangslage, das Potenzial im Bereich der erneuerbaren Energien und der Energiemix in den einzelnen Mitgliedstaaten unterschiedlich sind. So werden auch von den Ländern Anstrengungen abverlangt, die wie etwa Schweden oder Finnland bereits über einen hohen Anteil erneuerbarer Energien verfügen.

81 Im **Verkehrssektor** sieht die EE-RL demgegenüber eine **einheitliche Quote von 10 %** erneuerbarer Energien für das Jahr 2020 vor.[172] Hier war es angebracht, einen einheitlichen Anteil festzusetzen, um Kohärenz bei den Kraftstoffspezifikationen und bei der Verfügbarkeit der Kraftstoffe zu gewährleisten. Außerdem können Mitgliedstaaten, die in geringem Maße über die relevanten Ressourcen verfügen, ohne weiteres Biokraftstoffe anderweitig beziehen. Die 10 %-Quote gilt im Übrigen auch für die im Verkehrssektor verbrauchte elektrische Energie.

82 Abgesehen vom Verkehrssektor steht es den Mitgliedstaaten frei zu entscheiden, in welchen Bereichen sie den Anteil erneuerbarer Energien in welcher Höhe steigern

---

167 Vgl. Art. 27 EE-RL.
168 Vgl. hierzu *Klemm*, REE 2011, 61 ff.
169 Vgl. Art. 3 EE-RL.
170 Vgl. Europäischer Rat (Brüssel), 8./9.3.2007, Schlussfolgerungen des Vorsitzes, Nr. 7224/1/07 REV 1.
171 Vgl. Art. 3 Abs. 1 i.V.m. Anhang I Teil A EE-RL.
172 Vgl. Art. 3 Abs. 4 EE-RL.

wollen, solange sie das nationale Ziel insgesamt erreichen.[173] In **nationalen Aktionsplänen**, die der Europäischen Kommission vorzulegen und von dieser zu überprüfen sind,[174] müssen die Mitgliedstaaten sich jedoch auf bestimmte Ziele in den einzelnen Bereichen festlegen. Sie sind in diesen Plänen auch dazu verpflichtet, die für das Erreichen der nationalen Gesamtziele und der übrigen Anforderungen der Richtlinie zu ergreifenden angemessenen Maßnahmen zu konkretisieren. Diese Pläne waren der Europäischen Kommission bis zum 30.6.2010 vorzulegen.

Die Mitgliedstaaten können die Verfehlung dieser verbindlichen Zielwerte nur im 83
Falle **höherer Gewalt** rechtfertigen, was ggf. von der Europäischen Kommission überprüft würde.[175] Obgleich die Richtlinie den Mitgliedstaaten weitgehende Verpflichtungen auferlegt, schweigt sie über eventuelle **Sanktionen.** Gegen Mitgliedstaaten, die diese Ziele nicht erreichen, kommen daher nur die allgemeinen Rechtsschutzmöglichkeiten in Frage. Die Europäische Kommission könnte demnach gegen einen säumigen Staat ein Vertragsverletzungsverfahren gem. Art. 258 AEUV einleiten,[176] verpflichtet wäre sie hierzu jedoch nicht.[177]

Um sicherzustellen, dass die Mitgliedstaaten die für sie festgesetzten Ziele für 84
das Jahr 2020 erreichen, stellt die Richtlinie **unverbindliche Zwischenziele** auf (sog. „indikativer Zielpfad“).[178] In den Jahren 2011/2012 sollen 20 %, in den Jahren 2013/2014 30 %, in den Jahren 2015/2016 45 % und 2017/2018 65 % des für die Erreichung des verbindlichen Endziels notwendigen Ausbaus erreicht werden. Verfehlt ein Mitgliedstaat ein solches Zwischenziel, so muss er der Kommission einen geänderten nationalen Aktionsplan vorlegen, aus dem hervorgeht, mit welchen Maßnahmen er den indikativen Zielpfad innerhalb einer angemessenen Zeitspanne wieder einzuholen gedenkt.[179]

Die Anrechnung der erzeugten Menge an Energie aus erneuerbaren Quellen 85
erfolgt grundsätzlich national. So schreibt Art. 5 Abs. 3 Unterabs. 1 EE-RL vor, dass der Bruttoendenergieverbrauch von Elektrizität aus erneuerbaren Energiequellen als die Elektrizitätsmenge berechnet wird, die in einem Mitgliedstaat aus erneuerbaren Energiequellen **erzeugt** wird. Gleiches gilt auch für die Fernwärme und -kälte.[180] Es kommt also nicht darauf an, wie groß der Anteil erneuerbarer Energie am tatsächlichen Verbrauch ist. Importe von erneuerbarer Energie aus dem Ausland bleiben damit grundsätzlich unberücksichtigt.[181] Um eine volle Marktabschottung bei den

173 *Lehnert/Vollprecht*, ZUR 2009, 307, 308.
174 Vgl. Art. 4 EE-RL.
175 Vgl. Art. 5 Abs. 2 EE-RL.
176 *Ringel/Bitsch*, NVwZ 2009, 807; *Lehnert/Vollprecht*, ZUR 2009, 307, 310.
177 Vgl. Calliess/Ruffert/*Cremer*, Art. 258 AEUV Rn 40 ff.
178 Vgl. Art. 3 Abs. 2 i.V.m. Anhang I Teil B EE-RL.
179 Vgl. Art. 4 Abs. 4 EE-RL.
180 Vgl. Art. 5 Abs. 4 Unterabs. 1 EE-RL.
181 *Lehnert/Vollprecht*, ZUR 2009, 307, 310 f.

erneuerbaren Energien und eine Konterkarierung der Ziele des Strombinnenmarktes zu verhindern, sieht die Richtlinie Mechanismen zur grenzüberschreitenden Zusammenarbeit vor. In einem eng umgrenzten Rahmen können Mitgliedstaaten sich auch die außerhalb ihres Territoriums hergestellte erneuerbare Energie auf ihre Ziele anrechnen (dazu sogleich).

c) Fördermaßnahmen

aa) Allgemeines

86 Wie die Mitgliedstaaten ihre Verpflichtung zur Erfüllung der in Art. 3 Abs. 1 festgelegten verbindlichen nationalen Gesamtziele erreichen, steht grundsätzlich in ihrem **Ermessen.**[182] Auf nationaler Ebene können sie verschiedene Formen der Förderung einführen. Es sind Regelungen denkbar, wonach die Kosten der Energie aus erneuerbaren Quellen gesenkt werden, ihr Verkaufspreis erhöht oder ihre Absatzmenge durch eine Verpflichtung zu ihrer Nutzung oder auf andere Weise gesteigert wird. Das kann etwa durch Investitionsbeihilfen, Steuerbefreiungen oder -erleichterungen, Steuererstattungen sowie direkte Preisstützungssysteme einschließlich Einspeisetarifen und Prämienzahlungen geschehen.[183] Die Richtlinie gibt kein bestimmtes nationales Fördersystem vor, sondern akzeptiert auch aus Gründen des Vertrauensschutzes der Investoren, dass die Mitgliedstaaten ihre jeweiligen **nationalen Regelungen zur Förderung** von Energie aus erneuerbaren Energiequellen beibehalten. Auf diese Weise wird gleichfalls sichergestellt, dass die Verantwortung für die Erfüllung der nationalen Ziele bei den Mitgliedstaaten bleibt und diese die Maßnahmen treffen können, die in ihrer jeweiligen Situation zweckmäßig und erfolgsversprechend sind. Nur so kann auch sichergestellt werden, dass die Mitgliedstaaten die Maßnahmen treffen, die die Erreichung ihrer individuellen Ziele gewährleisten und die Verantwortung hierfür tragen.

87 Insofern ergibt sich keine Änderung zu der RL 2001/77/EG, in der es ebenfalls an verbindlichen Vorschriften für ein gemeinsames Fördersystem fehlte. Während dort aber die Kommission dazu ermächtigt wurde, einen Vorschlag zur Schaffung eines gemeinschaftlichen Rahmens für Regelungen zur Förderung von Strom aus erneuerbaren Energiequellen vorzulegen,[184] verabschiedet sich die EE-RL von der Vorstellung eines gemeinschaftlichen Fördersystems.[185] Die **EU beabsichtigt mittelfristig nicht die Schaffung eines einheitlichen Fördersystems.** Die unterschiedlichen nationalen Fördersysteme wie Einspeisetarifmodelle und Quotensysteme werden parallel

---

182 Vgl. Art. 3 Abs. 3, vgl. auch Nr. 25 der Erwägungsgründe EE-RL.
183 Vgl. Art. 2 lit. k) EE-RL.
184 Vgl. Art. 4 Abs. 2 RL 2001/77/EG.
185 Vgl. Art. 23 Abs. 8 lit. c) EE-RL.

zueinander existieren (ein detaillierter Überblick über die Regelungen in den einzelnen Mitgliedstaaten findet sich unter www.res-legal.de).

Gegenstück zu den rein nationalen Fördersystemen sind **grenzüberschreitende Kooperationen**, von denen die Mitgliedstaaten Gebrauch machen können. Die Richtlinie gestattet es den Mitgliedstaaten ausdrücklich, mit anderen Mitglied- und Drittstaaten zu kooperieren, um ihre jeweiligen nationalen Ziele zu erreichen. Die Richtlinie bietet für eine grenzüberschreitende Anrechnung von Energie aus erneuerbaren Quellen mehrere flexible Fördermechanismen mit unterschiedlichen Voraussetzungen an. Dieser Ansatz fördert den kosteneffizienten, an Potenzialen ausgerichteten Ausbau der erneuerbaren Energien in der Europäischen Union. Im Gegensatz zum ursprünglichen Richtlinienvorschlag der Kommission ist im endgültig verabschiedeten Text jedoch **kein Handel mit Herkunftszertifikaten mehr vorgesehen.**[186] Einige Mitgliedstaaten – allen voran Deutschland – fürchteten, dass ein Zertifikatehandel, über den sie keine Kontrolle hätten, ihre nationalen Förderungsmechanismen gefährden würde.[187] Herkunftsnachweise haben auf die Berechnung des Anteils der erneuerbaren Energien am Bruttoendenergieverbrauch deshalb keinen Einfluss und bleiben unberücksichtigt.[188] 88

Alle Wege der Kooperation, die die Richtlinie regelt, sind im Grundsatz **fakultativ**. Die Mitgliedstaaten entscheiden selbst, in welchem Umfang sie die außerhalb ihres Territoriums erzeugte Energie aus erneuerbaren Quellen fördern wollen.[189] Die Richtlinie will die Mitgliedstaaten allerdings ausdrücklich darin bestärken, diese flexiblen Mechanismen zu nutzen.[190] Jeder Mitgliedstaat, der kooperieren möchte, ist darauf angewiesen, dass sein Partnerland seinerseits die geeigneten innerstaatlichen Rechtsgrundlagen vorsieht. Deshalb besteht Grund für die Annahme, dass im Rahmen der Umsetzungsverpflichtung die Mitgliedstaaten wenigstens gehalten sind, die legislativen Grundlagen für eine Kooperation zu legen. Ansonsten könnte die praktische Wirksamkeit der Richtlinie gefährdet sein. 89

bb) Statistische Transfers

Die einfachste Möglichkeit für einen Mitgliedstaat, seinen Anteil an Energie aus erneuerbaren Quellen am Bruttoendenergieverbrauch zu erhöhen, ist der statistische Transfer dieser Energiemengen.[191] Diese Möglichkeit des Energietransfers besteht aber **nur im Verhältnis der Mitgliedstaaten untereinander**. Die Mitgliedstaaten 90

186 Zum Vorschlag siehe *Müller/Bitsch*, EurUP 2008, 220, 221 f.
187 *Lehnert/Vollprecht*, ZUR 2009, 307, 313 f.
188 Vgl. Art. 15 Abs. 2 Unterabs. 4 EE-RL.
189 Vgl. Art. 3 Abs. 3 Unterabs. 2 EE-RL.
190 Vgl. Erwägungsgrund Nr. 36 EE-RL.
191 Vgl. Art. 6 EE-RL.

können demnach eine (Verwaltungs-)Vereinbarung treffen, dass eine bestimmte Menge an Energie aus erneuerbaren Quellen statistisch von einem Mitgliedstaat auf den anderen transferiert wird. Sie wird also von der Menge an Energie aus erneuerbaren Quellen bei dem den Transfer durchführenden Mitgliedstaat subtrahiert und zu der Menge an Energie aus erneuerbaren Quellen des den Transfer akzeptierenden Staates addiert. Es findet **keine physikalische Übertragung** statt. Da der Energietransfer die Erreichung des nationalen Ziels des den Transfer durchführenden Staates nicht gefährden darf, ist die Übertragung nur möglich, wenn dieser Staat über entsprechende Überschussmengen verfügt. In einem solchen Fall kann der veräußernde Staat finanzielle Vorteile aus seiner Übererfüllung der Quote ziehen. Die beteiligten Staaten müssen den Transfer der Kommission lediglich anzeigen. Ein Widerspruchsrecht der Kommission besteht nicht.

cc) Gemeinsame Projekte zwischen Mitgliedstaaten

91 Öffentliche und private Unternehmen können sich für gemeinsame Projekte zur Erzeugung von Elektrizität, Wärme oder Kälte zusammenzuschließen, also z.B. zum Bau eines gemeinsamen Kraftwerks.[192] Energie aus solchen joint projects kann aber nur dann auf die Ziele eines Mitgliedstaates angerechnet werden, wenn die neu errichtete oder umgerüstete Anlage **nach dem Inkrafttreten der Richtlinie** in Betrieb genommen wird. So soll erreicht werden, dass die Kapazitäten insgesamt ausgebaut werden und nicht bereits mit vorhandenen Kapazitäten gehandelt wird. Die beteiligten Mitgliedstaaten können im Fall eines gemeinsamen Projektes frei festlegen, welcher Prozentsatz oder welche Menge an Elektrizität, Wärme oder Kälte aus erneuerbaren Quellen, die in dem Betrieb erzeugt wird, als auf das nationale Gesamtziel eines jeden Landes angerechnet werden kann. Auch in diesem Fall gibt es keinen realen physikalischen Energietransfer zwischen den Ländern untereinander.

dd) Gemeinsame Projekte von Mitgliedstaaten und Drittstaaten

92 Ein oder mehrere Mitgliedstaaten können auch mit einem oder mehreren Drittstaaten zur Erreichung der nationalen Ziele kooperieren.[193] Der Unionsgesetzgeber hatte bei dieser Regelung das Solarenergieprogramm für den Mittelmeerraum im Sinn.[194] Die Voraussetzungen, unter denen eine Anrechnung im Mitgliedstaat möglich ist, sind gegenüber der innergemeinschaftlichen Zusammenarbeit erheblich verschärft. Die Anrechenbarkeit gilt zum einen **nur für gemeinsame Projekte zur Produktion**

---

192 Vgl. Art. 7 EE-RL.
193 Vgl. Art. 9 EE-RL.
194 Vgl. Erwägungsgrund Nr. 39 EE-RL.

von Elektrizität.[195] Bei der Bewertung der Erfüllung der die nationalen Gesamtziele betreffenden Anforderungen wird die in einem Drittland erzeugte Elektrizität zudem nur dann berücksichtigt, wenn die **Elektrizität in der Europäischen Union auch tatsächlich verbraucht** wird.[196] Eine virtuelle Übertragung von Energiemengen wie beim statistischen Transfer und bei gemeinsamen Projekten der Mitgliedstaaten untereinander ist damit nicht anrechenbar. Es ist aber nicht erforderlich, dass gerade die in der gemeinsamen Anlage hergestellte anrechenbare Energie in die Europäische Union geleitet wird; ausreichend ist die Übertragung einer äquivalenten Strommenge, die zeitgleich hergestellt wird. Die Voraussetzung des physikalischen Transports von Energie in die Europäische Union erklärt die Beschränkung auf Elektrizität. Ein Wärme- oder Kältetransport über längere Strecken kommt nicht in Betracht und der Energieverbrauch im Verkehrssektor erfolgt ohnehin ortsgebunden.[197]

Die Anlage kommt für die Erreichung der nationalen Ziele nur dann in Betracht, 93
wenn sie nach Inkrafttreten der Richtlinie in Betrieb gegangen oder nach diesem Zeitpunkt umgerüstet wurde.[198] Es geht also auch im Verhältnis zu Drittstaaten darum, den Ausbau erneuerbarer Energiegewinnung zu fördern und sich nicht nur vorhandene Potenziale anzurechnen. Als weitere Voraussetzung gemeinsamer Projekte mit Drittstaaten dürfen für die erzeugte und exportierte Elektrizitätsmenge außer Investitionsbeihilfen für die Anlage keine Beihilfen aus einer Förderregelung des Drittstaats gewährt werden.[199]

Von dem für die Anrechenbarkeit in einem Drittstaat hergestellter Elektri- 94
zität erforderlichen realen Energietransfer lässt die Richtlinie nur eine **zeitlich beschränkte Ausnahme** zu, die mit Blick auf die mitunter zeitintensive Errichtung von entsprechenden Verbindungsleitungen (Stromkuppelstellen) aufgenommen wurde.[200] Demnach kann die aus erneuerbaren Energiequellen kommende, in einem Drittstaat produzierte und dort auch konsumierte Elektrizität dann zu Gunsten des kooperierenden Mitgliedstaats berücksichtigt werden, wenn mit dem Bau der Verbindungsleitung bis zum 31.12.2016 begonnen wird, die Verbindungsleitung nicht bis zum 31.12.2020, allerdings bis zum 31.12.2022 in Betrieb genommen werden kann, die Verbindungsleitung nach ihrer Inbetriebnahme für den Export von Elektrizität aus erneuerbaren Energiequellen in die Union tatsächlich genutzt wird und die anzurechnende Menge nicht die Energie übersteigt, die nach der Inbetriebnahme in die Union exportiert wird.

195 Vgl. Art. 9 Abs. 1 EE-RL.
196 Vgl. Art. 9 Abs. 2 lit. a) EE-RL.
197 *Lehnert/Vollprecht*, ZUR 2009, 307, 313.
198 Vgl. Art. 9 Abs. 2 lit. b) EE-RL.
199 Vgl. Art. 9 Abs. 2 lit. c) EE-RL.
200 Vgl. Art. 9 Abs. 3 EE-RL.

95 Der Mitgliedstaat muss den Prozentsatz oder die Menge der im Drittstaat erzeugten Elektrizität, die er anrechnen möchte, der Europäischen Kommission **mitteilen.** Wenn mehr als ein Mitgliedstaat beteiligt ist, wird der Kommission die Aufteilung dieses Prozentsatzes oder dieser Menge auf die Mitgliedstaaten mitgeteilt.[201]

ee) Gemeinsame Förderregelungen

96 Den Mitgliedstaaten wird unbeschadet ihrer Förderungspflichten nach Art. 3 EE-RL gestattet, ihre nationalen Förderregelungen auf freiwilliger Basis zusammenzulegen oder teilweise zu koordinieren.[202] Damit erlaubt die Richtlinie einen ersten Schritt zur **Harmonisierung der nationalen Fördersysteme** auf freiwilliger Basis. Diese Harmonisierung wirkt sich auf die Berechnung der Anteile an erneuerbarer Energie am Gesamtverbrauch aus. In solchen Fällen kann eine bestimmte Menge an Energie aus erneuerbaren Quellen, die im Hoheitsgebiet eines teilnehmenden Mitgliedstaats erzeugt wird, auf das nationale Gesamtziel eines anderen teilnehmenden Mitgliedstaats angerechnet werden. Voraussetzung hierfür ist, dass die betreffenden Mitgliedstaaten einen statistischen Transfer bestimmter Menge an Energie aus erneuerbaren Quellen von einem Mitgliedstaat auf den anderen gem. Art. 6 EE-RL vornehmen oder eine Verteilungsregel festlegen, nach der bestimmte Mengen an Energie aus erneuerbaren Quellen den Mitgliedstaaten zugewiesen werden. Auch hier gelten selbstverständlich die üblichen Mitteilungs- und Anzeigepflichten gegenüber der Europäischen Kommission.

d) Begleitregelungen

aa) Aufgaben der Verwaltung

97 Zur Förderung der erneuerbaren Energien enthält die Richtlinie auch Regelungen zur **Vereinfachung und Beschleunigung** der nationalen Verwaltungsverfahren, die die Gewinnung von Energie aus erneuerbaren Quellen betreffen.[203] Die einzelstaatlichen Vorschriften für die entsprechenden Genehmigungs-, Zertifizierungs- und Zulassungsverfahren sollen möglichst klar, einfach und zweckmäßig sein. Gleiches soll für die jeweils anfallenden Verwaltungsgebühren gelten. Die Zuständigkeiten auf den verschiedenen Ebenen müssen eindeutig und transparent sein. Die Mitgliedstaaten sollen daneben sicherstellen, dass die Antragsteller über die entsprechenden Verfahren ausreichend informiert werden. Um die Verfahren zu vereinfachen und zu beschleunigen, empfiehlt die Richtlinie, Genehmigungsverfahren ggf. durch die einfache Mitteilung an die Behörden zu ersetzen.

---

201 Vgl. Art. 9 Abs. 4 EE-RL.
202 Vgl. Art. 11 EE-RL.
203 Vgl. Art. 13 Abs. 1 EE-RL.

Die Mitgliedstaaten sind berufen darauf hinzuwirken, dass bei neuen **Bauprojekten** verstärkt erneuerbare Energiequellen zum Einsatz kommen.[204] In neuen oder neu renovierten Gebäuden muss ab dem 1.1.2015 grundsätzlich ein Mindestmaß an Energie aus erneuerbaren Energiequellen genutzt werden. Ab dem 1.1.2012 müssen neu errichtete oder neu renovierte öffentliche Gebäude eine Vorbildfunktion beim Einsatz erneuerbarer Energiequellen übernehmen. 98

bb) Information und Ausbildung

Die Mitgliedstaaten sollen sicherstellen, dass die Bürger über die Vorteile des Ausbaus und der Nutzung von Energie aus erneuerbaren Quellen ausreichend informiert werden.[205] Allen Beteiligten, also neben den Verbrauchern auch den Bauunternehmern, den Architekten, Installateuren und Lieferanten entsprechender Anlagen, sollen Informationen über die jeweiligen nationalen Fördermaßnahmen zur Verfügung gestellt werden. Bis zum 31.12.2012 müssen die Mitgliedstaaten Systeme zur **Ausbildung und Zertifizierung von Installateuren** für Anlagen zur Gewinnung von Energie aus erneuerbaren Energiequellen einrichten, die sie gegenseitig anerkennen.[206] Auch hierüber müssen sie in geeigneter Weise informieren. 99

cc) Herkunftsnachweise

Die Richtlinie verpflichtet die Mitgliedstaaten zu gewährleisten, dass auf Antrag eines Produzenten von Elektrizität aus erneuerbaren Energiequellen ein Herkunftsnachweis ausgestellt wird.[207] Dieser dient zum **Nachweis** gegenüber dem Endkunden, welchen Anteil erneuerbare Energien im Energiemix eines Energieversorgers ausmachen oder in welcher Menge sie darin enthalten sind. Diese Verpflichtung wurde aus der Vorgängerrichtlinie übernommen.[208] Die Herkunftsnachweise sollen nunmehr jedoch elektronisch ausgestellt werden. Neu ist, dass die Mitgliedstaaten auch für Wärme und Kälte entsprechende Herkunftsnachweise ausstellen können; sie sind jedoch nicht verpflichtet, ein solches System einzuführen. Die Herkunftsnachweise spielen, wie schon erwähnt, keine Rolle bei der Erfüllung des Ziels eines Mitgliedstaates. 100

204 Vgl. Art. 13 Abs. 3–6 EE-RL.
205 Vgl. Art. 14 EE-RL.
206 Vgl. Art. 14 Abs. 3 EE-RL i.V.m. Anhang IV.
207 Vgl. Art. 15 Abs. 2 EE-RL.
208 Vgl. Art. 5 RL 2001/77/EG.

dd) Regelungen zum Netzzugang

101 Die Mitgliedstaaten sind herausgefordert, die Elektrizitätserzeugung aus erneuerbaren Energiequellen auszubauen und zugleich den sicheren Betrieb des Elektrizitätssystems zu gewährleisten.[209] Die Maßnahmen, die die Richtlinie zur Einbindung der neuen Produzenten von Elektrizität aus erneuerbaren Energiequellen vorsieht, stehen deshalb unter dem Vorbehalt der Wahrung der Zuverlässigkeit und der Sicherheit des Netzes.[210] Zu diesen Maßnahmen zählt erstens die Verpflichtung der Mitgliedstaaten sicherzustellen, dass die Betreiber der Übertragungs- und Verteilernetze in ihrem Hoheitsgebiet die Übertragung und Verteilung von Elektrizität aus erneuerbaren Energiequellen gewährleisten. Zweitens müssen die Mitgliedstaaten den neuen Elektrizitätserzeugungsanlagen entweder einen **vorrangigen oder einen garantierten Netzzugang** gewähren. Sie stellen sicher, dass die Betreiber der Übertragungsnetze ihnen beim Abrufen von Elektrizitätserzeugungsanlagen den Vorrang gewähren. Ebenso bestimmt Art. 25 Abs. 4 der Elektrizitätsbinnenmarktrichtlinie 2009/72/EG,[211] dass ein Mitgliedstaat dem VNB zur Auflage macht, dass dieser bei der Inanspruchnahme von Erzeugungsanlagen solchen den Vorrang gibt, in denen erneuerbare Energieträger oder Abfälle eingesetzt werden oder die nach dem Prinzip der KWK arbeiten.

102 Die Einspeisung von Elektrizität aus erneuerbaren Energiequellen darf so wenig wie möglich beschränkt werden. Hierzu sind netz- und marktbezogene betriebliche Maßnahmen erforderlich. Die Betreiber der Netze müssen Regeln zur Verteilung der Kosten für technische Anpassungen vorsehen, die zur Einbindung der neuen Produzenten von Elektrizität aus erneuerbaren Energiequellen erforderlich sind, wie etwa für **Netzanschlüsse**. Gegebenenfalls sollten sie diese Kosten vollständig übernehmen.[212] Die Elektrizität aus erneuerbaren Energiequellen darf daneben auch bei den Tarifen für die Übertragung und Verteilung nicht benachteiligt werden. Gleiches gilt auch für Gas aus erneuerbaren Energiequellen.[213]

ee) Nachhaltigkeitskriterien für Biokraftstoffe und flüssige Brennstoffe

103 Der Einsatz nachwachsender Rohstoffe als Kraftstoffe stößt vielfach auf umweltpolitische Bedenken im Hinblick auf die großen Landflächen, die hierfür zur Verfügung gestellt werden müssen und damit nicht mehr anderweitig genutzt werden können. Um zu verhindern, dass die umweltpolitischen Ziele hinsichtlich des Einsatzes von

209 Vgl. Art. 16 Abs. 1 EE-RL.
210 Vgl. Art. 16 Abs. 2 EE-RL.
211 RL 2009/72/EG v. 13.7.2009 über gemeinsame Vorschriften für den Elektrizitätsbinnenmarkt, ABl EU Nr. L 211 S. 55.
212 Vgl. Art. 16 Abs. 3–4 EE-RL.
213 Vgl. Art. 16 Abs. 7 EE-RL.

Biokraftstoffen und flüssigen Biobrennstoffen dadurch verfehlt werden, dass deren Anbau mit einer Zerstörung wertvoller Ressourcen einhergeht, enthält die Richtlinie **strikte Anforderungen an deren Nachhaltigkeit**. Sie gelten sowohl für Produkte, die innerhalb der Union angebaut werden, als auch für solche aus Drittstaaten.[214] Damit werden die Ressourcen auf der ganzen Welt vor einem allzu leichten Zugriff zur Energiegewinnung geschützt. Unberücksichtigt bleibt aber das Problem der Verdrängung des Anbaus von Lebensmitteln.

Durch den Einsatz von Biokraft- und flüssigen Biobrennstoffen muss erstens im 104
Vergleich zu herkömmlichen Produkten eine bestimmte **Minderung der Treibhausgasemissionen** erfolgen. Der Wert liegt aktuell bei mindestens 35 %, ab dem 1.1.2017 gelten 50 % und ab dem 1.1.2018 sogar 60 %.[215] Biokraft- und flüssige Biobrennstoffe dürfen zweitens nicht aus Rohstoffen hergestellt werden, die auf ökologisch wertvollen Flächen gewonnen werden.[216] Zu den hinsichtlich der biologischen Vielfalt wertvollen Flächen zählen Urwälder, Naturschutzgebiete und artenreiches Grünland. Ebenso dürfen die zur Herstellung erforderlichen Rohstoffe nicht auf Flächen mit hohem Kohlenstoffbestand (z.B. kontinuierlich bewaldete Gebiete oder Feuchtgebiete) und nicht auf Moorgebieten gewonnen werden. Als Referenzzeitraum gilt jeweils der Zeitraum im Januar 2008.

Nur wenn die eben genannten Bedingungen erfüllt sind, können die aus nach- 105
wachsenden Rohstoffen gewonnen flüssigen Kraft- und Brennstoffe zur Bewertung der Einhaltung der nationalen Ziele, der Verpflichtung zur Nutzung erneuerbarer Energien und der Möglichkeit der finanziellen Förderung berücksichtigt werden. Damit die Einhaltung der Kriterien objektiv überprüft werden kann, sieht die Richtlinie auch diesbezüglich eigene Vorschriften vor, u.a. wie die Einsparung an Treibhausgasemissionen zu berechnen ist.[217]

e) Umsetzung in deutsches Recht

Die Bundesregierung hat am 4.8.2010 den **Nationalen Aktionsplan für erneuerbare** 106
Energie beschlossen. Dieser Aktionsplan wurde mit wissenschaftlicher Unterstützung des Deutschen Zentrums für Luft- und Raumfahrt Stuttgart (DLR), des Beratungsunternehmens Ecofys, des Zentrums für Sonnenenergie- und Wasserstoffforschung Baden-Württemberg (ZSW) und des Deutschen BiomasseForschungsZentrums (DBFZ) erstellt. Die Bundesregierung geht im Nationalen Aktionsplan davon aus, dass das verbindliche nationale Ziel von 18 % erneuerbaren Energien am Bruttoendenergiever-

214 Vgl. Art. 17 Abs. 1 EE-RL.

215 Vgl. Art. 17 Abs. 2 EE-RL. Der Wert von 60 % gilt nur für Produkte aus Anlagen, die am oder nach dem 1.1.2017 ihre Produktion aufgenommen haben.

216 Vgl. Art. 17 Abs. 3–5 EE-RL.

217 Vgl. Art. 18 und 19 EE-RL i.V.m. Anhang V.

brauch im Jahr 2020 mit einem erwarteten Anteil von 19,6 % übertroffen werden kann. Für die einzelnen Sektoren ergeben sich im Aktionsplan für 2020 ein Anteil von 15,5 % erneuerbaren Energien im Bereich Wärme/Kälte, ein Anteil von 38,6 % erneuerbaren Energien am Strom und ein Anteil von 13,2 % im Verkehrsbereich. Im Herbst 2010 hat die Bundesregierung zudem ein Energiekonzept vorgelegt, das umfassender ausgerichtet ist als der Nationale Aktionsplan und deutlich stärker die konventionellen Energieträger und die Entwicklung der Energieeffizienz berücksichtigt.

107 Die EE-RL wurde schließlich vom Deutschen Bundestag mit dem „**Europarechtsanpassungsgesetz Erneuerbare Energien**" in nationales Recht umgesetzt.[218] Es ist am 1.5.2011 in Kraft getreten. Das Gesetz beschränkt sich nicht auf die Umsetzung der Richtlinie, sondern nimmt auch national begründete Rechtsänderungen vor. Es enthält Änderungen im EEG, im EEWärmeG, im Energiestatistikgesetz, im Baugesetzbuch, im Hochbaustatistikgesetz und in der Biomassestrom-Nachhaltigkeitsverordnung.[219] Ein zentraler Bestandteil dieses Gesetzes ist eine grundlegende Novelle des EEWärmeG, durch die u.a. die Vorbildfunktion öffentlicher Gebäude für die Wärme- und Kälteerzeugung aus Erneuerbaren Energien eingeführt wird. Da die EE-RL die nationalen Fördersysteme unberührt lässt und auch die sonstigen Vorgaben weitgehend den deutschen Regelungen im EEG und EEWärmeG entsprechen, ergab sich insgesamt ein nur geringer Umsetzungsbedarf.[220] Wesentliche Teile der EE-RL waren bereits durch die Biomassestrom-Nachhaltigkeitsverordnung vom 23.7.2009[221] und durch die Biokraftstoff-Nachhaltigkeitsverordnung vom 30.9.2009[222] umgesetzt. Die von der Richtlinie vorgesehenen fakultativen Kooperationsmöglichkeiten wurden bislang nicht umgesetzt. Es ist allerdings bislang unklar, ob diesbezüglich überhaupt eine Änderung der Rechtslage erforderlich wäre oder ob diese nicht bereits mit administrativen Maßnahmen auf der Grundlage der geltenden Rechtslage realisierbar wären.

C. Energieträger

I. Solarenergie

108 Als „unerschöpfliche" Energiequelle gilt die solare Strahlungsenergie. Sie ist die mit Abstand größte erneuerbare Energiequelle, von der im Jahr eine Energiemenge von

---

218 Vgl. hierzu *Klemm*, REE 2011, 61 ff.

219 Vgl. Art. 3 ff. des Europarechtsanpassungsgesetzes Erneuerbare Energien v. 12.4.2011, BGBl. I S. 619.

220 *Lehnert/Templin/Theobald*, VerwArch 2011, 83, 86.

221 BGBl. I 2009 S. 2174.

222 BGBl. I 2009 S. 3182.

1,08 × 10^{18} kWh die Erdoberfläche erreicht. Dies entspricht knapp dem 10.000-fachen des Weltprimärenergiebedarfs.[223]

Solarenergie kann sowohl zur Erzeugung von Strom als auch zur Erzeugung von Wärme genutzt werden. Solarenergie stellt eine erneuerbare Energie im Sinne des EEG 2012 dar,[224] daraus gewonnener **Strom** wird unter bestimmten Voraussetzungen nach den §§ 32, 33 EEG 2012 vergütet. Auch **Wärme**, die aus Solarenergie gewonnen wird, gilt ebenso als erneuerbare Energie im Sinne des EEWärmeG, mit der die Nutzungspflicht erneuerbarer Energien im Rahmen des Wärmebedarfs von Gebäuden erfüllt werden kann. 109

Die Stromerzeugung aus solarer Strahlungsenergie kann durch **Photovoltaikanlagen** oder **solarthermische Kraftwerke** erfolgen. Bei solarthermischen Kraftwerken (Parabolrinnen-Kraftwerke, Solarturmkraftwerke) wird Strahlungsenergie mittels Spiegeln auf einen Punkt konzentriert, dadurch auf ein vielfaches verstärkt und eine Wärmeflüssigkeit (z.B. Thermoöl) erhitzt.[225] Mittels des entstehenden Dampfes wird ein Generator angetrieben, der elektrische Energie erzeugt. Solche Kraftwerke wurden bisher nur in Gegenden mit hoher direkter Sonneneinstrahlung realisiert (z.B. in Spanien).[226] Auch das Desertec-Projekt in Nordafrika plant den Einsatz solarthermischer Kraftwerke.[227] Deutschland ist mangels ausreichender direkter Sonneneinstrahlung als Standort für solarthermische Kraftwerke nicht geeignet. 110

Von großer Bedeutung in Deutschland ist dagegen die Erzeugung von Strom aus solarer Strahlungsenergie mittels Photovoltaikanlagen. Bei Photovoltaikanlagen gewinnen Solarzellen aus dem Sonnenlicht direkt elektrische Energie. Photovoltaikanlagen werden meist auf oder an Gebäuden installiert. Der durch die Solarzellen erzeugte Strom wird – anders als die durch Solarkollektoren erzeugte Wärmeenergie – regelmäßig nicht unmittelbar für die Gebäudeversorgung verwendet, sondern ins **öffentliche Netz** eingespeist. Die Dimensionierung von Photovoltaikanlagen erfolgt aufgrund der vollständigen Einspeisung daher in aller Regel unabhängig vom jeweiligen individuellen Bedarf. Inselsysteme, bei denen der erzeugte Strom selbst verbraucht wird, sind nicht zuletzt wegen der bisherigen fehlenden Förderung unüblich. Durch das EEG 2012 wurde in der – inzwischen wieder geänderten – Bestimmung des § 33 Abs. 2 EEG ein Vergütungsanspruch auch für selbst genutzten (nicht ins Netz eingespeisten) Strom aufgenommen.[228] Dies soll einen Anreiz setzen, Strom aus erneu- 111

223 *Quaschning*, S. 36.
224 § 3 Nr. 3 EEG 2012.
225 Vgl. dazu *Quaschning*, S. 148 ff.
226 Vgl. zu Innovationen in der solarthermischen Stromerzeugung: *Niehörster*, et 7/2011, 65.
227 Nach eigenen Informationen der Desertec Foundation: vgl. http://www.desertec.org/de/konzept/technologien.
228 Reine Inselanlagen, die weder unmittelbar noch mittelbar an ein Netz angeschlossen sind, werden hiervon jedoch – jedenfalls nach Ansicht der Clearingstelle EEG – nicht erfasst; vgl. dazu unten Kap. 3 Rn 15.

erbaren Energien selbst dezentral zu verbrauchen („**Eigenverbrauchsbonus**“).[229] Im Rahmen der Einführung des sog. Marktintegrationsmodells durch das Gesetz *„zur Änderung des Rechtsrahmens für Strom aus solarer Strahlungsenergie und zur weiteren Änderungen im Recht der erneuerbaren Energien“*[230] wurde der Eigenverbrauchsbonus wieder gestrichen. Der nicht vergütete Stromanteil soll (ohne Eigenverbrauchsbonus) selbst verbraucht werden oder direkt vermarktet werden.

112 Photovoltaikanlagen werden auch gebäudeunabhängig als sog. **Freiflächenanlagen** errichtet. Diese sind sehr flächenintensiv[231] und können dadurch Konflikte mit anderen Nutzungen hervorrufen (Landwirtschaft, Wohnen, Industrie- und Gewerbe, Infrastruktur, Erholung). Für die Errichtung von Freiflächenanlagen sind daher besonders Flächen geeignet, die anderweitig nicht oder nur eingeschränkt genutzt werden können (stillgelegte Deponieflächen; versiegelte Industriebrachen etc.). Entsprechend werden durch das EEG 2012 neu zu errichtende Freiflächenanlagen nur auf bereits vorbelasteten Flächen gefördert.[232]

113 Neben der Stromerzeugung kann die solare Strahlungsenergie auch zur **Wärmeerzeugung** genutzt werden. Die Wärmegewinnung erfolgt durch Solarkollektoren, die in aller Regel auf Gebäudedächern installiert werden. In den Solarkollektoren zirkuliert eine Wärmeträgerflüssigkeit (meist Wasser), die durch die Sonnenstrahlung erhitzt wird. Die Wärmeträgerflüssigkeit wird nicht direkt verwendet, sondern es wird mittels eines Wärmetauschers die Wärme entnommen. Die Solarkollektoren dienen in aller Regel der direkten Versorgung der jeweiligen Gebäude mit Brauchwasser. Bei entsprechender Anlagengröße können Solarkollektoren (jedenfalls bei modernen Heizungsanlagen) auch durch Heizwärme die Gebäudeheizung unterstützen (Frühjahr, Herbst). Der Beitrag zur Heizwärme ist aber gerade im sonnenarmen Winter begrenzt.

II. Windenergie

114 Anders als bei der Solarenergie wird bei der Windenergie nicht die direkte, sondern die indirekte Sonnenenergie zur Energiegewinnung genutzt. Wind entsteht im Wesentlichen durch Temperaturschwankungen auf der Erde, die durch den Einfluss der

---

229 BT-Drucks. 16/8148, S. 61.

230 BGBl. I 2012 S. 1754.

231 Der nach eigenen Angaben derzeit größte Solarpark Deutschlands, der Solarpark Lieberose in Brandenburg, beansprucht eine Fläche von 162 ha für einen prognostizierten Ertrag von ca. 52 GWh pro Jahr (nach eigenen Angaben auf der Homepage des Solarparks http://www.solarpark-lieberose.de/zahlen/default.html).

232 Vgl. dazu Kap. 3 Rn 16.

Sonne hervorgerufen werden.[233] Die Temperaturunterschiede bewirken Luftdruckunterschiede, die zu Ausgleichsströmungen (Winde) führen.[234] Diese Bewegungsenergie nutzen Windenergieanlagen zur Stromerzeugung. Bei Windenergieanlagen wird zwischen Windenergieanlagen an Land (**onshore**) und Windenergieanlagen auf See (**offshore**) unterschieden. Für den Anwendungsbereich des EEG definiert § 3 Nr. 9 EEG 2012 Windenergieanlagen erst ab einer Entfernung von drei Seemeilen von der Küstenlinie als Offshore-Anlagen.[235] Die Einstufung als Offshore-Anlage wirkt sich u.a. durch eine höhere Vergütung aus.

Eine Windenergieanlage besteht im Wesentlichen aus einem Fundament, einem 115
Turm, einer Gondel (mit Generator und ggf. Getriebe) sowie Rotorblätter, Rotornabe, Rotorbremse und Netzanschluss.[236] Rotoren gibt es sowohl mit vertikaler als auch mit senkrechter Drehachse.[237] Für die Stromerzeugung werden in aller Regel Windkraftanlagen mit 3-Blatt-Rotoren und horizontaler Drehachse verwendet. Der Windrotor treibt einen elektrischen Generator an, der die mechanische in elektrische Energie umwandelt.

Moderne Windenergieanlagen können heute eine installierte Leistung von über 116
5 MW übersteigen.[238] Der weit überwiegende Teil von Windenergieanlagen liegt in Deutschland derzeit im Bereich von 2,0 MW bis 2,9 MW[239] (2010: > 80 %).[240] Die installierte Leistung entspricht der Leistung, die eine Anlage bei Volllastbetrieb erreichen kann (Nennleistung). Eine Windenergieanlage mit einer elektrischen Leistung von 2 MW kann daher theoretisch bei einer maximalen Anzahl von 8.760 Volllaststunden (= 365 Tage × 24 h) 17.520 MWh Strom im Jahr produzieren. Aufgrund der unsteten Windverhältnisse liegt die tatsächliche „Ausbeute“ von Windenergieanlagen jedoch deutlich darunter.

Ab Erreichen der Nennleistung wird die Leistung konstant gehalten, um eine 117
Überlastung des Generators zu verhindern. Hierzu werden Stall- oder Pitch-Regelungen verwendet.[241] Bei einer **Stall-Regelung** werden die Rotorblätter so konstruiert, dass ab einer bestimmten Windgeschwindigkeit die Strömung abreißt. In modernen (größeren) Windenergieanlagen werden mittlerweile in aller Regel **Pitch-Regelungen** verwendet, die durch eine Veränderung des Blatteinstellwinkels (flexibler) Einfluss auf die Drehgeschwindigkeit nehmen können. Neben technischen Gründen

233 *Quaschning*, S. 235.
234 Vgl. dazu *Quaschning*, S. 236 f.; *Büdenbender/Heintschel von Heinegg/Rosin*, Rn 1388.
235 Vgl. dazu Kap. 3 Rn 10.
236 Vgl. *Quaschning*, S. 253.
237 Vgl. dazu *Quaschning*, S. 251 ff.
238 *Quaschning* S. 252 f.
239 2010: < 1,5 MW: 12,9 %; 1,5–1,8 MW: 1,2 %; 3,0–5,0 MW: 1,7 %; ≥ 5,0 MW: 2,4 %.
240 BMU, Entwicklung der erneuerbaren Energien in Deutschland im Jahr 2010 – Grafiken und Tabellen, S. 18.
241 Vgl. dazu *Quaschning*, S. 256 f.

kann der Einsatz einer Pitch-Steuerung auch aus Lärmschutzgründen erforderlich sein, um beim Überschreiten von Grenzwerten die Anlagen nicht komplett abstellen zu müssen.

III. Bioenergie

118 Bioenergie bezeichnet Energie, die aus Biomasse gewonnen wird. Bei der Energiegewinnung aus Biomasse handelt es sich um eine indirekte Nutzung von Sonnenenergie, da Biomasse im Rahmen der Photosynthese gespeicherte Sonnenenergie enthält. Unter **Biomasse** werden allgemein Stoffe organischer Herkunft, also die gesamte Masse aller Lebewesen (Tiere und Pflanzen) verstanden. Nicht unter die Biomasse fallen fossile Energieträger. Fossile Energieträger wie Öl, Kohle, Gas und Torf stellen zwar auch Biomasse im weiteren Sinne dar; im Kontext der erneuerbaren Energien werden sie aber hiervon ausgenommen, da sie sich nicht in überschaubaren Zeiträumen regenerieren. Unter Klimaschutz-Gesichtspunkten führt die Verwendung von Biomasse zur Energieerzeugung zu einer weitgehend ausgeglichenen CO_2-Bilanz,[242] weil bei der Verbrennung die gleiche Menge CO_2 ausgestoßen wird, die zuvor (in der Pflanze) gebunden wurde.

119 Die Gewinnung von Energie aus Biomasse leistet mit einem Anteil von 7,9 % (2010)[243] am gesamten Endenergieverbrauch – jedenfalls derzeit – den größten Beitrag an der Energiebereitstellung unter den erneuerbaren Energien in Deutschland. Biomasse trug damit mit ca. 72 % zu dem gesamten Anteil erneuerbarer Energien am Endenergieverbrauch (11,0 %) bei. Der weit überwiegende Teil der Energie aus Biomasse wird zur **Wärmebereitstellung** (2010: 127,0 TWh[244]) genutzt, wovon 2010 55,9 % auf biogene Festbrennstoffe (Holz) in Haushalten entfielen. Die Anteile der Biomasse an der **Stromerzeugung** (2010: 33,5 TWh[245]) und an der Herstellung von **Kraftstoffen** (2010: 35,9 TWh[246]) blieb dahinter zurück. Biomasse stellt eine erneuerbare Energie im Sinne des EEG[247] sowie des EEWärmeG[248] dar.

---

242 Die CO_2-Bilanz „verschlechtert" sich allerdings um die CO_2-Emissionen, die beispielsweise zur Produktion und für den Transport der Biomasse aufgewendet wird.

243 Daten entnommen aus: BMU, Erneuerbare Energien 2010 – Daten des Bundesministeriums für Umwelt, Naturschutz und Reaktorsicherheit zur Entwicklung der erneuerbaren Energien in Deutschland im Jahr 2010 auf der Grundlage der Angaben der Arbeitsgruppe Erneuerbare Energien-Statistik (AGEE-STat), S. 4, abrufbar unter: http://erneuerbare-energien.de/inhalt/47121/5466/.

244 Hiervon entfielen 55,9 % auf biogene Festbrennstoffe (Holz) in Haushalten (2010).

245 Der Anteil von Biogas an der Stromerzeugung aus Biomasse lag 2010 bei 38,3 %, der Anteil biogener Festbrennstoffe bei 36,2 %.

246 Davon entfielen 74,1 % auf Biodiesel, 24,1 % auf Bioethanol und 1,8 % auf Pflanzenöl (2010).

247 § 3 Nr. 3 EEG 2012.

248 § 2 Abs. 1 Nr. 4 EEWärmeG.

Bioenergieträger können grundsätzlich bedarfsabhängig eingesetzt werden. Gegenüber der Solar- und Windenergie hat die Bioenergie damit den Vorteil, dass sie zur **Deckung der Grundlast** beitragen kann, da ihr Potenzial auch dann genutzt werden kann, wenn die äußeren Bedingungen (insb. Windverhältnisse und Sonneneinstrahlung) eine Nutzung anderer erneuerbarer Energien nicht zulassen. 120

Energie aus Biomasse kann zur Stromerzeugung, Wärmeerzeugung oder als Kraftstoff verwendet werden. Biomasse kann dabei auf verschiedene Weise zur Energieerzeugung genutzt werden. Allen Arten der Energieerzeugung ist ein Verbrennungsvorgang gemein, der schließlich zur Erzeugung von Strom, Kraft und/oder Wärme führt. 121

Bei Bioenergieträgern wird zwischen Bioenergieträgern in festem, flüssigem und gasförmigem Aggregatzustand unterschieden: 122

- **Bioenergieträger in festem Aggregatzustand** (feste Biomasse) sind vor allem Holz und Holzprodukte, feste Bioabfälle sowie Stroh und Energiepflanzen.[249] Der Schwerpunkt des Einsatzes von fester Biomasse liegt im Bereich der **(Heiz-) Wärme**. Feste Biomasse wird aber auch zur Stromerzeugung eingesetzt. Dazu wird der bei der Verbrennung entstehende Dampf zur Stromerzeugung genutzt.
- **Biogene Energieträger in flüssigem Aggregatzustand** (Pflanzenöl, Biodiesel, Biobenzin) können sowohl als **Kraftstoffe** als Ersatz für fossile Brennstoffe wie Heizöl, Diesel oder Benzin (Pflanzenöl, Biodiesel) als auch als **Brennstoffe** zur Erzeugung von Strom und/oder Wärme in (Heiz-)Kraftwerken verwendet werden. Am einfachsten ist dabei die Herstellung von Pflanzenöl, das aus ölreichen Pflanzen (Rapsöl, Sojaöl, Palmöl) in Ölmühlen durch Pressung oder Extraktion gewonnen wird.[250] Für Neuanlagen hat die Errichtung von Anlagen zur Erzeugung von Strom aus flüssiger Biomasse durch die EEG-Novelle 2012 erheblich an Bedeutung verloren, da die Vergütung für Strom aus flüssiger Biomasse für Neuanlagen (Inbetriebnahme ab dem 1.1.2012) durch das EEG 2012 grundsätzlich gestrichen wurde.[251]
- **Bioenergieträger in gasförmigem Aggregatzustand** kommt die größte Bedeutung für die Stromerzeugung aus Biomasse zu. Biogas wird durch anaerobe Vergärung von Biomasse gewonnen und besteht u.a. aus (dem energiereichen) Methan, Kohlenstoffdioxid, Stickstoff und Wasserdampf. Durch eine Aufbereitung, bei der das Methan u.a. von Kohlenstoffdioxid und Wasser getrennt werden muss, kann Biogas zu Biomethan „veredelt" werden, das ins Erdgasnetz eingespeist werden kann. Dieser Vorgang ist aufwendig, die Einspeisung hat jedoch u.a. den Vorteil, dass das eingespeiste Biomethan flexibel an Verbrauchsstellen aus dem Erdgasnetz entnommen und verstromt werden kann. Auch Deponie- und Klärgas fallen unter den Begriff der Biomasse. Deponiegas entsteht durch den mikrobiel-

249 *Quaschning*, S. 329.
250 *Quaschning*, S. 333.
251 Vgl. dazu unten Kap. 3 Rn 26.

len Abbau von organischen Abfällen auf Deponien und besteht im Wesentlichen aus Methan und Kohlendioxid.[252] Klärgas entsteht bei der Vergärung von Klärschlamm und besteht ebenfalls aus einem hohen Anteil von brennbaren Methan.

123 Zur Stromerzeugung werden Bioenergieträger regelmäßig in **Blockheizkraftwerken** eingesetzt, die neben Strom auch Wärme gewinnen und ins Wärmenetz einspeisen.[253] Der Aufbau von BHKW unterscheidet sich im Wesentlichen danach, welche Art von Biomasse zum Einsatz kommt. Dem BHKW ist (insbesondere beim Einsatz von Biogas) meist eine Anlage zur Herstellung der im BHKW eingesetzten Biomasse angegliedert, in der die Brennstoffe aus der Biomasse hergestellt werden. Je nach Art des eingesetzten Brennstoffs ist dessen Herstellung mehr oder weniger komplex.

124 Vergleichsweise einfach ist dabei die Umwandlung von **Holz** in einen Brennstoff. Sie besteht im Wesentlichen in der Zerkleinerung des Holzes in die gewünschte Größe (Brennholz, Holzschnitzel, Pellets etc.) sowie einer Trocknung des Holzes (der Heizwert hängt maßgeblich vom Wassergehalt ab).

125 Aufwendiger ist dagegen die Umwandlung von Biomasse in **Biogas.**[254] Die Umwandlung erfolgt in Biogasanlagen, die sich in ihrem Aufbau erheblich voneinander unterscheiden können (u.a. abhängig vom Einsatzstoff). Das Grundprinzip ist jedoch bei allen Anlagen das Gleiche. Kern einer Biogasanlage ist der sog. Fermenter, in dem Biomasse durch anaeroben (ohne Sauerstoff) mikrobiellen Abbau vergoren wird (Fermentation) wobei (u.a.) das energiereiche Methan sowie Kohlenstoffdioxid entsteht. Bei der Fermentation unterscheidet man zwischen der Trocken- und Nassfermentation. Bei der Nassfermentation wird die Biomasse mit Wasser flüssig gehalten und während der Fermentation durchmischt. Die Nassfermentation eignet sich besonders bei landwirtschaftlichen Biogasanlagen, die Gülle als Einsatzstoff verwenden. Für strukturreiche Biomasse ist die Trockenfermentation günstiger. Dabei wird die Biomasse im Fermenter ohne Wasserbeigabe vergoren.

126 Bestandteile einer Biogasanlage sind neben dem Fermenter und den erforderlichen Betriebsgebäuden Halden zur Lagerung der Einsatzstoffe sowie zur Lagerung der Gärreste. Die Gärreste können als Düngemittel in der Landwirtschaft verwendet werden. Da Gärreste im Winter nicht als Dünger ausgebracht werden können, sind entsprechende Lagerkapazitäten erforderlich. Je nach Art der Einsatzstoffe kann zudem eine Anlage zur Aufbereitung vor der Fermentierung erforderlich sein (z.B. Zerkleinerung, Sortierung). In den meisten Biogasanlagen wird das gewonnene Biogas in einem (oder mehreren) angrenzenden oder durch eine Direktleitung verbundene,

---

252 Altrock/Oschmann/Theobald/*Oschmann*, § 3 Rn 68.

253 Nach dem EEG 2012 ist es nun Vergütungsvoraussetzung, dass mindestens 60 % des erzeugten Stroms in KWK erzeugt wird, sofern nicht durchschnittlich ein Anteil von Gülle von mindestens 60 Masseprozent eingesetzt wird; in den ersten beiden Betriebsjahren genügt ein Anteil von mindestens 25 % (§ 27 Abs. 4 Nr. 1 und 2 EEG 2012).

254 Vgl. dazu die Ausführungen bei *Kruschinski*, S. 20 ff.

weiter entfernt liegende BHKW[255] zur Energieerzeugung genutzt. Daneben ist es aber auch möglich, das Biogas in Aufbereitungsanlagen zu **Biomethan**[256] aufzubereiten und in das Erdgasnetz einzuspeisen. Das Biomethan kann dann nach Bedarf wieder entnommen werden.

IV. Wasser- und Gezeitenkraft

Wasserkraftwerke leisten einen wesentlichen Anteil an der Erzeugung von Strom aus erneuerbaren Energien. Neben der „klassischen" Energiegewinnung durch Laufwasser-, Speicherwasser- und Pumpspeicherkraftwerke kann Energie aus Wasserkraft auch durch Gezeitenkraftwerke oder Salzgradientenkraftwerke gewonnen werden. Das EEG 2012 nennt die Wasserkraft einschließlich der Wellen-, Gezeiten-, Salzgradienten- und Strömungsenergie in § 3 Nr. 3 EEG 2012 als erneuerbare Energie im Sinne des Gesetzes. Bei den „klassischen" Wasserkraftanlagen unterscheidet man zwischen Laufwasserkraftwerken, Speicherwasserkraftwerken und Pumpspeicherkraftwerken. 127

Bei **Laufwasserkraftwerken** wird im Flusslauf durch ein Wehr Wasser aufgestaut, wodurch sich ein Höhenunterschied der Wasseroberfläche vor und hinter dem Stauwerk ergibt.[257] Das aufgestaute Wasser wird durch eine Turbine geleitet, die einen Generator antreibt. Laufwasserkraftwerke haben regelmäßig nur geringe Speichermöglichkeiten. Die Stromproduktion ist daher von den natürlichen Wasserschwankungen des Flusses abhängig. 128

Über größere Speicherkapazitäten verfügen **Speicherkraftwerke**. Bei Speicherkraftwerken wird durch die Errichtung einer Staumauer Wasser aus natürlichen Zuflüssen in einem Reservoir gehalten („Stausee"). Die Lageenergie des Wassers wird dann mittels einer Turbine zum Antrieb eines Generators genutzt, der elektrischen Strom erzeugt. Mit einem Ausbau der Stromerzeugung durch Speicherkraftwerke ist in Deutschland nicht zu rechnen. Dies könnte – neben mangelnder geeigneter Standorte und der meist erheblichen Umweltauswirkungen – auch an der fehlenden Vergütung für Strom aus neu errichteten Speicherkraftwerken liegen. Nach § 23 Abs. 6 EEG 2012 besteht ein Anspruch auf Vergütung bei Speicherkraftwerken nur, wenn sie an einem bestehenden Speicher oder einen bestehenden Speicherkraftwerk errichtet worden sind.[258] 129

255 Nach dem EEG 2012 ist es nun Vergütungsvoraussetzung, dass mindestens 60 % des erzeugten Stroms in KWK erzeugt wird, sofern nicht durchschnittlich ein Anteil von Gülle von mindestens 60 Masseprozent eingesetzt wird; in den ersten beiden Betriebsjahren genügt ein Anteil von mindestens 25 % (§ 27 Abs. 4 Nr. 1 und 2 EEG 2012); vgl. dazu Kap. 3 Rn 31.

256 Biomethan wird in § 3 Nr. 2b EEG 2012 als Biogas oder sonstige gasförmige Biomasse definiert, das oder die aufbereitet und in das Erdgasnetz eingespeist worden ist.

257 Einzelheiten hierzu: *Quaschning*, S. 295 f.

258 Vgl. zur Vergütung von Strom aus Wasserkraft § 23 EEG.

130 Von **Pumpspeicherkraftwerken** unterscheiden sich „gewöhnliche" Speicherkraftwerke, indem der Wasserspeicher nicht durch einen natürlichen Zufluss gespeist, sondern Wasser erst mittels elektrischer Pumpen in den Speicher befördert wird.[259] Pumpspeicherkraftwerke dienen so als Energiespeicher. Durch ihren Einsatz können große konventionelle Kraftwerke, die sich nur schwer an- und abfahren lassen, besser ausgenutzt werden.[260] Mit dem Ausbau der erneuerbaren Energien wird Pumpspeicherkraftwerken zudem große Bedeutung zum Ausgleich von Stromüber- und unterangeboten zugemessen. In Zeiten eines Überangebots an Strom (sonnige, windreiche Stunden) wird mittels der überschüssigen Energie Wasser von einem unteren Becken in ein oberes Becken gepumpt. Reicht das aktuelle Energieangebot nicht zur Deckung des Strombedarfs aus, wird das Wasser aus dem oberen Becken durch eine Rohrleitung wieder durch eine Turbine in das untere Becken geleitet und damit ein Generator angetrieben. Beim Einsatz von Pumpspeicherkraftwerken kommt es insgesamt zu Energieverlusten, d.h. es wird mehr Energie zum Hochpumpen des Wassers verwendet, als beim Herunterfließen gewonnen wird. Der Wirkungsgrad eines modernen Pumpspeicherkraftwerks liegt bei 80 %.[261] Aufgrund dieser technischen Voraussetzungen ist der Zubau von Pumpspeicherkraftwerken in Küstennähe, und damit in der Nähe der für die Energiewende bedeutsamen Offshore-Anlagen, unwahrscheinlich. Zur unmittelbaren Kopplung von Erzeugung und Speicherung in diesem Bereich ist daher – wie für die Kopplung von Erzeugung und Verbrauch – der **Leitungsbau** von Bedeutung.

131 Neben den „klassischen" Wasserkraftanlagen können auch die Gezeiten zur Erzeugung von erneuerbarer Energie aus Wasserkraft ausgenutzt werden. Neben Gezeitenkraftwerken kann durch Meeresströmungskraftwerke und Wellenkraftwerke Energie erzeugt werden. Zur Wasserkraft zählen schließlich auch Osmosekraftwerke.

- **Gezeitenkraftwerke**: Bei einem Gezeitenkraftwerk wird die potenzielle Energie der Gezeiten genutzt. Durch einen Damm wird im Küstenbereich eine Bucht abgetrennt. Bei Flut strömt das Wasser in die Bucht, bei Ebbe strömt es zurück. Dabei wird jeweils eine im Damm befindliche Turbine angetrieben. Gezeitenkraftwerke werden aufgrund ihrer hohen Investitionskosten und der Auswirkungen auf das Ökosystem kaum mehr gebaut. In Deutschland sind die Voraussetzungen aufgrund des geringen Tidenhubs zudem ungünstig.
- **Meeresströmungskraftwerke**: Größeres Potenzial für die Zukunft wird in sog. Meeresströmungskraftwerken gesehen. Anders als Gezeitenkraftwerke benötigen frei umströmte Meeresströmungskraftwerke keine Dämme. Meeresströmungs-

259 Ergänzend kann ein Pumpspeicherkraftwerk auch durch zusätzliche natürliche Zuflüsse gespeist werden.

260 *Quaschning*, S. 300.

261 *Quaschning*, S. 299.

kraftwerke funktionieren im Prinzip wie Windenergieanlagen unter Wasser, bei denen der Rotor durch die Meeresströmung angetrieben wird.

- **Wellenkraftwerke**: Neben Gezeiten- und Meeresströmungskraftwerken kann Energie auch durch Wellenkraftwerke gewonnen werden. Wellenkraftwerke nutzen die potenzielle Energie der Wellen. Zur Nutzung der Wellenenergie gibt es verschiedene Systeme (Schwimmersystem, Kammersystem, TapChan-Anlagen).[262] Bei einem Kammersystem wird beispielsweise eine Kammer mit Lufteinschluss geschaffen. Die durch die Welle verdrängte Luft in der Kammer treibt eine Turbine an. Weicht die Welle zurück, wird durch die wieder einströmende Luft die Turbine erneut angetrieben.[263] Wellenkraftwerke befinden sich derzeit noch in der Erprobungsphase. Für die Nutzung von Wellenenergie kommen nur küstennahe Regionen mit niedrigen Wassertiefen in Frage.
- **Osmosekraftwerke**: Auch die Gewinnung von Strom aus Salzgradientenenergie (Osmoseenergie) befindet sich derzeit noch in der Erprobungsphase. Salzgradientenenergie entsteht beim osmotischen Übergang von Salz- zu Süßwasser. Geeignete Stellen für Osmosekraftwerke sind Mündungen von Flüssen in Meere, an denen große Mengen Süßwasser auf Salzwasser treffen. Diese Standorte können daher insbesondere in Konflikt mit der Nutzung als Schifffahrtswege geraten. Eine Testanlage wurde Ende 2009 in Norwegen in Betrieb genommen.[264]

V. Geothermie

1. Allgemeines

Geothermie nutzt die Wärme in der Tiefe der Erde sowie die oberflächennahe Erdwärme zur Energiegewinnung. Im Inneren der Erde lagern gewaltige Energiereserven: Im **Erdkern** herrschen Temperaturen von 4000 bis 5000 °C; 99 % der Erde sind heißer als 1000 °C. Diese Energiereserven sollen mittels der Geothermie nutzbar gemacht werden. Die Temperatur nimmt von der Erdoberfläche zum Erdkern zu. Der Temperaturanstieg beträgt durchschnittlich 1 °C pro 33 m Tiefe,[265] d.h. in einer Tiefe von 3300 m ist die Temperatur um 100 °C höher als in der obersten Erdschicht. Aufgrund von Anomalien (beispielsweise durch das Zusammentreffen von Kontinentalplatten) nimmt die Temperatur nicht überall gleich schnell zu. Begünstigte Lagen finden sich beispielsweise in Island, den USA oder Japan. In Deutschland sind günstige Bedin- 132

262 Vgl. dazu *Quaschning*, S. 308 f.
263 Vgl. dazu *Quaschning*, S. 308.
264 Vgl. die Informationen hierzu auf der Website des Betreibers: http://www.statkraft.de/energiequellen/osmosekraft.
265 *Quaschning*, S. 311.

gungen insbesondere im Bereich der **Rhein-Tiefebene** vorhanden. Dort herrschen bereits in 3000 m Tiefe Temperaturen von über 150 °C.[266]

133 Die Erdwärme kann sowohl zur Stromerzeugung als auch zu Heizzwecken verwendet werden. Geothermie gilt nach § 3 Nr. 3 EEG 2012 als erneuerbare Energie, deren eingespeister Strom auch nach § 28 EEG 2012 vergütet wird. Die Nutzung der Tiefenwärme zur **Stromerzeugung** steckt in Deutschland jedoch noch weitgehend im Anfangsstadium. Von größerer Bedeutung ist in Deutschland die Nutzung der Geothermie zur **Wärmegewinnung**, die nach § 2 Abs. 1 Nr. 1 EEWärmeG auch als erneuerbare Energie im Sinne des EEWärmeG gilt und zur Erfüllung der Nutzungspflicht erneuerbarer Energien zur Deckung des Wärmeenergiebedarfs von Gebäuden genutzt werden kann. Ein besonderer Vorteil der Nutzung der Geothermie liegt in deren stetiger Nutzungsmöglichkeit. Die Geothermie ist nicht von äußeren Bedingungen (Wind, Sonneneinstrahlung) abhängig und steht daher – potenziell – zur **Deckung der Grundlast** zur Verfügung.[267]

134 Bei der Energiegewinnung aus Geothermie wird zwischen der Nutzung der Tiefenwärme und der oberflächennahen Wärme unterschieden. Von **oberflächennaher Wärme** spricht man bis zu einer Tiefe von 400 m. Während **Tiefenwärme** sowohl zur Stromerzeugung als auch zur Wärmegewinnung genutzt werden kann, eignet sich die oberflächennahe Erdwärme aufgrund zu niedriger Temperaturen nur zur Wärmegewinnung.

2. Nutzung der Tiefenwärme

135 Tiefenwärme kann durch geothermische Heizwerke (Wärme) und zur geothermischen Stromerzeugung genutzt werden. Hier wird zwischen hydrothermalen und petrothermalen Systemen unterschieden. Diese Unterscheidung findet sich auch in der Vergütungsregelung des EEG wieder. Während die Vergütung für Strom aus Geothermie grundsätzlich 25 ct/kWh beträgt, erhöht sich diese für Strom, der auch durch Nutzung petrothermaler Techniken erzeugt wird, um 5 ct/kWh (§ 28 EEG 2012).[268]

- Bei einem **hydrothermalen System** nutzen geothermische Heizwerke in tiefen Schichten befindliche Heißwasserreservoire (Aquifere). Diese werden angebohrt und das Wasser regelmäßig zu Heizzwecken zutage gefördert. Das Wasser wird durch eine Förderpumpe an die Oberfläche gepumpt und in ein Nah- oder Fernwärmenetz eingespeist. Aufgrund des hohen Salzgehalts und der natürlichen Radioaktivität kann das Thermalwasser oftmals nicht selbst in das Fernwärmenetz eingespeist werden. In diesem Fall wird dem Tiefenwasser mittels eines Wärmetauschers zunächst die Wärme entzogen, die dann an ein Nah- oder Fern-

266 *Quaschning*, S. 312.
267 *Kumpf*, REE 2011, 135, 135.
268 Vgl. zur Vergütung von Strom aus Geothermie unten Kap. 5 Rn 246.

wärmenetz abgegeben wird. Das abgekühlte Wasser wird durch einen anderen Brunnen wieder in den gleichen Grundwasserleiter injiziert. Neben der Einspeisung in ein Wärmenetz wird das Thermalwasser auch für Thermalbäder genutzt. Bei ausreichenden Temperaturen kann das heiße Wasser in Form von Wasserdampf auch durch Turbinengeneratoren zur Stromerzeugung verwendet werden. Hydrothermale Systeme sind auf Thermalwasser-Vorkommen angewiesen. Diese finden sich in Deutschland im Norddeutschen Becken, im Oberrheingraben sowie im süddeutschen Molassebecken.

– Unabhängig vom Vorkommen von Thermalwasser sind **petrothermale Systeme**, die zur Energiegewinnung nicht auf Wasservorkommen angewiesen sind. Durch eine Bohrung wird (ggf. mit Chemikalien angereichertes) Wasser mit hohem Druck in die heißen Gesteinsschichten injiziert. Aufgrund der hohen Temperaturen dehnt sich das Wasser aus und sprengt Hohlräume frei.[269] In diese Hohlräume wird dann von der Erdoberfläche kaltes Wasser injiziert und nach dessen Erhitzung durch (mindestens) eine weitere Bohrung wieder an die Oberfläche gepumpt (Hot-Dry-Rock-Verfahren). Dieses Verfahren befindet sich in Deutschland erst in der Erprobung.

Die Entwicklung der Tiefengeothermie wird aufgrund der sehr hohen Bohrkosten 136 (Abteufung von über 3000 m) und finanziellen Risiken (insb. Fündigkeitsrisiko) gehemmt. Der Gesetzgeber versucht diese Hemmnisse mit einer (vergleichsweise) hohen Vergütung für Strom aus Geothermie und Förderprogrammen zu verringern. Die Nutzung der Tiefengeothermie ist dabei nicht unumstritten und stößt oftmals auf starken Protest von Anwohnern. Risiken im Rahmen der Geothermie stellen insbesondere die Möglichkeit der Hervorrufung seismologischer Aktivität sowie eine Beeinträchtigung des Grundwassers dar. Bei einem petrothermalen Geothermie-Projekt nahe Basel (Projekt „Deep Heat Mining Basel“) wurde beispielsweise ein Zusammenhang von Erderschütterungen mit den Bohrungen und Injektionen vermutet. Nachdem die Rohre auf 5000 m abgeteuft wurden, kam es bei dem anschließenden Versuch, wasserdurchlässige Risse in dem an sich kompakten Felsgestein zu bilden (wozu Wasser unter hohem Druck in das Bohrloch eingepresst wurde), zu Erdbeben mit einer Magnitude bis 3,4. Die Behörden verfügten daraufhin eine sofortige Einstellung sämtlicher Arbeiten. Eine Risikoanalyse kam daraufhin zu dem Ergebnis, dass das Projekt am Standort Basel nicht realisierbar sei.[270]

---

269 *Quaschning*, S. 313.

270 Vgl. dazu die Veröffentlichung des Departments für Wirtschaft, Soziales und Umwelt der Stadt Basel, zuletzt aktualisiert am 18.5.2011, abrufbar unter: http://www.wsu.bs.ch/politikdossiers/geothermie.htm.

3. Nutzung der oberflächennahen Erdwärme

137 Neben der Tiefenwärme kann auch die oberflächennahe Erdwärme zur Energieerzeugung genutzt werden. Von oberflächennaher Erdwärme spricht man in einer Tiefe von ca. 1 bis 400 m. Die Nutzung der oberflächennahen Erdwärme erfolgt insbesondere über den Einsatz von Erdwärmepumpen, Erdwärmesonden und Erdwärmekollektoren. Da die oberflächennahe Erdwärme aufgrund ihrer zu niedrigen Temperatur nicht allein zu Heizzwecken ausreicht, muss die gewonnene Wärme bis zur erforderlichen Temperatur erwärmt werden. Dies erfolgt mittels Wärmepumpen. Sie wandeln Wärme niedriger Temperatur in Wärme höherer Temperatur um. Für die Umwandlung muss Energie zugeführt werden. Je höhere die „Eingangstemperatur" ist, desto weniger elektrische Energie wird hierzu benötigt.

- **Erdwärmepumpen**: Durch Erdwärmepumpen wird das Grundwasser durch eine Bohrung an die Oberfläche gebracht, Energie mittels eines Wärmetauschers entnommen (Heizzwecke) bzw. Energie zugeführt (Kühlung) und das entnommene Wasser – in Fließrichtung des Grundwassers – an einer versetzten Stelle wieder zurückgepumpt. Voraussetzung für die Nutzung der Erdwärme durch Erdwärmepumpen sind günstige hydrogeologische Verhältnisse (Grundwasservorkommen, Fließgeschwindigkeit etc.).
- **Erdwärmesonden**: Erdwärmesonden nutzen den Energiefluss aus dem Erdinneren. Zur Nutzung der oberflächennahen Wärme werden durch vertikale Bohrungen Sonden (regelmäßig U-Rohre) als Wärmetauscher meist bis in Tiefen von 30–100 m[271] eingebracht, im Einzelfall können sie aber auch deutlich tiefer verlegt werden. Das Bohrloch um die Sonde wird anschließend durch eine wärmeleitende, schadstofffreie und nicht wassergefährdende Suspension verfüllt. Für den Einsatz von Wärmesonden sind die Untergrundeigenschaften sowie die hydrogeologischen Verhältnisse (ausreichendes Vorhandensein von Grundwasser, regelmäßiger Grundwasserstand, Fließrichtung und -geschwindigkeit) von großer Bedeutung. Grundwasser als guter Wärmeleiter wirkt sich positiv auf die Erwärmung der Sonden aus. Anzahl und Tiefe der Wärmesonden werden an den konkreten Wärmebedarf des Gebäudes angepasst und abhängig von den jeweiligen Temperaturbedingungen im Untergrund. Für ein Einfamilienhaus kann eine Wärmesonde ausreichend sein, während für größere Gewerbe- oder Industrieeinheiten oder gar kleinere Siedlungen die Installation von Systemen mit vielen Sonden erforderlich ist.
- **Erdwärmekollektoren**: In deutlich geringerer Tiefe als Wärmepumpen und Wärmesonden werden Erdwärmekollektoren zur Nutzung der Bodenwärme verwendet. Erdwärmekollektoren werden horizontal unterhalb der Frostgrenze im Erdreich verlegt. Die optimale Tiefe beträgt 1,2 bis 1,5 m, der Abstand zwischen den

271 Werden die Sonden in deutlich größere Tiefen abgeteuft (> 400 m) spricht man von Tiefensonden, die als Tiefengeothermie gelten.

Rohren soll etwa 0,8 m betragen.[272] Als Kollektoren dienen Rohre, in denen eine Trägerflüssigkeit zirkuliert (Wasser-Frostschutzmittel-Gemisch – „Sole"). Die „gesammelte" Wärme wird an eine Wärmepumpe weitergeleitet. Anders als Erdwärmepumpen und Erdwärmesonden nutzen Wärmekollektoren nicht den Energiefluss aus dem Erdinneren, sondern die von oben kommende Sonnenenergie, die in Form von direkter Einstrahlung, Niederschlag oder Wärmeübertragung aus der Luft in den Boden gelangt. Wärmekollektoren sind daher witterungsabhängig. Gerade in den kalten Jahreszeiten – in denen erhöhter Wärmebedarf besteht – ist ihre Leistung geringer. Im Rahmen der Planung müssen die Anlagen daher ausreichend dimensioniert werden, dass sie auch im Winter eine ausreichende Wärmeversorgung bereitstellen können. Erdkollektoren werden meist als Flächenkollektoren verlegt. Hierfür wird eine nicht überbaute Fläche benötigt, die dem 1,5–2-fachen der zu beheizenden Fläche entspricht. Zur Flächenersparnis können auch Graben-, Spiral- oder Korbkollektoren verwendet werden.

VI. Kraft-Wärme-Kopplung

Keinen (erneuerbaren) Energieträger im eigentlichen Sinn stellt die Nutzung der KWK 138 dar. Die Energiegewinnung aus KWK wird vom Gesetzgeber aber deswegen gefördert, weil ihr hoher **Wirkungsgrad** gegenüber der bloßen Strom- bzw. Nutzwärmeerzeugung zu einem besonders effizienten Einsatz von Energieträgern führt und auf diese Weise zur Reduzierung schädlicher Treibhausgase beitragen kann.

KWK wird im KWKG als die *„gleichzeitige Umwandlung von eingesetzter Energie* 139 *in elektrische Energie und in Nutzwärme in einer ortsfesten technischen Anlage"*[273] definiert. Wesentlich für die KWK ist, dass durch eine Anlage gleichzeitig elektrische Energie und Nutzwärme hergestellt wird (**Heizkraftwerk**). Damit unterscheiden sich KWK-Anlagen von Kondensationskraftwerken einerseits und Heizwerken andererseits. In **Kondensationskraftwerken** wird ausschließlich Strom hergestellt, während der Wärmedampf mittels einer Kühleinrichtung kondensiert und so ungenutzt in die Umgebung abgegeben wird. Ein reines **Heizwerk** – anders als ein Heizkraftwerk – wandelt dagegen Energie allein in Wärme um, ohne zugleich elektrische Energie herzustellen. Hierdurch bleibt ein Teil der eingesetzten Energie ungenutzt. Der Vorteil der KWK gegenüber der einfachen Strom- bzw. Wärmeerzeugung ist der höhere Wirkungsgrad. Während herkömmliche Kraftwerke einen Wirkungsgrad von 45–50 % haben, erhöht sich der Wirkungsgrad beim Einsatz von KWK auf 80–95 %.[274]

272 *Quaschning*, S. 325.
273 § 3 Abs. 1 KWKG.
274 *Jacobshagen*, ZUR 2008, 449, 449.

Die höhere Energieausbeute führt zu einem geringeren Einsatz (meist fossiler) Brennstoffe und damit zu erheblichen CO_2-Reduktionen.

140 Im Hinblick auf eine effiziente und damit ressourcenschonende Energiegewinnung wird in der Nutzung der KWK – inzwischen – großes förderungswürdiges Potenzial gesehen. Da insbesondere der Neu- und Ausbau von **Wärmenetzen** zu erheblichen Investitionen führt, wird die KWK durch Zuschläge für den in KWK erzeugten Strom sowie durch Zuschläge für den Neu- und Ausbau von Wärmenetzen gefördert. Ziel des KWKG ist es nach § 1 KWKG, einen Beitrag zur Erhöhung der Stromerzeugung aus KWK auf 25 % bis 2020 zu leisten und den Anteil damit seit Inkrafttreten der KWK-Novelle zum 1.1.2009 zu verdoppeln.[275]

D. Instrumentarien

I. Allgemeines

141 Die Instrumentarien zur Steigerung der Energieerzeugung aus erneuerbaren Energien sowie der Steigerung der Energieeffizienz sind vielseitig. Typisch für diese vergleichsweise „jungen“ politischen Ziele sind die vielen verschiedenen Ansätze, mit denen die Ziele verfolgt werden. Die „klassischen“ ordnungsrechtlichen Instrumente (Gebote, Verbote) treten hier eher in den Hintergrund und „modernere“ Instrumente (ökonomische Anreize, Forschung, Information und Beratung) sind prägend.

142 Als Förderung durch ökonomische Anreize ist aufgrund ihrer großen Bedeutung besonders die Vergütung von eingespeistem erneuerbaren Strom nach dem Erneuerbaren-Energien-Gesetz hervorzuheben. Die Vergütungen hatten im Jahr 2010 insgesamt einen Umfang von über 13 Mrd. €. Einen ökonomischen Anreiz stellen auch die Zuschläge dar, die für in KWK erzeugten Strom erstattet werden. Daneben gibt es zahlreiche Förderprogramme zur Finanzierung von Vorhaben zur Nutzung erneuerbarer Energien im Strom- oder Wärmebereich.

143 Nichtsdestotrotz gibt es auch im Bereich der erneuerbaren Energien und der Energieeffizienz eine Vielzahl ordnungsrechtlicher Vorgaben, wie die Pflicht zur Nutzung erneuerbarer Energien im Gebäudebereich (Wärme und Kälte) oder Pflichten zur Durchführung bestimmter Energieeffizienzmaßnahmen.

II. Nutzungspflicht

144 Der Ausbau der erneuerbaren Energien soll (jedenfalls im Strombereich) im Wesentlichen durch **ökonomische Anreize** vorangetrieben werden (insb. EEG-Vergütung),

275 BT-Drucks. 16/8305, S. 14.

d.h. es wird weder Energieverbrauchern noch den Energieproduzenten vorgeschrieben, einen bestimmten Anteil ihres Stromverbrauchs bzw. ihrer Stromproduktion durch erneuerbare Energien zu decken. Neben den ökonomischen Anreizen gibt es – im Wärme- und Kraftstoffbereich – jedoch auch ordnungsrechtliche Vorgaben, die die Nutzung bzw. den Vertrieb erneuerbarer Energien vorschreiben.

Das **EEWärmeG**[276] schreibt u.a. eine Pflicht zur anteiligen Nutzung erneuerbarer 145
Energien zur Deckung des Wärme- und Kälteenergiebedarfs vor.[277] Das Gesetz verfolgt das Ziel dazu beizutragen, den Anteil erneuerbarer Energien am Endenergieverbrauch für Wärme und Kälte bis zum Jahr 2020 auf 14 % zu erhöhen.[278] Nach § 3 Abs. 1 EEWärmeG müssen Eigentümer von Gebäuden,[279] die neu errichtet werden, grundsätzlich den Wärme- und Kälteenergiebedarf durch die anteilige Nutzung von erneuerbaren Energien decken. Näheres hierzu regeln die §§ 5 und 6 EEWärmeG. Für die öffentliche Hand gilt die Nutzungspflicht nach § 3 Abs. 2 EEWärmeG auch für bereits errichtete Gebäude, die grundlegend renoviert werden (sog. **Vorbildfunktion**). Diese Nutzungspflicht bei grundlegender Renovierung soll nach der Erneuerbare-Energien-Richtlinie bis Ende 2014 von den Mitgliedstaaten auch auf privat genutzte Gebäude ausgedehnt werden.[280] Nach § 3 Abs. 4 Nr. 2 EEWärmeG können die Bundesländer eine Nutzungspflicht von erneuerbaren Energien auch für bereits errichtete Gebäude festlegen, die keine öffentlichen Gebäude sind. Hiervon hat etwa Baden-Württemberg Gebrauch gemacht. Nach § 4 Abs. 2 S. 1 des Erneuerbare-Wärme-Gesetz Baden-Württemberg[281] müssen bei bereits errichteten Gebäuden mindestens 10 % des jährlichen Wärmebedarfs durch erneuerbare Energien gedeckt werden, wenn ein Austausch der Heizanlage erfolgt.[282] Maßnahmen zur Errichtung und Erweiterung von Anlagen zur Erzeugung von Wärme und Kälte durch erneuerbare Energien werden nach §§ 13, 14 Abs. 1 Nr. 3 EEWärmeG auch finanziell gefördert.

Einen ordnungsrechtlichen Ansatz verfolgt der Gesetzgeber auch beim Einsatz 146
von **Kraftstoffen**. Im Kraftstoffbereich wird die Mineralölwirtschaft verpflichtet, einen Mindestanteil von Biokraftstoffen, jeweils bezogen auf den gesamten jährlichen Absatz eines Unternehmens an Otto- oder Dieselkraftstoff, zu vertreiben.[283] Der

276 Erneuerbare-Energien-Wärmegesetz vom 7.8.2008 – EEWärmeG – BGBl. I S. 1658, das zuletzt durch Artikel 7 des Gesetzes vom 22.12.2011 – BGBl. I S. 3044 – geändert worden ist.

277 Vgl. dazu Kap. 7 Rn 5ff.

278 § 1 Abs. 2 EEWärmeG.

279 § 4 EEWärmeG enthält hierzu Ausnahmen für bestimmte Gebäude, u.a. für Betriebsgebäude, die überwiegend zur Aufzucht oder zur Haltung von Tieren genutzt werden.

280 Art. 13 Abs. 4 Unterabs. 3 RL 2009/28/EG.

281 Gesetz zur Nutzung erneuerbarer Wärmeenergie in Baden-Württemberg (Erneuerbare-Wärme-Gesetz – EWärmeG BW) vom 20.11.2008 (GBl. S. 531).

282 Diese Pflicht kann u.U. auch durch Energiesparmaßnahmen wie Wärmedämmungen erfüllt werden, § 5 EWärmeG BW.

283 §§ 37a ff. BImSchG.

Mindestanteil von Biokraftstoff an der Gesamtmenge des in den Verkehr gebrachten Otto- und Dieselkraftstoffs muss in den Jahren 2010 bis 2014 jeweils 6,26 % betragen. Ab dem Jahr 2015 stellt die Regelung auf den Netto-Klimaschutzbeitrag (Dekarbonisierung) des in den Verkehr zu bringenden Biokraftstoffs ab, berücksichtigt also unterschiedliche Treibhausbilanzen verschiedener Biokraftstoffe.[284] Der Treibhausgasanteil muss ab dem Jahr 2020 um 7 % gesenkt werden (2015: 3 %, 2017: 4,5 %). Zur Erreichung dieser Vorgaben wurde der Kraftstoff **E10** eingeführt, der einen Anteil von 10 % Bioethanol enthält. Dessen Akzeptanz auf dem Markt ist jedoch – zumindest bisher – sehr gering.

III. Energieeffizienz

147 Neben dem Ausbau der erneuerbaren Energien liegt ein Schwerpunkt der Energiepolitik im Bereich der Steigerung der Energieeffizienz. Dies soll CO_2-Emissionen reduzieren und (durch eine geringere Nachfrage) den Umstieg auf die erneuerbaren Energien erleichtern. Nach dem Energiekonzept der Bundesregierung vom 28.9.2010[285] soll der Primärenergieverbrauch gegenüber 2008 bis zum Jahr 2020 um 20 % und bis 2050 um 50 % sinken.

148 Große Potenziale zur Energieeinsparung sieht die Bundesregierung im Gebäudebereich, auf den rund 40 % des deutschen Endenergieverbrauchs und etwa ein Drittel der CO_2-Emissionen entfallen.[286] In der energetischen Sanierung des Gebäudebestands sieht die Bundesregierung sogar die wichtigste Maßnahme, um den Verbrauch an fossilen Energieträgern nachhaltig zu mindern und die Abhängigkeit von Energieimporten zu reduzieren. Hierin liege *„der zentrale Schlüssel zur Modernisierung der Energieversorgung und zum Erreichen der Klimaschutzziele.“*[287] Der Wärmebedarf des Gebäudebestands soll langfristig mit dem ambitionierten Ziel gesenkt werden, bis 2050 einen *„nahezu klimaneutralen Gebäudebestand zu haben.“*[288] Neben dem Wärmebereich sollen auch die Energieeffizienz im Bereich der elektrischen Energie sowie der Kraftstoffe erheblich verbessert werden.

---

284 BT-Drucks. 16/11131, S. 12.

285 Energiekonzept für eine umweltschonende, zuverlässige und bezahlbare Energieversorgung vom 28.9.2010, S. 5, abrufbar unter: http://www.bundesregierung.de/Content/DE/StatischeSeiten/Breg/Energiekonzept/dokumente.html.

286 Energiekonzept für eine umweltschonende, zuverlässige und bezahlbare Energieversorgung vom 28.9.2010, S. 27.

287 Energiekonzept für eine umweltschonende, zuverlässige und bezahlbare Energieversorgung vom 28.9.2010, S. 27.

288 Energiekonzept für eine umweltschonende, zuverlässige und bezahlbare Energieversorgung vom 28.9.2010, S. 5.

Die Maßnahmen zur Steigerung der Energieeffizienz sind zahlreich und vielfältig. Neben ordnungsrechtlichen Elementen wird die Energieeffizienz mit Förderprogrammen sowie durch Beratungen und Informationen von Energieverbrauchern gefördert. 149

Zu den ordnungsrechtlichen Maßnahmen zählen die Vorgaben der **Energieeinsparverordnung (EnEV)**. Die EnEV[289] stellt Mindestanforderungen an die energetische Qualität der Gebäudehülle und der Anlagentechnik bei Neubauten sowie bei größeren Sanierungen von Bestandsgebäuden. Bei der Errichtung von Gebäuden darf nach der EnEV etwa der Jahresprimärenergiebedarf eines entsprechenden Referenzgebäudes nicht überschritten werden; Gebäudehülle und Anlagentechnik müssen vorgegebene Mindeststandards erreichen. Bei der Änderung an bestehenden Gebäuden muss das betroffene Bauteil energetischen Mindestanforderungen genügen. Auf die EnEV geht auch die Einführung des „Energieausweises" für Gebäude zurück. 150

Effizienzvorgaben gibt es daneben für zahlreiche „energieverbrauchsrelevante" Produkte. Auf europäischer Ebene stellt die **Öko-Design-Richtlinie**[290] als Rahmenrichtlinie den Rechtsrahmen für die Einführung von Energieeffizienz-Standards für bestimmte Produkte dar. Auf Grundlage der Richtlinie erlässt die Europäische Kommission Durchführungsmaßnahmen über Anforderungen für bestimmte Produkte. Die Öko-Design-Richtlinie wurde in Deutschland durch das Energieverbrauchsrelevante-Produkte-Gesetz[291] (EVPG; früher: Energiebetriebene-Produkte-Gesetz) umgesetzt. Nach dem EVPG dürfen Produkte nur in den Verkehr gebracht werden, wenn sie die in der jeweiligen Durchführungsmaßnahme formulierten Anforderungen erfüllen. Konkrete Verpflichtungen entstehen aber erst aus den Durchführungsbestimmungen der EU-Kommission. Derzeit gibt es Bestimmungen u.a. zu Standby-Geräten, Fernsehgeräten, Haushaltskühl- und -gefriergeräten, Elektromotoren, Geschirrspülern und Waschmaschinen. Besondere Aufmerksamkeit hat die Durchführungsverordnung über die Festlegung von Anforderungen an die umweltgerechte Gestaltung von Haushaltslampen mit ungebündeltem Licht[292] erfahren (sog. **„Glühlampenausstieg"**). Die Verordnung sieht ein stufenweises Verbot des Verkaufs von bestimmten Glühlampen vor (seit 1.9.2011: Standardglühlampen mit mehr als 40 Watt). 151

Einen Beitrag zu einer effizienteren Nutzung der vorhandenen Energieressourcen soll auch die Einführung lastvariabler oder tageszeitabhängiger **Tarife** leisten. 152

289 Energieeinsparverordnung vom 24.7.2007 (BGBl. I S. 1519), die durch Artikel 1 der Verordnung vom 29.4.2009 (BGBl. I S. 954) geändert worden ist.

290 RL 2009/125/EG des Europäischen Parlaments und des Rates vom 21.10.2009 zur Schaffung eines Rahmens für die Festlegung von Anforderungen an die umweltgerechte Gestaltung energieverbrauchsrelevanter Produkte (ABl. 2009 L 285/10).

291 Energieverbrauchsrelevante-Produkte-Gesetz vom 27.2.2008 (BGBl. I S. 258), das durch Art. 1 des Gesetzes vom 16.11.2011 (BGBl. I S. 2224) geändert worden ist.

292 Verordnung (EG) Nr. 244/2009 der Kommission vom 18.3.2009 zur Durchführung der RL 2005/32/EG des Europäischen Parlaments und des Rates im Hinblick auf die Festlegung von Anforderungen an die umweltgerechte Gestaltung von Haushaltslampen mit ungebündeltem Licht.

Voraussetzung hierfür sind intelligente Zähler, die den Stromverbrauch auch tageszeitlich erfassen können. Nach der Novellierung des EnWG und der Messzugangsverordnung[293] ist seit dem 1.1.2010 der Einbau sog. **„intelligenter Zähler"** in Neubauten und bei Grundsanierungen grundsätzlich vorgeschrieben. Besondere Bedeutung hat der Einsatz intelligenter Zähler insbesondere für den weiteren Ausbau der erneuerbaren Energien (insb. der Windenergie). Besondere tageszeitabhängige Tarife können dazu beitragen, dass Strom vermehrt in verbrauchsarmen Zeiten nachgefragt wird und damit die Stromverbrauchsspitzen am Tage reduziert und Überproduktionen ohne aufwendige Zwischenspeicherung genutzt werden.

153 Neben den ordnungsrechtlichen Vorgaben soll die Energieeffizienz durch zahlreiche **Förderprogramme** vorangebracht werden, wie die Förderprogramme der KfW „Energieeffizient sanieren" und „Energieeffizient Bauen" für Wohngebäude. Das Programm „Energieeffizient Bauen" (früher: „Ökologisch Bauen") fördert die Errichtung, Herstellung oder den Ersterwerb von Wohngebäuden einschließlich Wohn-, Alten- und Pflegeheimen. Voraussetzung für die Förderung ist die Erfüllung bestimmter Energieeffizienz-Anforderungen. Die Förderung besteht in der Gewährung günstiger, langfristiger Kredite. Die energetische Sanierung von Wohngebäuden fördert das Programm „Energieeffizient Sanieren" (früher: „CO_2-Gebäudesanierungsprogramm"). Das Programm gilt für die energetische Sanierung von Wohngebäuden einschließlich Wohn-, Alten- und Pflegeheimen, für die vor dem 1.1.1995 der Bauantrag gestellt oder Bauanzeige erstattet wurde. Gefördert werden Sanierungen, die ein bestimmtes festgelegtes Effizienzniveau erreichen, durch die Vergabe von Krediten oder Zuschüssen. Für die Sektoren Industrie und Gewerbe bestehen u.a. die Förderprogramme „ERP – Umwelt- und Energieeffizienzprogramm A", „ERP – Umwelt- und Energieeffizienzprogramm B" sowie das „Impulsprogramm zur Förderung von Klimaschutzmaßnahmen an gewerblichen Kälteanlagen". Daneben gibt es zahlreiche Länderaktivitäten zur Förderung der Energieeffizienz.[294]

154 Eine Steigerung der Energieeffizienz erhofft sich die Bundesregierung auch vom sog. Energie-Contracting.[295] Einen umfassenden Überblick über die Rahmenbedingungen, den aktuellen Stand und die Ergebnisse der Energieeffizienzpolitik in Deutschland gibt der vom Bundeskabinett am 31.8.2011 beschlossene „2. Nationale Energieeffizienz-Aktionsplan (NEEAP) der Bundesrepublik Deutschland".[296]

293 Messzugangsverordnung vom 17.10.2008 (BGBl. I S. 2006), die durch Art. 2 der Verordnung vom 3.9.2010 (BGBl. I S. 1261) geändert worden ist.

294 Beispielsweise „Bayerisches Modernisierungsprogramm" (BayModR); „progres.nrw"; „Klimaschutz-Plus-Programm", „allgemeines CO_2-Minderungsprogramm" (Baden-Württemberg).

295 Vgl. dazu sogleich unten: Rn 155 f.

296 Abrufbar unter http://www.energieeffizienz-online.info/index.php?id=12054.

IV. Contracting

Energie-Contracting soll zur **Steigerung der Energie-Effizienz** beitragen. Beim 155
Contracting schließen der Contractor (Dienstleister) und der Contracting-Nehmer im Hinblick auf ein oder mehrere Gebäude des Contracting-Nehmers einen Vertrag zur Durchführung bestimmter Dienstleistungen, die darauf abzielen, den Primärenergiebedarf (z.B. Gas, Öl, Strom) des Contracting-Nehmers – bei gleichbleibendem Sekundärenergiebedarf (z.B. Wärme) – zu senken.

Die möglichen Ausgestaltungen der vertraglichen Vereinbarungen sind vielfältig. 156
Als Hauptgruppen lassen sich das Energieliefer-Contracting, das Betreiber-Contracting sowie das Energieeinspar-Contracting unterscheiden:

- Besonders verbreitet ist das **Energieliefer-Contracting**, auch Anlagen-Contracting oder Betreiber-Contracting genannt. Hierbei liefert der Contractor dem Contracting-Nehmer Sekundärenergie (bsp. Wärme, Kälte, elektrische Energie, Druckluft). Die Umwandlung der Primärenergie (Gas, Öl, Sonnenstrahlung) in Sekundärenergie liegt im Verantwortungsbereich des Contractors. Dazu errichtet der Contractor (effiziente) Anlagen (insb. Heizungsanlagen) oder übernimmt (und modernisiert) Anlagen des Contracting-Nehmers.
- Der Contracting-Nehmer zahlt nicht mehr für die Energie in Form von Gas, Strom, Öl etc. sondern beispielsweise für die Wärme oder Kälte selbst, also dafür, dass in seinen Räumen im Winter und Sommer eine bestimmte Temperatur herrscht. Die Erzeugung der Sekundärenergie (Wärme) ist Aufgabe des Contractors, der den Contracting-Nehmer dann mit Wärme versorgt und zugleich das Energiemanagement (Messung, Abrechnung) übernimmt. Dies hat für den Contracting-Nehmer den Vorteil, dass er sich nicht selbst um die Heizungsanlagen kümmern muss, sondern der Contractor dies für ihn übernimmt. Da der Contracting-Nehmer den Contractor für bereitgestellte Wärme vergütet, hat der Contractor ein Interesse daran, die Kosten für die Energiebereitstellung möglichst gering zu halten, um so seine Gewinnspanne zu erhöhen. Hierzu kann er insbesondere bestehende Heizungsanlagen modernisieren, ersetzen oder andere Energieeffizienz-Maßnahmen vornehmen. Je nach vertraglicher Regelung kann der Contractor Eigentümer oder Pächter der Heizungsanlagen sein. Ausreichende Laufzeiten sichern die Amortisation der Investitionen. Diese Vertragsgestaltung soll dazu beitragen, dass – aus ökonomischen Gründen – der Primärenergiebedarf gesenkt und so ein Beitrag zu mehr Energieeffizienz geleistet wird.
- Als Contracting-Nehmer kommt die öffentliche Hand, Industrie und Gewerbe sowie die Wohnungswirtschaft in Betracht. Inhalt einer Contracting-Vereinbarung kann neben der Lieferung von Wärme und elektrischer Energie auch Druckluft oder Stickstoff sein.[297]

---

297 Vgl. dazu Stuhlmacher/Stappert/Schoon/Jansen/*Auer/Dietrich*, S. 751.

- Eine „schwächere" Form des Contracting stellt das **Betriebsführungs-Contracting** dar. Dabei ist der Contractor nicht Betreiber der Anlagen, sondern übernimmt lediglich die Betriebsführung der Anlage (Wartung, Instandhaltung, Messung, Abrechnung). Eine Steigerung der Energieeffizienz kann dabei erfolgen, wenn etwa der Einbau moderner Messgeräte vereinbart wird, die dem Contracting-Nehmer eine detaillierte Übersicht über seinen Energieverbrauch geben und dadurch mögliche Energieeffizienz-Maßnahmen angestoßen werden.
- Beim **Energieeinspar-Contracting** garantiert der Contractor gegenüber dem Contracting-Nehmer für eine bestimmte Vertragslaufzeit (prozentuale) Energieeinsparungen. Um dies zu erreichen, verpflichtet sich der Contractor bestimmte Energieeinspar-Maßnahmen durchzuführen (beispielsweise Erneuerung der Heizungsanlage). Im Idealfall können diese Investitionen durch die gesparten Aufwendungen für Energie finanziert werden. Regelmäßig wird der Contracting-Nehmer jedoch mindestens einen Baukostenzuschuss leisten.

V. Förderung

157 Die Förderung erneuerbarer Energien erfolgt in Deutschland auf vielfältige Weise. Die größte Bedeutung hat dabei die (indirekte) Förderung über die **EEG-Vergütung.**[298] Die Förderung ist insoweit indirekt, als die Förderung nicht direkt von staatlicher Seite erfolgt, sondern (private) Netzbetreiber zu bestimmten Leistungen gegenüber den Stromerzeugern verpflichtet werden, die die Kosten wiederum über die EEG-Umlage an den **Endkunden** „weiterreichen". Neben der (gegenüber den Marktpreisen höheren) Vergütung für Strom aus erneuerbaren Energien (EEG) werden Anlagen zur Erzeugung von Strom aus erneuerbaren Energien auch über die Verpflichtung der Netzbetreiber gefördert, die Anlagen unverzüglich vorrangig anzuschließen und den erzeugten Strom unverzüglich vorrangig abzunehmen, zu übertragen und zu verteilen.[299] Ähnlich werden auch KWK-Anlagen gefördert. Für Strom aus **KWK** haben die Betreiber Anspruch auf Zahlung eines **Zuschlags** gegenüber den Netzbetreibern,[300] Anspruch auf Netzanschluss durch den Netzbetreiber und auf vorrangige Abnahme des erzeugten Stroms aus KWK. Das KWKG fördert daneben auch den Neu- und Ausbau von **Wärme- und Kältenetzen und -speichern**, indem den Netz- und Speicherbetreibern ein Anspruch auf Zahlung eines Zuschlags für den Neu- und Ausbau von Netzen und Speichern gegenüber dem Netzbetreiber gegeben wird.

158 Neben der indirekten Förderung erneuerbarer Energien und der KWK gibt es auch zahlreiche **direkte Förderprogramme**, d.h. Programme, die den Ausbau der

298 Vgl. Kap. 5 Rn 1 ff.
299 Vgl. hierzu Kap. 4 Rn 3 ff.
300 Vgl. dazu Kap. 5 Rn 359 ff.

erneuerbaren Energien oder Maßnahmen zur Steigerung der Energieeffizienz durch finanzielle Zuschüsse oder günstige Darlehen fördern. Insbesondere im Wärmebereich – für den es keine Vergütungsregeln gibt – verfolgt der Gesetzgeber neben dem ordnungsrechtlichen Ansatz der **Nutzungspflicht** erneuerbarer Energien zur Deckung des Wärme- und Kälteenergiebedarfs[301] das Ziel, den Ausbau der erneuerbaren Energien durch Förderanreize zu beschleunigen. Nach § 13 EEWärmeG wird die Nutzung erneuerbarer Energien für die Erzeugung von Wärme oder Kälte durch den Bund *„bedarfsgerecht in den Jahren 2009 bis 2012 mit bis zu 500 Mio. € pro Jahr gefördert"*. Nach § 14 EEWärmeG können Maßnahmen für die Erzeugung von Wärme oder Kälte gefördert werden. Die Einzelheiten werden durch die „Richtlinien zur Förderung von Maßnahmen zur Nutzung erneuerbarer Energien im Wärmemarkt" vom 11.3.2011[302] geregelt. Die Förderung erfolgt durch das Bundesamt für Wirtschaft und Ausfuhrkontrolle (**BAFA**) und die **KfW** („Programm Erneuerbare Energien"). Antragsberechtigt sind neben Privatpersonen und Freiberuflern auch Kommunen und bestimmte kleinere Unternehmen. Förderfähig ist u.a. die Errichtung oder Erweiterung bestimmter solarthermischer Anlagen, Anlagen zur Nutzung von fester Biomasse (insbesondere Pelletheizung, Holzhackschnitzelheizung), effiziente Wärmepumpen, Anlagen zur Nutzung der Tiefengeothermie sowie bestimmter Anlagen zur Aufbereitung von Biogas auf Erdgasqualität. Maßnahmen, die lediglich der Erfüllung der Nutzungspflicht des EEWärmeG dienen, können dabei aber grundsätzlich nicht gefördert werden.[303]

Neben Anlagen zur Erzeugung von Wärme werden auch Anlagen zur Stromerzeu- 159
gung gefördert. Das KfW-Programm Erneuerbare Energien fördert Anlagen zur Stromerzeugung aus erneuerbaren Energien (z.B. aus Sonne, Biomasse, Wasser, Wind, Erdwärme) mit günstigen langfristigen Krediten, mit denen bis zu 100 % der Nettoinvestitionskosten (ohne Mehrwertsteuer) finanziert werden können. Ein Schwerpunkt der Förderpolitik ist auch die bereits dargestellte Förderung von Maßnahmen zur Steigerung der Energieeffizienz.[304]

Einen „aktivierenden Anreiz"[305] zur Vornahme der erforderlichen Investitionen in 160
den Gebäudebestand soll nach Ansicht der Bundesregierung auch eine **steuerliche Förderung** geben. Dazu hat die Bundesregierung am 6.6.2011 einen Gesetzentwurf zur steuerlichen Förderung von energetischen Sanierungsmaßnahmen an Wohngebäuden[306] beschlossen, der unter bestimmten Voraussetzungen für die Kosten von

301 Vgl. dazu Kap. 7 Rn 21 ff.

302 Abrufbar unter http://bafa.de/bafa/de/energie/erneuerbare_energien/vorschriften/energie_ee_richtlinie_15_03_2011.pdf.

303 Eine Ausnahme gilt beispielsweise für Maßnahmen zur Nutzung von Tiefengeothermie, § 15 Abs. 2 Nr. 5 EEWärmeG.

304 Vgl. dazu Rn 147 ff.

305 BT-Drucks. 17/6074, S. 5.

306 BT-Drucks. 17/6074.

energetischen Sanierungsmaßnahmen von Wohngebäuden eine erhöhte Absetzung oder Geltendmachung als Sonderausgaben zulässt. Der Gesetzentwurf befindet sich derzeit im Vermittlungsausschuss. Nachdem der Bundesrat dem Gesetzentwurf nicht zugestimmt hat,[307] hat die Bundesregierung den Vermittlungsausschuss angerufen. Eine Einigung ist bisher noch nicht erfolgt.[308]

VI. Forschung

161 Neben dem Einsatz wird auch die Forschung im Bereich der erneuerbaren Energien sowie der Energieeffizienz gefördert. Der Ausbau der erneuerbaren Energien wie auch die Steigerung der Energieeffizienz erfordern hohe technologische Innovationen, damit die Anlagen bzw. Maßnahmen auch wirtschaftlich eingesetzt werden können. Die Aktivitäten der Bundesregierung hierzu sind vielfältig und kaum überschaubar. Einen Überblick gibt das 6. Energieforschungsprogramm der Bundesregierung „Forschung für eine umweltschonende, zuverlässige und bezahlbare Energieversorgung".[309] Das 6. Energieforschungsprogramm wurde am 3.8.2011 vom Bundeskabinett verabschiedet. Orientierungsgrundlage hierfür bildet das Energiekonzept der Bundesregierung vom 28.9.2010 *„sowie eine Fortschreibung durch die Neubewertung der Kernenergie nach dem Erdbeben in Japan am 11.3.2011 und die dadurch ausgelösten Störfälle an Nuklearanlagen"*.[310] Es legt die Grundlinien und Schwerpunkte der Förderpolitik für die kommenden Jahre fest. Für das Jahr 2012 sind von den insgesamt ca. 618 Mio. € Fördergeldern für den Bereich „Rationelle Energieumwandlung und -verwendung, Energieeffizienz" ca. 243 Mio. € (2013: ca. 333 Mio. €, 2014: ca. 346 Mio. €) und für den Bereich „Erneuerbare Energien" ca. 285 Mio. € (2013: ca. 401 Mio. €, 2014: ca. 431 Mio. €) vorgesehen.[311] Beteiligt sind das BMWi, das BMU, das BMBF und das BMELV.

162 Ein ressortübergreifender Schwerpunkt der Forschung liegt im Bereich der **Speicherung von Energie**. Die Speicherung soll zum einen der Entkoppelung von Energieproduktion und Energieverbrauch dienen, d.h. nicht benötigte Energie soll gespeichert und bei Verbrauchsspitzen wieder eingespeist werden können. Die Speicherung soll zum Ausgleich kurzfristiger Fluktuationen bis hin zur Langzeitspeicherung saisonaler Schwankungen beitragen. Diese ist besonders im Hinblick auf die fluktuierenden erneuerbaren Energien (Wind, Photovoltaik) von Bedeutung. Daneben ist eine

---

307 Beschl. des Bundesrats vom 8.7.2011, BR-Drucks. 390/11 (B).

308 Der zweite Einigungsversuch im Vermittlungsausschuss wurde am 14.12.2011 ergebnislos beendet.

309 Abrufbar unter http://www.bmwi.de/BMWi/Navigation/energie,did=427698.html.

310 6. Energieforschungsprogramm der Bundesregierung vom 3.8.2011, S. 9.

311 6. Energieforschungsprogramm der Bundesregierung vom 3.8.2011, S. 12.

Weiterentwicklung der Speichertechnologie auch für den Einsatz von **Elektrofahrzeugen** erforderlich. Bis 2020 sollen nach dem Energiekonzept der Bundesregierung eine Million Elektrofahrzeuge, bis 2030 sechs Millionen Elektrofahrzeuge auf die Straße gebracht werden.[312] Während die Pumpspeichertechnologie bereits technisch und wirtschaftlich verfügbar ist, bedürfen elektrochemische Speicher (Lithium), thermische und stoffliche Speicher (beispielsweise Wasserstoff) hierfür noch einer erheblichen Weiterentwicklung. Diese Entwicklung soll durch die gemeinsame „Förderinitiative Energiespeicher" von BMWi, BMU und BMBF[313] beschleunigt werden.

Im Bereich der Mobilität ist zur Ersetzung fossiler Kraftstoffe auch die Weiter- 163
entwicklung der **Wasserstoff- und Brennstoffzellentechnologie** von Bedeutung. Das gemeinsame „Nationale Innovationsprogramm Wasserstoff- und Brennstoffzellentechnologie (NIP)" von BMVBS, BMWi, BMBF und BMU hat das Ziel einer umfassenden Marktvorbereitung der Wasserstoff- und Brennstoffzellen-Technologie. Als Gesamtvolumen für die zehnjährige Laufzeit wurden von der Bundesregierung und Industrie insgesamt 1,4 Mrd. € bereitgestellt.

Ein weiterer Forschungsschwerpunkt liegt im Bereich der **Energieeffizienz**. Das 164
BMWi fördert z.B. Projekte zur Forschung über Energieeffizienz im Gebäudebereich und in Industrie und Gewerbe sowie Vorhaben zur Forschung zur energieeffizienten Entwicklung von Städten („Energieeffiziente Stadt").

Wesentlicher Bestandteil der Forschungsförderung ist daneben die Erforschung 165
der erneuerbaren Technologien (Windkraft, Sonnenenergie, Erdwärme, Wasserkraft) mit dem Ziel, die technologischen Voraussetzungen für deren Nutzung weiter zu verbessern und zur Kostensenkung beizutragen. Forschungsvorhaben reichen von der Erhöhung der Wirkungsgrade über die Entwicklung effizienterer und damit kostengünstiger Produktionsverfahren von Anlagen bis hin zur ökologischen Begleitforschung über die Auswirkungen von Anlagen zur Erzeugung erneuerbarer Energie (z.B. Wirkung von Windenergieanlagen auf Seevögel).

Augenmerk liegt außerdem auf der **Integration der erneuerbaren Energien** in 166
die Netzinfrastruktur dar. Während die Netze bisher von wenigen zentralen Stromerzeugungsanlagen geprägt waren, geht die Entwicklung durch den Ausbau der erneuerbaren Energien immer weiter in Richtung einer dezentralen Stromerzeugung durch eine hohe Anzahl von Anlagen. Dies stellt besondere Anforderungen an die Stromnetze. Die bestehenden Verteilernetze werden etwa durch die Zunahme der Einspeisung von Strom aus erneuerbaren Energien in Zeiten, in denen mehr Energie eingespeist als verbraucht wird, zu Einspeisenetzen in höhere Netzebenen, worauf die Verteilernetze in der Regel nicht ausgerichtet sind. Die bisherigen Verteilernetze müssen hierfür zu flexiblen und aktiven Netzen weiterentwickelt werden. Gefördert

312 Energiekonzept für eine umweltschonende, zuverlässige und bezahlbare Energieversorgung vom 28.9.2010, S. 30.

313 Förderbekanntmachung veröffentlicht im Bundesanzeiger Nr. 75 vom 17.5.2011, S. 1840.

werden daher Forschungsprojekte zur Entwicklung und Weiterentwicklung sog. „intelligenter Netze" („**smart grids**"), die Stromerzeuger, Stromverbraucher und Netzbetriebsmittel durch Informations- und Kommunikationstechnologien intelligent miteinander verknüpfen, um das Gesamtsystem optimal zu steuern.

167 Neben der Bundesregierung gibt es schließlich zahlreiche Forschungsförderungs-Projekte auf Landes- und auch auf internationaler Ebene[314] (Energieforschung in der EU, Energieforschung in der Internationalen Energieagentur sowie multilaterale Initiativen zur Energieforschung).

314 Vgl. dazu die Informationen auf der Seite des BMWi unter http://www.bmwi.de/BMWi/Navigation/Energie/Energieforschung/internationale-energieforschung.html.

Kapitel 2
Die Zulassung von Energieanlagen

A. Einleitung

Der Erfolg der Energiewende hängt neben der gezielten finanziellen Förderung der Energieerzeugung aus regenerativen Quellen ganz wesentlich von den rechtlichen Rahmenbedingungen für die Zulassung und den Betrieb der Erzeugungs- und Transporteinrichtungen ab. In dem folgenden Kapitel werden überblicksartig die für 1
- Windenergie- (onshore und offshore),
- Wasserkraft-,
- Photovoltaik-,
- Biomasse- und
- Geothermieanlagen sowie für
- Energieleitungen (Freileitungen und Erdkabel)
- maßgeblichen Genehmigungsvoraussetzungen dargestellt.

Diese Genehmigungsvoraussetzungen sind **kein spezifisches Zulassungsrecht** für regenerative Energieanlagen. Vielmehr findet das allgemeine Anlagenrecht Anwendung, nach dem sich auch die Zulässigkeit konventioneller Erzeugungsanlagen wie z.B. von Gas- und Kohlekraftwerken bestimmt. Im Mittelpunkt steht das Bundes-Immissionsschutzgesetz (BImSchG), das der Vermeidung und Verminderung schädlicher Umwelteinwirkungen durch Emissionen in Luft, Wasser und Boden unter Einbeziehung der Abfallwirtschaft dient. Wesentliche rechtliche Vorgaben ergeben sich daneben aus dem Bauplanungs- und Bauordnungsrecht, dem Naturschutzrecht, dem Wasserrecht sowie bei Geothermieanlagen aus dem Bergrecht und bei Hochspannungsfreileitungen aus dem EnWG. Bei raumbedeutsamen Projekten können zusätzlich Anforderungen des Raumordnungsrechts Bedeutung erlangen. 2

Neben den spezialgesetzlichen materiellen Anforderungen kommt den **verfahrensrechtlichen Regelungen** zum Ablauf eines Zulassungsverfahrens entscheidende Bedeutung zu. Von den verfahrensrechtlichen Rahmenbedingungen des Verfahrens – und ihrer praktischen Handhabung durch die Verfahrensbeteiligten – hängt der Erfolg oder Misserfolg eines Projekts vielfach entscheidend ab. 3

B. Windenergieanlagen

Die Windenergie hatte im Jahr 2010 von allen erneuerbaren Energien den weitaus größten Anteil am Stromverbrauch in Deutschland. Mit 37.793 GWh hatte der aus 4

Windenergie erzeugte Strom einen Anteil von 6,2 % am Stromverbrauch.[1] Hiervon entfielen 37.619 GWh auf die Windenergie an Land. Die Windenergie auf See trug lediglich einen Anteil von 174 GWh zur Stromproduktion bei. Gerade hier werden aber die größten Potenziale für die zukünftige Nutzung der Windenergie gesehen. Nach dem Energiekonzept der Bundesregierung soll die Offshore-Windleistung bis 2030 bei 25 GW liegen. Dafür sieht sie einen Investitionsbedarf von 75 Mrd. €.[2] Das für die Genehmigung von Offshore-Windparks zuständige Bundesamt für Seeschifffahrt und Hydrographie hat bisher insgesamt 26 Offshore-Windparks genehmigt, davon 23 in der Nord- und 3 in der Ostsee. Hiervon sind allerdings erst zwei – vergleichsweise kleine – Windparks in Betrieb („alpha ventus" in der Nordsee mit 12 Anlagen und „Baltic 1" in der Ostsee mit 21 Anlagen).

I. Windenergieanlagen an Land (onshore)

1. Genehmigungsvorbehalt

5 Windenergieanlagen sind genehmigungsbedürftig. Für die Errichtung und den Betrieb ist entweder eine immissionsschutzrechtliche Genehmigung oder eine Baugenehmigung erforderlich. Auf die Erteilung beider Genehmigungen besteht ein gebundener Anspruch.

6 Windenergieanlagen bedürfen einer **immissionsschutzrechtlichen Genehmigung**,[3] wenn sie – wie bei modernen Anlagen regelmäßig – eine Gesamthöhe von 50 m überschreiten. Auf das früher erforderliche Vorliegen einer aus mehreren Anlagen bestehenden „Windfarm" kommt es also nicht mehr an. Nur Windenergieanlagen mit einer Gesamthöhe von 50 m oder weniger bedürfen lediglich einer **Baugenehmigung** nach der jeweiligen Landesbauordnung. Die Bedeutung solcher Kleinanlagen (bis 50 m) oder Kleinstanlagen (bis 10 m)[4] wird im Hinblick auf die Energiewende und das Ziel einer möglichst dezentralen Energieerzeugung zunehmen.

7 Die unterschiedlichen Zulassungsverfahren haben in erster Linie **Auswirkungen** auf die einzelnen **Verfahrensschritte** und die **zuständige Behörde**, weniger auf die materiellen Genehmigungsvoraussetzungen, denn die immissionsrechtlichen Anforderungen sind auch im Baugenehmigungsverfahren zu prüfen.[5] Wichtige Unterschiede bestehen auch bei den Genehmigungswirkungen. Die immissionsschutzrechtliche Genehmigung entfaltet gem. § 13 BImSchG eine formelle **Konzentrations-**

---

1 Zahlen entnommen aus: BMU, Erneuerbare Energien in Zahlen, 2011, S. 12 ff.

2 Energiekonzept der Bundesregierung vom 28.9.2010 für eine umweltschonende, zuverlässige und bezahlbare Energieversorgung, S. 8, Stand Oktober 2011 (abrufbar unter www.bmu.de).

3 Nach § 4 Abs. 1 BImSchG i.V.m. Nr. 1.6 Anhang zur 4. BImSchV.

4 Vgl. hierzu OVG Lüneburg, Beschl. v. 29.6.2012 – 12 LA 155/11 = juris; *Bovet*, ZUR 2010, 9 ff.

5 § 22 BImSchG.

wirkung, d.h. die Genehmigung schließt grundsätzlich alle weiteren erforderlichen Genehmigungen (z.B. die Baugenehmigung) mit ein. Die jeweiligen Anforderungen des Fachrechts müssen aber dennoch eingehalten werden (keine materielle Konzentrationswirkung). Im Rahmen der immissionsschutzrechtlichen Genehmigung wird daher auch z.B. die bauplanungsrechtliche Zulässigkeit des Vorhabens überprüft. Die Landesbauordnungen kennen (mit Ausnahme von Brandenburg und Hamburg) keine Konzentrationswirkung der Baugenehmigung. Hier bedarf es demnach ggf. noch weiterer Fachgenehmigungen (z.B. Ausnahmen oder Befreiungen von Verboten einer Naturschutz- oder Landschaftsschutzverordnung).

Für Windparks kann zudem unter bestimmten Umständen die Durchführung **8**
eines **Raumordnungsverfahrens** nach § 15 ROG erforderlich sein. Das Raumordnungsverfahren ist ein besonderes, dem eigentlichen Genehmigungsverfahren vorgelagertes Verfahren, mit dem die Raumverträglichkeit eines bestimmten Vorhabens vorab geprüft werden soll. Nach § 15 Abs. 1 S. 2 ROG sind hierbei die raumbedeutsamen Auswirkungen der Planung oder Maßnahmen unter überörtlichen Gesichtspunkten zu prüfen, insbesondere die Übereinstimmung mit den Erfordernissen der Raumordnung und die Abstimmung mit anderen raumbedeutsamen Planungen und Maßnahmen.[6]

2. Genehmigungsvoraussetzungen

a) Allgemeines

Voraussetzung für die Erteilung der immissionsschutzrechtlichen Genehmigung ist **9**
nach § 6 Abs. 1 Nr. 1 BImSchG die Erfüllung der sog. immissionsschutzrechtlichen **Betreiberpflichten** nach § 5 Abs. 1 BImSchG. Nach § 5 Abs. 1 S. 1 Nr. 1 BImSchG sind Anlagen so zu errichten, dass durch die Errichtung und den Betrieb der Anlage keine schädlichen Umwelteinwirkungen und sonstige Gefahren, erhebliche Nachteile und erhebliche Belästigungen für die Allgemeinheit und die Nachbarschaft hervorgerufen werden können („**Schutzpflicht**"). Schädliche Umwelteinwirkungen sind nach § 3 Abs. 1 BImSchG Immissionen, die nach Art, Ausmaß oder Dauer geeignet sind, Gefahren, erhebliche Nachteile oder erhebliche Belästigungen für die Allgemeinheit oder die Nachbarschaft herbeizuführen. **Immissionen** sind auf Menschen, Tiere und Pflanzen, den Boden, das Wasser, die Atmosphäre sowie Kultur- und sonstige Sachgüter einwirkende Luftverunreinigungen, Geräusche, Erschütterungen, Licht, Wärme, Strahlen und ähnliche Umwelteinwirkungen.[7]

Neben der Schutzpflicht sind Anlagen nach § 5 Abs. 1 S. 1 Nr. 2 BImSchG so zu **10**
errichten, dass Vorsorge gegen schädliche Umwelteinwirkungen und sonstige Gefahren, erhebliche Nachteile und erhebliche Belästigungen getroffen wird, insbesondere durch die dem Stand der Technik entsprechenden Maßnahmen („**Vorsorgepflicht**").

6 Siehe dazu Rn 142 ff.

7 § 3 Abs. 2 BImSchG.

Daneben trifft den Betreiber die Pflicht, Abfälle zu vermeiden und zu entsorgen[8] sowie die Pflicht zur sparsamen und effizienten Energieverwendung.[9] Neben den immissionsschutzrechtlichen Betreiberpflichten dürfen nach § 6 Abs. 1 Nr. 2 BImSchG auch andere öffentlich-rechtliche Vorschriften nicht entgegenstehen.

11 Bei der Genehmigung von Onshore-Windenergieanlagen sind die immissionsschutzrechtliche Schutzpflicht nach § 5 Abs. 1 S. 1 Nr. 1 BImSchG, die bauplanungs- und bauordnungsrechtlichen Vorschriften sowie die Anforderungen des Naturschutzrechts und des Luftfahrtrechts von besonderer Bedeutung.

b) Immissionsschutzrecht

12 Als von Windenergieanlagen ausgehende **Immissionen** sind insbesondere Lärm, der Schattenwurf der Anlage sowie Lichteffekte durch Sonnenlicht-Reflexionen und Nachtkennzeichnung im Genehmigungsverfahren relevant. Daneben sind Unfallgefahren infolge von Eisabwurf zu beachten.

aa) Lärmimmissionen

13 Windenergieanlagen sind akustisch im Wesentlichen aufgrund der Windgeräusche der drehenden Rotorblätter wahrnehmbar. Daneben können das Getriebe und der Generator zum Lärmpegel beitragen. Die Zumutbarkeit von Lärmimmissionen beurteilt sich nach der **TA Lärm.**[10] Die TA Lärm ist ein technisches Regelwerk, das bestimmte Grenzwerte für die Zumutbarkeit von Lärmimmissionen mit grundsätzlicher **Bindungswirkung** auch für die Gerichte vorschreibt (sog. normkonkretisierende Verwaltungsvorschrift). Für die Beurteilung der Zumutbarkeit von Lärmimmissionen differenziert die TA Lärm nach den jeweiligen Baugebietstypen sowie nach Tag- und Nachtzeiten. Für Windenergieanlagen ist hierbei regelmäßig der strengere Nachtwert entscheidend, da Windenergieanlagen aus Wirtschaftlichkeitsgründen möglichst im Dauerbetrieb eingesetzt werden sollen.

14 Die TA Lärm schreibt in Nr. 6.1 folgende Immissionsrichtwerte vor:

Baugebietstyp	Tagwert	Nachtwert
Industriegebiet	70 dB(A)	70 dB(A)
Gewerbegebiet	65 dB(A)	50 dB(A)
Kern-, Dorf-, Mischgebiet	60 dB(A)	45 dB(A)
Allgemeines Wohngebiet	55 dB(A)	40 dB(A)
Reines Wohngebiet	50 dB(A)	35 dB(A)
Kurgebiet, Krankenhaus, Pflegeanstalt	45 dB(A)	35 dB(A)

8 § 5 Abs. 1 S. 1 Nr. 3 BImSchG.
9 § 5 Abs. 1 S. 1 Nr. 4 BImSchG.
10 Vgl. BVerwG, Urt. v. 29.8.2007 – 4 C 2.07 = BVerwGE 129, 209, 212.

Für im Außenbereich gelegene Wohnbebauung gelten die Werte für Kern-, Dorf- und Mischgebiete geltenden Grenzwerte.[11]

Die Anforderungen der TA Lärm werden erfüllt, wenn die **Gesamtbelastung** am maßgeblichen Immissionsort die Immissionsrichtwerte nicht überschreitet.[12] Die Gesamtbelastung ist die Belastung, die von allen der TA Lärm unterfallenden gewerblichen[13] Anlagen am maßgeblichen Immissionsort hervorgerufen wird.[14] Diese Gesamtbelastung setzt sich also aus der bereits am Immissionsort bestehenden Vorbelastung und der zusätzlich durch die geplante Anlage erwarteten Zusatzbelastung zusammen. 15

Bei der Bestimmung des maßgeblichen Immissionswerts kann es abhängig vom Anlagentyp erforderlich sein, für eine **Ton- und Informationshaltigkeit**[15] sowie **Impulshaltigkeit**[16] des Geräusches einen pauschalen Zuschlag zu berücksichtigen (z.B. bei Schlaggeräuschen der Rotorblätter beim Passieren des Mastes[17]). Damit wird dem Umstand Rechnung getragen, dass kurzzeitig zu- und wieder abnehmende Geräusche deutlich störender empfunden werden als konstant gleichbleibende Geräusche. Bei Einhaltung eines Mindestabstandes von 300 m zur nächsten Wohnbebauung ist ein Zuschlag nicht erforderlich.[18] 16

Auch wenn die Gesamtbelastung die maßgeblichen Immissionswerte überschreitet, darf die Genehmigung unter bestimmten Voraussetzungen dennoch nicht versagt werden: 17

Unterschreitet der Immissionsbeitrag der Anlage die maßgeblichen Immissionsrichtwerte um **mindestens 6 dB(A),**[19] ist die Genehmigung in der Regel nicht zu versagen, da die zusätzlichen Anlagen in diesem Fall keinen nennenswerten Beitrag zur Gesamtbelastung leisten.[20] Die Vorschrift ist allerdings auf den Fall ausgelegt, dass die Lärmbeeinträchtigung am Immissionsort von nicht mehr als drei relevanten Anlagen ausgeht. In der Praxis wird daher zumeist eine Unterschreitung von mindestens **10 dB(A)** gefordert, um „auf der sicheren Seite zu sein“. Weitergehende Sicherheitsabschläge (von teilweise bis zu 15 dB(A)) sind dagegen nicht gerechtfertigt. 18

---

11 OVG Münster, Urt. v. 13.7.2006 – 8 B 39/06 = NVwZ 2007, 967, 968; OVG Münster, Urt. v. 18.11.2002 – 7 A 2127/00 = NVwZ 2003, 756, 757.

12 Nr. 3.2.1 TA Lärm.

13 Hierzu zählt beispielsweise nicht der Verkehrslärm.

14 Nr. 2.4 Abs. 3 TA Lärm.

15 A.3.3.5 TA Lärm.

16 A.3.3.6 TA Lärm.

17 Vgl. dazu *Gatz*, S. 96 f.

18 Siehe Nr. 5.2.1.1 Windenergie-Erlass NRW v. 11.7.2011.

19 Bei einer Unterschreitung des maßgeblichen Immissionswerts um 10 dB(A) oder mehr weist eine Anlage nach Nr. 2.2 TA Lärm schon keinen Einwirkungsbereich auf. Es ist dann kein maßgeblicher Immissionswert festzulegen. Schädliche Umwelteinwirkungen durch Geräusche sind dann nicht zu erwarten.

20 Irrelevanzklausel – Nr. 3.2.1 Abs. 2 TA Lärm.

19 Ist dauerhaft sichergestellt, dass der maßgebliche Immissionsrichtwert um **nicht mehr als 1 dB(A)** überschritten wird (Gesamtbelastung) soll die Genehmigung auch bei einer Überschreitung nicht versagt werden.[21]

20 Wird durch Auflagen sichergestellt, dass in der Regel spätestens drei Jahre nach Inbetriebnahme der Anlage **Sanierungsmaßnahmen** (Stilllegung, Beseitigung, Änderung) an bestehenden Anlagen des Antragstellers zur Einhaltung der Immissionsrichtwerte führen,[22] soll die Genehmigung nicht versagt werden.

21 Werden die Immissionen der Anlage infolge ständig vorherrschender **Fremdgeräusche** überdeckt,[23] darf die Genehmigung nicht versagt werden, da in diesem Fall keine zusätzlichen schädlichen Umwelteinwirkungen durch die zu beurteilende Anlage zu befürchten sind.

22 Die Beurteilung der Lärmimmissionen erfolgt im Genehmigungsverfahren auf Grundlage einer **Prognose.**[24] Hierzu kann auf eine Referenzmessung einer vergleichbaren Anlage desselben Typs zurückgegriffen werden. Die Rechtsprechung verlangt, dass die Prognose in jedem Fall „auf der sicheren Seite" liegt. Neben einer methodisch fehlerfreien Erstellung gehört dazu die Berücksichtigung von Sicherheitszuschlägen für bestehende Unsicherheiten. Aufgrund herstellungsbedingter Serienstreuungen kann etwa nicht ausgeschlossen werden, dass die Emissionen von denen der Referenzanlage abweichen. Um diese Risiken vollständig auszuschließen, wird der Referenzwert grundsätzlich um einen **Sicherheitszuschlag** (in der Regel mindestens 2 dB(A)) erhöht.[25] Zur Sicherstellung der prognostizierten Lärmimmissionen werden in der Genehmigung oftmals Emissionswerte für den genehmigten Anlagentyp und das Erfordernis einer Abnahmemessung durch Inhalts- oder Nebenbestimmungen festgeschrieben.[26] Ferner können auch **Messungen** zu späteren Zeiträumen (z.B. Ablauf von drei Jahren) angeordnet werden.[27] Kann der Nachweis im Rahmen der angeordneten Messung nicht geführt werden, kann die Genehmigung ein Verbot vorsehen, die Windenergieanlage in der Nacht (22.00 bis 6.00 Uhr) aufgrund der hierfür geltenden strengeren Immissionsrichtwerte im Vollbetrieb zu betreiben. Zur Lärmreduzierung kann auch eine automatische Steuerungstechnik eingesetzt werden, die bei Überschreitung der Grenzwerte (insbesondere zur Einhaltung der strengeren Nachtwerte) die Windenergieanlage automatisch ausschaltet (**stall-Steuerung**) oder

---

21 Nr. 3.2.1 Abs. 3 TA Lärm.

22 Nr. 3.2.1 Abs. 4 TA Lärm.

23 Nr. 3.2.1 Abs. 5 TA Lärm.

24 A.2 TA Lärm; s. OVG Berlin-Brandenburg, Beschl. v. 22.3.2012 – 11 N 50.10 = juris Rn 6.

25 OVG Münster, Urt. v. 13.7.2006 – 8 B 39/06 = NVwZ 2007, 967, 968; Urt. v. 18.11.2002 – 7 A 2127/00 = NVwZ 2003, 756, 759.

26 VG des Saarlandes, Urt. v. 23.11.2011 – 5 K 2254/10 = juris Rn 56 ff.; ferner Nr.5.2.1.1 Windenergie-Erlass NRW v. 11.7.2011.

27 VG des Saarlandes, Urt. v. 23.11.2011 – 5 K 2254/10 = juris Rn 68 ff.; VG Trier, Urt. v. 4.3.2009 – 5 K 759/08.TR = juris Rn 29 ff.; VG Lüneburg, Urt. v. 4.9.2008 – 2 A 211/07 = ZUR 2008, 598, 599.

deren Drehgeschwindigkeit drosselt (**pitch-Steuerung**). Regelmäßig ist die pitch- oder stall-Steuerung bereits im Genehmigungsantrag enthalten; ansonsten ist eine entsprechende Regelung im Genehmigungsbescheid zulässig und üblich.[28]

bb) Schattenwurf

Die sich drehenden Rotorblätter können zu einem periodischen Schattenwurf auf 23
angrenzende Grundstücke führen. Dieser schnelle Hell-Dunkel-Wechsel wird allgemein als störend empfunden. Der Effekt setzt sich durch die Fenster auch in den der Windenergieanlage zugewandten Räumen fort. Für die Beurteilung der Zumutbarkeit des Schattenwurfs gibt es **keine verbindlichen Grenz- oder Richtwerte**. Die Zumutbarkeit ist daher nach den jeweiligen Umständen des Einzelfalls zu ermitteln. Die verwaltungsgerichtliche Praxis[29] orientiert sich an den vom LAI[30] aufgestellten Richtwerten für die Zumutbarkeit periodischer Verschattung „als konservative Faustformel“: Danach ist der zu erwartende periodische Schattenwurf zumutbar, wenn die astronomisch maximal mögliche Beschattungsdauer **nicht mehr als 30 Stunden pro Kalenderjahr** und darüber hinaus **nicht mehr als 30 Minuten pro Kalendertag** beträgt.

Die vom Schattenwurf ausgehenden Beeinträchtigungen können zur Herstellung 24
der Genehmigungsfähigkeit im Übrigen durch **technische Maßnahmen** wie den Einsatz einer Abschaltautomatik reduziert werden, die mittels Sensoren die konkrete meteorologische Beschattungssituation erfasst und durch automatisches Abschalten die Beschattungsdauer begrenzt.[31]

cc) Lichteffekte

Neben dem Schattenwurf können auch Lichteffekte Immissionen i.S.v. § 3 Abs. 2 25
BImSchG hervorrufen. Diese entstehen bei Windenergieanlagen durch periodische Reflexionen von Sonnenlicht auf den Rotorblättern sowie durch die Nachtkennzeichnung mittels rot blinkender Gefahrenfeuer. Der durch Reflexionen von Sonnenlicht

---

28 Zur pitch-Steuerung etwa OVG des Saarlandes, Urt. v. 1.6.2007 – 3 Q 110/06 = juris Rn 49 ff.; zur stall-Steuerung OVG Berlin-Brandenburg, Beschl. v. 15.3.2012 – 11 S 72.10 = juris Rn 8; OVG Münster, Beschl. v. 3.2.2004 – 7 B 2622/03 = BRS 67 Nr. 106; Urt. v. 18.11.2002 – 7 A 2127/00 = NVwZ 2003, 756, 758.

29 OVG Lüneburg, Urt. v. 18.5.2007 – 12 LB 8/07 = ZNER 2007, 229, 230; OVG Lüneburg, Urt. v. 15.3.2004 – 1 ME 45/04 = ZNER 2004, 311, 311; VG München, Urt. v. 19.5.2009 – M 1 K 08.1650 = juris Rn 23.

30 LAI, Hinweise „Zur Ermittlung und Beurteilung der optischen Immissionen von Windenergieanlagen“ vom Dezember 2001; siehe auch LUA NRW, Sachinformationen Optische Immissionen von Windenergieanlagen vom März 2002.

31 19 Nr. 1.3 der LAI-Hinweise; ferner etwa OVG Lüneburg, Beschl. v. 16.7.2012 – 12 LA 105/11 = juris Rn 10 ff.

entstehende sog. **„Disko-Effekt“** spielt bei neu zu genehmigenden Anlagen aufgrund der mittlerweile üblich gewordenen Mattlackierung kaum mehr eine Rolle und wird durch entsprechende Genehmigungsauflagen ausgeschlossen. Die aufgrund luftverkehrsrechtlicher Bestimmungen[32] vorgeschriebene Nachtkennzeichnung ist dagegen bei den immer höher werdenden Windenergieanlagen unverändert von Bedeutung. In der Gerichtspraxis werden unzumutbare Beeinträchtigungen durch eine solche Nachtkennzeichnung allerdings regelmäßig verneint.[33]

dd) Windabschattung

26 Als „negative Immissionen“ können Windenergieanlagen zur Entziehung von Wind, insbesondere für in der Hauptwindrichtung liegende benachbarte Windenergieanlagen führen. Ob es sich dabei mangels „Zuführens“ um Immissionen handelt, ist umstritten. Selbst wenn man dies verneint, kann der Entzug von Wind als eine Verletzung des Gebots der Rücksichtnahme bauplanungsrechtlich erheblich sein.[34] Dabei rechtfertigen allerdings nur wirklich **erhebliche Beeinträchtigungen** des Ertrags einer Windenergieanlage eine Genehmigungsversagung.[35] Erforderlich ist regelmäßig, dass die beeinträchtigte Windenergieanlage nicht mehr wirtschaftlich betrieben werden kann, denn Betreiber benachbarter Anlagen haben grundsätzlich keinen Anspruch auf eine unveränderte Umgebung, sondern müssen mit der Ansiedlung weiterer im Außenbereich privilegierter Anlagen rechnen.

ee) Infraschall

27 Neben den Lärmimmissionen machen Anwohner oftmals Beeinträchtigungen durch Infraschall geltend. Infraschall ist **tieffrequenter Schall**, der durch das menschliche Gehör nicht oder nur kaum wahrnehmbar ist. Verbindliche Grenz- oder Richtwerte bestehen nicht. Die Rechtsprechung verneint regelmäßig eine rechtserhebliche Beeinträchtigung, weil es bisher keine wissenschaftlich fundierten Hinweise darauf gebe, dass von Windenergieanlagen verursachter Infraschall zu Gesundheitsbeeinträchtigungen führt.[36]

---

32 Siehe die §§ 12 ff. LuftVG.

33 OVG Lüneburg, Beschl. v. 15.3.2004 – 1 ME 45/04 = ZNER 2004, 311, 312; VGH München, Beschl. v. 21.12.2010 – 22 ZB 09.1682 = juris Rn 14; VG Frankfurt/Oder, Beschl. v. 24.8.2010 – 5 L 333/09 = juris Rn 76.

34 *Gatz*, S. 100.

35 Vgl. *Gatz*, S. 148 f.

36 VGH München, Urt. v. 31.10.2008 – 22 Cs 08.2369 = NVwZ 2009, 338, 339; OVG Lüneburg, Urt. v. 18.5.2007 – 12 LB 8/07 = juris Rn 72; OVG Münster, Beschl. v. 22.5.2006 – 8 B 2122/05 = juris Rn 20.

ff) Eiswurfgefahr

Neben Immissionen dürfen von Anlagen nach § 5 Abs. 1 S. 1 Nr. 1 BImSchG auch keine sonstigen Gefahren für die Allgemeinheit und die Nachbarschaft hervorgerufen werden. Zu den sonstigen Gefahren zählen Gefährdungen für die Umgebung infolge von Eiswurf durch Rotorblätter (insbesondere für in der Nähe befindliche Verkehrswege). Für einzuhaltende **Mindestabstände** zu bedrohten Grundstücken gibt es keine verbindlichen Regelwerke. Die bauordnungsrechtlichen Vorschriften zu Abstandsflächen finden keine Anwendung. Die Gerichtspraxis greift zur Ermittlung der potenziellen Eiswurfweite auf die Ergebnisse des EU-Forschungsprojektes „Windenergy Production in Cold Climates“ des sog. „WECO-Projekts“ zurück.[37] Danach wird für Standorte, an denen mit hoher Wahrscheinlichkeit an mehreren Tagen im Jahr mit Vereisung gerechnet werden muss, ein Abstand von 1,5 × (Nabenhöhe + Durchmesser) zu den nächst gelegenen gefährdeten Objekten empfohlen. Auch der Windenergie-Erlass NRW 2011 zieht diese Formel heran.[38] 28

Beispiel
Bei einer Windenergieanlage mit einer Nabenhöhe von 100 m und einem Rotordurchmesser von 90 m (Gesamthöhe 145 m) ergibt sich nach dieser Formel eine maximale potenzielle Eiswurfweite von 285 m.

Zur Reduzierung der Eiswurfgefahr können Windenergieanlagen mit Sensoren, die bei Eisansatz zu einer automatischen Abschaltung der Anlage führen, oder mit Rotorblattheizungen ausgerüstet werden. In der Praxis werden regelmäßig entsprechende Auflagen in der Genehmigung aufgenommen. 29

c) Bauplanungsrecht

Sowohl im Rahmen der immissionsschutzrechtlichen Genehmigung als auch der Baugenehmigung ist die bauplanungsrechtliche Zulässigkeit von Onshore-Windenergieanlagen Prüfungsgegenstand.[39] Die bauplanungsrechtliche Zulässigkeit beurteilt sich nach den §§ 29 ff. BauGB und ist von der jeweiligen **bauplanungsrechtlichen Situation des Baugrundstücks** abhängig. Der Standort kann im Bereich eines qualifizierten Bebauungsplans nach § 30 Abs. 1 BauGB, im unbeplanten Innenbereich nach § 34 BauGB oder im Außenbereich nach § 35 BauGB liegen. In der Praxis werden 30

37 OVG Koblenz, Urt. v. 12.5.2011 – 1 A 11186/08 = NVwZ-RR 2011, 759, 760; OVG Koblenz, Urt. v. 29.10.2008 – 1 A 11330/07 = DVBl. 2009, 390, 394 f.; OVG Lüneburg, Urt. v. 18.5.2007 – 12 LB 8/07 = juris Rn 73; OVG Magdeburg, Urt. v. 9.2.2006 – 2 M 71/05 = juris Rn 43 ff.

38 Nr. 5.2.3.5 Windenergie-Erlass NRW v. 11.7.2011 i.V.m. Anlage 2.7/10 der Technischen Baubestimmungen.

39 St. Rspr., siehe BVerwG, Beschl. v. 1.10.2008 – 4 B 52.08 = BauR 2009, 223; Urt. v. 21.10.2004 – 4 C 2.04 = NVwZ 2005, 211, 212; Urt. v. 19.7.2001 – 4 C 4.00 = BVerwGE 115, 17, 24 f.

Onshore-Windenergieanlagen zumeist im Außenbereich oder im beplanten Innenbereich errichtet.

aa) Vorhaben im Außenbereich

31 Standorte für Windenergieanlagen befinden sich meist im Außenbereich. Windenergieanlagen gehören gem. § 35 Abs. 1 Nr. 5 BauGB zu den im Außenbereich **privilegierten Vorhaben**, d.h. sie sollen nach der gesetzgeberischen Wertung gerade im Außenbereich verwirklicht werden und sind dort gegenüber im Außenbereich nicht erwünschten Nutzungen (beispielsweise Wohnbebauung) bevorzugt genehmigungsfähig. Die Privilegierung führt allerdings nicht dazu, dass Windenenergieanlagen an allen Orten im Außenbereich zulässig sind. Eine solche Standortentscheidung ist mit der Privilegierung nicht verbunden.[40]

32 § 35 Abs. 1 Nr. 5 BauGB setzt voraus, dass die Anlage der Erforschung, Entwicklung oder Nutzung der Windenergie **„dient"**. Nach der Rechtsprechung reicht es nicht aus, dass die Anlage der Windenergie in irgendeiner Weise förderlich ist. Vielmehr muss für das Merkmal des Dienens darauf abgestellt werden, ob ein vernünftiger Bauherr – auch und gerade unter Berücksichtigung des Gebots größtmöglicher Schonung des Außenbereichs – das Bauvorhaben mit etwa gleichem Verwendungszweck und gleicher Ausstattung errichten würde. Dies kann etwa bei Windenergieanlagen mit Photovoltaikelementen problematisch sein.[41]

33 Die Vorschrift des § 35 Abs. 1 Nr. 5 BauGB regelt die Privilegierung von Windenergieanlagen im Außenbereich nicht abschließend. Eine Windenergieanlage kann auch als sog. **„mitgezogener Betriebsteil"** an der Privilegierung beispielsweise einer landwirtschaftlichen Nutzung nach § 35 Abs. 1 Nr. 1 BauGB teilnehmen, wenn es sich um einen untergeordneten Betriebsteil handelt, der (überwiegend) Energie für den landwirtschaftlichen Betrieb produziert.[42] Dazu kommt es darauf an, ob der betriebsbezogene Anteil der Energieerzeugung gemessen an der Gesamtkapazität der Anlage erheblich ins Gewicht fällt. Überwiegt der betriebsbezogene Anteil gegenüber dem zur Einspeisung in das öffentliche Netz bestimmten Anteil nicht deutlich, fehlt es an der dienenden Funktion der Anlage.[43]

34 Nach § 35 Abs. 1 BauGB privilegierte Windenergieanlagen sind bauplanungsrechtlich genehmigungsfähig, wenn ihre Erschließung gesichert ist und ihnen keine öffentlichen Belange entgegenstehen. Einzelne öffentliche Belange werden in dem nicht abschließenden Katalog des § 35 Abs. 3 S. 1 BauGB genannt. Wird ein öffentli-

---

40 Siehe BVerwG, Beschl. v. 18.3.2003 – 4 B 7.03 = BauR 2004, 295.

41 BVerwG, Urt. v. 22.1.2009 – 4 C 17.07 = NVwZ 2009, 918.

42 BVerwG, Beschl. v. 4.11.2008 – 4 B 44.08 = BauR 2009, 473, 474.

43 BVerwG, Beschl. v. 4.11.2008 – 4 B 44.08 = BauR 2009, 473, 473 f.; BVerwG, Urt. v. 16.6.1994 – 4 C 20.93 = BVerwGE 96, 95, 96.

cher Belang beeinträchtigt, führt dies noch nicht zur Unzulässigkeit des Vorhabens. Beeinträchtigte öffentliche Belange können im Rahmen einer **„nachvollziehenden Abwägung"** überwunden werden.[44] Folgende Belange sind im Rahmen der Genehmigung von Windenergieanlagen von besonderer Bedeutung:

(1) Entgegenstehende Darstellungen im Flächennutzungsplan

Öffentliche Belange sind beeinträchtigt, wenn Windenergieanlagen den Darstellungen des Flächennutzungsplans widersprechen.[45] Im Außenbereich wird von den Gemeinden regelmäßig der überwiegende Teil der Flächen als Land- und Forstwirtschaft dargestellt. Eine solche Darstellung kann der Zulässigkeit einer Windenergieanlage grundsätzlich nicht entgegenstehen, da es sich dabei im Allgemeinen um keine **qualifizierten Standortzuweisungen** handelt, sondern dem Außenbereich nur die ihm ohnehin nach dem Willen des Gesetzes in erster Linie zukommende Funktion zugewiesen wird, der Land- und Forstwirtschaft und der allgemeinen Erholung zu dienen.[46] 35

Neben den Festsetzungen des „einfachen" Flächennutzungsplans sind noch die Festsetzungen eines Flächennutzungsplans mit der Ausschlusswirkung des § 35 Abs. 3 S. 3 BauGB zu beachten.[47] 36

(2) Schädliche Umwelteinwirkungen

Nach § 35 Abs. 3 S. 1 Nr. 3 BauGB dürfen Anlagen keine schädlichen Umwelteinwirkungen hervorrufen. Inhaltlich entspricht dies den immissionsschutzrechtlichen Anforderungen an Windenergieanlagen, die nach § 5 Abs. 1 S. 1 Nr. 1 BImSchG zu beachten sind.[48] Daneben kann der Windenergieanlage auch das allgemeine **Gebot der Rücksichtnahme** entgegenstehen. Dies ist etwa im Falle der Beeinträchtigung des Flugbetriebs eines luftverkehrsrechtlich genehmigten Segelflugplatzes der Fall.[49] 37

---

44 St. Rspr., siehe BVerwG, Urt. v. 18.8.2005 – 4 C 13.04 = BVerwGE 124, 132, 142 f.; Beschl. v. 2.3.2005 – 7 B 16.05 = juris Rn 8; Urt. v. 21.10.1994 – 4 C 2.04 = BVerwGE 122, 109, 115 f.; Urt. v. 17.12.2002 – 4 C 15.01 = BVerwGE 117, 287, 302.

45 § 35 Abs. 3 S. 1 Nr. 1 BauGB.

46 BVerwG, Urt. v. 20.1.1984 – 4 C 43.81 = BVerwGE 68, 311, 315 f.

47 Vgl. dazu Rn 49 ff.

48 Vgl. dazu Rn 12 ff.

49 BVerwG, Urt. v. 18.11.2004 – 4 C 1.04 = NVwZ 2005, 328; OVG Lüneburg, Urt. v. 18.7.2007 – 12 LC 56/07 = juris Rn 46 ff.; OVG Koblenz, Urt. v. 16.1.2006 – 8 A 11271/06 = NVwZ 2006, 844, 845 f.

(3) Naturschutz und Landschaftspflege

38 Nach § 35 Abs. 3 S. 1 Nr. 5 BauGB liegt die Beeinträchtigung eines öffentlichen Belangs vor, wenn das Vorhaben Belange des Naturschutzes und der Landschaftspflege beeinträchtigt. Hierin liegt regelmäßig ein wesentlicher Schwerpunkt der Überprüfung der Genehmigungsfähigkeit eines Vorhabens.[50]

(4) Belange des Denkmalschutzes

39 Der Schutz von Denkmälern[51] wird im Wesentlichen durch die Denkmalschutzgesetze der Länder sichergestellt. Die Errichtung von Windenergieanlagen kann den **Umgebungsschutz** von Denkmälern, den Schutz von Landschaftsbestandteilen als (Natur-)Denkmal und den Schutz von Bodendenkmalen beeinträchtigen.[52]

(5) Verunstaltung des Orts- und Landschaftsbildes

40 Eine Verunstaltung des Orts- und Landschaftsbildes liegt vor, wenn die Windenergieanlage dem Orts- oder Landschaftsbild **in ästhetischer Hinsicht grob unangemessen** ist und auch von einem für ästhetische Eindrücke offenen Betrachter als **belastend** empfunden wird.[53] Die bloße Existenz einzelner Windenergieanlagen verunstaltet das Orts- und Landschaftsbild in der Regel noch nicht. Bei der Beurteilung ist auch die anlagentypische Drehbewegung der Rotorblätter einzubeziehen.[54] Das OVG Münster bejahte beispielsweise eine Verunstaltung in Bezug auf eine Anlage, die an exponierter Stelle im Sauerland errichtet werden sollte, weil sie unmittelbar in das Blickfeld einer bislang unbeeinträchtigten Fernsicht treten und durch ihre Rotoren optisch eine Unruhe stiften würde, die diesem Bild fremd sei und seine ästhetisch wertvolle Einzigartigkeit massiv beeinträchtige.[55]

50 Vgl. dazu Rn 66 ff.

51 § 35 Abs. 3 S. 1 Nr. 5 BauGB.

52 Vgl. hierzu VG Halle, Urt. v. 26.5.2009 – 2 A 21/08 = juris Rn 53.

53 St. Rspr., siehe BVerwG, Beschl. v. 18.3.2003 – 4 B 7.03 = BauR 2004, 295; Beschl. v. 15.10.2001 – 4 B 69.01 = BauR 2002, 1052, 1053; OVG Münster, Urt. v. 28.2.2008 – 10 A 1060/06 = juris Rn 69 ff.; Urt. v. 19.6.2007 – 8 A 2677/06 = NuR 2008, 55, 59 f.; VGH München, Urt. v. 23.6.2003 – 14 B 01.2423 = juris Rn 17 ff.

54 BVerwG, Urt. v. 15.10.2001 – 4 B 69.01 = BauR 2002, 1052, 1053; OVG Münster, Urt. v. 18.11.2004 – 7 A 3329/01 = BauR 2005, 836, 837.

55 OVG Münster, Urt. v. 18.11.2004 – 7 A 3329/01 = BauR 2005, 836, 837 f.

(6) Optisch bedrängende Wirkung

Der Genehmigung von Windenergieanlagen kann als ungeschriebener Belang[56] i.S.d. § 35 Abs. 1 BauGB auch deren **„optisch bedrängende Wirkung"** gegenüber einer angrenzenden Wohnbebauung entgegenstehen. Ob eine solche optisch bedrängende Wirkung vorliegt, beurteilt sich nach den jeweiligen Umständen des Einzelfalls. Sie kann auch dann angenommen werden, wenn die bauordnungsrechtlich vorgeschriebenen Abstandsflächen eingehalten werden.[57] Bei der Prüfung sind folgende Kriterien zu berücksichtigen:[58] 41

- Höhe der Anlage und Durchmesser des Rotors
- örtliche Verhältnisse, u.a. Lage von Aufenthaltsräumen und deren Fenster sowie von Terrassen zur Windenergieanlage
- Blickwinkel auf die Anlage, d.h. liegt die Anlage in der Hauptblickrichtung der Anlage oder seitwärts?
- Hauptwindrichtung (beeinflusst Stellung des Rotors und damit das Erscheinungsbild)
- topographische Situation, d.h. liegt Windenergieanlage auf einem Hügel oder auf tiefer gelegenem Gelände?
- bereits vorhandene Windenergieanlagen (das Hinzutreten einer neuen Anlage kann sich aufgrund der Vorbelastung weniger stark auswirken oder aber erst im Zusammenwirken eine optisch bedrängende Wirkung entfalten)
- planungsrechtliche Lage des Wohnhauses (grds. geringere Schutzwürdigkeit im Außenbereich)

Unter Berücksichtigung dieser Kriterien hat das OVG Münster folgende **Anhaltswerte** für die Ergebnisse der Einzelfallprüfungen entwickelt:[59] 42

- Der Abstand zwischen Wohnhaus und Windenergieanlage beträgt mindestens das Dreifache der Gesamtanlagenhöhe (Nabenhöhe + ½ Rotordurchmesser): Die Einzelfallprüfung dürfte überwiegend zu dem Ergebnis kommen, dass keine optisch bedrängende Wirkung vorliegt.

---

56 Als weiterer ungeschriebener Belang können für raumbedeutsame Vorhaben in Aufstellung befindliche Ziele der Raumordnung zu berücksichtigen sein, vgl. BVerwG, Urt. v. 13.3.2003 – 4 C 3.02 = NVwZ 2003, 1261, 1263.

57 OVG Münster, Urt. v. 9.8.2006 – 8 A 3726/05 = DVBl. 2006, 1532, 1533; bestätigt durch BVerwG, Beschl. v. 11.12.2006 – 4 B 72.06 = NVwZ 2007, 336.

58 OVG Münster, Urt. v. 9.8.2006 – 8 A 3726/05 = DVBl. 2006, 1532, 1534.

59 OVG Münster, Urt. v. 9.8.2006 – 8 A 3726/05 = DVBl. 2006, 1532, 1534 f., bestätigt durch BVerwG, Beschl. v. 11.12.2006 – 4 B 72.06 = NVwZ 2007, 336; zuletzt OVG Münster, Beschl. v. 24.6.2010 – 8 A 2764/09 = NuR 2010, 888, 889; ebenso OVG Lüneburg, Beschl. v. 16.7.2012 – 12 LA 105/11 = juris Rn 6; OVG Koblenz, Beschl. v. 10.3.2011 – 8 A 11215/10 = NVwZ-RR 2011, 438, 438 f.; VGH München, Beschl. v. 21.12.2010 – 22 ZB 09.1682 = juris Rn 13; OVG Saarlouis, Beschl. v. 4.5.2010 – 3 B 77/10 = juris Rn 40.

- Der Abstand zwischen Wohnhaus und Windenergieanlage ist geringer als das Zweifache der Gesamtanlagenhöhe: Die Einzelfallprüfung dürfte überwiegend zur Annahme einer optisch bedrängenden Wirkung führen.
- Der Abstand zwischen Wohnhaus und Windenergieanlage beträgt das Zwei- bis Dreifache der Gesamtanlagenhöhe: Regelmäßig ist hier eine besonders intensive Einzelfallprüfung erforderlich.

43 Diese Anhaltswerte sind nicht schematisch anzuwenden, sondern dienen lediglich als **„grobe Richtwerte"**, die eine Einzelfallprüfung nicht entbehrlich machen.

(7) Störung der Funktionsfähigkeit von Radaranlagen

44 Windenergieanlagen können – wie andere in den Luftraum hineinragende Objekte – zu einer Verschattung und zu einer Nichtentdeckung von zu beobachtenden Flugobjekten hinter den Windenergieanlagen führen (Gefahr von Radarzielverlusten, sog. **Clutter-Effekt**). Daneben können sie auch störende Radarechos hervorrufen. Ferner kann es zu Beeinträchtigungen von Sichtflugrouten niedrig fliegender Luftfahrzeuge (z.B. Hubschrauber) kommen. Dies gilt insbesondere für militärische Flüge, die mit Bodensicht (minimale Flughöhe 100 ft über Grund) durchgeführt werden oder bei militärischen Tiefflugstrecken mit bis zu einer unteren Flughöhe von 30 m.

45 § 35 Abs. 3 S. 1 Nr. 8 BauGB sieht vor, dass die Errichtung und der Betrieb der Windenergieanlage nicht zu einer **Störung von Radaranlagen** führen darf. Eine Störung setzt erstens voraus, dass die Windenergieanlage die Funktion der Radaranlage nachteilig beeinflussen wird. Die Darlegungslast hierfür liegt beim Betreiber der Radaranlage, da er Einsicht in die technischen Details hat. Üblicherweise wird dem durch Vorlage eines signaturtechnischen Gutachtens nachgekommen. Da nicht jede Beeinflussung zugleich eine Störung ist, ist zweitens erforderlich, dass die Funktion der Radaranlage für den ihr zugewiesenen Zweck in nicht hinzunehmender Weise eingeschränkt würde.[60]

46 Die Beeinträchtigung von **Sichtflugrouten** wird durch den ungeschriebenen Belang der Belange der Luftfahrt bzw. – bei Militärflugzeugen – der Verteidigung geschützt.[61] Die Darlegungslast liegt hier wiederum beim Träger der Belange. Legt er nachvollziehbar konkrete Beeinträchtigungen dar, dürften diese allein durch die spätere Eintragung des Standorts der Windenergieanlage in veröffentliche (AIP-) Sichtflugkarten nicht ausgeräumt sein.[62]

---

60 Zum ganzen OVG Lüneburg, Beschl. v. 12.4.2011 – 12 ME 8/11 = juris Rn 13.
61 VGH Mannheim, Urt. v. 16.5.2006 – 3 S 914/05 = BauR 2006, 2024, 2025 ff.
62 OVG Lüneburg, Beschl. v. 21.7.2011 – 12 ME 201/10 = NVwZ-RR 2011, 972.

(8) Entgegenstehende Ziele der Raumordnung

Nach § 35 Abs. 3 S. 2, 1. Hs. ROG dürfen raumbedeutsame Vorhaben den Zielen der Raumordnung nicht widersprechen.[63] Durch diese Raumordnungsklausel wird sichergestellt, dass den raumordnerischen Festlegungen auch dann Geltung verschafft wird, wenn für die entsprechenden Flächen keine Bauleitpläne existieren, die die raumordnerischen Vorgaben für die Vorhabenzulassung konkretisieren. Raumbedeutsame Windenergieanlagen dürfen danach den **Zielen der Raumordnung** nicht widersprechen. Die Ziele der Raumordnung sind keine grundsätzlich überwindbaren öffentliche Belange i.S.d. § 35 Abs. 3 S. 1 BauGB, sondern strikt zu beachtende Rechtssätze.[64] Widerspricht ein raumbedeutsames Vorhaben den Zielen der Raumordnung, ist es bauplanungsrechtlich unzulässig. Eine Ausnahme gilt dann, wenn die Zielfestlegung unwirksam ist, was von den Gerichten in Klageverfahren auf Erteilung der immissionsschutzrechtlichen Genehmigung inzident zu überprüfen ist. **In Aufstellung befindliche Ziele** der Raumordnung fallen nicht unter § 35 Abs. 3 S. 2, 1. Hs. BauGB; sie können aber als ungeschriebene öffentliche Belange i.S.d. § 35 Abs. 3 S. 1 BauGB der Errichtung der Windenergieanlage entgegenstehen.[65] Voraussetzung ist, dass die künftige Zielfestlegung inhaltlich hinreichend konkretisiert ist und zu erwarten ist, dass sie sich zu einer verbindlichen, den Wirksamkeitsanforderungen genügenden Zielfestlegung i.S.d. § 3 Abs. 1 Nr. 2 ROG verfestigt.[66] 47

Beispiel
Ein Betreiber beantragt eine immissionsschutzrechtliche Genehmigung für eine Windenergieanlage (Gesamthöhe 150 m) im Außenbereich. Die zuständige Genehmigungsbehörde verweigert die Genehmigung unter Verweis auf die Festlegungen im Regionalplan, der an dieser Stelle ein Vorranggebiet für Kiesabbau (Hochwasserrückhalt/Erholung/Stromtrasse etc.) vorsieht. Die beabsichtigte Nutzung ist mit der im Regionalplan vorgesehenen Nutzung/Funktion nicht vereinbar und daher unzulässig.

---

§ 35 Abs. 3 S. 2, 1. Hs. BauGB gilt nur für **raumbedeutsame** Windenergieanlagen i.S.d. § 3 Abs. 1 Nr. 6 ROG.[67] Konflikte können insbesondere mit **zielförmigen Standortvorgaben** für andere Nutzungen entstehen. Weist ein Raumordnungsplan etwa am geplanten Anlagenstandort ein Vorranggebiet für ein Kohlekraftwerk aus, schließt dies eine Nutzung der Windenergie an gleicher Stelle aus. Die Windenergieanlage widerspricht der (zielförmigen) Standortfestlegung mit der Folge, dass das Vorhaben an dieser Stelle nach § 35 Abs. 3 S. 2, 1. Hs. BauGB bauplanungsrechtlich unzulässig 48

---

63 Vgl. ausführlich zur Raumordnung Rn 206 ff.
64 Vgl. dazu Rn 210.
65 BVerwG, Urt. v. 1.7.2010 – 4 C 4.08 = BVerwGE 137, 247 Rn 10; Urt. v. 27.1.2005 – 4 C 5.04 = BVerwGE 122, 364, 367 f.; Urt. v. 13.3.2003 – 4 C 3.02 = NVwZ 2003, 1261, 1263.
66 BVerwG, Urt. v. 1.7.2010 – 4 C 4.08 = BVerwGE 137, 247 Rn 17; Urt. v. 27.1.2005 – 4 C 5.04 = BVerwGE 122, 364, 371 f.
67 Vgl. zur Raumbedeutsamkeit Rn 211.

ist. Der Ansiedelung von Windenergieanlagen können beispielsweise auch Festlegungen entgegenstehen, die Flächen für Wohnbebauung, Erholung oder Verkehrs- oder Versorgungsinfrastruktur (Stromtrassen) festlegen.

(9) Konzentrationszonen nach § 35 Abs. 3 S. 3 BauGB

49 Von erheblicher Bedeutung für die Zulassung von Windenergieanlagen sind die sog. **Konzentrationszonen.** Nach § 35 Abs. 3 S. 3 BauGB stehen öffentliche Belange einer privilegierten Windenergieanlage in der Regel auch dann entgegen, soweit hierfür durch Darstellung im (Teil-)Flächennutzungsplan oder als Ziel der Raumordnung eine Ausweisung an anderer Stelle erfolgt ist.[68] Die Möglichkeit der Ausweisung von Konzentrationszonen soll als Ausgleich zur Privilegierung von Windenergieanlagen nach § 35 Abs. 1 Nr. 5 BauGB den *„nach wie vor gebotenen Außenbereichsschutz"* gewährleisten und durch planerische Steuerung zugleich *„eine Bündelung von Anlagen (als Windenergieparks)"* ermöglichen.[69]

- Auf **gemeindlicher Ebene** können Konzentrationszonen in einem Flächennutzungsplan oder (einem sachlichen und/oder räumlichen) Teilflächennutzungsplan nach § 5 Abs. 2b BauGB ausgewiesen werden. Bei der Ausweisung von Konzentrationszonen werden neben der Art der Nutzung regelmäßig weitere detaillierte Vorhaben (Höhe, Bauart etc.) gemacht. Diese Darstellungen müssen sich aber im Rahmen der Kompetenz der Gemeinde zur Bauleitplanung halten.[70]
- Auf der **Ebene der Raumordnung** werden Konzentrationszonen regelmäßig als Vorranggebiete für Windenergie mit der (außergebietlichen) Ausschlusswirkung von Eignungsgebieten nach § 8 Abs. 7 S. 1 Nr. 1 und S. 2 ROG festgelegt.[71] Anders als die Konzentrationszonenausweisung durch Flächennutzungsplan werden von einem solchen Ausschluss nur raumbedeutsame Windenergieanlagen erfasst.[72]

50 Mit der Darstellung bzw. der Festlegung einer Konzentrationszone kann erreicht werden, dass das übrige Plangebiet für die Nutzung der Windenergie **grundsätzlich gesperrt** wird. Für Anlagenbetreiber kann dies zu erheblichen Einschränkungen führen. Die Planungsträger haben daher bei der Ausweisung von Konzentrationszonen dem Interesse der Anlagenbetreiber wie auch dem öffentlichen Interesse der (erneuerbaren) Energieversorgung Rechnung zu tragen. In der Ausweisung von Konzentrationszonen darf insbesondere keine unzulässige **Verhinderungsplanung**

---

68 Vgl. dazu Rn 194 ff. und 206 ff.

69 BT-Drucks. 13/4978, S. 7.

70 Vgl. ausführlich zur Zulässigkeit einzelner Darstellungen Rn 205.

71 Vgl. Rn 212.

72 Vgl. dazu Rn 211.

liegen. Das BVerwG hat hierzu umfassende Vorgaben für die Planungsträger entwickelt.[73]

Die Ausschlusswirkung des § 35 Abs. 3 S. 3 BauGB tritt nur **„in der Regel"** ein. 51
Eine Abweichung von der Ausschlusswirkung ist damit im Genehmigungsverfahren in Ausnahmefällen zulässig. Es muss sich dabei um eine vom Plangeber nicht vorhergesehene (atypische) Fallkonstellation handeln, die das gesamträumliche Planungskonzept der Gemeinde nicht in Frage stellen darf.[74] Der Vorbehalt dürfte in der Praxis nur selten relevant werden.[75]

(10) Rückbauverpflichtung

Nach § 35 Abs. 5 S. 2 BauGB ist für Windenergieanlagen als weitere Zulässigkeitsvo- 52
raussetzung eine Verpflichtungserklärung des Betreibers erforderlich, das Vorhaben nach dauerhafter Aufgabe der Nutzung **zurückzubauen** und die **Bodenversiegelung** zu **beseitigen.**[76] Die Beseitigungspflicht betrifft auch das Fundament sowie sämtliche (mit der Aufgabe nutzlos gewordene) Infrastrukturanschlüsse.[77] Die Genehmigungsbehörde „soll" gem. § 35 Abs. 5 S. 3 BauGB die Einhaltung der Verpflichtung durch **Baulast** (wenn das Landesrecht dies vorsieht) oder in anderer Weise sicherstellen.[78] Die Eintragung einer Baulast ist für die Sicherstellung der Rückbauverpflichtung weniger geeignet, da hierdurch keine finanziellen Mittel bereit gestellt werden, auf die die Behörde im Falle einer Ersatzvornahme zurückgreifen kann. Von einer **Sicherheitsleistung** absehen kann die Behörde nur in atypischen Ausnahmefällen.[79]

Nach einem Verwaltungserlass des Landes Hessen[80] kommen in erster Linie die 53
unbedingte und unbefristete, selbstschuldnerische (d.h. auf die Einrede der Vorausklage wird verzichtet) **Bank-, Versicherungs-, Kautions-, Konzernbürgschaft auf erstes Anfordern** in Betracht. In begründeten Ausnahmefällen können auch die

73 Vgl. dazu Rn 194 ff.

74 BVerwG, Urt. v. 26.4.2007 – 4 CN 3.06 = BVerwGE 128, 382 Rn 17.

75 Siehe *Gatz*, S. 152 ff.

76 Auch die Landes-Bauordnungen beinhalten teilweise auch auf bauordnungsrechtlicher Ebene die Möglichkeit, die Erteilung der Baugenehmigung von einer Sicherheitsleistung für die Rückbaufinanzierung abhängig zu machen; vgl. § 71 Abs. 3 S. 2 BauO Sachsen-Anhalt.

77 Vgl. Battis/Krautzberger/Löhr/*Krautzberger*, § 35 Rn 125.

78 In Brandenburg wird nach § 67 Abs. 3 S. 2 BbgBO die Baugenehmigung erst erteilt, wenn der Bauaufsichtsbehörde die Verpflichtungserklärung vorliegt und für die Einhaltung der Rückbauverpflichtung Sicherheit in Höhe der Kosten der Beseitigung der baulichen Anlage oder gleichwertige Sicherheit geleistet ist. Dies gilt auch, soweit andere behördliche Gestattungen die Baugenehmigung einschließen oder ersetzen.

79 VG Halle, Urt. v. 12.7.2011 – 4 A 29/10 = juris Rn 46.

80 Erlass über die Umsetzung der bauplanungsrechtlichen Anforderungen zur Rückbauverpflichtung und Sicherheitsleistung nach § 35 Abs. 5 S. 2 und 3 BauGB bei der Genehmigung von Windenergieanlagen im Außenbereich vom 17.10.2011 (StAnz 2011, 1351).

Hinterlegung der Sicherheitsleistung in Geld oder festverzinslichen Wertpapieren (Sparbuch), ein Festgeldkonto, dessen Kündigungsfrist nicht mehr als sechs Monate beträgt und ausschließlich durch die Genehmigungsbehörde gekündigt werden kann, oder die Verpfändung von Gegenständen und Rechten (z.B. Grundschuld) akzeptiert werden. Die Höhe der Sicherheit richtet sich nach den voraussichtlich für den vollständigen Rückbau sowie die Beseitigung der Bodenversiegelung aufzuwendenden Kosten. Diese umfassen auch die Entsorgungs- und Transportkosten.[81] Die immissionsschutzrechtliche Genehmigung kann unter der aufschiebenden Bedingung der Sicherheitsleistung erlassen werden (§ 12 Abs. 1 S. 1 BImSchG).[82]

bb) Vorhaben im Bereich eines Bebauungsplans

54 Im Geltungsbereich eines qualifizierten[83] Bebauungsplans gem. § 30 Abs. 1 BauGB ist eine Windenergieanlage zulässig, wenn sie den Festsetzungen des Bebauungsplans nicht widerspricht und die Erschließung gesichert ist.[84] Bauplanungsrechtlich unproblematisch zulässig sind Windenergieanlagen in **Sondergebieten für die Nutzung von Windenergie** gem. § 11 Abs. 2 S. 2 BauNVO a.E., soweit das Vorhaben im Übrigen den jeweiligen Festsetzungen des Bebauungsplans entspricht. Das gleiche gilt für Flächen, die in Bebauungsplänen nach § 9 Abs. 1 Nr. 12 BauGB als **Versorgungsflächen zur Gewinnung von Energie aus Windkraft** festgelegt sind. In den übrigen Baugebieten nach §§ 2 bis 9 BauNVO sind Windenergieanlagen grundsätzlich unzulässig. Eine Zulassung kommt dort nur als (funktional und räumlich-gegenständlich[85]) untergeordnete **Nebenanlage** nach § 14 Abs. 1 BauNVO oder als Nebenanlage nach § 14 Abs. 2 S. 2 BauNVO in Betracht, beispielsweise zur Versorgung eines landwirtschaftlichen Betriebs.[86] Eine Zulassung von **Klein- und Kleinstwindenergieanlagen** in Wohngebieten wird regelmäßig daran scheitern, dass sich die Anlage nicht in die Eigenart des konkreten Wohngebiets einfügt.[87] Selbst wenn sich eine Kleinanlage in das Baugebiet einfügt, kann die Anlage dennoch nach § 15 Abs. 1

81 Vgl. VG Halle, Urt. v. 12.7.2011 – 4 A 29/10 = juris Rn 42: 82.000 € für WEA mit einer Leistung von 2,3 MW.

82 VG Halle, Urt. v. 12.7.2011 – 4 A 29/10 = juris Rn 15.

83 Trifft ein Bebauungsplan keine Festsetzungen zur Art der baulichen Nutzung („einfacher Bebauungsplan"), so beurteilt sich die bauplanungsrechtliche Zulässigkeit nach der Vorschriften der §§ 34 und 35 BauGB (§ 30 Abs. 3 BauGB).

84 Vgl. zur Erschließung Rn 567.

85 Vgl. dazu *Gatz*, S. 164 ff.

86 Siehe VG Weimar, Beschl. v. 22.6.2010 – 1 E 378/10 We = ThürVBl 2011, 92; VG Meiningen, Urt. v. 9.6.2010 – 5 K 476/08 Me = ThürVBl 2011, 69; ferner BVerwG, Beschl. v. 18.2.1983 – 4 C 18-81 = BVerwGE 67, 23, 26 ff.

87 Vgl. dazu VG Osnabrück, Urt. v. 20.5.2011 – 2 A 117/10 = REE 2011, 170; vgl. dazu *Köck/Bovet*, NVwZ 2012, 154 ff.

S. 2 BauNVO i.V.m. dem Gebot der Rücksichtnahme unzulässig sein, wenn von ihr unzumutbare Belästigungen oder Störungen (Lärm, Schattenwurf, Lichteffekte) ausgehen.[88] Eine Zulassung von Klein- oder Kleinstanlagen als untergeordnete Anlage in einem Gewerbe- oder Industriegebiet ist dagegen grundsätzlich möglich und hängt von den konkreten Umständen des Einzelfalls ab.

cc) Vorhaben im unbeplanten Innenbereich

Liegt ein Standort innerhalb eines im Zusammenhang bebauten Ortsteils, beurteilt 55 sich die bauplanungsrechtliche Zulässigkeit bei Fehlen eines qualifizierten Bebauungsplans nach § 34 BauGB (unbeplanter Innenbereich). Ein Vorhaben ist nach § 34 Abs. 1 BauGB zulässig, wenn es sich nach Art und Maß der baulichen Nutzung, der Bauweise und der Grundstücksfläche, die überbaut werden soll, in die Eigenart der näheren Umgebung einfügt und die Erschließung gesichert ist. Daneben darf das Ortsbild nicht beeinträchtigt werden. Entspricht die Eigenart der näheren Umgebung einem der Baugebiete i.S.d. §§ 2 bis 9 BauNVO, beurteilt sich das Vorhaben gem. § 34 Abs. 2 BauGB seiner Art nach allein danach, ob es in dem jeweiligen Baugebiet zulässig wäre.[89] Dies dürfte nur in Ausnahmefällen der Fall sein, da die Rechtsprechung insbesondere faktischen Sondergebieten skeptisch gegenüber steht.[90] Entspricht die nähere Umgebung nicht einem der Baugebiete der BauNVO, ist anhand der konkreten Eigenart der näheren Umgebung und des geplanten Vorhabens zu beurteilen, ob sich das Vorhaben einfügt. Die Zulässigkeit – jedenfalls einer modernen, leistungsfähigen Windenergieanlage – im unbeplanten Innenbereich kommt dabei **nur in Ausnahmefällen** in Betracht, da sie sich schon aufgrund der erforderlichen Abstandsflächen innerhalb eines Ortsteils kaum einfügen wird. Zudem dürfte regelmäßig aufgrund der Anlagenhöhe auch der Rahmen der näheren Umgebung überschritten und das Ortsbild beeinträchtigt werden. Die Zulässigkeit einer kleineren, privaten Windenergieanlage für den Eigenbedarf kann dagegen je nach Einzelfall auch dann zulässig sein, wenn sich in der näheren Umgebung noch keine vergleichbaren Anlagen befinden.[91]

dd) Gesicherte Erschließung

Die bauplanungsrechtliche Zulässigkeit setzt stets eine gesicherte Erschließung der 56 Windenergieanlage voraus. Hierbei steht die **verkehrliche Erschließung** im Vordergrund. Im Genehmigungsverfahren ist etwa darauf zu achten, dass die Windenergieanlage – jedenfalls gelegentlich – durch schwere Fahrzeuge zur Wartung erreicht

---

88 Vgl. dazu *Gatz*, S. 168 ff.
89 Vgl. dazu Rn 54.
90 Siehe BVerwG, Urt. v. 16.9.2010 – 4 C 7.10 = NVwZ 2011, 436 Rn 16.
91 BVerwG, Beschl. v. 18.2.1983 – 4 C 18.81 = BVerwGE 67, 23, 30 ff.

werden kann (z.B. Kranfahrzeuge). Dazu kann ein Feldweg ausreichend sein, wenn dieser durch Wartungsfahrzeuge sicher befahren werden kann. Die Erschließung muss auch rechtlich gesichert sein, d.h. es muss gewährleistet sein, dass die Anlage auf Dauer erreichbar ist, wie dies bei einer Widmung als öffentliche Straße der Fall ist. Bei privaten Wegen (landwirtschaftliche Feldwege) muss eine ausreichende privatrechtliche Sicherung, insbesondere durch eine Grunddienstbarkeit, erfolgen, die eine dauerhafte Erreichbarkeit gewährleistet. Zur Erschließung gehört nicht der Anschluss der Windenergieanlage an ein Verbundnetz zum Zweck der Stromeinspeisung.[92]

d) Bauordnungsrecht

57 Bauordnungsrechtlich sind im Rahmen der Genehmigung von Windenergieanlagen neben den Vorgaben zum Brandschutz und zur Standsicherheit insbesondere die Vorschriften zu den Abstandsflächen in den jeweiligen Landesbauordnungen von Bedeutung.

58 Die Musterbauordnung (MBO), an der sich die meisten Landesbauordnungen orientieren, sieht in § 6 keine besonderen Bestimmungen für die **Abstandsflächen** von Windenergieanlagen vor.[93] Nach § 6 Abs. 1 S. 2 MBO gelten die Abstandsflächen für Gebäude jedoch entsprechend für andere Anlagen, von denen Wirkungen wie von Gebäuden ausgehen, was für Windenergieanlagen der Fall ist. Die Tiefe der Abstandsfläche beträgt nach § 6 Abs. 5 MBO 0,4 H, in Gewerbe- und Industriegebieten 0,2 H. Als Maß H ist bei Windenergieanlagen deren Gesamthöhe anzusehen. In folgenden Ländern gibt es spezielle Besonderheiten für Windenergieanlagen:

59 In **Baden-Württemberg** wird nach § 5 Abs. 5 Nr. 3 LBO[94] als Wandhöhe – und damit für die Berechnung des Abstandsmaßes H maßgeblichen Größe – nur die Höhe bis zur Rotorachse angesetzt, wobei die Tiefe der Abstandsfläche mindestens der Länge des Rotorradius entsprechen muss.

60 In **Bayern** ist nach Art. 6 Abs. 1 und 5 BayBO[95] grundsätzlich eine Abstandsfläche von 1 H einzuhalten, in Gewerbe- und Industriegebieten genügen 0,25 H. Bei der Berechnung der Tiefe der Abstandsfläche ist dabei von der Gesamthöhe (Nabenhöhe und Rotorradius) der Windenergieanlage auszugehen.[96] Die Abstandsfläche wird hier – anders als nach den Vorgaben der BauO NRW – bei einer Windenergieanlage nicht

92 BVerwG, Beschl. v. 5.1.1996 – 4 B 306.95 = NVwZ 1996, 597, 597.

93 Dies gilt auch für die Neufassung auf der Grundlage der Beschlüsse der Fachkommission Bauaufsicht vom 31.5. und 1.6.2011 zur Änderung der MBO, die im Herbst 2012 von der Bauministerkonferenz verabschiedet werden sollen.

94 GVBl. 2010, S. 357.

95 GVBl. 2007, S. 588.

96 VGH München, Urt. v. 28.7.2009 – 22 BV 08.3427 = NVwZ-RR 2009, 992, 993.

ab dem Mast, sondern ab einem Kreis um die Mittelachse der Anlage mit dem Radius des Rotors berechnet.[97]

In **Niedersachsen** müssen nach § 12a Abs. 1 S. 1 NBauO[98] bauliche Anlagen, die keine Gebäude sind, soweit von ihnen Wirkungen wie von Gebäuden ausgehen, den gleichen Abstand wie Gebäude einhalten. Nach § 7 Abs. 3 NBauO beträgt der Abstand 1 H[99] (Höhe der Anlage über Geländeoberfläche) bzw. 0,5 H in Gewerbe- und Industriegebieten sowie in anderen Baugebieten, in denen nach dem Bebauungsplan Wohnungen nicht allgemein zulässig sind.[100] 61

Nach § 6 Abs. 10 S. 3 BauO NRW[101] beträgt in **Nordrhein-Westfalen** die Abstandsfläche bei Windenergieanlagen die Hälfte der „größten Höhe" der Anlage, die sich aus der Höhe der Rotorachse zuzüglich des Rotorradius berechnet. Bei einer Gesamthöhe einer Windenergieanlage von 150 m beträgt der Abstand damit 75 m. Die Abstandsfläche ist nach § 6 Abs. 10 S. 5 BauO NRW dabei ein Kreis um den geometrischen Mittelpunkt des Mastes. 62

Im **Saarland** wird die Tiefe der Abstandsfläche nach § 7 Abs. 7 LBO[102] entsprechend der nordrhein-westfälischen Regelung errechnet. Die reguläre Tiefe der Abstandsfläche (regelmäßig 0,4 H) kann bei Windenergieanlagen in nicht bebauten Gebieten auf 0,25 H reduziert werden.[103] Bei einer Windenergieanlage mit einer Gesamthöhe von 150 m beträgt der Abstand damit 37,5 m. 63

In **Sachsen-Anhalt** besteht mit § 6 Abs. 7 BauO LSA[104] eine der nordrhein-westfälischen Vorschrift entsprechende Regelung. Die Abstandsfläche beträgt hier abweichend nur 0,4 H (außerhalb von Gewerbe- und Industriegebieten), d.h. 40 % der „größten Höhe". Bei einer Windenergieanlage mit einer Gesamthöhe von 150 m beträgt der Abstand damit 60 m. 64

Die für den **Lärmschutz erforderlichen Abstände** sind in der Regel wesentlich größer als die nach den Landesbauordnungen erforderlichen Abstandsflächen, so dass die weniger strengen Anforderungen der Landesbauordnungen regelmäßig nicht zum Tragen kommen. Allerdings unterscheidet sich der jeweilige Bezugspunkt. Während sich der maßgebliche Immissionsort am Gebäude der betroffenen Nutzung selbst befindet, müssen die bauordnungsrechtlichen Abstandsflächen grundsätzlich 65

97 VGH München, Urt. v. 28.7.2009 – 22 BV 08.3427 = NVwZ-RR 2009, 992, 993.

98 GVBl. 2003, S. 89.

99 Hier ist ggf. noch das „Giebeldreieckprivileg" des § 7b Abs. 2 S. 2 NBauO zu berücksichtigen, vgl. *Gatz*, S. 171.

100 § 7 Abs. 4 NBauO.

101 GV NRW 2000, S. 256.

102 ABl. Saarland 2004, S. 822.

103 § 7 Abs. 5 LBO.

104 GVBl. 2005, S. 769.

auf dem Grundstück selbst liegen.[105] Kann der erforderliche Abstand zum Nachbargrundstück nicht eingehalten werden, so kann die Genehmigungsbehörde ggf. eine Abweichung[106] hiervon erteilen.

e) Naturschutzrecht

66 Die nach § 6 Abs. 1 Nr. 2 BImSchG im Rahmen des immissionsschutzrechtlichen Genehmigungsverfahrens zu prüfenden sonstigen öffentlich-rechtlichen Anforderungen umfassen auch das gesamte Naturschutzrecht.[107] Entsprechendes gilt für kleine Anlagen, die lediglich baugenehmigungspflichtig sind.[108] Den Anforderungen des europäischen und nationalen Naturschutzrechts kommt bei der Planung und Durchführung von Windkraftprojekten regelmäßig eine ähnlich hohe Bedeutung wie den immissionsschutzrechtlichen Bestimmungen zu.

aa) Artenschutzrecht

67 Die Übereinstimmung eines Vorhabens mit den Anforderungen des besonderen Artenschutzrechts wird im Rahmen einer speziellen artenschutzrechtlichen Prüfung („**Artenschutzfachbeitrag**“) untersucht.

(1) Allgemeines

68 Die **hohe Bedeutung** des besonderen Artenschutzrechts[109] für das Genehmigungsrecht[110] ergibt sich daraus, dass die Verbotstatbestände unabhängig von der Ausweisung eines Schutzgebiets – wohlgemerkt aber auch innerhalb von Schutzgebieten –, d.h. bei jedem Vorhaben zu beachten sind. Geschützt sind auch nicht lediglich besonders seltene Arten. Vielmehr unterfallen z.B. **alle europäischen Vogelarten** dem besonderen Artenschutzrecht. Ohne Beachtung und sorgfältige Prüfung der arten-

105 Nach der MBO dürfen Abstandsflächen auch auf öffentlichen Verkehrs-, Grün- oder Wasserflächen liegen, jedoch nur bis zu deren Mitte. Auf anderen Grundstücken dürfen Abstandsflächen nur ausnahmsweise liegen, wenn öffentlich-rechtlich gesichert ist, dass sie nicht überbaut werden, vgl. § 6 Abs. 2 MBO.

106 Vgl. § 67 MBO; s. etwa den Fall des VG München, Urt. v. 17.4.2011 – M 1 K 11.5646 = juris.

107 Zur Frage der Zulässigkeit nachträglicher Betriebseinschränkungen von bestandskräftigen immissionsschutzrechtlichen Genehmigungen wegen nachträglich eingetretener oder erkannter Risiken des Vogelschlags VG Oldenburg, Beschl. v. 10.6.11 – 5 B 1246/11 = NuR 2011, 742; Beschl. v. 7.7.11 – 5 B 1433/11 = NuR 2011, 746.

108 § 64 S. 1 Nr. 3 MBO.

109 §§ 44 bis 47 BNatSchG.

110 Zur Relevanz der Verbotstatbestände im Rahmen der Bauleitplanung BK-BauGB/*Mitschang*, § 1a Rn 588 ff.

schutzrechtlichen Anforderungen lässt sich ein Windpark daher nicht realisieren. Für Genehmigungsverfahren kommt in der Praxis allein den sog. **Zugriffsverboten** des § 44 Abs. 1 BNatSchG Bedeutung zu, während die Besitz- und Vermarktungsverbote des § 44 Abs. 2 und 3 BNatSchG im vorliegenden Zusammenhang nicht relevant sind.

Die Prüfung, ob die artenschutzrechtlichen Zugriffsverbote eingreifen, setzt eine 69
ausreichende Ermittlung und Bestandsaufnahme der im Vorhabengebiet vorhandenen Tierarten und Lebensräume voraus.[111] Die erforderlichen fachgutachterlichen Untersuchungen hängen nach Art und Umfang, Methodik und Untersuchungstiefe von den konkreten naturräumlichen Gegebenheiten ab.[112]

Praktisch wichtig ist, dass die Rechtsprechung der Genehmigungsbehörde bei 70
den artenschutzrechtlichen Einschätzungen eine **naturschutzfachliche Einschätzungsprärogative** einräumt.[113] Fachliche Einschätzungen der Genehmigungsbehörde können (sowohl vom Vorhabenträger als auch von Dritten) daher nicht mit Aussicht auf Erfolg gerichtlich angegriffen werden, wenn sie naturschutzfachlich vertretbar sind und nicht auf einem unzulänglichen oder gar ungeeigneten Bewertungsverfahren beruhen.[114]

(2) Die artenschutzrechtlichen Verbotstatbestände

Kernstück des Artenschutzrechts sind die Verbotstatbestände des § 44 BNatSchG, die 71
im Rahmen des bau- oder immissionsschutzrechtlichen Genehmigungsverfahrens zu prüfen sind.

(a) Tötungsverbot

Nach § 44 Abs. 1 Nr. 1 Alt. 1 BNatSchG ist der **direkte Zugriff (Verletzen, Töten)** auf 72
wild lebende Tiere der besonders geschützten Arten untersagt. Die Kollision einzelner Exemplare ist allerdings nie vollständig auszuschließen. Der Verbotstatbestand wird daher einschränkend dahin gehend verstanden, dass Tötungs- und Verletzungsrisiken, die sich im Bereich des „allgemeinen Lebensrisikos" bewegen und daher „sozialadäquat" sind, nicht erfasst werden.[115] Diese Einschränkung ist gerade bei der

---

111 Vgl. BVerwG, Beschl. v. 13.3.2008 – 9 VR 9.07 = juris Rn 31.

112 BVerwG, Urt. v. 9.7.2008 – 9 A 14.07 = BVerwGE 131, 274 Rn 59; Beschl. v. 18.6.2007 – 9 VR 13.06 = NuR 2008, 36 Rn 20.

113 BVerwG, Urt. v. 21.6.2006 – 9 A 28.05 = BVerwGE 126, 166 Rn 44; OVG Lüneburg, Beschl. v. 18.4.2011 – 12 ME 274/10 = NVwZ-RR 2011, 597, 598; kritisch hierzu *Gellermann*, NuR 2009, 85, 90 f.

114 BVerwG, Urt. v. 9.7.2008 – 9 A 14/07 = BVerwGE 131, 274 Rn 65.

115 Siehe ausführlich hierzu Kerkmann/*Fellenberg*, § 7 Rn 79 ff.; BT-Drucks. 16/5100, S. 11 und BT-Drucks. 16/12274, S. 119; BR-Drucks. 16/12274, S. 66.

Errichtung von Windenergieanlagen bedeutsam.[116] Maßgeblich ist, ob nach naturschutzfachlicher Einschätzung ein **signifikant erhöhtes Risiko** kollisionsbedingter Verluste von Einzelexemplaren besteht.[117] Erforderlich ist eine „deutliche" Steigerung des Tötungsrisikos.[118] Dies ist jedenfalls zu verneinen, wenn das Vorhaben in einem Risikobereich verbleibt, der mit dem stets gegebenen Risiko, dass einzelne Exemplare einer Art im Rahmen des allgemeinen Naturgeschehens Opfer einer anderen Art werden, vergleichbar ist.[119] Ob ein solches signifikant erhöhtes Risiko vorliegt, ist stets im Einzelfall anhand der konkret geplanten Maßnahme, des betroffenen Vorkommens und der Biologie der Arten zu beurteilen.

(b) Störungsverbot

73 Das in § 44 Abs. 1 Nr. 2 BNatSchG geregelte Störungsverbot untersagt die erhebliche Störung wild lebender Tiere der streng geschützten Arten sowie der nur besonders geschützten europäischen Vogelarten während bestimmter sensibler Phasen (Fortpflanzungs-, Aufzucht-, Mauser-, Überwinterungs- und Wanderungszeiten).

74 Eine Störung ist die negative Beeinflussung der psychischen Verfassung (**Beunruhigung**). Die möglichen Störungshandlungen werden tatbestandlich nicht weiter eingegrenzt. Typische Wirkfaktoren sind neben direkten Einwirkungen etwa Schattenwurf, Licht, Erschütterungen, Schall sowie Zerschneidungs- und Barrierewirkungen.

75 Notwendiges Korrektiv dieser großen tatbestandlichen Weite ist die Beschränkung auf erhebliche Störungen. Die **Erheblichkeitsschwelle** ist nach § 44 Abs. 1 Nr. 1 S. 2 BNatSchG überschritten, wenn eine Störung dazu führt, dass sich der *„Erhaltungszustand der lokalen Population"*[120] verschlechtert. Eine derartige tatbestandsrelevante Störung ist insbesondere gegeben, wenn durch die Störung die Überlebenschancen, der Bruterfolg oder die Reproduktionsfähigkeit vermindert werden.[121]

116 Vgl. etwa OVG Münster, Urt. v. 30.7.2009 – 8 A 2357/08 = juris S. 38 ff.; OVG Magdeburg, Urt. v. 23.7.2009 – 2 L 302/06 = ZNER 2009, 312; OVG Weimar, Urt. v. 14.10.2009 – 1 KO 372/06 = NuR 2010, 368.

117 BVerwG, Urt. v. 12.3.2008 – 9 A 3.06 = BVerwGE 130, 299 Rn 219; OVG Lüneburg, Beschl. v. 18.04.2011 – 12 ME 274/10 = NVwZ-RR 2011, 597, 598.

118 BVerwG, Urt. v. 9.7.2009 – 4 C 12.07 = NVwZ 2010, 123 Rn 42; noch weitergehend die Formulierung in BVerwG, Urt. v. 18.3.2009 – 9 A 39.07 = NuR 2009, 776 Rn 58, wo eine signifikante Risikoerhöhung nur für *„ungewöhnlich stark von den Risiken des dadurch verursachten Straßenverkehrs"* betroffene Arten bejaht wurde.

119 BVerwG, Urt. v. 9.7.2008 – 9 A 14.07 = BVerwGE 131, 274 Rn 91.

120 Näher zu diesem Begriff BT-Drucks. 16/5100, S. 11.

121 BT-Drucks. 16/12274, S. 119.

(c) Schädigung von Fortpflanzungs- und Ruhestätten

Neben den Individuen selbst sind nach § 44 Abs. 1 Nr. 3 BNatSchG auch die Fortpflanzungs- und Ruhestätten besonders geschützter Arten vor Zerstörung oder Beschädigung geschützt. Fortpflanzungsstätten sind Teilhabitate, deren Funktionalität gesichert werden muss, um den Erfolg der Reproduktion zu gewährleisten (insbesondere Nist- und Brutstätten). **Ruhestätten** sind Zufluchtsorte, die von Tieren aufgesucht werden, wenn sie nicht aktiv sind (z.B. Winterquartiere von Fledermäusen). Nicht geschützt sind hingegen bloße **Nahrungs- und Jagdreviere.**[122] Der Schutz greift nicht nur für aktuell genutzte, sondern auch für erwartungsgemäß wieder aufgesuchte Stätten,[123] nicht aber bereits bei Bereichen, die bloß potenziell als erstmalige Lebensstätte in Betracht kommen.[124] 76

(d) Beeinträchtigungen geschützter Pflanzen

§ 44 Abs. 1 Nr. 4 BNatSchG untersagt das Zerstören oder Beschädigen der Standorte von wild lebenden Pflanzen der besonders geschützten Arten oder ihrer Entwicklungsformen sowie die entsprechende Schädigung der Pflanzen selbst. 77

(e) Modifizierung der Verbotstatbestände bei Eingriffsvorhaben

Die Verbotstatbestände des § 44 BNatSchG werden bei Eingriffsvorhaben i.S.v. § 14 BNatSchG – um die es sich bei Windenergie- und sonstigen Energieanlagen fast immer handelt – gem. § 44 Abs. 5 S. 1 BNatSchG auf das unionsrechtlich gebotene Mindestschutzmaß reduziert. Die Sonderregelungen rechtfertigen sich dadurch, dass die strengen und grundsätzlich individuenbezogenen Verbotstatbestände des § 44 BNatSchG bei (größeren) Projekten ansonsten praktisch immer verletzt wären. 78

Die Privilegierung besteht zum einen darin, dass die Verbotstatbestände auf Arten, die nur besonders (und nicht streng) geschützt sind, keine Anwendung finden. Für die unionsrechtlich (streng) geschützten Arten wiederum kommt § 44 Abs. 1 Nr. 3 Alt. 1 BNatSchG mit der Einschränkung zur Anwendung, dass eine rechtsrelevante Schädigung von Fortpflanzungs- und Ruhestätten nicht vorliegt, wenn die **ökologische Funktion** der von dem Eingriff oder Vorhaben betroffenen Fortpflanzungs- oder Ruhestätten weiterhin **im räumlichen Zusammenhang erfüllt** wird. Das Schädigungsverbot wird daher bei zulässigen Eingriffsvorhaben **populationsbezogen** ver- 79

122 BVerwG, Beschl. v. 8.3.2007 – 9 B 19.06 = NVwZ 2007, 708 Rn 8; BVerwG, Urt. v. 11.1.2001 – 4 C 6.00 = BVerwGE 121, 321, 325.

123 BVerwG, Urt. v. 21.6.2006 – 9 A 28.05 = BVerwGE 126, 166 Rn 33; Landmann/Rohmer/*Gellermann*, § 44 BNatSchG Rn 17.

124 BVerwG, Urt. v. 12.3.2008 – 9 A 3.06 = BVerwGE 130, 299 Rn 222; *Louis*, NuR 2009, 91, 94.

standen.[125] Zur Vermeidung einer solchen populationsrelevanten Schädigung können nach § 44 Abs. 5 S. 3 BNatSchG erforderlichenfalls „vorgezogene Ausgleichsmaßnahmen" („**CEF-Maßnahmen**"[126]) vorgesehen werden.[127] Die Maßnahmen müssen geeignet sein, die Funktion einer betroffenen Lebensstätte qualitativ, quantitativ und ohne zeitliche Verzögerung zu erhalten. Bleibt die ökologische Funktion der von dem Eingriff oder Vorhaben betroffenen Fortpflanzungs- oder Ruhestätten im räumlichen Zusammenhang weiterhin erfüllt, wird nach § 44 Abs. 5 S. 2 BNatSchG zugleich das Tötungsverbot des § 44 Abs. 1 Nr. 1 BNatSchG konsumiert. Eine mit der Beeinträchtigung der Fortpflanzungs- oder Ruhestätten in Verbindung stehende unvermeidbare Tötung einzelner Individuen ist daher nicht verboten.[128]

(f) Ausnahmen gem. § 45 Abs. 7 BNatSchG

80 Werden artenschutzrechtliche Verbotstatbestände verwirklicht, ist ein Vorhaben zunächst unzulässig, soweit nicht die Voraussetzungen einer Ausnahme gem. § 45 Abs. 7 BNatSchG erfüllt sind. Eine Ausnahme setzt voraus, dass zwingende **Gründe des überwiegenden öffentlichen Interesses** einschließlich solcher sozialer oder wirtschaftlicher Art für das Vorhaben streiten.[129] Ein öffentliches Interesse setzt nicht voraus, dass es sich um ein Vorhaben der öffentlichen Hand handelt. Maßgeblich ist vielmehr, ob ein öffentliches Interesse an der Verwirklichung des Vorhabens besteht. Ein „zwingender" Grund des öffentlichen Interesses ist auch nicht erst gegeben, wenn Sachzwänge vorliegen, denen niemand ausweichen kann. Ein Vorhaben, für das zwingende Gründe des öffentlichen Interesses streiten, ist grundsätzlich auch geeignet, die artenschutzrechtlichen Verbote zu überwinden. Bei den regenerativen Energieanlagen kommt hinzu, dass das Bundesnaturschutzgesetz dem Aufbau einer nachhaltigen Energieversorgung insbesondere unter Nutzung erneuerbarer Energien eine besondere Bedeutung zuweist.[130] Teilweise wird verlangt, dass eine Anlage eine

---

125 BVerwG, Urt. v. 9.7.2008 – 9 A 14.07 = BVerwGE 131, 274 Rn 98.

126 Continuous Ecological Functionality-measures (CEF-measures); Guidance document on the strict protection of animal species of Community interest under the Habitats Directive 92/43/EEC, Endversion Februar 2007, Abschnitt II.3.4.d), Rn 72 ff.

127 Beispiele bei Kerkmann/*Fellenberg*, § 7 Rn 127.

128 Das BVerwG hat allerdings die Auffassung vertreten, dass die auch auf den Tötungstatbestand bezogene artenschutzrechtliche Privilegierung nach § 44 Abs. 5 S. 2 BNatSchG n.F. nicht von der unionsrechtlichen Vorgabe des Art. 12 Abs. 1 Buchst. a FFH-RL gedeckt sei (BVerwG, Urt. v. 14.7.2011 – 9 A 12.10 = NuR 2011, 866). Kritisch hierzu: *Beier*, DVBl. 2012, 149 ff.; *Fellenberg*, UPR 2012, 321 ff.

129 § 45 Abs. 7 S. 1 Nr. 5 BNatSchG.

130 § 1 Abs. 3 Nr. 4 BNatSchG.

bestimmte Effizienz aufweist;[131] methodisch korrekter ist dieser Gesichtspunkt aber bei der Beurteilung zu verorten, ob die zwingenden Gründe des öffentlichen Interesses das mit den artenschutzrechtlichen Verboten verfolgte Erhaltungsinteresse „überwiegen", also im Rahmen einer auf die konkrete Situation bezogenen Abwägung.[132]

Zweite Voraussetzung und das eigentliche „Nadelöhr" für die Erteilung einer Ausnahme ist gem. § 45 Abs. 7 S. 2 BNatSchG das **Fehlen zumutbarer Alternativen.** Zu diesen zählen neben der Wahl alternativer Standorte für das Windkraftprojekt oder anderer Ausführungsvarianten auch Vermeidungs- und Minderungsmaßnahmen, die gewährleisten, dass nachteilige Auswirkungen unterbleiben oder zumindest so reduziert werden, dass es nicht zu tatbestandlich erheblichen Einwirkungen auf die geschützten Arten kommt. Auf die bloß theoretische Möglichkeit, ein Vorhaben „irgendwo anders" zu realisieren, muss sich der Antragsteller nicht einlassen.[133] 81

Als dritte Voraussetzung einer Ausnahme ist zu beachten, dass sich der **Erhaltungszustand der Populationen** der betroffenen Arten nicht verschlechtern darf.[134] Anders als auf Ebene der Verbotstatbestände ist der Erhaltungszustand nicht auf die lokale Population zu beziehen, sondern auf das gesamte natürliche Verbreitungsgebiet der Art (innerhalb der sog. biogeographischen Region[135]). Erforderlichenfalls können zur Beibehaltung des Erhaltungszustandes auf dieser Ebene auch „populationsstützende Maßnahmen" (artenschutzrechtliche Ausgleichsmaßnahmen) vorgesehen und angeordnet werden. 82

(3) Typische Fragestellung bei Windenergieanlagen

Das in der Praxis deutlich größte artenschutzrechtliche Konfliktpotenzial besteht in Bezug auf mögliche **Kollisionen** von Groß- und Greifvögeln[136] wie z.B. dem **Rotmilan, Schwarzstoch** sowie von **Fledermäusen** mit den Rotoren der Anlagen und einer hieraus resultierenden Verletzung des Tötungsverbots aus § 44 Abs. 1 Nr. 1 BNatSchG.[137] Daneben kann das Störungsverbot des § 44 Abs. 1 Nr. 2 BNatSchG auf- 83

131 Vgl. Windenergieerlass Bayern vom 20.12.2011 „Hinweise zur Planung und Genehmigung von Windenergieanlagen in Bayern", S. 48: mindestens 60 % des Referenzertrages nach Anlage 3 zum EEG 2012.

132 Vgl. allgemein BVerwG, Beschl. v. 11.11.2009 – 4 B 57.09 = juris Rn 16 sowie (zum FFH-Recht) BVerwG, Urt. v. 9.7.2009 – 4 C 12.07 = NVwZ 2010, 123 Rn 13 ff.; tendenziell anders noch BVerwG, Urt. v. 16.3.2006 – 4 A 1075.04 = BVerwGE 125, 116 Rn 566.

133 VG Saarlouis, Urt. v. 19.09.2007 – 5 K 58/06 = ZUR 2008, 271.

134 § 45 Abs. 7 S. 2 BNatSchG.

135 Siehe allgemein nun auch BT-Drucks. 16/12274, S. 92.

136 Vgl. auch die Darstellung einer systematischen Erfassung von Vogelkollisionen mit Windenergieanlagen im Westen Schleswig-Holsteins (Nordfriesische Marsch) bei *Grünkorn/Diederichs/Poszig/Diederichs/Nehls*, Natur und Landschaft Jg. 84 (2009), Heft 7, 309 ff.

137 Vgl. dazu *Wemdzio*, EurUP 2011, 171 ff.

grund der von den Anlagen ausgehenden **Scheuchwirkung** auf bestimmte Arten verwirklicht werden.

(a) Avifauna

84 Die spezielle artenschutzrechtliche Prüfung muss sich vertieft mit der Frage auseinandersetzen, ob es aufgrund der konkreten Gegebenheiten zu einer signifikanten Erhöhung des ohnehin bestehenden allgemeinen Tötungsrisikos für Vögel oder Fledermäuse kommt. Die i.S.d. § 44 Abs. 1 Nr. 1 BNatSchG geforderte signifikante Erhöhung des allgemeinen Tötungsrisikos[138] besteht in der Regel nicht, wenn keine Anhaltspunkte dafür vorliegen, dass der vorgesehene **Standort in erhöhtem Maße schlagopferträchtig** ist.[139] Eine signifikante Erhöhung des bestehenden Risikos kann auch ausscheiden, wenn eine bestehende Anlage lediglich erweitert wird.[140] Die von den Zulassungsbehörden gestellten Anforderungen an Art und Umfang der erforderlichen Ermittlungen variieren zwischen den Bundesländern und selbst innerhalb einzelner Länder allerdings erheblich. Stets muss aber in einem ersten Schritt das **relevante Artenspektrum** mit Blick auf das bekannte Konfliktpotenzial hin **untersucht** werden. Arten, bei denen keine Anhaltspunkte für eine Kollisionsgefahr bestehen, müssen in Bezug auf diesen Wirkfaktor auch keiner näheren Betrachtung sub specie § 44 Abs. 1 Nr. 1 BNatSchG unterzogen werden. Gleiches gilt in Bezug auf das Störungsverbot des § 44 Abs. 1 Nr. 2 BNatSchG für Arten, bei denen eine Scheuchwirkung nicht bekannt ist. Bestehen Anhaltspunkte für das Vorkommen solcher Arten, müssen hingegen in der Regel weitere Untersuchungen (insbesondere Kartierungen) vorgenommen werden.

85 In verschiedenen Fachkonventionen werden **Empfehlungen für Mindestabstände** zwischen dem Brutplatz bzw. dem Revierzentrum der Art und den Windenergieanlagen gegeben, die im Rahmen bau- oder immissionsschutzrechtlicher Genehmigungsverfahren Berücksichtigung finden. Eine hervorgehobene Bedeutung kommt den Empfehlungen der Länderarbeitsgemeinschaft der Vogelschutzwarten (LAG-VSW) aus 2007 zu, die auch in verschiedenen Ländererlassen Berücksichtigung gefunden haben.[141] Für die nachfolgend aufgeführten und als kollisionsgefährdet erkannten Arten werden Abstandskriterien genannt:[142]

---

138 Siehe Rn 72.

139 *Hinsch*, ZUR 2011, 191, 193.

140 VG Minden, Urt. v. 13.1.2010 – 11 K 352/09 = juris Rn 95.

141 Vgl. zuletzt Windenergieerlass Bayern vom 20.12.2011 „Hinweise zur Planung und Genehmigung von Windenergieanlagen in Bayern", verfügbar unter www.stmug.bayern.de; dazu VG Würzburg, Urt. v. 17.4.2012 – W 4 K 11.559 = juris Rn 60 ff.

142 Vgl. auch Tierökologische Abstandskriterien für die Errichtung von Windenergieanlagen in Brandenburg (TAK), Stand 13.12.2010.

Art/Artengruppe	Empfohlener Mindestabstand zwischen dem Brutplatz bzw. Revierzentrum und WEA.	Prüfbereich, in dem zu prüfen ist, ob regelmäßig aufgesuchte Nahrungshabitate der betreffenden Art vorhanden sind.
Raufußhühner	1.000 m	
Kormoran, Brutkolonien	1.000 m	4.000 m
Rohrdommel	1.000 m	4.000 m
Zwergdommel	1.000 m	4.000 m
Reiher, Brutkolonie	1.000 m	4.000 m
Schwarzstorch	3.000 m	10.000 m
Weißstorch	1.000 m	6.000 m
Fischadler	1.000 m	4.000 m
Schreiadler	6.000 m	
Kornweihe	3.000 m	6.000 m
Wiesenweihe	1.000 m	6.000 m
Rohrweihe	1.000 m	6.000 m
Schwarzmilan	1.000 m	4.000 m
Rotmilan	1.000 m	6.000 m
Seeadler	3.000 m	6.000 m
Baumfalke	1.000 m	4.000 m
Wanderfalke	1.000 m Baum- und Bodenbrüter: 3.000 m	
Kranich	1.000 m	
Wachtelkönig	1.000 m	
Geldregenpfeifer	1.000 m	6.000 m
Möwen, Brutkolonie	1.000 m	4.000 m
Seeschwalben, Brutkolonie	1.000 m	4.000 m
Sumpfohreule	1.000 m	6.000 m
Uhu	1.000 m	6.000 m

Bei Überschreitung der genannten Distanzen wird ein signifikant erhöhtes Tötungs- oder Verletzungsrisiko in der Regel ausgeschlossen. Eine Unterschreitung führt nicht automatisch zur Erfüllung eines Verbotstatbestandes. Vielmehr bedarf es in diesem Fall einer Einzelfallprüfung. 86

(b) Fledermäuse

Die zweite Gruppe kollisionsgefährdeter Arten sind Fledermäuse. Eine Vielzahl der Arten erreicht allerdings keine Flughöhen, in denen ein Kollisionsrisiko besteht. Eine Kollisionsgefahr ist bekannt bei den Arten Großer Abendsegler, Kleiner Abendsegler, Breitflügelfledermaus, Nordfledermaus, Rauhautfledermaus, Zwergfledermaus, Mückenfledermaus und Zweifarbfledermaus. Als **Faustregel** gilt, dass jedenfalls in einem **Umkreis von 1 km** um bekannte Wochenstuben oder von bekannten Zwischen-, Winter- und Schwärmquartieren mit bedeutenden Vorkommen der genannten Arten vertiefte Untersuchungen erforderlich sind, da hier von einer erhöhten 87

Aufenthaltswahrscheinlichkeit im Bereich der Rotoren auszugehen ist; liegen hingegen keine konkreten Anhaltspunkte für ein Vorkommen kollisionsgefährdeter Fledermäuse vor, bedarf es in der Regel keiner Suche gleichsam „ins Blaue hinein".[143]

88 Weiteres Konfliktpotenzial auch in Bezug auf andere Arten kann von **dauerhaften oder temporären Flächenverlusten** in Folge der Errichtung der Mastfußflächen, Baustelleneinrichtungsflächen oder Zuwegungen ausgehen. Die Verwirklichung eines Verbotstatbestandes lässt sich hier allerdings in der Regel durch Verschiebung der Standorte herbeiführen.

bb) Geschütze Teile von Natur und Landschaft

(1) Kategorien

89 Bestimmte Teile von Natur und Landschaft können durch die Ausweisung von Schutzgebieten nach den §§ 20 ff. BNatSchG einem besonderen Schutzregime unterstellt werden. § 20 Abs. 2 BNatSchG nennt bundeseinheitlich und abschließend die zulässigen Schutzgebietskategorien:

- Naturschutzgebiete: § 23 BNatSchG,
- Nationalparks und Nationale Naturmonumente: § 24 BNatSchG,
- Biosphärenreservate: § 25 BNatSchG,
- Landschaftsschutzgebiete: § 26 BNatSchG,
- Naturparks: § 27 BNatSchG,
- Naturdenkmäler: § 28 BNatSchG und
- geschützte Landschaftsbestandteile: § 29 BNatSchG.

90 Die Schutzgebietsfestlegungen enthalten **unterschiedliche Handlungsverbote und -gebote**, die auf allen Planungs- und Zulassungsebenen eine grundsätzliche strikte Bindung entfalten.

(2) Anwendungsbereich

91 Eine wesentliche Steuerungswirkung in Bezug auf die Errichtung von Windenergieanlagen geht von der Unterschutzstellung von Teilen von Natur und Landschaft zunächst mit Blick auf den **Planvorbehalt des § 35 Abs. 3 S. 3 BauGB** aus, der es auf Ebene der Regionalplanung (Festlegung von Vorrangflächen für die Windenergienutzung) sowie der Bauleitplanung (Darstellung von Flächen für die Windenergienutzung) ermöglicht, durch ein schlüssiges gesamträumliches Planungskonzept Konzentrationszonen zur Standortsteuerung von Windenergieanlagen auszuweisen und hierdurch die nach § 35 Abs. 1 Nr. 5 BauGB grundsätzlich im gesamten Außenbereich privilegierten Anlagen auf bestimmte Standorte zu konzentrieren und für alle

143 Vgl. Windenergieerlass Bayern vom 20.12.2011 „Hinweise zur Planung und Genehmigung von Windenergieanlagen in Bayern", S. 45 f.

sonstigen Standorte verbindlich auszuschließen.[144] Wegen ihrer besonderen Schutzbedürftigkeit können die Schutzgebiete der §§ 20 ff. BNatSchG in Regionalplänen oder auf örtlicher Ebene im Rahmen der Bauleitplanung aus den Potenzialflächen, die für eine Darstellung von Konzentrationsflächen in Betracht kommen, von vornherein ausgenommen werden („Tabuzonen").[145] So wird insbesondere die Ausweisung eines Vorranggebiets in einem Naturschutzgebiet in aller Regel ausscheiden.[146] Entsprechendes gilt in Bezug auf Nationalparks[147] und nationale Naturmonumente.[148]

Von **Nationalparks, nationalen Naturmonumenten, Naturschutzgebieten** 92
sowie den (ebenfalls einem absoluten Veränderungsverbot unterliegenden) Kernzonen von Biosphärengebieten wird auf Ebene der Regionalplanung zudem in der Regel ein Vorsorgeabstand von 200 m eingehalten, da Windenergieanlagen auch von außerhalb Schutzzwecke der Gebiete beeinträchtigen können. Auf Ebene der Bauleitplanung sind etwaige Vorsorgeabstände im Rahmen einer Einzelfallprüfung zu bestimmen.[149]

In **Landschaftsschutzgebieten**, die gem. § 26 Abs. 1 BNatSchG zur Erhaltung, 93
Entwicklung oder Wiederherstellung der Leistungs- und Funktionsfähigkeit des Naturhaushalts oder der Regenerationsfähigkeit und nachhaltigen Nutzungsfähigkeit der Naturgüter sowie wegen der Vielfalt, Eigenart und Schönheit oder der besonderen kulturhistorischen Bedeutung der Landschaft und wegen ihrer Bedeutung für die Erholung ausgewiesen werden, ist die Ausweisung einer Konzentrationszone nicht grundsätzlich ausgeschlossen. Häufig wird sie aber nur in Randlagen in Betracht kommen sowie in Bereichen mit einem weniger hochwertigen oder bereits vorbelasteten Landschaftsbild.[150] Entsprechendes dürfte für Naturparks sowie für Biosphärengebiete (§ 25 BNatSchG) außerhalb der Kernzonen gelten.

Soweit keine wirksame Raumordnungs- oder Flächennutzungsplanung i.S.v. § 35 94
Abs. 3 S. 3 BauGB besteht, die eine Errichtung von Windenergieanlagen ohnehin nur außerhalb von ausgewiesenen Schutzgebieten zulässt, sind die in den Schutzgebieten geltenden Verbote als **entgegenstehende Belange des Naturschutzes i.S.v. § 35 Abs. 3 S. 1 Nr. 5 BauGB** im Rahmen des immissionsschutzrechtlichen oder (bei

144 Näher hierzu Rn 49 ff., 193 ff.
145 Näher hierzu Rn 198 ff.
146 Vgl. Erlass des Ministeriums für Umwelt, Gesundheit und Verbraucherschutz Brandenburg vom 1.1.2011 „Beachtung naturschutzfachlicher Belange bei der Ausweisung von Windeignungsgebieten und bei der Genehmigung von Windenergieanlagen", Ziff. 3.
147 Vgl. § 24 Abs. 3 BNatSchG.
148 § 24 Abs. 4 BNatSchG; *Scheidler*, NuR 2011, 848, 855.
149 Vgl. etwa Ziff. 4.2.2 des Entwurfs des Windenergieerlasses Baden-Württemberg (Stand 23.12.2011).
150 OVG Berlin-Brandenburg, Urt. v. 31.3.2011 – OVG 11 B 19.10 = NuR 2011, 794 Rn 63; enger *Scheidler*, NuR 2011, 851 f., der die Auffassung vertritt, es trete stets eine nach § 26 Abs. 2 BNatSchG unzulässige Veränderung des Charakters des Gebiets ein.

Kleinwindenergieanlagen) baurechtlichen Genehmigungsverfahrens zu beachten.[151] Ein Windkraftprojekt wird entsprechend den vorstehenden Ausführungen in Naturschutzgebieten, Nationalparks und nationalen Naturmonumenten in der Regel mit den jeweils geltenden Verboten unvereinbar sein, soweit es nicht auf Grundlage einer in der Schutzgebietsverordnung vorgesehenen Ausnahme oder eine Befreiung nach § 67 BNatSchG im Einzelfall zugelassen werden kann. Die Privilegierung der Windenergieanlagen ändert somit nichts daran, dass Belange des Naturschutzes und der Landschaftspflege entgegenstehen können.

cc) Europäisches Habitatschutzrecht (Natura 2000)

(1) Allgemeines

95 Auch das Netz „Natura 2000", bestehend aus den „Gebieten von gemeinschaftlicher Bedeutung nach der FFH-Richtlinie[152] (**FFH-Gebiete**) und den EU-Vogelschutzgebieten (**Special Protected Areas, SPA**) nach der Vogelschutzrichtlinie (VS-RL)[153], dient dem Schutz bestimmter Teile von Natur und Landschaft (Kap. 4 des BNatSchG). Die deutschen Umsetzungsbestimmungen sind getrennt von den sonstigen Regelungen des Gebietsschutzes in einem eigenen Abschnitt des BNatSchG geregelt,[154] weil sich sowohl die Voraussetzungen als auch die Rechtsfolgen der (erfolgten oder unionsrechtswidrig unterbliebenen) Unterschutzstellung erheblich von den rein nationalen Schutzinstrumenten unterscheiden.

96 **FFH-Gebiete** umfassen die natürlichen Lebensraumtypen des Anhang I der FFH-RL oder Habitate der in Anhang II der FFH-RL aufgeführten Tierarten. Einzelne dieser Lebensraumtypen und Arten sind als prioritär gekennzeichnet und unterfallen strengeren Schutzvorschriften. Die sich mit den FFH-Gebieten teilweise überschneidenden **Vogelschutzgebiete** nach der VS-RL werden zur Erhaltung der in Anhang I der VS-RL genannten Vogelarten in den zahlen- und flächenmäßig geeignetsten Gebieten eingerichtet.[155]

97 Projekte sind gem. § 34 BNatSchG in einer spezifischen **Verträglichkeitsprüfung** auf ihre möglicherweise erhebliche Beeinträchtigung von Erhaltungszielen eines FFH- oder Vogelschutzgebietes zu untersuchen, wenn sie einzeln oder im Zusammenwirken mit anderen Projekten oder Plänen geeignet sind, das Gebiet erheblich zu beeinträchtigen. Einer solchen Prüfung bedarf es dabei nicht allein, wenn die Wind-

---

151 Vgl. etwa BVerwG, Beschl. v. 2.2.2000 – 4 B 104.99 = BauR 2000, 1311.

152 RL 12/43/EWG.

153 RL 2009/147/EG.

154 §§ 31 ff. BNatSchG.

155 Zu den unterschiedlichen Verfahren der Unterschutzstellung sowie den Anforderungen und Rechtsfolgen rechtswidrig unterlassener Meldung bzw. Unterschutzstellung (faktische Vogelschutzgebiete und potenzielle FFH-Gebiete) vgl. näher Lütkes/Ewer/*Heugel*, § 33 Rn 9 ff.; BK-BauGB/*Mitschang*, § 1a Rn 452 ff. und 493 ff.; Grabherr/Reidt/Wysk/*Fellenberg*, § 6 Rn 225 ff.

energieanlagen Flächen eines FFH- oder Vogelschutzgebiets unmittelbar in Anspruch nimmt, sondern auch, wenn das Projekt von außen auf das Schutzgebiet in erheblicher Weise einwirken kann.[156]

Lässt sich eine erhebliche Beeinträchtigung nicht mit dem erforderlichen Grad an Sicherheit[157] ausschließen, so ist das Projekt gem. § 34 Abs. 2 BNatSchG grundsätzlich unzulässig. Abweichend hiervon kann es auf Grundlage einer behördlichen **Abweichungsprüfung** zugelassen werden.[158] Die Ausnahme setzt zunächst voraus, dass das Vorhaben aus zwingenden **Gründen des überwiegenden öffentlichen Interesses** einschließlich solcher sozialer oder wirtschaftlicher Art notwendig ist.[159] Besondere Anforderungen gelten, wenn das Vorhaben zu erheblichen Beeinträchtigungen prioritärer Lebensraumtypen[160] oder prioritärer Arten[161] führt.[162] 98

Zweitens dürfen **keine zumutbaren Alternativen** bestehen, um den mit dem Projekt verfolgten Zweck an anderer Stelle oder mit geringeren Beeinträchtigungen zu erreichen.[163] Diese Alternativenprüfung ist Kernstück jeder Abweichungsprüfung. Als Alternativen sind sowohl Ausführungsvarianten als auch Alternativstandorte für das Projekt in den Blick zu nehmen. Keine in Betracht zu ziehende Alternative liegt vor, wenn sich die wesentlichen Planungsziele mit der Alternativlösung nicht erreichen ließen oder wenn eine Variante auf ein gänzlich anderes Projekt hinausläuft (z.B. Errichtung einer Biogasanlage anstelle einer Windenergieanlage).[164] Ferner sind nur zumutbare Alternativen zu betrachten.[165] Unzumutbar ist eine Alternative in jedem Fall, wenn sie eine wirtschaftliche Realisierung des Projekts unmöglich macht.[166] 99

Drittens müssen die nach § 34 Abs. 5 BNatSchG zur Sicherung des Zusammenhangs des Europäischen ökologischen Netzes „Natura 2000" notwendigen Maßnahmen vorgesehen werden (**Kohärenzsicherungsmaßnahmen**). Die Maßnahmen können auch zugleich als Kompensationsmaßnahmen im Rahmen der naturschutz- 100

156 EuGH, Urt. v. 10.1.2006 – Rs. C-98/03 = Slg. 2006, I-53 Rn 49 ff.; BVerwG, Urt. v. 19.5.1998 – 4 A 9.97 = BVerwGE 107, 1, 17; *Jarass*, ZUR 2000, 183, 186; *Möckel*, ZUR 2008, 57, 58.

157 Hierzu EuGH, Urt. v. 7.9.2004 – Rs. C-127/02 = Slg. 2004, I-7405 Rn 67; BVerwG, Urt. v. 12.3.2008 – 9 A 3.06 = BVerwGE 130, 299 Rn 73; Urt. v. 17.1.2007 – 9 A 20.05 = BVerwGE 128, 1 Rn 62; *Stüer*, DVBl. 2007, 416, 420 ff.; *Stüer*, NVwZ 2007, 1147; *Steeck/Lau*, NVwZ 2009, 616, 617.

158 § 34 Abs. 3 und 4 BNatSchG.

159 § 34 Abs. 3 Nr. 1 BNatSchG.

160 § 7 Abs. 1 Nr. 5 BnatSchG.

161 § 7 Abs. 1 Nr. 11 BnatSchG.

162 Siehe § 34 Abs. 4 S. 1 BNatSchG, Art. 6 Abs. 4 FFH-RL.

163 § 34 Abs. 3 Nr. 2 BnatSchG.

164 BVerwG, Urt. v. 17.1.2007 – 9 A 20.05 = BVerwGE 128, 1 Rn 143; BVerwG, Urt. v. 15.1.2004 – 4 A 11.02 = BVerwGE 120, 1, 11; Kerkmann/*Kerkmann*, § 8 Rn 179.

165 § 34 Abs. 3 Nr. 2 BNatSchG; BVerwG, Urt. v. 17.1.2007 – 9 A 20.05 = BVerwGE 128, 1 Rn 142; BVerwG, Urt. v. 17.5.2002 – 4 A 28.01 = BVerwGE 116, 254, 267; BVerwG, Urt. v. 27.1.2000 – 4 C 2.99 = BVerwGE 110, 302, 311; *Stüer*, DVBl. 2009, 1, 4.

166 Grabherr/Reidt/Wysk/*Fellenberg*, § 6 Rn 254.

rechtlichen Eingriffsregelung anerkannt werden.[167] Bei der Entscheidung über Kohärenzsicherungsmaßnahmen verfügt die Genehmigungsbehörde über eine naturschutzfachliche Einschätzungsprärogative.[168]

(2) Anwendungsbereich

101 Die Belange des Habitatschutzes sind nicht erst im immissionsschutzrechtlichen oder baurechtlichen Genehmigungsverfahren zu berücksichtigen, sondern schon auf der **Ebene der Raumordnung**[169] und **im Rahmen der Bauleitplanung.**[170] Für die im Geltungsbereich des betreffenden Bebauungsplanes zu realisierenden Vorhaben bedarf es nach § 34 Abs. 8 BNatSchG im Genehmigungsverfahren keiner erneuten Verträglichkeitsprüfung. Der FFH-Gebietsschutz wird mithin abschließend auf der Ebene der Bauleitplanung geprüft.[171] Für Vorhaben im Außenbereich nach § 35 BauGB, also in der Regel insbesondere auch für Windkraftprojekte, ist die FFH-Verträglichkeitsprüfung hingegen im Genehmigungsverfahren durchzuführen.

(3) Typische Fragestellungen bei Windenergieanlagen

102 Das Schutzregime in Schutzgebieten des Netzes Natura 2000 bestimmt sich anhand der für das Gebiet jeweils festgelegten **Erhaltungsziele.** In den Schutzgebieten ist die Errichtung von WKA daher möglich, soweit die Erhaltungsziele nicht erheblich beeinträchtigt werden. Die Errichtung von Windenergieanlagen kann daher in FFH-Gebieten wie in Vogelschutzgebieten je nach den Schutzzielen unproblematisch und ohne die Notwendigkeit einer Abweichungsentscheidung nach § 34 Abs. 3 BNatSchG zulässig sein, etwa wenn lediglich Tiere oder Pflanzen beeinträchtigt werden, die nicht zu den Schutzzielen des Gebiets zählen oder wenn Erhaltungszielarten bzw. -lebensraumtypen unempfindlich gegenüber den in Rede stehenden Wirkungen sind. Etwas anderes gilt auch dann nicht zwingend, wenn für die nationale Unterschutzstellung des Natura 2000-Gebiets[172] die strenge Schutzgebietskategorie eines Naturschutzgebiets gewählt wird.[173] Zwar gilt hier grundsätzlich ein absolutes Veränderungsverbot.[174] Soweit das Vorhaben nach Maßgabe des Habitatschutzrechts zulässig ist, ggf. unter Inanspruchnahme einer Abweichungsentscheidung nach § 34

167 § 15 Abs. 2 S. 4 BNatSchG.
168 BVerwG, Urt. v. 9.7.2009 – 4 C 12.07 = BVerwGE 134, 166 Rn 28; Urt. v. 12.3.2008 – 9 A 3.06, BVerwGE 130, 299 Rn 202.
169 § 7 Abs. 6 ROG.
170 § 1 Abs. 6 Nr. 7b und § 1a Abs. 4 BauGB.
171 Näher hierzu *Reidt*, NVwZ 2010, 8 ff.
172 § 32 Abs. 2 BNatSchG.
173 A.A. *Scheidler*, DVBl. 2012, 216, 219 ff.
174 § 23 Abs. 2 BNatSchG; vgl. Rn 91.

Abs. 3 BNatSchG, wird man dieses Regelungsregime aber als vorrangige Spezialregelung anzusehen haben,[175] soweit der Verordnungsgeber nicht zum Ausdruck gebracht hat, dass er über das unionsrechtlich zur ordnungsgemäßen Unterschutzstellung des Natura 2000-Gebiets geforderte Schutzniveau hinausgehen wollte.

Verallgemeinernde Aussagen lassen sich im Übrigen nur insoweit treffen, als Standorte in Gebieten mit störungsempfindlichen oder kollisionsgefährdeten Arten in der Regel ausscheiden. Trotz der bekannten Kollisionsgefahren kann daher auf Grundlage einer FFH-Verträglichkeitsprüfung auch etwa die **Errichtung** von Windenergieanlagen **in FFH-Gebieten** in Betracht kommen, die den Schutz kollisionsgefährdeter Fledermausarten[176] als Erhaltungsziel nennen. Maßgeblich ist die Verortung der Anlagen und der Vorkommen bzw. Flugrouten. Ausscheiden wird allerdings in der Regel die Errichtung von Windenergieanlagen **in den Brutrevieren und Rastflächen ausgewiesener Vogelschutzgebiete.**[177] Von den konkreten Erhaltungszielen hängt es daher auch ab, ob im Rahmen der Regional- und Bauleitplanung Schutzabstände zu den FFH- und Vogelschutzgebieten einzuhalten sind. So fordern die Tierökologischen Abstandskriterien für die Errichtung von Windenergieanlagen in Brandenburg (TAK)[178] u.a. einen **Schutzbereich** in einem Radius von mindestens 1.000 m 103

- zu Fledermauswochenstuben und Männchenquartieren der besonders schlaggefährdeten Arten mit mehr als etwa 50 Tieren,
- zu Fledermauswinterquartieren mit regelmäßig mehr als 100 überwinternden Tieren oder mehr als 10 Arten,
- zu Reproduktionsschwerpunkten in Wäldern mit Vorkommen von mehr als 10 reproduzierenden Fledermausarten,
- zu Hauptnahrungsflächen der besonders schlaggefährdeten Arten mit mehr als 100 zeitgleich jagenden Individuen; außerdem
- einen Schutzbereich von 200 m zu regelmäßig genutzten Flugkorridoren, zu Jagdgebieten und zu Durchzugskorridoren schlaggefährdeter Arten.

dd) Naturschutzrechtliche Eingriffsregelung

(1) Grundsätze

Im Rahmen der naturschutzrechtlichen Eingriffsregelung werden Auswirkungen des Vorhabens auf die Schutzgüter Arten und Lebensräume, Wasser, Boden, Luft und Klima, Landschaftsbild sowie Erholung beschrieben und bewertet. Die in den §§ 13 ff. BNatSchG geregelte naturschutzrechtliche Eingriffsregelung ist in das immis- 104

175 Ähnlich *Fischer-Hüftle*, NuR 2010, 34.

176 A.A. *Gatz*, DVBl. 2009, 737, 743 und *Scheidler*, DVBl. 2012, 216, 219.

177 *Gatz*, DVBl. 2009, 737, 743; *Scheidler*, DVBl. 2012, 216, 218.

178 Stand 13.12.2010.

sionsschutzrechtliche bzw. baurechtliche Genehmigungsverfahren integriert.[179] Die Eingriffsregelung gilt **ubiquitär**, d.h. unabhängig davon, ob das betreffende Gebiet in besonderer Weise unter Schutz gestellt wurde. Bei der Bewertung der Eingriffswirkungen eines Vorhabens und der Bestimmung von Ausgleichs- und Ersatzmaßnahmen hat die Genehmigungsbehörde eine naturschutzfachliche Einschätzungsprärogative.[180]

105 Einzige Anwendungsvoraussetzung ist, dass ein Eingriff vorliegt. Nach der Definition des § 14 BNatSchG setzt ein **Eingriff** voraus, dass es

- zu Veränderungen der Gestalt oder Nutzung von Grundflächen oder
- Veränderungen des mit der belebten Bodenschicht in Verbindung stehenden Grundwasserspiegels kommt und
- dass hierdurch die Leistungs- und Funktionsfähigkeit des Naturhaushalts oder
- das Landschaftsbild erheblich beeinträchtigt werden kann.

Die Errichtung von Windenergieanlagen ist stets ein Eingriff in diesem Sinne (Überbauung des Bodens durch Fundamente und Erschließungsanlagen; erhebliche Beeinträchtigung des Landschaftsbildes aufgrund der Dimensionen der Anlage, Beleuchtung und Rotorbewegung).

106 Nach § 13 BNatSchG sind Eingriffe vorrangig zu vermeiden (**Vermeidungsgebot**). Eine Beeinträchtigung ist nach § 15 Abs. 1 S. 2 BNatSchG vermeidbar, wenn und soweit zumutbare Alternativen bestehen, den mit dem Eingriff verfolgten Zweck (hier also die Errichtung eines Windparks mit einer bestimmten – vom Vorhabenträger definierten – Leistung) am gleichen Ort ohne oder mit geringeren Beeinträchtigungen von Natur und Landschaft zu erreichen. Das Projekt muss mithin „so umweltschonend wie möglich“ umgesetzt werden.[181] Soweit Beeinträchtigungen nicht vermieden werden können, ist dies zu begründen.[182] Das Vermeidungsgebot wird in seiner praktischen Bedeutung dadurch stark eingeschränkt, dass es sich ausschließlich auf das konkret geplante Vorhaben bezieht. So muss der Antragsteller Standortalternativen ebenso wenig betrachten[183] wie die „Alternative“ eines völligen Verzichts auf das Windkraftprojekt. Die mit dem Windkraftprojekt einhergehende Inanspruchnahme von Natur und Landschaft am Ort des Eingriffs nimmt das Naturschutzrecht somit als unvermeidbar hin.[184] Nicht gefordert ist ebenfalls die Betrachtung von Planungsalternativen am Standort, die auf ein anderes Vorhaben hinauslaufen.[185] Ferner fordert

179 § 17 Abs. 1 BNatSchG, sog. „Huckepack“-Verfahren. Zur Beteiligung der nach § 17 Abs. 1 BNatSchG ins Benehmen zu setzenden Naturschutzbehörde vgl. Lütkes/Ewer/*Lütkes*, § 17 Rn 11 ff.

180 BVerwG, Urt. v. 9.6.2004 – 9 A 11.03 = BVerwGE 121, 72, 84.

181 BT-Drucks. 16/12274, S. 98.

182 § 15 Abs. 1 S. 3 BNatSchG.

183 § 15 Abs. 1 S. 2 BNatSchG.

184 BVerwG, Urt. v. 7.3.1997 – 4 C 10.96 = BVerwGE 104, 144, 150 f.

185 BVerwG, Urt. v. 19.3.2003 – 9 A 33.02 = NVwZ 2003, 1120, 1123; Grabherr/Reidt/Wysk/*Fellenberg*, § 6 Rn 202.

das Vermeidungsgebot lediglich die Berücksichtigung verhältnismäßiger Ausführungsalternativen.[186]

Unvermeidbare Eingriffe in Natur und Landschaft müssen nach § 15 Abs. 2 BNatSchG durch Ausgleichs- oder Ersatzmaßnahmen **kompensiert** werden. Beide Formen der Realkompensation sind rechtlich gleichwertig.[187] Die Kompensationsmaßnahmen müssen nach § 15 Abs. 4 S. 1 BNatSchG für den jeweils erforderlichen Zeitraum unterhalten und rechtlich gesichert werden. 107

Ein Eingriff ist **ausgeglichen**, wenn und sobald die beeinträchtigten Funktionen des Naturhaushalts in gleichartiger Weise wiederhergestellt sind und das Landschaftsbild landschaftsgerecht wiederhergestellt oder neu gestaltet ist.[188] Die geforderte „Gleichartigkeit" besteht, wenn die konkret beeinträchtigte ökologische Funktion funktional ausgeglichen wird. Die Maßnahme muss daher an der Stelle des Eingriffs selbst oder in einem räumlichen Bezug erfolgen, der dem funktionalen Bezug zur Beeinträchtigung Rechnung trägt.[189] Ein hinreichender **Ersatz** liegt gem. § 15 Abs. 2 S. 3 BNatSchG vor, wenn und sobald die beeinträchtigten Funktionen des Naturhaushalts in dem betroffenen Naturraum in gleichwertiger Weise hergestellt sind und das Landschaftsbild landschaftsgerecht neu gestaltet ist. Ersatzmaßnahmen müssen lediglich eine gleichwertige, keine gleichartige Kompensation bewirken. Der aus diesem Grunde größere Suchraum für Maßnahmen wird in § 15 Abs. 2 S. 3 BNatSchG dadurch begrenzt, dass Ersatzmaßnahmen zumindest in dem betroffenen Naturraum durchgeführt werden müssen.[190] 108

Konkrete Anforderungen an die Kompensation von Eingriffen sowie die Dauer und Art ihrer rechtlichen Sicherung und Unterhaltung werden in verschiedenen landesrechtlichen Verordnungen und Erlassen bestimmt. Eine auf die bundeseinheitliche Ermächtigung des § 15 Abs. 7 Nr. 1 BNatSchG gestützte einheitliche Ausführungsregelung („Kompensations-Verordnung") ist derzeit in Vorbereitung. 109

Soweit ein (unvermeidbarer) Eingriff weder ausgeglichen noch zu ersetzen ist, ist das Vorhaben gem. § 15 Abs. 5 BNatSchG zunächst unzulässig. Dies ist bei Eingriffen in das Landschaftsbild, wie sie mit der Errichtung eines Windparks einhergehen, in der Regel der Fall, da sich der Eingriff selten vollständig kompensieren lässt, soweit nicht ein Rückbau vergleichbar beeinträchtigender Anlagen möglich ist. Überwindbar ist das Verbot auf Grundlage einer naturschutzrechtlichen **Abwägungsentscheidung** 110

186 BVerwG, Urt. v. 19.3.2003 – 9 A 33.02 = NVwZ 2003, 1120, 1123.

187 BT-Drucks. 16/13430, S. 34.

188 § 15 Abs. 2 S. 2 BNatSchG.

189 Siehe BVerwG, Urt. v. 23.8.1996 – 4 A 29.95 = NVwZ 1997, 486; Urt. v. 27.9.1990 – 4 C 44.87 = NVwZ 1991, 364, 367, Kerkmann/*Koch*, § 4 Rn 34; Landmann/Rohmer/*Gellermann*, § 19 BNatSchG Rn 11.

190 Näher hierzu *Ssymank*, Natur und Landschaft Jg. 69 (1994), Heft 9, 395 ff.; eine Karte der 69 Naturräume ist unter http://www.bfn.de/fileadmin/MDB/documents/themen/natura2000/grossraum.pdf verfügbar.

der Genehmigungsbehörde. Voraussetzung für eine positive Entscheidung ist, dass unter Abwägung aller Anforderungen an Natur und Landschaft die für das Windkraftprojekt streitenden Belange den Belangen des Natur- und Landschaftsschutzes (verbleibendes Kompensationsdefizit) vorgehen (sog. „bipolare Abwägung"). Je größer das verbleibende Kompensationsdefizit ist, desto mehr spricht gegen seine Zulassung.[191] Kaum jemals geht diese Abwägung in der Praxis zu Lasten des Projekts aus.

111 Wenn sich das Vorhaben im Rahmen dieser Abwägung durchsetzt, muss der Antragsteller nach § 15 Abs. 6 BNatSchG eine **Ersatzzahlung** für die real nicht kompensierbaren Beeinträchtigungen leisten. Maßstab für die Höhe der Ersatzzahlung sind die durchschnittlichen Kosten der nicht durchführbaren Ausgleichs- und Ersatzmaßnahmen.[192] Sind solche Kosten – wie bei der Beeinträchtigung des Landschaftsbildes durch Windenergieanlagen – nicht feststellbar, bemisst sich die Ersatzzahlung nach Dauer und Schwere des Eingriffs unter Berücksichtigung der dem Verursacher daraus erwachsenden Vorteile.[193]

112 Der Antragsteller hat nach § 17 Abs. 4 BNatSchG die für die Beurteilung des Eingriffs erforderlichen **Angaben** „in einem nach Art und Umfang des Eingriffs angemessenen Umfang" zu machen, insbesondere betreffend Ort, Art, Umfang und zeitlichen Ablauf des Eingriffs sowie die vorgesehenen Maßnahmen zur Vermeidung, zum Ausgleich und zum Ersatz der Beeinträchtigungen von Natur und Landschaft einschließlich Angaben zur tatsächlichen und rechtlichen Verfügbarkeit der für Ausgleich und Ersatz benötigten Flächen. Die Genehmigungsbehörde kann nach § 17 Abs. 4 S. 2 BNatSchG auch die Vorlage von **Gutachten** verlangen, soweit dies – wie bei der Errichtung von Windenergieanlagen regelmäßig – zur Beurteilung der Auswirkungen des Eingriffs und der Ausgleichs- und Ersatzmaßnahmen erforderlich ist.

(2) Anwendungsbereich

113 Sind aufgrund der Aufstellung von Bauleitplänen Eingriffe in Natur und Landschaft zu prognostizieren, ist über die Vermeidung, den Ausgleich und den Ersatz nicht im Genehmigungsverfahren, sondern im **Bauleitplanverfahren** nach den Vorschriften des Baugesetzbuches zu entscheiden.[194] Das Baugesetzbuch lässt die Eingriffsregelung allerdings nicht unverändert zur Anwendung kommen. Zwar ist nach § 18 Abs. 1 BNatSchG ebenfalls über Vermeidungs-, Ausgleichs- und Ersatzmaßnahmen zu befinden. § 1a Abs. 3 BauGB sieht jedoch vor, dass die Eingriffsregelung **im Rahmen der bauleitplanerischen Abwägung** nach § 1 Abs. 7 BauGB zu berücksichtigen ist. Die planende Gemeinde ist daher nicht verpflichtet, planbedingte Eingriffe vollstän-

191 Lütkes/Ewer/*Lütkes*, § 15 Rn 66.
192 § 15 Abs. 6 S. 2 BNatSchG.
193 § 15 Abs. 6 S. 3 BNatSchG.
194 § 18 Abs. 1 BauGB.

dig zu kompensieren. Sie kann die Belange des Naturschutzes und der Landschaftspflege vielmehr zugunsten entsprechend gewichtiger anderer Belange im Rahmen der Abwägung zurückstellen und auf Kompensationsmaßnahmen teilweise oder (theoretisch) sogar vollständig verzichten.[195]

Konsequenterweise findet die naturschutzrechtliche Eingriffsregelung auf Vorhaben, die auf Grundlage der Bauleitplanung in **Gebieten mit Bebauungsplänen** nach § 30 BauGB (einschließlich vorhabenbezogener Bebauungspläne) oder während der Planaufstellung nach § 33 BauGB verwirklicht werden können, keine Anwendung.[196] Auch im **unbeplanten Innenbereich** nach § 34 BauGB ist die Eingriffsregelung gem. § 18 Abs. 2 BNatSchG nicht anwendbar. Die Anwendung der Eingriffsregelung nach den §§ 15 ff. BNatSchG beschränkt sich daher auf den (für Windenergieanlagen wichtigen) baulichen **Außenbereich.** 114

(3) Typische Fragestellungen bei Windenergieanlagen

Da sich zumindest die Beeinträchtigung des Landschaftsbildes bei der Errichtung von Windenergieanlagen in der Regel nicht kompensieren lässt, kommt eine Genehmigung nur in Betracht,[197] wenn im Rahmen der hiernach erforderlichen bipolaren Abwägung eine **Vorrangentscheidung** zugunsten des Vorhabens getroffen werden kann. Hierbei sind insbesondere die folgenden für das Projekt sprechenden Aspekte zu berücksichtigen und daraufhin zu befragen, ob sie angesichts der Schwere der verbleibenden Beeinträchtigungen des Naturhaushalts und des Landschaftsbildes eine Vorrangentscheidung zugunsten des Projekts rechtfertigen:[198] 115

- die Bindung der Anlagen an eine hinreichende Windhöffigkeit;
- die Privilegierung der Windkraftnutzung nach § 35 Abs. 1 S. 1 Nr. 5 BauGB, weil die Anlagen in Siedlungsbereich nicht errichtet und betrieben werden sollen;
- die gesetzgeberische Wertung des § 1 Abs. 3 Nr. 4 BNatSchG für eine nachhaltige Energieversorgung unter Nutzung erneuerbarer Energien.

Die gegenläufigen Belange des Naturschutzes werden in der Regel überwiegen, wenn das Vorhaben ein Landschaftsbild von herausragender Vielfalt, Eigenart und Schönheit schwerwiegend beeinträchtigt. 116

---

195 BVerwG, Beschl. v. 7.11.2007 – 4 BN 45.07 = NVwZ 2008, 216; Beschl. v. 31.1.1997 – 4 NB 27.96 = BVerwGE 104, 68; Battis/Krautzberger/Löhr/*Krautzberger*, § 1a Rn 23; Lütkes/Ewer/*Lütkes*, § 18 Rn 12 ff.; Lütkes/Ewer/*Fellenberg*, § 19 Rn 41.

196 § 18 Abs. 2 BNatSchG.

197 Denkbar ist die Beseitigung von vergleichbar beeinträchtigenden Bauwerken im gleichen Lebensraum; vgl. Ziff. 5.6.4.1.1 des Entwurfs des Windenergieerlasses Baden-Württemberg (Stand: 23.12.2011).

198 Vgl. Ziff. 5.6.4.1.1 des Entwurfs des Windenergieerlasses Baden-Württemberg (Stand: 23.12.2011).

117 Bei der Bemessung von **Ersatzzahlungen** nach § 15 Abs. 6 S. 2 BNatSchG bestehen in der Verwaltungspraxis erhebliche Unterschiede.

ee) Gesetzlicher Biotopschutz

118 Im Unterschied zu dem Gebietsschutz gilt der in § 30 BNatSchG geregelte gesetzliche Biotopschutz unabhängig von einer besonderen Schutzerklärung. Der Schutz greift für bestimmte, in § 30 BNatSchG und ergänzend[199] in den Landesnaturschutzgesetzen genannte Biotoptypen, wie etwa naturnahe Gewässerabschnitte, Moore, Sümpfe oder Auwälder. Die zuständigen Landesbehörden führen ständig zu aktualisierende **Verzeichnisse** der gesetzlich geschützten Biotope,[200] denen kraft des Gesetzes unmittelbar eingreifenden Schutzes indes nur deklaratorische Bedeutung zukommt.[201] Nach § 30 Abs. 2 BNatSchG sind Handlungen, die zu einer Zerstörung oder einer sonstigen erheblichen Beeinträchtigung der Biotope führen können, verboten. Bei der Errichtung von Windenergieanlagen lässt sich ein Verstoß gegen das Verbot häufig durch **kleinräumige Verschiebungen** vermeiden; anderenfalls können auf entsprechenden Antrag hin Ausnahmen von dem Beeinträchtigungsverbot erteilt werden, wenn die Beeinträchtigungen der Biotope ausgeglichen werden können.

e) Luftfahrtrecht

119 Der Bau und der Betrieb einer Onshore-Windenergieanlage von mehr als 100 m bedürfen einer **luftfahrtbehördlichen Zustimmung** gem. § 14 LuftVG. Die Zustimmung darf nur erteilt werden, wenn Gefahren für die Sicherheit des Luftverkehrs nicht bestehen. Zur Sicherheit des Luftverkehrs gehört neben den An- und Abflugrouten auch die Radarsicherheit eines Flugplatzes.[202] Ferner dürfen militärische Tieffluggebiete nicht beeinträchtigt werden.[203] Inhaltlich gelten daher weitgehend die gleichen Maßstäbe wie bei § 35 Abs. 3 S. 1 Nr. 3 und 8 BauGB.[204] Äußert sich die Luftfahrtbehörde nicht, gilt ihre Zustimmung als erteilt. Im Falle einer Verweigerung muss die

---

199 § 30 Abs. 2 S. 2 BNatSchG.

200 § 30 Abs. 6 BNatSchG.

201 BVerfG, Beschl. v. 7.5.2001 – 2 BvK 1/00 = BVerfGE 103, 332, 384 f.; BT-Drucks. 16/12274, S. 108.

202 VG Aachen, Urt. v. 15.7.2008 – 6 K 1367/07 = ZNER 2008, 276.

203 Der Bundeswehr steht hierbei ein verteidigungspolitsicher Beurteilungsspielraum zu, der nur einer eingeschränkten verwaltungsgerichtlichen Kontrolle unterliegt; vgl. VGH Mannheim, Urt. v. 16.5.2006 – 3 S 914/05 = BauR 2006, 2024, 2025 ff.; bestätigt durch BVerwG, Beschl. v. 5.9.2006 – 4 B 58.06 = BauR 2007, 78, 78 f.; OVG Lüneburg, Urt. v. 29.4.2008 – 12 LC 20/07 = BauR 2009, 623, 624 f.

204 Vgl. Rn 44 ff.

Genehmigungsbehörde die beantragte Genehmigung verweigern; eine Ersetzung der Zustimmung ist nicht möglich.[205]

3. Genehmigungsverfahren

a) Allgemeines

Für Windenergieanlagen mit einer Gesamthöhe von mehr als 50 m ist nach § 2 Abs. 1 S. 1 Nr. 2 i.V.m. Nr. 1.6 (Spalte 2) der 4. BImSchV grundsätzlich die Durchführung eines **vereinfachten Genehmigungsverfahrens** nach § 19 BImSchG ausreichend. Für kleinere Anlagen bedarf es einer Baugenehmigung. Das vereinfachte Genehmigungsverfahren unterscheidet sich vom förmlichen Genehmigungsverfahren insbesondere durch die fehlende Öffentlichkeitsbeteiligung und dem fehlenden Ausschluss nachträglicher (zivilrechtlicher) Abwehransprüche.[206] Ein förmliches Genehmigungsverfahren ist in den folgenden praxisbedeutsamen Fällen erforderlich: 120

Ist für das Vorhaben die Durchführung einer **Umweltverträglichkeitsprüfung** erforderlich, ist stets gem. § 2 Abs. 1 S. 1 Nr. 1 Buchst. c) 4. BImSchV das förmliche Genehmigungsverfahren nach § 10 BImSchG durchzuführen. Eine UVP ist nach § 3b Abs. 1 i.V.m. Nr. 1.6.1 der Anlage 1 UVPG generell für die Errichtung und den Betrieb von Windfarmen mit 20 oder mehr Windenergieanlagen mit einer Gesamthöhe von jeweils mindestens 50 m durchzuführen. Für 6 bis weniger als 20 Windenergieanlagen ist nach § 3c S. 1 i.V.m. Nr. 1.6.2 der Anlage 1 UVPG eine UVP durchzuführen, wenn die zuständige Behörde im Rahmen einer allgemeinen Vorprüfung des Einzelfalls dies für erforderlich hält. Windfarmen von 3 bis 5 Windenergieanlagen sind gem. § 3c S. 2 i.V.m. Nr. 1.6.3 der Anlage 1 UVPG UVP-pflichtig, wenn die Behörde nach einer standortbezogenen Vorprüfung des Einzelfalls zu dem Ergebnis kommt, dass eine UVP erforderlich ist. 121

Problematisch ist die UVP-Pflicht in dem in der Praxis häufiger vorkommenden Fall, dass die maßgeblichen Größenwerte nicht durch das Vorhaben eines Vorhabenträgers selbst erreicht werden, sondern erst in **Kumulation** mit bereits bestehenden Anlagen eines anderen Vorhabenträgers (z.B. Vorhabenträger beantragt 10 Windenergieanlagen in unmittelbarer Nähe zu einer bereits bestehenden Windfarm von 10 Anlagen) oder geplanten Anlagen eines anderen Vorhabenträgers (beide Vorhabenträger beantragen 10 Windenergieanlagen in einer Windfarm). § 3b Abs. 2 S. 1 UVPG sieht die Pflicht zu einer kumulativen Betrachtung aller Anlagen nur vor, wenn sie von einem oder mehreren Vorhabenträgern geplant bzw. betrieben werden sollen und zwischen den Anlagen ein enger räumlicher Zusammenhang besteht.[207] Hierbei 122

205 VG Minden, Urt. v. 22.9.2010 – 11 K 445/09 = juris Rn 39.

206 Siehe § 14 BImSchG. Dazu eingehend Redeker/Uechtritz/*Schiller*, Teil 3 Rn 49 ff.

207 Siehe § 3b Abs. 2 S. 3 Nr. 2 UVPG; dazu VGH Kassel, Beschl. v. 14.5.2012 – 9 B 1918/11 = ZUR 2012, 438 Rn 26 ff.: keine Kumulation mit Altanlagen analog § 3b Abs. 3 S. 3 UVPG.

ist stets zu beachten, dass die UVP-Pflicht nicht an die einzelne Windenergieanlage sondern an die Windfarm anknüpft. Bei konkurrierenden Anträgen auf Genehmigung für Windenergieanlagen in einer bestehenden Windfarm unterliegt daher der Antrag, der den maßgeblichen Größenwert nicht erreicht, aber vollständig vorliegt, auch dann nicht der UVP-Pflicht, wenn der andere Antrag, der selbst den Größenwert überschreitet, unvollständig vorliegt und deshalb noch nicht zu bescheiden ist.[208]

123 Will der Vorhabenträger bei nicht UVP-pflichtigen Anlagen das Risiko nachträglicher Abwehransprüche von Nachbarn vermeiden, kann er bei der Genehmigungsbehörde **freiwillig beantragen**, dass die Genehmigung nicht in einem vereinfachten Verfahren, sondern in einem förmlichen Genehmigungsverfahren erteilt wird.[209] Der Antrag ist mit dem Genehmigungsantrag zu stellen.[210] An den Antrag ist die Genehmigungsbehörde gebunden. Der Vorhabenträger kann den Antrag aber jederzeit während des Genehmigungsverfahrens zurücknehmen.[211]

b) Vereinfachtes Genehmigungsverfahren

124 Das vereinfachte Genehmigungsverfahren nach § 19 BImSchG beginnt mit Einreichung des Genehmigungsantrags des Vorhabenträgers bei der **zuständigen Genehmigungsbehörde.**[212] Die Länder haben die zuständige Genehmigungsbehörde jeweils näher festgelegt.[213]

125 Inhalt und Umfang des **Genehmigungsantrags** werden durch die §§ 3 bis 5 der 9. BImSchV näher konkretisiert. § 3 der 9. BImSchV regelt den Mindestinhalt, den der Genehmigungsantrag enthalten muss (z.B. Name und Wohnsitz des Vorhabenträgers, Art der Genehmigung, Angabe des Standortes, Art und Umfang der Anlage, Zeitpunkt der Inbetriebnahme). Dabei sind die Vordrucke zu verwenden, die die Genehmigungsbehörden bereithalten. Die §§ 4 bis 4e der 9. BImSchV regeln daneben die für den Genehmigungsantrag erforderlichen Zeichnungen, Erläuterungen und sonstigen Unterlagen, die zur Prüfung der Genehmigungsvoraussetzungen erforderlich sind (z.B. Lärmimmissionsprognosen, LBP, FFH-Verträglichkeitsuntersuchung, artenschutzrechtlicher Fachbeitrag, signaturtechnisches Gutachten).

126 Die Genehmigungsbehörde hat nach Eingang des Genehmigungsantrags dessen Vollständigkeit zu prüfen und ggf. Nachforderungen an den Vorhabenträger zu stellen.[214] Andernfalls ist dem Vorhabenträger die Vollständigkeit zu bestätigen. Hieran

208 OVG Weimar, Beschl. v. 2.9.2008 – 1 EO 448/08 = UPR 2009, 112, 112 f.

209 § 19 Abs. 3 BImSchG.

210 § 3 S. 2 der 9. BImSchV.

211 *Jarass*, BImSchG, § 19 Rn 9; GK-BImSchG/*Roßnagel*, § 19 Rn 11.

212 § 10 Abs. 1 S. 1 BImSchG.

213 Siehe den Überblick über die Zuständigkeitsregelungen bei Redeker/Uechtritz/*Schiller*, Teil 3 Rn 49.

214 § 7 der 9. BImSchV.

schließt sich die **Behördenbeteiligung** an. Den Behörden, deren Aufgabenbereich durch die geplante Anlage berührt wird – regelmäßig sind dies bei Windenergieanlagen die Naturschutz- und Baubehörde, die Wehrbereichsverwaltung als Träger der Luftfahrtbelange, Medienträger wie Telekommunikation, Stromnetze, Standort- und Nachbargemeinden, ggf. auch die Forst- und Wasserbehörde –, werden die Antragsunterlagen verbunden mit der Aufforderung übersandt, eine Stellungnahme innerhalb einer Frist von einem Monat abzugeben. Bei Standorten in Grenznähe kann auch eine Beteiligung ausländischer Behörden geboten sein.[215] Gibt die Behörde innerhalb der ihr gesetzten Monatsfrist keine Stellungnahme ab, so ist davon auszugehen, dass die beteiligte Behörde sich nicht äußern will.[216]

Eine Beteiligung der Öffentlichkeit und anerkannter Umweltvereinigungen ist 127
nicht vorgesehen. Der Genehmigungsbehörde bleibt es allerdings unbenommen, nach allgemeinen Grundsätzen die **Nachbarn**, die von der Anlage betroffen sein können, hinzuzuziehen (s. § 13 VwVfG). Der Nachbar kann die Hinzuziehung bei der Genehmigungsbehörde auch beantragen, sobald die Planung der Anlage bekannt geworden ist. In aller Regel wird die Genehmigungsbehörde dem Antrag stattgeben, wenn rechtliche Interessen des Nachbarn betroffen sein können.

Auf der Grundlage der eingegangenen Stellungnahmen prüft die Genehmi- 128
gungsbehörde die Genehmigungsvoraussetzungen des § 6 BImSchG. Kommt sie zum Ergebnis, dass alle Genehmigungsvoraussetzungen vorliegen, hat sie die **Genehmigung** zu erteilen.[217] Die Genehmigung ist schriftlich zu erlassen und im Einzelnen zu begründen.[218] Einen Schwerpunkt des Genehmigungsbescheides bilden in der Regel die Nebenbestimmungen, deren Zulässigkeit § 12 BImSchG regelt. Demnach ist zu unterscheiden zwischen Auflagen, Bedingungen und den Inhalt der Genehmigung näher konkretisierende Regelungen in der Genehmigung. Für die Abgrenzung ist ausschließlich auf den materiellen Gehalt der (Neben-)Bestimmung abzustellen, der ggf. im Wege der Auslegung des Behördenwillens zu ermitteln ist.[219] Als Bedingung kann etwa angeordnet werden, dass mit dem Bau der Windenergieanlage erst nach Vorlage eines geeigneten Sicherungsmittels für die Kosten des Rückbaus begonnen werden darf.[220] Eine Auflage stellt etwa die Bestimmung dar, die Windenergieanlage während des Herbstzugs der Fledermäuse abzuschalten. Inhaltsbestimmende Regelungen sind meist Anordnungen zur Einhaltung von Lärmbeurteilungspegeln an festgelegten Immissionsorten. Eine Befristung der Genehmigung ist gem. § 12 Abs. 2 S. 1 BImSchG nur auf Antrag des Vorhabenträgers zulässig. Der Widerrufsvorbehalt kann nur bei

215 § 11a Abs. 1 der 9. BImSchV.
216 § 11 S. 3 der 9. BImSchV.
217 § 6 Abs. 1 BImSchG.
218 § 10 Abs. 7 BImSchG.
219 Siehe etwa OVG Münster, Urt. v. 10.12.1999 – 21 A 3481/96 = NVwZ-RR 2000, 671.
220 Siehe § 35 Abs. 5 S. 3 BauGB und entsprechende Vorschriften der Landes-Bauordnungen. Vgl. dazu Rn 52 f.

Anlagen, die Erprobungszwecken dienen sollen, beigefügt werden.[221] Ein Auflagenvorbehalt setzt die Zustimmung des Vorhabenträgers voraus. Weitergehende Nebenbestimmungen nach Ermessen der Genehmigungsbehörde sind daher rechtswidrig. Der Genehmigungsbescheid enthält neben den Nebenbestimmungen oftmals auch verschiedene **Hinweise** an den Vorhabenträger. Hierbei handelt es sich um rechtlich nicht verbindliche Bemerkungen, die vom Anlagenbetreiber nicht befolgt werden müssen. Gemäß § 10 Abs. 7 S. 1 BImSchG ist der Genehmigungsbescheid dem Vorhabenträger und den sonstigen Beteiligten **individuell zuzustellen**. Auf Antrag des Vorhabenträgers kann die Genehmigung auch öffentlich bekannt gemacht werden.[222]

129 Lehnt die Genehmigungsbehörde den Genehmigungsantrag ab, weil etwa der Vorhabenträger die Antragsunterlagen trotz Aufforderung nicht vervollständigt hat[223] oder die Anlage auch unter Anordnung von Nebenbestimmungen nicht genehmigungsfähig ist,[224] muss dies durch einen schriftlichen **Ablehnungsbescheid** erfolgen. Der Ablehnungsbescheid ist dem Vorhabenträger individuell zuzustellen.[225]

c) Förmliches Genehmigungsverfahren

130 Ist ein förmliches Genehmigungsverfahren durchzuführen, ergeben sich gegenüber dem vereinfachten Genehmigungsverfahren folgende Änderungen:

131 Nach Einreichung des vollständigen Genehmigungsantrags hat die Genehmigungsbehörde das Vorhaben in ihrem amtlichen Veröffentlichungsblatt und außerdem entweder im Internet oder in örtlichen Tageszeitungen, die im Bereich des Standortes der Anlage verbreitet sind, **öffentlich bekannt zu machen.**[226]

132 An die öffentliche Bekanntmachung schließt sich die **Auslegung** von Antrag und Antragsunterlagen gem. § 10 Abs. 3 S. 2 BImSchG i.V.m. § 10 der 9. BImSchV an. Die Auslegungsfrist beträgt einen Monat.[227] Auszulegen sind der Antrag, die weiteren Antragsunterlagen sowie die Sachverständigengutachten und die entscheidungserheblichen Berichte und Empfehlungen, die der Genehmigungsbehörde im Zeitpunkt der Bekanntmachung bereits vorliegen.[228] Bei einer UVP-pflichtigen Anlage ist auch die vom Vorhabenträger eingereichte UVU auszulegen. Die Auslegung erfolgt bei der Genehmigungsbehörde und – soweit erforderlich – bei einer geeigneten Stelle in der Nähe des Standorts der geplanten Anlage. Bei UVP-pflichtigen Anlagen erfolgt eine Auslegung auch in den Gemeinden, auf die sich das Vorhaben voraussichtlich aus-

221 § 12 Abs. 2 S. 2 BImSchG.
222 § 21a der 9. BImSchV.
223 § 20 Abs. 2 S. 2 der 9. BImSchV.
224 § 20 Abs. 2 S. 1 der 9. BImSchV.
225 § 20 Abs. 3 S. 1 der 9. BImSchV i.V.m. § 10 Abs. 7 BImSchG.
226 § 10 Abs. 3 S. 1 BImSchG.
227 § 10 Abs. 3 S. 2, 2. Hs. BImSchG.
228 § 10 Abs. 3 S. 2 i.V.m. § 10 Abs. 1 S. 1 und 2 der 9. BImSchV.

wirkt.[229] Die ausgelegten Unterlagen können während der Dienststunden eingesehen werden.[230] Bei nachträglich eingehenden Unterlagen besteht die Möglichkeit eines Antrags auf Akteneinsicht nach den Länder-Umweltinformationsgesetzen.[231]

Wird der Genehmigungsantrag nach Abschluss der Auslegung oder der gesamten Öffentlichkeitsbeteiligung geändert, bedarf es grundsätzlich einer **erneuten Auslegung**, von der nur unter bestimmten Voraussetzungen abgesehen werden darf. Diese liegen vor, wenn die geänderten Unterlagen keine Umstände enthalten, die nachteilige Auswirkungen für Dritte besorgen lassen.[232] Hiervon ist etwa auszugehen, wenn nachteilige Auswirkungen für Dritte durch vom Vorhabenträger vorgesehene Maßnahmen ausgeschlossen werden oder die Nachteile im Verhältnis zu den jeweils vergleichbaren Vorteilen gering sind.[233] Bei **UVP-pflichtigen Anlagen** kann von einer erneuten Auslegung abgesehen werden, wenn keine zusätzlichen oder anderen erheblichen Auswirkungen auf die UVP-Schutzgüter zu besorgen sind.[234] 133

Die Öffentlichkeit kann gegenüber der Genehmigungsbehörde bis zwei Wochen nach Ablauf der Auslegungsfrist schriftlich **Einwendungen erheben.**[235] Eine Einwendung ist jedes sachliche, auf die Verhinderung oder Modifizierung der beantragten Anlage abzielende Gegenvorbringen. Das Vorbringen muss so konkret sein, dass die Genehmigungsbehörde erkennen kann, in welcher Weise sie bestimmte Belange einer näheren Betrachtung unterziehen soll.[236] **Sammeleinwendungen** (gleichlautende, für eine Vielzahl von Fällen erstellte Einwendungsmuster) sind zulässig. 134

Die Einwendung kann **schriftlich** oder **elektronisch** bei der Genehmigungsbehörde oder bei einer Stelle, bei der Antrag und Unterlagen zur Einsicht auslagen, erfolgen.[237] Einwendungen per E-Mail setzen eine Eröffnung des elektronischen Zugangs bei der Behörde voraus und müssen mit einer qualifizierten elektronischen Signatur nach dem Signaturgesetz versehen werden.[238] **Fristgerecht** ist die Einwendung dann, wenn sie bis zwei Wochen nach Ablauf der Auslegungsfrist bei der Behörde eingeht. Sie kann auch schon vor Beginn der zweiwöchigen Einwendungsfrist, also während der Auslegungsfrist erhoben werden. Erfolgt die Einwendung nicht frist- 135

229 § 10 Abs. 1 S. 2 der 9. BImSchV.
230 § 10 Abs. 1 S. 4 der 9. BImSchV.
231 Näher Redeker/Uechtritz/*Schiller*, Teil 3 Rn 74 f.
232 § 8 Abs. 2 S. 1 der 9. BImSchV.
233 § 8 Abs. 2 S. 2 der 9. BImSchV.
234 § 8 Abs. 2 S. 3 und 4 der 9. BImSchV.
235 § 10 Abs. 3 S. 4 BImSchG, § 12 Abs. 1 S. 1 der 9. BImSchV.
236 BVerwG, Beschl. v. 24.7.2008 – 7 B 19.08 = juris Rn 10; Beschl. v. 30.1.1995 – 7 B 20.95 = Buchholz 406.25 § 10 BImSchG Nr. 3; Beschl. v. 17.7.1980 – 7 B 101.78 = BVerwGE 60, 297, 300, 311; OVG Münster, Urt. v. 9.12.2009 – 8 D 10/08.AK = juris Rn 130 ff.
237 § 10 Abs. 3 S. 4 BImSchG.
238 § 3a Abs. 1 und 2 S. 1 und 2 VwVfG; BVerwG, Beschl. v. 14.9.2010 – 7 B 15.10 = NVwZ 2011, 364 Rn 25.

oder formgerecht, kann der Einwender im weiteren Genehmigungsverfahren und in nachfolgenden Rechtsbehelfsverfahren mit seiner Einwendung nicht mehr gehört werden (**materielle Präklusion**).[239] Die Präklusion greift allerdings nur ein, wenn die Bekanntmachung und die Auslegung keine Verfahrensfehler aufweisen, die zu einer Behinderung des Einwenders geführt haben.[240] Zudem muss in der öffentlichen Bekanntmachung auf die Rechtsfolge der Präklusion hingewiesen worden sein.[241]

136 Für die Beteiligung **anerkannter Umweltvereinigungen** i.S.d. § 3 UmwRG enthält weder § 10 BImSchG noch die 9. BImSchV eine ausdrückliche Regelung. Insbesondere sind die Umweltschutzvereinigungen keine Träger öffentlicher Belange, so dass sie nicht wie Behörden zu beteiligen sind.[242] Sie sind vielmehr im Rahmen der Öffentlichkeitsbeteiligung einzubeziehen und können wie Privatbürger Einwendungen abgeben. Die Anforderungen an eine die Präklusion ausschließende Einwendung sind hier höher als bei einer Privatperson.[243] Ist die Einwendung nicht frist- oder formgerecht, greift die Präklusionsvorschrift des § 2 Abs. 3 UmwRG ein.

137 Für die Beteiligung von **Gemeinden** und anderen Gebietskörperschaften (Landkreise, Bezirke) gelten grundsätzlich die Regelungen über die Behördenbeteiligung. Will die Gebietskörperschaft sich die Möglichkeit offen halten, eine Verletzung von eigenen Rechtspositionen notfalls im Klagewege geltend zu machen, muss sie hingegen im Rahmen der Betroffenenbeteiligung form- und fristgerecht Einwendungen erheben. Für Inhalt, Form und Frist gelten dann die gleichen Anforderungen wie bei Privatbürgern.[244]

138 Die Genehmigungsbehörde kann nach Ablauf der Einwendungsfrist die rechtzeitig gegen das Vorhaben erhobenen Einwendungen mit dem Vorhabenträger und denjenigen, die Einwendungen erhoben haben, in einem förmlichen **Erörterungstermin** erörtern.[245] Der Einwender hat die Möglichkeit, seine Einwendungen in einem mündlichen Gespräch mit der Genehmigungsbehörde und dem Vorhabenträger zu vertiefen, zum Gegenstand des Genehmigungsverfahrens Fragen zu stellen und

---

239 BVerwG, Beschl. v. 17.7.1980 – 7 B 101.78 = BVerwGE 60, 297, 301 ff.; Landmann/Rohmer/*Dietlein*, § 10 Rn 159; *Jarass*, § 10 Rn 91.

240 VGH München, Urt. v. 4.6.2003 – 22 CS 03.1109 = NVwZ 2003, 1138, 1139; OVG Lüneburg, Beschl. v. 6.3.1985 – 7 B 64/84 = NVwZ 1985, 506; *Jarass*, § 10 Rn 93.

241 OVG Münster, Urt. v. 9.12.2009 – 8 D 10/08.AK = DVBl. 2010, 724, 727; Urt. v. 10.6.2008 – 8 D 103/07.AK = juris Rn 47.

242 Siehe BVerwG, Urt. v. 14.5.1997 – 11 A 43.96 = BVerwGE 104, 367, 370; OVG Münster, Urt. v. 9.12.2009 – 8 D 10/08.AK = DVBl. 2010, 724, 726 f.

243 BVerwG, Beschl. v. 9.8.2010 – 9 B 10.10 = juris Rn 8; Beschl. v. 12.4.2005 – 9 VR 41.04 = NVwZ 2005, 943, 946; Urt. v. 1.4.2004 – 4 C 2.03 = juris Rn 15; Urt. v. 22.1.2004 – 4 A 4.03 = NVwZ 2004, 861, 863; zum Ganzen Landmann-Rohmer/*Fellenberg/Schiller*, § 2 UmwRG Rn 56.

244 BVerwG, Beschl. v. 24.7.2008 – 7 B 19.08 = juris Rn 10; Beschl. v. 30.1.1995 – 7 B 20.95 = Buchholz 406.25 § 10 BImSchG Nr. 3.

245 § 10 Abs. 6 BImSchG.

Erläuterungen entgegenzunehmen.[246] Die Entscheidung darüber, ob ein Erörterungstermin durchgeführt wird, trifft die Genehmigungsbehörde nach pflichtgemäßem Ermessen. Er kann grundsätzlich entfallen, wenn über die erhobenen Einwendungen und Stellungnahmen hinaus keine weiteren, der Genehmigungsbehörde nicht bereits bekannten Tatsachen und Auffassungen vorliegen, die für die Entscheidung hätten relevant sein können.[247] § 16 Abs. 1 der 9. BImSchV nennt (nicht abschließend) Fälle, in denen auf den Erörterungstermin verzichtet werden kann (keine fristgerecht erhobenen Einwendungen; nur Einwendungen, die auf besonderen privatrechtlichen Titeln beruhen; offensichtliche Substanzlosigkeit der Einwendungen). Soweit es sich um ein **UVP-pflichtiges Vorhaben** handelt, sind auch Einwendungen und Stellungnahmen im Zusammenhang mit der UVP zu erörtern.

Praxistipp !

Der Erörterungstermin bedarf auf Seiten der Beteiligten sorgfältiger Vorbereitung. Anhörungsbehörde und Vorhabenträger dürfen sich hierzu vorab selbstverständlich in allen Details abstimmen, soweit dies die ordnungsgemäße Durchführung des Termins fördert.

Besonderheiten gelten ferner für die Genehmigung von **UVP-pflichtigen Anlagen.** 139
Auf der Grundlage der UVU des Vorhabenträgers, der behördlichen Stellungnahmen und der Äußerungen und Einwendungen Dritter, insbesondere der anerkannten Umweltvereinigungen, erarbeitet die Genehmigungsbehörde eine zusammenfassende Darstellung der zu erwartenden Auswirkungen der geplanten Anlage auf die in § 1a der 9. BImSchV genannten Schutzgüter inklusive der Wechselwirkungen sowie der Maßnahmen, mit denen erhebliche nachteilige Auswirkungen auf die Schutzgüter vermieden, vermindert oder ausgeglichen werden, einschließlich der Ersatzmaßnahmen bei nicht ausgleichbaren, aber vorrangigen Eingriffen in Natur und Landschaft.[248] Auf der Grundlage dieser zusammenfassenden Darstellung bewertet die Genehmigungsbehörde sodann die Auswirkungen der geplanten Anlage auf die in § 1a der 9. BImSchV genannten Schutzgüter.[249] Beide Teile stellen die UVP dar. Die Ausführungen zur UVP sind in den Genehmigungsbescheid aufzunehmen.[250]

Anders als bei Genehmigungen, die im vereinfachten Genehmigungsverfahren 140
erteilt werden, sind mit Eintritt der Bestandskraft der Genehmigung alle **privatrechtlichen Ansprüche** von Nachbarn auf Einstellung des Betriebs der Anlage, etwa aus den §§ 906, 1004 BGB, **ausgeschlossen.** Dritte können gegenüber dem Anlagen-

246 § 14 Abs. 1 der 9. BImSchV.

247 So zum Fachplanungsrecht BVerwG, Urt. v. 24.7.2008 – 4 A 3001.07 = BVerwGE 131, 316 Rn 32; siehe auch *Dippel*, NVwZ 2010, 145, 151 ff.; kritisch *Koch/Braun*, NVwZ 2010, 1271, 1272: Verzicht nur im Ausnahmefall.

248 § 20 Abs. 1a S. 1 der 9. BImSchV.

249 § 20 Abs. 1b der 9. BImSchV.

250 § 21 Abs. 1 Nr. 5 der 9. BImSchV.

betreiber nur Schutzvorkehrungen oder im Falle der technischen Nichtdurchführbarkeit oder wirtschaftlichen Unvertretbarkeit Schadensersatz verlangen.[251] Von der Ausschlusswirkung ausgenommen sind Ansprüche, die auf besonderen privatrechtlichen Titeln beruhen (z.B. vertragliche und dingliche Ansprüche am Grundstück, insbesondere aus Eigentum, Nießbrauch oder Dienstbarkeiten). Entsprechendes gilt für die Rechte des Eigentümers des Betriebsgrundstücks.[252] Erlischt die Genehmigung gem. § 18 Abs. 1 und 2 BImSchG, leben die ausgeschlossenen privatrechtlichen Ansprüche nicht wieder auf.[253]

141 Neben der individuellen Zustellung an den Vorhabenträger und die Einwender ist die Genehmigung **öffentlich bekannt zu machen.**[254] Die Genehmigungsbehörde kann die individuelle Zustellung des Genehmigungsbescheides an die Einwender ebenfalls durch die öffentliche Bekanntmachung ersetzen (§ 10 Abs. 8 S. 1 BImSchG). Dies wird insbesondere bei einer Vielzahl von Einwendern angezeigt sein.

4. Raumordnungsverfahren

142 Für Windenergievorhaben kann neben bzw. zeitlich vor der Anlagengenehmigung ein Raumordnungsverfahren nach § 15 ROG durchzuführen sein. Das Raumordnungsverfahren ist ein besonderes, dem eigentlichen Genehmigungsverfahren vorgelagertes Verfahren, mit dem die Raumverträglichkeit eines bestimmten Vorhabens vorab geprüft werden soll. Nach § 15 Abs. 1 S. 2 ROG sind hierbei die **raumbedeutsamen Auswirkungen** der Planung oder Maßnahmen unter **überörtlichen Gesichtspunkten** zu **prüfen**, insbesondere die Übereinstimmung mit den Erfordernissen der Raumordnung und die Abstimmung mit anderen raumbedeutsamen Planungen und Maßnahmen.

143 Wann für Windenergieanlagen ein Raumordnungsverfahren durchzuführen ist, regelt § 1 S. 2 Nr. 1 RoV. Danach ist ein Raumordnungsverfahren durchzuführen, wenn Anlagen im bauplanungsrechtlichen **Außenbereich** errichtet werden, die in einem immissionsschutzrechtlichen Genehmigungsverfahren unter Einbeziehung der Öffentlichkeit zu genehmigen und in den Nummern 1 bis 10 der Anlage 1 UVPG aufgeführt, im Einzelfall raumbedeutsam sind und überörtliche Bedeutung haben. Da nur für UVP-pflichtige Windenergieanlagen ein immissionsschutzrechtliches Genehmigungsverfahren unter Einbeziehung der Öffentlichkeit durchzuführen ist,[255] kommt es hinsichtlich der Erforderlichkeit der Durchführung eines Raumordnungs-

251 § 14 BImSchG.

252 VGH Mannheim, Urt. v. 14.10.1988 – 10 S 2775/87 = NVwZ-RR 1989, 129.

253 BVerwG, Urt. v. 24.10.2002 – 7 C 9.02 = BVerwGE 117, 133, 135 ff.

254 § 10 Abs. 7 S. 2, Abs. 8 S. 2 BImSchG); Art. 24 Abs. 2 der Industrieemissionen-Richtlinie verlangt ab dem 7.1.2013 stets eine Veröffentlichung im Internet.

255 Vgl. Rn 121.

verfahrens somit entscheidend auf die **UVP-Pflicht** an.[256] Windenergieanlagen kann Raumbedeutsamkeit wegen ihrer Errichtung in größerer Zahl, aber auch als Einzelanlagen zukommen.[257] Landesrecht kann ein Raumordnungsverfahren weitergehend auch bei sonstigen raumbedeutsamen Vorhaben vorschreiben.[258] Eine überörtliche Bedeutung ist insbesondere dann gegeben, wenn die Windenergieanlage über das Gebiet der Standortgemeinde hinaus raumbeeinflussend ist.[259]

Das Ergebnis des Raumordnungsverfahrens stellt eine **raumordnerische Beurteilung** dar, ob oder mit welchen Maßgaben das Vorhaben mit den Erfordernissen der Raumordnung vereinbar ist. Das Ergebnis des Raumordnungsverfahrens stellt nach § 3 Abs. 1 Nr. 6 ROG ein „sonstiges Erfordernis der Raumordnung" dar, das als (ungeschriebener) öffentlicher Belang im Rahmen der Abwägung in § 35 Abs. 3 BauGB zu berücksichtigen ist. Eine strikte Bindungswirkung entfaltet das Ergebnis des Raumordnungsverfahrens nicht.[260] Im Einzelfall kann im Genehmigungsverfahren vom Ergebnis des Raumordnungsverfahrens daher durchaus auch abgewichen werden. Die nach dem Immissionsschutzrecht zuständige Genehmigungsbehörde darf ein als erforderlich angesehenes Raumordnungsverfahren abwarten, um dessen Ergebnis bei ihrer Entscheidung berücksichtigen zu können.[261] Dies ist bei der zeitlichen Planung des Projekts zu berücksichtigen. 144

5. Repowering

a) Allgemeines

Unter Repowering wird die Ersetzung älterer, oft vereinzelt stehender Windenergieanlagen durch modernere, leistungsfähigere Windenergieanlagen, vorzugsweise in Windparks, verstanden.[262] Durch das Repowering sollen Windenergieanlagen auf wenige, hierfür besonders geeignete Standorte konzentriert werden, wobei Altanlagen, die sich nicht innerhalb der vorgesehenen Standorte befinden, stillgelegt und rückgebaut werden sollen („**Aufräumen der Landschaft**"). Das Repowering soll so – gerade in Gebieten, deren Flächenpotenzial zur Windenergienutzung bereits weitgehend ausgeschöpft ist – zu einer gesteigerten Effektivität und Ausbeute der Windenergienutzung bei geringerer (oder wenigstens gleichbleibender) Flächenbe- 145

256 Vgl. dazu Rn 121 f.
257 Vgl. dazu näher Rn 211.
258 So zu § 13 Abs. 2 NROG OVG Lüneburg, Urt. v. 12.11.2008 – 12 LC 12/07 = juris Rn 53.
259 OVG Lüneburg, Urt. v. 12.11.2008 – 12 LC 12/07 = juris Rn 53; Urt. v. 28.5.2008 – 12 LB 64/07 = juris Rn 40.
260 St. Rspr., siehe BVerwG, Urt. v. 11.7.2002 – 4 C 9.00 = BVerwGE 116, 365, 374 f.; Beschl. v. 30.8.1995 – 4 B 86/95 = NVwZ-RR 1996, 67.
261 Siehe § 6 Abs. 1 Nr. 2 BImSchG i.V.m. § 35 Abs. 3 S. 2 BauGB; BVerwG, Beschl. v. 1.10.2008 – 4 B 52/08 = juris Rn 7.
262 Vgl. die Gesetzesbegründung zur Einführung des § 249 BauGB, BT-Drucks. 17/6076, S. 12.

anspruchung beitragen. Das EEG sieht zur Förderung von Repowering-Anlagen unter bestimmten Umständen eine um 0,5 Ct/kWh gesteigerte Vergütung vor.[263]

146 Voraussetzung für die Umsetzung des Repowering ist die **planerische Sicherung** (bereits bestehender oder neuer) Standorte für die Windenergienutzung. Die Planung muss sicherstellen, dass im vorgesehenen Plangebiet nur effektive, leistungsstarke Windenergieanlagen errichtet werden können. Denn nur so lässt sich das Ziel des Repowering verwirklichen, die Effektivität der Windenergienutzung zu steigern. Zudem muss sichergestellt werden, dass die neuen Windenergieanlagen bereits bestehende leistungsschwächere Anlagen ersetzen, die häufig über das gesamte Gemeindegebiet verstreut liegen. Altanlagen besitzen **baurechtlichen Bestandsschutz**, d.h. durch eine Veränderung der planungsrechtlichen Ausgangslage allein werden sie nicht nachträglich bauplanungsrechtlich unzulässig. Erst mit dem Rückbau der Altanlagen erlischt deren Bestandsschutz. Einer Wiedererrichtung am gleichen Standort steht dann die geänderte planungsrechtliche Lage entgegen. Die Zulässigkeit der Errichtung von neuen Anlagen muss daher vom Rückbau nicht mehr erwünschter Altanlagen abhängig gemacht werden.

147 Repowering-Konzepte können von der planenden Gemeinde sowohl für die **gesamte Gemeindefläche** als auch nur für **Teilflächen** (z.B. zur Reduzierung bereits bestehender Flächen für Windenergieanlagen) aufgestellt werden.

b) Planerische Steuerung der Neuanlagen

148 Die Ausweisung von Flächen zum Repowering von Windenergieanlagen kann sowohl im Bebauungsplan als auch im Flächennutzungsplan erfolgen. Im Bebauungsplan können Flächen für die Nutzung der Windenergieanlagen als Sondergebiet Windenergie nach § 11 Abs. 2 S. 2 BauNVO oder als einzelne Standortfestsetzungen für Versorgungsanlagen nach § 9 Abs. 1 Nr. 12 BauGB festgesetzt werden.[264] Da im Rahmen des Repowering Windenergieanlagen auf bestimmte Standorte beschränkt werden sollen, eignet sich besonders die **Ausweisung von Konzentrationszonen** nach § 35 Abs. 3 S. 3 BauGB durch entsprechende Darstellungen im Flächennutzungsplan.[265] Hierdurch wird die Neugenehmigung von Windenergieanlagen außerhalb dieser Flächen ausgeschlossen.

149 Sowohl im Flächennutzungsplan als auch im Bebauungsplan kann die Gebietsausweisung zur Nutzung der Windenergie weiter präzisiert und qualifiziert werden. Hier kommt insbesondere eine Festsetzung in Betracht, die für die Neuerrichtung von Windenergieanlagen eine **bestimmte Mindestnennleistung** vorschreibt.

---

263 § 30 EEG 2012. Vgl. dazu die Ausführungen unter Kap. 5 Rn 165.
264 Vgl. dazu Rn 54.
265 Vgl. dazu Rn 49 ff., 194 ff.

c) Rückbauverpflichtung für Altanlagen

Die für das Repowering erforderliche Verknüpfung, die Zulässigkeit von Neuanlagen vom Rückbau einer (oder mehrerer) bestimmter Altanlagen abhängig zu machen, ist grundsätzlich nach § 9 Abs. 2 S. 1 Nr. 2 BauGB zulässig. Danach kann im Bebauungsplan in besonderen Fällen festgesetzt werden, dass bestimmte Anlagen nur bis zum Eintritt bestimmter Umstände zulässig oder unzulässig sind (sog. **„Baurecht auf Zeit"**). Die Standorte der zurückzubauenden Windenergieanlagen können nach § 249 Abs. 2 S. 2 BauGB auch außerhalb des Bebauungsplangebiets oder außerhalb des Gemeindegebiets liegen. Die Möglichkeit der Koppelung besteht auch für Darstellungen von Konzentrationszonen nach § 35 Abs. 3 S. 3 BauGB in Flächennutzungsplänen.[266] Auch insoweit bedarf es keines städtebaulichen Vertrags mehr.[267] 150

Neben dem „Baurecht auf Zeit" kann eine Koppelung der Zulässigkeit neuer Anlagen an den Rückbau von Altanlagen auch durch **städtebauliche Verträge** erreicht werden. Die planende Gemeinde kann die Planung von der Verpflichtung eines Vorhabenträgers abhängig machen, eine (oder mehrere) bestimmte Altanlage(n) zurückzubauen. Die Beseitigung der immissionsschutzrechtlichen Genehmigung kann über einen Verzicht des Genehmigungsinhabers oder einen Aufhebungsvertrag mit der Genehmigungsbehörde erfolgen. 151

II. Windenergieanlagen auf See (offshore)

1. Allgemeines

Vom Ausbau der Windenergienutzung auf See (offshore) erhofft sich die Bundesregierung einen großen Beitrag zur Erreichung ihrer ehrgeizigen Ausbauziele für erneuerbare Energien. Dieser Ausbau wird u.a. auch durch eine gegenüber von Windenergieanlagen an Land erhöhte EEG-Vergütung gefördert, die die teuren Investitionen in Offshore-Windparks attraktiver machen soll.[268] Nach § 3 Nr. 9 EEG gelten Windenergieanlagen erst dann als Offshore-Anlage, wenn sie auf See in einer Entfernung von mindestens drei Seemeilen gemessen von der Küstenlinie errichtet werden. 152

An diese Differenzierung wird im Rahmen der Genehmigung nicht angeknüpft. Hier wird zwischen Vorhaben **im Bereich der 12-Seemeilen-Zone** und der **deutschen ausschließlichen Wirtschaftszone** unterschieden. Die deutsche ausschließliche Wirtschaftszone (AWZ) ist der Bereich, der sich seewärts der 12-Seemeilen-Zone bis zu einer Entfernung von 200 Seemeilen von der Basislinie erstreckt.[269] Anders 153

266 § 249 Abs. 2 S. 3 BauGB.

267 Zur Auslegung des § 249 Abs. 2 BauGB näher *Otto*, ZfBR Sonderausgabe 2012, 72 ff.

268 Vgl. dazu Kap. 5 Rn 167 ff.

269 Art. 57 SRÜ: Seerechtsübereinkommen der Vereinten Nationen, veröffentlicht im Amtsblatt der Europäischen Union (ABl. L 179 S. 3).

als die 12-Seemeilen-Zone ist die deutsche ausschließliche Wirtschaftszone nicht Teil des Hoheitsgebiets; Art. 56 SRÜ weist dem Küstenstaat jedoch bestimmte Hoheitsbefugnisse zu, u.a. in Bezug auf die Errichtung und Nutzung von Anlagen und Bauwerken sowie den Schutz und die Bewahrung der Meeresumwelt. Nach § 60 EEG können Anlagenbetreiber die deutsche ausschließliche Wirtschaftszone und das Küstenmeer grundsätzlich unentgeltlich nutzen.

154 **Innerhalb der 12-Seemeilen-Zone** sind Windenergieanlagen wegen ihrer negativen Auswirkungen (insbesondere auf das Landschaftsbild) eher unerwünscht. Windenergieanlagen in der deutschen AWZ sind hingegen aufgrund ihrer großen Entfernung zur Küste von Land aus meist nicht mehr zu sehen.

2. 12-Seemeilen-Zone

155 In der 12-Seemeilenzone gelten im Grundsatz die gleichen rechtlichen Anforderungen wie für Anlagen an Land. Das Küstenmeer ist Teil des deutschen Hoheitsgebiets, so dass das **BImSchG Anwendung** findet. Windenergieanlagen innerhalb der 12-Seemeilen-Zone bedürfen daher einer immissionsschutzrechtlichen Genehmigung. Anders als innerhalb der deutschen AWZ ist nicht das Bundesamt für Schifffahrt und Hydrographie, sondern die jeweilige nach Landesrecht bestimmte Genehmigungsbehörde zuständig. Bauplanungsrechtlich beurteilt sich die Zulassung nach § 35 BauGB, da das Küstenmeer im bauplanungsrechtlichen **Außenbereich** liegt.

3. Ausschließliche Wirtschaftszone

a) Allgemeines

156 Anders als die Anlagen im Küstenmeer unterfallen Anlagen in der AWZ nicht dem Immissionsschutzrecht. Das deutsche Recht hat in der AWZ keinen allgemeinen Geltungsanspruch – dies widerspräche Art. 137 Nr. 1 SRÜ, wonach kein Staat in der AWZ souveräne Rechte beanspruchen oder ausüben darf. Deutsches Recht ist in der AWZ daher nur anwendbar, wenn es ausdrücklich für anwendbar erklärt wird („Erstreckungsklausel"). Für das BImSchG ist dies nicht der Fall. Ausdrücklich anwendbar ist die **Seeanlagenverordnung** (SeeAnlV[270]), die gem. § 1 Abs. 1 Nr. 1 SeeAnlV für die Errichtung und den Betrieb von Windenergieanlagen in der deutschen AWZ gilt und sowohl das Verfahren als auch die Genehmigungsvoraussetzungen regelt. Die SeeAnlV wurde durch Verordnung vom 15.1.2012[271] grundlegend **novelliert**. Eine

270 Verordnung über Anlagen seewärts der Begrenzung des deutschen Küstenmeeres (Seeanlagenverordnung – SeeAnlV) vom 23.1.1997 (BGBl. I S. 57).
271 BGBl. I 2012 S. 112.

zentrale Änderung stellt die Ausgestaltung des Genehmigungsverfahrens nach der SeeAnlV als Planfeststellungsverfahren dar.[272]

Ob für bereits eingeleitete Verfahren weiterhin die bisherige Anlagengenehmigung gilt oder nun ein Planfeststellungsverfahren erforderlich ist, bestimmt sich nach der **Übergangsregelung** in § 17 SeeAnlV nach dem Zeitpunkt der öffentlichen Bekanntmachung des Vorhabens nach § 2a SeeAnlV,[273] also dem Zeitpunkt der öffentlichen Bekanntmachung des Vorhabens für die Auslegung der Unterlagen im Rahmen der UVP.[274] Ist die öffentliche Bekanntmachung vor dem 31.1.2012 erfolgt, ist das Genehmigungsverfahren nach den Vorschriften der SeeAnlV a.F. durchzuführen, also weiter eine Anlagengenehmigung und keine Planfeststellung erforderlich.[275] Auf Antrag des Antragstellers kann das Verwaltungserfahren jedoch auch als Planfeststellungsverfahren zu Ende geführt werden.[276] Erfolgt die öffentliche Bekanntmachung nach § 2a SeeAnlV erst nach dem 31.1.2012, ist – unabhängig vom Zeitpunkt des Antrags – ein Planfeststellungsverfahren durchzuführen. 157

b) Genehmigungsvorbehalt

Nach § 2 Abs. 1 SeeAnlV bedarf die Errichtung und der Betrieb sowie die wesentliche Änderung von Windenergieanlagen in der AWZ der **Planfeststellung**. Anhörungs- und Planfeststellungsbehörde ist das Bundesamt für Seeschifffahrt und Hydrographie (BSH), § 2 Abs. 2 SeeAnlV. Zuvor bestand eine Genehmigungspflicht nach § 2 Abs. 1 SeeAnlV a.F. 158

Von der Planfeststellungspflicht sind nach § 1 Abs. 2 S. 1, 1. Hs. SeeAnlV auch die für die Errichtung und den Betrieb erforderlichen **Nebeneinrichtungen** erfasst. Dies sind z.B. Plattformen während der Bauphase, Rettungseinrichtungen, Hubschrauberlandedecks, windparkinterne Verkabelungen oder Umspannplattformen.[277] Keine Nebeneinrichtungen stellen die Leitungen dar, die den Strom vom Umspannwerk mit den Übertragungs- oder Verteilernetzen verbinden (**stromabführende Kabel**).[278] Diese sind selbstständige Anlagen nach § 1 Abs. 2 S. 1 Nr. 2 SeeAnlV und bedürfen 159

---

272 Nach der Gesetzesbegründung zum Seeaufgabengesetz, die die Verordnungsermächtigung für die SeeAnlV enthält, sollen dadurch *„zusätzliche Verfahrensschritte, die die Verwirklichung der Ziele (Anm. der Verf.: Realisierung von bis zu 25 000 MW bis 2030) verzögern können, vermieden werden“* (BT-Drucks. 17/6077 S. 5 li. Sp.).

273 Die Vorschrift blieb im Rahmen der SeeAnlV-Novelle unverändert.

274 Bedarf ein Vorhaben keiner UVP, werden die Verwaltungsverfahren nach der bis zum jeweiligen Zeitpunkt der Antragstellung geltenden Verfahrensart zu Ende geführt (§ 17 Abs. 4 SeeAnlV).

275 § 17 Abs. 1–3 SeeAnlV.

276 § 17 Abs. 5 SeeAnlV.

277 So die nichtamtliche Einzelbegründung zu § 1 SeeAnlV zur Novelle der SeeAnlV.

278 Für die Errichtung und den Betrieb der stromabführenden Leitungen sind nach § 17 Abs. 2a EnWG die ÜNB zuständig.

ebenfalls der Planfeststellung nach § 2 Abs. 1 SeeAnlV durch das BSH.[279] Dies gilt aber nur, soweit sie sich in der AWZ befinden. Für den Bereich des Küstenmeers findet das EnWG Anwendung. Nach § 43 S. 1 Nr. 3 EnWG bedarf die Errichtung und die Änderung von Hochspannungsleitungen, die zur Netzanbindung von Offshore-Anlagen im Küstenmeer als Seekabel und landeinwärts als Freileitung oder Erdkabel bis zum Verknüpfungspunkt des nächsten Übertragungs- oder Verteilernetzes verlegt werden sollen, der Planfeststellung.[280]

160 Neben der Planfeststellung sind **andere öffentlich-rechtliche Genehmigungen**, Erlaubnisse, Zulassungen etc. nicht erforderlich.[281] Nach der bisher erforderlichen Genehmigung nach der SeeAnlV a.F. wurden nach anderen Rechtsvorschriften erforderliche Genehmigungen ausdrücklich nicht ersetzt.[282]

161 Eine weitere wesentliche Änderung der Zulassung von Offshore-Windenergieanlagen liegt im in der Natur der Planfeststellung begründeten **Planermessen** für die Entscheidung über die Planfeststellung.[283] Nach der bisherigen Genehmigung nach § 2 SeeAnlV a.F. war dem BSH kein Ermessen eingeräumt. Die Genehmigung musste erteilt werden, wenn kein Versagungsgrund vorlag.

162 Anstatt der Planfeststellung kann unter bestimmten Umständen nach § 5 Abs. 1 SeeAnlV i.V.m. § 74 Abs. 6 VwVfG auch eine **Plangenehmigung** erteilt werden, wenn für das Vorhaben keine UVP durchzuführen ist.[284] Dies ist bei Offshore-Windparks nicht der Fall. Eine Plangenehmigung für Errichtung und Betrieb kommt daher nur bei (unüblichen) Einzelanlagen oder in Ausnahmefällen bei kleinen Windfarmen in Betracht. Bedeutung kann die Plangenehmigung aber bei der ebenfalls nach § 2 SeeAnlV planfeststellungspflichtigen wesentlichen Änderung von Windenergieanlagen haben. Plangenehmigungsbehörde ist ebenfalls das BSH.

---

279 So auch die ständige Genehmigungspraxis des BSH in Bezug auf § 1 Abs. 2 Nr. 2 SeeAnlV a.F. Transnationale Seekabel hingegen, die nicht der Ableitung in der AWZ erzeugter Energie dienen, sondern vom Festlandsockel oder vom Gebiet eines anderen Staates in den Festlandsockel der Bundesrepublik Deutschland führen oder diesen durchqueren (z.B. HGÜ-Seekabel), unterliegen nicht der Seeanlagenverordnung, sondern den Genehmigungsverfahren nach § 133 Abs. 1 Nr. 1 und Nr. 2 i.V.m. Abs. 4 BBergG.

280 Der Planfeststellungsbeschluss schließt nach § 43c EnWG i.V.m. § 75 Abs. 1 S. 1, 2. Hs. VwVfG wasserrechtliche Gestattungen sowie eine ggf. erforderliche Genehmigung des Wasser- und Schifffahrtsamtes nach § 31 WaStrG (im Bereich einer Seewasserstraße) ein (formelle Konzentrationswirkung).

281 § 2 Abs. 3 SeeAnlV i.V.m. § 75 Abs. 1 S. 1, 2. Hs. VwVfG.

282 § 2 Abs. 3 SeeAnlV a.F.

283 Im Gesetzgebungsverfahren zur Änderung des SeeAufgG wurde auch eine Genehmigung nach BImSchG erwogen, der nach § 13 BImSchG auch eine Konzentrationswirkung zukommt. Im Hinblick auf die großen Windfarmen (mit 80 Anlagen und mehr) in der AWZ wurde das für Großvorhaben zur Verfügung stehende Planfeststellungsverfahren, das eine Abwägung der Belange ermöglicht, aber für geeigneter gehalten (BT-Drucks. 17/6077 S. 5 re. Sp.).

284 Und die übrigen Voraussetzungen des § 74 Abs. 6 VwVfG vorliegen.

Eine **Umweltverträglichkeitsprüfung** ist nach § 2a SeeAnlV grundsätzlich durchzuführen, wenn für das Vorhaben nach § 3 UVPG eine UVP-Pflicht besteht. Nach Nr. 1.6 der Anlage 1 UVPG ist dies für Windfarmen von mehr als 20 Windenergieanlagen der Fall, ohne dass es hierfür einer allgemeinen oder standortbezogenen Vorprüfung des Einzelfalls bedarf. Offshore-Windparks (mit 80 oder mehr Anlagen) sind daher in aller Regel UVP-pflichtig. Das BSH hat ein Regelwerk aufgestellt, das den Antragstellern den Untersuchungsumfang für einzelne Schutzgüter vorgibt („Standard Untersuchung der Auswirkungen von Offshore-Windenergieanlagen auf die Meeresumwelt“[285]). 163

c) Genehmigungsvoraussetzungen

aa) Allgemeines

Nach § 5 Abs. 6 SeeAnlV darf der Plan nur festgestellt werden, wenn 164

- die Sicherheit und Leichtigkeit des Verkehrs und die Sicherheit der Landes- und Bündnisverteidigung nicht beeinträchtigt werden (Nr. 1),
- die Meeresumwelt nicht gefährdet wird, insbesondere eine Verschmutzung der Meeresumwelt i.S.d. Art. 1 Abs. 1 Nr. 4 des Seerechtsübereinkommen der Vereinten Nationen vom 10.12.1982 nicht zu besorgen ist und der Vogelzug nicht gefährdet wird (Nr. 2),
- andere Anforderungen nach dieser Verordnung oder sonstigen öffentlich-rechtlichen Vorschriften erfüllt werden (Nr. 3).

Nicht jede Beeinträchtigung eines der in § 5 Abs. 6 SeeAnlV genannten Belange führt zur Versagung der Planfeststellung. Die Beeinträchtigung muss auch erheblich sein.[286]

In § 5 Abs. 6 SeeAnlV werden lediglich die zwingenden (abwägungsfesten) Anforderungen an die Feststellung des Plans ausdrücklich aufgeführt. Der übrige planerische Gestaltungsspielraum ergibt sich aus der Ermächtigung der Planfeststellung selbst.[287] Im Rahmen der Abwägung sind alle **übrigen** berührten **öffentlichen und privaten Belange** zu berücksichtigen. Darunter fallen z.B. nicht von § 5 Abs. 6 Nr. 1 SeeAnlV erfasste militärische Belange (z.B. Seeübungsräume), das archäologische Erbe (historische Schiffwracks) sowie private Belange (anderer Anlagenbetreiber).[288] Auch die in den Raumordnungsplänen für die AWZ in Nord- und Ostsee enthaltenen Grundsätze der Raumordnung sind im Rahmen der Abwägung zu berücksichtigen.[289] 165

285 Abrufbar unter www.bsh.de.
286 Vgl. die nichtamtliche Einzelbegründung zu § 5 Abs. 6 der Novelle der SeeAnlV.
287 Vgl. die nichtamtliche Einzelbegründung zu § 5 Abs. 6 der Novelle der SeeAnlV.
288 Vgl. die nichtamtliche Einzelbegründung zu § 5 Abs. 6 der Novelle der SeeAnlV.
289 § 4 Abs. 1 S. 1 Nr. 3 ROG. Vgl. dazu Rn 206 ff.

166 Das BSH hat für das Genehmigungsverfahren **technische Regelwerke** erstellt, die sog. „Standards", die bei Genehmigung von Offshore-Windenergieanlagen zu beachten sind. Diese Standards sollen die Rechts- und Investitionssicherheit verbessern. In einem Regelwerk werden verbindliche Mindestanforderungen und konkrete Vorgaben für die erforderliche geologisch-geophysikalische und geotechnische Baugrunduntersuchung aufgestellt („Standard Baugrunderkundung für Offshore-Windenergieparks"[290]). Daneben hat das BSH ein Regelwerk formuliert, das verbindliche Vorgaben für die Konstruktion der verschiedenen baulichen Komponenten eines Offshore-Windenergieparks aufstellt („Standard Konstruktive Ausführung von Offshore-Windenergieanlagen"[291]).

bb) Sicherheit und Leichtigkeit des Verkehrs

167 Nach § 5 Abs. 6 Nr. 1 SeeAnlV darf der Plan nur festgestellt werden, wenn die Sicherheit und Leichtigkeit des Verkehrs nicht beeinträchtigt wird. Dies betrifft in erster Linie die **Schifffahrt**, beinhaltet aber auch den **Luftverkehr**.

168 Für die Beurteilung der **Beeinträchtigung der Schifffahrt** gilt im Ausgangspunkt, dass jedes Hindernis grundsätzlich die Schifffahrt beeinträchtigen kann und ein Kollisionsrisiko darstellt. Im Hinblick auf die erhöhte Förderung von Offshore-Windenergieanlagen nach dem EEG und die Standortausweisungen in den Raumordnungsplänen hat der Gesetz- bzw. Verordnungsgeber aber zum Ausdruck gebracht, dass Offshore-Windparks grundsätzlich erwünscht sind und die dadurch einhergehende Erhöhung der Gefahr grundsätzlich in Kauf genommen werden muss. Für die Beurteilung kommt es daher darauf an, ob sich die Beeinträchtigung noch im Rahmen des allgemein erhöhten Risikos hält, oder ob im konkreten Einzelfall mit besonderen, über das hinnehmbare Maß hinausgehenden, Beeinträchtigungen zu rechnen ist. Dazu kommt es entscheidend auf den Standort des Windenergieparks an (Entfernung zur Küste, Lage zu Schifffahrtswegen und ermittelten durchschnittlichen Schiffsbewegungen, im Jahresverlauf auftretende Wetter- und Strömungsbedingungen, Entfernung zu anderen Windparks). Aufgrund dieser Parameter wird eine **Risikoanalyse** durchgeführt, anhand der untersucht wird, ob von dem Vorhaben Beeinträchtigungen der Sicherheit und Leichtigkeit des Schiffsverkehrs ausgehen, die nicht durch Auflagen (insbesondere Tages- und Nachtkennzeichnung) verhütet oder ausgeglichen werden können. Windenergieanlagen dürfen nicht die Signale von Leuchttürmen oder Leuchtbojen verdecken.

169 Das BSH kann nach § 11 Abs. 1 S. 1 SeeAnlV **Sicherheitszonen** um die Anlagen einrichten, soweit dies zur Gewährleistung der Sicherheit der Schifffahrt oder der

290 Abrufbar unter: www.bsh.de.

291 Abrufbar unter: www.bsh.de.

Anlagen notwendig ist.[292] Die Errichtung bedarf nach § 11 Abs. 1 S. 2 SeeAnlV des Einvernehmens der örtlich zuständigen Wasser- und Schifffahrtsdirektion. Sicherheitszonen sind nach § 11 Abs. 2 SeeAnlV Wasserflächen, die sich in einem Abstand von bis zu 500 m, gemessen von jedem Punkt des äußeren Randes, um die Anlagen erstrecken.[293] Das dem BSH eingeräumte Ermessen ermöglicht eine flexiblere Gestaltung der Sicherheitszonen. So muss bei Windparks nicht um jede Anlage eine eigene Sicherheitszone mit einem Radius von 500 m eingerichtet werden, sondern es können Begrenzungen durch gerade Linien um den gesamten Windpark erfolgen.[294] Die Sicherheitszonen sind beispielsweise zu Schifffahrtsrinnen einzuhalten.

Neben der Schifffahrt können Windenergieanlagen durch ihre hohen Türme und 170
langen Rotoren auch die **Sicherheit des Luftverkehrs** beeinträchtigen. Ob es zu einer Beeinträchtigung kommt, hängt von den Umständen des Einzelfalls ab.

cc) Sicherheit der Landes- und Bündnisverteidigung

Nach § 5 Abs. 6 Nr. 1 Alt. 2 SeeAnlV darf die **Sicherheit der Landes- und Bündnisverteidigung** nicht beeinträchtigt werden. Der Erhalt der Funktionsfähigkeit der Streitkräfte[295] und die Wahrnehmung von Bündnisaufgaben im Rahmen kollektiver Sicherheitssysteme besitzen Verfassungsrang.[296] 171

dd) Gefährdung der Meeresumwelt

Nach § 5 Abs. 6 Nr. 1 SeeAnlV darf der Plan nur festgestellt werden, wenn die **Meeresumwelt nicht gefährdet** wird, insbesondere eine Verschmutzung i.S.d. Art. 1 Abs. 1 Nr. 4 SRÜ[297] nicht zu besorgen ist und der Vogelzug nicht gefährdet wird. Nach § 56 Abs. 1 BNatSchG gelten die Vorschriften des Bundesnaturschutzrechts grundsätzlich auch für die deutsche AWZ. Dies betrifft insbesondere die Vorgaben des gesetzlichen Biotopschutzes,[298] des europäischen Gebietsschutzes[299] und des besonderen Arten- 172

---

292 Die Einrichtung der Sicherheitszonen steht im Ermessen des BSH. Bis zur Novelle der SeeAnlV war die Einrichtung der Sicherheitszonen nach § 7 S. 1 SeeAnlV a.F. zwingend.

293 Die Breite darf 500 m überschreiten, wenn allgemein anerkannte internationale Normen dies gestatten oder die zuständige internationale Organisation dies empfiehlt (§ 11 Abs. 2 S. 2 SeeAnlV).

294 Vgl. die nichtamtliche Einzelbegründung zu § 11 der Novelle der SeeAnlV.

295 BVerfG, Urt. v. 24.4.1985 – 2 BvF 2/83 = BVerfGE 69, 1, 21.

296 Vgl. die nichtamtliche Einzelbegründung zu § 5 Abs. 6 der Novelle der SeeAnlV.

297 Dem Versagungsgrund der Verschmutzung der Meeresumwelt i.S.d. Art. 1 Abs. 1 Nr. 4 SRÜ kommt gegenüber den weitergehenden Anforderungen des BNatSchG keine eigenständige Bedeutung zu.

298 § 30 BNatSchG.

299 § 34 BNatSchG.

schutzes.[300] Für die Beurteilung, ob von dem Vorhaben eine Gefährdung der Meeresumwelt ausgeht, kann auf die Ergebnisse der UVP zurückgegriffen werden.

173 Auch die **Eingriffsregelung** findet in der AWZ grundsätzlich Anwendung. Für Windenergieanlagen in der AWZ trifft § 56 Abs. 3 BNatSchG allerdings eine Sonderregelung, nach der in der AZW die bis zum 1.1.2017 genehmigten Windenergieanlagen von der Anwendung der Eingriffsregelung des § 15 BNatSchG freigestellt sind. Bis Ende 2016 kommen daher weder das naturschutzrechtliche Vermeidungsgebot noch die Kompensationsverpflichtungen zur Anwendung.[301]

174 **Artenschutzrechtlich**[302] stehen regelmäßig das Tötungsverbot aus § 44 Abs. 1 Nr. 1 und das Störungsverbot aus § 44 Abs. 1 Nr. 2 BNatSchG in Rede.[303] Problematisch erweisen sich vor allem mögliche Beeinträchtigungen des streng geschützten Schweinswals und anderer Meeressäuger, die baubedingt durch Lärmwirkungen der Gründungs- und Rammarbeiten verletzt (z.B. Taubheit) oder getötet werden können. Als geeignete Vermeidungsmaßnahmen gegen die Wirkungen des Rammschalls kommen hier Vergrämungsmaßnahmen in Betracht, die in Verbindung mit einem umfassenden Schallschutzkonzepts das schallminimierende Baumethoden und ein Monitoring umfasst, ergriffen werden. Die wirksame Umsetzung des Schutzkonzepts kann auch eine Koordination zwischen verschiedenen Vorhabenträgern benachbarter Vorhaben und das Verbot von Rammarbeiten in bestimmten empfindlichen Zeiten einschließen. Durch die Maßnahmen kann sichergestellt werden, dass außerhalb des Bereiches, in dem wegen der durchzuführenden Vergrämungsmaßnahmen keine Schweinswale zu erwarten sind, tödliche und langfristig beeinträchtigende Schalleinträge nicht auftreten. Betriebsbedingte Auswirkungen durch Lärmimmissionen von Offshore-Windenergieanlagen auf Schweinswale sind nicht nachgewiesen.

175 Bei Zugvögeln werden die **baubedingten** Störungen oder Beeinträchtigungen in der Regel als gering und daher als hinnehmbar eingeschätzt. Im Vordergrund steht das betriebsbedingte Kollisionsrisiko. Die Genehmigungspraxis des BSH geht dahin, dass auf Grundlage sorgfältiger Bestandserfassungen bei Fehlen besonderer Hinweise (z.B. der Lage innerhalb von Zugkorridoren) eine signifikante Erhöhung des Tötungsrisikos[304] verneint wird, soweit die verfügbaren Vermeidungsmaßnahmen (z.B. Minimierung der Lichtemissionen, Wahl geeigneter Lichtfarben; Abschalten der Anlagen während beobachteter Massenzugereignisse) ergriffen werden und ein betriebsbegleitendes Monitoring durchgeführt wird. Droht hingegen auch unter Berücksichtigung der möglichen Schutzmaßnahmen eine Gefährdung des Vogelzugs, so ist der vorgesehene Standort – vorbehaltlich einer Ausnahme nach § 45 Abs. 7 BNatSchG –

---

300 §§ 44 ff. BNatSchG; siehe hierzu Rn 67 ff.

301 Siehe allgemein hierzu Rn 104 ff.

302 §§ 44 ff. BNatSchG.

303 Siehe hierzu Rn 72 ff.

304 Siehe hierzu Rn 72.

ungeeignet. Weiteres Konfliktpotenzial besteht sub specie § 44 Abs. 1 Nr. 2 BNatSchG (Störungsverbot) aufgrund störungsbedingter dauerhafter Verluste von Habitaten bei Seetauchern (Scheuchwirkung).

Zum **Europäischen Habitatschutzrecht** (Natura 2000) trifft § 57 BNatSchG eine spezifische Regelung des Meeresnaturschutzes, in der die Geltung des Natura-2000 Rechtsregimes und das Verfahren der Unterschutzstellung festgeschrieben werden. Offshore-Windenergieanlagen sind außerhalb der dafür vorgesehenen Vorranggebiete in den Natura-2000-Gebieten unzulässig.[305] Eine Ausnahme hiervon gilt jeweils für bereits genehmigte Offshore-Windenergieparks bzw. Offshore-Windenergieparks, die bei Inkrafttreten der Raumordnungspläne planungsrechtlich verfestigt waren. Damit werden ca. 28 % der deutschen AWZ in der Nordsee und ca. 56 % der deutschen AWZ in der Ostsee von der Nutzung durch Offshore-Windenergieanlagen freigehalten.[306] 176

Aufgrund der Geltungserstreckungsregelung des § 56 BNatSchG sind nunmehr auch die Bestimmungen des gesetzlichen Biotopschutzes[307] in der AWZ anwendbar, so dass **Meeresbiotope** (Riffe, sublitorale Sandbänke, artenreiche Kies-, Grobsand und Schillgründe, Schlickgründe[308]) dem gesetzlichen Schutz unterstehen. Das Beeinträchtigungsverbot des § 30 Abs. 2 BNatSchG kann vor allem durch Überbauung (Fundamente) verwirklicht werden. 177

ee) Weitere öffentlich-rechtliche Anforderungen

Im Rahmen der sonstigen öffentlich-rechtlichen Vorschriften sind die **Ziele der Raumordnung** zu beachten. Die Ziele der Raumordnung wurden bisher in § 3 S. 2 Nr. 4 SeeAnlV a.F. ausdrücklich als Versagungsgrund genannt. Mit der Einführung der Planfeststellungspflichtigkeit wurde eine gesonderte Nennung überflüssig, da die Erfordernisse der Raumordnung nun für raumbedeutsame[309] Vorhaben unmittelbar nach § 4 Abs. 1 S. 1 Nr. 3 ROG gelten. Die Ziele der Raumordnung sind danach strikt zu beachten, stellen also unüberwindbare Planungsleitsätze dar. Die Grundsätze der Raumordnung sind dagegen im Rahmen der Abwägung (lediglich) zu berücksichtigen, zählen daher nicht zu den unüberwindbaren Planungsleitsätzen, sondern sind als öffentliche Belange im Rahmen der Abwägung zu berücksichtigen.[310] 178

---

305 Vgl. jeweils Ziel 3.5.1 (3) des Raumordnungsplans für die deutsche ausschließliche Wirtschaftszone in der Nordsee bzw. in der Ostsee.

306 So die Begründung zu den Raumordnungsplänen (jeweils Nr. 3.5.2 der Raumordnungspläne für die AWZ Nordsee und Ostsee).

307 § 30 BNatSchG. Siehe hierzu Rn 118.

308 Vgl. § 30 Abs. 2 S. 1 Nr. 6 BNatSchG.

309 Von einer Raumbedeutsamkeit i.S.d. § 3 Abs. 1 Nr. 6 ROG kann bei Windfarmen stets ausgegangen werden.

310 Vgl. allgemein zur Raumordnung und der Bindungswirkung von Zielen und Grundsätzen der Raumordnung Rn 206 ff.

179 Ziele und Grundsätze der Raumordnung enthalten die **Raumordnungspläne für die AWZ in der Nord- und Ostsee.**[311] Die Raumordnungspläne weisen jeweils (zielförmig) Vorranggebiete[312] für Windenergie nach § 8 Abs. 7 S. 1 Nr. 1 ROG aus, d.h. innerhalb dieser Gebiete sind mit der Windenergienutzung unvereinbare Nutzungen unzulässig.[313] Ein Ausschluss der Windenergienutzung außerhalb der Vorranggebiete ist hiermit jedoch nicht verbunden, d.h. in den übrigen Gebieten (mit Ausnahme der Natura 2000-Gebiete) ist die Errichtung von Windenergieanlagen grundsätzlich zulässig. Die Windenergienutzung kann daneben mit den in den Raumordnungsplänen für die Nord- und Ostsee festgelegten Vorranggebieten für die Schifffahrt und Vorranggebieten für Rohrleitungen und Seekabel unvereinbar und damit unzulässig sein.

d) Verfahren

180 Das Verfahren beginnt regelmäßig mit dem Ersuchen des Vorhabenträgers um die Durchführung eines **Scoping**-Termins nach § 5 UVPG. Darin unterrichtet die Behörde den Vorhabenträger über Inhalt und Umfang der voraussichtlich für die UVP vorzulegenden Unterlagen.

181 Der **Antrag auf Planfeststellung** ist mit den in § 4 Abs. 1 SeeAnlV genannten Planunterlagen einzureichen. Dazu gehören:

- die Zeichnungen und Erläuterungen, die das Vorhaben seinen Anlass und die genaue Lage des Vorhabens im Meer erkennen lassen,
- eine Darstellung der Sicherheits- und Vorsorgemaßnahmen,
- ein Zeit- und Maßnahmenplan als Grundlage für die Entscheidung des BSH zur Bestimmung von Maßnahmen und Fristen zur Sicherstellung einer zügigen Inbetriebnahme nach § 5 Abs. 3 SeeAnlV,
- ein Sachverständigengutachten zur Frage, ob die Anlage und ihr Betrieb dem Stand der Technik und den Sicherheitsanforderungen entsprechen (auf Anforderung des BSH) sowie
- Unterlagen nach § 6 UVPG (entscheidungserhebliche Unterlagen über die Umweltauswirkungen des Vorhabens).

Reichen die Angaben und Unterlagen für die Prüfung nicht aus, so hat sie der Vorhabenträger auf Verlangen des BSH innerhalb einer angemessenen Frist zu **ergänzen.** Kommt der Vorhabenträger dem nicht nach, kann das BSH den Antrag ablehnen.[314]

182 Neu gegenüber den bisher für die Genehmigung nach § 2 SeeAnlV a.F. erforderlichen Antragsunterlagen ist der **Zeit- und Maßnahmenplan.** Er enthält verschiedene

311 Vgl. hierzu Rn 208.
312 Nr. 3.5.1 AWZ-ROPl Nordsee und Nr. 3.5.1 AWZ-ROPl Ostsee.
313 Vgl. hierzu Rn 212.
314 § 4 Abs. 1 S. 4 SeeAnlV.

Verfahrensschritte, die im Zuge der Errichtung und Inbetriebnahme der jeweiligen Anlagen regelmäßig anfallen sowie Fristen, bis zu deren Ablauf diese Verfahrensschritte umgesetzt sein müssen.[315] Im Planfeststellungsbeschluss kann das BSH nach § 5 Abs. 3 SeeAnlV auf der Grundlage dieses Plans Maßnahmen bestimmen und für deren Erfüllung Fristen vorgeben. Bei Nichteinhaltung dieser Fristen kann das BSH den Planfeststellungsbeschluss aufheben.[316]

Als Besonderheit für die Errichtung von Windenergieanlagen in der AWZ ist zu **183** beachten, dass sich weder die Bundesrepublik Deutschland noch eine natürliche oder juristische Person Flächen aneignen dürfen.[317] Flächen zur Nutzung von Windenergie können durch Investoren daher nicht durch Erwerb oder vertragliche Vereinbarung mit dem Eigentümer gesichert bzw. „reserviert" werden. Der Planfeststellung kommt daher eine entscheidende Bedeutung zu. Bei Vorliegen mehrerer Anträge für die gleichen Flächen entschied nach der bisherigen Fassung der SeeAnlV das BSH nach § 5 Abs. 1 S. 4 SeeAnlV a.F. zuerst über den Antrag, der zuerst genehmigungsfähig war („Prioritätsprinzip").[318] Diese Regelung wurde nun durch die **Konkurrenzregelung** in § 3 SeeAnlV ersetzt, die nicht mehr auf die Genehmigungsfähigkeit, sondern auf den Zeitpunkt des Ersuchens um eine Unterrichtung nach § 5 UVPG (Scoping-Termin) abstellt. Nach § 3 Abs. 1 SeeAnlV kann das BSH später eingehende, mit dem Vorhaben unvereinbare Ersuchen oder Anträge auf Durchführung des Planfeststellungsverfahrens anderer Vorhabenträger zurückstellen, wenn der Vorhabenträger um die Unterrichtung i.S.d. § 5 UVPG ersucht. Das Ersuchen muss jedoch bestimmte **Mindestangaben** enthalten. Neben einer ausführlichen Beschreibung des Vorhabens sind dies eine Darstellung möglicher Auswirkungen, ein Konzept zur Ermittlung und Bewertung der Auswirkungen sowie ein nachvollziehbarer Zeit- und Maßnahmenplan für das weitere Verfahren bis zur Inbetriebnahme der Anlage.[319] Hält der Vorhabenträger diesen Zeit- und Maßnahmenplan nicht ein, kann das BSH später eingehende Ersuchen vorziehen.[320] Für Vorhaben, die noch nach der alten Rechtslage durch eine Anlagengenehmigung nach § 2 SeeAnlV a.F. genehmigt werden,[321] gilt dagegen weiter das Prioritätsprinzip.[322]

---

315 So die Begründung zu § 4 Abs. 1 der Novelle der SeeAnlV.

316 § 5 Abs. 4 Nr. 3 SeeAnlV.

317 Art. 137 Nr. 1 des Seerechtsübereinkommens der Vereinten Nationen.

318 Das Prioritätsprinzip hat den Nachteil, dass mehrere Genehmigungsverfahren lange parallel geführt werden und sich erst spät ergibt, welches Vorhaben letztendlich zum Zuge kommt. Dies führt sowohl bei den unterlegenen Antragstellern als auch beim BSH zu erheblichem (und vergeblichem) Mehraufwand. Auch der „obsiegende" Antragsteller hat nur geringe Planungssicherheit.

319 § 3 Abs. 2 SeeAnlV.

320 § 3 Abs. 4 SeeAnlV. In diesem Fall ruht das ursprüngliche Verfahren, bis in dem vorgezogenen Verfahren eine abschließende Entscheidung getroffen worden ist.

321 Siehe § 17 Abs. 7 SeeAnlV.

322 § 17 Abs. 6 SeeAnlV.

184 Beantragt der Vorhabenträger die Planfeststellung ohne ein vorheriges Ersuchen um eine Unterrichtung i.S.d. § 5 UVPG, kann das BSH spätere Anträge oder Ersuchen ebenfalls zurückstellen.[323] Voraussetzung ist jedoch, dass die in § 4 Abs. 1 SeeAnlV genannten Angaben, also die vollständigen zur Feststellung des Plans erforderlichen Unterlagen, beigefügt sind.

! **Praxistipp**
Da die Anforderungen an einen vollständigen Planfeststellungsantrag weit über die für das Ersuchen nach § 3 Abs. 2 SeeAnlV erforderlichen Angaben hinausgehen, sollte – wie ohnehin üblich – in jedem Fall das BSH um eine Unterrichtung nach § 5 UVPG ersucht werden, sobald die in § 3 Abs. 2 SeeAnlV genannten Angaben erarbeitet sind. Der Vorschrift des § 4 Abs. 1 SeeAnlV kommt damit praktische Relevanz nur für Anlagen zu, die keiner UVP bedürfen.[324]

---

185 Nach § 73 Abs. 2 VwVfG holt das BSH innerhalb eines Monats nach Zugang des vollständigen Plans die Stellungnahmen der Behörden ein (**Behördenbeteiligung**), deren Aufgabenbereich durch das Vorhaben berührt wird, z.B. Wasser- und Schifffahrtsdirektionen, Landesbergamt, Umweltbundesamt, Bundesamt für Naturschutz. Beteiligt werden auch die für das Küstenmeer zuständigen Bundesländer, die für die Genehmigung der im Küstenmeer zu verlegenden stromabführenden Kabel zuständig sind.[325] Eine frühzeitige Abstimmung mit den hierfür zuständigen Bundesländern ist daher erforderlich.

186 Die **Öffentlichkeitsbeteiligung** beginnt mit der Auslegung der Planunterlagen für die Dauer eines Monats. Zuvor ist die Auslegung der Planunterlagen durch eine Veröffentlichung in den „Nachrichten für Seefahrer" (Amtliche Veröffentlichung für die Seeschifffahrt des BSH) und durch Veröffentlichung in zwei überregionalen Tageszeitungen bekannt zu machen. Nach § 73 Abs. 4 S. 3 VwVfG sind mit Ablauf der Einwendungsfrist alle Einwendungen ausgeschlossen, die nicht auf besonderen privatrechtlichen Titeln beruhen (**materielle Präklusion**). Auch den nach § 3 UmwRG **anerkannten Umweltvereinigungen** steht ein Beteiligungsrecht zu.

187 Nach Ablauf der Einwendungsfrist hat das BSH die rechtzeitig erhobenen Einwendungen und die Stellungnahmen der Behörden mit dem Vorhabenträger, den Behörden, den Betroffenen sowie den Einwendern zu erörtern (**Erörterungstermin**).[326]

188 Die Planfeststellung bedarf nach § 8 SeeAnlV des **Einvernehmens** der örtlich zuständigen Wasser- und Schifffahrtsdirektion. Das Einvernehmen darf nach § 8 S. 2 SeeAnlV nur versagt werden, wenn eine Beeinträchtigung der Sicherheit und Leichtigkeit des Verkehrs zu besorgen ist, die nicht durch Bedingungen oder Auflagen verhütet oder ausgeglichen werden kann.

---

323 § 3 Abs. 3 SeeAnlV.
324 Vgl. hierzu Rn 163.
325 Hierfür ist eine Planfeststellung nach § 43 S. 1 Nr. 3 EnWG erforderlich; vgl. Rn 159.
326 Vgl. Rn 138.

Die Genehmigungen wurden bisher stets mit einem Katalog von **Nebenbestimmungen** erteilt, die das BSH weitgehend „standardisiert" für alle bisher genehmigten Offshore-Windparks verwendet hat. Zur Aufnahme von Nebenbestimmungen ist das BSH auch bei Erlass des Planfeststellungsbeschlusses nach § 2 Abs. 3 S. 2 SeeAnlV i.V.m. § 36 Abs. 2 und 3 VwVfG ausdrücklich befugt. Die Nebenbestimmungen zur Errichtung und Betrieb der Anlage betreffen etwa den Außenanstrich (reflexionsarm), einen möglichst schadstofffreien Korrosionsschutz, Tag- und Nachtkennzeichnung, Anforderungen an die Verlegung der parkinternen Kabel, Anforderungen für die (möglichst geräuscharme) Bauphase, Wartung etc. 189

Weiter wurde regelmäßig angeordnet, dass die Genehmigung **25 Jahre nach der ersten Inbetriebnahme erlischt**. Eine Verlängerung ist möglich und muss mindestens zwei Jahre vor Ablauf der Frist beantragt werden. Vor der Verlängerung hat die BSH Änderungen der Sach- und Rechtslage seit Erteilung der Genehmigung zu prüfen. Als Nebenbestimmung wird zudem eine Rückbau- und Entsorgungsverpflichtung (an Land) aufgenommen für den Fall, dass die Genehmigung außer Kraft tritt (Erlöschen, Ablauf, Widerruf), die durch eine zu erbringende Sicherheitsleistung gesichert wird (§ 13 Abs. 3 SeeAnlV). 190

Unter der bis zur Novelle geltenden Fassung der SeeAnlV wurde grundsätzlich eine Befristung nach § 4 Abs. 2 Nr. 1 Buchst. a SeeAnlV a.F. in die Genehmigung aufgenommen, nach der die Genehmigung erlischt, wenn nicht bis zu einem bestimmten Termin mit den Bauarbeiten begonnen wird (regelmäßig 3–4 Jahre). Die Fristen konnten wiederholt verlängert werden.[327] Diese Befristung sollte eine „Vorratshaltung" von Genehmigungen verhindern und sicherstellen, dass geplante Projekte auch zeitnah umgesetzt werden bzw. geeignete Flächen nicht durch unverwirklichte Genehmigungen blockiert werden. Das Instrumentarium hat sich jedoch nicht als ausreichend herausgestellt. 191

Diese **„Vorratshaltung"** von Genehmigungen sieht die Bundesregierung als problematisch im Hinblick auf die Erreichung des Ausbauziels für Offshore-Anlagen an. Deshalb sollen nach dem Energiekonzept der Bundesregierung künftig Genehmigungen nur dann verlängert werden, wenn die Investoren konkrete Realisierungsschritte (Bau-, Finanzierungs-, Zeitpläne o.ä.) nachweisen.[328] Durch die SeeAnlV-Novelle wurden daher die Möglichkeiten des BSH erweitert, einen Planfeststellungsbeschluss wieder aufzuheben, wenn der Vorhabenträger nicht oder nicht in gebotenem Tempo mit der Errichtung beginnt. Nach § 5 Abs. 3 SeeAnlV kann das BSH im Planfeststellungsbeschluss zur Sicherstellung einer zügigen Errichtung und Inbetriebnahme des Vorhabens unter Berücksichtigung des vom Vorhabenträger vorgelegten Zeit- und Maßnahmenplans **Maßnahmen bestimmen** und für deren Erfüllung **Fristen vorge-** 192

327 § 4 Abs. 3 SeeAnlV a.F.

328 Energiekonzept der Bundesregierung vom 28.9.2010 für eine umweltschonende, zuverlässige und bezahlbare Energieversorgung, S. 8 f. (Stand Oktober 2011, abrufbar unter www.bmu.de).

ben. Der Vorhabenträger soll sich nicht auf dem Planfeststellungsbeschluss „ausruhen" können. Hält der Vorhabenträger die Fristen nicht ein, kann das BSH den **Planfeststellungsbeschluss** nach § 5 Abs. 4 Nr. 3 SeeAnlV ganz oder teilweise **aufheben.** Nach der Aufhebung des Planfeststellungsbeschlusses kann ein neuer Vorhabenträger ein neues Planfeststellungsverfahren einleiten, wobei auf die bereits gewonnenen Erkenntnisse (insbesondere aufwendige Gutachten) zurückgegriffen werden kann.[329] Hierdurch kann das „zweite" Planfeststellungsverfahren erheblich beschleunigt werden. Eine Weitergabe des „Baurechts" an Dritte ohne neues Planfeststellungsverfahren ist nicht möglich.

III. Steuerung von Anlagenstandorten auf Planungsebene

193 Windenergieanlagen an Land (onshore) sind im Außenbereich als privilegierte Vorhaben nach § 35 Abs. 1 Nr. 5 BauGB grundsätzlich bauplanungsrechtlich genehmigungsfähig. Für Gemeinden und auch auf der überörtlichen Ebene besteht oftmals das Bedürfnis, die Standorte von Windenergieanlagen zu koordinieren, um eine unkontrollierte Ansiedlung von Windenergieanlagen im Außenbereich zu verhindern („Verspargelung der Landschaft"). Zur Standortkoordinierung können Gemeinden auf Ebene der Bauleitplanung durch Darstellungen im **Flächennutzungsplan** und Festsetzungen im **Bebauungsplan** steuernd eingreifen. Auf der überörtlichen Planungsebene können die Planungsträger entsprechende **raumordnerische Festlegungen** treffen. Für Windenergieanlagen im Meer (offshore) besteht die Steuerungsmöglichkeit ausschließlich auf Raumordnungsebene. Das Bauplanungsrecht findet dort keine Anwendung.

1. Steuerung durch Darstellung im Flächennutzungsplan

194 Im Rahmen der Flächennutzungsplanung können Gemeinden nach § 35 Abs. 3 S. 3 BauGB **Konzentrationszonen** zur Standortsteuerung von Windenergieanlagen ausweisen. Danach stehen öffentliche Belange Windenergieanlagen auch dann entgegen, soweit hierfür durch Darstellungen im Flächennutzungsplan eine Ausweisung an anderer Stelle erfolgt ist. Die Darstellung von Konzentrationszonen ermöglicht es den Gemeinden, Windenergieanlagen – die als nach § 35 Abs. 1 Nr. 5 BauGB privilegierte Nutzungen grundsätzlich im gesamten Außenbereich genehmigungsfähig sind – auf bestimmte Standorte zu konzentrieren und für alle übrigen Standorte verbindlich auszuschließen. Während Flächennutzungspläne als vorbereitende Bauleitpläne grundsätzlich keine grundstücksbezogenen, parzellenscharfen Regelungen treffen

329 Dabei handelt es sich regelmäßig um Umweltinformationen i.S.d. Umweltinformationsgesetzes (UIG), die auf Antrag herauszugeben sind; vgl. näher *Schiller*, I+E 2011, 10 ff.

können, hat die Darstellung von Konzentrationszonen nach § 35 Abs. 3 S. 3 BauGB unmittelbare Wirkung für die Anlagenzulassung.

Die Standortsteuerung durch Konzentrationszonen darf dabei jedoch nicht zu einer unzulässigen **„Verhinderungsplanung“** werden, indem zur Verhinderung der Ansiedlung von Windenergieanlagen lediglich ungeeignete Gebiete oder flächenmäßig derart unwesentliche Gebiete dargestellt werden, dass dies faktisch einem Ausschluss der Windenergie im gesamten Außenbereich gleichkommt („Feigenblattplanung“).[330] Die Rechtsprechung hat zu der Abgrenzung zwischen unzulässiger Verhinderungsplanung und positiver planerischer Konzeption verschiedene Kriterien entwickelt. Liegt eine unzulässige Verhinderungsplanung vor, ist die Darstellung unwirksam. Die Gemeinde muss daher bei der Ausweisung von Konzentrationszonen mit besonderer Vorsicht planen. 195

Nach der Rechtsprechung des BVerwG kommt der Darstellung einer Konzentrationszone nur dann die Ausschlusswirkung nach § 35 Abs. 3 S. 3 BauGB zu, wenn ihr ein **schlüssiges Plankonzept** zugrunde liegt, das sich auf den gesamten Außenbereich erstreckt.[331] Daneben können Gemeinden mit dem sachlichen (und räumlichen[332]) Teilflächennutzungsplan nach § 5 Abs. 2b BauGB einen Flächennutzungsplan auch lediglich für einen Teil des Gemeindegebiets aufstellen.[333] 196

Das BVerwG hat zur Ausweisung von Konzentrationszonen eine Prüfungsreihenfolge entwickelt, die – jedenfalls nach Ansicht des OVG Berlin-Brandenburg[334] – von den Gemeinden zwingend zu befolgen ist. Als Ausgangspunkt für die Darstellung der Konzentrationszone hat die Gemeinde den gesamten Außenbereich des Gemeindegebiets (bzw. den jeweiligen Bereich des Teilflächennutzungsplans) auf mögliche geeignete Standorte (Windhöffigkeit) für Windenergieanlagen zu untersuchen (**Potenzialanalyse**). Zur wirtschaftlichen Nutzung der Windenergie sollte die Windgeschwindigkeit im Jahresmittel den Wert von 4 m/s[335] nicht unterschreiten.[336] An die Ermittlung der geeigneten Lagen werden von der Rechtsprechung keine hohen Anforderungen gestellt. Insbesondere besteht keine Verpflichtung die am besten geeigneten Flächen auszuwählen.[337] Ausreichend ist eine rechnerische Ermittlung 197

---

330 Anschaulich OVG Bautzen, Urt. v. 19.7.2012 – 1 C 40/11 = juris Rn 56: Ausweisung von 0,02566 % der Gesamtfläche eines Planungsgebiets von rd. 2.554 km².

331 BVerwG, Urt. v. 17.12.2002 – 4 C 15.01 = BVerwGE 117, 287, 298.

332 Durch das Gesetz zur Förderung des Klimaschutzes bei der Entwicklung in den Städten und Gemeinden vom 22.7.2011 (BGBl. I S. 1509) wird in § 5 Abs. 2a BauGB klargestellt, dass auch räumliche Teilflächennutzungspläne aufgestellt werden können.

333 *Gatz*, S. 44.

334 OVG Berlin-Brandenburg, Urt. v. 24.2.2011 – OVG 2 A 24.09 = NuR 2011, 794, 797.

335 Bezogen auf eine Standardmesshöhe von 10 m über Grund.

336 *Büdenbender/Heintschell von Heinegg/Rosin*, S. 777.

337 BVerwG, Urt. v. 17.12.2002 – 4 C 15.01 = BVerwGE 117, 287, 297.

anhand einer Wetterkarte des Kreises oder des Deutschen Wetterdienstes.[338] Der VGH München hält etwa die Ermittlung der geeigneten Flächen anhand des Bayerischen Solar- und Windatlasses für ausreichend.

198 Wenn alle potenziellen Flächen zur Windenergienutzung ermittelt sind, hat die Gemeinde im nächsten Arbeitsschritt die sog. „**Tabuzonen**" auszuschließen („Subtraktion"), also Gebiete, die aufgrund von „technischen, ökologischen oder raumordnungspolitischen Aspekten" zu „unüberbrückbaren und unerwünschten Nutzungskonflikten" führen würden.[339] Dabei wird zwischen „harten Tabuzonen" und „weichen Tabuzonen" unterschieden.[340] Bei den „harten Tabuzonen" handelt es sich um Gebiete, in denen die Errichtung und der Betrieb von Windenergieanlagen aus tatsächlichen und/oder rechtlichen Gründen ausgeschlossen sind. In „weichen Tabuzonen" sind die Errichtung und der Betrieb von Windenergieanlagen zwar tatsächlich und rechtlich möglich, nach den im Rahmen ihrer Planungshoheit liegenden städtebaulichen Vorstellungen der Gemeinde sollen diese jedoch von vornherein für die Windenergienutzung ausgeschlossen werden.

199 Als **harte Tabuzonen** sind zunächst Flächen auszuscheiden, die aufgrund des Anpassungsgebots des § 1 Abs. 4 BauGB an die Ziele der Raumordnung nicht zur Windenergienutzung ausgewiesen werden dürfen, weil sie die Verwirklichung der Ziele beeinträchtigen würden (beispielsweise Tourismus, Erholung), naturschutzrechtlich wertvolle Flächen (beispielsweise i.d.R. Naturschutzgebiete)[341] sowie Flächen, die in oder in unmittelbarer Nähe von Wohnsiedlungsflächen und Gewerbe- und Industrieflächen sowie neben Straßen, Eisenbahnlinien und Stromleitungen liegen.[342]

200 Die Gemeinden sind nicht verpflichtet, der Windenergie größtmöglichen Raum zu schaffen, sondern müssen ihr bei der Ausweisung von Konzentrationszonen lediglich „in substanzieller Weise" Raum verschaffen. Die Gemeinden können daher im Rahmen ihrer kommunalen Planungshoheit Flächen für andere Nutzungen als **weiche Tabuzonen** freihalten (beispielsweise Erholung, Industrie und Gewerbe, Wohnen). Der Ausschluss der Potenzialflächen muss stets auf städtebaulichen Erwägungen beruhen. Zur Sicherung von Abstandsflächen zu den bereits bestehenden oder geplanten lärmempfindlichen Nutzungen können „Pufferzonen" als pauschale Abstandsflächen zu den nächsten Wohnbebauungen gebildet werden.[343]

201 Im nächsten Arbeitsschritt sind die Potenzialflächen zu den auf ihnen konkurrierenden Nutzungen in Beziehung zu setzen, d.h. die öffentlichen Belange, die gegen die Ausweisung eines Landschaftsraum als Konzentrationszone sprechen, sind mit

---

338 VGH Kassel, Urt. v. 17.3.2011 – 4 C 883/10.N = ZfBR 2011, 484, 486; VGH München, Beschl. v. 20.3.2000 – 14 ZB 99.3182 = NuR 2001, 409.

339 *Gatz*, S. 46.

340 BVerwG, Beschl. v. 15.9.2009 – 4 BN 25.09 = BauR 2010, 82, 83.

341 Vgl. Rn 91.

342 VGH Kassel, Urt. v. 17.3.2011 – 4 C 883/10.N = ZfBR 2011, 484, 486 f. (für Regionalplan).

343 BVerwG, Urt. v. 21.10.2004 – 4 C 2.04 = BVerwGE 122, 109, 112.

dem Anliegen, der privilegierten Windenergienutzung an geeigneten Standorten eine Chance zu geben, abzuwägen.[344] Dazu zählen Landschaftsschutzgebiete, Naturparks, Sicherungsbereiche für Erholung, schutzbedürftige Bereiche für Bodenerhaltung und Landwirtschaft, Sicherungsbereiche für oberflächennahen Rohstoffabbau, Netzanbindung und Landschaftsbild.[345] Als Ergebnis der **Abwägung** muss im Hinblick auf die Wertung des § 35 Abs. 1 Nr. 5 BauGB der Nutzung der Windkraft „in substanzieller Weise" Raum geschaffen werden. Diese Einschätzung ist das Ergebnis einer wertenden Betrachtung.[346] Die Grenze lässt sich nicht abstrakt durch Größenangaben bestimmen, da für die Beurteilung die jeweiligen örtlichen Verhältnisse ausschlaggebend sind. Den Abwägungsvorgang muss die Gemeinde umfassend dokumentieren.[347]

Die Ausschlusswirkung des § 35 Abs. 3 S. 3 BauGB tritt **„in der Regel"** ein. Eine **202**
Abweichung von der Ausschlusswirkung ist im Genehmigungsverfahren damit nur in Ausnahmefällen zulässig. Es muss sich dabei um eine vom Plangeber so nicht vorhergesehene (atypische) Fallkonstellation handeln, die das gesamträumliche Planungskonzept der Gemeinde nicht in Frage stellen darf. Der Anwendungsbereich dürfte eng begrenzt sein.

2. Steuerung durch Festsetzungen im Bebauungsplan

Unmittelbaren Einfluss auf die Steuerung der Zulässigkeit von Windenergieanlagen **203**
können Gemeinden auch auf der Ebene des Bebauungsplans in verschiedener Weise ausüben. Die Ansiedlung von Windenergieanlagen kann durch die Festsetzung eines **Sondergebiets Windenergie** nach § 11 Abs. 2 S. 2 BauNVO gesteuert werden. Durch das Sondergebiet kann für ein bestimmtes, hinreichend geeignetes Gebiet als Art der baulichen Nutzung Windenergie festgesetzt werden. Über die Festsetzung von Baugrenzen nach § 9 Abs. 1 Nr. 2 BauGB i.V.m. § 23 Abs. 3 BauNVO können die Standorte der Windenergieanlagen exakt auf den jeweiligen Flurstücken festgelegt werden.[348] Durch Baugrenzen kann dabei sowohl die Position des Fundaments und des Mastes als auch die Position des Rotorradius gesteuert werden. Daneben können weitere Vorgaben zur Feinsteuerung (Höhe, Mindestnennleistung, Bauweise etc.) getroffen werden.[349]

344 BVerwG, Beschl. v. 15.9.2009 – 4 BN 25.09 = BauR 2010, 82, 83.
345 Auflistung entnommen aus *Stüer*, Rn 2716; zum Landschaftsbild auch OVG Magdeburg, Beschl. v. 16.3.2012 – 2 L 2/11 = juris Rn 14.
346 BVerwG, Urt. v. 20.5.2010 – 4 C 7.09 = juris Rn 28 (insoweit nicht abgedruckt in BVerwGE 137, 74).
347 BVerwG, Beschl. v. 15.9.2009 – 4 BN 25.09 = ZUR 2010, 96.
348 Siehe BVerwG, Beschl. v. 27.11.2003 – 4 BN 61.03 = juris Rn 8.
349 Vgl. dazu Rn 205.

204 Neben der Festsetzung von Sondergebieten kann auf der Ebene des Bebauungsplans eine Standortsteuerung auch über Festsetzungen von **Versorgungsflächen** nach § 9 Abs. 1 Nr. 12 BauGB erfolgen. Der Gesetzgeber hat ausdrücklich „klargestellt“, dass davon auch Anlagen zur Erzeugung von Strom aus erneuerbaren Energien gehören.[350]

3. Einzelne Darstellungs- und Festsetzungsmöglichkeiten

205 Folgende Darstellungs- und Festsetzungsmöglichkeiten sind in der Praxis relevant:
- Höhenbegrenzungen im Flächennutzungsplan und Bebauungsplan,[351] eine Kombination mit Mindesthöhe[352] ist möglich; unzulässig sind dagegen Vorgabe einer Mindesthöhe oder die Forderung einer zwingend einzuhaltenden gleichen Höhe mit anderen Anlagen;[353]
- Festlegung einer Mindestnennleistung für Windenergieanlagen (beispielsweise 1.500 kW);[354]
- keine Festlegung zum Typ der Anlagen; unzulässig ist etwa die Festlegung, nach der nur Windenergieanlagen „gleichen Typs“, also Windenergieanlagen nur des Typs zulässig sind, die auf dem Plangebiet bereits genehmigt sind;[355]
- keine Festlegung einer höchstzulässigen Nennleistung[356] oder Vorgaben zur Steuerungsregelung („pitch-Regelung“);[357]
- Verbot der Verwendung von Gittermasten anstelle von glatten (Stahl- oder Beton-) Masten;[358]
- Festsetzung eines immissionswirksamen flächenbezogenen Schallleistungspegel (IFSP) oder eines Emissionskontingent nach DIN 45630;[359]

---

350 So die Gesetzesbegründung: BT-Drucks. 17/6076, S. 9.

351 § 5 Abs. 2 Nr. 1 BauGB bzw. § 9 Abs. 1 Nr. 1 BauGB i.V.m. § 16 Abs. 1 BauNVO. Für den Flächennutzungsplan OVG Münster, Urt. v. 4.7.2012 – 10 D 47/10.NE = juris Rn 50; Urt. v. 30.10.2006 – 7 D 68/06.NE = BauR 2007, 517, 518; für den Bebauungsplan OVG Münster, Urt. v. 14.4.2011 – 8 A 320/09 = juris Rn 128; OVG Lüneburg, Urt. v. 21.12.2010 – 12 KN 71/08 = juris Rn 29.

352 § 16 Abs. 4 S. 1 BauNVO.

353 *Gatz*, S. 59.

354 OVG Lüneburg, Urt. v. 29.1.2004 – 1 KN 321/02 = NuR 2004, 609, 611 f.

355 OVG Münster, Urt. v. 14.4.2011 – 8 A 320/09 = juris Rn 145 ff.; OVG Lüneburg, Urt. v. 29.1.2004 – 1 KN 321/02 = NuR 2004, 609, 610.

356 OVG Münster, Urt. v. 4.12.2006 – 7 A 568/06 = BauR 2007, 677, 679.

357 OVG Münster, Urt. v. 4.12.2006 – 7 A 568/06 = BauR 2007, 677, 679.

358 OVG Münster, Urt. v. 14.4.2011 – 8 A 320/09 = juris Rn 142; OVG Lüneburg, Urt. v. 29.1.2004 – 1 KN 321/02 = NuR 2004, 609, 611.

359 OVG Münster, Urt. v. 14.4.2011 – 8 A 320/09 = juris Rn 92.

- Begrenzung des Rotorradius durch Festsetzung von Baufenstern für Fundament, Turm und Rotor,[360] nicht aber durch Festsetzungen zur Grundfläche oder zur Höhe der baulichen Anlage;[361]
- keine Beschränkung der Anzahl von Windenergieanlagen im Sondergebiet.[362]

4. Steuerung durch Raumordnungspläne

Neben der Standortsteuerung durch Flächennutzungspläne kann nach § 35 Abs. 3 S. 3 BauGB eine Ausweisung von Konzentrationszonen auch in Form von Zielen der Raumordnung, insbesondere in Regionalplänen, erfolgen. Für Offshore-Windenergieanlagen ist dies die einzige Steuerungsmöglichkeit. **206**

a) Bedeutung der Raumordnung

Die Raumordnung ist auf einer (übergeordneten) planerischen Ebene angesiedelt, die **207**
grundsätzlich keine unmittelbaren Auswirkungen auf die Zulassung (privater) Vorhaben hat, sondern Vorgaben für (nachgeordnete) Planungsebenen (insbesondere die Bauleitplanung) macht, die die Vorgaben der Raumordnung entweder direkt übernehmen (im Fall von verbindlichen **Zielen der Raumordnung**) oder jedenfalls im Rahmen der Planung berücksichtigen müssen (**Grundsätze der Raumordnung**). Für die Zulassung (privater) Vorhaben entfaltet die Raumordnung nur über die Bauleitplanung oder über besondere Raumordnungsklauseln[363] Bedeutung.

Wichtigstes Instrument der Raumordnung sind die **Raumordnungspläne**. Für **208**
die Vorhabenzulassung sind in erster Linie die Raumordnungspläne für die Teilräume der Länder (Regionalpläne) nach § 8 Abs. 1 S. 1 Nr. 1 ROG und die landesweiten Raumordnungspläne[364] nach § 8 Abs. 1 S. 1 Nr. 2 ROG von Bedeutung. Für Offshore-Windenergieanlagen im Bereich der deutschen ausschließlichen Wirtschaftszone (AWZ) sind zudem die vom Bund erlassenen Raumordnungspläne für die deutsche ausschließliche Wirtschaftszone nach § 17 Abs. 3 ROG von Bedeutung.[365]

---

360 § 23 BauNVO; BVerwG, Urt. v. 21.10.2004 – 4 C 3.04 = BVerwGE 122, 117, 125; OVG Lüneburg, Urt. v. 21.12.1010 – 12 KN 717/08 = BauR 2011, 1140, 1142.

361 BVerwG, Urt. v. 21.10.2004 – 4 C 3.04 = BVerwGE 122, 117, 122 ff.; OVG Lüneburg, Urt. v. 21.12.1010 – 12 KN 717/08 = BauR 2011, 1140, 1141 f.

362 OVG Koblenz, Urt. v. 21.1.2011 – 8 C 10850/10 = DÖV 2011, 412.

363 Z.B. § 35 Abs. 3 S. 3 BauGB.

364 Die landesweiten Raumordnungspläne werden in den Bundesländern als Landesentwicklungspläne oder Landesentwicklungsprogramme bezeichnet.

365 Raumordnungsplan für die deutsche ausschließliche Wirtschaftszone in der Ostsee (AWZ-ROPl Ostsee) als Anlage zur Verordnung über die Raumordnung in der deutschen ausschließlichen Wirtschaftszone in der Nordsee (AWZ Nordsee-ROV) vom 21.9.2009 (BGBl. I S. 3107); Raumordnungsplan für die deutsche ausschließliche Wirtschaftszone in der Ostsee (AWZ-

b) Bindungswirkung der Raumordnung

209 Die raumordnerischen Festlegungen erfolgen als Ziele oder Grundsätze der Raumordnung. Beide **Kategorien** unterscheiden sich nach dem Grad der Verbindlichkeit für die nachfolgenden Planungsebenen: **Ziele der Raumordnung** sind verbindliche Vorgaben in Form von räumlich oder sachlich bestimmten oder bestimmbaren, vom Träger der Raumordnung abschließend abgewogenen textlichen oder zeichnerischen Festlegungen in Raumordnungsplänen zur Entwicklung, Ordnung und Sicherung des Raums.[366] **Grundsätze der Raumordnung** sind Aussagen zur Entwicklung, Ordnung und Sicherung des Raumes als Vorgaben für nachfolgende Abwägungs- und Ermessensentscheidungen.[367] Bauleitpläne (Bebauungsplan, Flächennutzungsplan) sind nach § 1 Abs. 4 BauGB den Zielen der Raumordnung anzupassen, d.h. strikt zu beachten. Die Grundsätze der Raumordnung sind dagegen (lediglich) im Rahmen der Abwägung nach § 1 Abs. 7 BauGB zu berücksichtigen. Für die Vorhabenzulassung wirken die Ziele und Grundsätze der Raumordnung grundsätzlich nur mittelbar über die an sie angepassten Bebauungs- und Flächennutzungspläne.

210 Bei der Zulassung von (raumbedeutsamen) Vorhaben im **Außenbereich** sind die Ziele und Grundsätze der Raumordnung dagegen unmittelbar anwendbar. Besondere Relevanz hat dabei die Ausweisung von Konzentrationszonen nach § 35 Abs. 3 S. 3 BauGB durch Ziele der Raumordnung. Daneben sind die Ziele der Raumordnung auch für raumbedeutsame Vorhaben nach § 35 Abs. 3 S. 2, 1. Hs. BauGB strikt zu beachten.[368] Die Grundsätze der Raumordnung sind als (ungeschriebene) öffentliche Belange i.S.d. § 35 Abs. 3 S. 1 BauGB im Rahmen der öffentlichen Belange zu berücksichtigen, können also im Rahmen einer Abwägung „überwunden" werden.

c) Beschränkung auf raumbedeutsame Vorhaben

211 Die Ziele und Grundsätze der Raumordnung gelten nur für raumbedeutsame Vorhaben. Ein Vorhaben ist nach § 3 Abs. 1 Nr. 6 ROG raumbedeutsam, wenn dadurch Raum in Anspruch genommen wird oder die räumliche Entwicklung oder Funktion eines Gebiets beeinflusst wird. Wegen ihrer Flächeninanspruchnahme ist dies bei **Windfarmen** stets der Fall. Bei Einzelanlagen kommt es auf die Umstände des Einzelfalls an.[369] Die Raumbedeutsamkeit einer Einzelanlage kann sich insbesondere aus ihren Dimensionen (Höhe, Rotordurchmesser), aus ihrem Standort oder aus ihren

ROPl Ostsee) als Anlage zur Verordnung über die Raumordnung in der deutschen ausschließlichen Wirtschaftszone in der Ostsee (AWZ Ostsee-ROV) vom 10.12.2009 (BGBl. I S. 3861). Die Raumordnungspläne für die AWZ können in Zukunft auch bei der Zulassung von Meeresströmungs- oder Wellenkraftwerken Bedeutung erlangen.

366 § 3 Abs. 1 Nr. 2 ROG.

367 § 3 Abs. 1 Nr. 3 ROG.

368 Vgl. dazu Rn 47 f.

369 BVerwG, Urt. v. 13.3.2003 – 4 C 4.02 = BVerwGE 118, 33, 35.

Auswirkungen auf bestimmte Ziele der Raumordnung (Schutz von Natur und Landschaft, Erholung und Fremdenverkehr) ergeben.[370] Die Praxis in Nordrhein-Westfalen geht beispielsweise davon aus, dass bei Vorliegen einer Windfarm (mindestens drei Anlagen) oder bei **Einzelanlagen ab einer Höhe von 100 m** grundsätzlich von einer Raumbedeutsamkeit auszugehen ist. Für Anlagen geringerer Höhe kommt es auf die tatsächlichen Umstände des Einzelfalls an.[371] Bei fünf Windenergieanlagen mit einer Nabenhöhe von 114,09 m, einer Gesamthöhe von 149,09 m ab OK Gelände und bereits acht vorhandenen Anlagen hat das OVG Lüneburg etwa die Raumbedeutsamkeit bejaht.[372] Soll die Ausweisung gerade einer „Verspargelung" der Landschaft entgegen wirken, kann auch schon eine kleine Anlage raumbedeutsam sein. Im Einzelfall kann dies schon ab einer Höhe von 35 m bejaht werden.[373]

Praxistipp !

Zur Beurteilung der bauplanungsrechtlichen Zulässigkeit eines Vorhabens müssen stets auch die Vorgaben auf der Ebene der Regional- und Landesplanung betrachtet werden. Stehen die Bauleitpläne hierzu in Widerspruch, sind sie rechtswidrig und die darin getroffenen Festsetzungen bzw. Darstellungen unwirksam.[374] Dies ist etwa der Fall, wenn die Gemeinde im Flächennutzungsplan eine Konzentrationszone außerhalb eines im Regionalplan festgelegten Eignungsgebiets ausweist.[375] Da aus dieser Vorschrift auch eine Anpassungspflicht der Gemeinde folgt, gilt dies auch für erst nach Inkrafttreten des Bauleitplans aufgestellte Ziele der Raumordnung.

---

d) Festlegung von Vorrang-, Vorbehalts- und Eignungsgebieten

Zur Festlegung der Nutzungen in den Raumordnungsplänen werden regelmäßig die 212
in § 8 Abs. 7 S. 1 Nr. 1 bis 3 ROG erwähnten Gebietskategorien verwendet:[376]

- **Vorranggebiet**: In einem Vorranggebiet werden bestimmte raumbedeutsame Funktionen oder Nutzungen benannt und damit andere raumbedeutsame Nutzungen zugleich ausgeschlossen, soweit diese mit den vorrangigen Funktionen oder Nutzungen nicht vereinbar sind.[377] Vorranggebiete haben die Wirkung von Zielen der Raumordnung, sind also verbindlich und daher im Genehmigungsver-

---

370 BVerwG, Urt. v. 13.3.2003 – 4 C 4.02 = BVerwGE 118, 33, 35 f.; Beschl. v. 2.8.2002 – 4 B 36.02 = BauR 2003, 837.

371 Nr. 3.2.3 des Windenergie-Erlasses NRW vom 11.7.2011; ebenso OVG Münster, Urt. v. 28.11.2007 – 8 A 4744/06 = juris Rn 42 (insoweit nicht in BauR 2008, 643 abgedruckt); Urt. v. 19.9.2006 – 10 A 973/04 = UPR 2007, 156, 157 f.

372 OVG Lüneburg, Urt. v. 28.5.2008 – 12 LB 64/07 = juris Rn 39.

373 *Gatz*, S. 35.

374 § 1 Abs. 4 BauGB.

375 OVG Münster, Urt. v. 28.11.2007 – 8 A 4744/06 = BauR 2008, 643, 645 f.

376 Zu den Regelungen in den einzelnen Bundesländer *Krappel/v. Süßkind-Schwendi*, ZfBR Sonderausgabe 2012, 65, 67 ff.

377 § 8 Abs. 7 S. 1 Nr. 1 ROG.

fahren nach § 35 Abs. 3 S. 2, 1. Hs. und S. 3 BauGB strikt zu beachten. Die Wirkung von Vorranggebieten beschränkt sich auf die in dem Gebiet bezeichneten Flächen. Eine Wirkung für außerhalb gelegene Flächen hat das Vorranggebiet nicht. Nach § 8 Abs. 7 S. 2 ROG kann jedoch (ausdrücklich[378]) festgelegt werden, dass Vorranggebiete zugleich die Ausschlusswirkung von Eignungsgebieten für die außerhalb des Vorranggebiets liegenden Flächen haben (Vorranggebiete mit der Wirkung von Eignungsgebieten). In diesem Gebiet sind keine anderen raumbedeutsamen Vorhaben zulässig, die der Nutzung der Windenergie widersprechen. Ein Sportflugplatz würde mit der Nutzung der Windenergie in Konflikt geraten und wäre daher unzulässig; das gleiche gilt für eine Wohnsiedlung. Denkbar wäre dagegen grundsätzlich z.B. die Ansiedlung eines Golfplatzes.

- **Vorbehaltsgebiet**: Als Vorbehaltsgebiet werden Gebiete bezeichnet, in denen bestimmten raumbedeutsamen Funktionen oder Nutzungen bei der Abwägung mit konkurrierenden Nutzungen besonderes Gewicht beizumessen ist.[379] Gegenüber den Vorranggebieten haben Vorbehaltsgebiete eine schwächere rechtliche Wirkung. Sie stellen daher Grundsätze der Raumordnung dar und können im Rahmen der Abwägung „überwunden" werden. Den im Vorbehaltsgebiet festgelegten Funktionen oder Nutzungen ist lediglich ein besonderes Gewicht beizumessen. Wie Vorranggebiete haben Vorbehaltsgebiete keine außergebietlichen Wirkungen. Im Genehmigungsverfahren sind Vorbehaltsgebiete als ungeschriebene öffentliche Belange i.S.d. § 35 Abs. 3 S. 1 BauGB zu berücksichtigen.
- **Eignungsgebiet**: Eignungsgebiete sind Gebiete, in denen bestimmten raumbedeutsamen Maßnahmen oder Nutzungen, die städtebaulich nach § 35 BauGB zu beurteilen sind (Außenbereichsvorhaben), andere raumbedeutsame Belange nicht entgegenstehen, wobei diese Maßnahmen oder Nutzungen an anderer Stelle im Planungsraum ausgeschlossen sind.[380] Eignungsgebiete haben sowohl innergebietliche als auch außergebietliche Wirkungen. Die außergebietliche Wirkung schließt die im Eignungsgebiet bezeichneten Nutzungen verbindlich auf den Flächen aus, die nicht innerhalb des Eignungsgebiets liegen. Die außergebietliche Wirkung hat die Qualität eines Ziels der Raumordnung i.S.d. § 3 Abs. 1 Nr. 3 ROG. Innergebietlich bewirken Eignungsgebiete, dass der festgesetzten Nutzung keine öffentlichen Belange entgegenstehen, also durch die Festlegung vorab festgestellt wird, dass die festgelegte Nutzung dort zulässig ist. Anders als das Vorranggebiet schließt das Eignungsgebiet aber andere Nutzungen nicht

378 Etwas anderes gilt in NRW: Dort haben Vorranggebiete nach § 12 Abs. 2 des LPlG NRW zugleich die Wirkung von Eignungsgebieten, sofern nicht ausdrücklich etwas anderes festgelegt ist.
379 § 8 Abs. 7 S. 1 Nr. 2 ROG.
380 § 8 Abs. 7 S. 1 Nr. 3 ROG.

generell aus. Inwieweit der innergebietlichen Wirkung Zielcharakter zukommt, ist umstritten.[381]

e) Festlegung von Konzentrationszonen im Raumordnungsplan

Die Festlegung von Konzentrationszonen im Raumordnungsplan muss im Wesentlichen den gleichen Anforderungen genügen wie auf der Ebene der Bauleitplanung. Zentrale Norm ist § 7 Abs. 2 S. 1 ROG, nach der die öffentlichen und privaten Belange gegeneinander und untereinander **abzuwägen** sind. Dabei sind im Grundsatz die gleichen Anforderungen wie bei einer Konzentrationszonen-Ausweisung durch Flächennutzungsplan zu beachten (Ermittlung der „harten" und „weichen" Tabuzonen, Abwägung der Potenzialflächen mit den konkurrierenden Nutzungen).[382] Auch auf Ebene der Raumordnung gilt, dass sich die mit der Festlegung der Konzentrationszone verbundene Ausschlusswirkung im übrigen Plangebiet nur rechtfertigen lässt, wenn sich die ausgeschlossenen Anlagen an anderer Stelle gegenüber konkurrierenden Nutzungen durchsetzen können. Der Planungsträger muss der Windenergie dazu in „substanzieller Weise" Raum schaffen; die Planung darf nicht zu einer „Feigenblattplanung" führen. Der Planung muss zudem ein schlüssiges gesamträumliches Planungskonzept zugrunde liegen. Die Festlegung des nach § 8 Abs. 7 ROG möglichen Gebietstyps (insb. Vorranggebiet mit der Wirkung von Eignungsgebieten, Eignungsgebiete) hat auf der letzten Stufe als selbstständige Entscheidung des Planungsträgers zu erfolgen.[383] Für eine Änderung bestehender Konzentrationszonen gelten die gleichen Grundsätze.[384] Insbesondere muss die Abwägung abschließenden Charakter haben. Ein Planungshinweis aufgrund noch fehlender aktueller Beurteilungsgrundlagen verbunden mit der Absicht, künftig noch weitere Vorranggebiete auszuweisen, ist damit unvereinbar.[385] 213

Die **Festlegung** der Konzentrationszone muss als Ziel der Raumordnung und damit verbindlich erfolgen. Neben der positiven Standortausweisung muss zugleich negativ festgelegt werden, dass außerhalb der Konzentrationszone die Zulassung (raumbedeutsamer) Windenergieanlagen nicht erfolgen darf. Dies sollte über die Ausweisung eines Vorranggebiets nach § 8 Abs. 7 ROG mit den (außergebietlichen) Wirkungen eines Eignungsgebiets erfolgen, § 8 Abs. 7 S. 1 Nr. 1 u. S. 2 ROG. Die Festlegungen müssen im Hinblick auf ihre Detailgenauigkeit so bestimmt sein wie Dar- 214

381 Siehe dazu *Runkel/Spannowsky/Goppel*, ROG, 2010, § 8 Rn 84 ff.

382 BVerwG, Urt. v. 13.3.2003 – 4 C 4.02 = BVerwGE 118, 33, 37; VGH Kassel, Urt. v. 10.5.2012 – 4 C 841/11.N = juris; Urt. v. 17.3.2011 – 4 C 883/10.N = BauR 2012, 459, 462 f.; OVG Berlin-Brandenburg, Urt. v. 24.2.2011 – 2 A 2.09 = LKV 2011, 422; vgl. näher Rn 195 ff.

383 OVG Magdeburg, Beschl. v. 16.3.2012 – 2 L 2/11 = juris Rn 10.

384 Näher OVG Lüneburg, Urt. v. 8.5.2012 – 12 LB 265/10 = juris Rn 43 ff.; Urt. v. 28.10.2010 – 12 KN 65/07 = BauR 2010, 1043; einschr. *Scheidler*, ZfBR Sonderausgabe 2012, 76, 78 ff.

385 VGH Kassel, Urt. v. 10.5.2012 – 4 C 841/11.N = DVBl. 2012, 981 Rn 48.

stellungen im Flächennutzungsplan.[386] Die Aufnahme von Planungshinweisen auf weitere potenzielle Windgebiete widerspricht der für den Zielcharakter und der „Letztentscheidung" erforderlichen abschließenden Abwägung.[387]

C. Wasserkraftanlagen

215 Wasserkraftanlagen trugen im Jahr 2010 mit 20.956 GWh in Deutschland rund 3,4 % zum Endenergieverbrauch (Strom) und rund 20 % zur Stromerzeugung aus erneuerbaren Energien bei.[388] Die Nutzung der Wasserkraft stellt spezifische Standortanforderungen, die überwiegend in den südlichen Bundesländern vorliegen. Nach ihrer Funktionsweise lassen sich Laufwasserkraftwerke, Speicherkraftwerke und Pumpwasserkraftwerke unterscheiden.[389] Bei Laufwasserkraftwerken wird der Fluss aufgestaut und das über eine Turbine umgeleitete Wasser treibt einen Generator an, der elektrischen Strom produziert. Bei Speicherkraftwerken wird Wasser gespeichert, um bei Bedarf über eine Turbine abgelassen zu werden, die wiederum einen Generator antreibt. Ein Beispiel sind Pumpspeicherkraftwerke, bei denen Wasser in einen höher gelegenen Stausee gepumpt wird, um dann bei erhöhtem Strombedarf über eine Turbine abgelassen zu werden. Pumpspeicherkraftwerke können kurzfristig in das Verteilnetz eingeschaltet werden und damit bei Eintritt von Verbrauchsspitzen eingesetzt werden. Wasserkraftwerke sind zum Teil grundlastfähig, d.h. sie vermögen konstant Strom zu erzeugen. Ihre Leistung hängt lediglich von jahreszeitbedingten Schwankungen im Wasserlauf und in der Wassermenge ab. Schließlich gibt es Gezeitenkraftwerke, die im Meer die unterschiedlichen Wasserhöhen ausnutzen. In Deutschland ist allerdings der Tidenhub zu gering, um damit wirtschaftlich Strom produzieren zu können.

I. Genehmigungspflicht

216 Die Zulassung von Wasserkraftwerken unterliegt je nach Anlagenkonfiguration unterschiedlichen Genehmigungen.[390] Die Errichtung und der Betrieb bedürfen regelmäßig einer wasserrechtlichen **Planfeststellung** gem. § 67 WHG. Die Errichtung einer solchen Anlage – etwa durch ein Stauwehr oder das Anlegen eines künstlichen Ober- und Unterbeckens – stellt einen Gewässerausbau i.S.d. § 67 Abs. 2 S. 1 WHG

---

386 Vgl. *Gatz*, S. 283 f.
387 VGH Kassel, Urt. v. 10.5.2012 – 4 C 841/11.N = juris Rn 45 ff.
388 Zahlen entnommen aus: BMU, Erneuerbare Energien in Zahlen, Stand Juli 2011, S. 12 ff.
389 Vgl. instruktiv dazu *Büdenbender/Heintschell von Heinegg/Rosin*, Rn 1435 ff.
390 Dazu *Breuer*, RdWEWi 29 (2000), 31, 36 ff.; *Berendes*, RdWEWi 29 (2000), 71, 72 f.

dar, da durch die Querverbauungen und die Aufstauung des Flusses dieser bzw. seine Ufer wesentlich umgestaltet wird.[391] Für die Ausbaumaßnahmen ist daneben keine wasserrechtliche Gestattung erforderlich.[392] Dies gilt etwa auch für während der Bauzeit notwendige temporäre Eingriffe in das Grundwasser.[393] Ebenso bedarf es keiner gesonderten wasserrechtlichen Anlagengenehmigung. Für die Gewässerbenutzung als solche (Aufstauung des Flusses) ist noch eine **wasserrechtliche Gestattung** erforderlich. Die Entnahme und Wiedereinleitung von Wasser aus einem oberirdischen Gewässer sowie die Aufstauung und das Einbringen von Stoffen in ein oberirdisches Gewässer sind gem. § 9 Abs. 1 Nr. 1, 2 und 4 WHG gestattungspflichtige Benutzungen.[394] Das Wasserrecht kennt als Gestattungsarten die Bewilligung, die Erlaubnis und die gehobene Erlaubnis.[395] Die Bewilligung gewährleistet die am weitest reichende Rechtsposition (privatrechtsgestaltende Wirkung), ist allerdings grundsätzlich auf maximal 30 Jahre befristet und muss ggf. verlängert werden. Die Erlaubnis gewährt nur eine Befugnis zur Benutzung des Gewässers, ist frei widerruflich und bietet damit nur geringen Vertrauensschutz. Die gehobene Erlaubnis ähnelt der Erlaubnis, hat aber ähnlich wie die Bewilligung eine (beschränkte) privatrechtsgestaltende Wirkung.

Liegt kein planfeststellungspflichtiger Gewässerausbau vor, bedarf es neben der 217
wasserrechtlichen Gestattung regelmäßig einer **Anlagengenehmigung und/oder Baugenehmigung**. § 36 S. 3 WHG verweist für Anlagen in, an, über und unter oberirdischen Gewässern auf die entsprechenden landesrechtlichen Vorschriften in den Wassergesetzen. Die Wassergesetze der Länder sehen durchweg wasserrechtliche Anlagengenehmigungsvorbehalte für derartige Anlagen vor.[396] Daneben kann das Bauordnungsrecht der Länder vorsehen, dass eine Baugenehmigung für die Wasserkraftanlage erforderlich ist. Die MBO[397] und im Anschluss hieran viele Landes-Bauordnungen sehen einen Vorrang der wasserrechtlichen Anlagengenehmigung vor. In Bayern ist umgekehrt nur eine Baugenehmigung erforderlich.[398] Teilweise sind auch

391 OVG Bremen, Urt. v. 4.6.2009 – 1 A 9/09 = ZfW 2010, 233, 238 f.; VG Münster, Urt. v. 29.6.2011 – 7 K 871/08 = juris Rn 21; OVG Koblenz, Urt. v. 16.11.2000 – 1 A 10532/00 = ZfW 2001, 250; siehe auch *Halfmann*, DVBl. 2000, 255; *Hünnekens*, UPR 2000, 61.

392 Siehe § 9 Abs. 3 S. 1 WHG.

393 BVerwG, Urt. v. 28.6.2007 – 7 C 3/07 = NVwZ-RR 2007, 750, 751.

394 Siehe BGH, Urt. v. 7.5.2009 – III ZR 48/08 = BGHZ 180, 372 Rn 13; BVerwG, Beschl. v. 21.8.1986 – 4 B 110/86 = NVwZ 1988, 150.

395 §§ 10, 15 WHG.

396 So etwa für Bayern Art. 59 BayWG, Rheinland-Pfalz § 76 RhPfWG; einschränkend in Baden-Württemberg § 76 Abs. 1 S. 2 WG für Anlagen, die (auch) der wasserrechtlichen Gestattung unterliegen.

397 § 60 S. 1 Nr. 1 MBO.

398 Art. 20 Abs. 5 S. 1 BayWG.

Anlagen- und Baugenehmigung kumulativ erforderlich (so etwa in Baden-Württemberg).

218 Für die Errichtung und den Betrieb einer Wasserkraftanlage ist gem. § 3c S. 1 UVPG i.V.m. Nr. 13.14 der Anlage 1 eine **allgemeine Vorprüfung** des Einzelfalls erforderlich. Hat sie eine fehlende UVP-Pflicht zum Ergebnis, kann anstelle einer gebotenen Planfeststellung auch eine Plangenehmigung erteilt werden.[399]

! **Praxistipp**

Bei der Standortwahl von Wasserkraftwerken spielen neben den geographischen Gegebenheiten die Vorgaben für die Einspeisevergütung eine große Rolle. § 23 Abs. 5 EEG 2012 sieht insoweit vor, dass der Vergütungsanspruch nur besteht, wenn die Anlage im räumlichen Zusammenhang mit einer ganz oder teilweise bereits bestehenden oder vorrangig zu anderen Zwecken als der Erzeugung von Strom aus Wasserkraft neu zu errichtenden Staustufe oder Wehranlage oder ohne durchgehende Querverbauung errichtet worden ist. Speicherkraftwerke dürfen nur an bestehenden Speichern oder einem bestehenden Speicherkraftwerk errichtet worden sein.[400]

II. Genehmigungsvoraussetzungen

1. Planfeststellung

219 Ist die Errichtung der Wasserkraftanlage planfeststellungsbedürftig, bedarf es für die Anlage einer Planrechtfertigung. Ferner dürfen keine zwingenden Planungsschranken entgegenstehen und das Abwägungsgebot muss gewahrt werden.

a) Planrechtfertigung

220 Die Wasserkraftanlage muss unter Berücksichtigung der Ziele des WHG und der ergänzenden Landeswassergesetze vernünftiger Weise geboten sein.[401] Dies ist in der Regel unproblematisch, denn als regenerative Form der Energiegewinnung entspricht die Nutzung der Wasserkraft den Zielen des WHG.[402]

b) Zwingende Planungsschranken

221 Die Wasserkraftanlage darf nicht gegen zwingende gesetzliche Normen verstoßen (zwingende Planungsschranken).[403] Gem. § 68 Abs. 3 WHG darf der Plan nur festgestellt werden, wenn eine **Beeinträchtigung des Wohls der Allgemeinheit,**

---

399 § 68 Abs. 2 WHG. Dazu etwa *Breuer*, RdWEWi 29 (2000), 31, 47 ff.
400 § 23 Abs. 6 EEG 2012.
401 Vgl. zur Planrechtfertigung allgemein Rn 409 ff.
402 Siehe § 28 Nr. 1 Buchst. d WHG; OVG Bremen, Urt. v. 4.6.2009 – 1 A 9/09 = ZfW 2010, 233, 239.
403 Vgl. zu den zwingenden Planungsschranken Rn 412 ff.

insbesondere eine erhebliche und dauerhafte, nicht ausgleichbare Erhöhung der Hochwasserrisiken und eine Zerstörung natürlicher Rückhalteflächen, vor allem in Auwäldern, nicht zu erwarten ist und andere Anforderungen nach dem WHG oder sonstigen öffentlich-rechtlichen Vorschriften erfüllt werden. Der Streit, ob der Begriff des Wohls der Allgemeinheit auf wasserrechtliche Regelungen beschränkt ist,[404] ist vom Gesetzgeber dahin gehend entschieden worden, dass auch ein Verstoß gegen öffentlich-rechtliche Vorschriften außerhalb des Wasserrechts einen zwingenden Versagungsgrund darstellen kann. Als Planungsschranken für die Wasserkraftanlage kommen insbesondere Vorschriften des Wasserrechts, Naturschutzrechts und des Bauplanungsrechts in Betracht.

Aus **wasserrechtlicher Sicht** bringt die Wasserkraftnutzung regelmäßig eine 222
Gefährdung der Fischfauna durch die Turbine, Ablagerungen der Geschiebefracht im Wasserkörper durch Veränderung der Abflussverhältnisse und Strömungen sowie eine Querverbauung des Gewässers mit sich. Dies wirft oftmals Probleme mit den **Bewirtschaftungszielen** für oberirdische Gewässer auf. Gemäß § 27 Abs. 1 WHG sind oberirdische Gewässer so zu bewirtschaften, dass eine Verschlechterung ihres ökologischen und ihres chemischen Zustandes vermieden wird (Verschlechterungsverbot) und ein guter ökologischer und ein guter chemischer Zustand erhalten oder erreicht wird (Erhaltungs- und Verbesserungsgebot). Für künstliche oder erheblich veränderte Gewässer sieht § 27 Abs. 2 WHG eine Erleichterung dahin gehend vor, dass das Bewirtschaftungsziel nicht der ökologische Zustand sondern das ökologische Potenzial ist. Die Bewirtschaftungsziele sind in der Planfeststellung als zwingende Planungsschranken zu beachten. Die größeren Flüsse sind in Deutschland aufgrund von Vertiefungen zum Zwecke des Schiffsverkehrs, bestehender Staustufen sowie zum Hochwasserschutz und der landwirtschaftlichen Nutzung durchgeführter Regulierungsmaßnahmen (Einbau von Buhnen etc.) regelmäßig als künstlich oder erheblich veränderte Gewässer eingeordnet. Die Bewirtschaftungsziele für die einzelnen Gewässer sind in Maßnahmenprogrammen und Bewirtschaftungsplänen konkretisiert worden.[405] Zumeist sind dort keine Verbote der Wasserkraftnutzung, wohl aber einschränkende Bedingungen enthalten, die die wasserrechtlichen Vorgaben des WHG weiter konkretisieren.[406] Eng mit den Bewirtschaftungszielen hängt das **Koordinierungsgebot** zusammen, nach dem Maßnahmen innerhalb der länderübergreifenden Flussgebietseinheiten zwischen den einzelnen betroffenen Ländern zu koordinieren sind.[407] Das Koordinierungsgebot steht der Erteilung eines Planfeststellungsbeschlusses für eine Wasserkraftanlage durch die zuständige Landesbehörde

404 BVerwG, Urt. v. 10.2.1978 – IV C 25.75 = BVerwGE 55, 220, 228 ff.
405 §§ 82 f. WHG.
406 Zur Vereinbarkeit der Wasserkraftnutzung mit den Bewirtschaftungszielen *Reinhardt*, NuR 2006, 205, 209 ff.
407 § 7 Abs. 2 WHG.

nicht entgegen, da die gebotene Koordinierung in erster Linie über die Maßnahmenprogramme und Bewirtschaftungspläne erfolgt.[408]

223 Gemäß § 35 Abs. 1 WHG darf die Nutzung von Wasserkraft nur zugelassen werden, wenn auch geeignete Maßnahmen zum **Schutz der Fischpopulation** ergriffen werden. In die gleiche Richtung weist für Laufwasserkraftwerke das **Gebot der Durchgängigkeit oberirdischer Gewässer.**[409] Gefährdungen für die Fischfauna treten zum einen durch Beeinträchtigungen des Wanderverhaltens von Fischarten und Neunaugen vom und zum Meer durch die Querverbauungen (Stauwehr etc.), zum anderen durch die Turbinen auf, durch die Fische und Neunaugen angesaugt und getötet werden können. Durch die fehlende Durchgängigkeit geht die hydromorphologische Eigenschaft des Gewässers verloren, die wegen ihrer positiven Auswirkungen auf die Gewässerflora und -fauna von maßgebender Bedeutung bei der ökologischen Zustandsbestimmung eines Gewässers ist.[410] Regelmäßig wird es etwa bei Laufwasserkraftwerken geboten sein, zur Aufrechterhaltung dieser Wanderbewegungen und damit auch des Laichverhaltens Fischauf- und -abstiegstreppen an einer oder an beiden Uferseiten des Stauwehrs oder Umleitungsgerinne zu errichten. Die Wirksamkeit solcher Fischtreppen oder Gerinne ist nachweisbar im Einzelnen belegt worden. Zum Schutz der Fischfauna sind dem Ansaugkanal ein Grob- und ein Feinrechen vorzuschalten, der das Ansaugrisiko minimieren soll. Ferner sind Maßnahmen zur Reduzierung der Ansaugströmung möglich.[411]

224 Darüber hinaus von Bedeutung ist bei Laufwasserkraftwerken regelmäßig das **Gebot der Mindestwasserführung.**[412] Insbesondere die Ausleitungsstrecken drohen zeitweise trocken zu fallen.[413] Das Gebot dient in erster Linie der Erfüllung der Bewirtschaftungsziele, reflexartig auch anderen Gewässernutzern. Mit der Mindestabflussmenge soll die Durchgängigkeit für die Fischfauna sichergestellt werden. Die erforderliche Abflussmenge ist von der Planfeststellungsbehörde anhand der im Einzelfall einschlägigen Bewirtschaftungsgrundsätze und -ziele festzulegen. Bei Wasserkraftanlagen hat die LAWA eine Empfehlung ausgesprochen, die von den Ländern teilweise durch Verwaltungsvorschriften eingeführt worden ist.[414]

225 Auch **naturschutzrechtliche Vorschriften** können zwingende Planungsschranken für die Wasserkraftanlage darstellen. So wird die Errichtung von Wasserkraftan-

---

408 OVG Bremen, Urt. v. 4.6.2009 – 1 A 9/09 = ZfW 2010, 233, 239 f.

409 § 34 WHG.

410 VG Münster, Urt. v. 29.6.2011 – 7 K 871/08 = juris Rn 26.

411 Eingehend OVG Bremen, Urt. v. 4.6.2009 – 1 A 9/09 = ZfW 2010, 233, 244 ff.

412 § 33 WHG.

413 *Fröhlich*, ZfW 2005, 133, 136 f.

414 LAWA, Ermittlung von Mindestabflüssen in Ausleitungsstrecken von Wasserkraftanlagen und zur Festsetzung im wasserrechtlichen Vollzug v. 22.3.2001; siehe auch für Sachsen die VwV Mindestwasserabfluss Wasserkraftanlagen v. 15.1.2003 (ABl. S. 156); zu möglichen Auflageninhalten auch *Fröhlich*, ZfW 2005, 133, 143.

lagen in Naturschutzgebieten aufgrund der weitreichenden Eingriffe in Natur und Landschaft regelmäßig ausgeschlossen sein. Die Schutzverordnungen kennen ein umfassendes Verbot baulicher Anlagen. Hiervon kann zwar im Einzelfall eine Befreiung erteilt werden. Hierbei besteht aber kein Vorrang der Stromerzeugung aus erneuerbaren Energien vor den Belangen des Umwelt- und Naturschutzes.[415] Auch der Biotopschutz kann einen Versagungsgrund für eine Wasserkraftanlage darstellen, etwa in naturnahen und unverbauten Bach- und Flussabschnitten.[416] Die Errichtung von Wasserkraftanlagen wird weiter regelmäßig auch in FFH-Gebieten aufgrund des baulichen Eingriffs ausgeschlossen sein. Die Errichtung kann zudem auch außerhalb von FFH-Gebieten problematisch sein. Dies ist insbesondere der Fall, wenn das oberirdische Gewässer als FFH-Gebiet dem Schutz einzelner Fischarten dient. Kennt das FFH-Gebiet etwa als Erhaltungsziel den Schutz einzelner Langdistanzwanderfischarten, kann die Querverbauung dieses Ziel erheblich beeinträchtigen. Entsprechendes gilt, wenn das FFH-Gebiet als Laichgebiet einer Fischart (z.B. der Finte) dient, die Art aber zum Laichen zum Meer wandern muss und hieran durch die Querverbauung gehindert wird. Hier muss im Einzelfall geprüft werden, ob durch Schadensbegrenzungsmaßnahmen (z.B. Fischtreppen) die Beeinträchtigungen des FFH-Gebiets so weit reduziert werden können, dass sie nicht mehr erheblich sind oder aber die Abweichungsvoraussetzungen des § 34 Abs. 3 BNatSchG vorliegen. Im Einzelfall kann es sogar geboten sein, an bestehenden Staustufen eine Fischtreppe einzubauen, um den Verlust an Fischen durch das Ansaugen der Turbine auszugleichen.[417]

Entgegenstehende Bauplanungsrechtliche Vorschriften[418] stellen einen 226 zwingenden Versagungsgrund dar, wenn es sich um eine Planung mit nur örtlicher Bedeutung handelt.[419] Andernfalls finden die Vorschriften der Bauplanungsrechts gem. § 38 S. 1 BauGB keine Anwendung, so dass sie Belange des Städtebaus nur in der Abwägung berücksichtigt werden müssen. Eine nur örtliche Bedeutung liegt vor, wenn sich für die Wasserkraftanlage kein Koordinierungsbedarf im Hinblick auf die Belange anderer Planungsträger mit überörtlicher Zielsetzung ergibt. Indiz hierfür ist etwa die Tatsache, dass die Anlage nicht das Gebiet von zwei Gemeinden berührt.[420] Eine örtliche Bedeutung wird man regelmäßig zumindest bei kleineren Wasserkraftanlagen annehmen können.

415 VGH München, Beschl. v. 26.2.2007 – 8 ZB 06.879 = NVwZ 2007, 1101, 1102.
416 Siehe OVG Koblenz, Urt. v. 16.11.2000 – 1 A 10532/00 = NuR 2001, 291, 292.
417 Siehe OVG Hamburg, Beschl. v. 25.8.2008 – 5 E 4/08.P = ZUR 2008, 534.
418 §§ 29 ff. BauGB.
419 BVerwG, Beschl. v. 1.4.1993 – 7 B 148.92 = RdL 1993, 251; VGH München, Urt. v. 16.11.1993 – 8 B 92.359 = NVwZ 1994, 705; *Czychowski/Reinhardt*, § 68 Rn 35.
420 BVerwG, Beschl. v. 30.6.2004 – 7 B 92.03 = NVwZ 2004, 1240, 1241; Urt. v. 4.5.1988 – 4 C 22.87 = BVerwGE 79, 318, 321.

c) Abwägungsgebot

227 Bei der wasserrechtlichen Planfeststellung sind, wie bei jeder Planfeststellung, die vom Planvorhaben berührten öffentlichen und privaten Belange untereinander und gegeneinander abzuwägen. Für Wasserkraftanlagen, die der Stromversorgung der Allgemeinheit dienen, gelten insoweit keine Besonderheiten.[421] Etwas anderes gilt für Wasserkraftanlagen, die ausschließlich der privaten Stromversorgung dienen. Spricht hier ein öffentlicher Belang gegen die geplante Wasserkraftanlage oder würde die Errichtung bzw. der Betrieb in Rechte Dritter eingreifen, kann sie nicht zugelassen werden.[422] Aufgrund der Privatnützigkeit ist ein Zugriff auf das Eigentum Dritter unzulässig. Das WHG sieht insoweit auch keine Möglichkeit der Enteignung fremder Grundstücke vor. § 71 WHG gilt nur für gemeinnützige Planfeststellungen.

228 Regelmäßig sind für die Zulassung von Wasserkraftanlagen folgende Belange von besonderer Bedeutung: Bei den **wasserrechtlichen Belangen** spielen insbesondere der Schutz des Grundwassers und die Sicherstellung der öffentlichen Trinkwasserversorgung eine wichtige Rolle. Die Grundwasserneubildungsrate darf nicht beeinträchtigt werden. Ferner gehört hierher der Hochwasserschutz. Durch die Aufstauung des Gewässers darf es nicht zu einer Erhöhung des Hochwasserrisikos kommen. Schließlich enthält § 67 Abs. 1 WHG mit der Forderung, dass natürliche Rückhalteflächen erhalten bleiben, das natürliche Abflussverhalten nicht wesentlich verändert wird, naturraumtypische Lebensgemeinschaften bewahrt und sonstige nachteilige Veränderungen des Zustands des Gewässer vermieden oder ausgeglichen werden sollen, Planungsleitlinien für den Gewässerausbau.[423] Ferner hat die Abwägung sich an den allgemeinen Grundsätzen der Gewässerbewirtschaftung gem. § 6 WHG zu orientieren. Von Bedeutung für neue Wasserkraftanlagen ist hier insbesondere § 6 Abs. 2 WHG, nach dem nicht naturnah ausgebaute natürliche Gewässer so weit wie möglich wieder in einen naturnahen Zustand zurückzuführen sind, wenn überwiegende Gründe des Wohls der Allgemeinheit dem nicht entgegenstehen. § 31 Abs. 1 S. 2 WHG a.F. sah noch insoweit ausdrücklich vor, dass Wasserkraftanlagen solche überwiegenden Gründe des Gemeinwohls seien. Trotz der Streichung durch den Gesetzgeber hat sich hieran nichts geändert.[424]

229 Soweit naturschutzrechtliche Vorschriften nicht schon zwingende Planungsschranken darstellen, sind die **Belange des Naturschutzes**, die regelmäßig gegen die Wasserkraftanlage sprechen, in die Abwägung einzustellen. Hierher gehören etwa Belange des sparsamen Landschaftsverbrauchs.[425]

---

421 BVerwG, Urt. v. 27.9.1990 – 4 C 44.87 = BVerwGE 85, 348, 351; Urt. v. 18.5.1990 – 7 C 3.90 = BVerwGE 85, 155, 156; vgl. allgemein zum Abwägungsgebot näher Rn 421 ff.

422 BVerwG, Urt. v. 10.2.1978 – IV C 25.75 = BVerwGE 55, 220, 227.

423 *Czychowski/Reinhardt*, § 67 Rn 8; siehe auch Gesetzesbegründung, BT-Drucks. 16/12275, S. 73.

424 *Czychowski/Reinhardt*, § 6 Rn 69.

425 BVerwG, Urt. v. 18.5.1990 – 7 C 3.90 = BVerwGE 85, 155, 157.

Belange der Fischerei werden durch die Landesfischereigesetze näher konkretisiert. Zu den Fischereirechten gehört insbesondere der Fang und die Aneignung von Fischen einschließlich deren Laich. Belange der Fischerei werden demnach im Falle der Reduzierung der Fischfauna berührt. 230

Belange des Städtebaus in Gestalt von Darstellungen in Flächennutzungsplänen, Festsetzungen in Bebauungsplänen sowie in den Planersatzvorschriften der §§ 34 und 35 BauGB sind als „fachplanerisch zu berücksichtigende Orientierungshilfen“ anzusehen, sofern es sich um eine überörtliche Planung handelt.[426] 231

Private Belange, die der Errichtung und dem Betrieb einer Wasserkraftanlage entgegenstehen können, sind insbesondere das Grundeigentum Dritter. Dies kann etwa für die notwendige wegemäßige Erschließung eine Rolle spielen.[427] Ferner sind auch Wassernutzungsrechte etwa am Unterlauf Dritter zu beachten. § 70 Abs. 1 i.V.m. § 14 Abs. 4 WHG stellt klar, dass bei mehr als geringfügigen nachteiligen Auswirkungen aufgrund der Veränderung des Wasserabflusses oder des Wasserstandes oder dem Entzug von Wasser für die Wassergewinnungsanlage eines Dritten Inhalts- und Nebenbestimmungen zum Schutze des Dritten erforderlich sind. Auch Fischereiberechtigungen Dritter können berührt werden. Bei privatnützigen Planvorhaben müssen Beeinträchtigungen zwingend durch Schutzmaßnahmen ausgeglichen werden. Dies kann etwa der Einbau einer Fischaufstiegshilfe sein.[428] 232

Besondere Bedeutung für die wasserrechtliche Planfeststellung und auch bei Wasserkraftanlagen hat die **Beauflagung von Schutzmaßnahmen**. § 70 Abs. 1 i.V.m. § 13 Abs. 1 WHG sieht die Möglichkeit vor, zum Schutze Dritter solche Auflagen dem Planfeststellungsbeschluss beizufügen, um nachteilige Wirkungen für andere zu vermeiden oder auszugleichen. Solche Auflagen sind insbesondere bei einer nachteiligen Einwirkung auf das Recht eines Dritten notwendig. Üblich sind etwa nähere Vorgaben für 233

- eine zu errichtende Fischtreppe oder ein Umleitungsgerinne,
- eine Mindestwassermenge,
- Voraussetzungen, bei deren Vorliegen die Turbine abgeschaltet werden muss,
- Maßnahmen zur Stützung von Fischpopulationen und zum Schutz der Gewässerflora.

426 § 38 S. 1 BauGB; BVerwG, Urt. v. 18.5.1990 – 7 C 3.90 = BVerwGE 85, 155, 160; Urt. v. 4.5.1988 – 4 C 22.87 = BVerwGE 79, 318, 321 f.; zur Abgrenzung zur örtlichen Planung Rn 226.

427 BVerwG, Beschl. v. 12.8.1993 – 7 B 123.93 = NVwZ-RR 1994, 381.

428 Vgl. VG Regensburg, Urt. v. 2.8.2010 – RO 8 K 10.00289 = juris Rn 19.

2. Voraussetzungen der wasserrechtlichen Gestattung

234 Die Bewilligung oder die Erlaubnis[429] sind gem. § 12 Abs. 1 WHG zu versagen, wenn schädliche, auch durch Nebenbestimmungen nicht vermeidbare oder nicht ausgleichbare Gewässerverunreinigungen zu erwarten sind oder andere Anforderungen nach öffentlich-rechtlichen Vorschriften nicht erfüllt werden. Schädliche Gewässerverunreinigungen sind Veränderungen von Gewässereigenschaften, die das **Wohl der Allgemeinheit**, insbesondere die öffentliche Wasserversorgung, beeinträchtigen oder die nicht den Anforderungen entsprechen, die sich aus dem WHG oder anderen wasserrechtlichen Vorschriften ergeben.[430] Der zwingende Versagungsgrund deckt sich inhaltlich mit den Anforderungen des § 68 Abs. 3 WHG für die wasserrechtliche Planfeststellung.[431] Besondere Bedeutung kommt regelmäßig der Beifügung von Inhalts- und Nebenbestimmungen zur Bewilligung oder Erlaubnis, um nachteilige Wirkungen für andere zu vermeiden oder auszugleichen.[432] Nur wenn eine solche Möglichkeit nicht besteht, liegt ein zwingender Versagungsgrund vor. Relevant bei der Wasserkraftnutzung sind insbesondere Auflagen:
- zur Mindestwassermenge,
- zur Maximalmenge der Entnahme und Wiedereinleitung,
- zum Monitoring der Gewässerbenutzung,
- zur technischen Ausgestaltung zur Turbine,
- zur Errichtung einer Fischtreppe etc.[433]

235 § 12 Abs. 2 WHG räumt der zuständigen Wasserbehörde ein **Bewirtschaftungsermessen** ein. Auch wenn kein Versagungsgrund vorliegt, besteht daher kein Anspruch auf Erteilung der Bewilligung oder Erlaubnis. Bei der Ermessensausübung spielen so unterschiedliche Gesichtspunkte eine Rolle wie der Zustand des Wasserhaushalts, die Möglichkeit weiterer Zulassungen und damit Eingriffe in den Wasserhaushalt durch Dritte, eine „Reserve“ für künftige Nutzungen etc. Richtschnur sind zudem die einzelfallbezogenen Festlegungen in den Maßnahmenprogrammen.[434] Entsprechende Auflagen zur Absicherung können in die Bewilligung oder Erlaubnis aufgenommen werden.

---

429 Zur Erforderlichkeit vgl. Rn 216 f.

430 § 3 Nr. 10 WHG.

431 So schon zur alten Rechtslage BVerwG, Urt. v. 27.9.1990 – 4 C 44.87 = BVerwGE 85, 348, 351; *Czychowski/Reinhardt*, § 68 Rn 24; zu den Anforderungen vgl. Rn 221 ff.

432 § 13 Abs. 1 WHG.

433 Zum Ganzen *Breuer*, UTR 88 (2006), 305 ff.; *Fröhlich*, ZfW 2005, 133, 148 ff.; *Czychowski/Reinhardt*, § 68 Rn 95 ff.

434 § 81 WHG.

3. Voraussetzungen der Anlagengenehmigung

Gemäß § 36 S. 1 WHG sind Anlagen in, an, über und unter oberirdischen Gewässern so zu errichten und zu betreiben, dass keine schädlichen Gewässerveränderungen zu erwarten sind und die Gewässerunterhaltung nicht mehr erschwert wird, als es den Umständen nach unvermeidbar ist. Die Genehmigungsvoraussetzungen entsprechen weitgehend den Anforderungen für eine wasserrechtliche Gestattung nach § 12 WHG.[435] 236

III. Genehmigungsverfahren

237 Für den planfeststellungspflichtigen Gewässerausbau ist ein Planfeststellungsverfahren durchzuführen, das ein **förmliches Anhörungsverfahren** (Auslegung der Planunterlagen, Erörterungstermin) vorsieht und mit dem Erlass eines Planfeststellungsbeschluss endet.[436]

238 Das **Erteilungsverfahren** für die **Bewilligung oder die Erlaubnis** ist im WHG nur teilweise geregelt. § 11 WHG sieht vor, dass bei UVP-pflichtigen Vorhaben das Verfahren den Vorschriften des UVPG und hier insbesondere der §§ 8 und 9 UVPG (Behörden-, Öffentlichkeitsbeteiligung) genügen muss. Die Bewilligung kann nur in einem förmlichen Verfahren erteilt werden, in dem die Betroffenen und die beteiligten Behörden Einwendungen erheben können. Die Länder haben die Zulassungsverfahren unterschiedlich ausgestaltet. Das Erlaubnisverfahren ist zumeist nicht förmlich ausgestaltet; es gelten die §§ 9 ff. VwVfG.[437] Teilweise ist ein förmliches Verfahren vorgesehen,[438] teilweise ein dem Planfeststellungsverfahren ähnliches Verfahren.[439] Für das Bewilligungsverfahren werden überwiegend die Vorschriften über das förmliche Verfahren für anwendbar erklärt,[440] teilweise auch die Verfahrensvorschriften über die Planfeststellung.[441] Das förmliche Verfahren unterscheidet sich vom nichtförmlichen Verfahren im Wesentlichen durch die mündliche Verhandlung, vom Planfeststellungsverfahren durch die fehlende Öffentlichkeitsbeteiligung.

---

435 Vgl. hierzu Rn 234.

436 § 70 Abs. 1, 2. Hs. WHG i.V.m. den §§ 72 ff. VwVfG. Zu den Einzelheiten vgl. Rn 440 ff.

437 So etwa in Nordrhein-Westfalen § 25 Abs. 1 WG NRW, in Hessen § 76 Abs. 1 HessWG, in Thüringen § 115 Abs. 4 ThürWG.

438 So in Baden-Württemberg § 108 Abs. 1 WG, in Berlin § 86 BlnWG.

439 So in Schleswig-Holstein § 119 SchlHWG.

440 So etwa in Nordrhein-Westfalen § 143 WG NRW, in Baden-Württemberg § 108 Abs. 1 WG BW, in Niedersachsen § 24 NdsWG.

441 So etwa in Bayern Art. 83 Abs. 2 BayWG, in Rheinland-Pfalz § 114 Abs. 2 RhPfWG, in Thüringen § 115 Abs. 2 ThürWG, in Hessen § 76 Abs. 1 HessWG.

239 Für die **Anlagengenehmigung** bestehen nach § 36 WHG bundesrechtlich keine Vorgaben. Die Landesgesetze sehen insoweit überwiegend keine näheren Vorgaben vor, so dass ein **nichtförmliches Verfahren** i.S.d. §§ 9 ff. VwVfG durchgeführt wird.

IV. Nachrüstung bestehender Wasserkraftanlagen

240 In jüngerer Zeit wird verstärkt die Pflicht zur Nachrüstung bestehender Wasserkraftanlagen zu einem Problem. Anlass für die Nachrüstungspflicht ist die Umsetzung der EU-Wasserrahmenrichtlinie sowie die Festlegung und Konkretisierung der Bewirtschaftungsziele für die einzelnen Flussgebietseinheiten. § 35 Abs.2 WHG sieht vor, dass die Wasserbehörde bei vorhandenen Wasserkraftanlagen, für die keine geeigneten Maßnahmen zum Schutz der Fischpopulation festgelegt sind, die erforderlichen Maßnahmen innerhalb angemessener Fristen durchzuführen hat. Hierfür kann der Zulassungsentscheidung[442] **nachträglich** eine **Auflage** beigefügt werden. Die Nachrüstungspflicht wird durch den Verhältnismäßigkeitsgrundsatz begrenzt. Insbesondere ist zu beachten, dass anders als bei einer Erstzulassung ein eingerichteter Gewerbebetrieb bereits besteht und somit die wirtschaftlichen Interessen einen begrenzten rechtlichen Schutz genießen.[443] Bei Wasserkraftanlagen, die an Stauanlagen an Bundeswasserstraßen errichtet sind, stellt sich die Frage, wie sich die Nachrüstungspflicht zur Pflicht nach § 34 Abs. 2 WHG verhält, nach der die Wasser- und Schifffahrtsverwaltung des Bundes bei vorhandenen Stauanlagen die Durchgängigkeit wiederherzustellen hat. Da beide Pflichten auf die nachträgliche Errichtung einer Fischaufstiegshilfe gerichtet sein können, hängt von dem Verhältnis der Vorschriften die Kostentragung ab. Ein Vorrangverhältnis in die eine oder andere Richtung besteht nicht. Sachnäher wird es sein, darauf abzustellen in wessen räumlichen Bereich die neue Fischaufstiegshilfe errichtet werden soll. Im Bereich der Wasserkraftanlage ist deren Betreiber heranzuziehen, ansonsten die WSV. Eine Kostenerstattung ist gesetzlich nicht vorgesehen.

D. Solarenergie

241 Die Gewinnung von Energie aus solarer Strahlungsenergie erfolgt in Deutschland durch Photovoltaikanlagen zur Stromerzeugung und Sonnenkollektoren zur Wärme-

442 § 13 Abs. 1 WHG.

443 Zum Ganzen *Reinhardt*, NVwZ 2011, 1089 ff.; zurückhaltend VGH München, Urt. v. 7.10.2004 – 22 B 03.3288 = NuR 2005, 185, 188 f.

gewinnung. Solarthermische Kraftwerke spielen aufgrund zu geringer direkter Sonneneinstrahlung bislang keine Rolle.[444]

Die Energiegewinnung aus Photovoltaik und Sonnenkollektoren hat sich in den letzten Jahren erheblich gesteigert.[445] Der **Anteil** des Beitrags von Photovoltaikanlagen am Endenergieverbrauch (Strom) in Deutschland lag im Jahr 2010 mit 11.683 GWh (2009: 6.583 GWh) bei 1,9 %[446] und der Anteil an der Stromerzeugung aus erneuerbaren Energien bei 11,3 %. Die Solarthermie hatte 2010 mit 5.200 GWh (2009: 4.733 GWh) einen Anteil von 0,4 % am Endenergieverbrauch für Wärme. Zur Wärmebereitstellung aus erneuerbaren Energien trug sie 3,8 % bei. 242

Sonnenkollektoren zur Wärmegewinnung werden regelmäßig auf Gebäudedächern installiert und dienen der direkten Versorgung der jeweiligen Gebäude. Die Wärme aus Sonnenkollektoren wird meist zur Brauchwassererwärmung genutzt. Bei entsprechender Anlagengröße können Sonnenkollektoren (jedenfalls bei modernen Heizungsanlagen) auch durch Heizwärme die Gebäudeheizung unterstützen. 243

Photovoltaikanlagen werden in der Regel auf oder an Gebäuden installiert. Der durch die Solarzellen erzeugte Strom wird – anders als die durch Sonnenkollektoren erzeugte Wärmeenergie – regelmäßig nicht unmittelbar für die Gebäudeversorgung verwendet, sondern ins öffentliche Netz eingespeist. 244

Photovoltaikanlagen können auch gebäudeunabhängig als sog. **Freiflächenanlagen** errichtet werden. Diese sind sehr flächenintensiv[447] und können dadurch Konflikte mit anderen Nutzungen hervorrufen (Landwirtschaft, Wohnen, Industrie und Gewerbe, Infrastruktur, Erholung). Für die Errichtung von Freiflächenanlagen sind daher Flächen von besonderem Interesse, die anderweitig nicht oder nur eingeschränkt genutzt werden können (stillgelegte Deponieflächen; versiegelte Industriebrachen etc.). Entsprechend werden durch das EEG 2012 neu zu errichtende Freiflächenanlagen nur auf bereits vorbelasteten Flächen gefördert.[448] 245

Hinsichtlich der genehmigungsrechtlichen und materiell-rechtlichen Anforderungen bei Solaranlagen ist zwischen Photovoltaikanlagen und Sonnenkollektoren auf oder an Gebäuden einerseits und Photovoltaik-Freiflächenanlagen andererseits zu unterscheiden. Die Anforderungen an gebäudegebundene Photovoltaikanlagen und Sonnenkollektoren sind dabei weitgehend identisch. 246

---

444 Zu den Grundbegriffen der Solarenergie vgl. Kap. 1 Rn 108 ff.

445 Zu den finanziellen Rahmenbedingungen nach dem EEG vgl. Kap. 5 Rn 173 ff.

446 Zahlen entnommen aus: BMU, Erneuerbare Energien in Zahlen, Stand Juli 2011, S. 12 ff.

447 Der nach eigenen Angaben derzeit größte Solarpark Deutschlands, der Solarpark Lieberose in Brandenburg, beansprucht eine Fläche von 162 ha für einen prognostizierten Ertrag von ca. 52 GWh pro Jahr (nach eigenen Angaben auf der Homepage des Solarparks http://www.solarpark-lieberose.de/zahlen/default.html).

448 Vgl. dazu Kap. 5 Rn 179 ff.; zur Städtebauförderung *Grigoleit*, ZfBR Sonderausgabe 2012, 95, 98 f.

I. Genehmigungsvorbehalt

247 Regelungen zur Genehmigungspflicht von Solaranlagen enthalten die jeweiligen Landesbauordnungen. Nach § 59 Abs. 1 MBO sowie den jeweiligen Landesbauordnungen[449] bedarf die Errichtung, Änderung oder Nutzungsänderung von baulichen Anlagen grundsätzlich der Baugenehmigung. Dies gilt sowohl für Photovoltaikanlagen und Sonnenkollektoren in oder an Dächern oder Außenwänden als auch für Freiflächenanlagen. Gebäudeabhängige Anlagen sind in der Regel jedoch als verfahrensfreie Vorhaben von der Baugenehmigungspflicht befreit.

1. Gebäudeabhängige Solaranlagen

248 Für gebäudeabhängige Solaranlagen sieht die MBO eine Befreiung von der Baugenehmigungspflicht vor. Nach § 61 Abs. 1 Nr. 2 Buchst. b MBO sind Solarenergieanlagen und Sonnenkollektoren in und an Dach- und Außenwandflächen verfahrensfrei.

249 Die **Vorschriften der Landesbauordnungen** weichen von dieser Formulierung teilweise ab. In **Niedersachsen** sind nach § 69 Abs. 1 S. 1 i.V.m. Anhang Nr. 2.4 NBO „Solaranlagen in und an Dach- und Außenwandflächen" genehmigungsfrei. In **Nordrhein-Westfalen** ist die Errichtung oder Änderung von „Solarenergieanlagen auf oder an Gebäuden" nach § 65 Abs. 1 Nr. 44 BauO NRW genehmigungsfrei. In manchen Ländern werden noch weitere Einschränkungen in Bezug auf die Größe oder den Abstand zur Dach- oder Außenwandfläche getroffen. In **Brandenburg** etwa bezieht sich die Verfahrensfreiheit nur auf *„Sonnenkollektoren, Solarenergie- und Fotovoltaikanlagen"*, die mit einem Abstand von nicht mehr als 0,20 m an Dach- oder Außenwandflächen angebracht oder mit einer Gesamtfläche von nicht mehr als 10 m² und einer Bauhöhe von nicht mehr als 0,60 m auf Flachdächern aufgestellt werden.[450] In jedem Fall sollte daher am Beginn der Projektplanung die genaue Genehmigungssituation im jeweiligen Bundesland geprüft werden.[451]

250 Hinsichtlich der Befreiung von der Genehmigungspflicht hat eine Entscheidung des OVG Münster vom 20.9.2010[452] für Irritationen gesorgt. Das Gericht hatte über die Genehmigungsfreiheit einer Solaranlage zu entscheiden, die auf dem Dach einer Reit-

---

449 Vgl. in Bayern: Art. 55 Abs. 1 BayBO; Niedersachsen: § 68 Abs. 1 NBauO; NRW: § 63 Abs. 1 BauO NRW.

450 § 55 Abs. 3 Nr. 10 BbgBO; dazu OVG Berlin-Brandenburg, Beschl. v. 20.6.2012 – OVG 10 S 44.11 = juris Rn 8 ff. zu gebäudeintegrierten und aufgeständerten Anlagen.

451 Nach der Entwurfsfassung der MBO v. 2011 (§ 61 Abs. 1 Nr. 3 Buchst. a) sollen Solaranlagen in, an und auf Dach- und Außenwandflächen sowie die damit verbundene Änderung der Nutzung oder der äußeren Gestalt des Gebäudes verfahrensfrei sein. Der Begriff „Solaranlagen" würde dann als Oberbegriff Photovoltaikanlagen und Sonnenkollektoren erfassen. Die Änderung soll im Herbst 2012 beschlossen werden.

452 OVG Münster, Beschl. v. 20.9.2010 – 7 B 985/10 = ZUR 2011, 23.

halle im Außenbereich angebracht und von einem Dritten betrieben werden sollte. Das Gericht kam dabei zu dem Schluss, dass für die Solaranlage zwar für sich genommen die Befreiung des § 65 Abs. 1 Nr. 44 BauO NRW einschlägig sei, die Installation der Solaranlage aber zu einer – genehmigungspflichtigen – Nutzungsänderung der Reithalle führe. Denn neben der landwirtschaftlichen Nutzung der Reithalle trete eine gewerbliche Nutzung durch einen Dritten hinzu, da der erzeugte Strom nicht in dem landwirtschaftlichen Betrieb selbst genutzt, sondern in das Netz eines Energieversorgers eingespeist werde.[453] Das Bauministerium des Landes NRW reagierte auf diese Entscheidung mit einem an die Genehmigungsbehörden gerichteten Verwaltungserlass vom 13.10.2010.[454] Dort heißt es, die oberste Bauaufsichtsbehörde gehe weiterhin davon aus, dass *„eine Änderung der Nutzung einer baulichen Anlage dann nicht vorliege, wenn die größere Menge des dort erzeugten Stroms für den Betrieb der baulichen Anlage selbst genutzt wird."* Dabei spiele es keine Rolle, ob der gesamte Strom zunächst ins öffentliche Netz eingespeist und sodann der eigene Bedarf aus dem öffentlichen Netz gedeckt würde. Entscheidend sei die Differenz zwischen der gesamten erzeugten Strommenge und dem Energieeigenbedarf. Sei der Anteil unter 50 %, so liege keine Nutzungsänderung vor. Es könne davon ausgegangen werden, dass die genehmigungsfrei angebrachten Solarenergieanlagen in der Regel nicht zu einer Nutzungsänderung führen.[455]

Die Genehmigungsfreiheit der Solaranlage entbindet den Vorhabenträger nicht 251
von der Beachtung der maßgeblichen Vorschriften.[456] Verstößt die Anlage gegen öffentlich-rechtliche Anforderungen, so kann die zuständige Bauaufsichtsbehörde mittels einer Baueinstellungs- oder Beseitigungsanordnung einschreiten.

2. Freiflächenanlagen

Freiflächenanlagen sind regelmäßig nicht von der **Baugenehmigungspflicht** befreit. 252
Ausnahmen bestehen nur für kleine Anlagen. Nach § 61 Abs. 1 Nr. 3 Buchst. b MBO betrifft dies Anlagen mit einer Höhe von bis zu 5 m und einer Brutto-Grundfläche bis zu 10 m². In den meisten Landesbauordnungen wurden entsprechende oder ähnliche Regelungen eingeführt.[457] Überschreitet eine Anlage den jeweiligen Schwellenwert, besteht für die gesamte Anlage eine Genehmigungspflicht. Teilweise unterfallen Frei-

453 OVG Münster, Beschl. v. 20.9.2010 – 7 B 985/10 = ZUR 2011, 23, 23.

454 Abrufbar unter: http://www.mbv.nrw.de/Service/Downloads/Bauverwaltung/Informationen_f_Bauaufsichtsbehoerden/ErlassBABSolar-Endfassung_13-10-2010.pdf.

455 Nach der geplanten Änderung der MBO entfällt die Genehmigungspflicht der Nutzungsänderung.

456 So ausdrücklich etwa Art. 55 Abs. 2 BayBO; § 65 Abs. 4 BauO NRW.

457 So in Bayern Art. 57 Abs. 1 Nr. 3 Buchst. b BayBO, in Hessen § 63 Abs. 1 Nr. 2 Buchst. c HBO (Höhe bis 2,75 m und Gesamtlänge bis 9 m), in Nordrhein-Westfalen § 65 Abs. 1 Nr. 44 BauO NRW (für „untergeordnete Nebenanlagen").

flächenanlagen auch unabhängig von ihrer Größe einer generellen Genehmigungspflicht (so in Niedersachsen).

253 Eine **immissionsschutzrechtliche Genehmigung** ist – selbst bei großen Solarparks – nicht erforderlich. Auch eine UVP ist für Photovoltaikanlagen nicht durchzuführen.

II. Genehmigungsvoraussetzungen/materielle Voraussetzungen

254 Im Rahmen der Zulässigkeit einer Solaranlage sind verschiedene Vorschriften, insbesondere des Bauplanungs- und Bauordnungsrechts, des Immissionsschutzrechts sowie des Denkmalschutzrechts zu beachten. Für den Bauherrn empfiehlt sich auch im Falle der Genehmigungsfreistellung vor dem Beginn der Bauausführung eine gründliche Überprüfung der maßgeblichen Vorschriften.

1. Bauplanungsrecht

255 Wesentliche Bedeutung für die Prüfung der Zulässigkeit der Solaranlage haben die bauplanungsrechtlichen Vorschriften der §§ 29 ff. BauGB. Gemäß § 29 Abs. 1 BauGB gelten für Vorhaben, die die Errichtung, Änderung oder Nutzungsänderung von baulichen Anlagen zum Inhalt haben, die §§ 30 bis 37 BauGB. Auf Dächern angebrachte Solaranlagen dürften jedenfalls dann eine bauliche Anlage nach § 29 Abs. 1 BauGB darstellen, wenn sie aufgeständert werden.[458] Für die bauplanungsrechtliche Zulässigkeit kommt es maßgeblich auf die Einordnung des jeweiligen Standorts an, also ob das Vorhaben im Bereich eines Bebauungsplans, im unbeplanten Innenbereich oder im Außenbereich liegt.[459] Die Anforderungen für Anlagen an oder auf Gebäuden und für Freiflächenanlagen unterscheiden sich dabei wesentlich.

a) Anlagen an oder auf Gebäuden

256 Die bauplanungsrechtliche Zulässigkeit von Solaranlagen an oder auf Gebäuden beurteilt sich danach, wie der Standort des zugrunde liegenden Gebäudes bauplanungsrechtlich einzuordnen ist.

---

458 VG Augsburg, Urt. v. 23.6.2010 – Au 4 K 09.613 = juris Rn 42 aufgrund der Auswirkungen auf das Ortsbild; a.A. *Jäde*, LKV 2011, 306, 308.

459 Vgl. dazu die Ausführungen zur gleichen Frage im Rahmen der Zulässigkeit von Windenergieanlagen Rn 30 ff.

aa) Außenbereich: Privilegierung nach § 35 Abs. 1 Nr. 8 BauGB

Besonders attraktiv zur Nutzung von Solaranlagen sind große Dachflächen von landwirtschaftlichen Gebäuden, deren Standort oftmals dem Außenbereich zuzuordnen ist. Gemäß § 35 Abs. 1 Nr. 8 BauGB sind Anlagen **privilegiert**, die *„der Nutzung solarer Strahlungsenergie in, an und auf Dach- und Außenwandflächen von zulässigerweise genutzten Gebäuden dienen, wenn die Anlage dem Gebäude baulich untergeordnet ist"*. Die Privilegierung verlangt eine bauliche, d.h. räumlich-gegenständliche Unterordnung der Solaranlage. Nicht erfasst sind daher z.B. Anlagen, deren Fläche über die Dachfläche bzw. die Wandfläche des Gebäudes hinausgeht.[460] Die Anlage muss sich dagegen nicht auch funktionell unterordnen, d.h., die Privilegierung ist auch dann einschlägig, wenn die erzeugte Energie vollständig ins öffentliche Netz eingespeist wird.[461] Das Gebäude muss nach der Privilegierung zulässigerweise genutzt werden. Dazu reicht eine formell zulässige Nutzung aus,[462] d.h. eine Nutzung ist auch zulässig, wenn sie zwar nicht mehr den jetzigen Vorschriften entspricht, aber von einer Genehmigung gedeckt ist. Problematisch kann dies u.U. sein, wenn die Installation auf einer Dachfläche eines landwirtschaftlichen Gebäudes erfolgen soll, dessen Nutzung aufgegeben wurde und das auch nicht anderweitig zulässig genutzt wird. In aller Regel sind Solaranlagen auf Dächern oder an Außenwänden von Gebäuden im Außenbereich nunmehr privilegiert zulässig. 257

Ein privilegiertes Vorhaben ist nach § 35 Abs. 1 BauGB im Außenbereich zulässig, wenn dessen Erschließung gesichert ist und öffentliche Belange nicht entgegenstehen. Als möglicherweise beeinträchtigter Belang kommt der **Denkmalschutz** nach § 35 Abs. 3 S. 1 Nr. 5 BauGB in Betracht.[463] Nur in Ausnahmefällen kann eine **Beeinträchtigung des Orts- und Landschaftsbildes** i.S.d. § 35 Abs. 3 S. 1 Nr. 5 BauGB in Betracht kommen, das aufgrund des öffentlichen Interesses an der Nutzung der erneuerbaren Energien aber in aller Regel nicht der Zulässigkeit der Solaranlagen nicht entgegenstehen wird. 258

bb) Zulässigkeit im Geltungsbereich eines Bebauungsplans

Im Geltungsbereich eines qualifizierten[464] Bebauungsplans gem. § 30 Abs. 1 BauGB ist eine Solaranlage zulässig, wenn sie den Festsetzungen des Bebauungsplans (insbesondere Art und Maß der baulichen Nutzung sowie überbaubare Grundstücksfläche) nicht widerspricht und die Erschließung gesichert ist. 259

460 So die Gesetzesbegründung, BT-Drucks. 17/6076, S. 10.

461 BT-Drucks. 17/6076, S. 10.

462 *Battis/Krautzberger/Mitschang/Reidt/Stüer*, NVwZ 2011, 897, 903.

463 Vgl. hierzu näher Rn 282 ff.

464 Trifft ein „einfacher Bebauungsplan" nach § 30 Abs. 3 BauGB keine Festsetzungen zur Art der baulichen Nutzung, so beurteilt sich die bauplanungsrechtliche Zulässigkeit nach den Vorschriften der §§ 34 und 35 BauGB.

260 Für die Beurteilung der **Art der baulichen Nutzung** kommt es zum einen auf die jeweilige Baugebiets-Festsetzung im Bebauungsplan an.[465] Auf der anderen Seite ist für die Beurteilung von Bedeutung, ob die Solaranlage als gewerbliche Anlage zu qualifizieren ist oder nicht. Nichtgewerbliche Solaranlagen, deren Strom überwiegend zur Versorgung des zugrunde liegenden Gebäudes dient, sind als (baulich und funktional) untergeordnete Nebenanlagen nach § 14 Abs. 1 BauNVO grundsätzlich in allen Baugebieten zulässig. Bei Solaranlagen, die überwiegend Strom ins öffentliche Netz einspeisen (gewerbliche Anlagen), hängt die bauplanungsrechtliche Zulässigkeit prinzipiell vom jeweiligen Baugebietstyp ab.[466] In besonderen Wohngebieten, Dorfgebieten, Mischgebieten, Kerngebieten, Gewerbegebieten und Industriegebieten[467] sind gewerblich einzustufende Solaranlagen generell zulässig. In Kleinsiedlungsgebieten[468] und allgemeinen Wohngebieten[469] sind sie ausnahmsweise zulässig, wenn sie nicht störend sind, wovon bei Solaranlagen regelmäßig ausgegangen werden kann. Die Gewährung der Ausnahme steht dabei nicht im Belieben der Genehmigungsbehörde. Sie darf die Zulassung nur aus städtebaulichen Gründen versagen.[470] Solche Versagungsgründe liegen in aller Regel nicht vor. Problematischer ist die Zulässigkeit von gewerblichen Anlagen in reinen Wohngebieten nach § 3 BauNVO, denn Gewerbebetriebe sind im reinen Wohngebiet grundsätzlich unzulässig. Die Genehmigungsbehörde kann die Anlage jedoch nach § 31 Abs. 1 BauGB i.V.m. § 14 Abs. 2 BauNVO als der Versorgung des Baugebiets mit Elektrizität dienende Nebenanlage ausnahmsweise zulassen. Unter bestimmten Voraussetzungen kann die Genehmigungsbehörde auch eine Befreiung von den Festsetzungen des Bebauungsplans nach § 31 Abs. 2 BauGB erteilen.

261 Das Anbringen der Anlage kann u.U. auch in Konflikt mit den Festsetzungen eines Bebauungsplans zum **Maß der baulichen Nutzung** (Höhe) oder zur **überbaubaren Grundstücksfläche** (Baulinien, Baugrenzen) geraten. § 248 S. 2 BauGB erleichtert für Solaranlagen die Zulassung von Abweichungen. Danach sind in Gebieten mit Bebauungsplänen geringfügige Abweichungen von dem festgesetzten Maß der baulichen Nutzung, der Bauweise und der überbaubaren Grundstücksfläche zulässig, soweit

---

465 Vgl. §§ 2 bis 11 BauNVO.

466 Nach dem Referentenentwurf des „Gesetzes zur Stärkung der Innenentwicklung in den Städten und Gemeinden und weiteren Fortentwicklung des Städtebaurechts“ soll in einem neu geschaffenen § 14 Abs. 3 BauNVO geregelt werden, dass baulich untergeordnete Anlagen zur Nutzung solarer Strahlungsenergie in, an oder auf Dach- und Außenflächen auch dann als Anlagen i.S.d. § 14 Abs. 1 S. 1 BauNVO gelten, wenn die erzeugte Energie vollständig oder überwiegend in das öffentliche Netz eingespeist wird. Auf eine funktionale Unterordnung soll damit verzichtet werden. Es genügt, wenn sich die Anlage baulich unterordnet.

467 §§ 4a bis 9 BauNVO.

468 § 2 BauNVO.

469 § 4 BauNVO.

470 VGH Mannheim, Urt. v. 19.11.2003 – 5 S 2726/02 = BauR 2004, 1909, 1912.

dies mit nachbarlichen Interessen und baukulturellen Belangen vereinbar ist. Damit wird etwa das Überschreiten einer im Bebauungsplan festgesetzten Höhenbegrenzung ermöglicht, wenn dies für das Anbringen der Solaranlage auf dem Dach notwendig ist.

cc) Zulässigkeit im unbeplanten Innenbereich

Innerhalb der im Zusammenhang bebauten Ortsteile ist die Errichtung einer Solaranlage nach § 34 Abs. 1 BauGB zulässig, wenn sie sich nach Art und Maß der baulichen Nutzung, der Bauweise und der Grundstücksfläche, die überbaut werden soll, in die Eigenart der näheren Umgebung einfügt und die Erschließung gesichert ist. Daneben darf das Ortsbild nicht beeinträchtigt werden. Entspricht die Eigenart der näheren Umgebung einem der Baugebiete i.S.d. §§ 2 bis 9 BauNVO, beurteilt sich das Vorhaben gem. § 34 Abs. 2 BauGB seiner Art nach allein danach, ob es in dem jeweiligen Baugebiet zulässig wäre.[471] Ansonsten ist anhand der konkreten Eigenart der näheren Umgebung und des geplanten Vorhabens zu beurteilen, ob sich das Vorhaben einfügt. Auch im unbeplanten Innenbereich können geringfügige Abweichungen vom Einfügenserfordernis in Bezug auf das Maß der baulichen Nutzung, die Bauweise und die überbaubare Grundstücksfläche nach § 248 S. 3 BauGB zulässig sein. In aller Regel ergeben sich hier keine durchgreifenden Bedenken. 262

b) Freiflächenanlagen

Bauplanungsrechtlich wesentlich problematischer ist die Zulassung von Freiflächenanlagen. Freiflächenanlagen haben aufgrund ihres hohen Flächenbedarfs erheblich größere bodenrechtliche Relevanz. 263

Eine Privilegierung im **Außenbereich** i.S.d. § 35 Abs. 1 BauGB besteht für Freiflächenanlagen nicht.[472] Solche Anlagen kommen daher nur als **sonstige Vorhaben** i.S.d. § 35 Abs. 2 BauGB in Betracht, wenn öffentliche Belange nicht beeinträchtigt werden. Dies ist aber regelmäßig der Fall. In den meisten Fällen wird bereits ein Widerspruch zu den Darstellungen im Flächennutzungsplan nach § 35 Abs. 3 S. 1 Nr. 1 BauGB vorliegen, da die Außenbereichsflächen oftmals als Flächen für die Landwirtschaft dargestellt werden. Oftmals wird auch eine Beeinträchtigung der natürlichen Eigenart der Landschaft und eine Verunstaltung des Landschaftsbildes[473] sowie die Entstehung einer (gewerblichen) Splittersiedlung[474] zu befürchten sein.[475] Eine Zulas- 264

471 Vgl. dazu Rn 260.
472 VG Augsburg, Urt. v. 6.3.2008 – Au 5 K 06.891 = juris Rn 112 ff.
473 § 35 Abs. 3 S. 1 Nr. 5 BauGB.
474 § 35 Abs. 3 S. 1 Nr. 7 BauGB.
475 VG Augsburg, Urt. v. 6.3.2008 – Au 5 K 06.891 = juris Rn 118 f.

sung im Außenbereich kommt – ohne entsprechende gemeindliche Bauleitplanung – daher in der Regel nicht in Betracht.

265 Im **unbeplanten Innenbereich** nach § 34 Abs. 1 BauGB kommen Freiflächenanlagen grundsätzlich nicht in Betracht. Aufgrund ihres Flächenbedarfs ist dort – abgesehen von Kleinanlagen – regelmäßig kein ausreichender Raum (Baulückenschließung).[476]

266 Auch die Zulässigkeit von Freiflächenanlagen im Gebiet eines **Bebauungsplans** ist grundsätzlich problematisch. Die in der BauNVO vorgesehenen allgemeinen Baugebiete lassen eine Errichtung von Freiflächenanlagen regelmäßig nicht zu, sofern es sich nicht um Anlagen geringer Größe handelt. Neben der Art der baulichen Nutzung können der Zulässigkeit von Freiflächenanlagen insbesondere auch in Gewerbe- und Industriegebieten die Festsetzungen zum Maß der baulichen Nutzung sowie zur überbaubaren Grundstücksfläche entgegenstehen. Freiflächenanlagen werden daher in Gewerbe- und Industriegebieten regelmäßig nur über (umfangreiche) Befreiungen nach § 31 Abs. 2 BauGB zugelassen werden können, die im Ermessen der Genehmigungsbehörde[477] stehen.[478]

267 Die bauplanungsrechtliche Zulässigkeit von Freiflächenanlagen ist daher regelmäßig von entsprechenden (besonderen) **Standortausweisungen** im Bebauungsplan abhängig. Hierzu eignet sich die Festsetzung eines Sondergebiets nach § 11 Abs. 2 BauNVO, etwa mit der Zweckbestimmung „Gebiete für Anlagen, die der Erforschung, Entwicklung oder Nutzung von Sonnenenergie dienen", „Photovoltaikanlage" oder „Solarpark".[479] In Betracht kommt auch die Festsetzung einer Versorgungsfläche für Anlagen zur Erzeugung und Nutzung von Strom aus erneuerbaren Energien.[480] Ergänzend können Festsetzungen zu Baugrenzen, Mindestabständen oder von Gesamthöhen festgesetzt werden.[481] Eine zeitliche Befristung der Nutzungsdauer kann über § 9 Abs. 2 BauGB erreicht werden.[482] Die Aufstellung eines Angebotsbebauungsplans kann durch einen städtebaulichen Vertrag mit einem Investor flankiert werden, durch den die Gemeinde flexible Regelungen zur Steuerung der Ansiedlung einer konkreten Photovoltaik-Freiflächenanlage erreichen kann. Hier können etwa Festlegungen zu den zu verwendenden Modulen, zur Vermeidung einer Blendwirkung etc. vereinbart werden.

---

476 Vgl. *Mitschang*, NuR 2009, 821, 823 f.

477 In der Praxis kommt es maßgeblich auf das Einvernehmen der Gemeinde gem. § 36 Abs. 1 BauGB an, dessen Erteilung ebenfalls in deren Ermessen steht.

478 Vgl. dazu *von Oppen*, ZUR 2010, 295, 302.

479 Siehe den Fall des VGH München, Urt. v. 21.11.2011 – 9 N 10.1222 = juris.

480 § 9 Abs. 1 Nr. 12 BauGB.

481 Battis/Krautzberger/Löhr/*Reidt/Mitschang*, § 9 Rn 50d (i.E.).

482 *Grigoleit*, ZfBR Sonderausgabe 2012, 95, 97.

Praxistipp

Auf das Aufstellen eines entsprechenden Bebauungsplans – auch eines vorhabenbezogenen Bebauungsplans – besteht nach § 1 Abs. 3 S. 2 BauGB kein Anspruch. Der Vorhabenträger ist daher auf eine Mitwirkung der Gemeinde angewiesen und sollte diese daher frühzeitig in seine Standortsuche und Planung einbinden. Die planerische Steuerung von Photovoltaik-Freiflächenanlagen ist für die Gemeinde wesentlich einfacher als die Steuerung der Ansiedlung von Windenergieanlagen, da Photovoltaik-Freiflächenanlagen im Außenbereich regelmäßig unzulässig sind. Die planenden Gemeinden können sich daher auf eine positive Standortausweisung beschränken, ohne dabei einen Ausschluss von Freiflächenanlagen im übrigen Gemeindegebiet regeln zu müssen.

Als Standort sind regelmäßig folgende Flächen nicht geeignet:[483] 268

- Nationalparks, Naturschutzgebiete, Naturdenkmäler, geschützte Landschaftsbestandteile, Natura 2000-Gebiete, soweit die Erhaltungsziele betroffen sind, oder Wiesenbrütergebiete;
- gesetzlich geschützte Biotope;
- rechtlich festgesetzte Ausgleichs- und Ersatzflächen (Ökoflächenkataster);
- Standorte oder Lebensräume mit besonderer Bedeutung für besonders oder streng geschützte Arten i.S.v. § 7 Abs. 1 Nr. 13 und 14 BNatSchG;
- besonders bedeutende oder weithin einsehbare Landschaftsteile (Höhenrücken, Kuppen, Hanglagen etc.);
- Fluss- und Seeuferbereiche mit hoher ökologischer Bedeutung oder Erholungsfunktion;
- sonstige Bereiche mit herausragender Bedeutung für das Landschaftsbild, der Erholung, der Kulturlandschaft oder des landesweiten Biotopverbundes;
- Böden mit sehr hoher Bedeutung für die natürlichen Bodenfunktionen gem. § 2 BBodSchG;
- Überschwemmungsgebiete;
- Bodendenkmäler, Geotope.

Praxistipp

Für die Standortwahl von Bedeutung ist auch § 32 Abs. 1 Nr. 3 Buchst. c) EEG 2012. Danach besteht ein Vergütungsanspruch nur für Anlagen, die auf Flächen mit einer maximalen Entfernung von 110 m zu Autobahnen oder Schienenwegen liegen.

483 Rundschreiben IIB5-4112.79-037/09 der Obersten Baubehörde im Bayerischen Staatsministerium des Innern vom 19.11.2009 zur bau- und landesplanungsrechtlichen Behandlung von Freiflächen-Photovoltaikanlagen, Anlage.

2. Bauordnungsrecht

a) Abstandsflächen

269 Bei der Installation von Solaranlagen auf oder an Gebäuden sind grundsätzlich auch die für das Gebäude geltenden Abstandsflächen einzuhalten. Die erforderlichen Abstandsflächen werden in den jeweiligen Landesbauordnungen geregelt. Problematisch kann hierbei insbesondere sein, wenn durch eine nachträgliche Installation von Solaranlagen an der Außenwand oder auf dem Dach die Abstandsflächen unterschritten werden. Nach den Beschlüssen der Fachkommission Bauaufsicht vom 31.5./1.6.2011 zur Änderung der MBO, die voraussichtlich im Herbst 2012 von der Bauministerkonferenz verabschiedet werden sollen, soll in die MBO für diesen Fall eine **ausdrückliche Ausnahmeregelung** eingefügt werden. Nach § 6 Abs. 7 des Entwurfs sollen bei der Bemessung der Abstandsflächen Maßnahmen zum Zwecke der Energieeinsparung und Solaranlagen an bestehenden Gebäuden außer Betracht bleiben, wenn sie eine Stärke von nicht mehr als 25 cm aufweisen und nicht weniger als 2,50 m von der Nachbargrenze zurückbleiben. Solange und soweit entsprechende Regelungen in den Landesbauordnungen fehlen, können die Baugenehmigungsbehörden auf Antrag Abweichungen von den Abstandsflächen zulassen.

270 Die Abstandsflächen sind auch von Freiflächenanlagen zu beachten. Anlagen geringer Größe dürfen teilweise auch innerhalb der Abstandsflächen errichtet werden.

b) Brandschutz

271 Spezifische anlagenbezogene Probleme des Brandschutzes bestehen nicht. Bei Auftreten hoher Übergangswiderstände in Modulen, Steckkontakten, Verteilern etc. kann es zu Schwelbränden der Photovoltaikanlagen kommen. Die gesetzlich vorgeschriebenen Trennschalter im Wechselrichter und Trafo bewirken zwar eine Trennung vom Stromnetz, nicht aber, dass die Module selbst spannungsfrei werden. Dadurch kann es zu einer Behinderung der Löscharbeiten kommen. In der VDE-Vorschrift 0132 „Brandbekämpfung im Bereich elektrischer Anlagen" vom August 2001 werden spezielle Empfehlungen für Mindestabstände zwischen Löschmittelaustrittsöffnung und den unter Spannung stehenden Anlagenteilen sowie Schutzabstände im Brandfall gemacht. Auf die Errichtung bzw. Planung von Photovoltaikanlagen hat dies aber keine unmittelbaren Auswirkungen.

3. Naturschutzrecht

272 Ein naturschutzrechtliches Konfliktpotenzial besteht bei Photovoltaikanlagen regelmäßig nur, wenn sie als Freiflächenanlagen errichtet werden. Auch hier ist das naturschutzrechtliche Konfliktpotenzial aber überschaubar. Im Vordergrund stehen die Flächeninanspruchnahme (Bodenversiegelung, -verdichtung, -abtrag, Verschattung) sowie die visuellen Wirkungen der Anlagen.

Aus **artenschutz- und habitatschutzrechtlicher** Sicht lassen sich bei geeigneter Standortwahl unüberwindliche Hindernisse in der Regel vermeiden. Die Eignung kann etwa in Frage stehen bei einer geplanten Errichtung von Freiflächenanlagen in Naturschutzgebieten oder Nationalparks, Naturdenkmälern, geschützten Landschaftsbestandteilen sowie in Natura 2000-Gebieten, soweit die Erhaltungsziele betroffen sind, ferner in gesetzlich geschützten Biotopen oder auf festgesetzten Ausgleichs- und Ersatzflächen.[484] 273

In der Regel führt die Errichtung von Photovoltaikanlagen zu einer Beeinträchtigung des **Landschaftsbildes**, die im Rahmen der Eingriffsregelung zu bewerten ist.[485] Nach dem naturschutzrechtlichen Vermeidungsgebot aus § 15 Abs. 1 S. 2 BNatSchG sind Erdmassenbewegungen sowie Veränderungen der Oberflächenformen bei der Errichtung möglichst zu minimieren. Daneben kann bei großen Anlagen – auch artenschutzrechtlich – im Einzelfall zur Vermeidung oder Minderung der Zerschneidungswirkung die Aufgliederung der Anlage in verschiedene Teilflächen erforderlich sein. 274

Der **Kompensationsbedarf** im Rahmen der Eingriffsregelung wird üblicherweise anhand der eingezäunten Fläche (Basisfläche) ermittelt, die mit einem Kompensationsfaktor multipliziert wird. Flächenmäßig nicht gänzlich untergeordnete Grünstreifen und Biotopflächen innerhalb der Basisfläche können unberücksichtigt bleiben. Gerade bei der Errichtung von Anlagen auf intensiv genutzten Ackerflächen oder auf stark überprägten Konversionsflächen aus wirtschaftlicher, verkehrlicher, wohnungsbaulicher oder militärischer Nutzung mit zuvor niedriger Bedeutung für den Biotop- und Artenschutz können sich auch positive Umwelteffekte einstellen.[486] Insbesondere können Maßnahmen zur Eingrünung der Anlage (Gehölze/Hecken) ihrerseits auch als Kompensationsmaßnahme anerkannt werden.[487] 275

Anlagebedingte Scheuchwirkungen, die zu einer artenschutzrechtlich relevanten Störung i.S.v. § 44 Abs. 1 Nr. 2 BNatSchG führen, sind in der Regel auszuschließen. Auch erhebliche Beeinträchtigungen infolge von Blendwirkungen und Lichtreflexionen sind bislang nicht nachgewiesen. Als grundsätzlich gering wird auch das Risiko der Kollision von Vögeln mit den Photovoltaikmodulen (§ 44 Abs. 1 Nr. 1 BNatSchG) eingeschätzt. Umgekehrt können Photovoltaikanlagen insbesondere für Vogelarten sogar zu einer Aufwertung der Habitateignung führen.[488] Ein nur geringes Konfliktpo- 276

---

484 Vgl. Rn 89 ff., Rn 95 ff. und Rn 118.

485 Vgl. hierzu Rn 104 ff.

486 Leitfaden zur Berücksichtigung von Umweltbelangen bei der Planung von Freiflächen-Photovoltaikanlagen, BMU 2007.

487 Vgl. Rundschreiben IIB5-4112.79-037/09 der Obersten Baubehörde im Bayerischen Staatsministerium des Innern vom 19.11.2009 zur bau- und landesplanungsrechtlichen Behandlung von Freiflächen-Photovoltaikanlagen, S. 3 f.

488 BfN, Naturschutzfachliche Bewertungsmethoden von Freiflächen-Photovoltaikanlagen, 2009, S. 82.

tenzial geht auch von betriebsbedingten Beeinträchtigungen durch Kontakt mit den erwärmten Modulen aus.

4. Immissionsschutzrecht

277 In immissionsschutzrechtlicher Sicht können insbesondere von größeren Freiflächenanlagen schädliche Umwelteinwirkungen durch Licht- und Schallreflexionen, Wärmestrahlung und elektromagnetische Strahlungen ausgehen.

278 Die von einer Freiflächenanlage ausgehenden **Lichtreflexionen** für Wohngebäude in der näheren Umgebung hängen im Wesentlichen von dem gewählten Anstellwinkel ab. Je größer der Anstellwinkel ist, desto eher werden umliegende Wohngebäude durch eine Aufhellung betroffener Zimmer betroffen. Grundsätzlich ist davon auszugehen, dass relativ niedrig über dem Erdboden angebrachte reflektierende Anlagen eine störende Blendwirkung für die Nachbarschaft entfalten können, weil sich diese gegen die von unten in Fenster einfallende starke Strahlung nicht durch herkömmliche Jalousien oder Markisen schützen kann und ein Arbeiten oder ein Aufenthalt mit Blickrichtung zu den reflektierenden Flächen unangenehm oder unmöglich ist.[489] Für die Frage der Zumutbarkeit bestehen keine gesetzlichen Grenzwerte oder ein technisches Regelwerk. Die LAI-Lichtimmissionsrichtlinie[490] gilt nicht für Reflexionen des Sonnenlichts, sondern verweist auf das Baurecht. Die Zumutbarkeit beurteilt sich nach der Schutzwürdigkeit und Schutzbedürftigkeit der Nachbarschaft unter Berücksichtigung

- der Gebietsart,
- der tatsächlichen Verhältnisse,
- der Art, Stärke und Dauer der Lichteinwirkung und
- der ggf. hervorgerufenen Blendwirkung.

In der Rechtsprechung wird eine tägliche Zeitspanne von 20 bis 30 Minuten noch als zumutbar angesehen.[491] Die Blendwirkung kann durch Anpflanzung geeigneter Hecken gemildert werden, deren Höhe allerdings so begrenzt werden muss, dass keine Anlagenverschattung auftritt.

279 **Schallreflexionen** stellen regelmäßig kein größeres Problem dar. Regengeräusche sind regelmäßig nur bis zu einer Entfernung von 5 m wahrnehmbar und entfalten damit keine größere Störwirkung. Entsprechendes gilt für das Brummen des Wechselrichters und Trafos, das überdies nur am Tage während der Stromerzeugung

489 VGH Kassel, Urt. v. 26.8.2010 – 4 C 1726/09.N = BauR 2011, 472, 473; ferner VGH München, Beschl. v. 1.2.2007 – 15 CS 06.2933 = ZUR 2007, 260.

490 LAI, Hinweise zur Messung und Beurteilung von Lichtimmissionen vom 10.5.2000.

491 VG Bayreuth, Urt. v. 27.10.2011 – B 2 K 10.572 = juris Rn 23, 25 im Anschluss an OLG Stuttgart, Urt. v. 9.2.2009 – 10 U 146/08 = WuM 2009, 299.

auftritt.[492] Die Immissionsrichtwerte der TA Lärm werden regelmäßig nicht erreicht werden. Beim Fluglärm sind aufgrund des großen Ausfallwinkels bei einem unmittelbaren Überflug die Schallwellen Richtung Erdboden gerichtet, so dass die Lärmbelastung durch Schallreflexionen für die umliegende Wohnbebauung regelmäßig zumutbar ist.[493]

Die von den Modulen ausgehende **Wärmestrahlung** hängt maßgeblich von der 280 Stärke des Sonnenlichts und den Windverhältnissen ab. Selbst bei Windstille wird die Wärmeleistung von den Modulen nach oben hin abgegeben, so dass benachbarte Wohnbebauungen oder landwirtschaftliche Nutzflächen nicht beeinträchtigt werden.[494]

Hinsichtlich der **elektromagnetischen Strahlung** („Elektrosmog") bestehen 281 keine gesetzlichen Grenzwerte. Die 26. BImSchV findet auf Photovoltaikanlagen keine Anwendung.[495] Die Zumutbarkeit beurteilt sich demnach nach der Schutzwürdigkeit und Schutzbedürftigkeit der Nachbarschaft unter Berücksichtigung der Gebietsart, der tatsächlichen Verhältnisse sowie der Art, Stärke und Dauer der Strahlung. Dabei ist zu berücksichtigen, dass die Anlage nur tagsüber bei Sonneneinstrahlung unter Spannung steht. Zudem treten die erzeugten Gleich- und Wechselfelder bei kleineren Photovoltaikanlagen bereits bei Abständen von wenigen cm hinter die natürlichen Felder zurück. Problematisch kann die elektromagnetische Strahlung daher allenfalls bei größeren Freiflächenanlagen mit einer Vielzahl an Modulen und einer unmittelbar benachbarten Wohnbebauung werden. Dem kann durch hinreichende Mindestabstände vorgebeugt werden.

5. Denkmalschutzrecht

Das Anbringen von Solaranlagen auf oder an Gebäuden kann u.U. auch denkmal- 282 schutzrechtlich genehmigungs- bzw. erlaubnispflichtig[496] sein. Das Denkmalschutzrecht ist Landesrecht und wird daher in den jeweiligen Landes-Denkmalschutzgesetzen geregelt, die sich im Wesentlichen gleichen.

Eine **Genehmigungspflicht** kann bestehen, wenn das Gebäude, auf dem die 283 Solaranlage errichtet werden soll, selbst als Baudenkmal zu qualifizieren ist. Ein Gebäude kann zudem Teil eines Denkmalensembles (z.B. eines historischen Straßenzugs) und als solches Baudenkmal sein. Dies ist auch dann möglich, wenn das Gebäude selbst kein Einzeldenkmal darstellt. Schließlich kann eine denkmalschutz-

492 VG Bayreuth, Urt. v. 27.10.2011 – B 2 K 10.572 = juris Rn 22.

493 VGH Kassel, Urt. v. 26.8.2010 – 4 C 1726/09.N = BauR 2011, 472.

494 VG Regensburg, Urt. v. 26.9.2006 – RO 2 K 06.443 = juris Rn 35.

495 Siehe § 1 der 26. BImSchV.

496 Die Landes-Denkmalschutzgesetze verwenden die Begriffe Genehmigung oder Erlaubnis synonym.

rechtliche Genehmigung erforderlich sein, wenn das Gebäude weder Einzeldenkmal noch Teil eines Denkmalensembles ist, die Errichtung der Solaranlage jedoch das Erscheinungsbild eines Baudenkmals in der näheren Umgebung[497] beeinträchtigen würde. Die Denkmalbehörden führen Denkmalverzeichnisse (Denkmalbücher oder Denkmallisten[498]), in denen die Baudenkmäler verzeichnet sind.[499]

284 Für Baudenkmäler sehen die Denkmalschutzgesetze eine Erhaltungspflicht vor, nach der diese von den Eigentümern und sonstigen Nutzungsberechtigten instand zu halten, zu pflegen sowie vor Gefährdung zu schützen und ggf. instand zu setzen sind.[500] Die **Veränderung** von Baudenkmälern bedarf nach den Landes-Denkmalschutzgesetzen grundsätzlich einer Genehmigung oder Erlaubnis.[501] Dies gilt regelmäßig auch für Veränderungen in der engeren Umgebung von Baudenkmälern.[502]

285 Für die Genehmigung oder Erlaubnis kommt es maßgeblich auf eine **Interessenabwägung** im Einzelfall an. Entscheidend ist, ob das öffentliche Interesse an der Maßnahme das Interesse an der unveränderten Erhaltung des Kulturdenkmals überwiegt.[503] Die Nutzung erneuerbarer Energien steht im öffentlichen Interesse.[504] Dabei sind u.a. zu berücksichtigen:

- die Höhe des Denkmalwerts (beispielsweise zentraler historischer Blickpunkt im Ortskern[505]),
- die Gründe, aus denen das Denkmal unter Schutz steht,
- die Zugehörigkeit zu einem Denkmalensemble,
- die Auswirkungen, die von der Anlage auf das Denkmal ausgehen sowie
- die Erforderlichkeit von Eingriffen in die Bausubstanz.

497 VGH Mannheim, Urt. v. 1.9.2011 – 1 S 1070/11 = DVBl. 2011, 1418.

498 Die Bezeichnungen variieren in den verschiedenen Bundesländern.

499 Die Eintragung ist nicht konstitutiv, d.h. sofern ein Gebäude die Voraussetzungen der Baudenkmaleigenschaft erfüllt, finden die Denkmalschutzvorschriften auch Anwendung, wenn das Gebäude nicht als Baudenkmal eingetragen ist.

500 Vgl. etwa in Bayern Art. 4 Abs. 1 BayDSchG, in Nordrhein-Westfalen § 7 Abs. 1 Buchst. a DSchG NRW, in Niedersachsen § 6 Abs. 1 DSchG Nds.

501 Art. 6 Abs. 1 BayDSchG; § 9 Abs. 1 Buchst. a DSchG NRW; § 7 Abs. 2 DSchG Nds.

502 Art. 6 Abs. 1 S. 2 BayDSchG; § 9 Abs. 1 Buchst. b DSchG NRW; § 8 i.V.m. § 7 DSchG Nds.

503 VGH Mannheim, Urt. v. 1.9.2011 – 1 S 1070/11 = NVwZ-RR 2012, 222 (Kirche); OVG Koblenz, Beschl. v. 16.8.2011 – 8 A 10590/11 = DVBl. 2011, 1362 (Fachwerkhaus in historischem Ortskern); VGH München, Beschl. v. 12.10.2010 – 14 ZB 09.1289 = NJW-RR 2011, 138 (Kirche); OVG Lüneburg, Urt. v. 3.5.2006 – 1 LB 16/05 = BauR 2006, 1730 (Fachwerkhaus in Altstadt); VGH Mannheim, Urt. v. 27.6.2005 – 1 S 1674/04 = VBlBW 2006, 20 (Kirchendach); näher *Grothmann*, ZfBR Sonderausgabe 2012, 100, 102 ff.

504 Dies wird teilweise ausdrücklich in den Landes-Denkmalschutzgesetzen aufgeführt; vgl. § 7 Abs. 2 Nr. 1 Buchst. a und b DSchG Nds.

505 OVG Koblenz, Beschl. v. 16.8.2011 – 8 A 10590/11 = DVBl. 2011, 1362.

Ist für die Solaranlage eine **Baugenehmigung** erforderlich, umfasst diese nach den meisten Landes-Denkmalschutzgesetzen[506] die denkmalschutzrechtliche Genehmigung. In diesem Falle werden die denkmalschutzrechtlichen Anforderungen in die Prüfung der Genehmigungsvoraussetzungen für die Baugenehmigung mit einbezogen. 286

III. Genehmigungsverfahren

Das Baugenehmigungsverfahren ist in den einzelnen Landes-Bauordnungen geregelt. 287 Die Ländervorschriften orientieren sich im Wesentlichen an der MBO; größere Abweichungen bestehen nicht. Das Verfahren ähnelt dem vereinfachten Genehmigungsverfahren im Immissionsschutzrecht.[507] Anwendung findet das vereinfachte Baugenehmigungsverfahren.[508] Dies gilt auch für große Solarparks, da es sich hierbei nicht um Sonderbauten handelt.[509] Die Bauaufsichtsbehörde prüft demnach nur die Vereinbarkeit der Solaranlage mit dem Bauplanungsrecht,[510] beantragte Abweichungen und andere öffentlich-rechtliche Anforderungen, soweit wegen der Baugenehmigung eine Entscheidung nach anderen öffentlich-rechtlichen Vorschriften entfällt oder ersetzt wird (z.B. im Denkmalschutzrecht).

Eingeleitet wird das Verfahren mit der Einreichung eines schriftlichen **Bauantrags**.[511] Hierfür sind die von der Bauaufsichtsbehörde bereit gehaltenen Vordrucke zu verwenden. Dem Bauantrag sind die erforderlichen Bauvorlagen (amtlicher Lageplan, Grundrisse, Schnitte, Ansichten etc.) beizufügen.[512] Die Bundesländer haben nähere Festlegungen in den jeweiligen Bauvorlageverordnungen getroffen. Die Bauaufsichtsbehörde prüft die Vollständigkeit des Bauantrags und fordert bei Mängeln neue oder fehlende Bauvorlagen beim Bauherrn nach. Kommt der Bauherr der Nachforderung nicht nach, gilt der Bauantrag als zurückgenommen.[513] 288

Die Bauaufsichtsbehörde ersucht sodann die Standortgemeinde und andere im Baugenehmigungsverfahren zu beteiligende Stellen (Fachbehörden, Feuerwehr, Medienträger etc.) um **Stellungnahme** binnen einer bestimmten Frist – zumeist eines Monats – zum Bauantrag. Grundstücksnachbarn werden nur beteiligt, sofern eine beantragte Abweichung oder Befreiung öffentlich-rechtlich geschützte nachbarliche 289

---

506 Vgl. Art. 6 Abs. 3 BayDSchG; § 10 Abs. 4 DSchG Nds.
507 Vgl. dazu Rn 124 ff.
508 Siehe § 63 MBO.
509 So für Bayern VGH München, Beschl. v. 1.2.2007 – 15 CS 06.2934 = ZUR 2007, 260; VG Augsburg, Beschl. v. 2.8.2010 – Au 5 S 10.910 = juris Rn 36.
510 §§ 29 ff. BauGB.
511 § 68 Abs. 1 MBO.
512 § 68 Abs. 2 MBO.
513 § 69 Abs. 2 MBO.

Belange berühren kann.[514] Der Nachbar hat dann ein entsprechendes Einwendungsrecht, das nur dann entfällt, wenn er vorher den Bauantrag unterschrieben oder ihm auf andere Weise zugestimmt hat. Verweigert die Standortgemeinde zu Unrecht ihr nach § 36 BauGB erforderliches Einvernehmen, hat die Bauaufsichtsbehörde das Einvernehmen nach Anhörung der Gemeinde zu ersetzen.[515]

290 Nach Eingang der Stellungnahmen hat die Bauaufsichtsbehörde das Vorliegen der Genehmigungsvoraussetzungen zu prüfen. Der Bauherr hat bei deren Vorliegen einen Genehmigungsanspruch.[516] Ein Ermessen kommt der Bauaufsichtsbehörde nur bei der Erteilung von Befreiungen und Abweichungen zu. Die **Baugenehmigung** ist schriftlich oder elektronisch zu erlassen und bedarf nur dann einer Begründung, wenn Abweichungen oder Befreiungen von nachbarschützenden Vorschriften zugelassen werden und der Nachbar nicht zugestimmt hat.[517] Sie kann unter Auflagen, Bedingungen und dem Vorbehalt der nachträglichen Aufnahme, Änderung oder Ergänzung einer Auflage sowie befristet erteilt werden.[518] Solche Nebenbestimmungen sind allerdings nur dann gem. § 36 Abs. 1 VwVfG rechtmäßig, wenn sie der Einhaltung der Genehmigungsvoraussetzungen dienen. In der Praxis werden der Baugenehmigung regelmäßig umfangreiche Nebenbestimmungen beigefügt, die vorrangig bautechnische, immissionsschutz- und naturschutzrechtliche Aspekte des Bauvorhabens betreffen. Die Baugenehmigung ist dem Bauherrn und den beteiligten Nachbarn zuzustellen. Sie bewirkt die Baufreigabe und die Feststellung, dass im Zeitpunkt der Erteilung das Bauvorhaben im Einklang mit den im Baugenehmigungsverfahren zu prüfenden Vorschriften steht. Privatrechtsgestaltende Wirkung hat die Baugenehmigung nicht.[519] Die Geltungsdauer der Baugenehmigung ist je nach Landesrecht unterschiedlich und beträgt zumeist 3 bis 4 Jahre.[520] In diesem Zeitraum muss mit der Bauausführung begonnen werden. Die Geltungsdauer kann auf Antrag verlängert werden, sofern sich die Sach- und Rechtslage nicht nach Erteilung der Baugenehmigung nachteilig geändert hat.

291 Zur verbindlichen Klärung einzelner Genehmigungsanforderungen vor Einreichung eines Bauantrags kann der Bauherr eine Bauvoranfrage bei der Bauaufsichtsbehörde stellen, die einen entsprechenden (positiven oder negativen) **Bauvorbescheid** erlässt. Das Verfahren entspricht dem Baugenehmigungsverfahren. Die Bindungsdauer des Bauvorbescheids beträgt 3 Jahre und kann auf Antrag des Bauherrn verlängert werden.

---

514 § 70 Abs. 2 MBO.

515 § 71 MBO. Teilweise sehen die Landes-Bauordnungen keine Pflicht sondern eine Soll-Bestimmung vor. In atypischen Fällen kann dann von einer Ersetzung abgesehen werden.

516 § 72 Abs. 1 MBO.

517 § 72 Abs. 2 MBO.

518 § 72 Abs. 3 MBO.

519 § 72 Abs. 4 MBO.

520 § 73 MBO.

E. Biomasseanlagen

Die größte Bedeutung unter den erneuerbaren Energien im Hinblick auf ihren Beitrag zum Endenergieverbrauch hat die Biomasse. Ihr **Anteil** am gesamten Endenergieverbrauch lag 2010 bei 7,9 %.[521] Biomasse trug damit mit ca. 72 % zum Anteil der erneuerbaren Energien am gesamten Endenergieverbrauch (11,0 %) bei. Der weit überwiegende Teil der Energie aus Biomasse wird zur Wärmebereitstellung (2010: 127,0 TWh) genutzt, wovon 2010 55,9 % auf biogene Festbrennstoffe (insbesondere Holz) in Haushalten entfielen. Die Anteile der Biomasse an der Stromerzeugung (2010: 33,5 TWh[522]) und an der Herstellung von Kraftstoffen (2010: 35,9 TWh[523]) bleibt weit dahinter zurück. Die folgende Darstellung konzentriert sich auf die Anlagen zur Erzeugung von Strom und/oder Wärme aus Biomasse.[524] 292

I. Genehmigungsvorbehalt

Biomasseanlagen bedürfen entweder einer immissionsschutzrechtlichen Genehmigung oder einer Baugenehmigung. Sowohl auf die Erteilung der immissionsschutzrechtlichen Genehmigung als auch der Baugenehmigung besteht ein Anspruch, d.h. die Behörde muss – bei Vorliegen der Voraussetzungen – diese auch erteilen. 293

(Biomasse-)Anlagen bedürfen nach § 4 Abs. 1 S. 3 BImSchG einer **immissionsschutzrechtlichen Genehmigung**, wenn dies im Anhang der 4. BImSchV bestimmt ist. Biomasseanlagen als solche werden in der 4. BImSchV nicht erwähnt. Für ihre Genehmigungspflicht kommt es daher auf die Betrachtung der Anlagenkomponenten an, die je nach Art der Biomasseanlage verschieden sein können. 294

Allen Anlagen gemeinsam ist eine Verbrennungsanlage (Block(heiz)kraftwerk).[525] Die Genehmigungspflicht für die Verwertung von Biomasse durch dessen Verbrennung beurteilt sich nach den Nr. 1.1 bis 1.5 Anhang zur 4. BImSchV. Differenziert wird hierbei zwischen 295

521 Daten entnommen aus: BMU, Erneuerbare Energien 2010 – Daten des Bundesministeriums für Umwelt, Naturschutz und Reaktorsicherheit zur Entwicklung der erneuerbaren Energien in Deutschland im Jahr 2010 auf der Grundlage der Angaben der Arbeitsgruppe Erneuerbare Energien-Statistik (AGEE-Stat), S. 4 (abrufbar unter: http://erneuerbare-energien.de/inhalt/47121/5466/).

522 Der Anteil von Biogas an der Stromerzeugung aus Biomasse lag 2010 bei 38,3 %, der Anteil biogener Festbrennstoffe bei 36,2 %.

523 Davon entfielen 74,1 % auf Biodiesel, 24,1 % auf Bioethanol und 1,8 % auf Pflanzenöl (2010).

524 Vgl. zur Herstellung von Kraftstoffen aus Biomasse Kap. 1 Rn 122.

525 Dies gilt nicht für Biogasanlagen, in denen Biogas zu Biomethan aufbereitet und ins Erdgasnetz eingespeist wird.

- dem Einsatz-Brennstoff,
- der Feuerwärmeleistung,
- dem Zweck der Anlage (Strom- bzw. Wärmeerzeugung, Maschinenantrieb) sowie
- der Art der Feuerungsanlage.

Eine immissionsschutzrechtliche Genehmigungspflicht kann sich dabei schon bei einer Feuerwärmeleistung von 1 MW ergeben.

296 Ist an die Verbrennungsanlage eine Biogasanlage angeschlossen, kann dies ebenfalls eine Genehmigungspflicht nach der 4. BImSchV auslösen. Bisher war für Biogasanlagen kein besonderer Genehmigungstatbestand vorgesehen. Eine Genehmigungspflicht konnte sich jedoch aus der Lagerung der Biomasse, der Fermentierung sowie der Lagerung der verbleibenden Gärreste aufgrund der Bestimmungen der Nr. 8.6 Anhang zur 4. BImSchV für Anlagen zur biologischen Behandlung von Abfällen sowie für Einrichtungen zur Lagerung bestimmter Substanzen[526] ergeben. Seit dem 1.6.2012 unterliegen Anlagen zur Erzeugung und Aufbereitung von Biogas mit einer Produktionskapazität von 1,2 Mio. Normkubikmeter je Jahr Rohgas der immissionsschutzrechtlichen Genehmigungspflicht.[527] Entsprechendes gilt gem. Nr. 8.6 Buchst. b Anhang zur 4. BImSchV für kapazitätsgleiche Anlagen zur biologischen Behandlung von nicht gefährlichen Abfällen, auf die das Kreislaufwirtschaftsgesetz (KrWG) Anwendung findet, soweit die Behandlung ausschließlich zur anaeroben Vergärung (Biogaserzeugung) erfolgt.

297 Ist (mindestens) ein Teil der Anlage immissionsschutzrechtlich genehmigungspflichtig, so erstreckt sich das Genehmigungserfordernis auf alle betriebsnotwendigen Anlagenteile und Verfahrensschritte sowie auf alle Nebeneinrichtungen.[528]

298 Im Einzelfall können **weitere Erlaubnisse** oder Gestattungen erforderlich sein. Je nach Art, Lage und Beschaffenheit der Anlage ergeben sich Genehmigungserfordernisse aus verschiedenen Fachgesetzen (Wasserrecht[529], Naturschutzrecht[530], Tierseuchenhygiene[531]). Wird die Anlage durch eine Baugenehmigung zugelassen, sind derartige Genehmigungen gesondert zur Baugenehmigung erforderlich. Bedarf das

526 Nr. 8.12 bis 8.14 und Nr. 9 Anhang zur 4. BImSchV.

527 Nr. 1.15 Anhang zur 4. BImSchV.

528 § 1 Abs. 2 4. BImSchV.

529 Eine gestattungspflichtige Benutzung kann beispielsweise vorliegen, wenn Wasser für die Nassfermentation aus einem Gewässer entnommen wird oder anfallendes Wasser in ein Gewässer eingeleitet wird (§ 9 Abs. 1 Nr. 4 und 5 WHG).

530 Die Errichtung einer Biogasanlage kann einen Eingriff in Natur und Landschaft darstellen, der genehmigungspflichtig ist (§ 17 Abs. 3 S. 1 BNatSchG). Ferner können Ausnahmen oder Befreiungen von Festlegungen in Natur- und Landschaftsschutzgebieten notwendig sein.

531 Nach Art. 15 der Verordnung (EG) Nr. 1774/2002 des Europäischen Parlaments und des Rates vom 3.10.2002 mit Hygienevorschriften für nicht für den menschlichen Verzehr bestimmte tierische Nebenprodukte (ABl. 2002 L Nr. 273, S. 1) kann eine tierseuchenhygienische Zulassung für Anlagen erforderlich sein, in denen tierische Nebenprodukte nach dieser Verordnung eingesetzt werden.

Vorhaben dagegen einer immissionsschutzrechtlichen Genehmigung, so werden die übrigen Gestattungen – mit Ausnahme der wasserrechtlichen Gestattungen – von der immissionsschutzrechtlichen Genehmigung mit umfasst.[532]

II. Genehmigungsvoraussetzungen

1. Allgemeines

Voraussetzung für die Erteilung der immissionsschutzrechtlichen Genehmigung ist 299
nach § 6 Abs. 1 Nr. 1 BImSchG zum einen die Erfüllung der sog. immissionsschutzrechtlichen Betreiberpflichten aus § 5 BImSchG sowie der Pflichten, die sich aufgrund der nach § 7 BImSchG erlassenen Verordnungen ergeben. Zum anderen dürfen nach § 6 Abs. 1 Nr. 2 BImSchG andere öffentlich-rechtliche Vorschriften und Belange des Arbeitsschutzes der Errichtung und dem Betrieb der Anlage nicht entgegenstehen. Hierzu zählen insbesondere die Vorschriften des Bauplanungsrechts und des Naturschutzrechts.

Bedarf die Anlage einer Baugenehmigung, so sind im Rahmen der Baugeneh- 300
migung in erster Linie bauordnungs- und bauplanungsrechtliche Vorschriften Prüfungsgegenstand. Der Schutz der Nachbarschaft vor schädlichen Umwelteinwirkungen (Lärm, Gerüche) ist auch im Baugenehmigungsverfahren zu beachten (§§ 22 ff. BImSchG).

2. Immissionsschutzrecht

a) Allgemeines

Voraussetzung für die Erteilung der immissionsschutzrechtlichen Genehmigung ist 301
nach § 6 Abs. 1 S. 1 Nr. 1 BImSchG die Erfüllung der sog. immissionsschutzrechtlichen Betreiberpflichten nach § 5 Abs. 1 BImSchG (insbesondere Schutzpflicht, Vorsorgepflicht, Pflicht zur Abfallvermeidung und -entsorgung).[533] Die immissionsschutzrechtlichen Anforderungen sind nach den §§ 22 ff. BImSchG im Wesentlichen auch für nicht nach BImSchG genehmigungspflichtige Anlagen anwendbar und damit auch dann beachtlich, wenn für die Anlage „lediglich" eine Baugenehmigung erforderlich ist. Schädliche Umwelteinwirkungen können bei Biomasseanlagen durch Geräusch- und Geruchsimmissionen sowie durch Schadstoffe in der Luft entstehen. Als sonstige Gefahren kommen Brand- oder Explosionsgefahren (Biogasanlagen) in Betracht.

532 § 13 BImSchG.
533 Vgl. dazu Rn 9 f.

! **Praxistipp**

Für Biogasanlagen sind folgende Richtlinien des VDI einschlägig:
- VDI 3475 Blatt 1: Emissionsminderung – Biologische Abfallbehandlung – Kompostierung und Vergärung; Anlagenkapazität mehr als ca. 6.000 Mg/a
- VDI 3475 Blatt 2: Emissionsminderung – Biologische Abfallbehandlung – Kompostierung und Vergärung; Anlagenkapazität bis ca. 6.000 Mg/a
- VDI 3475 Blatt 3: Emissionsminderung – Anlagen zur mechanischen und biologischen Behandlung von Siedlungsabfällen
- VDI 3475 Blatt 4: Emissionsminderung – Biogasanlagen in der Landwirtschaft, Vergärung von Energiepflanzen und Wirtschaftsdünger

b) Geräusche

302 Geräuschimmissionen gehen bei Biomasseanlagen insbesondere vom Verbrennungsmotor aus, der regelmäßig durchgehend in Betrieb ist. Daneben sind auch durch den An- und Ablieferverkehr entstehende Geräuschimmissionen zu berücksichtigen.

303 Die Zumutbarkeit von Lärmimmissionen beurteilt sich nach der **TA Lärm**, die nach Nr. 1 Abs. 12 sowohl auf immissionsschutzrechtlich genehmigungspflichtige als auch nicht genehmigungspflichtige Anlagen Anwendung findet. Die TA Lärm ist ein technisches Regelwerk, das bestimmte Richtwerte für die Zumutbarkeit von Lärmimmissionen vorschreibt, die auch für die Gerichte bindend sind. Für die Beurteilung der Zumutbarkeit von Lärmimmissionen differenziert die TA Lärm nach den jeweiligen Baugebietstypen sowie nach Tag- und Nachtzeiten.[534]

304 Der erforderliche **Lärmschutz** kann durch verschiedene Maßnahmen sichergestellt werden. Das Bayerische Landesamt für Umweltschutz führt die folgenden Maßnahmen auf:[535]
- Absorptions- und i.d.R. Reflexionsschalldämpfer in der Abgasleitung zwischen Motor und Kamin, abgestimmt auf das Frequenzspektrum (Vermeidung von Tonhaltigkeit und dominanter tieffrequenter Geräusche);[536]
- Schalldämpfer in den Lüftungsöffnungen des Containers oder Gebäudes;
- ggf. Schallisolierung der Abgasleitungen;
- geräuscharme Luftkühler mit abgeschirmter Aufstellung;
- Maßnahmen zur Vermeidung von Körperschallübertragung am Kamin, Kühler, Biogasmotor usw. (schwingungsentkoppelte Aufstellung des Biogasmotors);
- Motoraufstellung in einem geschlossenen Container mit hohem Schalldämmmaß (R'w ≥ 40 dB) bzw. im Massivgebäude.

534 Vgl. dazu im Einzelnen Rn 13 ff.

535 Bayerisches Landesamt für Umwelt, Biogashandbuch Bayern – Materialienband, Kap. 2.2.2.4 (Stand März 2011).

536 Siehe VGH München, Beschl. v. 29.6.2009 – 15 CS 09.860 = juris Rn 18 ff.

Werden die maßgeblichen Immissionsrichtwerte überschritten, müssen die Geräuschimmissionen durch weitergehende Lärmschutzmaßnahmen reduziert werden. Ist dies nicht möglich, muss u.U. auf einen anderen Standort ausgewichen werden. 305

c) Gerüche

Anwohner fürchten gerade bei Biogasanlagen regelmäßig störende Gerüche. Diese können vom Fermenter selbst sowie von den Lagerhalden für Biomassesubstrat und Gärreste ausgehen sowie bei Anlieferung der Biomasse oder Abholung der Gärreste entstehen. Für die Bewertung der Zumutbarkeit von Geruchsimmissionen gibt es kein verbindliches technisches Regelwerk in Form einer normkonkretisierenden Verwaltungsvorschrift nach § 48 BImSchG. Vom Anwendungsbereich der **TA Luft** wird der Schutz vor schädlichen Umwelteinwirkungen durch Gerüche nach Nr. 1 Abs. 3, 1. Hs. TA Luft ausdrücklich ausgenommen. Die TA Luft ist nach Nr. 1 Abs. 3, 2. Hs. TA Luft nur für die Vorsorge[537] gegen schädliche Umwelteinwirkungen durch Geruchsimmissionen anwendbar. Die Anforderungen werden in Nr. 5.2.8 und Nr. 5.4.8.6.1 TA Luft präzisiert. Unter anderem werden für Anlagen zur Vergärung von Bioabfällen[538] mit einer Durchsatzleistung von 10 Mg Abfällen je Tag Mindestabstände zur nächsten vorhandenen oder in einem Bebauungsplan festgelegten Bebauung geregelt.[539] Ebenso keine Anwendung finden die in den VDI-Richtlinien 3471 und 3472 genannten Mindestabstände, da die dort genannten Parameter (Viehbestandszahlen und Haltungsbedingungen bzw. Tierlebendmasse) bei einer Biogasanlage fehlen und auch nicht anderweitig bestimmbar sind.[540] 306

Als Orientierungshilfe ziehen Behörden regelmäßig die **Geruchsimmissions-Richtlinie (GIRL)**[541] heran, die als einziges technisches Regelwerk ein Gesamtsystem zur Ermittlung von Geruchsimmissionen vorsieht. Als technisches Regelwerk entfaltet die Richtlinie keine Bindungswirkung für die Gerichte. Dies gilt auch, soweit einzelne Länder ihren Behörden deren Anwendung durch Verwaltungsvorschrift oder -erlass vorschreiben. Die GIRL wird jedoch auch von den Gerichten zumeist als 307

537 § 5 Abs. 1 S. 1 Nr. 2 BImSchG.

538 Und Anlagen, die Bioabfälle in Kofermentationsanlagen mitverarbeiten.

539 300 m Mindestabstand bei geschlossenen Anlagen (Bunker, Vergärung, Nachrotte) und 500 m bei offenen Anlagen zur nächsten vorhandenen oder im Bebauungsplan festgesetzten Wohnbebauung. Der Mindestabstand kann bei geeigneten technischen Maßnahmen zur Geruchsreduzierung unterschritten werden. Dazu VGH München, Beschl. v. 5.10.2011 – 15 CS 11.1858 = juris Rn 25.

540 OVG Magdeburg, Beschl. v. 1.8.2011 – 2 M 84/11 = juris Rn 29; OVG Lüneburg, Beschl. v. 22.9.2010 – 12 ME 51/10 = NVwZ-RR 2011, 7.

541 LAI, Richtlinie zur Feststellung und Beurteilung von Geruchsimmissionen in der Fassung vom 21.9.2004.

Entscheidungshilfe herangezogen.[542] Die GIRL stellt dabei ein *„im Sinne einer konservativen Prognosesicherheit komfortables worst-case-Szenario“* dar.[543] Im Einzelfall – insbesondere in landwirtschaftlich geprägten Gebieten – kann eine darüber liegende Geruchsbelastung zumutbar sein.

308 Als Bewertungsgröße für Geruchsimmissionen geht die GIRL von der sog. **„Geruchsstunde“** aus.[544] Wenn in 10 % der Bezugszeit (6 Minuten) Geruchswahrnehmungen auftreten, wird der gesamte Zeitraum als Belästigung gewertet. Die maßgebliche Kenngröße für die Geruchsimmissionsbelastung ist der Anteil der Geruchsstunden am gesamten Messzeitraum.[545] Das Maß der zumutbaren Geruchsbelastung bestimmt sich nach der bauplanungsrechtlichen Situation der emittierenden Anlage und des Einwirkungsorts.

309 Die GIRL enthält folgende **Immissionswerte** (höchstzulässige Geruchsimmissionen) für verschiedene Baugebiete:

Wohn-/Mischgebiete	Gewerbe-/Industriegebiete	Dorfgebiete
0,10	0,15	0,15

310 Sonstige Gebiete, in denen sich Personen nicht nur vorübergehend aufhalten, sind nach Nr. 3.1 Abs. 2 der Richtlinie „entsprechend den Grundsätzen des Planungsrechts“ den Spalten 1 oder 2 zuzuordnen. Maßgeblich ist hierfür das Vorhandensein von Wohnnutzung. Im Einzelfall kann eine Mittelwertbildung geboten sein.[546]

311 Für die Beurteilung des Immissionswertes kommt es auf die **Gesamtbelastung** (IG) an, also die Summe aus Vorbelastung (IV) und durch die Anlage hervorgerufener Zusatzbelastung (IZ). Überschreitet die Gesamtbelastung den maßgeblichen Immissionswert nicht, so liegen grundsätzlich keine unzumutbaren Geruchsimmissionen vor. Auch bei Überschreitung des maßgeblichen Werts kann die Anlage zulässig sein, wenn der von der Anlage zu erwartende Immissionsbeitrag auf keiner Beurteilungsfläche den Wert 0,02 überschreitet.[547]

312 Für die **Beurteilung** der Geruchsimmissionen sieht die GIRL eine Regelfall- und eine Einzelfallprüfung vor. Grundsätzlich ist die Regelfallprüfung durchzuführen. Die Ermittlung der Geruchsbelastung erfolgt hierbei durch sog. „Rasterbegehungen“ und durch eine Ausbreitungsrechnung. Die Vorbelastung wird dabei regelmäßig durch Rasterbegehungen ermittelt. Bei der Ermittlung der Zusatzbelastung von noch nicht

---

542 BVerwG, Beschl. v. 28.7.2010 – 4 B 29/10 = BauR 2010, 2083; OVG Magdeburg, Beschl. v. 1.8.2011 – 2 M 84/11 = juris Rn 29; VGH München, Beschl. v. 25.10.2010 – 2 CS 10.2137 = BauR 2011, 256; OVG Lüneburg, Beschl. v. 22.9.2010 – 12 ME 51/10 = NVwZ-RR 2011, 7.

543 VGH München, Beschl. v. 25.10.2010 – 2 CS 10.2137 = BauR 2011, 256.

544 Vgl. dazu *Mohr*, S. 81 ff.

545 Die gemessene Vorbelastung wird mit einem Korrekturfaktor multipliziert (Nr. 4.4.1 GIRL).

546 BVerwG, Beschl. v. 21.12.2010 – 7 B 4.10 = NVwZ 2011, 433 Rn 32; Beschl. v. 28.9.1993 – 4 B 151.93 = NVwZ-RR 1994, 139.

547 Nr. 3.3 GIRL, Irrelevanzkriterium.

errichteten Anlagen wird die erwartete Zusatzbelastung durch Ausbreitungsrechnung ermittelt.

Im Rahmen der Ermittlung der **Vorbelastung** dürfen nur Gerüche erfasst werden, die eindeutig Anlagen zugeordnet werden können, nicht hingegen Gerüche, die aus dem Kraftfahrzeugverkehr, der Vegetation oder landwirtschaftlichen Düngemaßnahmen o.ä. stammen.[548] Ist das Vorhandensein anderer geruchsemittierender Anlagen auszuschließen, ist nach Nr. 4.4.1 GIRL von einer vorhandenen Belastung IV = 0 auszugehen. 313

Praxistipp !
Bei der Ermittlung der Vorbelastung anhand von Rasterbegehungen ist zu berücksichtigen, dass hierfür ein erheblicher Zeitraum einzuplanen ist. Nach Nr. 4.4.5 GIRL beträgt der Messzeitraum in der Regel mindestens ein halbes Jahr. Eine Verkürzung auf drei Monate ist nur in besonderen Ausnahmefällen möglich. Es sollte daher mit der Genehmigungsbehörde erforderlichenfalls abgestimmt werden, ob anstatt einer Rasterbegehung ausnahmsweise die Durchführung einer Ausbreitungsrechnung zur Ermittlung der Vorbelastung nach Nr. 4.1 Abs. 2 GIRL möglich ist.

Im Rahmen der Regelfallprüfung werden die Intensität und der Charakter (Hedonik) des Geruchs nicht berücksichtigt. Diese Faktoren können jedoch im Rahmen der **Einzelfallprüfung** nach Nr. 5 GIRL Berücksichtigung finden, wenn auf die Beurteilungsfläche nicht im Rahmen der Vorbelastung einfließende Geruchsquellen (z.B. Kfz-Verkehr) einwirken oder Anhaltspunkte dafür bestehen, dass wegen der außergewöhnlichen Geruchssituation (z.B. Ekel und Übelkeit erregende Gerüche) eine Beurteilung nach der Regelfallprüfung nicht ausreichend ist.[549] 314

d) Luftschadstoffe

Die Zumutbarkeit von Luftschadstoffen wird für immissionsschutzrechtlich genehmigungspflichtige Anlagen in der **TA Luft** konkretisiert. Sie enthält Immissionswerte 315

- zum Schutz der Gesundheit,[550]
- zum Schutz vor erheblichen Belästigungen und erheblichen Nachteilen durch Staubniederschlag,[551]
- zum Schutz der Vegetation und von Ökosystemen[552] sowie
- zum Schutz vor Schadstoffdepositionen.[553]

548 Nr. 4.4.7 GIRL.
549 Siehe VG Aachen, Urt. v. 4.10.2011 – 6 K 2244/09 = juris Rn 115 ff.; VG Schleswig, Urt. v. 4.4.2011 – 6 A 60/10 = NuR 2011, 749.
550 Nr. 4.2 TA Luft.
551 Nr. 4.3 TA Luft.
552 Nr. 4.4 TA Luft.
553 Nr. 4.5 TA Luft.

Für nicht immissionsschutzrechtlich genehmigungspflichtige Anlagen begründet die TA Luft allerdings nur eine eingeschränkte Beachtenspflicht. Nach Nr. 1 Abs. 5 TA Luft sollen die Grundsätze zur Ermittlung und Maßstäbe zur Beurteilung von schädlichen Umwelteinwirkungen (**Schutzpflicht**) für nicht genehmigungspflichtige Anlagen herangezogen werden. Die Vorgaben der TA Luft zur Vorsorge gegen schädliche Umwelteinwirkungen (**Vorsorgepflicht**) sollen als Erkenntnisquelle herangezogen werden. Diese Einschränkungen eröffnen der Behörde einen größeren Bewertungsspielraum.

316 Im Rahmen von Biomasseanlagen können insbesondere Ammoniak, Stickstoffoxide, Kohlenmonoxid, Formaldehyd und Schwefeloxide emittiert werden. In der Genehmigungspraxis für Biogasanlagen spielt die Einhaltung der Grenzwerte regelmäßig keine große Rolle, da die Emissionsvorgaben für eine moderne Anlagentechnik keine Herausforderung darstellen.[554]

317 Für bestimmte **Holzabfälle** (insbesondere Bau- und Abbruchholz)[555] findet die Verordnung über die Verbrennung und die Mitverbrennung von Abfällen (17. BImSchV)[556] Anwendung. Für die thermische Verwertung von Altholz ist auch die Altholzverordnung (AltholzV)[557] zu beachten, die auf die Regelungen des BImSchG und der auf dessen Grundlage ergangenen Verordnungen verweist.[558] In Ausnahmefällen können die Grenzwerte der 13. BImSchV (Feuerwärmeleistung von 50 MW oder mehr) anwendbar sein. Für nicht immissionsschutzrechtlich genehmigungsbedürftige Anlagen können sich Anforderungen auch aus der Verordnung über kleine und mittlere Feuerungsanlagen (1. BImSchV)[559] ergeben.

e) Störfallverordnung

318 Biogasanlagen können der Störfallverordnung (12. BImSchV) unterliegen, wenn gefährliche Stoffe in Mengen vorhanden sind, die die in Anhang I Spalte 4 12. BImSchV genannten Mengenschwellen erreichen oder überschreiten.[560] Für Biogas als hoch entzündlichem Stoff liegt die Mengenschwelle bei 10.000 kg (Anhang I Spalte 4 Nr. 8). Maßgeblich ist dabei nach § 2 Nr. 2 12. BImSchV das tatsächliche oder vorgesehene **Vorhandensein gefährlicher Stoffe**. Neben dem Biogas werden in Biogasanlagen u.U. Propan bzw. Butan gelagert (Anfahrvorgänge). Hierfür gilt nach Anhang I

554 *Kruschinski*, S. 145 f.

555 Holzabfälle, die halogenorganische Verbindungen oder Schwermetalle infolge einer Behandlung mit Holzschutzmitteln oder infolge einer Beschichtung enthalten können und zu denen insbesondere Holzabfälle aus Bau- und Abbruchabfälle gehören (§ 1 Abs. 3 Nr. 4 17. BImSchV).

556 Verordnung über die Verbrennung und die Mitverbrennung von Abfällen in der Fassung der Bekanntmachung vom 14.8.2003 (BGBl. I S. 1633).

557 Altholzverordnung vom 15.8.2002 (BGBl. I S. 3302).

558 § 3 Abs. 2 AltholzV.

559 Verordnung über kleine und mittlere Feuerungsanlagen vom 26.1.2010 (BGBl. I S. 38).

560 Siehe OVG Magdeburg, Beschl. v. 1.8.2011 – 2 M 84/11 = juris Rn 21 f.

Spalte 4 Nr. 11 der 12. BImSchV eine Mengenschwelle von 50.000 kg. Die gleiche Mengenschwelle gilt für auf Erdgasqualität aufbereitetes Biogas (Bioerdgas), das Erdgas nach Anhang I Spalte 4 Nr. 11 der 12. BImSchV gleichgestellt wird. Unterliegt die Anlage der Störfallverordnung, ist der Betreiber u.a. verpflichtet:

- zu Maßnahmen zur Verhinderung von Störfällen sowie zur Begrenzung von Auswirkungen möglicher Störfälle,[561]
- zur Erstellung von Sicherheitsberichten, Alarm- und Gefahrenabwehrplänen sowie
- zur Information der Öffentlichkeit.[562]

Ferner können Mindestabstände zur Wohnbebauung und anderen schutzwürdigen Nutzungen zu beachten sein.[563]

3. Bauplanungsrecht

Von besonderer Bedeutung im Genehmigungsverfahren ist neben dem Immissions- 319
schutz die Prüfung der bauplanungsrechtlichen Zulässigkeit. Diese ist als Teil der „anderen öffentlich-rechtlichen Vorschriften“ i.S.d. § 6 Abs. 1 Nr. 2 BImSchG auch Prüfungsgegenstand einer immissionsschutzrechtlichen Genehmigung.

a) Privilegierung des § 35 Abs. 1 Nr. 6 BauGB

Von besonderer Relevanz ist die Zulassung von Biomasseanlagen im **Außenbereich**. 320
Im Außenbereich sind Biomasseanlagen nach § 35 Abs. 1 Nr. 6 BauGB unter bestimmten Voraussetzungen **privilegiert** zulässig.

aa) Im Rahmen des Betriebs

Privilegiert werden dabei nicht Biomasseanlagen an sich, sondern nur Anlagen, die 321
im Zusammenhang mit bereits bestehenden privilegierten Außenbereichsvorhaben errichtet werden. Dazu muss die Anlage zunächst der energetischen Nutzung von Biomasse im Rahmen eines Betriebs

- der Land- und Forstwirtschaft,[564]
- der gartenbaulichen Erzeugung[565] oder

---

561 §§ 3–5 12. BImSchV.

562 §§ 6–12 12. BImSchV.

563 Art. 12 Abs. 1 der Seveso-II-Richtlinie; siehe EuGH, Urt. v. 15.9.2011 – Rs. C-53/10 = DVBl. 2011, 1474.

564 § 35 Abs. 1 Nr. 1 BauGB.

565 § 35 Abs. 1 Nr. 2 BauGB.

– eines privilegiert zulässigen Tierhaltungsbetriebs nach § 35 Abs. 1 Nr. 4 BauGB dienen.

Die energetische Nutzung von Biomasse erfasst sowohl die Herstellung von Biogas in Biogasanlagen als auch Einrichtungen zur Verbrennung des Biogases bzw. Verarbeitung von fester oder flüssiger Biomasse. Die Formulierung „im Rahmen des Betriebs“ verlangt eine Zuordnung der Biomasseanlage zu dem Basisbetrieb. Dies ist unproblematisch dann der Fall, wenn der Betreiber des Basisbetriebs und der Biomasseanlage identisch sind. Werden Anlagen von Personen- oder Kapitalgesellschaften betrieben, muss der Inhaber des Basisbetriebs maßgeblichen Einfluss auf die die Biomasseanlage betreibende Gesellschaft haben.[566] Dies hängt von der jeweiligen Gesellschaftsform ab.

Beispiel

Wird eine Biomasseanlage im Rahmen eines landwirtschaftlichen Betriebs in Form einer GmbH betrieben, muss der Inhaber des landwirtschaftlichen Betriebs beispielsweise über mehr als 50 % der Geschäftsanteile verfügen, um den erforderlichen maßgeblichen Einfluss auf die GmbH zu besitzen.

---

bb) Räumlich-funktionaler Zusammenhang

322 Zwischen der Biomasseanlage und dem Basisbetrieb muss ein räumlich-funktionaler Zusammenhang bestehen. Eine Biomasseanlage darf nicht als ein einzeln stehendes Vorhaben sondern nur im räumlichen Zusammenhang mit einer bereits bestehenden Anlage errichtet werden. Dies soll der Entstehung von Splittersiedlungen vorbeugen. Nach der Rechtsprechung bedingt dies nicht nur die Nähe der Biomasseanlage zur Hofstelle, sondern bezieht sich auch auf die Möglichkeit der Verwendung in der Anlage anfallender Reststoffe als Dünger auf den Betriebsflächen und insbesondere die gemeinsame Nutzung bestehender baulicher Anlagen im Betrieb der Hofstelle und der Biomasseanlage.[567] Ein räumlicher Zusammenhang wird daher nicht hergestellt, wenn sich die Biomasseanlage auf den Feldern eines landwirtschaftlichen Betriebs, aber weit entfernt von dessen Hofstelle befindet. Neben der Hofstelle des Betriebs können auch Maschinenhallen, Silos oder Ställe den baulichen Bezugspunkt bilden, nicht dagegen eine frei stehende Scheune auf einem Feld.

---

566 VG Stade, Urt. v. 12.5.2011 – 2 A 130/10 = juris Rn 44.

567 BVerwG, Beschl. v. 21.12.2010 – 7 B 4.10 = NVwZ 2011, 433 Rn 29; Urt. v. 11.12.2008 – 7 C 6.08 = BVerwGE 132, 372 Rn 20.

cc) Herkunft der Biomasse

Nach § 35 Abs. 1 Nr. 6 Buchst. b muss die Biomasse überwiegend aus dem Betrieb oder überwiegend aus diesem und aus nahe gelegenen land- und forstwirtschaftlichen Betrieben (Nr. 1), gartenbaulichen Betrieben (Nr. 2) oder tierhaltenden Betrieben (Nr. 4) stammen. 323

dd) Eine Anlage je Hofstelle oder Betriebsstandort

Gemäß § 35 Abs. 1 Nr. 6 Buchst. c darf je Hofstelle (landwirtschaftlicher Betrieb) oder Betriebsstandort (forstwirtschaftlicher, gartenbaulicher oder tierhaltender Betrieb) nur eine Anlage betrieben werden. Die Begrenzung dient dem Außenbereichsschutz. Jede weitere Anlage ist nicht mehr privilegiert zulässig. Gebäude, die einem landwirtschaftlichen Betrieb dienen, können nur dann eine Hofstelle bilden, wenn jedenfalls eines der Gebäude ein landwirtschaftliches Wohngebäude ist.[568] 324

ee) Begrenzung der Feuerwärmeleistung und der Kapazität

Nach § 35 Abs. 1 Nr. 6 Buchst. d darf die Feuerungswärmeleistung der Anlage nicht 2,0 MW überschreiten. Bei Biogasanlagen darf die Kapazität der Anlage zudem nicht 2,3 Mio. Normkubikmeter Biogas pro Jahr überschreiten. Die Feuerwärmeleistung ist der auf den unteren Heizwert bezogene Wärmeinhalt der Brennstoffe, der einer Anlage im Dauerbetrieb je Zeiteinheit (hier bezogen auf 1 h) zugeführt wird.[569] Durch Gesetz vom 22.7.2011[570] wurde die bisherige Begrenzung auf eine installierte elektrische Leistung von maximal 0,5 MW durch eine maximale Feuerwärmeleistung von 2,0 MW ersetzt. Eine Ausweitung der Privilegierung ist damit nicht verbunden. Durch die Begrenzung der Biogaserzeugungskapazität wird sichergestellt, dass sich die Biogaserzeugung der Anlagen nicht wesentlich erhöht. Mit der Änderung gelten im BauGB und in der 4. BImSchV nun die gleichen Bezugsgrößen. 325

ff) Keine entgegenstehenden öffentlichen Belange

Als privilegiertes Vorhaben ist eine Biogasanlage im Außenbereich bauplanungsrechtlich nach § 35 Abs. 1 BauGB zulässig, wenn öffentliche Belange nicht entgegenstehen und die Erschließung gesichert ist. Andernfalls kommt eine bauplanungsrechtliche Zulässigkeit im Außenbereich nur als sonstiges Vorhaben nach § 35 Abs. 2 BauGB in Betracht.[571] 326

---

568 BVerwG, Beschl. v. 14.3.2006 – 4 B 10/06 = NVwZ 2006, 696, 696 f.
569 Vgl. Feldhaus/*Ludwig*, Anhang Nr. 1 4. BImSchV Rn 5.
570 BGBl. I 2011 S. 1509.
571 Vgl. zur bauplanungsrechtlichen Zulässigkeit sonstiger Vorhaben Rn 264.

327 Einen (nicht abschließenden) Katalog **öffentlicher Belange** enthält § 35 Abs. 3 BauGB. Eine Beeinträchtigung öffentlicher Belange liegt nach § 35 Abs. 3 S. 1 Nr. 1 BauGB dann vor, wenn das Vorhaben den Festsetzungen des Flächennutzungsplans widerspricht. Bei privilegierten Biomasseanlagen i.S.d. § 35 Abs. 1 Nr. 6 BauGB stehen nur konkrete, standortbezogene Aussagen eines Flächennutzungsplans entgegen. Eine allgemeine Darstellung von Flächen für Land- und Forstwirtschaft reicht grundsätzlich nicht aus.[572] Sieht der Flächennutzungsplan dagegen für diesen Standort Wohnbebauung vor, werden öffentliche Belange beeinträchtigt. Nach § 35 Abs. 3 S. 1 Nr. 2 BauGB werden öffentliche Belange auch dann beeinträchtigt, wenn das Vorhaben den Darstellungen eines Landschaftsplans oder sonstigen Plans, insbesondere des Wasser-, Abfall- oder Immissionsschutzrechts, widerspricht. Entsprechendes gilt, wenn schädliche Umwelteinwirkungen hervorgerufen werden können.[573] Die Anforderungen an den Schutz vor schädlichen Umwelteinwirkungen decken sich mit den immissionsschutzrechtlichen Anforderungen.[574] Von Bedeutung können insbesondere die Belange des § 35 Abs. 3 S. 1 Nr. 5 BauGB sein. Danach dürfen die Belange des Naturschutzes und der Landschaftspflege, des Bodenschutzes, des Denkmalschutzes oder die natürliche Eigenart der Landschaft sowie ihr Erholungswert nicht beeinträchtigt und das Orts- und Landschaftsbild nicht verunstaltet werden. Eine Verunstaltung des Orts- und Landschaftsbildes durch Biomasseanlagen wird dabei (insbesondere aufgrund ihrer im Vergleich zu Windrädern geringen Höhe) nur in Ausnahmefällen angenommen werden können.[575] Nach § 35 Abs. 3 S. 1 Nr. 7 BauGB liegt eine Beeinträchtigung auch dann vor, wenn die Biomasseanlage die Entstehung, Verfestigung oder Erweiterung einer Splittersiedlung befürchten lässt.

328 Raumbedeutsame Vorhaben dürfen nach § 35 Abs. 3 S. 2 BauGB schließlich nicht **Zielen der Raumordnung** widersprechen. In aller Regel sind Biomasseanlagen nicht raumbedeutsam i.S.d. § 3 Abs. 1 Nr. 6 ROG. Ein Ausnahmefall kann bei einem Standort in einem unberührten Landschaftsraum, einer exponierten Hang- oder Höhenlage oder bei ortstypischen Kubaturen deutlich übersteigenden Gebäudegrößen vorliegen. Allenfalls Indizcharakter hat der Flächenumfang von mehr als 1 ha.[576] Ist die

572 Sie stellen im Allgemeinen keine qualifizierte Standortzuweisungen dar, sondern weisen dem Außenbereich nur die ihm ohnehin nach dem Willen des Gesetzes in erster Linie zukommende Funktion zu, der Land- und Forstwirtschaft und der allgemeinen Erholung zu dienen (BVerwG, Urt. v. 20.1.1984 – 4 C 43/81 = BVerwGE 68, 311, 315 f.).

573 § 35 Abs. 3 S. 1 Nr. 3 BauGB.

574 Vgl. dazu Rn 301 ff.

575 *Kruschinski*, S. 135.

576 Vgl. Regierungspräsidium Tübingen, Hinweise zur bauplanungsrechtlichen Zulässigkeit von Biogasanlagen v. 10.8.2011, S. 24 f.

Raumbedeutsamkeit ausnahmsweise zu bejahen, kann eine Anlage Zielen der Raumordnung etwa dann widersprechen, wenn ein Raumordnungsplan für die betroffene Fläche eine anderweitige, mit der Nutzung durch eine Biomasseanlage unverträgliche Standortzuweisung trifft (beispielsweise als Vorranggebiet für Erholung).[577]

gg) Rückbauverpflichtung

Für das Vorhaben im Außenbereich muss der Antragsteller zudem als weitere Zulässigkeitsvoraussetzung eine Verpflichtungserklärung nach § 35 Abs. 5 S. 2 BauGB abgeben, das Vorhaben nach dauerhafter Aufgabe der zulässigen Nutzung zurückzubauen und die Bodenversiegelung zu beseitigen. Die Genehmigungsbehörde „soll" gem. § 35 Abs. 5 S. 3 BauGB die Einhaltung der Verpflichtung durch Baulast (wenn das Landesrecht dies vorsieht) oder in anderer Weise (Eintragung einer Grunddienstbarkeit, Sicherheitsleistung in Form von Hypothek, Grundschuld etc.) sicherstellen. Zu Inhalt, Umfang und Anordnung der Verpflichtung gelten die Ausführungen über die Rückbauverpflichtung bei Windenergieanlagen entsprechend.[578] 329

b) Zulässigkeit im Geltungsbereich eines Bebauungsplans

Liegt das Vorhaben im Bereich eines (qualifizierten) Bebauungsplans nach § 30 Abs. 1 BauGB, ist es bauplanungsrechtlich zulässig, wenn es den Festsetzungen des Bebauungsplans nicht widerspricht und die Erschließung gesichert ist. 330

Nach der **Art der baulichen Nutzung** ist das Vorhaben unproblematisch zulässig, wenn der Bebauungsplan ausdrücklich Festsetzungen für Biomasseanlagen enthält. Eine solche Festsetzungsmöglichkeit sieht § 9 Abs. 1 Nr. 12 BauGB vor, nach dem im Bebauungsplan Versorgungsflächen, einschließlich der Flächen für Anlagen zur Erzeugung von Strom und Wärme, festgesetzt werden können. Daneben können Standorte für Biomasseanlagen in größerem Umfang auch durch die Festsetzung von Sondergebieten für Biomasseanlagen nach § 11 Abs. 2 BauNVO („Biomasseparks"[579]) geschaffen werden. Hier bietet sich insbesondere das Instrument des vorhabenbezogenen Bebauungsplans nach § 12 BauGB an. 331

---

577 Vgl. allgemein zur Raumordnung Rn 206 ff.

578 Vgl. Rn 52 f.

579 Zur Problematik der EEG-Vergütung von Anlagen in Biomasseparks vgl. Kap. 5 Rn 194 ff.

Praxistipp
Anstelle eines vorhabenbezogenen Bebauungsplans kann sich die Gemeinde auch für eine Angebotsplanung kombiniert mit einem städtebaulichen Vertrag mit einem Investor entscheiden. Bei der bauleitplanerischen Abwägung ist dann aber besondere Vorsicht geboten: Die Abwägungsentscheidung muss sich auf alle durch die Planfestsetzungen erlaubten Bebauungsmöglichkeiten (und deren Auswirkungen auf Dritte) beziehen. Die Gemeinde darf bei der Abwägung nicht Beschränkungen einbeziehen, mit der die Gemeinde und der Vorhabenträger die Bebauungsmöglichkeiten außerhalb des Bebauungsplans einvernehmlich einschränken. Derartige städtebauliche Verträge sind für die gerichtliche Überprüfung eines Angebotsbebauungsplans ohne Bedeutung.[580]

332 Enthält der Bebauungsplan keine besondere Festsetzung für Biomasseanlagen, kann das Vorhaben in einem der **Baugebiete der BauNVO** zulässig sein. Biomasseanlagen sind generell in Industriegebieten i.S.d. § 9 BauNVO zulässig. In Gewerbegebieten nach § 8 BauNVO sind Biomasseanlagen zulässig, soweit von ihnen keine erheblichen Belästigungen ausgehen. Dies hängt von den Umständen des Einzelfalls ab. In Dorfgebieten[581] sind Biomasseanlagen allgemein zulässig, sofern von ihnen keine wesentlichen Störungen ausgehen.[582] Dies ist bei immissionsschutzrechtlich genehmigungspflichtigen Anlagen vielfach problematisch. Eine Zulässigkeit kommt aber nur für kleinere Biogasanlagen als Nebenbetrieb zu landwirtschaftlichen Betrieben in Betracht. Auch in Mischgebieten[583] sind Biomasseanlagen zulässig, sofern sie das Wohnen nicht wesentlich stören. Wie auch in Dorfgebieten ist eine Störung nur bei nicht immissionsschutzrechtlich genehmigungspflichtigen Anlagen regelmäßig auszuschließen. Grundsätzlich bauplanungsrechtlich unzulässig sind Biomasseanlagen dagegen in reinen und allgemeinen Wohngebieten.[584]

333 Neben den Festsetzungen zur Art der baulichen Nutzung muss die Biomasseanlage auch den Festsetzungen des Bebauungsplans zum **Maß der baulichen Nutzung** entsprechen. Problematisch können hierbei insbesondere Höhenbegrenzungen i.S.d. § 16 Abs. 2 Nr. 4 BauNVO sein. Daneben sind Festsetzungen über die bebaubaren Grundstücksflächen (Baulinien, Bautiefen, Baugrenzen) zu beachten.[585]

334 Von den Festsetzungen des Bebauungsplans können schließlich nach § 31 Abs. 1 BauGB die im Bebauungsplan vorgesehenen Ausnahmen zugelassen oder nach § 31 Abs. 2 BauGB Befreiungen erteilt werden. Ausnahmen und Befreiungen stehen im Ermessen der Genehmigungsbehörde.

580 OVG Lüneburg, Beschl. v. 4.1.2011 – 1 MN 130/10 = BauR 2011, 805.
581 § 5 BauNVO.
582 VGH München, Beschl. v. 15.11.2010 – 15 CS 10.2131 = juris Rn 16; Beschl. v. 4.7.2006 – 14 CS 05.3124 = juris Rn 22; Beschl. v. 21.3.2006 – 14 CS 06.134 = juris Rn 14.
583 § 6 BauNVO.
584 §§ 3 und 4 BauNVO.
585 § 23 BauNVO.

c) Zulässigkeit im unbeplanten Innenbereich

Biomasseanlagen können auch innerhalb der im Zusammenhang bebauten Ortsteile 335 (Innenbereich) nach § 34 Abs. 1 BauGB zulässig sein.[586] Dafür müssen sie sich nach Art und Maß der baulichen Nutzung, der Bauweise und der Grundstücksfläche, die bebaut werden soll, in die Eigenart der näheren Umgebung einfügen und die Erschließung gesichert sein. Daneben darf das Ortsbild nicht beeinträchtigt werden.

Entspricht die **Eigenart der näheren Umgebung** einem der Baugebietstypen 336 der BauNVO, so beurteilt sich die Zulässigkeit des Vorhabens nach seiner Art der baulichen Nutzung allein danach, ob es nach den entsprechenden Vorschriften der BauNVO zulässig wäre.[587] Insoweit gilt dann das bereits oben Ausgeführte zur Zulässigkeit von Biomasseanlagen in den jeweiligen Baugebieten. Das Einfügen des Vorhabens in die Eigenart der näheren Umgebung hinsichtlich der übrigen Kriterien des § 34 Abs. 1 BauGB, insbesondere dem Maß der baulichen Nutzung, beurteilt sich anhand der konkreten Umstände des Einzelfalls. Entspricht die Eigenart der näheren Umgebung nicht einem Baugebietstyp der BauNVO, so ist auch das Einfügen hinsichtlich der Art der baulichen Nutzung anhand einer Einzelfallprüfung zu beurteilen.[588] Als Faustregel lässt sich hier sagen, je geringer die Wohnnutzung und je mehr Gewerbebetriebe oder Industrieanlagen am Standort vorhanden sind, um so eher wird sich die Biomasseanlage einfügen.[589]

Auch wenn sich die Biomasseanlage im Rahmen der „Vorgaben" der näheren 337 Umgebung hält, kann sie sich dennoch nicht einfügen, wenn es zu einer unzumutbaren Beeinträchtigung eines Nachbarn kommt und damit das nachbarliche **Rücksichtnahmegebot** verletzt würde.[590] Umgekehrt kann sich ein Vorhaben, das sich eigentlich nicht im Rahmen seiner näheren Umgebung hält, dennoch einfügen, wenn es ausnahmsweise keine bodenrechtlichen Spannungen hervorruft.[591]

Fügt sich das Vorhaben nach § 34 Abs. 1 BauGB in seine nähere Umgebung ein, so 338 darf schließlich das **Ortsbild** nicht beeinträchtigt werden. Hierbei kommt es auf eine städtebauliche Sichtweise an, die sich anders als das bauordnungsrechtliche Verunstaltungsgebot nicht an der Gestaltung der konkreten Anlagen allein orientieren darf. Eine Beeinträchtigung kann etwa dann gegeben sein, wenn die Biomasseanlage aufgrund ihrer Höhe eine aus städtebaulicher Sicht bedeutende Sichtachse beeinträchtigt.

---

586 OVG Bautzen, Beschl. v. 24.6.2010 – 4 B 113/10 = juris Rn 8.

587 § 34 Abs. 2 BauGB.

588 Vgl. zum Maßstab näher BVerwG, Urt. v. 26.5.1978 – 4 C 9.77 = BVerwGE 55, 369, 385.

589 Vgl. Regierungspräsidium Tübingen, Hinweise zur bauplanungsrechtlichen Zulässigkeit von Biogasanlagen v. 10.08.2011, S. 8.

590 BVerwG, Urt. v. 26.5.1978 – 4 C 9.77 = BVerwGE 55, 369, 386.

591 BVerwG, Urt. v. 26.5.1978 – 4 C 9.77 = BVerwGE 55, 369, 386 f.

4. Bauordnungsrechtliche Anforderungen

339 Neben den bauplanungsrechtlichen Anforderungen sind die bauordnungsrechtlichen Vorgaben in den jeweiligen Landesbauordnungen zu beachten. Diese betreffen u.a. die erforderlichen Abstandsflächen, Vorgaben zur Baugestaltung (Verunstaltungsverbot), Stellplätze sowie Vorgaben zur Standsicherheit einschließlich der Feuerwiderstandsdauer tragender Teile.

5. Wasserrechtliche Anforderungen

340 Bei der Produktion von Biogas entsteht – gleichsam als Abfallprodukt der als Substrat zur Energieerzeugung eingesetzten Silage – Silagesickersaft (Gärsaft, Sickersaft), dessen Austreten aus der Biogasanlage aufgrund der in ihm enthaltenen sauerstoffzehrenden Substanzen, Ammoniak, Säuren, organischen Stoffe sowie Pflanzennährstoffen Oberflächengewässer und das Grundwasser gefährden kann.[592] Der wasserrechtliche Besorgnisgrundsatz des § 32 Abs. 2 S. 1 WHG und des § 48 Abs. 2 S. 1 WHG sieht für Oberflächengewässer und Grundwasser übereinstimmend vor, dass Stoffe nur so gelagert werden dürfen, dass eine nachteilige Veränderung der Wasserbeschaffenheit nicht zu besorgen ist. Ein Eindringen des Silagesickersafts in Oberflächengewässer und Grundwasser ist daher zu verhindern. § 62 Abs. 1 S. 3 WHG sieht insoweit vor, dass Anlagen zum Lagern und Abfüllen von Jauche, Gülle und Silagesickersäften sowie von vergleichbaren in der Landwirtschaft anfallenden Stoffen so beschaffen sein und so errichtet, unterhalten, betrieben und stillgelegt werden müssen, dass der bestmögliche Schutz der Gewässer vor nachteiligen Veränderungen ihrer Eigenschaften erreicht wird. Die Länder haben teilweise auf dem Verordnungswege die Anforderungen näher konkretisiert.[593] Üblicherweise sind dort Mindestabstände zu oberirdischen Gewässern sowie Hausbrunnen und ein Errichtungsverbot in der engeren Schutzzone von Wasserschutzgebieten sowie in Überschwemmungsgebieten vorgesehen. Ferner sind die baulichen Anforderungen an Biogasanlagen (z.B. Größe und Bauweise von Auffangbehältern, Anordnung unterirdischer Rohrleitungen, wasserundurchlässige Bauweisen für Silos) näher konkretisiert.

---

592 Anschaulich: Bayerische Landesanstalt für Landwirtschaft/Bayerisches Landesamt für Umwelt, Merkblatt „Silagesickersaft und Gewässerschutz", 6. Aufl. 2009, S. 7 ff.

593 Vgl. etwa in Bayern: VO über Anlagen zum Umgang mit wassergefährdenden Stoffen und über Fachbetriebe v. 18.1.2006 (GVBl. S. 63); in Rheinland-Pfalz: VO über Anforderungen an Anlagen zum Lagern und Abfüllen von Jauche, Gülle, Silagesickersäften, Festmist und Silagen (JGSF-Verordnung) v. 1.4.1999 (GVBl. S. 102); Sachsen: VO des Sächsischen Staatsministeriums für Umwelt und Landwirtschaft über Anforderungen an Anlagen zum Lagern und Abfüllen von Dung und Silagesickersäften v. 26.2.1999 (SächsGVBl. S. 131).

6. Naturschutzrechtliche Anforderungen

Die energetische Nutzung der Biomasse wird unter Naturschutzgesichtspunkten teilweise sehr kritisch betrachtet. Hauptkritikpunkt ist die Intensivierung der Landwirtschaft, die einhergeht mit der Entwicklung von Monokulturen (Mais, Raps), die wiederum die Artenvielfalt beeinträchtigen und zu monotonen Landschaften führen. Hinzu kommen Faktoren wie ein hoher Dünger- und Pestizideinsatz der Energiepflanzen mit Folgen für Gewässer- und Grundwasser, frühere und häufige Mahd etc. Im Rahmen der Anlagenzulassung hat diese Thematik indes keine unmittelbare rechtliche Relevanz. Die Errichtung und der Betrieb von Biomasseanlagen begründen für sich genommen kein spezifisches naturschutzrechtliches Konfliktpotenzial.[594] 341

7. Energiewirtschaftsrechtliche Anforderungen

Biogasanlagen können schließlich den Anforderungen des Energiewirtschaftsrechts unterliegen, wenn es sich dabei um Energieanlagen i.S.d. § 3 Nr. 15 EnWG handelt. Dies ist der Fall, wenn gasführende Rohrleitungen zur Versorgung von Verbrauchern den Bereich des Betriebsgeländes verlassen oder erzeugtes Biogas auf Erdgasqualität aufbereitet und in das Netz der allgemeinen Energieversorger eingespeist wird. Nach § 49 Abs. 1 EnWG sind Energieanlagen so zu errichten und zu betreiben, dass die **technische Sicherheit** gewährleistet ist. Dies wird vermutet, wenn das einschlägige technische Regelwerk der Deutschen Vereinigung des Gas- und Wasserfaches e.V. eingehalten wird. 342

Nach dem EnWG wird für Biogasanlagen keine zusätzliche Genehmigung oder Zulassung erforderlich. Die Anforderungen werden durch die Energieaufsichtsbehörde überprüft. Im Genehmigungsbescheid wird regelmäßig ein entsprechender Hinweis aufgenommen, der auf die Verpflichtungen nach § 49 EnWG hinweist und den Betreiber dazu verpflichtet, die Sicherstellung der Anforderungen an die technische Sicherheit gegenüber der zuständigen Aufsichtsbehörde nachzuweisen.[595] Biogasanlagen, bei denen das erzeugte Biogas innerhalb des Betriebsgeländes in einem Blockheizkraftwerk eingesetzt wird, unterliegen dagegen nicht der Energieaufsicht. 343

---

594 Vgl. aber zu möglichen Stickstoffeinträgen in FFH-Gebieten etwa *Anger/Gerhold*, ZfBR Sonderausgabe 2012, 90, 92 f.

595 So beispielsweise die Genehmigungspraxis in Bayern, vgl. Bayerisches Landesamt für Umwelt, Biogashandbuch Bayern – Materialienband, Kap. 2.1.4.4 (Stand September 2010).

III. Genehmigungsverfahren

344 Das BImSchG unterscheidet zwischen dem förmlichen Genehmigungsverfahren nach § 10 BImSchG und dem vereinfachten Genehmigungsverfahren nach § 19 BImSchG. Das förmliche Verfahren ist in weiten Teilen dem Planfeststellungsverfahren angenähert und unterscheidet sich vom vereinfachten Verfahren insbesondere durch **weitreichende Beteiligungsregeln**. Ob das förmliche oder das vereinfachte Genehmigungsverfahren Anwendung findet, hängt davon ab, ob das Vorhaben in Spalte 1 (förmlich) oder Spalte 2 (vereinfacht[596]) des Anhangs zur 4. BImSchV genannt ist.[597]

345 Ist für die Biogasanlage lediglich eine **Baugenehmigung** erforderlich, so richtet sich das Verfahren nach den jeweiligen Landesbauordnungen. Hinsichtlich des Ablaufes des Genehmigungsverfahrens wird auf die entsprechenden Ausführungen zur Zulassung von Solaranlagen verwiesen.[598]

346 Für Biomasseanlagen kann als unselbstständiger Teil des immissionsschutzrechtlichen Genehmigungsverfahrens eine **Umweltverträglichkeitsprüfung** erforderlich sein. Eine UVP ist nach § 3b Abs. 1 i.V.m. Nr. 1.1.1 der Anlage 1 UVPG generell für die Errichtung und den Betrieb von Anlagen mit einer Feuerungswärmeleistung von mehr als 200 MW durchzuführen. Für Anlagen mit einer Feuerungswärmeleistung von 50 MW bis 200 MW ist nach § 3c S. 1 i.V.m. Nr. 1.1.2 der Anlage 1 UVPG eine UVP durchzuführen, wenn die zuständige Behörde im Rahmen einer allgemeinen Vorprüfung des Einzelfalls dies für erforderlich hält. Solche Größenordnungen werden von Biomasseanlagen in aller Regel nicht erreicht. In Betracht kann jedoch eine UVP-Pflicht für Biomasseanlagen mit einer Feuerwärmeleistung von 10 MW bis weniger als 50 MW nach § 3c S. 2 i.V.m. Nr. 1.1.4 Anlage 1 UVPG kommen, wenn darin Biogas eingesetzt wird. Eine UVP ist in diesem Fall durchzuführen, wenn die Behörde nach einer standortbezogenen Vorprüfung des Einzelfalls zu dem Ergebnis kommt, dass eine UVP erforderlich ist.[599] Gewöhnliche landwirtschaftliche Biogasanlagen erreichen diese Größenordnung nicht. Beim Einsatz von naturbelassenem Holz[600] kommt eine UVP-Pflicht nach standortbezogener Vorprüfung des Einzelfalls nach Nr. 1.1.5 Anlage 1 UVPG bei einer Feuerwärmeleistung von 1 MW bis weniger als 50 MW in Betracht. Anlagen mit anderen Biomasse-Brennstoffen als Biogas oder naturbelassenem Holz können nach Nr. 1.1.6 und 1.1.7 Anlage 1 zum UVPG ebenfalls nach einer

---

596 Sofern nicht ausnahmsweise eine UVP erforderlich ist (§ 2 Abs. 1 S. 1 Nr. 1 Buchst. c 4. BImSchV) oder der Antragsteller ein förmliches Genehmigungsverfahren beantragt (§ 19 Abs. 3 BImSchG).

597 § 2 Abs. 1 4. BImSchV; vgl. die ausführliche Darstellung der Genehmigungsverfahren unter Rn 124 ff.

598 Vgl. Rn 287 ff.

599 § 3c S. 2 UVPG.

600 Nach § 2 Nr. 9 1. BImSchV Holz, das ausschließlich mechanischer Bearbeitung ausgesetzt war und bei seiner Verwendung nicht mehr als nur unerheblich mit Schadstoffen kontaminiert wurde.

standortbezogenen Vorprüfung des Einzelfalls UVP-pflichtig sein. Eine UVP-Pflicht kann sich zudem bei Anlagen ergeben, in denen Abfall behandelt wird.[601]

Durch das Gesetz zur Neuregelung des Kreislaufwirtschafts- und Abfallrechts 347
vom 24.2.2012[602] ist mit Wirkung vom 1.6.2012 ein neuer Tatbestand für die UVP-Pflichtigkeit von Biogasanlagen geschaffen worden. Für Anlagen zur Erzeugung von Biogas mit einer jährlichen Produktionskapazität von 2 Mio. Normkubikmetern oder mehr ist eine **allgemeine Vorprüfung** des Einzelfalls erforderlich.[603] Eine standortbezogene Vorprüfung des Einzelfalls gilt nach Nr. 1.11.1.2 Anlage 1 UVPG n.F. für Biogasanlagen mit einer jährlichen Produktionskapazität von 1,2 bis 2 Mio. Normkubikmetern Rohgas. Die gleichen Mengenschwellen gelten für Anlagen zur Aufbereitung von Biogas nach Nr. 1.11.2 Anlage 1 UVPG n.F.

F. Geothermieanlagen

Geothermie nutzt die Wärme in der Tiefe der Erde sowie die oberflächennahe Erd- 348
wärme zur Energiegewinnung. Im Erdkern herrschen Temperaturen von 4.000 bis 5.000 °C. 99 % der Erde sind heißer als 1.000 °C. Diese gewaltigen Energiereserven sollen mittels der Geothermie nutzbar gemacht werden. Die Temperatur nimmt von der Erdoberfläche zum Erdkern durchschnittlich um 1 °C pro 33 m Tiefe zu,[604] d.h. in einer Tiefe von 3.300 m ist die Temperatur um 100 °C höher als in der obersten Erdschicht. Aufgrund von Anomalien (beispielsweise durch das Zusammentreffen von Kontinentalplatten) nimmt die Temperatur nicht überall gleich schnell zu. In Deutschland befinden sich günstige Bedingungen insbesondere im Bereich des Oberrheingrabens. Dort herrschen in 3.000 m Tiefe teilweise bereits Temperaturen von über 150 °C.[605] Für die Nutzung der Geothermie bestehen unterschiedliche Anforderungen an die Erdtemperatur. Während zu Heizzwecken bereits niedrige Temperaturen ausreichen, sind zur Stromerzeugung Temperaturen von mindestens 100 °C erforderlich. Im Rahmen der Geothermie unterscheidet man zwischen der Nutzung der **oberflächennahen Erdwärme** (zur Wärmegewinnung) und der Nutzung der **Tiefenwärme** (zur Stromerzeugung oder Wärmegewinnung).

601 Nr. 8.3 und Nr. 8.4 Anlage 1 zum UVPG.
602 BGBl. I 2012 S. 212.
603 Nr. 1.11.1.1 Anlage 1 UVPG n.F.
604 *Quaschning*, S. 311.
605 Vgl. dazu *Quaschning*, S. 312.

I. Anlagen in tieferen geologischen Schichten zur Gewinnung von Wärme und Strom

349 Die Zulassung von Anlagen zur Nutzung der Geothermie ist nicht einheitlich geregelt, sondern erfordert **verschiedene Genehmigungen** bzw. Zulassungen, die u.U. nebeneinander erforderlich sind. Dies macht die Genehmigungssituation unübersichtlich. Besondere Bedeutung kommt den **bergrechtlichen Zulassungen** zu. Anders als beispielsweise die immissionsschutzrechtliche Genehmigung haben bergrechtliche Zulassungen grundsätzlich keine formelle Konzentrationswirkung, die andere Genehmigungen und Zulassungen mit einschließen würde. Neben den bergrechtlichen Zulassungen können daher auch **wasserrechtliche Gestattungen** und **Baugenehmigungen** erforderlich sein. Daneben können immissionsschutzrechtliche und bodenschutzrechtliche Vorschriften relevant sein.

1. Genehmigungsvorbehalt

a) Bergrecht

350 Das Bundesberggesetz gilt gem. § 2 Abs. 1 Nr. 1 BBergG für das Aufsuchen, Gewinnen und Aufbereiten von bergfreien und grundeigenen Bodenschätzen. Nach § 3 Abs. 3 S. 2 Nr. 2 Buchst. a BBergG gilt „*Erdwärme und die im Zusammenhang mit ihrer Gewinnung auftretenden anderen Energien*“ als bergfreier Bodenschatz. Die Nutzung der Geothermie wird damit dem bergrechtlichen Regelungsregime unterworfen, unabhängig davon, ob die Erdwärme oberflächennah oder in tieferen Erdschichten genutzt wird. Das BBergG unterscheidet zwischen bergfreien und grundeigenen Bodenschätzen. Während grundeigene Bodenschätze im Eigentum des Grundeigentümers stehen, erstreckt sich das Eigentum an einem Grundstück nach § 3 Abs. 2 S. 2 BBergG nicht auf bergfreie Bodenschätze. Durch die Fiktion des § 3 Abs. 3 S. 2 Nr. 2 BBergG, nach der die **Geothermie als bergfreier Bodenschatz** gilt, wird die Erdwärme dem Grundeigentum also entzogen.[606] Damit wollte der Gesetzgeber das „vorhandene Energiepotenzial vor einem beliebigen Zugriff von jedermann“ schützen.[607]

351 Wasser stellt nach § 3 Abs. 1 BBergG ausdrücklich keinen Bodenschatz dar. Wird im Rahmen eines hydrothermalen Systems also heißes Grundwasser entnommen, wird damit grundsätzlich kein Bodenschatz gewonnen. Etwas anderes gilt nur dann, wenn es sich um salzhaltiges Wasser handelt, das als **Sole** und damit als bergfreier Bodenschatz i.S.d. § 3 Abs. 3 S. 1 BBergG einzustufen ist. Dies ist dann der Fall, wenn das Wasser einen solchen Chlornatriumgehalt aufweist, dass daraus Koch- oder Siedesalz hergestellt werden kann,[608] was jedenfalls bei einem Salzgehalt von 5 % der

606 *Boldt/Weller*, § 3 Rn 35.
607 BT-Drucks. 8/1315, S. 173.
608 *Boldt/Weller*, BBergG, § 3 Rn 27.

Fall ist.[609] Dabei kommt es nicht darauf an, ob das Wasser mit dem Ziel der Salzgewinnung gefördert wird.

Das Bergrecht unterscheidet zwischen **Aufsuchungserlaubnis** und der **Gewinnungsbewilligung** von Bodenschätzen, den sog. Bergbauberechtigungen sowie der **Genehmigung** („Zulassung“) des **Betriebsplans.** Durch dieses mehrgliedrige Zulassungsverfahren ist das Bergrecht deutlich komplexer als etwa das immissionsschutzrechtliche Zulassungsverfahren.[610] 352

Eine **Aufsuchungserlaubnis** nach § 7 BBergG ist gem. § 6 S. 1 BBergG für das Aufsuchen von bergfreien Bodenschätzen erforderlich. Aufsuchen ist nach § 4 Abs. 1 BBergG die mittelbar oder unmittelbar auf die Entdeckung oder Feststellung der Ausdehnung von Bodenschätzen gerichtete Tätigkeit. Im Zusammenhang mit der Geothermie ist das Abteufen der Bohrung als „Aufsuchen“ anzusehen. Die Aufsuchungserlaubnis gewährt nach § 7 Abs. 1 Nr. 1 BBergG das ausschließliche Recht, in einem bestimmten Feld (Erlaubnisfeld) die in der Erlaubnis bezeichneten Bodenschätze, also die Tiefenwärme aufzusuchen. 353

Für die Gewinnung der bergfreien Bodenschätze ist eine **Bewilligung**[611] erforderlich.[612] Unter Gewinnung von Bodenschätzen versteht man nach § 4 Abs. 2 BBergG das Lösen oder Freisetzen von Bodenschätzen einschließlich der damit zusammenhängenden vorbereitenden, begleitenden und nachfolgenden Tätigkeiten. Die Bewilligung gewährt nach § 8 Abs. 1 Nr. 1 BBergG insbesondere das ausschließliche Recht, in einem bestimmten Feld (Bewilligungsfeld) die in der Bewilligung bezeichneten Bodenschätze aufzusuchen und zu gewinnen. 354

Vom Begriff des Gewinnens wird nach § 4 Abs. 2, 2. Hs. Nr. 1 BBergG das Lösen oder Freisetzen von Erdwärme in einem Grundstück aus Anlass oder im Zusammenhang mit dessen baulicher oder sonstiger städtebaulicher Nutzung ausgenommen. Kein „Gewinnen“ von Erdwärme stellt daher die Nutzung der Erdwärme zur Beheizung des auf dem Grundstück befindlichen Gebäudes selbst dar. Hierauf findet das Bergrecht grundsätzlich keine Anwendung. Werden neben dem auf dem Grundstück befindlichen Gebäude(n) noch weitere Gebäude beheizt, unterliegt das Vorhaben hingegen dem bergrechtlichen Regelungsregime. 355

Aufsuchungserlaubnis und Gewinnungsbewilligung gewähren lediglich das Recht, bestimmte Bodenschätze in einem bestimmten Feld aufzusuchen bzw. zu gewinnen. Davon nicht erfasst ist die Genehmigung, um die Aufsuchung und Gewin- 356

609 So beispielsweise der Runderlass des Ministeriums für Umwelt, Natur und Forsten Schleswig-Holstein vom 14.1.1999 „Vollzug des Bundesberggesetzes und der Wassergesetze; hier: Zusammenarbeit zwischen Berg- und Wasserbehörden“ (ABl. Schl.-H. 1999, S. 18); teilweise wird allerdings aber auch auf geringere Werte abgestellt, vgl. *Boldt/Weller*, § 3 Rn 27 (3 %).

610 Nach Auffassung der Bundesregierung soll in der Komplexität des Genehmigungsverfahrens jedoch kein Hemmnis für die Nutzung der Geothermie bestehen (BT-Drucks. 16/13128, S. 15).

611 § 8 BBergG.

612 VGH Kassel, Beschl. v. 10.8.2012 – 2 B 896/12 = juris Rn 4.

nung tatsächlich auszuführen. Hierfür ist die **Zulassung der Betriebspläne** nach § 51 Abs. 1 S. 1 BBergG durch die Bergbehörde erforderlich. Der Betriebsplan dient der fortlaufenden behördlichen Kontrolle und Genehmigung der bergrechtlichen Tätigkeit und ist für einen in der Regel zwei Jahre nicht überschreitenden Zeitraum aufzustellen. In Ausnahmefällen kann die zuständige Behörde Betriebe in Fällen geringer Gefährlichkeit und Bedeutung auf Antrag von der Betriebsplanpflicht gem. § 51 Abs. 3 BBergG befreien. Die Befreiungsmöglichkeit beschränkt sich aber auf die Führung des Betriebs. Von der Betriebsplanpflicht für die Errichtung und die Einstellung des Betriebs kann nach § 51 Abs. 3 S. 2 BBergG nicht entbunden werden.

357 Nicht unter das bergrechtliche Zulassungsregime fällt ein angeschlossenes **Heiz(kraft)werk**. Die Nutzung gewonnener Erdwärme ist nach § 4 Abs. 3 S. 2, 2. Hs. BBergG einer Wiederverarbeitung gleichzustellen und damit keine Aufbereitung i.S.d. § 4 Abs. 3 BBergG, auf die das BBergG gem. § 2 Abs. 1 Nr. 1 BBergG Anwendung findet.

358 Für die **Bohrung** selbst ist grundsätzlich eine Anzeige nach dem Lagerstättengesetz[613] erforderlich. Danach müssen Bohrungen zwei Wochen vor Beginn der Arbeiten von demjenigen, der eine solche Bohrung für eigene oder fremde Rechnung ausführt, den jeweiligen zuständigen Landesbehörden[614] angezeigt werden.

b) Wasserrecht

359 Wasserrechtliche Gestattungen sind unabhängig von etwaigen bergrechtlichen Zulassungen. Das Bundesberggesetz lässt nach § 127 Abs. 2 BBergG die wasserrechtlichen Vorschriften unberührt. Nach § 9 Abs. 1 S. 1 WHG bedarf die **Benutzung eines Gewässers** einer Erlaubnis oder einer Bewilligung. Wann eine Benutzung vorliegt, wird durch die verschiedenen Benutzungstatbestände in § 9 WHG definiert. Für die Nutzung der Tiefenwärme liegt zunächst eine Benutzung durch Einbringung von Stoffen in das Grundwasser nach § 9 Abs. 1 Nr. 4 WHG vor. Durch die Installation der Rohre zur Förderung und (Re-)Injizierung von Wasser werden Stoffe in die verschiedenen Grundwasserschichten eingebracht. Auch der Betrieb der Anlage selbst stellt eine Benutzung dar. Wird heißes Wasser aus der Tiefe zutage gefördert, liegt eine Benutzung i.S.d. § 9 Abs. 1 Nr. 5 WHG vor. Die (Re-)Injizierung von Wasser zur Erwärmung stellt eine Benutzung i.S.d. § 9 Abs. 1 Nr. 4 WHG durch das Einleiten von Stoffen in das Grundwasser dar. Denkbar ist auch eine (fiktive) Benutzung nach § 9 Abs. 2 Nr. 2 WHG. Danach gelten als Benutzung auch Maßnahmen, die geeignet sind, dauernd oder in einem nicht nur unerheblichem Ausmaß nachteilige Veränderungen der Wasserbeschaffenheit herbeizuführen. Dies kann etwa der Fall sein, wenn

---

613 Gesetz über die Durchforschung des Reichsgebietes nach nutzbaren Lagerstätten (Lagerstättengesetz) vom 4.12.1934 (BGBl. III Nr. 750-1).

614 Beispielsweise NRW: Geologischer Dienst NRW; Niedersachsen: Landesamt für Bergbau, Energie und Geologie; Hessen: Hessisches Landesamt für Umwelt und Geologie.

im Rahmen der Bohrarbeiten Kraftstoffe, Schmiermittel oder Spülungszusätze der Bohrtechnik ins Grundwasser gelangen[615] oder verschiedene Grundwasserleiter verbunden werden.[616]

Zur Nutzung der Tiefenwärme ist folglich nach § 8 Abs. 1 WHG eine Erlaubnis oder 360
Bewilligung erforderlich. Die **wasserrechtliche Erlaubnis** gewährt nach § 10 Abs. 1 WHG eine Befugnis, die **Bewilligung** dagegen ein Recht, ein Gewässer zu einem bestimmten Zweck in einer nach Art und Maß bestimmten Weise zu benutzen. Die Bewilligung ist für den Vorhabenträger zwar günstiger, da sie ein nur unter engen Voraussetzungen widerrufliches Recht verleiht, während die Erlaubnis grundsätzlich stets widerruflich ist.[617] Eine Bewilligung darf nach § 14 Abs. 1 Nr. 3 WHG jedoch dann nicht erteilt werden, wenn Stoffe in das Grundwasser eingeleitet oder eingebracht werden[618] oder die Maßnahme geeignet ist, dauernd oder in einem nicht nur unerheblichem Ausmaß nachteilige Veränderungen der Wasserbeschaffenheit herbeizuführen.[619] Die Erteilung einer Bewilligung scheidet für die Anlagen der Geothermie daher grundsätzlich aus, da mit ihnen schon durch das Abteufen der Bohrung sowie die Verlegung der Rohre ein Einbringen von Stoffen ins Grundwasser i.S.d. § 14 Abs. 1 Nr. 3 WHG verbunden ist. Für die Geothermie-Anlagen kann daher regelmäßig nur eine wasserrechtliche Erlaubnis erteilt werden.[620]

Sieht ein **bergrechtlicher Betriebsplan** die Benutzung von Gewässern vor, ent- 361
scheidet gem. § 19 Abs. 2 und Abs. 3 WHG die Bergbehörde über die Erteilung der Erlaubnis im Einvernehmen mit der zuständigen Wasserbehörde. Die Wasserbehörde muss der Entscheidung der Bergbehörde also zustimmen.[621] Die wasserrechtliche Erlaubnis wird nicht vom bergrechtlichen Betriebsplan eingeschlossen, sondern muss gesondert erteilt werden. Dies kann aber in einem gemeinsamen Bescheid erfolgen.

Der nach § 49 Abs. 1 S. 2 WHG bestehenden Möglichkeit, anstelle der Durchfüh- 362
rung eines Erlaubnisverfahrens das Vorhaben lediglich nach § 49 Abs. 1 WHG anzuzeigen, kommt bei Geothermieanlagen keine Bedeutung zu, da nicht mit hinreichender

615 Sachverständigenrat für Umweltfragen, Sondergutachten „Wege zur 100 % erneuerbaren Stromversorgung", Januar 2001, S. 152.

616 Zur Einordnung der Erdwärmenutzung näher VGH Kassel, Beschl. v. 17.8.2011 – 2 B 1484/11 = DVBl. 2011, 1429 Rn 13 ff.

617 § 18 WHG; s. auch Rn 216.

618 § 9 Abs. 1 Nr. 4 WHG.

619 § 9 Abs. 2 Nr. 2 WHG.

620 Die wasserrechtliche Erlaubnis kann nach § 15 WHG als gehobene Erlaubnis erteilt werden, wenn hierfür ein öffentliches Interesse oder ein berechtigtes Interesse des Gewässerbenutzers besteht (vgl. dazu Rn 216).

621 *Czychowski/Reinhardt*, § 19 Rn 23.

Sicherheit ausgeschlossen werden kann, dass sich das Einbringen nicht nachteilig auf die Grundwasserbeschaffenheit auswirkt.[622]

c) Baurecht

363 Neben den bergrechtlichen Zulassungen und der wasserrechtlichen Erlaubnis ist grundsätzlich eine **Baugenehmigung** für die an der Oberfläche befindlichen baulichen Anlagen (insbesondere Heiz(kraft)werke) nach den jeweiligen Landesbauordnungen erforderlich. Nach § 1 Abs. 2 Nr. 2 MBO gelten die Bauordnungen nicht für Anlagen, die der Bergaufsicht unterliegen; ausgenommen werden hiervon aber Gebäude. Die Landesbauordnungen enthalten zumeist einen entsprechenden Vorbehalt.[623]

364 Für Geothermie-Anlagen ist **keine immissionsschutzrechtliche Genehmigung** erforderlich. Nach § 4 Abs. 2 S. 1 BImSchG bedürfen Anlagen des Bergwesens oder Teile dieser Anlagen einer immissionsschutzrechtlichen Genehmigung nur, soweit sie über Tage errichtet und betrieben werden. Die über Tage errichteten Anlagen von Geothermieanlagen sind mangels Erwähnung im Rahmen der 4. BImSchV nicht nach § 4 Abs. 1 BImSchG genehmigungspflichtig. Dies gilt auch für das angeschlossene Heiz(kraft)werk. Nach § 4 Abs. 1 i.V.m. Nr. 1 Anhang zur 4. BImSchV erstreckt sich die Genehmigungspflichtigkeit grundsätzlich nur auf Energieerzeugungsanlagen, die Brennstoffe einsetzen. Anlagen, die den (natürlichen) Dampf aus dem Erdinneren nutzen, werden nicht genannt. Nach § 22 BImSchG sind die immissionsschutzrechtlichen Anforderungen aber auch für nicht genehmigungsbedürftige Anlagen zu beachten. Im Hinblick auf mögliche Lärmimmissionen können insbesondere Lärmschutzmaßnahmen im Rahmen der Bohrarbeiten erforderlich sein. Hier kann auf die Grenzwerte der TA Lärm zurückgegriffen werden.[624]

d) Weitere Genehmigungen

365 Im Rahmen von Geothermie-Projekten kann auch das **Bodenschutzrecht** (BBodSchG, BBodSchV) eine Rolle spielen. Die bodenschutzrechtlichen Anforderungen werden nicht in einem eigenen Verfahren geprüft, sondern sind Prüfungsgegenstand im Rahmen der wasserrechtlichen Erlaubnis nach § 12 Abs. 1 Nr. 2 WHG.

---

622 VGH Kassel, Beschl. v. 17.8.2011 – 2 B 1484/11 = DVBl. 2011, 1429 Rn 15.

623 Siehe etwa in Bayern Art. 1 Abs. 2 Nr. 2 BayBO; Brandenburg § 1 Abs. 2 Nr. 3 BbgBO; Hessen § 1 Abs. 2 Nr. 3 HBO; Niedersachsen § 3 Abs. 1 Nr. 2, Abs. 2 Nr. 1 NBauO; Nordrhein-Westfalen § 1 Abs. 2 Nr. 2 BauO NRW.

624 Vgl. Rn 14.

2. Genehmigungsvoraussetzungen

a) Bergrecht

aa) Aufsuchungserlaubnis und Bewilligung

Aufsuchungserlaubnis und Bewilligung sind zu erteilen, wenn keiner der in § 11 bzw. in § 12 BBergG genannten Versagungsgründe vorliegt. Auf die Erteilung besteht bei Erfüllung der Genehmigungsvoraussetzungen ein Anspruch, d.h. der Genehmigungsbehörde steht **kein Ermessen** zu. Die Versagungsgründe für die Erteilung der Erlaubnis und der Bewilligung decken sich im Wesentlichen. Von besonderer Bedeutung ist das vom Antragsteller in beiden Fällen vorzulegende Arbeitsprogramm. Es soll der Behörde einen Überblick über das beabsichtigte Vorhaben geben, um beurteilen zu können, ob die Aufsuchung und die Gewinnung sinnvoll und ordnungsgemäß sowie in angemessener Zeit erfolgen sollen. 366

Für die Aufsuchungserlaubnis muss aus dem **Arbeitsprogramm** hervorgehen, dass die vorgesehenen Aufsuchungsarbeiten hinsichtlich Art, Umfang und Zweck ausreichend sind und in einem angemessenen Zeitraum erfolgen.[625] Aus dem Arbeitsprogramm für die Bewilligung muss insbesondere hervorgehen, dass die technische Durchführung der Gewinnung und die danach erforderliche Einrichtungen unter sowie über Tage ausreichend sind und die Gewinnung in einer angemessenen Zeit erfolgt. Das Arbeitsprogramm muss dabei noch keine technischen Einzelheiten enthalten. Es genügt, wenn dargestellt wird, welche Gewinnungsmethoden angewendet werden sollen und welche Betriebsanlagen und -einrichtungen hierfür vorgesehen sind.[626] Die Einzelheiten der technischen Durchführung sind vom Antragsteller im Rahmen des Betriebsplans vorzulegen.[627] 367

Im Rahmen der Erteilung der Aufsuchungserlaubnis und der Gewinnungsbewilligung werden auch **persönliche Eigenschaften** des Antragstellers berücksichtigt. Die Erteilung der Erlaubnis bzw. der Bewilligung ist zu versagen, wenn der Antragsteller bzw. die vertretungsberechtigten Personen die erforderliche Zuverlässigkeit nicht besitzen.[628] Der Antragsteller muss der zuständigen Behörde zudem glaubhaft machen, dass er die für die ordnungsgemäße Aufsuchung erforderlichen Mittel aufbringen kann.[629] 368

Aufsuchungserlaubnis und Gewinnungsbewilligung sind zu versagen, wenn überwiegende öffentliche Interessen die Aufsuchung bzw. die Gewinnung im gesamten zuzuteilenden Feld ausschließen. Von besonderer Bedeutung sind dabei mögli- 369

625 § 11 Nr. 3 BBergG.
626 *Boldt/Weller*, § 12 Rn 7.
627 § 52 Abs. 4 BBergG.
628 § 11 Nr. 6 BBergG.
629 § 11 Nr. 7 BBergG.

che Erdbebenrisiken[630] und Veränderungen im Untergrund, die sich auf die Oberfläche auswirken können. Besondere Gefahren können beim **Hot-Dry-Rock-Verfahren** bestehen, wenn in der Tiefe erst Hohlräume geschaffen werden.[631]

370 Der Behörde ist daher in aller Regel eine detaillierte Analyse der **Untergrundbedingungen**, insbesondere über Art und Lage der verschiedenen Gesteinsschichten sowie eine Untersuchung über mögliche **Erdbebenrisiken** für alle anstehenden Phasen (Bohren, Stimulieren, Betrieb) vorzulegen. Problematische Untergrundbedingungen sind insbesondere anhydrithaltige Gesteinsschichten. Anhydrit verwandelt sich unter Zuführung von Wasser in Gips und quillt dabei um bis zu 50 % auf. Bei Bohrungen besteht die Gefahr, dass Grundwasserschichten angebohrt werden und Grundwasser in die Anhydrit-Schichten eindringt. Dabei entstehende Volumenausdehnungen können sich bis an die Oberfläche übertragen und dort zu erheblichen Schäden führen.[632]

bb) Betriebsplan

371 Die Voraussetzungen für die Zulassungen des Betriebsplans, der die Ausführung der Aufsuchung bzw. Bewilligung genehmigt, decken sich in weiten Teilen mit denen der Erlaubnis- bzw. Bewilligungserteilung. Im Betriebsplan sind der Behörde jedoch alle **Einzelheiten der technischen Durchführung** vorzulegen und von ihr zu überprüfen. Der Betriebsplan ist zuzulassen, wenn die in § 55 Abs. 1 Nr. 1 bis 13 BBergG genannten Voraussetzungen vorliegen. Neben anlagenbezogenen Anforderungen (insbesondere zur Sicherheit) nach § 55 Abs. 1 Nr. 2 BBergG sind dabei auch personenbezogene Anforderungen an die Zuverlässigkeit, Fachkunde und körperliche Eignung des Unternehmers bzw. der leitenden Personen zu beachten.

b) Wasserrecht und Bodenschutzrecht

372 Die wasserrechtliche Erlaubnis ist nach § 12 Abs. 1 WHG zu versagen, wenn schädliche, auch durch Nebenbestimmungen nicht vermeidbare oder nicht ausgleichbare Gewässerveränderungen zu erwarten sind oder andere Anforderungen nach öffentlich-rechtlichen Vorschriften nicht erfüllt werden. Die Erteilung der Erlaubnis steht

---

630 Vgl. dazu das Ergebnisprotokoll der Expertenanhörung des Umweltministeriums Baden-Württemberg zum Thema „induzierte Seismizität durch Geothermiekraftwerke" vom 26.11.2009 (abrufbar unter: http://www.um.baden-wuerttemberg.de/servlet/is/68423).

631 Bei einem Projekt nahe Basel wurde beispielsweise ein Zusammenhang von Erderschütterungen mit den Bohrungen und Injektionen im Rahmen eines Geothermieprojekts vermutet; das Projekt wurde hierauf eingestellt.

632 Hier können erhebliche Haftungsrisiken bestehen. Vgl. allgemein zur Haftung bei Geothermie-Projekten: *Ehricke*, UPR 2009, 281 ff. (insbesondere zu Verkehrssicherungspflichten); *Müggenborg*, NuR 2011, 689 ff. (Schadensersatz nach Bergrecht).

– anders als die bergrechtlichen Zulassungen – nach § 12 Abs. 2 WHG im **Ermessen** der Behörde.

Im Rahmen der anderen öffentlichen Vorschriften i.S.d. § 12 Abs. 1 Nr. 2 WHG 373
ist die Einhaltung der Anforderungen nach dem BBodSchG und der BBodSchV zu prüfen. Bodenverschmutzungen können besonders im Rahmen der Bohrarbeiten beim Einsatz von Kraftstoffen, Schmiermitteln oder Spülungszusätzen der Bohrtechnik entstehen. Die wasserrechtliche Erlaubnis ist versagen, wenn die Benutzung schädliche Bodenveränderungen erwarten lässt.[633] Schädliche Bodenveränderungen sind nach § 2 Abs. 3 BBodSchG Beeinträchtigungen der Bodenfunktionen, die geeignet sind, Gefahren, erhebliche Nachteile oder erhebliche Belästigungen für den Einzelnen oder die Allgemeinheit herbeizuführen.

Praxistipp !

Das **BBodSchG** stellt Pflichten auf, die einerseits im Vorfeld schädliche Bodenveränderungen verhindern sollen (Vorsorgepflicht) und andererseits bei eingetretenen schädlichen Bodenveränderungen zur Sanierung verpflichten (Sanierungspflicht). Diese Pflichten sind über das Genehmigungsverfahren hinaus von erheblicher Relevanz, weil sie auch Personen treffen, die selbst nicht Antragsteller sind.

Die **Vorsorgepflicht** nach § 7 BBodSchG verpflichtet Grundstückseigentümer, Inhaber der tatsächlichen Gewalt über ein Grundstück und diejenigen, die Verrichtungen auf einem Grundstück durchführen oder durchführen lassen, die zu Veränderungen der Bodenbeschaffenheit führen können, Vorsorge gegen das Entstehen schädlicher Bodenveränderungen zu treffen, die durch ihre Nutzung auf dem Grundstück oder in dessen Einwirkungsbereich hervorgerufen werden können. Nach § 7 S. 2 BBodSchG sind Vorsorgemaßnahmen geboten, wenn wegen der räumlich langfristigen oder komplexen Auswirkungen einer Nutzung auf die Bodenfunktionen die Besorgnis einer schädlichen Bodenveränderung besteht. Die zuständige Behörde darf Anordnungen zur Durchsetzung der Vorsorgeverpflichtung allerdings gem. § 7 S. 4 BBodSchG nur treffen, soweit in der BBodSchV konkrete Anforderungen festgelegt wurden.

Ist es bereits zu schädlichen Bodenveränderungen gekommen, greift die **Sanierungspflicht** nach § 4 BBodSchG. Die Sanierungspflicht ist verschuldensunabhängig und greift sogar ein, wenn ein Grundstückseigentümer die schädlichen Bodenveränderungen gar nicht verursacht hat (Zustandsstörerhaftung). Aufgrund der sehr weitgehenden Haftung des Bodenschutzrechts ist besondere Vorsicht auch bei der Auswahl des Fachbetriebs zur Durchführung der Bohrmaßnahmen geboten. Auch wenn zivilrechtliche Haftungsansprüche gegen das Bohrunternehmen bestehen, hindert dies die Behörde nicht, den Eigentümer des Grundstücks zur Sanierung zu verpflichten.

Daneben sind auch die bergrechtlichen Anforderungen zu prüfen, sofern die zuständige Bergbehörde auf einen bergrechtlichen Betriebsplan verzichtet.[634]

633 Fluck/*Vierhaus*, Einleitung BBodSchG Rn 62.
634 VGH Kassel, Beschl. v. 10.8.2012 – 2 B 896/12 = juris Rn 4.

c) Baurecht

374 Die bauplanungsrechtliche Zulässigkeit der über Tage liegenden Betriebsgebäude des Heiz(kraft)werks beurteilt sich danach, ob der Standort im Geltungsbereich eines Bebauungsplans, im unbeplanten Innen- oder im Außenbereich liegt. Problematisch ist insbesondere die bauplanungsrechtliche Zulässigkeit im **Außenbereich.** Anlagen zur Gewinnung von Energie aus Geothermie sind im Außenbereich nicht nach § 35 Abs. 1 BauGB ausdrücklich privilegiert. In Betracht kommt jedoch eine Privilegierung nach § 35 Abs. 1 Nr. 3 BauGB als der öffentlichen Versorgung mit Elektrizität oder Wärme dienendes Vorhaben. Als ungeschriebener Belang muss die Geothermieanlage dazu ortsgebunden sein. Dies wird teilweise dann verneint, wenn die Möglichkeit besteht, die Bohrung abgelenkt niederzubringen.[635] Im Übrigen muss aber auch das Erfordernis bestehen, genau an dieser Stelle die Bohrung durchzuführen, was aufgrund der eher weiten Eignungsfelder regelmäßig nicht der Fall sein wird. Eine Privilegierung kommt folglich nach § 35 Abs. 1 Nr. 3 BauGB nur im Ausnahmefall in Betracht.[636] Sofern keine Privilegierung einschlägig ist, sind Geothermie-Vorhaben im Außenbereich nur nach § 35 Abs. 2 BauGB als „sonstige Anlagen" genehmigungsfähig. Eine Genehmigungsfähigkeit wird dann in vielen Fällen an entgegenstehenden Darstellungen des Flächennutzungsplans scheitern. Daneben dürfen von der Anlagen keine schädlichen Umwelteinwirkungen hervorgerufen werden. Hier sind insbesondere die von der Anlage ausgehenden Lärmimmissionen zu beachten.

375 Im Bereich eines **Bebauungsplans** sind Geothermie-Anlagen im Hinblick auf die Art der baulichen Nutzung als Gewerbebetriebe grundsätzlich in Dorf-, Misch-, Kern-, Gewerbe- und Industriegebieten zulässig.[637] In allgemeinen Wohngebieten können Geothermie-Anlagen als nicht störende Gewerbebetriebe ausnahmsweise zulässig sein. In reinen Wohngebieten sind Geothermieanlagen grundsätzlich unzulässig. Ob das Vorhaben im Einzelfall zulässig ist,[638] hängt maßgeblich von den ausgehenden Lärmimmissionen ab. Hier kann auf die Richtwerte der TA Lärm zurückgegriffen werden.[639] Neben den Festsetzungen zur Art der baulichen Nutzung sind auch die Festsetzungen zum Maß (insbesondere Höhe) und zur überbaubaren Grundstücksfläche zu beachten. Hiervon können jedoch Befreiungen erteilt werden.

376 Im **unbeplanten Innenbereich**[640] beurteilt sich die bauplanungsrechtliche Zulässigkeit innerhalb der im Zusammenhang bebauten Ortsteile danach, ob sich das

635 *Töpfer/Butler*, et 2011, 78, 80.

636 Die Bundesregierung geht in ihrem Bericht über ein Konzept zur Förderung, Entwicklung und Markteinführung von geothermischer Stromerzeugung und Wärmenutzung vom 14.5.2009 grundsätzlich davon aus, dass Geothermieanlagen im Außenbereich nicht privilegiert sind (BT-Drucks. 16/13128, S. 16).

637 §§ 5 bis 9 BauNVO.

638 § 15 Abs. 1 BauNVO.

639 Vgl. Rn 14.

640 § 34 BauGB.

Vorhaben im Einzelfall in die nähere Umgebung einfügt.[641] Neben dem Maß der baulichen Nutzung kommt es maßgeblich auf die Lärmimmissionen an. Entspricht die Eigenart der näheren Umgebung einem der in der BauNVO genannten Baugebiete, bestimmt sich die Zulässigkeit nach der Art der baulichen Nutzung nach den für die jeweiligen Baugebiete geltenden Vorschriften.[642]

3. Genehmigungsverfahren

a) Bergrecht

aa) Erlaubnis und Bewilligung

Der Antrag auf Erteilung einer bergrechtlichen Erlaubnis und Bewilligung kann von jedem gestellt werden, auch wenn er nicht Eigentümer der entsprechenden Flächen ist. Die Bergbauberechtigungen sind daher das entscheidende „Asset" zur Nutzung der Geothermie. Zur Sicherung eines bestimmten Standorts kommt es entscheidend auf die Bewilligung an. Allein der Inhaber einer Bewilligung hat das Recht, in seinem Feld (Bewilligungsfeld) tätig zu werden. Treffen zwei oder mehrere Anträge aufeinander, hat nach § 14 Abs. 2 BBergG der Antrag Vorrang, dessen Finanzierung und Aufsuchungs- bzw. Gewinnungskonzept den Anforderungen einer sinnvollen und planmäßigen Aufsuchung oder Gewinnung am besten Rechnung trägt. 377

Vor einer Entscheidung sind nach § 15 BBergG die Behörden zu beteiligen, zu deren Aufgaben die Wahrnehmung öffentlicher Interessen gehört. Eine **Öffentlichkeitsbeteiligung** findet nicht statt. Erlaubnis und Bewilligung werden nach § 16 Abs. 1 BBergG schriftlich für ein bestimmtes Feld und für bestimmte Bodenschätze erteilt. 378

Die Erlaubnis ist nach § 16 Abs. 4 BBergG auf höchstens **fünf Jahre zu befristen,** kann aber verlängert werden.[643] Die Bewilligung wird nach § 16 Abs. 4 BBergG für eine der Durchführung der Gewinnung angemessene Frist erteilt. Dabei dürfen 50 Jahre nur überschritten werden, soweit dies mit Rücksicht auf die Gewinnung üblicherweise erforderlichen Investitionen notwendig ist. Die Frist kann verlängert werden. 379

bb) Betriebsplan

Aufsuchungsbetriebe und Gewinnungsbetriebe dürfen nach § 51 Abs. 1 S. 1 BBergG nur aufgrund von Plänen (Betriebsplänen) errichtet, geführt und eingestellt werden, die vom Unternehmer aufgestellt und von den zuständigen Behörden zugelassen worden ist. Die Betriebsplanpflicht erstreckt sich damit auf **alle Phasen des Betriebs**, von 380

641 Vgl. dazu Rn 55.

642 Vgl. Rn 375.

643 Vgl. zu den Voraussetzungen der Verlängerung einer Erlaubnis zur Aufsuchung von Erdwärme VGH Mannheim, Urt. v. 15.4.2010 – 6 S 1939/09 = ZUR 2010, 423.

der Errichtung bis zur Einstellung. Die Zustimmung zum Betriebsplan stellt eine Genehmigung dar, während die Aufstellung und die Einreichung der Betriebspläne verfahrensmäßig einem Antrag auf Genehmigung der vorgesehen Tätigkeiten und Einrichtungen entspricht.[644] Auf die Erteilung der Zustimmung zum Betriebsplan hat der Unternehmer einen Rechtsanspruch, wenn die Zulassungsvoraussetzungen vorliegen.[645]

381 Betriebspläne für die Errichtung und Führung des Betriebes (**Hauptbetriebspläne**) sind nach § 52 Abs. 1 BBergG für einen in der Regel zwei Jahre nicht überschreitenden Zeitraum aufzustellen. Die Betriebspläne müssen nach § 52 Abs. 4 BBergG eine Darstellung des Umfangs, der technischen Durchführung und der Dauer des beabsichtigten Vorhabens enthalten. Daneben muss der Unternehmer nachweisen, dass die Zulassungsvoraussetzungen des § 55 Abs. 1 Nr. 1 und 3 bis 13 BBergG bezeichneten Voraussetzungen vorliegen.

382 Andere Behörden und die Gemeinden sind nach § 54 Abs. 2 BBergG zu beteiligen, wenn deren Aufgabenbereich berührt wird. Eine **Öffentlichkeitsbeteiligung** ist bei der Betriebsplanzulassung grundsätzlich nicht vorgesehen.[646] Zur Verfahrensbeschleunigung kann der Betriebsplan gleichzeitig mit dem Anträgen auf Erteilung der Erlaubnis oder Bewilligung gestellt werden.

383 Unter bestimmten Voraussetzungen kann für das Vorhaben auch die Durchführung einer **Umweltverträglichkeitsprüfung** erforderlich sein. Eine UVP ist nach § 1 Nr. 8 der UVP-V[647] erforderlich für Tiefbohrungen zur Gewinnung von Erdwärme ab 1.000 m Tiefe in ausgewiesenen Natur-, Vogelschutzgebieten sowie Flora-Fauna-Habitaten. In diesem Fall ist für die Zulassung des erforderlichen Rahmenbetriebsplans ein Planfeststellungsverfahren erforderlich.[648]

b) Wasserrecht

384 Auch aus wasserrechtlichen Aspekten[649] kann sich für das Vorhaben eine **UVP-Pflicht** ergeben. Nach Nr. 13.3.1 der Anlage. 1 UVPG ist die Zutageförderung von Grundwasser mit einem jährlichen Volumen an Wasser von 10 Mio. m³ oder mehr UVP-pflichtig. Für ein jährliches Volumen von 100.000 bis 10 Mio. m³ ist eine allgemeine Vorprüfung des Einzelfalls nach § 3c S. 1 UVPG erforderlich. Für ein Volumen von 5.000 m³ bis weniger

644 *Boldt/Weller*, § 51 Rn 2.

645 *Boldt/Weller*, § 55 Rn 6.

646 Sofern für den Betriebsplan nicht ausnahmsweise ein Planfeststellungsverfahren erforderlich ist (Rahmenbetriebsplan nach § 52 Abs. 2a BBergG).

647 Verordnung über die UVP bergbaulicher Vorhaben vom 13.7.1990 (BGBl. I S. 1420).

648 § 52 Abs. 2a BBergG. Gleichwohl handelt es sich auch hier um eine gebundene Betriebsplanzulassung, vgl. § 55 Abs. 1 BBergG.

649 Für das wasserrechtliche Gestattungsverfahren wird auf die Ausführungen unter Rn 238 verwiesen.

als 100.000 m³ ist eine standortbezogene Vorprüfung des Einzelfalls nach § 3c S. 2 UVPG erforderlich, wenn durch die Gewässerbenutzung erhebliche nachteilige Auswirkungen auf grundwasserabhängige Ökosysteme zu erwarten sind.

c) Baurecht

Das Baugenehmigungsverfahren ist im Einzelnen im Zusammenhang mit Solaranlagen beschrieben. Auf die dortigen Ausführungen kann verwiesen werden.[650] 385

II. Oberflächennahe Anlagen zu Heizzwecken

Gerade die oberflächennahen Anlagen zu Heizzwecken haben nicht zuletzt aufgrund 386
der durch das **EEWärmeG** begründeten Nutzungspflicht erneuerbarer Energien erheblich an Bedeutung gewonnen. Nach § 3 Abs. 1 EEWärmeG müssen Eigentümer von Gebäuden, die neu errichtet werden, den Wärme- und Kälteenergiebedarf grundsätzlich[651] durch die anteilige Nutzung erneuerbarer Energien nutzen. Näheres hierzu regeln die §§ 5 und 6 EEWärmeG. Geothermie gilt gem. § 2 Abs. 1 Nr. 1 EEWärmeG als erneuerbare Energie im Sinne dieser Vorschrift. Bei der Nutzung der Geothermie und Umweltwärme wird die **Nutzungspflicht** gem. § 5 Abs. 4 EEWärmeG dadurch erfüllt, dass der Wärme- und Kälteenergiebedarf zu mindestens 50 % aus den Anlagen zur Nutzung dieser Energien gedeckt wird. Für die öffentliche Hand gilt die Nutzungspflicht nach § 3 Abs. 2 EEWärmeG auch für bereits errichtete Gebäude, die grundlegend renoviert werden (sog. Vorbildfunktion). Diese Nutzungspflicht bei grundlegender Renovierung soll nach der Erneuerbare-Energien-Richtlinie bis Ende 2014 von den Mitgliedstaaten auch für privat genutzte Gebäude eingeführt werden.[652] Nach § 3 Abs. 4 Nr. 2 EEWärmeG können die Länder eine Nutzungspflicht von erneuerbaren Energien auch für bereits errichtete Gebäude festlegen, die keine öffentlichen Gebäude sind. Hiervon hat etwa **Baden-Württemberg** Gebrauch gemacht. Nach § 4 Abs. 2 S. 1 des Erneuerbare-Wärme-Gesetz Baden-Württemberg[653] müssen bei bereits errichteten Gebäuden mindestens 10 % des jährlichen Wärmebedarfs durch erneuerbare Energien gedeckt werden, wenn ein Austausch der Heizanlage erfolgt.[654] Die

650 Vgl. Rn 287 ff.

651 § 4 EEWärmeG enthält hierzu Ausnahmen für bestimmte Gebäude, u.a. für Betriebsgebäude, die überwiegend zur Aufzucht oder zur Haltung von Tieren genutzt werden.

652 Art. 13 Abs. 4 Unterabs. 3 RL 2009/28/EG.

653 Gesetz zur Nutzung erneuerbarer Wärmeenergie in Baden-Württemberg (Erneuerbare-Wärme-Gesetz – EWärmeG BW) vom 20.11.2008 (GBl. S. 531).

654 Diese Pflicht kann u.U. auch durch Energiesparmaßnahmen wie Wärmedämmungen erfüllt werden (§ 5 EWärmeG BW).

Nutzung der oberflächennahen Erdwärme erfolgt insbesondere durch Erdwärmepumpen, Erdwärmesonden und Erdwärmekollektoren.

1. Genehmigungsvorbehalt

a) Bergrecht

387 Das Gewinnen von Erdwärme als bergfreien Bodenschatz unterfällt grundsätzlich dem Bundesberggesetz.[655] Vom Begriff des Gewinnens wird nach § 4 Abs. 2, 2. Hs. Nr. 1 BBergG das Lösen oder Freisetzen von Erdwärme in einem Grundstück aus Anlass oder im Zusammenhang mit dessen baulicher oder sonstiger städtebaulicher Nutzung aber ausgenommen. Kein „Gewinnen" von Erdwärme stellt daher die Nutzung der Erdwärme zur Beheizung eines auf dem Grundstück befindlichen Gebäudes selbst dar, wie dies bei Anlagen zur Nutzung oberflächennaher Geothermie in aller Regel der Fall ist. Hierauf findet das Bergrecht grundsätzlich **keine Anwendung.**[656]

388 Bergrechtliche Anforderungen sind ungeachtet dessen aber dann zu beachten, wenn die Bohrung eine Tiefe von über 100 m erreicht (**Erdwärmesonden**). Der Beginn der Bohrarbeiten muss dann nach § 127 Abs. 1 Nr. 1 BBergG mindestens zwei Wochen vorher angezeigt werden. Zudem kann nach § 127 Abs. 1 Nr. 2 BBergG ein Betriebsplan nach § 51 Abs. 1 BBergG erforderlich sein, wenn die zuständige Behörde die Einhaltung der Betriebsplanpflicht im Einzelfall mit Rücksicht auf den Schutz Beschäftigter oder Dritter oder die Bedeutung des Betriebs für erforderlich hält. Dies wird in der Regel bei oberflächennahen Geothermieanlagen aber nicht der Fall sein.

389 Nach dem Lagerstättengesetz[657] müssen **Bohrungen** zwei Wochen vor Beginn der Arbeiten von demjenigen, der eine solche Bohrung für eigene oder fremde Rechnung ausführt, den jeweiligen zuständigen Landesbehörden[658] angezeigt werden.

b) Wasserrecht

390 Das Hauptaugenmerk bei der oberflächennahen Geothermie liegt auf dem Wasserrecht. Die Benutzung eines Gewässers bedarf nach § 9 Abs. 1 S. 1 WHG der Erlaubnis oder der Bewilligung. Im Rahmen der oberflächennahen Nutzung der Erdwärme kann insbesondere eine Benutzung nach § 9 Abs. 1 Nr. 4 WHG durch das Einleiten und Einbringen von Stoffen in das Grundwasser sowie durch die Zutageförderung des Grundwassers nach § 9 Abs. 1 Nr. 5 WHG vorliegen. Laut § 9 Abs. 2 Nr. 2 WHG gelten

655 Vgl. Rn 350 f.

656 Vgl. Rn 355.

657 Lagerstättengesetz in der im Bundesgesetzblatt Teil III, Gliederungsnummer 750-1, veröffentlichten bereinigten Fassung, das zuletzt durch Art. 22 des Gesetzes vom 10.11.2001 (BGBl. I S. 2992) geändert worden ist.

658 Beispielsweise NRW: Geologischer Dienst NRW; Niedersachsen: Landesamt für Bergbau, Energie und Geologie; Hessen: Hessisches Landesamt für Umwelt und Geologie.

als Benutzung auch Maßnahmen, die geeignet sind, dauernd oder in einem nicht nur unerheblichem Ausmaß nachteilige Veränderungen der Wasserbeschaffenheit herbeizuführen. Für Geothermie-Anlagen kommt in aller Regel nur die Erteilung einer wasserrechtlichen Erlaubnis in Betracht.

- Die Verwendung einer **Wärmepumpe** bedarf grundsätzlich einer wasserrechtlichen Erlaubnis, da das Zutagefördern von Grundwasser eine Benutzung nach § 9 Abs. 1 Nr. 5 WHG sowie das Wiedereinleiten eine Benutzung nach § 9 Abs. 1 Nr. 4 WHG ist. Daneben werden durch die erforderlichen Bohrungen Stoffe in das Grundwasser nach § 9 Abs. 1 Nr. 4 WHG eingebracht.
- Auch **Wärmesonden** führen grundsätzlich zu einer erlaubnispflichtigen Benutzung des Grundwassers.[659] Durch die Bohrung und das anschließende Verlegen der Sonde werden Stoffe in das Grundwasser eingebracht.[660] Daneben können die Verlegung und der Betrieb der Sonde dazu geeignet sein, dauernd oder in einem nicht nur unerheblichen Ausmaß nachteilige Veränderungen der Wasserbeschaffenheit herbeizuführen (beispielsweise Verbindung verschiedener Grundwasserleiter[661], Schadstoffeintrag bei Bohrvorgang) und damit eine Benutzung i.S.d. § 9 Abs. 2 Nr. 2 WHG darstellen.
- Für **Erdwärmekollektoren** ist hingegen grundsätzlich keine wasserrechtliche Erlaubnis erforderlich. Die Kollektoren werden in einer Tiefe verlegt, in der sie nur in Ausnahmefällen mit dem Grundwasser in Kontakt kommen. Eine Benutzung ist in Ausnahmefällen nach § 9 Abs. 2 Nr. 2 WHG möglich, wenn die Verwendung der Wärmekollektoren geeignet ist, dauernd oder in einem nicht nur unerheblichen Ausmaß nachteilige Veränderungen der Wasserbeschaffenheit herbeizuführen. Dies ist etwa denkbar, wenn durch die zirkulierende Flüssigkeit im Fall einer Beschädigung und Versickerung eine Verunreinigung des Grundwassers zu befürchten ist. Hier kommt es entscheidend auf die verwendete Wärmeträgerflüssigkeit an.

Anstelle der Erlaubnis kann nach § 49 Abs. 1 S. 2 WHG eine **Anzeige** nach § 49 Abs. 1 **391**
WHG[662] ausreichend sein, wenn sich das Einbringen nicht nachteilig auf die Grundwasserbeschaffenheit auswirken kann.[663] Dies ist bei der Installation von Erdwärmepumpen und Erdwärmesonden nicht der Fall, da schon bei der Bohrung nachteilige

659 § 8 Abs. 1 WHG.

660 § 9 Abs. 1 Nr. 4 WHG.

661 *Czychowski/Reinhardt*, § 9 Rn 88.

662 Die Anzeigepflicht wird durch die Landeswassergesetze teilweise modifiziert. So etwa in Bayern Art. 30 BayWG, in Baden-Württemberg § 27 WG, in Rheinland-Pfalz § 43 LWG.

663 Nach der Entwurfsbegründung zu § 49 WHG kann *„im Allgemeinen"* von einer Erlaubnisfreiheit ausgegangen werden, *„wenn für einen einzubringenden Baustoff eine europäische technische Zulassung oder eine bauaufsichtliche Zulassung des Deutschen Instituts für Bautechnik nach dem Bauproduktengesetz vorliegt"* (BT-Drucks. 16/12275, S. 66).

Auswirkungen auf die Grundwasserbeschaffenheit nicht ausgeschlossen werden können.

c) Baurecht

392 Eine eigene Baugenehmigung ist für Anlagen zur Nutzung oberflächennaher Geothermie regelmäßig nicht erforderlich, da die Anlagen in aller Regel von der Baugenehmigung der bestehenden oder zu errichtenden Gebäude mitumfasst werden.

2. Genehmigungsvoraussetzungen

a) Wasserrecht

393 Die Erlaubnis ist nach § 12 Abs. 1 WHG zu versagen, wenn schädliche, auch durch Nebenbestimmungen nicht vermeidbare oder nicht ausgleichbare Gewässerveränderungen zu erwarten sind oder andere Anforderungen nach öffentlich-rechtlichen Vorschriften nicht erfüllt werden. Die Erteilung der Erlaubnis steht nach § 12 Abs. 2 WHG im pflichtgemäßen Ermessen der Behörde.

394 Problematisch ist die Zulassung von Erdwärmepumpen, -sonden und -kollektoren insbesondere in **Wasserschutzgebieten** nach § 51 WHG und Schutzgebieten für Heilquellen nach § 53 WHG.[664] Solche Schutzgebiete dienen dem Schutz der öffentlichen Trinkwasserversorgung und von staatlich anerkannten Heilquellen. Eine Erdwärmebohrung kann zu einer Verunreinigung des Grundwassers durch eine Trübung infolge mineralischer Stoffe und durch eine unsachgemäße Verpressung des Bohrlochs führen mit der Folge, dass dauerhaft potenziell verschmutztes Oberflächenwasser in die Grundwasser führenden Schichten gelangt. Außerhalb von besonderen Schutzgebieten wird man geringfügige Beeinträchtigungen noch hinnehmen können. Insbesondere muss eine Beeinträchtigung konkret zu erwarten sein.[665] Innerhalb von Schutzgebieten sind die Anforderungen des § 12 Abs. 1 Nr. 1 WHG aber strikt auszulegen und anzuwenden, so dass sie dem Besorgnisgrundsatz des § 48 Abs. 1 S. 1 WHG nahekommen. Dem Schutz des Grundwassers vor Verunreinigungen kommt aufgrund seiner tragenden Rolle für die Trinkwassergewinnung überragende Bedeutung zu.[666] Eine Befreiung von den Verboten der Schutzgebietsverordnung nach den §§ 52 Abs. 1 S. 2, 53 Abs. 5 WHG kommt regelmäßig nicht in Betracht.

---

664 *Töpfer/Butler*, et 2011, 78, 79.

665 BVerwG, Beschl. v. 28.7.2004 – 7 B 61/04 = DVBl. 2004, 1561, 1562; *Czychowski/Reinhardt*, § 12 Rn 20.

666 OVG Berlin-Brandenburg, Beschl. v. 17.10.2011 – 2 N 85.10 = juris Rn 3 ff.; VGH Kassel, Beschl. v. 17.8.2011 – 2 B 1484/11 = DVBl. 2011, 1429; a.A. für die Wasserschutzzone III VG Wiesbaden, Beschl. v. 12.4.2011 – 5 L 366/11 = NVwZ 2011, 721.

Die Verwendung von Erdwärmesonden und Erdwärmekollektoren kann auch zu einer **Erwärmung des Grundwassers** führen, indem zu Kühlzwecken von Gebäuden im Sommer Wärme in das Grundwasser eingetragen wird. Die Erwärmung des Grundwassers ist problematisch, da sie dem Grundwasser Sauerstoff entzieht und seine Selbstreinigungskräfte reduziert. So ist es in Berlin insbesondere aufgrund des hohen Versiegelungsgrads sowie durch Heizungskeller und beheizte Tiefgeschosse bereits zu einem Anstieg der Grundwassertemperatur gekommen. Nach dem Leitfaden der Senatsverwaltung für Gesundheit, Umwelt und Verbraucherschutz wird ein alleiniger Eintrag von Wärme zu Kühlzwecken von Gebäuden in den Boden und das Grundwasser daher nicht mehr zugelassen.[667] 395

Auch das **Entweichen der Wärmeträgerflüssigkeit** bei der Verwendung von Erdwärmesonden oder Erdwärmekollektoren kann bei einer Beschädigung zu einer Grundwasserbeeinträchtigung führen. Deshalb dürfen nur nicht wassergefährdende Stoffe oder bestimmte wässrige Lösungen verwendet werden.[668] 396

Hierbei sind auch die **bodenschutzrechtlichen Anforderungen** zu beachten.[669] 397
Zu Bodenverschmutzungen kann es einerseits im Rahmen der Bohrarbeiten kommen, wenn Kraftstoffe, Schmiermittel oder Spülungszusätze der Bohrtechnik in den Boden gelangen. Andererseits kann das Entweichen der Wärmeträgerflüssigkeit bei der Verwendung von Erdwärmesonden oder Erdwärmekollektoren neben Grundwasserverunreinigungen auch zu Bodenverschmutzungen führen.

b) Baurecht

Bauplanungsrechtlich sind Anlagen zur Nutzung oberflächennaher Geothermie 398
sowohl in allen Baugebieten nach der BauNVO als auch im Innen- und Außenbereich grundsätzlich unproblematisch zulässig, da die Wärmeenergie in aller Regel allein zur Eigenversorgung gewonnen wird und daher nicht als gewerbliche Nutzung zu qualifizieren ist.

---

667 Senatsverwaltung für Gesundheit, Umwelt und Verbraucherschutz, Leitfaden für Erdwärmesonden und Erdwärmekollektoren mit einer Heizleistung bis 30 kW außerhalb von Wasserschutzgebieten, Stand April 2010, S. 2.

668 Vgl. dazu die Empfehlungen der LAWA für wasserwirtschaftliche Anforderungen an Erdwärmesonden und Erdwärmekollektoren, Stand 2011, abrufbar unter: www.lawa.de/documents/LAWA_Empfehlungen_Erdwaermesonden_und_kollektoren_24c.pdf.

669 Vgl. Rn 373.

3. Genehmigungsverfahren

399 Für das Baugenehmigungsverfahren kann auf die Ausführungen zu Solaranlagen verwiesen werden, für das Bewilligungs- und Erlaubnisverfahren auf die Ausführungen zu den wasserrechtlichen Gestattungen.[670]

G. Stromleitungen

I. Allgemeines

400 Stromleitungen werden aufgrund ihrer unterschiedlichen Funktionen gemeinhin nach ihren verschiedenen Nennspannungen kategorisiert: Höchstspannungsleitungen (220 kV und mehr) dienen dem überregionalen Stromtransport („Übertragungsnetze"). Sie sind mit einer höheren Nennspannung ausgelegt, um die Transportverluste trotz der großen Entfernungen möglichst gering zu halten. Mittels Umspannwerken wird die transportierte Elektrizität in Hochspannungsleitungen („Verteilnetze") eingespeist, die eine Nennspannung von zumeist 110 kV aufweisen und der regionalen Versorgung dienen. Sie sind bislang überwiegend als Freileitungen verwirklicht. Mittelspannungsleitungen (zwischen 1 kV und 75 kV) dienen der Versorgung einzelner Stadtteile, mehrerer Ortschaften oder Industriebetrieben und sind in dicht bebauten Regionen als Erdkabel, ansonsten als Freileitung verwirklicht. Im Folgenden steht die Hochspannungsebene (110 kV und mehr) im Mittelpunkt.

401 Mit dem Umbau der Energieversorgung auf Erneuerbare Energien steigt der Bedarf für Energieleitungen in Zukunft deutlich an. Insbesondere wird die Verlagerung des Erzeugungsschwerpunktes nach Norddeutschland (Offshore-Windparks in der Nord- und Ostsee) einen vermehrten Transport von Energie von Nord- nach Süddeutschland zu den dortigen Verbrauchsschwerpunkten erforderlich machen. Die Bundesregierung plant hierzu den Aufbau eines deutschen Overlay-Netzes („Stromautobahnen"), das in einen europäischen Verbund integriert wird.[671] Die Deutsche Energie-Agentur GmbH (dena), eine vom Bund und privaten Unternehmen gegründete Beratungsagentur, hat einen Ausbaubedarf auf Höchstspannungsebene (380 kV und mehr) bis zum Jahr 2020/25 von zusätzlichen 3.600 Trassenkilometern ermittelt.[672]

670 Vgl. dazu Rn 287 ff. und Rn 238.

671 Energiekonzept der Bundesregierung vom 28.9.2010 für eine umweltschonende, zuverlässige und bezahlbare Energieversorgung, S. 18, Stand Oktober 2011 (abrufbar unter www.bmu.de).

672 Dena-Netzstudie II vom November 2010, Endbericht S. 13.

II. Genehmigungsvorbehalt

Die Errichtung und der Betrieb sowie die Änderung von Stromleitungen sind grundsätzlich genehmigungsbedürftig. Das Genehmigungsverfahren richtet sich nach der technischen Ausgestaltung der Stromleitung (Freileitung oder Erdkabel). 402

Für Hochspannungsfreileitungen mit einer Nennspannung über 110 kV sieht § 43 S. 1 Nr. 1 EnWG die Durchführung eines Planfeststellungsverfahrens vor. Damit sind grundsätzlich alle zum Transport von Elektrizität bestimmten Freileitungen planfeststellungsbedürftig. Für bestimmte Höchstspannungsleitungen (Nennspannung von 220 kV und mehr) hat der Gesetzgeber mit dem **Netzausbaubeschleunigungsgesetz** (NABEG) spezielle Regelungen vorgesehen, um die Planfeststellungsverfahren zu beschleunigen.[673] Vom NABEG erfasst werden nur grenzüberschreitende oder länderübergreifende Höchstspannungsleitungen, die im Bundesbedarfsplan gem. § 12e Abs. 4 EnWG als solche gekennzeichnet worden sind. Diese Stromleitungen sind zwar auch planfeststellungsbedürftig.[674] Sie richten sich aber nach den speziellen Regelungen des NABEG. Anstelle eines Raumordnungsverfahrens erfolgt eine Festlegung der Trassenkorridore durch die BNetzA. Für das nachfolgende Planfeststellungsverfahren sind die BNetzA oder die Genehmigungsbehörden der Länder zuständig. Welche Höchstspannungsleitungen in den Anwendungsbereich des NABEG fallen, wird abschließend in einer Rechtsverordnung bestimmt, die die Bundesregierung mit Zustimmung des Bundesrates erlässt.[675] Die Rechtsverordnung ist bislang noch nicht erlassen worden. Für bestimmte Höchstspannungsleitungen hat der Gesetzgeber zudem spezielle Vorschriften im Gesetz zum Ausbau von Energieleitungen (**Energieleitungsausbaugesetz** – EnLAG) geregelt. Sie betreffen ausschließlich die Bedarfsbestimmung und damit die Planfeststellungsfähigkeit. Für die Frage der Planfeststellungsbedürftigkeit spielt das EnLAG keine Rolle. Die vom EnLAG erfassten und dort im Anhang abschließend aufgezählten Stromleitungen fallen sämtlich unter § 43 S. 1 Nr. 1 EnWG. 403

Anstelle eines Planfeststellungsbeschlusses kann eine **Plangenehmigung** erteilt werden, wenn für die Leitung keine UVP durchgeführt werden muss, Rechte anderer nur unwesentlich beeinträchtigt werden bzw. sich die Betroffenen mit der Inanspruchnahme ihres Eigentums oder eines anderen Rechts schriftlich einverstanden erklärt haben und mit den Trägern öffentlicher Belange, deren Aufgabenbereich berührt wird, das Benehmen hergestellt worden ist.[676] Die Plangenehmigung hat die 404

673 Näher hierzu etwa *Grigoleit/Weisensee*, UPR 2011, 401 ff.; *Sellner/Fellenberg*, NVwZ 2011, 1025, 1030 ff.

674 § 18 Abs. 1 NABEG.

675 § 2 Abs. 2 NABEG.

676 § 43b Nr. 2 EnWG i.V.m. § 74 Abs. 6 VwVfG. Vgl. etwa VGH München, Urt. v. 24.5.2011 – 22 A 10.40049 = UPR 2011, 449.

Rechtswirkungen der Planfeststellung,[677] wird aber anders als der Planfeststellungsbeschluss nicht in einem förmlichen Verfahren erteilt. Bei unwesentlichen Änderungen oder Erweiterungen bestehender Energieleitungen genügt die Durchführung eines **Anzeigeverfahrens.**[678]

405 Für die Verlegung eines **Erdkabels** bedarf es grundsätzlich keiner umfassenden Fachgenehmigung. Eine Baugenehmigung ist nicht erforderlich, da die Landes-Bauordnungen auf Leitungen zur Versorgung der Allgemeinheit mit Elektrizität keine Anwendung finden.[679] Im Einzelfall kann eine Genehmigung für den mit der Verlegung verbundenen Eingriff in Natur und Landschaft[680] oder eine wasserrechtliche Gestattung aufgrund einer Benutzung des Grundwassers[681] erforderlich sein. In den Verfahren sind nur die Vorschriften des jeweiligen Fachrechts, nicht aber umfassend alle öffentlich-rechtlichen Vorschriften (z.B. das Bauplanungsrecht gem. §§ 29 ff. BauGB) zu prüfen.[682] Bedarf es für die Verlegung eines Erdkabels eines Zugriffs auf fremde Grundstücke, muss ein Enteignungsbeschluss nach den Enteignungsgesetzen der Länder ergehen. Die Enteignungsgesetze sehen oftmals vor, dass hierfür ein enteignungsrechtliches Planfeststellungsverfahren durchgeführt werden kann.[683] Eine Bescheinigung der Energieaufsichtsbehörde über die Zulässigkeit der Enteignung[684] ist nicht mehr erforderlich.

! Praxistipp

Das optionale Planfeststellungsverfahren hat für den Vorhabenträger den Vorteil, dass sämtliche Genehmigungen – mit Ausnahme der wasserrechtlichen Gestattung – vom Planfeststellungsbeschluss ersetzt werden und nur ein Zulassungsverfahren in Gestalt der Planfeststellung durchzuführen ist. Da die Enteignungsgesetze der meisten Länder ohnehin der Enteignungsbehörde die Möglichkeit zur Durchführung eines Planfeststellungsverfahrens eröffnen, ist es oftmals ein Zeitgewinn, auch für Erdkabel ein energierechtliches Planfeststellungsverfahren „freiwillig" zu beantragen.

---

406 Ein energierechtliches Planfeststellungsverfahren auch für Erdkabel sieht das Gesetz ausnahmsweise vor für Erdkabel mit einer Nennspannung von 110 kV auf Antrag des Vorhabenträgers oder wenn der Kabelabschnitt in unmittelbaren Zusammenhang mit

677 § 43b Nr. 3 EnWG.
678 § 43f EnWG, § 25 NABEG.
679 Siehe § 1 Abs. 2 Nr. 3 MBO.
680 § 17 Abs. 3 BNatSchG. Siehe zur alten Rechtslage OVG Schleswig, Urt. v. 17.4.1998 – 2 K 1/98 = NuR 1999, 536.
681 §§ 8, 9 Abs. 2 Nr. 2 WHG.
682 Siehe zur alten Rechtslage BVerwG, Beschl. v. 16.11.1998 – 6 B 110/98 = NVwZ-RR 1999, 429.
683 Siehe etwa in Baden-Württemberg § 24 Abs. 1 LEntG; Niedersachsen § 27 Abs. 1 NEG; Nordrhein-Westfalen § 23 Abs. 1 EEG NW. Vgl. für eine Erdgashochdruckleitung VG Schleswig Urt. v. 20.1.2011 – 12 A 193/09 = juris Rn 27 ff.
684 § 11 Abs. 1 EnWG a.F.

einem beantragten Abschnitt einer Freileitung steht.[685] Für die 380-kV-Höchstspannungsebene spielt die Erdverkabelung regelmäßig keine Rolle, da sie für die erforderlichen Transportlängen nicht dem Stand der Technik entspricht. § 2 Abs. 1 EnLAG sieht für bestimmte Abschnitte von geplanten 380-kV-Leitungen die Möglichkeit vor, in Pilotprojekten optional für den Vorhabenträger eine Erdverkabelung durchzuführen. Für die Pilotprojekte besteht ebenfalls die Möglichkeit der Durchführung eines energierechtlichen Planfeststellungsverfahrens.[686]

Die Errichtung bestimmter Stromleitungen bedarf der Durchführung einer 407
Umweltverträglichkeitsprüfung. Gemäß den §§ 3 Abs. 1 S. 1, 3b Abs. 1 S. 1 i.V.m. Nr. 19.1.1 und 19.2.1 Anhang 1 zum UVPG besteht eine UVP-Pflicht für die Errichtung und den Betrieb von Hochspannungsfreileitungen mit einer Länge von mehr als 15 km und einer Netzspannung von 220 kV und mehr. Im Übrigen ist eine allgemeine oder standortbezogene UVP-Vorprüfung des Einzelfalls, ein sog. Screening,[687] durchzuführen. Eine Ausnahme von der UVP-Pflicht im Planfeststellungsverfahren gilt gem. § 15 Abs. 1 S. 2 UVPG dann, wenn für das beantragte Vorhaben ein Raumordnungsverfahren durchgeführt und bereits dort unter Einbeziehung der Öffentlichkeit die Umweltverträglichkeit des Vorhabens geprüft worden ist.[688]

III. Genehmigungsvoraussetzungen

1. Planfeststellung

Die Voraussetzungen für den Erlass des Planfeststellungsbeschlusses sind im Wesent- 408
lichen durch Richterrecht ausgeprägt worden. Notwendig sind
- das Vorliegen einer Planrechtfertigung,
- das Einhalten zwingender Planungsschranken und
- die Beachtung des Abwägungsgebots.

a) Planrechtfertigung

Die Planrechtfertigung ist ungeschriebenes Erfordernis jeder Fachplanung und eine 409
Ausprägung des Prinzips der Verhältnismäßigkeit. Sie liegt vor, wenn für das Planvorhaben gemessen an den Zielsetzungen des jeweiligen Fachplanungsgesetzes ein Bedarf besteht, die geplante Maßnahme also erforderlich ist. Das Planvorhaben muss

685 § 43 S. 7 EnWG.
686 § 2 Abs. 3 EnLAG.
687 § 3c Abs. 1 S. 1 UVPG.
688 Siehe § 16 UVPG.

vernünftigerweise geboten sein.[689] Hieran fehlt es nur bei erkennbar groben Missgriffen der Planung.[690]

410 Für das Energiewirtschaftsgesetz ist als Ziel etwa die Sicherheit der Energieversorgung anerkannt.[691] Für den Nachweis des konkreten Bedarfs muss der Vorhabenträger eine **Prognoseentscheidung** treffen, die die Planfeststellungsbehörde auf ihre Richtigkeit zu überprüfen hat. Für den Prognosehorizont bestehen keine gesetzlichen Vorgaben; regelmäßig werden 15 Jahre angemessen sein. Für Höchstspannungsleitungen sieht die dena einen Ausbaubedarf bis zum Jahr 2020 von zusätzlichen 3.600 Trassenkilometer.[692] Bei einer alternativen Verwendung eines Temperaturmonitorings würde sich der Ausbaubedarf nur leicht (um 100 km) reduzieren; der zusätzliche Änderungsbedarf bestehender Höchstspannungsleitungen würde zu leicht höheren Kosten führen. Bei einem alternativen Einsatz von Hochleitertemperaturseilen würde sich der Ausbaubedarf auf rund die Hälfte reduzieren bei allerdings deutlich höheren Kosten. Ein grundsätzlicher Bedarf ist demnach belegt. An der Erforderlichkeit der konkreten Stromleitung kann es etwa fehlen, wenn die Leitung auf absehbare Zeit nicht finanzierbar ist.[693]

411 Besonderheiten gelten für bestimmte Stromleitungen. Für abschließend benannte und für besonders wichtig erachtete Höchstspannungsleitungen hat der Gesetzgeber den **Bedarf gesetzlich festgelegt** und damit sowohl die fachplanerische Zielkonformität als auch die Erforderlichkeit bejaht.[694] Die Feststellung ist für den Vorhabenträger und die Planfeststellungsbehörde verbindlich. Durchgreifende verfassungsrechtliche Bedenken gegen solche gesetzlichen Bedarfsfestlegungen hat die Rechtsprechung bislang nicht geäußert.[695] An die Festlegung sind auch die Gerichte gebunden.[696] Etwas anderes gilt nur dann, wenn die Feststellung des Bedarfs evident unsachlich ist, weil es etwa für die Aufnahme des Vorhabens in den Bedarfsplan an jeglicher Notwendigkeit fehlt.[697] Hierbei ist allerdings zu beachten, dass die derzeit

---

689 St. Rspr., vgl. BVerwG, Urt. v. 9.6.2010 – 9 A 20.08 = NVwZ 2011, 177 Rn 38; Urt. v. 16.3.2006 – 4 A 1075.04 = BVerwGE 125, 116 Rn 182; Urt. v. 8.7.1998 – 11 A 53.97 = BVerwGE 107, 142, 145.

690 Vgl. *Ziekow*, VwVfG, § 74 Rn 15: *„nur in den seltensten Fällen"*.

691 Siehe § 1 EnWG.

692 Dena-Netzstudie I vom Februar 2005; dena-Netzstudie II vom November 2010.

693 St. Rspr., vgl. BVerwG, Urt. v. 16.3.2006 – 4 A 1075.04 = BVerwGE 125, 116 Rn 200; Urt. v. 20.5.1999 – 4 A 12.98 = NVwZ 2000, 555, 558 f.; Urt. v. 24.11.1989 – 4 C 41.88 = BVerwGE 84, 123, 128.

694 § 1 Abs. 2 EnLAG, § 12e Abs. 4 EnWG.

695 BVerfG, Beschl. v. 8.6.1998 – 1 BvR 650/97 u.a. = NVwZ 1998, 1060, 1060 f.; Beschl. v. 9.2.1996 – 1 BvR 1752/95 = juris Rn 3 f.; Beschl. v. 19.7.1995 – 2 BvR 2397/94 = NVwZ 1996, 261.

696 So zu § 1 Abs. 2 S. 2 und 3 EnLAG BVerwG, Beschl. v. 24.5.2012 – 7 VR 4.12 = juris Rn 18 ff.; Gerichtsbescheid v. 21.9.2010 – 7 A 7.10 = juris Rn 17; Beschl. v. 22.7.2010 – 7 VR 4.10 = NVwZ 2010, 1486 Rn 21.

697 Vgl. BVerwG, Urt. v. 23.3.2011 – 9 A 9.10 = juris Rn 18; Urt. v. 9.6.2010 – 9 A 20.08 = NVwZ 2011, 177 Rn 38; Urt. v. 8.6.1995 – 4 C 4.94 = BVerwGE 98, 339, 347.

festgelegten Energieleitungen zugleich unionsrechtlich als Vorhaben von europäischem Interesse ausgewiesen sind,[698] so dass die Erforderlichkeit evident gegeben ist.[699] Der Planfeststellungsbehörde ist daher eine konkrete Bedarfsermittlung verwehrt.

b) Zwingende Planungsschranken

Die Stromleitung darf nicht gegen zwingende gesetzliche Normen verstoßen. Hierzu gehören alle Rechtsvorschriften, die materiell-rechtliche Anforderungen an das Planvorhaben stellen und nicht im Wege der Abwägung durch die Planfeststellungsbehörde überwunden werden können.[700] Soweit das materielle Recht die Geltung der Vorschrift im Wege der Ausnahme oder Befreiung einschränkt (siehe insbesondere im Natur- und Landschaftsschutz), handelt es sich ebenfalls um eine zwingende Planungsschranke, da trotz der beschränkten Geltung eine Überwindung in der Planabwägung nicht möglich ist. Als solche Planungsschranken hat die Rechtsprechung bislang etwa das Vermeidungs- und Ausgleichsgebot in der Eingriffsregelung,[701] das Verbot erheblicher Beeinträchtigungen eines Natura 2000-Gebietes,[702] die artenschutzrechtlichen Verbote[703] oder den Grundwasserschutz[704] angesehen. Ferner gehören die Ziele der Raumordnung hierher. 412

Der Bau von Energieleitungen ist regelmäßig mit **Eingriffen in Natur und Landschaft** verbunden, so dass die naturschutzrechtliche Eingriffsregelung gemäß den §§ 13 ff. BNatSchG Anwendung findet.[705] Besonderheiten ergeben sich hier regelmäßig nicht. Bei den Stromfreileitungen steht die Beeinträchtigung des Landschaftsbildes durch die hohen Masten und die Stromkabel im Vordergrund. In der Praxis hat sich die Bestimmung des Kompensationsbedarfs nach *Nohl*[706] bewährt. 413

Eine in der Praxis wichtige Planungsschranke bei Energieleitungen stellt der **Habitatschutz** gem. §§ 33 ff. BNatSchG und der **Artenschutz** gem. §§ 44 f. BNatSchG dar. Gemäß § 34 Abs. 1 S. 1 BNatSchG sind Projekte vor ihrer Zulassung oder Durch- 414

698 Vgl. Art. 7 und 8 der Entscheidung Nr. 1364/2006/EG v. 6.9.2006 (ABl. L 262 S. 1), sog. TEN-Richtlinien.

699 *Schiller*, UPR 2009, 245, 246; vgl. BVerwG, Urt. v. 9.7.2008 – 9 A 14.07 = BVerwGE 131, 274 Rn 46.

700 BVerwG, Urt. v. 22.3.1985 – 4 C 73.82 = BVerwGE 71, 163, 164; Knack/Henneke/*Dürr*, § 74 Rn 97; Stelkens/Bonk/Sachs/*Bonk/Neumann*, § 74 Rn 131.

701 § 15 Abs. 1, Abs. 2 S. 1 BNatSchG. So zu § 8 BNatSchG a.F. BVerwG, Beschl. v. 30.10.1992 – 4 A 4.92 = NVwZ 1993, 565, 568.

702 § 34 Abs. 1 S. 1 BNatSchG.

703 §§ 44 f. BNatSchG.

704 BVerwG, Urt. v. 18.3.2009 – 9 A 39.07 = BVerwGE 133, 239 Rn 91.

705 Vgl. hierzu Rn 104 ff.

706 *Nohl*, Beeinträchtigungen des Landschaftsbildes durch mastenartige Eingriffe vom August 1993.

führung auf ihre Verträglichkeit mit den Erhaltungszielen eines Natura 2000-Gebietes zu überprüfen.[707] Habitatschutzrechtliches Konfliktpotenzial bei der Errichtung und dem Betrieb von Energieleitungen besteht im Wesentlichen in Folge direkter Flächenverluste durch die Mastfundamente und durch unterirdische Kabelverlegungen sowie bei der Überspannung von Natura 2000-Gebieten durch elektromagnetische Strahlungen und die Erhöhung des Kollisionsrisikos für bestimmte Vogelarten (insbesondere Großvögel wie Storch, Kranich, Gänse etc.) sowie das Aufstocksetzen der Gehölze im Schutzstreifen einer Freileitung. Das Kollisionsrisiko von Vögeln steht auch im Mittelpunkt des Artenschutzrechts, sofern es um Freileitungen geht. Bei Erdkabeln stehen naturgemäß die Bodenarten im Mittelpunkt. Erhebliche Beeinträchtigungen der Natura-2000-Gebiete können durch unterschiedliche Maßnahmen wie ausreichende Abstände, Erhöhung der Masten und Anbringung von Vogelschutzmarker vermieden bzw. vermindert werden. Die Diskussion konzentriert sich in der Praxis vor dem Hintergrund, dass die Wirksamkeit der Schadensbegrenzungsmaßnahme nach der Rechtsprechung zweifelsfrei feststehen muss, insbesondere auf die Eignung bestimmter Markertypen und die Abstände, die zwischen den einzelnen Markern notwendig sind.[708]

415 Eine **Sonderregelung des allgemeinen Artenschutzes** in Bezug auf die Gefährdung von Vögeln gegen Stromschlag enthält § 41 BNatSchG. Der Anwendungsbereich der Regelung beschränkt sich auf Mittelspannungsleitungen (Spannungsbereich zwischen 1 kV und 60 kV), da hier konstruktionsbedingt ein hohes Stromschlagrisiko besteht.[709] Nach § 41 S. 1 BNatSchG müssen neu zu errichtende Masten konstruktiv so ausgeführt werden, dass Vögel gegen Stromschlag geschützt sind. Bestehende Masten und technische Bauteile von Mittelspannungsleitungen sind bis Ende 2012 mit den notwendigen Maßnahmen zur Sicherung gegen Stromschlag nachzurüsten, wenn eine hohe Gefährdung von Vögeln besteht. Die Gefährdung bestimmt sich nicht in erster Linie nach dem Aufstellungsort der Masten, sondern nach dem Gefährdungspotenzial der eingesetzten Bautypen von Masten bzw. technischen Bauteilen. Bei einer hohen Gefährdung sind die betreffenden Typen flächendeckend nachzurüsten.

416 Hinsichtlich der **nationalen Schutzgebiete**[710] sind für die Planung und Errichtung von Energieleitungen zumeist nur Naturschutzgebiete und Landschaftsschutzgebiete von Relevanz, da solche Schutzgebiete ebenso wie die Leitungstrassen im Außenbereich liegen und in vielfältiger Weise gequert werden müssen. Relevant ist hier das regelmäßig in den Schutzgebieten bestehende allgemeine Verbot der Errichtung von baulichen Anlagen. Teilweise bestehen auch allgemeine Verbote, die Landschaft zu verunstalten, die Natur zu schädigen oder den Naturgenuss zu beeinträch-

707 Vgl. hierzu Rn 95 ff.
708 Vgl. dazu OVG Schleswig, Urt. v. 1.7.2012 – 1 KS 20/10 = juris Rn 36 ff.
709 Vgl. näher Lütkes/Ewer/*Fellenberg*, § 41 Rn 3.
710 Vgl. hierzu Rn 89 ff.

tigen. Dann ist im Wege der Auslegung zu ermitteln, ob die konkrete Planung diesem Schutzzweck entgegensteht.[711] Je nach Schutzgebietskategorie ist in den Schutzverordnungen und Landesnaturschutzgesetzen die Möglichkeit vorgesehen, unter bestimmten Voraussetzungen Ausnahmen oder Befreiungen von den Schutzgebietsfestlegungen zu erteilen. Die Planfeststellungsbehörde hat dann zu prüfen, ob die Voraussetzungen für die Erteilung einer Ausnahme oder Befreiung vorliegen. Gemäß § 75 Abs. 1 S. 1, 2. Hs. VwVfG erstreckt sich die Konzentrationswirkung des Planfeststellungsbeschlusses auch auf die Erteilung solcher Ausnahmen und Befreiungen.[712] Zumeist wird die Ausnahme oder Befreiung mit entsprechenden Ausgleichspflichten verbunden. Kommen eine Ausnahme oder Befreiung nicht in Betracht, muss die entsprechende Schutzverordnung vor Erlass des Planfeststellungsbeschlusses aufgehoben werden.[713]

Auch das **Forstrecht** kann im Einzelfall der Errichtung einer Energieleitung 417
entgegenstehen. Der Standort oder die Trasse liegt bzw. verläuft oftmals in/durch Wälder, die für die Errichtung jedenfalls teilweise weichen müssen. Dabei muss aus technischen Gründen auch ein Schutzstreifen entlang der Energieleitung eingerichtet werden, in dem der Waldbestand und andere Gehölze auf den Stock gesetzt werden muss. Hierfür ist gem. § 9 Abs. 1 S. 1 BWaldG und den entsprechenden Ländervorschriften eine Waldumwandlungsgenehmigung erforderlich, für deren Erteilung die Planfeststellungsbehörde zuständig ist.[714] Die Genehmigung soll versagt werden, wenn die Erhaltung des Waldes überwiegend im öffentlichen Interesse liegt.[715] Dies ist im Einzelfall zu prüfen und zu bewerten. Die Forstgesetze der Länder sehen zumeist ergänzend vor, dass die nachteiligen Wirkungen der Umwandlung durch Erstaufforstung anderer Grundstücke oder die Zahlung einer Walderhaltungsabgabe auszugleichen sind. Der Kompensationsbedarf ist auf die naturschutzrechtliche Kompensationsverpflichtung anzurechnen.[716]

Vorschriften des Wasserrechts können für die Errichtung von Energieleitungen 418
im Hinblick auf den Grundwasserschutz (insbesondere bei unterirdischen Kabeln) und die damit zusammenhängende Trinkwasserversorgung Bedeutung haben. In Wasserschutzgebieten können Beeinträchtigungen außerhalb der engeren Schutzzone zumeist durch technische Vorkehrungen vermieden werden.[717] Besonderheiten gelten, wenn für die Realisierung einer Energieleitung wasserrechtliche Erlaubnisse

711 BVerwG, Beschl. v. 29.7.1986 – 4 B 73.86 = NVwZ 1987, 493, 494.

712 BVerwG, Urt. v. 26.3.1998 – 4 A 7.97 = UPR 1998, 382, 383; Urt. v. 18.6.1997 – 4 C 3.95 = NVwZ-RR 1998, 292, 295; Beschl. v. 26.6.1993 – 4 B 1.92 u.a. = NVwZ 1993, 572, 575 f.

713 VGH Mannheim, Urt. v. 14.9.2011 – 5 S 2869/99 = NVwZ-RR 2002, 638, 639; Knack/Henneke/*Dürr*, § 74 Rn 112.

714 § 75 Abs. 1 S. 1, 2. Hs. VwVfG.

715 § 9 Abs. 1 S. 3 BWaldG.

716 So etwa § 4a Abs. 8 LG NRW, § 9 Abs. 2 S. 1 LWaldG SH; dazu *Schiller*, UPR 2009, 245, 248 f.

717 VGH Mannheim, Urt. v. 4.7.1991 – 5 S 84/89 = VBlBW 1991, 453, 461 f.

oder Bewilligungen nach den §§ 8 und 15 WHG erforderlich sind (z.B. für eine baubedingte Grundwasserabsenkung). Sie werden von der Konzentrationswirkung des Planfeststellungsbeschlusses nicht erfasst und lassen die Planfeststellung wegen der rechtlichen Selbstständigkeit beider Rechtsakte unberührt. Wasserrechtliche Zulassungshürden i.S.v. § 12 WHG führen zur Unzulässigkeit des Planvorhabens daher nur dann, wenn sie unüberwindlich sind und das Vorhaben sich ohne die Gewässerbenutzung nicht verwirklichen lässt.[718]

419 Gemäß § 4 Abs. 1 S. 1 Nr. 2 und 3 ROG sind die **Ziele der Raumordnung** bei Entscheidungen öffentlicher Stellen über die Zulässigkeit raumbedeutsamer Planungen und Maßnahmen von öffentlichen Stellen und Personen des Privatrechts, die der Planfeststellung bedürfen, zu beachten. Relevanz haben insbesondere Ausweisungen zum Freiraum oder überregionale Grünzüge. Ob sie dem Leitungsvorhaben entgegenstehen, ist im Einzelfall zu prüfen. In der Praxis sind für Energieleitungen bislang zielförmige Vorgaben zu Standortausweisungen oder Trassenverläufe in den jeweiligen Raumordnungsplänen der Länder nicht üblich.

420 Die Energieleitung muss den **gesetzlichen Sicherheitsanforderungen** entsprechen. Gemäß § 49 Abs. 1 EnWG sind Energieanlagen so zu errichten und zu betreiben, dass die technische Sicherheit durch die allgemein anerkannten Regeln der Technik gewährleistet ist. Dies wird bei Einhaltung der technischen Regeln des Verbandes der Elektrotechnik, Elektronik, Informationstechnik e.V. vermutet.[719] Für die Errichtung von Stromfreileitungen gilt derzeit etwa die **DIN EN 50341** „Freileitung über AC 45 KV“ (in drei Teilen) in der deutschen Fassung vom November 2011. Besondere Bedeutung kommt in diesem Zusammenhang dem **(n-1)-Kriteriums** zu. Danach gilt der Bedarf für die Leitung als gesichert, wenn das Netz die Höchstlast auch bei Ausfall eines beliebigen Betriebsmittels (z.B. einer Leitung oder eines Transformators) noch bewältigen kann.[720] Die Seilberechnungen und Abstandsnachweise erfolgen nach der **DIN VDE 0210** „Bau von Starkstrom-Freileitungen mit Nennspannungen über 1 kV“ vom Dezember 1985.[721]

718 BVerwG, Urt. v. 18.3.2009 – 9 A 39.07 = BVerwGE 133, 239 Rn 35; Urt. v. 16.3.2006 – 4 A 1075.04 = BVerwGE 125, 116 Rn 452.

719 § 49 Abs. 2 EnWG.

720 Dazu BVerfG, Beschl. v. 10.9.2008 – 1 BvR 1940/02 = juris Rn 47; VGH München, Urt. v. 13.2.2003 – 22 A 97.40029 = NVwZ 2003, 1534, 1536; OVG des Saarlandes, Urt. v. 31.3.1992 – 7 M 1/89 = juris Rn 63 f.

721 Dazu OVG Münster, Urt. v. 9.1.2004 – 11 D 116/02 = juris Rn 52 ff.

c) Abwägungsgebot

aa) Allgemeines

Bei der Planfeststellung sind ferner die von der Energieleitung berührten öffentlichen und privaten Belange im Rahmen der Abwägung zu berücksichtigen.[722] Nach der Rechtsprechung verlangt das Abwägungsgebot, dass 421

1. eine Abwägung überhaupt stattfindet,
2. in die Abwägung an Belangen eingestellt wird, was nach Lage der Dinge in sie eingestellt werden muss und
3. weder die Bedeutung der betroffenen öffentlichen und privaten Belange verkannt noch der Ausgleich zwischen ihnen in einer Weise vorgenommen wird, die zur objektiven Gewichtigkeit einzelner Belange außer Verhältnis steht.

Diese Anforderungen richten sich grundsätzlich sowohl an den Abwägungsvorgang als auch an das Abwägungsergebnis.[723] Während der Abwägungsvorgang mehr die verfahrensrechtliche Seite der planerischen Abwägung betrifft, stellt das Abwägungsergebnis die planerisch-gestaltende Seite dar. Dies hat auch Folgen für eine gerichtliche Kontrolle: Das Abwägungsergebnis kann – anders als der Abwägungsvorgang – vom Gericht nur auf seine planerische Vertretbarkeit hin überprüft werden.[724]

bb) Abwägungsvorgang

Der Abwägungsvorgang umfasst die vollständige Ermittlung des Abwägungsmaterials, d.h. das Zusammentragen der für das konkrete Planvorhaben beachtlichen Belange und deren Bewertung. Die zu berücksichtigenden Belange sind grundsätzlich gleichwertig. Ihre Gewichtung erfahren sie erst im konkreten Einzelfall. Für einzelne Belange hat die Rechtsprechung allerdings Gewichtungsvorgaben in Gestalt von **Optimierungsgeboten** entwickelt. Die Rechtsprechung hat dies etwa bejaht für die Grundsätze des Naturschutzes und der Landschaftspflege.[725] Ob auch der Trennungsgrundsatz zwischen störenden und schutzbedürftigen Nutzungen[726] ein Optimierungsgebot ist, wird vom BVerwG uneinheitlich beurteilt. Optimierungsgebote 422

722 § 43 S. 3 EnWG, § 18 Abs. 3 S. 1 NABEG.

723 Grundlegend BVerwG, Urt. v. 12.12.1969 – IV C 105.66 = BVerwGE 34, 301, 308 ff., seitdem st. Rspr.

724 Vgl. etwa BVerwG, Beschl. v. 5.10.1990 – 4 B 249.89 = NVwZ-RR 1991, 118, 120; Urt. v. 7.7.1978 – IV C 79.76 = BVerwGE 56, 110, 122 f.; Urt. v. 5.7.1974 – IV C 50.72 = BVerwGE 45, 309, 325 f.

725 § 1 BNatSchG. So zu § 1 Abs. 2 BNatSchG a.F. BVerwG, Urt. v. 22.3.1985 – 4 C 73.82 = BVerwGE 71, 163, 165.

726 § 50 S. 1 BImSchG. Bejahend BVerwG, Beschl. v. 22.7.2010 – 7 VR 7.10 = NVwZ 2010, 1486 Rn 41; Urt. v. 22.3.1985 – 4 C 73.82 = BVerwGE 71, 163, 165; a.A. (bloße Abwägungsdirektive) BVerwG, Urt. v. 25.5.2011 – 9 A 15.10 = juris Rn 21; Urt. v. 13.5.2009 – 9 A 72.07 = BVerwGE 134, 45 Rn 59; Urt. v. 16.3.2006 – 4 A 1075.04 = BVerwGE 125, 116 Rn 164.

können nur bei entsprechend gewichtigen gegenläufigen Belangen überwunden werden.

423 Folgende abwägungserhebliche Belange können – ohne Anspruch auf Vollständigkeit – für oder gegen das Leitungsvorhaben sprechen: **Belange der Raumordnung** sind in der Abwägung zu berücksichtigen, soweit sie nicht schon als Ziel der Raumordnung eine zwingende Planungsschranke bilden.[727] Hierher gehören Grundsätze der Raumordnung oder aber in Aufstellung befindliche Ziele der Raumordnung, die nach § 3 Nr. 4 ROG als sonstige Erfordernisse der Raumordnung ebenfalls in die planerische Abwägung einzustellen sind.[728] Für den Leitungsbau Relevanz hat insbesondere das sog. Bündelungsprinzip, das zum Schutz des Freiraums eine Zusammenfassung der Trassen linienförmiger Infrastrukturen (Autobahnen, Schienenwege, Energieleitungen) vorsieht.[729] Zu beachten sind auch regionale Grünzüge, Wohnsiedlungsflächen, Rohstoffsicherungsgebiete, der Freiraumschutz, Hochwasserschutzgebiete etc.

424 **Belange des Natur- und Landschaftsschutzes** unterliegen in zweifacher Hinsicht einer Abwägung: Sie sind zunächst in die allgemeine fachplanerische Abwägung einzustellen. Entsprechend muss etwa die besondere Schutzwürdigkeit eines erheblich beeinträchtigten Natura 2000-Gebietes abgewogen werden, auch wenn eine Ausnahme nach § 34 Abs. 3 BNatSchG erteilt worden ist. Ferner kennt die naturschutzrechtliche Eingriffsregelung mit § 15 Abs. 5 BNatSchG eine spezifisch naturschutzrechtliche Abwägung, die auf die fachplanerische Abwägung „aufgesattelt“ ist.[730] Sie findet allerdings nur in Ausnahmefällen Anwendung, wenn der Eingriff durch die Stromleitung nicht vollständig kompensiert ist.[731]

425 **Gemeindliche Belange** sind in mehrfacher Hinsicht abzuwägen. Dies gilt für Belange des Städtebaus. Aufgrund des Fachplanungsprivilegs des § 38 S. 1 BauGB finden die bauplanungsrechtlichen Vorschriften der §§ 29 ff. BauGB auf Planvorhaben keine Anwendung. Als Ausgleich sind die Belange des Städtebaus in die planerische Abwägung einzustellen.[732] Abwägungsrelevante Beeinträchtigungen der gemeindlichen Planungshoheit liegen vor, wenn der Leitungsbau eine (z.B. durch Bebauungsplan) verfestigte Planung nachhaltig stört, wesentliche Teile des Gemeindegebiets einer durchsetzbaren Planung entzieht oder wenn kommunale Einrichtungen durch das Leitungsvorhaben erheblich beeinträchtigt werden.[733] Dabei sind auch kommu-

727 Vgl. Rn 419.

728 § 4 Abs. 1 Nr. 3 ROG.

729 Dazu BVerwG, Beschl. v. 15.9.1995 – 11 VR 16.95 = NVwZ 1996, 396.

730 BVerwG, Urt. v. 27.10.2000 – 4 A 18.99 = BVerwGE 112, 140, 160 f.; Urt. v. 7.3.1997 – 4 C 10.96 = BVerwGE 104, 144, 147 f.

731 Vgl. Rn 110.

732 Vgl. § 38 S. 1, 2. Hs. BauGB.

733 St. Rspr., vgl. BVerwG, Beschl. v. 5.11.2002 – 9 VR 14.02 = NVwZ 2003, 207; Urt. v. 27.10.1998 – 11 A 10.98 = NVwZ-RR 1999, 225, 226; Urt. v. 21.3.1996 – 4 C 26.94 = BVerwGE 100, 388, 394; Urt.

nale Planungsabsichten (Bebauungsplanentwürfe, Ortsentwicklungspläne, Stadtentwicklungskonzepte etc.) beachtlich. Der Leitungsbau kann in seltenen Fällen auch Auswirkungen auf die Wirtschaftsstruktur und Leistungsfähigkeit einer durch Landwirtschaft und Fremdenverkehr geprägten ländlichen Gemeinde haben.[734] Die Gemeinde kann sich daneben als Eigentümerin ihrer kommunalen Einrichtungen (Schulen, Kindergärten, Verwaltungsgebäude) wie jeder andere private Grundstückseigentümer auf unzumutbare Lärmimmissionen oder elektromagnetische Strahlung etc. berufen.[735] Keine gemeindlichen Belange sind dagegen Beeinträchtigungen der Gemeindebürger,[736] Belange des örtlichen Umweltschutzes, des Denkmalschutzes oder andere Belange der Allgemeinheit.[737]

Abwägungserhebliche **private Belange** können sowohl für als auch gegen das 426
Planvorhaben streiten. Zu den privaten Belangen des Vorhabenträgers gehört dabei u.a. sein Interesse an der Realisierung des Planvorhabens an einem bestimmten Standort und das Interesse einer möglich kostengünstigen Realisierung des Vorhabens.[738] Gegenläufige private Belange können sich aus allen nachteiligen Auswirkungen, die mit der Errichtung und dem Betrieb des Planvorhabens verbunden sind, ergeben. Hierher gehören regelmäßig das Grundeigentum, die Gesundheit, angemessene Wohn- und Arbeitsverhältnisse etc. Nicht abwägungserheblich sind private Belange nur dann, wenn sie unwesentlich, also nicht mehr als nur geringfügig betroffen sind oder wenn es sich um objektiv geringwertige oder nicht schutzwürdige Belange handelt.[739]

Belange der Gesundheit werden vornehmlich durch die Vorschriften des Immis- 427
sionsschutzrechts geschützt. § 22 Abs. 1 BImSchG fordert insoweit, nicht genehmigungsbedürftige Anlagen so zu errichten und zu betreiben, dass die nach dem Stand der Technik vermeidbaren schädlichen Umwelteinwirkungen verhindert werden (Nr. 1) und unvermeidbare schädliche Umweltauswirkungen auf ein Mindestmaß beschränkt werden (Nr. 2). Gemäß § 3 Abs. 1 BImSchG stellen solche Immissionen schädliche Umwelteinwirkungen dar, wenn sie zu Gefahren, erheblichen Belästi-

v. 27.3.1992 – 7 C 18.91 = BVerwGE 90, 96, 100; speziell zu einer Erdgasfernleitung OVG Bautzen, Beschl. v. 14.7.2010 – 4 B 460/09 = NVwZ-RR 2010, 873, 874.

734 BVerwG, Urt. v. 26.2.1999 – 4 A 47.96 = NVwZ 2000, 560, 562.

735 St. Rspr., vgl. BVerwG, Urt. v. 16.3.2006 – 4 A 1001.04 = NVwZ 2006, 1055, 1059 ff.; Urt. v. 29.1.1991 – 4 C 51.89 = BVerwGE 87, 332, 391.

736 St. Rspr., vgl. BVerwG, Gerichtsbescheid v. 1.8.2011 – 9 A 7/11 = juris Rn 14; Urt. v. 9.2.2005 – 9 A 62.03 = NVwZ 2005, 813, 816; Urt. v. 26.2.1999 – 4 A 47.96 = NVwZ 2000, 560; Urt. v. 6.7.1998 – 9 C 45.97 = NVwZ 1999, 66.

737 BVerwG, Beschl. v. 26.3.2007 – 7 B 73.06 = NVwZ 2007, 833, 836; Beschl. v. 5.11.2002 – 9 VR 14.02 = NVwZ 2003, 207, 209.

738 BVerwG, Urt. v. 31.1.2001 – 11 A 6.00 = NVwZ-RR 2001, 653, 654; Urt. v. 28.1.1999 – 4 CN 5.98 = BVerwGE 108, 248, 254.

739 St. Rspr., vgl. BVerwG, Beschl. v. 31.1.2011 – 7 B 55.10 = NVwZ 2011, 567 Rn 6; Urt. v. 28.3.2007 – 9 A 17.06 = UPR 2007, 386, 387.

gungen oder erheblichen Nachteilen führen. Die Erheblichkeitsschwelle wird durch untergesetzliche Regelwerke näher konkretisiert. Bei Freileitungen sind insbesondere schädliche Umwelteinwirkungen in Form von Lärmimmissionen oder elektromagnetischer Strahlung einschlägig.

428 Die von Stromleitungen insbesondere bei nasser Witterung ausgehenden Entladungsgeräusche (sog. **Coronageräusche**) stellen regelmäßig kein Problem dar. Für ihre Beurteilung gilt die TA Lärm vom 26.8.1998,[740] die Bindungswirkung auch für die Gerichte entfaltet.[741] Da die Geräusche nur unregelmäßig auftreten, bleiben die Lärmimmissionen in aller Regel unterhalb der in Nr. 6.2 TA Lärm festgelegten Immissionsrichtwerte (bzw. den gebildeten Zwischenwerten). Dies gilt auch für Geräuschspitzen. In einem Abstand von 20 m zum Mast haben Messungen bei einer voll ausgelasteten 380-kV-Freileitung und einer hohen relativen Luftfeuchtigkeit etwa Geräuschpegel von unter 40 dB(A) und damit unterhalb der für WA-Gebiete maßgeblichen Immissionsrichtwerte ergeben. Gleichwohl hat die Planfeststellungsbehörde solche Lärmimmissionen stets abzuwägen, sofern sie nicht ausnahmsweise nur geringfügig sind.[742]

429 Für die vom Betrieb von Stromleitungen ausgehende **elektromagnetische Strahlung** gelten die Vorschriften der Verordnung über elektromagnetische Felder (26. BImSchV) vom 16.12.1996.[743] Höchstspannungsleitungen sind Niederfrequenzanlagen gem. § 1 Abs. 2 Nr. 2 Buchst. a 26. BImSchV. Laut den §§ 3 und 4 i.V.m. Anhang 2 zur 26. BImSchV sind sie so zu betreiben, dass im Bereich von Gebäuden und Grundstücken, die nicht nur zum vorübergehenden Aufenthalt von Menschen bestimmt sind, die elektrische Feldstärke einen Grenzwert von 5 kV/m und die magnetische Flussdichte einen Grenzwert von 100 μT nicht überschreiten. Diese Grenzwerte werden in aller Regel eingehalten, wenn zu den schutzwürdigen Wohnbebauungen gemessen vom Leiterseil ein Mindestabstand von 100 m eingehalten wird. Dies gilt unabhängig von der Höhe der Masten. Die Rechtsprechung hält die Grenzwerte der 26. BImSchV für verbindlich und insbesondere nicht für wissenschaftlich überholt.[744]

430 **Eigentumsinteressen** spielen regelmäßig eine wichtige Rolle. Beeinträchtigungen durch den Leitungsbau können sich unmittelbar durch Entzug des Grundeigentums im Wege der Enteignung (Errichtung eines Mastes oder Überspannung des Grundstücks) oder mittelbar durch Einwirkungen auf benachbarte Grundstücke (etwa durch elektromagnetische Strahlungen) ergeben. Der drohende bzw. mögliche

---

740 GMBl S. 503.

741 BVerwG, Urt. v. 29.8.2007 – 4 C 2.07 = BVerwGE 129, 209 Rn 12.

742 St. Rspr., vgl. BVerwG, Urt. v. 16.3.2006 – 4 A 1075.04 = BVerwGE 125, 116 Rn 250, 268; Beschl. v. 14.9.1987 – 4 B 179/87 u.a. = NVwZ 1988, 363.

743 BGBl. I 1996 S. 1966.

744 BVerfG, Beschl. v. 24.1.2007 – 1 BvR 382/05 = NVwZ 2007, 805; BVerwG, Beschl. v. 22.7.2010 – 7 A 4.10 = NVwZ 2010, 1486 Rn 24 ff.; siehe auch Empfehlung der Strahlenschutzkommission „Schutz vor elektrischen und magnetischen Feldern der elektrischen Energieversorgung und -anwendung“ vom 21./22.2.2008, S. 3 f.

Entzug des Grundeigentums ist stets ein abwägungserheblicher Belang.[745] Mittelbare Auswirkungen führen nur im absoluten Ausnahmefall zu unzumutbaren **Grundstückswertverlusten**. In der Rechtsprechung des BVerwG ist umstritten, ob Wertverluste von benachbarten Grundstücken überhaupt abwägungsrelevant sind.[746] In jedem Falle müssen die Wertverluste einiges Gewicht haben (mehr als 20 %), womit regelmäßig nicht zu rechnen ist. Die Planfeststellungsbehörde kann daher Wertverluste, die sie für die umliegenden Grundstücke für möglich hält, pauschalierend in die Abwägung einstellen und etwa hinter das öffentliche Interesse an einer sicheren Energieversorgung zurückstellen. Im Übrigen müssen Eigentümer von Wohnhäusern im oder am Rande des Außenbereichs stets damit rechnen, dass Infrastrukturvorhaben im Außenbereich verwirklicht werden. Solche Grundstücke sind demnach situativ vorbelastet.[747]

Belange der Landwirtschaft können ebenfalls unmittelbar (durch Errichtung 431
eines Mastes oder einer Überspannung von Nutzflächen) oder mittelbar (durch Lärmimmissionen oder elektromagnetische Strahlungen am Wohnhaus des landwirtschaftlichen Betriebs) betroffen sein. Bei der Inanspruchnahme von landwirtschaftlichen Nutzflächen muss die Möglichkeit einer Existenzvernichtung oder -gefährdung in die Abwägung einbezogen werden. Die Prüfung der Existenzfähigkeit eines landwirtschaftlichen Betriebs ist grundsätzlich nach objektiven betriebswirtschaftlichen Maßstäben (Eigenkapitalbildung, Faktorentlohnung etc.) vorzunehmen.[748] Abwägungserhebliche mittelbare Belange sind etwa die Verschlechterung von Wegeverbindungen,[749] die Begrenzung der Durchfahrthöhe mit schwerem Gerät auf landwirtschaftlichen Äckern oder die Störung von Beregnungsanlagen. Für Bewirtschaftungserschwernisse sind regelmäßig Entschädigungsansprüche geboten. Wird die betriebliche Existenz weder vernichtet noch gefährdet, kann sich die Planfeststellungsbehörde grundsätzlich damit begnügen, den Eigentümer auf das nachfolgende Enteignungsverfahren zu verweisen.[750]

745 St. Rspr., vgl. BVerwG, Urt. v. 8.6.1995 – 4 C 4.94 = BVerwGE 98, 339, 355 f.; Urt. v. 27.3.1992 – 7 C 18.91 = BVerwGE 90, 96, 102 f.; Urt. v. 9.3.1990 – 7 C 21.89 = BVerwGE 85, 44, 51; Urt. v. 6.12.1985 – 4 C 59.82 = BVerwGE 72, 282, 284 f.; Urt. v. 23.1.1981 – 4 C 4.78 = BVerwGE 61, 295, 302.

746 Bejahend BVerwG (4. Senat), Urt. v. 16.3.2006 – 4 A 1075.04 = BVerwGE 125, 116 Rn 400 ff.; verneinend BVerwG (9. Senat), Urt. v. 28.3.2007 – 9 A 17.06 = UPR 2007, 386, 388.

747 BVerwG, Urt. v. 24.5.1996 – 4 A 39/95 = NJW 1997, 142, 143.

748 BVerwG, Urt. v. 14.4.2010 – 9 A 13.08 = BVerwGE 136, 332 Rn 27 f.; ferner BVerwG, Beschl. v. 26.6.1990 – 4 B 61.90 = NVwZ 1991, 159.

749 BVerwG, Urt. v. 18.12.1987 – 4 C 32.84 = NVwZ 1989, 147, 148.

750 BVerwG, Urt. v. 23.3.2011 – 9 A 9.10 = juris Rn 28.

d) Abwägungsergebnis

432 Auf der Grundlage des ordnungsgemäß ermittelten und bewerteten Abwägungsmaterials erfolgt die eigentliche planerische Abwägungsentscheidung. Maßgebliche Richtschnur für das Abwägungsergebnis ist der **Grundsatz der Konfliktbewältigung.** In die Planung sind in umfassender Weise alle planerischen Gesichtspunkte einzubeziehen, die zur möglichst optimalen Verwirklichung der gesetzlich vorgegebenen Planungsaufgabe und zur Bewältigung der von dem Planvorhaben in seiner räumlichen Umgebung erst aufgeworfenen Probleme von Bedeutung sind (**Grundsatz der einheitlichen Planungsentscheidung**).[751] Ein „Transfer" der Konfliktlösung ist ausnahmsweise zulässig, wenn die Planfeststellungsbehörde davon ausgehen darf, dass der ungelöst gebliebene Konflikt im Zeitpunkt der Plandurchführung in einem anderen Verfahren in Übereinstimmung mit seiner eigenen planerischen Entscheidung bewältigt werden kann (z.B. bei Beifügung eines Entscheidungsvorbehalts und Anordnung der Durchführung eines Ergänzungsplanfeststellungsverfahrens nach § 74 Abs. 3 VwVfG).[752] Technische Detailfragen der Planung können der **Ausführungsplanung** überlassen werden.[753]

433 Große Bedeutung für die gebotene Konfliktbewältigung kommt der Möglichkeit zu, dem Planfeststellungsbeschluss **Nebenbestimmungen** i.S.v. § 36 Abs. 2 VwVfG (Bedingung, Befristung, Widerrufsvorbehalt, Auflage und Auflagenvorbehalt) beizufügen. Besondere Bedeutung kommen hier neben Anordnungen und Festlegungen zu den naturschutzrechtlichen Kompensationsmaßnahmen den sog. **Schutzauflagen** gem. § 74 Abs. 2 S. 2 VwVfG zu. Nach dieser Vorschrift kann die Planfeststellungsbehörde dem Vorhabenträger Vorkehrungen über die Errichtung und Unterhaltung von Anlagen auferlegen, die zum Wohl der Allgemeinheit oder zur Vermeidung nachteiliger Wirkungen auf Rechte anderer erforderlich sind. Typische Auflagen beim Leitungsbau betreffen:

- die ökologische Baubegleitung,
- das ökologische Schneisenmanagement,
- artenschutzrechtliche Schutzmaßnahmen,
- Bauzeitenbeschränkungen,
- Waldschneisen,
- Luftfahrtmarkierungen,
- die Festsetzung von Grenzwerten für Geräuschimmissionen und
- elektromagnetische Strahlung.

---

751 BVerwG, Urt. v. 23.1.1981 – 4 C 68/78 = BVerwGE 61, 307, 311; Urt. v. 9.3.1979 – IV C 41.75 = BVerwGE 57, 297, 302.

752 BVerwG, Beschl. v. 30.8.1994 – 4 B 105/94 = NVwZ-RR 1995, 322, 323.

753 BVerwG, Urt. v. 3.3.2011 – 9 A 8.10 = BVerwGE 139, 150 Rn 21; Urt. v. 18.3.2009 – 9 A 39.07 = BVerwGE 133, 239 Rn 97; Urt. v. 5.3.1997 – 11 A 5.96 = NVwZ-RR 1998, 92.

e) Planungsalternativen

Die Alternativenprüfung ist Bestandteil der planerischen Abwägung. Die Planfeststellungsbehörde hat in Beachtung des Grundsatzes der Verhältnismäßigkeit nach Möglichkeit rechtsmindernde Eingriffe zu vermeiden. Dies erfordert die Prüfung von Planungsalternativen (insbesondere Trassenalternativen) auf ihre jeweilige Eingriffsintensität bei gleicher planerischer Zielerfüllung.[754] Alle ernsthaft in Betracht kommenden Alternativen müssen ermittelt, bewertet und untereinander abgewogen werden. Zu den Alternativen gehört auch die „Null-Variante", d.h. der vollständige Verzicht auf das Planvorhaben.[755] Dies gilt selbst bei einer Aufnahme des Planvorhabens in einen Bedarfsplan (z.B. nach EnLAG oder NABEG).[756] Die Alternativen müssen im Stadium der Planerarbeitung „nach Lage der Dinge" nur so vollständig erarbeitet werden, dass sie eine erste vorauswählende Entscheidung auf der Grundlage grober Bewertungskriterien zulassen.[757] Die gewählte Alternative ist erst dann rechtswidrig, wenn sich die verworfene Alternative entweder als die **eindeutig vorzugswürdige Lösung** hätte aufdrängen müssen oder wenn dem Vorhabenträger bzw. der Planfeststellungsbehörde in Folge einer fehlerhaften Ermittlung, Bewertung oder Gewichtung einzelner Belange ein rechtserheblicher Fehler unterlaufen ist.[758] 434

Neben abweichenden Trassenkorridoren stellt sich bei Stromleitungen regelmäßig die Frage, ob eine **Freileitung** oder ein **Erdkabel** errichtet werden soll. Die Vorteile des Erdkabels sind die fehlende Beeinträchtigung des Landschaftsbildes (Verlegung unterhalb der Erdoberfläche) und die von einem Erdkabel ausgehende geringere Strahlung. Dem stehen die geringere Lebensdauer, ein intensiver Eingriff in den Boden- und Wasserhaushalt (Erwärmung), eine Beeinträchtigung des Landschaftsbildes durch die technisch notwendige Errichtung von Muffenbauwerken und höhere Kosten gegenüber. Für Hochspannungsleitungen mit einer Netzspannung von 110 kV und weniger hat der Gesetzgeber mit § 43h EnWG nunmehr eine Pflicht zur Verlegung eines Erdkabels vorgesehen, sofern die Gesamtkosten die Gesamtkosten für die Errichtung einer technisch vergleichbaren Freileitung nicht um den Faktor 2,75 höher sind und naturschutzfachliche Belange nicht entgegenstehen. Hiervon kann die Planfeststellungsbehörde eine Ausnahme zulassen, wenn öffentliche Interessen nicht entgegenstehen. Für die übrigen Spannungsebenen (z.B. 220 kV, 380 kV) bestehen keine gesetzlichen Vorgaben. Die Rechtsprechung hat bislang die Entscheidung 435

754 BVerwG, Beschl. v. 26.6.1992 – 4 B 1.92 u.a. = NVwZ 1993, 572, 574.

755 BVerwG, Urt. v. 24.11.2010 – 9 A 13.09 = NVwZ 2011, 680 Rn 62; Urt. v. 26.3.1998 – 4 A 7.97 = LKV 1999, 26, 27.

756 BVerwG, Urt. v. 24.11.2010 – 9 A 13.09 = NVwZ 2011, 680 Rn 62.

757 BVerwG, Beschl. v. 26.6.1992 – 4 B 1.92 u.a. = NVwZ 1993, 572, 574.

758 St. Rspr., vgl. etwa BVerwG, Urt. v. 16.3.2006 – 4 A 1075.04 = BVerwGE 125, 116 Rn 98; Urt. v. 14.12.1979 – IV C 10.77 = BVerwGE 59, 253, 285.

des Vorhabenträgers für eine Freileitung allein schon wegen der deutlich höheren Kosten nicht beanstandet.[759]

436 Als Alternative zum Leitungsneubau sind die Ertüchtigung bestehender Stromleitungen durch Maßnahmen der Netzoptimierung und Netzverstärkung (**Freileitungs-Monitoring, Hochtemperaturseile** etc.) seitens der Planfeststellungsbehörde zu prüfen. Bestehen solche Möglichkeiten, ist der geplante Leitungsneubau nicht erforderlich. Dann muss vielmehr die sog. „Null-Variante" verwirklicht werden.[760] Oftmals scheiden solche Maßnahmen aber aus, weil sie nicht dem anerkannten Stand der Technik entsprechen oder das Planungsziel nicht ohne Abstriche erreichen lassen.[761]

f) Besonderheiten bei Abschnittsbildung

437 Bei der Planung von Stromleitungen stellt sich oftmals aufgrund deren Länge und aufgrund der Struktur als linienförmiger Infrastruktur die Frage nach einer abschnittsweisen Planfeststellung. § 19 S. 2 NABEG sieht für die von ihm erfassten Höchstspannungsfreileitungen eine Abschnittsbildung explizit vor, ohne allerdings die Voraussetzungen näher zu benennen. Die Zulässigkeit einer Abschnittsbildung ist in der Rechtsprechung des BVerwG grundsätzlich anerkannt.[762] Sie muss auf einer konzeptionellen Gesamtplanung beruhen.[763] Ferner bedarf jeder Planungsabschnitt einer inhaltlichen Rechtfertigung und muss das Ergebnis einer planerischen Abwägung sein.[764] Zudem darf kein Planungstorso drohen, d.h. für die Folgeabschnitte dürfen keine unüberwindbaren Hindernisse vorliegen. Ob für jeden Abschnitt eine Planrechtfertigung und eine selbstständige Funktion erforderlich sind, ist für Stromleitungen zumindest fraglich.[765] Für eine Abschnittsbildung über die Grenzen der Bundesländer hinweg gelten die Grundsätze nicht.[766] Im Falle einer zulässigen Abschnittsbildung hat die Planfeststellungsbehörde im Planfeststellungsbeschluss

---

759 BVerwG, Beschl. v. 15.9.1995 – 11 VR 16/95 = NVwZ 1996, 396, 398; OVG Schleswig, Urt. v. 1.7.2011 – 1 KS 20/10 = juris Rn 47 ff.; OVG Münster, Beschl. v. 19.3.2008 – 11 B 289/08.AK = NuR 2008, 431, 434; Beschl. v. 9.1.2004 – 11 B 116/02 = juris Rn 50; VGH München, Urt. v. 13.2.2003 – 2 A 97.40029 = NVwZ 2003, 1534, 1537; VGH Mannheim, Urt. v. 8.9.1999 – 10 S 1406/08 = NuR 2000, 455, 457 f.

760 Vgl. zur sog. „Null-Variante" etwa BVerwG, Urt. v. 9.6.2004 – 9 A 11/03 = juris Rn 86; Urt. v. 10.4.1997 – 4 C 5/96 = BVerwGE 104, 236, 249 f.; Beschl. v. 15.5.1996 – 11 VR 3/96 = NVwZ-RR 1996, 557; Urt. v. 28.2.1996 – 4 A 27/95 = NVwZ 1996, 1011, 1014.

761 Vgl. BVerwG, Beschl. v. 23.5.2012 – 7 VR 4.12 = juris Rn 24.

762 Vgl. zusammenfassend zuletzt BVerwG, Beschl. v. 23.5.2012 – 7 VR 4.12 = juris Rn 29.

763 BVerwG, Beschl. v. 26.6.1992 – 4 B 1.92 u.a. = NVwZ 1993, 572, 573.

764 BVerwG, Urt. v. 24.11.2010 – 9 A 13.09 = NVwZ 2011, 680 Rn 69, Beschl. v. 26.6.1992 – 4 B 1.92 u.a. = NVwZ 1993, 572, 573; Urt. v. 26.6.1981 – 4 C 5.78 = BVerwGE 62, 342, 351.

765 Offenlassend für Stromleitungen BVerwG, Beschl. v. 23.5.2012 – 7 VR 4.12 = juris Rn 30; Beschl. v. 22.7.2010 – 7 VR 4.10 = NVwZ 2010, 1486.

766 BVerwG, Beschl. v. 12.2.1993 – 4 ER 404.92 = Buchholz 310 § 52 VwGO Nr. 34.

nur über den beantragten Abschnitt zu entscheiden. Ein Entscheidungsvorbehalt i.S.v. § 74 Abs. 3 VwVfG hinsichtlich des zurückgestellten Vorhabenteils ist weder notwendig noch zulässig.[767]

2. Sonstige Genehmigungen

Ist die Durchführung eines Planfeststellungsverfahrens nicht erforderlich, bedarf die Errichtung der Stromleitung regelmäßig einer **naturschutzrechtlichen Eingriffsgenehmigung**. Sie ist zu erteilen, wenn die Anforderungen des § 15 BNatSchG vorliegen. Demnach sind vermeidbare Beeinträchtigungen von Natur und Landschaft zu unterlassen. Unvermeidbare Beeinträchtigungen sind durch Maßnahmen des Naturschutzes und der Landschaftspflege auszugleichen (Ausgleichsmaßnahmen) oder zu ersetzen (Ersatzmaßnahmen). Andernfalls bedarf es einer Abwägung zwischen den Anforderungen an Natur und Landschaft und den sonstigen Belangen. Das Leitungsvorhaben darf nur genehmigt werden, wenn die sonstigen Belange im Rang vorgehen.[768] 438

Eine **wasserrechtliche Gestattung** kann gem. § 12 WHG erteilt werden, wenn schädliche Gewässerveränderungen nicht zu erwarten sind, andere öffentlich-rechtliche Anforderungen gewahrt werden und Erwägungen des Bewirtschaftungsermessens nicht entgegenstehen.[769] 439

IV. Genehmigungsverfahren

1. Planfeststellungsverfahren

Das Planfeststellungsverfahren ist vom Ablauf her ähnlich formalisiert wie das immissionsschutzrechtliche Genehmigungsverfahren. Das Verfahren beginnt mit der Antragstellung durch den Vorhabenträger bei der zuständigen Anhörungsbehörde,[770] die nach landesrechtlichen Vorschriften bestimmt wird. Der Erarbeitung des Planfeststellungsantrags geht in aller Regel eine zumeist intensive **Vorbereitungsphase** voran, in der Fachleute Planentwürfe erstellen und mit dem Vorhabenträger verschiedene Lösungsvarianten diskutieren, um die Planung schrittweise im Hinblick auf nachteilig betroffene Belange zu optimieren. Sofern das Planvorhaben UVP-pflichtig ist, wird in einem Scoping-Termin[771] mit den Fachbehörden und den anerkannten Naturschutzvereinigungen das Planvorhaben vorgestellt, der Umfang der Planun- 440

767 BVerwG, Urt. v. 11.7.2001 – 11 C 14.00 = BVerwGE 114, 364, 367 f.
768 Vgl. zu den Einzelheiten Rn 104 ff.
769 Vgl. dazu Rn 234 f.
770 § 73 Abs. 1 S. 1 VwVfG.
771 § 5 S. 1 UVPG.

terlagen festgelegt und der Verfahrensablauf inklusive eines Zeitplans skizziert. Der Planfeststellungsantrag besteht regelmäßig aus:

- einem Erläuterungsbericht mit einer Darlegung des Anlasses des Vorhabens, des Zwecks und Umfangs sowie seiner wesentlichen Auswirkungen,
- einer Darstellung der geprüften Vorhabenalternativen,
- Übersichtsplänen zur räumlichen Konkretisierung des Leitungsvorhabens,
- Lageplänen der baulichen Anlagen,
- Bauwerksverzeichnissen mit individueller Angabe der Art des Bauwerks, seiner Lage sowie der Auswirkungen auf Rechte Dritter,
- dem Grunderwerbsverzeichnis als Grundlage für spätere Enteignungen mit Angaben zu den in Anspruch zu nehmenden Flächen und der Art der jeweiligen Inanspruchnahme (endgültig; während der Bauzeit; Eigentumsentzug oder dingliche Belastung),
- dem Grunderwerbsplan mit einer parzellenscharfen Darstellung der betroffenen Grundstücke,
- dem landschaftspflegerischen Begleitplan (LBP),
- Rodeplänen,
- häufig auch einer FFH-Vorprüfung bzw. -Verträglichkeitsuntersuchung,
- einem artenschutzrechtlichen Fachbeitrag und
- je nach Einzelfall weiteren Fachgutachten.
- Bei UVP-pflichtigen Vorhaben gehört zum Planfeststellungsantrag auch eine Umweltverträglichkeitsuntersuchung.[772] Deren Umfang und Mindestinhalt ergibt sich aus § 6 Abs. 3 und 4 UVPG.[773]

441 Nach Eingang des Antrags erfolgt eine **Vollständigkeitsprüfung** durch die Anhörungsbehörde. Sie hat dem Vorhabenträger unverzüglich mitzuteilen, ob die Antragsunterlagen vollständig sind und mit welcher Verfahrensdauer er zu rechnen hat.[774] Genügt der Antrag nicht den formalen Anforderungen, so fordert die Anhörungsbehörde den Antragsteller ggf. unter Fristsetzung auf, den Antrag zu vervollständigen. Entspricht der Antrag den Anforderungen, schließt sich das Anhörungsverfahren an.

442 Die **Behördenbeteiligung** entspricht im Wesentlichen dem förmlichen immissionsschutzrechtlichen Genehmigungsverfahren.[775] Nach § 73 Abs. 2 VwVfG holt die Anhörungsbehörde innerhalb eines Monats nach Eingang des Planfeststellungsantrags die Stellungnahmen der Behörden ein, deren Aufgabenbereich durch das Vorhaben berührt wird. Die Behördenbeteiligung soll der Planfeststellungsbehörde einen Überblick über die vom Planvorhaben berührten öffentlichen Belange verschaffen. Für die Abgabe der Stellungnahmen muss die Anhörungsbehörde den Trägern

772 Siehe § 6 Abs. 1 S. 1 UVPG.

773 Zu den Anforderungen näher BVerwG, Urt. v. 8.6.1995 – 4 C 4.94 = BVerwGE 98, 339, 358.

774 § 72 Abs. 1 VwVfG.

775 Vgl. hierzu Rn 130 ff.

öffentlicher Belange eine **Frist** setzen, die drei Monate nicht überschreiten darf.[776] Nicht fristgerecht abgegebene Stellungnahmen sollten gleichwohl berücksichtigt werden.[777] Gemeinden können sich sowohl als Träger öffentlicher Belange als auch als Betroffene beteiligen.[778]

Die **Öffentlichkeitsbeteiligung** beginnt mit der **Auslegung** der Planunterlagen 443
für die Dauer eines Monats in den Gemeinden, in denen sich das Leitungsvorhaben auswirken kann. Die Auslegung muss innerhalb von zwei Wochen nach Zugang der Planunterlagen erfolgen.[779] Die betroffenen Gemeinden haben die Auslegung vor ihrem Beginn ortsüblich bekannt zu machen.[780] Nicht ortsansässige Betroffene, deren Person und Aufenthalt bekannt sind, sind von der Anhörungsbehörde über die Auslegung zu informieren.[781] Auszulegen sind die vom Vorhabenträger eingereichten und festzustellenden Planunterlagen; ferner kann es erforderlich sein, auch Sachverständigengutachten mit auszulegen, aus denen sich die Auswirkungen auf Belange potenziell Betroffener ergeben (insbesondere Gesundheit, Eigentum). Die Unterlagen sind für jedermann zur Einsicht auszulegen.[782] Ergänzend ist es üblich und sinnvoll, die Unterlagen auf der Internetseite der Anhörungsbehörde einzustellen.

Für die Erhebung von **Einwendungen**, die innerhalb der Einwendungsfrist von 444
zwei Wochen nach Ablauf der Auslegungsfrist zu erfolgen hat,[783] gelten die Ausführungen zum immissionsschutzrechtlichen Genehmigungsverfahren entsprechend.[784] Nach § 43a Nr. 7 S. 1 EnWG sind mit Ablauf der Einwendungsfrist alle Einwendungen ausgeschlossen (materielle Präklusion).[785] Dies bedeutet, dass die Einwendung im Planfeststellungsverfahren nicht mehr berücksichtigt werden muss und der Betroffene insoweit auch keine gerichtlichen Rechtsbehelfe gegen den Planfeststellungsbeschluss mehr erheben kann. Voraussetzung für den Eintritt der Präklusionswirkung ist eine ordnungsgemäße Bekanntmachung und Durchführung der Planauslegung.[786]

Den nach § 3 UmwRG **anerkannten Umweltvereinigungen** steht ein Beteili- 445
gungsrecht nach § 63 Abs. 1 Nr. 6 BNatSchG bzw. nach den Landesnaturgesetzen der

776 § 73 Abs. 3a S. 1 VwVfG.
777 Siehe § 43a Nr. 7 S. 4 EnWG.
778 Vgl. hierzu auch Rn 137.
779 § 43a Nr. 1 EnWG.
780 § 73 Abs. 5 S. 1 VwVfG.
781 § 43a Nr. 4 EnWG.
782 § 73 Abs. 3 S. 1 VwVfG.
783 § 73 Abs. 4 VwVfG.
784 Vgl. hierzu Rn 134 f.
785 BVerwG, Urt. v. 9.11.2006 – 4 A 2001.06 = BVerwGE 127, 95 Rn 124; Urt. v. 27.10.1998 – 11 A 1.97 = BVerwGE 107, 313, 321.
786 Vgl. etwa BVerwG, Urt. v. 26.5.2011 – 7 A 10.10 = juris Rn 34; Urt. v. 1.9.1999 – 1 A 2.98 = NVwZ 2000, 68, 69; Beschl. v. 12.2.1996 – 4 A 38.95 = NVwZ 1997, 171, 172 f.; Urt. v. 22.3.1985 – 4 C 63.80 = NJW 1985, 3034.

Länder,[787] im Übrigen nach § 43a Nr. 3 EnWG im Rahmen der Öffentlichkeitsbeteiligung zu. Im Falle einer verfristeten oder inhaltlich nicht hinreichend substanziierten Stellungnahme greifen die Präklusionsvorschriften des § 43a Nr. 7 S. 2 EnWG ein.

446 Gemäß § 43a Nr. 5 S. 1 EnWG hat die Anhörungsbehörde nach Ablauf der Einwendungsfrist die rechtzeitig erhobenen Einwendungen gegen das Planvorhaben und die Stellungnahmen der Behörden zu dem Planvorhaben mit dem Vorhabenträger, den Behörden, den Betroffenen sowie den Personen, die Einwendungen erhoben haben, **mündlich zu erörtern**. Zu Funktion, Vorbereitung und Ablauf des Erörterungstermins gelten die Ausführungen zum immissionsschutzrechtlichen Genehmigungsverfahren entsprechend.[788] Anders als im Immissionsschutzrecht steht die Durchführung des Termins aber nicht im Ermessen der Anhörungsbehörde. Er ist nur entbehrlich, wenn keine rechtzeitigen Einwendungen erhoben bzw. rechtzeitig erhobene Einwendungen zurückgenommen worden sind, die erhobenen Einwendungen nur auf besonderen privatrechtlichen Titeln beruhen oder die Einwender auf den Erörterungstermin verzichtet haben.[789]

447 Für Höchstspannungsleitungen, die in den Anwendungsbereich des EnLAG fallen, sieht § 43b S. 1 Nr. 1 Buchst. b EnWG eine **vereinfachte Öffentlichkeitsbeteiligung** vor. Die Öffentlichkeit und die anerkannten Umweltvereinigungen erhalten Gelegenheit zur Äußerung einschließlich der Abgabe von Einwendungen und Stellungnahmen innerhalb eines Monats nach der Einreichung der vollständigen Planunterlagen für eine Frist von sechs Wochen. Nach dieser Frist eingehende Äußerungen, Einwendungen und Stellungnahmen sind ausgeschlossen. Ein Erörterungstermin findet nicht statt.

448 Werden die Planunterlagen nach der Behörden- oder Öffentlichkeitsbeteiligung nochmals seitens des Vorhabenträgers geändert, muss ggf. eine **erneute Behörden- und Öffentlichkeitsbeteiligung** durchgeführt werden. Nach § 73 Abs. 8 S. 1 VwVfG ist der geänderte Plan der Behörde oder Betroffenen mitzuteilen und ihnen Gelegenheit zur Stellungnahme und Einwendungen innerhalb von zwei Wochen zu geben, sofern der geänderte Plan den Aufgabenbereich der Behörde oder Belange Dritter erstmalig oder stärker als bisher berührt. Wirkt sich die Änderung auf das Gebiet einer anderen Gemeinde aus, ist der geänderte Plan in dieser Gemeinde auszulegen; § 73 Abs. 2 bis 6 VwVfG gelten entsprechend.[790] Für nachträglich erstattete Gutachten gilt Entsprechendes.

449 Bei UVP-pflichtigen Vorhaben führt die Planfeststellungsbehörde als unselbstständigen Bestandteil des Planfeststellungsverfahrens die **Umweltverträglichkeitsprüfung** durch, die auf der Grundlage der UVU/UVS und den Stellungnahmen der

787 Siehe § 63 Abs. 2 Nr. 6 BNatSchG.
788 Vgl. hierzu Rn 138.
789 § 43a Nr. 5 S. 2 EnWG.
790 § 73 Abs. 8 S. 2 VwVfG.

Träger öffentlicher Belange und der Öffentlichkeit erstellt wird. Sie setzt sich aus einer (empirischen) zusammenfassenden Darstellung der vom Leitungsvorhaben ausgehenden Umweltauswirkungen und einer Bewertung dieser Umweltauswirkungen zusammen.[791]

Der **Planfeststellungsbeschluss** für das Leitungsvorhaben ergeht schriftlich:[792] 450
Er ist mit einer Rechtsbehelfsbelehrung zu versehen[793] und gem. § 74 Abs. 4 VwVfG **bekannt zu machen**.

2. Sonstige Genehmigungsverfahren

Für die für die Verlegung von Erdkabeln durchzuführenden sonstigen Genehmi- 451
gungsverfahren sind die jeweiligen Verfahrensanforderungen zu beachten. Die Genehmigung des naturschutzrechtlichen Eingriffs ist schriftlich zu beantragen.[794] Eine Behörden- und Öffentlichkeitsbeteiligung findet nicht statt. Die Genehmigung ist schriftlich zu erlassen. Insbesondere hat sie die Ausgleichs- und Kompensationsmaßnahmen zu enthalten.[795] Für das wasserrechtliche Gestattungsverfahren kann auf die Ausführungen zu Wasserkraftanlagen verwiesen werden.[796]

3. Raumordnungsverfahren

Für die Errichtung von Hochspannungsfreileitungen mit einer Nennspannung von 452
110 kV oder mehr soll gem. § 15 Abs. 1 S. 2 ROG i.V.m. § 1 S. 2 Nr. 14 ROV ein Raumordnungsverfahren durchgeführt werden,[797] in dem die Vereinbarkeit des Leitungsvorhabens mit den Zielen und Grundsätzen der Raumordnung geprüft wird.[798] Etwas anderes gilt für Höchstspannungsleitungen, die in den Anwendungsbereich des NABEG fallen (§ 28 NABEG).

791 Vgl. §§ 11, 12, 1. Hs. UVPG.
792 § 74 Abs. 1 S. 2 i.V.m. § 69 Abs. 2 S. 1 VwVfG.
793 Vgl. § 74 Abs. 4 S. 2 VwVfG.
794 § 17 Abs. 3 S. 2 BNatSchG.
795 § 17 Abs. 3 S. 4 BNatSchG.
796 Vgl. Rn 238.
797 Die Raumbedeutsamkeit und überörtliche Bedeutung ist bei Energieleitungen in aller Regel gegeben.
798 Zur Bedeutung und Durchführung vgl. Rn 142 ff.

Kapitel 3
Die nach EEG und KWKG privilegierten Anlagen

A. Welche Anlagen fallen unter das EEG?

I. „Erneuerbare Energien"

1. Allgemeines

Zentraler Begriff des EEG 2012 – wie der aller Vorgängergesetze – ist der Begriff der „Erneuerbaren Energien". Zweck des Gesetzes ist es nach § 1 Abs. 1 EEG 2012 u.a. die **Weiterentwicklung von Technologien zur Erzeugung von Strom aus erneuerbaren Energien** zu fördern. Dazu soll nach § 1 Abs. 2 EEG 2012 der Anteil erneuerbarer Energie an der Stromversorgung spätestens bis zum Jahr 2020 auf mindestens 35 % erhöht werden (auf 50 % bis 2030, 65 % bis 2040 und 80 % bis 2050). 1

Der Begriff der erneuerbaren Energien wird in § 3 Nr. 3 EEG 2012 **weit definiert.** Die Begriffsdefinition gilt grundsätzlich für den gesamten Anwendungsbereich des EEG. Im Rahmen der Vergütungsvorschriften wird der Begriff der erneuerbaren Energien teilweise verengt, d.h. die erneuerbaren Energien i.S.d. § 3 Nr. 3 EEG 2012 müssen zusätzliche Anforderungen erfüllen, um einen Anspruch auf Vergütung des eingespeisten Stroms nach den §§ 23 ff. EEG 2012 zu haben. Diese Anforderungen lassen aber die übrigen Regelungen (insbesondere Anschluss, Abnahme, Übertragung, Verteilung) unberührt. Hier gilt der weite Begriff des § 3 Nr. 3 EEG 2012. 2

Nach § 3 Nr. 3 EEG 2012 fallen unter den Begriff der erneuerbaren Energien 3
- **Wasserkraft** einschließlich der Wellen-, Gezeiten-, Salzgradienten- und Strömungsenergie,
- **Windenergie,**
- **solare Strahlungsenergie,**
- **Geothermie** und
- Energie aus **Biomasse** einschließlich Biogas, Biomethan, Deponiegas und Klärgas sowie aus dem biologisch abbaubaren Anteil von Abfällen aus Haushalten und Industrie.

Gegenüber der bisherigen Definition im EEG 2009 blieb die Definition im Wesentlichen unverändert. Die Aufzählung wurde lediglich durch den Begriff „Biomethan" ergänzt und erfolgte zur „Klarstellung".[1]

---

1 Vgl. dazu unten Rn 27.

2. Wasserkraft

4 Unter Wasserkraft wird die **kinetische (Bewegungs-) und potenzielle (Höhen- bzw. Lage-)Energie** einer Wasserströmung bezeichnet.[2] Zur Gewinnung von Energie aus Wasserkraft wird die kinetische und potenzielle Energie der Wasserströmung über ein Turbinenrad in mechanische Rotationsenergie umgewandelt und zum Antrieb von Generatoren genutzt.[3] Nach der Gesetzesbegründung wird unter Wasserkraft die originäre, regenerative Wasserkraftnutzung in – auch tideabhängigen – Wasserkraftwerken verstanden, einschließlich der Nutzung der potenziellen oder kinetischen Energie von Trink- und Abwasser.

5 Der Gesetzestext stellt klar, dass insbesondere auch die Wellen-, Gezeiten-, Salzgradient- und Strömungsenergie unter den Begriff der Wasserkraft fallen.[4] Einen Überblick über die Funktionsweise der einzelnen Kraftwerke gibt Kap. 1 Rn 127 ff.

6 Problematisch hinsichtlich der Einstufung als „Erneuerbare Energie" i.S.d. § 3 Nr. 3 EEG sind im Bereich der Wasserkraft die **Pumpspeicherkraftwerke.** Bei Pumpspeicherkraftwerken wird Wasser durch Pumpen in ein oberhalb gelegenes Staubecken gepumpt. Die beim Pumpvorgang eingesetzte elektrische Energie wird in potenzielle (Lage-)Energie umgewandelt und kann so gespeichert werden. Pumpspeicherkraftwerke sind zukünftig insbesondere im Hinblick auf die Speicherung von Strom aus fluktuierenden Energiequellen wie Sonne und Wind von Bedeutung. Die Lageenergie des Wassers kann dann bei Bedarf wieder in elektrische Energie umgewandelt werden, indem das Wasser durch Turbinen wieder in das untere Becken geleitet wird. Bei der Stromgewinnung wird dann die Lageenergie des Wassers ausgenutzt und damit – jedenfalls dem Wortlaut nach – Strom aus Wasserkraft gewonnen.

7 Problematisch hieran ist, dass die **Lageenergie** des Wassers nicht durch natürlichen Zufluss entstanden ist, sondern durch einen Pumpvorgang erzeugt wurde, für den elektrische Energie eingesetzt wurde. Würde man Energie aus Pumpspeicherkraftwerken generell als Wasserkraft und damit als erneuerbare Energie werten, könnte jede (konventionelle) Stromerzeugung über den Zwischenschritt der Speicherung in einem Pumpspeicherkraftwerk zur erneuerbaren Energie i.S.d. § 3 Nr. 3 EEG **„veredelt"** werden. Dies widerspräche dem Zweck des EEG. Die gleiche Frage taucht auf, wenn Strom aus Trinkwasserturbinen, die in Fallleitungen eingesetzt werden, in denen Wasser aus hoch gelegenen Behältern zu den Verbrauchern transportiert werden. Auch in diesem Fall wird die Lageenergie des Wassers zur Stromgewinnung ausgenutzt. Zu dieser Frage hat sich die Clearingstelle EEG in einer Empfehlung vom 29.9.2011 geäußert.

---

2 Danner/Theobald/*Oschmann*, § 3 EEG Rn 58.
3 Danner/Theobald/*Oschmann*, § 3 EEG Rn 58.
4 BT-Drucks. 16/8148 S. 39.

Praxistipp !

Die Clearingstelle EEG ist eine juristische Person des Privatrechts, die 2007 aufgrund § 19 EEG 2004 (jetzt § 57 EEG 2012) vom BMU eingerichtet wurde. Sie wurde als neutrale Stelle mit besonderem Sachverstand geschaffen, um Streitigkeiten und Anwendungsfragen des EEG zu klären. Sie soll dazu beitragen, Streitigkeiten zu vermeiden bzw. schnell, effizient und kostengünstig zu lösen. Die Clearingstelle kann:

- zur Klärung von Anwendungsfragen im Hinblick auf einen konkreten Anwendungsfall auf einen gemeinsamen Antrag der Parteien Verfahren zur Klärung der Anwendungsfragen zwischen den Parteien durchführen (sog. Einigungsverfahren),
- Stellungnahmen für die Parteien zu Anwendungsfragen abgeben (sog. Votumsverfahren) oder
- Stellungnahmen für Gerichte (auf deren Ersuchen) abgeben, bei denen diese Anwendungsfragen anhängig sind (§ 57 Abs. 3 Nr. 1 bis 3 EEG).
- Daneben kann die Clearingstelle auch abstrakte Anwendungsfragen klären (sog. Empfehlungs- und Hinweisverfahren).

Die Einleitung des Verfahrens kann erfolgen, wenn mindestens ein Anlagenbetreiber, Netzbetreiber oder betroffener Verband dies beantragt oder ein öffentliches Interesse an der Klärung besteht (§ 57 Abs. 4 EEG). Einzelheiten werden in der Verfahrensordnung[5] der Clearingstelle geregelt (§ 57 Abs. 5 EEG).

Allerdings erlangen Entscheidungen der Clearingstelle keine Rechtskraft und gerichtliche Entscheidungen gehen solchen der Clearingstelle vor. Dies wird in § 32 der Verfahrensordnung[6] der Clearingstelle auch ausdrücklich klargestellt. Die Clearingstelle erfährt jedoch hohe Akzeptanz bei den Beteiligten. Die von ihr veröffentlichten Entscheidungen werden in der Praxis von den beteiligten Akteuren als wichtige Leitlinie herangezogen.[7] Die Voten, Empfehlungen und Hinweisen der Clearingstelle haben aufgrund des anerkannten besonderen Sachverstands der Clearingstelle daher in der Praxis große Relevanz.

In ihrer Empfehlung zur Auslegung der (insoweit gleichlautenden) Vorschrift in § 3 8
Abs. 1 EEG 2004 kommt die Clearingstelle zu dem Ergebnis, dass Wasserkraft die *„kinetische bzw. potentielle Energie von Wasser ist, die auf natürlichen Prozessen beruht.“* Sofern Wasser kinetische bzw. potenzielle Energie ganz oder teilweise durch **Pumpvorgänge** erlangt, so handelt es sich nach der Empfehlung *„nicht, auch nicht anteilig, um Wasserkraft“*.[8] Die potenzielle Energie des Wassers beruht dann gerade nicht auf natürlichen Prozessen. Bei Strom aus Pumpspeicherkraftwerken handelt es sich also auch dann nicht um erneuerbare Energie i.S.d. § 3 Nr. 3 EEG, wenn der für den Pumpvorgang eingesetzte Strom aus erneuerbaren Energien stammt.[9]

---

5 Die Verfahrensordnung der Clearingstelle ist abrufbar unter: http://www.clearingstelle-eeg.de.

6 Abrufbar unter: http://www.clearingstelle-eeg.de/verfahrensordnung.

7 BMU, Entwurf zum Erfahrungsbericht EEG 2011, abrufbar unter: http://www.clearingstelle-eeg.de/eeg2009/erfahrungsbericht.

8 Empfehlung 2008/18 der Clearingstelle EEG vom 29.9.2011, abrufbar unter: http://www.clearingstelle-eeg.de/empfv/2008/18.

9 Gabler/Metzenthin/*Naujoks*, § 3 EEG Rn 15; a.A. Frenz/Müggenborg/*Ekardt*, § 3 Rn 21; Altrock/Oschmann/Theobald/*Oschmann*, § 3 Rn 52.

9 Strom aus Pumpspeicherkraftwerken wird daher auch grundsätzlich nicht vergütet. Etwas anderes gilt nur dann, wenn der Strom (vor der Einspeisung in das Netz) **zwischengespeichert** worden ist. Das Pumpspeicherkraftwerk gilt dann nach der Fiktion des § 3 Nr. 1 S. 2 EEG auch als Anlage zur Erzeugung von Strom aus erneuerbaren Energien, wenn die zwischengespeicherte Energie aus erneuerbarer Energie stammt.[10] Der Vergütung steht zwar zunächst das Ausschließlichkeitsprinzip[11] des § 16 Abs. 1 EEG entgegen, da der Strom aufgrund des notwendigen Pumpvorgangs (Einsatz elektrischer Energie) nicht ausschließlich aus erneuerbaren Energien stammt.[12] Nach § 16 Abs. 2 EEG 2012 besteht jedoch eine Ausnahme für zwischengespeicherten Strom.[13] Voraussetzung hierfür ist aber, dass der Strom **vor der Einspeisung** in das Netz zwischengespeichert worden ist. Der Strom muss daher von der Erzeugungsanlage direkt zum Speicher geleitet und nicht durch ein Netz i.S.d. § 3 Nr. 7 EEG durchgeleitet werden.[14] Da der Strom vorher noch nicht in ein Netz i.S.d. § 3 Nr. 7 EEG eingespeist wurde, ist in diesem Fall auch eine Doppelvergütung ausgeschlossen.[15]

3. Windenergie

10 Als Windenergie wird die **horizontale Bewegungsenergie** der Luftmassen der Erde bezeichnet.[16] Die Windenergie wird zum Antrieb eines Rotors genutzt, der einen Generator zur Erzeugung von Strom antreibt.[17] Bei Windenergieanlagen wird zwischen Windenergieanlagen an Land (**onshore**) und Windenergieanlagen auf See (**offshore**) unterschieden. Für den Anwendungsbereich des EEG definiert § 3 Nr. 9 EEG 2012 Windenergieanlagen erst ab einer Entfernung von drei Seemeilen von der Küstenlinie als Offshore-Anlagen.[18]

11 Eine **Windenergieanlage** besteht im Wesentlichen aus einem Fundament, einem Turm, einer Gondel (mit Generator und ggf. Getriebe) sowie Rotorblätter, Rotornabe, Rotorbremse und Netzanschluss.[19] Für die Stromerzeugung werden in aller Regel Windkraftanlagen mit 3-Blatt-Rotoren und horizontaler Drehachse verwendet. Der Windrotor treibt einen elektrischen Generator an, der die mechanische Energie in elektrische Energie umwandelt.

10 Vgl. dazu unten Rn 54.
11 Vgl. dazu unter Kap. 5 Rn 12 ff.
12 BT-Drucks. 17/6071, S. 69; *Salje*, EEG, § 3 Rn 9.
13 Vgl. dazu *Dietrich/Ahnsehl*, et 2012, Heft 1/2, 135 ff.
14 Vgl. BT-Drucks. 17/6971, S. 65; Zur Sinnhaftigkeit dieser Regelung: *Dietrich/Ahnsehl*, et 2012, Heft 1/2, 135, 136.
15 Vgl. zur Vergütung von zwischengespeicherten Strom unter Kap. 5 Rn 37 ff.
16 Altrock/Oschmann/Theobald/*Oschmann*, § 3 Rn 55.
17 Vgl. dazu Kap. 1 Rn 115.
18 Vgl. dazu Kap. 1 Rn 114.
19 Vgl. *Quaschning*, S. 253.

Moderne Windenergieanlagen können heute eine installierte Leistung von über 5 MW übersteigen.[20] Der weit überwiegende Teil von Windenergieanlagen liegt in Deutschland derzeit im Bereich von 2,0 MW bis 2,9 MW[21] (2010: > 80 %).[22] Die installierte Leistung entspricht der Leistung, die eine Anlage bei Volllastbetrieb erreichen kann (Nennleistung). 12

4. Solare Strahlungsenergie

Der Begriff der solaren Strahlungsenergie umfasst nach der Gesetzesbegründung 13
insbesondere **Photovoltaikanlagen** und **Anlagen zur solarthermischen Stromerzeugung.**[23] Während Photovoltaikanlagen Strahlungsenergie direkt in Strom umwandeln, wird bei solarthermischen Anlagen die Strahlungsenergie zunächst in Wärme umgewandelt und hieraus (mittels Generatoren) Strom erzeugt.

Bei **solarthermischen Kraftwerken** (Parabolrinnen-Kraftwerke, Solarturm- 14
kraftwerke) wird Strahlungsenergie mittels Spiegeln auf einen Punkt konzentriert (und dadurch auf ein vielfaches verstärkt) und damit eine Wärmeflüssigkeit (z.B. Thermoöl) erhitzt.[24] Mittels des entstehenden Dampfes wird ein Generator angetrieben. Solche Kraftwerke wurden bisher nur in Gegenden mit hoher direkter Sonneneinstrahlung realisiert (z.B. in Spanien). Auch das Desertec-Projekt in Nordafrika plant den Einsatz solarthermischer Kraftwerke. Deutschland ist mangels ausreichender direkter Sonneneinstrahlung als Standort für solarthermische Kraftwerke nicht geeignet.

Von großer Bedeutung in Deutschland ist dagegen die Erzeugung von Strom aus 15
solarer Strahlungsenergie mittels **Photovoltaikanlagen.** Bei Photovoltaikanlagen gewinnen Solarzellen aus dem Sonnenlicht direkt elektrische Energie. Die meisten Anlagen werden in, auf oder an Gebäuden installiert. Der durch die Solarzellen erzeugte Strom wird – anders als die durch Solarkollektoren erzeugte Wärmeenergie – regelmäßig nicht unmittelbar für die Gebäudeversorgung verwendet, sondern ins öffentliche Netz eingespeist. **Inselsysteme**, bei denen der erzeugte Strom selbst verbraucht wird, sind nicht zuletzt wegen der bisherigen fehlenden Förderung unüblich. Durch das EEG 2012 wurde in der inzwischen wieder geänderten Bestimmung des § 33 Abs. 2 EEG ein Vergütungsanspruch auch für selbst genutzten (nicht ins Netz eingespeisten) Strom aufgenommen (sog. Eigenverbrauchsbonus).[25] Dies soll einen

20 *Quaschning*, S. 252 f.

21 2010: < 1,5 MW: 12,9 %; 1,5–1,8 MW: 1,2 %; 3,0–5,0 MW: 1,7 %; ≥ 5,0 MW: 2,4 %.

22 BMU, Entwicklung der erneuerbaren Energien in Deutschland im Jahr 2010 – Grafiken und Tabellen, S. 18.

23 BT-Drucks. 16/8148, S. 39.

24 Vgl. dazu *Quaschning*, S. 148 ff.

25 Vgl. dazu unter Kap. 5 Rn 189 ff.

Anreiz setzen, Strom aus erneuerbaren Energien selbst dezentral zu verbrauchen,[26] um die Netze zu entlasten. Reine Inselanlagen, die weder unmittelbar noch mittelbar an ein Netz angeschlossen sind, werden hiervon jedoch nicht erfasst.[27] Dieser Eigenverbrauchsbonus wurde durch die Einführung des sog. Marktintegrationsmodells durch das Gesetz zur Änderung des Rechtsrahmens für Strom aus solarer Strahlungsenergie und zur weiteren Änderungen im Recht der erneuerbaren Energien[28] wieder gestrichen.

16 Photovoltaikanlagen werden auch gebäudeunabhängig als sog. **Freiflächenanlagen** errichtet. Diese sind sehr flächenintensiv[29] und können dadurch Konflikte mit anderen Nutzungen hervorrufen (Landwirtschaft, Wohnen, Industrie- und Gewerbe, Infrastruktur, Erholung). Für die Errichtung von Freiflächenanlagen sind daher besonders Flächen geeignet, die anderweitig nicht oder nur eingeschränkt genutzt werden können (stillgelegte Deponieflächen; versiegelte Industriebrachen etc.). Entsprechend werden durch das EEG 2012 neu zu errichtende Freiflächenanlagen nur auf bereits vorbelasteten Flächen gefördert.[30] Durch das Gesetz zur Änderung des Rechtsrahmens für Strom aus solarer Strahlungsenergie und zur weiteren Änderung im Recht der erneuerbaren Energien[31] wurde die Größe vergütungsfähiger Freiflächenanlagen auf 10 MW begrenzt. Ziel dieser Größenbegrenzung ist es, den Flächenverbrauch durch Solarenergie einzugrenzen.[32]

5. Geothermie

17 Der Begriff der Geothermie bezeichnet zum einen die Wärme aus dem Inneren der Erde selbst. Zum anderen wird mit Geothermie auch die Energiegewinnung aus der Erdwärme bezeichnet, auf die im Kontext des § 3 Nr. 3 EEG 2012 Bezug genommen wird. Aus der Erdwärme lässt sich sowohl **(Nutz-)Wärme** als auch **elektrische Energie** gewinnen.[33] Im Rahmen des Anwendungsbereichs des EEG kommt es jedoch nur auf Letzteres an. Ein besonderer Vorteil der Nutzung der Geothermie zur Energiegewinnung liegt in deren stetiger Nutzungsmöglichkeit. Die Geothermie ist nicht von

---

26 BT-Drucks. 16/8148, S. 61.

27 So jedenfalls die Auffassung der Clearingstelle EEG in ihrer Empfehlung 2011/2/1 vom 29.11.2011, abrufbar unter: http://www.clearingstelle-eeg.de/files/2011-2-1_Empfehlung.pdf.

28 BGBl. I 2012 S. 1754.

29 Der nach eigenen Angaben derzeit größte Solarpark Deutschlands, der Solarpark Lieberose in Brandenburg, beansprucht eine Fläche von 162 ha für einen prognostizierten Ertrag von ca. 52 GWh/a (nach eigenen Angaben auf der Homepage des Solarparks http://www.solarpark-lieberose.de/zahlen/default.html).

30 Vgl. dazu Kap. 1 Rn 112 f.

31 BGBl. I 2012 S. 1954.

32 BT-Drucks. 17/8877, S. 19.

33 Vgl. dazu oben Kap. 1 Rn 132 ff.

äußeren Bedingungen (Wind, Sonneneinstrahlung) abhängig und steht daher zur Deckung der Grundlast zur Verfügung.[34] Der Beitrag der Geothermie zur Stromgewinnung ist derzeit noch sehr gering.[35] Die meisten Geothermieprojekte dienen bisher der Gewinnung von Nutzwärme.

Bei der Energiegewinnung aus Geothermie wird zwischen der Nutzung der **Tiefenwärme** und der **oberflächennahen Wärme** unterschieden. Von oberflächennaher Wärme spricht man bis zu einer Tiefe von 400 m. Oberflächennahe Erdwärme ist aufgrund zu niedriger Temperaturen nur zur Wärmegewinnung geeignet. Geeignete Temperaturbedingungen für die Stromerzeugung finden sich in Deutschland meist erst in einer Tiefe ab ca. 3.000 m. 18

Die geothermische Stromerzeugung kann durch hydrothermale und petrothermale Systeme erfolgen. Diese Unterscheidung findet sich auch in der **Vergütungsregelung** des § 28 EEG wieder. Während die Vergütung für Strom aus Geothermie grundsätzlich 25 ct/kWh beträgt, erhöht sich diese für Strom, der auch durch Nutzung petrothermaler Techniken erzeugt wird, um 5 ct/kWh. 19

Bei einem **hydrothermalen System** werden in tiefen Schichten befindliche Heißwasserreservoire (Aquifere) genutzt. Diese werden angebohrt und das Wasser bzw. der Wasserdampf durch Turbinengeneratoren zur Stromerzeugung genutzt. Hydrothermale Systeme sind auf Thermalwasser-Vorkommen angewiesen. Diese finden sich in Deutschland insbesondere im Norddeutschen Becken, im Oberrheingraben sowie im süddeutschen Molassebecken. 20

Unabhängig vom Vorkommen von Thermalwasser sind **petrothermale Systeme** zur Energiegewinnung nicht auf natürliche Wasservorkommen angewiesen. Durch eine Bohrung wird (ggf. mit Chemikalien angereichertes) Wasser in die heißen Gesteinsschichten injiziert, das sich aufgrund der hohen Temperaturen ausdehnt und Hohlräume freisprengt.[36] In diese Hohlräume wird dann von der Erdoberfläche kaltes Wasser injiziert und nach dessen Erhitzung durch (mindestens) eine weitere Bohrung wieder an die Oberfläche befördert (Hot-Dry-Rock-Verfahren). Das heiße Gestein wird dabei als Wärmetauscher genutzt. Dieses Verfahren findet sich in Deutschland erst in der Erprobung. 21

6. Energie aus Biomasse

Unter Biomasse wird die gesamte Masse aller Lebewesen (Tiere, Pflanzen) verstanden. Eine **Definition** des Begriffs der Biomasse findet sich im EEG nicht. § 3 Nr. 1 EEG 2012 stellt lediglich klar, dass Energie aus Biomasse Biogas, Biomethan, Deponiegas und Klärgas sowie Energie aus dem biologisch abbaubaren Anteil von Abfällen aus 22

34 *Kumpf*, REE 2011, 135, 135.
35 Vgl. dazu die Gesetzesbegründung, BT-Drucks. 17/6071, S. 74.
36 *Quaschning*, Erneuerbare Energien, S. 313.

Haushalten und Industrie einschließt. In § 3 Nr. 2b und 2c EEG 2012 werden zudem die Begriffe „Biogas" und „Biomethan" definiert.

23 Eine Definition der Biomasse enthält zwar die **Biomasseverordnung.**[37] Die dortige (einschränkende) Begriffsbestimmung ist jedoch nur für die Einspeisevergütung nach §§ 27 ff. EEG maßgeblich.[38] Für die übrigen Vorschriften des EEG gilt grundsätzlich der weite Begriff der Biomasse,[39] also insbesondere für die Vorschriften über den Netzzugang[40] sowie die Verpflichtung zur vorrangigen Abnahme, Übertragung und Verteilung des Stroms.[41]

24 Nach der Gesetzesbegründung umfasst Biomasse i.S.d. § 3 Nr. 3 EEG biogene Energieträger „in **festem**, **flüssigem** und **gasförmigem Aggregatzustand**". Es handelt sich dabei allgemein um biologisch abbaubare Erzeugnisse, Rückstände und Abfälle pflanzlichen und tierischen Ursprungs aus der Landwirtschaft, der Forstwirtschaft und damit verbundener Industriezweige. Nicht als Biomasse anzusehen sind demgegenüber im Hinblick auf den in § 1 EEG normierten Zweck und entsprechend dem allgemeinen Sprachgebrauch die fossilen Brennstoffe wie Öl, Kohle, Gas und Torf, da sie sich nicht in überschaubaren Zeiträumen regenerieren.[42]

25 Bioenergieträger in **festem Aggregatzustand** (feste Biomasse) sind vor allem Holz und Holzprodukte, feste Bioabfälle sowie Stroh und Energiepflanzen.[43] Die Bioenergieträger werden dabei verbrannt und der entstehende Dampf zur Stromerzeugung genutzt.

26 Biogene Energieträger in **flüssigem Aggregatzustand** (Pflanzenöl, Biodiesel, Biobenzin) können neben dem Einsatz als Kraftstoffe auch als Brennstoffe zur Erzeugung von Strom und/oder Wärme in (Heiz-)Kraftwerken verwendet werden. Flüssige Biomasse ist nach § 27 Abs. 5 Nr. 3, 2. Hs. EEG Biomasse, die zum Zeitpunkt des Eintritts in den Brenn- oder Feuerraum flüssig ist. Am einfachsten ist dabei die Herstellung von Pflanzenöl, das aus ölreichen Pflanzen (Rapsöl, Sojaöl, Palmöl) in Ölmühlen durch Pressung oder Extraktion gewonnen wird.[44] Die Stromgewinnung aus flüssiger Biomasse hat durch das EEG 2012 jedoch erheblich an Bedeutung verloren. Denn die Vergütung für Strom aus flüssiger Biomasse für Neuanlagen (Inbetriebnahme ab dem

---

37 Verordnung über die Erzeugung von Strom aus Biomasse (Biomasseverordnung – BiomasseV) vom 21.6.2001 (BGBl. I S. 1234), die durch Artikel 1 der Verordnung vom 9.8.2005 (BGBl. I S. 2419) geändert worden ist.

38 Vgl. dazu unten V. Auch das EEWärmeG verweist in § 2 Abs. 1 Nr. 4 EEWärmeG im Wesentlichen auf den Begriff der Biomasse i.S.d. Biomasseverordnung.

39 Eine Ausnahme hiervon gilt teilweise für die Direktvermarktung nach § 33b Nr. 1 und 2 (vgl. unten unter V. Rn 77 ff.).

40 § 5 EEG 2012.

41 § 8 EEG 2012.

42 BT-Drucks. 16/8148, S. 39.

43 *Quaschning*, S. 329.

44 *Quaschning*, S. 333.

1.1.2012) wurde durch das EEG 2012 grundsätzlich gestrichen. Strom aus flüssiger Biomasse wird bei Neuanlagen nur noch vergütet, soweit diese zur Anfahr-, Zünd-, und Stützfeuerung notwendig ist.[45]

Die größte Bedeutung für die Stromerzeugung aus Biomasse kommt der Stromer- 27
zeugung aus **Biogas** zu. Biogas ist nach § 3 Nr. 2b EEG 2012 Gas, das durch anaerobe Vergärung von Biomasse gewonnen wird. Biogas besteht u.a. aus dem (energiereichen) Methan, Kohlenstoffdioxid, Stickstoff und Wasserdampf. Durch eine Aufbereitung, bei der das Methan u.a. von Kohlenstoffdioxid und Wasser getrennt werden muss, kann daraus Biomethan hergestellt werden, das ins Erdgasnetz eingespeist werden kann. Dementsprechend definiert § 3 Nr. 2c EEG 2012 Biomethan als Biogas oder sonstige gasförmige Biomasse, das bzw. die aufbereitet und in das Erdgasnetz eingespeist worden ist. Der Begriff **„Biomethan"** wurde durch die EEG-Novelle 2012 neu in die Aufzählung in § 3 Nr. 3 EEG 2012 aufgenommen. Nach der Gesetzesbegründung wird mit der Änderung klargestellt, dass auch Biomethan unabhängig von seiner physischen Beschaffenheit nach der Einspeisung in das Erdgasnetz und der dort auftretenden Vermischung mit anderen Gasen als Biomasse im Sinne des EEG anzusehen ist.[46] Die Einspeisung hat den Vorteil, dass das Biomethan flexibel an Verbrauchsstellen aus dem Erdgasnetz entnommen und verstromt werden kann.

Auch **Deponie- und Klärgas** fallen unter den Begriff der Biomasse. Sie werden 28
in § 3 Nr. 3 EEG gesondert aufgeführt, weil in den §§ 24 und 25 EEG 2012 für Strom aus Deponie- und Klärgas jeweils besondere Vergütungsregeln bestehen.[47] Deponiegas entsteht durch den mikrobiellen Abbau von organischen Abfällen auf Deponien und besteht im Wesentlichen aus Methan und Kohlendioxid.[48] Klärgas entsteht bei der Vergärung von Klärschlamm und besteht ebenfalls aus einem hohen Anteil von brennbarem Methan.

Nach § 3 Nr. 3 EEG stellt auch Energie aus dem biologisch abbaubaren Anteil von 29
Abfällen aus Haushalten und Industrie erneuerbare Energie im Sinne des Gesetzes dar. Aufgrund des **Ausschließlichkeitsprinzips** des EEG[49] wird der gewonnene Strom allerdings nicht im Rahmen des EEG vergütet.

Die Erzeugung von Energie aus Biomasse steht im Hinblick auf die **Nachhaltig-** 30
keit oftmals in der Diskussion. Dies hat sich zuletzt an der Debatte um die Einführung der **E-10-Kraftstoffe** zu Beginn des Jahres 2011 gezeigt. Die EU hat die Frage der Nachhaltigkeit der Bioenergie in der Richtlinie 2009/28/EG[50] aufgegriffen. Zur

45 § 27 Abs. 5 Nr. 3, 1. Hs. EEG.
46 BT-Drucks. 17/6071, S. 60.
47 BT-Drucks. 16/8148, S. 39.
48 Altrock/Oschmann/Theobald/*Oschmann*, § 3 Rn 68.
49 § 16 Abs. 1 EEG. Vgl. dazu unter Kap. 5 Rn 12 ff.
50 Richtlinie 2009/28/EG des Europäischen Parlaments und des Rates vom 23.4.2009 zur Förderung der Nutzung von Energie aus erneuerbaren Quellen und zur Änderung und anschließenden Aufhebung der Richtlinien 2001/77/EG und 2003/30/EG (ABl. 2009 L 140/16).

Umsetzung der Richtlinie wurden in Deutschland zwei Verordnungen erlassen: Die Verordnung über Anforderungen an eine nachhaltige Herstellung von Biokraftstoffen (Biokraftstoff-Nachhaltigkeitsverordnung – Biokraft-NachV)[51] sowie die Verordnung über Anforderungen an eine nachhaltige Herstellung von flüssiger Biomasse zur Stromerzeugung (Biomassestrom-Nachhaltigkeitsverordnung – BioSt-NachV).[52] Von Bedeutung für die Stromerzeugung ist die BioSt-NachV, die Nachhaltigkeitsanforderungen als Voraussetzung für eine Vergütung nach § 27 EEG aufstellt. Die Anforderungen stellen jedoch keine Genehmigungsvoraussetzungen für die entsprechenden Anlagen dar.[53]

31 Für die Energieerzeugung aus fester und gasförmiger **Biomasse** bestehen (jedenfalls bisher) keine Nachhaltigkeitsvorgaben, obwohl sich das Problem hier in gleicher Weise wie bei den Biokraftstoffen stellt. Mit der EEG-Novelle 2012 wurden daher die Anforderungen an die Vergütung für aus Biomasse erzeugten Strom teilweise auch im Hinblick auf eine nachhaltigere Erzeugung wesentlich verschärft. Strom aus Biogasanlagen wird nach § 27 Abs. 5 Nr. 1 EEG 2012 nur dann nach § 27 EEG 2012 vergütet, wenn der zur Erzeugung des Biogases eingesetzte Anteil bestimmter Energiepflanzen[54] insgesamt höchstens 60 Masseprozent beträgt. Dadurch soll den in einigen Regionen zu beobachtenden negativen Auswirkungen eines flächendeckenden Anbaus insbesondere der Energiepflanze Mais entgegengewirkt werden.[55] Die Vergütung für Strom aus flüssiger Biomasse für Neuanlagen (Inbetriebnahme ab dem 1.1.2012) wurde durch das EEG 2012 grundsätzlich gestrichen.[56] Die Nachhaltigkeitsanforderungen im EEG[57] stellen jedoch ebenfalls keine Genehmigungsvoraussetzungen dar.

7. Grubengas

32 Der Anwendungsbereich des Gesetzes erstreckt sich nach § 2 Nr. 1 EEG 2012 neben Anlagen zur Erzeugung von Strom aus Erneuerbaren Energien auch auf Anlagen zur Erzeugung von Strom aus Grubengas. Grubengas ist ein Gasgemisch, das als **Nebenprodukt** beim **untertägigen Bergbau** entsteht und im Wesentlichen aus Methan, Stickstoff und Kohlendioxid besteht.[58] Grubengas zählt als fossiler Energieträger nicht zu den erneuerbaren Energien und wurde daher auch nicht in die Begriffsde-

51 Biokraftstoff-Nachhaltigkeitsverordnung vom 30.9.2009 (BGBl. I S. 3182).
52 Biomassestrom-Nachhaltigkeitsverordnung vom 23.7.2009 (BGBl. I S. 2174).
53 Zu den Einzelheiten vgl. Kap. 2 Rn 299 ff.
54 Mais (Ganzpflanze) und Getreidekorn einschließlich Corn-Cob-Mix und Körnermais sowie Lieschkolbenschrot.
55 So die Gesetzesbegründung BT-Drucks. 17/6071, S. 72.
56 Strom aus flüssiger Biomasse wird bei Neuanlagen nur noch vergütet, soweit diese zur Anfahr-, Zünd- und Stützfeuerung notwendig ist (§ 27 Abs. 5 Nr. 3, 1. Hs. EEG 2012); vgl. dazu Kap. 1 Rn 122.
57 Vgl. dazu Kap. 2 Rn 299 ff.
58 Frenz/Müggenborn/*Erkardt*, § 3 Rn 35.

finition in § 3 Nr. 3 EEG 2012 aufgenommen. Der Gesetzgeber hält die Stromerzeugung aus Grubengas jedoch ebenfalls für förderungswürdig, da sich bei einer energetischen Verwertung von Grubengas die Kohlendioxid- und Methanbilanz gegenüber der unverwerteten Abgabe an die Atmosphäre verbessert.[59] Strom aus Grubengas wird daher nach § 26 EEG vergütet. Eine Vergütungspflicht besteht jedoch nur, wenn das Grubengas aus Bergwerken des aktiven oder stillgelegten Bergbaus stammt. Damit soll vermieden werden, dass nach Ausschöpfen des Potenzials von Grubengas, das andernfalls ungenutzt in die Atmosphäre entweichen würde, aktiv nach Grubengas gebohrt wird.[60]

II. „Anlage"

1. Allgemeines

Der Begriff der Anlage ist im EEG von zentraler Bedeutung. Die Anschlusspflicht[61] 33
sowie die Abnahmepflicht[62] knüpfen als zentrale Bestimmungen des EEG an den Anlagenbegriff an. Der Gesetzgeber hat im Rahmen des EEG einen **eigenständigen Anlagenbegriff** gewählt, der sich nicht mit den verschiedenen fachgesetzlichen Anlagenbegriffen[63] deckt. Der Anlagenbegriff unterscheidet sich auch von dem in § 3 Abs. 1 und 2 KWKG geregelten Anlagenbegriff.[64] Anders als das KWKG verzichtet das EEG insbesondere auf das Merkmal der Ortsfestigkeit.

Als Anlage definiert § 3 Nr. 1 S. 1 EEG 2012 *„jede Einrichtung zur Erzeugung von* 34
Strom aus erneuerbaren Energien oder aus Grubengas". Gegenüber dem EEG 2009 wurde der Anlagenbegriff, der durch die EEG-Novelle 2009 neu gefasst und gegenüber dem EEG 2004 modifiziert wurde, nicht geändert. Im EEG 2004 lag jedoch ein anderer Anlagenbegriff zugrunde. Da das damalige Verständnis für die heutige umstrittene Auslegung des Anlagenbegriffs von Bedeutung ist, soll im Folgenden in gebotener Kürze die **„Evolution"** des Anlagenbegriffs dargestellt werden.

2. Anlage i.S.d. § 3 Abs. 2 EEG 2004

Als Anlage wurde im EEG 2004 *„jede selbstständige technische Einrichtung zur Erzeu-* 35
gung von Strom" definiert.[65] Gegenüber der jetzigen Formulierung enthält die Definition die zusätzlichen Begriffe der „selbstständigen" und „technischen" Einrichtung.

59 BT-Drucks. 16/8148, S. 39.
60 BT-Drucks. 16/8148, S. 55.
61 § 5 Abs. 1 EEG.
62 § 8 Abs. 1 EEG 2012.
63 Beispielsweise § 3 Abs. 5 BImSchG, § 3 Abs. 2, 3 UmwHG.
64 Vgl. dazu unten Rn 115.
65 § 3 Abs. 2 S. 1 EEG 2004.

36 Neben dieser allgemeinen Begriffsdefinition enthielt § 3 Abs. 2 S. 2 EEG 2004 eine Regelung, wonach mehrere Anlagen unter bestimmten Umständen als eine Anlage anzusehen sind, um eine (missbräuchliche) Umgehung der Schwellenwerte zu verhindern (**technisch-bauliche Anlagenzusammenfassung**). Danach wurden mehrere Anlagen, die mit gemeinsam für den Betrieb technisch erforderlichen Einrichtungen oder baulichen Anlagen unmittelbar verbunden sind, als eine Gesamtanlage angesehen.

Beispiel
Werden zwei BHKW an dieselbe Biogasanlage angeschlossen, so sind sie durch die Biogasanlage (Fermenter) mit gemeinsam für den Betrieb technisch erforderlichen Einrichtungen und baulichen Anlagen unmittelbar verbunden. Nach § 3 Abs. 2 S. 2 EEG 2004 galten die BHKW daher als eine Gesamtanlage. Dies hat zur Folge, dass beide BHKW als eine (Gesamt-)Anlage gelten und die höhere Vergütung der unteren Leistungsklasse nicht mehrfach ausgenutzt werden kann.

37 Die Regelung des § 3 Abs. 2 S. 2 EEG 2004 zur Anlagenzusammenfassung wurde im Rahmen der EEG-Novelle 2009 – in abgeänderter Form[66] – in den Regelungsbereich der **allgemeinen Vergütungsvorschriften** verlagert. Nach § 19 Abs. 1 EEG gelten unter bestimmten Voraussetzungen mehrere Anlagen unabhängig von den Eigentumsverhältnissen und ausschließlich zum Zweck der Ermittlung der Vergütung für den jeweils zuletzt in Betrieb gesetzten Generator als eine Anlage. Den Anlagenbegriff in § 3 Nr. 1 EEG lässt diese Regelung unberührt.

3. Anlage i.S.d. § 3 Nr. 1 EEG 2009

a) Allgemeines

38 Mit dem EEG 2009 wurde der neue Anlagenbegriff in § 3 Nr. 1 EEG 2009 eingeführt, der durch das EEG 2012 nicht verändert wurde. Eine Anlage ist danach *„jede Einrichtung zur Erzeugung von Strom aus erneuerbaren Energien oder aus Grubengas“*. Auf die in der Definition des § 3 Abs. 2 S. 1 EEG 2004 enthaltenen, ohnehin unklaren[67] Formulierungen „selbstständig“ und „technisch“ wurde verzichtet. Der Gesetzgeber wollte dem EEG mit dieser Änderung einen **weiten Anlagenbegriff** zugrunde legen.[68]

66 Die Gesetzesbegründung geht zwar von einer „klarstellenden“ Regelung dieser Frage – ohne inhaltliche Änderung – in § 19 EEG aus (BT-Drucks. 16/8148, S. 38). Doch allein die in § 19 Abs. 1 Nr. 4 EEG 2009 vorgesehene und umstrittene 12-Monats-Frist stellt eine wesentliche Änderung gegenüber der Regelung in § 3 Abs. 2 S. 2 EEG 2004 dar. Daneben setzt die Regelung des § 19 Abs. 1 EEG 2009 auch keine technisch-bauliche Verbundenheit voraus, so dass auch vollständig selbstständige Anlagen in sog. Bioenergieparks unter die Regelung des § 19 Abs. 1 EEG 2009 fallen können.

67 *Salje*, EEG, § 3 Rn 70.

68 BT-Drucks. 16/8148, S. 38.

Aus der Definition der Anlage selbst ergeben sich keine Anhaltspunkte dafür, 39
welche Mindestvoraussetzungen eine Einrichtung zur Erzeugung von Strom erfüllen muss, um als Anlage i.S.d. § 3 Nr. 1 S. 1 EEG zu gelten. Nach der Gesetzesbegründung ist neben der **stromerzeugenden Einrichtung** auch auf **sämtliche technisch und baulich erforderliche Einrichtungen** abzustellen. Neben dem Generator zählen auch dessen Antrieb (Motor, Rotor oder Turbine), Fermenter, Gärrestebehälter, unterirdische geothermische Betriebseinrichtungen, Staumauern oder Türme von Windenergieanlagen zur Anlage.[69] Nicht vom Anlagenbegriff erfasst sind nach der Gesetzesbegründung[70] alle Teile, die nicht zur Erzeugung von Strom selbst erforderlich sind. Dazu zählen insbesondere Infrastruktureinrichtungen wie Wechselrichter, Netzanschluss, Anschlussleitungen, eine Stromabführung in gemeinsamer Leitung, Transformatoren, Verbindungswege und Verwaltungseinrichtungen, da diese Einrichtungen nicht der Stromerzeugung dienen.[71]

Im Hinblick auf den Wegfall des Merkmals der Selbstständigkeit können nun 40
auch **unselbstständige Anlagen** eine Anlage i.S.d. § 3 Nr. 1 EEG 2009 darstellen, d.h. auch solche Anlagen, die auf Vorrichtungen angewiesen sind, die sie sich mit anderen Anlagen teilen. Dies hat zur Folge, dass beispielsweise auch **Blockheizkraftwerke** ohne „eigenen" Fermenter grundsätzlich als Anlage i.S.d. § 3 Nr. 1 EEG 2009 angesehen werden können.

Von besonderer Bedeutung für den Anlagenbegriff ist die Streichung der tech- 41
nisch-baulichen Anlagenzusammenfassung des § 3 Abs. 2 S. 2 EEG 2004 und deren Verlagerung in die allgemeine Vergütungsvorschrift des § 19 Abs. 1 EEG 2009 durch die EEG-Novelle 2009 (**vergütungsseitige Anlagenzusammenfassung**[72]). Dies hat zu erheblichen Unsicherheiten sowohl bei Anlagen- als auch bei Netzbetreibern geführt.

Nach § 19 Abs. 1 EEG 2009 gelten unter bestimmten Voraussetzungen mehrere 42
Anlagen unabhängig von den Eigentumsverhältnissen und ausschließlich zum **Zweck der Ermittlung der Vergütung** für den jeweils zuletzt in Betrieb gesetzten Generator als eine Anlage.

---

69 BT-Drucks. 16/8148, S. 38.

70 BT-Drucks. 16/8148, S. 38.

71 Die Aufzählung entspricht im Wesentlichen der Vorschrift des § 3 Abs. 2 S. 2, 2. Hs. EEG 2004, wonach „insbesondere Wechselrichter, Wege, Netzanschlüsse, Mess-, Verwaltungs- und Überwachungseinrichtungen" nicht „für den technischen Betrieb erforderlich sind".

72 Vgl. zum vergütungsseitigen Anlagenbegriff unter Kap. 5 Rn 73 ff.

Praxistipp
Von großer Bedeutung ist die Anlagenzusammenfassung insbesondere in der Biogasbranche. An eine Biogasanlage können mehrere BHKW angeschlossen werden, die jeweils von derselben Biogasanlage beschickt werden. Die verschiedenen BHKW können teilweise weit von der Biogasanlage entfernt liegen und durch lange Rohrleitungen versorgt werden (Satelliten-BHKW). Dies hat den Vorteil einer verbrauchernahen Versorgung bei geringeren Wärmeverlusten. Teilweise liegen (mehrere) BHKW aber auch direkt neben einer Biogasanlage. Dies erfolgt oftmals aus wirtschaftlichen Gründen, um die höheren Vergütungen der unteren Leistungsklassen mehrmals zu erhalten. Die Errichtung einer Vielzahl kleinerer Anlagen anstelle einer oder mehrerer großer Anlagen, um die höhere Vergütungen und Boni der unteren Leistungsklassen zu erhalten, wird vom Gesetzgeber als missbräuchliche Umgehung angesehen[73]. Dieses missbräuchliche Anlagensplitting soll die Vorschrift des § 19 Abs. 1 EEG 2009 – wie bereits die Vorgängerregelung des § 3 Abs. 2 S. 2 EEG 2004 – verhindern.[74]

43 Voraussetzung für die vergütungsseitige Anlagenzusammenfassung ist neben der **unmittelbaren räumlichen Nähe,**[75] dass die Anlagen innerhalb von **zwölf aufeinanderfolgenden Kalendermonaten** in Betrieb genommen worden sind.[76] Wird diese Frist überschritten, so erfolgt jedenfalls keine vergütungsseitige Anlagenzusammenfassung.

Praxistipp
Über den Zeitpunkt der Inbetriebnahme der BHKW lässt sich so Einfluss auf die Vergütungshöhe nehmen. Daher wurde bzw. wird teilweise das Bedürfnis gesehen, mehrere Anlagen bereits auf Ebene des Anlagenbegriffs zu einer Gesamtanlage zusammenzufassen. Dann käme es auf eine vergütungsseitige Anlagenzusammenfassung nicht mehr an. Insbesondere die 12-Monats-Frist wäre dann nicht anwendbar.

44 So wird die technisch-bauliche Anlagenzusammenfassung trotz deren Streichung aus dem Anlagenbegriff in § 3 Nr. 1 EEG 2009 teilweise weiter als Bestandteil der allgemeinen Anlagendefinition in § 3 Nr. 1 S. 1 EEG 2009 bzw. § 3 Nr. 1 S. 1 EEG 2012 gesehen. Dies wird u.a. auf die Gesetzesbegründung gestützt, wonach der Gesetzgeber dem EEG mit der Neufassung des Anlagenbegriffs in § 3 Nr. 1 EEG 2009 einen **weiten Anlagenbegriff** zugrunde legen wollte.[77] Für Anlagen, die bereits nach dem Anlagenbegriff in § 3 Abs. 2 EEG 2004 als Gesamtanlage galten, müsse dies „erst Recht" nach dem neuen, „weiten" Anlagenbegriff in § 3 Nr. 1 EEG 2009 gelten.[78]

73 BT-Drucks. 16/8148, S. 50.
74 BT-Drucks. 16/8148, S. 50.
75 § 19 Abs. 1 Nr. 1 EEG 2009.
76 § 19 Abs. 1 Nr. 4 EEG 2009.
77 BT-Drucks. 16/8148, S. 38.
78 *Niederstadt*, NuR 2011, 118, 120.

b) Empfehlung der Clearingstelle

Zu dieser Frage hat sich die Clearingstelle EEG[79] in einer ausführlichen Empfehlung geäußert. Nach der Empfehlung vom 1.7.2010[80] ist eine „Einrichtung" bereits dann eine „Anlage" im Sinne der Vorschrift, *„wenn die Einrichtung über diejenigen Komponenten verfügt, die im Sinn einer* zwingend erforderlichen Mindestvoraussetzung *zur Erzeugung von Strom aus erneuerbaren Energien oder Grubengas notwendig sind."* 45

Zwingend erforderlich zur Erzeugung von Strom aus erneuerbaren Energien oder Grubengas und damit **konstitutiv** für die Bestimmung einer Anlage sind nach der Empfehlung der Clearingstelle: 46

- die **Antriebseinheit** in Verbindung mit dem Generator bzw.
- für den Fall, dass eine Antriebseinheit zur Stromerzeugung nicht erforderlich ist, der zur Stromerzeugung geeignete **Generator** sowie
- für den Fall, dass zur Erzeugung von Strom aus erneuerbaren Energien oder Grubengas die Zufuhr eines Energieträgers oder von Energie erforderlich ist, eine **Vorrichtung**, die je nach der Eigenart des regenerativen Energieträgers bzw. der erneuerbaren Energie diesen bzw. diese unmittelbar der Antriebseinheit zuführt oder für diese bereitstellt. Ist eine (oder sind mehrere) derartige Vorrichtung(en) einer Anlage bzw. mehreren Anlagen zugeordnet, so ist jede derartige Vorrichtung gleichzeitig Teil einer jeden ihr zugeordneten Anlage.

Zum Verhältnis des § 3 Nr. 1 EEG 2009 zu § 3 Abs. 2 S. 2 EEG 2004 (**technisch-bauliche Anlagenzusammenfassung**) führt die Clearingstelle aus: 47

- Der Regelungsgehalt von § 3 Nr. 1 S. 1 EEG 2009 weicht von dem des § 3 Abs. 2 EEG 2004 ab. Insbesondere enthält § 3 Nr. 1 S. 1 EEG 2009 keine technisch-bauliche Anlagenzusammenfassung, wie sie in § 3 Abs. 2 S. 2 EEG 2004 geregelt war.
- Somit findet eine technisch-bauliche Anlagenzusammenfassung aufgrund von § 3 Nr. 1 S. 1 EEG 2009 weder statt, wenn eine Anlage über eine (oder mehrere) Vorrichtung(en) zur Energie(träger)zufuhr oder -bereitstellung verfügt, noch wenn mehrere Anlagen über eine (oder mehrere) gemeinsam genutzte derartige Vorrichtung(en) verfügen.

Für **Biogasanlagen** bedeutet diese Auffassung, dass beim Anschluss mehrerer BHKW an eine gemeinsame Biogas(erzeugungs-)anlage jedes BHKW eine einzelne Anlage darstellt. Eine Anlagenzusammenfassung erfolgt in diesem Fall nicht, auch wenn die einzelnen BHKW technisch miteinander verbunden sind und so nach der Regelung des § 3 Abs. 2 S. 2 EEG 2004 als eine Anlage zu betrachten wären. Eine Zusammenfassung kann dann nur noch vergütungsseitig nach § 19 EEG 2009 bzw. § 19 EEG 2012 erfolgen. 48

---

79 Vgl. zur Clearingstelle EEG und der Bedeutung ihrer Empfehlungen oben Rn 7.

80 Empfehlung 2009/12 der Clearingstelle EEG vom 1.7.2010, abrufbar unter: http://www.clearingstelle-eeg.de/empfV/2009/12.

49 Die Clearingstelle äußerte sich in ihrer Empfehlung lediglich zu der Frage, welche Voraussetzung eine Anlage „**mindestens**" erfüllen muss. Ob darüber hinaus auch weitere Komponenten, die über die zur Erfüllung des Anlagenbegriffs zwingend erforderlichen Mindestbestandteile hinausgehen, Teil einer Anlage werden, wurde im Empfehlungsverfahren ausdrücklich nicht geklärt.[81] Dies betrifft beispielsweise den Fermenter oder den Gärrestbehälter bei Biogasanlagen.

c) Der Anlagenbegriff in der Rechtsprechung

50 In der Rechtsprechung hat sich bisher noch keine einheitliche Linie gebildet. Eine höchstrichterliche Entscheidung des BGH steht noch aus.

Beispiel
Der (für die Gerichte nicht bindenden) Auffassung der Clearingstelle ist das OLG Brandenburg in einer Entscheidung vom 16.9.2010[82] nicht gefolgt.
Dem Urteil lag (u.a.) eine Biogasanlage mit Fermenter zugrunde, an die innerhalb von mehr als 12 Monaten zwei weitere BHKW mit einem weiteren Fermenter angeschlossen wurden. Insgesamt wurden damit drei BHKW errichtet, die durch zwei Fermenter mit Biogas beschickt wurden. Die Fermenter wurden über einen gemeinsamen Feststoffdosierer beschickt. Beide Fermenter wurden durch eine Güllepumpe, die aus den gleichen Güllebehältern Gülle fördert und über eine gemeinsame Leitung mit Gülle versorgt. Außerdem verwendeten sie den gleichen Gärstoffrestbehälter. Durch die Überschreitung der 12-Monats-Frist in § 19 Abs. 1 Nr. 4 EEG 2009 kam eine vergütungsseitige Anlagenzusammenfassung aber nicht in Betracht. Die Vorschrift des § 19 Abs. 1 S. 2 EEG 2012, die eine Anlagenzusammenfassung bei Biogasanlagen nun auch unabhängig von der Einhaltung einer Frist erlaubt, wurde erst durch die EEG-Novelle 2012 eingeführt und fand auf den vom OLG Brandenburg zu entscheidenden Fall daher keine Anwendung.[83]
Nach der Empfehlung der Clearingstelle handelt es sich bei den später errichteten BHKW um separate Anlagen i.S.d. § 3 Nr. 1 EEG 2009. Aufgrund der Überschreitung der 12-Monats-Frist kam auch keine vergütungsseitige Anlagenzusammenfassung nach § 19 Abs. 1 EEG 2009 in Betracht.
Dem schloss sich das OLG Brandenburg nicht an. Das Gericht kam zu dem Ergebnis, dass aufgrund des „weiten Anlagenbegriffs" in § 3 Nr. 1 EEG 2009 von einer Gesamtanlage auszugehen sei. Auf eine vergütungsseitige Anlagenzusammenfassung nach § 19 EEG 2009 kam es daher nicht an. Das OLG Brandenburg geht vielmehr davon aus, dass eine technisch-bauliche Verbindung von Anlagen i.S.d. § 3 Abs. 2 S. 2 EEG 2004 auch nach der Begriffsbestimmung des § 3 Nr. 1 EEG 2009 zu einer Gesamtanlage führen kann.[84]

---

81 Empfehlung 2009/12 der Clearingstelle EEG vom 1.7.2010, Rn 134.
82 OLG Brandenburg, Urt. v. 16.9.2010 – 12 U 79/10 = NVwZ 2011, 700; vgl. dazu die kritische Anmerkung von *Richter*, NVwZ 2011, 667; zustimmend: *Niederstadt*, NuR 2011, 118.
83 Nach der Übergangsvorschrift des § 66 Abs. 1 S. 2 EEG 2012 finden auf Strom aus Anlagen, die vor dem 1.1.2012 in Betrieb genommen worden sind, die Vorschriften des EEG 2009 Anwendung, sofern nichts anderes bestimmt ist.
84 Auch das LG Halle geht von einem weiten Anlagenbegriff aus. Für das Vorliegen einer (Gesamt-)Anlage sprechen danach insbesondere gemeinsame technische und bauliche Einrichtungen (Urt. v. 21.1.2011 – 7 O 1469/09 = juris Rn 55 ff.).

Das LG Regensburg widerspricht hingegen in seinem Urteil vom 21.7.2011[85] ausdrücklich der Auffassung des OLG Brandenburgs. Nach Ansicht des LG Regensburg lässt § 3 Nr. 1 EEG 2009 **keine Anlagenaddition** zu. Diese sei durch die Novellierung in § 19 Abs. 1 EEG 2009 ausdrücklich in den Bereich der Vergütungsbestimmungen ausgelagert worden. 51

d) Entschärfung des Konflikts durch § 19 Abs. 1 S. 2 EEG 2012

Die Diskussion um den Anlagenbegriff i.S.d. § 3 Nr. 1 EEG 2009 bzw. § 3 Nr. 1 EEG 2012 hat allerdings durch die Einführung der Regelung des § 19 Abs. 1 S. 2 EEG 2012 zumindest für (den Hauptanwendungsfall der) **Biogasanlagen**, die ab dem 1.1.2012 in Betrieb genommen worden sind,[86] weitgehend an Bedeutung verloren. Danach gelten abweichend von der Regelung des § 19 Abs. 1 S. 1 EEG 2012 mehrere Anlagen unabhängig von den Eigentumsverhältnissen und ausschließlich zum Zweck der Ermittlung der Vergütung für den jeweils zuletzt in Betrieb gesetzten Generator als eine Anlage, wenn sie Strom aus Biogas mit Ausnahme von Biomethan erzeugen und das Biogas aus derselben Anlagen zur Erzeugung von Biogas stammt.[87] Auf das Erfordernis der Inbetriebnahme innerhalb von 12 Kalendermonaten wird für solche Anlagen verzichtet. 52

4. Einzelne Anlagen

Von der Einstufung als Anlage i.S.d. § 3 Nr. 1 EEG 2012 hängt der Anspruch auf unverzüglichen vorrangigen Netzanschluss[88] sowie unverzügliche und vorrangige Abnahme, Übertragung und Verteilung des gesamten Stroms aus erneuerbaren Energien[89] und ggf. auf Vergütung[90] ab. Für die einzelnen Anlagen zur Erzeugung von Strom aus erneuerbaren Energien oder Grubengas gilt hinsichtlich der **Mindestbestandteile**, also der Bestandteile, über die eine Anlage mindestens verfügen muss, um als Anlage i.S.d. § 3 Nr. 1 EEG 2012 zu gelten, folgendes: 53

---

85 LG Regensburg, Urt. v. 21.7.2011 – 3 O 896/11 (3) – n.v.

86 Für Anlagen, die vor dem 1.1.2012 in Betrieb genommen wurden, gilt die Vorschrift des § 19 Abs. 1 S. 2 EEG 2012 nicht (§ 66 Abs. 1 S. 1 EEG 2012).

87 Siehe dazu Kap. 1 Rn 118 ff.

88 § 5 Abs. 1 EEG.

89 § 8 Abs. 1 EEG 2012.

90 §§ 16 ff. EEG 2012.

- **Photovoltaik**: Für Photovoltaikanlagen gilt nach der Clearingstelle EEG,[91] dass „jedes einzelne Modul eine Anlage“ i.S.d. § 3 Nr. 1 EEG[92] und jede Solarzelle einen Generator i.S.v. § 3 Nr. 4 EEG darstellt, weil jede Solarzelle für sich geeignet und dazu bestimmt ist, Strahlungsenergie in Strom umzuwandeln;[93]
- **Windenergie**: Windenergieanlagen bestehen zumindest aus der Antriebseinheit (Rotor und Getriebe), dem Generator und der Turm mit Fundament und ggf. Windnachführung;[94]
- **Gasförmige Biomasse**: Bei Anlagen zur Gewinnung von Strom aus gasförmiger Biomasse muss eine Anlage i.S.d. § 3 Nr. 1 EEG 2012 zumindest über eine Antriebseinheit (Motor oder Turbineneinheit), einen Generator und einer Vorrichtung verfügen, die für die Bereitstellung und Zufuhr von Biogas in die Antriebseinheit geeignet ist;[95]
- **Feste oder flüssige Biomasse:** Anlagen zur Erzeugung von Strom aus fester oder flüssiger Biomasse müssen mindestens über eine Antriebseinheit (Motor oder Turbineneinheit), einen Generator und eine Vorrichtung, die für die Zufuhr fester oder flüssiger Biomasse geeignet ist, verfügen (beispielsweise Öltank und Ölleitung);[96]
- **Deponiegas, Klärgas und Grubengas**: Bei Anlagen zur Erzeugung von Strom aus Deponiegas, Klärgas oder Grubengas besteht eine Anlage zumindest aus der Antriebseinheit (Motor oder Turbineneinheit), dem Generator und einer Vorrichtung für die Bereitstellung und Zufuhr des jeweiligen Gases in die Antriebseinheit;[97]
- **Geothermie**: Anlagen zur Erzeugung von Strom aus Geothermie bestehen mindestens aus einer Antriebseinheit (Motor oder Turbineneinheit), Generator und einer Vorrichtung, die für die Zufuhr von Erdwärme in die Antriebseinheit geeignet ist.[98]

---

91 Vgl. zur Clearingstelle EEG und der Bedeutung ihrer Hinweise oben Rn 7.
92 Hinweis 2009/14 der Clearingstelle EEG vom 31.9.2010, abrufbar unter: http://www.clearingstelle-eeg.de/hinwv/2009/14, S. 10 sowie Empfehlung 2009/5 der Clearingstelle EEG vom 10.6.2009, abrufbar unter: http://www.clearingstelle-eeg.de/EmpfV/2009/5.
93 Empfehlung 2009/5 der Clearingstelle EEG vom 10.6.2009, abrufbar unter: http://www.clearingstelle-eeg.de/EmpfV/2009/5.
94 Empfehlung 2009/12 der Clearingstelle EEG vom 1.7.2010, Rn 146.
95 Empfehlung 2009/12 der Clearingstelle EEG vom 1.7.2010, Rn 140.
96 Empfehlung 2009/12 der Clearingstelle EEG vom 1.7.2010, Rn 141.
97 Empfehlung 2009/12 der Clearingstelle EEG vom 1.7.2010, Rn 138.
98 Empfehlung 2009/12 der Clearingstelle EEG vom 1.7.2010, Rn 144.

5. Anlagenfiktion, § 3 Nr. 1 S. 2 EEG 2012

Der Anlagenbegriff wird in § 3 Nr. 1 S. 2 EEG 2012 durch eine Fiktion erweitert. Als Anlagen zur Erzeugung von Strom aus erneuerbaren Energien gelten nach § 3 Nr. 1 S. 2 EEG 2012 auch solche Einrichtungen, die **zwischengespeicherte Energie**, die ausschließlich aus erneuerbaren Energien oder aus Grubengas stammt, aufnehmen und in elektrische Energie umwandeln. Erfasst werden beispielsweise **Druckluftspeicherkraftwerke**, die Speicherung von Energie als Wasserstoff oder als chemische Energie.[99] Auch **Pumpspeicherkraftwerke** werden von der Regelung grundsätzlich erfasst.[100] Bei der Zwischenspeicherung von Energie wird der durch eine Anlage erzeugte Strom durch eine weitere Anlage zwischengespeichert (z.B. durch ein Druckluftspeicherkraftwerk) und später wieder in Strom umgewandelt. Die Einstufung als Anlage zur Erzeugung von Strom aus erneuerbarer Energie gibt den Anlagenbetreibern einen Anspruch auf vorrangigen Anschluss nach § 5 EEG 2012 sowie unverzügliche vorrangige Abnahme, Übertragung und Verteilung nach § 8 Abs. 1 EEG 2012. 54

Bei der zweiten **(Rück-)Umwandlung** der zwischengespeicherten Energie in Strom entsteht zwar grundsätzlich kein Vergütungsanspruch nach § 16 Abs. 1 EEG 2012, da die Anlage nicht ausschließlich erneuerbare Energie einsetzt. Ein Anspruch kann jedoch nach § 16 Abs. 2 EEG 2012 bestehen, wenn der Strom vor der Einspeisung in das Netz zwischengespeichert worden ist.[101] 55

Die Anlagenfiktion ist im Rahmen der **Energiewende-Gesetzgebung** strategisch stimmig, da Speichermöglichkeiten beim Ausgleich des Zeitverzugs helfen, der bei vermehrtem Einsatz von erneuerbaren Energien zwischen Erzeugung und Verbrauch entstehen kann. 56

III. „Inbetriebnahme“

1. Allgemeines

Das EEG knüpft an verschiedenen Stellen an den Zeitpunkt der Inbetriebnahme an. Der Zeitpunkt der Inbetriebnahme ist für den Beginn der 20-jährigen Vergütungsdauer in § 21 Abs. 2 EEG 2012 entscheidend. Nach § 21 Abs. 2 S. 1 EEG 2012 sind die **Vergütungen** jeweils für die Dauer von 20 Kalenderjahren zuzüglich des Inbetriebnahmejahres zu zahlen. Beginn der Frist ist nach § 21 Abs. 2 S. 2 EEG 2012 der Zeitpunkt der Inbetriebnahme. Die ggf. vorgesehene **Degression**[102] knüpft ebenfalls an den Zeitpunkt der Inbetriebnahme an. Im Rahmen der besonderen Vergütungsvorschriften stellen beispielsweise die Regelungen der Vergütung für Strom aus Windenergie hinsichtlich 57

99 BT-Drucks. 16/8148, S. 38.
100 Altrock/Oschmann/Theobald/*Oschmann*, § 3 Rn 36.
101 Vgl. dazu unter Kap. 1 Rn 127 ff.
102 §§ 20, 20a, 20b EEG 2012.

des Beginns der (gegenüber der Grundvergütung höheren) Anfangsvergütung[103] und der erhöhten Anfangsvergütung für Offshore-Anlagen[104] sowie der erhöhten Vergütung für Repowering-Anlagen[105] auf den Zeitpunkt der Inbetriebnahme i.S.d. § 3 Nr. 5 EEG 2012 ab. Daneben knüpfen weiteren Vorschriften an die Inbetriebnahme an.[106] Nicht auf den Zeitpunkt der Inbetriebnahme stellt dagegen der Beginn der Vergütung selbst ab. Nach § 21 Abs. 1 EEG 2012 sind die Vergütungen ab dem Zeitpunkt zu zahlen, ab dem der Generator erstmals Strom ausschließlich aus erneuerbaren Energien erzeugt und in das Netz eingespeist hat.[107]

! **Praxistipp**

Von besonderer Brisanz ist der Zeitpunkt der Inbetriebnahme, wenn er sich in zeitlicher Nähe zum Jahreswechsel oder anderer sich auf die Vergütung auswirkender Stichtage befindet. Für den Anlagenbetreiber kann dann eine um einen Tag frühere oder spätere Inbetriebnahme erhebliche Auswirkungen auf die Vergütung haben, da die Degressions- und Übergangsvorschriften an das Jahr der Inbetriebnahme anknüpfen.[108]

---

58 „Inbetriebnahme“ wird in § 3 Nr. 5 EEG 2012 definiert als die **erstmalige Inbetriebsetzung** des **Generators** der Anlage nach Herstellung der technischen Betriebsbereitschaft der Anlage – unabhängig davon, ob der Generator mit erneuerbaren Energien, Grubengas oder sonstigen Energieträgern in Betrieb gesetzt wurde. Gegenüber der Begriffsdefinition im EEG 2009 wurde der Begriff teilweise geändert und ergänzt. Der Wortlaut des EEG 2009 stellte auf die erstmalige Inbetriebsetzung der **Anlage** und nicht des Generators der Anlage ab. Hierin liegt nach der Gesetzesbegründung lediglich eine Klarstellung, dass die erstmalige Inbetriebsetzung der Stromerzeugungseinheit ausschlaggebend sein soll. Eine Änderung der bisherigen Rechtslage sei damit nicht verbunden.[109]

59 Ein **„Generator“** ist nach § 3 Nr. 4 EEG 2012 jede technische Einrichtung, die mechanische, chemische, thermische oder elektromagnetische Energie direkt in elektrische Energie umwandelt. Bei Photovoltaikanlagen ist die Solarzelle der Generator, da durch die Solarzelle die Strahlungsenergie direkt in elektrische Energie umgewan-

---

103 § 29 Abs. 2 EEG 2012 sowie § 31 Abs. 2 EEG 2012 bei Offshore-Anlagen.

104 § 31 Abs. 3 EEG 2012.

105 § 30 EEG 2012.

106 Vgl. §§ 6 Abs. 3 Nr. 2, 19 Abs. 1 Nr. 4, 23 Abs. 2, 27 Abs. 3, 27a Abs. 2, 27c Abs. 3, 32 Abs. 3, 33 Abs. 2 S. 3 EEG 2012 sowie die Übergangsbestimmungen in § 66 EEG 2012.

107 Oder der von Solaranlagen produzierte Strom erstmals nach § 33 Abs. 2 EEG 2012 selbst verbraucht wurde.

108 Vgl. zur Auswirkung der Inbetriebnahmen auf die Vergütung: Kap. 5 Rn 106 ff.

109 BT-Drucks. 17/6071, S. 61; Altrock/Oschmann/Theobald/*Oschmann*, § 3 Rn 79.

delt wird.[110] Das gleiche gilt für Brennstoffzellen. Hier ist die Brennstoffzelle selbst der Generator, weil sie chemische Energie umwandelt.[111]

Für den Zeitpunkt der Inbetriebnahme kommt es nicht auf den **Energieträger** an, 60 mit dem der Generator zum ersten Mal Strom produziert. Die Inbetriebnahme i.S.d. § 3 Nr. 5 EEG ist unabhängig davon, ob der Generator mit erneuerbaren Energien, Grubengas oder sonstigen Energieträgern (fossilen) in Betrieb gesetzt wurde. D.h., wenn ein Generator zunächst mit fossilen Brennstoffen (z.B. Erdgas) betrieben wird, liegt zu diesem Zeitpunkt eine Inbetriebnahme i.S.d. § 3 Nr. 5 EEG 2012 vor. Eine spätere Umstellung auf erneuerbare Energieträger (z.B. Biogas) berührt den Inbetriebnahme-Zeitpunkt nicht. Der **Beginn der Vergütung** knüpft nach § 21 Abs. 1 EEG 2012 deshalb nicht an die Inbetriebnahme sondern an den Zeitpunkt an, ab dem der Generator erstmals Strom ausschließlich aus erneuerbaren Energien oder Grubengas erzeugt. Problematisch ist bei der Umstellung von konventionellen auf erneuerbare Energieträger dagegen die Vergütungshöhe, Degression und Vergütungsdauer, die sich an der Inbetriebnahme orientieren.[112]

Beispiel

Wird ein Generator zunächst mit Erdgas als fossilen Brennstoff betrieben und später auf Biogas als erneuerbaren Brennstoff umgestellt, bleibt für die Inbetriebnahme i.S.d. EEG die erste Inbetriebsetzung des Generators mit Erdgas entscheidend. Das gleiche gilt, wenn ein gebrauchter Generator in ein BHKW eingebaut wird. Auch in diesem Fall ist auf die Inbetriebnahme des Generators und nicht auf die erneute Inbetriebnahme im BHKW abzustellen. Für den Vergütungsbeginn hat der vorherige Betrieb mit fossilen Brennstoffen keine Auswirkungen, da die Vergütung nach § 21 Abs. 1 EEG 2012 ab dem Zeitpunkt zu zahlen ist, ab dem der Generator erstmals Strom ausschließlich aus erneuerbaren Energien oder Grubengas erzeugt. Die Vergütungshöhe bestimmt sich dagegen nach der Rechtslage zum Zeitpunkt der Inbetriebnahme. Auch der Beginn der Vergütungsdauer nach § 21 Abs. 2 EEG stellt auf den Zeitpunkt der Inbetriebnahme ab. Der Zeitraum ab der Inbetriebnahme bis zur Umstellung wird damit Teil der Vergütungsdauer (20 Kalenderjahre plus Inbetriebnahmejahr), obwohl für diesen Zeitraum kein Vergütungsanspruch besteht. Die Vergütungsdauer wird dadurch faktisch verkürzt.

Wird die Anlage später an einen neuen Ort versetzt, ändert dies den Zeitpunkt der Inbe- 61 triebnahme nicht. Maßgeblich bleibt auch nach der Versetzung das Datum der erstmaligen Inbetriebnahme.[113] Auch der **Probebetrieb** führt zur „Inbetriebnahme“,[114] denn dieser kann ohne Inbetriebnahme des Generators nicht erfolgen.

Die Inbetriebnahme besteht aus einem **objektiven** (technische Betriebsbereit- 62 schaft) und einem **subjektiven** Element (Inbetriebsetzung). Wurde ein Generator bereits vor Herstellung der technischen Betriebsbereitschaft der Anlage in Betrieb

110 BT-Drucks. 16/8148, S. 39; Altrock/Oschmann/Theobald/*Oschmann*, § 3 Rn 79.
111 BT-Drucks. 16/8148, S. 39.
112 §§ 20, 20a, 21 Abs. 2, 66 Abs. 1 EEG. Vgl. dazu unter Kap. 5 Rn 114 ff.
113 BT-Drucks. 16/8148, S. 39.
114 Gabler/Metzenthin/*Naujoks*, § 3 EEG Rn 102; *Salje*, EEG, § 3 Rn 164.

genommen, so gilt auch insoweit erst die erstmalige Inbetriebsetzung des Generators nach Herstellung der technischen Betriebsbereitschaft der Anlage als Inbetriebnahme.[115]

2. Technische Betriebsbereitschaft

63 Eine Inbetriebnahme liegt erst vor, wenn zum Zeitpunkt der Inbetriebsetzung der Stromerzeugungseinheit die technische Betriebsbereitschaft der Anlage insgesamt hergestellt ist. Die Begriffsbestimmung stellt auf die technische „Betriebsbereitschaft" ab. Es ist daher ausreichend, dass die Anlage Strom erzeugen kann, selbst wenn noch kein Strom erzeugt wird.[116] Zur Herstellung der technischen Betriebsbereitschaft muss die Anlage nicht an das Netz angeschlossen sein.[117] Der Anlagenbetreiber muss aber alle erforderlichen Maßnahmen treffen, damit die Anlage an das Netz angeschlossen und der Strom abgenommen werden kann (insbesondere **Anschlussleitungen**).[118] Um willkürliche Verzögerungen auszuschließen,[119] ist eine **Mitwirkung des Netzbetreibers** nicht erforderlich. Neben der umfassenden Betriebsbereitschaft der Anlage setzt das Vorliegen der technischen Betriebsbereitschaft auch die Erfüllung aller anerkannten Regeln der Technik für die Einspeisung und den Dauerbetrieb voraus.[120] Nicht erforderlich ist hingegen das Vorliegen aller erforderlichen Genehmigungen,[121] wie etwa einer ggf. erforderlichen immissionsschutzrechtlichen Änderungsgenehmigung bei einer Umstellung der Anlage von fossilen auf erneuerbare Energieträger.[122]

64 Der Begriff der technischen Betriebsbereitschaft wurde durch das Gesetz zur Änderung des Rechtsrahmens für Strom aus solarer Strahlungsenergie und zur weiteren Änderung im Recht der erneuerbaren Energien[123] weiter präzisiert. Die technische Betriebsbereitschaft setzt nach § 3 Nr. 5, 2. Hs. EEG n.F. voraus, dass die Anlage fest an dem für den dauerhaften Betrieb vorgesehenen **Ort** und dauerhaft mit dem für die Erzeugung von Wechselstrom erforderlichen **Zubehör** installiert wurde.

65 Mit der Gesetzesänderung reagiert der Gesetzgeber insbesondere auf die Praxis bei **Photovoltaikanlagen**, den Inbetriebnahmezeitpunkt durch eine „vorgezogene

115 BT-Drucks. 17/6071, S. 61.
116 Altrock/Oschmann/Theobald/*Oschmann*, § 3 Rn 84.
117 Altrock/Oschmann/Theobald/*Oschmann*, § 3 Rn 84.
118 Frenz/Müggenborg/*Ekardt*, § 3 Rn 41; Altrock/Oschmann/Theobald/*Oschmann*, § 3 Rn 84.
119 So die Gesetzesbegründung: BT-Drucks. 16/8148, S. 39.
120 Vgl. Frenz/Müggenborg/*Ekardt*, § 3 Rn 41; Reshöft/*Reshöft*, § 3 Rn 56; Gabler/Metzenthin/*Naujoks*, § 3 EEG Rn 100; Altrock/Oschmann/Theobald/*Oschmann*, § 3 Rn 84.
121 So aber: Gabler/Metzenthin/*Naujoks*, § 3 EEG Rn 100.
122 Vgl. Votum 2009/26 der Clearingstelle EEG vom 13.4.2010, abrufbar unter: http://www.clearingstelle-eeg.de/votv/2009/26.
123 BGBl. I 2012 S. 1754.

Inbetriebnahme“ zu beeinflussen.[124] Der Inbetriebnahmebegriff wurde bisher sehr weit ausgelegt. Nach dem Hinweis der Clearingstelle EEG[125] vom 25.6.2010[126] wird eine Photovoltaikanlage in Betrieb gesetzt, sobald in ihr aufgrund einer durch die Anlagenbetreiber oder auf deren Geheiß (z.B. im Auftrag) vorgenommenen aktiven Handlung erstmals Strom erzeugt und dieser außerhalb der Anlage umgewandelt („verbraucht“) wird. Eine solche Umwandlung könne danach bereits durch das Leuchten einer an die Anlage angeschlossenen Glühbirne, das Laden einer Batterie oder eines Akkumulators oder die Umwandlung des Stroms in einer anderen „Verbrauchs“-Einrichtung stattfinden. Nicht erforderlich für die Inbetriebnahme sollte dagegen der Anschluss eines Wechselrichters, die vorherige Anmeldung zum Netzanschluss, die Verlegung des Netzanschlusses oder von Anschlussleitungen sowie die Einspeisung des in dem Modul erzeugten Stroms in ein Stromnetz sein.[127] Auch die ortsfeste Installation der Photovoltaikanlage sollte keine Voraussetzung ihrer Inbetriebnahme sein.[128]

Diese weitgehende Interpretation der Inbetriebnahme wird durch § 3 Nr. 5, 66
2. Hs. EEG 2012 i.d.F. vom 17.8.2012 eingeschränkt. Nach der Gesetzesänderung muss die Anlage künftig zum einen fest an dem für den **dauerhaften Betrieb** vorgesehenen Ort installiert werden. Dauerhaft ist nach der Gesetzesbegründung ein Zeitraum, der über wenige Monate hinaus geht und mindestens einen Zeitraum von einem Jahr erfasst.[129] Der vorgesehene Ort ist der Ort, an dem die Anlage dauerhaft betrieben werden soll. Ändert sich dieser Ort nach der Installation entgegen den ursprünglichen Plänen, ist dies unschädlich, wenn die Anlage ursprünglich dauerhaft an ihrem ursprünglichen Ort betrieben werden sollte.[130] Die Anlage muss fest installiert sein, d.h., die für einen dauerhaften Betrieb erforderlichen Befestigungen müssen erfolgt sein.[131] Für Photovoltaikanlagen ist hierzu eine feste Verbindung der Anlagen mit dem Dach oder mit den auf dem Dach befindlichen Ständern erforderlich.[132] Freiflächenanlagen müssen aufgeständert sein.

Daneben müssen die Anlagenbetreiber die Anlage mit dem für die **Erzeugung** 67
von Wechselstrom erforderlichen Zubehör ausstatten, mit dem die Anlage dauerhaft Strom erzeugen kann. Bei Photovoltaikanlagen muss dazu der Wechselrichter mit der Anlage verbunden worden sein.[133] Diese Verbindung muss dauerhaft sein. Der

124 BT-Drucks. 17/8877, S. 17.
125 Vgl. zur Clearingstelle EEG und der Bedeutung ihrer Hinweise oben Rn 7.
126 Hinweis 2010/1 der Clearingstelle EEG vom 25.6.2010, abrufbar unter: http://www.clearingstelle-eeg.de/hinwv/2010/1.
127 Gabler/Metzenthin/*Naujoks*, § 3 EEG Rn 104.
128 Hinweis 2010/1 der Clearingstelle EEG vom 25.6.2010, S. 34.
129 Vgl. die Gesetzesbegründung BT-Drucks. 17/8877, S. 17.
130 BT-Drucks. 17/8877, S. 17.
131 BT-Drucks. 17/8877, S. 17.
132 BT-Drucks. 17/8877, S. 17.
133 BT-Drucks. 17/8877, S. 18.

Wechselrichter darf daher nicht nur zur Herbeiführung der Inbetriebnahme verbunden werden und nach der erstmaligen nachweislichen Erzeugung von Strom wieder demontiert werden.[134] Für Biomasseanlagen ist die Sicherstellung der dauerhaften Energieträgerzufuhr durch Anschluss an das Erdgasnetz, einen Fermenter[135] oder eine sonstige Beschickungsanlage erforderlich.[136]

3. Inbetriebsetzung

68 Neben den objektiven Voraussetzungen muss subjektiv der Wille des Anlagenbetreibers hinzutreten, die Anlage in Betrieb zu setzen. In Betrieb gesetzt ist eine Anlage, wenn sie tatsächlich zu einer ihrer Bestimmung gemäßen Funktion eingesetzt wird, der Generator also Strom erzeugt.[137] Indizien für die Inbetriebsetzung können die **Unterzeichnung eines Inbetriebnahmeprotokolls** oder die **erstmalige Netzeinspeisung** sein.[138] Die tatsächliche Einspeisung ist zwar für die Inbetriebnahme nicht erforderlich. Ist sie aber erfolgt, kann von einer Inbetriebnahme ausgegangen werden.

4. Austausch des Generators oder sonstiger technischer oder baulicher Teile

69 Werden nach der erstmaligen Inbetriebnahme der Generator oder sonstige technische oder bauliche Teile ausgetauscht, so führt dies nach § 3 Nr. 5, 2. Hs. EEG 2012 nicht zu einer Änderung des Zeitpunkts der Inbetriebnahme. Der neu eingefügte 2. Hs. entspricht der bisherigen Regelung in § 21 Abs. 3 EEG 2009, bezieht sich nun aber auf den Zeitpunkt der Inbetriebnahme und nicht – wie § 21 Abs. 3 EEG 2009 – auf den Neubeginn oder die Verlängerung der Vergütungsfrist. Die Regelung stellt sicher, dass der Austausch einzelner Teile nicht zu einer **Neuinbetriebnahme** der Anlage führt.[139] Wird beispielsweise die Gondel einer Windenergieanlage wegen eines Defekts ausgetauscht, führt dies nicht zu einer Neuinbetriebnahme. Dies ist angesichts der Schwierigkeiten der Wartung insbesondere bei Offshore-Anlagen von Bedeutung.[140] Reparaturbedürftige Gondeln von Offshore-Windenergieanlagen werden regelmäßig durch neue ausgetauscht und an Land repariert. Die reparierten Gondeln werden dann wiederum in neue Anlagen eingebaut.

70 Eine **Sonderregel** gilt nach § 32 Abs. 5 EEG 2012 für **Photovoltaikanlagen**. Die Regelung wurde erst durch das EEG 2012 aufgenommen. Bei Photovoltaikanlagen gilt bereits ein einzelnes Solarmodul als Anlage i.S.d. § 3 Nr. 1 EEG. Wird ein defektes

---

134 BT-Drucks. 17/8877, S. 18.
135 BGH, Urt. v. 21.5.2008 – VIII ZR 308/07 = RdE 2009, 21, 22.
136 BT-Drucks. 17/8877, S. 18.
137 Altrock/Oschmann/Theobald/*Oschmann*, § 3 Rn 88.
138 Frenz/Müggenborg/*Ekardt*, § 3 Rn 42.
139 BT-Drucks. 17/6071, S. 61.
140 Vgl. dazu *Schulz/Rohrer*, ZNER 2011, 494, 496.

Solarmodul ausgetauscht, wird somit eine Anlage und nicht lediglich ein Anlagenteil ersetzt. Die Vorschrift des § 3 Nr. 5, 2. Hs. EEG findet daher keine Anwendung. Die Ersetzung eines defekten Moduls würde als Neuinbetriebnahme einer Anlage gelten. Bei einem Austausch einzelner Module würden für die unterschiedlichen Module unterschiedliche Vergütungssätze und eine unterschiedliche Vergütungsdauer gelten.[141] Die Degression würde zudem zu hohen Vergütungsausfällen führen. Um diese ungewollten Folgen zu vermeiden, hat der Gesetzgeber im Rahmen der EEG Novelle 2012 diese Sonderregelung für Photovoltaikanlagen geschaffen. Der erstmalige Inbetriebnahmezeitpunkt bleibt danach unberührt, wenn aufgrund eines **technischen Defekts**, eines **Diebstahls** oder aufgrund von **Beschädigungen** Module ausgetauscht werden müssen. Das neue Modul erhält die gleiche Vergütung wie das ersetzte Modul. Durch das Gesetz zur Änderung des Rechtsrahmens für Strom aus solarer Strahlungsenergie und zur weiteren Änderungen im Recht der erneuerbaren Energien[142] wird die Regelung durch die ausdrückliche „Klarstellung“[143] ergänzt, dass die Ersetzung nur bis zur Höhe der vor der Ersetzung an demselben Standort installierten Leistung von Anlagen gilt.

IV. „Netz“

1. Allgemeines

Netzbetreiber sind nach § 5 Abs. 1 EEG grundsätzlich dazu verpflichtet, Anlagen zur Erzeugung von Strom aus erneuerbaren Energien und aus Grubengas unverzüglich vorrangig an ihr Netz anzuschließen. Der Begriff des Netzes wird in § 3 Nr. 7 EEG 2012 definiert. Die Pflichten richten sich an die Netzbetreiber, worunter nach § 3 Nr. 8 EEG 2012 die Betreiber von Netzen **aller Spannungsebenen** für die **allgemeine Versorgung** mit Elektrizität fallen. Die Einstufung als Netz i.S.d. § 3 Nr. 7 EEG hat damit weitreichende Folgen für die Netzbetreiber. Neben der grundsätzlichen Pflicht zum unverzüglichen vorrangigen Anschluss von Anlagen zur Erzeugung von Strom aus erneuerbaren Energien trifft sie nach § 8 Abs. 1 EEG auch die Pflicht, den gesamten angebotenen Strom aus erneuerbaren Energien auch unverzüglich vorrangig abzunehmen, zu übertragen und zu verteilen. Schließlich müssen Netzbetreiber den Strom – unter weiteren Voraussetzungen – nach den §§ 16 ff. EEG vergüten. 71

Nach § 3 Nr. 7 EEG 2012 ist unter „Netz“ die **Gesamtheit** der miteinander verbundenen technischen Einrichtungen zur **Abnahme**, **Übertragung** und **Verteilung** von Elektrizität für die allgemeine Versorgung zu verstehen. Die Begriffsdefinition blieb im Rahmen der EEG-Novelle gegenüber dem EEG 2009 unverändert. Nach der Geset- 72

141 BT-Drucks. 17/6071 S. 77.
142 BGBl. I 2012 S. 1754.
143 BT-Drucks. 17/8877, S. 20.

zesbegründung knüpft der Begriff an die Begriffsbestimmung im EnWG an, definiert ihn aber davon unabhängig.[144] Dies ist insoweit bemerkenswert, als sich im EnWG keine Definition des Begriffes „Netz“ selbst findet. In § 3 Nr. 16 EnWG ist zwar geregelt, dass unter Energieversorgungsnetzen „Elektrizitätsversorgungsnetze und Gasversorgungsnetze“ verstanden werden. Was aber unter Elektrizitätsversorgungsnetz zu verstehen ist, wird nicht näher erläutert. In § 3 Nr. 17 EnWG wird hingegen der Begriff „der allgemeinen Versorgung“ definiert.

73 Voraussetzung für das Vorliegen eines Netzes i.S.d. § 3 Nr. 7 EEG ist zum einen das Vorliegen eine Gesamtheit technischer Einrichtungen zur Abnahme, Übertragung und Verteilung von Elektrizität. Zum anderen muss es sich dabei um Einrichtungen „zur allgemeinen Versorgung“ handeln. Durch das Merkmal „allgemeine Versorgung“ wird in die Begriffsbestimmung eine **„wertende Komponente“** eingefügt, durch die das Gesetz keinen technischen, sondern einen juristischen Netzbegriff zugrunde legt.[145]

2. Gesamtheit technischer Einrichtungen

74 Technische Einrichtungen zur Abnahme, Übertragung und Verteilung von Elektrizität sind beispielsweise Abnahme- und Übergabeeinrichtungen, Transformatoren, Schaltfelder, Freileitungen, Erdkabel, Umspannwerke und Schaltanlagen mit Sicherungs- und Überwachungseinrichtungen, Schaltern etc., die zur Übertragung oder Verteilung elektrischer Energie notwendig sind.[146] Die technischen Einrichtungen führen erst in ihrer Gesamtheit zu einem Netz.[147] Einzelne technische Einrichtungen wie eine einzelne **Freileitung** stellen für sich gesehen kein Netz dar. Eine **Direktleitung**, also eine Leitung, die beispielsweise von einem Kraftwerk direkt zu einem Kunden geht, ohne dass sie mit anderen Stromleitungen verbunden ist, ist daher nicht als Netz zu qualifizieren.[148] Anderes gilt für eine **Stichleitung**, die das (vermaschte) allgemeine Netz mit einem entfernter gelegenen Kunden verbindet.[149]

3. Zur allgemeinen Versorgung

75 Zu den Netzen für die allgemeine Versorgung zählen nach der Gesetzesbegründung in Übereinstimmung mit der **Rechtsprechung des Bundesgerichtshofs** und der Regelung des EnWG solche Netze, die unmittelbar der Verteilung von Energie an Dritte

144 BT-Drucks. 16/8148, S. 40.

145 *Salje*, EEG, § 3 Rn 91.

146 BNetzA, Beschl. v. 11.6.2007 – BK 6-06-053 („Valentinswerder“) – ; Altrock/Oschmann/Theobald/*Oschmann*, § 3 Rn 110; Frenz/Müggenborn/Ekardt, § 3 Rn 55.

147 Altrock/Oschmann/Theobald/*Oschmann*, § 3 Rn 110; Frenz/Müggenborn/*Ekardt*, § 3 Rn 111.

148 Danner/Theobald/*Oschmann*, § 3 EEG Rn 102.

149 *Salje*, EEG, § 3 Rn 90.

dienen und von ihrer Dimensionierung nicht von vornherein nur auf die Versorgung bestimmter, schon bei der Netzerrichtung feststehender oder bestimmbarer Letztverbraucher ausgelegt sind, sondern grundsätzlich für die Versorgung jedes Letztverbrauchers offen stehen.[150] Die Gesetzesbegründung übernimmt dabei die Definition des „Energieversorgungsnetz der allgemeinen Versorgung" in § 3 Nr. 17 EnWG.

Der Begriff der „allgemeinen Versorgung" wird dabei **weit ausgelegt.**[151] Umfasst 76 sind nicht nur Netze, die unmittelbar der Versorgung von Letztverbrauchern dienen, sondern auch solche Netze, die dazu bestimmt sind, andere Elektrizitätsversorgungsunternehmen mit Strom zu beliefern.[152]

Nicht erfasst sind dagegen Netze, die von vornherein nur auf einen begrenzten 77 und bestimmten Abnehmerkreis ausgerichtet sind. Dies gilt insbesondere für Areal- und Industrienetze und, allgemein, **geschlossene Verteilernetze**, die nicht der allgemeinen sondern der speziellen Versorgung bestimmter Abnehmer dienen.[153] Betreiber solcher Netze sind damit grundsätzlich nicht zum Anschluss von Anlagen zur Erzeugung von Strom aus erneuerbaren Energien nach § 5 Abs. 1 EEG verpflichtet.

V. Bedeutung der BiomasseV

1. Allgemeines

Für die Vergütung von Strom aus Biomasse ist die Biomasseverordnung von erheb- 78 licher Bedeutung, die die **Vergütungsvorschriften** in §§ 27 bis 27b EEG ergänzt und präzisiert. Zum Erlass der Biomasseverordnung wird die Bundesregierung in § 64a Abs. 1 EEG 2012 ermächtigt. Die Verordnungsermächtigung entspricht dabei im Wesentlichen der Vorgängerregelung in § 64 Abs. 1 Nr. 2 EEG 2009.[154] Die Bundesregierung wird darin ermächtigt „im Anwendungsbereich der §§ 27 bis 27b EEG" zu regeln:

- welche **Stoffe** als Biomasse gelten (Nr. 1),
- für welche Stoffe eine **zusätzliche einsatzstoffbezogene Vergütung** in Anspruch genommen werden kann, welche energetischen Referenzwerte für die Berechnung dieser Vergütung anzuwenden und in welcher Art nachzuweisen sind und wie die einsatzstoffbezogene Vergütung zu berechnen ist (Nr. 2),
- welche technischen **Verfahren** zur Stromerzeugung angewandt werden dürfen (Nr. 3) und
- welche **Umwelt- und Naturschutzanforderungen** dabei zu erfüllen sind (Nr. 4).

---

150 BT-Drucks. 16/8148, S. 40.

151 Vgl. Britz/Hellermann/Hermes/*Hellermann*, § 3 Rn 33.

152 BGH, Urt. v. 8.10.2003 – VIII ZR 165/01 = RdE 2004, 46, 47.

153 *Salje*, EEG, § 3 Rn 95; näher zur Problematik BK-EnR/*Boesche*, § 3 EnWG Rn 46 ff.

154 Neu eingefügt wurde § 64a Abs. 1 Nr. 2 EEG 2012.

79 Die Biomasseverordnung gilt entsprechend der Verordnungsermächtigung in § 64a Abs. 1 EEG 2012 nur im Anwendungsbereich der **Vergütungsregeln** für Strom aus Biomasse in den §§ 27 bis 27b EEG 2012. Die dort geregelten Voraussetzungen müssen erfüllt werden, um einen Anspruch auf Vergütung nach den §§ 27 bis 27b EEG 2012 zu erlangen. Liegen diese Voraussetzungen nicht vor, besteht kein Vergütungsanspruch. Im übrigen Anwendungsbereich des EEG gelten die Bestimmungen der BiomasseV jedoch nicht, also insbesondere im Rahmen der Vorschriften über den Netzzugang[155] sowie die Verpflichtung zur vorrangigen Abnahme, Übertragung und Verteilung des Stroms.[156] Hier gilt der weitere Biomassebegriff in § 3 Nr. 3 EEG.[157] Bei der **Direktvermarktung** nach den §§ 33a ff. EEG 2012 kommt es auf die Form der Direktvermarktung an. Vermarkten Anlagenbetreiber ihren Strom zum Zweck der Inanspruchnahme der Marktprämie[158] oder zur Nutzung des Grünstromprivilegs,[159] muss für den direkt vermarkteten Strom gem. § 33c Abs. 2 Nr. 1 Buchst. a EEG dem Grunde nach ein Vergütungsanspruch nach §§ 16, 27 bis 27b EEG 2012 bestehen. Für diese Formen der Direktvermarktung gilt daher der engere Biomasse-Begriff der BiomasseV. Wird der Strom dagegen auf sonstige Weise direkt vermarktet, gilt der weite Biomassebegriff des § 3 Nr. 3 EEG 2012.

80 Die Biomasseverordnung regelt nach § 1 BiomasseV für den **Anwendungsbereich des EEG:**
- welche Stoffe als Biomasse gelten (§§ 2 und 3),
- für welche Stoffe zusätzliche einsatzstoffbezogene Vergütungen in Anspruch genommen werden können, welche energetischen Referenzwerte für die Berechnung dieser Vergütung anzuwenden sind und die einsatzstoffbezogene Vergütung zu berechnen ist (§ 2a),
- welche technischen Verfahren zur Stromerzeugung aus Biomasse in den Anwendungsbereich des Gesetzes fallen (§ 4) und
- welche Umweltanforderungen bei der Erzeugung von Strom aus Biomasse einzuhalten sind (§ 5).

2. Anerkannte Biomasse (§§ 2, 3 BiomasseV)

81 In den §§ 2 und 3 BiomasseV wird der Begriff der Biomasse für den Anwendungsbereich der §§ 27 bis 27b EEG festgelegt. Nach § 2 Abs. 1 BiomasseV sind Biomasse Energieträger aus **Phyto- und Zoomasse** (Pflanzen und Tiere) sowie daraus resultierende Folge- und Nebenprodukte (z.B. Papier, organischer Hausmüll, Nahrungs-

155 § 5 EEG 2012.
156 § 8 EEG 2012.
157 Vgl. dazu oben Rn 22 ff.
158 § 33b Nr. 1 EEG 2012.
159 § 33b Nr. 2 EEG 2012.

mittel), Rückstände und Abfälle (z.B. Gülle), deren Energiegehalt aus Phyto- und Zoomasse stammt. Dieser allgemeinen Definition der Biomasse wird eine Aufzählung von „insbesondere" erfassten Stoffen angefügt. Nach § 2 Abs. 2 BiomasseV zählen zur Biomasse insbesondere Pflanzen und Pflanzenbestandteile, aus Pflanzen oder Pflanzenbestandteilen hergestellte Energieträger, Abfälle und Nebenprodukte pflanzlicher und tierischer Herkunft aus Land-, Forst- und Fischwirtschaft, Bioabfälle und aus Biomasse erzeugtes Gas. In Abs. 3 werden schließlich bestimmte Stoffe, deren Einstufung als Biomasse aufgrund von Verunreinigungen zweifelhaft sein kann, als Biomasse bestimmt. Dies betrifft Treibsel aus Gewässerpflege, Uferpflege und -reinhaltung (Nr. 1) sowie bestimmtes Biogas (Nr. 2).

Der Begriff der Biomasse wird für den Anwendungsbereich der Einspeisevergü- 82
tung in § 3 BiomasseV jedoch eingeschränkt. Nicht als Biomasse werden danach u.a. **gemischte Siedlungsabfälle**, **Textilien** und **bestimmte Tierprodukte** und **Papier** anerkannt. Neu durch die Novellierung der BiomasseV wurde der weitgehende Ausschluss von **Altholz** aus dem Biomassebegriff eingefügt. Nach § 3 Nr. 4 zählt nunmehr Altholz (mit Ausnahme von Industrierestholz) nicht mehr als Biomasse im Sinne der BiomasseV.

Vom Anwendungsbereich der BiomasseV werden nach § 3 Nr. 10 und 11 Bio- 83
masseV auch die biogenen Energieträger **Deponie- und Klärgas** ausgenommen. Dies hat den Hintergrund, dass für Deponie- und Klärgas gesonderte Vergütungsregeln bestehen[160] und sie daher aus dem Anwendungsbereich der Vergütungsregeln für Biomasse nach §§ 27 ff. EEG ausgenommen werden.

3. Regelung zur zusätzlichen einsatzstoffbezogenen Vergütung (§ 2a BiomasseV)

Durch die EEG-Novelle 2012 wurde im Rahmen der Vergütung von Strom aus Bio- 84
masse zusätzlich zur Grundvergütung eine besondere (zusätzliche) einsatzstoffbezogene Vergütung eingeführt.[161] Dies soll nach der Gesetzesbegründung **Mehrkosten** für bestimmte Einsatzstoffe decken, die von der Grundvergütung nicht erfasst sind.[162] Die Vergütung für Strom aus Biomasse erhöht sich dementsprechend nach § 27 Abs. 2 EEG bei der Verwendung bestimmter Einsatzstoffe.

Für welche Stoffe eine einsatzstoffbezogene Vergütung in Anspruch genommen 85
werden kann, wird in Anlage 2 und 3 der BiomasseV festgelegt. Hierbei wird zwischen Stoffen der Einsatzstoffvergütungsklasse I (Anlage 2) und II (Anlage 3) differenziert. Für die jeweiligen Einsatzstoffe werden zugleich **energetische Referenzwerte** für die Anwendung des § 27 Abs. 2 Nr. 1 und 2 EEG festgelegt. In der Einsatzstoffvergütungsklasse I finden sich im Wesentlichen die bisher über den – nunmehr gestri-

160 §§ 24, 25 EEG.
161 § 27 Abs. 2 EEG.
162 BT-Drucks. 17/6071, S. 70.

chenen – „Nawaro-Bonus" geförderten Energiepflanzen (z.B. Getreideganzpflanzen einschließlich Mais oder Holz aus Kurzumtriebsplantagen).[163] In die Einsatzstoffvergütungsklasse II wurden bestimmte ökologisch wünschenswerte Einsatzstoffe aufgenommen, die geringe Nutzungskonkurrenzen aufweisen und deren Einsatz einen hohen Beitrag für den Klimaschutz leisten kann, die jedoch in der Regel nur zu höheren Kosten mobilisiert werden können (beispielsweise Gülle, Stroh, schnell wachsende Gehölze aus Kurzumtriebsplantagen).[164]

86 Neben der Festlegung der Einsatzstoffvergütungsklassen und der energetischen Referenzwerte wird in § 2a BiomasseV zudem geregelt, wie die einsatzstoffbezogene Vergütung zu **berechnen** ist[165] und Anforderungen an den Nachweis über den Energieertrag von Einsatzstoffen aufgestellt.[166]

4. Anwendbare technische Verfahren (§ 4 BiomasseV)

87 In § 4 BiomasseV ist geregelt, welche technischen Verfahren zur Stromerzeugung aus Biomasse in den Anwendungsbereich des Gesetzes fallen. Nach § 4 Abs. 1 BiomasseV gehören **einstufige** und **mehrstufige** Verfahren zur Stromerzeugung durch folgende Arten von Anlagen dazu:
- **Feuerungsanlagen** in Kombination mit Dampfturbinen-, Dampfmotor-, Stirlingmotor- und Gasturbinenprozessen, einschließlich Organic-Rankine-Cycle-(ORC)-Prozessen (Nr. 1),
- **Verbrennungsmotoranlagen** (Nr. 2),
- **Gasturbinenanlagen** (Nr. 3),
- **Brennstoffzellenanlagen** (Nr. 4) sowie
- **Andere Anlagen**, die wie die unter Nr. 1 bis 4 genannten technischen Verfahren im Hinblick auf da Ziel des Klima- und Umweltschutzes betrieben werden (Nr. 5)

Die Aufzählung führt nicht zu einer Einschränkung von (vergütungsfähigen) technischen Verfahren, da zum einen in den Nr. 1 bis 4 alle derzeit zur Verfügung stehenden Verfahren zur Stromerzeugung aus Biomasse benannt wurden und durch die Auffangregelung in Nr. 5 auch Raum für **neue Verfahren** gelassen wurde.[167]

163 BT-Drucks. 17/6071, S. 70.
164 So die Gesetzesbegründung BT-Drucks. 17/6071, S. 70.
165 § 2a Abs. 1 und 2 BiomasseV.
166 § 2a Abs. 3 BiomasseV.
167 Vgl. die Verordnungsbegründung: BT-Drucks. 14/6059, S. 13.

5. Umweltanforderungen (§ 5 BiomasseV)

Die Verordnungsermächtigung des § 64a Abs. 1 Nr. 4 EEG ermächtigt die Bundesregierung auch zur Regelung, welche Umwelt- und Naturschutzanforderungen „dabei“[168] zu erfüllen sind. Eine Regelung hierzu findet sich in § 5 BiomasseV. Dort hat der Verordnungsgeber allerdings darauf verzichtet, „zusätzliche“, d.h. über die bereits bestehenden öffentlich-rechtlichen Vorschriften hinausgehende Anforderungen festzulegen. Nach § 5 BiomasseV sind *„die für die jeweiligen technischen Verfahren sowie den Einsatz der betreffenden Stoffe geltenden Vorschriften des öffentlichen Rechts einzuhalten.“* Dies hat den Hintergrund, dass das EEG eine **behördliche Kontrolle** der Umweltanforderungen weder vorsieht noch ermöglicht. Eigenständige Umweltanforderungen müssen daher unmittelbar von den Anwendern des EEG (Stromanbietern und Abnehmern) „vollzogen“ werden. Ein damit einhergehendes Unsicherheitspotenzial wollte der Verordnungsgeber vermeiden.[169] 88

B. Welche Anlagen fallen unter das KWKG?

I. Kraft-Wärme-Koppelungs-Gesetz

1. Allgemeines

Großes Potenzial im Hinblick auf eine effiziente und damit ressourcenschonende Energiegewinnung wird – vor allem neuerdings – in der Kraft-Wärme-Koppelung gesehen. Hierzu soll das KWKG einen wichtigen Beitrag leisten. Ziel des Kraft-Wärme-Koppelungsgesetzes ist es nach § 1 KWKG, den Anteil der Stromerzeugung aus Kraft-Wärme-Koppelung auf 25 % bis 2020 zu steigern, was einer **Verdopplung** seit Inkrafttreten der KWK-Novelle zum 1.1.2009 entspricht.[170] 89

Der Vorteil der Kraft-Wärme-Koppelung gegenüber der einfachen Strom- bzw. Wärmeerzeugung ist der **höhere Wirkungsgrad**. Während herkömmliche Kraftwerke einen Wirkungsgrad von 45–50 % haben, erhöht sich der Wirkungsgrad beim Einsatz von Kraft-Wärme-Koppelung auf 80–95 %.[171] Die höhere Energieausbeute führt zu einem geringeren Einsatz (meist fossiler) Brennstoffe und damit zu erheblichen CO_2-Reduktionen. 90

---

168 Im Anwendungsbereich der §§ 27 bis 27b EEG.

169 BT-Drucks. 14/6059, S. 14.

170 Abrufbar unter http://www.bmwi.de/BMWi/Redaktion/PDF/Publikationen/novelle-des-kraft-waerme-kopplungsgesetzes.property=pdf.bereich=bmwi.sprache=de.rwb=true.pdf.

171 *Jacobshagen*, ZUR 2008, 449, 449.

91 Instrumente des KWKG sind die Förderung von Strom aus Kraft-Wärme-Kopplungsanlagen (KWK-Anlagen), die Förderung des Neu- und Ausbaus von Wärme- und Kältenetzen sowie des Neu- und Ausbaus von Wärme- und Kältespeichern, in die Wärme oder Kälte aus KWK-Anlagen eingespeist wird.

2. KWK-VorschaltG

92 Vorläufer des KWKG war das Gesetz zum Schutz der Stromerzeugung aus Kraft-Wärme-Koppelung vom 12.5.2000 (KWK-VorschaltG).[172] Zweck des KWK-VorschaltG war der *„befristete Schutz der Kraft-Wärme-Koppelung in der allgemeinen Versorgung im Interesse von Energieeinsparung und Klimaschutz"*.[173] Hintergrund für das Gesetz war, dass aufgrund der **Liberalisierung des Strommarkts** durch das Gesetz zur Neuregelung des EnWG vom 24.4.1998[174] die **Strompreise** sanken und sich dadurch die Rahmenbedingungen für den wirtschaftlichen Betrieb von KWK-Anlagen verschlechterten.[175] Das Gesetz hatte nur einen beschränkten Anwendungsbereich. Erfasst wurde nur Strom aus Bestandsanlagen und in diesem Rahmen Strom von EVU betrieben KWK-Anlagen, die die allgemeine Versorgung von Letztverbrauchern sicherstellten, Strom aus KWK-Anlagen, an denen das EVU mit mindestens 25 % beteilig war[176] sowie Strom aus KWK-Anlagen, der aufgrund von Lieferverträgen von einem EVU bezogen wurde.[177] Das Gesetz sah eine Anschluss-, Abnahme- und Vergütungspflicht für Strom aus KWK-Anlagen vor. Das KWK-VorschaltG war von Anfang an als **„Übergangslösung"** konzipiert, dessen Außerkrafttreten bereits im Gesetz selbst festgelegt wurde auf den Zeitpunkt des Inkrafttretens eines Gesetzes *„zur langfristigen Sicherung und zum Ausbau der Kraft-Wärm-Koppelung (KWK-Ausbaugesetz)"*.[178] Das Gesetz trat folglich mit dem Inkrafttreten des KWKG 2002 am 1.4.2002 außer Kraft.

3. KWKG 2002

93 Das zwar mehrfach novellierte, aber im Wesentlichen bis heute gültige KWKG 2002 sieht ebenfalls eine Anschluss-, Abnahme- und Vergütungspflicht vor. Der Anwendungsbereich des Gesetzes wurde einerseits weiter und andererseits enger als die Regelungen des KWK-VorschaltG gefasst. Erweitert wurde der Anwendungsbereich im

172 BGBl. I S. 703.
173 § 1 KWK-VorschaltG.
174 BGBl. I S. 730.
175 BT-Drucks. 14/7024, S. 9.
176 Die Beteiligung musste nach § 2 Abs. 1 S. 3 Nr. 1 KWK-VorschaltG bereits am 31.12.1999 bestehen.
177 § 2 Abs. 1 KWK-VorschaltG.
178 § 7 KWK-VorschaltG.

Hinblick auf die **KWK-Anlagen**. Das KWKG stellt anders als das KWK-VorschaltG nicht mehr auf den Betreiber ab. Auch KWK-Anlagen, die nicht von EVU betrieben werden, fallen unter den Anwendungsbereich des Gesetzes. Enger wurde der Anwendungsbereich im Hinblick auf den abzunehmenden und zu vergütenden **Strom** gefasst. Während das KWK-VorschaltG die Abnahme- und Vergütungspflicht für den gesamten Strom der KWK-Anlage vorsah, beschränkt das KWKG 2002 die Abnahme- und Vergütungspflicht auf den sog. „KWK-Strom", der in § 3 Abs. 4 KWKG 2002 definiert wird. Wesentliche Neuerung durch das KWKG 2002 war die Einführung der flexiblen Vergütungsregeln. Während das KWK-VorschaltG eine Mindestvergütung vorsah,[179] setzt sich die Vergütung für den aufgenommenen KWK-Strom aus dem Preis, den der Betreiber der KWK-Anlage und der Netzbetreiber vereinbaren und einen im KWKG 2002 festgelegten Zuschlag zusammen.[180]

Der Kreis der geförderten Anlagen war jedoch zunächst begrenzt. Gefördert wurden in erster Linie **Bestandsanlagen**. Dazu zählten: 94

- KWK-Anlagen, die bis zum 31.12.1989 in Dauerbetrieb genommen wurden,[181]
- Anlagen, die ab dem 1.1.1990 bis zum 1.4.2002 in Dauerbetrieb genommen worden sind[182] sowie
- alte Bestandsanlagen, die modernisiert oder durch eine neue Anlage ersetzt und nach dem 1.4.2002 und bis zum 31.12.2005 wieder in Dauerbetrieb genommen wurden.[183]
- Neue Anlagen wurden nur mit einer elektrischen Leistung von nicht mehr als 2 MW gefördert,[184] um den Aufbau einer dezentralen Versorgungsstruktur zu unterstützen.

Der **Neubau** von KWK-Anlagen mit einer elektrischen Leistung von mehr als 2 MW sollte dagegen „marktgetrieben", d.h. ohne eine staatliche Förderung erfolgen.

Die **Förderungsdauer** der alten und neuen Bestandsanlagen sowie der modernisierten Anlagen war nach dem KWKG 2002 begrenzt. Für Betreiber alter Bestandsanlagen lief der Anspruch auf Zahlung eines Zuschlags für KWK-Strom zum 31.12.2006,[185] für neue Bestandsanlagen zum 31.12.2009[186] und für modernisierte Anlagen[187] zum 95

179 § 4 KWK-VorschaltG.
180 § 4 Abs. 3 KWKG.
181 „Alte Bestandsanlagen"; § 5 Abs. 1 Nr. 1 KWKG 2002.
182 „Neue Bestandsanlagen"; § 5 Abs. 1 Nr. 2 KWKG 2002.
183 „Modernisierte Anlagen", § 5 Abs. 1 Nr. 4 KWKG 2002.
184 „Kleine KWK-Anlagen"; § 5 Abs. 2 Nr. 1 KWKG 2002.
185 § 7 Abs. 1 KWKG 2002.
186 § 7 Abs. 2 KWKG 2002.
187 § 5 Abs. 1 Nr. 3 KWKG 2002.

31.12.2010 aus.[188] Auch die Förderung der neuen kleinen KWK-Anlagen war nach § 5 Abs. 2 S. 2 KWKG – abhängig von einer Gesamtfördermenge – begrenzt.

96 Das KWKG 2002 sah konkrete **CO_2-Einsparziele** vor. Bis zum Jahr 2005 sollte nach § 1 Abs. 1 KWKG 2002 im Vergleich zum Basisjahr 1998 durch die Nutzung der Kraft-Wärme-Kopplung eine Minderung der jährlichen Kohlendioxid-Emissionen in einer Größenordnung von 10 Mio. t und bis zum Jahr 2010 von insgesamt bis zu 23 Mio. t, mindestens aber 20 Mio. t, erzielt werden. Zweck des KWKG 2002 war es nach § 1 Abs. 2 KWKG 2002, zu den genannten Einsparzielen einen Beitrag zu leisten durch den befristeten Schutz und die Modernisierung der Kraft-Wärme-Koppelungsanlagen sowie den Ausbau der Stromerzeugung in kleinen KWK-Anlagen und die Markteinführung der Brennstoffzelle im Interesse der Energieeinsparung, des Umweltschutzes und der Erreichung der Klimaschutzziele der Bundesregierung. Zu den Einsparzielen sollten die Maßnahmen des KWKG einen „Beitrag" leisten. Ein weiterer Beitrag sollte von nicht durch das KWKG geförderten Anlagen, also insbesondere in Anlagen mit einer elektrischen Leistung von mehr als 2 MW, kommen.

4. KWKG-Novelle 2009

a) Allgemeines

97 Eine (auf § 12 Abs. 1 KWKG 2002 basierende) **Zwischenüberprüfung** kam im Jahr 2006 zu dem Ergebnis, dass die Zielvorgaben bis zum Jahr 2010 voraussichtlich nicht erreicht werden, da der marktgetriebene Ausbau von KWK-Anlagen deutlich hinter den Erwartungen zurückbleiben werde.[189] Auf den zu schleppenden Ausbau der Kraft-Wärme-Koppelung reagierte der Gesetzgeber mit der KWK-Novelle 2009.

98 Anders als das KWKG 2002 sieht das KWKG 2009 keine konkreten CO_2-Minderungsziele vor, sondern hat nach § 1 KWKG 2009 das Ziel, einen **Beitrag zur Erhöhung der Stromerzeugung aus Kraft-Wärme-Koppelung** in der Bundesrepublik Deutschland auf 25 % zu leisten. Dies soll durch den befristeten Schutz, die Förderung der Modernisierung und des Neubaus von Kraft-Wärme-Koppelungsanlagen, die Unterstützung der Markteinführung der Brennstoffzelle sowie die Förderung des Neu- und Ausbaus von Wärmenetzen, in die Wärme aus KWK-Anlagen eingespeist wird, erfolgen.

99 Gegenüber dem KWKG 2002 wurde das KWKG 2009 zum einen um den Zweck der **Förderung des Neubaus** auch von nicht kleinen KWK-Anlagen erweitert. Damit reagierte der Gesetzgeber auf die Erkenntnis, dass der marktbetriebene Ausbau von KWK-Anlagen (mit einer elektrischen Leistung von mehr als 2 MW) hinter den Erwar-

188 § 7 Abs. 3 KWKG 2002.

189 BMWi und BMU, Zwischenüberprüfung des Kraft-Wärme-Koppelungsgesetz, 2006, abrufbar unter: http://www.bmu.de/energieeffizienz/energieerzeugung/kraft-waerme-kopplung/doc/37929.php.

tungen zurück blieb. Zum anderen wurde der Zweck des Gesetzes auf die Förderung des Neu- und Ausbaus von **Wärmenetzen** ausgedehnt. Dadurch sollte das Hemmnis der hohen Investitionskosten für die Erschließung neuer Wärmesenken durch die Verlegung von Wärmenetzen und entsprechender Hausanschlüsse beseitigt werden.

Die KWK-Novelle 2009 führte damit zu dem Ergebnis, dass – entgegen den ursprünglichen Erwartungen bzw. Plänen – die vorübergehende Förderung der KWK-Anlagen nicht eingestellt, sondern sogar noch ausgeweitet wurde. Außerdem ist mit der Förderung des Ausbaus von Wärmenetzen der „**zweite Teil**" der KWK, nämlich der Wärme, in das Förderregime einbezogen worden. 100

Dementsprechend sind wichtige Eckpunkte des KWKG 2009: 101
- **Beibehaltung** der bisherigen (auslaufenden) Förderung,
- **Ausweitung** der Förderung auf hocheffiziente KWK-Anlagen mit einer elektrischen Leistung von mehr als 2 MW,
- **Einführung** des Hocheffizienzkriteriums für neue KWK-Anlagen und „hocheffiziente modernisierte KWK-Anlagen",
- **Einbeziehung** der gesamten Eigenerzeugung[190] sowie
- Förderung des Neu- und Ausbaus von **Wärmenetzen.**

b) Beibehaltung der bisherigen Förderung durch das KWKG 2009

Die Regelung der bisherigen Förderung von alten Bestandsanlagen,[191] neuen Bestands- 102
anlagen[192] sowie modernisierten Anlagen[193] wurde beibehalten, aber nicht verlängert („**befristeter Schutz**"[194]). Für Betreiber alter Bestandsanlagen lief der Anspruch auf Zahlung eines Zuschlags für KWK-Strom zum 31.12.2006 aus,[195] für neue Bestandsanlagen zum 31.12.2009[196] und für modernisierte Anlagen[197] zum 31.12.2010.[198] Nach dem KWKG 2002 waren daneben kleine KWK-Anlagen, die nach dem 1.4.2002 und vor dem 1.1.2009 in Dauerbetrieb genommen wurden, förderfähig. Diese Förderung läuft ebenfalls aus und wurde nicht – jedenfalls nicht unverändert – verlängert.

---

190 § 4 Abs. 3a KWKG 2009.
191 § 5 Abs. 1 Nr. 1 KWKG 2009.
192 § 5 Abs. 1 Nr. 2 KWKG 2009.
193 § 5 Abs. 1 Nr. 3 KWKG 2009.
194 Vgl. § 1 KWKG 2009.
195 § 7 Abs. 1 KWKG 2009.
196 § 7 Abs. 2 KWKG 2009.
197 § 5 Abs. 1 Nr. 3 KWKG 2009.
198 § 7 Abs. 3 KWKG 2009.

c) Ausweitung der Förderung und Einführung des Hocheffizienzkriteriums

103 Neben der Aufrechterhaltung der bisherigen Förderung kam es durch das KWKG 2009 zu einer erheblichen Ausweitung der geförderten Anlagen. Neue Fördertatbestände wurden hierfür geschaffen, denen als zentrales Kriterium für die Förderung das **Hocheffizienzkriterium** gemein ist.

104 Dies betraf zum einen die Förderung von sog. **hocheffizienten** modernisierten **KWK-Anlagen** nach § 5 Abs. 1 Nr. 4 KWKG 2009. Dies sind (alte bzw. neue) Bestandsanlagen,[199] die modernisiert oder durch eine neue Anlage ersetzt und ab dem 1.1.2009 bis zum 31.12.2020 wieder in Dauerbetrieb genommen worden sind, sofern die modernisierte KWK-Anlage oder die Ersatzanlage hocheffizient sind.[200]

105 Die auslaufende Förderung für kleine KWK-Anlagen wurde durch eine Förderung von **hocheffizienten kleinen KWK-Anlagen** ersetzt, die nach dem 1.1. 2009 in Dauerbetrieb genommen werden. Gegenüber der auslaufenden Vorgängerförderung des § 5 Abs. 2 Nr. 1 KWKG müssen kleine KWK-Anlagen nach § 5 Abs. 2 S. 2 KWKG nun zusätzlich das Erfordernis der Hocheffizienz erfüllen.

106 Völlig neu gegenüber dem KWKG 2002 war die Förderung von neuen KWK-Anlagen mit über 2 MW elektrischer Leistung, also „nicht-kleinen KWK-Anlagen" i.S.d. § 3 Abs. 3 KWKG. Nach § 5 Abs. 3 KWKG 2009 waren nun auch hocheffiziente KWK-Anlagen mit einer elektrischen Leistung von mehr als 2 MW, die nach dem 1.1.2009 und bis zum 31.12.2020 in Dauerbetrieb genommen worden sind, zuschlagsberechtigt. Der Ausbau von KWK-Anlagen mit einer elektrischen Leistung von mehr als 2 MW sollte nach der Konzeption des KWKG 2002 noch „marktgetrieben" erfolgen. Diese Erwartungen hatten sich jedoch nicht erfüllt, weshalb im Rahmen der KWK-Novelle als zentrales Element auch die Ausweitung der Förderung auf **„große" KWK-Anlagen** aufgenommen wurde.

d) Einbeziehung der gesamten Eigenerzeugung

107 Eine Neuerung gegenüber dem KWKG 2002 stellt auch die Einbeziehung der gesamten Eigenerzeugung als zuschlagsfähigen KWK-Strom dar. Ein Zuschlag ist nach § 4 Abs. 3a KWKG 2009 auch für KWK-Strom zu entrichten, der nicht in ein Netz für die allgemeine Versorgung eingespeist wird. Dadurch sollen auch KWK-Anlagen in den Genuss von Zuschlägen kommen, soweit der von ihnen erzeugte KWK-Strom im Rahmen der im EnWG geregelten Eigenversorgung in ein anderes Netz eingespeist und an ein Unternehmen des produzierenden Gewerbes geliefert wird.[201] Diese Neuregelung war nach der Gesetzesbegründung der Bundesregierung erforderlich, um die **Erhöhung des Anteils der KWK-Stromerzeugung** auf 25 % bis zum Jahr 2020

199 § 5 Abs. 1 Nr. 1 und 2 KWKG.
200 Zur Hocheffizienz vgl. unten II. 3. Rn 134 ff.
201 BT-Drucks. 16/8305, S. 16.

zu erreichen. Der dazu notwendige Zubau soll sowohl durch Anlagen der allgemeinen Versorgung als auch von Eigenversorgungsanlagen erbracht werden.[202]

e) Förderung des Neu- und Ausbaus von Wärmenetzen

Neben der Förderung des KWK-Stroms ist zweiter Hauptzweck des KWKG die Förderung des Neu- und Ausbaus von Wärmenetzen. Sie soll der Erschließung neuer sog. **Wärmesenken** (Abnehmer) dienen, um den Anteil der KWK-Stromerzeugung bis 2020 auf etwa 25 % zu erhöhen.[203] Die Förderung erfolgt über einen Zuschlag, dessen Höhe sich nach dem Nenndurchmesser der neu verlegten Wärmeleitung und der Trassenlänge bestimmt. Damit wird ein der Stromseite entsprechendes Förderregime auf der Wärmeseite geschaffen. 108

5. KWK-Novelle 2012

Mit der KWK-Novelle 2012 wurde an der **grundsätzlichen Systematik** der Förderung von KWK-Anlagen und Wärmenetzen **festgehalten**. Die **Förderung** wurde aber **erweitert** und auf Wärmespeicher sowie Kältenetze und Kältespeicher ausgedehnt. Wie der Novelle 2009 ging auch dieser Novelle eine **Zwischenüberprüfung** des KWKG voraus. Diese kam zu dem Ergebnis, dass mit der bestehenden Förderung bis 2020 lediglich mit einem Anstieg des Anteils der KWK-Stromerzeugung auf 20 % und nicht wie angestrebt auf 25 % zu rechnen ist.[204] Hierauf reagierte der Gesetzgeber mit der Novelle 2012.[205] 109

a) Zuschläge für KWK-Strom

Im Bereich der Förderung von KWK-Anlagen wurde der **Zuschlag** für alle Anlagen, die nach dem Inkrafttreten des Gesetzes in Dauerbetrieb genommen worden sind, **um 0,3 ct/kWh erhöht**.[206] Der ursprüngliche Gesetzentwurf sah eine Erhöhung lediglich für emissionshandelspflichtige Anlagen vor.[207] Auf Empfehlung des Ausschusses für Wirtschaft und Technologie wurde die Erhöhung auf alle Anlagen ausgedehnt.[208] Durch die Anhebung der Zuschläge soll ein deutlicher Impuls für Investitionen in neue und modernisierte KWK-Anlagen gesetzt werden.[209] Für emissionshandels- 110

202 BT-Drucks. 16/8305, S. 16.
203 BT-Drucks. 16/8305, S. 18.
204 Vgl. Rn 88.
205 Vgl. BT-Drucks. 17/8801, S. 13.
206 Vgl. zur Verfügung ausführlich Kap. 5 Rn 375 ff.
207 BT-Drucks. 17/8801, S. 18 li. Sp.
208 Vgl. BT-Drucks. 17/9617, S. 17 li. Sp.
209 BT-Drucks. 17/9617, S. 17 re. Sp.

pflichtige Anlagen, die nach dem 1.1.2013 in Dauerbetrieb genommen werden, erhöht sich der Zuschlag um weitere 0,3 ct.[210] Für **sehr kleine KWK-Anlagen** (mit einer elektrischen Leistung bis zu 2 kW) wurde durch die Möglichkeit einer **Pauschalierung der Zuschlagszahlung** in § 7 Abs. 3 KWKG die **Förderung vereinfacht.**

111 Neben der Erhöhung des KWK-Zuschlags wurden die **Kategorien der zuschlagsberechtigten Anlagen** in § 5 KWKG sowie die Regelung über die Höhe und Dauer der Zahlung in § 7 KWKG grundlegend **neu gefasst.** Diese Neuregelung wurde aufgrund der Streichung von zeitlich überholten Fördertatbeständen und der Schaffung neuer Fördertatbestände erforderlich.[211] Dabei wurde die **Förderung von Modernisierungen** von KWK-Anlagen **erweitert.** Eine Förderung besteht nun grundsätzlich auch für Anlagen, deren Modernisierungskosten bei mindestens 25 % der Kosten für eine Neuerrichtung einer hocheffizienten KWK-Anlage liegen.[212] Bisher lag der Schwellenwert bei 50 % der Kosten. **Neu aufgenommen** in die **Förderung** wurde die **Nachrüstung einer Wärmeauskoppelung** bei konventionellen Kraftwerken.[213]

112 Die **(erhöhte) Zuschlagszahlung** nach dem KWKG 2012 **gilt nicht rückwirkend** für bereits vor dem Inkrafttreten der KWKG-Novelle 2012 in Dauerbetrieb genommene KWK-Anlagen. Für diese sind nach § 13 Abs. 1 KWKG 2012 weiter die nach dem KWKG 2009 geltenden Zuschlagsregelungen anwendbar. Die erhöhten Fördersätze sollten nur für Anlagen gelten, die ihren Dauerbetrieb nach Inkrafttreten des Gesetzes aufnehmen. Hierdurch soll der Charakter der Anhebung als Investitionsanreiz für Neuanlagen unterstrichen werden.[214]

b) Ausweitung der Förderung von Wärmenetzen und Erweiterung der Förderung auf Wärmespeicher

113 Die durch das KWKG 2009 eingeführte Förderung des Neu- und Ausbaus von Wärmenetzen wurde durch die KWKG-Novelle 2012 ausgeweitet und ergänzt.

114 Die Förderung wurde durch eine **Erhöhung der Zuschläge** ausgeweitet. Dazu wurde die maximale Förderquote von 20 % auf 30 % bzw. 40 % der Investitionskosten erhöht sowie die Obergrenze von 5 Mio. € auf 10 Mio. € pro Projekt angehoben.[215] Daneben wurde der **Umbau** bestehender Wärmenetze für die Umstellung **von Heizdampf auf Heizwasser** dem Ausbau von Wärmenetzen gleichgestellt und damit in die Förderung aufgenommen.[216] Mit dieser Umstellung wird eine Absenkung der Wärmeauskoppelungstemperatur erreicht, die zu einer erheblichen Steigerung des

210 § 7 Abs. 4 S. 3 KWKG 2012.
211 BT-Drucks. 17/8801, S. 17 li. Sp. und S. 18 li. Sp.
212 § 5 Abs. 3 S. 2 KWKG 2012.
213 § 5 Abs. 4 KWKG 2012.
214 BT-Drucks. 17/9617, S. 18 re. Sp.
215 § 7a Abs. 1 KWKG 2012.
216 § 5a Abs. 3 S. 3 KWKG 2012.

Stromerzeugungsanteils führt und gleichzeitig die Wärmeverluste im Leitungssystem reduziert.[217]

Durch die Aufnahme der Förderung von **Wärmespeichern** wurde die Förderung der Wärmenetze ergänzt. Durch die Errichtung von Wärmespeichern werden KWK-Anlagen zeitweise in die Lage versetzt, stärker stromgeführt betrieben zu werden. Wärmespeicher können dadurch einen gewissen Beitrag zum Ausgleich der schwankenden Einspeisung von erneuerbaren Energien in das Stromnetz leisten.[218] Die Förderung erfolgt durch die Zahlung eines Zuschlags in Abhängigkeit von der Größe bzw. den Investitionskosten des Vorhabens.[219] 115

c) Einführung der Förderung von Kältenetzen und -speichern

Neu in das KWKG wurde die Möglichkeit der Förderung der Kraft-Wärme-Kälte-Koppelung aufgenommen. Die Regelungen zur Förderung von Wärmenetzen und Wärmespeichern wurden hierzu entsprechend auf Kältenetze und Kältespeicher übertragen.[220] Dadurch soll eine Möglichkeit zur Ausweitung des Absatzes der in KWK-Anlagen erzeugten Wärme – gerade in Zeiten, in denen kein Raumwärmebedarf besteht – vor dem Hintergrund eines steigenden Kältebedarfs unterstützt werden.[221] Bei der Kraft-Wärme-Kälte-Koppelung wird die bei der Kraft-Wärme-Koppelung entstehende Wärme zum Antrieb einer Absorptionskältemaschine verwendet, die Nutzwärme in Nutzkälte umwandelt (vgl. § 3 Abs. 1 S. 3 und 4 KWKG 2012). Damit kann die bei der Kraft-Wärme-Koppelung in den Sommermonaten schwer absetzbare Wärme genutzt und so zu einer effizienteren Energieversorgung beigetragen werden. 116

II. Anlagen zur Erzeugung von Strom aus Kraft-Wärme-Koppelung

In diesem Abschnitt werden die für den Anwendungsbereich des KWKG zentralen Begriffe erläutert. 117

1. Kraft-Wärme-Koppelung und Kraft-Wärme-Kälte-Kopplung

In § 3 Abs. 1 KWKG werden die Begriffe der Kraft-Wärme-Kopplung und der Kraft-Wärme-Kälte-Kopplung definiert. 118

217 BT-Drucks. 17/8801, S. 17 re. Sp.
218 BT-Drucks. 17/8801, S. 14 li. Sp.
219 § 7b Abs. 1 KWKG 2012.
220 Vgl. BT-Drucks. 17/8801, S. 14 li. Sp.
221 BT-Drucks. 17/8801, S. 14 li. Sp.

a) Kraft-Wärme-Kopplung

119 Der Begriff der Kraft-Wärme-Koppelung wird in § 3 Abs. 1 KWKG definiert als **gleichzeitige Umwandlung** von eingesetzter Energie in elektrische Energie und in Nutzwärme in einer ortsfesten technischen Anlage.

120 An den Begriff der Kraft-Wärme-Koppelung knüpft das KWKG unmittelbar aber nur in der Vorschrift des § 9a Abs. 1 KWKG über den **Herkunftsnachweis** für Strom aus hocheffizienter Kraft-Wärme-Koppelung an. Die wesentlichen Vorschriften über die Anschlusspflicht von Anlagen und die Abnahme- und Vergütungspflicht knüpfen jeweils an die Begriffe der „KWK-Anlage" und des „KWK-Stroms" an, die wiederum beide nicht direkt auf die Definition der „Kraft-Wärme-Koppelung" in § 3 Abs. 1 KWKG Bezug nehmen. Die Begriffsdefinitionen der „Kraft-Wärme-Koppelung" in § 3 Abs. 1 KWKG und der „KWK-Anlage" in § 3 Abs. 2 KWKG ergänzen sich vielmehr. Die Definition der Kraft-Wärme-Koppelung ist in den Begriff der „KWK-Anlage" hineinzulesen. KWK-Anlagen müssen die Anforderungen des § 3 Abs. 1 KWKG erfüllen.

121 Für den Anwendungsbereich des KWKG ist es nicht Voraussetzung, dass die im Kraftwerk **eingesetzten Energien** erneuerbar sind. Nach § 2 S. 1 KWKG gilt das Gesetz für KWK-Strom aus Kraftwerken mit KWK-Anlagen auf Basis von Steinkohle, Braunkohle, Abfall, Abwärme, Biomasse und gasförmigen sowie flüssigen Brennstoffen. Mit dieser Aufzählung sollten (allein) Anlagen aus dem Anwendungsbereich ausgeschlossen werden, die mit Kernbrennstoffen betrieben werden.[222]

122 Ausreichend ist es, wenn drei wesentliche Anforderungen an die Kraft-Wärme-Koppelung erfüllt werden:
- **Erzeugung** von elektrischer Energie und Nutzwärme;
- **Gleichzeitigkeit** der Erzeugung und
- in einer **ortsfesten** technischen Anlage.

aa) Erzeugung von elektrischer Energie und Nutzwärme

123 In der Anlage müssen gleichzeitig elektrische Energie (Strom) und Nutzwärme erzeugt werden. Neben der elektrischen Energie muss die eingesetzte Energie gleichzeitig in Nutzwärme umgewandelt werden. Nutzwärme ist nach § 3 Abs. 6 KWKG die aus einem KWK-Prozess **ausgekoppelte Wärme**, die außerhalb der KWK-Anlage für die Raumheizung, die Warmwasserbereitung, die Kälteerzeugung oder als Prozesswärme verwendet wird. Die Nutzwärme stellt die Abgrenzung zur Abwärme dar.

bb) Gleichzeitigkeit der Erzeugung

124 Die elektrische Energie und die Nutzwärme müssen gleichzeitig in einer Anlage erzeugt werden. Dies schließt **Kondensationsstrom**, bei dessen Herstellung die

222 BT-Drucks. 14/7024, S. 10.

Wärme ungenutzt an die Umgebung abgegeben wird sowie Wärme, die zwar im Umfeld der Anlage aber nicht durch einen KWK-Prozess erzeugt wird, von der Förderung aus.

cc) Ortsfeste technische Anlage

Die gleichzeitige Erzeugung von elektrischer Energie und Nutzwärme muss in einer ortsfesten technischen Anlage erfolgen. Dies ist bei Kraftwerken grundsätzlich der Fall. Ausgeschlossen werden damit lediglich mobile Anlagen, die sich in Fahrzeugen (Schiffe, Flugzeuge, LKW, Kfz etc.) befinden.[223] Als ortsfest gilt nach § 3 Abs. 1 S. 2 KWKG eine Anlage auch dann, wenn sie zur Erzielung einer höheren Auslastung für eine **abwechselnde Nutzung an zwei Orten** errichtet worden ist. Dies meint Anlagen, die grundsätzlich mobil sind, d.h. von ihrem Standort an einen anderen Standort transportiert werden können. Voraussetzung ist aber, dass die Nutzung an mehr als einem Standort der Erzielung einer höheren Auslastung dient. 125

Beispiel
Als Beispiel wird hierfür eine Anlage genannt, die im Sommer zur Beheizung eines Freibads und im Winter zur Wärmeversorgung von Gebäuden genutzt wird.[224]

b) Kraft-Wärme-Kälte-Koppelung

Die Definition der Kraft-Wärme-Kälte-Koppelung wurde im Rahmen der KWKG-Novelle 2012 neu in § 3 Abs. 1 S. 3 KWKG aufgenommen. Kraft-Wärme-Kälte-Koppelung (KWKK) ist danach die Umwandlung von Nutzwärme aus KWK in Nutzkälte durch thermisch angetriebene Kältemaschinen. Der Begriff der thermisch angetriebenen Kältemaschinen wird dabei näher erklärt. Bei diesen wird nach § 3 Abs. 1 S. 4 KWKG Wärme auf einem hohen Temperaturniveau (z.B. Wasserdampf, Heißwasser, Warmwasser) gezielt zum Antrieb eines Prozesses oder mehrerer Prozesse zur Kälteerzeugung eingesetzt. 126

2. KWK- und KWKK-Anlagen

a) KWK-Anlage

Der Gesetzgeber hat sich hier anstatt einer abstrakten Definition der KWK-Anlage auf eine **Aufzählung bestimmter Anlagen** beschränkt, in denen Strom und Nutzwärme erzeugt wird, die grundsätzlich förderfähige KWK-Anlagen im Sinne des KWKG darstellen. 127

223 Danner/Theobald/*Jacobshagen/Kachel*, § 3 KWKG Rn 4.
224 Vgl. Danner/Theobald/*Jacobshagen/Kachel*, § 3 KWKG Rn 4.

128 KWK-Anlagen sind nach § 3 Abs. 2 KWKG:
- **Dampfturbinenanlagen** (Gegendruckanlagen, Entnahme- und Anzapfkondensationsanlagen),
- **Gasturbinenanlagen** (mit Abhitzkessel und Dampfturbinenanlage),
- **Verbrennungsmotoranlagen,**
- **Stirlingmotoren,**
- **Dampfmotorenanlagen,**
- **ORC** (Organic Rankine Cycle)-**Anlagen** sowie
- **Brennstoffzellenanlagen,**

in denen Strom und Nutzwärme erzeugt werden. Eine Beschreibung der Funktionsweise der einzelnen Anlagen findet sich im Arbeitsblatt FW 308 der AGFW.[225]

129 Die KWK-Anlage muss dabei zudem die Voraussetzungen des § 3 Abs. 1 KWKG an die Kraft-Wärme-Koppelung erfüllen, d.h. die Erzeugung von Strom und Nutzwärme muss gleichzeitig und in einer ortsfesten Anlage erfolgen.[226]

130 Im Rahmen der Regelungen zur **Zuschlagsberechtigung**, **Zuschlagshöhe** und **Zuschlagsdauer** wird der Anlagenbegriff weiter untergliedert, u.a. in „kleine KWK-Anlagen", „alte Bestandsanlagen", „neue Bestandsanlagen", „modernisierte Anlagen" sowie „hocheffiziente modernisierte KWK-Anlagen". Lediglich der Begriff der „kleinen KWK-Anlage" wurde aber im Rahmen der Begriffsbestimmungen in § 3 KWKG definiert. Die übrigen Definitionen der verschiedenen Anlagenarten fanden sich in der Vorschrift des § 5 Abs. 1 KWKG, in der sie das erste Mal erwähnt wurden. Da die Förderung für die Bestandsanlagen ausgelaufen ist, sind die Differenzierungen in § 5 Abs. 1 KWKG gestrichen worden.

131 Die Unterscheidung zwischen kleinen und großen KWK-Anlagen hat seit der KWKG-Novelle 2009 an Bedeutung verloren, da nun auch KWK-Strom aus großen KWK-Anlagen nach § 5 Abs. 2 KWKG 2012 zuschlagsberechtigt sein kann. Nach der zuvor geltenden Regelung waren neue Anlagen mit Ausnahme von kleinen KWK-Anlagen und Brennstoffzellenanlagen vom Anwendungsbereich des KWKG ausgeschlossen. Auch im Rahmen der Höhe des Zuschlags hat die Unterscheidung durch die Einführung der gleitenden Vergütung nach Leistungsanteilen[227] keine Auswirkungen mehr. Ihre Bedeutung hat die Unterscheidung aber nicht gänzlich verloren. Für kleine KWK-Anlagen gelten teilweise Erleichterungen bei der Antragstellung nach § 6 Abs. 1 Nr. 4 S. 4, Abs. 6 KWKG und der Mitteilungspflicht nach § 8 Abs. 2 KWKG.

---

225 AGFW – Der Energieeffizienzverband für Wärme, Kälte und KWK e. V. (Hrsg.), AGFW-Arbeitsblatt FW 308, Ausgabe Juli 2011, S. 8 f., abrufbar unter: http://www.agfw.de/service/fw-308.

226 Vgl. dazu oben Rn 1.

227 Leistungsanteil bis 50 kW: 5,41 ct (KWKG 2009: 5,11 ct), Leistungsanteil von 50 kW bis 250 kW: 4 ct (KWKG 2009: 2,1 ct), Leistungsanteil 250 kW bis 2 MW: 2,4 ct (KWKG 2009: 2,1 ct), Leistungsanteil über 2 MW: 1,8 (KWKG 2009: 1,5 ct); vgl. dazu Kap. 5 Rn 414 ff.

Praxistipp

!

Mehrere unmittelbar miteinander verbundene kleine KWK-Anlagen an einem Standort gelten gem. § 3 Abs. 3 S. 3 KWKG als eine KWK-Anlage („**Verklammerung**").[228] Diese Regelung trägt dem Umstand Rechnung, dass teilweise mehrere unmittelbar miteinander verbundene BHKW an einem Standort errichtet werden. Die Regelung soll im Hinblick auf die Festlegung der Anlagengröße klarstellen, dass diese modular aufgebauten Anlagen als ein BHKW gelten.[229] Ein künstliches Aufspalten einer Anlage auf mehrere kleinere Anlagen, um den Schwellenwert nicht zu überschreiten, soll damit verhindert werden.

Die Verklammerung zu einer Anlage hat insbesondere Bedeutung für die Vergütungshöhe. Seit der Einführung der gleitenden Vergütung nach Leistungsteilen durch die KWK-Novelle 2009, bei der der Leistungsteil bis 50 KW mit 5,11 ct am höchsten vergütet wird, ist es erheblich, ob diese Spitzenvergütung nur einmal (für die gesamte Anlage) oder mehrmals (für jedes einzelne Modul) in Anspruch genommen werden kann.

Voraussetzung für die Verklammerung ist, dass es sich bei den Anlagen um *„unmittelbar miteinander verbundene kleine KWK-Anlagen"* handelt, die an einem Standort liegen. Nach der Gesetzesbegründung liegen mehrere unmittelbar miteinander verbundene BHKW insbesondere dann vor, wenn mehrere Einzelaggregate (Module) in ein gemeinsames Wärmenetz einspeisen und/oder stromseitig miteinander verbunden sind.[230] Ob eine unmittelbare Verbindung besteht, ist anhand einer wertenden Betrachtung zu ermitteln.[231] Eine Unterbringung in verschiedenen Gebäuden oder auf verschiedenen Grundstücken steht der Annahme einer „unmittelbaren Verbundenheit" entgegen.[232]

Eine ähnliche Regelung enthält § 19 Abs. 1 EEG 2012, der eine (vergütungsseitige) Zusammenfassung von mehreren Anlagen i.S.d. § 3 Nr. 1 EEG 2012 begründet.[233] Dies soll ebenfalls eine Umgehung der maßgeblichen Schwellenwerte verhindern.[234]

b) KWKK-Anlage

Der Begriff der Kraft-Wärme-Kälte-Koppelungsanlage (KWKK-Anlage) wird in § 3 Abs. 2 S. 2 KWKG definiert. Danach sind KWKK-Anlagen KWK-Anlagen, die durch eine thermisch angetriebene Kältemaschine ergänzt werden. Es muss sich bei KWKK-Anlagen also um Anlagen handeln, die mit einer Sorptionsanlage versehen sind. Entsprechend der Definition der KWKK in § 3 Abs. 1 S. 3 KWKG darf die Umwandlung von Nutzwärme aus KWK in Nutzkälte nur durch thermisch angetriebene Kältemaschinen 132

228 Die zeitliche Grenze von 12 Monaten wurde erst durch die KWKG-Novelle 2012 eingefügt. Die Regelung soll u.a. einen Gleichlauf mit der entsprechenden Regelung in § 19 Abs. 1 EEG herstellen (BT-Drucks. 17/9617, S. 15 re. Sp.).

229 So die Gesetzesbegründung, BT-Drucks. 14/7024, S. 10.

230 BT-Drucks. 16/8148, S. 50.

231 Vgl. dazu BK-EnR/*Topp*, § 3 KWKModG Rn 30.

232 BerlK-EnR/*Topp*, § 3 KWKModG Rn 30; Danner/Theobald/*Jacobshagen/Kachel*, § 3 KWKG Rn 14.

233 Vgl. dazu oben Rn 41.

234 BT-Drucks. 16/8148, S. 50.

erfolgen. Damit werden andere, durch Einsatz von Strom geprägte Techniken zur Kälteerzeugung von der Förderung ausgeschlossen.[235]

3. „Hocheffiziente KWK-Anlage"

133 Die „Hocheffizienz" ist der **zentrale Begriff** der neu durch die KWKG-Novelle eingeführten Förderungen von KWK-Anlagen. KWK-Strom aus KWK-Anlagen, die nach dem 1.1.2009 in Dauerbetrieb genommen wurden und werden, ist nur zuschlagsfähig, wenn er aus KWK-Anlagen stammt, die hocheffizient sind. Dies gilt gem. § 5 Abs. 1 S. 1 Nr. 1, Abs. 2 KWKG sowohl für kleine KWK-Anlagen als auch für KWK-Anlagen mit einer elektrischen Leistung von mehr als 2 MW sowie für hocheffiziente modernisierte KWK-Anlagen i.S.d. § 5 Abs. 3 KWKG. Nach § 9a KWKG dürfen Herkunftsnachweise nur für Strom aus hocheffizienten KWK-Anlagen ausgestellt werden.

a) Begriffsdefinition im KWKG

134 Der Begriff der hocheffizienten Anlagen wird in § 3 Abs. 11 KWKG durch einen Verweis auf die **KWK-Richtlinie (KWK-RL)** definiert. Eine KWK Anlage ist danach hocheffizient, sofern sie hocheffizient im Sinne der RL 2004/8/EG ist. Für die Begriffsbestimmung ist daher ein Rückgriff auf die Definition der hocheffizienten Anlage in Art. 3 Buchst. i) i.V.m. Anhang III Buchst. a der RL 2004/8/EG[236] erforderlich. Hinsichtlich der Anforderungen an die Hocheffizienz unterscheidet die Richtlinie zwischen „KWK-Klein- und Kleinstanlagen" und anderen KWK-Anlagen. Für KWK-Klein- und Kleinstanlagen gelten geringere Anforderungen.

aa) KWK-Klein- und Kleinstanlagen

135 KWK-Kleinstanlagen sind nach Art. 3 Buchst. m KWK-RL KWK-Anlagen mit einer Kapazität von **höchstens 500 kW** elektrischer Leistung. KWK-Kleinanlagen werden in Art. 3 Buchst. n KWK-RL als KWK-Blöcke mit einer installierten Kapazität unter 1 MW elektrischer Leistung definiert. Nach der Richtlinie kann bereits die Erzeugung von Strom von KWK-Klein- und Kleinstanlagen, die Primärenergieeinsparungen erbringen, als hocheffiziente KWK gelten. Die Richtlinie stellt dabei keine Anforderungen über die Höhe der Primärenergieeinsparungen. Es ist ausreichend, dass es überhaupt zu Primärenergieeinsparungen kommt.

235 Vgl. BT-Drucks. 17/8801, S. 16 li. Sp.

236 Richtlinie 2004/8/EG des Europäischen Parlaments und des Rates vom 11.2.2004 über die Förderung einer am Nutzwärmebedarf orientierten Kraft-Wärme-Kopplung im Energiebinnenmarkt und zur Änderung der Richtlinie 92/42/EW (ABl. 2004 L 52/50).

bb) Übrige KWK-Anlagen

Für alle übrigen (nicht Klein- oder Kleinst-)KWK-Anlagen, d.h. Anlagen mit einer installierten Leistung von 1 MW oder mehr, gelten **strengere Maßstäbe**. Diese gelten erst dann als hocheffizient, wenn sie Primäreinsparungen von mindestens 10 % im Vergleich zu den Referenzwerten für die getrennte Strom- und Wärmeerzeugung ermöglichen. 136

cc) Berechnung der Primärenergieeinsparung

Die Primäreinsparungen berechnen sich nach einer Formel in Anhang III Buchst. b RL 2004/8/EG. Hierbei werden im Wesentlichen der **Wärmewirkungsgrad-Referenzwert** der KWK-Erzeugung und der elektrische Wirkungsgrad der KWK ins Verhältnis zu den **Wirkungsgrad-Referenzwerten** für die getrennte Wärmeerzeugung bzw. die getrennte Stromerzeugung gesetzt. 137

Die Formel lautet: 138

$$PEE = \left(1 - \frac{1}{\frac{KWK\,W\eta}{Ref\,W\eta} + \frac{KWK\,E\eta}{Ref\,E\eta}} \right) \times 100\,\%$$

Abkürzungen:

- **PEE** = Primärenergieeinsparungen;
- **KWK Wη** = Wärmewirkungsgrad-Referenzwert für KWK-Erzeugung, definiert als jährliche Nutzwärmeerzeugung im Verhältnis zum Brennstoff, der für die Erzeugung der Summe von KWK-Nutzwärmeleistung und KWK-Stromerzeugung eingesetzt wurde.
- **Ref Wη** = Wirkungsgrad-Referenzwert für die getrennte Wärmeerzeugung
- **KWK Eη** = elektrischer Wirkungsgrad der KWK, definiert als jährlicher KWK-Strom im Verhältnis zum Brennstoff, der für die Erzeugung der Summe von KWK-Nutzwärmeleistung und KWK-Stromerzeugung eingesetzt wurde.
- **Ref Eη** = Wirkungsgrad-Referenzwert für die getrennte Stromerzeugung

Die Wirkungsgrad-Referenzwerte für die getrennte Erzeugung von Strom und Wärme wurden in der **Entscheidung der Kommission vom 21.12.2006,**[237] basierend auf Art. 4 Abs. 1 KWK-RL, festgelegt. Die harmonisierten Referenzwerte werden in der Entscheidung in einer Werte-Matrix angegeben, aufgeschlüsselt nach Brennstoff und Baujahr für die getrennte Erzeugung von Strom (Anhang I) sowie die getrennte Erzeugung von Wärme (Anhang II). 139

237 Entscheidung der Kommission vom 21.12.2006 zur Festlegung harmonisierter Wirkungsgrad-Referenzwerte für die getrennte Erzeugung von Strom und Wärme in Anwendung der Richtlinie 2004/8/EG des Europäischen Parlaments und des Rates (Abl. L 32/183 vom 6.2.2007).

b) Herkunftsnachweis für Strom aus KWK-Anlagen

140 Nach § 9a KWKG können Betreiber von hocheffizienten KWK-Anlagen für Strom, der in Kraft-Wärme-Koppelung erzeugt wurde, beim **BAFA**[238] schriftlich die Ausstellung eines Herkunftsnachweises beantragen. Der Herkunftsnachweis ist jedoch keine Voraussetzung für die Abnahme- und Vergütungspflicht nach § 4 KWKG. Die Regelung des Herkunftsnachweises geht auf die KWK-Richtlinie zurück, die die Mitgliedstaaten dazu verpflichtet, entsprechende Herkunftsnachweise einzuführen.[239] Nach der Richtlinie soll der Herkunftsnachweis dafür sorgen, dass die Herkunft von Strom aus hocheffizienter Kraft-Wärme-Koppelung nachgewiesen werden kann, damit die Entscheidung zwischen in Kraft-Wärme-Koppelung erzeugtem Strom und Strom, der mit anderen Techniken erzeugt wurde, für den Verbraucher transparenter wird.[240]

! **Praxistipp**
Der Antrag muss beim BAFA mit bestimmten in § 9a Abs. 2 KWKG genannten Mindestangaben eingereicht werden, das die Angaben dahin gehend überprüft, ob die Voraussetzungen der Hocheffizienz vorliegen. Das entsprechende Formular, in dem die Anforderungen umgesetzt sind, ist beim BAFA online erhältlich.[241]

III. „Wärmenetz“

1. Allgemeines

141 Die Förderung des Neu- und Ausbaus von Wärmenetzen wurde durch die Novelle des KWKG aus dem Jahr 2009 aufgenommen. Sie sollte der Erschließung neuer sog. **Wärmesenken** (Abnehmer) dienen, um den Anteil der KWK-Stromerzeugung bis 2020 auf etwa 25 % zu erhöhen.[242] Durch die KWKG-Novelle 2012 wurden die Zuschläge erhöht sowie die Förderung des Neu- und Ausbaus von Kältenetzen aufgenommen.

142 Anspruchsberechtigt ist nach § 5a Abs. 1 KWKG der Betreiber eines Wärme bzw. Kältenetzes. Wärmenetzbetreiber ist nach § 3 Abs. 14 KWKG derjenige, der Wärme über das Wärmenetz verteilt und verantwortlich ist für den Betrieb, die Wartung und den Ausbau des Wärmenetzes. Nach § 3 Abs. 14 S. 2 KWKG setzt die **Betreibereigenschaft** dabei nicht das Eigentum am Wärmenetz voraus. Der Begriff des Wärmenetzbetreibers gilt nach § 3 Abs. 14a KWKG für die Kältenetzbetreiber entsprechend. Der Anspruch besteht gegenüber dem **Netzbetreiber**. Netzbetreiber sind nach § 3 Abs. 9

238 § 10 Abs. 1 KWKG.

239 Art. 5 RL 2004/8/EG.

240 Vgl. Erwägungsgrund Nr. 21 RL 2004/8/EG.

241 www.bafa.de/Bafa/de/energie/kraft_waerme_kopplung/stromverguetung/formulare/kwk_hka.pdf.

242 BT-Drucks. 16/8305, S. 18.

KWKG Betreiber von Netzen aller Spannungsebenen für die allgemeine Versorgung mit Elektrizität.

Der Anspruch auf Zuschlagszahlung kann für den Neu- oder Ausbau eines Wärmenetzes bestehen.[243] Unter dem **Neubau** eines Wärmenetzes wird nach § 5a Abs. 2 KWKG die erstmalige Errichtung eines Wärmenetzes verstanden einschließlich aller Komponenten, die zur Übertragung von Wärme vom Standort der einspeisenden KWK-Anlage bis zum Verbraucherabgang erforderlich sind, in einem Gebiet, in dem zuvor keine Versorgung mit Wärme durch Wärmenetze erfolgte. Der **Ausbau** ist die Erweiterung eines bestehenden Wärmenetzes zum Anschluss bisher nicht durch Wärmenetze versorgter Abnehmer durch die Errichtung neuer Wärmenetzbestandteile mit allen Komponenten, die zur Übertragung von Wärme vom bestehenden Wärmenetz bis zum Verbraucherabgang erforderlich sind.[244] Die Begriffe gelten für den Neu-und Ausbau von Kältenetzen entsprechend.[245] 143

Die Höhe der Förderung richtet sich (abhängig vom mittleren Nenndurchmesser) entweder nach der **Länge der Wärmeleitung** oder nach den **Investitionskosten**.[246] 144

2. Begriff des Wärmenetzes

Wärmenetze im Sinne des KWKG sind nach § 3 Abs. 13 KWKG Einrichtungen zur leitungsgebundenen Versorgung mit Wärme, die eine horizontale Ausdehnung über die Grundstücksgrenze des Standorts der einspeisenden KWK-Anlage hinaus haben und an die als öffentliches Netz eine unbestimmte Anzahl von Abnehmenden angeschlossen werden kann. An das Wärmenetz muss dabei nach § 3 Abs. 13 S. 2 KWKG **mindestens ein Abnehmender** angeschlossen sein, der nicht gleichzeitig Eigentümer oder Betreiber der in das Wärmenetz einspeisenden KWK-Anlage ist. 145

Unter den Begriff des „Wärmenetzes" fallen sowohl **Nah**- als auch **Fernwärmenetze.** Auf eine Unterscheidung zwischen Nah- und Fernwärmenetze wurde im KWKG bewusst verzichtet.[247] Die Klassifizierung als Wärmenetz ist daher unabhängig von bestimmten Mindest- oder Maximaltrassenlängen. 146

a) Anschluss mindestens einer KWK-Anlage

Für die Annahme eines Wärmenetzes i.S.d. § 3 Abs. 13 KWKG ist nicht erforderlich, dass das Wärmenetz ausschließlich aus KWK-Anlagen gespeist wird. Ausreichend ist, wenn eine einspeisende KWK-Anlage an das Wärmenetz angeschlossen ist. Dass 147

243 § 5a Abs. 1 KWKG.
244 § 5a Abs. 3 KWKG.
245 § 5a Abs. 5 KWKG.
246 § 7a Abs. 1 KWKG.
247 BT-Drucks. 16/8305, S. 16.

daneben auch Anlagen (**Heizwerke**) angeschlossen sind, die Wärme nicht in Kraft-Wärme-Koppelung produzieren, steht der Annahme eines Wärmenetzes nicht entgegen. Für eine Förderung muss das Wärmenetz allerdings nach § 5a Abs. 1 Nr. 2 KWKG bestimmte Mindestanforderungen an den Anteil der Wärmeeinspeisung durch die KWK-Anlage erfüllen.[248]

b) Öffentliches Netz

148 Das Wärmenetz i.S.d. § 3 Abs. 13 KWKG muss ein **öffentliches Netz** sein. Der Bundesrat regte im Gesetzgebungsverfahren der KWKG-Novelle 2009 zwar eine Streichung der Beschränkung des Begriffs der Wärmenetze auf öffentliche Netze an, da bei einer Förderung von Wärmenetzen eine Beschränkung nur auf öffentliche Netze und damit klassische Fernwärmenetze sachlich nicht gerechtfertigt sei.[249] Der Anregung wurde jedoch nicht gefolgt. Die Bundesregierung entgegnete, dass *„nicht zuletzt vor dem verfassungsrechtlichen Hintergrund“* die zu fördernde Infrastruktur auch allen Interessenten offen stehen sollte, die die erforderlichen technischen Voraussetzungen für einen Anschluss erfüllen.[250] Die Förderung trage dem Umstand Rechnung, dass der Ausbau solcher Netze besonders aufwendig und risikobehaftet sei.[251]

149 Für die Klassifizierung als öffentliches Netz muss zum einen die (*„zumindest theoretische“*[252]) Möglichkeit bestehen, eine unbestimmte Anzahl von Abnehmern anzuschließen. Das Netz muss also der allgemeinen Versorgung dienen (können) und darf nicht lediglich einen von vornherein abgegrenzten Kreis von Abnehmern offenstehen. Reine **Werksnetze** werden hierdurch von der Förderung grundsätzlich ausgeschlossen.[253] Die Bedingung des öffentlichen Netzes ist erfüllt, wenn – von den technischen und örtlichen Gegebenheiten her – die Möglichkeit besteht, weitere Abnehmer anzuschließen.[254]

c) Räumliche Trennung von Erzeugung und Verbrauch

150 Voraussetzung für das Vorliegen eines Wärmenetzes ist zudem eine räumliche Trennung von (Wärme-)Erzeugung und Verbrauch. Das Netz muss hierzu nach § 3 Abs. 13 S. 1 KWKG eine horizontale **Ausdehnung über die Grundstücksgrenze** des Standorts der einspeisenden KWK-Anlage hinaus haben. Die Regelung stellt auf den formel-

---

248 Vgl. dazu Kap. 5 Rn 476 ff.
249 Stellungnahme des Bundesrats, BT-Drucks. 16/8305, S. 24.
250 Vgl. Gegenäußerung der Bundesregierung, BT-Drucks. 16/8305, S. 31.
251 BT-Drucks. 17/8305, S. 31.
252 So die Gesetzesbegründung: BT-Drucks. 16/8305, S. 16.
253 *Valentin/Krüger*, et 6/2009, 63, 64.
254 So BAFA; Merkblatt Wärmenetze, Stand: August 2009, S. 4, abrufbar unter: http://bafa.de/bafa/de/energie/kraft_waerme_kopplung/stromverguetung/publikationen/index.html.

len Grundstücksbegriff ab, also den Grundstücksbegriff im Sinne der Grundbuchordnung. Förderfähig sind daher auch Wärmenetze in einem Industriepark, wenn eine entsprechende Parzellierung der Flurstücke nachgewiesen wird.[255]

d) Anschluss mindestens eines „fremden" Abnehmers – § 3 Abs. 13 S. 2 KWKG

Daneben muss nach § 3 Abs. 13 S. 2 KWKG mindestens ein Abnehmer an das Wärmenetz angeschlossen sein, der nicht gleichzeitig Eigentümer oder Betreiber der in das Wärmenetz einspeisenden KWK-Anlage ist. Der ursprüngliche Gesetzentwurf zur KWKG-Novelle 2009 hatte eine Mindestzahl von zehn Abnehmern vorgesehen, ohne aber das Erfordernis der Verschiedenheit von Eigentümer oder Betreiber der einspeisenden Anlage zu postulieren. Die jetzige Formulierung geht auf eine Beschlussempfehlung des Ausschusses für Wirtschaft und Technologie vom 4.6.2008[256] zurück. Dies soll Wärmenetze zu einer reinen **Eigenversorgung** mit Wärme abgrenzen.[257] Durch die Senkung der Mindestabnehmerzahl von zehn auf einen Abnehmer werden auch Kleinstnetze erfasst, solange die übrigen Voraussetzungen an ein (öffentliches) Wärmenetz vorliegen. 151

Es kommt auf die Verschiedenheit zum Eigentümer oder Betreiber der in das Wärmenetz einspeisenden **KWK-Anlage** und nicht auf den Betreiber des **Wärmenetzes** an. Der Begriff des Betreibers einer KWK-Anlage wird in § 3 Abs. 10 KWKG definiert als derjenige, der den Strom in eines in § 3 Abs. 9 KWKG genannten Netze (Netze aller Spannungsebenen für die allgemeine Versorgung mit Elektrizität) einspeist oder für die Eigenversorgung bereitstellt. 152

e) Direktleitung als „Netz"?

Aus dem Gesetzeswortlaut ergibt sich nicht eindeutig, ob auch eine **Direktleitung**, also eine Wärmeleitung von einer KWK-Anlage direkt zur Wärmesenke, ein Wärmenetz darstellen kann. Hier wird teilweise darauf abgestellt, dass nach dem allgemeinen Sprachgebrauch unter dem Begriff des Netzes eine Mehrzahl von Leitungen zu verstehen ist, die in ihrer Vermaschung ein über die Summe der Einzelverbindungen hinausgehendes systematisches Ganzes bilden.[258] Im Ergebnis wird es darauf ankommen, wie die Direktleitung im Einzelfall gestaltet ist. Denn dass an ein Wärmenetz nur ein Abnehmer angeschlossen ist, steht dem Vorliegen eines Wärmenetzes 153

255 So BAFA; Merkblatt Wärmenetze, Stand: August 2009, S. 4, abrufbar unter: http://bafa.de/bafa/de/energie/kraft_waerme_kopplung/stromverguetung/publikationen/index.html.; kritisch hierzu *Gabler/Jasulke*, KWKG 2009, S. 160.

256 BT-Drucks. 16/9469, S. 4.

257 BT-Drucks. 16/9469, S. 16.

258 So *Valentin/Krüger*, et 2009, 63, 63.

nach § 3 Abs. 13 S. 2 KWKG ausdrücklich nicht entgegen, sofern der Abnehmer nicht gleichzeitig Eigentümer oder Betreiber der einspeisenden KWK-Anlage ist. Daneben muss an ein Wärmenetz aber auch eine unbestimmte Anzahl von Abnehmenden angeschlossen werden können. Bei einer Direktleitung, die von vornherein nur zur Versorgung eines Abnehmers konzipiert ist und nicht auch anderen potenziellen Abnehmern offensteht, stellt daher kein öffentliches Netz dar. Wenn an die Direktleitung jedoch potenziell andere Abnehmer angeschlossen werden können, erfüllt auch eine Direktleitung grundsätzlich die Voraussetzung an ein Wärmenetz, auch wenn sie zum Zeitpunkt des Neu- oder Ausbaus nur einem Abnehmer dient.

3. Begriff des Kältenetzes

154 Der Begriff des Kältenetzes wird in § 3 Abs. 14a KWKG lediglich durch einen Verweis auf den entsprechend anzuwendenden Begriff des Wärmenetzes in § 3 Abs. 13 KWKG definiert. Kältenetze sind damit Einrichtungen zur leitungsgebundenen Versorgung mit Kälte, die eine horizontale Ausdehnung über die Grundstücksgrenze des Standorts der einspeisenden KWKK-Anlage hinaus haben und an die als öffentliches Netz eine unbestimmte Anzahl von Abnehmern angeschlossen werden kann.

IV. Wärme- und Kältespeicher

155 Die Förderung des Neu- und Ausbaus von Wärme- und Kältespeichern wurde durch die KWKG-Novelle 2012 neu in den §§ 5b, 6b, 7b KWKG aufgenommen. Die Förderung erfolgt durch einen Zuschlag, dessen Höhe von der Kapazität bzw. den Investitionskosten des Vorhabens abhängig ist.

156 Durch die Errichtung von Wärmespeichern werden KWK-Anlagen zeitweise in die Lage versetzt, stärker stromgeführt betrieben zu werden. Somit können diese Anlagen einen gewissen Beitrag zum Ausgleich der schwankenden Einspeisung von erneuerbaren Energien in das Stromnetz leisten.[259]

1. Begriff des Wärmespeichers

157 Der Begriff des **Wärmespeichers** wird in § 3 Abs. 18 KWKG definiert. Danach sind Wärmespeicher technische Vorrichtungen zur zeitlich befristeten Speicherung von Nutzwärme (§ 3 Abs. 6 KWKG) einschließlich aller technischen Vorrichtungen zur Be- und Entladung des Wärmespeichers. In § 3 Abs. 18 S. 2 und 3 KWKG ist die sog. **Verklammerung** von Wärmespeichern geregelt, die dazu führt, mehrere unmittelbar miteinander verbundene Wärmespeicher in Bezug auf die Zuschlagsbegrenzungen in

259 BT-Drucks. 17/8801, S. 14 li. Sp.

§ 7b KWKG als nur ein Wärmespeicher gelten, soweit sie innerhalb von 12 aufeinanderfolgenden Kalendermonaten in Betrieb genommen worden sind.[260]

2. Begriff des Kältespeichers

Kältespeicher sind nach § 3 Abs. 19 KWKG Anlagen zur Speicherung von Kälte, die 158
direkt oder über ein Kältenetz mit einer KWKK-Anlage verbunden sind. Mehrere Kältespeicher an einem Standort werden in Bezug auf die Zuschlagsbegrenzungen in § 7b KWKG nach § 3 Abs. 19 S. 2 und 3 KWKG „verklammert", wenn sie unmittelbar miteinander verbunden sind und innerhalb von 12 aufeinanderfolgenden Kalendermonaten in Betrieb genommen worden sind.

260 Vgl. dazu Kap. 5 Rn 85 ff.

Kapitel 4
Anschluss der Anlagen und Abnahme der Energie

A. Rechte und Pflichten nach dem EEG

I. Gesetzliches Schuldverhältnis

1. Hintergrund und Bedeutung

Netzbetreiber dürfen gem. § 4 Abs. 1 EEG die Erfüllung ihrer Pflichten aus dem EEG 1
nicht vom Abschluss eines Vertrags abhängig machen („**Kopplungsverbot**").[1] Die Vorschrift soll der Rechtssicherheit dienen. Sie stellt insbesondere klar, dass ein unmittelbarer Anspruch des Anlagenbetreibers gegenüber dem Netzbetreiber auf Anschluss, Abnahme und ggf. Vergütung – den Kernbestandteilen des EEG – aus dem Gesetz selbst und damit ein gesetzliches Schuldverhältnis zwischen diesen besteht.[2] Mit dieser Regelung wurde u.a. eine Unklarheit des EEG 2004 beseitigt. Dort wurde keine Aussage dazu getroffen, ob das EEG lediglich den Anspruch auf Abschluss eines Einspeisevertrags vorschreibt oder ein gesetzliches Schuldverhältnis vermittelt.[3] Demnach kann ein Anlagenbetreiber einen Netzbetreiber unmittelbar auf Erfüllung der Netzbetreiberpflichten des EEG in Anspruch nehmen.[4]

Damit ist der Abschluss von Verträgen, soweit sie den Regelungsgehalt des EEG 2
betreffen, zwar grundsätzlich nicht zwingend erforderlich; § 4 Abs. 1 EEG begründet gerade keinen **Kontrahierungszwang**.[5] Der Abschluss „normkonkretisierender" Verträge ist indes nicht untersagt. Der Abschluss eines Vertrags zur Regelung insbesondere technischer Fragen der Einbindung einer Anlage in das Netz bzw. zur individuellen Ausgestaltung der Verpflichtungen aus dem EEG ist vielmehr sinnvoll[6] und in der Praxis die Regel. Dies gilt insbesondere deshalb, weil die Regelungen des EEG häufig stark auslegungsbedürftig sind und somit allenfalls eine „beste Mindestlösung"[7] für die Gestaltung individueller Rechtsbeziehungen darstellen. Gemäß § 2 Abs. 2 NAV entsteht ein sog. **Netzanschlussverhältnis** sogar erst durch Vertrag. Zu beachten ist,

---

1 *Salje*, EEG, § 4 Rn 1.

2 Reshöft/*Reshöft*, § 4 Rn 6. So bereits zur Rechtslage um 2001 *Theobald*, GRUR 2001, 482 sowie *Reshöft*, ZNER 2004, 240, 246.

3 BT-Drucks. 15/2864, S. 45, re. Sp.

4 Vgl. bereits BGH, Urt. v. 11.6.2003 – VIII ZR 160/02 = juris, Leitsatz 2 sowie *Reshöft/Sellmann*, et 2009, Heft 1/2, 139 f.

5 Vgl. Frenz/Müggenborg/*Ehricke*, § 4 Rn 15.

6 Vgl. dazu BT-Drucks. 16/8148, S. 41, li. Sp. Dazu im Folgenden unter Kap. 4 A.I.4.

7 So zu Recht *Stecher*, ZNER 2009, 216, 223.

dass vertragliche Abweichungen von den Bestimmungen des EEG nur im Rahmen des § 4 Abs. 2 zulässig sind.[8]

2. Entstehung des gesetzlichen Schuldverhältnisses – Adressaten der Regelung

3 Die Entstehung eines gesetzlichen Schuldverhältnisses i.S.d. § 4 Abs. 1 EEG setzt nach dem Wortlaut der Norm zunächst allein voraus, dass einen **Netzbetreiber** i.S.d. § 3 Nr. 8 EEG Verpflichtungen aus dem EEG treffen. Ein solches Schuldverhältnis muss nicht zwingend zwischen einem Netz- und einem Anlagenbetreiber bestehen. Pflichten der Netzbetreiber nach dem EEG bestehen bereits gegenüber Einspeisewilligen,[9] die noch keine Anlagenbetreiber sind. Pflichten bzw. gesetzliche Schuldverhältnisse bestehen auch etwa zwischen einem (Verteiler-)Netzbetreiber und einem ÜNB.[10] Mit Blick auf die zumeist geringe Spannung von EE-Strom werden in der Praxis jedoch primär VNB Adressaten des § 4 Abs. 1 EEG sein.[11]

! **Praxistipp**

Schon vor Errichtung und Anschluss einer Anlage i.S.d. § 3 Nr. 1 EEG an das Netz eines Netzbetreibers kann zwischen diesem und dem späteren Anlagenbetreiber aufgrund einer dem (künftigen) Anlagenbetreiber erteilten Baugenehmigung ein (gesetzliches Schuld-)Rechtsverhältnis bestehen, das einem durch Eintritt in Vertragsverhandlungen begründeten Rechtsverhältnis[12] vergleichbar ist.[13]

---

4 Da die (Kern-)Verpflichtungen zur vorrangigen Abnahme, Übertragung und Verteilung einen vorgelagerten ÜNB auch im Verhältnis zum **aufnehmenden Netzbetreiber**, der nicht ÜNB ist, gelten,[14] findet § 4 Abs. 1 EEG damit auf eine Vielzahl von Rechtsverhältnissen Anwendung.

3. Pflichten des Netzbetreibers – Haupt- und Nebenpflichten

5 § 4 Abs. 1 EEG bezieht explizit nur die Verpflichtungen aus dem EEG in das jeweilige gesetzliche Schuldverhältnis mit ein. Damit sind zunächst die dem Netzbetreiber auferlegten **Hauptleistungspflichten** gemeint.

---

8 Dazu im Folgenden unter Rn 11 ff.
9 Vgl. § 5 Abs. 5 EEG.
10 Vgl. § 34 EEG.
11 Vgl. Frenz/Müggenborg/*Ehricke*, § 4 Rn 7.
12 Vgl. § 311 Abs. 2 Nr. 1 BGB.
13 OLG Dresden, Urt. v. 10.6.2010 – 9 U 550/08, 9 U 0550/08 = juris, Rn 30 sowie zuvor bereits BGH, Urt. v. 12.7.2006 – VIII ZR 235/04 = juris, Rn 12, 16.
14 Vgl. § 8 Abs. 4 Nr. 1 EEG.

Im Einzelnen bestehen insbesondere die folgenden, nicht abschließend aufgezählten Verpflichtungen des Netzbetreibers, wobei diese nicht lediglich gegenüber Anlagenbetreibern bestehen:[15] 6

- **Anschlusspflicht** – § 5 Abs. 1 EEG;
- Pflicht zur **Zeitplan**- und **sonstigen Informationsübermittlung** – § 5 Abs. 5 und 6 EEG;
- Pflicht zur unverzüglichen und vorrangigen **Abnahme, Übertragung** und **Verteilung** von EE-Strom – § 8 Abs. 1 EEG;
- Pflicht zur **Erweiterung** der Netzkapazität – § 9 EEG;
- Pflicht zur Information über das **Einspeisemanagement** – § 11 Abs. 2 und 3 EEG;
- **Vergütungspflicht** – § 16 Abs. 1 EEG;
- Pflicht zur Verfügungstellung einheitlicher, massengeschäftstauglicher **Verfahren** einschließlich Verfahren für die vollständig automatisierte elektronische Übermittlung und Nutzung von Meldungsdaten – § 33d Abs. 3 EEG;
- Pflicht zur unverzüglichen **Weitergabe** des nach § 16 vergüteten Stroms an den vorgelagerten ÜNB – § 34;
- Pflicht zum **Ausgleich** zwischen **Netzbetreiber und ÜNB** – § 35 Abs. 1 EEG;
- Pflicht zum **Ausgleich** zwischen **ÜNB** – § 36 EEG;
- Pflicht zur diskriminierungsfreien, transparenten und unter Beachtung der Vorgaben der Ausgleichsmechanismusverordnung erfolgenden **Vermarktung** – § 37 EEG.

Es ist darüber hinaus davon auszugehen, dass auch die mit den Hauptleistungspflichten des EEG im Zusammenhang stehenden **Neben(leistungs)pflichten** wie etwa Haftungs- oder Verzugsfolgefragen von dem gesetzlichen Schuldverhältnis umfasst sind.[16] 7

Praxistipp !

Es ist problematisch, die jeweiligen Nebenpflichten bei Fehlen ausreichender vertraglicher Regelungen im Lichte der sonstigen Hauptleistungspflichten des Netzbetreibers nach dem EEG überhaupt – durch Auslegung – zu ermitteln. Vor diesem Hintergrund verdichtet sich die Option des Netzbetreibers zum Abschluss vertraglicher Vereinbarungen zu einer praktischen Notwendigkeit. Denn nur durch detaillierte Vereinbarungen auch zu den Nebenpflichten insbesondere des Netzbetreibers kann Streit über das Bestehen und die Reichweite solcher Pflichten vermieden werden.

---

15 Eine weitergehende Auflistung findet sich bei Frenz/Müggenborg/*Ehricke*, § 4 Rn 12.

16 So auch Frenz/Müggenborg/*Ehricke*, § 4 Rn 18, mit näherer Begründung sowie Altrock/Oschmann/*Theobald*, § 4 Rn 15 ff.

4. Individuelle Gestaltung des Rechtsverhältnisses zwischen Netz- und Anlagenbetreiber

8 § 4 Abs. 1 EEG beinhaltet nur eine Regelung für den Fall, dass kein Vertrag zustande gekommen ist (**Auffangfunktion**). Daraus folgt: Besteht ein Vertrag mit dem Netzbetreiber und stimmen die Regelungen dieses Vertrags mit den zwingenden Vorgaben des EEG überein, so bildet dieser den Rechtsgrund der Verpflichtungen des Netzbetreibers gegenüber Anlagebetreibern, ÜNB etc.[17] Beispielhaft werden nachfolgend **Verträge** zwischen Netz- und Anlagenbetreiber erläutert. Diese können vielfältig gestaltet werden:

a) Gestaltungsformen

9 **Netz- und Anlagenbetreiber** schließen oftmals folgende Verträge ab:
- Netzanschlussvertrag,
- Netznutzungsvertrag,
- Netzführungsvertrag,
- Vertrag über die Dienstleistung der Fernwirktechnik,
- Betriebsführungsvertrag hinsichtlich elektrotechnischer Anlagen des Anlagenbetreibers,
- Vertrag zur Erschlusskompensation,
- Vertrag über eine Zusatz- und Reststromversorgung sowie einen
- Stromeinspeisevertrag.[18]

10 Hinsichtlich derartiger Verträge empfiehlt sich jeweils **eine klarstellende Regelung**, dass der jeweilige Vertrag nicht die Erfüllung der Pflichten des Netzbetreibers gem. § 4 Abs. 1 EEG modifiziert.[19] Wichtig ist: Liegt dennoch eine Modifikation zu Lasten eines Anlagenbetreibers vor, so heilt eine solche Regelung entsprechende Verstöße nicht.

b) Insbesondere: Der Stromeinspeisevertrag

11 Für die Praxis besonders bedeutsam ist der Stromeinspeisevertrag. Dieser bildet die Grundlage für die Einspeisung für EE-Strom in das jeweilige Netz.

17 Frenz/Müggenborg/*Ehricke*, § 4 Rn 26.

18 *Salje*, VW 2002, 77, 79 sowie – auf Salje bezugnehmend – Altrock/Oschmann/*Theobald*, § 4 Rn 48 ff.

19 So auch Frenz/Müggenborg/*Ehricke*, § 4 Rn 24 sowie *Salje*, EEG, § 4 Rn 32 ff.

aa) Rechtsnatur, Phasen der Vertragsanbahnung und Zustandekommen

Stromeinspeiseverträge sind ihrer Rechtsnatur nach Stromlieferverträge. Stromlieferverträge werden wiederum dem **Recht des Kaufvertrags**[20] unterstellt. Für Stromeinspeiseverträge gilt mit Blick auf § 8 Abs. 1 S. 1 EEG, dass Anlagenbetreiber zwar nicht zur Einspeisung, Netzbetreiber aber zur Abnahme verpflichtet sind. 12

Dem Abschluss eines Stromeinspeisevertrags gehen regelmäßig **mehrere Phasen der Vertragsvorbereitung** voraus, die hier nur im Überblick dargestellt werden können:[21] Nach einem sog. Einspeiseantrag des Anlagenbetreibers und einer daraufhin durchgeführten Netzverträglichkeitsprüfung des Netzbetreibers, bei welcher regelmäßig der i.S.d. § 5 Abs. 1 EEG günstigste Verknüpfungspunkt ermittelt werden soll, einigen sich Anlagen- und Netzbetreiber im Rahmen eines Netzanschluss- und Netzzugangsvertrags über die Details des Anschlusses der EE-Anlage an das und den Zugang zu dem (Verteiler-)Netz. Der Abschluss solcher Verträge ist nicht zuletzt deshalb sinnvoll, um eine Vergütung für die – nach Verlangen des Anlagenbetreibers gem. § 7 Abs. 1, 1. Alt. EEG gesetzlich geschuldete – Anschlussleistung des Netzbetreibers zu vereinbaren.[22] 13

Üblicherweise erst nach Abschluss dieser vorbereitenden Maßnahmen schließen Netz- und Anlagenbetreiber einen **Stromeinspeisevertrag**. Das Zustandekommen eines Stromeinspeisevertrags richtet sich mangels spezieller gesetzlicher Regelungen nach den §§ 145 ff. BGB. 14

bb) Ausgewählte Regelungen – Hinweise und Empfehlungen

Üblicherweise werden die einschlägigen **VDE-Bestimmungen**, die **„Richtlinie für Anschluss und Parallelbetrieb von Eigenerzeugungsanlagen am Niederspannungsnetz“** des VDEW sowie die **technischen Anschlussbedingungen** des Netzbetreibers Bestandteil des Stromeinspeisevertrags. Bei der Gestaltung der jeweiligen Anschlussbedingungen ist im Vorfeld darauf zu achten, dass diese keine Beschränkung der Abnahmepflicht gem. § 8 Abs. 1 S. 1 EEG bewirken – sie wären ansonsten gem. § 307 Abs. 1 S. 1, Abs. 2 Nr. 1 BGB unwirksam,[23] wenn die vertragliche Abweichung vom Abnahmevorgang nicht zur besseren Integration der Anlage in das Netz gem. § 4 Abs. 2 S. 1 i.V.m. § 8 Abs. 3 EEG vorgenommen wird. 15

Im Übrigen kann ein Netzbetreiber jedoch mit Blick auf § 19 Abs. 1 und 3 EnWG die **technischen Einspeisebedingungen** einseitig festsetzen und gem. § 49 EnWG von 16

20 §§ 433 ff. BGB.

21 Zu diesen Phasen im Einzelnen *Salje*, EEG, § 4 Rn 10 ff.

22 So auch *Salje*, EEG, § 4 Rn 11.

23 Es wird insofern davon ausgegangen, dass diese Anschlussbedingungen regelmäßig AGB i.S.d. § 305 Abs. 1 S. 1 BGB sind.

einem Anlagenbetreiber die Beachtung der VDE-Richtlinien verlangen.[24] Insofern ist es empfehlenswert zu vereinbaren, dass der Netzbetreiber vom Anlagenbetreiber Änderungen an Stromerzeugungsanlagen verlangen darf, soweit dies aus Gründen einer sicheren und störungsfreien Stromversorgung auch weiterer Kunden des Netzbetreibers erforderlich ist. Zugleich empfiehlt sich eine Regelung, wonach der Netzbetreiber verpflichtet ist, den Anlagenbetreiber rechtzeitig vor einer beabsichtigten Unterbrechung der Energieabnahme, etwa im Falle von Wartungsarbeiten, zu unterrichten.

17 Sofern der Anlagenbetreiber nicht die Einrichtung und den Betrieb der **Messeinrichtungen** einschließlich der Messung gem. § 7 Abs. 1 S. 1, 2. Alt. EEG von einer fachkundigen dritten Person vornehmen lässt, sind ferner detaillierte Regelungen zur Zählung und Messung einschließlich der Kosten der Messeinrichtungen[25] erforderlich. In diesem Zusammenhang sind für den Messstellenbetrieb und Messungen nunmehr die Vorschriften der §§ 21b bis 21h EnWG sowie die aufgrund von § 21i EnWG ergangene(-n) Rechtsverordnung(-en) zu beachten.[26] Auch die Vereinbarung eines Zutrittsrechts des Netzbetreibers zu den relevanten Räumlichkeiten des Anlagenbetreibers empfiehlt sich vor diesem Hintergrund.

18 Eine vertragliche Regelung kann sich auch mit Blick auf eine möglicherweise gewünschte oder erforderlich werdende Entscheidung der **Clearingstelle** gem. § 57 Abs. 3 EEG ergeben: Da der Clearingstelle **nicht per se** eine privatrechtsgestaltende Kompetenz zukommt, werden die Wirkungen der Clearingstellen-Entscheidungen im Wesentlichen von einer vertraglichen „Zuständigkeitserklärung" durch die Verfahrensbeteiligten bestimmt.[27] Demnach bietet sich auch insofern eine vertragliche Vereinbarung bzw. Zuständigkeitserklärung an.

19 Ebenso empfehlenswert können Regelungen zur **Einspeisevergütung** sein: So kann ein Photovoltaik-Anlagenbetreiber – um eine Anlage überhaupt erst zu errichten – mit dem Netzbetreiber einen Baukostenzuschuss vereinbaren, im Gegenzug für eine zeitlich reduzierte Einspeisevergütung.[28]

20 Detaillierte Regelungen zur **Haftung** der Vertragsparteien erübrigen sich demgegenüber: Die Haftung des Netzbetreibers ist gem. § 18 Abs. 2 NAV gesetzlich begrenzt und Schadensersatzpflichten des Anlagenbetreibers bei nicht rechtmäßigem Anla-

---

24 Vgl. § 7 Abs. 2 EEG; so auch Stuhlmacher/Stappert/Schoon/Jansen/*Fickers*, Kap. 26 Rn 11.

25 Vgl. § 13 Abs. 1 EEG.

26 § 7 Abs. 1 S. 2 EEG.

27 Vgl. § 57 Abs. 5 S. 2 EEG.

28 Vgl. *Bönning*, ZNER 2000, 268, 271. Zu beachten ist jedoch, dass eine vom Netzbetreiber gestellte Formularklausel in einem Netzanschlussvertrag mit dem Anlagenbetreiber, wonach dieser für die Bereitstellung der Netzanlagen zur Eigenversorgung seiner Anlage mit Betriebsstrom ein einmaliges Entgelt in Gestalt eines Baukostenzuschusses zu zahlen hat, im Hinblick auf § 13 Abs. 1 EEG der Inhaltskontrolle nach § 307 Abs. 1 S. 1, Abs. 2 Nr. 1 BGB nicht standhalten dürfte, vgl. BGH, Urt. v. 27.6.2007 – Az. VIII ZR 149/06 = juris, Rn 22.

genbetrieb ergeben sich bereits aus den Regelungen des § 823 Abs. 2 BGB i.V.m. § 49 EnWG. Vor dem Hintergrund der beiderseitigen Verantwortlichkeit gem. § 49 EnWG empfiehlt es sich aber für den Netzbetreiber, den Anlagenbetreiber auf seine Pflicht zur regelmäßigen Wartung und den Einbau von Überlastungsschutzeinrichtungen sowie sonstiger Einrichtungen zur Sicherung des Netzbetriebs hinzuweisen.

cc) Gestaltungsgrenzen und Rückausnahmen

Die erste Gestaltungsgrenze ergibt sich aus dem **Kopplungsverbot** des § 4 Abs. 1 EEG: Verboten sind beispielsweise die Kopplung des Anschlusses einer Anlage oder die Abnahme oder Vergütung von EE-Strom an die Beauftragung des Netzbetreibers mit der Anschlussherstellung und/oder der Messzuständigkeit auf den Netzbetreiber. Verstöße sind indes nicht gem. §§ 134, 139 BGB zu beurteilen, denn § 4 Abs. 1 EEG ist kein Verbotsgesetz.[29] 21

Ferner darf gem. § 4 Abs. 2 S. 1 EEG von den Bestimmungen des EEG unbeschadet des § 8 Abs. 3 und 3a EEG **nicht zu Lasten** des Anlagenbetreibers und des Netzbetreibers (durch Vertrag) **abgewichen** werden. Diese bedeutsame Einschränkung der Vertragsfreiheit erfasst über den Wortlaut der Norm hinaus auch vertragliche Regelungen, in denen nur zum Nachteil einer Vertragspartei von den gesetzlichen Regelungen abgewichen wird.[30] § 4 Abs. 2 S. 1 EEG erklärt die Regelungen des EEG insoweit zu zwingendem Recht.[31] Verstöße sind gem. §§ 134, 139 BGB zu beurteilen. 22

Ob eine Belastung eines Netz- oder Anlagenbetreibers vorliegt, ist stets im Einzelfall zu prüfen. Im Lichte der Regelungen des EEG ist damit jede einzelne vertragliche Regelung daraufhin zu untersuchen, ob und wen sie belastet, begünstigt und neutral behandelt.[32] Eine „**Saldierung**“ von Vor- und Nachteilen in einem Vertrag dürfte sich insofern verbieten; dies folgt bereits daraus, dass eine § 4 Abs. 2 S. 1 EnWG zuwiderlaufende Regelung **per se** unwirksam ist und demnach für eine „Saldierung“ nicht mehr herangezogen werden kann.[33] Im Rahmen der nachfolgenden Ausführungen wird in den jeweiligen Kapiteln auch dazu ausgeführt, in welchem Rahmen vertragliche **Abweichungen** von dem „Rahmenwerk“ des EEG (noch) zulässig sind. 23

Abstrakt können aber bereits an dieser Stelle die **Rückausnahmen** der Gestaltungsgrenze des § 4 Abs. 2 S. 1 EEG in § 4 Abs. 2 S. 2 Nr. 1 bis 4 EEG erläutert werden: 24

- Neben den Regelungen in § 8 Abs. 3 und 3a EEG sind grundsätzlich auch vertragliche Abweichungen von den §§ 3 bis 33i, 45, 46, 56 und 66 EEG sowie zu den auf-

29 BGH, Urt. v. 27.6.2007 – Az. VIII ZR 149/06 = juris, Rn 18.
30 Vgl. BT-Drucks. 16/8148, S. 41, li. Sp. sowie *Stecher*, ZNER 2009, 216, 217.
31 Frenz/Müggenborg/*Ehricke*, § 4 Rn 27.
32 Vgl. *Salje*, EEG, § 4 Rn 43 sowie Frenz/Müggenborg/*Ehricke*, § 4 Rn 42.
33 Vgl. *Ehricke/Breuer*, RdE 2010, 309, 316.

grund des EEG erlassenen **Rechtsverordnungen** unter bestimmten, in § 4 Abs. 2 S. 2 Nr. 1 bis 4 EEG genannten Voraussetzungen zulässig.

- Insbesondere zulässig sind Abweichungen, die das Ergebnis eines von den Parteien vor der **Clearingstelle** durchgeführten Verfahrens nach § 57 Abs. 3 S. 1 Nr. 1 EEG oder einer für sie von der Clearingstelle abgegebenen Stellungnahme nach § 57 Abs. 3 S. 1 Nr. 2 EEG sind; insofern wurde eine Empfehlung des EEG-Erfahrungsberichts zur Aufwertung der Rechtsqualität der Entscheidungen der Clearingstelle EEG umgesetzt.[34]
- Zulässig sind auch Abweichungen, die Gegenstand eines **Prozessvergleichs** i.S.d. § 794 Abs. 1 Nr. 1 ZPO sind.
- Vertraglich vereinbarte Abweichungen sind auch dann zulässig, wenn sie einer **Entscheidung der BNetzA** nach § 61 EEG entsprechen.

25 Durch diese Rückausnahmen sollen unbillige Ergebnisse verhindert werden, die insbesondere durch eine Nichtigkeit vertraglicher Vereinbarungen entstehen können: Denn in beiden in § 4 Abs. 2 S. 2 EEG genannten Fällen haben Anlagen- und Netzbetreiber ein **gesteigertes Vertrauen** darauf, dass sie ihre vertraglichen Vereinbarungen umsetzen können,[35] so dass die Nichtigkeit entsprechender Vereinbarungen mit der Einheit der Rechtsordnung kaum vereinbar wäre.

! **Praxistipp**

Für die Praxis bleibt abzuwarten, ob es sich im Sinne der Rechts- bzw. Vertragssicherheit aus Vorsichtsgründen empfehlen kann, die Clearingstelle mit Blick auf die „Bestätigungswirkung" des § 4 Abs. 2 S. 2 Nr. 3 i.V.m. § 57 Abs. 3 S. 1 Nr. 2 EEG anzurufen, um durch eine Entscheidung oder Stellungnahme der Clearingstelle die Rechtswirksamkeit der einzelvertraglichen Regelungen abzusichern – praktisch dürfte diese Votumserteilung mit einer verbindlichen (Steuer-)Auskunft gem. § 89 Abs. 1 S. 2 AO vergleichbar sein. Dieses Vorgehen könnte insbesondere für Netzbetreiber bzw. Verwender von AGB vorteilhaft sein, welche, wie üblich, Stromeinspeiseverträge mit Anlagebetreibern auf der Grundlage ihrer **per definitionem** unveränderten AGB schließen.

II. Anschluss, Abnahme und Übertragung

1. Gesetzliche Konzeption

26 Teil 2 des EEG enthält in den §§ 5 bis 7 die Regelungen zum Anschluss von Anlagen zur Erzeugung von EE-Strom und Strom aus Grubengas. § 8 EEG beinhaltet die Regelungen zur Abnahme dieses Stroms, seiner Übertragung und der Verteilung. Mit Ausnahme der Verteilung des EE-Stroms[36] werden diese **Kernpflichten** der Netzbetreiber nach dem EEG in diesem Kapitel behandelt.

34 Vgl. den Entwurf des EEG-Erfahrungsberichts 2011 (Stand: 3.5.2011), S. 180.

35 Vgl. RegE EEG 2012, S. 123 f.

36 Siehe dazu Kap. 6.

§ 5 EEG regelt als speziellere Norm zu § 17 EnWG die **Anschlusspflicht** und ihre Voraussetzungen. Die §§ 6 und 7 EEG stellen die technischen Vorgaben für einen solchen Anschluss auf und bestimmen seine Ausführung und Nutzung. Für die im EEG 2004 mit der Anschlusspflicht gemeinsam in § 4 EEG geregelten Pflichten zur Abnahme, Übertragung und Verteilung des EE-Stroms wurde bereits im EEG 2009 mit § 8 eine eigene Norm geschaffen. Ziel der Aufteilung der Regelungen in mehrere Paragraphen war insbesondere die Schaffung eines anwenderfreundlichen Gesetzes mit übersichtlicheren Vorschriften.[37] 27

Diese Regelungen bilden i.V.m. den Vergütungsregelungen in §§ 16 ff. EEG die Kernbestandteile des sog. **Einspeisemodells** als ein Modell zur Förderung Erneuerbarer Energien:[38] Das EEG kombiniert im Wesentlichen ein Stromeinspeiserecht bzw. eine Stromabnahmepflicht mit einer Festvergütungspflicht der Netzbetreiber gegenüber den Anlagenbetreibern.[39] In anderen Ländern der EU kommt demgegenüber das sog. **Quoten- oder Mengenmodell** zur Anwendung.[40] 28

2. Anschluss

a) Einführung

§ 5 Abs. 1 EEG begründet die grundsätzliche Verpflichtung des Netzbetreibers, Anlagen i.S.d. § 3 Nr. 1 EEG an ihr Netz anzuschließen. Dies muss unverzüglich und vorrangig geschehen. Der Anschluss muss am **günstigsten Verknüpfungspunkt** erfolgen, also an dem Netzpunkt, der nicht nur im Hinblick auf die Spannungsebene geeignet ist, sondern auch die in der Luftlinie kürzeste Entfernung zum Standort der Anlage aufweist. § 5 Abs. 1 EEG bildet die spiegelbildliche Vorschrift zu der allgemeinen Netzanschlusspflicht für (Letzt-)Verbraucher in § 18 Abs. 1 S. 1 EnWG. Zum Verständnis der Regelung des § 5 Abs. 1 EEG und ihrer praktischen Anwendung ist es wesentlich, sich neben den allgemeinen, mit dem EEG verfolgten Zielsetzungen[41] einige **spezifische gesetzgeberische Grundentscheidungen** zu verdeutlichen: 29

---

37 Vgl. dazu BT-Drucks. 16/8148, S. 41, li. Sp.

38 Vgl. dazu *Fouquet*, ZNER 2004, 31 f.

39 Parallel sieht das EEG in den §§ 33a ff. die Möglichkeit der sog. Direktvermarktung vor, vgl. dazu Kap. 5 Rn 247 ff.

40 Unter dem Stichwort der „Verpflichtung zur Nutzung erneuerbarer Energie" ist unter dem Quoten- oder Mengenmodell „eine nationale Förderregelung" zu verstehen, *„durch die Energieproduzenten dazu verpflichtet werden, ihre Erzeugung zu einem bestimmten Anteil durch Energie aus erneuerbaren Quellen zu decken, durch die Energieversorger dazu verpflichtet werden, ihre Versorgung zu einem bestimmten Anteil durch Energie aus erneuerbaren Quellen zu decken, oder durch die Energieverbraucher dazu verpflichtet werden, ihren Verbrauch zu einem bestimmten Anteil durch Energie aus erneuerbaren Quellen zu decken. Dazu zählen auch Regelungen, bei denen derartige Verpflichtungen durch Verwendung grüner Zertifikate erfüllt werden können"*; vgl. Art. 2 S. 2 lit. l) der RL 2009/28/EG, ABl. L 140 v. 5.6.2009, S. 16 ff.

41 Vgl. dazu BT-Drucks. 16/8148, S. 26 ff.

30 § 5 Abs. 1 EEG schafft einen **Investitionsanreiz** für künftige Anlagenbetreiber. Künftige Anlagenbetreiber können sicher sein, dass ihre Anlage an das öffentliche Stromnetz angeschlossen wird; das „Ob“ des Anschlusses ist damit kein Kriterium bei der Abwägung für oder gegen die Errichtung einer EE-Anlage.[42] Dieser Ansatz des EEG ist weder technisch noch wirtschaftlich zwingend. Denkbar wäre auch gewesen, durch gesetzgeberische Maßnahmen parallel den Aufbau separater „EE-Netze“ zu fördern und auf diese Weise einen Wettbewerb (auch) zwischen Energienetzen und ihren Betreibern zu schaffen. Mit Blick auf die hohen gesamtwirtschaftlichen Kosten solcher Maßnahmen und die damit verbundenen Eingriffe in die Umwelt durch den Bau weiterer Stromtrassen birgt diese Alternative jedoch erhebliche gesamtwirtschaftliche Nachteile.

31 Der gesetzgeberische Wille, die gesamtwirtschaftlichen Kosten der Erzeugung im weiteren Sinne von EE-Strom zu minimieren, kommt noch an anderen Stellen zum Ausdruck. Beispielsweise ist zur Begrenzung der gesamtwirtschaftlichen Kosten des (dezentralen) Anschlusses von EE-Anlagen an das öffentliche Stromnetz gem. § 5 Abs. 1 EEG der **technisch und wirtschaftlich günstigste Verknüpfungspunkt** zu bestimmen. Dafür ist ein Kostenvergleich durchzuführen, bei dem losgelöst von der jeweiligen Kostentragungspflicht[43] die Gesamtkosten miteinander zu vergleichen sind, die bei den verschiedenen Ausführungsmöglichkeiten für den Anschluss der betreffenden Anlagen sowie für den Netzausbau anfallen würden.[44]

32 Durch die Gewährung des Netzzugangs wird zugleich eine **„Nutzungskollektivierung“** der Netze herbeigeführt, wobei der jeweilige stromabnehmende Netzbetreiber den EE-Strom zudem noch über dem Marktpreisniveau vergüten muss.[45] Damit gehen erhebliche Beschränkungen nicht nur des Eigentumsgrundrechts in Bezug auf freie Nutzung der Netze, sondern auch der Vertragsfreiheit[46] einher. Auch der damit verbundene, sehr weitreichende Gestaltungswille des Gesetzgebers muss bei der Auslegung und Anwendung des EEG stets berücksichtigt werden.

33 Wesentlich ist, dass die Entstehung des Anspruchs auf Netzanschluss gem. § 5 Abs. 1 S. 1 EEG zwar die **anschlussfertige Errichtung** der betreffenden Anlage erfor-

42 Zu berücksichtigen ist jedoch ganz allgemein, dass der Anlagenbetreiber gem. § 13 Abs. 1 EEG die notwendigen Kosten des Anschlusses von EE-Anlagen sowie der notwendigen Messeinrichtungen zur Erfassung des gelieferten und des bezogenen Stroms trägt.

43 Vgl. §§ 13 ff. EEG.

44 Vgl. dazu BT-Drucks. 16/8148, S. 41, re. Sp. sowie BGH, Urt. v. 18.7.2007 – Az. VIII ZR 288/05 = juris, Rn 25.

45 Vgl. die Regelungen in §§ 16 ff. EEG.

46 Vgl. bereits zu der verfassungsrechtlichen Unbedenklichkeit der Vorgängervorschrift des § 2 StrEG 1998 nur BGH, Urt. v. 11.6.2003 – VIII ZR 160/02 = juris, Leitsatz 1.

dert, der Anspruch auf Anschluss der Anlage jedoch bereits vor Errichtung der Anlage (im Wege der Feststellungsklage) geltend gemacht werden kann.[47]

b) Darstellung des Anschlussvorgangs – Einführung

Der von den §§ 5 bis 7 vorgezeichnete Anschlussvorgang kann grafisch wie folgt dar- 34
gestellt werden:

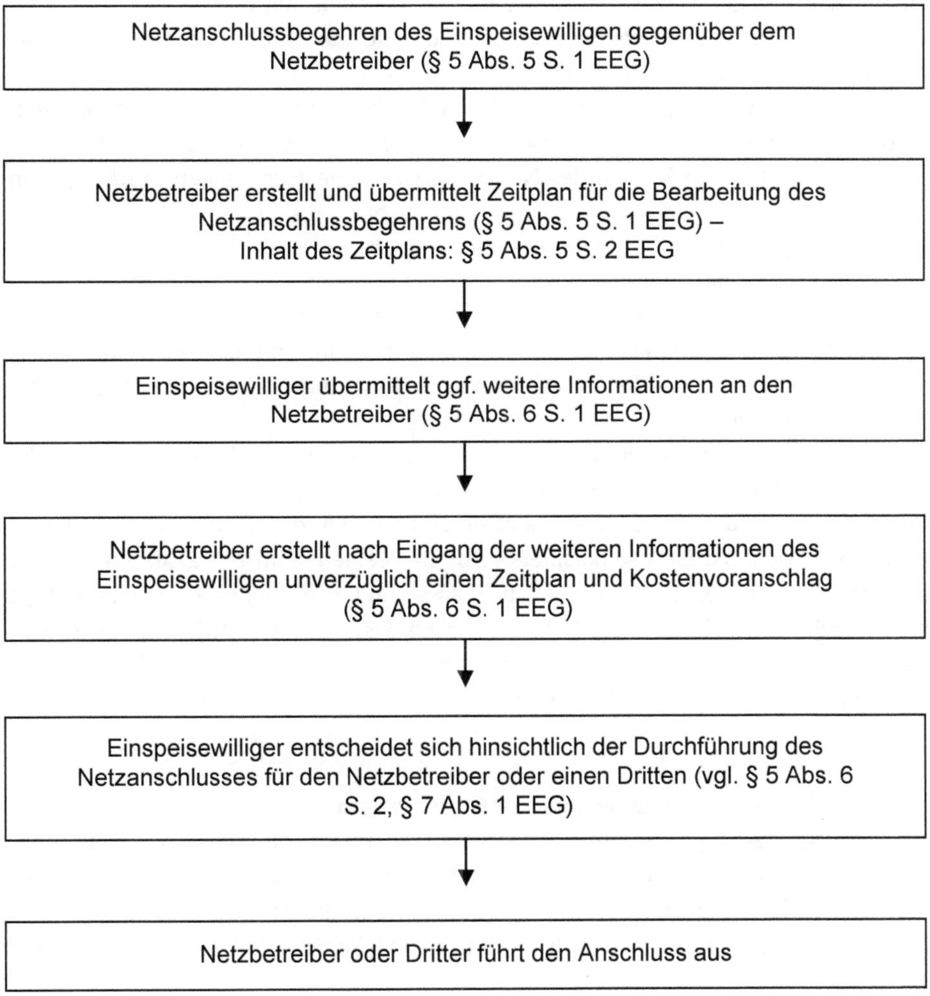

47 BT-Drucks. 16/8148, S. 41 sowie BGH, Urt. v. 12.7.2006 – Az. VIII ZR 235/04 = juris, Rn 10 sowie BGH, Urt. v. 18.7.2007 – Az. VIII ZR 288/05 = juris, Rn 17.

c) Netzanschluss und Netzausbau – Abgrenzung

35 Die Erläuterung der Netzanschlusspflicht erfordert es, vorab den Begriff des „(Netz-) Anschlusses" näher zu bestimmen. Er ist insbesondere von Maßnahmen des Netzausbaus abzugrenzen. Denn in der Praxis ist es oftmals sehr unklar, ob eine bauliche Maßnahme als Netzanschluss oder Netzausbau einzuordnen ist.[48] Die Beantwortung dieser Frage hat **erhebliche Bedeutung**: Zwar hat der Anlagenbetreiber bzw. der Einspeisewillige gem. der §§ 7 Abs. 1 S. 1 und § 9 Abs. 1 S. 1 EEG grundsätzlich sowohl einen Anspruch auf Netzanschluss als auch auf Netzausbau. Gemäß § 13 Abs. 1 EEG trägt indes der Anlagenbetreiber die Kosten des Netzanschlusses, der Netzbetreiber trägt hingegen die Kosten des Netzausbaus.[49]

36 Erleichtert wird diese Abgrenzung durch die **Konkretisierung der Netzausbaupflicht** in § 9 Abs. 2 EEG. Danach erstreckt sich die Pflicht zum Netzausbau auf:
- sämtliche für den Betrieb des Netzes notwendigen technischen Einrichtungen sowie
- die im Eigentum des Netzbetreibers stehenden oder in sein Eigentum übergehenden Anschlussanlagen.

37 Das Gesetz stellt also für die Abgrenzung zwei Kriterien zur Verfügung:
- Der Netzausbau erstreckt sich zum einen auf die im Rahmen eines Anlagenanschlusses neu geschaffenen technischen Einrichtungen, die für den Betrieb des Netzes notwendig sind.
- Umfasst sind zum anderen alle Bestandteile der jeweiligen Anschlussanlage, die im Eigentum des Netzbetreibers stehen oder erst in sein Eigentum übergehen.

38 Eine Maßnahme des Netzausbaus liegt bereits vor, wenn nur eine dieser Kriterien erfüllt ist.[50] Denkbar ist also beispielsweise, dass eine technische Einrichtung zwar nicht im Eigentum des Netzbetreibers bzw. sogar im Eigentum des Anlagenbetreibers steht, doch für den Betrieb des Netzes notwendig ist. Eine Investition in eine solche Einrichtung stellt damit eine Netzausbaumaßnahme dar.[51] Die Kriterien des § 9 Abs. 2 EEG werden nachfolgend im Einzelnen erläutert:

aa) Betriebsnotwendigkeit technischer Einrichtungen

39 Nach der Gesetzesbegründung des EEG 2009 ist der Begriff der technischen Einrichtung i.S.d. § 9 Abs. 2 EEG **weit** zu verstehen. Er umfasst z.B. auch ein ggf. notwendiges Schaltgebäude. Eine technische Einrichtung ist wiederum dann für den Betrieb eines Netzes notwendig, wenn sie für die Funktionsfähigkeit des Netzes – vor oder nach

---

48 Vgl. etwa der detaillierte Beitrag von *Schäfermeier/Reshöft*, ZNER 2007, 34 ff. sowie Frenz/Müggenborg/*Cosack*, § 5 Rn 78.
49 § 14 EEG.
50 Vgl. BGH, Urt. v. 1.10.2008 – VIII ZR 21/07 = juris, Rn 19.
51 *Schäfermeier/Reshöft*, ZNER 2007, 34, 35, m.w.N.

der Ausführung des Anschlusses – unentbehrlich wird. Dies ist zumindest immer dann der Fall, wenn der **störungsfreie Betrieb des Netzes** nach dem Anschluss der Anlage von der Funktionsfähigkeit des neu eingefügten Bestandteils abhängt und ohne dieses nicht mehr gewährleistet oder der störungsfreie Betrieb bei Entfernung der neuen Komponenten nur durch eine technische Veränderung des Netzes wiederhergestellt werden könnte.[52]

Der Gesetzgeber folgt damit einer **funktionalen Betrachtungsweise**. Im Wesent- 40
lichen ist die Frage zu stellen, ob die Fähigkeit des Netzes, die „allgemeine Versorgung" i.S.d. § 3 Nr. 7 EEG zu gewährleisten, durch das Nichtvorhandensein oder den Ausbau der jeweiligen technischen Einrichtung beeinträchtigt wird; jedenfalls wenn dies der Fall ist, so ist eine (Bau-)Maßnahme an dieser Einrichtung eine Netzausbaumaßnahme. Sinngleich ist der BGH der Ansicht, dass eine „rein netzinterne Maßnahme" eine Maßnahme des Netzausbaus darstellt. Dies gilt beispielsweise für den Fall, dass aus Anlass des Anschlusses einer EE-Anlage an das Netz an anderer Stelle im Netz eine weitere Leitung errichtet wird.[53] Sobald also das vorhandene Netz erweitert oder verändert wird, und geschieht dies auch im Zusammenhang mit dem Anschluss einer EE-Anlage, so ist die Maßnahme bereits nach dem Kriterium der Betriebsnotwendigkeit dem Netzausbau zuzuordnen.[54]

Beispiel
So kann beispielsweise auch eine Stichleitung, die nur einen Anschlussnehmer mit elektrischer Energie aus einem der allgemeinen Versorgung dienenden Netz versorgt, Teil dieses Netzes i.S.d. § 3 Nr. 7 EEG sein; Kosten der für den Anschluss einer EE-Anlage erforderlichen Verstärkung einer solchen Stichleitung sind Netzausbaukosten i.S.v. § 14 EEG. Beschränkt sich indes die Funktion eines Netzanschlusskabels allein darauf, Strom aus einer EE-Anlage in das vorhandene Netz **einzuspeisen**, so dient es nicht der „allgemeinen Versorgung" im Sinne einer Verteilung des Stroms an Dritte.[55]

---

bb) Eigentumszuordnung

Die Abgrenzung anhand der Eigentumsverhältnisse an den Bestandteilen der 41
Anschlussanlage gem. § 9 Abs. 2 EEG soll nach dem Willen des Gesetzgebers wiederum sicherstellen, dass keine unnötigen Kosten verursacht und klare Zuständigkeiten hergestellt werden. Die neue Regelung soll eine **Aufspaltung von finanziellem Aufwand und Vermögenszuwachs** verhindern. Sie knüpft nicht nur an bereits bestehendes Eigentum an, sondern stellt klar, dass auch die erst noch zu schaffenden Anlagenteile dann als Netzbestandteile zu betrachten sind, wenn die Netzbetrei-

---

52 BT-Drucks. 16/8148, S. 45.
53 BGH, Urt. v. 18.7.2007 – VIII ZR 288/05 = juris, Leitsatz 4 und Rn 34.
54 *Schäfermeier/Reshöft*, ZNER 2007, 34, 36; BGH, Urt. v. 28.2.2012 – VIII ZR 267/II – ZNER 2012, 396.
55 BGH, Urt. v. 1.10.2008 – VIII ZR 21/07 = juris, Rn 20; a.A. offenbar noch OLG Nürnberg, Urt. v. 28.5.2002 – 3 U 4066/01 = juris, Leitsatz 2.

ber das Eigentum daran erlangen (werden). Wie dieser Eigentumserwerb erfolgt, ob gesetzlich oder rechtsgeschäftlich, ist gleichgültig.[56]

42 Im Unterschied zu dem Kriterium der Betriebsnotwendigkeit wird bei diesem Kriterium **keine funktionelle Betrachtung** vorgenommen. Selbst wenn eine technische Einrichtung also funktionell dem Netzanschluss dient, so ist die Errichtung, Erweiterung etc. einer Einrichtung dann eine Maßnahme des Netzausbaus, wenn der Netzbetreiber zuvor oder infolge der Maßnahme das Eigentum an dieser Einrichtung erworben hat bzw. erwirbt.[57] Der Eigentumserwerb wird sich oftmals über § 946 BGB durch die Verbindung mit einem Grundstück vollziehen.

d) Adressat der Anschlusspflicht

43 Adressat der Anschlusspflicht sind Netzbetreiber i.S.d. § 3 Nr. 8 EEG und damit die Betreiber von Netzen **aller Spannungsebenen** für die **allgemeine Versorgung** mit Elektrizität.

44 Als Netze kommen in diesem Sinne sowohl **Verteiler**- als auch **Übertragungsnetze** in Betracht.[58] Gemäß § 5 Abs. 1 S. 1 EEG ist für die Bestimmung des „richtigen" Netzes die Eignung der Spannungsebene maßgeblich. Bei Photovoltaik-Anlagen dürfte regelmäßig eine Einspeisung in Niederspannungsnetze erfolgen, bei Windenergieanlagen dürfte dagegen eine Einspeisung in Mittelspannungs- oder gar Hochspannungsnetze erfolgen.

45 Betreiber eines Netzes ist diejenige Person, die für die Inbetriebnahme und Aufrechterhaltung des Netzbetriebs **verantwortlich** ist.[59] Dabei kommt es nicht auf die Frage der Eigentumsverhältnisse an den einzelnen Betriebseinrichtungen an. Vielmehr ist die tatsächliche Gewalt über das Netz maßgeblich,[60] weshalb beispielsweise auch Konzessionäre Betreiber sind.

e) Unmittelbarkeit des Anschlusses

46 § 5 Abs. 1 S. 1 EEG erfordert, dass die Anlage **unmittelbar** an das Netz angeschlossen wird.[61] Erfolgt der Anschluss an ein Netz über andere Netze bzw. Leitungen, also nur mittelbar, ist dies kein Anschluss i.S.d. § 5 Abs. 1 S. 1 EEG.[62]

---

56 BT-Drucks. 16/8148, S. 45.

57 *Schäfermeier/Reshöft*, ZNER 2007, 34, 36.

58 § 3 Nr. 7 EEG.

59 Frenz/Müggenborg/*Cosack*, § 5 Rn 13 sowie Altrock/Oschmann/*Theobald*, § 3 Rn 126.

60 OLG Celle, Urt. v. 12.1.2006 – Az. 20 U 34/05 = juris, Rn 36.

61 Anmerkung: § 9 Abs. 1 S. 2 und § 11 Abs. 1 EEG differenzieren ausdrücklich zwischen dem unmittelbaren und mittelbaren Netzanschluss.

62 Vgl. zur Begründung für diese unmittelbare Anschlusspflicht nur Altrock/Oschmann/*Theobald*, § 5 Rn 27.

f) Vorrangigkeit des Anschlusses

Mit dem EEG 2004 wurde in § 4 Abs. 1 S. 1 EEG a.F. klargestellt, dass auch der Anschluss von Anlagen zur Erzeugung von EE-Strom vorrangig vor dem Anschluss konventioneller Stromerzeugungsanlagen zu erfolgen hat.[63] Der Vorrang Erneuerbarer Energien vor konventionellen Energien erstreckt sich damit auf sämtliche Schritte – vom Anschluss über die Abnahme und Übertragung bis hin zur Übertragung und Verteilung des Stroms.[64] Das Vorrangprinzip verpflichtet im Konkurrenzfall mit sonstigen Anlagen und sonstigem Strom zu **einer zeitlich und sachlich vorrangigen Behandlung** der EE-Anlagen und des in ihnen erzeugten Stroms. Nach dem Gesetzentwurf des EEG sollte dieser (Anschluss-)Vorrang indes im Sinne einer praktischen Konkordanz dort seine Grenze finden, wo die Sicherheit und Funktionsfähigkeit des Netzes nicht mehr aufrechterhalten werden kann.[65] 47

Aus dem Merkmal „vorrangig" in § 5 Abs. 1 S. 1 EEG n.F. ergibt sich, dass sich ein Netzbetreiber nicht darauf berufen kann, dass ihm ein Anschluss der EE-Anlage bzw. des EE-Stroms nicht möglich sei, weil andere als unter § 3 Nr. 1 EEG fallende Anlagen zuerst angeschlossen werden müssten.[66] Daher ist die Verweigerung des Anschlusses von Anlagen zur Erzeugung von EE-Strom oder Grubengas mit dem Argument, das Netz sei bereits durch **konventionell erzeugten Strom** ausgelastet, unzulässig[67] – der Gesetzgeber akzeptiert also grundsätzlich das (zeitweilige) Vorhandensein von Erzeugungsüberkapazitäten. 48

Umgekehrt kann sich aus der vorrangigen Anschlussverpflichtung ggf. die Verpflichtung des Netzbetreibers ergeben, im Falle von Kapazitätsengpässen bei Netzanschlüssen bereits zugesagte Anschlüsse von Anlagen, die nicht unter § 3 Nr. 1 EEG fallen, bei Vorhandensein von Anschlussbegehren für EE-Anlagen zurückzustellen. **Zivilrechtliche Folgen** hinsichtlich der Nicht- oder Späterfüllung entsprechender Vereinbarungen mit Betreibern konventioneller Stromerzeugungsanlagen sind insbesondere unter Verzugsgesichtspunkten[68] zu beurteilen; derartige Verzögerungen dürften jedoch mangels Verschulden des Netzbetreibers wegen des (EE-)gesetzlichen Vorrangprinzips häufig keine Schadensersatzansprüche begründen. 49

Ob es überhaupt zu **Kapazitätsengpässen** des Netzbetreibers bei Netzanschlüssen kommt, hängt letztlich auch vom Anlagenbetreiber ab: Nur wenn der Anlagenbetreiber sich gem. § 7 Abs. 1 S. 1 EEG für die Vornahme des Anschlusses durch den Netzbetreiber und nicht durch einen fachkundigen Dritten entscheidet, kann der 50

63 Allgemein zum Vorrangprinzip vgl. *Möstl*, RdE 2003, 90 ff.
64 BT-Drucks. 15/2864, S. 13.
65 Vgl. zu diesem wenig trennscharfen Kriterium BT-Drucks. 15/2327, S. 20.
66 Vgl. *Oschmann*, NVwZ 2004, 910, 912 sowie BT-Drucks. 15/2864, S. 32.
67 BT-Drucks. 16/8148, S. 38.
68 §§ 280, 286 BGB.

Netzbetreiber u.U. zu einer Zurückstellung des Anschlusses von Anlagen, die nicht unter § 3 Nr. 1 EEG fallen, veranlasst sein.

51 Von dieser vorrangigen Anschlusspflicht des Netzbetreibers darf nicht zu Lasten des Anlagenbetreibers durch **Vertrag** abgewichen werden.[69] Abweichende Vereinbarungen sind nur in den Grenzen des § 4 Abs. 2 S. 2 EEG zulässig.

52 Aus § 4 Abs. 1 S. 3 KWKG ergibt sich seit der Novelle 2009, dass der Anschluss nach dem EEG **keinen Vorrang gegenüber KWK-Anlagen** genießt.

! **Praxistipp**

Der Netzbetreiber sollte sämtliche Planungs- und Anschlussmaßnahmen, insbesondere wenn damit auch ein Netzausbau verbunden ist, sorgfältig dokumentieren. Die Dokumentation sollte ggf. auch Informationen dazu enthalten, ob und warum eine Entscheidung für den vorrangigen Anschluss einer bestimmten EE-Anlage gegenüber konventionellen Stromerzeugungsanlagen oder sogar anderen EE-Anlagen erfolgt ist, wobei das Vorrangprinzip im Verhältnis mehrerer Anschlussbegehren für EE-Anlagen keine Anwendung findet. In die Dokumentation sollten auch etwaige Anschlussverzögerungen im Zusammenhang mit Behördenverschulden beispielsweise infolge verzögerter Genehmigungsbescheide aufgenommen werden.[70]

---

g) Unverzüglichkeit des Anschlusses

53 Der Netzanschluss muss unverzüglich erfolgen, nachdem der Einspeisewillige bzw. Anlagenbetreiber sein Wahlrecht in Bezug auf die Anschlussherstellung gem. § 7 Abs. 1 S. 1 EEG ausgeübt hat und somit einen **Netzanschlussantrag** beim Netzbetreiber gestellt hat.

54 Hat der Anlagenbetreiber sich für einen Anschluss durch den Netzbetreiber entschieden, so muss dieser die Anlage **ohne schuldhaftes Zögern** an sein Netz anschließen. Dies erfordert insbesondere den hinreichenden Einsatz von Arbeitskräften sowie die Zurverfügungstellung der entsprechenden technischen Gerätschaften. Hat sich der Anlagenbetreiber dagegen für einen Anschluss durch einen Dritten entschieden, so ist der Netzbetreiber indes nicht „pflichtenlos": Aus § 5 Abs. 1 S. 1 EEG folgt dann zum einen die Verpflichtung, dem Netzanschluss zuzustimmen. Zum anderen trifft den Netzbetreiber die Verpflichtung, die Voraussetzungen dafür zu schaffen, dass der Dritte den Anschluss ungehindert vornehmen kann bzw. jedenfalls keine Maßnahmen zu unternehmen, die diesen Anschlussvorgang behindern könnten.

55 Das EEG stellt **keine Maximalfrist** zum unverzüglichen Netzanschluss auf. Wie im Rahmen von § 121 Abs. 1 S. 1 BGB sind zur Beurteilung der Unverzüglichkeit die Umstände des Einzelfalls zu betrachten. Die Achtwochenfrist des § 5 Abs. 6 S. 1 EEG kann hierfür nur ein grober Anhaltspunkt sein.

---

69 § 4 Abs. 2 S. 1 EEG.

70 Für eine solche Dokumentationspflicht vgl. auch *Salje*, EEG, § 5 Rn 37.

Falls zeitgleich **mehrere EE-Anlagen** angeschlossen werden sollen, so ist die Reihenfolge dieser Anschlüsse nicht nach einem Vorrang-/Prioritätsprinzip zu beurteilen.[71] Jede dieser Anlagen ist aber unverzüglich anzuschließen. Im Falle von Kapazitätsengpässen sollte der Netzbetreiber in diesem Falle, in Anlehnung an die (vormalige) Reservierungsmöglichkeit freier Netzkapazitäten für EE-Anlagen,[72] eine Liste der relevanten Anlagen einschließlich der Daten der Zugänge der Netzanschlussbegehren erstellen und diese demgemäß abarbeiten. Eine solch sorgfältige Dokumentation kann im Falle etwaiger Schadensersatzansprüche gem. §§ 280, 286 BGB wegen vermeintlich verzögerter Netzanschlüsse zu Nachweiszwecken hilfreich sein.[73] 56

Der Netzanschluss ist erfolgt, sobald die entsprechenden technischen Verhältnisse eine Stromeinspeisung mittels der EE-Anlage ermöglichen. Dies setzt **weder die Abnahme** der Anlage durch den Netzbetreiber **noch ihre Inbetriebnahme** i.S.d. § 3 Nr. 5 EEG voraus. 57

h) Ermittlung des maßgeblichen Verknüpfungspunktes

Der Anschluss von EE-Anlagen und Grubengas-Anlagen an das Netz erfolgt an einem sog. Verknüpfungspunkt. Ein solcher muss im Einzelfall nicht bereits existieren. Er ist vielmehr die **gedachte Schnittstelle** zwischen der Anlage und dem Netz.[74] 58

Der Verknüpfungspunkt ist der Punkt im Netz, der: 59

1. im Hinblick auf die Spannungsebene geeignet ist und
2. die in der Luftlinie kürzeste Entfernung zum Standort der Anlage aufweist, es sei denn, ein anderes Netz weist einen technisch und wirtschaftlich günstigeren Verknüpfungspunkt auf.[75]

Mithin besteht eine generelle Vermutung für die Eignung eines Netzes am **nächstgelegenen** Verknüpfungspunkt.[76]

Während der Geltung sowohl des EEG 2000 als auch des EEG 2004 war die „geschuldete Anschlussstelle" nach der Rechtsprechung des BGH regelmäßig dadurch zu ermitteln, dass ein **gesamtwirtschaftlicher Kostenvergleich** der jeweiligen Anschlussstellen (innerhalb desselben Netzes) anzustellen war.[77] § 5 Abs. 1 S. 1 EEG bestimmt den maßgeblichen Verknüpfungspunkt nunmehr nach einem klaren Regel-/Ausnahmeverhältnis. Der Netzbetreiber kann den Anlagenbetreiber zudem, mit Ausnahme von § 5 Abs. 3 EEG, nicht (mehr) auf einen Anschluss an einem anderen 60

71 Vgl. oben Rn 47.
72 Vgl. LG Chemnitz, Urt. v. 6.3.2008 – Az. 2 O 3226/05 = juris, Rn 24 ff.
73 So auch Frenz/Müggenborg/*Cosack*, § 5 Rn 19.
74 BT-Drucks. 15/2327, S. 24.
75 § 5 Abs. 1 S. 1 EEG.
76 So auch *Schäfermeier/Reshöft*, ZNER 2007, 34, 37.
77 Vgl. BGH, Urt. v. 18.7.2007 – Az. VIII ZR 288/05 = juris, Rn 25 ff.

Verknüpfungspunkt seines Netzes verweisen.[78] Die früher notwendige gesamtwirtschaftliche Betrachtung der Gesamtkosten findet also nur noch im Verhältnis zu anderen Netzen statt, nicht jedoch innerhalb desselben Netzes.[79]

61 Die Ermittlung des maßgeblichen Verknüpfungspunktes gem. § 5 Abs. 1 S. 1 EEG folgt dem folgenden **Schema**:

Ist das Netz, zu dem Anschluss begehrt wird, hinsichtlich der Spannungsebene geeignet und weist es in der Luftlinie die kürzeste Entfernung zur Anlage aus?

<table>
<tr><td colspan="2">↓</td><td colspan="3">↓</td></tr>
<tr><td colspan="2">Ja</td><td colspan="3">Nein</td></tr>
<tr><td colspan="2">↓</td><td colspan="3">↓</td></tr>
<tr><td colspan="2">Weist ein anderes Netz einen technisch und wirtschaftlich günstigeren Verknüpfungspunkt auf?</td><td colspan="3">Können Anschluss und Stromabnahme durch einen Netzausbau möglich werden?</td></tr>
<tr><td>↓</td><td>↓</td><td colspan="2">↓</td><td>↓</td></tr>
<tr><td>Falls ja:
Auswahl des Verknüpfungspunktes des anderen Netzes</td><td>Falls nein:
Auswahl des zunächst bestimmten Verknüpfungspunktes</td><td colspan="2">Falls ja:
Ist dieser Ausbau wirtschaftlich zumutbar?</td><td>Falls nein:
Absolute technische Ungeeignetheit des begehrten Netzes</td></tr>
<tr><td colspan="2"></td><td colspan="2">↓</td><td></td></tr>
<tr><td colspan="2"></td><td colspan="2">Verhältnismäßig und damit zumutbar im engeren Sinne ist der Ausbau insbesondere dann, wenn die Kosten des Ausbaus 25 % der Kosten der Errichtung der EE-Anlage nicht überschreiten[80]</td><td></td></tr>
<tr><td colspan="2"></td><td>↓</td><td>↓</td><td></td></tr>
<tr><td colspan="2"></td><td>Falls zumutbar:
Netzausbau hat auf Verlangen des Einspeisewilligen zu erfolgen</td><td>Falls unzumutbar:
Absolute technische Ungeeignetheit des begehrten Netzes</td><td></td></tr>
</table>

78 Weitergehend wohl *Reshöft/Sellmann*, et 2009, Heft 1–2, S. 139, 141.

79 Vgl. LG Arnsberg, Urt. v. 6.5.2010 – I-4 O 434/09 = juris, Rn 40 ff.

80 Vgl. BT-Drucks. 15/2864, S. 34.

aa) Vermutung für bis zu 30 kW-Anlagen

Bei einer oder mehreren (Kleinst-)Anlagen mit einer installierten Leistung von insgesamt bis zu 30 kW, die sich auf einem Grundstück mit bereits bestehendem Netzanschluss befinden, gilt der **Verknüpfungspunkt des Grundstücks mit dem Netz** – unabhängig von dessen tatsächlicher technischer Ausstattung bzw. Leistungsfähigkeit – als günstigster Verknüpfungspunkt.[81] 62

Das Gesetz stellt also die unwiderlegliche Vermutung auf, dass der bereits bestehende Verknüpfungspunkt des Grundstücks mit dem Netz der Günstigste ist.[82] Diese Regelung vereinfacht die Bestimmung des Verknüpfungspunktes für kleinste Anlagen erheblich; Rechtsstreitigkeiten und volkswirtschaftlich unnötige Kosten im Zusammenhang mit dieser Bestimmung dürften so oftmals vermieden werden können. Der Gesetzgeber geht hinsichtlich bereits bestehender Grundstücksanschlüsse davon aus, dass diese grundsätzlich geeignet sind, die aus (Kleinst-)Anlagen eingespeisten Strommengen aufzunehmen.[83] 63

Der Begriff der **„installierten Leistung“** selbst ist in § 3 Nr. 6 EEG legal definiert.[84] 64

Wird die Leistungsgrenze von 30 kW überschritten, so ist der Netzverknüpfungspunkt nach der allgemeinen Vorschrift des § 5 Abs. 1 S. 1 EEG zu ermitteln. Wichtig ist auch, dass sich, falls **mehrere Anlagen** vorhanden sind, diese auf einem Grundstück befinden. Insofern ist zunächst die grundbuchrechtliche Situation zugrunde zu legen. Doch auch wenn mehrere Anlagen räumlich eng zueinander auf mehreren Grundstücken i.S.d. Grundbuchrechts stehen, so muss dieser Umstand die Anwendung des § 5 Abs. 1 S. 2 EEG dann nicht ausschließen, wenn diese Grundstücke einheitlich genutzt werden und bereits über einen einheitlichen Anschluss an das maßgebliche Netz angebunden sind. Wesentlich ist aber, dass ein entsprechender Netzanschluss bereits besteht. 65

bb) Eignung im Hinblick auf die Spannungsebene (§ 5 Abs. 1 S. 1, 1. Hs. EEG)

Der Verknüpfungspunkt muss nach der allgemeinen Regelung in § 5 Abs. 1 S. 1, 1. Hs. EEG im Hinblick auf die Spannungsebene geeignet sein. Damit richtet er sich nach der Strom-/Netzspannung, welche mit der EE-Anlage **erzeugt** wird; das Netz muss im Einzelfall geeignet sein, Strom mit eben dieser Spannung **aufzunehmen.**[85] Diese Eignung dürfte bei allen Netzen mit der jeweilig „passenden“ Spannung regelmäßig 66

---

81 § 5 Abs. 1 S. 2 EEG.
82 BT-Drucks. 16/8148, S. 41.
83 BT-Drucks. 15/2864, S. 47.
84 Vgl. dazu die Erläuterungen bei *Salje*, EEG, § 3 Rn 102 ff.
85 Vgl. Reshöft/*Bönning*, § 5 Rn 19.

gegeben sein.[86] Spiegelbildlich besteht eine *„Ausnahme von der Pflicht zum Anschluss bei einer Ungeeignetheit des Netzes hinsichtlich der Spannungsebene“*.[87]

! **Praxistipp**
Unmaßgeblich ist insofern, ob das jeweilige Netz bereits für die dezentrale Aufnahme von EE-Strom konzipiert wurde; das EEG geht insbesondere mit Blick auf die Pflicht zum Netzausbau offenbar davon aus, dass eine solche Vorkonstruktion technisch nicht erforderlich ist.

---

67 Für die „Geeignetheit“ des Netzanschlusses kommt es schließlich nicht darauf an, ob das Netz neben der Spannungsgeeignetheit auch im Hinblick etwa auf die Kapazität und die einzuspeisenden Strommengen und Stromstärken **ohne Verstärkung** auskommt. Denn der Gesetzgeber hat – anders noch als in § 4 EEG 2004 – die Eignung im Hinblick auf die Spannungsebene konkretisiert und beschränkt, also hinsichtlich Niederspannung, Mittelspannung, Hoch- und Höchstspannung.[88] Demnach kann der Netzbetreiber die Vermutung gem. § 5 Abs. 1 S. 1, 1. Hs. EEG nicht mehr durch den Nachweis widerlegen, dass dem von ihm betriebenen Netz, zu dem Anschluss begehrt wird, die (allgemeine) technische Eignung fehlt.[89]

cc) Kürzeste Entfernung (§ 5 Abs. 1 S. 1, 1. Hs. EEG)

68 Ferner muss der Verknüpfungspunkt gem. § 5 Abs. 1 S. 1, 1. Hs. EEG die in der **Luftlinie** kürzeste Entfernung zum Standort der Anlage aufweisen. Mit dieser Formulierung im EEG 2009 hat der Gesetzgeber die bis dahin streitige Frage, ob bei der Bemessung der kürzesten Entfernung auf die Luftlinienentfernung oder die Wegstrecke abzustellen sei, zugunsten der Luftlinienmessung entschieden.

69 Für die nähere Bestimmung, welches Netz und welcher Verknüpfungspunkt bei mehreren in Betracht kommenden Möglichkeiten zu der Anlage des Energieerzeugers die „kürzeste Entfernung“ aufweist, kommt es nicht darauf an, bei welchem der möglichen Anschlüsse die geringsten Gesamtkosten für die Herstellung des Anschlusses und für die Durchführung der Stromeinspeisung (etwa Netzverstärkung, Stromtrans-

---

86 Vgl. Altrock/Oschmann/*Theobald*, § 5 Rn 55.
87 So ausdrücklich die Gesetzesbegründung zum EEG 2009 in BT-Drucks. 16/8148, S. 41; a.A. offenbar Frenz/Müggenborg/*Cosack*, § 5 Rn 72, welcher eine dort näher bezeichnete Entscheidung des LG Itzehoe zum Netzausbau im Zusammenhang mit der Netzanschlusspflicht thematisiert.
88 Vgl. LG Arnsberg, Urt. v. 6.5.2010 – I-4 O 434/09 = juris, Rn 37.
89 Vgl. LG Duisburg, Urt. v. 6.8.2010 – 2 O 310/09 = juris, Rn 22, wonach die konkrete technische Eignung zum Zeitpunkt der Planung nicht Voraussetzung für die Geeignetheit i.S.d. § 5 Abs. 1 S. 1 EEG ist, denn gem. § 5 Abs. 4 EEG besteht die Pflicht des Netzbetreibers zum Netzanschluss auch dann, wenn die Abnahme des Stroms erst durch die Optimierung, die Verstärkung oder den Ausbau des Netzes nach § 9 EEG möglich wird.

portverluste) zu erwarten sind.[90] Dieser **Wirtschaftlichkeitsaspekt** ist einer gesonderten Prüfung im Rahmen des § 5 Abs. 1 S. 1, 2. Hs. EEG vorbehalten.

Die isolierte Auslegung des Tatbestandsmerkmals der „kürzesten Entfernung" 70
kann im Einzelfall dazu führen, dass ein Verknüpfungspunkt eines Netzes bestimmt wird, welcher zwar räumlich der EE-Anlage u.U. sehr nahe liegt, dessen Verbindung mit der EE-Anlage aber infolge einer Hindernisüberwindung (z.B. Hügel, Gewässer) **vergleichsweise kostenintensiv** wäre. In derartigen Fällen kommt die Regelung des § 5 Abs. 1 S. 1, 2. Hs. EEG zur Anwendung. Erst bei der Anwendung dieser Regelung sind wirtschaftliche Gesichtspunkte mit einzubeziehen.

dd) Erweiterter Netzanschlussanspruch (§ 5 Abs. 4 EEG)

Liegen die Tatbestandsvoraussetzungen der Spannungsgeeignetheit und der kürzes- 71
ten Luftlinienentfernung vor, so besteht eine **Vermutung** dafür, dass die EE-Anlage an dem so ermittelten Verknüpfungspunkt an das Netz anzuschließen ist; der Anlagenbetreiber hat einen entsprechenden Anspruch auf Netzanschluss.

Diese Vermutung wird nicht dadurch widerlegt, dass dieses Netz im Hinblick 72
etwa auf die Kapazität, die einzuspeisenden Strommengen oder die Stromstärken ungeeignet ist. In diesem Falle ist der Netzbetreiber vielmehr gem. § 5 Abs. 4 i.V.m. § 9 EEG zu einer **Erweiterung der Netzkapazität** verpflichtet.[91] Der Anlagenbetreiber hat nach wie vor einen Anspruch auf Anbindung seiner Anlage in kürzester Luftlinienentfernung. Eine Einwendung des Netzbetreibers, dass bei der Wahl eines Verknüpfungspunktes dieses Netzes eine Netzerweiterung erforderlich sei und er den Netzanschluss deshalb ablehne, greift somit nicht durch.

Die Anschlusspflicht wird in diesem Falle jedoch durch das Kriterium der **Unzu-** 73
mutbarkeit der Erweiterung der Netzkapazität gem. § 5 Abs. 4 i.V.m. § 9 Abs. 2 EEG begrenzt. Ist also die Optimierung, die Verstärkung und der Ausbau des Netzes für den Netzbetreiber wirtschaftlich unzumutbar, so besteht im Hinblick auf diesen Verknüpfungspunkt die Anschlusspflicht gem. § 5 Abs. 1 S. 1, 1. Hs. i.V.m. Abs. 4 EEG nicht.[92]

ee) Widerlegung der Vermutung gem. § 5 Abs. 1 S. 1, 2. Hs. EEG durch den Netzbetreiber – Argumentationslinien

Hat die Anwendung des § 5 Abs. 1 S. 1, 1. Hs. EEG einen im Hinblick auf die Span- 74
nungsebene geeigneten und räumlich nahen Verknüpfungspunkt ergeben, so hat

90 So noch BGH, Urt. v. 8.10.2003 – VIII ZR 165/01 = juris, Rn 22 zum EEG 2000.

91 Vgl. LG Duisburg, Urt. v. 6.8.2010 – 2 O 310/09 = juris, Rn 22 sowie im Einzelnen zur Pflicht zur Erweiterung der Netzkapazität unten Rn 245 ff.

92 Reshöft/*Bönning*, § 5 Rn 44.

der Netzanschluss gleichwohl nicht an dieser Netzstelle zu erfolgen, wenn gem. § 5 Abs. 1 S. 1, 2. Hs. EEG ein anderes Netz einen **technisch und wirtschaftlich günstigeren Verknüpfungspunkt** aufweist. Liegen diese Voraussetzungen vor, so ist die Vermutung des § 5 Abs. 1 S. 1, 1. Hs. EEG widerlegt. Der Netzbetreiber hat also die Möglichkeit, wie auch bisher unter dem EEG 2004 und EEG 2009, eine entsprechende Einwendung gegen die Auswahl des gem. § 5 Abs. 1 S. 1, 1. Hs. EEG ermittelten Verknüpfungspunktes zu erheben.[93] Der Netzbetreiber, welcher die Vermutung des § 5 Abs. 1 S. 1, 1. Hs. EEG gem. § 5 Abs. 1 S. 1, 2. Hs. EEG widerlegen kann, ist nach dem eindeutigen Wortlaut des § 5 Abs. 1 S. 1 EEG nicht anschlussverpflichtet.

75 Bei der Anwendung von § 5 Abs. 1 S. 1, 2. Hs. EEG bzw. der Widerlegung der Vermutung des § 5 Abs. 1 S. 1, 1. Hs. EEG kann wie folgt vorgegangen werden:

1. Zunächst ist zu prüfen, ob überhaupt ein **Verknüpfungspunkt eines anderen Netzes** als das Netz infrage kommt, welches im Hinblick auf die Spannungsebene geeignet ist und, das die in der Luftlinie kürzeste Entfernung zum Standort der Anlage aufweist. Ein anderes Netz liegt dann vor, wenn dieses ebenfalls ein Netz im Sinne der Netzdefinition des § 3 Nr. 7 EEG ist und keine Gesamtheit der miteinander verbundenen technischen Einrichtungen vorliegt, weil die technischen Einrichtungen von unterschiedlichen Netzbetreiben betrieben werden oder – wenn es um denselben Netzbetreiber geht – es an einer Verbindung der technischen Einrichtungen zur Abnahme oder Übertragung und Verteilung von Elektrizität für die allgemeine Versorgung fehlt.[94] Daraus folgt: Wenn es „nur" im selben Netz einen Verknüpfungspunkt gibt, welcher technisch und wirtschaftlich günstiger ist, kommt die Regelung in § 5 Abs. 1 S. 1, 2. Hs. EEG nicht zur Anwendung.[95] Im Unterschied zur Rechtslage nach dem EEG 2004 ist der Wortlaut dieser Norm nicht erweiternd dahin gehend auszulegen, dass es ausreicht, wenn nicht nur ein Verknüpfungspunkt eines anderen Netzes, sondern auch ein Verknüpfungspunkt desselben Netzes in Betracht kommt.[96]
2. Sodann ist zu prüfen, ob das andere Netz einen technisch und wirtschaftlich günstigeren Verknüpfungspunkt aufweist.[97] Diese Voraussetzungen müssen **kumulativ** vorliegen; allein das Bestehen eines technisch günstigeren Verknüpfungspunkts, welcher etwa den Zugang zu einem Netz mit höherer Netzkapazität ermöglicht, reicht nicht aus.[98] Ein anderes Netz weist dann einen **technisch**

93 Reshöft/*Bönning*, § 5 Rn 23.

94 So nahezu wörtlich Reshöft/*Bönning*, § 5 Rn 24.

95 Vgl. LG Duisburg, Urt. v. 6.8.2010 – 2 O 310/09 = juris, Rn 25 ff. und LG Arnsberg, Urt. v. 6.5.2010 – I-4 O 434/09 = juris, Rn 35 ff. sowie OLG Hamm, Urt. v. 3.5.2011 – Az. 21 U 94/10, I-21 U 94/10 = juris, Rn 58 ff.

96 Vgl. Reshöft/*Bönning*, § 5 Rn 25 f.

97 Vgl. in diesem Zusammenhang auch die spezielle Regelung für Offshore-Anlagen i.S.d. § 3 Nr. 9 EEG in § 17 Abs. 2a EnWG.

98 Ähnlich Frenz/Müggenborg/*Cosack*, § 5 Rn 40. – Anmerkung: Die insoweit vorhandene

günstigeren Verknüpfungspunkt auf, wenn dieser hinsichtlich der einzuspeisenden Strommenge eine adäquatere Kapazität, Stromstärke oder aus sonstigen Gründen technisch für die Verknüpfung mit der jeweiligen Anlage geeigneter ist. Da die jeweilige Anlage zum Zeitpunkt einer solchen Rechtsprüfung des Netzbetreibers noch nicht an das Netz angeschlossen ist, muss der Netzbetreiber im Rahmen einer ex ante Betrachtung auf der Grundlage der bekannten technischen Spezifikationen der Anlage und des anderen (!) Netzes mittels einer technisch hinreichend detaillierten und nachvollziehbaren Vergleichsrechnung belegen, weshalb und wo genau das andere Netz einen technisch günstigeren Verknüpfungspunkt aufweist. Demnach ist ein genereller Verweis auf ein anderes Netz nicht zulässig; vielmehr muss der geeignete Anschlusspunkt genau benannt werden.[99]

Ein solcher Vergleich dürfte in der Praxis regelmäßig sehr aufwendig sein. Dies folgt 76
insbesondere aus dem Umstand, dass dem jeweiligen Netzbetreiber kaum alle technischen Details des anderen (Vergleichs-)Netzes bekannt sein dürften, es sei denn, er ist Betreiber auch dieses Netzes. Für die Vergleichsrechnung dürfen daher keine zu hohen Anforderungen gestellt werden. Die Ermittlung der zugrunde zu legenden technischen Informationen muss unter dem Vorbehalt der Erlangbarkeit bzw. Verfügbarkeit dieser Informationen stehen.

Spiegelbildlich ist hinsichtlich der Wirtschaftlichkeit gem. § 5 Abs. 1 S. 1, 2. Hs. 77
EEG eine **betriebswirtschaftliche Vergleichsrechnung** der verschiedenen Maßnahmen unabhängig von der jeweiligen Kostentragungslast durchzuführen. Würde insofern allein auf die Interessen des Anlagenbetreibers abgestellt, wäre stets die kürzeste Verbindung zum Netz die günstigste; dann wäre eine gesonderte Feststellung des technisch und wirtschaftlich günstigsten Verknüpfungspunktes nicht erforderlich. Würde andererseits stets den Vorstellungen der Netzbetreiber der Vorrang eingeräumt, könnte dies die Erreichung des gesetzgeberischen Ziels gefährden, den Beitrag Erneuerbarer Energien an der Stromversorgung maßgeblich zu erhöhen. Der wirtschaftlich günstigste Verknüpfungspunkt kann deshalb nur unter Berücksichtigung sowohl der Interessen des Anlagenbetreibers als auch der Interessen des Netzbetreibers ermittelt werden.

Daraus folgt, dass im Rahmen einer **gesamtwirtschaftlichen Betrachtungs-** 78
weise die Kosten des Netzausbaus den Kosten des Anschlusses der Anlage an einem

---

Rechtsprechung und Literatur differenziert oftmals nicht trennscharf zwischen diesen Kriterien. Vielfach wird unmittelbar nach Nennung beider Tatbestandsmerkmale unmittelbar in eine Betrachtung der mit einem Anschluss verbundenen gesamtwirtschaftlichen Kosten eingetreten und somit die wirtschaftlichere Günstigkeit eines anderen Netzverknüpfungspunktes geprüft: vgl. nur BGH, Urt. v. 18.7.2007 – Az. VIII ZR 288/05 = juris, Rn 25 ff. Dieser Umstand ist insbesondere mit Blick auf eine Heranziehung der Rechtsprechung zum EEG 2000 und 2004 zu berücksichtigen.

99 So ausdrücklich bereits der Bericht des BMU zum Entwurf des EEG 2004; vgl. BT-Drucks. 15/2864, S. 33, re. Sp.

weiter entfernt gelegenen Netzverknüpfungspunkt – unter Einschluss mittelbarer finanzieller Nachteile – gegenübergestellt und gegeneinander abgewogen werden müssen.[100] Praktisch kann dabei wie folgt vorgegangen werden: Zunächst sind die Anschlusskosten an dem in der Luftlinie nächstliegenden Verknüpfungspunkt zu ermitteln; kann der Anschluss der EE-Anlage dort ohne Netzausbaumaßnahmen[101] erfolgen, stellt dieser den wirtschaftlich günstigsten Verknüpfungspunkt dar. Entstehen bei diesem Verknüpfungspunkt Netzausbaukosten, so sind diese ebenfalls zu berücksichtigen. Dem gegenüber zu stellen sind die Kosten für den Anschluss an einem in der Luftlinie fernliegenderen Verknüpfungspunkt ohne bzw. mit erforderlichem Netzausbau.[102] Mit anderen Worten: Wirtschaftlich günstig(-er) ist ein Netzausbau daher in der Regel dann, wenn durch den Ausbau die Gesamtkosten der Anbindung und Einbindung einer Anlage in das Netz (losgelöst von der jeweiligen Kostentragungspflicht) geringer sind als eine Anbindung an einer anderen Stelle des Netzes, an der das Netz unmittelbar (ohne Ausbau) technisch geeignet ist.[103]

! **Praxistipp**
Bei Vorliegen entsprechender Anhaltspunkte ist zu prüfen und ggf. zu berücksichtigen, ob derselbe oder weitere Anlagenbetreiber bzw. Einspeisewillige den Anschluss weiterer Anlagen in räumlicher Nähe zu der in Rede stehenden EE-Anlage planen;[104] dies dürfte insbesondere dann der Fall sein, wenn bereits konkrete Netzanschlussbegehren[105] vorliegen. Dann sind die Gesamtkosten aller infrage kommenden Anschlüsse mit denen eines Netzausbaus zu vergleichen, mit welchem sämtliche relevanten Anlagen mit dem jeweiligen Netz verknüpft werden können.[106]

---

79 Einzubeziehen in die Gesamtkostenrechnung sind jeweils **unmittelbare und mittelbare Kosten**: Unmittelbar entstehen jeweils Anschluss- und Netzausbaukosten. Diese sind wiederum u.a. in Personal- und Materialkosten aufzugliedern. Mittelbare Kosten können etwa im Zusammenhang mit der Vermessung bei der Leitungsverle-

100 So BGH, Urt. v. 10.11.2004 – Az. VIII ZR 391/03 = juris, Rn 24. Ähnlich BT-Drucks. 16/8148, S. 41, re. Sp. sowie BGH, Urt. v. 18.7.2007 – Az. VIII ZR 288/05 = juris, Rn 25 und LG Duisburg, Urt. v. 6.8.2010 – 2 O 310/09 = ZNER 2010, 521 ff., vgl. auch Schneider/Theobald/*Schneider*, § 21 Rn 62 sowie *Langbein/Weißenborn*, RdE 2008, 23 ff.
101 Vgl. § 5 Abs. 4, § 9 EEG.
102 *Schäfermeier/Reshöft*, ZNER 2007, 34, 37.
103 Vgl. BT-Drucks. 15/2864, S. 34 li. Sp.
104 Vgl. OLG Dresden, Urt. v. 10.6.2010 – Az. 9 U 550/08, 9 U 0550/08 = juris, Rn 35.
105 Vgl. § 5 Abs. 5 EEG.
106 BT-Drucks. 15/2864, S. 34, li. Sp. Noch weitergehender vgl. OLG Hamm, Urt. v. 28.11.2005 – Az. 22 U 195/04 = juris, Rn 77: *„Darüber hinaus erscheint die Übernahme der Überbrückung einer derart weiten Wegstrecke im Rahmen des Netzausbaus [...] gesamtwirtschaftlich betrachtet deshalb sinnvoll, weil diese bei der Gestaltung der Leitungstrasse grundsätzlich auch den Belangen sich zukünftig noch ansiedelnder* [!] *Anbieter regenerativer Energien Rechnung tragen kann."*

gung entstehen.[107] Zugleich sind auch etwaige Einspeise- und Transportverluste als Rechnungsposten aufzuführen.[108] Hinzu kommen Betriebs- und Unterhaltungskosten. Die Bestimmung des maßgeblichen Zeitkorridors für die Einzelfallberechnung (insbesondere der mittelbaren Folge-)Kosten muss sich an § 21 Abs. 2 S. 1 EEG orientieren. Danach ist für die Kostenberechnung ein Zeitraum von 20 Kalenderjahren zuzüglich des Inbetriebnahmejahres zugrunde zu legen. Insbesondere die Berechnung der jeweiligen mittelbaren (Folge-)Kosten ist jedoch mit z.T. erheblichen **Prognoseunsicherheiten** behaftet; ähnlich wie im Rahmen einer Unternehmensbewertung nach den gängigen Bewertungsmethoden stehen derartige Unsicherheiten jedoch einer verlässlichen Kostenberechnung nicht entgegen, sondern verlangen vielmehr eine umso sorgfältigere Einzelfallbetrachtung. Ebenfalls in Anlehnung an eine Unternehmensbewertung ist zu berücksichtigen, dass mittelbare Kosten bzw. Folgekosten nur abgezinst in den rechnerischen Variantenvergleich einfließen dürfen.[109]

Auch diesen **Variantenvergleich** hat der Netzbetreiber vorzunehmen, wenn 80
er sich auf die Regelung des § 5 Abs. 1 S. 1, 2. Hs. EEG beruft.[110] Führt der Gesamtkostenvergleich bzw. die gesamtwirtschaftliche Kostenbetrachtung[111] dazu, dass im Zusammenhang mit dem Anschluss der Anlage an den alternativen Netzverknüpfungspunkt geringere Gesamtkosten entstehen, so ist dieser der wirtschaftlich günstigste Verknüpfungspunkt. Der Anlagenbetreiber ist dann verpflichtet, die insofern anfallenden Anschlusskosten zu tragen; eine Zumutbarkeitsprüfung in Anlehnung an § 9 Abs. 2 EEG findet in diesem Zusammenhang nicht statt.[112] Spiegelbildlich darf sich der Betreiber des alternativen, weiter entfernt liegenden Netzes in diesem Fall dem Anschlussbegehren nicht verweigern.[113]

Systematisch ist Folgendes wichtig: Nach § 5 Abs. 1 S. 1, 2. Hs. EEG muss der 81
Betreiber des Netzes, hinsichtlich welchem die Vermutung des § 5 Abs. 1 S. 1, 1. Hs. EEG besteht, **darlegen** und ggf. (positiv) **beweisen**, dass und wo ein anderes Netz einen technisch und wirtschaftlich günstigeren Verknüpfungspunkt aufweist. Der Netzbetreiber kann sich also nicht darauf beschränken, (negativ) zu belegen, dass sein Netz oder der Verknüpfungspunkt für den Anschluss der jeweiligen Anlage technisch ungeeignet sind; ein solcher Beleg würde die Vermutung des § 5 Abs. 1 S. 1, 1. Hs. EEG nicht widerlegen können. Insofern ist ein genereller Verweis auf ein anderes Netz nicht zulässig. Vielmehr muss der Netzbetreiber den geeigneteren bzw. günstigeren Anschlusspunkt nach dem eindeutigen Wortlaut des § 5 Abs. 1 S. 1, 2. Hs. EEG benennen.

---

107 Dazu weitergehend Reshöft/*Bönning*, § 5 Rn 29.
108 Vgl. BGH, Urt. v. 8.10.2003 – VIII ZR 165/01 = juris, Rn 23.
109 Vgl. *Salje*, EEG, § 13 Rn 18.
110 BGH, Urt. v. 18.7.2007 – Az. VIII ZR 288/05 = juris, Rn 25.
111 LG Arnsberg, Urt. v. 6.5.2010 – I-4 O 434/09 = ZNER 2010, 299 ff.
112 Vgl. *Langbein/Weißenborn*, RdE 2008, 23.
113 BT-Drucks. 15/2864, S. 33, re. Sp.

82 In diesem Zusammenhang ist die praktische bzw. rechnerische Durchführung des Gesamtkostenvergleichs regelmäßig mit erheblichem Aufwand verknüpft. Erforderlich ist insofern eine **betriebswirtschaftliche Vergleichsrechnung** des Netzbetreibers. Eine bloße Überschlagsrechnung wird dem nicht gerecht. Vielmehr hat der Netzbetreiber, der sich auf die Regelung des § 5 Abs. 1 S. 1, 2. Hs. EEG beruft, eine detaillierte Vergleichsrechnung vorzulegen.[114]

! **Praxistipp**
Problematisch ist in diesem Zusammenhang insbesondere, dass dem Netzbetreiber regelmäßig allenfalls in begrenztem Umfang Informationen über andere Netze zur Verfügung stehen dürften (wenn er ein jeweiliges anderes Netz nicht ebenfalls betreibt). Auch an diese Vergleichsrechnung dürfen daher – neben der technischen Vergleichsbetrachtung – keine zu hohen Anforderungen gestellt werden. Auch die Ermittlung der zugrunde zu legenden wirtschaftlichen Informationen muss unter dem Vorbehalt der Erlangbarkeit bzw. Verfügbarkeit dieser Informationen stehen. Im Einzelfall ist hier mit Annahmen aus der eigenen Betriebspraxis zu arbeiten, die ggf. mit Blick auf die Besonderheiten des „Vergleichsnetzes" angemessen zu plausibilisieren sind.

---

ff) Wahlrecht des Anlagenbetreibers vs. Zuweisungsrecht des Netzbetreibers

83 Gemäß § 5 Abs. 2 EEG sind Anlagenbetreiber berechtigt, einen anderen – als den nach § 5 Abs. 1 EEG ermittelten – Verknüpfungspunkt jenes oder eines anderen im Hinblick auf die Spannungsebene geeigneten Netzes zu wählen. Eine Einschränkung dieses Wahlrechts bildet die **Geeignetheit des Netzes** mit Blick auf die Spannungsebene.[115] § 5 Abs. 2 EEG statuiert anders als § 5 Abs. 1 EEG kein Erfordernis einer gesamtwirtschaftlichen Betrachtungsweise; es besteht damit grundsätzlich ein freies Wahlrecht des Anlagenbetreibers.[116]

84 Eine weitere Einschränkung ergibt sich daraus, dass das Wahlrecht **nicht rechtsmissbräuchlich** ausgeübt werden darf.[117] Der Begriff der Rechtsmissbräuchlichkeit ist in diesem Zusammenhang abstrakt ebenso schwer eingrenzbar wie allgemein bei der Anwendung von § 242 BGB. Als Leitlinie kann aber Folgendes gelten: Eine rechtsmissbräuchliche Ausnutzung des Wahlrechts liegt nicht schon dann vor, wenn der Anlagenbetreiber die für ihn finanziell günstigste Lösung einer anderen gesamtwirtschaftlich oder für den Netzbetreiber kostenintensiveren Variante vorzieht. Rechtsmissbräuchlich ist ein Verhalten allerdings dann, wenn kein schutzwürdiges Eigeninteresse des Anlagenbetreibers vorliegt, was etwa der Fall sein kann, wenn dieser bei jeweils gleichen von ihm zu tragenden Anschlusskosten eine Anschlussvariante

---

114 *Seggermann*, NdsVBl. 2007, 119, 120 f. sowie diesem folgend Frenz/Müggenborg/*Cosack*, § 5 Rn 52.
115 BT-Drucks. 15/2864, S. 41, re. Sp.
116 LG Duisburg, Urt. v. 6.8.2010 – 2 O 310/09 = juris, Rn 35.
117 BT-Drucks. 15/2864, S. 41, re. Sp.

wählt, ohne dass er hierfür einen nachvollziehbaren und schützenswerten Grund darlegt.[118]

Dieses Wahlrecht erscheint zunächst überraschend, erfordert doch die Ermittlung eines Verknüpfungspunktes gem. § 5 Abs. 1 EEG häufig Aufwand, der durch die Ausübung des Wahlrechts gem. § 5 Abs. 2 EEG überflüssig werden kann. Dieses Wahlrecht ist jedoch insbesondere in den Fällen sinnvoll, in welchen **keine Einigung** über den „richtigen" Verknüpfungspunkt gem. § 5 Abs. 1 EEG erzielt werden kann. Damit korrespondiert gem. § 13 Abs. 1 EEG (wirtschaftlich konsequent) die Pflicht des Anlagenbetreibers zur Tragung etwaiger Zusatz-/Mehrkosten, die durch den Anschluss an einem „anderen" Verknüpfungspunkt entstehen. 85

Demgegenüber ist wiederum der **Netzbetreiber** berechtigt, der Anlage einen anderen Verknüpfungspunkt zuzuweisen.[119] Somit kann der Netzbetreiber das Wahlrecht des Anlagenbetreibers gem. § 5 Abs. 2 EEG letztlich **„überstimmen"**. Ist indes die Abnahme des gesamten angebotenen Stroms aus der betroffenen Anlage infolge der Zuweisung an einen anderen Verknüpfungspunkt nicht sichergestellt,[120] so kann der Netzbetreiber eine solche Zuweisung nicht vornehmen.[121] Die Ausübung dieses Zuweisungsrechts kann insbesondere dann sinnvoll sein, wenn mit einem Netzanschluss bzw. einer Wahl des Verknüpfungspunktes gem. § 5 Abs. 1 oder 2 EEG u.U. hohe Netzerweiterungskosten des Netzbetreibers verbunden wären. Doch auch eine Zuweisung gem. § 5 Abs. 3 EEG ist nicht kostenfrei: Der Netzbetreiber muss die aus der Zuweisung resultierenden (Netzanschluss-)Mehrkosten tragen.[122] Somit sollte der Netzbetreiber vor der Ausübung des Wahlrechts gem. § 5 Abs. 3 S. 1 EEG zwingend eine (interne) vergleichende Betrachtung der Kostenalternativen anstellen. 86

i) Exkurs: Netzanschluss von Offshore-Windenergieanlagen

Eine **Sonderregelung** für den Anschluss von Offshore-Windenergieanlagen zu § 5 Abs. 1 EEG findet sich in § 17 Abs. 2a EnWG. Danach trifft ÜNB, also die Betreiber von Hoch- und Höchstspannungsnetzen,[123] die Verpflichtung, Offshore-Windparks an ihre Netze anzubinden, um so die Aufnahme des Windstroms in ihr Netz zu gewährleisten.[124] 87

118 So LG Duisburg, Urt. v. 6.8.2010 – 2 O 310/09 = juris, Rn 35.

119 § 5 Abs. 3 S. 1 EEG.

120 § 5 Abs. 3 S. 2 i.V.m. § 8 Abs. 1 EEG.

121 An dieser Stelle wird nicht auf die rechtstechnische Frage eingegangen, ob in diesem Fall das Recht als solches nicht besteht oder der Netzbetreiber lediglich präkludiert ist, von diesem Recht Gebrauch zu machen.

122 § 13 Abs. 2 EEG.

123 § 3 Nr. 11 EEG.

124 Vgl. OLG Düsseldorf, Beschl. v. 11.4.2011 – Az. VI-3 Kart 276/09 (V), 3 Kart 276/09 (V) = juris,

88 Konkret haben Betreiber von Übertragungsnetzen, in deren Regelzone die Netzanbindung von Offshore-Anlagen i.S.d. § 3 Nr. 9 EEG erfolgen soll, die Leitungen von dem Umspannwerk der Offshore-Anlagen bis zu dem technisch und wirtschaftlich günstigsten Verknüpfungspunkt des nächsten Übertragungs- oder Verteilernetzes zu errichten und zu betreiben; die Netzanbindungen müssen zu dem Zeitpunkt der Herstellung der technischen Betriebsbereitschaft der Offshore-Anlagen errichtet sein.[125] Der 2. Hs. dieser Vorschrift begründet ein **subjektives Recht des Anlagenbetreibers** auf Errichtung einer Netzanbindung binnen bestimmter Frist.

89 Eine Leitung nach § 17 Abs. 2a S. 1 EnWG gilt ab dem Zeitpunkt der Errichtung wiederum als Teil des Energieversorgungsnetzes.[126] Diese Vorschrift begründet eine **Fiktion** der Verlagerung des Netzeinspeisepunktes auf die See. Zugleich kommen Leitungen gem. § 17 Abs. 2a S. 1 EnWG als Netzverknüpfungspunkt gem. § 5 Abs. 1 S. 1 EEG in Frage.[127]

90 Damit ist die Herstellung der Netzanbindung bis zum **„Umspannwerk der Offshore-Anlagen"** abweichend von den Regelungen des EEG Aufgabe des ÜNB. Mit der Regelung in § 17 Abs. 2a EnWG soll indes nicht die grundsätzliche Abgrenzung der Verantwortung der Netz- und Anlagenbetreiber für Netzanschluss und -verstärkung geändert werden. Nach der gesetzgeberischen Intention sollen vielmehr die Netzbetreiber insgesamt zur Ausdehnung des Energieversorgungsnetzes verpflichtet sein.[128]

! **Praxistipp**

Zur Erleichterung der Netzanbindung von Offshore-Windparkprojekten hat die BNetzA im Jahre 2009 in einem Positionspapier Konkretisierungen der Netzanbindungsverpflichtung des § 17 Abs. 2a EnWG formuliert und diese im Jahre 2011 ergänzt. Auf die dortigen Ausführungen wird verwiesen.[129]

---

j) Netzanschlussbegehren und Vorlage eines Bearbeitungszeitplans durch den Netzbetreiber

91 Netzbetreiber sind verpflichtet, Einspeisewilligen nach Eingang eines Netzanschlussbegehrens unverzüglich einen genauen Zeitplan für dessen Bearbeitung zu übermit-

---

Rn 68. Einen Überblick über die Rechtsgrundlagen der Genehmigung von Offshore-Anlagen gibt Stuhlmacher/Stappert/Schoon/Jansen/*Sahm*, Kap. 25.

125 § 17 Abs. 2a S. 1 EnWG; vgl. Stuhlmacher/Stappert/Schoon/Jansen/*Fickers*, Kap. 26 Rn 14.

126 § 17 Abs. 2a S. 5 EnWG.

127 Vgl. *Hinsch*, ZNER 2009, 333, 336.

128 Vgl. dazu sowie im Weiteren zu der Regelung des § 17 Abs. 2a EnWG *Hinsch*, ZNER 2009, 333, 335.

129 Vgl. die Informationen unter http://www.bundesnetzagentur.de/DE/Sachgebiete/ElektrizitaetGas/Sonderthemen/AnbindungOffshoreWindparks/AnbindungOffshoreWindparks_node.html.

teln.[130] § 5 Abs. 5 S. 2 EEG bestimmt die inhaltlichen Voraussetzungen eines solchen Bearbeitungszeitplans. Der Gesetzgeber hat mit diesen Regelungen die **gegenseitigen Auskunftspflichten** der Einspeisewilligen und Netzbetreiber nach § 5 Abs. 5 EEG 2009 weiterentwickelt und eine klare Reihenfolge der Pflichten aufgestellt.[131]

aa) Person des Einspeisewilligen

Die Verpflichtung des Netzbetreibers gem. § 5 Abs. 5 S. 1 EEG besteht nicht erst gegen- 92
über Anlagenbetreibern, sondern bereits gegenüber sog. „Einspeisewilligen".

Das EEG definiert die Person des Einspeisewilligen, im Gegensatz zum 93
Anlagenbetreiber,[132] nicht. Negativ kann der Einspeisewillige insoweit bestimmt werden, als dieser nicht bereits **Genehmigungsanträge** zum Bau einer Anlage gestellt hat oder solche gar vorweisen muss. Denn es ist bereits für die Anlagenplanung erforderlich, sämtliche erforderlichen Daten zu kennen. Dies gilt entsprechend bei mehreren Einspeisewilligen.[133]

Mit Blick auf das Netzanschlussbegehren gem. § 5 Abs. 5 S. 1 EEG ist (positiv) 94
ein Einspeisewilliger von einem bloßen **Einspeiseinteressierten** insoweit abzugrenzen, als dass er bereits ein ernsthaftes, im Ansatz konkretisiertes Planungsinteresse aufweist,[134] welches wiederum in seinem Netzanschlussbegehren zum Ausdruck kommen muss.

bb) Anforderungen an das Netzanschlussbegehren

Auch der Begriff des „Netzanschlussbegehrens" ist im EEG nicht definiert. Der „Netz- 95
anschluss" als solcher bezeichnet die **Gesamtheit der Maßnahmen**, die notwendig sind, um die Anlage an das Netz des Netzbetreibers anzubinden.[135]

Das EEG enthält keine Vorgaben für die **inhaltliche Gestaltung** eines Netzan- 96
schlussbegehrens. Mit Blick auf die Regelung in § 5 Abs. 5 S. 2 Nr. 2 EEG dürfen daran jedoch keine hohen Anforderungen gestellt werden. Denn es ist – nach Eingang eines solchen Begehrens – Sache des Netzbetreibers, den Einspeisewilligen um weitere Informationen zu der (geplanten) Anlage zu ersuchen und diesen damit letztlich zu einer Konkretisierung seines Anschlussbegehrens aufzufordern, wenn dieses unvollständig ist. Demnach liegt ein Netzanschlussbegehren bereits dann vor, wenn:

---

130 § 5 Abs. 5 S. 1 EEG.
131 Vgl. BR-Drucks. 647/10, S. 3. – Anmerkung: § 5 Abs. 5 EEG dient der Umsetzung des Art. 16 Abs. 5 der RL 2009/ 28/EG.
132 Vgl. § 3 Nr. 2 EEG.
133 BT-Drucks. 15/2864, S. 35, li. Sp.
134 Vgl. Frenz/Müggenborg/*Cosack*, § 5 Rn 94 sowie Reshöft/*Bönning*, § 5 Rn 47.
135 Vgl. Reshöft/*Bönning*, § 5 Rn 13.

1. der Einspeisewillige wesentliche Rahmendaten der (geplanten) Anlage mitteilt und
2. hinreichend deutlich zum Ausdruck bringt, dass er einen Anschluss dieser Anlage an das Netz des Netzbetreibers wünscht;
3. es sollte zudem schriftlich erfolgen, nur so kann der Netzbetreiber verlässlich den Lauf der Unverzüglichkeitsfrist nachhalten.

Nicht erforderlich ist, dass der Einspeisewillige die in § 5 Abs. 5 S. 2 Nr. 2 und Abs. 6 EEG bestimmten Arbeitsschritte des Netzbetreibers beantragt.

cc) Inhaltliche Gestaltung des Zeitplans

97 § 5 Abs. 5 S. 2 EEG konkretisiert die inhaltlichen Anforderungen an einen Zeitplan für die Bearbeitung eines Netzanschlussbegehrens. In dem Zeitplan ist zunächst anzugeben, in welchen Arbeitsschritten das Netzanschlussbegehren bearbeitet wird;[136] es ist ein angemessener und genauer Zeitplan für die Entgegennahme und Bearbeitung des nachfolgenden Antrags auf Netzanschluss zu erstellen. Die Zeitpläne sind in der Regel tagesgenau und nur dort, wo eine tagesscharfe Zeitplanung nicht möglich ist, wochengenau zu formulieren.[137] Aus dem Erfordernis der **„Angemessenheit“** folgt, dass solche Zeitpläne keine derart kurzen Zeiträume umfassen dürfen, welche vom Einspeisewilligen nicht eingehalten werden können und damit eine quasi-prohibitive Wirkung hinsichtlich des Anschlussbegehrens entfalten. Andererseits macht das Gesetz keine Vorgaben zu der maximalen Länge des abzudeckenden Zeitraums.

dd) Informationsobliegenheit des Anlagenbetreibers

98 Der Zeitplan hat zugleich darauf hinzuweisen, welche Informationen der **Einspeisewillige** aus seinem Verantwortungsbereich dem Netzbetreiber übermitteln muss, damit dieser den Verknüpfungspunkt ermitteln oder seine Planungen nach § 9 EEG durchführen kann.[138]

99 Aus den Begriffen **„damit“** und **„erforderlichen“**[139] ergibt sich eine inhaltliche Begrenzung des Informationsanspruchs unter dem Gesichtspunkt der Erforderlichkeit: Der Auskunftsanspruch des Netzbetreibers erstreckt sich (nur) auf solche Daten, welche zur Ermittlung des Verknüpfungspunkts oder die Durchführung der Planungen nach § 9 EEG auch tatsächlich benötigt werden. Demnach müssen Auskunftsersuchen „ins Blaue hinein“ nicht beantwortet werden.[140] Daraus ergibt sich auch, dass

136 § 5 Abs. 5 S. 2 Nr. 1 EEG.
137 BT-Drucks. 17/3629, S. 34, re. Sp.
138 § 5 Abs. 5 S. 2 Nr. 2 EEG.
139 § 5 Abs. 6 S. 1 EEG.
140 Vgl. Frenz/Müggenborg/*Cosack*, § 5 Rn 99.

zunächst der Netzbetreiber – und nicht etwa der Netzbetreiber gemeinsam mit dem Einspeisewilligen – einen Verknüpfungspunkt ermittelt.

Praxistipp

In der Praxis dürfte der Netzbetreiber regelmäßig jedenfalls nach dem genauen Standort der Anlage auf dem genau zu bezeichnenden Grundstück sowie den – durch entsprechende Herstellerinformationen belegbaren – technischen Daten der Anlage fragen (und fragen dürfen). Die mit dieser Auskunftserteilung verbundenen Kosten des Einspeisewilligen hat dieser selbst zu tragen. Ganz allgemein gilt, dass die im Zusammenhang mit der Auskunftserteilung gem. § 5 Abs. 5 und 6 EEG entstehenden Kosten jeweils von demjenigen zu tragen sind, bei dem sie entstehen.[141]

Der Netzbetreiber kann einen einmal übersandten Zeitplan nachträglich in den Grenzen von **Treu und Glauben**[142] ergänzen, zumal es in der Praxis immer wieder vorkommen kann, dass etwa maßgebliche Informationen gem. § 5 Abs. 5 S. 2 Nr. 2 EEG zunächst nicht angefragt bzw. nicht übersandt werden. Der Zeitplan ist unverzüglich, also **ohne schuldhaftes Zögern**,[143] zu übermitteln. Das EEG stellt hier, im Unterschied zu § 5 Abs. 6 S. 1 EEG, keine Maximalfrist auf. 100

k) Vorlage eines Anschlusszeitplans durch den Netzbetreiber

Hat der Netzbetreiber alle gem. § 5 Abs. 5 S. 2 Nr. 2 EEG erforderlichen Informationen erhalten, so ist er verpflichtet, dem Einspeisewilligen **unentgeltlich**[144] weitere Informationen zu übermitteln.[145] Im Einzelnen: 101

aa) Netzanschlusszeitplan

Der Netzbetreiber hat dem Einspeisewilligen einen (weiteren) Zeitplan für die unverzügliche Herstellung des Netzanschlusses mit allen erforderlichen Arbeitsschritten zu übermitteln.[146] Insofern ist die Vorlage eines angemessenen, **indikativischen** Zeitplanes durch den Netzbetreiber notwendig, aber auch ausreichend.[147] Daraus folgt für die inhaltliche Gestaltung dieses Zeitplans, dass dieser nicht sämtliche Arbeitsschritte in größtmöglicher Detailtiefe enthalten muss. Denn in der Praxis dürfte dieser Zeitplan insbesondere als „Gegenstück“ zu dem **Kostenvoranschlag** gem. § 5 Abs. 6 102

141 Vgl. BT-Drucks. 16/8148, S. 42, li. Sp.
142 § 242 BGB.
143 § 121 Abs. 1 S. 1 BGB.
144 Vgl. BT-Drucks. 16/8148, S. 42, li. Sp. sowie *Lange*, RdE 2010, 158, 159.
145 § 5 Abs. 6 S. 1 EEG.
146 § 5 Abs. 6 S. 1 Nr. 1 EEG.
147 Vgl. BT-Drucks. 17/3629, S. 35, li. Sp. sowie Art. 16 Abs. 5 lit. c) der RL 2009/28/EG.

S. 1 Nr. 3 EEG von Bedeutung sein und dem Einspeisewilligen somit als veröffentlichte Kalkulationsgrundlage des Netzbetreibers dienen.

103 Genügt also ein indikativischer Zeitplan, so kann jedenfalls eine **nur geringfügige Überschreitung** des Zeitplans wiederum nicht zu der Entstehung von Schadensersatzansprüchen des Einspeisewilligen/Anlagebetreibers führen.

bb) Informationspflicht des Netzbetreibers

104 Ferner hat der Netzbetreiber dem Einspeisewilligen alle Informationen, die dieser für die (Über-)Prüfung des Verknüpfungspunktes benötigt, zu übermitteln.[148] Im Unterschied zu der Vorgängerregelung in § 5 Abs. 5 EEG sind diese Informationen nicht mehr lediglich auf **Verlangen des Einspeisewilligen** zu übermitteln. Ein Antrag des Einspeisewilligen ist nicht erforderlich. Daraus folgt zugleich, dass der Umfang des Informationsanspruchs nicht durch ein solches Verlangen begrenzt wird.

105 Der Umfang der Informationserteilung gem. § 5 Abs. 6 S. 1 Nr. 2, 1. Hs. EEG steht nicht ausdrücklich unter dem Vorbehalt der Erforderlichkeit. Es gilt jedoch das zu § 5 Abs. 5 S. 2 Nr. 2 EEG Ausgeführte entsprechend: Nur die Informationen sind zu übermitteln, welche für die Prüfung des Verknüpfungspunktes **„benötigt"** werden und insofern für den Einspeisewilligen erforderlich sind.

106 Demnach hat der Netzbetreiber dem Einspeisewilligen zum einen mitzuteilen, welchen **Verknüpfungspunkt** er für den Anschluss der Anlage vorgesehen hat, denn zunächst ermittelt der Netzbetreiber den Verknüpfungspunkt; angesichts des Wissens- und Kenntnisvorsprungs des Netzbetreibers im Hinblick auf die von ihm unterhaltenen Netze ist ihm eine derartige Ermittlung und Mitteilung zumutbar.[149] Zum anderen hat der Netzbetreiber dem Einspeisewilligen über den Wortlaut der Norm hinaus alle Informationen, die dieser für die Prüfung der Richtigkeit der Entscheidung für einen spezifischen Verknüpfungspunkt[150] benötigt, zu übermitteln. Damit umfasst die Regelung zunächst Angaben zur genauen Lage und zur Eignung des Verknüpfungspunktes i.S.d. § 5 Abs. 1 EEG. Dies schließt die relevanten technischen Informationen mit ein. Zugleich muss der Einspeisewillige durch die ihm überlassenen Informationen in die Lage versetzt werden, sein Wahlrecht gem. § 5 Abs. 2 EEG verständig auszuüben. Insofern ist auch darüber aufzuklären, wie groß die abnehmbare Strommenge an dem beabsichtigten Standort bzw. Verknüpfungspunkt ist;[151] ist diese aus Sicht des Einspeisewilligen mit Blick auf die Einspeiseleistung der Anlage zu gering, so kann für ihn durchaus die Entscheidung für einen anderen Verknüpfungspunkt in Betracht kommen. Darüber hinaus sind ggf. auch Informati-

148 § 5 Abs. 6 S. 1 Nr. 2, 1. Hs. EEG.
149 Vgl. OLG Düsseldorf, Urt. v. 9.12.2009 – Az. VI-2 U (Kart) 10/06, 2 U (Kart) 10/06 = juris, Rn 52.
150 Vgl. § 5 Abs. 1 EEG.
151 Vgl. LG Frankfurt a.d.O., Urt. v. 14.9.2001 – 6 (b) S 22/01 = juris, Orientierungssatz.

onen zu Kriterien für die Zuweisung an einen anderen Verknüpfungspunkt gem. § 5 Abs. 3 EEG zu übermitteln. Schließlich muss der Einspeisewillige in die Lage versetzt werden, ggf. die Unzumutbarkeit einer Netzerweiterung zu prüfen.[152] Aus einem Gegenschluss zu § 5 Abs. 6 S. 1 Nr. 2, 1. Hs. EEG folgt jedoch, dass der Netzbetreiber dem Einspeisewilligen sog. Netzdaten grundsätzlich nicht zur Verfügung stellen muss. Lediglich auf Antrag des Einspeisewilligen muss der Netzbetreiber die für eine **Netzverträglichkeitsprüfung** erforderlichen Netzdaten übermitteln.[153] Der Begriff der Netzverträglichkeitsprüfung ist weder im EEG definiert, noch wird deren Inhalt in den Materialien zum EEG, soweit ersichtlich, thematisiert.

Wenngleich der Wortlaut des § 5 Abs. 5 S. 2 Nr. 2 EEG keine ausdrückliche Verpflichtung des Netzbetreibers enthält, von sich aus tätig zu werden, um den günstigsten Verknüpfungspunkt zu ermitteln, so konkretisieren jedoch § 5 Abs. 5 und 6 EEG die Regelung des § 5 Abs. 1 EEG auf der **Verfahrensebene**. Mithin muss die – wenn auch ggf. vorläufige und zunächst nur von dem Netzbetreiber vorgenommene – Bestimmung des Verknüpfungspunktes dem „Günstigkeitskriterium" des § 5 Abs. 1 EEG genügen.[154] 107

Mit Blick auf § 5 Abs. 6 S. 1 Nr. 2, 1. Hs. EEG und die Vorgängerregelung in § 5 Abs. 5 EEG 2009 ist unklar, welche Informationen bzw. Netzdaten gem. § 5 Abs. 6 S. 1 Nr. 2, 1. Hs. EEG zusätzlich zur Verfügung gestellt werden müssen, die Einspeisewillige nicht bereits *„für die Prüfung des Verknüpfungspunktes benötigen"* und ohne Antrag erhalten müssen.[155] Denn (auch) bei einer Netzverträglichkeitsprüfung wird ermittelt, ob der Anschluss einer EE-Anlage mit der gewünschten Einspeiseleistung an dem jeweiligen Netzanschluss bzw. an einem Verknüpfungspunkt möglich ist. Dabei wird insbesondere die **freie Leitungskapazität** im jeweiligen Stromnetz geprüft. Entgegen dem Wortlaut der Norm ist mithin davon auszugehen, dass bereits gem. § 5 Abs. 6 S. 1 Nr. 2, 1. Hs. EEG auch Netzdaten zu übermitteln sind, wenn Einspeisewillige diese *„für die Prüfung des Verknüpfungspunktes benötigen"*. 108

Zu den **Netzdaten** gehören jedenfalls diejenigen beschreibenden Eigenschaften eines Netzes, die wie Kapazität, Spannungsebene, Ausbauzustand usw. unbedingt erforderlich sind, um eine EE-Anlage zu planen und die Investitionskosten des Einspeisewilligen einigermaßen abschätzen zu können. Auskunft kann dabei grundsätzlich nur über solche Tatsachen verlangt werden, die ausschließlich dem Versorgungsunternehmen bekannt sind und über die sich der Einspeisewillige nicht in anderer Weise Kenntnis verschaffen kann.[156] 109

152 Zu dem Umfang der Informationserteilungspflicht vgl. allgemein Reshöft/*Bönning*, § 5 Rn 49.

153 § 5 Abs. 6 S. 1 Nr. 2, 2. Hs. EEG.

154 Offengelassen noch bei *Lange*, RdE 2010, 158, 159.

155 Anmerkung: Die Gesetzesbegründung zu der hier maßgeblichen Stellungnahme des Bundesrats zu BR-Drucks. 647/10 verhält sich hierzu nicht.

156 AG Fürstenwalde, Urt. v. 12.12.2000 – 13 C 19/00 = juris, Orientierungssatz 2.

Praxistipp
Für die Praxis ist mit Blick auf die Differenzierung der Informationen nach § 5 Abs. 6 S. 1 Nr. 2, 1. und 2. Hs. EEG darüber hinaus davon auszugehen, dass Netzdaten nur solche Informationen umfassen, welche bei naheliegenden Zweifeln an der „Verknüpfbarkeit" der Anlage mit dem jeweiligen Netz eingesehen werden müssen. Nur so erscheint das durch das Antragserfordernis gem. § 5 Abs. 6 S. 1 Nr. 2, 2. Hs. EEG abgesicherte Geheimhaltungsbedürfnis des Netzbetreibers gewahrt.

110 Demgegenüber sind **Anschlussmöglichkeit**, abnehmbare **Strommenge** und voraussichtlich entstehende **Kosten** keine Netzdaten. Sie bilden vielmehr erst das Ergebnis von Berechnungen und Ermittlungen/Beurteilungen, die ihrerseits auf technischen Größen, tatsächlichen Gegebenheiten und physikalischen Parametern beruhen. Der Einspeisewillige kann Bekanntgabe nur der für die Schlussfolgerung nötigen Daten verlangen, aufgrund derer er dann weitere Berechnungen durchführen kann.[157]

111 Mit Blick auf die Einheitlichkeit der Rechtsordnung sind bei der Datenpreisgabe die allgemeinen **Geheimhaltungsschranken**, insbesondere § 17 UWG, § 242 BGB sowie § 291 StGB, zu beachten.[158]

112 Der Antrag gem. § 5 Abs. 6 S. 1 Nr. 2, 2. Hs. EEG bedarf im Übrigen keiner besonderen **Form.** Er sollte jedoch schriftlich erfolgen, damit der Netzbetreiber verlässlich den Lauf der Unverzüglichkeitsfrist nachhalten kann.

113 Der Antrag muss im Übrigen weder i.S.d. Verwaltungsverfahrensrechts **begründet** sein, noch muss er vom Einspeisewilligen begründet werden. Denn der Netzbetreiber ist gem. § 5 Abs. 6 S. 1 EEG verpflichtet, die Netzdaten nur auf Antrag zu übermitteln; rechtstechnisch wird durch den Antrag ein verhaltener Informationsanspruch des Einspeisewilligen konkretisiert.

114 Die Verpflichtung zur unverzüglichen Informationsübermittlung gem. § 5 Abs. 6 S. 1 EEG wird durch eine **Maximalfrist von acht Wochen** konkretisiert. Die Netzverträglichkeitsprüfung als solche unterliegt im Übrigen nicht dieser Frist. Diese Frist bezieht sich vielmehr nur auf die Verpflichtung zur Vorlage der notwendigen Daten. Eine Netzverträglichkeitsprüfung kann sich folglich der jeweiligen Vorlage der notwendigen Unterlagen anschließen.[159]

l) Vorlage eines Kostenvoranschlags durch den Netzbetreiber

115 Der Netzbetreiber ist ferner verpflichtet, dem Einspeisewilligen einen nachvollziehbaren und detaillierten Voranschlag der Kosten, die durch den Netzanschluss entste-

157 AG Fürstenwalde, Urt. v. 12.12.2000 – 13 C 19/00 = juris, Orientierungssatz 2.
158 Altrock/Oschmann/*Theobald*, § 5 Rn 95 sowie Frenz/Müggenborg/*Cosack*, § 5 Rn 110 f.
159 Vgl. die Informationen der Clearingstelle EEG (vgl. § 57 EEG), abrufbar unter http://www.clearingstelle-eeg.de/beitrag/1219.

hen, zu übermitteln.[160] Hintergrund dieser Regelung ist, dass der Netzbetreiber **nicht exklusiv berechtigt** ist, den Netzanschluss vorzunehmen; gem. § 7 Abs. 1 S. 1 EEG sind Anlagenbetreiber berechtigt, den Anschluss der Anlagen sowie die Einrichtung und den Betrieb der Messeinrichtungen von dem Netzbetreiber oder einer fachkundigen dritten Person vornehmen zu lassen. Der Einspeisewillige bzw. künftige Anlagenbetreiber soll auch durch einen Kostenvoranschlag frühzeitig in die Lage versetzt werden, sich für die Durchführung des Netzanschlusses durch den Netzbetreiber oder einen Dritten zu entscheiden.

Der Kostenvoranschlag selbst muss **nachvollziehbar**[161] und **detailliert** sein. 116
Weder das EEG noch die zugrunde liegende Richtlinie enthalten jedoch weitere Informationen zu der inhaltlichen Ausgestaltung des Kostenvoranschlags. Insofern kann jedoch auf § 650 BGB sowie die einschlägige Rechtsprechung und Literatur verwiesen werden. Daraus ergibt sich für § 5 Abs. 6 S. 1 Nr. 3 EEG u.a., dass der Einspeisewillige in die Lage versetzt werden muss, die zu erwartenden Kosten des Netzanschlusses zu kalkulieren und ggf. ein Alternativangebot eines Dritten[162] im Vergleich sinnvoll zu bewerten.

§ 5 Abs. 6 S. 1 Nr. 3 EEG begrenzt die inhaltliche Ausgestaltung des Kostenvoran- 117
schlags positiv und negativ: Der Kostenvoranschlag muss zunächst nur die Kosten umfassen, die durch die **technische Herstellung des Netzanschlusses** entstehen. Der Gesetzgeber hat damit den Aufgabenumfang des Netzbetreibers begrenzt. Der Kostenvoranschlag muss auch nicht die Kosten für die Gestattung der Nutzung fremder Grundstücke für die Verlegung der Netzanschlussleitung umfassen. Dem liegt zugrunde, dass der Netzbetreiber nur solche Kosten in einem Kostenvoranschlag angeben kann, die von ihm als potenziellen Beauftragten für die Verlegung der Netzanschlussleitung auch ermittelt werden können. Für den Netzbetreiber nicht ermittelbar sind etwa die Kosten, die bei der Nutzung fremder Grundstücke für die Verlegung der Anschlussleitung oder die Kosten für die Nutzung eines Drittnetzes nach § 8 Abs. 2 EEG entstehen. Demgegenüber würde eine allgemeine und ohne Einschränkungen bestehende Verpflichtung des Netzbetreibers zur Erstellung eines Kostenvoranschlags für den Netzanschluss zu dem Ergebnis führen, dass ein Netzbetreiber Kosten aufführen muss, die er zumeist nicht ermitteln kann.[163] Es steht dem Netzbetreiber andererseits frei, in seinem Kostenvoranschlag freiwillig weitere Informationen über den Pflichtenkreis des § 5 Abs. 6 S. 1 Nr. 3 EEG hinaus mitzuteilen.

---

160 § 5 Abs. 6 S. 1 Nr. 3 EEG.

161 Die deutsche Fassung des zugrunde liegenden Art. 16 Abs. 5 lit. a) der RL 2009/28/EG fordert einen „*umfassenden* und detaillierten" Kostenvoranschlag; die englische Fassung fordert einen „*comprehensive* and detailed estimate of the costs".

162 § 7 Abs. 1 S. 1 EEG.

163 BR-Drucks. 647/10, S. 3.

Praxistipp
Mit Blick auf diese Einschränkungen kann es in der Praxis oftmals vorkommen, dass der Einspeisewillige letztlich für ihn nur unvollständige (Kosten-)Informationen hinsichtlich des Anschlusses und des Verlaufs der jeweiligen Netzanschlussleitung erhält. Dies gilt insbesondere mit Blick auf die zuvor erwähnte Nutzung fremder Grundstücke für die Verlegung der Anschlussleitung und die Kosten für die Nutzung eines Drittnetzes nach § 8 Abs. 2 EEG. Insofern hat der Einspeisewillige jedoch selbst ein Auskunfts- und Nutzungsrecht gegenüber dem jeweils anderen Grundstückseigentümer,[164] dessen Grundstück überquert bzw. genutzt werden muss. Auf diese Weise kann der Einspeisewillige – regelmäßig durch Hinzuziehung entsprechender Berater – seine Informationen vervollständigen, um eine abschließende Kalkulation der mit dem Netzanschluss verbundenen Kosten zu fertigen.

118 Mit dem – auch ohne Antrag oder sonstiges Verlangen zu übermittelnden – Kostenvoranschlag ist keine verbindliche (Vor-)Entscheidung für den Netzbetreiber als Auftragnehmer für die Verlegung der Netzanschlussleitung verbunden. Dies stellt § 5 Abs. 6 S. 2 EEG klar, wonach das Wahlrecht des Anlagenbetreibers nach § 7 Abs. 1 EEG auch dann unberührt bleibt, wenn der Netzbetreiber den Kostenvoranschlag nach § 5 Abs. 6 S. 1 Nr. 3 EEG übermittelt hat.

m) Technische Vorgaben für Anlagenbetreiber

119 Vorgaben für die technische Ausstattung von KWK-, Solar-, Biogas- und Windenergieanlagen enthält § 6 EEG. Für die Aufrechterhaltung **eines stabilen Netzbetriebs** ist die Einhaltung dieser Vorgaben von erheblicher Bedeutung.[165] In Verbindung mit § 17 Abs. 1 EEG bildet die Einhaltung dieser Vorgaben eine Voraussetzung für die Gewährung einer EEG-Vergütung. Mithin hat die entsprechende Ausstattung der Anlagen für die Anlagenbetreiber eine erhebliche wirtschaftliche Bedeutung.[166]

120 Für das Verständnis des § 6 EEG ist Folgendes wichtig: Die Vorgängerregelung des § 6 EEG 2009 war im Gesetzgebungsverfahren zunächst als **Anschlussvoraussetzung** und damit als Ausnahme von der Netzanschlussverpflichtung ausgestaltet – bei Nichterfüllung technischer Voraussetzungen konnte der Netzbetreiber den Anschluss ablehnen.[167] Dieser Ansatz wurde im weiteren Verlauf des Gesetzgebungsverfahrens **aufgegeben**: Die Norm (war und) ist allein als Zusammenfassung von Anforderungen an die technische Ausstattung bestimmter EE-Anlagen konzipiert.[168]

121 § 6 Abs. 1 bis 5 EEG gelten für **Neu- und Bestandsanlagen**: Zum Zwecke einer optimierten Netzintegration muss die Anlage die jeweiligen technischen Eigenschaf-

164 BR-Drucks. 647/10, S. 3.
165 Vgl. der Entwurf des Erfahrungsberichts 2011 zum Erneuerbare-Energien-Gesetz (EEG-Erfahrungsbericht) vom 3.5.2011, S. 42.
166 Frenz/Müggenborg/*Cosack*, § 6 Rn 2, spricht insofern zu Recht von einem *„erheblichen Druck auf die Anlagenbetreiber"*.
167 Vgl. BT-Drucks. 16/8148, S. 7.
168 Vgl. BT-Drucks. 16/9477, S. 22.

ten nicht nur beim Anschluss, sondern während der gesamten Zeit aufweisen, in der sie mit dem Netz verbunden ist. Unschädlich ist jedoch eine kurzzeitige Nichterfüllung der Bedingungen, etwa wegen technischer Störungen oder Wartungsarbeiten.[169] Sollte die Anlage die technischen Eigenschaften zu einem späteren Zeitpunkt nicht mehr aufweisen, so findet für diese Zeit die Regelung des § 17 Abs. 1 EEG Anwendung; ein Vergütungsanspruch entfällt. Der Netzanschlussanspruch bleibt davon unberührt bestehen.

§ 6 EEG ist in engem Zusammenhang mit den Regelungen zum **Einspeisemanagement**[170] zu lesen: Erst die Ausstattung von Anlagen mit den durch § 6 EEG vorgegebenen technischen Ausstattungen ermöglicht überhaupt ein Einspeisemanagement. § 6 EEG sichert damit technisch und organisatorisch die Abregelungsbefugnis des Netzbetreibers ab, denn erst die (online) in kurzen Zeitabständen zur Verfügung gestellten Daten der jeweiligen Anlagenbetreiber ermöglichen die Entscheidung für ein Einspeisemanagement.[171] Mit Blick auf die dadurch im Einzelfall zu erreichende Netzstabilität rechtfertigt sich auch der ggf. zeitweilig nicht bestehende Vergütungsanspruch im Falle der Missachtung der Vorgaben des § 6 EEG. 122

§ 6 EEG ist darüber hinaus eng verknüpft mit den Regelungen zur **Direktvermarktung.**[172] So dürfen Anlagenbetreiber Strom in den Formen des § 33b Nr. 1 oder 2 EEG nur direkt vermarkten, wenn u.a. der direkt vermarktete Strom in einer Anlage erzeugt wird, die mit technischen Einrichtungen i.S.d. § 6 Abs. 1 Nr. 1 und 2 EEG ausgestattet ist.[173] Dies soll die hinreichende technische Flexibilität und Steuerbarkeit der Anlage gewährleisten.[174] 123

Die Regelungen in § 6 Abs. 1 bis 5 EEG können wie folgt unterteilt werden: § 6 Abs. 1 EEG enthält – „vor die Klammer gezogen" – ganz **allgemein technische Vorgaben** für alle Anlagenbetreiber sowie die Betreiber von KWK-Anlagen. § 6 Abs. 2 und 3 EEG beziehen sich demgegenüber ausschließlich auf Anlagen zur Erzeugung von Strom aus **solarer Strahlungsenergie** und § 6 Abs. 4 EEG findet ausschließlich auf Anlagen zur Erzeugung von Strom aus **Biogas** Anwendung. Anlagenbetreiber von Windenergieanlagen müssen wiederum sicherstellen, dass am Verknüpfungspunkt ihrer Anlage mit dem Netz die Anforderungen der **SDLWindV** erfüllt werden.[175] Im Einzelnen: 124

169 BT-Drucks. 16/8148, S. 42.
170 § 11 EEG.
171 *Schmelzer/Beck*, ZNER 2011, 244.
172 Vgl. § 33a ff. EEG.
173 § 33c Abs. 2 Nr. 2 EEG.
174 Vgl. RegE EEG 2012, S. 157.
175 § 6 Abs. 5 EEG.

aa) Pflichten für alle Anlagenbetreiber gem. § 6 Abs. 1 EEG

125 Anlagenbetreiber sowie Betreiber von KWK-Anlagen müssen ihre Anlagen mit einer installierten Leistung von mehr als 100 kW mit solchen technischen Einrichtungen ausstatten, mit denen der Netzbetreiber jederzeit:

1. die Einspeiseleistung bei Netzüberlastung **ferngesteuert** reduzieren und
2. die jeweilige **Ist-Einspeisung** abrufen kann.[176]

Alternativ kann die Stromregelung nach dem EEG 2012 nicht mehr auch durch den Anlagenbetreiber erfolgen, wie dies noch dass EEG 2009 vorsah.

126 Weitergehende Rechte zum Eingriff in die Anlage als die durch § 6 Abs. 1 EEG vermittelten stehen dem Netzbetreiber nicht zu.[177] Auch die Möglichkeit, die ferngesteuerte Reduzierung der Einspeiseleistung und die Abrufung der Ist-Einspeisung durch sog. betriebliche Maßnahmen sicherzustellen, wurde **gestrichen.**[178]

127 Der Begriff der installierten Leistung ist in § 3 Nr. 6 EEG legal definiert. Die Leistung von 100 kW bildet insofern eine **„Bagatellgrenze“**.[179] Demgegenüber definiert das EEG – ähnlich wie den „technisch günstigeren Verknüpfungspunkt“ i.S.d. § 5 Abs. 1 S. 1 EEG – den Begriff der „technischen Einrichtungen“ nicht. Auch die **BNetzA** hat von ihren Kompetenzen gem. § 61 Abs. 1b) Nr. 1 EEG noch keinen Gebrauch gemacht, wonach sie z.B. Anforderungen an die technischen Einrichtungen nach § 6 Abs. 1 oder 2 EEG und insbesondere an die verwendeten Datenformate festlegen kann.

Beispiel

Jedenfalls bis zur Vornahme entsprechender Festlegungen durch die BNetzA dürfte Folgendes gelten: Der Anlagenbetreiber ist zunächst grundsätzlich frei in der Auswahl der jeweiligen technischen Einrichtung für seine Anlage, so lange diese den Zwecken des § 6 Abs. 1 EEG genügt. Beispielsweise bestehen insofern keine DIN- oder VdE-Vorgaben. Dringend empfohlen wird vor der Auswahl bzw. dem Erwerb entsprechender Einrichtungen jedoch die vorherige Abstimmung mit dem Netzbetreiber hinsichtlich der Kompatibilität der Einrichtungen mit den von dem Netzbetreiber verwandten Systemen zur Einspeisereduzierung und zur Kontrolle der Ist-Einspeisung. Obgleich dem Anlagenbetreiber nach § 7 Abs. 1 EEG das Messrecht zusteht und der Netzbetreiber ein bestimmtes Datenformat oder eine bestimmte Art der Übermittlung nicht verlangen kann, der Anlagenbetreiber also nur ein „übliches Verfahren“ zu verwenden hat,[180] sollte mit Blick auf die Einhaltung bzw. Nichtvereitelung der Zwecke des § 6 Abs. 1 EEG eine solche Abstimmung gesucht werden. Dies gilt insbesondere hinsichtlich der von dem Netzbetreiber verwandten Datenformate. In diesem Zusammenhang könnte es sich beispielsweise anbieten, die jeweiligen technischen Einrichtungen, falls möglich und angebo-

---

176 § 6 Abs. 1 EEG.

177 Vgl. BT-Drucks. 16/8148, S. 42.

178 Anmerkung: Die Bestimmung der Anforderungen an eine „betriebliche Einrichtung“ sorgte bis vor kurzem noch für erhebliche Unsicherheiten auf Seiten der Anlagenbetreiber, vgl. *Schmelzer/Beck*, ZNER 2011, 244, 247.

179 Vgl. BT-Drucks. 16/8148, S. 46.

180 Vgl. BT-Drucks. 16/8148, S. 43. Vgl. in diesem Zusammenhang aber die Regelung in § 7 Abs. 1 S. 2 EEG i.V.m. § 21b Abs. 4 S. 2 Nr. 2 EEG.

ten, über den Netzbetreiber selbst zu beziehen. Die entsprechenden Kosten könnten auf Verlangen des Anlagenbetreibers bzw. Einspeisewilligen in dem Kostenvoranschlag gem. § 5 Abs. 6 Nr. 3 EEG berücksichtigt werden.

Eine technische Einrichtung im Sinne eines einheitlichen technische Systems oder Bauteils ist von § 6 Abs. 1 EEG im Übrigen nicht gefordert, der Wortlaut der Norm nennt ausdrücklich **technische Einrichtungen** im Plural. Es dürfte demnach auch die Verwendung zweier technisch unabhängiger Systeme ausreichen, so lange die parallele Verwendung im Vergleich zu einheitlichen Systemen mit Blick auf den Zweck des § 6 Abs. 1 Nr. 1 und 2 EEG keine Nachteile mit sich bringt. Mit Blick auf künftige technische Entwicklungen ist es schließlich empfehlenswert, technische Einrichtungen bzw. Messsysteme zu wählen, welche ggf. künftig aufgerüstet oder, ohne ihren Austausch erforderlich zu machen, deren Software ggf. ergänzt oder ausgetauscht werden kann. 128

Wichtig zu beachten ist schließlich, dass derartige Einrichtungen unabhängig von der jeweiligen Netzauslastung und einer konkreten Notwendigkeit eines Einspeisemanagements zu installieren sind, also keine „**Bedürfnisprüfung**" für die Installation der technischen Einrichtungen stattfindet.[181] Dafür spricht insbesondere die Regelung des § 17 Abs. 1 EEG, wonach sich der Vergütungsanspruch nach § 16 EEG auf Null verringert, solange Anlagenbetreiber gegen § 6 Abs. 1, 2, 4 oder 5 EEG verstoßen. Die Voraussetzungen, unter welchen die Einspeiseleistung bei Netzüberlastung i.S.d. § 6 Abs. 1 Nr. 1 EEG ferngesteuert reduziert werden **kann** – und **darf** – werden unter Rn 271 ff. im Detail erläutert. 129

Die jeweilige technische Einrichtung muss es dem Netzbetreiber ferner ermöglichen, die jeweilige **Ist-Einspeisung** abzurufen.[182] Unter „Ist-Einspeisung" sind online zur Verfügung gestellte Daten über die tatsächliche Einspeisung zu verstehen. Dabei dürfte in Übereinstimmung mit der energiewirtschaftlichen Praxis eine viertelstundenscharfe Ablesung ausreichend sein. Auf die Daten nach § 6 Abs. 1 Nr. 1 und 2 EEG muss der Netzbetreiber freien Zugriff haben. Die Kostentragungspflicht für die Übermittlung – anders als unter dem EEG 2004 – liegt insofern bei dem Anlagenbetreiber.[183] 130

---

181 So auch Reshöft/*Bönning*, § 6 Rn 5; a.A. offenbar *Schmelzer/Beck*, ZNER 2011, 244, 248, wonach der Netzbetreiber unter bestimmten Voraussetzungen verpflichtet sei, *„auf die Einforderung der Pflicht [des Anlagenbetreibers gem. § 6 EEG] zu verzichten bzw. diese ganz oder teilweise ruhend zu stellen"*.

182 § 6 Abs. 1 Nr. 2 EEG.

183 Vgl. BT-Drucks. 16/8148, S. 42 f.

bb) Pflichten gem. § 6 Abs. 1 EEG – KWK-Anlagen

131 Mit der ausdrücklichen Nennung der Betreiber von KWK-Anlagen hat der Gesetzgeber in § 6 Abs. 1 EEG klargestellt, dass auch diese Anlagen mit entsprechenden technischen Einrichtungen auszustatten sind.[184] Die Erfüllung dieser Verpflichtung ist wiederum **Voraussetzung** für die Einbeziehung in das Einspeisemanagement nach § 11 EEG. Im Übrigen gilt das soeben unter Rn 125 ff. Ausgeführte entsprechend.

cc) Pflichten gem. § 6 Abs. 2 und 3 EEG – Solaranlagen

132 § 6 EEG 2009 fand auf Photovoltaik-Anlagen mit weniger als 100 kW installierter Leistung keine Anwendung. Demgegenüber machen § 6 Abs. 2 und 3 EEG nunmehr auch für diese Photovoltaik-Anlagen technische Vorgaben.

133 Gemäß § 6 Abs. 2 Nr. 1 EEG müssen Betreiber von Photovoltaik-Anlagen mit einer installierten Leistung von mehr als 30 kW und höchstens 100 kW die Vorgaben des § 6 Abs. 1 Nr. 1 EEG erfüllen. Nach der Gesetzesbegründung ist hierfür z.B. die Ausstattung mit einem **Rundsteuerempfänger** ausreichend, der in Stufen geregelt werden kann.[185] § 6 Abs. 2 Nr. 1 EEG verlangt keine Übermittlung der Ist-Einspeisung gem. § 6 Abs. 1 Nr. 2 EEG.

134 Betreiber von Photovoltaik-Anlagen mit einer installierten Leistung von höchstens 30 kW haben demgegenüber eine **Wahlmöglichkeit**: Sie müssen entweder die Vorgaben des § 6 Abs. 1 Nr. 1 EEG erfüllen oder am Verknüpfungspunkt ihrer Anlage mit dem Netz – regelmäßig der Hausanschluss – die maximale Wirkleistungseinspeisung auf 70 % der installierten Leistung begrenzen.[186] Anlagenbetreiber können damit freiwillig am Einspeisemanagement teilnehmen, indem sie die Vorgaben des § 6 Abs. 1 Nr. 1 EEG erfüllen.

135 Nehmen sie nicht teil, so müssen sie nach § 6 Abs. 1 Nr. 2 EEG die **maximale Wirkleistungseinspeisungsleistung** reduzieren. Dadurch wird zum einen sichergestellt, dass der Netzausbau nicht auf die – nur zu geringen Zeiten im Kalenderjahr erreichbare – maximale Einspeisespitzen der Anlage ausgerichtet sein muss.[187] Zum anderen wird, durch den Verweis auf die dauerhafte Reduzierung der Einspeiseleistung, den Betreibern von Photovoltaik-Anlagen ein Anreiz geboten, am Einspeisemanagement teilzunehmen; die Regelung in § 6 Abs. 2 EEG ist damit eine weitere Maßnahme, um die Stabilität und die Sicherheit der Netze zu gewährleisten. Denn wegen der starken Zunahme von Photovoltaik-Anlagen mit zwar jeweils geringer, in der Summe aber

184 Deren Einbeziehung war unter dem EEG 2009 noch stark umstritten, vgl. *Schmelzer/Beck*, ZNER 2011, 244, 245.

185 Vgl. RegE EEG 2012, S. 125 f.

186 § 6 Abs. 2 Nr. 2 EEG.

187 Vgl. RegE EEG 2012, S. 126.

sehr hoher Leistung wird es künftig notwendig werden, auch kleinere Anlagen zu regeln, um so die Systemstabilität zu wahren.[188]

Die Regelungen in § 6 Abs. 2 EEG werden durch § 6 Abs. 3 S. 1 EEG ergänzt: Danach gelten mehrere Photovoltaik-Anlagen unabhängig von den Eigentumsverhältnissen und ausschließlich zum Zweck der Ermittlung der installierten Leistung i.S.d. § 6 Abs. 1 und 2 EEG als **eine Anlage**, wenn: 136

1. sie sich auf demselben Grundstück oder sonst in unmittelbarer räumlicher Nähe befinden und
2. innerhalb von zwölf aufeinander folgenden Kalendermonaten in Betrieb genommen worden sind.

Diese Neuregelung beseitigt eine Unsicherheit, da bislang nicht eine Gesamtanlage, sondern jedes einzelne Modul als Anlage i.S.d. § 3 Nr. 1 EEG galt.[189]

§ 6 Abs. 3 S. 1 EEG basiert auf der Regelung in § 19 EEG. Demnach können für die Auslegung des § 6 Abs. 3 S. 1 EEG auch die Entscheidungen der Clearingstelle ergänzend hinzugezogen werden.[190] Somit befinden sich mehrere Anlagen grundsätzlich **„auf demselben Grundstück“**, wenn sie sich auf einem Grundstück i.S.d. Grundbuchrechts befinden. Sie befinden sich jedenfalls *„sonst in unmittelbarer räumlicher Nähe“* zueinander, wenn sie sich entweder auf zuvor entlang der Belegenheit der Anlagen parzellierten (geteilten) Grundstücken oder auf aneinander angrenzenden Grundstücken befinden.[191] Wichtig ist, dass § 6 Abs. 3 EEG insofern jeweils nur eine widerlegbare Vermutung für das Vorhandensein einer (einheitlichen) Anlage aufstellt. 137

Für den Fall, dass eine Pflicht des Anlagenbetreibers nach § 6 Abs. 1 und 2 EEG erst durch den **Zubau von Anlagen** eines anderen Anlagenbetreibers entsteht, kann der (Bestands-)Anlagenbetreiber von diesem anderen, „neuen“ Anlagenbetreiber den Ersatz der daraus entstehenden Kosten verlangen.[192] Der Betreiber einer kleinen Anlage, die die Schwellenwerte des § 6 Abs. 1 und 2 EEG bislang nicht überschritten hat, wird also gegenüber dem heranrückenden Anlagenbetreiber privilegiert. Es findet insofern keine Kostenteilung statt, vielmehr hat der heranrückende Anlagenbetreiber nach dem eindeutigen Wortlaut der Vorschrift die gesamten, mit der Installation der entsprechenden technischen Einrichtungen verbundenen Kosten zu tragen. Daraus folgt zugleich für solche Personen, welche erst eine Photovoltaik-Anlagen errichten möchten, dass sie sich auch über das Vorhandensein von Bestandsanlagen im Umfeld der neu geplanten Anlage erkundigen sollten, um eine vollständige Schät- 138

188 Vgl. RegE EEG 2012, S. 126.
189 Vgl. *Schmelzer/Beck*, ZNER 2011, 244, 246.
190 Vgl. RegE EEG 2012, S. 126.
191 Vgl. die Entscheidung der Clearingstelle vom 14.4.2009 zu Az. 2008/49, S. 1 f.
192 § 6 Abs. 3 S. 2 EEG.

zung der mit dieser Errichtung verbundenen Kosten – einschließlich der Kosten gem. § 6 Abs. 3 S. 2 EEG – zu ermöglichen.

139 Für Strom aus Photovoltaik-Anlagen, die vor dem 1.1.2012 in Betrieb genommen worden sind, bestimmt die **Übergangsregelung** in § 66 Abs. 1 Nr. 1 EEG Folgendes:

- Die technischen Vorgaben nach § 6 Abs. 1 EEG müssen (erst) ab dem 1.7.2012 von Betreibern entsprechender Anlagen eingehalten werden. Dies gilt unabhängig davon, wann die jeweilige Anlage in Betrieb genommen wurde.
- Ergänzend bestimmt § 66 Abs. 1 Nr. 2 EEG, dass die technischen Vorgaben nach § 6 Abs. 2 Nr. 1 EEG erst ab dem 1.1.2014 eingehalten werden müssen, und zwar nur hinsichtlich solcher Anlagen, welche nach dem 31.12.2008 in Betrieb genommen worden sind.

Die Leistungsberechnung für diese Anlagen erfolgt jeweils nach § 6 Abs. 3 EEG. § 66 Abs. 1 EEG führt grundsätzlich die alte Rechtslage für Bestandsanlagen fort.

dd) Pflichten gem. § 6 Abs. 4 EEG – Biogasanlagen

140 Auch Betreiber von Anlagen zur Erzeugung von Strom aus Biogas müssen die Vorgaben des § 6 Abs. 1 EEG beachten. Sie müssen zusätzlich sicherstellen, dass bei der Erzeugung des Biogases ein neu zu errichtendes **Gärrestlager** am Standort der Biogaserzeugung technisch gasdicht abgedeckt ist und die hydraulische Verweilzeit der Biomassen in dem gasdichten und an eine Gasverwertung angeschlossenen System mindestens 150 Tage beträgt.[193] Befreit von der Pflicht zur gasdichten Abdeckung des Gärrestlagers sind hingegen Biogasanlagen, die zur Biogaserzeugung ausschließlich Gülle mit einem Trockensubstanzgehalt von weniger als 15 % gem. § 2 S. 1 Nr. 4 des Düngegesetzes einsetzen.[194]

141 Betreiber von Biogasanlagen müssen ferner sicherstellen, dass zusätzliche **Gasverbrauchseinrichtungen** zur Vermeidung einer Freisetzung von Biogas verwendet werden.[195]

142 Die Regelung in § 6 Abs. 4 EEG soll einen möglichst hohen Klimaschutzbeitrag von Biogasanlagen durch größtmögliche Vermeidung von **Methanemissionen** sicherstellen. Wichtig ist, dass § 6 Abs. 4 EEG sonstige fachrechtliche Anforderungen an den Betrieb von Biogasanlagen nicht ersetzt. Die Regelung beinhaltet ausschließlich ergänzende Anforderungen hinsichtlich der Vermeidung schädlicher Immissionen.[196]

143 Die technischen Vorgaben nach § 6 Abs. 4 S. 1 Nr. 2 EEG müssen von Betreibern von Biogasanlagen ab dem **1.1.2014** eingehalten werden. Dies gilt jedoch nicht für

---

193 § 6 Abs. 4 S. 1 Nr. 1 EEG.
194 § 6 Abs. 4 S. 2 EEG.
195 § 6 Abs. 4 S. 1 Nr. 2 EEG.
196 Vgl. RegE EEG 2012, S. 126 f.

Anlagen, welche die Voraussetzungen nach Nr. I.4 der Anlage 2 zu dem EEG 2011 geltenden Fassung erfüllen.[197]

ee) Pflichten gem. § 6 Abs. 5 EEG – Windenergieanlagen

Hinsichtlich der Betreiber von Windenergieanlagen stellt § 6 Abs. 5 EEG klar, dass diese am Verknüpfungspunkt ihrer Anlage mit dem Netz die Anforderungen der **SDLWindV** erfüllen müssen. Die SDLWindV bestimmt komplexe technische Anforderungen für die Netzintegration von Windenergieanlagen und ist ein sehr technisch geprägtes Regelwerk.[198] In Abhängigkeit von dem Anschluss der jeweiligen Anlage an das Mittel-, Hoch- oder Höchstspannungsnetz müssen solche Betreiber die Anforderungen weiterer, spezifischer technischer Regelwerke beachten.[199] Hinsichtlich der Vergütungshöhe für Strom aus Windenergieanlagen, die vor dem 1.1.2015 in Betrieb genommen worden sind, ist von großer Bedeutung, dass sich die Anfangsvergütung für solchen Strom um 0,48 ct/kWh (**Systemdienstleistungs-Bonus**) erhöht, wenn die jeweilige Anlage ab dem Zeitpunkt der Inbetriebnahme die Anforderungen nach § 6 Abs. 5 EEG nachweislich erfüllt.[200] Im Übrigen wird auf die zu der SDLWindV verfügbare Literatur verwiesen.[201] 144

ff) Exkurs: Wasserkraftanlagen

§ 6 EEG sieht für Wasserkraftanlagen keine besonderen Regelungen vor. Es gelten die **allgemeinen Vorgaben** des § 6 Abs. 1 EEG. Wichtig zu beachten in diesem Zusammenhang ist, dass der Anspruch auf die Vergütung gem. § 23 Abs. 1 EEG auch für Strom aus Wasserkraftanlagen besteht, die vor dem 1.1.2009 in Betrieb genommen wurden, wenn die Anlage nach dem 31.12.2011 mit einer technischen Einrichtung zur ferngesteuerten Reduzierung der Einspeiseleistung nach § 6 Abs. 1 Nr. 1 EEG erstmals **nachgerüstet** wurde.[202] 145

gg) Rechtsfolgen von Verstößen gegen Pflichten gem. § 6 Abs. 1–5 EEG/ § 6 Abs. 6 EEG

Die Rechtsfolgen von Verstößen gegen § 6 Abs. 1, 2, 4 oder 5 EEG richten sich bei Anlagen, für deren Stromerzeugung dem Grunde nach ein Anspruch auf Vergütung 146

197 § 66 Abs. 1 Nr. 3 EEG.
198 *Thomas/Altrock*, ZNER 2011, 28, 34.
199 Vgl. insbesondere § 2 und § 3 SDLWindV.
200 § 29 Abs. 2 S. 4 EEG.
201 Vgl. insbesondere *Thomas/Altrock*, ZNER 2011, 28, 34.
202 § 23 Abs. 2 Nr. 2 EEG.

nach § 16 EEG besteht, nach § 17 Abs. 1 EEG.[203] Das bedeutet, dass die Rechtsfolge des § 17 Abs. 1 EEG – die **Verringerung des Vergütungsanspruchs auf Null** – nur für Anlagen Anwendung findet, die ausschließlich erneuerbare Energien oder Grubengas einsetzen. Hinsichtlich dieser Anlagen werden Verstöße nicht (zusätzlich) durch den Verlust des Anspruchs auf vorrangige Abnahme, Übertragung und Verteilung des erzeugten Stroms[204] sanktioniert.

147 Bei Anlagen, welche hingegen nicht ausschließlich erneuerbare Energien oder Grubengas einsetzen, entfällt hingegen für die **Dauer des Verstoßes** gegen § 6 Abs. 1, 2, 4 oder 5 EEG der Anspruch der Anlagenbetreiber auf vorrangige Abnahme, Übertragung und Verteilung nach § 8 EEG.[205] Betreiber von KWK-Anlagen verlieren in diesem Fall ihren Anspruch auf Zuschlagszahlung nach § 4 Abs. 3 KWKG oder, soweit ein solcher nicht besteht, ihren Anspruch auf vorrangigen Netzzugang nach § 4 Abs. 4 KWKG.[206]

n) Ausführung und Nutzung des Netzanschlusses sowie der Messeinrichtungen

148 Anlagenbetreiber sind berechtigt, den Anschluss der Anlagen sowie die Einrichtung und den Betrieb der Messeinrichtungen einschließlich der Messung von dem Netzbetreiber oder einer fachkundigen dritten Person vornehmen zu lassen.[207] Daraus ergibt sich eine primäre Verantwortlichkeit des Anlagenbetreibers für diese Maßnahmen, jedoch kein **Selbstvornahmerecht**.[208]

149 Da der Anlagenbetreiber die notwendigen Kosten des Anschlusses der Anlagen an den Verknüpfungspunkt nach § 5 Abs. 1 oder 2 EEG sowie der notwendigen Messeinrichtungen zur Erfassung des gelieferten und des bezogenen Stroms trägt,[209] soll diesem auch die Auswahl des jeweiligen Anschluss- und Messdienstleisters obliegen. Der Gesetzgeber bezweckt mit diesem Wahlrecht eine **Reduktion der gesamtwirtschaftlichen Kosten**, die mit dem Anschluss von Anlagen sowie der Einrichtung und dem Betrieb der Messeinrichtungen verbunden sind. Damit schafft (und erhält) diese Norm die Rahmenbedingungen für einen Markt der Anschluss- und Messdienstleistungen.[210] Zugleich wird der Entstehung eines entsprechenden Monopols der Netzbetreiber vorgebeugt.

---

203 § 6 Abs. 6 S. 1 EEG.
204 § 8 EEG.
205 § 6 Abs. 6 S. 2, 1. Hs. EEG.
206 § 6 Abs. 6 S. 2, 2. Hs. EEG.
207 § 7 Abs. 1 S. 1 EEG.
208 So auch *Rauch*, ZNER 2009, 19, 21.
209 § 13 Abs. 1 EEG.
210 Vgl. Reshöft/*Bönning*, § 7 Rn 1.

aa) Möglichkeit der Beauftragung Dritter bei der Anschlusserstellung sowie bei der Einrichtung und beim Betrieb der Messeinrichtungen

§ 7 EEG stellt über die **Fachkundigkeit des Dritten** hinaus keine spezifischen Anforderungen an die Qualifikationen des Dritten. Insbesondere ist keine förmliche handwerkliche Qualifizierung erforderlich. Der Netzbetreiber kann den Dritten auch nicht unter Verweis auf seine vermeintlich fehlende Fachkundigkeit ablehnen. Spezifische Anforderungen werden demgegenüber an die Qualität der Ausführung der jeweiligen Arbeiten gestellt.[211] 150

Der Anschluss der Anlagen sowie die Einrichtung und der Betrieb der Messeinrichtungen einschließlich der Messung muss nicht unbedingt von derselben Person ausgeführt werden. Daher ist es auch denkbar, unterschiedliche Personen mit den jeweiligen Teildienstleistungen (Anschluss der Anlage, Einrichtung der Messeinrichtungen, Betrieb der Messeinrichtungen) zu beauftragen. Um eine **optimale Verzahnung** der entsprechenden Dienstleistungen zu gewährleisten, dürfte es sich in der Praxis jedoch oftmals anbieten, sowohl den Anschluss der Anlagen als auch die Einrichtung und den Betrieb der Messeinrichtungen aus einer Hand vornehmen zu lassen. 151

Wichtig ist, dass der Anlagenbetreiber sein Wahlrecht nicht nur einmal im Zusammenhang mit dem Anschluss und der **Aufnahme des Messbetriebs** ausüben kann. Der Anlagenbetreiber kann beispielsweise nach Ablauf eines Messdienstleistungsvertrags mit dem Netzbetreiber oder einem Dritten einen anderen Messdienstleister beauftragen.[212] 152

Hat der Anlagenbetreiber sein Wahlrecht ausgeübt, so ist weder der Netzbetreiber noch ein Dritter verpflichtet, den Anschluss vorzunehmen, es sei denn, die Ausübung des Wahlrechts bildet gleichzeitig die Annahme eines Angebots i.S.v. § 145 BGB. Mit § 7 EEG sollte gerade kein Kontrahierungszwang verbunden werden.[213] Im Übrigen empfiehlt es sich, einen **Anschlussherstellungs**- bzw. **Messeinrichtungsherstellungsvertrag** abzuschließen; dies gilt unabhängig von der jeweiligen Auswahl des Anlagenbetreibers. Dieser Vertrag sollte neben der Festlegung der Anschlussanlagen (wie beispielsweise Schalteranlagen, Kupplungen, Schaltfeldern etc.) sowie der geschuldeten Vergütung auch Angaben zu dem Eigentum an den Anschlussanlagen enthalten.[214] In einem solchen Vertrag könnte u.a. auch der Verknüpfungspunkt explizit genannt werden, um insofern Unklarheiten zu dessen Bestehen und Lage von vorneherein zu vermeiden. Wie stets empfiehlt sich eine möglichst detaillierte Beschreibung der von dem jeweils Ausführenden geschuldeten Leistungen in dem Vertrag. Andernfalls muss ggf. im Rahmen eines zeit- und kostenintensiven Gerichts- 153

211 Siehe sodann unter Rn 155 ff.
212 Vgl. § 21b Abs. 2 S. 5 EnWG.
213 So auch *Rauch*, ZNER 2009, 19, 21.
214 So auch *Salje*, EEG, § 4 Rn 10.

verfahrens im Wege der Feststellungsklage[215] der Umfang der jeweilig zu erbringenden Dienstleistungen bestimmt werden.[216]

154 Hat der Anlagenbetreiber einen Dritten mit der Herstellung des Anschlusses beauftragt, so treffen den Dritten über die allgemeine Verpflichtung hinaus, nicht schadhaft auf die Anlagen bzw. das Netz des Netzbetreibers einzuwirken, **keine spezifischen Verpflichtungen** gegenüber dem Netzbetreiber. Insbesondere besteht keine Pflicht des Dritten, mit dem Netzbetreiber vertragliche Vereinbarungen irgendeiner Art einzugehen.[217]

bb) Technische Anforderungen an den Anschluss

155 Die Ausführung des Anschlusses und die übrigen für die Sicherheit des Netzes notwendigen Einrichtungen müssen zum einen dem § 49 EnWG entsprechen.[218] § 49 EnWG verweist selbst wiederum auf die **allgemein anerkannten Regeln der Technik.**[219] Der Verweis in § 7 Abs. 2 EEG auf § 49 EnWG hat indes lediglich deklaratorische Funktion, denn Anschlussleitungen für EEG-Anlagen sind Energieanlagen i.S.d. §§ 3 Nr. 15, 49 Abs. 1 EnWG.[220]

156 Die Ausführung des Anschlusses und die übrigen für die Sicherheit des Netzes notwendigen Einrichtungen müssen zum anderen den im Einzelfall notwendigen technischen Anforderungen des Netzbetreibers entsprechen.[221] Daraus folgt, dass der Netzbetreiber nicht beliebige technische Anforderungen für den Anschluss bestimmen darf. Diese müssen vielmehr „im Einzelfall notwendig" sein. Zur Beurteilung der **Notwendigkeit** bedarf es einer **Verhältnismäßigkeitsprüfung** im Einzelfall.[222] Auch sinnvolle, aber nicht erforderliche bzw. nicht notwendige Anforderungen dürfen nicht einseitig aufgestellt werden;[223] damit korrespondiert die Verpflichtung des Anlagenbetreibers, nur die notwendigen Kosten des Anschlusses von Anlagen zu tragen.[224] Doch können Anlagen- und Netzbetreiber übereinstimmend weitergehende, in engerem Sinne nicht mehr notwendige technische Anforderungen im Anschlussvertrag bestimmen.

215 § 256 ZPO.
216 Vgl. Reshöft/*Bönning*, § 7 Rn 1 sowie Frenz/Müggenborg/*Cosack*, § 7 Rn 6.
217 Vgl. aber § 21b Abs. 2 S. 4 EnWG hinsichtlich eines Vertrags den Messstellenbetrieb betreffend.
218 § 7 Abs. 2 EEG.
219 Vgl. hierzu die Kommentierungen zu § 49 EnWG.
220 So auch Frenz/Müggenborg/*Cosack*, § 7 Rn 18.
221 § 7 Abs. 2 EEG.
222 Reshöft/*Bönning*, § 7 Rn 15.
223 Vgl. *Bönning*, ZNER 2003, 296, 299.
224 § 13 Abs. 1 EEG.

Die Regelung in § 7 Abs. 2 EEG gilt schließlich nur vorbehaltlich speziellerer Regelungen im EEG. Die Vorschrift des § 6 EEG ist im Übrigen **kumulativ** zu § 7 Abs. 2 EEG anzuwenden. 157

cc) Messungen, Messrecht und Messergebnisse – insbesondere Smart Metering

§ 7 EEG begründet ein Wahlrecht des Anlagenbetreibers nicht nur hinsichtlich des 158
Anschlusses, sondern auch für die Einrichtung und den Betrieb der Messeinrichungen. Vorab ist darauf hinzuweisen, das die Verlässlichkeit der Messungen durch dieses Wahlrecht nicht beeinträchtigt werden dürfte, da Messungen von einer **fachkundigen Person** vorgenommen werden müssen und Messeinrichtungen zur Erfassung der Arbeit nach dem Eichrecht eichpflichtig sind.[225]

Der Begriff der **Messeinrichtung** ist weder im EEG noch im EnWG definiert.[226] 159
Darunter dürften jedoch *„alle technischen Geräte im weiteren Sinne zu verstehen sein, die ihre bestimmungsgemäße Verwendung in dem Erfassen, Speichern und ggf. Übermitteln eingespeister oder gelieferter Energie finden (z.B. mechanische oder elektronische Zählwerke inklusive Wandlervorrichtungen).“*[227]

Hinsichtlich der Einrichtung bzw. technischen Herstellung der Messeinrichtun- 160
gen gelten die obigen Ausführungen zum Netzanschluss entsprechend. Jedoch muss die Einrichtung der Messeinrichtungen gem. § 7 Abs. 2 EEG nicht technischen Anforderungen des Netzbetreibers entsprechen; § 7 Abs. 2 EEG bezieht sich lediglich auf den Anschluss der Anlage. Derartige Anforderungen ergeben sich indes über den Verweis in § 7 Abs. 1 S. 2 EEG auf die Vorschriften des §§ 21b ff. EnWG. §§ 21c ff. EnWG enthalten insofern detaillierte Vorgaben für Messsysteme i.S.d § 21d Abs. 1 EnWG. Die Regelungen in den §§ 21b-21i EnWG enthalten ganz allgemein auch ein Regelsystem, das die Voraussetzungen für ein sog. **Smart Metering** schafft.[228]

Wie bereits unter Rn 153 ausgeführt, empfiehlt sich der Abschluss eines Mess- 161
einrichtungsherstellungsvertrags sowie der Abschluss eines **Messdienstleistungsvertrags** (mit einem Dritten). Gegenstand eines Messdienstleistungsvertrags sind naturgemäß insbesondere der Leistungsumfang und die geschuldete Vergütung. Wird hingegen dem Netzbetreiber die Herstellung der Messeinrichtung und die Übernahme der Messdienstleistungen übertragen, so bietet es sich an, dies rechtstechnisch im Einspeisevertrag mit zu behandeln.[229]

Für den Messstellenbetrieb maßgebend sind wiederum die Vorgaben in § 7 Abs. 1 162
S. 2 EEG i.V.m. § 21b EnWG. Danach kann auf Wunsch des betroffenen Anschlussnut-

---

225 Vgl. § 21b Abs. 2 S. 1 EnWG; vgl. BT-Drucks. 16/8148, S. 43, li. Sp.
226 Vgl. nur § 21b Abs. 4 und § 21d Abs. 1 EnWG.
227 So *Rauch*, ZNER 2009, 19, 20.
228 Vgl. *Sellner/Fellenberg*, NVwZ 2011, 1025, 1034.
229 Vgl. *Rauch*, ZNER 2009, 19, 21.

zers anstelle des nach § 21b Abs. 1 EnWG verpflichteten Netzbetreibers der Messstellenbetrieb von einem Dritten durchgeführt werden, wenn:

1. der einwandfreie und den eichrechtlichen Vorschriften entsprechende **Messstellenbetrieb** durch den Dritten gewährleistet ist, so dass eine fristgerechte und vollständige Abrechnung möglich ist,[230] und
2. wenn die entsprechenden Messeinrichtungen und Messsysteme den von dem Netzbetreiber einheitlich für sein Netzgebiet vorgesehenen technischen Mindestanforderungen und Mindestanforderungen in Bezug auf **Datenumfang** und **Datenqualität** genügen.[231]

163 Der Netzbetreiber ist berechtigt, den Messstellenbetrieb durch einen Dritten abzulehnen, sofern die Voraussetzungen nach § 21b Abs. 1 S. 1 EnWG nicht vorliegen.[232] Darüber hinaus sind der Dritte und der Netzbetreiber verpflichtet, zur Ausgestaltung ihrer rechtlichen Beziehungen einen Vertrag zu schließen.[233]

164 Der Umstand, dass die Einrichtung und der Betrieb der Messeinrichtungen in die Zuständigkeit des Anlagenbetreibers fallen, bedeutet nicht zwingend, dass diese allein die Messwerte auslesen und weitergeben. Insbesondere bei **fernablesbaren Zählern** sollte es jedem Beteiligten (u.a. Anlagen- und Netzbetreiber) möglich sein, die für ihn relevanten und bestimmten Daten aus der Messeinrichtung selbst abrufen zu können oder sich automatisch von dort übermitteln zu lassen.[234] Zwingend gilt dies jedoch nur für die Ist-Einspeisung im Rahmen von § 6 EEG, welcher insofern lex specialis zu § 7 EEG ist. § 7 EEG begründet insofern keine allgemeine Verpflichtung zur Installation fernablesbarer Zähler. Eine solche Verpflichtung besteht (bislang) nur im Rahmen des § 6 EEG, wenngleich diese Verpflichtung mit Blick auf die Rechtsfolgennorm des § 6 Abs. 6 EEG de facto bereits sehr weitgehend sein dürfte.

dd) Nutzung des Anschlusses – insbesondere: Haftungsbegrenzung des Anlagenbetreibers

165 Bei der **Einspeisung von EE-Strom oder Grubengas** gelten zugunsten des Anlagenbetreibers die Haftungsbegrenzungsregeln in § 18 Abs. 2 NAV entsprechend.[235] Mit dieser statischen Verweisung wird der Anlagenbetreiber gegenüber dem Netzbetreiber einseitig privilegiert; der Netzbetreiber kann sich auf der Grundlage des EEG nicht auf Haftungsbegrenzungen berufen.[236] Zugleich sind vorbehaltlich der Regelung in § 4 Abs. 2 S. 2 EEG solche Abreden zwischen dem Anlagen- und Netzbetreiber gem.

230 § 21b Abs. 2 S. 1 EnWG.
231 § 21b Abs. 4 S. 2 Nr. 2 EnWG.
232 § 21b Abs. 1 S. 2 EnWG.
233 § 21b Abs. 1 S. 4 EnWG.
234 Vgl. BT-Drucks. 16/8148, S. 43, li. Sp.
235 § 7 Abs. 3 EEG.
236 Reshöft/*Bönning*, § 7 Rn 20.

§ 4 Abs. 2 S. 1 EEG unwirksam, wonach die Haftungsprivilegierung in § 18 Abs. 2 NAV entsprechend auch zugunsten des Netzbetreibers Anwendung finden soll.[237]

ee) Exkurs: Gewährleistungsansprüche des Netzbetreibers bei fehlerhaften Messungen

Zwischen dem Anlagen- und Netzbetreiber besteht regelmäßig ein Stromeinspeise- bzw. Stromkaufvertrag i.S.d. §§ 433 ff. BGB. Erfolgen Messungen im Zusammenhang mit dem von der Anlage des Anlagenbetreibers produzierten Stroms fehlerhaft oder werden entsprechende Messdaten fehlerhaft übermittelt, so kommen **Gewährleistungsansprüche** des Netzbetreibers gegenüber dem Anlagenbetreiber gem. § 434 Abs. 3 BGB analog in Betracht. Wird also beispielsweise weniger Strom geliefert, als die Messdaten ergeben, so kann eine Zuweniglieferung in Betracht kommen. Es können Schadensersatzansprüche gem. der §§ 437 Nr. 3, 280 Abs. 1, 3, 283 BGB bestehen. In der Praxis kann der Netzbetreiber eine nachfolgende Stromrechnung bzw. -gutschrift gegenüber dem Anlagenbetreiber kürzen. Die Setzung einer Nachfrist ist insofern wegen der Unmöglichkeit der Nachlieferung entbehrlich.[238] 166

Beruhen die fehlerhafte Messergebnisse bzw. das Entstehen entsprechender Gewährleistungsansprüche auf einer mangelhaften Einrichtung oder einem mangelhaften Betrieb der Messeinrichtungen, die ein Dritter zu vertreten hat, so kann der Anlagenbetreiber diesen Dritten ggf. in Regress nehmen. 167

o) Prozessuale Geltendmachung des Netzanschlussanspruchs

Ist die Anlage bereits errichtet, so kann der Anlagenbetreiber gegenüber dem Netzbetreiber im Wege der **Leistungsklage** unmittelbar auf die Vornahme des Netzanschlusses klagen. 168

Ist die Anlage noch nicht errichtet, so kommt eine solche Leistungsklage mangels Entstehung des Anspruchs auf Netzanschluss nicht in Betracht: Der Anspruch des Anlagenbetreibers aus § 5 Abs. 1 S. 1 EEG auf Netzanschluss (sowie auf Abnahme und Übertragung des Stroms aus dieser Anlage) entsteht erst, wenn die Anlage **anschlussfertig errichtet** ist; deswegen ist auch eine entsprechende Klage nach § 259 ZPO vor anschlussfertiger Errichtung der Anlage unzulässig.[239] 169

Eine unzulässige oder unbegründete Leistungsklage kann jedoch ggf. ohne Verstoß gegen § 308 ZPO in eine **Feststellungsklage** nach § 256 Abs. 1 ZPO umgedeutet werden.[240] Das kommt gerade auch dann in Betracht, wenn eine (Leistungs-) 170

237 Reshöft/*Bönning*, § 7 Rn 20.
238 *Rauch*, ZNER 2009, 19, 23.
239 BGH, Urt. v. 18.7.2007 – Az. VIII ZR 288/05 = juris, Rn 17.
240 Vgl. BGH, Urt. v. 1.7.1986 – Az. VIII ZR 194/86 = juris, Rn 32 ff.

Klage auf Netzanschluss einer EE-Anlage vor Errichtung der Anlage und Herstellung der Netzanschlussverbindung unzulässig ist. In dem Antrag eines Anlagenbetreibers bzw. Einspeisewilligen, einen Netzbetreiber zum Anschluss einer EE-Anlage an sein Netz zu verurteilen, kann als Minus ein Antrag auf Feststellung enthalten sein, dass der Netzbetreiber zu diesen Handlungen verpflichtet ist. Denn es besteht bereits vor Errichtung der Anlage und Herstellung des Netzanschlusses ein (vorgelagertes gesetzliches) Rechtsverhältnis zwischen dem (künftigen) Anlagenbetreiber und dem Netzbetreiber, das eine ausreichende Grundlage für die Feststellung der gegenseitigen Rechte und Pflichten bildet.[241]

! **Praxistipp**
In der Praxis regelmäßig näher zu prüfen ist aber in einer solchen Konstellation, ob der (künftige) Anlagenbetreiber auch das nach § 256 Abs. 1 ZPO erforderliche Feststellungsinteresse nachweisen kann. Zwar kann dem Anlagenbetreiber im Hinblick auf die erheblichen Investitionskosten regelmäßig nicht zugemutet werden, die Anlage zu errichten und die Netzanschlussverbindung herzustellen, ohne zuvor u.a. die Frage geklärt zu haben, ob der jeweilige Netzbetreiber zum Anschluss der Anlage auch tatsächlich verpflichtet ist. Allerdings ist das rechtliche Interesse an einer Feststellung, die auf einzelne von mehreren Streitpunkten eines Rechtsverhältnisses beschränkt ist, zu verneinen, wenn eine solche Beschränkung weitere Prozesse befürchten lässt.[242] Demgemäß ist ein Feststellungsinteresse in einer solchen Konstellation regelmäßig nur insoweit anzuerkennen, als die Klage auch die Entscheidung des Streits der Parteien darüber ermöglicht, an welchem Ort die zu errichtende Anlage an das Netz des Netzbetreibers anzuschließen ist; andernfalls wäre über diese Frage eine weitere gerichtliche Auseinandersetzung unvermeidlich. Daher erfordert die Zulässigkeit einer Feststellungsklage bzw. das Feststellungsinteresse in einer solchen Konstellation, dass der (künftige) Anlagenbetreiber den künftigen Verknüpfungspunkt in seiner Klage möglichst genau bezeichnet.[243] Eine solche Bezeichnung sollte mit Blick auf die gem. § 5 Abs. 5 S. 2 Nr. 2 und Abs. 6 S. 1 Nr. 2 EEG dem (künftigen) Anlagenbetreiber bzw. Einspeisewilligen vor Fertigstellung einer Anlage regelmäßig bereits zur Verfügung stehenden Informationen auch möglich sein.

p) Rechtsfolgen fehlerhafter Netzanschlüsse

171 Ist ein Netzanschluss fehlerhaft ausgeführt worden, so kommen Schadensersatzansprüche des Anlagenbetreibers gegen den Netzbetreiber in Betracht. Normativer Ausgangspunkt für entsprechende **Schadensersatzansprüche** bildet die Regelung in § 13 Abs. 1 EEG, wonach der Anlagenbetreiber die – ggf. zu Unrecht zu hohen – Anschlusskosten der EE-Anlage zu tragen verpflichtet ist.

241 So BGH, Urt. v. 12.7.2006 – VIII ZR 235/04 = juris, Rn 15 f.
242 vgl. Zöller/*Greger*, § 256 Rn 7b.
243 BGH, Urt. v. 12.7.2006 – VIII ZR 235/04 = juris, Rn 16.

Beispiel
Netzanschlüsse können in vielerlei Hinsicht fehlerhaft ausgeführt werden. Die nicht abschließend aufzählbaren, jedoch praktisch relevantesten Sachverhaltskonstellationen sind die Folgenden:[244]
- Verweigerung des Anschlusses durch den Netzbetreiber: In dieser Konstellation wird der Netzbetreiber oftmals den Anschluss der EE-Anlage an sein Netz mit dem Hinweis auf nicht vorhandene Kapazitäten verweigern. Der Anschluss an das „Alternativnetz" verursacht demgegenüber regelmäßig erhebliche Mehrkosten. In dieser Konstellation ist nach der Rechtsprechung des BGH zu sog. Gesamtkostenvergleichen von dem zur Entscheidung berufenen Gericht ein Kostenvergleich durchzuführen, in den – losgelöst von der jeweiligen Kostentragungspflicht – die Gesamtkosten einzustellen sind, die bei verschiedenen in Betracht kommenden Verknüpfungspunkten für den Anschluss der betreffenden Anlage sowie für einen eventuell erforderlichen Netzausbau anfallen.[245] Demgemäß ist der wirtschaftlich günstigste Verknüpfungspunkt zu bestimmen.
- Zuweisung eines unrichtigen Verknüpfungspunkts im eigenen Netz: In dieser Variante wird die Netzverknüpfung an einem Punkt hergestellt, welcher nicht die wirtschaftlich günstigste Verknüpfung ermöglicht.
- Fehlende Aufklärung über günstigeren Verknüpfungspunkt: In dieser Variante klärt der Netzbetreiber den (künftigen) Anlagenbetreiber nicht über einen günstigeren Verknüpfungspunkt im eigenen Netz oder in dem Netz eines Dritten auf.
- Unrichtige Auswahl unter mehreren Anschlusspetenten: Stellen mehrere (künftige) Anlagenbetreiber mehr oder weniger zeitgleich Netzanschlussbegehren, und ist der Anschluss eines bestimmten (künftigen) Anlagenbetreibers problemlos möglich, so dürfte die Ablehnung bzw. Nichtberücksichtigung jenes Petenten fehlerhaft sein.

Liegt einer der o.g. Pflichtverletzungen und somit die Verletzung einer Hauptpflicht aus dem gesetzlichen Schuldverhältnis zwischen Anlagen- und Netzbetreiber[246] vor, so kommt ein Schadensersatzanspruch des Anlagenbetreibers gem. §§ 280 Abs. 1, 241 Abs. 1 BGB in Betracht.[247] Wegen des Bestehens eines solchen gesetzlichen Schuldverhältnisses dürfte demgegenüber ein Schadensersatzanspruch aus **culpa in contrahendo** gem. §§ 280 Abs. 1, 311 Abs. 2 BGB ausscheiden.[248] 172

Gemäß §§ 280 Abs. 1, 241 Abs. 1, 249 BGB ist der jeweilige Schadensersatzanspruch zunächst auf **Naturalrestitution**, im Falle des Nichtanschlusses also auf die Vornahme des Anschlusses gerichtet. Daneben kommt in diesem Fall die Geltendmachung eines Schadens wegen einer entgangenen Einspeisevergütung in Betracht. 173

244 Zu diesen Konstellationen im Detail *Salje*, REE 2011, 3, 4 ff.
245 Vgl. OLG Dresden, Urt. v. 10.6.2010 – 9 U 550/08, 9 U 0550/08 = juris, Rn 32.
246 §§ 5 ff., 4 Abs. 2 EEG.
247 *Salje*, REE 2011, 3, 5.
248 So aber OLG Düsseldorf, Urt. v. 9.12.2009 – Az. VI-2 U (Kart) 10/06, 2 U (Kart) 10/06 = juris, Rn 33 ff.; wie hier OLG Dresden, Urt. v. 10.6.2010 – 9 U 550/08, 9 U 0550/08 = juris, Rn 30 sowie *Salje*, REE 2011, 3, 8.

3. Abnahme und Übertragung

174 Netzbetreiber sind vorbehaltlich des § 11 EEG verpflichtet, den gesamten angebotenen EE-Strom und Strom aus Grubengas unverzüglich vorrangig abzunehmen, zu übertragen und zu verteilen.[249] Diese Vorschrift bestimmt über die Anschlussverpflichtung gem. § 5 EEG hinaus eine **Pflichtentrias** ausschließlich für Netzbetreiber, wobei die Tatbestandsmerkmale der Unverzüglichkeit[250] und der Vorrangigkeit hinsichtlich aller drei Pflichten gelten.[251]

a) Abnahme

175 Die Abnahme von Strom ist die **physikalische Entgegennahme** von EE-Strom und Strom aus Grubengas am Erfüllungsort bzw. am Verknüpfungspunkt, verbunden mit der Einstellung in den Bilanzkreis nach den Vorgaben des EnWG.[252]

176 Die Abnahmeverpflichtung gem. § 8 Abs. 1 S. 1 EEG steht in engem Zusammenhang mit der **Weitergabeverpflichtung** gem. § 34 EEG: Während § 8 Abs. 1 S. 1 EEG eine Abnahmeverpflichtung des jeweiligen Netzbetreibers bestimmt, ist der Netzbetreiber gem. § 34 EEG wiederum verpflichtet, den nach § 16 EEG vergüteten Strom unverzüglich an den vorgelagerten ÜNB weiterzugeben.

b) Übertragung

177 Der Begriff der Übertragung meint im EEG wie im EnWG den **Transport von Elektrizität** über ein Höchstspannungs- und Hochspannungsverbundnetz einschließlich grenzüberschreitender Verbindungsleitungen zum Zwecke der Belieferung von Letztverbrauchern oder Verteilern, jedoch nicht die Belieferung der Kunden selbst.[253]

178 Da der Netzbetreiber jedenfalls dann, wenn er nur ein **Verteilernetz** betreibt, einen Transport von Elektrizität über ein Höchstspannungs- und Hochspannungsverbundnetz nicht selbst erbringen kann, kann ihn selbst diese Übertragungsverpflichtung nicht treffen; § 8 Abs. 1 S. 1 EEG ist insoweit teleologisch zu reduzieren. Der (Verteiler-)Netzbetreiber ist daher verpflichtet, den Strom gem. § 34 EEG an den vorgelagerten ÜNB weiterzugeben, welchen dann wiederum die Übertragungsverpflichtung gem. § 8 Abs. 1 S. 1 EEG trifft.

249 § 8 Abs. 1 S. 1 EEG.

250 § 121 BGB.

251 Es wird darauf hingewiesen, dass in diesem Abschnitt lediglich die Pflichten der Abnahme und Übertragung erläutert werden. Die Pflicht zum Ausgleich wird separat in Kap. 6 behandelt.

252 Vgl. § 20 Abs. 1a S. 5 EnWG; Reshöft/*Bönning*, § 8 Rn 10.

253 § 3 Nr. 32 EnWG.

c) Vorrangprinzip

Das Vorrangprinzip, welches bereits für die Anschlusspflicht gilt,[254] findet auch für die Abnahme und Übertragung des EE-Stroms Anwendung.[255] Der Vorrang Erneuerbarer Energien vor konventionellen Energien, nicht KWK-Strom (§ 8 Abs. 1 S. 2 EEG) erstreckt sich damit – unbeschadet der Sicherheit und der Versorgungsfunktion des Netzes – auf **sämtliche Schritte** vom Anschluss über die Abnahme und Übertragung bis zu der vom Begriff der Übertragung umfassten Verteilung des EE-Stroms.[256] Der Anspruch auf Abnahme und Übertragung setzt den Anschluss der Anlage an das Netz voraus. 179

Aus dem Vorrangprinzip folgt insbesondere, dass sich ein Netzbetreiber nicht darauf berufen kann, dass ihm die Abnahme bzw. die Übertragung des EE-Stroms nicht möglich sei, weil Strom aus anderen als unter § 3 Nr. 1 EEG fallenden Anlagen zuerst abgenommen oder übertragen werden müsste. Der Netzbetreiber kann daher grundsätzlich die Abnahme und Übertragung nicht mit der Begründung verweigern, sein Netz sei durch anderweitig eingespeisten, konventionell erzeugten Strom **ausgelastet**.[257] 180

Daraus folgt weiter, dass der Netzbetreiber zur Abnahme des gesamten angebotenen EE-Stroms verpflichtet ist (**Prinzip der Gesamtabnahme**).[258] Dem steht indes keine Verpflichtung des Anlagenbetreibers gegenüber, den gesamten, in der EE-Anlage produzierten Strom auch einzuspeisen: Der Anlagenbetreiber kann vielmehr nur einen Teil des selbst erzeugten Stroms in das Netz einspeisen und den Rest selbst verbrauchen. Ein solcher Eigenverbrauch wird für den Anlagenbetreiber jedoch nur dann wirtschaftlich sinnvoll sein, wenn die Einspeisevergütung den Strombezugspreis für „Normalstrom“ unterschreiten sollte.[259] 181

Aus dem Vorrangprinzip ergibt sich zugleich eine Berechtigung und Verpflichtung des Netzbetreibers, die Einspeisung aus konventionellen Kraftwerken zu reduzieren bzw. die Einspeisung solchen Stroms nur noch begrenzt oder – bei einer angenommenen vollständigen Auslastung des Netzes durch EE-Strom – überhaupt nicht mehr zuzulassen.[260] Aus einer solchen Netzzugangsbeschränkung ergibt sich zwar in einem ersten gedanklichen Schritt ein Verstoß gegen das **Gebot des diskriminierungsfreien Netzbetriebs**.[261] Mit Blick auf die Verpflichtung zur vorrangigen Abnahme und Übertragung von EE-Strom und das Prinzip der Einheit der Rechtsordnung kann eine solche Diskriminierung jedoch **gerechtfertigt** werden. 182

---

254 § 5 EEG.
255 § 8 Abs. 1 S. 1 EEG.
256 Vgl. BT-Drucks. 15/2864, S. 32, li. Sp.
257 Vgl. BT-Drucks. 16/8148, S. 43, re. Sp.
258 Vgl. LG Krefeld, Urt. v. 19.4.2001 – Az. 3 O 355/00 = juris, Orientierungssatz 1.
259 Schneider/Theobald/*Schneider*, § 21 Rn 73.
260 Vgl. *Altrock/Herrmann*, ZNER 2010, 350, 351 sowie Schneider/Theobald/*Schneider*, § 21 Rn 73.
261 § 11 Abs. 1 S. 1 EnWG.

183 Dies gilt auch in Fällen, in welchen Betreiber konventioneller Stromerzeugungsanlagen oder Stromhändler bei dem Netzbetreiber Netzkapazitäten **fest gebucht** haben. In diesen Fällen besteht zivilrechtlich betrachtet eine rechtliche Unmöglichkeit des Netzbetreibers zur Stromabnahme und des Erzeugers/Händlers zur Stromeinspeisung; beide werden in diesem Fall gem. § 275 Abs. 1 BGB von ihrer jeweiligen Leistungspflicht frei. Schadensersatzansprüche gem. § 280 Abs. 1, 3 i.V.m. §§ 283, 276 BGB ergeben sich aus dieser Unmöglichkeit nicht, da die jeweilige Unmöglichkeit weder vom Netzbetreiber noch vom Erzeuger/Händler zu vertreten ist.[262] Insbesondere ergibt sich in Fällen eines „unzureichenden" Netzausbaus durch den Netzbetreiber kein Schadensersatzanspruch des Erzeugers/Händlers gegen den Netzbetreiber, denn die Verpflichtung zum Netzausbau hat jedenfalls hinsichtlich dieser Personengruppen keine drittschützende Wirkung.

184 Abschließend sei darauf hingewiesen, dass die sich aus § 4 Abs. 3 S. 2 EEG 2004 ergebende Rangfolge, nach der Strom aus Anlagen, die unter den Anwendungsbereich des EEG 2004 fielen, nach dem **Prioritätsprinzip** in der Reihenfolge der Inbetriebnahme der Anlagen abzunehmen war, bereits seit dem Inkrafttreten des EEG 2009 nicht mehr gilt.[263]

d) Immanente Einschränkung des Vorrangprinzips durch den Grundsatz der Versorgungssicherheit

185 Der Vorrang findet im Sinne einer einfach rechtlichen **praktischen Konkordanz** dort seine Grenze, wo die Sicherheit und Funktionsfähigkeit des Netzes nicht mehr aufrechterhalten werden kann.[264] Wann dies der Fall ist, muss im Einzelfall bestimmt werden.

186 Zudem kommt eine teleologische Reduktion der Vorrangregel dann in Betracht, wenn durch die Einspeisung von EE-Strom **Grundlastkraftwerke** verdrängt bzw. vom Netz genommen werden. Da diese Kraftwerke eine *„möglichst sichere* [...] *Versorgung der Allgemeinheit mit Elektrizität"*[265] absichern sollen, kann ihre Verdrängung ebenfalls die Versorgungssicherheit gefährden[266] – es kann sich damit ein Zielkonflikt zwischen den Vorgaben des § 1 Abs. 1 EnWG und des § 1 Abs. 1 EEG ergeben (dazu unten Rn 271 ff.).

262 Vgl. Schneider/Theobald/*Schneider*, § 21 Rn 73.
263 Vgl. LG Itzehoe, Urt. v. 23.12.2005 – Az. 2 O 254/05 = juris, Rn 56 sowie Reshöft/*Reshöft*, § 2 Rn 24.
264 BT-Drucks. 15/2864, S. 28, re. Sp. sowie *Mengers*, ZNER 2001, 45, 46, und Reshöft/*Reshöft*, § 2 Rn 29.
265 § 1 Abs. 1 EnWG.
266 Vgl. Schneider/Theobald/*Schneider*, § 21 Rn 73.

e) Vorbehalt des Einspeisemanagements

Die Verpflichtungen gem. § 8 Abs. 1 S. 1 EEG gelten vorbehaltlich der Regelungen des § 11 EEG. Dies bedeutet, dass im Falle eines zulässigen Einspeisemanagements unter den in § 11 EEG aufgeführten Voraussetzungen die Ansprüche aus § 8 Abs. 1 S. 1 EEG beschränkt sind, wobei die Netzbetreiber auch im Falle des Einspeisemanagements sicherstellen müssen, dass insgesamt die **größtmögliche Strommenge** aus EE und KWK abgenommen wird.[267] 187

f) Geschlossene Verteilernetze

Die Verpflichtungen nach § 8 Abs. 1 EEG bestehen auch, wenn die Anlage an das Netz des Anlagenbetreibers oder einer dritten Person, die nicht Netzbetreiber i.S.v. § 3 Nr. 8 EEG ist (sog. geschlossene Verteilernetze), angeschlossen ist und der Strom mittels **kaufmännisch-bilanzieller Weitergabe** durch dieses Netz in ein Netz nach § 3 Nr. 7 EEG angeboten wird.[268] 188

§ 8 Abs. 2 EEG gilt nur für das Rechtsverhältnis zwischen dem **Anlagen- und dem Netzbetreiber.**[269] Diese Vorschrift ergänzt die Verpflichtungen des Netzbetreibers für den Fall, dass die EE-Anlage selbst nicht unmittelbar an ein Netz für die allgemeine Versorgung mit Elektrizität, sondern an ein geschlossenes Verteilernetz[270] des Anlagenbetreibers oder eines Dritten angeschlossen wird. Eine Verpflichtung für einen solchen Dritten ist damit, über seine vertraglichen Verpflichtungen gegenüber dem Anlagenbetreiber hinaus, nicht verbunden.[271] 189

Gemäß § 8 Abs. 2 EEG muss der EE-Strom in dieser Konstellation an einen Netzbetreiber weitergeben bzw. in dessen Netz angeboten werden. Der Begriff der Weitergabe wird hier synonym mit den Begriffen „Durchleitung“, „Weiterleitung“ und „Verteilung“ verwendet.[272] Eine physikalische Durchleitung des Stroms ist nicht erforderlich. Vielmehr reicht eine bilanztechnische Erfassung aus. Die Weitergabe muss demgemäß in kaufmännisch-bilanzieller Form erfolgen. Bei der **kaufmännisch-bilanziellen Weitergabe** wird die erzeugte Strommenge abzüglich möglicher Umspannverluste und der vom Netzbetreiber aus diesen Anlagen abgenommenen Strommengen auf die messtechnisch erfasste Strommenge aufgeschlagen, die in das Netz der Anlagen betreibenden oder der dritten Person geliefert worden ist. Entsprechendes gilt für die von der Anlage erzeugte und die in dieses Netz gelieferte Leistung.[273] 190

---

267 § 11 Abs. 1 S. 3 EEG; näher unten Rn 271 ff.
268 § 8 Abs. 2 EEG.
269 Reshöft/*Bönning*, § 8 Rn 18.
270 Zum Begriff des Arealnetzes näher *Strohe*, et 2005, 747.
271 Vgl. BT-Drucks. 16/8148, S. 43 f., re. Sp.
272 Vgl. BT-Drucks. 16/8148, S. 44, li. Sp.
273 Vgl. BT-Drucks. 16/8148, S. 44, li. Sp.

g) Optimierung der Einspeisung durch vertragliche Gestaltung

191 Die Verpflichtungen nach § 8 Abs. 1 EEG bestehen nicht, soweit Anlagen- und Netzbetreiber unbeschadet der **Härtefallregelung** in § 12 EEG ausnahmsweise vertraglich vereinbaren, von dem Abnahmevorrang abzuweichen. Eine solche Abweichung kann allein zum Zwecke der **besseren Integration** der Anlage in das (bestehende) Netz vereinbart werden.[274] Dies kann insbesondere dadurch geschehen, um einen letztlich wirtschaftlich nicht sinnvollen Netzausbau insoweit zu vermeiden, dass die Anlage an einigen wenigen Tagen im Jahr befristet gedrosselt werden kann, bei denen beispielsweise aufgrund eines hohen Wind(energie)aufkommens die mögliche Einspeiseleistung das Aufnahmepotenzial des Netzes übersteigt. Eine solche Vereinbarung kann auch zu dem Zwecke geschlossen werden, um die Einspeisung des EE-Stroms stärker am tatsächlichen Energiebedarf auszurichten oder benötigte Regelenergie bereitzustellen bzw. den Bedarf an Regelenergie durch das Drosseln von Anlagen zu verringern. Aber auch die Bereitstellung zusätzlicher Leistungen durch den Anlagenbetreiber, wie etwa die Lieferung von Blindstrom oder bestimmter für den Netzbetrieb vorteilhafter Daten und Informationen in einer vom Netzbetreiber und dem Anlagenbetreiber bestimmten Form, kann so vertraglich vereinbart werden.[275] Rechtstechnisch können entsprechende Regelungen im Rahmen eines **Stromeinspeisevertrags** getroffen werden.

192 Wird eine Abweichung nicht zu dem Zwecke der besseren Integration der Anlage in das (bestehende) Netz vereinbart, so ist die Vereinbarung gem. § 4 Abs. 2 S. 1 EEG **unwirksam**, denn sie befände sich außerhalb des zugelassenen Ausnahme-/Gestaltungsrahmens des § 8 Abs. 3 EEG. Deshalb kann auch eine Regelung, deren primärer Zweck es ist, die einzuspeisende Menge aus sonstigen Gründen zu verringern, nicht mit dieser Vorschrift gerechtfertigt werden.[276]

193 Im Unterschied zum Einspeisemanagement gem. § 11 EEG werden in einer Vereinbarung gem. § 8 Abs. 3 EEG privatautonom die Voraussetzungen für eine (Ab-)Regelung des in einer EE-Anlage erzeugten Stroms bestimmt. Die Parteien sind mithin – in den Grenzen der genannten Zwecksetzung – frei, netzintegrationsfördernde Maßnahmen zu treffen. Eine solche Vereinbarung muss nicht lediglich zwischen einem Anlagen- und einem Netzbetreiber geschlossen werden. Denkbar ist etwa auch, dass mehrere Anlagenbetreiber mit einem Netzbetreiber eine **Gesamtlösung** für eine Vielzahl von Anlagen vereinbaren. Der Netzbetreiber wird an einer solchen Vereinbarung ein umso größeres Interesse haben, umso eher sich der Ausbau des Netzes in einem bestimmten Bereich vermeiden lässt; ein Anlagenbetreiber wird sich einer solchen Vereinbarung umso weniger verschließen, je weitgehender etwaige Einspeisevergütungsverluste durch eine vertragliche Gegenleistung ausgeglichen werden.

---

274 § 8 Abs. 3 EEG.
275 Vgl. BT-Drucks. 15/2864, S. 32, re. Sp.
276 Vgl. BT-Drucks. 16/8148, S. 44, re. Sp.

Praxistipp

!

Für die Praxis bedeutet dies, dass § 8 Abs. 3 EEG ein sinnvolles Instrument für den Netzbetreiber darstellt, in flexibler Weise Kosten einer Kapazitätserweiterung[277] zu begrenzen. Letztlich bildet § 8 Abs. 3 EEG damit ein Instrument, um im wirtschaftlichen Ergebnis die Verpflichtung zum Netzausbau[278] zu begrenzen. Diese Regelung steht damit neben der Härtefallregelung in § 9 Abs. 3 EEG.

Netzbetreiber können infolge der Vereinbarung nach § 8 Abs. 3 EEG entstandene 194
Kosten im nachgewiesenen Umfang bei der **Ermittlung des Netzentgelts** in Ansatz bringen, soweit diese Kosten im Hinblick auf § 1 EEG wirtschaftlich angemessen sind.[279] Diese Kosten entsprechen typischerweise der Gegenleistung, welche der Netzbetreiber dem Anlagenbetreiber im Gegenzug für den Verzicht auf die stets vorrangige Einspeisung des EE-Stroms erbringt. Der Höhe nach dürfte diese Gegenleistung regelmäßig der (fiktiven) Einspeisevergütung des Anlagenbetreibers entsprechen, die dieser – wegen einer Vereinbarung nach § 8 Abs. 3 EEG – nicht erhält. Diese Kosten des Netzbetreibers unterliegen der **Prüfung auf Effizienz** durch die Regulierungsbehörde nach Maßgabe des EnWG.[280] Mit dieser Regelung wird der Zweck verfolgt, die Bereitschaft der Netzbetreiber zu erhöhen, entsprechende Verträge nach § 8 Abs. 3 EEG zu schließen,[281] wobei sich diese Bereitschaft im Einzelfall bereits aus dem Umstand ergeben sollte, Netzausbaukosten zu vermeiden.

Die Regelung in § 8 Abs. 3 EEG trägt schließlich dem Umstand Rechnung, dass 195
die Erzeugung und Einspeisung von EE-Strom naturgemäß schwankend ist. Sie lässt den beteiligten Parteien, also dem Anlagen- und dem Netzbetreiber, die **notwendige Freiheit**, um eine noch bessere Integration erneuerbarer Energien in das Netz zu gewährleisten.

Die Neuregelung in § 8 Abs. 3a EEG erweitert schließlich die Regelung in § 8 196
Abs. 3 EEG: Ist gem. § 8 Abs. 3 EEG eine Vereinbarung allein zum Zwecke der besseren Integration der Anlage in das (bestehende) Netz zulässig, so kann eine vertragliche Vereinbarung gem. § 8 Abs. 3a EEG grundsätzlich auch zu anderen Zwecken getroffen werden, wenn dies durch die **Ausgleichsmechanismusverordnung** zugelassen ist. Mit Blick auf die Regelung in § 8 Abs. 3 EEG lässt die Verordnungsermächtigung für die AusglMechV beispielsweise zu, dass ÜNB berechtigt werden können, mit Anlagenbetreibern vertragliche Vereinbarungen zu treffen, die unter angemessener Berücksichtigung des Einspeisevorrangs der Optimierung der Vermarktung von EE-Strom dienen.[282]

277 § 14 EEG.
278 § 9 Abs. 1 S. 1 EEG.
279 § 15 Abs. 1 EEG.
280 § 15 Abs. 2 EEG.
281 Vgl. BT-Drucks. 15/2864, S. 14, re. Sp.
282 Vgl. § 64c Nr. 2 EEG.

h) Gleichrang von EE- und KWK-Strom

197 Neu eingefügt in das EEG 2012 ist die Regelung in § 8 Abs. 1 S. 2 EEG, wonach die Verpflichtung nach § 8 Abs. 1 S. 1 EEG und die Verpflichtungen nach § 4 Abs. 1 S. 1, Abs. 4 S. 2 KWKG gleichrangig sind. Diese Regelung entspricht der Regelung im KWKG[283] und stellt den Gleichrang von EE-Strom und KWK-Strom klar, wie er sich auch in § 11 EEG niederschlägt. Daraus folgt, dass EE-Strom gegenüber KWK-Strom keinen Abnahmevorrang genießt bzw. umgekehrt.[284]

B. Rechte und Pflichten nach dem KWKG

I. Anschluss

198 Im Unterschied zum EEG sind die Rechte und Pflichten der Anlagenbetreiber einerseits und der Netzbetreiber andererseits hinsichtlich des Anlagenanschlusses und der Abnahme der Energie im KWKG nur in **Grundzügen** geregelt. Im Kern bestimmt das Gesetz nicht mehr als die **Verpflichtung** des Netzbetreibers, die Anlagen anzuschließen und den in diesen Anlagen erzeugten Strom vorrangig abzunehmen (§ 4 Abs. 1 S. 1 KWKG). Es ist daher im Einzelnen und durch systematische Zusammenschau differenziert zu betrachten, ob die Rechte und Pflichten von Anlagen- und Netzbetreibern analog der Regelungen des EEG zu verstehen oder bewusst anders zu behandeln sind.

1. Regelungsgehalt und Umsetzung der Anschlussverpflichtung

a) Reichweite der Anschlussverpflichtung

199 Das Gesetz regelt im Wortlaut lediglich die Verpflichtung des Netzbetreibers, KWK-Anlagen i.S.d. § 5 KWKG an ihr Netz anzuschließen. Spiegelbildlich steht dieser Verpflichtung jedoch der **Anspruch** des Anlagenbetreibers auf Anschluss gegenüber, soweit er die nachfolgend noch darzustellenden Kriterien erfüllt.[285]

200 Thematisch zur Reichweite der Anschlussverpflichtung ist die seit dem 1.1.2009 gültige Bestimmung des § 4 Abs. 3b KWKG zuzurechnen. Danach haben Anschlussnehmer i.S.v. § 1 Abs. 2 NAV, in der Sache also **Letztverbraucher**, in deren Anlage hinter der Hausanschlusssicherung Strom aus KWK-Anlagen eingespeist wird, einen Anspruch auf einen **abrechnungsrelevanten Zählpunkt** gegenüber dem Netzbetreiber, an dessen Netz ihre Anlage angeschlossen ist. Bei der Belieferung durch Dritte hat eine Verrechnung der Zählwerte durch **Unterzähler** stattzufinden. Der Bundesrat

---

283 § 4 Abs. 1 S. 3 KWKG.
284 Vgl. *Altrock/Vollprecht*, ZNER 2011, 231, 233 f.
285 Ebenso *Gabler/Jaskulke*, KWKG 2009, S. 73.

hatte diese Regelung angeregt, um das Potenzial kleiner KWK-Anlagen zu erschließen, was seiner Ansicht nach nur gewährleistet ist, wenn auch dann eine rechtliche Verpflichtung zum Einbau eines Summenzählers besteht, wenn nicht alle Anschlussnutzer aus der hauseigenen KWK-Anlage, sondern teilweise auch von Dritten beliefert werden wollen.[286]

b) Anspruchsinhaber

Anspruchsinhaber sind nach der eindeutigen gesetzlichen Formulierung die **Betreiber zuschlagsberechtigter KWK-Anlagen**. Diese Einschränkung ist in der Praxis durchaus von Bedeutung. Denn technisch gesehen entsprechen nicht sämtliche Anlagen, die auf der Grundlage der Kraft-Wärme-Kopplung arbeiten, den zuschlagsberechtigten Tatbeständen nach § 5 KWKG. Es besteht für diese Anlagen daher nicht die Verpflichtung des Netzbetreibers nach § 4 Abs. 1 S. 1 KWKG zum Netzanschluss. 201

Praxistipp

Dies bedeutet jedoch nicht, dass die Anlagen überhaupt nicht angeschlossen werden müssen. Vielmehr richtet sich der Anschluss von KWK-Anlagen, die nicht zuschlagsberechtigt sind, nach der allgemeinen Vorschrift des § 17 EnWG. Zusätzlich sind für Anlagen mit einer Nennleistung ab 100 MW die Bestimmungen der Kraftwerks-Netzanschlussverordnung (KraftNAV) zu beachten.

Betreiber im Sinne des Gesetzes sind diejenigen, die den Strom in eines der Netze für die allgemeine Versorgung einspeisen oder für den Eigenverbrauch bereitstellen (§ 3 Abs. 10 S. 1 KWKG). Der Betreiber muss nicht notwendigerweise **Eigentümer** der Anlage sein (§ 3 Abs. 10 S. 2 KWKG).[287] Die **Eigenversorgung** ist seit der KWKG-Novelle 2009 in das Förderregime einbezogen.[288] Unter Eigenversorgung versteht man die unmittelbare Versorgung eines Letztverbrauchers aus der für seinen Eigenbedarf errichteten Eigenanlage oder aus einer KWK-Anlage, die von einem Dritten ausschließlich oder überwiegend für die Versorgung bestimmbarer Letztverbraucher errichtet und betrieben wird.[289] 202

Beispiel

Typischerweise fallen unter die Anlagen zum Eigenverbrauch BHKW, die, beispielsweise bei der Entwicklung von Neubauvorhaben, zur Versorgung größerer Wohneinheiten oder bestimmter Wohngebiete mit Strom und Wärme errichtet und betrieben werden.

---

286 Vgl. BT-Drucks. 16/9469, S. 15.

287 Finanzierungsgesellschaften sind i.d.R. nicht Betreiber, wenn und soweit sie keinen bestimmenden Einfluss auf den Anlagenbetrieb ausüben, Stuhlmacher/Stappert/Schoon/Jansen/*Trzeciak*, Kap. 27 Rn 16; BK-EnR/*Lührig*, § 4 KWKModG Rn 3.

288 Vgl. BT-Drucks. 16/9469, S. 14 re. Sp., S. 15 li. Sp.

289 Zur Bedeutung der Fortentwicklung der KWK-Technologie vgl. *Guss/Zipp*, et 2012, 28.

203 In der Sache ist der Verweis in § 5 KWKG durch die KWKG-Novelle 2012 angepasst worden. Denn in der bis dorthin geltenden Regelung war er für die in § 5 Abs. 1 Nr. 1–3 KWKG genannten Anlagen, also die **alten und neuen Bestandsanlagen**, sowie die **modernisierten Anlagen** gegenstandslos, da für diese Anlagen ausgelaufen – womit, worauf noch eingegangen wird,[290] auch die Pflicht zur vorrangigen Abnahme des dort erzeugten KWK-Stroms endet, soweit die Anlagen eine größere elektrische Leistung als 50 kW aufweisen (§ 4 Abs. 4 KWKG). Abgesehen davon wird die Anschlussverpflichtung hinsichtlich dieser Anlagen auch tatsächlich redundant sein, weil davon auszugehen ist, dass aufgrund der entsprechenden Vorgängerregelungen zu § 4 Abs. 1 KWKG sämtliche dieser Anlagen bereits an das Netz angeschlossen sind.[291]

204 Klargestellt wurde durch die KWKG-Novelle 2012, dass die Anschlussverpflichtung des Netzbetreibers nur noch bei **hocheffizienten neu errichteten Anlagen** nach § 5 Abs. 1 und 2 KWKG sowie bei **hocheffizienten modernisierten Anlagen** i.S.v. § 5 KWKG.

205 Hocheffiziente modernisierte Anlagen sind Anlagen, die **modernisiert** oder durch eine **neue Anlage ersetzt** und ab dem 1.1.2009 bis zum 31.12.2020 wieder in Dauerbetrieb genommen wurden oder werden (§ 5 Abs. 3 S. 1 KWKG). Entscheidend ist dabei, dass die modernisierte KWK-Anlage oder die Ersatzanlage als **hocheffizient** qualifiziert werden kann. Dies ist der Fall, wenn sie hocheffizient i.S.d. RL 2004/8/EG[292] ist (§ 3 Abs. 11 KWKG). Entscheidend für die Hocheffizienz ist danach im Wesentlichen, dass die KWK-Erzeugung in KWK-Blöcken eine nach Anhang III der Richtlinie zu berechnende **Primärenergieeinsparung** ermöglicht, die **mindestens 10 %** im Vergleich zu den Referenzwerten für die getrennte Strom- und Wärmeerzeugung beträgt (Art. 3 lit. i) RL 2004/8/EG).

206 Unter den neu errichteten Anlagen sind zunächst die **kleinen KWK-Anlagen** und **Brennstoffzellenanlagen** zu nennen. Diese sind ohne weitere Einschränkungen förderfähig, soweit sie zwischen dem 1.1.2009 und dem 31.12.2020 in Dauerbetrieb genommen wurden (§ 5 Abs. 1 S. 1 KWKG). Kleine KWK-Anlagen sind dabei gesetzlich definiert als Anlagen mit einer elektrischen Leistung von bis zu 2 MW (§ 3 Abs. 3 S. 1 KWKG). Für Brennstoffzellenanlagen gilt diese Größenbeschränkung rechtlich nicht, sie dürften aber **de facto** die angegebene Leistungsgrenze, zumindest derzeit, ohnehin nicht erreichen. Zusätzlich dürfen kleine KWK-Anlagen keine bereits bestehende **Fernwärmeversorgung verdrängen**, was nicht der Fall ist, wenn eine bestehende KWK-Anlage stillgelegt und vom selben Betreiber durch eine oder mehrere neue KWK-Anlagen ersetzt wird (§ 5 Abs. 1 S. 2, 3 KWKG).

---

290 Vgl. Rn 239.

291 Vgl. auch BK-EnR/*Lührig*, § 4 KWKModG Rn 10.

292 RL 2004/8/EG des europäischen Parlament und des Rates vom 11.2.2004 über die Förderung einer am Nutzwärmebedarf orientierten Kraft-Wärme-Kopplung im Energiebinnenmarkt und zur Änderung der RL 92/42/EWG, ABl. EU Nr. L 52 S. 50.

Unter den neu errichteten Anlagen sind weiterhin **hocheffiziente Neuanlagen** zu nennen, d.h. KWK-Anlagen mit einer elektrischen Leistung von mehr als 2 MW, die ab dem 1.1.2009 und bis zum 31.12.2020 in Dauerbetrieb genommen werden und i.S.v. § 5 Abs. 1 S. 2 KWKG keine bereits bestehende Fernwärmeversorgung verdrängen (§ 5 Abs. 2 KWKG). Normativ werden diese Neuanlagen zwar von den kleinen KWK-Anlagen, die ab dem 1.1.2009 in Dauerbetrieb genommen werden, unterschieden. Diese Unterscheidung ist gesetzeshistorisch bedingt, da bis zur KWKG-Novelle 2009 nichtkleine KWK-Anlagen, also solche mit einer elektrischen Leistung von mehr als 2 MW, nicht förderfähig waren.[293] Seit der Novelle 2009 werden jedoch auch kleine KWK-Anlagen, die ab dem 1.1.2009 in Dauerbetrieb genommen werden, nur noch gefördert, wenn sie hocheffizient sind (§ 5 Abs. 2 S. 2 KWKG). Im Ergebnis kommt es daher für ab dem 1.1.2009 in Dauerbetrieb genommene KWK-Anlagen nicht mehr auf die Anlagengröße, sondern nur noch auf die Hocheffizienz an. Nur unter dieser Maßgabe besteht ein Anspruch auf Zuschlag und, daraus folgend, ein Anspruch auf Anschluss nach § 4 Abs. 1 S. 1 KWKG. 207

In diesem Regelungszusammenhang erwähnenswert ist, dass der Gesetzgeber mit der KWKG-Novelle 2009 auch denjenigen Strom für zuschlagsberechtigt erklärt hat, der **nicht in ein Netz für die allgemeine Versorgung** eingespeist wird (§ 4 Abs. 3a KWKG). Mit dieser Bestimmung setzt der Gesetzgeber sein Anliegen um, auch die **Eigenversorgung** aus KWK-Anlagen zu fördern.[294] Diese Bestimmung ist mit Blick auf die Anschlussverpflichtung allerdings systemfremd in § 4 KWKG angesiedelt. Denn die Anschlussverpflichtung betrifft nach § 4 Abs. 1 S. 1 KWKG nur den **Netzbetreiber**. Dies ist nach der Legaldefinition in § 3 Abs. 9 KWKG ein Betreiber von Netzen aller Spannungsebenen für die allgemeine Versorgung mit Elektrizität. Wenn die nach § 4 Abs. 3a KWKG zuschlagsberechtigte Anlage demnach nicht an ein solches Netz angeschlossen ist, scheidet die Anschlussverpflichtung nach § 4 Abs. 1 S. 1 KWKG **per definitionem** aus.[295] 208

Die **Zulassung** der Anlage nach § 6 KWKG ist **Voraussetzung** der Anschlussverpflichtung. Denn nach § 6 Abs. 1 S. 1 KWKG ist die Zulassung wiederum Voraussetzung für den Anspruch auf Zahlung des Zuschlags nach § 5, der seinerseits nach § 4 Abs. 1 S. 1 die Anschlussverpflichtung begründet. Es genügt jedoch aus praktischen Erwägungen, wenn der **Antrag auf Zulassung** gestellt ist und ihr keine grundlegenden Einwände mehr entgegenstehen, um Zufälligkeiten bei den Bearbeitungszeiträumen 209

---

293 Art. 1 Nr. 6c des Gesetzes zur Förderung der Kraft-Wärme-Kopplung vom 25.10.2008, BGBl. I 2101.

294 BT-Drucks. 16/9469, S. 15 li. Sp.; vgl. auch Stuhlmacher/Stappert/Schoon/Jansen/*Trzeciak*, Kap. 27 Rn 29.

295 Wie hier *Gabler/Jaskulke*, KWKG 2009, S. 80.

zu vermeiden.[296] Hierzu kann auf den Rechtsgedanken des § 8 Abs. 4 KWKG zurückgegriffen werden, demzufolge der Anspruch auf Zahlung von Abschlägen bereits entsteht, wenn die Zulassung beantragt ist.

c) Anschlussverpflichteter

210 Die Verpflichtung zum Anschluss trifft den Netzbetreiber, zu dessen **technisch für die Aufnahme geeigneten Netz** die **kürzeste Entfernung** zum Standort der KWK-Anlage besteht (§ 4 Abs. 1 S. 3 KWKG). Es müssen also zwei Bedingungen erfüllt sein:

- Das Netz muss technisch geeignet sein, die erzeugte Strommenge aufzunehmen und
- dieses Netz muss das nächstgelegene Netz sein.

211 Die technische Eignung ist danach zu bestimmen, ob die **vorhandene Konfiguration** des Netzes sowohl den Anschluss der KWK-Anlage als auch die spätere Aufnahme des dort erzeugten Stroms technisch ermöglicht, ohne dass es zu einer **Gefährdung der Versorgungssicherheit** kommt.[297] Technisch geeignet werden i.d.R. Verteilernetze sein.[298] Von entscheidender Bedeutung ist dabei, dass die Verpflichtung nicht bereits dann entfällt, wenn das Netz in seinem **Bestand** technisch nicht in der Lage ist, den Strom aufzunehmen. Vielmehr besteht in diesem Fall eine **Ausbauverpflichtung** des Netzbetreibers, wenn und soweit der Ausbau **wirtschaftlich zumutbar** ist (§ 4 Abs. 1 S. 2 KWKG i.V.m. § 5 Abs. 4 EEG).

212 Das Kriterium der wirtschaftlichen Zumutbarkeit kommt über in § 9 Abs. 3 EEG zur Anwendung. Diese Bestimmung wurde aus § 4 Abs. 2 EEG 2004 übernommen.[299] Nach der Gesetzesbegründung für diese Vorschrift ist ein Netzausbau in der Regel dann zumutbar, wenn durch den Ausbau die **Gesamtkosten** der Anbindung und Einbindung einer Anlage in das Netz geringer sind als eine Anbindung an einer anderen Stelle des Netzes **ohne Ausbau.** Wörtlich heißt es dann weiter:

> *„Bei diesem Kostenvergleich ist nicht nur auf den Anschluss der einzelnen Anlage abzustellen, sondern vielmehr zu prüfen, und gegebenenfalls zu berücksichtigen, ob der Anschluss weiterer Anlagen geplant ist, insbesondere dann, wenn bereits konkrete Netzprüfungsanfragen vorliegen. Dann sind die Gesamtkosten aller Anschlüsse mit denen eines Netzausbaus zu vergleichen. Bei der Beurteilung der Frage, ob ein Ausbau zumutbar ist, ist auch zu berücksichtigen, dass der Netzbetreiber die ihm entstehenden Kosten über die Netznutzungsentgelte umlegen kann. [...] Da der Wert des Stromes, der aus einer Erzeugungsanlage geliefert werden kann, in der Regel näherungsweise in einem festen Verhältnis zu den Investitions- und Betriebskosten der Anlage steht, die Investi-*

296 Weitergehend, nämlich die Erteilung der Zulassung fordernd, BK-EnR/*Lührig*, § 4 KWKModG Rn 11; dagegen *Gabler/Jaskulke*, KWKG 2009, S. 75 (Anschlussverpflichtung auch ohne entsprechende Zulassung).

297 *Gabler/Jaskulke*, KWKG 2009, S. 76.

298 *Salje*, KWK, § 4 Rn 11.

299 BT-Drucks. 16/8148, S. 45 re. Sp.

tionskosten und erwarteten Betriebsaufwendungen etwa für den Brenn-stoffeinsatz der Erzeugungsanlage aber zu Projektbeginn sicherer abzuschätzen sind als die gesamten Vergütungsvolumen, ist die Bezugnahme auf die Höhe dieser Kosten der Anlage ein geeigneter Anhaltspunkt für die Beurteilung der wirtschaftlichen Zumutbarkeit. **Verhältnismäßig und damit zumutbar im engeren Sinn ist der Ausbau daher insbesondere dann, wenn die Kosten des Ausbaus 25 Prozent der Kosten der Errichtung der Stromerzeugungsanlage nicht überschreiten.**" (BT-Drucks. 15/2864, S. 34 li. Sp.; Hervorhebung hinzugefügt)

Diese näherungsweise Bestimmung der wirtschaftlichen Zumutbarkeit lässt sich aufgrund der vergleichbaren gesetzgeberischen Intention und wirtschaftlichen Ausgangslage auf das KWKG übertragen.[300] Starre Grenzen gibt es insoweit allerdings nicht. Als **abwägende Betrachtung** im Sinne des Verhältnismäßigkeitsgrundsatzes[301] ist die Prüfung der wirtschaftlichen Zumutbarkeit offen für die Einbeziehung aller wirtschaftlich relevanten Gesichtspunkte,[302] wozu auch der – unverhältnismäßige – Anstieg der Netznutzungsentgelte zählen kann.[303] 213

Mit Blick auf die kürzeste Entfernung ist zu fragen, ob damit das **geografisch nächstgelegene Netz** gemeint ist. Auch hier hat die KWKG-Novelle 2012 nun vollständig auf das EEG verwiesen (§ 4 Abs. 1 Satz 2 KWKG). In § 5 Abs. 1 S. 1 EEG ist inzwischen präzisiert, dass die kürzeste Entfernung in der **Luftlinie** zwischen Anlage und Verknüpfungspunkt liegen soll. Zu beachten ist allerdings, dass die **örtlichen Gegebenheiten**, wie beispielsweise Gewässer oder größere Erhebungen, eine andere als die Bestimmung der Entfernung nach der Luftlinie notwendig machen können.[304] Ansonsten würde, ausgehend von der Luftlinienbestimmung, unmittelbar die Frage nach der wirtschaftlichen Zumutbarkeit gestellt. Das aber wäre ein wertendes Element, das im Wortlaut und dessen Bezugnahme auf die „kürzeste Entfernung" keine Grundlage findet. Es spricht daher vieles dafür, die Luftlinie als **Daumenregel** zu verwenden, im Übrigen aber die **tatsächlich notwendige** Streckenlänge anhand der geografischen Gegebenheiten zu bemessen.[305] 214

Soweit ein Netz technisch nicht in der Lage ist, den KWK-Strom aufzunehmen, ist Anschlussverpflichteter der **Betreiber des nächstgelegenen Netzes einer höheren Spannungsebene** (§ 4 Abs. 1 S. 2 KWKG i.V.m. § 5 Abs. 1 EEG). Außerdem kann der Netzbetreiber nach § 5 Abs. 3 EEG, gegen **Übernahme der Mehrkosten**, dem Anla- 215

300 Wie hier *Gabler/Jaskulke*, KWKG 2009, S. 98 m.w.N.; Danner/Theobald/*Jacobshagen/Kachel*, XVII § 4 KWKG Rn 18 ff.

301 BT-Drucks. 14/2776, S. 22 li. Sp. zur entsprechenden Formulierung in § 3 Abs. 1 EEG 2000.

302 Wie hier Danner/Theobald/*Jacobshagen/Kachel*, XVII § 4 KWKG Rn 15 ff.

303 Zur Umlage der KWKG-Mehrkosten siehe Rn 24 ff.; wie hier wohl auch Stuhlmacher/Stappert/Schoon/Jansen/*Trzeciak*, Kap. 27 Rn 22; näher zu den Grenzen der zumutbaren Erhöhung der Netzentgelte *Gabler/Jaskulke*, KWKG 2009, S. 98 f.

304 So auch *Salje*, KWK, § 4 Rn 12.

305 Wie hier *Gabler/Jaskulke*, KWKG 2009, S. 76; *Salje*, KWK, § 4 Rn 12; wohl auch Danner/Theobald/*Jacobshagen/Kachel*, XVII § 4 KWKG Rn 9.

genbetreiber einen anderen Verknüpfungspunkt dieses oder eines anderen im Hinblick auf die Spannungsebene geeigneten Netzes wählen (§ 13 Abs. 2 EEG). Umgekehrt kann der Anlagenbetreiber, entsprechend der Regelung in § 5 Abs. 2 EEG, gegen Übernahme der Mehrkosten sich für einen anderen Verknüpfungspunkt entscheiden (§ 13 Abs. 1 EEG).[306]

2. Kontrahierungszwang

216 Anders als nach dem EEG[307] besteht nach dem KWKG **kein gesetzliches Schuldverhältnis.**[308] Es hätte dafür wegen der grundsätzlichen Bedeutung und der Schwere des damit verbundenen Eingriffs in die Rechte sowohl der Netz- als auch der Anlagenbetreiber einer ausdrücklichen gesetzlichen Regelung bedurft, wie es sie in § 4 Abs. 1 EEG gibt. Eine solche Bestimmung ist jedoch im KWKG nicht zu finden. Da der Gesetzgeber die Novellierungen 2009 des EEG[309] und des KWKG[310] nahezu zeitgleich auf den Weg brachte, kann von einem Redaktionsfehler oder einer Gesetzeslücke nicht ausgegangen werden.

217 Es besteht jedoch ein **Kontrahierungszwang.**[311] Der Anlagenbetreiber kann sich zwar nicht unmittelbar auf § 4 Abs. 1 S. 1 KWKG berufen und auf dieser Grundlage den Anschluss seiner Anlage verlangen. Er kann jedoch, falls sich der Netzbetreiber zu Unrecht weigert, auf Abschluss des Anschlussvertrags klagen. Ein solches Urteil würde nach § 894 Abs. 1 S. 1 ZPO vollstreckt.[312]

218 In den Anschlussvertrag sind sämtliche Bestimmungen aufzunehmen, die für eine **ordnungsgemäße Durchführung** des Anschlusses notwendig sind. Dazu gehören insbesondere Bestimmungen über **Art und Umfang** des Anschlusses, die genaue Bezeichnung des **Orts** des Anschlusses und dessen **Zeitpunkt.**

! **Praxistipp**
Der Abschluss des Vertrags empfiehlt sich schon deswegen, weil das KWKG keine näheren Bestimmungen darüber enthält, wie der Anschluss umzusetzen ist. Um die Unwägbarkeiten zu vermeiden, die sich bei einem Streit über den Anschluss mit Blick auf ggf. zu entrichtenden Schadensersatz ergehen könnten, ist der Weg über die vertragliche Einigung vorzugswürdig.

---

306 Wie hier *Gabler/Jaskulke*, KWKG 2009, S. 78.
307 Vgl. oben Kap. Rn 1 ff.
308 Wie hier BK-EnR/*Lührig*, § 4 KWKModG Rn 7 ff. m.w.N.; Hempel/Franke/*Herrmann*, § 4 KWKG Rn 16 ff.; a.A. *Salje*, KWK, § 4 Rn 36 ff.; Danner/Theobald/*Jacobshagen/Kachel*, XVII § 4 KWKG Rn 5 ff.
309 BT-Drucks. 16/8148 v. 18.2.2008.
310 BT-Drucks. 16/8305 v. 28.2.2008.
311 *Gabler/Jaskulke*, KWKG 2009, S. 78 m.w.N.
312 BK-EnR/*Lührig*, § 4 KWKModG Rn 8.

Zu beachten ist in diesem Zusammenhang die Verpflichtung zur **Offenlegung** der **Netzdaten und Anlagedaten** gem. § 4 Abs. 1 S. 2 KWKG i.V.m. § 5 Abs. 5 und 6 EEG. Nach dem eindeutigen Wortlaut der Bestimmung besteht diese Verpflichtung schon gegenüber dem „Einspeisewilligen".[313] Der Wortlaut des § 5 Abs. 6 EEG zeigt dabei, dass **keine Fristen** mit Blick auf die Lieferung der Unterlagen bestehen. Der Netz- und der Anlagenbetreiber unterliegen jedoch insoweit einer allgemeinen **Förderungspflicht**. Dies bedeutet, dass die Unterlagen nicht rechtsmissbräuchlich zurückgehalten werden dürfen, um den Abschluss des Anschlussvertrags zu verhindern. 219

Anschlussnehmer i.S.v. § 1 Abs. 2 NAV, in deren elektrische Anlage hinter der Hausanschlusssicherung Strom aus KWK-Anlagen eingespeist wird, haben Anspruch auf einen **abrechnungsrelevanten Zählpunkt** gegenüber dem Netzbetreiber, an dessen Netz ihre elektrische Anlage angeschlossen ist (§ 4 Abs. 3b S. 1 KWKG). Auch dies sollte, im Wege der einvernehmlichen Lösung, in den Anschlussvertrag aufgenommen werden. 220

3. Kostentragung

Bis zum Inkrafttreten des KWKG 2009 war gesetzlich nicht geregelt, wie die Kosten des Netzanschlusses zwischen dem Anschlussnehmer und dem Netzbetreiber aufzuteilen sind, d.h. welche der Parteien des Netzanschlussvertrags diese Kosten zu tragen hat. Hierfür ist nun mit § 4 Abs. 1a KWKG eine klare Regelung getroffen. 221

Diese Bestimmung verweist ungeachtet der **Größe** der anzuschließenden Anlage und der betroffenen **Spannungsebene**, also ungeachtet der Anwendungsvoraussetzungen des § 1 KraftNAV auf die Regelung des § 8 KraftNAV. Hintergrund der Regelung war, eine **einheitliche Handhabung** der Kostentragung für alle nach dem KWKG förderfähigen Anlagen zu gewährleisten.[314] Ohne § 4 Abs. 1a KWKG wäre nach Inkrafttreten der KraftNAV nur für KWK-Anlagen mit einer Nennleistung ab 100 MW, die an eine Spannungsebene von mindestens 110 kV angeschlossen werden, eine klare Kostentragungsregelung getroffen gewesen. Nunmehr bestehen Unsicherheiten nur noch für nicht nach dem KWKG förderfähige Anlagen mit weniger als 100 MW Nennleistung oder für nicht nach dem KWKG förderfähige Anlagen, die unterhalb der 100 kV-Ebene angeschlossen werden.[315] 222

Die Regelung über die Kostenverteilung gilt für alle **Neuanschlüsse** und **Anschlussveränderungen** von KWK-Anlagen, also durchgängig in allen Fällen, in denen die Anschlussverpflichtung zum Tragen kommt. Eine etwaige **Rückwirkung** 223

313 Zur Problematik und Behandlung der Betriebs- und Geschäftsgeheimnisse näher *Gabler/Jaskulke*, KWKG 2009, S. 84 f.

314 Vgl. BT-Drucks. 16/9469, S. 15 li.Sp.

315 Vgl. auch *Gabler/Jaskulke*, KWKG 2009, S. 101.

auf bereits vorgenommene und kostenseitig anderweitig abgewickelte Anschlüsse ist nicht vorgesehen.

224 Nach der insoweit anwendbaren Bestimmung des § 8 KraftNAV können drei Kategorien von Kosten unterschieden werden:

- So hat der Anschlussnehmer nach § 8 Abs. 1 KraftNAV die Kosten für die **Verbindungsleitung** zwischen der Erzeugungsanlage und dem Netzanschlusspunkt zu tragen.
- Nach § 8 Abs. 2 S. 1 KraftNAV muss der Anschlussnehmer außerdem die Kosten der **Ertüchtigung** des Netzanschlusspunktes übernehmen, soweit sie durch ausschließlich vom Anschlussnehmer genutzte Betriebsmittel verursacht sind, was gem. § 8 Abs. 2 S. 2 KraftNAV entsprechend für den **Netzausbau** zum nächsten Netzanschlusspunkt in Fällen der Unzumutbarkeit nach § 6 Abs. 1 S. 1 KraftNAV gilt.[316]
- Dafür muss der Anschlussnehmer gem. § 8 Abs. 3 KraftNAV weder die Kosten für die **Verstärkung** des Netzes noch Baukostenzuschüsse tragen.

! **Praxistipp**

Die Umlage der dem Netzbetreiber entstehenden KWK-Mehrkosten im Rahmen der Anreizregulierung lässt sich gewährleisten, wenn die Mehrkosten auf der Grundlage von § 23 Abs. 1 S. 2 Nr. 2 ARegV in genehmigten **Investitionsbudgets** berücksichtigt werden. Denn die Kosten aus genehmigten Investitionsbudgets gelten gem. § 11 Abs. 2 S. 1 Nr. 6 ARegV als dauerhaft nicht beeinflussbare Kosten, sofern sie dem Inhalt der Genehmigung nach durchgeführt werden, in der Regulierungsperiode kostenwirksam sind und die Genehmigung nicht aufgehoben worden ist. Das bis vor kurzem bestehende „t-2-Problem" ist durch Änderung von § 4 Abs. 3 S. 1 Nr. 2 ARegV mit Wirkung ab dem 22.3.2012 beseitigt worden. Nunmehr gilt auf für Investitionsbudgets „t-0".

II. Regelungsgehalt und Umsetzung der Abnahmeverpflichtung

225 Netzbetreiber sind nach § 4 Abs. 1 S. 1 KWKG nicht nur verpflichtet, die KWK-Anlagen an ihr Netz anzuschließen. Vielmehr müssen sie den dort erzeugten Strom auch **vorrangig abnehmen.** Diese Verpflichtung besteht **gleichrangig** mit der entsprechenden Abnahmeverpflichtung nach dem EEG (§ 4 Abs. 1 S. 2 KWKG).

1. Vorrangigkeit der Abnahme

226 Das Vorrangprinzip ist erst mit der **Novelle 2009** in das KWKG eingeführt worden.[317] Der Gesetzgeber hielt dies für notwendig, um eine Gleichbehandlung zwischen KWK-

---

316 Zur Notwendigkeit einer einschränkenden Auslegung der Ausnahmebestimmung in § 8 Abs. 2 S. 3 KraftNAV *Gabler/Jaskulke*, KWKG 2009, S. 101.

317 Zur dogmatischen Einordnung des Vorrangprinzips vgl. *Möstl*, RdE 2003, 90.

Anlagen und Anlagen zur Erzeugung von Strom aus regenerativen Energieträgern herzustellen. Diese **Gleichstellung** sei notwendig, um auch KWK-Anlagenbetreibern die erforderliche Investitionssicherheit zu verschaffen.[318] Dies zeigt den Sinneswandel, den der Gesetzgeber mit Blick auf die Förderung von KWK-Anlagen vollzogen hat. Von der anfänglichen, allein als Unterstützung bestehender Anlagen auf dem liberalisierten Strommarkt konzipierten Förderung durch das KWK-VorschaltG bewegte sich der normative Rahmen für die Unterstützung von KWK-Strom – auch ohne die beim EEG zu beobachtenden, immer wieder tiefgreifenden Neufassungen – peu à peu auf gezielte Anreize zum Neubau entsprechender Anlagen zu. Damit einher ging die – grundsätzliche – Einbindung dieses Förderregimes in die aus dem EEG bekannten Mechanismen und normativen Strukturen.

Die Vorrangigkeit bedeutet, dass der Netzbetreiber den KWK-Strom vor dem aus nicht förderfähigen Anlagen stammenden Strom abnehmen muss. Er kann sich insbesondere nicht darauf berufen, dass die Kapazitäten seines Netzes erschöpft sind. Zu beachten ist jedoch, dass gem. § 4 Abs. 4 S. 2 KWKG Betreiber von KWK-Anlagen auch dann, wenn die Förderpflicht entfallen ist, einen Anspruch auf vorrangigen Netzzugang haben und zwar unabhängig davon, wie noch unter dem KWKG 2009, ob **Engpässe** im deutschen **Übertragungsnetz** vorliegen.[319] Das könnte dafür sprechen, dass nunmehr auch Engpässe im **Verteilernetz** gemeint sind, auch wenn der Gesetzgeber nur von einer „Klarstellung" spricht.[320] 227

Wie beim EEG[321] erstreckt sich das Vorrangprinzip auf **sämtliche Schritte** vom Anschluss über die Abnahme und Übertragung bis zu der vom Begriff der Übertragung umfassten Verteilung des KWK-Stroms. Darüber hinaus ist darauf hinzuweisen, dass durch die Neufassung von § 11 Abs. 1 S. 1 im Wege der Energiewende-Gesetzgebung nunmehr auch KWK-Anlagen in das **Einspeisemanagement** einbezogen wurden. Gleiches gilt für die **Härtefallregelung** nach § 12 EEG (vgl. nun § 4 Abs. 1 S. 2 KWKG). 228

Abnahmepflicht bedeutet, dass der Netzbetreiber den KWK-Strom **physikalisch aufnehmen** muss.[322] Dabei ist von entscheidender Bedeutung, dass nach dem eindeutigen Wortlaut von § 4 Abs. 1 S. 1 KWKG nur der **KWK-Strom** vorrangig abzunehmen ist, nicht der gesamte in der KWK-Anlage erzeugte Strom. Insbesondere ist er nicht verpflichtet, reinen **Kondensationsstrom** abzunehmen, der ohne Wärmeauskopplung erzeugt wird.[323] 229

318 BT-Drucks. 16/8305, S. 16 re. Sp.
319 Vgl. auch BK-EnR/*Lührig*, § 4 KWKModG Rn 95.
320 BT-Drucks. 17/8801, S. 17 re. Sp.
321 Vgl. oben Rn 47 ff.
322 Danner/Theobald/*Jacobshagen/Kachel*, XVII § 4 KWKG Rn 33.
323 Vgl. auch BK-EnR/*Lührig*, § 4 KWKModG Rn 26, 27 f.; zur Problematik der Trennung vgl. näher Danner/Theobald/*Jacobshagen/Kachel*, XVII § 4 KWKG Rn 28 ff.; Hempel/Franke/*Herrmann*, § 4 KWKG Rn 24.

230 Auch die **Systemverantwortung** der ÜNB ist diesen Bestimmungen angepasst worden. Denn sowohl bei netz- und marktbezogenen Maßnahmen nach § 13 Abs. 1 EnWG als auch bei Notfallmaßnahmen nach § 13 Abs. 2 EnWG sind nunmehr gem. § 13 Abs. 2a EnWG die Verpflichtungen – auch – nach § 4 Abs. 1 und Abs. 3 S. 2 KWKG einzuhalten (§ 13 Abs. 2a S. 1 EnWG).

231 Weitergehend ist darauf hinzuweisen, dass gegenüber **Wärmenetzen** keine Abnahmeverpflichtung besteht. Auch dies geht eindeutig aus dem Wortlaut von § 4 Abs. 1 S. 1 KWKG hervor.

232 Eine Möglichkeit zum **vertraglichen Abweichen** vom Abnahmevorrang ist ausdrücklich in den Bestimmungen des KWKG, anders als in § 8 Abs. 3 EEG, nicht vorgesehen (vgl. § 4 Abs. 1 S. 2 KWKG). Die Interessenlage ist jedoch vergleichbar. Es steht demnach der **Privatautonomie** zwischen Anlagen- und Netzbetreiber nichts entgegen. Sie können daher, vergleichbar § 8 Abs. 3 EEG, entsprechende Vereinbarungen schließen. Entscheidend ist lediglich, dass im Hinblick auf die Netzentgelte der dann zu beachtende **Effizienzmaßstab** eingehalten wird.[324]

233 Dies bedeutet, dass analog § 15 Abs. 1 EEG die in Folge der Vereinbarung entstandenen Kosten im nachgewiesenen Umfang bei der Ermittlung des Netzentgelts in Ansatz gebracht werden können, soweit diese Kosten **wirtschaftlich angemessen** sind.

2. Gleichrangigkeit mit der Verpflichtung mit derjenigen des EEG

234 Zwischen den privilegierten Energieträgern nach dem EEG und dem mit KWK-Anlagen erzeugten Strom besteht nach der ausdrücklichen Regelung in § 4 Abs. 1 S. 3 KWKG das Prinzip der **Gleichrangigkeit**. Dies bedeutet grundsätzlich, dass EE-Strom gegenüber KWK-Strom keinen Abnahmevorrang genießt und umgekehrt.[325] Der Bundesrat hatte sich sogar für den **Vorrang** der Kraft-Wärme-Kopplung vor der Nutzung erneuerbaren Energien ausgesprochen, weil bei einer Drosselung von KWK-Anlagen gleichzeitig auch die **Wärmeproduktion** heruntergefahren werden muss.[326] Die Bundesregierung hat diesen Vorschlag jedoch abgelehnt.[327]

235 Dies bedeutet, dass im Rahmen der **Abschaltreihenfolge** grundsätzlich keine Bevorzugung des einen oder des anderen Energieträgers stattfindet. Diese kann sich lediglich im Rahmen der **Zumutbarkeit** oder **Wirtschaftlichkeit**, d.h. der Effizienzkostenbetrachtung, ergeben.

---

324 Wie hier *Gabler/Jaskulke*, KWKG 2009, S. 106 f.
325 Vgl. *Altrock/Vollprecht*, ZNER 2011, 231, 233 f.
326 BT-Drucks. 16/8305, S. 25 li. Sp.
327 BT-Drucks. 16/8305, S. 32 li. Sp.

3. Verwendung des aufgenommenen Stroms

Der Netzbetreiber hat nach § 4 Abs. 2 KWKG die Möglichkeit, den aufgenommenen KWK-Strom entweder zu **verkaufen** oder zur Deckung des **Eigenbedarfs** zu verwenden. Diese Bestimmung findet sich, ursprünglich als § 3 Abs. 4 KWK-VorschaltG, von Beginn an in der spezifischen KWK-Gesetzgebung. Vor dem Hintergrund des seinerzeit gültigen EnWG, das keine Entflechtungsbestimmungen vorsah, war die Regelung im Grunde eher eine Klarstellung[328] und ist dementsprechend vom Gesetzgeber in den Materialien nicht weiter erläutert worden.[329] 236

Seit Inkrafttreten der verschärften und im Laufe der Zeit immer weiter differenzierten **Entflechtungsbestimmungen** der §§ 6 ff. EnWG 2005 können allerdings die ÜNB und VNB kein eigenes Stromhandelsgeschäft mehr betreiben. Ausgenommen sind davon allein VNB, an deren Netz weniger als 100.000 Kunden unmittelbar oder mittelbar angeschlossen sind (§§ 7 Abs. 2 S. 1, 7a Abs. 7 S. 1 EnWG). Zwar hätte der Gesetzgeber im Zuge der Reform des Energiewirtschaftsrechts im Jahr 2005 die Regelung des § 4 Abs. 2 KWKG anpassen können, was unterblieben ist. Gleichwohl ist nach der **lex posterior-Regel** davon auszugehen, dass § 4 Abs. 2 KWKG keine Ausnahme zu den Entflechtungsbestimmungen bilden soll, sondern mit Blick auf die Möglichkeit zum Weiterverkauf inzwischen gegenstandslos geworden ist.[330] Der Netzbetreiber wird daher den aufgenommenen Strom in der Sache allein zur Deckung des Eigenbedarfs verwenden. 237

Eine **Übertragung** des Stroms in Gestalt der Abnahme durch den vorgelagerten ÜNB, wie sie von Anfang an in dem nahezu zeitgleich erlassenen EEG 2000 im dortigen § 3 Abs. 2 vorgesehen war, ist im KWKG nicht geregelt.[331] 238

4. Ende der Abnahmepflicht

Die Pflicht zur vorrangigen Abnahme von KWK-Strom aus KWK-Anlagen mit einer elektrischen Leistung von mehr als 50 kW endet, wenn der Netzbetreiber nicht mehr zur **Zuschlagszahlung** verpflichtet ist (§ 4 Abs. 4 S. 1 KWKG). Die Verknüpfung der Dauer der Pflicht zur vorrangigen Abnahme mit der Dauer der Zuschlagsberechtigung ist systematisch stimmig und galt in der ursprünglichen Fassung von § 4 Abs. 4 KWKG 2002 vorbehaltlos für alle zuschlagsfähigen KWK-Anlagen. Seit dem 1.1.2009 sind von dem Ende des Rechts auf vorrangige Abnahme **kleinste KWK-Anlagen** mit einer elektrischen Leistung von **bis zu 50 kW** ausgenommen. Der Gesetzgeber wollte diesen Anlagen auch nach Auslaufen der Zuschlagsverpflichtung „vorrangi- 239

328 So auch *Salje*, KWK, § 4 Rn 48.
329 Vgl. BT-Drucks. 14/2765, S. 4 f.
330 Im Ergebnis wie hier *Gabler/Jaskulke*, KWKG 2009, S. 124 f.
331 Vgl. auch *Salje*, KWK, § 4 Rn 47.

gen Netzzugang“[332] einräumen. Es besteht daher die Anschluss- und Abnahmeverpflichtung diesen Anlagen gegenüber fort, auch nachdem der spezielle Anspruch auf Vergütung nach dem KWKG entfallen ist.[333] Außerdem hat der Gesetzgeber durch die KWKG-Novelle 2012 bestimmt, dass die Pflicht zur physischen Aufnahme, nicht zur vorrangigen Aufnahme, sowie zum vorrangigen Netzzugang gem. § 4 Abs. 1 Satz 2 KWKG für alle Anlagen fortbesteht. Ein **Vergütungsanspruch** ist hier nicht vorgesehen.

240 Die **Anschlusspflicht** hingegen besteht auch nach Ende der Abnahmepflicht zumindest dem Wortlaut nach fort, da § 4 Abs. 4 S. 1 KWKG dezidiert nur das Ende der Abnahme- und Vergütungspflicht regelt, nicht die in § 4 Abs. 1 S. 1 KWKG davon differenzierte Anschlusspflicht.[334] Zumindest ist der Anschluss auf der Grundlage von § 17 EnWG oder ggf. § 19 GWB zu gewähren.[335]

C. Wie werden Kapazitätsengpässe bewältigt?

241 Der mit dem EEG bezweckte Ausbau der Erzeugungskapazitäten aus erneuerbaren Energien führt zu erhöhten Anforderungen an den **Ausbau und Betrieb der Versorgungsnetze**, insbesondere den Ausbau und Betrieb der Elektrizitätsversorgungsnetze. Mit den ambitiösen Zielen, die im Zuge der Energiewende erstmals ausdrücklich im Gesetz (§ 1 Abs. 2 EEG) formuliert worden sind, und dem im Zuge der Energiewende ebenfalls beschlossenen **Ausstieg aus der Kernenergie** ist ein paradigmatisch zu nennender Wechsel in der Struktur der Energieversorgung in Deutschland verbunden. Denn zu dem generellen Spezifikum, dass sich elektrischer Strom nur sehr begrenzt speichern lässt, tritt bei der Stromerzeugung aus erneuerbaren Energien die Besonderheit hinzu, dass diese Erzeugung in weit aus höherem Maß volatil und daher schwerer prognostizierbar ist als die Erzeugung in konventionellen Kraftwerken.

242 Zu berücksichtigen ist schließlich, dass der besondere Schwerpunkt, der spätestens mit der Energiewende auf die **Stromerzeugung in Offshore-Windanlagen** gelegt worden ist, die Notwendigkeit nach sich zieht, die Übertragungsnetze auszubauen. Dieser Ausbaubedarf ist in der viel diskutierten dena II-Studie auf bis zu 3.600 Trassenkilometer beziffert worden. Der Grund dafür liegt darin, dass der Betrieb der Offshore-Windanlagen geografisch bedingt in Deutschland nur im Norden stattfinden kann, dort aber eine den Erzeugungskapazitäten nicht entsprechende Last gegen-

---

332 Vgl. BT-Drucks. 16/9469, S. 15 re. Sp.
333 Vgl. auch Danner/Theobald/*Jacobshagen/Kachel*, XVII § 4 KWKG Rn 37.
334 Wie hier *Herrmann* in Hempel/Franke/*Hermann*, § 4 KWKG Rn 39.
335 Stuhlmacher/Stappert/Schoon/Jansen/*Trzeciak*, Kap. 27 Rn 48.

übersteht, was zur Folge hat, dass die erzeugten Strommengen nach Süddeutschland transportiert werden müssen.[336]

Der Gesetzgeber versucht, auf diesen objektiven Befund mit verschiedenen und auf unterschiedlichen Ebenen angesiedelten Verpflichtungen zu reagieren. Er konzentriert diese Verpflichtungen allerdings im Wesentlichen auf die **Netzbetreiber**. Der **Zielkonflikt** wird damit unausweichlich. Da auch mit der Energiewendegesetzgebung das im EEG und KWKG von Anfang an vorgesehene Prinzip des Anschluss- und Einspeisevorrangs nicht aufgegeben wird, lässt sich das Ziel einer preisgünstigen Energieversorgung nicht vollständig verwirklichen. Denn nicht nur die im EEG und KWKG nach wie vor vorgesehenen **Vergütungssätze** führen zu einer Verteuerung der Endkundenentgelte, weil sie entweder als EEG-Umlage direkt (§ 53 Abs. 1 EEG) oder über die Netznutzungsentgelte (§ 9 Abs. 7 KWKG) an die Letztverbraucher weitergegeben werden. Vielmehr fließen auch die **Kosten für eine Erweiterung der Netzkapazität** in die Netznutzungsentgelte ein. Dies ergibt sich, soweit die Investitionsbudgets betroffen sind, aus § 23 Abs. 1 S. 2 Nr. 2 i.V.m. § 11 Abs. 2 S. 1 Nr. 6 ARegV. 243

Doch stellt sich nicht nur der Konflikt zwischen einer umweltverträglichen und einer preisgünstigen Energieversorgung. Vielmehr kann die **Volatilität** insbesondere der Erzeugung von Elektrizität in Windkraftanlagen zu Netzengpässen führen, die eine Gefährdung der Versorgungssicherheit zur Folge haben. In diesen Fällen stellt sich die Frage, unter welchen Voraussetzungen in solchen Situationen vom Netzbetreiber auch die Einspeisung von Elektrizität aus erneuerbaren Energien reduziert werden kann. 244

Damit sind die drei großen Themenblöcke, die im Folgenden zu behandeln sind, vorgezeichnet. Zunächst sind die Fragen zu klären, die sich im Zusammenhang mit der Pflicht zur **Erweiterung der Netzkapazität** stellen (I.). Anschließend ist auf das **Einspeisemanagement** einzugehen, mit dem der Gesetzgeber eine Abschaltreihenfolge für die verschiedenen Energieerzeugungsanlagen zu regeln versucht (II.). Schließlich ist zu behandeln, wie der aufgezeigte Zielekonflikt in den Situationen zu lösen ist, in dem der Netzbetreiber die ihm gesetzlich nach §§ 13, 14 EnWG obliegende **Systemverantwortung** wahrnehmen muss (III.) 245

I. Die Pflicht zur Erweiterung der Netzkapazität

1. Voraussetzungen der Erweiterungspflicht

a) Verlangen der Einspeisewilligen

Sedes materiae für die Pflicht zur Erweiterung der Netzkapazität ist die Bestimmung des § 9 EEG. Im KWKG ist eine vergleichbare Regelung nicht getroffen, über § 4 Abs. 1 246

336 Vgl. dazu den von den vier ÜNB ins Internet gestellten Netzentwicklungsplan (www.netzentwicklungsplan.de).

S. 2 KWKG i.V.m. § 5 Abs. 4 EEG aber indirekt in Bezug genommen. In formeller Hinsicht setzt die Pflicht zur Erweiterung der Netzkapazität nach §§ 9 Abs. 1 S. 1 EEG das **Verlangen der Einspeisewilligen** voraus. Dieses Verlangen ist an keine weiteren Voraussetzungen geknüpft. Insbesondere ist das nach § 4 Abs. 2 S. 3 EEG 2004 noch vorgesehene Kriterium der **Planreife** entfallen. Dies bedeutet allerdings nicht, dass der Netzbetreiber bereits dann zum Netzausbau verpflichtet wäre, wenn noch keinerlei Planung auf Seiten des – potenziellen – Anlagenbetreibers vorliegt, also gewissermaßen „ins Blaue hinein“ erweitert werden müsste. Zu fordern ist vielmehr, dass die Planung nicht mehr unverbindlich ist, sondern bereits konkretisiert wurde.[337]

247 Eine besondere **Form** ist für das Verlangen nicht vorgesehen. Es kann also sowohl mündlich als auch schriftlich oder per E-Mail vom Einspeisewilligen an den Netzbetreiber gestellt werden.

! **Praxistipp**

Es ist zu empfehlen, das Verlangen schriftlich, zumindest in Form von E-Mail zu stellen, um insbesondere den Zeitpunkt des Verlangens nachweisen zu können. Denn mit dem Verlangen beginnt die Frist für den Netzbetreiber, der gem. § 9 Abs. 1 S. 1 EEG die Erweiterung unverzüglich vorzunehmen hat.

---

b) Sicherstellung der Abnahme, Übertragung und Verteilung

248 In § 9 Abs. 1 S. 1 EEG ist außerdem vorgesehen, dass die Erweiterungspflicht nur besteht, um die Abnahme, Übertragung und Verteilung des Stroms aus erneuerbaren Energien oder Grubengas sicherzustellen. Gemeint ist damit der vorrangige Anschluss nach § 5 Abs. 1 EEG sowie die vorrangige Abnahme nach § 8 Abs. 1 EEG.[338] Die **„Sicherstellung“** setzt voraus, dass anderenfalls der vorrangige Anschluss und die vorrangige Abnahme **nicht gewährleistet** sind. An einer solchen Gewährleistung fehlt es insbesondere dann, wenn das Netz des verpflichteten Netzbetreibers technisch ungeeignet ist, den Strom aus erneuerbaren Energien oder Grubengas aufzunehmen.[339]

c) Wirtschaftliche Zumutbarkeit

249 Die Pflicht zur Kapazitätserweiterung setzt schließlich voraus, dass die verlangte Optimierung, Verstärkung und der verlangte Ausbau dem Netzbetreiber wirtschaftlich zumutbar ist. Das Gesetz formuliert dies in § 9 Abs. 3 EEG als **negative Voraussetzung**. Dies bedeutet, dass der Netzbetreiber, der sich auf diese Bestimmung

337 BT-Drucks. 16/8148, S. 45 li. Sp.; Reshöft/*Schäfermeier*, § 9 Rn 11; Gabler/Metzenthin/*Wiemer*, § 9 Rn 16 ff.

338 Reshöft/*Schäfermeier*, § 9 Rn 9; Gabler/Metzenthin/*Wiemer*, § 9 Rn 13.

339 Reshöft/*Schäfermeier*, § 9 Rn 9.

stützten will, nachzuweisen hat, dass ihm die verlangten Maßnahmen wirtschaftlich unzumutbar sind.[340]

Mit dem Kriterium der wirtschaftlichen Zumutbarkeit beabsichtigte der Gesetzgeber, die bis dorthin geltende Bestimmung des § 4 Abs. 2 S. 2 EEG 2004 und die dazu ergangene höchstrichterliche Rechtsprechung fortzuschreiben.[341] In der Gesetzesbegründung zu § 4 Abs. 2 S. 2 EEG 2004 war tragendes Prinzip der Regelung die **Minimierung der gesamtwirtschaftlichen Kosten.**[342] Es kommt also grundsätzlich auf einen Vergleich derjenigen Kosten an, die bei den verschiedenen Ausführungsmöglichkeiten für den Anschluss der betreffenden Anlage sowie für den Netzausbau anfallen.[343] Der Gesetzgeber sah die Verhältnismäßigkeit gewahrt, wenn die Kosten des Ausbaus 25 % der Kosten der Errichtung der Stromerzeugungsanlage nicht überschreiten.[344] 250

Diese Begründung kann nur als Anhaltspunkt dienen. Denn für den gesamtwirtschaftlichen Vergleich ist von Bedeutung, die Folgen für die **Endverbraucherpreise** einzubeziehen. Zwar trägt nach § 14 EEG der Netzbetreiber die Kosten der Optimierung, der Verstärkung und des Ausbaus des Netzes. Er kann diese allerdings gem. § 23 Abs. 1 S. 2 Nr. 2 i.V.m. § 11 Abs. 2 S. 1 Nr. 6 ARegV über genehmigte Investitionsbudgets auf die Netznutzungsentgelte umlegen. Demgegenüber hat der Anlagenbetreiber die notwendigen Kosten des Anschlusses zu tragen (§ 13 Abs. 1 EEG). Es kommt also nicht darauf an, ob die Erweiterungskosten in einem angemessenen Verhältnis zu den Anlagenkosten stehen. Vielmehr liegt eine **Unzumutbarkeit** in der Regel vor, wenn die Netzausbaukosten in einem Missverhältnis zu der beabsichtigten Einspeiseleistung und somit dem Nutzen der Einspeisung für die Allgemeinheit stehen.[345] 251

2. Umfang der Erweiterungspflicht

a) Optimierung, Verstärkung und Ausbau

Nach dem Wortlaut der Bestimmung in § 9 Abs. 1 S. 1 EEG erstreckt sich die Erweiterungspflicht auf drei vom Gesetz nebeneinandergestellte Maßnahmen, nämlich die Optimierung, die Verstärkung und den Ausbau der Netze. Semantisch betrachtet erscheinen diese drei Maßnahmen nicht vollständig trennscharf. Denn nach dem Sinngehalt erstreckt sich die Optimierung sowohl auf den Ausbau als auch die Verstärkung und kann somit als eine Art **Oberbegriff** betrachtet werden. 252

340 Altrock/Oschmann/Theobald/*Wustlich*, § 9 Rn 31.

341 BT-Drucks. 16/8148, S. 45, re. Sp.

342 BT-Drucks. 15/2864, S. 34 li. Sp.; bestätigt durch BGH, Urt. v. 18.7.2007 – VIII ZR 288/05 = RdE 2008, 18, 21 mit zust. Anm. *Langbein/Weißenborn*.

343 BGH, Urt. v. 18.7.2007 – VIII ZR 288/05 = RdE 2008, 18, 21 mit zust. Anm. *Langbein/Weißenborn*.

344 BT-Drucks. 15/2864, S. 34 li. Sp.

345 Frenz/Müggenborg/*Ehricke*, § 9 Rn 51.

253 Andererseits können Netzoptimierung und Netzverstärkung auch als **Minus** gegenüber dem Netzausbau begriffen werden.[346] Bei dieser Betrachtung wäre bei einem Verlangen auf Netzausbau das Begehren auf Netzverstärkung und -optimierung schon umfasst.

254 Insgesamt zeigt sich, dass mit der Optimierung, der Verstärkung und dem Ausbau kein festumrissener, klar definierter Maßnahmenkatalog aufgestellt werden soll. Vielmehr sind die drei Maßnahmenbereiche **beschreibender Natur** und in diesem Sinne beispielhaft.[347] Die **Abgrenzung zum Netzanschluss** ist nach Auffassung des Gesetzgebers darin zu sehen, dass ein Netzausbau immer vorliegt, wenn es sich um eine netzinterne Maßnahme handelt.[348]

Beispiel
Verlangt der Anlagenbetreiber den Anschluss an einer vorhandenen Trafostation, muss aber zur Realisierung des Vorhabens zu dieser Trafostation eine neue, stärkere Leitung gelegt werden, handelt es sich bei der Verlegung des neuen Kabels um eine Maßnahme des Netzausbaus, nicht des Anschlusses. Die Kosten für die Verlegung der Leitung trägt daher nach § 14 EEG der Netzbetreiber, nicht nach § 13 Abs. 1 EEG der Anlagenbetreiber (Beispiel gebildet nach BGH, Urt. v. 18.7.2007 – VIII ZR 288/05 = RdE 2008, 18).

---

255 Aus der Zusammenschau der Maßnahmen ergibt sich auch, dass der Begriff der „Optimierung“ nicht impliziert, das betreffende Netz müsse jederzeit zur Aufnahme der **maximal technisch möglichen Stromerzeugungsmengen** in der Lage sein.[349] Schon das oben angesprochene Kriterium der wirtschaftlichen Unzumutbarkeit, das nach § 9 Abs. 3 EEG einen Anspruch auf Kapazitätserweiterung ausschließt, macht deutlich, dass die **konkret-individuelle Situation** des betroffenen Betreibers einer unbedingten und in diesem Sinne optimierenden Erweiterungspflicht entgegenstehen kann. Doch auch der systematische Zusammenhang zu der inhaltlich identisch formulierten, unten noch zu behandelnden Ausbaupflicht nach § 11 Abs. 1 EnWG führt zu diesem Ergebnis. Denn § 11 Abs. 1 EnWG steht unter dem **Zielekanon** von § 1 Abs. 1 EnWG, der nach „der sicheren“ an zweiter Stelle „die preisgünstige“ Versorgung der Allgemeinheit mit Elektrizität und Gas vorsieht und mit der umweltverträglichen Versorgung zum Ausgleich zu bringen ist. § 1 Abs. 1 EEG konzentriert sich zwar auf die umweltverträgliche Versorgung, setzt den Zielekanon aus § 1 Abs. 1 EnWG im Übrigen jedoch nicht außer Kraft.

256 Die Pflicht zur Kapazitätserweiterung erstreckt sich auf sämtliche für den Betrieb des Netzes **notwendigen technischen Einrichtungen** sowie die im Eigentum des Netzbetreibers stehenden oder in sein Eigentum übergehenden Anschlussanlagen

---

346 Frenz/Müggenborg/*Ehricke*, § 9 Rn 11; BT-Drucks. 16/8148, S. 45 li. Sp.
347 Vgl. Frenz/Müggenborg/*Ehricke*, § 9 Rn 11.
348 BT-Drucks. 16/8148, S. 45 li. Sp.
349 LG Berlin, Urt. v. 8.4.2011 – 19 O 92/10 – S. 12, n.v.

(§ 9 Abs. 2 EEG). Ein Anspruch des Anlagenbetreibers auf Übernahme des Eigentums der Anschlussanlagen lässt sich daraus allerdings nicht ableiten.[350]

b) Stand der Technik

Die Bestimmung des § 9 Abs. 1 S. 1 EEG sieht vor, dass die Erweiterung der Netzkapazität entsprechend dem Stand der Technik zu erfolgen hat. Ausgehend von der Kalkar-Entscheidung[351] und dem dort entwickelten **Drei-Stufen-Konzept** siedelt der Stand der Technik zwischen der obersten Stufe, dem **Stand der Wissenschaft und Technik**, und der untersten Stufe, den **allgemein anerkannten Regeln der Technik,** an. Dies bedeutet, dass der Gesetzgeber mit § 9 Abs. 1 S. 1 EEG über den Maßstab von § 49 Abs. 1 EnWG hinausgeht, da dort die allgemein anerkannten Regeln der Technik in Bezug genommen sind und in § 49 Abs. 2 EnWG nur diesbezüglich eine gesetzliche Vermutung geregelt ist.[352] Für die Bestimmung des Standes der Technik muss sich der Entscheider in den Meinungsstreit mit dem technischen Sachverstand begeben. Eine ungesehene Übernahme Einzelner oder auch mehrheitlich geäußerter Meinungen ist nicht möglich.[353] 257

Nach Ansicht des Gesetzgebers umfasst der Stand der Technik – aus damaliger Perspektive – insbesondere die Anwendung der **saisonalen Fahrweise** auf allen Netzebenen, den Einsatz **lastflusssteuernder Betriebsmittel**, den Einsatz von **Hochtemperaturleiterseilen bis 150 °C** und die Anwendung des **Freileitungs-Monitoring** auf der 110 kV-Ebene.[354] 258

c) Erstreckung auf vorgelagerte Netze

Mit der **Energiewende-Gesetzgebung 2011** wurde die Bestimmung des § 9 Abs. 1 S. 2 EEG neu in das Gesetz aufgenommen. Nach dieser Regelung besteht der Anspruch auf Erweiterung der Netzkapazität auch gegenüber Netzbetreibern, an deren Netz die Anlage **nicht unmittelbar angeschlossen** ist, sondern auch von vorgelagerten Netzen mit einer Spannung bis einschließlich 110 kV, wenn dies erforderlich ist, um die Abnahme, Übertragung und Verteilung des Stromes sicherzustellen. Nach Auffassung des Gesetzgebers handelt es sich insoweit um eine Klarstellung. Da bisher im Einzelfall unklar gewesen sei, ob und wann sich eine Verpflichtung zum unverzüglichen Netzausbau auch auf vorgelagerte Netze erstrecke, werde die Verpflichtung zum 259

350 BDEW, Umsetzungshilfe zum EEG 2009, Version 2.0, 1.3 Rn 2.

351 BVerfG, Beschl. v. 8.8.1978 – 2 BvL 8/77 = BVerfGE 49, 89, 135 f.

352 Wie hier Reshöft/*Schäfermeier*, § 9 Rn 26; Frenz/Müggenborg/*Ehricke*, § 9 Rn 19 f.; Gabler/Metzenthin/*Wiemer*, § 9 EEG Rn 30.

353 Vgl. dazu *Windmann*, UPR 2011, 14, 15 ff. m.w.N.

354 BT-Drucks. 16/9477, S. 22 re. Sp.

unverzüglichen Netzausbau nunmehr ausdrücklich auf die Betreiber übergeordneter Netze erstreckt, sofern die EEG-Einspeisung aus untergelagerten Netzen sonst ein Einspeisemanagement erzwingen würde.[355]

260 Ob und inwieweit der Gesetzgeber mit dem Hinweis, es habe sich lediglich um eine Klarstellung gehandelt, richtig liegt, kann hier dahingestellt bleiben. Jedenfalls steht die Bestimmung des § 9 Abs. 1 S. 2 EEG in **unmittelbarem Zusammenhang** mit § 11 Abs. 1 S. 1 EEG, nachdem sich das **Einspeisemanagement** nunmehr auch auf Anlagen erstrecken kann, die nur mittelbar an das Netz des regelnden Netzbetreibers angeschlossen sind. Deutlich wird in jedem Fall, dass die Bestimmung des § 9 Abs. 1 S. 2 EEG sich nur auf die Spannungsebenen bis maximal 110 kV erstreckt, also nicht bis in die **Höchstspannungsebene** reicht. Hier kommt eine – dann allerdings unmittelbare – Verpflichtung zur Erweiterung der Netzkapazität nur nach § 9 Abs. 1 S. 1 EEG in Betracht, soweit die betreffende Anlage dort angeschlossen ist.

d) Unverzüglichkeit

261 Der Netzbetreiber ist gem. § 9 Abs. 1 S. 1 EEG verpflichtet, die Erweiterung der Netzkapazität „unverzüglich" vorzunehmen. Mit diesem Begriff ist Bezug auf die Legaldefinition in § 121 Abs. 1 S. 1 BGB genommen.[356] Danach hat der Netzbetreiber die Erweiterungsmaßnahmen **ohne schuldhaftes Zögern** vorzunehmen.

! **Praxistipp**

An dieser Stelle zeigt sich, dass es sinnvoll ist, darauf zu bestehen, das Verlangen des Anlagenbetreibers schriftlich zu dokumentieren. Denn mit dem Verlangen beginnt der Zeitraum, innerhalb dessen der Netzbetreiber ohne schuldhaftes Zögern handeln muss. Außerdem ist es sinnvoll, die einzelnen Schritte, die zur Erfüllung der Erweiterungspflicht vorgenommen werden, mit genauen zeitlichen und inhaltlichen Angaben zu dokumentieren. Denn ein Verstoß gegen die Erweiterungspflicht gem. § 9 Abs. 1 EEG führt zum Schadensersatz nach § 10 Abs. 1 EEG. Für das Kriterium der Unverzüglichkeit bedeutet dies, dass mit dem schuldhaften Zögern grundsätzlich auch die schuldhafte Pflichtverletzung nach § 10 Abs. 1 EEG erfüllt ist.

---

3. Folgen der Erweiterungspflicht

a) Erhöhung der Netznutzungsentgelte

262 Im Unterschied zu den Kosten für den Netzanschluss, die gem. § 13 Abs. 1 EEG vom Anlagenbetreiber übernommen werden müssen, trägt die Kosten der Optimierung, der Verstärkung und des Ausbaus des Netzes der Netzbetreiber (§ 14 EEG). Anders als nach § 13 Abs. 2 S. 3 EEG 2004 sieht das geltende EEG keine ausdrückliche Bestimmung mehr vor, nach der die Kosten für die Erweiterung der Netzkapazität bei der **Ermitt-**

355 BT-Drucks. 17/6071, S. 64 li. Sp.
356 Reshöft/*Schäfermeier*, § 9 Rn 27; Gabler/Metzenthin/*Wiemer*, § 9 Rn 33.

lung der Netznutzungsentgelte in Ansatz gebracht werden können. Dies ergibt sich inzwischen allerdings aus den – bei Inkrafttreten des EEG 2004 noch nicht existierenden – **energiewirtschaftsrechtlichen Entgeltregulierungsvorschriften**. Zum einen zählt hierzu § 11 Abs. 2 S. 1 Nr. 1 ARegV. Dieser Bestimmung zufolge gelten die Kosten aus gesetzlichen Abnahme- und Vergütungspflichten als dauerhaft nicht beeinflussbare Kostenanteile, die dementsprechend bei der Ermittlung der Erlösobergrenzen zu berücksichtigen sind (§ 4 Abs. 3 S. 1 Nr. 2 ARegV).[357] Abgesehen davon macht § 11 Abs. 2 S. 1 Nr. 6 ARegV klar, dass auch die Kosten von der Regulierungsbehörde **genehmigten Investitionsbudgets** nach § 23 ARegV als nicht beeinflussbare Kostenanteile gelten. Gem. § 23 Abs. 1 S. 2 Nr. 2 ARegV sind Investitionsbudgets auch für die Integration von Anlagen, die dem EEG und dem KWKG unterfallen, zu genehmigen.[358]

An dieser Stelle zeigt sich die weiterreichende Bedeutung der Abgrenzungsfragen 263 zwischen einem **Netzanschluss** und einem **Netzausbau**. Die Netzanschlusskosten sind gem. § 13 Abs. 1 EEG vom Anlagenbetreiber zu tragen. Er muss die Kosten über die ihm garantierten gesetzlichen Vergütungen für den eingespeisten Strom decken. Demgegenüber führt die Kapazitätserweiterung zu Kosten, die in die Netzentgelte einfließen und im Endeffekt in den Strompreisen an die Netzverbraucher weitergegeben werden. Allein der Netzausbau führt daher zu dem **Zielkonflikt** zwischen einer umweltverträglichen Elektrizitätsversorgung einerseits und einer preisgünstigen Elektrizitätsversorgung andererseits. Dieser Zielkonflikt ist stets zu berücksichtigen, wenn Maßnahmen des Netzausbaus von Maßnahmen des Netzanschlusses differenziert werden.

b) Schadensersatz

Ein Verstoß gegen die Pflicht zur Kapazitätserweiterung führt gem. § 10 Abs. 1 EEG zu 264 einem Schadensersatzanspruch des betroffenen Anlagenbetreibers. Dieser Anspruch ist als echter Schadensersatz ausgestaltet. Denn § 10 Abs. 1 S. 2 EEG bestimmt ausdrücklich, dass die Ersatzpflicht nicht eintritt, wenn der Netzbetreiber die **Pflichtverletzung nicht zu vertreten** hat.

Praxistipp !

Hier zeigt sich erneut, dass sowohl die Dokumentation des Verlangens auf Kapazitätserweiterung als auch die daraufhin vom Netzbetreiber ergriffenen Schritte für den Schadensersatzanspruch von großer Bedeutung sind. Denn ein Verstoß gegen das Kriterium der Unverzüglichkeit bedeutet ein schuldhaftes Zögern. Mit der Schuldhaftigkeit des Zögerns steht grundsätzlich fest, dass der Netzbetreiber die Pflichtverletzung i.S.v. § 10 Abs. 1 S. 2 EEG zu vertreten hat.

---

357 Ebenso Altrock/Oshmann/Theobald/*Altrock*, § 14 Rn 13 f.; Gabler/Metzenthin/*Gabler/Benzin*, § 14 Rn 38 ff.

358 Näheres zum Umfang der ansetzbaren Kosten bei Gabler/Metzenthin/*Gabler/Benzin*, § 14 EEG Rn 24 ff.; Altrock/Oschmann/Theobald/*Altrock*, § 14 Rn 7 ff.; *Salje*, EEG, § 14 Rn 13 ff.

265 Der Schaden selbst wird nach den Grundsätzen der §§ 249 ff. BGB berechnet. Dies führt, da eine rückwirkende Erfüllung der Pflichten aus § 9 Abs. 1 EEG ausscheidet und eine nachträgliche Pflichterfüllung nicht ausreichend ist, zur **Entschädigung des Einspeisewilligen in Geld.**[359] Der Schaden ist nach der **Differenzhypothese** zu berechnen. Dies bedeutet, dass grundsätzlich die Vergütung derjenigen Strommenge, welche der Einspeisewillige tatsächlich eingespeist hat, und die Vergütung derjenigen Strommenge, welche er hätte einspeisen können, verglichen werden. Dabei umfasst der Schaden gem. § 252 BGB auch den **entgangenen Gewinn**. Umgekehrt ist der Einspeisewillige gem. § 254 Abs. 2 BGB zur **Schadensminderung** verpflichtet, d.h., er muss die möglichen Maßnahmen zur Abwendung oder Minderung des Schadens ergreifen. Solche Maßnahmen können beispielsweise darin bestehen, die Anlage an ein anderes, geeignetes Netz anzuschließen.

! **Praxistipp**
Es empfiehlt sich sowohl für den Anlagen- als auch für den Netzbetreiber, in Fällen, die zu einem Schadensersatz nach § 10 EEG führen könnten, die Einspeisemengen vergleichbarer Anlagen, bei Windenergieanlagen beispielsweise die Einspeiseprofile von in derselben Zone gelegenen Anlagen, zu dokumentieren. Dies kann die Ermittlung der Schadenshöhe wesentlich erleichtern.

---

266 Um die für den Schadensnachweis notwendigen Darlegungen zu erleichtern, sieht § 10 Abs. 2 EEG eine **Auskunftspflicht** des Netzbetreibers vor. Voraussetzung für die Auskunftspflicht ist zwar nicht, dass ein Schadensersatzanspruch nach § 10 Abs. 1 EEG bereits geltend gemacht wird. Allerdings kann die Auskunft nach § 10 Abs. 2 S. 2 EEG **verweigert** werden, wenn sie zur Feststellung, ob ein Schadensersatzanspruch nach § 10 Abs. 1 EEG vorliegt, nicht erforderlich ist.

4. Konkurrenz mit anderen Ausbaupflichten

a) Ausbaupflicht nach § 4 Abs. 6 KWKG

267 Gemäß § 9 Abs. 4 EEG bleibt die Verpflichtung nach § 4 Abs. 6 KWKG „unberührt". In § 4 Abs. 6 KWKG seit der KWKG-Novelle 2012 jedoch keine Ausbauverpflichtung mehr geregelt. Vielmehr ist in § 4 Abs. 1 Satz 2 KWKG nunmehr vollständig auf § 5 EEG verwiesen. Verwiesen ist dort allerdings nur in diesem Rahmen auf § 9 EEG, so dass eine unmittelbare Übertragung dieser Bestimmung auf das KWKG nicht in Betracht kommt.

268 Die Formulierung, dass die Verpflichtung nach dem KWKG **„unberührt"** bleibt, bedeutete, dass die Anschluss- und Abnahmeverpflichtungen nach KWKG und EEG

359 Gabler/Metzenthin/*Wiemer*, § 10 EEG Rn 17.

gleichrangig nebeneinander stehen.[360] Die wirtschaftliche Zumutbarkeit ist demnach, soweit Anlagen nach dem EEG betroffen sind, nach § 9 Abs. 3 EEG zu beurteilen.

b) Ausbauverpflichtungen nach dem EnWG

Ebenfalls ausdrücklich in § 9 Abs. 4 EEG erwähnt ist die Verpflichtung nach § 12 Abs. 3 EnWG. Nach dieser Bestimmung haben **Betreiber von Übertragungsnetzen** dauerhaft die Fähigkeit des Netzes sicherzustellen, die Nachfrage nach Übertragung von Elektrizität zu befriedigen und insbesondere durch entsprechende Übertragungskapazität und Zuverlässigkeit des Netzes zur Versorgungssicherheit beizutragen. Nicht erwähnt hingegen ist in § 9 Abs. 4 EEG die Verpflichtung nach § 11 Abs. 1 EnWG. Nach dieser, teilweise dort gleich formulierten Bestimmung sind die **Betreiber von Energieversorgungsnetzen** – also nicht nur die ÜNB – verpflichtet, ein sicheres, zuverlässiges und leistungsfähiges Energieversorgungsnetz bedarfsgerecht zu optimieren, zu verstärken und auszubauen, soweit es wirtschaftlich zumutbar ist. 269

Die Unberührtheitsklausel in § 9 Abs. 4 EEG gilt gleichwohl für beide energiewirtschaftsrechtlichen Ausbauverpflichtungen.[361] Denn § 9 Abs. 4 EEG hat rein deklaratorischen Charakter,[362] lässt also keinen normativen Rückschluss zu, dass die dort nicht erwähnten Ausbauverpflichtungen nicht unberührt bleiben sollen. Dies bedeutet erneut, dass die wirtschaftliche Zumutbarkeit eine Erweiterung aufgrund eines einspeisewilligen Anlagenbetreibers nach EEG grundsätzlich anhand von § 9 Abs. 3 EEG zu beurteilen ist. Der **Zielkonflikt mit der preisgünstigen Energieversorgung** ist also grundsätzlich anhand von § 9 Abs. 3 EEG zu lösen. Vergleichbares gilt für §§ 11 Abs. 1 und 12 Abs. 3 EnWG. Hier ist der Zielkonflikt mit der sicheren, zuverlässigen und leistungsfähigen (§ 11 Abs. 1 EnWG) bzw. der Versorgungssicherheit (§ 12 Abs. 3 EnWG) entfaltet. 270

II. Einspeisemanagement

Die Vorschrift über das Einspeisemanagement (§ 11 EEG) und – damit zusammenhängend – die Vorschriften über die Härtefall-Entschädigung (§ 12 EEG) und der Systemverantwortung der Netzbetreiber (§§ 13, 14 EnWG) sind mit der **Energiewende-Gesetzgebung** zum Teil erheblich umgestaltet worden.[363] Ziel des Gesetzgebers war 271

360 Gabler/Metzenthin/*Wiemer*, § 9 EEG Rn 66.
361 So auch Reshöft/*Schäfermeier*, § 9 Rn 48 a.E.
362 Frenz/Müggenborg/*Ehricke*, § 9 Rn 53.
363 Gesetz zur Neuregelung des Rechtsrahmens für die Förderung der Stromerzeugung aus Erneuerbaren Energien vom 28.7.2011, BGBl. I 1634; Gesetz zur Neuregelung energiewirtschaftsrechtlicher Vorschriften vom 26.7.2011, BGBl. I 1554.

es, die Handlungsempfehlungen des **EEG-Erfahrungsberichts**[364] umzusetzen und insbesondere die Regelungen des Einspeisemanagements (§ 11 EEG) und der Systemverantwortung der ÜNB (§ 13 EnWG) inhaltlich besser aufeinander abzustimmen.[365] Sie gilt nunmehr **ausdrücklich auch für das KWKG** (§ 4 Abs. 1 S. 2 KWKG).

272 Von erheblicher Bedeutung war und ist in diesem Zusammenhang die bei einer Netzüberlastung oder einer Gefährdung der Versorgungssicherheit einzuhaltende **Abschaltreihenfolge.** Hierbei bestanden unter der alten Rechtslage erhebliche Unsicherheiten. Zum Teil finden sich in den Bestimmungen jetzt materielle Grundentscheidungen des Gesetzgebers, die einige bis dorthin diskutierte Gesichtspunkte aufgreifen, wie beispielsweise das – nunmehr auch legal definierte – **netztechnisch erforderliche Minimum** (§ 13 Abs. 2a S. 5 EnWG). Zu einer verbindlichen Festlegung der Abschaltreihenfolge im formellen Gesetz sah sich der Gesetzgeber allerdings außer Stande. Vielmehr hat er der BNetzA der neu geschaffenen Regelung in § 61 Abs. 1b Nr. 2 eine entsprechende Festlegungsbefugnis verliehen.[366]

! **Praxistipp**
Aller Voraussicht nach wird sich die BNetzA bei der Festlegung der Abschaltreihenfolge an ihrem „Leitfaden zum EEG-Einspeisemanagement" orientieren (Version 1.0 mit Stand vom 29.3.2011 abrufbar unter www.bundesnetzagentur.de unter „Sachgebiete Elektrizität/Gas", „Erneuerbare Energien-gesetz (EEG)"). Dieser kann aufgrund der neuen Rechtslage voraussichtlich nicht ohne Modifikationen übernommen werden.

---

1. Einsatzbereich des Einspeisemanagements

a) Netzengpass

273 Zentrale Voraussetzung für das Einspeisemanagement ist nach § 11 Abs. 1 S. 1 Nr. 1 EEG, dass ohne die Maßnahme des Einspeisemanagements ein **Netzengpass** entstünde. Den Begriff des Netzengpasses definiert das Gesetz selber nicht. Die Gesetzesbegründung geht davon aus, dass Netzengpässe bestehen, wenn die **Spannungsbänder** nicht eingehalten werden können oder die **Strombelastbarkeit der Leitungen** überschritten wird.[367] Eine inhaltliche Änderung gegenüber der Vorgängerregelung war erkennbar nicht beabsichtigt. Nach § 11 Abs. 1 S. 1 Nr. 1 EEG 2009 war Auslöser für die Maßnahmen des Einspeisemanagements die **Überlastung der Netzkapazität.** Dass mit dem „Netzengpass" die Überlastung der Netzkapazität gemeint ist, leuchtet auch in systematischer Hinsicht ein. Denn wie die Vorgängerregelung knüpft das Recht zum Einspeisemanagement an die Kapazitätserweiterungspflicht des § 9 EEG an (§ 11 Abs. 1 S. 1 a. A. EEG). Damit ist klargestellt, dass mit „Netzengpass" der Verlust

---

364 BT-Drucks. 17/6085.
365 BT-Drucks. 17/6071, S. 64 li. Sp.
366 BT-Drucks. 17/6247, S. 30 li. Sp.
367 BT-Drucks. 17/6071, S. 64 re. Sp.

der Fähigkeit des Netzes gemeint ist, Strom abzunehmen, zu übertragen, zu verteilen und an Letztverbraucher abzugeben.[368]

Nähere technische Vorgaben für den Schutz vor einer Überlastung der Netzkapazität, also zur Verhinderung eines Netzengpasses i.S.v. § 11 Abs. 1 S. 1 Nr. 1 EEG, lassen sich aus den **technischen Regeln des VDE** ableiten. Denn bei Einhaltung dieser technischen Regeln wird die Einhaltung der **allgemein anerkannten Regeln der Technik** vermutet (§ 49 Abs. 2 S. 1 Nr. 1 EnWG). Nach dieser Maßgabe wird demnach der Netzbetreiber seiner in § 49 Abs. 1 EnWG geregelten Pflicht gerecht, die technische Sicherheit zu gewährleisten. 274

Nicht zutreffend ist es demgegenüber, die – gegenüber den allgemein anerkannten Regeln der Technik erhöhten – Anforderungen des **Standes der Technik** aus § 9 Abs. 1 S. 1 EEG auf die Frage zu übertragen, wann ein Netzengpass vorliegt.[369] Denn der Stand der Technik in § 9 Abs. 1 S. 1 EEG beschreibt eindeutig den Zielzustand des auszubauenden Netzes. Demgegenüber soll das Einspeisemanagement nach § 11 Abs. 1 S. 1 EEG ausdrücklich „unbeschadet" der Ausbauverpflichtung möglich sein, geht demnach vom zum Zeitpunkt des Einspeisemanagements bestehenden Netz aus. Die Anforderungen an den sicheren Betrieb dieses bestehenden Netzes sind § 49 Abs. 1 EnWG zu entnehmen. 275

Praxistipp !
In der Praxis wird bei Streitfällen über die Frage, ob in einer konkreten Situation ein Netzengpass bestand, ein Sachverständigengutachten eingeholt werden. Dies wird vor allem in gerichtlichen Verfahren der Fall sein.

Entfallen ist die in § 11 Abs. 1 S. 1 Nr. 1 EEG 2009 noch enthaltene Beschränkung, dass die Netzkapazität **„durch diesen Strom"** überlastet wäre. Mit „diesem Strom" war der Strom aus erneuerbaren Energien, Kraft-Wärme-Kopplung oder Grubengas der an das betreffende Netz angeschlossenen Anlagen gemeint.[370] Im Ergebnis führte diese Formulierung allerdings nur zu einer gesetzlichen Strukturierung der **Abschaltreihenfolge**, nämlich der Notwendigkeit, zunächst konventionelle Kraftwerke zu regeln.[371] Diese Strukturierung ist, worauf sogleich noch einzugehen ist, nunmehr über § 13 Abs. 2a EnWG, insbesondere über § 13 Abs. 2a S. 5 EnWG und das dort legaldefinierte **netztechnisch erforderliche Minimum** in der Sache aufgegriffen. 276

---

368 Ebenso für die Netzkapazität i.S.v. § 11 Abs. 1 S. 1 Nr. 1 EEG 2009 Gabler/Metzenthin/*Ruge*, § 11 Rn 30; Reshöft/*Schäfermeier*, § 11 Rn 13.

369 So aber für die Überlastung der Netzkapazität Reshöft/*Schäfermeier*, § 11 Rn 13 f.

370 Vgl. zur diesbezüglichen Diskussion Gabler/Metzenthin/*Ruge*, § 11 EEG Rn 38 m.w.N.

371 Reshöft/*Schäfermeier*, § 11 Rn 15.

b) Jeweiliger Netzbereich

277 Im Unterschied zur Vorgängerregelung, die mit dem „jeweiligen Netzbereich“ Bezug nahm auf das Netz, an dass die zu regelnden Anlagen angeschlossen sind, knüpft § 11 Abs. 1 S. 1 Nr. 1 EEG nunmehr daran an, dass der Netzengpass im jeweiligen Netzbereich **„einschließlich des vorgelagerten Netzes“** droht. Der Gesetzgeber begründet diese Änderung wie folgt:

> *„Mit Nr. 1 erfolgt eine Erweiterung des Anwendungsbereichs für den Fall der Überlastung eines vorgelagerten Netzes. Bei Starkwind oder in Zeiten hoher Solareinspeisung kann es dazu kommen, dass die Verteilnetze, an denen diese Anlagen angeschlossen sind, in das vorgelagerte Netz hochspeisen. Wenn dort ein Netzengpass entsteht, der nicht durch die Abregelung konventioneller Kraftwerke beseitigt werden kann, kann es erforderlich werden, dass der Netzbetreiber die Betreiber der nachgelagerten Netze auffordert, die Hochspeisung zu reduzieren. Auch in diesem Fall findet das Einspeisemanagement zukünftig Anwendung.“*[372]

278 Dieses Zitat zeigt, dass der Gesetzgeber mit dem Einbezug der „vorgelagerten Netze“ erkennbar die **Streitfälle** lösen wollte, die unter der Regelung des § 11 EEG 2009 bei Rückspeisungen aus den Netzen, an denen die Anlagen angeschlossen waren, in der höheren Spannungsebene entstanden waren.[373] Nicht gelöst ist damit allerdings die **technische Frage**, wie der ÜNB – die Regelbarkeit der jeweils betroffenen Anlagen vorausgesetzt – bei solchen Einzeleingriffen die Sicherheit des Betriebs des Verteilernetzes gewährleisten soll. Nicht gelöst ist – damit zusammenhängend – außerdem die Frage, **welcher Netzbetreiber** in diesen Fällen die Maßnahmen des Einspeisemanagements ergreifen kann und ergreifen muss. Darauf ist zugleich noch einzugehen.

c) Verhältnis zur Kapazitätserweiterungspflicht nach § 9 EEG

279 In § 11 Abs. 1 S. 1 EEG ist die schon in der Vorgängerregelung zu findende Formulierung übernommen worden, dass das Recht zum Einspeisemanagement **„unbeschadet“** der Kapazitätserweiterungspflicht nach § 9 EEG besteht. Ersatzlos weggefallen ist demgegenüber die noch in § 11 Abs. 1 S. 2 EEG 2009 enthaltene Bestimmung, wonach die Regelung nur während einer **Übergangszeit** bis zum Abschluss von Maßnahmen i.S.d § 9 EEG erfolgen darf. Näheres über den Hintergrund für diese Streichung ist der Gesetzesbegründung nicht zu entnehmen. Es ist aber davon auszugehen, dass es sich **nicht um ein redaktionelles Versehen** handelt. Vielmehr sind durch die Streichung die insoweit bestehenden Unsicherheiten beseitigt, ob und inwieweit die insoweit eingeräumte Übergangszeit eine echte Anwendungsvoraussetzung für das Einspei-

---

372 BT-Drucks. 17/6071, S. 64 re. Sp.

373 Einspeisemanagement nach § 11 EEG 2009 verneint und Notfallmaßnahmen nach § 13 Abs. 2 EnWG bejaht durch LG Berlin, Urt. v. 8.4.2011 – 19 O 92/10 – n.v., S. 9 ff.

semanagement ist.[374] Mit der „Unbeschadetheits"-Klausel und der ebenfalls aus der Vorgängerregelung übernommenen Formulierung, dass das Einspeisemanagement nur **„ausnahmsweise"** zulässig ist, ist demnach zum Ausdruck gebracht, dass die Pflicht zur Kapazitätserweiterung und das Recht zum Einspeisemanagement grundsätzlich **parallel** laufen. Dies bedeutet, dass die Berechtigung zum Einspeisemanagement die Kapazitätserweiterungspflicht nicht beseitigt oder aussetzt und umgekehrt ein Verstoß des Netzbetreibers gegen die Pflicht zur Kapazitätserweiterung nicht den Verlust des Rechts zur Folge hat, Einspeisemanagement zu betreiben.

Praxistipp
Das Nebeneinander beider Regelungskomplexe ist durchaus von Bedeutung. Denn ein Verstoß gegen die Pflicht zur Kapazitätserweiterung ist allein unter den Voraussetzungen des § 10 EEG schadensersatzpflichtig, setzt also voraus, dass der Netzbetreiber den Verstoß zu vertreten hat (§ 10 Abs. 1 S. 2 EEG). Demgegenüber führen Maßnahmen des Einspeisemanagements zu der verschuldensunabhängig zu zahlenden Entschädigung nach § 12 Abs. 1 EEG. Das Vertretenmüssen des Netzbetreibers ist hier allein ausschlaggebend dafür, ob die gezahlte Entschädigung auf die Netzentgelte abgewälzt werden kann oder nicht (§ 12 Abs. 2 EEG).

Schließlich wird durch die „Unbeschadetheits"-Klausel in § 11 Abs. 1 S. 1 EEG deut- 280
lich, dass beide Institute hinsichtlich der Rechtsfolgen **strikt zu trennen** sind. Es ist daher nicht möglich, im Falle eines – behaupteten – Verstoßes gegen die Pflicht zur Kapazitätserweiterung die verschuldensunabhängige Entschädigung nach § 12 EEG geltend zu machen.

Beispiel
Behauptet ein Anlagenbetreiber, dass der Netzbetreiber sein Netz nicht den Anforderungen nach § 9 EEG entsprechend hinreichend ausgebaut habe, dann muss er den Verschuldensnachweis nach § 10 EEG führen. Umgekehrt kann eine Klage auf Entschädigung nach § 12 EEG nicht auf die Behauptung gestützt werden, der Netzbetreiber habe „jedenfalls" gegen seine Kapazitätserweiterungspflicht verstoßen. Vielmehr bedarf es in diesem Fall des Nachweises, dass ein Netzengpass i.S.v. § 11 Abs. 1 EEG vorlag.

2. Betroffene Anlagen

a) Unmittelbar oder mittelbar angeschlossene Anlagen

Im Unterschied zur Vorgängerregelung sind vom Einspeisemanagement nach der aus- 281
drücklichen Formulierung in § 11 Abs. 1 S. 1 EEG nunmehr nicht nur die unmittelbar an das Netz des regelnden Netzbetreibers angeschlossenen Anlagen erfasst, sondern

374 Vgl. dazu Altrock/Oschmann/Theobald/*Wustlich/Hoppenbrock*, § 11 Rn 41; Reshöft/*Schäfermeier*, § 11 Rn 11 jeweils m.w.N.

auch die dort **mittelbar angeschlossenen** Anlagen.[375] Rein rechtlich betrachtet kann daher beispielsweise der ÜNB nicht nur die unmittelbar an sein Netz angeschlossenen Anlagen, sondern auch diejenigen Anlagen jedes Einspeisemanagements regeln, die an das dem Übertragungsnetz nachgelagerte **Verteilernetz** angeschlossen sind. In rechtlicher Hinsicht steht diese Befugnis im Zusammenhang mit der vorstehend bereits dargestellten Bestimmung, dass ein Netzengpass auch dann zur Regelung berechtigt, wenn er im vorgelagerten Netz entsteht. Rechtlich ist sogar denkbar, dass der nachgelagerte VNB Anlagen regelt, die an das Netz des vorgelagerten ÜNB angeschlossen sind.

282 Wie sich die Gesetzgeber die **Umsetzung** der neu aufgenommenen Befugnis vorstellt, ist in der Gesetzesbegründung formuliert:

> *„Einbezogen werden auch Anlagen, die nicht unmittelbar an das Netz des Netzbetreibers angeschlossen sind. Dies umfasst insbesondere Fälle, in denen der vorgelagerte Netzbetreiber die Systemverantwortung für nachgelagerte Netze unmittelbar selbst wahrnimmt und insofern direkten Zugriff auf die an das Netz eines nachgelagerten Netzbetreibers angeschlossenen Anlagen erhält."*[376]

283 Damit macht die Gesetzesbegründung deutlich, was unmittelbar einleuchtet: Ein Netzbetreiber kann regelnd nur dann in das Netz eines anderen Netzbetreibers eingreifen, wenn er dazu **technisch in der Lage** und aufgrund entsprechender Vereinbarungen mit dem Netzbetreiber, in dessen Netz eingegriffen wird, **rechtlich berechtigt** ist. Es liegt geradezu auf der Hand, dass ohne exakte **Kenntnis der aktuellen Netzsituation** und des Grundes für den drohenden Netzengpass eine Regelung einzelner Anlagen im Netz eines nachgelagerten Netzbetreibers zu technisch nicht mehr zu beherrschbaren Folgen bis hin zu einem Netzzusammenbruch führen kann, der – auch – durch § 11 EEG gerade vermieden werden soll. Denn ein Netzzusammenbruch verhindert, dass die Anlagenbetreiber überhaupt einspeisen können, ohne dass eine § 12 EEG entsprechende Entschädigungsregelung zur Verfügung stünde.

284 Bedauerlich ist in diesem Zusammenhang, dass es der Gesetzgeber versäumt hat, mit der Energiewende-Gesetzgebung entsprechende **Informationspflichten** der Anlagenbetreiber nicht nur an den Betreiber des Netzes, an das sie angeschlossen sind, sondern auch an den vorgelagerten Netzbetreiber vorzusehen. Im Gegenteil: Der Gesetzgeber verzichtet bei der Festlegung des Kreises der regelbaren Anlagen ausdrücklich auf eine Bezugnahme auf § 6 Abs. 1 Nr. 2 EEG, also die technische Ausstattung zur Abrufung der jeweiligen **Ist-Einspeisung**, nimmt also offenbar in Kauf, dass der regelungsberechtigte Netzbetreiber aktuelle Daten bei den zu regelnden Anlagen überhaupt nicht abrufen kann.

---

375 Zu der insoweit unter der alten Rechtslage bestehenden Kontroverse Altrock/Oschmann/Theobald/*Wustlich/Hoppenbrock*, § 11 Rn 21 m.w.N.

376 BT-Drucks. 17/6071, S. 64 re. Sp.

Praxistipp
In der Praxis kann es speziell in Situationen, in denen schnell gehandelt werden muss, dazu kommen, dass in dem Fall, der vom Gesetzgeber angesprochen ist, nämlich im Falle einer erhöhten Rückspeisung in das vorgelagerte Netz, der betroffene ÜNB lediglich eine allgemeine Absenkungsanforderung an den nachgelagerten VNB stellt. Dieser hat dann mit Blick auf die Gesamtsituation in seinem Netz entsprechende Absenkungsanforderungen an einzelne Einspeiser vorzunehmen.

b) Ausstattung mit Fernsteuerungseinrichtung

Im Unterschied zur Vorgängerregelung enthält § 11 EEG mit Blick auf die regelbaren 285
Anlagen **keine Größenbeschränkung** mehr.[377] Es kommt auch nicht darauf an, ob und inwieweit die regelbaren Anlagen nach § 6 EEG verpflichtet wären, eine Fernsteuerungseinrichtung einzubauen. Ausschlaggebend ist nach der eindeutigen Formulierung in § 11 Abs. 1 S. 1 EEG vielmehr ausschließlich der tatsächliche Umstand, dass die Anlage mit einer technischen Fernsteuerungseinrichtung ausgestattet ist.[378]

Neben EEG-Anlagen fallen auch **KWK-Anlagen** unter das Einspeisemanagement. 286
Auch sie müssen jedoch mit einer Fernsteuerungseinrichtung ausgerüstet sein, um in den Regelungsbereich von § 11 EEG zu fallen.

Versäumt ein Anlagenbetreiber, den nach § 6 Abs. 1, Abs. 2 Nr. 1 oder 2 lit. a EEG 287
bestehenden Pflichten zur Ausrüstung seiner Anlage mit einer Fernsteuerungseinrichtung nachzukommen, ist er gem. § 17 Abs. 1 EEG nicht berechtigt, die **speziellen EEG-Vergütungen** in Anspruch zu nehmen. Konsequenterweise kann er in diesem Falle auch keine Entschädigung nach § 12 EEG in Anspruch nehmen. Denn Regelungshintergrund der Entschädigung nach § 12 EEG ist, dass die betreffende Anlage **an der privilegierten EEG-Vergütung teilnimmt**. Für entgegen § 6 EEG nicht mit einer Fernsteuerung ausgerüstete Anlagen gilt dies, wie gezeigt, nicht.

Ausdrücklich nicht Voraussetzung für die Regelbarkeit einer Anlage ist nach § 11 288
Abs. 1 S. 1 EEG, dass die betreffenden Anlagen mit einer Einrichtung ausgerüstet sind, mit der die jeweilige **Ist-Einspeisung** abgerufen werden kann. Den regelungsberechtigten Netzbetreiber stellt dies vor erhebliche Probleme, da er für das Einspeisemanagement grundsätzlich auch die Ist-Werte und damit in den Fällen, in denen ein Fernabruf nicht möglich ist, auf die Mitwirkung des Anlagenbetreibers angewiesen ist. An dieser Stelle besteht mit Blick auf das Netzengpassmanagement nach wie vor **Novellierungsbedarf**.

377 Als „Bagatellgrenze" bezeichnet bei Altrock/Oschmann/Theobald/*Wustlich/Hoppenbrock*, § 11 Rn 18 ff.

378 So auch die Gesetzesbegründung, vgl. BT-Drucks. 17/6071, S. 64 li. Sp.

3. Durchführung

289 Wie schon in der Vorgängerregelung ist das Einspeisemanagement nach § 11 EEG ausdrücklich als **Recht des Netzbetreibers** formuliert und ausgestaltet. Dies macht schon die unterschiedliche Formulierung gegenüber der für die Versorgungssicherheit fundamentalen Systemverantwortung deutlich, nach der der systemverantwortliche Netzbetreiber zu den erforderlichen Maßnahmen „berechtigt und verpflichtet" ist (§ 13 Abs. 1, 2 S. 1, § 14 S. 1 EnWG). Auch der Umstand, dass der Gesetzgeber eine bestimmte Abschaltreihenfolge vorstrukturiert und der BNetzA die Befugnis zur Festlegung einer solchen Abschaltreihenfolge einräumt, führt zu keinem anderen Ergebnis.[379] Es ist also nicht möglich, einen **Schadensersatzanspruch** auf die angebliche Verletzung der Bestimmung des § 11 EEG zu stützen. Denn ein Schadensersatzanspruch setzt eine Pflichtverletzung voraus. Pflichten sind in § 11 EEG jedoch nicht vorgesehen. Unabhängig davon sind ohnehin in Fällen des § 11 EEG **Entschädigungszahlungen** nach der Härtefallregelung des § 12 EEG zu leisten.

290 Um das Einspeisemanagement nach § 11 EEG zutreffend durchzuführen, muss die Bestimmung im Zusammenhang mit der Regelung über die **Systemverantwortung** gesehen werden, und zwar sowohl der Systemverantwortung der ÜNB nach § 13 EnWG also auch, nachgelagert, der Systemverantwortung der VNB nach § 14 EnWG. Es war erklärtes Ziel der Energiewende-Gesetzgebung, das Verhältnis der beiden Vorschriften besser aufeinander **abzustimmen**.[380] Dies ist bis zu einem gewissen Grad gelungen. Es bleiben jedoch nach wie vor Zweifelsfragen.

a) Gesetzliche Vorgaben für die Abschaltreihenfolge

291 Im Unterschied zur Vorgängerregelung hat der Gesetzgeber mit § 11 Abs. 1 S. 1 Nr. 2 EEG nunmehr klargestellt, dass EEG-Strom, Strom aus Grubengas und aus der Kraft-Wärme-Kopplung **keinen unbedingten Vorrang** vor Strom aus konventioneller Erzeugung hat. Vielmehr ist dieser Vorrang eingeschränkt, soweit solche konventionellen Anlagen am Netz bleiben müssen, um die **Sicherheit und Zulässigkeit des Elektrizitätsversorgungssystems** zu gewährleisten. Mit der zuletzt genannten Formulierung greift der Gesetzgeber die ebenfalls durch die Energiewende-Gesetzgebung neu aufgenommene Bestimmung in § 13 Abs. 2a S. 5 EnWG auf. Dort ist geregelt, dass vom Vorrang nach § 8 Abs. 1 EEG und § 4 Abs. 1 und 3 S. 2 KWKG abgewichen werden kann, soweit die Betreiber von Übertragungsnetzen zur Gewährleistung der Sicherheit und Zuverlässigkeit des Elektrizitätsversorgungssystems auf die Mindesteinspeisung aus bestimmten Anlagen angewiesen sind. In eben dieser Bestimmung ist dieses Erfordernis als **netztechnisch erforderliches Minimum** legal definiert.

379 Näher dazu Gabler/Metzenthin/*Ruge*, § 11 Rn 7 f.
380 BT-Drucks. 17/6071, S. 64 li. Sp.

In konsequenter Fortführung dieses Gedankens hat der Gesetzgeber die – dort systematisch verfehlte – Bestimmung des § 11 Abs. 1 S. 1 Nr. 2 EEG 2009 in § 11 Abs. 1 S. 3 EEG verschoben. Durch diese, systematisch nun stimmigere Stellung wird deutlich, dass die Verpflichtung zur Abnahme der insgesamt größtmöglichen Strommenge aus erneuerbaren Energien und Kraft-Wärme-Kopplung unter dem soeben dargestellten **Vorbehalt** steht, das netztechnisch erforderliche Minimum aufrechtzuerhalten. 292

Von Bedeutung ist weiter, dass der Gesetzgeber mit § 11 Abs. 1 S. 2 EEG eine ausdrückliche Regelung darüber trifft, in welcher **Reihenfolge mehrere EEG- oder KWK-Anlagen** geregelt werden können. In der Sache bedeutet dies in Bezugnahme des § 6 Abs. 2 EEG, dass Anlagen zur Erzeugung von Strom aus solarer Strahlungsenergie mit höchstens 100 kW installierter Leistung innerhalb der Gruppe der EEG- und KWK-Anlagen nachrangig zu regeln sind. Vorher müssen demnach andere Anlagen, und insbesondere alle Anlagen mit einer Leistung von mehr als 100 kW, geregelt werden. Der Gesetzgeber begründet diese Vorschrift mit dem Hinweis, dass bei den von § 6 Abs. 2 EEG erfassten Anlagen keine Daten über die Ist-Einspeisung vorliegen.[381] 293

Hervorzuheben ist schließlich, dass der Gesetzgeber die vormalige Bestimmung in § 11 Abs. 2 EEG 2009 aufgehoben hat. Nach § 11 Abs. 2 EEG 2009 bestanden die Rechte aus § 13 Abs. 1 und § 14 Abs. 1 EnWG[382] gegenüber Betreibern von EEG- und KWKG-Anlagen fort, soweit die **Maßnahmen des Einspeisemanagements nicht ausreichten**, um die Sicherheit und Zuverlässigkeit des Elektrizitätsversorgungssystems zu gewährleisten. Dies konnte so verstanden werden, dass in jeder denkbaren Gefährdungssituation zunächst ein Einspeisemanagement zu betreiben gewesen wäre. Nunmehr reagiert der Gesetzgeber zutreffend auf die Erkenntnis, dass es Fälle gibt, die zur Verpflichtung der Netzbetreiber führt, die Systemverantwortung wahrzunehmen, **ohne dass die Voraussetzungen für das Einspeisemanagement** vorliegen. 294

Nähere Bestimmungen allerdings trifft der Gesetzgeber im formellen Gesetz nicht. Vielmehr ist die Bundesregierung ausdrücklich nicht der Anregung des Bundesrats gefolgt, wärmegeführte Biomasseanlagen in § 11 Abs. 1 S. 2 EEG aufzunehmen.[383] Die Bundesregierung hat dies u.a. damit begründet, dass die Regelung aller Einzelfälle eine insgesamt zu **komplexe Fragestellung** ist und in diesem Zusammenhang auch auf die neu aufgenommenen Bestimmungen des § 61 Abs. 1b Nr. 2 EEG hingewiesen. Danach wird die **BNetzA** ermächtigt, unter Berücksichtigung des Zwecks und Ziels nach § 1 EEG **Festlegungen** nach § 29 Abs. 1 EnWG im Anwendungsbereich des § 11 EEG dazu zu treffen, in welcher Reihenfolge die verschiedenen, von einer Maßnahme nach § 11 EEG betroffenen Anlagen und KWK-Anlagen geregelt werden, nach 295

381 BT-Drucks. 17/6071, S. 64 re.Sp.

382 Der mangelnde Verweis auf § 13 Abs. 2 EnWG ist als „Redaktionsversehen" angesehen worden; vgl. Altrock/*Vollprecht*, ZNER 2011, 231, 239.

383 Vgl. BT-Drucks. 17/6247, S. 15 re. Sp., S. 30 li. Sp.

welchen Kriterien der Netzbetreiber über diese Reihenfolge entscheiden muss und welche Stromerzeugungsanlagen nach § 11 Abs. 1 S. 1 Nr. 2 EEG auch bei Anwendung des Einspeisemanagements am Netz bleiben müssen, um die Sicherheit und Zuverlässigkeit des Elektrizitätsversorgungssystems zu gewährleistet. Die nähere Konkretisierung der Abschaltreihenfolge wird daher auf das Exekutivorgan, hier die BNetzA, verlagert.

Praxistipp
Die BNetzA wird sich bei der Erstellung der Kriterien für die Festlegung der Abschaltreihenfolge voraussichtlich an ihrem „Leitfaden zum EEG-Einspeisemanagement" orientieren (Version 1.0 mit Stand vom 29.3.2011; abrufbar unter www.bundesnetzagentur.de unter „Sachgebiete Energie/Gas", „Erneuerbares Energien-Gesetz (EEG)"). Es wird für die Netzbetreiber – und ggf. die Anlagenbetreiber – entscheidend darauf ankommen, ob und inwieweit diese Festlegung der soeben dargestellten und gesetzlich vorgegebenen Kriterien sowie eine ausgewogene Gewährleistung sämtlicher Ziele aus § 1 Abs. 1 EnWG vornimmt. Eine unveränderte Übernahme wird nicht möglich sein.

---

296 Unabhängig von den gesetzlich vorstrukturierten Kriterien für die Abschaltreihenfolge ist auch auf **technisch bedingte Notwendigkeiten** Rücksicht zu nehmen. Dies betrifft insbesondere **KWK-Anlagen**, die u.a. für Fernwärmeversorgung, vor allem Fernwärmeversorgung privater Haushalte, verantwortlich sind. Hier muss sichergestellt werden, dass die Stromerzeugung nicht auf Maß zurückgefahren wird, mit dem die Fernwärmeversorgung nicht mehr gewährleistet werden kann. Von extremen Ausnahmesituationen abgesehen müssen in solchen Fällen zunächst andere, auch EEG-Anlagen, geregelt werden.[384]

b) Datenerhebung

297 Erhalten geblieben ist die in § 11 Abs. 1 S. 1 Nr. 3 EEG geregelte Voraussetzung für das Einspeisemanagement, die **Daten über die Ist-Einspeisung** in der jeweiligen Netzregion abzurufen. Der Gesetzgeber hat, was begrüßenswert ist, klarstellend aufgenommen, dass sich diese Verpflichtung auf die **„verfügbaren"** Daten bezieht.[385] Dies war auch deswegen notwendig, weil auch Anlagen geregelt werden können, die über keine technische Ausrüstung zum Abruf der Ist-Einspeisung verfügen.[386]

298 Eine echte **Anwendungsvoraussetzung** für Maßnahmen des Einspeisemanagements stellt der Abruf der Ist-Daten jedoch nicht dar. Denn wäre es dem Netzbetreiber allein deswegen verwehrt, Einspeisemanagement zu betreiben, weil er die verfügbaren Ist-Daten nicht abgerufen hat, dann müsste der drohende Netzengpass von vorn-

---

384 So wohl auch *Altrock/Vollprecht*, ZNER 2011, 231, 236.
385 Zu den Streitfällen unter der alten Gesetzeslage vgl. Altrock/Oschmann/Theobald/*Wustlich/Hoppenbrock*, § 11 Rn 37 f.
386 Vgl. BT-Drucks. 17/6071, S. 64 li. Sp.

herein über die Systemverantwortung nach § 13 EnWG – bzw. § 14 EnWG – verhindert werden. Die Bewältigung der Situation fiele damit von vorneherein aus der in § 11 EEG vorstrukturierten – und zum gegebenen Zeitpunkt durch die BNetzA gem. § 61 Abs. 1b Nr. 2 EEG festgelegten – Abschaltreihenfolge heraus. Dies ist erkennbar nicht Zweck der Verpflichtung, die Ist-Daten abzurufen. Vielmehr sind auch in dem Fall, in dem der Netzbetreiber die Ist-Daten nicht abgerufen hat, Maßnahmen des Einspeisemanagements zulässig.

Ob und inwieweit die daraufhin zu zahlenden **Entschädigungen** gem. § 12 Abs. 2 EEG auf die Netzentgelte **abgewälzt** werden können, entscheidet sich, wie sonst auch, in diesen Fällen danach, ob die Maßnahmen erforderlich und nicht vom Netzbetreiber zu vertreten waren.[387] Auf die Erhebung der Daten zur Ist-Einspeisung kommt es insoweit nicht an. Der Netzbetreiber setzt sich ggf. der Gefahr von – gem. § 12 Abs. 3 EEG neben der Entschädigung bestehen bleibenden – Schadensersatzansprüchen aus, wenn er aufgrund der mangelnden Kenntnis über die Ist-Daten gegen die Abschaltreihenfolge verstößt. 299

c) Mitteilungspflichten

Mit der **Energiewende-Gesetzgebung** sind schließlich die dem Netzbetreiber bei der Durchführung von Maßnahmen des Einspeisemanagements treffenden Mitteilungspflichten teilweise novelliert worden. 300

aa) Vorabinformation der Anlagenbetreiber

Gem. § 11 Abs. 2 EEG sind die **Netzbetreiber** verpflichtet, die Betreiber von Anlagen mit mehr als 100 kW installierter Leistung spätestens am Vortag, ansonsten unverzüglich, über den zu erwartenden Zeitpunkt, den Umfang und die Dauer der Regelung zu unterrichten, sofern die Durchführung der Maßnahme **vorhersehbar** ist. In der Sache entspricht diese Bestimmung im Wesentlichen § 9 Abs. 1 S. 2 EEG 2009. Von einer Meldepflicht gegenüber kleineren Anlagen zur Erzeugung von Strom aus solarer Strahlungsenergie, die gem. § 11 Abs. 1 S. 2 EEG ohnehin nachrangig zu regeln sind, hat der Gesetzgeber aufgrund des unverhältnismäßig hohen bürokratischen Aufwands abgesehen.[388] Eine Konkurrenz zur Meldepflicht nach § 13 Abs. 2 S. 2 EnWG besteht grundsätzlich nicht.[389] Denn die Meldepflicht nach § 13 Abs. 2 S. 2 EnWG greift erst bei **Notfallmaßnahmen** nach § 13 Abs. 2 S. 1 EnWG ein. Notfallmaßnahmen sind 301

---

387 A.A. *Altrock/Vollprecht*, ZNER 2011, 231, 236 f., 242 (generell keine Abwälzbarkeit).

388 BT-Drucks. 17/6071, S. 65 li. Sp.

389 Anders offenbar die Gesetzesbegründung, die § 11 Abs. 2 EEG insoweit als „Spezialvorschrift" ansieht; vgl. BT-Drucks. 17/6071, S. 65 li. Sp.

jedoch das letzte Mittel, das erst ergriffen darf, wenn im Falle von Netzengpässen das Einspeisemanagement oder Maßnahmen nach § 13 Abs. 1 EnWG erfolglos waren.

302 Es ist begrüßenswert, dass der Gesetzgeber ausdrücklich auf die **Vorhersehbarkeit** der Maßnahmendurchführung abstellt. Entscheidend für die Vorhersehbarkeit ist die Prognostizierbarkeit der Maßnahmendurchführung **ex ante.** Es kommt also für die Beurteilung der Vorhersehbarkeit allein auf diejenigen Erkenntnisse an, die dem Netzbetreiber **zum Zeitpunkt der Prognose** vorlagen. Allenfalls kann sich der Netzbetreiber gegenüber Anlagenbetreibern schadensersatzpflichtig machen, wenn er den mangelnden Erkenntnisstand zum Zeitpunkt der Prognose zu vertreten hat.[390]

bb) Nachträgliche Information der Anlagenbetreiber

303 Die Pflicht der Netzbetreiber zur nachträglichen Information der Anlagenbetreiber gem. § 11 Abs. 3 EEG ist gegenüber der Vorgängerregelung geringfügig erweitert und ausdifferenziert worden. So muss der Netzbetreiber die Unterrichtung Betroffener **aus eigener Initiative** betreiben. Der bis dorthin als Anwendungsvoraussetzung normierte Antrag der Anlagenbetreiber hat nunmehr nur noch Auswirkungen auf die Frist, innerhalb der die Unterrichtung stattfinden muss. Liegt ein Antrag eines Netzbetreibers vor, so ist dieser innerhalb von vier Wochen zu unterrichten, im Übrigen muss der Netzbetreiber unverzüglich handeln (§ 11 Abs. 3 S. 1 EEG). Mit unverzüglich ist i.S.v. § 121 Abs. 1 S. 1 BGB ein Handeln **ohne schuldhaftes Zögern** gemeint.

304 Zu unterrichten ist über den Umfang, die Dauer und die Gründe der Regelung. Dabei müssen die Nachweise eine sachkundige dritte Person in die Lage versetzen, ohne weitere Informationen die Erforderlichkeit der Maßnahme **vollständig nachvollziehen** zu können (§ 11 Abs. 3 S. 2, 1. Hs. EEG). Soweit ein Anlagenbetreiber die Unterrichtung verlangt hat, muss der Netzbetreiber insbesondere die von ihm nach § 11 Abs. 1 S. 1 Nr. 3 EEG abgerufenen Daten über die Ist-Einspeisung vorlegen (§ 11 Abs. 1 S. 2, 2. Hs. EEG). Hinsichtlich der **kleineren Anlagen zur Erzeugung von Strom aus solarer Strahlungsenergie** kann der Netzbetreiber von der Frist zur unverzüglichen Unterrichtung bzw. zur Unterrichtung innerhalb von vier Wochen abweichen. Er hat insoweit die Anlagenbetreiber nur einmal jährlich über die Einspeisemanagementmaßnahmen zu unterrichten, solange die Gesamtdauer dieser Maßnahmen 15 Stunden pro Anlage im Kalenderjahr nicht überschritten hat. Diese Unterrichtung muss bis zum 31.1. des Folgejahres erfolgen (§ 11 Abs. 3 S. 3 EEG). Der Gesetzgeber meinte diese Stunden so hoch bemessen zu haben, dass maximal 2 % des Jahresenergieertrages abgeregelt werden könnten.[391]

305 Verletzt der Netzbetreiber diese Unterrichtungspflicht, so kann dies schon rein regelungstechnisch keine Auswirkungen auf die **Berechtigung der Maßnahmen** des

390 In diese Richtung auch die Gesetzesbegründung, vgl. BT-Drucks. 17/6071, S. 65 li. Sp.

391 BT-Drucks. 17/6071, S. 65 li. Sp.

Einspeisemanagements mehr haben, weil die Maßnahmen bereits durchgeführt sind. Die **Abwälzbarkeit** der zu zahlenden Entschädigungen bestimmt sich nach § 12 Abs. 2 S. 1 EEG allein danach, ob die Maßnahmen erforderlich waren und der Netzbetreiber sie nicht zu vertreten hat. Auch bei Verletzung der Pflicht zur nachträglichen Unterrichtung können, falls die Voraussetzungen für das Einspeisemanagement im Übrigen vorliegen, die Entschädigungskosten also an die Netzentgelte weitergegeben werden.

Praxistipp

Es empfiehlt sich jedoch, schon um Auseinandersetzungen und zivilgerichtliche Streitigkeiten mit den Anlagenbetreibern zu vermeiden, der Unterrichtungspflicht nachzukommen. **!**

---

4. Folgen

a) Entschädigung

Hat der Netzbetreiber EEG- und KWKG-Anlagen wegen eines Netzengpasses i.S.v. § 11 Abs. 1 EEG geregelt und dabei die Einspeisung reduziert, so haben die betroffenen Anlagenbetreiber gem. § 12 Abs. 1 EEG einen Anspruch auf Entschädigung – vom Gesetz als **„Härtefallregelung"** bezeichnet. Diese Vorschrift ist der Vorgängerregelung nach § 12 Abs. 1 EEG 2009 nachgebildet, enthält jedoch einige wesentliche Änderungen. 306

aa) Voraussetzung: Netzengpass

Vom Wortlaut her knüpft die Vorschrift den Anspruch auf Entschädigung allein an das **Vorliegen eines Netzengpasses** i.S.v. § 11 Abs. 1 EEG und nicht mehr daran, dass die übrigen Anforderungen an das Einspeisemanagement eingehalten wurden.[392] Es war erklärtes Ziel der Novellierung, Anlagenbetreiber stets einen Anspruch auf Entschädigung nach § 12 Abs. 1 EEG einzuräumen, wenn Maßnahmen vom Netzbetreiber ergriffen werden, die einen Netzengpass verhindern sollen.[393] Insoweit ist die Bestimmung jetzt auch inhaltlich mit § 13 EnWG, der die Systemverantwortung des ÜNB regelt – und über § 14 Abs. 1 EnWG auch auf die VNB anwendbar ist – abgestimmt. Denn nach § 13 Abs. 2a S. 3 EnWG wird der Netzbetreiber im Falle von Netzengpässen verpflichtet, bei Notfallmaßnahmen nach § 13 Abs. 2 EnWG die speziellen Anforderungen nach den §§ 11 und 12 EEG einzuhalten. Dies bedeutet, dass selbst dann, wenn der ÜNB **entgegen § 11 EEG** EEG- oder KWKG-Anlagen zur Einspeisereduzierung auffordert, nach Auffassung des Gesetzgebers die Entschädigung nach § 12 Abs. 1 EEG zu zahlen ist.[394] Demgegenüber war unter der Vorgängerregelung umstritten, ob die 307

---

392 Der Gesetzgeber spricht insoweit von „Anspruchsvoraussetzungen"; vgl. BT-Drucks. 17/6071, S. 65 li. Sp.

393 BT-Drucks. 17/6071, S. 65 li. Sp.

394 BT-Drucks. 17/6071, S. 65 li. Sp.

Entschädigungsregel des § 12 Abs. 1 EEG 2009 auch dann eingriff, wenn der Netzbetreiber zwar Maßnahmen des Einspeisemanagements nach § 11 Abs. 1 EEG 2009 hätte ergreifen müssen, tatsächlich aber Maßnahmen im Rahmen der Systemverantwortung nach § 13 EnWG ergriffen hat.[395]

308 Nach den eindeutigen Anwendungsvoraussetzungen von § 12 Abs. 1 EEG kommt es nicht darauf an, ob und inwieweit der Netzbetreiber den Netzengpass **zu vertreten** hat. Vielmehr ist die Frage des Vertretenmüssens gem. § 12 Abs. 2 S. 1 EEG allein ausschlaggebend dafür, ob und inwieweit der Netzbetreiber die Kosten der Entschädigung auf die Netznutzungsentgelte abwälzen kann.

bb) Höhe der Entschädigung

309 Die Höhe der Entschädigung errechnet sich gem. § 12 Abs. 1 S. 1 EEG grundsätzlich aus der **Differenz** der entgangenen Einnahmen zuzüglich der zusätzlichen Aufwendungen und der ersparten Aufwendungen. Anders als noch in der Vorgängerregelung des § 12 Abs. 1 S. 1 EEG 2009 kommt es auf eventuell zur Entschädigung getroffene Vereinbarungen nicht an.

! **Praxistipp**

Dies hindert Netzbetreiber und Anlagenbetreiber nicht, entsprechende Entschädigungsvereinbarungen zu treffen. Der Netzbetreiber trägt dann jedoch das Risiko, entsprechend über dem Maßstab nach § 12 Abs. 1 S. 1 EEG liegende Kosten nicht gem. § 12 Abs. 2 S. 1 EEG auf die Netznutzungsentgelte abwälzen zu können.

---

310 In einer ersten Phase sieht das Gesetz nunmehr jedoch eine **Deckelung** der Entschädigungszahlung vor. Es wird nämlich ein Abzug von 5 % auf die Differenz zwischen den entgangenen Einnahmen zuzüglich der zusätzlichen Aufwendungen und der ersparten Aufwendungen gemacht (§ 12 Abs. 1 S. 1 a.E. EEG). Erst wenn die entgangenen Einnahmen nach § 12 Abs. 1 S. 1 EEG in einem Jahr 1 % der Einnahmen des betreffenden Jahres übersteigen, dem Anlagenbetreiber also einfach gesprochen mehr als 1 % seines Jahresumsatzes „weggeregelt" werden, beläuft sich die Entschädigung **ab diesem Zeitpunkt** auf 100 % der beschriebenen Differenz. Rechnerisch führt daher die Deckelung nach § 12 Abs. 1 S. 1 a.E. EEG daher zu einer sehr geringen Umsatzeinbuße des betreffenden Anlagenbetreibers. Dass durch diesen minimalen Verlust der vom Gesetzgeber erwünschte Anreiz für die Anlagenbetreiber gesetzt wird, sich mit

395 Gegen die Anwendung der Entschädigungsregel in diesem Fall *Salje*, EEG, § 12 Rn 14; Altrock/Oschmann/Theobald/*Hoppenbrock*, § 12 Rn 17 ff.; Reshöft/*Schäfermeier*, § 12 Rn 8 f.; Gabler/Metzenthin/*Ruge*, § 12 EEG Rn 10 f.; Frenz/Müggenborg/*Ehricke*, § 12 EEG Rn 11 ff.; a.A. *Altrock/Vollprecht*, ZNER 2011, 231, 238 (analoge Anwendung von § 12 Abs. 1 EEG 2009 bei Nichtregelung von konventionellen Kondensationskraftwerken aus technischen oder wirtschaftlichen Gründen).

der Netzsituation auseinanderzusetzen und ihre Planungen ggf. anzupassen,[396] darf bezweifelt werden.

cc) Schuldner

Zu tragen hat die Entschädigung der Netzbetreiber, in dessen Netz die **Ursache** für die Regelung nach § 11 EEG liegt (§ 11 Abs. 1 S. 3 EEG). Der Umstand, dass der Gesetzgeber insoweit wieder Bezug auf die „Regelung“ und nicht den „Netzengpass“ nimmt, führt nicht dazu, dass die Entschädigung entgegen § 12 Abs. 1 S. 1 EEG doch eine Maßnahme des Einspeisemanagements nach § 11 Abs. 1 EEG voraussetzt. Diese wird in systematischer Hinsicht auch durch § 13 Abs. 2a S. 3 EnWG deutlich, demzufolge selbst bei Notfallmaßnahmen die speziellen Anforderungen der §§ 11 und 12 EEG einzuhalten sind. 311

Gemeint ist mit der Ursache der **Grund für den Netzengpass** i.S.v. § 11 Abs. 1 S. 1 Nr. 1 EEG. Soweit zusätzlich ein Verstoß gegen die **Netzausbauverpflichtung** nach § 9 EEG vorliegt, kann der Anlagenbetreiber für diesen Verstoß Schadensersatz nach § 10 EEG fordern. Dieser Schadensersatzanspruch ist jedoch, anders als die Entschädigung nach § 12 Abs. 1 EEG, verschuldensabhängig. 312

Gem. § 12 Abs. 1 S. 4 EEG haften gegenüber den betroffenen Anlagenbetreibern der Netzbetreiber, in dessen Netz die Ursache für den Netzengpass liegt, und der Netzbetreiber, an dessen Netz die Anlage angeschlossen ist, als **Gesamtschuldner.**[397] Dieser Terminus ist insofern irreführend, als der Netzbetreiber, an dessen Netz die Anlage angeschlossen ist, in dessen Netz jedoch nicht die Ursache für den Netzengpass liegt, gem. § 12 Abs. 1 S. 3 EEG gar nicht materiell Schuldner ist. Die für die zivilgerichtliche Gesamtschuldnerschaft vorausgesetzte Konstellation (§ 421 S. 1 BGB) liegt demnach nicht materiell, sondern, hinsichtlich des Netzbetreibers, der die Ursache nicht gesetzt hat, nur formal vor. Gemeint ist aber offensichtlich, dass sowohl der Netzbetreiber, in dessen Netz die Ursache für den Netzengpass liegt, als auch der Netzbetreiber, an dessen Netz die Anlage angeschlossen ist, gegenüber dem Anlagenbetreiber **zahlungsverpflichtet** ist. Der Anlagenbetreiber kann in entsprechender Anwendung der Regelung des § 421 BGB die volle Leistung sowohl von dem einen als auch von dem anderen Netzbetreiber oder jeweils einen Anteil, insgesamt jedoch nur den zu zahlenden Entschädigungsbetrag fordern. 313

Die Netzbetreiber haben dann untereinander die gezahlten Beträge **auszugleichen.** In der Regel wird dies dazu führen, dass im Innenverhältnis der Netzbetreiber, an dessen Netz die Anlage angeschlossen ist, einen Ausgleichsanspruch gegen den Netzbetreiber hat, in dessen Netz die Ursache für den Netzengpass lag.[398] 314

---

396 BT-Drucks. 17/6071, S. 65 li. Sp.

397 Kritisch hierzu *Altrock/Vollprecht*, ZNER 2011, 231, 242.

398 Vgl. dazu BT-Drucks. 17/6071, S 65.

b) Umlegung auf Netznutzungsentgelte

315 Der Netzbetreiber kann die Kosten, die ihm durch Entschädigungszahlungen nach § 12 Abs. 1 EEG entstehen, bei der Ermittlung der Netzentgelte in Ansatz bringen, soweit die Maßnahme **erforderlich** war und er sie **nicht zu vertreten** hatte (§ 12 Abs. 2 S. 1 EEG). Insbesondere hat der Netzbetreiber die Maßnahmen zu vertreten, soweit er nicht alle Möglichkeiten zur **Optimierung**, zur **Verstärkung** und zum **Ausbau** des Netzes ausgeschöpft hat (§ 12 Abs. 2 S. 2 EEG). Letztlich wird dadurch wieder deutlich, dass die Regelung über das Einspeisemanagement auf der Verpflichtung zur **Erweiterung der Netzkapazität** gem. § 9 EEG aufsetzt, gleichzeitig aber parallel dazu läuft. Denn wenn Einspeisemanagementmaßnahmen immer erst zulässig wären, falls der Netzbetreiber sein Netz vollständig ausgebaut hätte, liefe die Bestimmung über das Einspeisemanagement leer, da ein Netzengpass bei vollständig ausgebauten Netzen nicht zu besorgen ist. Umgekehrt ist es widersprüchlich, dem Netzbetreiber zwar nach § 11 Abs. 1 EEG die Möglichkeit zu geben, Einspeisemanagement zu betreiben, ihm nach § 12 Abs. 2 EEG jedoch zu verwehren, diese Kosten durch die Netznutzungsentgelte zu decken, weil er seiner Netzausbauverpflichtung nicht nachgekommen sei. Es fragt sich bei dieser Betrachtung, wie sinnvoll der Beispielsfall ist, den der Gesetzgeber in § 12 Abs. 2 S. 2 EEG bildet.

316 Hinzuweisen ist darauf, dass vom Gesetzgeber nicht geklärt wurde, inwieweit der nach § 12 Abs. 1 S. 4 EEG **„gesamtschuldnerisch" haftende Netzbetreiber**, an dessen Netz die Anlage **angeschlossen** ist, die Kosten nach § 12 Abs. 1 EEG in Ansatz bringen kann. Nach der hier vertretenen Auffassung ist der Verweis in § 12 Abs. 2 S. 1 a.A. EEG so allgemein gefasst, dass zumindest für die Jahre, in denen der Streit um die Ausgleichsleistung mit dem Netzbetreiber geführt wird, wer gem. § 12 Abs. 1 S. 3 EEG Schuldner der Entschädigung ist, eine Überwälzung auf die Netznutzungsentgelte möglich ist. Je nachdem, ob und inwieweit die Ausgleichsleistung dann rückwirkend vom verursachenden Netzbetreiber gezahlt wird, wäre dies in den Folgeperioden bei der Ermittlung der Erlösobergrenzen im Wege einer periodenübergreifenden Saldierung zu berücksichtigten.

c) Schadensersatz

317 Neben der Entschädigung kann der Anlagenbetreiber von dem Netzbetreiber Ersatz des Schadens verlangen, wenn und soweit dieser über die geleistete Entschädigung hinausgeht. Dies stellt § 12 Abs. 3 EEG **deklaratorisch** klar.

Beispiel
Ein möglicher Anwendungsfall dieser Regelung ist, dass der ÜNB aufgrund eines Engpasses wegen erhöhter Rückspeisungen aus dem nachgelagerten Verteilernetz lediglich eine Absenkungsanforderung an den nachgelagerten VNB stellt, ohne die an das Netz des VNB angeschlossenen Anlagen zu regeln, etwa aufgrund mangelnder technischer Vorrichtungen. Wenn in diesem Fall der VNB nicht die nach § 11 EEG einzuhaltende Abschaltreihenfolge befolgt, sondern schuldhaft die betroffenen EEG-

oder KWKG-Anlagen unverhältnismäßig stark reduziert, ist neben der Entschädigungszahlung, die vom ÜNB zu tragen wäre, noch ein Schadensersatzanspruch gegenüber den VNB denkbar.

---

5. Verhältnis zu anderen Vorschriften

a) Verhältnis zum Engpassmanagement nach § 15 StromNZV

Betreiber von Übertragungsnetzen sind gem. § 15 StromNZV ihrerseits zum Engpassmanagement verpflichtet. Voraussetzung dafür ist, dass die ÜNB im Rahmen des wirtschaftlich Zumutbaren das Entstehen von Engpässen in ihren Netzen und an den Kuppelstellen zu benachbarten Netzen mit Hilfe von netzbezogenen und marktbezogenen Maßnahmen verhindern. Zu diesen Maßnahmen gehört auch die Zusammenarbeit der Betreiber von Übertragungsnetzen (§ 15 Abs. 1 StromNZV). Wenn sich mit diesen netz- oder marktbezogenen Maßnahmen die Entstehung eines Engpasses nicht vermeiden lässt, sind die ÜNB verpflichtet, die verfügbaren Leitungskapazitäten nach marktorientierten und transparenten Verfahren **diskriminierungsfrei zu bewirtschaften** (§ 15 Abs. 2 StromNZV). 318

Die vorstehenden Regelungen zeigen bereits, dass es zwischen dem Einspeisemanagement nach § 11 EEG und dem Engpassmanagement nach § 15 StromNZV **grundsätzlich keinen Überschneidungsbereich** gibt. § 15 StromNZV betrifft die Bewirtschaftung **struktureller Engpässe.**[399] Sollte ein Fall, in dem Einspeisemanagement nach § 11 EEG betrieben werden kann, rein objektiv auch unter die Tatbestandsvoraussetzungen des § 15 StromNZV fallen, so ist § 11 EEG **lex specialis** und verdrängt die Anwendung von § 15 StromNZV. Denn § 15 StromNZV fehlt die spezifische Entschädigungsregelung des § 12 EEG, in der sich der grundsätzliche Einspeisevorrang des im EEG- und KWKG-Anlagen erzeugten Stroms durch den Sekundäranspruch fortsetzt. 319

b) Netzzugang bei Engpässen nach § 7 KraftNAV

Gem. § 7 Abs. 1 KraftNAV steht Anschlussnehmern i.S.v. § 2 Nr. 1 KraftNAV nach Maßgabe der Bestimmungen in § 7 Abs. 2 und 3 KraftNAV ein **Anspruch auf bevorzugten Netzzugang** im Falle von Engpässen im deutschen Übertragungsnetz zu. Anschlussnehmer i.S.v. § 2 Nr. 1 KraftNAV ist derjenige, der als Projektentwicklungsträger, Errichter oder Betreiber die Herstellung des Anschlusses an ein Elektrizitätsversorgungsnetz mit einer Spannung von mindestens 110 kV für eine Erzeugungsanlage beansprucht. Der bevorzugte Netzzugang hat gem. § 7 Abs. 3 S. 2 KraftNAV zum Inhalt, dass abweichend von § 15 Abs. 2 StromNZV von dem Netzbetreiber im Falle eines Engpasses die Bereitstellung von Leitungskapazität ohne die Erhebung von zusätzlichen Entgelten verlangt werden kann. Außerdem bleiben gem. § 1 Abs. 2 S. 2 KraftNAV die Bestimmungen des EEG und des KWKG „unberührt“. 320

---

399 Säcker/*Erbring/Kuring/Ruge*, Rn 228.

321 Damit zeigt sich, dass ein eventuell auftretender **Konflikt** zwischen dem bevorzugten Netzzugang nach § 7 KraftNAV entsprechend der oben zu § 15 StromNZV dargestellten Kriterien zu lösen ist. Dies bedeutet, dass für den Fall einer objektiven Überschneidung § 11 EEG die speziellere, die Anwendung von § 7 KraftNAV verdrängende Regelung darstellt.[400]

III. Das Verhältnis zur Systemverantwortung der Netzbetreiber

322 Die vorstehenden Ausführungen zeigen, dass latent ein **Überschneidungsverhältnis** zwischen den Bestimmungen über das Einspeisemanagement nach § 11 EEG und der Vorschrift über die Systemverantwortung der ÜNB nach § 13 EnWG – über § 14 Abs. 1 EnWG entsprechend auf die VNB anwendbar – existiert. Allerdings hat die Novellierung durch die **Energiewende-Gesetze** hier für Klarstellungen gesorgt.[401]

1. Reichweite der Systemverantwortung

a) Gefährdung oder Störung der Versorgungssicherheit

323 Eindeutige Anwendungsvoraussetzung für Maßnahmen der Systemverantwortung ist nach § 13 Abs. 1 die Gefährdung oder Störung der Sicherheit oder Zuverlässigkeit des Elektrizitätsversorgungssystems in der jeweiligen Regelzone. Eine Gefährdung der Sicherheit und Zuverlässigkeit des Elektrizitätsversorgungssystems in der jeweiligen Regelzone liegt gem. § 13 Abs. 3 EnWG vor, wenn **örtliche Ausfälle** des Übertragungsnetzes oder **kurzfristige Netzengpässe** zu besorgen sind oder zu besorgen ist, dass die **Haltung von Frequenz, Spannung oder Stabilität** durch die ÜNB nicht im erforderlichen Maße gewährleistet werden kann. Eine entsprechende Störung tritt ein, wenn sich die so beschriebene Gefährdung bereits realisiert hat.

324 Die Gefährdung der Sicherheit und Zuverlässigkeit des Elektrizitätsversorgungssystems muss **nicht notwendig durch einen Netzengpass** i.S.v. § 11 Abs. 1 S. 1 Nr. 1 EEG bedingt sein. Unter diesen Umständen hat der ÜNB allein die Maßgaben der Systemverantwortung nach § 13 EnWG einzuhalten. In diesem Zusammenhang ist darauf hinzuweisen, dass durch den mit der Energiewende-Gesetzgebung eingefügten § 13 Abs. 4a EnWG Druck auf die Netzbetreiber ausgeübt werden soll, verstärkt die in § 13 Abs. 1 Nr. 2 im Rahmen der marktbezogenen Maßnahmen angesprochenen **vertraglichen Vereinbarungen** abzuschließen.[402]

---

400 Noch weitergehend *Altrock/Vollprecht*, ZNER 2011, 231, 233.

401 Darstellung des Meinungsstands zur Rechtslage vor Inkrafttreten der Energiewende-Gesetze bei Gabler/Metzenthin/*Ruge*, § 11 EEG Rn 101 ff.; Altmann/Oschmann/Theobald/*Wustlich/Hoppenbrock*, § 11 Rn 54 ff.; *Kment*, ZNER 2011, 225, 228 f.; *Scholz/Tüngler*, RdE 2010, 317.

402 BT-Drucks. 17/6072, S. 72 re. Sp.

Liegt demgegenüber ein Fall vor, in dem ein **Netzengpass** nach § 11 Abs. 1 S. 1 Nr. 1 EEG besteht, ist der Netzbetreiber gem. § 13 Abs. 2a S. 1 EnWG sowohl bei Maßnahmen nach § 13 Abs. 1 EnWG als auch bei Notfallmaßnahmen nach § 13 Abs. 2 EnWG verpflichtet, die Verpflichtungen nach § 8 Abs. 1 EEG und nach § 4 Abs. 1, 3 S. 2 KWKG einzuhalten.[403] Da § 8 Abs. 1 EEG seinerseits den Vorbehalt des § 11 EEG macht, ist damit in Fällen von Netzengpässen auch der grundsätzliche Vorrang von Maßnahmen des Einspeisemanagements angesprochen. Insoweit ist die Aussage des Gesetzgebers, die dies regelnde Bestimmung des **§ 13 Abs. 2a S. 3 EnWG** sei eine Klarstellung,[404] zutreffend. Für die Praxis ist indes nicht von ausschlaggebender Bedeutung, ob der Vorrang des § 11 EEG aus § 13 Abs. 2a S. 1 oder S. 3 EEG hergeleitet wird. Eine insoweit systematisch stimmigere Lösung wäre allerdings wünschenswert. 325

Ergreift der ÜNB marktbezogene Maßnahmen nach § 13 Abs. 1 Nr. 2 EnWG, ist der Einsatz **vertraglicher Vereinbarungen** zur Einspeisung von nach EEG und KWKG vorrangberechtigter Elektrizität nach Ausschöpfung der vertraglichen Vereinbarungen zur Reduzierung der Einspeisung von nicht vorrangberechtigter Elektrizität zulässig, soweit die Bestimmungen des EEG oder des KWKG ein Abweichen von den genannten Verpflichtungen aufgrund vertraglicher Vereinbarungen **ausnahmsweise eröffnen.** Zutreffend weist der Gesetzgeber in diesem Zusammenhang darauf hin, dass für den Fall, dass die konventionellen Anlagen bereits auf das netztechnisch erforderliche Minimum heruntergefahren wurden, auf § 8 Abs. 3 EEG zurückgegriffen werden könne, eine entsprechende spezialgesetzliche Öffnungsklausel für Anlagen **nach dem KWKG** derzeit jedoch nicht bestehe.[405] 326

Besonders bemerkenswert ist in diesem Zusammenhang, dass der Gesetzgeber das **netztechnisch erforderliche Minimum** in § 13 Abs. 2a S. 5 EnWG – erstmals – ausdrücklich anerkennt und legaldefiniert. An diesem netztechnisch erforderlichen Minimum **endet der Einspeisevorrang** von EEG- und KWKG-Strom. 327

b) Erstreckung auf Verteilernetzbetreiber

Mit der Vorschrift des § 14 EnWG ist geregelt, dass die in § 12 geregelten Aufgaben der ÜNB sowie die Systemverantwortung nach § 13 EnWG auch für Betreiber von Elektrizitätsverteilernetzen im Rahmen ihrer Verteilungsaufgaben entsprechend gelten, soweit sie für die Sicherheit und Zuverlässigkeit der Elektrizitätsversorgung in ihrem Netz verantwortlich sind. Durch die **Energiewende-Gesetzgebung** wurde in diesem Zusammenhang § 14 Abs. 1c EnWG – vorher § 14 Abs. 1a EnWG a.F. – modifiziert und die Unterstützungspflicht der VNB ausgedehnt auf Fälle, in denen ein zwischengela- 328

403 Zur Diskussion um den Vorrang nach der wegen der eingeschränkten Verweisung umstrittenen Vorgängerschrift des § 13 Abs. 1 S. 2 EnWG a.F. vgl. Gabler/Metzenthin/*Ruge*, § 11 EEG, Rn 105 ff.
404 BT-Drucks. 17/6072, S. 72 li. Sp.
405 BT-Drucks. 17/6072, S. 72 li. Sp.

gerter VNB Maßnahmen entsprechend § 13 EnWG trifft. Der Gesetzgeber ist der Auffassung, damit eine **„kaskadenartige Organisation“** installiert zu haben.[406] Er übersieht dabei allerdings, dass bei wortlautgetreuer Auslegung der – über § 14 Abs. 1c a.E. EnWG entsprechend anwendbaren – Bestimmung des § 12 Abs. 2 EnWG die Informationen nur **„von oben nach unten“**, also von ÜNB über den zwischengelagerten VNB bis zum nachgelagerten VNB fließen. Gerade für Situationen, in denen – wie beispielsweise in Starkwindphasen – die Systemverantwortung vom ÜNB wegen vermehrter Rückspeisungen aus den nachgelagerten Verteilernetzen wahrgenommen werden muss, müssten die Informationen jedoch auch **„von unten nach oben“** fließen, also vom nachgelagerten VNB an dessen Netz die Anlagen angeschlossen sind, über den zwischengelagerten VNB bis zum ÜNB. Auf der Grundlage der Gesetzgebungsmaterialien ist der Verweis in § 13 Abs. 1 S. 1, Abs. 1c a.E. EnWG nach der hier vertretenen Auffassung im Sinne einer Informationskaskade „von unten nach oben“ zu verstehen.

329 Mit der entsprechenden Anwendung von § 13 EnWG, die in § 14 Abs. 1 S. 1 EnWG angeordnet ist, greift auch die durch die Energiewende-Gesetzgebung neu eingefügte und sogleich zu behandelnde Vorschrift des § 13 Abs. 4a EnWG für die Systemverantwortung der VNB. Auch die VNB müssen daher im Rahmen der Systemverantwortung in dem durch § 13 Abs. 4a EnWG gebotenen **Umfang Vereinbarungen für freiwillige Ab- und Zuschaltungen** mit Lasten i.S.v. § 13 Abs. 1 Nr. 2 EnWG abschließen.

2. Durchführung

a) Gesetzliche Vorgaben für die Reihenfolge der zu ergreifenden Maßnahmen

330 Die Systemverantwortung der ÜNB spielt eine **zentrale Rolle** bei der Gewährleistung der Versorgungssicherheit innerhalb Deutschlands und Europas. Da die Versorgungssicherheit ihrerseits von zentraler Bedeutung für das Funktionieren des gemeinsamen Marktes und die Gewährleistung des hohen Lebensstandards in Europa ist, muss die zentrale Bedeutung von § 13 EnWG bei dessen Auslegung und Anwendung stets im Blick bleiben. Unter diesem Aspekt ist es dem Grundsatz nach begrüßenswert, dass der Überschneidungsbereich der Systemverantwortung nach § 13 EnWG und des Einspeisemanagements nach § 11 EEG durch die Energiewende-Gesetzgebung genauer beschrieben und das Verhältnis beider Vorschriften zu einander näher bestimmt wurde. Es bleiben gleichwohl die Antworten auf manche Fragen offen, insbesondere die **Abschaltreihenfolge** bei Überlastung der Netzkapazität.[407]

331 Zunächst bestimmt § 13 Abs. 2 S. 1 EnWG unverändert, dass im Falle der Gefährdung oder Störung der Versorgungssicherheit im ersten Schritt die in § 13 Abs. 1 EnWG

406 BT-Drucks. 17/6072, S. 73 li. Sp.

407 Für Offshore-Windparks zu einem ähnlichen Ergebnis wie hier kommen *Schulz/Rohrer*, ZNER 2011, 494, 500.

vorgesehenen Maßnahmen ergriffen werden müssen. Dies sind neben **netzbezogenen Maßnahmen**, wie beispielsweise Netzschaltungen, auch und vor allem **marktbezogene Maßnahmen**, wie der Einsatz von Regelenergie, vertraglich vereinbarte abschaltbare und zuschaltbare Lasten, Informationen über Engpässe und Management von Engpässen sowie Mobilisierung zusätzlicher Reserven. Der durch die Energiewende-Gesetzgebung neu aufgenommene § 13 Abs. 1a EnWG regelt im Zusammenhang mit den marktbezogenen Maßnahmen nähere Pflichten der Betreiber von Speicheranlagen und von Erzeugungsanlagen ab 50 MW.[408]

Sowohl bei markt- und netzbezogenen Maßnahmen als auch bei Notfallmaßnah- 332
men gilt der **Einspeisevorrang** nach § 8 Abs. 1 EEG und § 4 Abs. 1, 3 S. 2 KWKG nach § 13 Abs. 2a S. 1 EnWG fort. Grundsätzlich ist durch diese Inbezugnahme das in § 8 Abs. 1 EEG angesprochene Einspeisemanagement nach § 11 EEG in diesen Vorrang einbezogen. Für marktbezogene Maßnahmen regelt § 13 Abs. 2a S. 2 EnWG außerdem, dass der Einsatz der nach § 8 Abs. 3 EEG abgeschlossenen **Vereinbarungen**, die eine Abweichung vom Einspeisevorrang EEG-Strom gestatten, zulässig ist. Einzige Bedingung des Gesetzgebers dafür ist, dass zuvor die vertraglichen Vereinbarungen zur Reduzierung der Einspeisung von nicht vorrangberechtigter Elektrizität ausgeschöpft wurden. Dem Gesetzgeber stand dabei vor Augen, dass für Anlagen nach dem KWKG derzeit keine, § 8 Abs. 3 EEG vergleichbare spezialgesetzliche Öffnungsklausel zur Verfügung steht.[409]

§ 13 Abs. 2a S. 3 EnWG stellt sodann klar, dass der Einspeisevorrang nur besteht, 333
wenn die Notfallmaßnahmen aufgrund einer Gefährdung oder Störung der Versorgungssicherheit ergriffen werden mussten, die auf einer **Überlastung der Netzkapazität** beruht. Dies bedeutet, dass dann, aber auch nur dann, wenn ein Netzengpass i.S.v. § 11 Abs. 1 S. 1 Nr. 1 EEG droht, der Netzbetreiber zunächst Einspeisemanagementmaßnahmen nach § 11 EEG ergreifen muss.

Von großer Bedeutung für die Abschaltreihenfolge ist schließlich, dass in § 13 334
Abs. 2a S. 5 EnWG eindeutig geregelt wurde, dass sowohl im Rahmen von netz- und marktbezogenen Maßnahmen nach § 13 Abs. 1 EnWG als auch im Rahmen von Notfallmaßnahmen nach § 13 Abs. 2 EnWG der Netzbetreiber das **netztechnisch erforderliche Minimum** aufrechterhalten und dabei vom Einspeisevorrang abweichen darf, soweit dazu Anlagen konventioneller Energieerzeugung am Netz bleiben müssen. Die in dieser Bestimmung geregelte Legaldefinition des netztechnisch erforderlichen Minimums besagt, dass dieses die Mindesteinspeisung aus bestimmten Anlagen

408 Die in § 13 Abs. 1a S. 3 EnWG vorgesehene Festlegung der BNetzA war zum Zeitpunkt der Manuskripterstellung (18.10.2012) noch nicht erlassen.

409 BT-Drucks. 17/6072, S. 72 li. Sp.

umfasst, auf die der ÜNB zur Gewährleistung der Versorgungssicherheit angewiesen ist. Hier **endet der Einspeisevorrang.**[410]

! **Praxistipp**

Nach dem Regelungsplan des Gesetzes bedeutet dies dem Grundsatz nach bei Gefährdungen oder Störungen der Versorgungssicherheit die folgende Abschaltreihenfolge, falls die Gefährdung oder Störung der Versorgungssicherheit auf einem Netzengpass i.S.v. § 11 EEG beruht:

1. Ergreifung netz- und marktbezogener Maßnahmen gegenüber Anlagen konventioneller Energieerzeugung, es sei denn, nach § 8 Abs. 3 EEG geschlossene Vereinbarungen erlauben eine Abschaltung schon zu diesem Zeitpunkt.
2. Bei Erreichung des netztechnisch erforderlichen Minimums: Einspeisemanagement nach § 11 EEG.
3. Notfallmaßnahmen nach § 13 Abs. 2 EnWG diskriminierungsfrei gegenüber allen Anlagen, die nicht zum netztechnisch erforderlichen Minimum beitragen.
4. Notfallmaßnahmen nach § 13 Abs. 2 EnWG diskriminierungsfrei gegenüber allen Anlagenbetreibern.

---

335 Von Bedeutung ist in diesem Zusammenhang, dass der Gesetzgeber mit der neu eingefügten Vorschrift des § 13 Abs. 4a EnWG indirekt den ÜNB verpflichtet, ihm angebotene **technisch und wirtschaftlich sinnvolle Vereinbarungen** für freiwillige Ab- und Zuschaltungen mit Lasten abzuschließen. Denn gem. § 13 Abs. 4a EnWG treten die Rechtsfolgen nach § 13 Abs. 4 EnWG nicht ein, soweit die ÜNB ihnen angebotene technisch und wirtschaftlich sinnvolle Vereinbarungen für freiwillige Ab- und Zuschaltungen mit Lasten ohne hinreichenden Grund nicht abgeschlossen haben.

336 Die Rechtsfolgen nach § 13 Abs. 4 EnWG, die dergestalt ausgeschlossen werden, sehen vor, dass bis zur Beseitigung der Gefährdung oder Störung der Versorgungssicherheit alle hiervon jeweils betroffenen **Leistungspflichten ruhen** und die **Haftung für Vermögensschäden ausgeschlossen** ist, soweit bei Vorliegen der Voraussetzungen nach § 13 Abs. 2 EnWG Maßnahmen getroffen werden. Als wirtschaftlich sinnvoll gelten dabei jeweils Vereinbarungen bis zur Dauer eines Jahres, bei denen die durch den ÜNB zu zahlende Vergütung nicht die anteilig verhinderten potenziellen Kosten von Versorgungsunterbrechungen übersteigt (§ 13 Abs. 4a S. 2 EnWG). Als technisch sinnvoll gelten Vereinbarungen, bei denen Ab- und Zuschaltungen für eine Mindestlastgröße von 50 MW unverzögert herbeigeführt werden können, sicher verfügbar und geeignet sind, zur Sicherheit und Zuverlässigkeit des Elektrizitätsversorgungssystems in der jeweiligen Regelzone beizutragen (§ 13 Abs. 4a S. 3 EnWG).

337 Dem Gesetzgeber war offenbar bewusst, dass damit die Einzelfragen zur Abschaltreihenfolge nicht vollständig beantwortbar sind. Er hat deswegen, in Ergänzung zu § 61 Abs. 1b Nr. 2 EEG, eine **Festlegungsbefugnis der BNetzA** für die nach § 13

---

410 Die in § 13 Abs. 2a S. 7 EnWG vorgesehene Festlegung war zum Zeitpunkt der Manuskriptabgabe (18.10.2012) noch nicht zugänglich.

Abs. 2a S. 4 EnWG vorgesehenen Ausnahmefälle vom Einspeisevorrang vorgesehen (§ 13 Abs. 2a S. 7 EnWG). Außerdem kann durch Rechtsverordnung, die der Zustimmung des Bundestages bedarf, näheres zur Ausgestaltung und Höhe der Vergütung für die nach § 13 Abs. 4a EnWG abzuschließenden Vereinbarungen geregelt werden (§ 13 Abs. 4a S. 4 EnWG). Die Zustimmung des Bundestages gilt in diesem Zusammenhang mit Ablauf der 6. Sitzungswoche nach Zuleitung des Verordnungsentwurfs der Bundesregierung an den Bundestag als erteilt (§ 13 Abs. 4a S. 5 EnWG).

b) Bedeutung der Abschalt- und Zuschaltvereinbarungen

Die soeben erwähnte, indirekte Pflicht zum Abschluss von freiwilligen Abschalt- und Zuschaltvereinbarungen begründet der Gesetzgeber wie folgt: 338

> *„Ziel ist, wie bereits nach der aktuellen Fassung des EnWG gem. § 13 Abs. 1 Satz 1 Nummer 2 die möglichen vertraglichen Vereinbarungen über Ab- und Zuschaltungen von Lasten im technischen und wirtschaftlich sinnvollen Rahmen anzureizen, damit derartige Maßnahmen zum Standardrepertoire des Netzbetreibers zur Beseitigung einer Gefährdung oder Störung der Sicherheit oder Zuverlässigkeit des Elektrizitätsversorgungssystems gehören können und damit einen Beitrag zur intelligenten Steuerung von Stromnetzen unter den Anforderungen einer stetig wachsenden Einspeisung von Strom aus Anlagen nach dem Erneuerbaren-Energien-Gesetz leisten. Die Praxis hat gezeigt, dass die Betreiber von Übertragungsnetzen diese Art der marktbezogenen Maßnahmen bisher für die Beseitigung von Gefährdungen oder Störungen der Sicherheit oder Zuverlässigkeit des Elektrizitätsversorgungssystems faktisch nicht genutzt haben oder mangels Angebot nicht nutzen konnten. Die angegebene Mindestlastgröße beschreibt eine sinnvolle und für den Netzbetreiber handhabbare Untergrenze, die eine netzrelevante Wirkung bei ihrem Einsatz verspricht. Die weitere Eingrenzung der technischen Mindestanforderungen dient der Praktikabilität und erhöht die Einsetzbarkeit. Gleiches gilt für die angegebene Vertragslaufzeit. Als Vergütungslimit werden die verhinderten Kosten genannt, die anteilig durch eine Versorgungsunterbrechung entstehen würden. Dies unterstreicht noch einmal die Zielrichtung der Maßnahmen, unter den Anforderungen stetig wachsender fluktuierender Einspeisung zur Versorgungssicherheit beizutragen und Versorgungsunterbrechungen zu verhindern.“*[411]

Diese Ausführungen zeigen die auch aus dem Wortlaut erkennbare Voraussetzung, dass die Kriterien des technisch und wirtschaftlich Sinnvollen **kumulativ** vorliegen müssen. Eine nur technisch oder nur wirtschaftlich sinnvolle Vereinbarung reicht nicht aus, um die Rechtsfolge nach § 13 Abs. 4 EnWG auszuschließen. Außerdem wird deutlich, dass die **Ausschlusswirkung** nur eintreten kann, soweit darin die Ab- oder Zuschaltung einer **Mindestlastgröße von 50 MW** angeboten wird. Hinzuweisen ist schließlich darauf, dass die Ausgestaltung und Höhe der Vergütung, die zu einer wirtschaftlich sinnvollen Vereinbarung i.S.v. § 13 Abs. 4a S. 2 EnWG führen, durch Rechtsverordnung näher geregelt werden kann (§ 13 Abs. 4a S. 4 und 5 EnWG). 339

411 BT-Drucks. 17/6072, S. 72 re. Sp.

340 Nicht geklärt hat der Gesetzgeber, inwieweit diese Vereinbarungen bereits im **Vorfeld von Notfallmaßnahmen** nach § 13 Abs. 2 EnWG genutzt werden können. Doch hat er die Vereinbarungen nach § 8 Abs. 3 EEG schon für die marktbezogenen Maßnahmen nach § 13 Abs. 1 Nr. 2 EnWG in den Blick genommen (§ 13 Abs. 2a S. 2 EnWG).[412] Dies bedeutet nach der hier vertretenen Auffassung, dass die Vereinbarungen schon vor der Notwendigkeit eines Einspeisemanagements nach § 11 EEG Wirkung zeigen können. In diesen Fällen käme es nicht zur Härtefallregelung nach § 12 EEG. Ein Konflikt zwischen § 12 EEG und § 13 Abs. 4 EnWG würde sich bei dieser Betrachtung nicht ergeben.

c) Mitteilungspflichten

aa) Vorabinformation von Marktteilnehmern

341 Reichen die netz- und marktbezogenen Maßnahmen nach § 13 Abs. 1 EnWG nicht aus, um die Gefährdung oder Störung der Versorgungssicherheit zu beseitigen, und greift der ÜNB infolge dessen auf Notfallmaßnahmen nach § 13 Abs. 2 EnWG zurück, so sind von der erforderlichen Anpassung von Stromeinspeisungen und Stromabnahmen die betroffenen **Betreiber von Elektrizitätsverteilernetzen** und **Stromhändler** gem. § 13 Abs. 2 S. 2 EnWG, soweit möglich, vorab zu informieren. Diese Formulierung zeigt bereits, dass diese Pflicht zur Vorabinformation nicht unbedingt gilt. Im Rahmen des Vorbehalts, dass die Informationen **„möglich“** sein müssen, muss der Netzbetreiber lediglich die ihm technisch möglichen und wirtschaftlich zumutbaren Mittel nutzen. Die Anforderungen dürfen angesichts der Bedeutung der Notfallmaßnahmen für die Gewährleistung der Versorgungssicherheit nicht überspannt werden.

! **Praxistipp**

Das Gesetz sieht keine Form für die Mitteilung vor. Damit sind insbesondere auch Telefonanrufe als Mittel der Mitteilung möglich. Es empfiehlt sich bei solchen mündlichen Mitteilungen, soweit möglich, einen schriftlichen Gesprächsvermerk anzufertigen, damit die Erfüllung der Mitteilungspflicht nachgewiesen werden kann.

---

342 Eine eigentliche **Rechtsfolge** für die Verletzung der Mitteilungspflicht ist nicht vorgesehen. Dies leuchtet bereits aus praktischer Sicht unmittelbar ein: In Fällen, in denen Notfallmaßnahmen nach § 13 Abs. 2 EnWG ergriffen werden müssen, hat der ÜNB **innerhalb kürzester Fristen und unter hohem psychischen und zeitlichem Druck** Entscheidungen **von äußerster Tragweite** zu treffen. In solchen Situationen wären formale Mitteilungspflichten mit für den ÜNB nachteiligen Rechtsfolgen hinderlich und weder betriebs- noch volkswirtschaftlich sinnvoll.

---

412 Vgl. hierzu BT-Drucks. 17/6072, S. 72 li. Sp.

bb) Nachträgliche Information

Das Gesetz sieht im Rahmen von § 13 EnWG die Pflicht des ÜNB zu verschiedenen nachträglichen Informationen vor. So muss der Netzbetreiber gem. § 13 Abs. 2a S. 6 EnWG Ausnahmen vom Einspeisevorrang, insbesondere die Nutzung des netztechnisch erforderlichen Minimums, **unverzüglich der Regulierungsbehörde anzeigen** und die besonderen Gründe nachweisen. Dies betrifft gem. § 13 Abs. 2a S. 4 EnWG sowohl Maßnahmen nach § 13 Abs. 1 EnWG als auch Notfallmaßnahmen nach § 13 Abs. 2 EnWG. 343

Über die **Gründe** der nach § 13 Abs. 1 EnWG und § 13 Abs. 2 EnWG durchgeführten Anpassungen und Maßnahmen sind die hiervon unmittelbar Betroffenen und die Regulierungsbehörde außerdem gem. § 13 Abs. 5 S. 1 EnWG unverzüglich zu informieren. Unverzüglich heißt entsprechend § 121 Abs. 1 BGB ohne schuldhaftes Zögern. Zusätzlich hat der ÜNB auf Verlangen die vorgetragenen Gründe zu belegen (§ 13 Abs. 5 S. 2 EnWG). 344

In Extremsituationen, nämlich bei **einer Versorgungsstörung für lebenswichtigen Bedarf** i.S.v. § 1 EnSiG, muss der ÜNB unverzüglich die Regulierungsbehörde unterrichten. Auch hier heißt unverzüglich „ohne schuldhaftes Zögern" entsprechend § 121 Abs. 1 BGB. 345

Auch diesbezüglich ist, aus den oben genannten Gründen, eine eigentliche **Rechtsfolge** für den Verstoß gegen die Pflicht zur nachträglichen Unterrichtung nicht vorgesehen. 346

Praxistipp !

Die Informationspflicht nach § 13 Abs. 5 EnWG, der zufolge die Betroffenen und die Regulierungsbehörde von den nach § 13 Abs. 1 und 2 EnWG durchgeführten Maßnahmen und Anpassungen unverzüglich zu informieren sind, trägt auch dazu bei, Streitigkeiten über das mögliche Bestehen eines Entschädigungsanspruchs nach § 11 EEG, der im Rahmen von § 13 Abs. 2a S. 3 EnWG ausgeschlossen wäre, zu vermeiden. Es liegt also im eigenen Interesse des ÜNB, dieser Pflicht nachzukommen.

---

3. Folgen der Wahrnehmung der Systemverantwortung

Die Folgen von Maßnahmen im Rahmen der Systemverantwortung nach § 13 EnWG unterscheiden sich je nachdem, ob es sich um **netz- oder marktbezogene Maßnahmen** nach § 13 Abs. 1 EnWG, um **Notfallmaßnahmen** nach § 13 Abs. 2 EnWG bei Bestehen von freiwilligen Vereinbarungen oder um Notfallmaßnahmen ohne das Bestehen von freiwilligen Vereinbarungen handelt. 347

a) Folgen bei netz- und marktbezogenen Maßnahmen

Im Rahmen der netz- und marktbezogenen Maßnahmen und hier im speziellen bei marktbezogenen Maßnahmen nach § 13 Abs. 1 Nr. 2 EnWG hat der ÜNB dann, wenn er Anlagen konventioneller Energieerzeugung auf das netztechnisch erforderliche 348

Minimum reduziert hat, **nach § 8 Abs. 3 EEG geschlossene Vereinbarungen** zu nutzen, um die Erzeugung aus EEG-Anlagen zu reduzieren. Entsprechende Vereinbarungen kann er **nach dem KWKG** nicht schließen. Die Folgen bestimmen sich in diesem Falle nach dem vertraglich Geregelten (§ 13 Abs. 2a S. 2 EnWG).

b) Notfallmaßnahmen bei Bestehen eines Vertrags

349 Hat der ÜNB mit den Anlagenbetreibern wie in § 13 Abs. 4a EnWG angesprochenen technisch und wirtschaftlich sinnvollen Vereinbarungen für freiwillige Ab- und Zuschaltungen mit Lasten getroffen, dann treten im Falle von Notfallmaßnahmen nach § 13 Abs. 2 EnWG die **Folgen des § 13 Abs. 4 EnWG** ein. Dies bedeutet, dass während der Notfallmaßnahmen alle davon betroffenen Leistungspflichten ruhen und die Haftung für Vermögensschäden ausgeschlossen ist.

350 Dies ist jedoch nicht der Fall, wenn die Gefährdung oder Störung auf einer **Überlastung der Netzkapazität** beruht. In diesem Fall sind bei Maßnahmen nach § 13 Abs. 2 EnWG die speziellen Anforderungen nach den § 11 und 12 EEG einzuhalten (§ 13 Abs. 2a S. 3 EnWG). Dies bedeutet u.a. auch, dass in diesen Fällen die Zahlung der Entschädigung nach § 12 EEG nicht durch § 13 Abs. 4 EEG gesperrt wird, was in § 12 Abs. 1 S. 1 EEG ausdrücklich geregelt ist.

c) Notfallmaßnahmen ohne Vertrag

351 Besteht eine vertragliche Vereinbarung nicht, und besteht dafür ein hinreichender Grund i.S.v. § 13 Abs. 4a S. 1 EnWG, so ruhen im Falle von Notfallmaßnahmen nach § 13 Abs. 4 EnWG alle davon jeweils betroffenen Leistungspflichten. Ist hingegen **kein hinreichender Grund** vorhanden, so treten diese Rechtsfolgen nicht ein. Obwohl also der ÜNB Notfallmaßnahmen nach § 13 Abs. 2 EnWG ergriffen hat, muss er hierfür entgegen § 13 Abs. 4 EnWG ggf. haften. Dieser Zusammenhang zeigt, dass die Anforderungen an den hinreichenden Grund gem. § 13 Abs. 4a S. 1 EnWG **nicht zu streng gefasst** werden sollen. Ansonsten könnte es passieren, dass ÜNB aus **Furcht vor einer möglichen Haftung** die entsprechenden Notfallmaßnahmen nicht ergreifen und es damit zum Netzzusammenbruch insgesamt kommt. Dieser **volkswirtschaftliche Schaden** steht in keinem Verhältnis zu den möglicherweise geringen Umsatzeinbußen, die auf Seiten der einspeisewilligen EEG- oder KWKG-Anlagen zu verzeichnen wären.

D. Einspeisung von Biogas

I. Einführung

Die GasNZV regelt in ihrem Teil 6 die Einspeisung von Biogas in Gasversorgungsnetze. Die **§§ 31 bis 37** GasNZV enthalten umfangreiche Regelungen, durch die Biogas gegenüber Erdgas im Hinblick auf den Netzanschluss und den Netzzugang, die einzuspeisende Gasqualität und den Bilanzausgleich besser gestellt wird. 352

Ziel der Regelungen ist es, die **Einspeisung** von Biogas in Gasversorgungsnetze zu **fördern**. In § 31 GasNZV wurde als ausdrückliche Zweckbestimmung der Regelungen des Teils 6 der GasNZV aufgenommen, dass diese bis zum Jahr 2020 eine Einspeisung von Biogas in Höhe von 6 Mrd. Nm³ pro Jahr und bis zum Jahre 2030 eine Einspeisung von Biogas in Höhe von 10 Mrd. Nm³ pro Jahr ermöglichen sollen.[413] Die Erschließung des vorgenannten und in Deutschland angenommenen Potenzials für die Einspeisung von Biogas soll dazu dienen, die **klimapolitischen Ziele der Bundesregierung** zur Senkung der Treibhausgasemissionen zu unterstützen und zudem die **Sicherheit der Erdgasversorgung** in Deutschland stärken.[414] Deshalb sollen die Regelungen über die Einspeisung von Biogas in Gasversorgungsnetze helfen, das in Deutschland produziertes Biogas das aus ausländischer und inländischer Produktion stammende Erdgas teilweise zu substituieren. 353

Durch die Einspeisung von Biogas in Gasversorgungsnetze ist es möglich, den Erzeugungsstandort des Biogases von dem Ort des Verbrauchs unter Rückgriff auf die vorhandene Gasnetzinfrastruktur zu entkoppeln. So kann das Biogas ggf. effizienter verwendet werden, als dies am Ort seiner Erzeugung möglich wäre. Insbesondere wird so der **Rückgriff auf Wärmesenken** möglich, die am Erzeugungsstandort des Biogases nicht zwingend vorhanden sind. Als Verwendungszweck kommt insbesondere in Betracht, das Biogas im Strom- oder Wärmesektor (mit oder ohne Kraft-Wärme-Kopplung) oder als Kraftstoff einzusetzen. Unter wirtschaftlichen Gesichtspunkten erscheint insbesondere die Verwendung von Biogas im Strom- und Wärmesektor attraktiv zu sein, um am **Fördersystem des EEG**[415] oder **KWKG**[416] teilzunehmen. 354

Die Regelungen in Teil 6 der GasNZV befassen sich ausschließlich mit Fragestellungen der Einspeisung von aufbereitetem Biogas in Gasversorgungsnetze. D.h., 355

---

413 Bei einer angenommenen, durchschnittlichen Anlagengröße von 700 Nm³/h und 8.300 Benutzungsstunden pro Jahr entspricht dies einem Anlagenbestand von 1.000 Anlagen im Jahr 2020 und 1.700 Anlagen im Jahr 2030. Hierfür ist ein Neubau von 100 bis 120 Anlagen jährlich notwendig.
414 BR-Drucks. 312/10, S. 90.
415 Gesetz für den Vorrang Erneuerbarer Energien (Erneuerbare-Energien-Gesetz – EEG) vom 25.10.2008 (BGBl. I S. 2074) zuletzt geändert durch Gesetz vom 17.8.2012 (BGBl. I S. 1754).
416 Gesetz für die Erhaltung, die Modernisierung und den Ausbau der Kraft-Wärme-Kopplung (Kraft-Wärme-Kopplungsgesetz) vom 19.3.2002 (BGBl. I S. 1092) zuletzt geändert durch Gesetz vom 12.7.2012 (BGBl. I S. 1494).

Regelungsgegenstand ist nur der Anschluss und die Einspeisung des aufbereiteten Biogases in das Gasversorgungsnetz sowie dessen Transport. Nicht berührt werden Fragen der Erzeugung, der Aufbereitung oder der Verwendung und Vermarktung des Biogases. Aus diesem Grund sind **unmittelbare Adressaten** der Regelungen **Netzbetreiber und Anschlussnehmer** sowie Einspeiser von Biogas, nicht jedoch Händler oder Verbraucher des Biogases.

! **Praxistipp**
Die BNetzA hat zu den Auswirkungen der Sonderregelungen für die Einspeisung von Biogas in das Erdgasnetz den Biogas-Monitoringbericht 2012 veröffentlicht. Abrufbar unter www.bundesnetzagentur.de

---

II. Begriffsbestimmungen

356 Teil 6 der GasNZV regelt die Einspeisung von Biogas. Welche Medien unter den **Begriff Biogas** fallen, ist in § 3 Nr. 10c EnWG legal definiert. Danach ist Biogas:
- Biomethan,
- Gas aus Biomasse, Deponiegas, Klärgas und Grubengas sowie
- Wasserstoff, der durch Wasserstoffelektrolyse erzeugt worden ist, und
- synthetisch erzeugtes Methan, wenn der zur Elektrolyse eingesetzte Strom und das zur Methanisierung eingesetzte Kohlendioxid oder Kohlenmonoxid jeweils nachweislich weit überwiegend aus erneuerbaren Energiequellen im Sinne der RL 2009/28/EG (ABl. L 140 vom 5.6.2009, S. 16) stammen. Weit überwiegend soll dabei nach der Gesetzesbegründung einen Anteil von mindestens 80 % bedeuten.[417]

Alle vorgenannten Stoffe, also auch Wasserstoff und synthetisch erzeugtes Methan (auch SNG – Synthetic Natural Gas genannt) profitieren damit von sämtlichen energiewirtschaftlichen Bestimmungen, die **Biogas im Verhältnis zu „normalem“ Erdgas privilegieren**.

357 § 32 GasNZV enthält allein für Teil 6 der GasNZV maßgebliche **Legaldefinitionen** der Begriffe:
- Anschlussnehmer,
- Netzanschluss und
- Anlage.

1. Anschlussnehmer

358 Anschlussnehmer ist gem. § 32 Nr. 1 GasNZV jede
- juristische oder natürliche Person,

417 BT-Drucks. 17/6072, S. 50.

- die als Projektentwicklungsträger, Errichter oder Betreiber einer Anlage,
- mit der Biogas i.S.v. § 3 Nr. 10c EnWG auf Erdgasqualität aufbereitet wird,
- den Netzanschluss dieser Anlage beansprucht.

Die Einführung einer Definition des Anschlussnehmers ist wesentlich, da dieser neben dem auf Anschluss in Anspruch genommenen Netzbetreiber der zweite bedeutende Adressat der Regelungen über die Einspeisung von Biogas ist. Herauszustellen ist, dass die **Begriffsdefinition auf die Biogasaufbereitungsanlage fokussiert** und nicht auf die Biogaserzeugungsanlage. Sind die Betreiber der Biogasaufbereitungsanlage und der Biogaserzeugungsanlage nicht identisch, so ist nach dem eindeutigen Wortlaut der Definition alleine der Betreiber der Biogasaufbereitungsanlage der Anschlussnehmer.[418] 359

Während leicht zu ergründen ist, welche juristische oder natürliche Person als Projektentwicklungsträger oder Errichter einer Biogaserzeugungsanlage fungiert, lässt sich der **Betreiber der Biogasaufbereitungsanlage** u.U. nur mit Mühen ermitteln. Hier erscheint es sinnvoll, sich an dem Anlagenbetreiberbegriff des EEG zu orientieren. Danach ist Betreiber einer Anlage derjenige, der die Anlage auf eigene Rechnung nutzt, die Verfügungsgewalt über die Anlage inne hat oder zumindest bestimmenden Einfluss auf die Anlage hat und die Anlage unterhält, folglich das unternehmerische bzw. wirtschaftliche Risiko der Anlage trägt.[419] 360

Grundsätzlich ist es möglich, dass in dem Zeitraum zwischen Projektierung und erstmaliger Einspeisung von Biogas die Person des Anschlussnehmers wechselt, nämlich vom Projektentwicklungsträger als Initiator des Projektes auf den Anlagenerrichter während der Bauphase, um dann nach Fertigstellung und Übergabe der Biogasaufbereitungsanlage auf den Betreiber überzugehen. 361

Grundsätzlich wird der Netzbetreiber keinen Anlass haben, von dem Petenten eines Anschlusses einer Biogasaufbereitungsanlage Nachweise über seine Anschlussnehmereigenschaft zu verlangen. Aus den in aller Regel im Zusammenhang mit der Anfrage auf Durchführung einer Anschlussprüfung an den Netzbetreiber übermittelten Planungsunterlagen wird sich ableiten lassen, dass die Errichtung einer Biogasaufbereitungsanlage ernsthaft geplant wird. Dies streitet für die **Eigenschaft des Petenten** als Projektentwicklungsträger, Errichter oder Betreiber einer solchen Anlage. Nur Ausnahmsweise wird der Netzbetreiber Nachweise über die Anschlussnehmereigenschaft verlangen können. Hierzu ist das Vorliegen konkreter Zweifel notwendig, z.B. wenn von zwei Personen Anschlussbegehren für ein und dasselbe Projekt gestellt werden. 362

418 BNetzA, Beschl. v. 25.2.2011 – BK7-10-191 – S. 32.

419 BNetzA, Beschl. v. 25.2.2011 – BK7-10-191 – S. 31; vgl. auch Gabler/Metzenthin/*Naujoks*, § 3 Rn 125 ff.

2. Netzanschluss

363 Netzanschluss ist gem. § 32 Nr. 2 GasNZV:

- die Herstellung der Verbindungsleitung, die die Biogasaufbereitungsanlage mit dem bestehenden Gasversorgungsnetz verbindet,
- die Verknüpfung mit dem Anschlusspunkt des bestehenden Gasversorgungsnetzes,
- die Gasdruck-Regel-Messanlage sowie
- die Einrichtungen zur Druckerhöhung und
- die eichfähige Messung des einzuspeisenden Biogases.

§ 32 Nr. 2 GasNZV legt fest, welche technischen Komponenten Teil des Netzanschlusses einer Anlage zur Aufbereitung von Biogas sein können.

364 Zu dem Netzanschluss zählt zuvorderst die **Verbindungsleitung** zwischen dem Ausgang der Biogasaufbereitungsanlage (sog. Anschlusspunkt) und der Verknüpfung mit dem bestehenden Gasversorgungsnetz (sog. Netzverknüpfungspunkt). Zwar wird diese Verbindungsleitung stets durch eine Gas-Druckregel- und Messanlage unterbrochen, doch wird nicht zwischen dem Leitungsabschnitt vor und hinter dieser zur Einspeisung notwendigen Gas-Druckregel- und Messanlage unterschieden.

365 Weiterer Bestandteil des Netzanschlusses ist die Verknüpfung der Verbindungsleitung mit dem bestehenden Gasversorgungsnetz am sog. **Netzverknüpfungspunkt.** Hierbei wird es sich in aller Regel um eine Schieber- oder Armaturengruppe handeln. An dem Netzverknüpfungspunkt tritt das konditionierte Biomethan erstmalig in das Gasversorgungsnetz ein. Die Gas-Druckregel- und Messanlage, die ggf. notwendige Einrichtung zur Druckerhöhung (Verdichteranlage) sowie die eichfähige Messung für das einzuspeisende Biogas gehören ebenfalls zum Netzanschluss.

Netzanschluss:

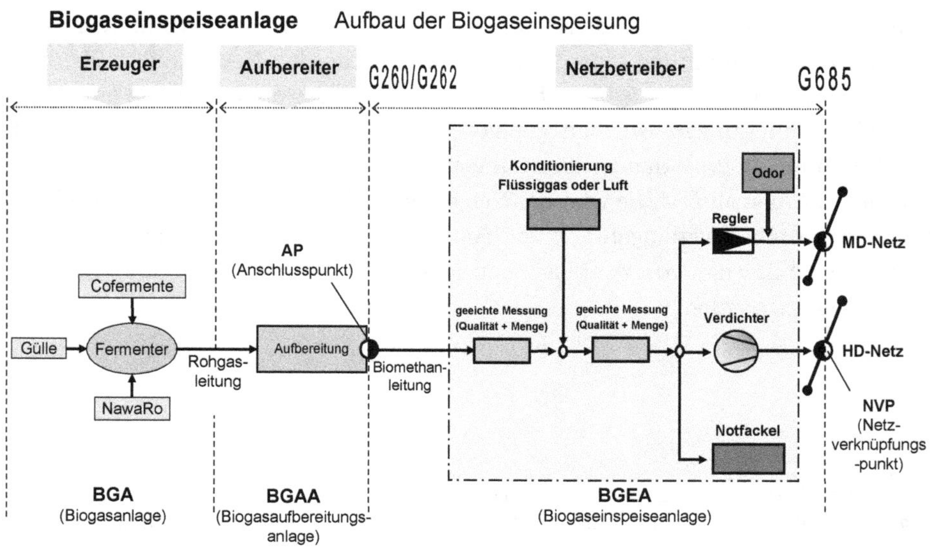

Die **Aufzählung** des § 32 Nr. 2 GasNZV ist als **nicht abschließend** anzusehen, denn u.U. kann die Erweiterung des Netzanschlusses um weitere technische Einrichtungen notwendig sein, um die Einspeisung von Biogas in das Gasversorgungsnetz am Netzverknüpfungspunkt erst technisch möglich zu machen.[420] Die GasNZV selbst führt hierzu in § 36 Abs. 3 S. 1 und Abs. 4 S. 1 technische Einrichtungen auf, die der Einhaltung der Anforderungen des DVGW-Arbeitsblattes G 685 „Gasabrechnung" an die Abrechnungsgenauigkeit dienen sowie Odorierungsanlagen und die Gasbeschaffenheitsmessung. Diese Komponenten bilden die **Peripherie des Netzanschlusses** und sind dessen Bestandteil. Gleiches gilt für eine ggf. notwendige Gastrocknung, Strom- und Wasseranschlüsse, Telekommunikationseinrichtungen oder neu zu errichtende Zuwegungen. Voraussetzung ist allerdings stets, dass die Bestandteile dem Anschluss der Biogasaufbereitungsanlage an das bestehende Gasversorgungsnetz dienen. 366

Kurzum setzt sich ein **Netzanschluss** zusammen aus: 367

- Gas-Druckregel- und Messanlage,
- Anschlussleitung,
- eichfähiger Mengen- und Gasbeschaffenheitsmessung,
- Sicherheitsabsperreinrichtungen,
- Anbindung an das vorhandene Gasversorgungsnetz,
- Prozessleit- und Steuertechnik sowie ggf.
- Verdichteranlage,
- Gaskonditionierung,
- Gasfackel und
- Odorierungsanlage.

Nicht Bestandteil des Netzanschlusses sind technische Einrichtungen, die nur in einem mittelbaren örtlichen Zusammenhang mit der Einspeisung von Biogas stehen. Dies betrifft insbesondere technische Einrichtungen zur Rückverdichtung von Gas aus dem Einspeisenetz in eine höhere vorgelagerte Druckstufe oder eine Anlage zur Deodorierung. Diese Komponenten dienen nicht dem Anschluss der Biogasaufbereitungsanlage an das bestehende Gasversorgungsnetz, sondern erhöhen die Kapazität des vorhandenen Gasversorgungsnetzes. Diese unterfallen deshalb insbesondere nicht den Regelungen über die Kostenteilung des § 33 Abs. 1 GasNZV. 368

3. Anlage

Anlage ist gem. § 32 Nr. 3 GasNZV die Anlage zur Aufbereitung von Biogas auf Erdgasqualität. Da das in konventionellen Biogasanlagen erzeugte Rohbiogas aufgrund seiner Zusammensetzung grundsätzlich für die Einspeisung in Gasversorgungsnetze ungeeignet ist, stellt der Verordnungsgeber zutreffender Weise auf den Anschluss 369

420 A.A. Degenhart/Hohlbein/Schomerus/*Konrad*, S. 87 f., der eine Abgrenzung zwischen Einspeiseanlagen und Anschlussanlagen vornimmt.

einer **Anlage zur Aufbereitung von Biogas** ab. Erst diese Anlage zur Aufbereitung verändert durch Aufbereitungsverfahren die Stoffzusammensetzung des Rohbiogases dergestalt, dass es dem in den Gasversorgungsnetzen transportierten Erdgas vergleichbar wird. Als **Aufbereitungsverfahren** kommen in Betracht:

- Druckwechseladsorption,
- Druckwasserwäsche,
- Wäsche mit organischen Lösungsmitteln,
- Aminwäsche und
- Membrantrennverfahren.

370 Durch die Aufbereitung soll vor allem eine **Entschwefelung** des Biogases, die Abscheidung von CO_2 und eine Trocknung des Gases erreicht werden. Wichtigster Verfahrensschritt ist dabei die **CO_2-Abscheidung**, die den Methangehalt des Biogases auf ein dem Erdgas gleichwertiges Niveau hebt.

371 Da erst die Anlage zur Aufbereitung von Biogas ein Medium herstellt, dass vom Grundsatz her zur Einspeisung in bestehende Gasversorgungsnetze geeignet ist, ist es konsequent, dass diese zum **Anschlussobjekt** gemacht wird.

372 Eine Ausnahme besteht in diesem Zusammenhang jedoch für solche technischen Anlagen, in denen der Begriffsdefinition des § 3 Nr. 10c EnWG unterfallender Wasserstoff oder **synthetisch erzeugtes Methan** in das Gasversorgungsnetz eingespeist werden soll. Diese Anlagen erzeugen als Endprodukt Wasserstoff bzw. synthetisch erzeugtes Methan, – mithin auch Biogas i.S.v. § 31 GasNZV – das aufgrund seiner Zusammensetzung keiner weiteren Aufbereitung mehr bedarf. Eine **Aufbereitungsanlage** ist damit **entbehrlich.** Dieser Umstand führt jedoch bei einer systematischen Auslegung der Regelungen nicht dazu, dass Anlagen zur Erzeugung von Wasserstoff oder synthetisch erzeugtem Methan von der Anschlusspflicht des § 33 GasNZV ausgeschlossen sind. Schließlich soll die Einspeisung von Biogas entsprechend der Begriffsdefinition des § 3 Nr. 10c EnWG gefördert werden. Eine Ausnahme von Wasserstoff oder synthetisch erzeugtem Methan aus der **Anschlusspflicht** ließe das EnWG in diesem Punkt gerade leer laufen.

III. Vorrangige Netzanschlusspflicht gem. § 33 GasNZV

373 Netzbetreiber sind gem. § 33 Abs. 1 S. 1 GasNZV verpflichtet, Anlagen zur Aufbereitung von Biogas auf Antrag eines Anschlussnehmers vorrangig an die Gasversorgungsnetze anzuschließen. § 33 GasNZV enthält hierzu detaillierte Regelungen, die insbesondere Verfahren, Fristen, Kostentragungspflichten und Einzelheiten der Ausgestaltung des Netzanschlusses behandeln.

1. Netzanschlussbegehren

Der Anschluss einer Anlage zur Aufbereitung von Biogas wird durch ein Netzanschlussbegehren des Anschlussnehmers gestartet. Schließlich besteht die Netzanschlusspflicht auf Antrag des Anschlussnehmers. Der Anschlussnehmer hat sich daher mit dem erkennbaren Willen, eine Anlage zur Aufbereitung von Biogas an ein bestehendes Gasversorgungsnetz anzuschließen, an einen Netzbetreiber zu wenden und nach Möglichkeit einen Anschlusspunkt am bestehenden Gasversorgungsnetz zu benennen. Die GasNZV spricht vom **Netzanschlussbegehren**. 374

Mit der Stellung seines Netzanschlussbegehrens konkretisiert der Anschlussnehmer, welcher Netzbetreiber zum Anschluss der Anlage zur Aufbereitung von Biogas verpflichtet ist. Der **Anschlussnehmer** ist dabei **in seiner Wahl**, welchen Netzbetreiber er auf Anschluss seiner Anlage zur Aufbereitung von Biogas in Anspruch nehmen will, **frei.** Denn § 33 GasNZV schränkt den Kreis der zum Anschluss verpflichteten Netzbetreiber durch keinerlei Vorgaben ein, insbesondere ist der Anschlussnehmer nicht gehalten, sein Netzanschlussbegehren vorrangig an den Betreiber des nächstgelegenen Gasversorgungsnetzes zu richten. 375

Erreicht einen Netzbetreiber ein Netzanschlussbegehren, so hat der Netzbetreiber dem Anschlussnehmer gem. § 33 Abs. 4 GasNZV **innerhalb von zwei Wochen** nach Eingang des Netzanschlussbegehrens darzulegen, 376

- welche Prüfungen zur Vorbereitung einer Entscheidung über das Netzanschlussbegehren notwendig sind und
- welche erforderlichen Kosten diese Prüfungen verursachen werden.

Hat sich ein Netzbetreiber im Vorfeld auf die Entgegennahme von Netzanschlussbegehren vorbereitet, wird er vorzugsweise zur eigenen Arbeitserleichterung auf seiner Internetpräsenz Formulare vorhalten, mit denen **notwendige Informationen zum Anschlussbegehren** abgefragt werden. Von Bedeutung werden zumindest Angaben sein über: 377

- Anschlussnehmer,
- Ansprechpartner,
- Anschlussnutzer,
- Lage der Anlage zur Aufbereitung von Biogas,
- Lage des gewünschten Netzverknüpfungspunktes,
- Einspeiseleistung,
- Gasqualität (L-/H-Gas),
- Übergabedruck,
- eingesetztes Aufbereitungsverfahren,
- geplante Volllaststunden,
- geplante Inbetriebnahme und
- Details der Gasbeschaffenheit.

So kommt der Netzbetreiber auch zugleich seiner Pflicht aus § 33 Abs. 3 Nr. 1 und 2 GasNZV nach, potenzielle Anschlussnehmer vorab **kostenlos** zu **informieren**.

378 Soweit der Netzbetreiber nach Eingang eines Netzanschlussbegehrens feststellt, dass zusätzliche Angaben erforderlich sind, hat er diese innerhalb einer **Frist von zwei Wochen** nach Antragseingang vom Anschlussnehmer anzufordern. Die Frist zur Darlegung der notwendigen Prüfungen und den erforderlichen Kosten dieser Prüfungen beginnt in diesem Fall gem. § 33 Abs. 4 S. 3 GasNZV erst mit Eingang der vollständigen zusätzlichen Angaben.

2. Anschlussprüfung

379 Innerhalb von zwei Wochen nach Eingang des Netzanschlussbegehrens hat der Netzbetreiber gem. § 33 Abs. 4 GasNZV dem Anschlussnehmer darzulegen, welche Prüfungen zur Entscheidung über das konkrete Netzanschlussbegehren anzustellen sind. Auch sind die Kosten der erforderlichen Prüfungen dem Anschlussnehmer innerhalb dieser Frist mitzuteilen. Dabei wird sich der Netzbetreiber nicht darauf beschränken können, eine bloße Kostenschätzung abzugeben, um auf eine spätere Abrechnung der tatsächlich angefallenen Kosten zu verweisen. Vielmehr ist ein **fester Kostenrahmen** zu nennen, damit sich der Anschlussnehmer Gewissheit über sein Kostenrisiko verschaffen kann.

380 Nachdem der Anschlussnehmer **25 % der erforderlichen Kosten als Vorschuss** an den Netzbetreiber gezahlt hat, ist der Netzbetreiber gem. § 33 Abs. 5 GasNZV zur unverzüglichen Durchführung der notwendigen Prüfungen verpflichtet. Hierbei kann der Anschlussnehmer verlangen, dass der Netzbetreiber Annahmen des Anschlussnehmers den Prüfungen zugrunde legt.

Beispiel
Die Annahmen des Anschlussnehmers können sich z.B. auf einen realistischer Weise zu erwartenden Zuwachs des Gasverbrauchs der am Einspeisenetz angeschlossenen Letztverbraucher beziehen oder auch auf eine bestimmte Fahrweise der Biogasaufbereitungsanlage, die verlässlich jedes Jahr in Schwachlastzeiten zu einer verringerten Einspeiseleistung führt. Beide Annahmen können dazu führen, dass das Einspeisenetz auch ohne die Ergreifung kapazitätserhöhender Maßnahmen das zur Einspeisung anstehende, aufbereitete Biogas aufnehmen kann.

---

381 Der Netzbetreiber hat die Netzanschlussprüfung schnellstmöglich durchzuführen und das Ergebnis der Prüfung spätestens drei Monate nach Eingang der Vorschusszahlung in Höhe von 25 % der erforderlichen Kosten an den Anschlussnehmer mitzuteilen.

382 Der **Umfang der Prüfungen** kann sehr unterschiedlich ausfallen. Schließlich muss der Netzbetreiber sämtliche Umstände prüfen, die für den begehrten Netzanschluss von Belang sind und ggf. eine Verweigerung zu begründen vermögen. Immer wird der Netzbetreiber prüfen, ob das Einspeisenetz am vom Anschlussnehmer gewünschten Netzanschlusspunkt die in Aussicht gestellte Biogasmenge aufnehmen kann und deshalb die Abgabe einer Garantie über eine Einspeisekapazität möglich

ist. Deshalb hat der Netzbetreiber nicht nur die Möglichkeit die Errichtung des Netzanschlusses selbst zu prüfen, sondern auch zu betrachten, ob das Einspeisenetz die zur Einspeisung angemeldeten Biogasmengen aufnehmen kann. In diesem Zusammenhang ist auch zu betrachten, ob **kapazitätserhöhende Maßnahmen** erforderlich und umsetzbar sind und ob ggf. im Falle einer Rückspeisung in ein vorgelagertes Gasversorgungsnetz dessen Netzbetreiber im erforderlichen Umfang kooperieren wird.

Praxistipp !
Die Prüfung des Netzbetreibers muss alle denkbaren technischen und wirtschaftlichen Aspekte des Netzanschlusses umfassen, damit sich der Netzbetreiber ein abschließendes Bild darüber machen kann, ob er den Netzanschluss gewährt oder wegen technischer Unmöglichkeit oder wirtschaftlicher Unzumutbarkeit verweigert.

Die Anschlussprüfung endet entweder mit der Zusage über den Netzanschluss oder 383
der Verweigerung desselben. Als **Verweigerungsgründe** kommen nur die technische Unmöglichkeit oder wirtschaftliche Unzumutbarkeit des Netzanschlusses in Betracht (§ 33 Abs. 8 GasNZV i.V.m. § 17 Abs. 2 EnWG).

a) Technische Unmöglichkeit

Da Netzanschlüsse zum Anschluss von Anlagen zur Aufbereitung von Biogas erfolg- 384
reich errichtet und betrieben werden, wird ein Netzbetreiber den Anschluss nicht mit dem Hinweis verweigern können, dass die Errichtung oder der Betrieb des begehrten Netzanschlusses technisch unmöglich ist.

Fragen der technischen Unmöglichkeit werden sich in aller Regel damit befas- 385
sen, ob die **technisch-physikalische Aufnahmefähigkeit** des Gasversorgungsnetzes gegeben ist oder nicht. Letzteres ist der Fall, wenn das Einspeisenetz wegen seiner technischen Auslegung schon vom Grunde her nicht imstande ist, das einzuspeisende Biogas aufzunehmen.

Beispiel
Dies wird z.B. der Fall sein, wenn der zur Einspeisung anstehende Volumenstrom aufgrund eines zu geringen Rohrdurchmessers und/oder zu geringen Druckniveaus schon aufgrund dieser technischen Gegebenheiten nicht am Anschlusspunkt aufgenommen werden kann.

Der **Netzbetreiber** kann dann den **Netzanschluss** mit Hinweis auf eine vorliegende 386
technische Unmöglichkeit **verweigern**. Er ist nicht verpflichtet, sein bestehendes Gasversorgungsnetz um eine Gasleitung mit größerem Leitungsquerschnitt zu erweitern und diese zum vom Anschlussnehmer gewünschten Netzverknüpfungspunkt zu

verlegen.[421] Es findet also nicht die Erweiterung des bestehenden Gasversorgungsnetzes in Richtung des gewünschten Netzverknüpfungspunktes statt, um ein Netzanschlussbegehren zu realisieren.

387 Zu unterscheiden von dieser Fallkonstellation ist die Situation, in der das Einspeisenetz nur **temporär** nicht die notwendige technisch-physikalische Aufnahmefähigkeit besitzt, aber ansonsten keine weiteren technischen Restriktionen die Einspeisung des Biogases hindern. Dies ist z.B. in vielen örtlichen Verteilernetzen ohne nennenswerte Industrie- oder Gewerbekunden in den Sommermonaten der Fall, wenn von Haushaltskunden nur wenig Heizgas benötigt wird. Dieser Umstand ist relativ häufig anzutreffen, da Biogasaufbereitungsanlagen in aller Regel in ländlichen Bereichen errichtet werden, in denen wenig bis gar keine industriellen Gasverbraucher vorzufinden sind. Deshalb wird der angefragte Netzbetreiber durch Netzlastsimulationen und die Auswertung von Lastgangdaten der Gas-Druckregel- und Messanlagen des Einspeisenetzes vor Abschluss der Anschlussprüfung erforschen, ob das Netz das einzuspeisende Biogas ganzjährig aufzunehmen kann. Ist dies nicht der Fall, kann der Netzbetreiber gleichwohl nicht den Netzanschluss unter Hinweis auf eine technische Unmöglichkeit verweigern, sondern muss **Maßnahmen zur Herstellung bzw. Sicherung einer ganzjährigen Einspeisekapazität** in Erwägung ziehen. Diese Maßnahmen können beispielhaft der Bau einer Rückverdichtung in ein angrenzendes Gasversorgungsnetz einer höheren Druckstufe, die Herstellung von Verbindungen des Einspeisenetzes zu angrenzenden Gasversorgungsnetzen oder die Errichtung einer sog. **kombinierten Einspeisung** sein. Letztere ist ein Netzanschluss, der die Anlage zur Aufbereitung von Biogas an zwei Gasversorgungsnetze verschiedener Druckstufen gleichzeitig anschließt. Diese Anschlussvariante hat zum Vorteil, dass zu Zeiten ausreichender Gasabnahme aus dem Gasversorgungsnetz der niedrigen Druckstufe auf den energieintensiven Einsatz von **Verdichteranlagen** verzichtet werden kann. Diese Verdichteranlagen kommen nur immer dann zum Einsatz, wenn das Gasversorgungsnetz der niedrigen Druckstufe nur eine geringere Abnahme aufweist und deshalb ein Teil des zur Einspeisung anstehenden Biogases in das Gasversorgungsnetz einer höheren Druckstufe eingespeist werden muss. So können die Betriebskosten des Netzanschlusses gering gehalten werden.

b) Wirtschaftliche Unzumutbarkeit

388 Weil der Netzbetreiber die mit der Errichtung und dem Betrieb des Netzanschlusses einhergehenden Kosten vollumfänglich durch einen **Wälzungsmechanismus** erstattet erhält, stellt sich die Frage der wirtschaftlichen Unzumutbarkeit nur in absoluten Ausnahmefällen. Schließlich muss der Netzbetreiber für die zu erwartenden Errichtungskosten nicht in Vorleistung gehen, sondern erhält Zahlungen auf der Basis von

421 Ebenso Stuhlmacher/Stappert/Schoon/Jansen/*Stappert/Jansen*, Kap. 3.C Rn 7.

Plankostenansätzen. Somit besteht noch nicht einmal die Notwendigkeit einer Finanzierung auf Seiten des Netzbetreibers zur Umsetzung des Netzanschlusses. In der Sphäre des vom konkreten Anschlussbegehren betroffenen Netzbetreibers allein wird deshalb eine wirtschaftliche Unzumutbarkeit kaum begründet sein.

Eine unzureichende wirtschaftliche Leistungsfähigkeit des Anschlussnehmers 389
kann jedoch den Netzanschluss für den Netzbetreiber wirtschaftlich unzumutbar machen. Dies ist dann der Fall, wenn schon zum Zeitpunkt des Antrages auf Netzanschluss anhand von objektiven Kriterien zu erwarten ist, dass die anzuschließende Biogasaufbereitungsanlage nicht realisiert oder nicht dauerhaft betrieben werden kann. Eine bestehende oder drohende Zahlungsunfähigkeit des Anschlussnehmers sind hierfür genauso wichtige Anhaltspunkte wie eine ungesicherte Finanzierung der Biogasaufbereitungsanlage und des vom Anschlussnehmer gem. § 33 Abs. 1 S. 3 und 4 GasNZV zu tragendem Kostenanteils. Sofern über die vorbeschriebenen Umstände belastbare Hinweise vorliegen, kann der Netzbetreiber vom Anschlussnehmer die **Offenlegung** seiner **wirtschaftlichen Leistungsfähigkeit** verlangen. Steht es um diese nach objektiven Kriterien schlecht, kann der Netzbetreiber vor dem Fortgang der Planungsarbeiten für den Netzanschluss eine angemessene Vorauszahlung verlangen. Wird diese geleistet, kann der Netzanschluss nicht mit der Begründung einer wirtschaftlichen Unzumutbarkeit abgelehnt werden.

Trotz der durch die GasNZV, GasNEV und ARegV für die Netzbetreiber gewähr- 390
leisteten **Kostenneutralität der Netzanschlüsse** wenden sich diese ausnahmsweise gegen Netzanschlüsse, weil sie bei einer volks-/gesamtwirtschaftlichen Betrachtung eine wirtschaftliche Unzumutbarkeit erkennen wollen. Dies soll z.B. dann der Fall sein, wenn die Errichtungskosten des Netzanschlusses die der Biogaserzeugungs- und der Biogasaufbereitungsanlage nahezu erreichen oder gar überschreiten oder wenn der Netzanschluss umfangreiche Maßnahmen wie die Errichtung von Anlagen zur Rückverdichtung erforderlich macht. Kern der Argumentation ist dann, dass der Nutzen des Netzanschlusses die mit ihm verbundenen Kosten nicht annähernd aufwiegt und die in § 1 EnWG zum Ausdruck kommende Zweckbestimmung einer preisgünstigen und effizienten Versorgung der Allgemeinheit mit Gas verletzt wird. Eine solche Gegenüberstellung von Kosten und Nutzen eines Netzanschlusses kommt jedoch einer **Wirtschaftlichkeitsanalyse** gleich, die in der GasNZV an keiner Stelle angelegt ist. Sie verkennt zugleich, dass durch § 33 GasNZV allein dem Anschlussnehmer das Bestimmungsrecht über den Ort des Netzanschlusses gegeben wurde – und zwar ungeachtet des konkreten (volks-)wirtschaftlichen Nutzens des Projektes. Dass dem Anschlussnehmer durch den Verordnungsgeber ein nahezu unbedingtes Recht auf Herstellung eines Netzanschlusses für seine Biogasaufbereitungsanlage eingeräumt wird, bestätigt ein Vergleich mit § 9 Abs. 3 EEG. Danach besteht eine Netzausbaupflicht des Netzbetreibers nur, soweit dies wirtschaftlich zumutbar ist. Bei einer auf die Biogaseinspeisung übertragenen vergleichbaren Vorgehensweise wären den Kosten des Netzanschlusses sowie eines eventuellen Netzausbaus die Kosten der gesamten Biogasanlage (Biogaserzeugungs- und Biogasaufbereitungs-

anlage) gegenüberzustellen. Zudem sollten für einen nur annähernd qualifizierten Vergleich die laufenden Betriebskosten sowohl der Netz- als auch der Biogasanlagen mit einbezogen werden.[422] Da die GasNZV jedoch an keiner Stelle eine dem § 9 Abs. 3 EEG vergleichbare Regelung enthält, ist für eine Übernahme dieser Wertung für die Bewertung der wirtschaftlichen Unzumutbarkeit von Netzanschlüssen für Biogasaufbereitungsanlagen kein Raum. Vielmehr unterstreicht die Abwesenheit einer auch nur annähernd vergleichbaren Regelung den Willen des Verordnungsgebers, die Einspeisung von Biogas durch die Errichtung von Netzanschlüssen unter nahezu allen Umständen zu fördern. Der **Verzicht auf eine volkswirtschaftliche Bewertung** des Netzanschlusses ist auch insoweit konsequent, als dass in § 33 Abs. 1 eine absolute Kostendeckelung für den Netzanschluss und die Verbindungsleitung von bis zu einem Kilometer Länge auf 250.000 € zugunsten des Anschlussnehmers eingefügt ist. Dem Anschlussnehmer wird gerade nicht abverlangt, an der Realisierung des insgesamt kostengünstigsten Netzanschlusses mitzuwirken. Vielmehr ist in der GasNZV angelegt, dass er den für ihn kostengünstigsten Anschluss begehrt.

391 Im Zusammenhang mit der Bewertung der wirtschaftlichen Unzumutbarkeit von Netzanschlüssen bringen Netzbetreiber in Ausnahmefällen auch die **Berücksichtigung alternativer Anschlussvarianten** ins Spiel. Hier wird argumentiert, dass die vom Netzbetreiber alternativ vorgeschlagene Anschlussvariante bei einer gesamtwirtschaftlichen Betrachtung unter Berücksichtigung aller Herstellungs- und Betriebskosten günstiger ist, als der vom Anschlussnehmer begehrte Netzanschluss.

392 Dies kann beispielsweise der Fall sein, wenn der Anschlussnehmer den Anschluss an ein Niederdruck-Gasversorgungsnetz mit geringer Abnahme begehrt, das direkt vor dem Standort seiner Biogasaufbereitungsanlage verlegt ist. Dann wird die Länge der Anschlussleitung gering sein und der Netzanschluss auch keine teuren Verdichteranlagen enthalten. Dies führt zu einem geringen Kostenbeitrag des Anschlussnehmers. Für den Netzbetreiber bedeutet dies andererseits, dass er zur Gewährleistung der Einspeisung auch in lastschwachen Zeiten zusätzlich zum Netzanschluss eine Rückverdichtung errichten und betreiben muss. Die Investitions- und Betriebskosten von Netzanschluss und Rückverdichtung fallen in solchen Fällen nicht selten höher aus, als wenn ein alternativer Netzanschluss mit Verdichtung in ein Gasversorgungsnetz höherer Druckstufe errichtet würde. Der Netzbetreiber wird diese Anschlussvariante zu Recht als die gesamtwirtschaftlich günstigere bevorzugen. Mit dieser Ansicht kann er jedoch aufgrund der in § 17 Abs. 1 EnWG i.V.m. § 33 Abs. 1 GasNZV niedergelegten **Wahlfreiheit des Anschlussnehmers** über den Netzanschlusspunkt seiner Biogasaufbereitungsanlage nicht durchdringen. Schließlich enthält die GasNZV keine dem EEG vergleichbaren Regelungen, die den Ort des Netzanschlusses auch unter der gesamtwirtschaftlichen Günstigkeit bestimmen. Mit einem Verzicht auf entsprechende Regelungen nimmt der Verordnungsgeber der GasNZV in Kauf, dass der

422 In diesem Sinne auch Degenhart/Hohlbein/Schomerus/*Konrad*, S. 64.

Zweckbestimmung des § 1 Abs. 1 EnWG nach einer effizienten und kostengünstigen Energieversorgung ggf. nicht stets zur Geltung verholfen wird.

Wenn der Netzbetreiber den Netzanschluss verweigert, muss er einen anderen 393
Anschlusspunkt vorschlagen, der im Rahmen des **dem Anschlussnehmer wirtschaftlich Zumutbaren** die geäußerten Absichten des Anschlussnehmers bestmöglich verwirklicht (§ 33 Abs. 9 GasNZV). Dieser Anschlusspunkt muss sich dabei an dem Gasversorgungsnetz des durch den Anschlussnehmer mit den Netzanschlussbegehren in Anspruch genommenen Netzbetreiber befinden und nicht etwa am Gasversorgungsnetz eines anderen Netzbetreibers.[423] Denn es kann nicht von dem den Netzanschluss verweigernden Netzbetreiber erwartet werden, dass er die Anschlussprüfung auf die Netze anderer Netzbetreiber ausdehnt, über deren technische Konfiguration er keine vertieften Kenntnisse hat. Zudem würde der Vorschlag eines alternativen Anschlusspunktes in einem fremden Gasversorgungsnetz dem Anschlussnehmer keinen Vorteil verschaffen, da dieser Vorschlag den betroffenen Netzbetreiber nicht zu binden vermag. Dieser wird stets einwenden können, dass keine ausreichende Netzanschlussprüfung in Bezug auf sein Gasversorgungsnetz stattgefunden hat.

Der Netzbetreiber bleibt an das Ergebnis einer positiven Prüfung **drei Monate** 394
gebunden.

3. Netzanschlussvertrag

Netzbetreiber sind verpflichtet, Anschlussnehmern unverzüglich, spätestens aber 395
innerhalb von drei Monaten nach Mitteilung eines positiven Prüfergebnisses ein verbindliches **Vertragsangebot zum Netzanschluss** vorzulegen.

Mit dem Netzanschlussvertrag verpflichtet sich der Netzbetreiber, unter Beach- 396
tung mit dem Anschlussnehmer abgestimmter technischer Parameter, die Anlage zur Aufbereitung von Biogas, an sein Gasversorgungsnetz durch einen Netzanschluss anzuschließen und den Netzanschluss zu betreiben. Zudem sichert der Netzbetreiber dem Anschlussnehmer für die Dauer des Vertrages eine garantierte Einspeisekapazität zu. Der Anschlussnehmer verpflichtet sich, die nach § 33 GasNZV auf ihn entfallenden Kosten des Netzanschlusses zu tragen und dem Netzbetreiber zu zahlen. Hervorzuheben ist, dass die im Netzanschlussvertrag getroffenen **Regelungen von grundlegender und fortdauernder Bedeutung sowohl für den Netzbetreiber als auch den Anschlussnehmer bzw. Einspeiser** sind. Schließlich erschöpfen sie sich nicht in Vereinbarungen über die Herstellung des Netzanschlusses und der Behandlung der hiermit einhergehenden Kosten. Sie regeln insbesondere auch die Parameter des Regelbetriebes des Netzanschlusses und binden so jeden zukünftigen Einspeiser von Biogas, der den konkreten Netzanschluss nutzen will.

423 A.A. Degenhart/Hohlbein/Schomerus/*Konrad*, S. 69 f.

397 Der Netzanschlussvertrag enthält über die durch die GasNZV bereits getroffenen Festlegungen hinaus Vereinbarungen zwischen Netzbetreiber und Anschlussnehmer, die für Planung, Bau und Betrieb von Netzanschluss und Biogasaufbereitungsanlage von großer Bedeutung sind. Dies ist notwendig, weil die Vorgaben der GasNZV an vielen Stellen durch **detaillierte und verbindliche Vereinbarungen** zwischen Netzbetreiber und Anschlussnehmer konkretisiert werden müssen. Diese Vereinbarungen sind von größter Wichtigkeit, denn sie bilden die Grundlage für die Planung, den Bau und den Betrieb des Netzanschlusses. Deshalb enthält der Netzanschlussvertrag insbesondere Regelungen über:
- Anschlussnehmer,
- Standort der Biogasaufbereitungsanlage,
- Leistung der Biogasaufbereitungsanlage,
- Netzverknüpfungspunkt,
- Mindesteinspeisekapazität,
- Verfügbarkeit,
- Gasqualität,
- Kostentragung,
- Haftung,
- Unterbrechung des Netzanschlusses und
- Interoperabilität von Netzanschluss und Biogasaufbereitungsanlage.

a) Gasqualität

398 Besonderes Augenmerk ist auf die verbindliche Abstimmung der Gasqualität zu legen, die der Anschlussnehmer bzw. Einspeiser dem Netzbetreiber aus der Biogasaufbereitungsanlage übergeben will.[424] Die Gasbeschaffenheit richtet sich grundsätzlich gem. § 36 Abs. 1 S. 1 GasNZV nach den Arbeitsblättern G 260 und G 262 des DVGW mit dem Stand des Jahres 2007. Es handelt sich dabei um einen **statischen Verweis**, der in nicht nachvollziehbarer Weise die technische Fortentwicklung, die sich in sich ändernden Regelwerken des DVGW niederschlägt, unberücksichtigt lässt.[425]

399 Gemäß den Arbeitsblättern G 260 und G 262 sind für das in ein Gasversorgungsnetz einzuspeisende Gas bestimmte Anforderungen an die Gasbeschaffenheit einzuhalten. Nach den Arbeitsblättern muss das Gas kompatibel zum im Gasversorgungsnetz transportierten Gas sein. Es muss hinsichtlich:
- Wobbe-Index,

424 A.A. Degenhart/Hohlbein/Schomerus/*Konrad*, S. 105.

425 Änderungen der Arbeitsblätter sind nur dann von Bedeutung, wenn die Verordnung dergestalt angepasst wird, dass der Verweis in § 36 Abs. 1 S. 1 GasNZV aktualisiert wird oder die BNetzA über eine Festlegung die Anwendbarkeit der geänderten Arbeitsblätter gem. § 50 Abs. 1 Nr. 8 GasNZV bestimmt.

- Brennwert,
- relativer Dichte und
- Druck

für die Einspeisung in das Gasversorgungsnetz geeignet sein. Zudem darf es **keine Gasbegleitstoffe** (z.B. Wasser, Schwefel, Sauerstoff) jenseits der Grenzwerte der Arbeitsblätter enthalten bzw. soweit in den Arbeitsblättern keine Grenzwerte enthalten sind, muss es technisch frei von diesen Stoffen sein. Dabei ist nach Arbeitsblatt G 260 Nr. 4.3.6 ein Gas technisch frei von einem Begleitstoff, wenn seine Konzentration so gering ist, dass sein Vorhandensein auf den Betrieb üblicher Gasgeräte und gastechnischer Einrichtungen keinen negativen Einfluss hat. Hierbei ist die bloße Beschreibung des Gases als L- oder H-Gas bei weitem nicht ausreichend. Denn der Netzbetreiber ist darauf angewiesen, dass sich die Zusammensetzung des Gases in einem möglichst geringen Schwankungsbereich bewegt, damit er die im Netzanschluss benötigte Technik sinnvoll planen und zuverlässig betreiben kann. Manche schädlichen Begleitstoffe im Gas müssen gänzlich ausgeschlossen sein, während für andere Höchstgrenzen gelten.

In Abhängigkeit davon, ob das aufbereitete Biogas als Austausch- oder Zusatzgas in das Gasversorgungsnetz eingespeist werden soll, werden unterschiedlich hohe Anforderungen an die Aufbereitung gestellt. Um ein Austauschgas handelt es sich, wenn das einzuspeisende Gas in seiner Zusammensetzung von der im Gasversorgungsnetz üblicherweise vorhandenen Gaszusammensetzung abweicht, aber dennoch ein **gleichartiges Brennverhalten** ausweist. Hingegen sind Zusatzgase solche Gase, die sich in Zusammensetzung und brenntechnischem Verhalten wesentlich vom im Gasversorgungsnetz vorhandenen Gas unterscheiden.[426] Nicht aufbereitetes Biogas unterscheidet sich in seiner Zusammensetzung wesentlich von dem in den Gasversorgungsnetzen transportierten Erdgas, weshalb es ein **Zusatzgas** ist. Seine Einspeisung ist nur möglich, wenn die Menge des eingespeisten nicht aufbereiteten Biogases im Verhältnis zum in dem Gasversorgungsnetz transportierten Erdgas so gering ist, dass keine nachteiligen Auswirkungen auf das so entstehende Gasgemisch entstehen. Das Gasgemisch muss die gleichen Anforderungen an Qualität und Zusammensetzung erfüllen wie das ursprüngliche reine Erdgas.[427] Die Interoperabilität der angeschlossenen Gasnetze und Gasverbrauchseinrichtungen muss bestehen bleiben. Da in der Regel Anlagen zur Aufbereitung von Biogas in ländlichen Regionen errichtet werden und deshalb ein Netzanschluss an Gasversorgungsnetze mit verhältnismäßig geringen Transportmengen erfolgt, ist das Biogas fast immer als **Austauschgas** einzuspeisen. Dementsprechend ist es sorgfältig auf Erdgasqualität aufzubereiten. **400**

Die detaillierten Vereinbarungen über die technischen Parameter des Biogases und die verbindliche Eingrenzung der Gasqualität dienen dazu, dass der Netzbetrei- **401**

426 Vgl. DVGW-Arbeitsblatt G 260 Nr. 3.2.

427 Vgl. DVGW-Arbeitsblatt G 262 Nr. 4.1.3, G 260 Nr. 3.2 und 5.3.

ber das Biogas durch Konditionierung oder sonstige technische Maßnahmen auf die erforderliche Gasqualität im Gasversorgungsnetz anpassen kann. Denn es muss dem Netzbetreiber unter Einhaltung der gesetzlichen und technischen Vorgaben möglich sein, **Brennwert und Wobbe-Index** des einzuspeisenden Gases auf die für das Gasversorgungsnetz erforderlichen Werte **einzustellen**. Zudem muss die vereinbarte Gasbeschaffenheit einen sicheren und zuverlässigen sowie kosteneffizienten Betrieb des Netzanschlusses zulassen. Wenn Netzbetreiber und Anschlussnehmer eine geeignete **Bandbreite der Gasqualität** abstimmen, kann der Netzanschluss kosteneffizient geplant, errichtet und betrieben werden.

402 Hält der Einspeiser die verbindlich vereinbarten Anforderungen an die Gasqualität nicht ein, so ist der Netzbetreiber zur Zurückweisung des Biogases berechtigt. Dies ergibt sich aus § 36 Abs. 1 GasNZV, wonach der Einspeiser sicherzustellen hat, dass das Gas am Einspeisepunkt und während der Einspeisung den Voraussetzungen der Arbeitsblätter G 260 und G 262 entspricht. Bei einer Abweichung von der vereinbarten Gasqualität sind schließlich Schäden an den Komponenten des Netzanschlusses, im Gasversorgungsnetz und ggf. bei Letztverbrauchern durch das nicht regelgerechte Biogas zu befürchten. Zudem ist bei einer Gasqualität jenseits der Norm u.U. die Abrechenbarkeit des im Gasversorgungsnetz enthaltenen Gases gem. Arbeitsblatt G 685 gefährdet. Um solchen **Schäden vorzubeugen**, wird der Netzbetreiber deshalb bei den Planungen eine **fortlaufende Messung der Zusammensetzung des Biogases** durch einen Gaschromatographen ebenso wie eine Absperrarmatur vorsehen. Letztere blockiert im Bedarfsfall die Übergabe von sog. **Schlechtgas** in den Netzanschluss und bewahrt diesen so vor Schäden. Der Anschlussnehmer bzw. Einspeiser hat für diesen Fall auf eigene Kosten geeignete technische Vorkehrungen zu treffen, um das bereits in der Verbindungsleitung des Netzanschlusses vorhandene Schlechtgas zu beseitigen. Hierzu bietet sich z.B. die Einrichtung einer Fackelanlage oder die Rückführung des Schlechtgases zur erneuten Aufbereitung in der Aufbereitungsanlage an.

! Praxistipp

Netzbetreiber und Anschlussnehmer können auch vereinbaren, dass der Netzbetreiber dem Anschlussnehmer gegen angemessene Kostenbeteiligung die in aller Regel am Netzanschluss geplante Fackelanlage zur Mitnutzung zur Verfügung stellt.

b) Mindesteinspeisekapazität

403 Das Vertragsangebot muss gem. § 33 Abs. 6 S. 3 GasNZV die Zusicherung einer bestimmten garantierten Mindesteinspeisekapazität enthalten. Dabei muss die Höhe der Mindesteinspeisekapazität im Rahmen des technisch Möglichen den Anforderungen des Anschlussnehmers aus dem Netzanschlussbegehren entsprechen. Sinnvoller Weise stimmen Netzbetreiber und Anschlussnehmer im Laufe der Verhandlung des Netzanschlussvertrages die technischen Parameter von Netzanschluss und Biogasaufbereitungsanlage aufeinander ab. Dabei ist von Vorteil, dass die Lieferanten von

Netzanschluss- und Biogasaufbereitungsanlagenkomponenten die jeweiligen Leistungsstufen aufeinander abgestimmt haben. Dabei sind Leistungen von 350 m^3 oder 700 m^3 gängige Größen. Ist der Netzbetreiber hingegen nur bereit, einen Bruchteil der vom Anschlussnehmer begehrten Einspeiseleistung zu garantieren, so kommt dies einer **Anschlussverweigerung** gleich. Garantierte Mindesteinspeisekapazität bedeutet, dass der Netzbetreiber zu jedem Zeitpunkt des Jahres die vom Einspeiser angestellte Gasmenge pro Zeiteinheit in sein Gasversorgungsnetz aufnehmen und transportieren muss, soweit die Gaszusammensetzung und Gasmenge die im Vertrag vereinbarten Parameter nicht verletzt. Aufgrund des Wesens der Garantie ist der Netzbetreiber hierzu **ohne jedwede Einschränkung verpflichtet**. Er darf die vereinbarte Mindesteinspeisekapazität nicht unter einen Vorbehalt stellen, d.h. ihren Fortbestand z.B. nicht von einem unveränderten Abnahmeverhalten der an das Einspeisenetz angeschlossenen Letztverbraucher abhängig machen. Der Netzbetreiber muss für Schäden, die der Anschlussnehmer durch den Wegfall der gem. § 33 Abs. 6 S. 4 GasNZV garantierten Mindesteinspeisekapazität haften. Dies gilt aufgrund der gesetzlichen Garantie unabhängig von einem Verschulden des Netzbetreibers und in unbegrenzter Höhe. Da die Garantie der Mindesteinspeisekapazität nur gegenüber dem Anschlussnehmer bei einer Personenverschiedenheit von Anschlussnehmer und Einspeiser für sich gesehen nicht sinnvoll ist, ist die entsprechende Regelung der GasNZV dahingehend auszulegen, dass der Netzbetreiber am Netzverknüpfungspunkt auch für den Einspeiser eine garantierte Einspeiseleistung zur Verfügung stellen muss.

Um dieser Verpflichtung nachzukommen, muss der Netzbetreiber ggf. kapazitäts- 404
erhöhende Maßnahmen nach § 34 Abs. 2 S. 3 GasNZV ergreifen, auch wenn es nur für wenige Stunden im Jahr an der für die Erfüllung der Garantie über die Mindesteinspeisekapazität erforderlichen Transportkapazität im Gasversorgungsnetz fehlt. Die Vorschrift lässt weder nach ihrem Wortlaut noch nach Sinn und Zweck eine abweichende Auslegung zu.[428] Die **umfassende Privilegierung des Einspeisers von Biogas** durch den Verordnungsgeber verpflichtet deshalb Netzbetreiber mindestens in Ausnahmefällen, kostenträchtige technische Maßnahmen zu ergreifen, um die Garantie zu erfüllen, auch wenn diese in keinem Verhältnis zum tatsächlichen Nutzen stehen. Er darf nicht planmäßig unter Abwägung von Kosten und Nutzen einen Bruch der Garantie über die Mindesteinspeisekapazität einkalkulieren, um die Kosten von kapazitätserweiternden Maßnahmen zu sparen. Verletzt der Netzbetreiber seine Garantie über die Mindesteinspeisekapazität, so ist er dem Anschlussnehmer gegenüber **schadensersatzpflichtig**. Er haftet dem Anschlussnehmer für den Schaden den dieser erleidet, bis die garantierte Mindesteinspeisekapazität wieder verfügbar ist. Dies gilt auch dann, wenn der Netzbetreiber wegen des Handels eines Dritten an der Zurverfügungstellung der Mindesteinspeisekapazität ohne eigenes Verschulden gehindert ist,

428 A.A. Degenhart/Hohlbein/Schomerus/*Konrad*, S. 100 f.

z.B. weil bei Erdarbeiten eine Gasleitung beschädigt wurde. Die dem Netzbetreiber so entstehenden Kosten kann er vom schädigenden Dritten ersetzt verlangen bzw. im Rahmen des § 20b GasNEV in die Biogasumlage einstellen.

405 Streng von der garantierten Mindesteinspeisekapazität zu trennen ist die Verfügbarkeit des Netzanschlusses. Während die Mindesteinspeisekapazität in das Gasversorgungsnetz stets vorhanden sein muss, ist die **Verfügbarkeit des Netzanschlusses nur zu mindestens 96 %** durch den Netzbetreiber sicherzustellen. Da die garantierte Mindesteinspeisekapazität nur das Gasversorgungsnetz betrifft und die Sicherstellung der Verfügbarkeit nur den Netzanschluss, kann hieraus nicht abgeleitet werden, dass die mindestens zu 96 % sicherzustellende Verfügbarkeit des Netzanschlusses die garantierte Mindesteinspeisekapazität negativ beeinflussen kann.[429] Insbesondere kann aus dem Umstand, dass der Netzanschluss ggf zu 4 % eines Kalenderjahres sanktionslos nicht verfügbar sein darf, nicht geschlussfolgert werden, dass im gleichen Umfang die garantierte Mindesteinspeisekapazität nicht zu Verfügung stehen muss. Es ist dem Netzbetreiber nicht möglich, unter Hinweis auf die nur zu mindestens 96 % sicherzustellende Verfügbarkeit des Netzanschlusses planmäßig nur mit einer zu 96 % des Kalenderjahres verfügbaren Mindesteinspeisekapazität zu kalkulieren. Der Netzbetreiber kann nicht anführen, dass der Verordnungsgeber durch die Regelungen über die Verfügbarkeit des Netzanschlusses dem Anschlussnehmer sowieso nur zu 96 % eines Kalenderjahres die Einspeisung sicher ermöglichen wollte, unabhängig davon, auf welches Ereignis der Ausfall der Verfügbarkeit zurückzuführen ist. Dies widerspräche der Natur einer Garantie.

406 Die Mitteilung eines positiven Prüfergebnisses ist für den Netzbetreiber verbindlich.[430] Es bedarf darüber hinaus nicht noch einer ausdrücklich **verbindlichen Anschlusszusage**.

407 Der Netzanschlussvertrag zwischen Netzbetreiber und Anschlussnehmer steht gem. § 33 Abs. 6 S. 3 GasNZV unter der aufschiebenden Bedingung, dass **innerhalb von 18 Monaten** mit dem Bau der Biogasaufbereitungsanlage begonnen wird. Die Regelung soll verhindern, dass Netzkapazitäten dauerhaft durch nicht in Betrieb genommene Biogasaufbereitungsanlagen blockiert werden;[431] gleiches wird für die vom Netzbetreiber für die Verwirklichung des Netzanschlusses erforderlichen Ressourcen gelten. Die Frist beginnt mit dem Abschluss des Netzanschlussvertrages zu laufen. Nicht berücksichtigt werden bei der Fristberechnung Zeiträume, in denen der Anschlussnehmer ohne sein Verschulden gehindert ist, mit dem Bau der Anlage zu beginnen. Die Vorschrift stellt auf den **Beginn des Baus der Anlage** ab, also der Biogasaufbereitungsanlage selbst. Nicht ausreichend ist, wenn lediglich vorbereitende Arbeiten (z.B. Erschließungsarbeiten oder Einfriedungen der zu bebauenden Fläche)

---

429 A.A. Degenhart/Hohlbein/Schomerus/*Konrad*, S. 100 f.
430 BNetzA, Beschl. v. 25.2.2011 – BK7-10-191 – S. 25.
431 BR-Drucks. 312/10, S. 92.

vorgenommen werden. Nicht erforderlich wiederum ist, dass auch mit dem Bau der Biogaserzeugungsanlage(-n) bereits innerhalb dieser Frist begonnen wird.

4. Herstellung des Netzanschlusses und Realisierungsfahrplans

Zusammen mit dem Netzanschlussvertrag haben Netzbetreiber und Anschlussnehmer gem. § 33 Abs. 7 S. 4 GasNZV einen **Realisierungsfahrplan**[432] zu vereinbaren. Deshalb müssen nach dem insoweit eindeutigen Wortlaut der Vorschrift Netzbetreiber und Anschlussnehmer **parallel zum Netzanschlussvertrag** einen Realisierungsfahrplan verhandeln, damit beide Vereinbarungen zeitgleich abgeschlossen werden können.[433] Dies ist schon allein deshalb wenig sachgerecht, weil erst die verbindlichen Vereinbarungen im Netzanschlussvertrag eine solide Basis für die gemeinsam nach Abschluss des Netzanschlussvertrages von Netzbetreiber und Anschlussnehmer durchzuführende gemeinsame Planung bilden. Schließlich sollte der Realisierungsfahrplan sinnvollerweise auf dem Ergebnis der Planungen aufbauen. Da diese aber erst nach Abschluss des Netzanschlussvertrages und Realisierungsfahrplanes beginnen, kann letztgenannter nur ein grober Ablaufplan sein, der stets an die noch zu erarbeitenden Ergebnisse der gemeinsamen Planungen anzupassen ist. Wohl deshalb sieht § 33 Abs. 7 S. 6 GasNZV vor, dass sowohl Netzbetreiber als auch Anschlussnehmer Anspruch auf **Anpassung des Realisierungsfahrplans** haben, soweit veränderte tatsächliche Umstände dies erfordern. Die verbindliche Vereinbarung des Realisierungsfahrplans soll die Planung des Netzanschlusses beschleunigen und Transparenz bei der Realisierung des Netzanschlusses und der Herstellung der gesicherten Einspeisekapazität erreichen.[434] Ob sich der von dem Verordnungsgeber erhoffte Zweck des Realisierungsfahrplanes, die Vermeidung von Verzögerungen bei der Realisierung des Netzanschlusses,[435] einstellt, ist indes aus vorgenannten Erwägungen fraglich. 408

Der **Realisierungsfahrplan** ist ein Plan über 409
- Inhalt,
- zeitliche Abfolge und
- Verantwortlichkeit von Netzbetreiber und Anschlussnehmer

für die einzelnen Schritte zur Herstellung des Netzanschlusses und der gesicherten Einspeisekapazität, einschließlich der Rückspeisung in vorgelagerte Netze.

432 Siehe zum Realisierungsfahrplan auch *Volk*, GWF 2011, S. 157 ff.
433 Vgl. *Volk*, GWF 2011, S. 157 ff.
434 BR-Drucks. 312/10, S. 93.
435 BR-Drucks. 312/10, S. 93.

a) Inhalt des Realisierungsfahrplans

410 Entsprechend § 33 Abs. 7 GasNZV muss der Realisierungsfahrplan **mindestens** Regelungen vorsehen zu:

- Zeitpunkten, zu denen wesentliche Schritte zur Verwirklichung des Netzanschlusses abgeschlossen sein müssen und
- Folgen bei Nichteinhaltung der wesentlichen, insbesondere zeitlichen Vorgaben.

Dabei sind die Zeitpunkte als feste Termine zu verstehen, die zwischen Netzbetreiber und Anschlussnehmer zu verhandeln sind. Hierbei ist jedoch zu berücksichtigen, dass der Netzbetreiber nach § 33 Abs. 7 GasNZV verpflichtet ist, unverzüglich nach Abschluss des Netzanschlussvertrages mit den Planungen zu beginnen und auf deren Grundlage den Netzanschluss **unverzüglich** herzustellen. Deshalb müssen die im Realisierungsfahrplan vereinbarten Termine grundsätzlich einen zügigen Baufortschritt sicherstellen. Allerdings ist es dem Netzbetreiber und Anschlussnehmer möglich, einvernehmlich auch einen weniger ambitionierten Terminplan zu vereinbaren.

411 Sofern Netzbetreiber und Anschlussnehmer nichts Abweichendes vereinbaren, können wesentliche Schritte zur Verwirklichung des Netzanschlusses gem. § 33 Abs. 7 S. 8 GasNZV insbesondere sein:

- der Erwerb dinglicher Rechte oder langfristiger schuldrechtlicher Ansprüche, die die Nutzung der für das Netzanschlussvorhaben benötigten Grundstücke ermöglichen,
- die Beantragung der für den Netzanschluss erforderlichen behördlichen Genehmigungen,
- die Freigabe der Netzanschlussarbeiten durch den Anschlussnehmer,
- das Bestellen der erforderlichen Anschlusstechnik,
- der Beginn der Baumaßnahmen,
- die Fertigstellung der Baumaßnahmen sowie
- der Zeitpunkt der Inbetriebnahme des Netzanschlusses.

! **Praxistipp**
Sinnvollerweise nehmen Netzbetreiber und Anschlussnehmer auch noch Regelungen über die gemeinsam vorzunehmenden Planungen des Netzanschlusses in den Realisierungsfahrplan mit auf.

---

412 Der Realisierungsfahrplan ist vom Netzbetreiber unverzüglich der Regulierungsbehörde vorzulegen.[436]

413 Nach § 33 Abs. 7 S. 5 GasNZV hat der Realisierungsfahrplan für den Fall der Nichteinhaltung seiner Vorgaben angemessene Folgen vorzusehen. Was diese **Folgen** beinhalten sollen, **lässt die Verordnung offen**. Denkbar ist, dass Maßnahmen zur Aufholung eines eingetretenen Zeitverzuges oder auch Vertragsstrafen vereinbart

436 § 33 Abs. 7 S. 9 GasNZV.

werden. Die Folgen können sowohl den Netzbetreiber als auch den Anschlussnehmer treffen. Da aber der Netzbetreiber sowohl für die Planung als auch den Bau des Netzanschlusses verantwortlich ist (vgl. § 33 Abs. 7 S. 1 und 3 GasNZV), ist er immer stärker betroffen. Dies reflektiert auch § 33 Abs. 7 S. 8 Nr. 1 bis 7 GasNZV, der die Erfüllung wesentlicher Schritte auf dem Weg zur Verwirklichung des Netzanschlusses dem Netzbetreiber zuweist.

§ 33 Abs. 7 S. 12 GasNZV sieht für den Fall, dass der im Realisierungsfahrplan vor- 414
gesehene Zeitpunkt der *„Inbetriebnahme der Anlage"* aus vom Netzbetreiber zu vertretenen Gründen überschritten wird, Sanktionen zu Lasten des Netzbetreibers vor. Entgegen der ausdrücklichen Formulierung von § 33 Abs. 7 S. 12 GasNZV, der auf die Inbetriebnahme der *„Anlage"* abstellt, kommt es auf die Inbetriebnahme des **Netzanschlusses** an.[437] Denn mit **Anlage** beschreibt die GasNZV nach der Legaldefinition des § 32 Nr. 3 GasNZV die Biogasaufbereitungsanlage. Im Realisierungsfahrplan geht es indes um die Herstellung des hiervon zu trennenden **Netzanschlusses**, dessen Inbetriebnahmezeitpunkt im Realisierungsfahrplan fixiert wird. Zudem hat der Netzbetreiber keinerlei Einfluss auf die Inbetriebnahme der Biogasaufbereitungsanlage, da diese gerade nicht in den Verantwortungsbereich des Netzbetreibers fällt.

Wird also richtigerweise der im Realisierungsfahrplan festgelegte Zeitpunkt der 415
Inbetriebnahme des Netzanschlusses aus vom Netzbetreiber zu vertretenen Gründen überschritten, sieht § 33 Abs. 7 S. 12 GasNZV vor, dass der **Anspruch** des Netzbetreibers auf den vom Anschlussnehmer zu tragenden **Kostenanteil für den Netzanschluss erlischt**, – also in aller Regel 250.000 € – soweit nicht der Kostenanteil des Anschlussnehmers für den Leitungsabschnitt zwischen einem und zehn Kilometern betroffen ist. Etwaige Vorschusszahlungen des Anschlussnehmers sind diesem vom Netzbetreiber zu erstatten. Der Netzbetreiber darf die hieraus resultierenden Kosten zudem nicht auf seine Netzentgelte umlegen.[438] Der Vorordnungsgeber führt zur Begründung dieser Regelung an, dass sichergestellt werde, dass dem Anlagenbetreiber im Fall der Überschreitung des Inbetriebnahmezeitpunktes unvermeidbare Betriebskosten bzw. entgangene Einnahmen erstattet werden.[439] Da indes zivilrechtliche Schadensersatzansprüche des Anschlussnehmers wegen verzögerter Einspeisung von Biogas gegen den Netzbetreiber für diesen Fall gerade nicht ausgeschlossen sind, bleibt der Netzbetreiber hierneben ggf. zum Schadensersatz verpflichtet. Der Regelung kommt daher strafähnlicher Charakter zu und gewährt dem Anschlussnehmer für den Fall einer vom Netzbetreiber zu vertretenden verzögerten Fertigstellung des Netzanschlusses eine Überkompensation seiner Schäden. Um den hiermit einhergehenden Risiken zu entgehen, wird der Netzbetreiber in seine Realisierungsfahrpläne realistische, aber zugleich großzügige Realisierungszeiträume einplanen.

437 Hiervon geht auch die Verordnungsbegründung aus, vgl. BR-Drucks. 312/10, S. 93.
438 § 33 Abs. 7 S. 12, 2. Hs. GasNZV.
439 BR-Drucks. 312/10, S. 93.

b) Planung des Netzanschlusses

416 Nach Abschluss des Netzanschlussvertrages hat der Netzbetreiber unverzüglich mit der Planung des Netzanschlusses zu beginnen; § 33 Abs. 7 S. 1 GasNZV. Ist die Planung abgeschlossen und hat der Anschlussnehmer seine nach dem Realisierungsfahrplan vorgesehene Freigabe der Netzanschlussarbeiten erteilt, ist der Netzanschluss unverzüglich zu errichten; § 33 Abs. 7 S. 3 GasNZV. Die Errichtung des Netzanschlusses muss der Netzbetreiber nicht selbst vornehmen. Er kann sich gem. § 33 Abs. 7 S. 1 GasNZV auch **eines Dritten bedienen.** Dies gilt bei sachgerechter Auslegung der Vorschrift ebenso für die Planung des Netzanschlusses, auch wenn sich § 33 Ab. 7 S. 3 ausdrücklich nur auf den Bau bezieht.

417 An den Planungen des Netzanschlusses hat der Netzbetreiber den Anschlussnehmer zu beteiligen, da diese gem. § 33 Abs. 7 S. 1 GasNZV in Zusammenarbeit vorzunehmen sind. Hieraus folgt, dass dem Anschlussnehmer die Planungsunterlagen offenzulegen sind und dessen berechtigte Interessen in den Planungen Niederschlag finden müssen. Dies gilt auch für solche Bestandteile des Netzanschlusses, für die allein der Netzbetreiber die Kosten zu tragen hat, weil sie nur in dessen Verantwortungsbereich fallen[440] wie z.B. technische Einrichtungen wie die Konditionierungsanlage zur Einhaltung des DVGW-Arbeitsblattes G 685. Schließlich sind auch diese Komponenten Bestandteil des Netzanschlusses. In welcher **Detailtiefe** Netzbetreiber und Anschlussnehmer die Planungen miteinander abstimmen, ist den Vereinbarungen der **Parteien selbst überlassen**. Sie können vereinbaren, dass die Planungen die technischen Komponenten nur funktional beschreiben oder aber gleich ganz spezifisch die Komponenten konkreter Hersteller benennen. Sind die Planungen abgeschlossen und haben sich Netzbetreiber und Anschlussnehmer auf ein Planungsergebnis geeinigt, kann dieses nicht einseitig ohne Rücksprache abgeändert werden.

418 Dem Anschlussnehmer gegenüber muss der Netzbetreiber die **Kosten für Planung und Bau** des Netzanschlusses **offenlegen**; § 33 Abs. 7 S. 10 GasNZV. Diese Regelung dient dazu, dem Anschlussnehmer die Möglichkeit zu eröffnen, nachzuvollziehen, welche Anschlusskosten entstanden sind, die er **anteilig mitzutragen** hat.[441]

c) Herstellung und Kosten des Netzanschlusses

419 Die Herstellung des Netzanschlusses obliegt nach Maßgabe des Netzanschlussvertrages und des Realisierungsfahrplans dem Netzbetreiber. Er kann sich hierzu aber eines **Dritten** (oder mehrerer Dritter) bedienen; § 33 Abs. 7 S. 1 GasNZV. Dies wird der Regelfall sein, da Netzbetreiber aufgrund der **Komplexität der Netzanschlüsse** nicht zwingend über das notwendige Fachwissen, Personal und technische Ausrüstung verfügen, um einen Netzanschluss für die Einspeisung von Biogas ohne die

---

440 Vgl. hierzu BNetzA, Beschl. v. 25.2.2011 – BK7-10-191 – S. 34.

441 BNetzA, Beschl. v. 25.2.2011 – BK7-10-191 – S. 34 f.; ebenso *Volk*, GWF 2010, S. 381.

Hinzuziehung von externer Expertise zu errichten. Der Netzanschluss steht gem. § 33 Abs. 1 S. 5 GasNZV zudem immer im Eigentum des Netzbetreibers.

Die **Kosten** der Herstellung des Netzanschlusses hat gem. § 33 Abs. 1 S. 2 GasNZV der **Netzbetreiber grundsätzlich zu 75 %** zu tragen. Der **Anschlussnehmer** trägt grundsätzlich **die verbleibenden 25 %** der Netzanschlusskosten, § 33 Abs. 1 S. 3 GasNZV. 420

Bei Netzanschlüssen einschließlich Verbindungsleitung mit einer Länge von bis zu einem Kilometer werden die Kosten abweichend von der grundsätzlichen Kostenverteilung für den Anschlussnehmer der Höhe nach auf einen **absoluten Betrag von 250.000 € gedeckelt** (§ 33 Abs. 1 S. 3 GasNZV). Anschlussnehmer tragen für Netzanschlüsse bis zu einem Kilometer Länge also nie mehr als 250.000 € Netzanschlusskosten. Nach Auffassung der BNetzA gilt der Kostendeckel des § 33 Abs. 1 S. 3 GasNZV auch dann, wenn der Netzanschluss insgesamt die Länge von einem Kilometer überschreitet, stets für den ersten Kilometer des Gesamtanschlusses. Für die darüber hinaus gehende Länge gilt demnach der Kostenschlüssel des § 33 Abs. 1 S. 1 GasNZV, wonach der Netzbetreiber 75 % und der Anschlussnehmer 25 % der Netzanschlusskosten zu tragen haben. Obgleich dies dem Wortlaut nicht zu entnehmen ist, gilt im Umkehrschluss, dass der Netzbetreiber die darüber hinaus entstehenden Kosten und damit ggf. einen Anteil von mehr als 75 % der Gesamtkosten des Netzanschlusses zu tragen hat. Letzteres ist sehr häufig der Fall, denn die Kostenverteilung von ¼ zulasten des Anschlussnehmers und ¾ zulasten des Netzbetreibers kommt nur solange zum Tragen, wie der Netzanschluss nicht eine Investition von mehr als 1 Mio. € erfordert. Gegenteiliges ist aber in aller Regel der Fall, weshalb die Deckelung von 250.000 € zugunsten des Anschlussnehmers eingreift. 421

Eine weitere Ausnahme von der grundsätzlichen Kostenverteilung gilt für den Fall, dass der Netzanschluss eine **Länge von zehn Kilometern überschreitet**. Dann trägt allein der Anschlussnehmer die Mehrkosten für die über die Länge von zehn Kilometern hinausgehende Verbindungsleitung.[442] Die Regelung soll Anreize für eine Optimierung der Standortwahl durch den Anschlussnehmer setzen.[443] 422

Nicht alle mit der Planung und Herstellung des Netzanschlusses einhergehenden Kosten unterfallen der Kostenteilung zwischen Netzbetreiber und Anschlussnehmer. Der **Kostenteilung unterfallen mindestens** die Bestandteile des Netzanschlusses gem. § 32 Nr. 2 GasNZV: 423

- die Herstellung der Verbindungsleitung, die die Biogasaufbereitungsanlage mit dem bestehenden Gasversorgungsnetz verbindet,
- die Anbindung an das bestehende Gasversorgungsnetz,
- die Sicherheitsabsperreinrichtungen,

442 Laut Biogas-Monitoringbericht 2011 der BNetzA, S. 29, gab es bei keiner der Anlagen eine Verbindungsleitung von über zehn Kilometern Länge.
443 BR-Drucks. 312/10, S. 91.

- die Gas-Druckregel-und Messanlage,
- die Prozessleit- und Steuertechnik,
- die Einrichtungen zur ggf. erforderlichen Druckerhöhung, um das Biogas in das Gasversorgungsnetz einspeisen zu können (Verdichteranlage zur Netzeinspeisung) und
- die eichfähige Messung des einzuspeisenden Biogases

und darüber hinaus die Planungskosten für die Herstellung des Netzanschlusses gem. § 33 Abs. 7 S. 2 GasNZV.

424 Nicht der Kostenteilung unterfallen und allein vom Netzbetreiber zu tragen sind:
- Kosten für die Odorierung des Biogases,
- wirtschaftlich zumutbare Maßnahmen zur Erhöhung der Kapazität im Netz, um die ganzjährige Einspeisung zu gewährleisten und die Nachfrage nach Transportkapazitäten für Biogas zu befriedigen, sofern diese technisch notwendig sind, d.h. insbesondere die Rückspeisung von Biogas in vorgelagerte Netze und Einrichtungen zur Deodorierung und Trocknung des Biogases.

Sofern **innerhalb von zehn Jahren** nach dem Netzanschluss **weitere Anschlüsse** hinzukommen, hat der Netzbetreiber gem. § 33 Abs. 1 S. 6 GasNZV die Kosten so aufzuteilen, wie sie bei gleichzeitigem Netzanschluss verursacht worden wären.[444] Den Anschlussnehmern ist ein zu viel gezahlter Betrag zu erstatten.

d) Verfügbarkeit und Betrieb des Netzanschlusses

425 Der Netzbetreiber ist gem. § 33 Abs. 2 S. 1 GasNZV für den laufenden Betrieb und die Wartung des Netzanschlusses verantwortlich. Die Kosten hierfür trägt allein der Netzbetreiber; es findet also – anders als bei den Kosten der Herstellung des Netzanschlusses – **keine Aufteilung der Kosten für Betrieb und Wartung** zwischen Anschlussnehmer und Netzbetreiber statt.

426 Der Netzbetreiber hat gem. § 33 Abs. 2 S. 1 Hs. 1 GasNZV im laufenden Betrieb eine **Verfügbarkeit von mindestens 96 %** für den Netzanschluss sicherzustellen. Er hat durch eine geeignete Planung, Auslegung und Wartung der technischen Komponenten des Netzanschlusses i.S.v. § 32 Nr. 2 GasNZV dafür zu sorgen, dass diese in einem Zeitraum von mindestens 96 % eines Kalenderjahres die von dem Einspeiser angestellten Gasmengen aufnehmen und in das Gasversorgungsnetz einspeisen kann. Dies gilt natürlich nur solange, wie der Einspeiser keinen Gasstrom jenseits der im Netzanschlussvertrag vereinbarten Mindesteinspeisekapazität übergeben will und die abgestimmte Gasqualität eingehalten wird. Eine solch hohe Verfügbarkeit stellt den den Netzanschluss planenden Netzbetreiber vor erhebliche Herausforderungen. Denn er muss nicht nur sehr zuverlässige technische Komponenten für den Netzan-

444 Eine vergleichbare Regelung findet sich in § 9 Abs. 3 NDAV für das Hinzukommen von Netzanschlüssen an Gasversorgungsnetze der allgemeinen Versorgung.

schluss auswählen, sondern zugleich ihr möglichst reibungsloses Zusammenspiel sicherstellen. Dies macht vielfach die kostenträchtige redundante Auslegung von Teilen des Netzanschlusses wie z.B. der Verdichtereinheit notwendig. Hervorzuheben ist, dass die Verpflichtung zur Sicherstellung einer Verfügbarkeit des Netzanschlusses von mindestens 96 % nicht bedeutet, dass tatsächlich mindestens 96 % des vom Einspeiser während eines Kalenderjahres zur Einspeisung angestellten Biogases in das Gasversorgungsnetz aufgenommen werden. Denn die **Mindestverfügbarkeit** von 96 % ist i**n zeitlicher Hinsicht zu betrachten** und im Hinblick auf die Einspeisung einer bestimmten Gasmenge pro Zeiteinheit. Mit anderen Worten hat der Netzbetreiber sicherzustellen, dass der Netzanschluss eine mindestens 96 %ige Ausnutzung der garantierten Mindesteinspeisekapazität möglich macht. Deshalb ist es durchaus möglich, dass ein Einspeiser beispielsweise nur 92 % der rechnerisch möglichen Gasmenge pro Kalenderjahr einspeist, ohne dass der Netzbetreiber seine Pflicht aus § 33 Abs. 2 S. 1, 1. Hs. GasNZV verletzt hat. Dies ist dann der Fall, wenn die Aufbereitungsanlage zu einem Zeitpunkt ausfällt, zu dem der Netzanschluss verfügbar ist. Um eine möglichst große Menge an aufbereitetem Biogas einzuspeisen, ist es deshalb sinnvoll, wenn Netzbetreiber und Anlagenbetreiber Wartungsarbeiten aufeinander abstimmen und einen zeitgleichen Anlagenstillstand ermöglichen.

Die dauerhafte und hohe Verfügbarkeit des Netzanschlusses ist aus der Sicht des 427
Verordnungsgebers für den Anlagenbetreiber von wesentlicher Bedeutung. Er führt hierzu in der Begründung aus, dass eine hohe Verfügbarkeit entscheidend sei, um einen wirtschaftlichen Betrieb einer Biogasaufbereitungsanlage zu gewährleisten. Diese Festlegung der Verfügbarkeit berücksichtige Ausfallzeiten zur Behebung technischer Mängel oder Schäden entsprechend dem Stand der Technik bei wirtschaftlich angemessenen Realisierungskosten für den Netzanschluss und garantiere dem Biogaseinspeiser die Verfügbarkeit für den wirtschaftlichen Betrieb der Aufbereitungsanlage.[445] Danach dient die Regelung dem Schutz des Anlagenbetreibers. Gelingt es dem Netzbetreiber nicht, eine Verfügbarkeit des Netzanschlusses von mindestens 96 % während eines Kalenderjahres sicherzustellen, ist er dem Anlagenbetreiber bzw. Einspeiser zum **Schadensersatz verpflichtet**. Soweit hierüber in dem Netzanschlussvertrag oder einem ggf. abgeschlossenen Einspeisevertrag keine speziellen vertraglichen Vereinbarungen geschlossen wurden, gelten die Regelungen des BGB. Ob der Netzbetreiber im Fall der Nichteinhaltung der Mindestverfügbarkeit zum Schadensersatz verpflichtet ist, bestimmt sich dabei nach § 276 BGB. In diesem Zusammenhang ist klarzustellen, dass § 33 Abs. 2 S. 1 GasNZV ausdrücklich keine Übernahme einer Garantie durch den Netzbetreiber vorsieht. Die Regelung enthält **keine Garantie des Netzbetreibers** im Sinne einer Haftung für unverschuldete Nichteinhaltung der Verfügbarkeit. Dies zeigt auch der Vergleich mit der Regelung über die

445 BR-Drucks. 312/10, S. 91 f.

Mindesteinspeisekapazität, die der Netzbetreiber ausweislich des Wortlauts des § 33 Abs. 6 S. 4 GasNZV zu garantieren hat.

! **Praxistipp**
Es stellt keinen Widerspruch zu § 33 GasNZV dar, wenn Netzbetreiber in dem Netzanschlussvertrag die Haftung unter Berücksichtigung der zivilrechtlichen Haftungsgrundsätze für einfache Fahrlässigkeit vertraglich begrenzen. Eine solche **Haftungsbeschränkung** kann sich dabei am Wortlaut des § 18 NDAV orientieren.

---

428 Im Hinblick auf § 33 Abs. 2 S. 1 GasNZV ist § 51 Abs. 1 Nr. 3 GasNZV zu beachten. Nach § 51 Abs. 1 Nr. 3 GasNZV handelt ordnungswidrig, *„wer entgegen § 33 Abs. 2 Satz 1 die Verfügbarkeit des Netzanschlusses nicht sicherstellt"*. Der Netzbetreiber setzt sich demnach der Gefahr der Einleitung eines Ordnungswidrigkeitenverfahrens aus, wenn er die verordnete Mindestverfügbarkeit des Netzanschlusses vorsätzlich oder fahrlässig nicht sicherstellt. Der Verordnungsgeber hat durch die **Einführung des Bußgeldtatbestandes** deutlich gemacht, dass die Vorschriften der GasNZV zur Biogaseinspeisung nicht nur dem Schutz des Anlagenbetreibers dienen, sondern auch die Einspeisung regenerativer Energien im Interesse der Allgemeinheit fördern sollen.[446] Durch welche Maßnahmen der Netzbetreiber die erwartete Verfügbarkeit sicherstellt, obliegt allein seiner Entscheidung. Er muss bei der Wahl der Mittel aber berücksichtigen, dass er bei Bau und Betrieb des Netzanschlusses die Grundsätze einer effizienten Leistungserbringung einzuhalten hat; § 33 Abs. 7 S. 11 GasNZV.

e) Betriebs- und Wartungskosten

429 Die Betriebs- und Wartungskosten des Netzanschlusses trägt alleine der Netzbetreiber; vgl. § 33 Abs. 2 S. 1 GasNZV. Auch hierbei muss der Netzbetreiber die Grundsätze einer effizienten Leistungserbringung einhalten; § 33 Abs. 7 S. 11 GasNZV. Den Anschlussnehmer kann er hieran nicht beteiligen. Der Netzbetreiber erhält jedoch seine Kosten durch den **Biogas-Kostenwälzungsmechanismus** erstattet.

IV. Vorrangiger Netzzugang gem. § 34 GasNZV

430 Nach § 34 Abs. 1 GasNZV sind Netzbetreiber verpflichtet, Einspeiseverträge und Ausspeiseverträge vorrangig mit Transportkunden von Biogas abzuschließen. Voraussetzung ist, dass das Biogas netzkompatibel i.S.d. § 36 Abs. 1 GasNZV ist;[447] andernfalls kann der Netzbetreiber den Netzzugang verweigern.

---

446 BR-Drucks. 312/10, S. 109.
447 Zur erforderlichen Gasqualität Rn 398 ff.

Transportkunden von Biogas haben für den Netzzugang **folgende Verträge abzuschließen:** 431
- einen Einspeisevertrag mit dem Netzbetreiber, in dessen Netz eingespeist wird,
- einen Ausspeisevertrag mit dem Netzbetreiber, aus dessen Netz ausgespeist werden soll, und
- einen Bilanzkreisvertrag.

Immer, wenn ein Einspeiser von Biogas den Netzzugang seines Biogases wünscht, ist dieser ihm zu gewähren, solange überhaupt ein Transport von Gas durch die Gasversorgungsnetze möglich ist. In letzter Konsequenz kann dies bedeuten, dass der Netzbetreiber alle Transportanfragen für Erdgas zurückstellen muss und ausschließlich Biogas im Gasversorgungsnetz transportiert wird.

V. Vermiedene Netzkosten

Der Verordnungsgeber hat im Zusammenhang mit der Einspeisung von Biogas in 432 Gasversorgungsnetze in die GasNEV eine **pauschale Vergütungsregelung** zugunsten der Transportkunden von Biogas aufgenommen. Diese erhalten nach § 20a GasNEV vom Netzbetreiber, in dessen Netz sie unmittelbar aufbereitetes Biogas einspeisen, ein pauschales Entgelt in Höhe von 0,007 €/kWh eingespeisten Biogases. Diese pauschale Vergütung ist **auf einen Zeitraum von zehn Jahren** ab erstmaliger Inbetriebnahme des Netzanschlusses **begrenzt**. Sie wird gezahlt, um die durch den Netzbetreiber wegen der Einspeisung von Biogas vermiedenen Netzkosten gegenüber vorgelagerten Netzbetreibern dem Transportkunden zugutekommen zu lassen. Dabei ist den Gesetzesmaterialien zu entnehmen, dass die Vergütungsregelung nicht die tatsächlich durch die Einspeisung von aufbereiteten Biogas gegenüber vorgelagerten Netzbetreibern ersparten Netznutzungsentgelte erstatten sollen.[448] Vielmehr hat der Verordnungsgeber sich bewusst entschieden, mit der Regelung die Einspeisung von Biogas zu fördern und einen erhöhten Erstattungsbetrag zahlen zu lassen. Deshalb ist die Höhe des pauschalierten Entgeltes einer jährlichen Überprüfung durch die BNetzA unterworfen (§ 20a S. 3 GasNEV i.V.m. § 37 GasNZV).[449]

Die durch die Vergütungsregelung dem Netzbetreiber entstehenden Kosten kann 433 dieser in den Biogas-Kostenwälzungsmechanismus einstellen (§ 20b GasNEV).

448 BR-Drucks. 24/08, S. 3.

449 Zu den Ergebnissen des Jahres 2012 siehe Biogas-Monitoringbericht 2012 der BNetzA (Bericht der BNetzA gem. § 37 GasNZV).

VI. Erweiterter Bilanzausgleich gem. § 35 GasNZV

434 Die Ein- und Ausspeisung von Biogas wird gem. § 35 GasNZV über besondere Biogas-Bilanzkreise abgewickelt. Hierzu haben Marktgebietsverantwortliche gem. § 35 Abs. 1 GasNZV einen **erweiterten Bilanzausgleich** anzubieten. Die §§ 22, 23 und 25 GasNZV finden gem. § 35 Abs. 9 GasNZV keine Anwendung auf den erweiterten Bilanzausgleich, soweit § 35 GasNZV wiederum nicht ausdrücklich auf diese verweist.

! **Praxistipp**
Die Verbände BDEW, VKU und GEODE haben einen gemeinsamen Leitfaden Bilanzierung Biogas erarbeitet und abgestimmt, der nach Maßgabe des § 3 der KoV IV von Netzbetreibern und Marktgebietsverantwortlichen anzuwenden ist. Der Leitfaden ist abrufbar unter www.bdew.de.

---

1. Biogas-Bilanzkreisvertrag

435 Der erweiterte Bilanzausgleich ist gem. § 35 Abs. 2 S. 1 GasNZV von Marktgebietsverantwortlichen für Bilanzkreisverträge anzubieten, in die der Bilanzkreisverantwortliche ausschließlich Biogasmengen einbringt (**besonderer Biogas-Bilanzkreisvertrag**). Dabei erfolgt der Austausch von Gasmengen zwischen Bilanzkreisen nach § 22 GasNZV sowie die Verrechnung von Differenzmengen zwischen diesen besonderen Biogas-Bilanzkreisverträgen. § 35 Abs. 2 S. 3 GasNZV lässt zudem die **Übertragung von Biogasmengen** aus Biogas-Bilanzkreisen in Erdgasbilanzkreise zu. Die Übertragung von Gasmengen aus Erdgasbilanzkreisen in Biogas-Bilanzkreise ist hingegen unzulässig. Dies ist notwendig, um eine eindeutige Zuordnung und Erfassung von Biogasmengen zu Zwecken der Abrechnung und Vergütung zu ermöglichen und Missbrauch zu vermeiden.[450] Daher gilt der Ausschluss der Übertragung von Gasmengen aus Erdgasbilanzkreisen in Biogas-Bilanzkreise auch für solche Gasmengen in Erdgasbilanzkreisen, die zuvor aus Biogas-Bilanzkreisen in Erdgasbilanzkreise übertragen wurden. Eine Pflicht zur Einbringung von Biogasmengen in Biogas-Bilanzkreisverträge besteht nicht.

! **Praxistipp**
In Biogas-Bilanzkreise können Einspeisepunkte nur dann eingebracht werden, wenn es sich um Einspeisepunkte von Biogasanlagen handelt.

---

436 Für jeden Biogas-Bilanzkreis ist – ebenso wie bei Erdgasbilanzkreisen – ein **Bilanzkreisverantwortlicher** gegenüber dem Marktgebietsverantwortlichen zu benennen. Biogas-Bilanzkreise können als Unterbilanzkreis einem anderen Bilanzkreis zugeordnet sein. Zum Zwecke der Saldierung und einheitlichen Abrechnung können mehrere Bilanzkreisverantwortliche zudem ihre Biogas-Bilanzkreise über einen **Rechnungs-**

450 BR-Drucks. 312/10, S. 95.

bilanzkreis verbinden. Für solche verbundenen Biogas-Bilanzkreise gilt einheitlich der **Flexibilitätsrahmen von 25 %.**

Ein **besonderer Biogas-Bilanzkreisvertrag** beinhaltet gem. § 35 Abs. 3 GasNZV einen Bilanzierungszeitraum von zwölf Monaten und einen Flexibilitätsrahmen von 25 %. 437

a) Bilanzierungszeitraum

Der Bilanzierungszeitraum umfasst gem. § 35 Abs. 3 GasNZV zwölf Monate, mithin ein Jahr. Die GasNZV schreibt dabei nicht vor, dass der Bilanzierungszeitraum mit dem Kalenderjahr identisch sein muss. Indes ist im EEG das Kalenderjahr für die Einspeisung und Vergütung von Strom maßgeblich, so dass dies auf den Bilanzierungszeitraum für Biogas-Bilanzkreise ausstrahlt. Entsprechend eröffnet § 35 Abs. 3 S. 3 GasNZV die Möglichkeit, dass der Marktgebietsverantwortliche und der Bilanzkreisverantwortliche einen ersten Bilanzierungszeitraum von weniger als zwölf Monaten (**Rumpfbilanzierungszeitraum**) vereinbaren. Hierdurch kann der Bilanzierungszeitraum insbesondere mit dem Kalenderjahr harmonisiert werden. 438

Praxistipp !

Der Rumpfbilanzierungszeitraum ist zwischen dem Marktgebietsverantwortlichen und dem Bilanzkreisverantwortlichen stets im Voraus zu vereinbaren.

---

b) Flexibilitätsrahmen

Nach § 35 Abs. 3 GasNZV hat ein besonderer Biogas-Bilanzkreisvertrag neben einem Bilanzierungszeitraum von zwölf Monaten einen **Flexibilitätsrahmen** von 25 % vorzusehen. Dabei bezieht sich der Flexibilitätsrahmen auf die kumulierte – positive oder negative – Abweichung der eingespeisten von der ausgespeisten Biogasmenge innerhalb des Bilanzierungszeitraums. 439

Bezugsgröße für den Flexibilitätsrahmen ist nach der Verordnungsbegründung[451] **die physisch ein- oder ausgespeiste Jahresmenge.** Der konkrete Flexibilitätsrahmen kann infolge der Bezugnahme auf die physisch eingespeiste Jahresmenge daher erst nach Abschluss des Bilanzierungszeitraums endgültig ermittelt werden. 440

Praxistipp !

Für die Ermittlung des Flexibilitätsrahmens können nur die physischen Biogaseinspeisemengen der Einspeisepunkte von Biogasanlagen herangezogen werden. Am virtuellen Punkt oder zwischen Marktgebieten übertragene Biogasmengen können für die Ermittlung des Flexibilitätsrahmens nicht berücksichtigt werden.

---

451 BR-Drucks. 312/10, S. 95.

441 Vor Beginn eines Bilanzierungszeitraums ist der Bilanzkreisverantwortliche gem. § 35 Abs. 4 GasNZV verpflichtet, den Marktgebietsverantwortlichen über die voraussichtlichen Ein- und Ausspeisemengen sowie über den prognostizierten zeitlichen Verlauf der Ein- und Ausspeisemengen im Bilanzierungszeitraum zu informieren. An die Prognose des zeitlichen Verlaufs der Ein- und Ausspeisemengen ist der Bilanzkreisverantwortliche nicht gebunden.

c) Übertragung von Flexibilität

442 Durch die Bezugnahme auf die physischen Einspeisemengen für die Ermittlung des Flexibilitätsrahmens wird gewährleistet, dass durch die Übertragung von Biogasmengen in andere Biogas-Bilanzkreise **keine zusätzlichen Flexibilitäten** geschaffen werden. Allerdings haben Bilanzkreisverantwortliche die Möglichkeit, nach Abschluss eines Bilanzierungszeitraums die auf Basis physischer Biogaseinspeisemengen ermittelten absoluten **Flexibilitäten** in andere Biogas-Bilanzkreise zu **übertragen.** Bestünde diese Möglichkeit nicht, stünde im Falle der Übertragung von Biogasmengen die Flexibilität nicht in dem Biogas-Bilanzkreisvertrag zur Verfügung, aus dem die Ausspeisung des Biogases erfolgt.

! **Praxistipp**

Voraussetzung für die Übertragung von Flexibilitäten zwischen Biogasbilanzkreisen ist, dass deren Bilanzierungszeiträume am gleichen Tag enden. Für Biogas-Bilanzkreise ist das Kalenderjahr daher ein sinnvoller und zweckmäßiger Bilanzierungszeitraum.

---

443 Eine **Übertragung nicht genutzter Flexibilitäten** über den Bilanzierungszeitraum hinaus auf einen Folgezeitraum ist nicht möglich.[452]

2. Entgelt für den erweiterten Bilanzausgleich

444 Bilanzkreisverantwortliche haben gem. § 35 Abs. 8 GasNZV an den Marktgebietsverantwortlichen für den erweiterten Bilanzausgleich ein pauschales Entgelt in Höhe von 0,0001 €/kWh zu zahlen. Die **Pauschalierung des Entgeltes** soll die Biogaseinspeisung unter Kostengesichtspunkten erleichtern; die Kosten des erweiterten Bilanzausgleichs liegen tatsächlich allerdings höher.[453] Die Differenz zwischen der von den Bilanzkreisverantwortlichen gezahlten Pauschale und den tatsächlichen Kosten des erweiterten Bilanzausgleichs kann der Netzbetreiber im Rahmen der **Biogas-Kostenwälzung** innerhalb des Marktgebietes umlegen.

---

452 BDEW/VKU/GEODE-Leitfaden Bilanzierung Biogas, Stand: 30.6.2011, abrufbar unter www.bdew.de

453 BR-Drucks. 312/10, S. 95 f.

VII. Biogas-Kostenwälzung

Durch die Einspeisung von Biogas werden Netzbetreiber mit erheblichen Kosten belastet. Um eine verhältnismäßig gleichmäßige Verteilung dieser Kosten zu erreichen und eine punktuelle Erhöhung der Netzentgelte in einzelnen Einspeisenetzen zu vermeiden, ist in § 20b GasNEV ein **Wälzungsmechanismus** eingefügt worden. Danach werden die den Netzbetreibern im Zusammenhang mit der Biogaseinspeisung entstehenden Kosten auf alle Netze innerhalb des Marktgebietes, in dem das Netz des Einspeisenetzbetreibers liegt, umgelegt. Dem einzelnen Netzbetreiber sollen darüber hinaus keine Kosten entstehen. Der Wälzungsmechanismus wurde durch die Gasnetzbetreiber in der sog. Kooperationsvereinbarung zwischen den Betreibern von in Deutschland gelegenen Gasversorgungsnetzen (Kooperationsvereinbarung V)[454] in § 7 in eine handhabbare Regelung überführt. Die sog. **Biogasumlage** wird allen Ausspeisungen aus deutschen Gasversorgungsnetzen (Fernleitungs- und Verteilernetze) mit Ausnahme der Ausspeisungen zu Speichern und zu anderen Marktgebieten bzw. an Grenzübergangspunkten belastet. 445

1. Kostenerstattung

Die Biogaseinspeisenetzbetreiber, die mit Kosten belastet werden, melden jeweils ihre prognostizierten Biogasplankosten i.S.d. § 20b GasNEV für das Folgejahr an den jeweiligen marktgebietsaufspannenden Netzbetreiber bis zum 31.8. eines jeden Jahres (sog. **Hochmeldung**). Hierzu prognostizieren sie die für das nächste Jahr sicher erwarteten Biogaskosten und ermitteln die im zurückliegenden Jahr tatsächlich aufgewandten Biogaskosten. Darüber hinaus prognostiziert der jeweilige **Marktgebietsverantwortliche** (GASPOOL Balancing Services GmbH bzw. NetConnect Germany GmbH & Co. KG) für das Folgejahr die Kosten für den erweiterten Bilanzausgleich für Biogas-Bilanzkreise abzüglich der von den Biogas-Bilanzkreisverantwortlichen zu zahlenden Pauschale für den in Anspruch genommenen Flexibilitätsrahmen und meldet diese Kosten ebenfalls an die marktgebietsaufspannenden Netzbetreiber seines jeweiligen Marktgebietes. Diese Meldungen erfolgen zugleich auch an die BNetzA. Der marktgebietsaufspannende Netzbetreiber teilt die ihm gemeldeten prognostizierten Biogaskosten jeweils in 12 gleiche Monatsbeträge auf und erstattet diese den betreffenden Einspeisenetzbetreibern in dem der Hochmeldung folgenden Kalenderjahr in Form von monatlichen Abschlagszahlungen. 446

454 Kooperationsvereinbarung zwischen den Betreibern von in Deutschland gelegenen Gasversorgungsnetzen in der Änderungsfassung vom 29.6.2012; abrufbar unter http://www.bdew.de/internet.nsf/id/C8D4102AA5347BE0C12578300046BCE6/$file/12-06-29_Gesamtdokument_KoV%20V_final.pdf.

447 Die Biogaseinspeisenetzbetreiber und die Marktgebietsverantwortlichen ermitteln und melden ebenfalls die **Plan- und Ist-Kosten** aus dem letzten abgelaufenen Jahr. Sich ergebende Abweichungen zwischen den prognostizierten und den Ist-Biogas-Kosten der Vergangenheit sind auszugleichen. So erhalten die Netzbetreiber die aufgewandten Kosten der Errichtung und des Betriebes der Biogaseinspeiseanlagen zeitnah erstattet.

2. Kostenwälzung

448 In Deutschland existieren mit GASPOOL und NCG zwei Marktgebiete mit **zwei unterschiedlichen Biogasumlagen**. Dies rührt daher, dass zum einen das Marktgebiet GASPOOL eine höhere Einspeisung von Biogas bei gleichzeitig geringeren Ausspeisekapazitäten vorzuweisen hat. Dieser Umstand trägt dazu bei, dass die mit der Einspeisung von Biogas einhergehenden Kosten ungleich zwischen den Netznutzern in Deutschland verteilt werden.

449 Die Wälzung der Biogaskosten erfolgt über die Entgelte aller Netzbetreiber eines Marktgebietes. Hierzu werden die durch die marktgebietsaufspannenden Netzbetreiber ermittelten Biogaskosten je Marktgebiet zusammengefasst. Diese Gesamtkosten werden durch die im folgenden Kalenderjahr voraussichtlich gebuchte bzw. bestellte Kapazität im gesamten Marktgebiet geteilt. Dabei ist die Kapazität an den Ausspeisepunkten heranzuziehen, wobei Ausspeisepunkte zu Speichern und zu anderen Marktgebieten bzw. an Grenzübergangspunkten nicht zu berücksichtigen sind. Daraus ergibt sich der **marktgebietsspezifische Biogaswälzungsbetrag in €/kWh/h/a.**

3. Ermittlung der Biogaskosten i.S.d. § 20b GasNEV

450 Die GasNEV gewährt den Netzbetreibern grundsätzlich die Umlegung aller mit der Einspeisung von Biogas einhergehenden Kosten. Zu den **wälzungsfähigen Biogaskosten** gehören deshalb:

- die Kosten des Netzbetreibers für die effiziente Herstellung des Netzanschluss nach § 33 Abs. 1 GasNZV und die Wartung und den Betrieb gem. § 33 Abs. 2 GasNZV sowie die Maßnahmen gem. § 33 Abs. 10 GasNZV und gem. § 34 Abs. 2 GasNZV. Dies sind insbesondere Kosten für:
  - die Herstellung der Verbindungsleitung, die die Biogasaufbereitungsanlage mit dem bestehenden Gasversorgungsnetz verbindet,
  - die Anbindung an das bestehende Gasversorgungsnetz,
  - die Sicherheitsabsperreinrichtungen,
  - die Gas-Druckregel- und Messanlage,
  - die Prozessleit- und Steuertechnik,
  - die Einrichtungen zur ggf. erforderlichen Druckerhöhung, um das Biogas in das Gasversorgungsnetz einspeisen zu können (Verdichteranlage zur Netzeinspeisung) und

  - die Planungskosten für die Herstellung des Netzanschlusses gem. § 33 Abs. 7 S. 2 GasNZV.
- Auch werden die Kosten wirtschaftlich zumutbarer, kapazitätserhöhender Maßnahmen im bestehenden Gasversorgungsnetz erstattet, d.h. Maßnahmen zur Erhöhung der Kapazität im Netz, um die ganzjährige Einspeisung zu gewährleisten und die Nachfrage nach Transportkapazitäten für Biogas zu befriedigen, sofern diese technisch notwendig sind, also insbesondere die Rückspeisung von Biogas in vorgelagerte Netze durch Verdichteranlagen.
- die Kosten gem. § 36 Abs. 3 und 4 GasNZV für die eichfähige Messung des einzuspeisenden Biogases z.B. durch Gaschromatographen für die Einhaltung des DVGW Arbeitsblattes G 685 (insbesondere Kosten für Flüssiggas zur Konditionierung) und der Odorierung;
- für die vom Netzbetreiber gem. § 20a GasNEV an den Transportkunden von Biogas zu zahlenden Entgelte für vermiedene Netzkosten in Höhe von 0,007 €/kWh eingespeisten Biogases und
- Kosten für den erweiterten Bilanzausgleich gem. § 35 GasNZV abzüglich der vom Bilanzkreisverantwortlichen gem. § 35 Abs. 8 GasNZV zu zahlenden Pauschale von 0,1 ct/kWh für den tatsächlich in Anspruch genommenen Flexibilitätsrahmen sowie sonstige Ausgleichszahlungen für Differenzmengen, die über den Flexibilitätsrahmen hinausgehen, abzuziehen, welche der Biogas-Bilanzkreisverantwortliche zu tragen hat.

Soweit es sich bei den vorgenannten Kosten um **Investitionskosten** handelt, kann 451
der betroffene Netzbetreiber diese nicht einmalig in einer Summe in die Wälzung einstellen. Vielmehr ermittelt er die ihm durch die Biogaseinspeisung jährlichen entstehenden **Kapital- und Betriebskosten** entsprechend den allgemeinen Grundsätzen der GasNEV. Bei den Kapitalkosten ist die nach der GasNEV zugestandene Eigenkapitalverzinsung zu Grunde zu legen. Ein von dem Anschlussnehmer geleisteter Anschlusskostenbeitrag ist abzuziehen.

Kapitel 5
Die Vergütung der Energie

A. Einleitung

Das EEG 2012[1] soll den erwarteten Marktanteil erneuerbarer Energien von 35 bis 40 % in der laufenden Dekade gewährleisten.[2] Zu diesem Zweck wurden vor allem die Vergütungsregelungen ergänzt und verändert. Insbesondere die bisher nur rudimentär vorhandene **Direktvermarktung** gewinnt an Bedeutung und wird als eigenständige Säule des EEG 2012 aufgebaut.[3] Denn die **Marktintegration** der erneuerbaren Energien ist erklärtes Ziel des EEG 2012. Durch die Einführung einer **Marktprämie** im Rahmen der Direktvermarktung wird ein neuer, wichtiger Anreiz gesetzt, der dazu beitragen soll, dass verstärkt Strom aus erneuerbaren Energien direkt auf dem Energiemarkt vermarktet wird.[4] Für Strom aus Biomasse wird diese für den Fall von Investitionen in eine bedarfsorientierte Stromerzeugung – also etwa die Schaffung von Speicherkapazitäten – von der sog. **Flexibilitätsprämie** flankiert. Innerhalb der Direktvermarktung besteht daneben weiterhin die Möglichkeit der Vermarktung im Rahmen des sog. **Grünstromprivilegs.** Hier erfolgt die Förderung mittelbar durch den unmittelbaren Vertrieb von Strom aus erneuerbaren Energien über einen Grünstromhändler, der diesen im Vergleich zu Graustrom zu höheren Preisen vermarkten kann – unter Reduktion bzw. Befreiung von der sog. **EEG-Umlage.** Neben den beiden genannten Formen der Direktvermarktung ist auch eine sonstige und – mit Ausnahme der Flexibilitätsprämie – vom EEG 2012 nicht geförderte Direktvermarktung möglich. Diese dritte Vermarktungsform umfasst jeden weiteren Vermarktungsweg und dient daher zugleich als Auffangtatbestand.[5] 1

Grundsätzlich kann der Anlagenbetreiber zwischen einer gesetzlich festgelegten Mindestvergütung und der Direktvermarktung des Stroms auf dem freien Markt wählen. Bei Biogasanlagen mit einer Leistung von mehr als 500 kW wird die Marktprämie ab 2014 jedoch verpflichtend eingeführt.[6] Strom aus erneuerbaren Energien muss indes nicht zwingend eingespeist werden. Er kann nach wie vor auch direkt verbraucht werden. In diesem Fall besteht naturgemäß kein Vergütungsanspruch.[7] Das Vergütungssystem des EEG 2012 stellt sich wie folgt dar: 2

1 EEG v. 25.10.2008 (BGBl. I S. 2074), in der Fassung v. 17.8.2012 (BGBl. I S. 1754).
2 BT-Drucks. 17/6071, S. 1.
3 BT-Drucks. 17/6071, S. 45 li. Sp.
4 BT-Drucks. 17/6071, S. 1.
5 BT-Drucks. 17/6071, S. 78 li. Sp.
6 BT-Drucks. 17/6071, S. 1; vgl. § 27a Abs. 2 EEG 2012.
7 § 16 Abs. 3 Nr. 2 EEG 2012.

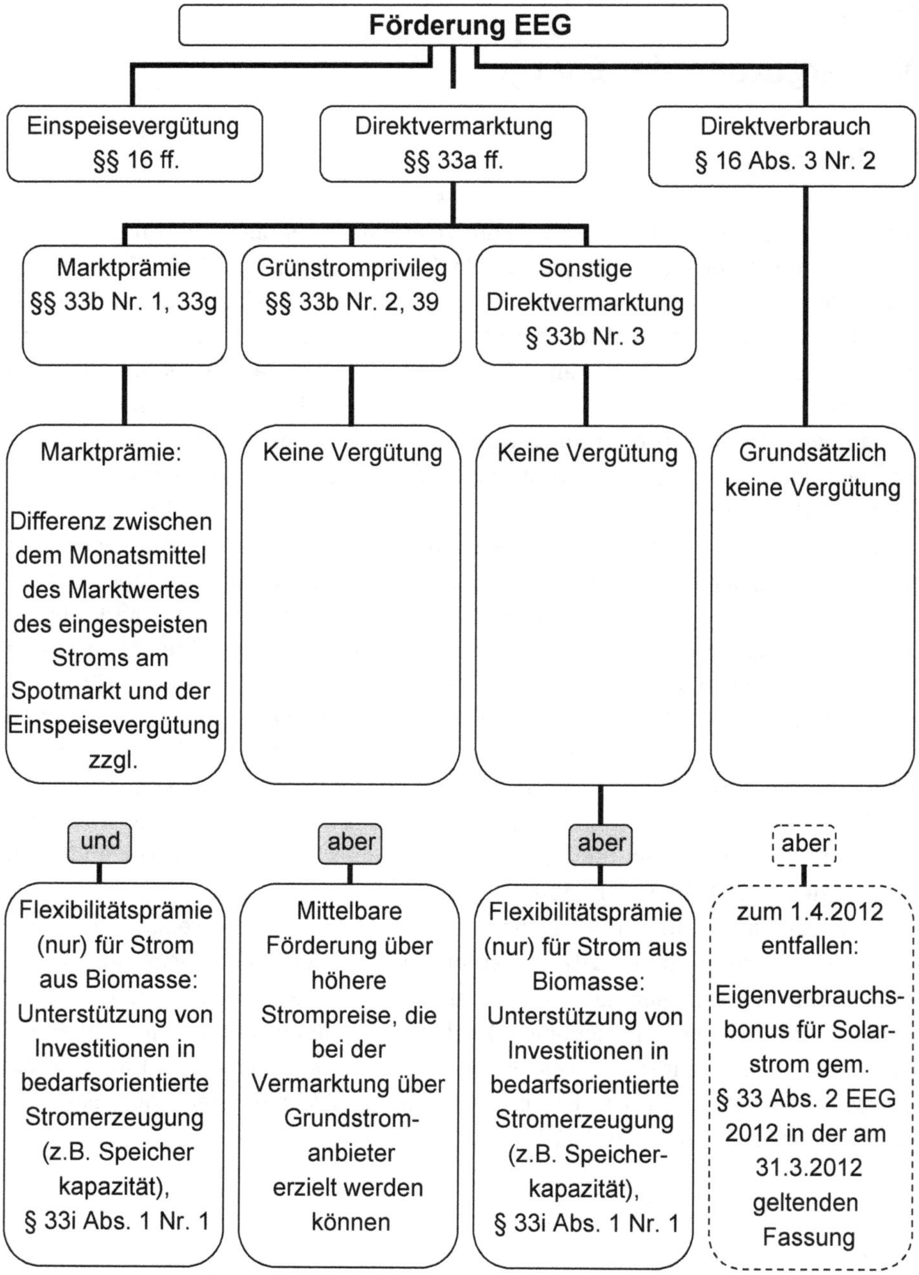

3 Aufgrund des sehr hohen Zubaus an Anlagen für solare Strahlungsenergie in den Jahren 2010 und 2011 wurde das EEG 2012 mit Blick auf die Vergütung von Solarstrom Anfang 2012 erneut intensiv überarbeitet. Es wurde vor allem eine monatliche – und damit im Vergleich zu bisher erheblich höhere und schnellere – Basisdegression der

Vergütung für die Einspeisung von solarer Strahlungsenergie eingeführt.[8] Mit dieser Gesetzesänderung wurde auch die Einspeisevergütung für den Direktverbrauch von Solarstrom gem. § 33 Abs. 2 EEG 2012 a.F. (Fassung vom 28.7.2011)[9] – sog. **„Eigenverbrauchsbonus"** – gestrichen.[10] Damit fiel die bisher bestehende einzige Ausnahme eines Anspruchs auf eine (reduzierte) Einspeisevergütung auch für selbst verbrauchten Strom aus erneuerbaren Energien weg. Die Änderungen des EEG 2012 n.F. sind rückwirkend zum 1.4.2012 in Kraft getreten. Dies ist in der vorangegangenen Übersicht entsprechend gekennzeichnet.

B. Wie wird die Energie aus EEG-Anlagen vergütet?

Die Teile 3 und 3a des EEG 2012 (§§ 16 bis 33i EEG 2012) regeln die Vergütung des Anla- 4
genbetreibers für den Strom aus erneuerbaren Energien.

I. Allgemeines

Die Vergütungsregelungen des EEG 2012 beginnen mit einem allgemeinen Teil beste- 5
hend aus den Vorschriften der §§ 16 bis 22 EEG 2012. § 16 EEG 2012 normiert den Mindestvergütungsanspruch, § 17 die Verringerung der Vergütung bei Pflichtverletzungen, die §§ 18 bis 21 EEG 2012 regeln die Berechnung der Höhe und die Dauer der Vergütung. Wie bisher im EEG 2009 wird das Aufrechnungsverbot zwischen Vergütungsansprüchen des Anlagenbetreibers und Forderungen des Netzbetreibers in § 22 EEG 2012 festgelegt.

Bei der technologiespezifischen Vergütung differenziert das Gesetz zwischen 6
- Wasserkraft: § 23 EEG 2012,
- Deponie-, Klär- oder Grubengas: §§ 24 bis 26 EEG 2012,
- Biomasse: § 27 EEG 2012,
- Geothermie: § 28 EEG 2012,
- Windenergie: § 29 bis 31 EEG 2012 und
- solarer Strahlungsenergie: §§ 32 f. EEG 2012.

Die Vergütungshöhen unterscheiden sich hinsichtlich der verschiedenen Technologien teilweise erheblich, um den technologiebezogenen Investitions- und Betriebskosten Rechnung zu tragen bzw. bestimmte Technologien zu fördern.

8 Dazu im Einzelnen siehe unten Rn 122 ff.

9 EEG v. 25.10.2008 (BGBl. I S. 2074) in der Fassung v. 28.7.2011 (BGBl. I S. 1634).

10 EEG v. 25.10.2008 (BGBl. I S. 2074) in der Fassung v. 17.8.2012 (BGBl. I S. 1754), zur Streichung des Eigenverbrauchsbonus vgl. BT-Drucks. 17/8877, S. 18 li. Sp.

7 Die bisher in § 17 EEG 2009 geregelte Direktvermarktung wird in einen eigenständigen Teil 3a des EEG 2012 und dort in die §§ 33a bis 33i EEG 2012 überführt und erheblich ausdifferenziert. Wegen des Verweises in § 33c Abs. 2 Nr. 1a EEG 2012 muss auch für die nach dem EEG geförderten Formen der Direktvermarktung der Anspruch auf die Mindestvergütung dem Grunde nach vorliegen.

II. Allgemeine Voraussetzungen der Vergütung – § 16 EEG 2012

8 § 16 EEG 2012 regelt den Vergütungsanspruch für die Einspeisung von Strom.

1. Historie

9 § 16 Abs. 1 EEG 2012 regelt – wie bisher auch – die Grundlagen des Zahlungsanspruchs des Anlagenbetreibers gegen die Netzbetreiber. Dabei ist § 16 Abs. 1 S. 1 EEG 2012 weitgehend inhaltlich unverändert zu § 16 Abs. 1 EEG 2009[11] und somit im Wesentlichen auch zu § 5 Abs. 1 S. 1 EEG 2004. Die neu eingefügten S. 2 und 3 stellen die geltende Rechtslage (S. 2: Abnahme)[12] bzw. die bestehende Praxis (S. 3: Abschlagszahlungen) klar.[13]

2. Entstehung des Vergütungsanspruches

10 Das Entstehen des Vergütungsanspruchs eines Anlagenbetreibers für die Einspeisung von Strom regelt § 16 Abs. 1 EEG 2012.

a) Anspruchsgegner

11 Der Anspruch besteht gegenüber dem Netzbetreiber.[14] Zur Zahlung verpflichtet ist der nach den §§ 5 ff. EEG 2012 jeweils zuständige **Netzbetreiber**. Dies ist der Netzbetreiber, an dessen Netz die Anlage nach § 5 Abs. 1 S. 1 EEG 2012 angeschlossen ist und der somit zur Abnahme, zur Übertragung und zur Verteilung nach § 8 Abs. 1 EEG 2012 verpflichtet ist.[15]

---

11 BT-Drucks. 17/6071, S. 65 re. Sp.

12 In der Neufassung des EEG 2012 v. 17.8.2012 (BGBl. I S. 1754) ist die Förderung des Eigenverbrauchs gem. § 33 Abs. 2 EEG 2012 a.F. im Fall von Solarstrom gänzlich entfallen und § 16 Abs. 1 S. 2 EEG 2012 wurde entsprechend angepasst, vgl. dazu BT-Drucks. 17/8877, S. 18 li. Sp.

13 BT-Drucks. 17/6071, S. 65 re. Sp.

14 Vgl. die Legaldefinition in § 3 Nr. 8 EEG 2012.

15 Vgl. die Empfehlung 2011/2/1 der Clearingstelle EEG, Rn 51, abrufbar unter http://www.clearingstelle-eeg.de/empfv/2011/2.

b) Das Ausschließlichkeitsprinzip – § 16 Abs. 1 S. 1 EEG 2012

Damit ein Vergütungsanspruch des Anlagenbetreibers entsteht, muss nach § 16 Abs. 1 S. 1 EEG 2012 der erzeugte Strom ausschließlich aus erneuerbaren Energien oder aus Grubengas stammen. Damit kann auch eine anteilige Vergütung bei der ausschließlichen Nutzung verschiedener erneuerbaren Energien erfolgen (**Hybridanlagen**). Dann werden die unterschiedlichen Vergütungssätze zu den jeweiligen erneuerbaren Energien berücksichtigt.[16] Ist bei einer Anlage die Trennung der verwendeten Energieträger nicht möglich, wird die Vergütung nach dem Energieträger berechnet, für den der niedrigere Vergütungssatz gilt.[17] Das **Ausschließlichkeitsprinzip** dient dem Ziel, den Anteil erneuerbarer Energien an der Energieversorgung kontinuierlich zu steigern.[18] 12

Der eindeutige Wortlaut der Vorschrift zeigt, dass eine anteilige Vergütung für Strom, der sowohl aus regenerativen Energiequellen als auch aus fossilen Brennstoffen gewonnen wird, vom Gesetzgeber nach wie vor nicht gewollt und mit dem Gesetz unvereinbar ist.[19] Mit Blick auf das gegenüber dem EEG 2009 unveränderte Ausschließlichkeitsprinzip gilt Folgendes: 13

aa) Konventioneller Anfahrbetrieb und Probebetrieb

Das Ausschließlichkeitsprinzip bezieht sich auf den Prozess der Stromerzeugung selbst und nicht auf die vorbereitenden Schritte. Es steht damit dem **Anfahrbetrieb** mit konventionell erzeugtem Strom (z.B. von Windenergieanlagen) oder den **Probebetrieb mit nicht erneuerbaren Brennstoffen** nicht entgegen.[20] Mit dem Ausschließlichkeitsprinzip des § 16 Abs. 1 S. 1 EEG 2012 korrespondiert, dass zwar die Inbetriebnahme in § 3 Nr. 5 EEG 2012 unabhängig von dem verwendeten Energieträger definiert wird, die Vergütung gem. § 21 Abs. 1 EEG 2012 aber erst ab dem Zeitpunkt zu zahlen ist, ab dem erstmals Strom ausschließlich aus erneuerbaren Energien oder Grubengas erzeugt wird. 14

16 BT-Drucks. 16/8148, S. 49 li. Sp.; zu beachten ist hier § 19 Abs. 1 Nr. 2 EEG 2012, nach dem mehrere Anlagen i.S.d. § 3 Nr. 1 EEG 2012 auch vergütungsrechtlich nicht als eine Anlage angesehen werden, wenn unterschiedliche Energieträger verwendet werden.

17 Vgl. Frenz/Müggenborg/*Ekardt*, § 16 Rn 16.

18 BT-Drucks. 17/6071, S. 1.

19 *Salje*, EEG, § 16 Rn 7; vgl. ebenda die Nachweise zu der Diskussion, ob und inwiefern das Ausschließlichkeitsprinzip abgemildert werden kann, wenn der Zweck des Gesetzes – Ressourcenschonung und Klimaschutz – auch bei nicht vollständig uneingeschränkter Energiegewinnung aufgrund regenerativer Energiegewinnung erreicht wird; dazu auch *Klemm*, et 2001, 592, 593 f.

20 BT-Drucks. 16/8148, S. 48 re. Sp. und 49 li. Sp.; vgl. auch BGH, Urt. v. 16.3.2011 – VIII ZR 48/10 = REE 2011, 85, 87.

bb) Anlagenumstellung

15 Das Entsprechende gilt für die Umstellung einer bislang mit fossilen Brennstoffen betriebenen Anlage auf erneuerbare Energien. Der Vergütungsanspruch nach § 16 Abs. 1 EEG 2012 besteht in diesem Fall ab dem Zeitpunkt der vollständigen **Umstellung auf erneuerbare Energien.**[21]

cc) Betriebshilfsmittel

16 Ebenfalls mit dem Ausschließlichkeitsprinzip vereinbar ist der Einsatz von **Betriebshilfsmitteln**, die der Anlagen- und Verfahrenstechnik zuzurechnen sind und aus denen selbst nachweislich keine nennenswerte Gas- bzw. Stromproduktion erfolgt.[22] Solche Betriebshilfsmittel verfolgen das Ziel, die Prozessführung zu stabilisieren und zu verbessern, um so eine höhere Effizienz zu erreichen.[23] Da es sich nicht um **Einsatzstoffe** handelt, ist das Ausschließlichkeitsprinzip des § 16 Abs. 1 nicht betroffen.[24] So wurde für § 16 Abs. 1 EEG 2009 in der Gesetzesbegründung ausgeführt, dass im Rahmen der Stromerzeugung aus Biomasse bei der Aufbereitung und Einspeisung von Biogas in das Erdgasnetz die technische Konditionierung mit LPG (Flüssiggas) notwendig sein könne und im Rahmen des Erforderlichen keinen Verstoß gegen das Ausschließlichkeitsprinzip darstelle, sondern zulässig sei.[25] Ein **Vergütungsanspruch** besteht für die Stoffgruppe der Betriebshilfsmittel indes – naturgemäß – nicht.[26]

dd) Stromgewinnung aus Biomasse

17 Zudem hat der Gesetzgeber für Biomasse im Wege einer gesetzlichen Fiktion in § 27c EEG 2012 – in vereinfachter Form schon in § 27 Abs. 2 EEG 2009 enthalten – normiert, dass die Verwendung von aus dem Erdgasnetz entnommenen Gasen zur Stromgewinnung mittels Biogas mit dem Ausschließlichkeitsprinzip vereinbar ist. Danach gilt aus einem Erdgasnetz entnommenes Gas als Deponiegas, Klärgas, Grubengas, Biomethan oder Speichergas, soweit die Menge des entnommenen Gases im Wärmeäquivalent am Ende eines Kalenderjahres der **Menge von Gas aus Biomasse** entspricht, das an

---

21 BT-Drucks. 16/8148, S. 49 li. Sp.; vgl. dazu auch unten Rn 110 ff. und 142.

22 BT-Drucks. 16/8148, S. 48 re. Sp.; zur Verwendung von Betriebshilfsmitteln in Biomasseanlagen siehe OLG Naumburg, Urt. v. 27.3.2008 – 9 U 105/07 = ZNER 2008, 174, 175 ff.

23 BT-Drucks. 16/8148, S. 56 li. Sp.

24 BT-Drucks. 16/8148, S. 56 li. Sp.; vgl. ebenso zu § 8 Abs. 1 S. 1 EEG 2004 OLG Naumburg, Urt. v. 27.3.2008 – 9 U 105/07 = ZNER 2008, 174, 175 ff.

25 BT-Drucks. 16/8148, S. 48 re. Sp.

26 BT-Drucks. 16/8148, S. 48 re. Sp.; zu LPG vgl. *Salje*, EEG, § 16 Rn 12.

anderer Stelle im Geltungsbereich des Gesetzes in das Gasnetz eingespeist worden ist. Zur Nachweisführung sind u.a. **Massenbilanzsysteme** zu verwenden.[27]

Eine weitere ausdrückliche Ausnahme regelt § 27 Abs. 1 S. 2 EEG 2012. Nach dieser 18
Norm gilt Pflanzenölmethylester in dem Umfang als Biomasse, als er zur Anfahr-, Zünd- und Stützfeuerung notwendig ist. Zum Nachweis der Notwendigkeit bietet es sich an, einen Umweltgutachter[28] zu beauftragen.

c) Verstoß gegen das Ausschließlichkeitsprinzip

Bei einem Verstoß gegen das Ausschließlichkeitsprinzip entfällt der **Vergütungsanspruch** nach § 16 Abs. 1 S. 1 EEG 2012. Der Strom unterliegt dann nicht mehr der Förderung durch das EEG und ist als konventioneller Strom zu vermarkten. 19

aa) Zünd- und Stützfeuerung

Die bis zum 31.12.2006 ausnahmsweise für Bestandsanlagen erlaubte **Zünd- oder Stützfeuerung** mit anderen Energieträgern,[29] um den Energiegewinnungsprozess in Gang zu setzen oder aufrechtzuerhalten,[30] ist für nach diesem Zeitpunkt in Betrieb genommene Anlagen grundsätzlich nicht mehr zulässig.[31] Eine Ausnahme gilt beim Betrieb von **Biomasse-Anlagen** gemäß dem oben bereits genannten § 27 Abs. 1 S. 2 EEG 2012.[32] 20

bb) Mischgewinnung

Aus dem Ausschließlichkeitsprinzip ergibt sich, dass eine **Mischgewinnung** aus regenerativen und fossilen Energieträgern einen Vergütungsanspruch nach § 16 Abs. 1 EEG 2012 nicht auslösen kann. Nicht zu verwechseln ist diese Konstellation mit den sog. **Hybridanlagen**, bei denen erneuerbare Energien kombiniert werden und somit dem Ausschließlichkeitsprinzip entsprochen wird.[33] 21

cc) Alternierender Betrieb

Nicht ausdrücklich geregelt ist ein **alternierender Betrieb** phasenweise mit erneuerbaren Energien und phasenweise mit konventionellen Energieträgern. Denkbar wäre, 22

27 BT-Drucks. 17/6071, S. 74 li. Sp.
28 § 3 Nr. 12 EEG 2012.
29 Siehe BT-Drucks. 15/2864, S. 35 f.; BT-Drucks. 15/2327, S. 26 re. Sp.
30 *Salje*, EEG, § 16 Rn 10.
31 BT-Drucks. 16/8148, S. 48 re. Sp.
32 Siehe oben Rn 18.
33 Siehe dazu Rn 12.

nur auf den jeweiligen Erzeugungszeitraum unter Nutzung regenerativer Energieträger abzustellen und das Ausschließlichkeitsprinzip lediglich intervallweise einspeisebezogen zu betrachten.[34] Dagegen spricht, dass bei einer gleichzeitigen Mischgewinnung keine anteilige Vergütung stattfindet. Dies lässt daran zweifeln, dass ein alternierender Betrieb nacheinander mit erneuerbarer Energie, fossiler Energie und danach wieder mit erneuerbarer Energie vom Gesetzgeber als unterstützenswert angesehen wird. Die Formulierung des § 21 Abs. 1 EEG 2012 deutet darauf auch hin, da danach die „erstmalige" Gewinnung von Strom ausschließlich aus erneuerbaren Energien gefördert werden soll – ohne indes insoweit gänzlich eindeutig zu sein, da auch die jeweils „erstmalige" Nutzung erneuerbarer Energien nach einer konventionellen Nutzung gemeint sein könnte. Das BMU hat sich im Entstehungsprozess des EEG 2012 jedenfalls dafür ausgesprochen, dass der gesetzliche Vergütungsanspruch nach dem EEG dauerhaft entfällt, wenn eine Anlage einmal Strom ausschließlich aus erneuerbaren Energien oder Grubengas erzeugt hat, hierfür der Vergütungsanspruch nach dem EEG geltend gemacht wurde und danach wieder fossile Energieträger genutzt wurden.[35]

d) Entstehung des Vergütungsanspruchs

23 Die Vergütung des Stroms aus erneuerbaren Energien setzt gem. § 16 Abs. 1 S. 2 EEG 2012 voraus, dass der Strom nach § 8 EEG 2012 tatsächlich abgenommen[36] worden ist.[37] Da § 16 Abs. 1 S. 2 EEG 2012 auf § 8 EEG 2012 insgesamt verweist, wird neben der **unmittelbaren Abnahme** auch die **kaufmännisch-bilanzielle Weitergabe des Stroms** nach § 8 Abs. 2 EEG 2012 erfasst.[38] Diese Regelung gilt gem. § 66 Abs. 1 Nr. 6 S. 1 EEG 2012 auch für Anlagen, die vor der Geltung des EEG 2012 den Betrieb aufgenommen haben.

aa) Abnahme des Stroms

24 Entsprechend dem Wortlaut des § 16 Abs. 1 EEG 2012 ist davon auszugehen, dass der Vergütungsanspruch mit der Einspeisung der ersten Kilowattstunde Strom aus erneu-

---

34 Frenz/Müggenborg/*Ekardt*, § 16 Rn 17.

35 BMU, Fragen und Antworten zum EEG, Stand März 2011, abrufbar unter http://www.bmu.de/erneuerbare_energien/doc/print/43981.php#11.

36 In der Neufassung des EEG 2012 v. 17.8.2012 (BGBl. I S. 1754) ist die Förderung des Eigenverbrauchs gem. § 33 Abs. 2 EEG 2012 a.F. im Fall von Solarstrom gänzlich entfallen und § 16 Abs. 1 S. 2 EEG 2012 wurde entsprechend angepasst, vgl. dazu BT-Drucks. 17/8877, S. 18 li. Sp. und unten 28 ff.

37 BT-Drucks. 17/6071, S. 65 re. Sp.

38 BT-Drucks. 17/6071, S. 65 re. Sp.

erbaren Energien oder Grubengas entsteht.[39] In der Gesetzesbegründung zu § 16 EEG 2012 wird dies als **Klarstellung** auch der geltenden Rechtslage – also für das EEG 2009 – bezeichnet.[40] In der Begründung zu § 33g S. 2 EEG 2012, der die entsprechende Regelung für die Direktvermarktung enthält, wird ausgeführt, dass diese Klarstellung in § 16 Abs. 1 S. 2 EEG 2012 der seit langem anerkannten Voraussetzung der festen Einspeisevergütung entspreche, dass diese nur für tatsächlich eingespeisten Strom gewährt werde.[41]

bb) Kaufmännisch-bilanzielle Weitergabe

Mit der **kaufmännisch-bilanziellen Weitergabe** umschreibt das Gesetz den Umstand, dass in der Realität keine Einspeisung in ein Netz für die allgemeine Versorgung erfolgt. Diese Menge wird vielmehr physikalisch zur Versorgung von Endverbrauchern verwendet, die nicht an ein **Netz für die allgemeine Versorgung** angeschlossen sind. Die diesem Umstand korrespondierende Strommenge muss damit nicht aus dem Netz für die allgemeine Versorgung bezogen werden und verbleibt in diesem. Im Ergebnis ist damit die Bilanz des aufnahmepflichtigen Netzbetreibers wieder ausgeglichen. Es erfolgt lediglich ein **Strommengentausch.**[42] 25

cc) Umspannverluste

Eine Besonderheit gilt bei sog. **Umspannverlusten.** Treten in der Sphäre des Anlagenbetreibers durch die ggf. notwendige **Transformation** auf eine andere **Spannungsebene** Umspannungsverluste auf, ist der Netzbetreiber zur Vergütung des eingespeis- 26

39 *Salje*, EEG, § 16 Rn 35; vgl. aber dessen Auffassung zu § 16 EEG 2012, dass Abnahme- und Vergütungspflicht gesetzlich zwar in den zwei Vorschriften der §§ 8 und 16 EEG 2009 gesondert geregelt und entsprechend nicht als Synallagma ausgestaltet sind, § 326 Abs. 2 BGB mit Blick auf die das Verhältnis von Anlagenbetreiber und Netzbetreiber kennzeichnende Interessenlage aber analog anzuwenden sei. Daraus folgt im Ergebnis ebenfalls eine Vergütungspflicht nicht erst des abgenommenen, sondern bereits des nach § 8 Abs. 1 EEG 2012 angebotenen Stroms gem. § 16 Abs. 1 EEG 2012 i.V.m. § 326 Abs. 2 BGB analog, ausführlich hierzu *Salje*, EEG, § 16 Rn 22 ff., insbesondere Rn 26.

40 BT-Drucks. 17/6071, S. 65 re. Sp.

41 BT-Drucks. 17/6071, S. 80 re. Sp.; angesichts der so vom Gesetzgeber betonten Klarstellung in § 16 Abs. 1 S. 2 EEG 2012, dass nur tatsächlich abgenommener Strom zum Vergütungsanspruch führt, dürfte indes nicht davon auszugehen sein, dass ein Anspruch aus Verzug gem. § 326 Abs. 2 BGB analog, wie er in *Salje*, EEG, § 16 Rn 26 dargestellt ist, dem Willen des Gesetzgebers entspricht. Denn dadurch würde – jedenfalls im Ergebnis – die Entstehung des Vergütungsanspruchs doch auf den Zeitpunkt des Angebots gem. § 8 Abs. 1 EEG 2012 verlagert.

42 Frenz/Müggenborg/*Cosack*, § 8 Rn 27 f.; BT-Drucks. 16/8148, S. 44 li. Sp.; zur kaufmännisch-bilanziellen Abrechnung von Strom, den ein Klärwerk physikalisch teilweise selbst verbraucht vgl. *Bremer*, IR 2010, 197, 200 sowie ZNER 2012, 459, 460.

ten Stroms nur insoweit verpflichtet, als der Strom nicht durch die Umspannung verloren geht.[43]

dd) Blindleistung

27 Unter **Blindleistung** wird elektrotechnisch derjenige Anteil an der elektrischen Leistung verstanden, der in einem Wechsel- und Drehstromkreis zum Ausbau elektrischer und magnetischer Felder verbraucht wird und daher nicht zur tatsächlichen Arbeitsleistung beim Verbraucher beiträgt, wohl aber beim zeitlichen Zerfall dieser Felder zurückgewonnen wird.[44] Dieser zurückgewonnene Strom wird als Blindarbeit bezeichnet. Letztlich wird durch dieses Phänomen Strom vom Anlagenbetreiber in das Netz eingespeist, der nicht beim Verbraucher ankommt und somit das Netz belastet. Es handelt sich um eine nicht zu vermeidende **Begleiterscheinung der Einspeisung.**[45] Der Netzbetreiber ist deshalb grundsätzlich nicht berechtigt, aufgrund der eingespeisten Blindleistung einen **Abschlag von der Einspeisevergütung** vorzunehmen.[46] Jedoch können Netz- und Anlagenbetreiber vereinbaren, dass dem Anlagenbetreiber unter bestimmten Voraussetzungen ein Blindarbeitsentgelt in Rechnung gestellt wird.[47] Dieses fällt üblicherweise dann an, wenn die Blindarbeit im Netz die vereinbarte Menge überschreitet und somit das Netz des Netzbetreibers übermäßig belastet. Einer solchen **Vereinbarung** – auch in der Form von AGB – steht § 4 EEG 2012 nicht entgegen.[48]

ee) Neueste Fassung des EEG 2012: Eigenverbrauchsbonus entfallen

28 Bis zum Inkrafttreten des EEG 2012 in der Fassung v. 17.8.2012 rückwirkend zum 1.4.2012 bestand ausnahmsweise ein Vergütungsanspruch auch dann, wenn der Strom nicht gem. § 8 EEG 2012 abgenommen, sondern unmittelbar verbraucht wurde. Dies galt durch die Bezugnahme in § 16 Abs. 1 S. 2 EEG 2012 a.F. (Fassung vom 28.7.2011)[49] auf § 33 Abs. 2 EEG 2012 a.F. nur für Strom aus solarer Strahlungsenergie in, an oder auf Gebäuden. Dieser **Eigenverbrauchsbonus** sollte den Anreiz für den Direktverbrauch verbessern und die Endverbraucher zu einer stärkeren lokalen Nutzung des Stroms motivieren. Damit sollte auch eine Entlastung für die lokalen Stromnetze

43 BGH, Urt. v. 28.3.2007 – VII ZR 42/06 = NJW-RR 2007, 1645, Rn 11, 27 f.; vgl. dazu auch BT-Drucks. 16/8148, S. 44 li. Sp.

44 Brockhaus, Naturwissenschaft und Technik, Mannheim 2002, Stichwort „Blindleistung".

45 OLG Hamm, Urt. v. 12.9.2003 – 29 U 14/03 = juris, Rn 41 f.

46 OLG Hamm, Urt. v. 12.9.2003 – 29 U 14/03 = juris, Rn 41 f.

47 Zur alten Rechtslage vgl. OLG Dresden, Beschl. v. 15.4.2008 – 9 U 1790/07 – n.v.

48 So schon zur alten Rechtslage BGH, Urt. v. 6.4.2011 – VIII ZR 31/09 = Leitsatz 1, ZNER 2011, 318, 318.

49 EEG v. 25.10.2008 (BGBl. I S. 2074) in der Fassung v. 28.7.2011 (BGBl. I S. 1634).

erreicht werden.[50] Dieser Eigenverbrauchsbonus gem. § 33 Abs. 2 EEG 2012 a.F. wurde nun wieder gestrichen. Als redaktionelle Folge wurde die Bezugnahme darauf in § 16 Abs. 1 S. 2 EEG 2012 gestrichen.[51]

Der **Eigenverbrauchsbonus** bleibt gemäß der Übergangsvorschrift des § 66 Abs. 18 S. 1 EEG 2012 n.F. für vor dem 1.4.2012 in Betrieb genommene **Altanlagen** erhalten. Dies gilt nach § 66 Abs. 18 S. 2 EEG 2012 n.F.[52] auch für Anlagen zur Erzeugung von Strom aus solarer Strahlungsenergie in, an oder auf Gebäuden oder Lärmschutzwänden, die nach dem 31.3.2012 und vor dem 1.7.2012 nach § 3 Abs. 5 EEG 2012 in Betrieb genommen worden sind, wenn für die Anlage vor dem 24.2.2012 nachweislich ein schriftliches oder elektronisches Netzanschlussbegehren unter Angabe des genauen Standorts und der zu installierenden Leistung der Anlage gestellt worden ist. 29

Für Anlagen, die vor dem 1.1.2012 in Betrieb genommen worden sind,[53] ist dies zusätzlich ausdrücklich in § 66 Abs. 1 Nr. 9 EEG 2012 geregelt. Diese Vorschrift wurde schon in das EEG 2012 in der Fassung vom 28.7.2011[54] aufgenommen. Sie sollte seinerzeit klarstellen, dass auch nach alter Rechtslage nur dann ein Anspruch auf die Vergütung des Eigenverbrauchs nach § 33 Abs. 2 EEG 2012 a.F. bestand und für die Zukunft geltend gemacht werden konnte, wenn der Strom nicht unter Zuhilfenahme eines Netzes der öffentlichen Versorgung nach § 3 Nr. 7 EEG 2012 a.F. an Dritte zum Selbstverbrauch veräußert worden ist.[55] Diese Regelung wurde in der zuletzt geänderten Fassung des EEG 2012[56] – also nach Abschaffung des Eigenverbrauchsbonus – beibehalten. 30

Zur Klärung von strittigen Fragen für den Eigenverbrauchsbonus gem. § 33 Abs. 2 EEG 2009 hat die Clearingstelle EEG noch am 29.9.2011 die Empfehlung 2011/2/1 veröffentlicht,[57] die auch auf den Eigenverbrauchsbonus gem. § 33 Abs. 2 EEG 2012 a.F. übertragbar sein dürfte. Darin wurde etwa entschieden, dass der Eigenverbrauchsbonus nur für Anlagen gilt, die an ein Netz für die allgemeine Versorgung angeschlossen sind.[58] Empfehlungen der Clearingstelle EEG sind zwar rechtlich unverbindlich, die 31

50 BT-Drucks. 17/1147, S. 10 f.
51 Vgl. BT-Drucks. 17/8877, S. 18 li. Sp.
52 EEG v. 25.10.2008 (BGBl. I S. 2074), in der Fassung v. 17.8.2012 (BGBl. I S. 1754).
53 Hier nach dem am 31.12.2011 geltenden Inbetriebnahmebegriff, vgl. § 66 Abs. 1 EEG 2012.
54 EEG v. 25.10.2008 (BGBl. I S. 2074), insoweit geändert in der Fassung v. 28.7.2011 (BGBl. I S. 1634).
55 Vgl. BT-Drucks. 17/6071, S. 94 re. Sp.
56 EEG v. 25.10.2008 (BGBl. I S. 2074), in der Fassung v. 17.8.2012 (BGBl. I S. 1754).
57 Clearingstelle EEG, Empfehlung 2011/2/1, abrufbar unter http://www.clearingstelle-eeg.de/empfv/2011/2; vgl. auch die Darstellung und teilweise kritischen Anmerkungen von Schnelle, IR 2012, 66, 66 f.
58 Clearingstelle EEG, Empfehlung 2011/2/1, Rn 48 ff., abrufbar unter http://www.clearingstelle-eeg.de/empfv/2011/2; vgl. Schnelle, IR 2012, 66, 67.

Judikative dürfte sich mit dieser Empfehlung bei Entscheidungen über den Eigenverbrauchsbonus bei Altanlagen, die noch unter das EEG 2009 und das EEG 2012 a.F. fallen, aber jedenfalls auseinanderzusetzen haben. Die Ausführungen der Clearingstelle EEG zu dem Tatbestandsmerkmal der **„unmittelbaren räumlichen Nähe"**, zu den Anforderungen an das **Verhältnis zwischen Anlagenbetreiber und Drittem** und den **„Verbrauch"** sowie zu den **Wechselmöglichkeiten zwischen Volleinspeisung und Eigenverbrauch**[59] und der **messtechnischen Erfassung und Abrechnung**[60] könnten indes auch für das derzeit geltende EEG 2012 relevant sein, weil der Direktverbrauch als solcher – trotz Wegfall des Eigenverbrauchsbonus – weiterhin möglich bleibt.[61]

3. Mindesthöhe der Vergütung

32 Der Vergütungsanspruch des § 16 Abs. 1 EEG 2012 bezieht sich auf die **Mindestvergütung**. Die Mindesthöhe der Vergütung richtet sich nach den §§ 18 bis 33 EEG 2012. Dem Wortlaut des § 16 Abs. 1 S. 1 EEG lässt sich entnehmen, dass eine höhere Vergütung möglich ist. Jedoch kann der vom Netzbetreiber an den Anlagenbetreiber gezahlte Anteil, der über der Mindestvergütung liegt, nicht in den bundesweiten Ausgleich nach §§ 34 ff. EEG 2012 eingestellt werden.[62] Vertraglich vereinbarte, unter dem gesetzlichen Mindestmaß liegende Vergütungssätze haben dagegen nur in den in § 4 Abs. 2 S. 2 EEG 2012 genannten Fällen Bestand. Der Gesetzgeber sah die Nichtigkeit solcher Vereinbarungen vor allem dann als unangemessen an, wenn diese auf einer Entscheidung der Clearingstelle beruhen.[63]

33 Zudem ermächtigt § 64f Nr. 2 EEG 2012 die Bundesregierung, durch Rechtsverordnung die Mindesthöhe der Vergütungssätze für bestimmte Anlagen-Typen neu festzusetzen. Betroffen sind die sog. **„steuerbaren erneuerbaren Energien"** (die **nicht-fluktuierenden**),[64] d.h. alle außer Wasserkraft, Windenergie und solarer Strahlungsenergie. Für diese können so tageszeitlich unterschiedliche Vergütungssätze festgelegt werden, um Anreize für eine Lastverschiebung zu setzen.[65]

---

59 Clearingstelle EEG, Empfehlung 2011/2/1, Rn 57 ff., 82 ff., 89 ff. und 95 ff., abrufbar unter http://www.clearingstelle-eeg.de/empfv/2011/2; vgl. auch *Schnelle*, IR 2012, 66, 67.

60 Clearingstelle EEG, Empfehlung 2011/2/2, Rn 6 ff., abrufbar unter http://www.clearingstelle-eeg.de/empfv/2011/2.

61 Siehe auch zum Direktverbrauch als Direktvermarktung unten Rn 259.

62 Dazu auch Altrock/Oschmann/Theobald/*Lehnert*, § 16 Rn 13.

63 Siehe auch BT-Drucks. 17/6071, S. 62 li. Sp.

64 Siehe auch BT-Drucks. 17/6071, S. 92 re. Sp.

65 Siehe auch BT-Drucks. 17/6071, S. 92 re. Sp. und S. 93 li. Sp.

4. Fälligkeit des Vergütungsanspruchs

Bei dem hier beschriebenen Dauerschuldverhältnis wird üblicherweise eine **zeitabschnittsweise Fälligkeit** vereinbart werden, so dass die Fälligkeit etwa monatlich mit der Feststellung der jeweils eingespeisten Strommenge eintritt.[66] Hat der Netzbetreiber nicht ohne Weiteres die Möglichkeit, die relevante Strommenge selbst zu ermitteln, wird man von einer Fälligkeit erst mit **Rechnungsstellung** durch den Anlagenbetreiber ausgehen müssen.[67] Für den Fall des Direktverbrauchs des Stroms statt seiner Einspeisung genügt dagegen nicht die Rechnungsstellung, sondern der Anspruch muss durch den Anlagenbetreiber überhaupt geltend gemacht werden.[68] 34

5. Folgen des Vergütungsanspruches

Mit dem Vergütungsanspruch entstehen gem. § 16 EEG 2012 zugleich zwei Rechte und eine Pflicht des Anlagenbetreibers. So hat er das Recht auf **Abschlagszahlungen** sowie das Recht zur **Zwischenspeicherung** des Stroms. Mit der Geltendmachung des Vergütungsanspruchs trifft ihn jedoch auch die Pflicht, den von ihm produzierten Strom dem Netzbetreiber **anzudienen.** 35

a) Das Recht auf Abschlagszahlungen – § 16 Abs. 1 S. 3 EEG 2012

In § 16 Abs. 1 S. 3 EEG 2012 wird nunmehr die gängige Praxis rechtlich erfasst und klargestellt, dass auf Vergütungs- und Bonionsprüche **angemessene Abschläge** zu zahlen sind.[69] Gemäß dem Wortlaut des Gesetzes und der Gesetzesbegründung sind Abschläge dann angemessen, wenn sie monatlich erfolgen und auf der geschätzten oder vorläufig berechneten Einspeisung basieren.[70] Naturgemäß können die Abschläge nur vorläufig sein, weil die konkrete Höhe der Vergütung von Faktoren abhängig ist, die erst mit Ablauf eines Kalenderjahres berechnet werden können, etwa der Bemessungsleistung.[71] Teilweise erfolgt die Messung nur einmal pro Jahr, etwa bei sehr kleinen Anlagen, für die eine häufigere Messung und Abrechnung mit 36

66 *Salje*, EEG, § 16 Rn 35.

67 Altrock/Oschmann/Theobald/*Lehnert*, § 16 Rn 33. Mit Blick auf die Fälligkeit auch zur Notwendigkeit der vorherigen Abrechnung, um die Höhe der für den Vormonat zu zahlenden Einspeisevergütung zu ermitteln, vgl. auch LG Paderborn, 1. Kammer für Handelssachen, Urt. v. 21.9.2010 – 6 O 41/10 = juris, Rn 20.

68 BT-Drucks. 16/8148, S. 52 li. Sp.

69 Abschlagszahlungen waren auch schon in § 59 Abs. 1 EEG 2009 (und davor in § 12 Abs. 5 EEG 2004) vorgesehen.

70 BT-Drucks. 17/6071, S. 65 re. Sp.; konkret zu Fälligkeit und Angemessenheit der Abschlagszahlungen vgl. Clearingstelle EEG, Empfehlung 2012/6, abrufbar unter http://www.Clearingstelle-eeg.de/empfv/2012/6; vgl. die Zusammenfassung von *Schelle*, IR 2012, 212 ff.

71 BT-Drucks. 17/6071, S. 65 re. Sp.

zu hohen Kosten verbunden wäre.[72] Aufgrund ihrer lediglich klarstellenden Funktion gilt diese Regelung der Abschlagszahlung laut § 66 Abs. 1 Nr. 6 S. 1 EEG 2012 auch für Anlagen, die den Betrieb vor der Geltung des EEG 2012 aufgenommen haben.

b) Das Recht zur Zwischenspeicherung – § 16 Abs. 2 EEG 2012

37 Schon § 16 Abs. 3 EEG 2009 hatte den Zweck der Förderung von Zwischenspeichertechniken, um das Stromangebot aus erneuerbaren Energien besser an der tatsächlichen Stromnachfrage ausrichten zu können.[73] Dieses Ziel verfolgt die neue Regelung des § 16 Abs. 2 EEG 2012 weiter, in dem die Anforderungen und Rechtsfolgen der **Zwischenspeicherung** von Strom aus erneuerbaren Energien und Grubengas transparent geregelt werden. Damit soll Planungssicherheit geschaffen werden.[74] Allerdings ist eine Zusatzvergütung für Investitionen in **Speichertechniken** lediglich im Rahmen der Direktvermarktung vorgesehen.[75] Die Neuregelung des § 16 Abs. 2 EEG 2012 gilt gem. § 66 Abs. 1 Nr. 6 S. 1 EEG 2012 auch für Anlagen, die den Betrieb vor der Geltung des EEG 2012 aufgenommen haben.

aa) Speichertechniken

38 Die Zwischenspeicherung setzt voraus, dass der Strom von der Erzeugungsanlage direkt zum Speicher geleitet und nicht durch ein Netz i.S.d. § 3 Nr. 7 EEG 2012 geleitet wird.[76] Die **Zwischenspeicherung** kann durch Pumpspeicherkraftwerke, Druckluftspeicher, Batteriespeicher wie Redox-Flow-Batterien oder Lithium-Ionen-Batterien sowie unter Anwendung von Speichergasen i.S.d. § 3 Nr. 9a EEG 2012 erfolgen.[77] Als Speichergas kommt insbesondere Wasserstoff in Betracht, der neben seinen guten Lagereigenschaften zudem in methanisierter Form auch in das Erdgasnetz eingespeist werden kann.[78] § 16 Abs. 2 S. 4 EEG 2012 erlaubt ausdrücklich den gemischten Einsatz von Speichergasen und damit die Verwendung von Hybridanlagen zur Speicherung, was bisher nur in der Gesetzesbegründung enthalten war.[79] Ein Verstoß gegen das Ausschließlichkeitsprinzip liegt damit nicht vor.

---

72 BT-Drucks. 17/6071, S. 65 re. Sp.
73 Frenz/Müggenborg/*Ekardt*, § 16 Rn 20.
74 BT-Drucks. 17/6071, S. 65 re. Sp.
75 Die sog. Flexibilitätsprämie nach § 33i EEG 2012.
76 BT-Drucks. 17/6071, S. 65 re. Sp.
77 Zu Speichertechniken, auch m.w.N., vgl. *Salje*, EEG, § 16 Rn 45 ff.
78 BT-Drucks. 17/6071, S. 65 f.
79 BT-Drucks. 16/8148, S. 49 li. Sp.

bb) Vergütung des gespeicherten Stroms

Im § 16 Abs. 2 EEG 2012 wird zur Berechnung der Vergütung nach der Strommenge und der Vergütungshöhe unterschieden. Dabei wird in § 16 Abs. 2 S. 2 EEG 2012 beibehalten, dass der Strom zu vergüten ist, der aus dem Speicher in das Netz ausgespeist wird.[80] Der mit der Speicherung einhergehende **Verlust von Wirkenergie**, der dadurch entsteht, dass keine Speichertechnik die gleiche Menge an Energie in Strom umwandeln kann, die sie aufgenommen hat, ist somit – weiterhin – von den Anlagenbetreibern zu tragen.[81] Mit dem Gesetzeswortlaut wird indes klargestellt, dass sich demgegenüber die **Vergütungshöhe** nach dem **Zeitpunkt** der Speicherung richtet.[82] Dadurch wird der Anlagenbetreiber jedenfalls bezüglich der Höhe der Vergütung vor einem Wertverlust geschützt.[83] 39

c) Andienungszwang – § 16 Abs. 3 EEG 2012

§ 16 Abs. 3 EEG 2012 sieht ab dem Zeitpunkt der erstmaligen Geltendmachung des Vergütungsanspruchs eine grundsätzliche **Pflicht zur Einspeisung** des gesamten erzeug- 40

80 So schon BT-Drucks. 16/8148, S. 49 li. Sp. (zum damaligen Entwurf zu § 16 Abs. 2 EEG 2009).

81 Siehe hierzu BMU, EEG-Erfahrungsbericht 2007 in der von der Bundesregierung beschlossenen Fassung, S. 132 ff., abrufbar unter http://www.bmu.de/files/pdfs/allgemein/application/pdf/erfahrungsbericht_eeg_2007.pdf.

82 § 16 Abs. 2 S. 3 EEG 2012; *Salje*, EEG, § 16 Rn 47.

83 Für Solaraltanlagen (Inbetriebnahme vor dem 1.1.2012 nach dem am 31.12.2011 geltenden Inbetriebnahmebegriff, vgl. § 66 Abs. 1 EEG 2012), für die der Eigenverbrauch gefördert wurde und weiterhin wird (siehe dazu oben Rn 29 und vgl. § 66 Abs. 1 Nr. 9 EEG 2012), besteht damit etwa für die Speicherung mittels Batterien die Möglichkeit, bereits die Speicherung als Eigenverbrauch gem. § 33 Abs. 2 EEG 2012 a.F. vergütet zu bekommen und nicht erst die Einspeisung in das Netz aus dem Speicher. Die Eigenverbrauchsvergütung ist zwingend, wenn der gespeicherte Strom nicht mehr umgewandelt werden kann. So entspricht das Aufladen der Batterie eines Elektromobils nicht den Anforderungen einer Zwischenspeicherung nach § 16 Abs. 2 EEG 2012, sondern stellt bereits den Verbrauch dar. Wird der Strom aber derart gespeichert, dass er wieder umgewandelt in das Netz eingespeist werden kann, ist es somit möglich, entweder zum Zeitpunkt der Einspeicherung den Vergütungssatz des Eigenverbrauches geltend zu machen oder nach der Rückwandlung der gespeicherten Energie in Strom die Einspeisevergütung bzw. die Eigenverbrauchsvergütung bei einem Verbrauch des Stroms. Es kann bei solarer Strahlungsenergie somit bei Altanlagen zwischen den jeweils geltenden Vergütungssätzen für Eigenverbrauch oder Einspeisung gewählt werden. Allerdings richtet sich der Vergütungssatz für die Einspeisung starr nach dem Zeitpunkt der Speicherung, während der Verbrauch flexibel bestimmt werden kann, indem der Vergütungsanspruch entweder mit der Speicherung oder erst beim tatsächlichen Verbrauch des gespeicherten Stroms geltend gemacht wird, vgl. dazu EEG Clearingstelle, Empfehlung 2011/2/1, EEG Rn 91, abrufbar unter http://www.clearingstelle-eeg.de/empfv/2011/2. Wird der zwischengespeicherte Strom, der bereits bei der Speicherung als Eigenverbrauch vergütet wurde, später in das Netz eingespeist, kann für diesen im Einklang mit dem Doppelvermarktungsverbot des § 56 EEG 2012 gem. § 16 Abs. 2 S. 5 EEG 2012 keine Vergütung nach § 16 Abs. 1 EEG 2012 in Anspruch genommen werden, vgl. dazu *Salje*, EEG, § 16 Rn 49.

ten Stroms in das entsprechende Netz vor. Hierdurch soll verhindert werden, dass die Anlagenbetreiber je nach aktuellem Strompreis zwischen einer Direktvermarktung auf dem freien Markt und der Vergütung nach dem EEG wählen können.[84] Mithin wird dadurch die **Prognosesicherheit** hinsichtlich der Stromversorgung für die Netzbetreiber erhöht.[85] Der Direktverbrauch unterliegt dagegen gem. § 16 Abs. 3 Nr. 2 EEG 2012 ausdrücklich – und konsequenterweise – nicht dem Andienungszwang.

aa) Vergütungsanspruch

41 Gemäß § 16 Abs. 3 Nr. 1 EEG 2012 muss zunächst dem Grunde nach ein Vergütungsanspruch gem. § 16 Abs. 1 EEG 2012 bestehen.

bb) Ausnahme für den Direktverbrauch

42 Der Andienungszwang gilt nur für Strom, der nicht selbst oder von Dritten in unmittelbarer räumlicher Nähe zur Anlage verbraucht wird.[86]

cc) Durchgeleiteter Strom

43 Zudem gilt der Andienungszwang nur für Strom, der durch ein Netz durchgeleitet wird.[87] Für die Definition des Netzes ist § 3 Nr. 7 einschlägig.[88] Es muss sich also um ein **Netz für die allgemeine Versorgung** handeln.[89] Dadurch wird klargestellt, dass Strom, der etwa über Direktleitungen oder Hausverteilungsnetze verteilt wird, nicht dem Andienungszwang unterliegt.[90]

d) Verbot der Vermarktung als Regelenergie – § 16 Abs. 3, 2. Hs. EEG 2012

44 § 16 Abs. 3, 2. Hs. EEG 2012 regelt für den Strom, für den ein Einspeisevergütungsanspruch geltend gemacht wird, gesondert ein **Verbot der Vermarktung als Regelenergie.**[91] Regelenergie ist die Kapazität, die von den ÜNB für den Fall unvorherge-

---

84 Vgl. Frenz/Müggenborg/*Ekardt*, § 16 Rn 22.

85 So schon BT-Drucks. 16/8148, S. 49 re. Sp. Zu dem erst später in § 16 Abs. 4 EEG 2009 überführten § 17 des Entwurfs EEG 2009, vgl. BT-Drucks. 16/9477, S. 23 re. Sp.

86 § 16 Abs. 3 Nr. 2 EEG 2012.

87 § 16 Abs. 3 Nr. 3 EEG 2012.

88 BT-Drucks. 17/6071, S. 66 li. Sp.

89 Vgl. dazu Frenz/Müggenborg/*Ekardt*, § 16 Rn 24 und die Erläuterung des Begriffs der allgemeinen Versorgung gem. § 3 Nr. 7 EEG 2012.

90 So auch *Salje*, EEG, § 16 Rn 56.

91 Eine Regelenergievermarktung ist damit im Rahmen der Direktvermarktung nicht untersagt und zulässig, vgl. § 56 Abs. 1 S. 3 EEG 2012 mit der Begründung in BT-Drucks. 17/6071, S. 88

sehener Ereignisse im Stromnetz zur Aufrechterhaltung des Leistungsgleichgewichts zwischen Stromerzeugung und -abnahme in ihrer Regelzone vorgehalten wird.[92] Regelenergie kommt bei Abweichungen von 50 Hertz von der **Nennfrequenz** zum Einsatz.[93] Dabei wird zwischen **positiver** und **negativer Regelenergie** unterschieden: Im Falle positiver Regelenergie besteht ein kurzfristiger Bedarf an zusätzlicher Energieeinspeisung, im Falle der negativen Energie besteht umgekehrt der Bedarf, die Einspeisung kurzzeitig zu drosseln.[94] Das Vermarktungsverbot des § 16 Abs. 3, 2. Hs. EEG 2012 umfasst sowohl positive als auch negative Regelenergie.[95] Nach § 16 Abs. 3 letzter Hs. i.V.m. § 66 Abs. 1 Nr. 6 S. 1 des EEG 2012 soll das **Verbot der Vermarktung als Regelenergie** vom 1.7.2012 an auch auf **Bestandsanlagen** Anwendung finden, die vor dem 1.1.2012 in Betrieb genommen worden sind.[96]

III. Ausschluss oder Verringerung des Vergütungsanspruchs auf den Marktwert des eingespeisten Stroms – § 17 EEG 2012

§ 17 EEG 2012 regelt den **Ausschluss und die Verringerung des Vergütungsanspruchs** des Anlagenbetreibers nach § 16 EEG 2012. Er sichert damit die Durchsetzung der Pflichten, die den vergütungsberechtigten Anlagenbetreiber im Bereich der technischen Einrichtungen der Anlage aber auch im Bereich der Administration treffen. Insgesamt dienen die Pflichten des Anlagenbetreibers dem Erhalt eines funktionierenden **Einspeisemanagements**. 45

1. Historie

Der bisherige § 17 EEG 2009, der die Direktvermarktung regelte, geht in den §§ 33a ff. EEG 2012 auf, die die **Direktvermarktung** als eigenständige und bedeutsame Säule des EEG ausbauen.[97] Der neue § 17 EEG 2012 fasst die **Rechtsfolgen von Verstößen** gegen verschiedene Anforderungen des EEG 2012 zusammen. Die bisher in § 16 Abs. 5 EEG 2009 geregelte Rechtsfolge des Vergütungsausfalls bei einem Verstoß gegen die 46

re. Sp.; vgl. auch die insoweit relevante Feststellung, dass die Bundesnetzagentur 2011 die Zugangsbedingungen auch für erneuerbare Energien zum Regelenergiemarkt verbessert hat, EEG-Erfahrungsbericht 2011 der Bundesregierung, S. 10, abrufbar unter http://www.bmu.de/files/pdfs/allgemein/application/pdf/eeg_erfahrungsbericht_2011_bf.pdf.

92 Vgl. die Definition in § 2 Nr. 9 StromNZV; *Ehricke/Breuer*, RdE 2010, 309, 309.

93 EEG-Erfahrungsbericht 2011 der Bundesregierung, S. 23, abrufbar unter http://www.bmu.de/files/pdfs/allgemein/application/pdf/eeg_erfahrungsbericht_2011_bf.pdf.

94 *Ehricke/Breuer*, RdE 2010, 309, 309.

95 Vgl. dazu auch BT-Drucks. 17/6071, S. 66 li. Sp.; *Salje*, EEG, § 16 Rn 57.

96 BT-Drucks. 17/8877, S. 27 re. Sp.

97 *Sellner*/Fellenberg, NVwZ 2011, 1025, 1028.

Vorgaben der Direktvermarktung wird nunmehr in § 17 Abs. 3 EEG 2012 als **Vergütungsverringerung** geregelt. Die bisher in § 16 Abs. 6 EEG 2009 geregelte Rechtsfolge bei Verstößen gegen § 6 EEG 2009 wurde aus systematischen Gründen und mit inhaltlichen Modifizierungen zu § 17 Abs. 1 EEG 2012.[98] Dabei bleibt allerdings die Rechtsfolge gleich, dass der Vergütungsanspruch bis zur Abstellung des Verstoßes vollständig entfällt.[99] § 17 Abs. 2 EEG 2012 knüpft an die Regelung des § 16 Abs. 2 EEG 2009 zu Verstößen gegen die Registrierungs- und Andienungspflichten an, wobei nicht mehr der vollständige Wegfall des Vergütungsanspruches vorgesehen ist, sondern lediglich seine Verringerung auf die Höhe des **Marktwertes des erzeugten Stroms.**[100]

2. Verstoß gegen § 6 Abs. 1, 2, 4 oder 5 EEG 2012 – § 17 Abs. 1 EEG 2012

47 Aus den Abs. 1, 2, 4 und 5 des § 6 EEG 2012 gehen die technischen Voraussetzungen jeweils für bestimmte Anlagentypen hervor, für deren Einhaltung der Anlagenbetreiber Sorge zu tragen hat. Bei einem Verstoß gegen diese Pflichten der Anlagenbetreiber entfällt der Vergütungsanspruch gem. § 17 Abs. 1 EEG 2012 bis zur Behebung des Verstoßes vollständig.

48 Der **Anspruchsausschluss** bezieht sich ausdrücklich nur auf die EEG-Vergütung und nur auf den **Zeitraum des Verstoßes.** Deshalb wird in der Literatur angenommen, dass § 17 Abs. 1 EEG 2012 keine abschließende Regelung darstellt, die jegliche Form der Vergütung in Bezug auf die tatsächlich eingespeiste Energie ausschließt. Daraus wird geschlossen, dass eine Entschädigung in Höhe der eingesparten (vermiedenen) Kosten[101] des Netzbetreibers zu leisten ist,[102] wobei allerdings nicht auf die spezialgesetzlich in § 17 Abs. 2 EEG 2012 geregelte Inbezugnahme von Entschädigungen nach Anlage 4 zum EEG zurückgegriffen werden dürfe.[103] Allerdings bleibt angesichts dieser Auffassung die Frage offen, warum der Gesetzgeber auch für die Fälle des § 17 Abs. 1 EEG 2012 nicht eine Verringerung des Vergütungsanspruchs entsprechend des § 17 Abs. 2 EEG 2012 vorgesehen hat.

49 Gemäß § 66 Abs. 1 Nr. 4 EEG 2012 trifft die Rechtsfolge des § 17 Abs. 1 EEG 2012 auch Betreiber solcher Anlagen, die gegen die in § 66 Abs. 1 Nr. 1–3 EEG 2012 normierten Pflichten verstoßen. Darin werden die Pflichten des § 6 Abs. 2 bis 4 EEG 2012 modifiziert. § 66 Abs. 1 Nr. 1 EEG 2012 sieht insoweit für Bestandsanlagen **Altanla-**

98 BT-Drucks. 17/6071, S. 66 li. Sp.

99 BT-Drucks. 17/6071, S. 66 re. Sp.

100 BT-Drucks. 17/6071, S. 66 re. Sp.

101 Vermiedene Kosten sind insbesondere die Kosten, die dem Netzbetreiber erspart bleiben, indem er nicht anderweitig Strom für sein Netz besorgen muss; vgl. dazu ausführlich *Salje*, EEG, Einführung Rn 65 ff., vgl. auch BGH, Urt. v. 22.10.1996 – KZR 19/95 – Veröffentlichung der Leitsätze und Anmerkungen: *Tönnis*, ZNER 1997, 56, 56.

102 Vgl. Frenz/Müggenborg/*Ekardt*, § 16 Rn 31; *Salje*, EEG, § 17 Rn 6.

103 *Salje*, EEG, § 17 Rn 6.

gen zur Erzeugung solarer Strahlungsenergie, deren installierte Leistung größer als 100 kW ist und die bereits vor Inkrafttreten des EEG 2012 in Betrieb gegangen sind, vor, dass sie die technischen Vorgaben des § 6 Abs. 1 EEG 2012 erst mit einer Übergangsfrist von einem halben Jahr einhalten müssen.[104] § 66 Abs. 1 Nr. 2 EEG 2012 regelt die technischen Vorschriften des § 6 Abs. 2 EEG 2012, die von Betreibern bestimmter Bestandsanlagen ab dem 1.1.2014 eingehalten werden müssen. § 66 Abs. 1 Nr. 3 EEG 2012 hat wiederum die Pflicht von Betreibern bestimmter Biogasanlagen zum Gegenstand, ihre Anlagen bis zum 1.1.2014 entsprechend den Vorgaben des § 6 Abs. 4 S. 1 Nr. 2 EEG 2012 aufzurüsten.[105]

3. Verstoß gegen die Registrierungspflicht – § 17 Abs. 2 Nr. 1 und 2 EEG 2012

Gemäß § 17 Abs. 2 Nr. 1a) EEG 2012 ist die Vergütung an die **Registrierung** als geförderte Anlage gem. § 20a Abs. 5 EEG sowie die Übermittlung des Standorts und der installierten Leistung an die BNetzA gebunden. Da sich nach dem EEG 2012 n.F. (Fassung vom 17.8.2012)[106] die monatliche Degression neuer Photovoltaik-Anlagen danach richtet, wie viele **geförderte Anlagen** neu installiert wurden, stellt diese Formulierung des § 17 Abs. 2 Nr. 1 EEG 2012 sicher, dass bei der Anlagenregistrierung die Eigenschaft als „geförderte Anlage" abgefragt wird. Solange eine Anlage nicht als geförderte Anlage im Anlagenregister vermerkt ist, besteht folglich kein Förderanspruch.[107] Für den Fall der Errichtung eines Anlagenregisters gem. § 64e EEG 2012 regeln § 17 Abs. 2 Nr. 1b) und Nr. 2 EEG 2012 die entsprechenden Tatbestände des Verstoßes gegen die Registrierungspflicht.[108] 50

Anders als bisher entfällt der Vergütungsanspruch bei einem Verstoß gegen die Registrierungspflicht nicht vollständig, sondern **verringert** sich für die Dauer des Verstoßes auf die Höhe des Marktwertes des Stromes,[109] mithin dem **Monatsmittelwert** des energieträgerspezifischen Marktwerts nach Nr. 1.1 der Anlage 4 zum EEG 2012, also dem energieträgerspezifischen **Referenzmarktwert** abzüglich der sog. **Managementprämie.**[110] Durch die Verringerung auf den Marktwert wird zugleich vermieden, dass diese Vergütungen die EEG-Umlage erhöhen können.[111] 51

Für die Registrierungspflicht gem. § 16 Abs. 2 S. 1 EEG 2009 bezüglich eines einzurichtenden Anlagenregisters, die nunmehr sinngemäß in § 17 Abs. 2 Nr. 2 EEG 2012 enthalten ist, wurde teilweise die Gleichbehandlung von unvollständiger Antrag- 52

---

104 Vgl. auch BT-Drucks. 17/6071, S. 94 li. Sp.
105 Vgl. auch BT-Drucks. 17/6071, S. 94 li. Sp.
106 EEG v. 25.10.2008 (BGBl. I S. 2074) in der Fassung v. 17.8.2012 (BGBl. I S. 1754).
107 Vgl. BT-Drucks. 17/9152, S. 19.
108 Vgl. BT-Drucks. 17/6071, S. 66 re. Sp.
109 Vgl. BT-Drucks. 17/6071, S. 66 re. Sp.
110 BT-Drucks. 17/6071, S. 66 re. Sp.
111 Vgl. BT-Drucks. 17/6071, S. 66 re. Sp.

stellung und umfassender Versäumung als unverhältnismäßig betrachtet, so dass die **Ingangsetzung des Antragstellungsverfahrens** zur Pflichterfüllung genügen sollte.[112] Diese Ansicht wurde mit der bisherigen harten Rechtsfolge des Vergütungsausschlusses begründet.[113] Obwohl gem. § 17 Abs. 2 EEG 2012 die Vergütung nunmehr lediglich verringert wird, wird damit weiterhin argumentiert.[114] Daneben wird der Wortlaut des neuen § 17 Abs. 2 Nr. 2 EEG 2012 als Beleg dafür herangezogen, dass davon die Stellung eines unvollständigen Antrags nicht erfasst sei. Danach erfolgt nämlich eine Verringerung der Vergütung, „solange" die Eintragung nicht beantragt worden ist.[115]

53 Die Regelung der Vergütungsverringerung bei einer Nichtregistrierung gem. § 17 Abs. 2 Nr. 2 EEG 2012 gilt nach § 66 Abs. 1 Nr. 6 S. 2 EEG 2012 ab sofort auch für Anlagen, die vor der Geltung des EEG 2012 den Betrieb aufgenommen haben, mit der Maßgabe, dass der jeweilige Vergütungsanspruch aus dem zum Zeitpunkt der Inbetriebnahme der Anlage geltenden EEG zugrunde zu legen ist. Hier wird somit den Bestandsanlagen eine Erleichterung des neuen EEG 2012 zugestanden, zugleich aber die Pflicht zur Registrierung gemäß einer neuen Rechtsverordnung auferlegt.

4. Verstoß gegen den Andienungszwang – § 17 Abs. 2 Nr. 3 EEG 2012

54 Der Netzbetreiber hat bei einem Verstoß gegen den **Andienungszwang** nicht das Recht, die Vergütung vollständig zu versagen. Vielmehr verringert sich auch in diesem Fall der Vergütungsanspruch gem. § 17 Abs. 2 Nr. 3 EEG 2012 auf den **Marktwert des Stroms.**[116] Diese verringerte Vergütung erfolgt für den Strom, der dem Netzbetreiber zur Verfügung gestellt wird. Einschlägig ist die Vorschrift somit bei einer nicht vollständigen Andienung des andienungspflichtigen Stroms.[117] Dadurch hat der Netzbetreiber den tatsächlich erhaltenen Strom trotz eines Verstoßes zu vergüten, womit wiederum vermieden wird, dass er kostenlos Energie erhält. Die Mindestdauer der **Vergütungsverringerung** beläuft sich auf den gesamten Kalendermonat, in den der Verstoß fällt.

55 Soweit in diesen Fällen gleichzeitig ein Verstoß gegen die Vorgaben der anteiligen Direktvermarktung nach § 33f EEG 2012 vorliegt, gehen die Rechtsfolgen des § 33f Abs. 3 EEG 2012 als Spezialregeln vor.[118]

---

112 *Salje*, EEG, § 16 Rn 52.
113 *Salje*, EEG, § 16 Rn 52.
114 *Salje*, EEG, § 17 Rn 10.
115 *Salje*, EEG, § 17 Rn 10.
116 Monatsmittelwert des energieträgerspezifischen Marktwerts nach Nr. 1.1 der Anlage 4 zum EEG 2012, § 17 Abs. 2 EEG 2012.
117 Vgl. BT-Drucks. 17/6071, S. 66 re. Sp.
118 BT-Drucks. 17/6071, S. 66 re. Sp.

5. Vorbildfunktion öffentlicher Gebäude – § 17 Abs. 2 Nr. 4 EEG 2012

Der Vergütungsanspruch reduziert sich ebenfalls auf den Marktwert des Stromes,[119] wenn die Anlage gem. § 17 Abs. 2 Nr. 4 EEG 2012 dazu dient, die **Vorbildfunktion eines öffentlichen Gebäudes** aufgrund einer landesrechtlichen Regelung nach § 3 Abs. 4 Nr. 1 EEWärmeG[120] zu erfüllen. Dies soll verhindern, dass die öffentliche Hand mittels der EEG-Vergütung und infolgedessen über die Nutzung der allgemeinen EEG-Umlage ihre Vorbildfunktion erfüllt.[121] 56

6. Verstoß gegen die Meldepflicht bei der Rückkehr aus der Direktvermarktung – § 17 Abs. 3 EEG 2012

Schließlich verringert sich der Vergütungsanspruch gem. § 17 Abs. 3 EEG 2012 auch dann auf den Marktwert des Stromes,[122] wenn der Anlagenbetreiber die **Rückkehr aus der Direktvermarktung** in das System der festen Einspeisevergütung nicht oder fehlerhaft meldet.[123] Die **Meldung** hat gem. § 33d Abs. 2 EEG 2012 i.V.m. § 33d Abs. 1 Nr. 3 und Abs. 4 EEG 2012 zu erfolgen. Wann ein **Wechsel** vorliegt, bestimmt sich nach § 33d Abs. 1 Nr. 3 EEG 2012. 57

Die Verringerung der Vergütung gilt für den Monat des Verstoßes sowie für die auf diesen Monat folgenden drei Kalendermonate.[124] Dies unterscheidet sich von der Sanktion des § 17 Abs. 2 EEG 2012, der eine Verringerung nur für die Dauer des Verstoßes ohne Verlängerung von drei Kalendermonaten vorsieht. Der Gesetzgeber geht hier von einem Eigeninteresse daran aus, den Rechtsverstoß schnellstmöglich zu beenden.[125] Da der Verstoß i.S.d. § 17 Abs. 3 EEG 2012 jedoch nicht andauert, sondern mit Ablauf der Mitteilungsfrist gem. § 33d Abs. 2 S. 1 EEG 2012 gleichsam abgeschlossen ist, sieht die Gesetzesbegründung die Verringerung der Vergütung für insgesamt vier Monate als erforderlich an, um ein entsprechendes **ökonomisches Interesse** 58

---

119 Monatsmittelwert des energieträgerspezifischen Marktwerts nach Nr. 1.1 der Anlage 4 zum EEG 2012, § 17 Abs. 2 EEG 2012.

120 Erneuerbare-Energien-Wärmegesetz v. 7.8.2008 (BGBl. I S. 1658), in der Fassung v. 22.12.2011 (BGBl. I S. 3044).

121 Im Einzelnen dazu vgl. BT-Drucks. 17/6071, S. 66 re. Sp., S. 67 li. Sp.

122 Siehe Monatswert des energieträgerspezifischen Marktwerts nach Nr. 1.1 der Anlage 4 zum EEG 2012.

123 Fehler beim Wechsel von der festen Vergütung in die Direktvermarktung oder beim Wechsel zwischen verschiedenen Formen der Direktvermarktung können sich auf die Höhe der Einspeisevergütung naturgemäß schon deshalb nicht auswirken, weil mit dem Beginn der Direktvermarktung der Vergütungsanspruch gem. § 33e EEG 2012 ohnehin entfällt. Solche Fehler werden über den Wegfall der Marktprämie nach § 33g Abs. 3 EEG 2012 oder die Verringerung der EEG-Umlage nach § 39 EEG 2012 sanktioniert, siehe dazu unten Rn 279.

124 § 17 Abs. 2 S. 3 EEG 2012.

125 BT-Drucks. 17/6071, S. 67 li. Sp.

der Anlagenbetreiber an der **Einhaltung dieser Formvorschrift** zu begründen.[126] Anders als bei der Registrierungspflicht stellt die Gesetzesbegründung zur Meldepflicht klar, dass eine fehlerhafte Meldung nicht genügt und einem umfassenden Versäumnis gleichgestellt ist.[127]

IV. Höhe und Dauer der Vergütung

59 Die allgemeinen und technologieneutralen Vorschriften zu Höhe und Dauer der Einspeisevergütung gemäß EEG 2012 sind in den §§ 18 bis 21 EEG 2012 enthalten.

1. Die Berechnung der Höhe der Vergütung – § 18 EEG 2012

60 § 18 Abs. 1 EEG 2012 definiert den Anwendungsbereich der Vorschrift für Strom, der *„in Abhängigkeit von der Bemessungsleistung oder der installierten Leistung der Anlage“* vergütet wird. Für diesen Strom wird die Höhe der Vergütung nach § 18 Abs. 1 EEG 2012 i.V.m. den jeweiligen technologiespezifischen Mindestvergütungen gem. §§ 23 bis 28 und 33 EEG 2012 berechnet. Danach wird für Wasserkraft, Deponiegas, Klärgas, Grubengas, Biomasse, die Vergärung von Bioabfällen sowie Gülle und für Geothermie die Vergütung anteilig nach der **Bemessungsleistung** und für solare Strahlungsenergie in, an oder auf Gebäuden jeweils anteilig nach der **installierten Leistung** im Verhältnis zu dem jeweils anzuwendenden **Schwellenwert** bestimmt. Es werden also ausdrücklich nur die erneuerbaren Energien erfasst, für die entsprechende Schwellenwerte für die Vergütung in Abhängigkeit zur Bemessungsleistung bzw. installierten Leistung der Anlagen im EEG 2012 geregelt sind. Im Ergebnis führt § 18 EEG 2012 dazu, dass für diese genannten Energien die technologiespezifisch geregelten Mindestvergütungen[128] nicht unmittelbar anzuwenden sind, sondern in die – im Folgenden näher darzustellende – Berechnung gem. § 18 EEG 2012 einzustellen und so die konkrete Vergütung einer Anlage zu bestimmen ist.

61 Damit gilt § 18 EEG 2012 ersichtlich nicht für die nicht genannten technologiespezifischen Vorschriften über die Vergütung für Windenergie gem. §§ 29 bis 31 EEG 2012 und für solare Strahlungsenergie gem. § 32 EEG 2012. Diese sehen solche Schwellenwerte nicht vor und regeln die Vergütung des eingespeisten Stroms unmittelbar.

---

126 BT-Drucks. 17/6071, S. 67 li. Sp.
127 BT-Drucks. 17/6071, S. 67 li. Sp.
128 Nach §§ 23 bis 28 und 33 EEG 2012.

a) Historie

Als redaktionelle Änderung wurde der vergütungsspezifische Begriff der Leistung in § 18 EEG 2009 durch die Begriffe der **Bemessungsleistung** und der **installierten Leistung** in § 18 EEG 2012 ersetzt. Diese neuen Begriffe werden in § 3 Nr. 2a) und § 3 Nr. 6 EEG 2012 legaldefiniert.[129] Insofern entspricht § 18 EEG 2012 inhaltlich weitestgehend der Vorgängerregelung in § 18 EEG 2009.[130] 62

b) Zweck der Vorschrift

Würden die in §§ 23 bis 28 und 33 EEG 2012 vorgesehenen Mindestvergütungen unmittelbar angewendet, käme für eine Anlage – in Abhängigkeit von dem einschlägigen Schwellenwert – immer nur eine Vergütungshöhe zur Anwendung. Dies bedeutete, dass es im Falle der Über- oder Unterschreitung der Schwellenwerte für die Leistung von Anlagen zu nicht unerheblichen **Vergütungssprüngen** käme. Dies soll § 18 EEG 2012 – wie auch schon die Vorläuferregelungen – verhindern, indem danach eine kontinuierliche durchschnittliche Vergütung ohne Vergütungssprünge zu berechnen ist.[131] Damit sinkt die Vergütung mit der Zunahme der Leistung von Anlagen gleitend. Dadurch soll eine **Über- oder Unterförderung großer wie kleiner Anlagen** verhindert werden.[132] 63

c) Begriffliche Trennung der Leistungsbegriffe

Bezüglich der für die Vergütung zu bestimmenden Leistung unterscheidet § 18 Abs. 1 Nr. 1 und 2 i.V.m. § 3 Nr. 2a und Nr. 6 EEG 2012 die Kategorien „Bemessungsleistung" und „installierte Leistung". Diese begriffliche Unterscheidung und Klarstellung im Vergleich zum EEG 2009 ist zu begrüßen; so werden die bereits unter dem EEG 2009 existierenden unterschiedlichen Leistungsbegriffe auch unterschiedlich benannt. 64

Dabei entspricht der in § 3 Nr. 2a EEG 2012 definierte Begriff der **„Bemessungsleistung"** dem zuvor in § 18 Abs. 2 EEG 2009 definierten vergütungsspezifischen Leistungsbegriff, also der durchschnittlichen **tatsächlichen Leistung** einer Anlage. Gleichzeitig wird die in § 3 Nr. 6 EEG 2009 enthaltene Definition der „Leistung einer Anlage" in § 3 Nr. 6 EEG 2012 klarstellend als „installierte Leistung einer Anlage" bezeichnet, ohne dass sich die Begriffsdefinition ändert. Die **installierte Leistung** 65

129 BT-Drucks. 17/6071, S. 67 li. Sp.

130 Die Regelung geht zurück auf § 4 S. 2, 2. Hs. EEG 2002, der in § 12 Abs. 2 EEG 2004 neu gefasst worden ist und der der alten Fassung des Gesetzes ohne inhaltliche Änderungen entsprechen sollte, vgl. BT-Drucks. 15/2864, S. 46 li. Sp. Diese Regelung wurde wiederum materiell identisch in § 18 Abs. 1 und 2 EEG 2009 übernommen, vgl. BT-Drucks. 16/8148, S. 50 li. Sp.

131 Frenz/Müggenborg/*Ekardt*, § 18 Rn 2; *Salje*, EEG, § 18 Rn 1; ähnlich: *Thomas*, NVwZ-Extra 2012, 1, 8.

132 Vgl. BT-Drucks. 16/8148, S. 50 li. Sp. sowie BT-Drucks. 17/6071, S. 67 li. Sp.

bezeichnet die nach optimalen Bedingungen allein aufgrund der **technischen Beschaffenheit** einer Anlage **maximale mögliche Leistung.**

d) Bestimmung der Bemessungsleistung

66 Die Bemessungsleistung der Anlage ist gem. § 3 Nr. 2a EEG 2012 wie folgt zu berechnen: Sie entspricht dem Quotienten aus der Summe der im jeweiligen Jahr erzeugten kWh als Dividend und der Anzahl der Stunden des Jahres (ggf. ab erstmaliger Erzeugung von Strom aus erneuerbaren Energien und bis zur Stilllegung der Anlage) als Divisor.

aa) Dividend gem. § 3 Nr. 2a EEG 2012: Summe der im jeweiligen Kalenderjahr erzeugten kWh

67 Zu den im jeweiligen Kalenderjahr erzeugten kWh gehören nach dem Willen des Gesetzgebers sowohl die eingespeisten als auch die selbst verbrauchten oder direkt vermarkteten kWh. Laut der Gesetzesbegründung zu § 3 Nr. 2a EEG 2012 sollte mit der Änderung des Wortlauts der Begriffsdefinition von der in dem jeweiligen Kalenderjahr „gemäß § 8 abgenommenen“ Energie in § 18 Abs. 2 EEG 2009 auf die in einem Jahr „erzeugten“ kWh keine inhaltliche Änderung verbunden sein.[133] Nur klarstellend wurde insoweit darauf hingewiesen, dass sich die Bemessungsleistung anhand aller im Kalenderjahr erzeugten und damit einschließlich der selbst verbrauchten und direkt vermarkteten kWh berechne.[134] Die Vergütung wird somit im Ergebnis für eine bestimmte, in einem Jahr **tatsächlich produzierte Energiemenge** bezahlt.[135]

bb) Divisor gem. § 3 Nr. 2a EEG 2012: Zeitstunden des jeweiligen Kalenderjahres abzüglich der vollen Stunden vor der erstmaligen Erzeugung von Strom aus erneuerbaren Energien durch die Anlage und nach endgültiger Stilllegung der Anlage

68 Ausgangswert für die Bestimmung des Divisors ist die Summe der vollen Zeitstunden eines Kalenderjahres. Dies sind in der Regel 8.760 h, bei einem Schaltjahr 8.784 h.[136] Von dieser vollen Stundenzahl sind nur die Stunden vor der erstmaligen Stromerzeugung aus erneuerbaren Energien bzw. nach Stilllegung der Anlage abzuziehen. Auf eine dauerhafte Betriebsbereitschaft oder den tatsächlichen dauerhaften Betrieb kommt es also nicht an, sondern nur auf die **potenzielle Jahresnutzungsdauer**. Das

133 BT-Drucks. 17/6071, S. 60 li. Sp.
134 BT-Drucks. 17/6071, S. 60 li. Sp.
135 So auch Frenz/Müggenborg/*Ekardt*, § 18 Rn 7 m.w.N.
136 Vgl. Frenz/Müggenborg/*Ekardt*, § 18 Rn 6.

bedeutet also, dass die Summe der im jeweiligen Kalenderjahr erzeugten kWh durch die gesamte mögliche Jahresnutzungsdauer dividiert wird. Danach kann auch eine längere **Stilllegung** nicht in Abzug gebracht werden.[137]

e) Berechnung der gleitenden Vergütung

Gemäß § 18 Abs. 1 Nr. 1 EEG 2012 wird die **gleitende Vergütung** anteilig nach der **Bemessungsleistung** der Anlage im Verhältnis zu dem jeweils anzuwendenden **Schwellenwert** bestimmt. Diese etwas verunglückte Formulierung bedeutet lediglich, dass von der berechneten Bemessungsleistung gem. § 3 Nr. 2a EEG 2012 der Anteil unter dem relevanten und technologiespezifischen Schwellenwert gem. den §§ 23 bis 28 EEG 2012 und der Anteil über diesem Schwellenwert zu bestimmen sind. Anschließend wird dem Anteil der Leistung, der unter diesem Schwellenwert liegt, der hierfür gesetzlich vorgesehene **(höhere)** Vergütungssatz zugeordnet, für den Anteil der Leistung über diesem Schwellenwert ist ganz entsprechend der dafür vorgesehene **(niedrigere)** Vergütungssatz zugrunde zu legen. Das bedeutet, dass die Leistung einer Anlage in fiktive Tranchen („**Anlagenscheiben**") mit **unterschiedlichen Vergütungssätzen** aufgeteilt wird.[138] Je größer dabei der Anteil des höheren Vergütungssatzes ist, desto höher ist die Vergütung insgesamt. Damit stellt diese anteilige Heranziehung der einzelnen, in Abhängigkeit der Schwellenwerte geregelten technologiespezifischen Vergütungen eine gleitende und mit der Größe der Anlagen kontinuierlich sinkende **durchschnittliche Vergütung** ohne **Vergütungssprünge** sicher. 69

Beispiel

Am besten lässt sich die Berechnung der Vergütung gem. § 18 EEG 2012 an einem Beispiel verdeutlichen. Hierfür wird von einer Anlage für die Erzeugung von Strom aus Biomasse ausgegangen, die in einem Jahr 1.800.000 kWh in ein Netz eingespeist hat. Daneben wird von den vollen Zeitstunden eines Kalenderjahres ausgegangen; es sind keine Zeiten vor der erstmaligen Stromerzeugung aus erneuerbaren Energien bzw. nach Stilllegung abzuziehen. Daraus folgt eine Bemessungsleistung i.S.d. § 3 Nr. 2a EEG 2012 von 1.800.000 kWh dividiert durch 8.760 h, also 205,5 kW.

Dieser Wert ist der Berechnung gem. § 18 Abs. 1 Nr. 1 EEG 2012 zugrunde zu legen. Für Biomasse ist für die Leistung von 205,5 kW nur der Schwellenwert von 150 kW aus § 27 Abs. 1 Nr. 1 EEG 2012 relevant. Damit ist zunächst der Anteil von bis zu 150 kW an der Leistung von 205,5 kW zu bestimmen, dieser liegt bei 73 %. Der Anteil der Leistung ab 150 kW an 205,5 kW beträgt 23 %. Eine Leistung bis zu 150 kW wird gem. § 27 Abs. 1 Nr. 1 EEG 2012 mit 14,3 ct/kWh vergütet, die Leistung darüber gem. § 27 Abs. 1 Nr. 2 EEG 2012 mit 12,3 ct/kWh. Damit wäre in diesem Fall von der insgesamt eingespeisten Energie von 1.800.000 kWh eine „Anlagenscheibe" von 73 % mit 14,3 ct/kWh und eine „Anlagenscheibe" von 27 % mit 12,3 ct/kWh zu vergüten.

137 So auch Frenz/Müggenborg/*Ekardt*, § 18 Rn 7; vgl. hierzu auch Altrock/Oschmann/Theobald/*Lehnert*, § 18 Rn 18; *Salje*, EEG, § 18 Rn 14.

138 Frenz/Müggenborg/*Ekardt*, § 18 Rn 3.

Wird von der Leistung von 1.800.000 kWh ein bestimmter Prozentsatz gem. § 33f EEG 2012 anteilig direkt vermarktet und ein weiterer Prozentsatz gem. § 16 Abs. 4b EEG 2012 von den Anlagenbetreibern selbst verbraucht, so werden diese Mengen vor der Abrechnung durch den Netzbetreiber in Abzug gebracht und die verbleibende Leistung zu 73 % mit 14,3 ct/kWh und zu 27 % mit 12,3 ct/kWh vergütet.[139] Für den auf die Direktvermarktung nach § 33a EEG 2012 entfallenden Anteil entfällt die feste Einspeisevergütung gem. § 33f Abs. 2 EEG 2012.[140]

f) Berechnung der Vergütung für Solarenergieanlagen

70 Abweichend von den sonstigen Energieträgern berechnet sich gem. § 18 Abs. 1 Nr. 2 EEG 2012 die **feste Einspeisevergütung** für Solarenergieanlagen gem. § 32 EEG 2012 nicht anhand der Bemessungsleistung, sondern anhand der **installierten Leistung.**[141] Diese muss nicht gesondert ermittelt werden, sondern entspricht der für die konkrete Anlage möglichen maximalen Leistung, d.h. der **elektrischen Wirkleistung**, die die Anlage bei bestimmungsgemäßem Gebrauch ohne zeitliche Einschränkung unbeschadet kurzfristiger geringfügiger Abweichungen technisch erbringen kann.[142] Die Vergütungsberechnung erfolgt dann ebenso wie bei den sonstigen Energieträgern anhand der aufgrund der **Schwellenwerte** gebildeten **„Anlagenscheiben"**. Grund für die gesonderte Regelung für Solarenergie ist die – im Vergleich zu den anderen Energieträgern – fehlende Steuerbarkeit des Primärträgerangebots durch die Anlagenbetreiber.[143] Die von § 18 Abs. 1 Nr. 1 EEG erfassten Primärenergieträger sind hingegen nach Vorstellung des Gesetzgebers gleichmäßig über das gesamte Jahr verfügbar und deshalb dem jahresarbeitsabhängigen Konzept der Bemessungsleistung unterworfen.[144] Der an dieser Unterscheidung geäußerten Kritik insbesondere im Hinblick auf Anlagen der kleinen Wasserkraft[145] hat sich der Gesetzgeber auch im EEG 2012 nicht angenommen.[146]

g) Umsatzsteuer

71 Gemäß § 18 Abs. 2 EEG 2012 ist die Umsatzsteuer in den **Vergütungssätzen** nicht enthalten; sie stellen somit die **Nettopreise** dar. Die Vergütung nach dem EEG wird

139 *Salje*, EEG, § 17 Rn 16.
140 Zur anteiligen Direktvermarktung siehe auch unten Rn 236 f. sowie *Salje*, EEG, § 33b Rn 11.
141 Vgl. § 18 Abs. 1 Nr. 2 i.V.m. § 33 Abs. 1 EEG 2012.
142 § 3 Nr. 6 EEG 2012.
143 *Salje*, EEG, § 18 Rn 23.
144 Frenz/Müggenborg/*Ekardt*, § 18 Rn 5; *Salje*, EEG, § 18 Rn 24.
145 *Salje*, EEG, § 18 Rn 25 ff.
146 Vgl. hierzu Bundesrat, Stellungnahme zum Regierungsentwurf EEG 2009, BT-Drucks. 16/8148, Anlage 3, S. 85 f. (Ziff. 5).

vom UStG[147] erfasst, da es sich bei der Einspeisung von Strom aus erneuerbaren Energien um die Lieferung eines Gegenstandes gegen Entgelt i.S.d. § 3 Abs. 1a UStG handelt.[148] Der zivilrechtliche Begriff des „Gegenstandes" umfasst nicht nur Sachen i.S.d. § 90 BGB, d.h. körperliche Gegenstände, sondern auch Rechte und „sonstige Gegenstände"; dies wird durch § 453 Abs. 1 BGB klargestellt. Unter letzteren Begriff fallen insbesondere Gas, Wasser, Strom und Wärme.[149] Darüber hinaus lässt sich die Einspeisung von Strom aus erneuerbaren Energien zumindest als Leistung i.S.d. § 3 Abs. 9 UStG verstehen, der sonstige Leistungen erfasst, die keine Lieferung im Sinne dieser Vorschrift sind.[150]

Die in den §§ 23 ff. EEG 2012 festgesetzten Mindestvergütungen fallen unter den 72 **Entgeltbegriff** des § 10 Abs. 1 UStG, wonach Entgelt alles ist, was der Leistungsempfänger aufwendet, um die Leistung zu erhalten, jedoch abzüglich der Umsatzsteuer. Ohne die Klarstellung in § 18 Abs. 2 EEG 2012 könnten die Netzbetreiber die Vergütungen als „Bruttoentgelte" ansehen und sich weigern, die Umsatzsteuer der Vergütung aufzuschlagen.[151]

2. Der vergütungsrechtliche Anlagenbegriff – § 19 EEG 2012

Grundlage für die Berechnung der Höhe der Vergütung gem. § 18 EEG 2012 ist die 73 „Leistung der Anlage". Um die Leistung bestimmen und die Vergütung wie oben dargestellt berechnen zu können, ist also – neben den bereits erläuterten Begriffen der Bemessungsleistung bzw. installierten Leistung – der Begriff der **„Anlage"** von zentraler Bedeutung. Für die Berechnung der Vergütung ist insoweit zunächst auf den – weiten – Anlagenbegriff in § 3 Nr. 1 EEG 2012[152] abzustellen.[153] Dieser wird vergütungsspezifisch ergänzt durch § 19 EEG 2012, nach dem mehrere Anlagen i.S.d. § 3 Nr. 1 EEG 2012 zum Zweck der Ermittlung der Vergütung unter den dort genannten Voraussetzungen als eine Anlage i.S.d. § 18 EEG 2012 anzusehen sind. Diese gesetzliche Fiktion ist ausdrücklich auf die Vergütung beschränkt.

147 Umsatzsteuergesetz in der Fassung der Bekanntmachung v. 21.2.2005 (BGBl. I S. 386), zuletzt geändert durch Art. 5 des Gesetzes v. 1.11.2011 (BGBl. I S. 2131).

148 Frenz/Müggenborg/*Ekardt*, § 18 Rn 10; *Salje*, EEG, § 18 Rn 25.

149 Palandt/*Weidenkaff*, § 453 Rn 6.

150 Frenz/Müggenborg/*Ekardt*, § 18 Rn 10; *Salje*, EEG, § 18 Rn 25.

151 Frenz/Müggenborg/*Ekardt*, § 18 Rn 9; *Salje*, EEG, § 18 Rn 26.

152 Vgl. dazu ausführlich Kap. 3 Rn 33 ff.

153 Dieser Anlagenbegriff enthält für sich genommen nahezu keinerlei Konkretisierung des Anlagenbegriffs, insbesondere folgt daraus nicht, über welche technischen und baulichen Bestandteile eine Einrichtung zur Erzeugung von Strom aus erneuerbaren Energien (mindestens) verfügen muss, um eine Anlage zu sein; vgl. dazu *Richter*, NVWZ 2011, 667, 667; vgl. BT-Drucks. 16/8148, S. 38 li. Sp; vgl. dazu aber BT-Drucks. 16/8148, S. 38 re. Sp.; zum Anlagenbegriff des EEG 2009 vgl. auch die Empfehlung 2009/12 der Clearingstelle EEG, Rn 148 ff., abrufbar unter http://www.clearingstelle-eeg-de/empfV/2009/12.

74 Die Fiktion des § 19 Abs. 1 EEG dient nach der Gesetzesbegründung des EEG 2009 insbesondere dazu, die dem Gesetzeszweck widersprechende **Umgehung** der für die Vergütungshöhe geltenden **Leistungsschwellen** durch Aufteilung in kleinere Einheiten zu verhindern. Insoweit stellt das sog. **Anlagen-Splitting** insbesondere im Bereich der Stromerzeugung aus Biomasse ein Problem dar. Dabei wird anstelle einer oder mehrerer großer Anlagen eine Vielzahl kleiner Anlagen errichtet, um die höheren Vergütungen und Boni der unteren Leistungsklassen zu erhalten.[154]

a) Historie

75 § 19 EEG 2012 ist vor dem Hintergrund seiner Entstehung aus § 3 Abs. 2 S. 2 EEG 2004 über § 19 EEG 2009 einzuordnen:

aa) § 3 Abs. 2 S. 2 EEG 2004 – nur technisch-bauliche verbundene Anlagen?

76 § 3 Abs. 2 S. 2 EEG 2004 enthielt für den Fall, dass mehrere Anlagen in einem engen räumlichen, funktionalen und zeitlichen Zusammenhang betrieben wurden, eine klarstellende gesetzliche Fiktion, nach der mehrere Anlagen dann als eine Anlage galten, wenn sie mit **gemeinsamen**, für den Betrieb **technisch erforderlichen** Einrichtungen oder baulichen Anlagen **unmittelbar verbunden** waren (wobei Wege, Netzanschlüsse, Mess-, Verwaltungs- und Überwachungseinrichtungen als nicht technisch erforderlich ausdrücklich ausgenommen wurden). Dazu wurde streitig diskutiert, ob dieser Wortlaut auch Anlagen erfassen kann, die zwar nicht unmittelbar miteinander verbunden sind, aber in räumlichem und wirtschaftlichem Zusammenhang betrieben werden, wie es z.B. in § 11 Abs. 6 EEG 2004 für den Bau von mehreren Photovoltaik-Anlagen an oder auf demselben Grundstück innerhalb von sechs Monaten ausdrücklich vorgesehen war. Dabei ging es um die Errichtung von mehreren Kleinanlagen an einem Ort ohne technisch-bauliche Verbindung, die aber aus energiewirtschaftlicher, ökologischer und – abgesehen von der Einspeisevergütung – auch wirtschaftlicher Sicht im Wesentlichen ebenso gut als eine **Großanlage** hätten konzipiert werden können. Auch für diesen Fall wurde die Frage nach dem rechtfertigenden Grund für die Belastung der Netzbetreiber, Letztversorger und schließlich Stromkunden mit erhöhten Vergütungspflichten aufgeworfen und in der Literatur diskutiert, aber höchstrichterlich nicht entschieden.[155]

---

154 BT-Drucks. 16/8148, S. 50 li. Sp.

155 In BVerfGE 122, 374, 386 ff. wird diese Diskussion m.w.N. ausführlich dargestellt, das Ergebnis aber offen gelassen, vgl. ebenda S. 391.

bb) § 19 Abs. 1 EEG 2009 – die Folgen für Altanlagen und das Wachstumsbeschleunigungsgesetz

Daraufhin wurde folgerichtig im Wortlaut der Folgevorschrift des § 19 Abs. 1 EEG 2009 77
von der Beschränkung auf die **technisch-bauliche Anlagenzusammenfassung** abgesehen. Es wurde vielmehr – neben anderen Kriterien – maßgeblich auf die Errichtung der Anlagen auf demselben Grundstück oder sonst in unmittelbarer räumlicher Nähe und die Inbetriebnahme innerhalb von zwölf Kalendermonaten abgestellt. Der neue § 19 EEG 2009 sollte dazu dienen, die Rechtsunsicherheit bezüglich § 3 Abs. 2 S. 2 EEG 2004 zu beenden. Insoweit ging jedenfalls der Bundesrat davon aus, dass § 19 Abs. 1 EEG 2009 den Anlagenbegriff abweichend von § 3 Abs. 2 S. 2 EEG 2004 neu definiere.[156] Denn „entgegen der bisherigen Rechtslage" würden auch Anlagen, die in zeitlicher und lokaler Nähe in Betrieb genommen worden seien, hinsichtlich der Vergütung wie eine Anlage betrachtet.[157] Danach sollte verhindert werden, dass Einzelaggregate in Anlagenparks eine Vergütung nach der elektrischen Leistung jedes einzelnen Generators bekommen, obwohl sie sich in unmittelbarer räumlicher Nähe zueinander befinden, aber nicht technisch-baulich verbunden sind.[158]

Besondere Brisanz erhielt dies dadurch, dass § 19 Abs. 1 EEG 2009 nicht Gegen- 78
stand der Übergangsregelung des § 66 EEG 2009 war und damit auch für **Altanlagen** galt, die vor dem 1.1.2009 in Betrieb genommen worden waren. Damit führte § 19 Abs. 1 EEG 2009 teilweise zur vergütungsrechtlichen Zusammenfassung von nicht baulich-technisch verbundenen (Alt-)Anlagen, die gem. § 3 Abs. 2 S. 2 EEG 2004 noch nicht bestand.[159] So sahen sich etwa die Betreiber von **„Bioenergieparks"** mit nicht baulich verbundenen Anlagen, die bisher gesondert vergütet worden waren, mit der vergütungsrechtlichen Zusammenfassung dieser Anlagen ab dem 1.1.2009 – und der entsprechenden Einbuße an Einspeisevergütungen – konfrontiert.[160]

Das Bundesverfassungsgericht hat zu dieser Anwendung des § 19 Abs. 1 EEG 2009 79
auf Altanlagen entschieden, dass es sich dabei mit Blick auf Art. 14 GG um eine verfassungsgemäße **Inhalts- und Schrankenbestimmung** handelte.[161] Trotz dieser Entscheidung wurde mit dem **Wachstumsbeschleunigungsgesetz** vom 22.12.2009[162] § 66 Abs. 1a in das EEG 2010 eingefügt, nach dem sog. „modulare Anlagen", die vor

156 Wohingegen in der Gesetzesbegründung zu § 19 EEG 2009 ausgeführt wird, dass die Vorschrift mit § 3 Abs. 2 S. 2 EEG 2004 inhaltlich identisch sein solle, BT-Drucks. 16/8148, S. 50 li. Sp.
157 BR-Drucks. 824/08 (Beschl.), S. 1; vgl. dazu auch die Darstellung in BVerfGE 122, 374, 388.
158 Vgl. dazu BR-Drucks. 10/08 (Beschl.), S. 20.
159 Für Photovoltaik-Altanlagen vgl. aber die bereits zuvor bestehende entsprechende Regelung des § 11 Abs. 6 EEG 2004 und zur Anwendung von § 19 Abs. 1 EEG 2009 auf Photovoltaik-Altanlagen vgl. Clearingstelle EEG, Empfehlung 2008/51, abrufbar unter http://www.clearingstelle-eeg.de/files/private/active/0/2008-51_EmpfBegr.pdf.
160 BVerfGE 122, 374, 381; *Kruschinski*, S. 224.
161 BVerfGE 122, 374, 392 ff.
162 BGBl. I 2009 S. 3950.

dem 1.1.2009 in Betrieb genommen worden waren, abweichend zu § 19 Abs. 1 EEG 2009 als einzelne Anlagen galten.[163] **„Modulare Anlagen"** wurden als solche definiert, die nicht mit baulichen Anlagen verbunden sind. Diese modularen Altanlagen wurden damit entgegen § 19 Abs. 1 EEG 2009 rückwirkend ab dem 1.1.2009 (weiterhin) als Einzelanlagen vergütet, um die Wirtschaftlichkeit und den Weiterbetrieb dieser Anlagen zu gewährleisten.[164] Nur für **Neuanlagen** blieb es bei § 19 Abs. 1 EEG 2009.[165]

cc) § 19 Abs. 1 EEG 2009: auch technisch-baulich verbundene Anlagen?

80 In der Praxis warf § 19 Abs. 1 EEG 2009 Probleme auf, weil der Wortlaut des § 19 Abs. 1 EEG 2009 nicht (mehr) auf die baulich-technische Verbindung von Anlagen abstellte. Zwar wurde in der Gesetzesbegründung zu § 19 EEG ausgeführt, dass die Vorschrift mit § 3 Abs. 2 S. 2 EEG 2004 inhaltlich identisch sein solle.[166] Der Wortlaut legte es indes nicht nahe. Dies wurde vor allem in Bezug auf den Fall diskutiert, dass zwei oder mehr Anlagen nicht gem. § 19 Abs. 1 Nr. 4 EEG 2009 innerhalb von zwölf aufeinanderfolgenden Kalendermonaten in Betrieb gesetzt worden sind, diese aber gem. § 3 Abs. 2 S. 2 EEG 2004 – aufgrund einer unmittelbaren Verbindung durch gemeinsame, für den Betrieb technisch erforderliche Einrichtungen oder bauliche Anlagen – als einheitliche Anlage anzusehen gewesen wären (z.B. der Anschluss eines zweiten Blockheizkraftwerks an ein und dieselbe Biogasanlage nach mehr als zwölf Kalendermonaten).[167]

81 Die Rechtsprechung stellte sich hierzu teilweise auf den Standpunkt, dass Anlagen, die schon nach dem EEG 2004 als eine Anlage galten, auch nach dem EEG 2009 – gleichsam erst recht – vergütungsrechtlich als einheitliche Anlage zu werten sein müssten. Dies wurde vor allem mit dem Sinn des geänderten Gesetzes begründet, mit dem gerade eine weitergehende Erfassung von bisher als Einzelanlagen geführten Anlagen als Gesamtanlagen beabsichtigt sei.[168] Diese Rechtsprechung kam zu dem Ergebnis einer vergütungsrechtlich einheitlichen Anlage auch dann, wenn die Voraussetzungen des § 19 Abs. 1 EEG 2009 nicht vorlagen. Dies wurde dadurch

---

163 Vgl. hierzu auch OLG Brandenburg, Urt. v. 22.2.2011 – 6 U 39/10 = juris Rn 32, wonach durch die Einfügung des § 66 Abs. 1a EEG 2010 nicht nur eine Klarstellung erfolgt, sondern eine Neuregelung getroffen worden ist.

164 BT-Drucks. 17/15, S. 22 li. Sp.; vgl. hierzu *Kruschinski*, S. 224 f.

165 Vgl. die rechtspolitische Bewertung von *Schomerus*, NVwZ 2010, 549, 552 sowie *Richter*; NVwZ 2010, 1007, 1010.

166 BT-Drucks. 16/8148, S. 50 li. Sp.

167 Vgl. zu diesem Fall *Richter*, NVwZ 2011, 667, 667.

168 Vgl. OLG Brandenburg, Urt. v. 16.9.2010 – 12 U 79/10 = ZNER 2010, 587,590 (u.a. unter Bezugnahme auf BT-Drucks. 16/8148, S. 50); OLG Stuttgart, Urt. v. 25.5.2012 – 3 U 193/11 = IR 2012, 154.

erreicht, dass solche Anlagen schon als einheitliche Anlage i.S.d. § 3 Nr. 1 EEG 2009 angesehen wurden.[169]

Die Clearingstelle EEG vertrat hierzu indes die Gegenauffassung und führte aus, dass der Wille des Gesetzgebers den Wortlaut der §§ 3 Nr. 1 und 19 Abs. 1 EEG 2009 nicht überwinden könne.[170] Danach konnten zwei oder mehr baulich-technisch verbundene Anlagen weder nach § 3 Nr. 1 EEG 2012 noch vergütungsrechtlich gem. § 19 Abs. 1 EEG 2012 als eine Anlage angesehen werden, wenn sie nicht gem. Nr. 4 dieser Vorschrift innerhalb von zwölf aufeinanderfolgenden Kalendermonaten in Betrieb gesetzt worden sind.[171] 82

dd) Die neue Sonderregelung für sog. „Anlagen-Splitting“ für die Vergütung von Strom aus Biogasanlagen

Die neu in § 19 Abs. 1 S. 2 EEG 2012 eingeführte **Sonderregelung** für die Stromerzeugung aus Biogas dürfte diese Diskussion jedenfalls für neue Biogasanlagen beenden. Danach gelten abweichend von § 19 Abs. 1 S. 1 EEG 2012 mehrere Anlagen unabhängig von den **Eigentumsverhältnissen** und ausschließlich zum Zweck der Ermittlung der Vergütung für den zuletzt in Betrieb gesetzten Generator als eine Anlage, wenn sie Strom aus Biogas mit Ausnahme von Biomethan erzeugen und das Biogas aus derselben Anlage zur Erzeugung von Biogas stammt. Diese Regelung wurde aufgrund der Beschlussempfehlung des Ausschusses für Umwelt, Naturschutz und Reaktorsi- 83

169 OLG Brandenburg, Urt. v. 16.9.2010 – 12 U 79/10 = ZNER 2010, 587, 590; zustimmend *Niederstadt*, NuR 2011, 118, 120; kritisch dazu *Richter*, NVwZ 2010, 1007, 1008 ff. Ebenso: OLG Stuttgart, Urt. v. 25.5.2012 – 3 U 193/11 = IR 2012, 154; kritisch dazu: *Thomas*, IR 2012, 155.

170 EEG Clearingstelle, Empfehlung 2008/49, S. 60, abrufbar unter http://www.clearingstelle-eeg.de/EmpfV/2008/49; zustimmend: *Thomas*, NVwZ-Extra 2012, 1, 8 f.; ebenso: LG Duisburg, Urt. v. 31.3.2012 – 23 O 25/11 = IR 2012, 157; zustimmend: *Reichelt*, IR 2012, 157.

171 Clearingstelle EEG, Empfehlung 2009/12, Rn 102 ff., abrufbar unter http://www.clearingstelle-eeg.de/empfV/2009/12; Clearingstelle EEG, Votum 2010/17, Rn 26, abrufbar unter http://www.clearingstelle-eeg.de/votV/2010/17. Für Altanlagen, die vor dem 1.1.2009 in Betrieb gegangen sind, kam die Clearingstelle EEG jedoch trotzdem zum gleichen Ergebnis einer vergütungsrechtlichen Anlagenzusammenfassung wie die o.g. Rechtsprechung des OLG Brandenburg, allerdings auf anderem Weg. Denn insoweit ging die Clearingstelle davon aus, dass solche Anlagen ein fiktives – einheitliches – Inbetriebnahmedatum *„nach den Maßstäben des EEG 2004“* erhielten und so auch das Kriterium des § 19 Abs. 1 Nr. 4 EEG 2009 erfüllt würde. Denn im Falle einer sukzessiven Inbetriebnahme von Anlagen, die gem. § 3 Abs. 2 S. 2 EEG 2004 vergütungsrechtlich zusammengefasst worden waren, bekam die Anlage insgesamt fiktiv den Inbetriebnahmezeitpunkt der ersten Anlage nach § 3 Abs. 4 EEG 2004 und wurde nach den zu diesem Zeitpunkt geltenden Vergütungssätzen vergütet. Die Clearingstelle sah dabei keinen Widerspruch darin, zwar die Bestimmung dessen, was eine Anlage ist oder als solche zu gelten hat, rückwirkend gem. § 19 EEG 2009 neu vorzunehmen, die Bestimmung der Inbetriebnahme gleichwohl nicht. Vgl. zum Ganzen die Empfehlung 2009/12 Clearingstelle EEG, Rn 152 ff., abrufbar unter http://www.clearingstelle-eeg.de/empfV/2009/12; vgl. dazu auch *Richter*, NVWZ 2011, 667, 670.

cherheit vom 29.6.2011 in das Gesetz eingefügt.[172] Zur Begründung wurde ausgeführt, dass damit auch ein **Anlagen-Splitting** zur Optimierung der Vergütung für Strom aus Biogasanlagen ausgeschlossen wird, wenn ihre Anlagen ihr Gas über eine Biogasleitung aus derselben Biogaserzeugungsanlage beziehen.[173] Zu beachten ist insoweit die Fiktion des § 27c Abs. 1 EEG 2012, wann das aus einem Erdgasnetz entnommene Gas jeweils als Deponie-, Klär-, Gruben- oder Speichergas[174] gilt.

84 Diese Regelung gilt indes ausdrücklich nicht für Biomethan. Sie gilt auch nicht für Anlagen, die vor dem 1.1.2012 in Betrieb genommen wurden. Denn da § 66 EEG 2012 hierzu keine **Übergangsbestimmung** enthält, gilt für **Altanlagen** weiterhin das EEG 2009 in der am 31.12.2011 geltenden Fassung.[175] Auch insoweit wird die aufgezeigte Diskussion zum **Anlagenbegriff** bzw. § 19 Abs. 1 EEG 2009 jedenfalls für Anlagen, die ab dem 1.1.2009 in Betrieb gegangen sind (weil für diese das o.g. **Wachstumsbeschleunigungsgesetz** keine Regelung enthielt),[176] weiter anhalten. Eine höchstrichterliche Entscheidung hierzu steht noch aus.[177]

b) Die Kriterien des § 19 Abs. 1 EEG 2012

85 Soweit die genannte Ausnahme gem. § 19 Abs. 1 S. 2 EEG 2012 nicht einschlägig ist, bleibt es bei den gem. § 19 Abs. 1 EEG 2009 bereits bekannten Voraussetzungen der **Anlagenzusammenfassung**. Diese Voraussetzungen müssen dann **kumulativ** erfüllt sein.[178]

aa) Standort auf demselben Grundstück oder sonst in unmittelbarer räumlicher Nähe

86 „Auf einem Grundstück belegen“ bedeutet, dass die jeweiligen Anlagen innerhalb der **Grundstücksgrenzen** eines identischen Grundstückes liegen müssen.[179] Ein Grundstück i.S.d. § 19 Abs. 1 EEG 2012 ist dabei grundsätzlich Grundstück im formellen bürgerlich-rechtlichen Sinne, d.h. ein *„räumlich abgegrenzter, katastermäßig vermessener und bezeichneter Teil der Erdoberfläche, der im Bestandsverzeichnis eines*

172 BT-Drucks. 17/6363, S. 5, zur Begründung vgl. dort Anlage 1, S. 24 f.
173 BT-Drucks. 17/6363, S. 5, zur Begründung vgl. dort Anlage 1, S. 24.
174 Die Fiktion für Biomethan ist insoweit nicht relevant, da diese von § 19 Abs. 1 S. 2 EEG 2012 ausdrücklich nicht erfasst wird.
175 § 66 Abs. 1 S. 1 EEG 2012.
176 Siehe dazu oben Rn 79.
177 Vgl. dazu und zur gesamten Diskussion des Anlagenbegriffs differenziert *Loibl*, REE 2011, 197, 200 f.
178 Frenz/Müggenborg/*Ekardt*, § 19 Rn 6.
179 Frenz/Müggenborg/*Ekardt*, § 19 Rn 8.

Grundbuches *unter einer bestimmten Nummer eingetragen oder gem. § 3 Abs. 5 GBO auf einem gemeinschaftlichen Grundbuchblatt gebucht ist.*“[180]

Das Kriterium der **unmittelbaren räumlichen Nähe** ist – wie es sich bereits aus dem Wortlaut ergibt – subsidiär zu der Belegenheit auf einem Grundstück und dient daher als **Auffangregelung.**[181] Die Gesetzesbegründung zählt Indizien auf, die auf eine besondere Nähebeziehung hinweisen; sie stellt dabei insbesondere auf gemeinsam genutzte technische Einrichtungen und Infrastruktureinrichtungen ab.[182] Diese Auslegung erinnert an die im EEG 2004 geforderte technisch-bauliche Verbundenheit der Anlage; sie bietet wenig Anhaltspunkte für den (umfassenderen) Begriff der räumlichen Nähebeziehung.[183] Die Gesetzesbegründung betont allerdings, dass die räumliche Nähe *„in einer Gesamtbetrachtung des Einzelfalles unter Berücksichtigung des Grundsatzes von Treu und Glauben und des Normzwecks zu ermitteln“* sei. 87

Der unbestimmte Rechtsbegriff der **unmittelbaren räumlichen Nähe** ist in diesem Sinn von der Clearingstelle EEG in der Empfehlung 2008/48 ausführlich und umfassend ausgelegt worden. Diese Auslegung stellt maßgeblich auf den Zweck der Regelung ab, das missbräuchliche **Anlagen-Splitting** zu verhindern. Demnach soll grundsätzlich eine widerlegliche Vermutung für die Annahme bestehen, dass eine Aufteilung in mehrere Anlagen zu missbräuchlichen Zwecken stattgefunden hat, wenn diese Anlagen nach dem 5.12.2007[184] entweder auf Grundstücken errichtet werden, die zuvor entlang der Belegenheit mehrerer kleiner Anlagen parzelliert worden sind oder wenn mehrere Anlagen auf aneinandergrenzenden Grundstücken in Betrieb genommen werden.[185] Die Clearingstelle EEG hat in der Entscheidung einen differenzierten **Katalog von Indizien** erarbeitet, die jeweils für bzw. gegen die **Ver-** 88

180 Clearingstelle EEG, Empfehlung 2008/49, S. 38, zum wirtschaftlichen Grundstücksbegriff vgl. S. 30 ff. m.w.N. vor allem in Fn 68, abrufbar unter http://www.clearingstelle-eeg.de/EmpfV/2008/49; in diesem Zusammenhang zu sehr weiträumigen ehemaligen LPG-Grundstücken vgl. Frenz/Müggenborg/*Ekardt*, § 19 Rn 9.

181 Clearingstelle EEG, Empfehlung 2008/49, S. 21, abrufbar unter http://www.clearingstelle-eeg.de/EmpfV/2008/49; Frenz/Müggenborg/*Ekardt*, § 19 Rn 7.

182 BT-Drucks. 16/8148, S. 51 Sp. 1: Staumauern, Fermenter von Biogasanlagen, Wechselrichter, Transformatoren, Messeinrichtungen, Verbindungswege und Verwaltungseinrichtungen.

183 Frenz/Müggenborg/*Ekardt*, § 19 Rn 10.

184 An diesem Tag beschloss das Bundeskabinett den Gesetzesentwurf zum EEG 2009. Ab diesem Zeitpunkt mussten Anlagenbetreiber mit hinreichender Sicherheit davon ausgehen, dass für die rechnerische Zusammenfassung mehrerer Anlagen nicht mehr nur die technische Verbundenheit, sondern auch die räumliche Belegenheit zueinander maßgeblich ist.

185 Clearingstelle EEG, Empfehlung 2008/49, S. 51 f., abrufbar unter http://www.clearingstelle-eeg.de/EmpfV/2008/49.

mutung der Missbräuchlichkeit sprechen.[186] Anhand dieser Kriterien kann die von der Gesetzesbegründung geforderte **Einzelfallbeurteilung** vorgenommen werden.[187]

bb) Erzeugung von Strom aus gleichartigen erneuerbaren Energien

89 Der Strom aus den Anlagen, die für die Zwecke der Vergütungsberechnung als eine Anlage zu behandeln sind, muss aus **gleichartigen** erneuerbaren Energien stammen. Der Begriff der erneuerbaren Energien ist in § 3 Nr. 3 EEG 2012 definiert. Grubengas wird von der Definition des § 3 Nr. 3 EEG 2012 nicht erfasst, da es keine erneuerbare Energiequelle im naturwissenschaftlichen Sinne darstellt. Schon zum gleichlautenden § 19 Abs. 1 Nr. 2 EEG 2009 bestand Streit, ob Grubengas trotzdem erfasst sei. Angesichts der Gleichbehandlung des Grubengases mit den erneuerbaren Energien im gesamten EEG[188] wurde hierzu teilweise vertreten, dass auch die Stromerzeugung aus Grubengas im § 19 Abs. 1 Nr. 2 EEG 2012 erfasst werde.[189] Die Gegenauffassung verwies auf den Wortlaut als äußerste Grenze der Auslegung und ging davon aus, dass eine Einbeziehung von Grubengas in § 19 Abs. 1 Nr. 2 EEG 2012 nicht möglich sei.[190] Diese Frage scheint auch im EEG 2012 nicht geklärt. Denn es wurde nur in § 19 Abs. 2 EEG 2012 der Zusatz „oder Grubengas“ eingefügt,[191] nicht aber in § 19 Abs. 1 Nr. 2 EEG 2012.[192]

90 **„Gleichartig“** bedeutet in diesem Zusammenhang, dass der verwendete **Primärenergieträger** derselben **Vergütungsvorschrift** der §§ 23 bis 33 EEG 2012 unterfallen muss.[193] Bei **Hybridanlagen**, die Strom aus verschiedenen erneuerbaren Energien

186 Clearingstelle EEG, Empfehlung 2008/49, S. 53–63, abrufbar unter http://www.clearingstelle-eeg.de/EmpfV/2008/49.

187 *Salje*, EEG, § 19 Rn 10, der aus Gründen der Handhabbarkeit empfiehlt, eine 500-Meter-Grenze aus dem Immissionsschutzrecht zu übernehmen, bei deren Überschreiten keine räumliche Nähebeziehung mehr bestehe; diese abstrakte Bestimmung einer Grenze wird in der Empfehlung 2008/49 der Clearingstelle EEG, S. 44 ff., abrufbar unter http://www.clearingstelle-eeg.de/EmpfV/2008/49, als nur schwer mit der von der Gesetzesbegründung geforderten Einzelfallbetrachtung vereinbar angesehen; vgl. dazu auch Frenz/Müggenborg/*Ekardt*, § 19 Rn 12 f.

188 Vgl. die Begriffsbestimmung in § 3 Nr. 1 und die Vergütungsregeln in §§ 16 ff. EEG 2012.

189 Vgl. Frenz/Müggenborg/*Ekardt*, § 19 Rn 14.

190 *Salje*, EEG, § 19 Rn 15.

191 BT-Drucks. 17/6071, S. 67 li. Sp.

192 Ganz entsprechend gegen die Einbeziehung von Grubengas in § 19 Abs. 1 S. 1 EEG 2012 *Salje*, EEG, § 19 Rn 15.

193 Denkbar wäre es allenfalls „gleichartig“ im physikalisch-technischen Sinne zu verstehen, so dass beispielsweise Arten der Stromerzeugung aus der anaeroben Vergärung von Biomasse (wie Deponie-, Klär- und Biogas) als „gleichartig“ zu behandeln wären. Für eine Differenzierung nach den Vergütungsvorschriften für die verschiedenen Primärenergieträger spricht indes, dass § 19 Abs. 1 EEG 2012 eine Sonderregel allein für die Vergütung des Stromes trifft und damit auf diese Vorschriften bezogen ist, vgl. so Frenz/Müggenborg/*Ekardt*, § 19 Rn 15; *Salje*, EEG, § 19 Rn 18.

erzeugen, um die Effizienz der Anlage zu erhöhen oder die Erzeugung besser regeln zu können, ist § 19 Abs. 1 EEG 2012 nicht anwendbar.[194]

cc) Leistungsbezogene Vergütung des erzeugten Stroms

Dem dritten Kriterium in § 19 Abs. 1 Nr. 3 EEG 2012 zufolge muss der von den Anlagen 91
erzeugte Strom nach den Regelungen des EEG 2012 in Abhängigkeit von der **Bemessungsleistung** oder der **installierten Leistung** der Anlage vergütet werden. Damit ist § 19 EEG 2012 nur für solche Anlagen anzuwenden, die auch von der Berechnung der Vergütung gem. § 18 EEG 2012 erfasst werden.[195]

dd) Inbetriebnahme innerhalb von zwölf aufeinanderfolgenden Kalendermonaten

Schließlich ist vierte Voraussetzung für die Zusammenfassung zu einer Anlage gem. 92
§ 19 Abs. 1 Nr. 4 EEG 2012, dass die Anlagen innerhalb von zwölf aufeinanderfolgenden Kalendermonaten in Betrieb genommen worden sind. § 19 Abs. 1 Nr. 4 EEG 2009 stellte insoweit darauf ab, wann eine Anlage in Betrieb gesetzt worden ist. Diese Inbetriebsetzung war ausweislich der Gesetzesbegründung des EEG 2009 anders zu verstehen als die in § 3 Nr. 5 EEG 2009 legaldefinierte Inbetriebnahme. § 19 Abs. 1 Nr. 4 EEG 2009 erforderte danach, dass die Anlage erstmalig Strom aus erneuerbaren Energien oder Grubengas zur Einspeisung in das Netz anbietet.[196] In § 19 Abs. 1 Nr. 4 EEG 2012 wird nunmehr aber ausdrücklich auf die **Inbetriebnahme**[197] der Anlagen abgestellt, ohne dass diese Änderung der Formulierung in der Gesetzesbegründung gesondert erwähnt würde.[198] Angesichts des eindeutigen Wortlauts und der entsprechenden Legaldefinition in § 3 Nr. 5 EEG 2012 dürfte also nunmehr für § 19 Abs. 1 Nr. 4 EEG 2012 darauf abgestellt werden müssen, wann die betroffenen Anlagen erstmalig und unabhängig vom verwendeten **Primärenergieträger** gem. § 3 Abs. 5 EEG 2012 in Betrieb gesetzt worden sind.

---

194 Frenz/Müggenborg/*Ekardt*, § 19 Rn 15; *Salje*, EEG, § 19 Rn 16.

195 Siehe dazu oben Rn 60 ff.; vgl. auch *Salje*, EEG, § 19 Rn 19; Frenz/Müggenborg/*Ekardt*, § 19 Rn 16.

196 BT-Drucks. 16/8148, S. 50 re. Sp.; zu den möglichen Folgen, dass ein Anlagenbetreiber zwölf Monate verstreichen ließ, um so die Fiktion des § 19 Abs. 1 EEG 2012 zu umgehen, dann aber die finanziellen Einbußen durch die Degression der Vergütungssätze gem. § 20 EEG 2012 hinnehmen muss, vgl. Frenz/Müggenborg/*Ekardt*, § 19 Rn 17.

197 Vgl. zum Begriff der Inbetriebnahme Kap. 3 Rn 57 ff.

198 BT-Drucks. 17/6071, S. 67 li. Sp.

ee) Ausnahme für Biogasanlagen

93 Ausweislich des neu eingefügten § 19 Abs. 1 S. 2 EEG 2012 sind mehrere **Biogasanlagen** zum Zwecke der Vergütung für den zuletzt in Betrieb genommenen Generator abweichend von S. 1 bereits dann als eine Anlage zu behandeln, wenn das verwendete Biogas aus derselben Biogasanlage stammt. Die Formulierung „abweichend" macht dabei deutlich, dass die Voraussetzungen des § 19 Abs. 1 Nr. 1–4 EEG 2012 daneben nicht erfüllt sein müssen.

ff) Gesonderte Regelung für Freiflächenanlagen zur Gewinnung von Solarstrom

94 Durch die sog. Photovoltaik-Novelle wurde eine gesonderte Regelung in § 19 Abs. 1a EEG 2012 n.F. (Fassung vom 17.8.2012)[199] zur **Zusammenfassung von Freiflächenanlagen** eingeführt. Bisher war die Vergütung von Freiflächenanlagen nach § 32 EEG 2012 nicht von der Größe der Anlage abhängig. In der Neuregelung des § 32 Abs. 1 EEG 2012 wird die Abhängigkeit der Höhe der Vergütung von der Größe der Anlage mit einer Obergrenze eingeführt. Gleichzeitig ist die Anwendung von § 19 Abs. 1 S. 1 EEG 2012 auf Freiflächenanlagen angesichts der räumlichen Ausdehnung der Anlagen oft über mehrere Grundstücke hinweg nur begrenzt sinnvoll. Deshalb hat der Gesetzgeber eine gesonderte Ausnahmevorschrift für Freiflächenanlagen für erforderlich erachtet, mit der feste Abstände definiert werden. Danach werden Anlagen, die innerhalb von 24 Monaten in einem Abstand von weniger als 2 km[200] Luftlinie vom äußersten Rand einer anderen Anlage errichtet werden, vergütungsrechtlich als eine Anlage angesehen.[201] Allerdings bezieht sich diese Abstandsregelung gem. § 19 Abs. 1a Nr. 1 EEG 2012 ausdrücklich nur auf Anlagen, die innerhalb einer Gemeinde errichtet werden.[202]

c) Rechtsfolge: Fiktion der Anlageneinheit

95 Falls die Voraussetzungen des § 19 Abs. 1 EEG 2012 erfüllt sind, greift die gesetzliche Fiktion: Die Anlagen sind – ausschließlich zum Zweck der Vergütungsermittlung – als eine Anlage zu behandeln. Dies bedeutet, dass die **Vergütungshöhe** für den Strom aus der zuletzt in Betrieb genommenen Anlage nicht nach der **Einzelleistung** des in Rede stehenden **Generators**, sondern nach der **summierten Leistung** aller **Teilanlagen** berechnet wird.[203] Der Netzbetreiber summiert somit die ihm aus den Einzelteilen der (fiktiven) Gesamtanlage gemeldeten Einspeisemengen und errechnet

---

199 EEG v. 25.10.2008 (BGBl. I S. 2074), in der Fassung v. 17.8.2012 (BGBl. I S. 1754).

200 Ursprünglich war ein Umkreis von 4 km vorgesehen, die Reduzierung auf 2 km erfolgte im Vermittlungsausschuss; vgl. BT-Drucks. 17/10103, S. 2.

201 Vgl. dazu BT-Drucks. 17/8877, S. 18 li. Sp.

202 Zur Einführung dieser Einschränkung ist die Begründung wenig informativ, vgl. BT-Drucks. 17/9152, S. 20.

203 Frenz/Müggenborg/*Ekardt*, § 19 Rn 19; *Salje*, EEG, § 19 Rn 24.

anhand der Vergütungsschwellen die Gesamtjahresvergütung und die Durchschnittsvergütung. Diese Vergütung wird anhand der Anteile an der Einspeisung auf die einzelnen Teilanlagen verteilt; die Betreiber der Teilanlagen bilden eine **Vergütungsgemeinschaft** i.S.d. § 420 BGB.[204] Dabei umfasst die Vergütung die **Grundvergütung** sowie die **Boni**, wobei der Anspruch auf Boni zum Teil nur bis zu bestimmten **Leistungsgrenzen** besteht.[205] Photovoltaik-Freiflächenanlagen, die nach dem neuen § 19 Abs. 1a EEG 2012 zusammengefasst werden, erhalten nur noch bis zum Erreichen der Obergrenze gem. § 32 Abs. 1 EEG-Entwurf von 10 MW eine Vergütung.[206]

Nach einem Hinweis der Clearingstelle EEG sollte eine etwaige Zusammenfassung mehrerer Anlagen zu Zwecken der Berechnung der Vergütung nach § 19 Abs. 1 EEG 2009 indes keine Auswirkungen auf die Bestimmung des **Inbetriebnahmezeitpunkts** der einzelnen **Teilanlagen** haben.[207] Daran dürfte sich auch im Rahmen des § 19 Abs. 1 EEG 2012 nichts ändern. Danach kann es etwa für Photovoltaik-Module vorkommen, dass diese leistungsseitig gem. § 19 Abs. 1 EEG 2012 zusammengefasst werden, innerhalb derselben **Vergütungszone** aber unterschiedliche **Vergütungssätze** zugewiesen bekommen, wenn sie teilweise vor und nach einem **degressionsrelevanten Zeitpunkt** in Betrieb genommen werden.[208] 96

Für den – zwischenzeitlich entfallenen[209] – **Eigenverbrauchsbonus** gem. § 33 Abs. 2 EEG 2009 hat die Clearingstelle EEG darüber hinaus empfohlen, dass dieser bei Photovoltaik-Installationen nicht anteilig anwendbar ist, die nach § 19 Abs. 1 EEG 2009 als eine Anlage gelten.[210] Allerdings sollen im Falle eines Anlagenzubaus über den 1.7.2010 hinweg, mit dem sich die Leistungsgrenze in § 33 Abs. 2 EEG 2009 von 30 kW auf 500 kW erhöht hat,[211] die vor und die ab dem 1.7.2010 in Betrieb genommenen Module hinsichtlich der Leistungsgrenze jeweils getrennt betrachtet werden, 97

204 Frenz/Müggenborg/*Ekardt*, § 19 Rn 19; *Salje*, EEG, § 19 Rn 24.

205 BT-Drucks. 16/8148, S. 50 f.

206 Vgl. BT-Drucks. 17/8877, S. 18 li. Sp.

207 Clearingstelle EEG, Hinweis 2011/11, Rn 17, abrufbar unter http://www.clearingstelle-eeg.de/hinwv/2011/11, so auch OLG Schleswig ER 2012, 84, 85 f.; vgl. auch Clearingstelle EEG, Empfehlung 2009/12, Rn 152 ff., abrufbar unter http://www.clearingstelle-eeg.de/empfV/2009/12, zu der anders formulierten Anlagenfiktion in § 3 Abs. 2 S. 2 EEG 2004: Für diese Anlagenfiktion ging die Clearingstelle EEG für den späteren Zubau von Biomasse-BHKW davon aus, dass die gesamte fiktive Anlage als fiktives Inbetriebnahmedatum den Zeitpunkt der Inbetriebnahme des ersten BHKW bekam und die Vergütung nach den zu diesem Zeitpunkt geltenden Vergütungssätzen erfolgte.

208 Clearingstelle EEG, Hinweis 2011/11, Rn 21, abrufbar unter http://www.clearingstelle-eeg.de/hinwv/2011/11; ebenso: OLG Schleswig, Urt. v. 22.3.2012 – 16 U 107/11 = IR 2012, 183; zustimmend: *Schnelle*, IR 2012, 184.

209 Siehe dazu oben Rn 28 ff.

210 Clearingstelle EEG, Empfehlung 2011/2/1, Rn 16–47 unter Hinweis auf die Gegenauffassung und Nachweisen hierfür in Fn 21 der Empfehlung, abrufbar unter http://www.clearingstelle-eeg.de/empfv/2011/2.

211 EEG v. 25.10.2008 (BGBl. I S. 2074) in der Fassung v. 11.8.2010 (BGBl. I S. 1170).

selbst wenn vergütungsseitig nach § 19 Abs. 1 EEG 2009 von einer Anlage auszugehen ist.[212] Da der Eigenverbrauchsbonus für Altanlagen, für die § 33 Abs. 2 EEG 2009 bzw. EEG 2012 a.F. (Fassung vom 28.7.2011)[213] noch geltend gemacht werden kann, behält die Empfehlung für diese Fälle ihre Relevanz bzw. dürfte auch auf den gleich lautenden § 33 Abs. 2 EEG 2012 a.F. übertragbar sein.

d) Gemeinsame Messeinrichtung

98 § 19 Abs. 2 EEG 2012 regelt, dass mehrere eigenständige Anlagen ihre Abrechnung über eine **gemeinsame Messeinrichtung** vornehmen können. Für diesen Fall wird klargestellt, dass entgegen § 19 Abs. 1 EEG 2012 die Leistungsschwellen weiterhin **isoliert** betrachtet werden, wenn dessen Voraussetzungen für eine vergütungsrechtliche Zusammenfassung der Anlagen nicht vorliegen.[214] Die Leistungen der jeweiligen Anlage werden weiterhin isoliert betrachtet und vergütet.[215] Dies macht die ökonomisch sinnvolle Verwendung gemeinsamer Messeinrichtungen vor allem für Betreiber kleinerer Anlagen attraktiv, weil diese auf eine eigene Messanlage und einen eigenen Netzanschluss verzichten können, ohne hierdurch Einbußen hinsichtlich der Vergütung hinnehmen zu müssen.[216]

aa) Gleichartige erneuerbare Energien oder Grubengas

99 Dazu muss nach § 19 Abs. 2 S. 1 EEG 2012 wie bei § 19 Abs. 1 Nr. 2 in diesen Anlagen Strom aus **gleichartigen** erneuerbaren Energien oder Grubengas – hier also unter ausdrücklicher Einbeziehung von Grubengas[217] – erzeugt werden.

bb) Maßgeblichkeit der Bemessungsleistung

100 Der S. 2 der Vorschrift regelt daneben, dass für die Berechnungen der Vergütungen vorbehaltlich des Abs. 1 die **Bemessungsleistung** jeder einzelnen Anlage maßgeblich sei. Dies dürfte indes nicht bedeuten, dass danach doch eine **gesonderte** Messung der Bemessungsleistung für jede Anlage vorzunehmen wäre. Denn dies würde dem Zweck der Vorschrift, gemeinsame Messungen zu ermöglichen, um so Kosten sparen zu können, widersprechen. Deshalb dürfte § 19 Abs. 2 S. 2 EEG 2012 voraussetzen, dass über die gemeinsame Messeinrichtung die **Bemessungsleistung aller Anlagen**

---

212 Clearingstelle EEG, Empfehlung 2011/2/1, Rn 39 ff., abrufbar unter http://www.clearingstelle-eeg.de/empfv/2011/2.

213 EEG v. 25.10.2008 (BGBl. I S. 2074) in der Fassung v. 28.7.2011 (BGBl. I S. 1634).

214 Frenz/Müggenborg/*Ekardt*, § 19 Rn 19; *Salje*, EEG, § 19 Rn 34.

215 BT-Drucks. 16/8148, S. 51 li. Sp.

216 Frenz/Müggenborg/*Ekardt*, § 19 Rn 24; *Salje*, EEG, § 19 Rn 44.

217 Siehe dazu bzw. zur Gleichartigkeit insgesamt Rn 89 f.

gemessen und diese nach dem Verhältnis der **installierten Leistung** der **Einzelanlagen** zur **installierten Gesamtleistung** aufgeteilt und so die Bemessungsleistung der einzelnen Anlagen ermittelt wird.[218] Die Berechnung der Vergütung kann damit gem. § 19 Abs. 2 S. 2 EEG 2012 anhand der so bestimmten Bemessungsleistung erfolgen.

Für **Photovoltaik-Anlagen** ist hiervon abweichend nach § 19 Abs. 2 S. 2, 2. Hs. EEG 2012 n.F. (Fassung vom 17.8.2012)[219] die **installierte Leistung** jeder einzelnen Anlage maßgeblich. Mit dieser Ergänzung im Rahmen der Photovoltaik-Novelle wollte der Gesetzgeber klarstellen, dass es für die Vergütungsabrechnung für den Strom aus einer Photovoltaik-Anlage bei einer gemeinsamen Abrechnung mehrerer Anlagen über eine gemeinsame Messeinrichtung auf die installierte Leistung jeder einzelnen Anlage – und nicht wie bei anderen erneuerbaren Energien auf deren Bemessungsleistung – ankommt.[220] 101

cc) Windanlagen

Abs. 3 enthält eine Spezialregelung zu Abs. 2 für die gemeinsame Abrechnung von Windenergieanlagen.[221] Windenergie wird gem. §§ 29, 30, 31 EEG 2012 vergütet, Vergütungsschwellen hinsichtlich der Bemessungsleistung oder der installierten Leistung sind nicht vorgesehen. Daher ist § 19 Abs. 1 EEG 2012 auf Windenergieanlagen nicht anwendbar. Werden mehrere Windkraftanlagen unterschiedlicher Betreiber (z.B. in einem **Windpark**) zur Kostenbegrenzung über eine **gemeinsame Messanlage** abgerechnet, so werden diese Anlagen nicht einfach kumulativ vergütet. Die Abrechnung von Anlagen mit einer gemeinsamen Messeinrichtung erfolgt vielmehr gem. § 19 Abs. 3 EEG 2012 nach dem Verhältnis der **Referenzerträge** der Anlagen. Dies bedeutet Folgendes: 102

Die Vergütung von Windkraftanlagen wird durch verschiedene Faktoren determiniert. Dies sind 103
- **Standort** der einzelnen Anlagen,
- das **Inbetriebnahmejahr**,
- die Zuordnung zu **Onshore**- oder **Offshore**-Windkraft sowie
- die Einteilung in **Alt-** oder **Neuanlagen.**[222]

Die Relevanz des Standortes wird dabei durch den **Referenzertrag** berücksichtigt. Denn die Leistung von Windenergieanlagen hängt nicht nur von dem Anlagentyp, sondern ebenso von dem Standort der Anlage ab, da das Windaufkommen unter-

218 So auch unter dem EEG 2009: Frenz/Müggenborg/*Ekardt*, § 19 Rn 23.
219 EEG v. 25.10.2008 (BGBl. I S. 2074), in der Fassung v. 17.8.2012 (BGBl. I S. 1754).
220 BT-Drucks. 17/9152, S. 26.
221 Frenz/Müggenborg/*Ekardt*, § 19 Rn 26.
222 Frenz/Müggenborg/*Ekardt*, § 19 Rn 27.

schiedlich ist.[223] Der **Referenzertrag** ist gem. Nr. 2 der Anlage 3 zum EEG 2012 *„die für jeden Typ einer Windenergieanlage einschließlich der jeweiligen Nabenhöhe bestimmte Strommenge, die dieser Typ bei Errichtung an dem Referenzstandort*[224] *rechnerisch auf Basis einer vermessenen Leistungskennlinie in fünf Betriebsjahren erbringen würde."*

104 Der **Referenzertrag** erscheint somit als **standardisierter Wert** für gleichartige Anlagetypen am gleichen Standort. Er berücksichtigt somit nicht, dass vorgelagerte Windenergieanlagen **verschattende Wirkung** haben können.[225] Damit findet bei wörtlichem Verständnis des Referenzertrags § 19 Abs. 3 EEG 2012 insofern keine Berücksichtigung des **konkreten Standortes** einer Windenergieanlage (beispielsweise der „Reihe" innerhalb eines Windparks) und der damit verbundenen ggf. unterschiedlichen Leistung statt. Da § 19 Abs. 1 EEG 2012 für §§ 29 bis 31 gerade nicht gilt, kann es für solche Anlagen in Windparks auch nicht zu einer vergütungsrechtlichen Zusammenfassung kommen, es bleibt bei der **gesonderten Abrechnung** gem. § 19 Abs. 2 und 3 EEG 2012. In der Kommentarliteratur wird und wurde daher zu § 19 Abs. 3 EEG 2012 bzw. dessen (identischer) Vorgängerregelung in § 19 Abs. 3 EEG 2009 vertreten, dass **Referenzwertklassen** je nach „Reihe" der Anlage im Windpark zu bilden seien und die Strommenge anhand dieser zu verteilen sei, um die tatsächlichen Ergebnisse an elektrischer Arbeit der jeweiligen Anlage abzubilden.[226]

3. Feststellung der anzuwendenden energieträgerspezifischen Vergütungssätze und Dauer der Vergütung – §§ 20 bis 21 EEG 2012

105 §§ 20, 20a und 20b EEG 2012 regeln die **Degression** der energieträgerspezifischen EEG-Vergütungssätze. Dabei regelt § 20 EEG 2012 die jährliche Degression spezifisch für Grubengas und die erneuerbaren Energien mit Ausnahme der solaren Strahlungsenergie, während §§ 20a und b EEG 2012 Letztere zum Gegenstand haben. Durch die in §§ 20, 20a und 20b EEG 2012 geregelte Degression wird die Höhe der **festen Einspeisevergütung** unmittelbar beeinflusst und über den Verweis in § 33g Abs. 2 S. 1 EEG 2012 auch die Höhe der **Marktprämien** im Rahmen der Direktvermarktung. Beginn und Dauer der Vergütung richten sich nach § 21 Abs. 1 und Abs. 2 EEG 2012.

---

223 Frenz/Müggenborg/*Ekardt*, § 19 Rn 27; *Salje*, EEG, § 19 Rn 38.

224 Standort mit festgelegten Eigenschaften: Gemäß Nr. 4 der Anlage 5 wird der Standort bestimmt durch eine Rayleigh-Verteilung mit einer mittleren Jahresgeschwindigkeit von 5,5 m/s in einer Höhe von 30 m über dem Grund, einem logarithmischen Höhenprofil und einer Rauhigkeitslänge von 0,1 m.

225 Vgl. dazu auch Frenz/Müggenborg/*Ekardt*, § 19 Rn 27; *Salje*, EEG, § 19 Rn 38.

226 Vgl. dazu *Salje*, EEG, § 19 Rn 33–46 und zur Vorgängerregelung *Salje*, EEG, § 19 Rn 34–42.

a) Der Zeitpunkt der Inbetriebnahme – Bestimmung der Höhe der Mindestvergütung und des Beginns der Mindestvergütungslaufzeit

Der Zeitpunkt der Inbetriebnahme der Anlage ist aufgrund der gem. §§ 20 und 20b EEG 2012 vorgesehenen Degression entscheidend dafür, wie hoch der energiespezifische **Mindestvergütungssatz** einer Anlage ist. Danach bestimmt sich gem. § 21 Abs. 2 S. 1 EEG 2012 auch, wann die **Mindestvergütungslaufzeit** beginnt. Aus diesem Grund wird die Bestimmung des Zeitpunkts der Inbetriebnahme in diesem Abschnitt vorab dargestellt und so „vor die Klammer" gezogen. 106

aa) Zeitpunkt der Inbetriebnahme

Die Inbetriebnahme ist in § 3 Nr. 5 EEG 2012 legaldefiniert.[227] Danach ist die **Stromerzeugung** des entsprechenden **Generators** maßgeblich. Ein Generator ist gem. § 3 Nr. 4 EEG 2012 jede technische Einrichtung, die mechanische, chemische, thermische oder elektromagnetische Ausgangsenergie in elektrische Energie umwandelt. Dies ist der Teil der Anlage, der unmittelbar der Stromerzeugung dient, etwa die Solarzelle oder die Brennstoffzelle.[228] Sobald der Generator nach Herstellung der technischen Betriebsbereitschaft der Anlage insgesamt in Betrieb gesetzt wird, gilt die Anlage als in Betrieb genommen.[229] Dies gilt ausdrücklich unabhängig davon, welche Energieträger verwendet werden. Insoweit gilt auch ein notwendiger **Anfahr- oder Probebetrieb** mit konventionellen Energieträgern als Inbetriebnahme.[230] 107

Die Legaldefinition in § 3 Nr. 5 wurde in der neuesten Fassung des EEG 2012[231] um die Voraussetzungen für die **technische Betriebsbereitschaft** ergänzt. Diese liegt nur vor, wenn die Anlage fest an dem für den dauerhaften Betrieb vorgesehenen Ort und dauerhaft mit dem für die Erzeugung von Wechselstrom erforderlichen Zubehör installiert wurde. Damit soll **vorgezogenen Inbetriebnahmen** z.B. nur durch Anschluss eines Kleinverbrauchers (z.B. einer Glühbirne) vor der Montage an Ort und Stelle vorgebeugt werden, wie es in der Vergangenheit vor allem bei Photovoltaik- 108

227 Vgl. zum Begriff der Inbetriebnahme Kap. 3 Rn 55 ff.

228 BT-Drucks. 16/8148, S. 39 re. Sp.; Frenz/Müggenborg/*Ekardt*, § 21 Rn 5.

229 Vgl. vor allem zur Inbetriebnahme eines Generators bereits vor Herstellung der technischen Betriebsbereitschaft der Anlage bei der „Vor-Ort-Verstromung", BT-Drucks. 17/6071, S. 61 li. Sp.; sehr kritisch dazu *Loibl*, REE 2011, 197, 202, der darin die Aufgabe der „Mitnahme" des Inbetriebnahmejahres für den Fall der „Vor-Ort-Verstromung" sieht.

230 So schon zur alten Rechtslage des § 3 Abs. 4 EEG 2004 vgl. BGH, Urt. v. 16.3.2011 – VIII ZR 48/10 = REE 2011, 85, 87 mit Anm. v. *Schulte-Middelich*, ZNER 2011, 324 ff. und in Fortführung der Rechtsprechung BGH, Urt. v. 21.5.2008 – VIII ZR 308/07 = WM 2008, 1799, 1802; zur Vereinbarkeit eines konventionellen Anfahr- und Probebetriebs mit dem Ausschließlichkeitsprinzip vgl. auch oben Rn 14.

231 EEG v. 25.10.2008 (BGBl. I S. 2074) in der Fassung v. 17.8.2012 (BGBl. I S. 1754).

Modulen vorgekommen ist, um vor einer Tarifabsenkung die früheren höheren Tarife für die gesamte Laufzeit der Anlage zu erhalten.[232]

109 Nach § 20 Abs. 1 S. 3 EEG 2012, der gem. § 20b Abs. 11 EEG 2012 auch für Solaranlagen entsprechend anzuwenden ist, gelten die zum Inbetriebnahmezeitpunkt errechneten Vergütungen und Boni jeweils für die gesamte Vergütungsdauer der Anlage gem. § 21 Abs. 2 EEG. Aufgrund der **Degression** ist dieser Vergütungssatz für später in Betrieb genommene Anlagen niedriger als für früher in Betrieb genommene, wenn zwischen den Inbetriebnahmen eine **Vergütungsabsenkung** liegt.[233]

bb) Umstellung auf erneuerbare Energien nach Inbetriebnahme

110 Damit drängt sich die Frage auf, welche Vergütungen im Rahmen der §§ 20, 20b EEG 2012 für Anlagen gelten, die vor dem jeweils für sie maßgeblichen Zeitpunkt in Betrieb genommen wurden, aber erst nach diesem Zeitpunkt von fossilen Energieträgern auf ausschließlich erneuerbare Energien umgestellt wurden. Dies wurde bereits im Rahmen des EEG 2009 für Anlagen diskutiert, die vor dem 1.1.2009 in Betrieb genommen und erst danach auf erneuerbare Energien umgestellt wurden.[234] In der Gesetzesbegründung des EEG 2009 wurde die Inbetriebnahme gem. § 20 Abs. 1 EEG 2009 – entsprechend dem Wortlaut – ohne Weiteres als solche gem. § 3 Nr. 5 EEG 2009 angesehen, also Inbetriebsetzung einer Anlage ohne Ansehung des Energieträgers. Es wurde ausgeführt, dass die Vergütungshöhe sich nach der Rechtslage zum Zeitpunkt der erstmaligen Inbetriebnahme bestimmen soll, wenn das Jahr der erstmaligen Inbetriebnahme und das Jahr der erstmaligen Stromerzeugung aus erneuerbaren Energien voneinander abweichen.[235]

111 Nach der Gegenauffassung sollte die **erstmalige Inbetriebnahme** i.S.d. § 3 Nr. 5 EEG 2009 ausschließlich zur Bestimmung der **Vergütungsdauer** dienen.[236] Die **Vergütungshöhe** sollte sich dagegen nach dem **Vergütungsbeginn** gem. § 21 Abs. 1 EEG 2009, also dem Zeitpunkt der **erstmaligen ausschließlichen Verwendung erneuerbarer Energien**, richten.[237] Die Bestimmung der Höhe der Vergütung müsse somit an den Beginn des **Vergütungsanspruches** gekoppelt sein.[238]

112 Das EEG 2012 hält in Kenntnis dieser Diskussion im § 20 EEG 2012 am Begriff der Inbetriebnahme fest. Entsprechend ist davon auszugehen, dass gemäß diesem Wortlaut der Begriff der Inbetriebnahme gem. § 3 Nr. 5 EEG 2012 entscheidend ist.

---

232 Vgl. BT-Drucks. 17/8877, S. 17 re. Sp.
233 BT-Drucks. 17/6071, S. 67 re. Sp.
234 *Salje*, EEG, § 21 Rn 14 ff.
235 BT-Drucks. 16/8148, S. 52 li. Sp.
236 *Salje*, EEG, § 21 Rn 18.
237 Vgl. dazu unten Rn 142.
238 So *Salje*, EEG, § 21 Rn 16 ff. entgegen der Gesetzesbegründung in BT-Drucks. 16/8148, S. 52 li. Sp.

Dies ist damit auch für § 20b EEG 2012, der nicht ausdrücklich auf die Inbetriebnahme abstellt, entsprechend zu beurteilen. Das bedeutet im Ergebnis, dass sich Vergütungshöhe und Degression nach dem Zeitpunkt der Inbetriebnahme richten und die spätere **Umstellung** einer Anlage auf erneuerbare Energien nur bezüglich des Beginns der Vergütung gem. § 21 Abs. 1 EEG 2012 relevant wäre.[239] Nach dieser Auffassung gewinnt eine spätere Umstellung bestehender Anlagen an Attraktivität, da im Vergleich zu neuen Anlagen ggf. höhere Vergütungssätze nach alter Rechtslage geltend gemacht werden können.

cc) Späterer Zubau gem. § 19 Abs. 1 EEG 2012

Des Weiteren wird in der Literatur der Inbetriebnahmezeitpunkt für den Fall des **späteren Zubaus** gem. § 19 Abs. 1 S. 1 oder 2 EEG 2012 diskutiert. Wird eine Biogasanlage etwa im Jahr 2012 in Betrieb genommen und z.B. im Jahr 2014 ein neues Blockheizkraftwerk zugebaut, das gem. § 19 Abs. 1 S. 2 EEG 2012 für die Berechnung der Vergütung mit der zuvor vorhandenen Anlage zusammenzufassen ist, stellt sich die Frage, wie sich dies auf Vergütungshöhe und -dauer für den Strom aus dem zugebauten Generator auswirkt. Dafür gibt es folgende denkbare Lösungen: 113

- Man könnte davon ausgehen, dass die technisch-bauliche Verbindung von **mehreren Generatoren** mit derselben Biogaserzeugungsanlage bereits zu deren Zusammenfassung zu **einer Anlage** i.S.d. § 3 Nr. 1 EEG 2012 führen müsste.[240] Dies würde für den Beispielfall bedeuten, dass die höhere Vergütung des Jahres 2012 für die gesamte Anlage gelten würde und die Mindestvergütungslaufzeit gem. § 21 Abs. 2 S. 1 EEG 2012 ebenfalls bereits 2012 begänne.[241] Dies würde an die o.g. Rechtsprechung des OLG Brandenburg zu einer entsprechenden Auslegung des § 3 Nr. 1 EEG 2009 anknüpfen. Danach käme es auf den vergütungsrechtlichen Anlagenbegriff des § 19 Abs. 1 EEG 2012 gar nicht an.[242] Diese Auslegung wurde vom OLG Brandenburg indes zur Verhinderung des sog. **„Anlagen-Splitting"** vor dem Hintergrund der insoweit als unzulänglich erkannten Formulierung des (alten) § 19 Abs. 1 EEG 2009 entwickelt.[243] Angesichts des neuen § 19 Abs. 1 S. 2 EEG 2012, der gerade mit Blick auf die Erfassung des „Anlagen-Splittings" für die Vergütung von Strom aus Biogasanlagen in den vergütungsrechtlichen Anlagenbegriff des § 19 EEG 2012 aufgenommen worden ist,[244] erscheint diese Rechtsprechung überholt. Darüber hinaus würde sich diese Vorgehensweise immer

---

239 A.A. indes auch für das EEG 2012 *Salje*, EEG, § 21 Rn 11 f.

240 Vgl. *Loibl*, REE 2011, 197, 201, u.a. unter Bezugnahme auf OLG Brandenburg, ZNER 2010, 587, 590.

241 *Loibl*, REE 2011, 197, 201, u.a. unter Bezugnahme auf OLG Brandenburg, ZNER 2010, 587, 590.

242 OLG Brandenburg, ZNER 2010, 587, 590.

243 Vgl. dazu ausführlicher oben Rn 81.

244 Zu Historie und Gründen für diese Ergänzung siehe oben Rn 83.

mehr zum Nachteil des Anlagenbetreibers auswirken, je mehr Zeit seit Inbetriebsetzung des ersten Generators der Anlage verstrichen ist. Denn danach könnte – jedenfalls in der Theorie – eine im Jahr 2012 erstmals in Betrieb genommene Anlage noch im Jahr 2020 erweitert werden. Auch für diesen Fall würde dann gelten, dass für Vergütungshöhe und -beginn gem. § 21 Abs. 2 EEG 2012 auf das Jahr 2012 abzustellen wäre, so dass der Strom aus dem zugebauten Generator mit anderen Worten nur noch für zwei weitere Jahre vergütet würde.
- Würde man entsprechend dieser Erkenntnis jeden **Generator** als **gesonderte Anlage** gem. § 3 Nr. 1 EEG 2012 ansehen, wäre im Beispielfall für den zugebauten Generator von einer Inbetriebnahme im Jahr 2012 auszugehen. Dies bedeutete im Vergleich zu den 2012 in Betrieb genommenen Einheiten eine entsprechend geringere Vergütung aufgrund der zwischenzeitlichen Degression, aber dafür eine Mindestvergütungslaufzeit gem. § 21 Abs. 2 EEG 2012 ab 2014.[245]

b) Die Höhe der Vergütungssätze – Degression von Vergütungen und Boni mit Ausnahme von Strom aus solarer Strahlungsenergie

114 § 20 EEG 2012 regelt die Degression der Vergütung für Strom aus Grubengas und erneuerbaren Energien mit Ausnahme von Solarstrom. Die Vergütungen und Boni sinken um den Prozentsatz, der in § 20 Abs. 2 EEG 2012 vorgegeben wird, jährlich zum 1.1., erstmals zum 1.1.2013. Der neue Vergütungssatz gilt dann für Anlagen, die nach diesem Datum in Betrieb gehen. Dieser Vergütungssatz bleibt gem. § 20 Abs. 1 S. 3 EEG 2012 für die Vergütungsdauer der Anlage konstant. Das gilt ebenso für mögliche Boni.

aa) Historie

115 Die Degressionsregelung in § 20 Abs. 1 EEG 2012 ist weitgehend unverändert zum EEG 2009.[246]

bb) Anlagenspezifische Degression

116 Die anlagenspezifischen Vergütungen und Boni gem. der §§ 23 bis 31 EEG 2012 gelten vor dem 1.1.2013, die anlagenspezifischen **Degressionssätze** des § 20 Abs. 2 EEG 2012 ab diesem Datum. Damit wird dem Umstand Rechnung getragen, dass mit der Einfüh-

---

245 Die Clearingstelle EEG vertritt mit Blick auf den Zubau von Photovoltaik-Anlagen die Auffassung, dass die vergütungsseitige Zusammenfassung von Modulen gem. § 19 EEG 2012 deren jeweiligen Inbetriebnahmezeitpunkt unberührt lässt, vgl. Clearingstelle EEG, Hinweis 2011/11, Rn 17, abrufbar unter http://www.clearingstelle-eeg.de/hinwv/2011/11; so auch OLG Schleswig, ER 2012, 84, 85 f.; s. dazu oben Rn 96; zum Inbetriebnahmezeitpunkt beim Zubau von Anlagen über einen Degressionszeitpunkt hinweg vgl. auch *Loibl*, REE 2011, 197, 201.
246 BT-Drucks. 17/6071, S. 67 re. Sp.

rung der neuen Vergütungssätze in den §§ 23 bis 33 EEG 2012 eine Degression für 2012 praktisch schon erfolgt ist. Deswegen setzen die in § 20 EEG 2012 geregelten Degressionssätze erst ein Jahr später, zum 1.1.2013, ein.

Durch die Verweisung in § 20 Abs. 2 Nr. 5 EEG 2012 auf § 27 Abs. 1 EEG 2012 wird 117 nunmehr eindeutig geregelt, dass sich die Degression nicht auf die zusätzlichen einsatzstoffbezogenen Vergütungselemente für **Biomasse-Anlagen** nach § 27 Abs. 2 EEG 2012 bezieht. Dagegen gilt die Degression für die Vergütung von Strom aus vergärtem Bioabfall und vergärter Gülle nach §§ 27a und b EEG 2012. Weiterhin wird in § 20 Abs. 2 Nr. 2, 3 und 5 EEG 2012 auf § 27c Abs. 2 EEG 2012 verwiesen. Damit wird der darin geregelte **Gasaufbereitungs-Bonus** für Strom aus Deponiegas, Klärgas oder Biomasse von den jeweiligen Degressionsregelungen erfasst.[247] In § 20 Abs. 2 Nr. 6 EEG 2012 wird die Degression für **Strom aus Geothermie-Anlagen** auf 2018 verschoben, um dem bisher sehr geringen Zubau Rechnung zu tragen.[248] Gleichzeitig wurde der Prozentsatz von 1 auf 5 % erhöht, um Entwicklungsdruck zu erzeugen.[249] Ebenso wurde die Degression für **Offshore-Anlagen** gem. § 20 Abs. 2 Nr. 7a EEG 2012 auf 2018 verschoben.

cc) Rundung

In § 20 Abs. 3 EEG 2012 wird bestimmt, wie die Werte bei der Berechnung der Vergü- 118 tungssätze zu runden sind und welche Werte im folgenden Jahr für die Berechnung zugrunde zu legen sind. § 20 Abs. 3 EEG 2012 entspricht der Regelung im EEG 2009. Demgemäß sind die Vergütungssätze im Ergebnis auf zwei Stellen hinter dem Komma zu runden. Für die Berechnung der Vergütungssätze für das kommende Jahr wird laut S. 2 der Regelung klargestellt, dass auf die ungerundeten Werte des Vorjahres zurückzugreifen ist.[250]

c) Beschränkung der Vergütung und Höhe der Vergütungssätze für Strom aus solarer Strahlungsenergie

§§ 20a und b EEG 2012 n.F. (Fassung vom 17.8.2012)[251] regeln die **Degression** für Strom 119 aus solarer Strahlungsenergie gesondert. Diese Regelungen sind umfangreich und rechnerisch nicht leicht nachzuvollziehen. Insofern dürften die Anlagenbetreiber zukünftig noch mehr darauf angewiesen sein, dass die Vergütungssätze für Photovol-

247 BT-Drucks. 17/6071, S. 67 re. Sp.
248 BT-Drucks. 17/6071, S. 67 re. Sp.
249 BT-Drucks. 17/6071, S. 67 re. Sp.
250 BT-Drucks. 17/6071, S. 68 li. Sp.
251 EEG v. 25.10.2008 (BGBl. I S. 2074) in der Fassung v. 17.8.2012 (BGBl. I S. 1754).

taik-Anlagen nicht nur gem. § 20b Abs. 10 EEG 2012 n.F. im Bundesanzeiger, sondern auch auf der Homepage der BNetzA fortlaufend veröffentlicht und erläutert werden.[252]

120 Neben der gesonderten Regelung der Degression wurden für die Vergütung von Strom aus solarer Strahlungsenergie durch das EEG 2012 n.F. **weitere Beschränkungen durch Leistungsobergrenzen und Mengenbeschränkungen** eingeführt.[253]

aa) Historie

121 Die Degressionsregelungen zu Strom aus solarer Strahlungsenergie wurden zur besseren Verständlichkeit aus dem § 20 EEG 2009 herausgenommen und zum 1.1.2012 in § 20a EEG 2012 a.F. (Fassung vom 28.7.2011)[254] überführt. Dieser enthielt eine jährliche Degression von 9 %, die in Abhängigkeit von gesetzlich festgelegten Zubauraten sinken bzw. steigen sollte, und eine zusätzlich mögliche halbjährliche Degression ebenfalls in Abhängigkeit vom Zubau (sog. „atmender Deckel"). Die jährliche Degression galt gem. § 20a Abs. 1 EEG 2012 a.F. bereits ab dem 1.1.2012. Eine Anpassung erfolgte somit – anders als für die Anlagen nach § 20 EEG 2012 – bereits mit dem Inkrafttreten des EEG 2012 a.F.[255] am 1.1.2012. Diese Änderungen folgten den Handlungsempfehlungen des BMU im Erfahrungsbericht 2011.[256]

122 Die **Marktentwicklung der Photovoltaik** ist im Jahr 2011 jedoch viel höher als erwartet ausgefallen.[257] Im Jahr 2011 wurden ca. 7.500 MW installiert, fast 2.300 MW davon allein im Dezember 2011.[258] Deshalb wurden die *Degressionsregelungen* in § 20a EEG 2012 a.F. unmittelbar im Anschluss an ihr Inkrafttreten am 1.1.2012 für die neuste Fassung des EEG 2012 vom 17.8.2012, die rückwirkend zum 1.4.2012 in Kraft getreten ist,[259] **grundlegend überarbeitet** und als neuer § 20b EEG 2012 eingefügt. Dieser enthält nunmehr im Vergleich zu vorher eine weit **höhere und schnellere Degression** der Vergütung von 1 % monatlich ab 1.5.2012. Hieraus ergibt sich eine im Vergleich

252 Siehe unter http://www.bundesnetzagentur.de/cln_1912/DE/Sachgebiete/ElektrizitaetGas/ErneuerbareEnergienGesetz/VerguetungssaetzePVAnlagen/VerguetungssaetzePhotovoltaik_node.html.

253 Siehe hierzu ausführlich unten Rn 126 ff.

254 EEG v. 25.10.2008 (BGBl. I S. 2074) in der Fassung v. 28.7.2011 (BGBl. I S. 1634).

255 BT-Drucks. 17/6071, S. 68 li. Sp.

256 Vgl. EEG-Erfahrungsbericht 2011 der Bundesregierung, S. 13, abrufbar unter http://www.bmu.de/files/pdfs/allgemein/application/pdf/eeg_erfahrungsbericht_2011_bf.pdf.

257 Vgl. die regelmäßige Veröffentlichung der Werte unter http://www.bundesnetzagentur.de/cln_1912/DE/Sachgebiete/ElektrizitaetGas/ErneuerbareEnergienGesetz/VerguetungssaetzePVAnlagen/VerguetungssaetzePhotovoltaik_node.html; vgl. dazu auch *Musiol/Nieder/Ruth/Walker*, et 2012, 51 ff.

258 BT-Drucks. 17/8877, S. 12 li. Sp.

259 EEG v. 25.10.2008 (BGBl. I S. 2074) in der Fassung v. 17.8.2012 (BGBl. I S. 1754); zur Frage des Vertrauensschutzes vgl. *Leisner-Egensperger*, NVwZ 2012, 985 ff.

zum EEG 2012 a.F. erhöhte Basisdegression von 11,4 % im Jahr.[260] Je nachdem, ob und inwieweit der vom Gesetzgeber vorgesehene Zubau in den einzelnen Jahren unter- oder überschritten wird, wird die monatliche Degression zu bestimmten Stichtagen abgesenkt oder erhöht (insoweit Beibehaltung eines sog. **„atmenden Deckels“**[261]). § 20b EEG 2012 n.F. nimmt dazu auf die nunmehr in § 20a EEG 2012 n.F. normierten „Zubaukorridore“ Bezug. Der jährliche Ausbaukorridor wird durch die **Festlegung eines Gesamtausbauziels** für die geförderte Photovoltaik in Deutschland von 52 GW ergänzt. Ist dieses Gesamtausbauziels erreicht, verringert sich die Vergütung nach § 20b Abs. 9a EEG 2012 n.F. auf Null. Die Verschärfung der Degression wurde vom Gesetzgeber damit begründet, dass die Solarstromvergütung – trotz der Senkung zum 1.1.2012 – aufgrund der gesunkenen Systempreise weiterhin eine Überförderung darstelle. Die Verstetigung der Degression auf eine monatliche Absenkung solle außerdem dazu führen, zukünftig „Vorzieheffekte“ wie im Fall der „Jahresschlussrallye“ wie im Dezember 2011 zu verhindern und das Zubauvolumen zu reduzieren.[262]

Neben der Neugestaltung der Degression in §§ 20a und b EEG 2012 n.F. (Fassung 123
vom 17.8.2012)[263] wurde auch die energieträgerspezifische Vergütung für Solarstrom in § 32 f. EEG 2012 systematisch verkürzt. Die wesentlichen Änderungen bestehen in der Einführung einer **Vergütungsobergrenze von 10 MW** in § 32 EEG 2012 sowie des sog. **„Marktintegrationsmodells“** in § 33 EEG 2012.[264]

Diese Vorgehensweise des Gesetzgebers dürfte der Einschätzung der Monopol- 124
kommission entsprechen. Diese sieht einen weiteren Zubau von Photovoltaik-Kapazität in ihrem Sondergutachten „Energie 2012 – Wettbewerbsentwicklung mit Licht und Schatten“ kritisch, da Deutschland bereits fast 50 % der weltweit installierten Photovoltaik-Kapazität besitzt und gleichzeitig die Solartechnologie in Deutschland als vergleichsweise ineffiziente, teure Technik in einem klimatisch ungeeigneten Umfeld angesehen wird.[265]

In der **politischen Diskussion** wurde dem Gesetzesentwurf für das neue EEG 125
2012 vorgeworfen, den Ausbau der Solarenergie zu drastisch zu bremsen[266] und den Grundstein für einen Ausstieg aus dem erfolgreichen EEG zu legen.[267] Nicht zuletzt aufgrund der auch öffentlich geführten Diskussion im Vorfeld der Gesetzesänderung dürfte die noch im Entwurf der Bundesregierung vom 6.3.2012 enthaltene Verord-

260 BT-Drucks. 17/9152, S. 25.

261 So auch: *Thomas*, NVwZ-Extra 2012, 1, 8.

262 BT-Drucks. 17/8877, S. 1 und S. 12 li. Sp; vgl. auch *Thomas*, NVwZ-Extra 2012, 1, 8.

263 EEG v. 25.10.2008 (BGBl. I S. 2074) in der Fassung v. 17.8.2012 (BGBl. I S. 1754).

264 Siehe dazu unten Rn 126 ff.

265 Sondergutachten der Monopolkommission gem. § 62 Abs. 1 EnWG, BT-Drucks. 17/7181, S. 137 Rn 526 f.

266 Vgl. den Entschließungsantrag der Fraktion der SPD v. 27.3.2012, BT-Drucks. 17/9157.

267 Vgl. den Entschließungsantrag von einzelnen Abgeordneten und der Fraktion Bündnis 90/Die Grünen v. 28.3.2012, BT-Drucks. 17/9172.

nungsermächtigung zur Änderung der monatlichen Degression und der Vergütungshöhe von Photovoltaik-Anlagen in der vom Bundestag am 29.3.2012 beschlossenen Fassung gestrichen und durch den unmittelbar gesetzlich in § 20b EEG 2012 n.F. (Fassung vom 17.8.2012) normierten **„atmenden" Deckel** ersetzt worden sein. Die ebenfalls ursprünglich im Entwurf enthaltene Verordnungsermächtigung zur Ausweitung des o.g. „Marktintegrationsmodells" auf andere Energieträger wurde ersatzlos gestrichen.[268] Trotz dieser Änderungen sahen die Länder die Einschnitte in die Förderung noch als zu drastisch an. Der Bundesrat rief daher den Vermittlungsausschuss an.[269] Der **Vermittlungsausschuss** schlug eine Reihe von **Änderungen** vor, die der Bundestag im Gesetzesbeschluss vom 28.6.2012 annahm.[270] Beispielsweise wurde die Ausnahme von Photovoltaik-Anlagen mit einer installierten Leistung bis 10 kW vom Marktintegrationsmodell erst im Vermittlungsausschuss auf Betreiben der Länder aufgenommen. Die vom Bundestag zuvor beschlossene Fassung sah noch eine Beschränkung auf 80 % für Photovoltaik-Anlagen bis 10 kW und 90 % für Anlagen von mehr als 10 kW vor.[271]

bb) Vergütungsobergrenze

126 Mit der Photovoltaik-Novelle vom 17.8.2012 wurde erstmals eine **Vergütungsobergrenze** eingeführt. Nach § 32 Abs. 1 EEG 2012 n.F. (Fassung vom 17.8.2012)[272] gilt der **Vergütungssatz** von 13,5 ct/kWh nunmehr **nur für Anlagen bis** einschließlich einer installierten Leistung von **10 MW**. Dies soll der Eingrenzung des Flächenverbrauchs durch Solarenergie dienen. Durch die Regelung soll der Zubau von Freiflächenanlagen effektiv begrenzt werden, deren installierte Leistung in den letzten Jahren absolut und als relativer Anteil der gesamten neu installierten Leistung stark angestiegen ist.[273] Eine Vergütung von Anlagen mit einer Leistung von mehr als 10 MW kommt allerdings für Freiflächenanlagen auf **Konversionsflächen** in Betracht. Mit Einführung der Vergütungsobergrenze wurde zugleich eine Verordnungsermächtigung in § 64g EEG 2012 n.F. aufgenommen, die es der Bundesregierung erlaubt, mit Zustimmung von Bundesrat und Bundestag eine Vergütung für Freiflächenanlagen

---

268 Zu den ursprünglich geplanten Verordnungsermächtigungen vgl. BT-Drucks. 17/8877, S. 8 (§§ 64g und h EEG-Entwurf) und S. 25 ff.; zu deren Streichung vgl. BT-Drucks. 17/9152, S. 33.

269 Beschl. des Bundesrates vom 11.5.2012 (BR-Drucks. 204/12).

270 Beschl. des Bundestages vom 29.6.2012 (BR-Drucks. 378/12). Der Bundesrat hat am 29.6.2012 beschlossen, keinen Einspruch gegen den Beschluss des Bundestages einzulegen; vgl auch den allgemeinen Ausblick auf den rechtlichen Rahmen für die Vermarktung und den Selbstgebrauch von Grünstom, insbesonde Solarstrom, nach der EEG-Photovoltaik-Novelle in: *von Oppen*, ER 2012, 56 ff.

271 BR-Drucks. 204/12, S. 6 f.

272 EEG v. 25.10.2008 (BGBl. I S. 2074) in der Fassung v. 17.8.2012 (BGBl. I S. 1754).

273 BT-Drucks. 17/8877, S. 19 li. Sp.

auf Konversionsflächen mit einer Leistung von mehr als 10 MW einzuführen. Ob die Bundesregierung hiervon Gebrauch macht, bleibt abzuwarten.

cc) Marktintegrationsmodell

Die Vergütung für Strom aus Anlagen, die dem **Marktintegrationsmodell** unterliegen, werden nach § 33 Abs. 1 EEG 2012 n.F. (Fassung vom 17.8.2012)[274] pro Jahr auf **90 %** der insgesamt **in diesem Kalenderjahr** in der Anlage **erzeugten Strommenge** begrenzt.[275] Das Marktintegrationsmodell gilt für Anlagen mit einer installierten Leistung von **mehr als 10 kW bis einschließlich 1 MW.** Für Anlagen mit einer Leistung von mehr als 1 MW gilt keine Begrenzung.[276] Vom Marktintegrationsmodell sind auch Photovoltaik-**Anlagen** mit einer installierten Leistung **bis einschließlich 10 kW** sowie **Freiflächenanlagen ausgenommen.** Bei diesen Anlagen wird weiterhin 100 % der erzeugten Strommenge vergütet.[277] Die Regelung gilt für alle Anlagen, die ab dem 1.4.2012 in Betrieb genommen wurden, sie wird aber erst ab dem 1.1.2014 angewendet.[278] Bis dahin wird für alle Anlagen 100 % der erzeugten Strommenge vergütet. 127

Das Marktintegrationsmodell soll die Solarenergie stärker an den freien Markt heranführen, indem es den Anreiz erhöht, Solarstrom am Anlagenstandort oder in unmittelbarer Nähe zu verbrauchen oder nachfrageorientierte Direktvermarktungsangebote zu schaffen. Zugleich sollen die EEG-Umlagekosten für Solarstrom reduziert werden.[279] 128

dd) Monatliche Basisdegression und „atmender Deckel"

Die monatliche Basisdegression gem. § 20b Abs. 1 EEG 2012 n.F. (Fassung vom 17.8.2012, die rückwirkend zum 1.4.2012 in Kraft getreten ist[280]) ab 1.5.2012 von jeweils 1 % gilt vorbehaltlich der Änderung durch die Abs. 2 bis 9a der Vorschrift. Die **grundsätzliche Vorgehensweise** ist insofern in § 20b Abs. 8 und 9 Nr. 1–3 EEG 2012 n.F. geregelt, die den „atmenden Deckel" ab dem 1.8.2012 zum Gegenstand haben. Nach 129

---

274 EEG v. 25.10.2008 (BGBl. I S. 2074) in der Fassung v. 17.8.2012 (BGBl. I S. 1754).

275 Vgl. BT-Drucks. 17/8877, S. 20 ff. sowie die Änderung des Gesetzesentwurfs und deren Begründung in BT-Drucks. 17/9152, S. 9 f. und 30.

276 Vgl. BT-Drucks. 17/9152, S. 36.

277 Die Ausnahme für Photovoltaik-Anlagen mit einer installierten Leistung bis 10 kW vom Marktintegrationsmodell wurde erst im Vermittlungsausschuss auf Betreiben der Länder aufgenommen. Die vom Bundestag zuvor beschlossene Fassung sah noch eine Beschränkung auf 80 % für Photovoltaik-Anlagen bis 10 kW und 90 % für Anlagen von mehr als 10 kW vor (BR-Drucks. 204/12, S. 6 f.).

278 Vgl. § 66 Abs. 19 EEG 2012 n.F. (Fassung vom 17.8.2012).

279 Vgl. BT-Drucks. 17/8877, S. 20 li. Sp.; vgl auch *Thomas*, NVwZ-Extra 2012, 1, 8.

280 EEG v. 25.10.2008 (BGBl. I S. 2074) in der Fassung v. 17.8.2012 (BGBl. I S. 1754).

§ 20b Abs. 8 und 9 Nr. 1–3 EEG 2012 n.F. wird die Höhe der Absenkung der Vergütung grundsätzlich anhand der **neu installierten Leistung** der nach § 17 Abs. 2 Nr. 1 EEG 2012 in den **vorangegangenen zwölf Monaten gemeldeten Anlagen** bestimmt.[281] Die Vergütung wird je nach Abweichung des tatsächlichen Zubaus von den gesetzlich vorgesehenen und in § 20a EEG 2012 n.F. normierten jahresspezifischen **„Zubaukorridoren"** angepasst. Durch diesen Automatismus wird die monatliche Degression – jeweils **für drei Monate in Folge** in gleicher Weise – angehoben und abgesenkt, je nachdem, ob und inwieweit der Zubaukorridor über- oder unterschritten wird („atmender Deckel"). Die Degression steigt pro 1.000 MW Überschreitung des einschlägigen „Zubaukorridors",[282] bei einer Unterschreitung sinkt sie.[283]

130 Die für den „atmenden Deckel" erforderlichen **Zubauzahlen** werden regelmäßig von der BNetzA **veröffentlicht.** Die insofern relevanten Veröffentlichungspflichten sind in § 20a Abs. 2 bis 4 EEG 2012 n.F. zusammengefasst. Da der Zubau gem. § 20a Abs. 3 EEG 2012 n.F. von der BNetzA erst für den Zeitraum nach dem 30.6.2012 zu veröffentlichen ist und die Veröffentlichung der monatlichen Zubauzahlen gem. § 20a Abs. 2 EEG 2012 n.F. jeweils am letzten Tag eines Monats für den vorangegangenen Kalendermonat erfolgt, können vor dem 1.8.2013 keine Zubauzahlen für die gesamten vorangegangenen zwölf Monate vorliegen.

131 Da der „atmende Deckel" gem. § 20b Abs. 2 bis 9 EEG 2012 n.F. aber bereits am 1.11.2012 beginnen soll, regeln § 20b Abs. 2 bis 7 EEG 2012 n.F. die Vorgehensweise zur Durchführung des „atmenden Deckels" für den Zeitraum vor dem 1.8.2013 gesondert auf der Grundlage von **Hochrechnungen** der zum jeweiligen Zeitpunkt vorliegenden Zubauzahlen jeweils auf ein Jahr. Für die Erhöhung oder Verringerung der Degression zum 1.11.2012, 1.12.2012 und 1.1.2013,[284] zum 1.2.2013, 1.3.2013 und 1.4.2013[285] sowie zum 1.5.2013, 1.6.2013 und 1.7.2013[286] wird jeweils die dann vorliegende Zeitreihe an Zubaudaten (erst für drei, dann für sechs und schließlich für neun Monate) in die Hochrechnung auf ein Jahr einbezogen.[287] So wird erreicht, die jährlichen „Zubaukorridore" des § 20a Abs. 1 EEG 2012 n.F. als Vergleichsmaßstab heranziehen zu können. Die Absenkung oder Erhöhung der Degression gem. § 20b Abs. 2 bis 7 EEG 2012 n.F. erfolgt – wie in dem o.g. § 20b Abs. 8 und 9 EEG 2012 für den Zeitraum ab dem 1.8.2013 – auch für den Zeitraum davor ebenfalls jeweils in drei Monatsschritten.

132 Die spätere monatliche Anpassung der Degression ab dem 1.8.2013 ist – wie oben bereits dargestellt – in § 20b Abs. 8 und 9 EEG 2012 n.F. geregelt. Da ab diesem Zeit-

281 BT-Drucks. 17/9152, S. 25.
282 § 20b Abs. 8 EEG 2012 n.F.
283 § 20b Abs. 9 Nr. 1–3 EEG 2012 n.F.
284 Vgl. § 20b Abs. 2 und 3 Nr. 1–3 EEG 2012 n.F.
285 Vgl. § 20b Abs. 4 und 5 Nr. 1–3 EEG 2012 n.F.
286 Vgl. § 20b Abs. 6 und 7 Nr. 1–3 EEG 2012 n.F.
287 BT-Drucks. 17/9152, S. 26.

punkt regelmäßig die Zubaudaten für die vorangegangenen zwölf Monate vorliegen,[288] ist keine Hochrechnung (mehr) erforderlich. So richtet sich z.B. die Höhe der Degression in den Monaten August bis Oktober 2013 gem. § 20b Abs. 7 und 8 EEG 2012 n.F. unmittelbar nach der installierten Leistung der Anlagen, die in den Monaten Juli 2012 bis Juni 2013 gemeldet wurden.[289]

ee) Möglichkeit der Erhöhung der Vergütungssätze

Neben der Variabilität der Höhe der Absenkung der Tarife sieht das Gesetz auch die 133
Möglichkeit einer **Erhöhung der Vergütung** vor, wenn der einschlägige Zubaukorridor um mehr als 1.500 MW unterschritten wird. Dies wird für den Zeitraum vor dem 1.8.2013 jeweils in § 20b Abs. 3 Nr.4, Abs. 5 Nr. 4 und Abs. 7 Nr. 4 EEG 2012 n.F. geregelt, für den Zeitraum danach einheitlich in § 20b Abs. 9 Nr. 4 EEG 2012 n.F. In diesen Fällen erfolgt die Erhöhung der Vergütungssätze nicht – wie die soeben erläuterte Degression – in drei Monatsschritten, sondern einmalig um den Gesamtbetrag von 1,5 % am Anfang des Quartals. Die monatliche Degression verringert sich für die entsprechenden drei Monate – konsequenterweise – auf Null. Der Gesetzgeber führt dazu aus, dass dies die Möglichkeit schaffe, den **Markt** wieder anzureizen, wenn er aufgrund **hoher Degression** zusammenbrechen sollte.[290]

ff) Bilanz des „atmenden Deckels“

Die Einspeisevergütung für Solarstrom ist durch die Neuregelung der Tarife in § 32 134
EEG 2012 a.F. (Fassung vom 28.7.2011)[291] zum 1.1.2012 im Vergleich zum 31.12.2011 um 15 % gesunken.[292] Dieses Tarifniveau ist die Ausgangsbasis für die in § 20b EEG 2012 n.F. (Fassung vom 17.8.2012, die rückwirkend zum 1.4.2012 in Kraft getreten ist)[293] geregelte Degression ab dem 1.5.2012. Der „atmende Deckel“ kann laut Gesetzesbegründung – auf der Grundlage dieser Ausgangsbasis – **zusätzlich** zu einer **maximalen Absenkung** der Tarife für die Jahre 2012 und 2013 von 29 % im Jahr führen. Umgekehrt berechnet der Gesetzgeber die Möglichkeit einer **maximalen Steigerung** um insgesamt 6 % für den Fall, dass der Zubau in den vorangegangenen zwölf Monaten bzw. laut Hochrechnung hierfür den Zubaukorridor um mehr als 1.500 MW ver-

288 Vgl. die Veröffentlichung gem. § 20a Abs. 2 und 3 EEG 2012 n.F.
289 BT-Drucks. 17/9152, S. 26.
290 BT-Drucks. 17/9152, S. 26.
291 EEG v. 25.10.2008 (BGBl. I S. 2074) in der Fassung v. 28.7.2011 (BGBl. I S. 1634).
292 Vgl. die Veröffentlichung der Tarife unter http://www.bundesnetzagentur.de/cln_1912/DE/Sachgebiete/ElektrizitaetGas/ErneuerbareEnergienGesetz/VerguetungssaetzePVAnlagen/VerguetungssaetzePhotovoltaik_node.html.
293 EEG v. 25.10.2008 (BGBl. I S. 2074) in der Fassung v. 17.8.2012 (BGBl. I S. 1754).

fehlt.[294] Allerdings ist hierfür jeweils zu berücksichtigen, dass eine Veränderung der Degression nach unten oder auch nach oben erstmals mit dem Einsetzen des „atmenden Deckels“ zum 1.11.2012 in Betracht kommt und die Tarife bis dahin ab 1.5.2012 zunächst kontinuierlich monatlich – also sechs Mal – um jeweils 1 % sinken. Daher können jedenfalls im Jahr 2012 weder der maximale Wert von 29 % Absenkung noch der maximale positive Wert von 6 % Erhöhung erreicht werden. Es kann vielmehr allenfalls eine Erhöhung von einmalig 1,5 % am 1.11.2012 stattfinden,[295] die die zuvor bis dahin erfolgte Absenkung von monatlich 1 % nicht aufwiegen kann.

135 Im Übrigen kann eine mögliche maximale jährliche Absenkung der Vergütung für Solarstrom nicht allein auf der Grundlage der Degressionsvorschriften und damit isoliert von den **energieträgerspezifischen Vergütungsregelungen** in §§ 32 f. EEG 2012 betrachtet werden. Denn diese enthalten die weitere mögliche Reduzierung durch die o.g. **Obergrenze der Förderung** von 10 MW in § 32 Abs. 1 EEG 2012 n.F. und die Beschränkung der vergütungsfähigen Strommenge auf 90 % der in einer Anlage erzeugten Strommenge im Rahmen des in § 33 EEG 2012 n.F. geregelten **„Marktintegrationsmodells“**.[296] Diese führen im ersten Fall möglicherweise und im zweiten Fall zwingend zu weiteren Absenkungen.[297]

gg) Gesamtausbauziel

136 Die Degressionsregelung wird durch das in § 20b Abs. 9a EEG 2012 n.F. (Fassung vom 17.8.2012)[298] festgelegte Gesamtausbauziel ergänzt. Die Regelung wurde erst im Vermittlungsausschuss aufgenommen.[299] Danach verringert sich die Vergütung auf Null, wenn die nach § 20a Abs. 2 Nr. 2 EEG 2012 n.F. veröffentlichte Summe der installierten Leistung aller geförderten Anlagen zur Erzeugung von Strom aus solarer Strahlungsenergie erstmals den Wert 52.000 MW überschreitet. Anlagen, die danach in Betrieb genommen werden, haben damit keinen Vergütungsanspruch mehr. Unberührt bleibt

---

294 Vgl. die Tabelle für die zubauabhängige Degression in den Jahren 2012 und 2013 in BT-Drucks. 17/9152, S. 27, in der die Aufsummierung der möglichen Absenkungen bzw. Erhöhungen pro Monat in Abhängigkeit von möglichen Zubauraten jedenfalls teilweise fehlerhaft erfolgt sein dürfte, denn z.B. monatliche Absenkungen um jeweils 0,75 % gegenüber den im jeweils vorangegangenen Kalendermonat geltenden Vergütungssätzen dürfte keine maximale Absenkung von insgesamt 9 % im Jahr ergeben, sondern aufgrund der Zinseffekte weniger.

295 § 20b Abs. 3 Nr. 4 EEG 2012.

296 Vgl. dazu BT-Drucks. 17/8877, S. 20 ff. und BT-Drucks. 17/9152, S. 30 ff.

297 Teilweise wurden im Rahmen der Kritik an dem Gesetzentwurf der Bundesregierung für einzelne Anlagengrößen Einbußen von bis zu 37 % zusätzlich zu der bereits erfolgten Degression zum Anfang des Jahres 2012 errechnet, vgl. BT-Drucks. 17/9172, S. 2.

298 EEG v. 25.10.2008 (BGBl. I S. 2074) in der Fassung v. 17.8.2012 (BGBl. I S. 1754).

299 BT-Drucks. 17/10103, S. 4.

hiervon jedoch der Einspeisevorrang. Dieser besteht auch für Strom aus Anlagen, die erst nach dem Erreichen des Gesamtausbauziels in Betrieb genommen werden.[300]

hh) Übergangsregelungen im neuen EEG 2012

Für **Altanlagen**, die vor dem Inkrafttreten des neuen EEG 2012 in Betrieb gegangen sind, gilt dies gem. § 66 Abs. 18 EEG 2012 n.F. (Fassung vom 17.8.2012, die rückwirkend zum 1.4.2012 in Kraft getreten ist)[301] nicht. Das Gleiche trifft auf vor dem 1.7.2012 in Betrieb gegangene Solaranlagen zu unter den in § 66 Abs. 18 S. 2 und Abs. 18a EEG 2012 n.F. genannten **besonderen Voraussetzungen**. Dabei soll für vor Inkrafttreten des neuen EEG 2012 in Betrieb genommene Anlagen gem. § 66 Abs. 20 EEG-Entwurf noch der **„alte" Inbetriebnahmebegriff** gelten, danach der neue. 137

Für den kurzen Zeitraum einer Inbetriebnahme zwischen 1.2.2012 und Inkrafttreten des neuen EEG 2012 am 1.4.2012 ist damit die Degressionsnorm des § 20a EEG 2012 a.F. (Fassung vom 28.7.2011)[302] zwar anwendbar, aber nur bezüglich der ab 1.1.2012 geltenden Vergütungssätze relevant.[303] Denn der nächste Degressionsschritt zum 1.5.2012 wird bereits vom neuen § 20b Abs. 1 EEG 2012 n.F. und der damit beginnenden monatlichen Degression bestimmt. 138

d) Beginn und Dauer der Vergütung

§ 21 EEG 2012 regelt in Abs. 1 den Beginn der Vergütung mit der Einspeisung und in Abs. 2 die Dauer der Vergütung von 20 Jahren. 139

aa) Historie

§ 21 EEG 2012 ist im Wesentlichen identisch mit § 21 EEG 2009. Ein Unterschied besteht darin, dass in § 21 EEG 2012 eine **einheitliche Vergütungsdauer von 20 Jahren** eingeführt wurde. Die verkürzte Vergütungsdauer von 15 Jahren für Wasserkraftanlagen entfiel, da keine Gründe mehr für eine Andersbehandlung gesehen wurden.[304] Daneben wurde mit der neuesten Änderung des EEG 2012 die Regelung gestrichen, dass die Vergütung auch mit dem Verbrauch von Solarstrom beginnen kann. Dies ist 140

---

300 BMU, Die wichtigsten Änderungen der EEG-Novelle zur Photovoltaik 2012, Nr. 5; abrufbar unter http://www.erneuerbare-energien.de/files/pdfs/allgemein/application/pdf/aenderungen_eeg_120628_bf.pdf

301 EEG v. 25.10.2008 (BGBl. I S. 2074) in der Fassung v. 17.8.2012 (BGBl. I S. 1754).

302 EEG v. 25.10.2008 (BGBl. I S. 2074) in der Fassung v. 28.7.2011 (BGBl. I S. 1634).

303 Vgl. deren Veröffentlichung unter http://www.bundesnetzagentur.de/cln_1912/DE/Sachgebiete/ElektrizitaetGas/ErneuerbareEnergienGesetz/VerguetungssaetzePVAnlagen/VerguetungssaetzePhotovoltaik_node.html.

304 Vgl. BT-Drucks. 17/6071, S. 68 re. Sp.

die redaktionelle Folge des **Wegfalls des Eigenverbrauchsbonus** gem. § 33 Abs. 2 des zuvor geltenden EEG 2012 a.F.[305]

141 Die Regelung zum Austausch des Generators oder sonstiger Anlagenteile in § 21 Abs. 3 EEG 2009 wurde in die Begriffsbestimmung für die Inbetriebnahme gem. § 3 Nr. 5 EEG 2012 überführt. Hier wird klargestellt, dass ein Austausch solcher Teile keinen Einfluss auf den Zeitpunkt der Inbetriebnahme und damit die Dauer der Vergütung haben soll.[306]

bb) Beginn der Vergütung – § 21 Abs. 1 EEG 2012

142 Die Vergütung beginnt gem. § 21 Abs. 1 EEG 2012, wenn der Generator[307] erstmalig Strom ausschließlich aus erneuerbaren Energien oder Grubengas erzeugt und dieser eingespeist wird.[308] Ab diesem Zeitpunkt ist die Vergütung gem. § 16 EEG 2012 zu zahlen. Da hier nicht auf die Inbetriebnahme abgestellt wird, sondern auf den **Einsatz des erneuerbaren Energieträgers oder Grubengases**, kann dieser Zeitpunkt nach dem Zeitpunkt der Inbetriebnahme gem. § 3 Nr. 5 EEG 2012 liegen. Dies ist etwa der Fall, wenn eine Anlage ursprünglich mit fossilen Energieträgern in Betrieb genommen und erst später umgestellt wird. Nach überzeugender Auffassung richtet sich die Vergütungshöhe in diesem Fall nach dem (früheren) Zeitpunkt der Inbetriebnahme.[309]

143 Die **Fälligkeit des Vergütungsanspruches** wird dagegen nicht von § 21 Abs. 1 EEG 2010 geregelt.[310] Dagegen spricht, dass damit die Einspeisevergütung nach Aufnahme des Betriebs immer fällig wäre und es gleichzeitig praktisch unmöglich ist, ohne eine vorherige Abrechnung die Höhe der für den Vormonat zu zahlenden Einspeisevergütung zu ermitteln. Dies spricht dafür, dass § 21 Abs. 1 EEG 2012 nicht die Fälligkeit der Einspeisevergütung, sondern lediglich den Zeitpunkt regelt, ab dem Vergütungen erstmals zu zahlen sind.[311]

---

305 Vgl. BT-Drucks. 17/8877, S. 18 re. Sp.

306 Vgl. BT-Drucks. 17/6071, S. 61.

307 Vgl. die Legaldefinition in § 3 Nr. 4 EEG 2012.

308 Zur Ausschließlichkeit siehe die Ausführungen zu § 16 EEG 2012 oben Rn 12 ff.

309 Zur Ermittlung der Höhe der Vergütungssätze angesichts einer möglichen Degression zwischen Zeitpunkt der Inbetriebnahme und Umstellung der Anlagen auf erneuerbare Energien oder Grubengas siehe oben Rn 110 ff.

310 So aber *Salje*, EEG, § 21 Rn 21.

311 LG Paderborn, 1. Kammer für Handelssachen, Urt. v. 21.9.2010 – 6 O 41/10 = juris Rn 20; zur Fälligkeit des Vergütungsanspruchs siehe auch oben Rn 34.

cc) Dauer der Vergütung – § 21 Abs. 2 EEG 2012

Die Dauer der Vergütung bestimmt sich nach § 21 Abs. 2 EEG 2012. Diese Vorschrift 144
besagt, dass der Anspruch auf Vergütung nach dem EEG 2012 für einen Zeitraum von 20 Kalenderjahren ab der Inbetriebnahme der Anlage besteht. Dabei gilt grundsätzlich der Inbetriebnahmebegriff der Legaldefinition in § 3 Nr. 5 EEG 2012.[312]

Für vergütungsrechtlich gem. § 19 Abs. 1 EEG 2012 zusammengefasste Anlagen 145
könnte insoweit zukünftig zu diskutieren sein, welcher Zeitpunkt für später hinzugekommene Generatoren zugrunde zu legen ist.[313] Nach § 21 Abs. 2 S. 2 EEG 2012 ist der Beginn der Vergütungsdauer der Zeitpunkt der **Inbetriebnahme des Generators der Anlage**, unabhängig davon, ob er mit erneuerbaren Energien, Grubengas oder sonstigen Energieträgern in Betrieb genommen wurde.[314] Der Vergütungszeitraum umfasst nach § 21 Abs. 2 S. 1 EEG 2012 einheitlich die Dauer von 20 Kalenderjahren. Dabei wird das Jahr der Inbetriebnahme nicht mitgerechnet, so dass bei einer Aufnahme des Betriebs zum 1.1. eines Jahres die Vergütungsdauer 21 Jahre beträgt.[315] Zu beachten ist, dass die Vergütungsdauer unabhängig davon läuft, ob ein Vergütungsanspruch besteht, da sie nicht auf den verwendeten Energieträger der in Betrieb genommenen Anlage abstellt. Daraus ergibt sich, dass sich die Vergütungsdauer für eine Anlage, die von fossiler Nutzung auf erneuerbare Energien umgestellt wird, um die Jahre des Betriebs mit fossilen Energieträgern verkürzt. Dies kann bei einem entsprechend langen Zeitraum eine Umstellung wirtschaftlich unattraktiv machen.[316]

V. Aufrechnungsverbot

§ 22 EEG 2012 betrifft den Umfang zulässiger Aufrechnungen im Verhältnis des Netz- 146
betreibers zum Anlagenbetreiber, um dessen Vergütungsanspruch aus dem EEG zu schützen bzw. die Durchsetzung dieses Anspruchs zu erleichtern.[317]

1. Historie

Die Regelung zum Aufrechnungsverbot nach § 22 EEG 2012 wurde gegenüber § 22 EEG 147
2009 nicht verändert. Inhaltlich entspricht sie zudem § 12 Abs. 4 EEG 2004.[318]

312 Vgl. Rn 107 f.
313 Siehe dazu oben Rn 77 ff.
314 Vgl. die Legaldefinition in § 3 Nr. 5 EEG 2012.
315 Frenz/Müggenborg/*Ekardt*, § 21 Rn 16.
316 So auch Frenz/Müggenborg/*Ekardt*, § 16 Rn 10; *Thomas*, NVwZ-Extra 2012, 1, 5.
317 *Salje*, EEG, § 22 Rn 1 f.
318 BT-Drucks. 16/8148, S. 53 li. Sp.

2. Das Aufrechnungsverbot für den Netzbetreiber

148 § 22 Abs. 1 EEG 2012 beschränkt die Aufrechenbarkeit für den Netzbetreiber gegen Vergütungsansprüche der Anlagenbetreiber aus dem EEG auf nicht bestrittene oder rechtskräftig festgestellte Forderungen. Dies stellt ein **gesetzliches Aufrechnungsverbot** gem. §§ 387 ff. BGB dar.[319] Dadurch soll verhindert werden, dass die wirtschaftlich übermächtigen Netzbetreiber durch Aufrechnung das Prozessrisiko auf die Anlagenbetreiber abwälzen.[320] Forderungen des Netzbetreibers, mit denen dieser aufrechnen könnte, sind typischerweise Kosten aus der Herstellung oder Änderung des Netzanschlusses, Baukostenzuschüsse oder Kosten aus dem Betrieb von Mess- und Steuereinrichtungen.[321]

a) Umfang des Aufrechnungsverbots

149 Von dem Verbot der Aufrechnung erfasst, sind die Forderungen der Anlagenbetreiber gegen die Netzbetreiber gem. § 16 EEG 2012, also **(Mindest-)Vergütungsansprüche.**[322] Ausgenommen sind dementsprechend sonstige Forderungen der Anlagenbetreiber gegen die Netzbetreiber, etwa die Rückforderung zu hoher Anschlusskosten oder zu hoher Baukostenzuschüsse, die bezahlt wurden, aber auch überzahlte Stromlieferentgelte.[323] Zudem ist von dem Verbot der Teil der Vergütung nicht erfasst, der aufgrund einer Vereinbarung gezahlt wird und über dem Mindestvergütungssatz liegt.[324] Ebenso fallen nach dem eindeutigen Wortlaut der Norm Schadensersatzansprüche, die an die Stelle der Vergütungsansprüche treten, nicht unter das Aufrechnungsverbot.[325]

---

319 *Salje*, EEG, § 22 Rn 4.

320 BT-Drucks. 16/8148, S. 53 li. Sp.

321 Frenz/Müggenborg/*Ekardt*, § 22 Rn 5.

322 Gemäß *Salje*, EEG, § 22 Rn 12, sollen auch vom Netzbetreiber an den Anlagenbetreiber abgetretene Vergütungsforderungen gem. § 35 Abs. 1 EEG 2012 unter das Aufrechnungsverbot fallen, da mit der Abtretung gem. § 398 BGB keine Inhaltsänderung zum Anspruchsinhalt verbunden sei.

323 *Salje*, EEG, § 22 Rn 11.

324 Frenz/Müggenborg/*Ekardt*, § 22 Rn 5.

325 Frenz/Müggenborg/*Ekardt*, § 22 Rn 5; *Salje*, EEG, § 22 Rn 11. Ginge man indes mit *Salje* davon aus, dass nicht erst der tatsächlich eingespeiste, sondern schon der gem. § 8 Abs. 1 EEG 2012 angebotene Strom gem. § 16 Abs. 1 EEG 2012 i.V.m. § 326 Abs. 2 BGB (analog) zu vergüten ist (vgl. dazu *Salje*, EEG, § 16 Rn 33 f. unter Bezugnahme auf § 10 Rn 59 ff.), müsste sich dies auch auf das Aufrechnungsverbot gem. § 22 EEG 2012 auswirken. Denn für solche Ansprüche aus Verzug könnte davon ausgegangen werden, dass sie den ursprünglichen Vergütungsanspruch fortschreiben und damit unter das Aufrechnungsverbot fallen (so für das EEG 2009 Frenz/Müggenborg/*Ekardt*, § 22 Rn 5; für das EEG 2012 *Salje*, EEG, § 22 Rn 11 ff. unter Bezugnahme auf § 16 Rn 24 ff und dort auf § 10 Rn 62 ff.). Angesichts der Klarstellung in § 16 Abs. 1 S. 2 EEG 2012, dass nur tatsächlich abgenommener Strom zum Vergütungsanspruch führt, dürfte indes nicht davon auszugehen sein, dass ein solcher Anspruch aus Verzug gem. § 326 Abs. 2 BGB analog dem Willen des Gesetzgebers entspricht, da ein solcher die Entstehung des Vergütungsanspruchs – jedenfalls im Ergebnis – doch

b) Rechtskräftige unbestrittene Forderungen des Netzbetreibers

Rechtskräftig entschieden ist eine Forderung, die nicht mehr mit Rechtsmitteln ange- 150
griffen werden kann.[326] Unbestritten ist eine Forderung, wenn sie vom Anlagenbetreiber anerkannt wurde oder wenn unter Kaufleuten keine Einwände innerhalb einer angemessenen Frist erhoben wurden.[327] Demnach hat der Anlagenbetreiber zur Vermeidung der Aufrechnung Forderungen des Netzbetreibers, die gegen ihn geltend gemacht werden, zu bestreiten. Dabei genügt eine einfache Äußerung dahin gehend, dass die Forderung fragwürdig sei.[328] Substanziiert muss das Bestreiten somit nicht sein.[329]

c) Rechtsfolge

Rechtsfolge des § 22 Abs. 1 EEG 2012 ist die **Unwirksamkeit der Aufrechnungser-** 151
klärung, ohne dass es eines Rückgriffs auf § 134 BGB bedarf.[330] Die Hauptforderung erlischt somit auch dann nicht, wenn sich Forderung und Gegenforderung aufrechenbar gegenübergestanden haben.[331]

3. Die Ausnahme vom Aufrechnungsverbot aus der NAV – § 22 Abs. 2 EEG 2012

Für den Fall der Aufrechnung der Anlagenbetreiber gegen die Netzbetreiber regelt 152
§ 22 Abs. 2 EEG 2012 eine Ausnahme vom **Aufrechnungsverbot** des § 23 Abs. 3 der **Niederspannungsanschlussverordnung.**[332] Nach der dortigen Regel darf ein Anschlussnehmer gegen Ansprüche des Netzbetreibers (Kosten aus der Herstellung oder Änderung des Netzanschlusses, Baukostenzuschüsse, Kosten aus dem Betrieb von Mess- und Steuereinrichtungen) ebenfalls nur mit unbestrittenen oder rechtskräftigen Forderungen aufrechnen. Hierdurch soll einer Überschuldung der Netzbetreiber durch massenhafte Aufrechnungen entgegengewirkt werden.[333] Diese Regelung ist allerdings im Verhältnis von Anlagenbetreibern zu Netzbetreibern im Rahmen

auf den Zeitpunkt des Angebots gem. § 8 Abs. 1 EEG 2012 verlagern würde (siehe dazu schon oben Rn 24, Fn 39). Wird ein solcher Anspruch demgemäß nicht anerkannt, kommt die Anwendung des § 22 EEG 2012 bei einem Verstoß gegen § 8 EEG 2012 nicht in Betracht, da ein Vergütungsanspruch damit noch nicht entstanden ist.

326 Altrock/Oschmann/Theobald/*Lehnert*, § 22 Rn 10.

327 Altrock/Oschmann/Theobald/*Lehnert*, § 22 Rn 9.

328 Siehe zur vergleichbaren Frage in § 226 Abs. 3 AO: Niedersächsisches OVG, Beschl. v. 4.4.2003 – 11 ME 49/03 = juris Rn 28.

329 Reshöft/*Reshöft*, HK-EEG, § 22 Rn 12.

330 Frenz/Müggenborg/*Ekardt*, § 22 Rn 7.

331 *Salje*, EEG, § 22 Rn 7.

332 Niederspannungsanschlussverordnung (NAV) v. 1.11.2006 (BGBl. I S. 2477), zuletzt geändert durch Art. 4 der Verordnung v. 3.9.2010 (BGBl. I S. 1261).

333 Vgl. *Salje*, EEG, § 22 Rn 19.

des EEG 2012 nicht anzuwenden, so dass der Anlagenbetreiber seinen Vergütungsanspruch mit Ansprüchen des Netzbetreibers aus der NAV aufrechnen kann und zu einer leichteren Durchsetzung seiner Ansprüche aus dem EEG gelangt.[334]

153 Es kommt damit für den Anlagenbetreiber für die Aufrechnung durch ihn nach dieser Vorschrift grundsätzlich nicht darauf an, ob sein Vergütungsanspruch aus dem EEG unbestritten oder rechtskräftig festgestellt ist. Allerdings wird in § 22 Abs. 2 EEG 2012 keine Regelung getroffen, dass das in § 17 Abs. 3 der **Stromgrundversorgungsverordnung**[335] statuierte Aufrechnungsverbot nicht gelten soll. Dieses schützt die **Forderungen des Stromversorgers** aus der StromGVV, indem mit diesen Forderungen nur aufgerechnet werden darf, wenn der Aufrechnende selbst unbestrittene oder rechtskräftig festgestellte Forderungen innehat. Diese Vorschrift kommt bezüglich der Aufrechnung mit Vergütungsansprüchen gem. § 16 EEG 2012 dann zum Tragen, wenn der Netzbetreiber mit dem Stromversorger identisch ist und dieser Forderungen aus der StromGVV gegen die Anlagenbetreiber im Rahmen der Stromversorgung der Anlagen hat. In diesem Fall gilt demgemäß, dass ein Anlagenbetreiber mit seinen Vergütungsansprüchen nur aufrechnen darf, wenn diese ihrerseits unbestritten oder rechtskräftig festgestellt sind.[336]

VI. Die Sonderregelungen für die einzelnen Energiearten

154 Grundlegend für die **energieträgerspezifische Vergütung** gem. §§ 23 ff. EEG sind einerseits die **Anlagenleistung** als auch die für jeden Energieträger individuell festgelegte **Degression** abhängig vom **Inbetriebnahmezeitpunkt.**

155 Soweit in Abhängigkeit von der **anteiligen Bemessungsleistung** (§§ 23–28) oder der **anteiligen installierten Leistung** (§§ 33) unterschiedliche Vergütungssätze festgelegt sind, bestimmt sich die Höhe der Vergütung jeweils anteilig nach der Leistung der Anlage im Verhältnis zu den jeweiligen **Schwellenwerten.** Diese gleitende Vergütungsregelung soll verhindern, dass beim Überschreiten der jeweiligen Schwellenwerte der Anlagen Vergütungssprünge entstehen.[337]

156 Die Mindestvergütungen sind vom Zeitpunkt der Inbetriebnahme über einen **Zeitraum von 20 Jahren zuzüglich des Inbetriebnahmejahres** zu zahlen. Eine Degression der Vergütungssätze tritt nach Inbetriebnahme einer Anlage für diese Anlage nicht mehr ein. Die Höhe der Vergütung bleibt somit für eine einmal in Betrieb

---

334 Altrock/Oschmann/Theobald/*Lehnert*, § 22 Rn 15.

335 Stromgrundversorgungsverordnung (StromGVV) v. 26.10.2006 (BGBl. I S. 2391), zuletzt geändert durch Art. 3 des Gesetzes v. 4.11.2010 (BGBl. I S. 1483).

336 Frenz/Müggenborg/*Ekardt*, § 22 Rn 10.

337 „Vergütungssätze, Degression und Berechnungsbeispiele nach dem neuen Erneuerbare-Energien-Gesetz (EEG) vom 4.8.2011 (‚EEG 2012')", BMU KI III 1, abrufbar unter www.bmu.de.

genommene Anlage **über einen Zeitraum von 20 Jahren unverändert**. Die folgend dargestellten Vergütungssätze beziehen sich auf eine Inbetriebnahme der Anlage ab dem 1.1.2012. Die Vergütungssätze werden in der Regel zum 1.1. eines jeden Folgejahres für jeweils ab diesem Zeitpunkt neu in Betrieb genommene Anlagen um einen festen Prozentsatz abgesenkt (Degression). Eine Ausnahme stellen hier die Vergütungssätze für Strom aus solarer Strahlungsenergie dar, deren Vergütung zum 1.1. und bei hohem Zubau auch zum 1.7. jeden Jahres in Abhängigkeit vom Zubau im Vorjahr absinken kann (**„atmender Deckel“**).[338]

1. Windenergie Onshore – § 29 EEG

Die in § 29 Abs. 1 EEG festgesetzte **Grundvergütung** beträgt bei Inbetriebnahme ab 157
dem 1.1.2012 4,87 ct/kWh und ist somit gegenüber der Grundvergütung des EEG 2009 (5,02 ct/kWh) nur minimal abgesenkt worden. Berücksichtigt man die Degression von 1 % jährlich nach dem EEG 2009, handelt es sich lediglich um eine Fortschreibung dieser Grundvergütung.

Die **Anfangsvergütung** nach § 29 Abs. 2 S. 1 EEG beträgt 8,93 ct/kWh. Diese tritt 158
mindestens für **die ersten 60 Monate ab Inbetriebnahme** an die Stelle der Grundvergütung und wird für alle Anlagen – unabhängig vom **Referenzertrag** – gezahlt. Das Gesetz stellt hier ausdrücklich auf einen Zeitraum von „5 Jahren“ ab, so dass somit 60 Monate und nicht wie bei der Vergütungsdauer gem. § 21 EEG Kalenderjahre berücksichtigt werden.[339]

Abhängig vom **Referenzertrag** der jeweiligen Anlage wird dieser Zeitraum nach 159
§ 29 Abs. 2 S. 2 EEG verlängert. Er verlängert sich um zwei Monate je 0,75 % des Referenzertrags, um den der Ertrag der Anlage 150 % des Referenzertrags unterschreitet.

Der **Referenzertrag** ist nach Anlage 3 zum EEG zu bestimmen. Nach Ziff. 2 der 160
Anlage 3 wird der Referenzertrag als *„die für jeden Typ einer Windenergieanlage einschließlich der jeweiligen Nabenhöhe bestimmte Strommenge, die dieser Typ bei Errichtung an dem Referenzstandort rechnerisch auf Basis einer vermessenen Leistungskennlinie in fünf Betriebsjahren erbringen würde“* definiert. Der in Bezug zu nehmende **Referenzstandort** wird dabei in Ziff. 4 der Anlage 3 mit **spezifischen Kriterien** zur Höhe, mittleren Jahreswindgeschwindigkeit, Höhenprofil und Rauhigkeitslänge festgelegt.

338 „Vergütungssätze, Degression und Berechnungsbeispiele nach dem neuen Erneuerbare-Energien-Gesetz (EEG) vom 4.8.2011 (‚EEG 2012‘)“, BMU KI III 1, abrufbar unter www.bmu.de.
339 *Salje*, EEG, § 29 Rn 21.

Beispiel
Verlängerung der erhöhten Anfangsvergütung

Referenzertrag in %	Anfangsförderung nach § 29 Abs. 2 S. 1 in Jahren	Verlängerung der Anfangsförderung nach § 29 Abs. 2 in Jahren	Gesamtdauer Anfangsförderung in Jahren
≥ 150	5	–	5
125	5	5,56	10,56
120	5	6,67	11,67
100	5	11,1	16,1
90	5	13,34	18,34
82,5	5	15	20
Kleinwindanlagen bis einschließlich 50 kW unabhängig von ihrem Referenzertrag	20	–	20

161 Nach § 29 Abs. 2 S. 4 EEG wird der mit dem EEG 2009 eingeführte **Systemdienstleistungsbonus** fortgeschrieben. Zunächst war dieser im Rahmen der Gesetzesnovellierung gestrichen worden, wurde letztendlich jedoch weiter berücksichtigt. Dabei wurde die ursprüngliche Befristung um ein Jahr bis Ende 2014 verlängert.

162 Der Bonus in Höhe von zusätzlichen 0,48 ct/kWh wird Windenergieanlagen gewährt, die nach dem 31.12.2011 und vor dem 1.1.2015 in Betrieb genommen werden, wenn sie die Voraussetzungen nach § 6 Abs. 5 EEG und der SDLWindV[340] erfüllen.

163 Für **Altanlagen** besteht eine Übergangsvorschrift in § 66 Abs. 1 Nr. 8 EEG:

> *„Die Vergütung für Strom aus Windenergieanlagen, die nach dem 31. Dezember 2001 und vor dem 1. Januar 2009 in Betrieb genommen worden sind, erhöht sich für die Dauer von fünf Jahren um 0,7 Cent pro Kilowattstunde (Systemdienstleistungs-Bonus), sobald sie infolge einer Nachrüstung nach dem 1. Januar 2012 und vor dem 1. Januar 2016 die Anforderungen der Systemdienstleistungsverordnung erstmals einhalten."*

164 Der **Nachweis** der Einhaltung der technischen Anforderungen erfolgt durch **Zertifikate gem. § 6 SDLWindV**, die vom Anlagenbetreiber beizubringen sind.

165 Ein weiterer Bonus in Höhe von 0,5 ct/kWh wird nach § 30 EEG für das sog. **„Repowering"** gewährt. Danach wird zusätzlich honoriert, wenn „Altanlagen" mit Inbetriebnahme vor dem 1.1.2002 durch **neuere leistungsstärkere Anlagen**[341] ersetzt

340 Verordnung zu Systemdienstleistungen durch Windenergieanlagen (Systemdienstleistungsverordnung – SDLWindV).
341 Installierte Leistung gem. § 3 Ziff. 6 EEG.

werden. Eine Steigerung der ursprünglichen **Anlagenzahl** ist dabei nicht möglich.[342] Voraussetzung ist darüber hinaus, dass dem Grunde nach noch ein gesetzlicher Vergütungsanspruch für die zu ersetzende Anlage besteht. Das Repowering ist dabei auf Onshore-Anlagen begrenzt.

Nach § 30 Abs. 2 EEG liegt ein **Ersetzen** vor, wenn die Anlage höchstens ein Jahr vor und spätestens ein halbes Jahr nach der Inbetriebnahme der Repowering-Anlage **vollständig abgebaut** und vor Inbetriebnahme der Repowering-Anlage **außer Betrieb genommen** wurde. Ein **Parallelbetrieb** ist damit nur eingeschränkt möglich. Auch ordnet § 30 Abs. 2 S. 2 EEG an, dass unabhängig von der noch bestehenden Restvergütungsdauer der **Vergütungsanspruch für die Altanlage entfällt**, um eine doppelte Förderung auszuschließen. 166

Beispiel
Windenergie Onshore
Degression: 1,5 %; Vergütungszeitraum 20 Jahre

Jahr der Inbetriebnahme	Grundvergütung in ct/kWh	Anfangsvergütung in ct/kW	SDL-Bonus	Repowering
2012	4,87	8,93	0,48	0,5
2013	4,80	8,80	0,47	0,49
2014	4,72	8,66	0,47	0,49
2015	4,65	8,53	0,46	0,48
2016	4,58	8,41	–	0,47
2017	4,52	8,28	–	0,46
2018	4,45	8,16	–	0,46
2019	4,38	8,03	–	0,45
2020	4,32	7,91	–	0,44
2021	4,25	7,79	–	0,44

Die **erhöhte Anfangsvergütung** wird fünf Jahre gewährt. Sie verlängert sich nach § 29 Abs. 2 um je zwei Monate je 0,75 % des Referenzertrages, um den der Ertrag der Anlage 150 % des Referenzertrages unterschreitet.
Der **Systemdienstleistungsbonus** wird nach § 29 Abs. 2 für Neuanlagen für den Zeitraum der erhöhten Anfangsvergütung gezahlt, sofern diese vor dem 31.1.2015 in Betrieb gehen. Die Anforderungen nach § 6 Abs. 5 EEG sind nachweislich zu erfüllen.
Der **Repowering Bonus** nach § 30 für den **Ersatz vorhandener Windenergieanlagen am selben oder an benachbarten Standorten** wird für den Zeitraum der erhöhten Anfangsvergütung gewährt, sofern die ersetzten Anlagen vor dem 1.1.2002 in Betrieb genommen wurden.

342 *Salje*, EEG, § 30 Rn 18.

2. Windenergie Offshore – § 31 EEG

167 Bei den Offshore-Windenergieanlagen nach § 31 EEG wird ebenfalls zwischen einer **Grund- und einer Anfangsvergütung** differenziert. Die **Grundvergütung** gem. § 31 Abs. 1 EEG beträgt hierbei 3,5 ct/kWh.

168 Für die **ersten zwölf Jahre ab Inbetriebnahme** wird abweichend von Abs. 1 nach § 31 Abs. 2 S. 1 EEG eine Anfangsvergütung von 15,0 ct/kWh gewährt. Dieser Zeitraum verlängert sich für jede über zwölf Seemeilen hinausgehende volle Seemeile, die die Anlage von der Küstenlinie nach § 3 Ziff. 9 S. 2 EEG entfernt ist, um 0,5 Monate und für jeden über eine Wassertiefe von 20 m hinausgehenden vollen Meter Wassertiefe um 1,7 Monate.

169 Nach **Wahl des Anlagenbetreibers** kann dieser abweichend von der Anfangsvergütung nach Abs. 2 S. 1 eine **erhöhte Anfangsvergütung** von 19,0 ct/kWh beanspruchen, diese jedoch nur für einen Zeitraum von 8 Jahren. Voraussetzungen dafür sind eine Inbetriebnahme der Anlage vor dem 1.1.2018 und dass die **Anzeige durch den Anlagenbetreiber** gegenüber dem anschlussverpflichteten Netzbetreiber gem. § 17 Abs. 2a EnWG vor erstmaliger Inbetriebnahme erfolgt ist.

170 Mit der Novelle 2012 wurde eine **besondere Privilegierung für Offshore-Windenergieanlagen** in das Gesetz aufgenommen. Nach § 31 Abs. 4 EEG führen **Einspeiseverhinderungen** zu einer (weiteren) Verlängerung der Anfangsvergütungsphase gem. Abs. 2 oder 3.[343]

171 Die Gesetzesbegründung führt dazu aus:[344]

> *„Offshore-Anlagen werden bedingt durch ihre Lage über einzelne häufig Recht lange Anschlussleitungen angeschlossen, die mit hohem Aufwand errichtet werden und schwer zugänglich sind. Bei einer verspäteten Inbetriebnahme der Anschlussleitung oder einem späteren Ausfall dieser Leitung können schnell erhebliche Einnahmeverluste entstehen, die die Wirtschaftlichkeit des Projekts bedrohen. Dies erhöht auch das Risiko und erschwert damit die Kapitalbereitstellung. Um den wirtschaftlichen Schaden zu begrenzen und gleichzeitig den Letztverbraucher nicht übermäßig zu belasten, sollen eventuelle Ausfallzeiten der Offshore-Anlage, die nicht im Einflussbereich des Anlagenbetreibers liegen, weil sie durch Störungen des Netzes verursacht werden und für die dieser auch vom Netzbetreiber keinen Schadenersatz erhalten kann, durch eine Verlängerung der Anfangsvergütung aufgefangen werden."*

172 Abzugrenzen davon sind **mögliche Schadensersatzansprüche** des Anlagenbetreibers gegen den anschlussverpflichteten ÜNB. Dieser ist gem. § 17 Abs. 2a S. 1 EnWG verpflichtet, die **Netzanbindung** bis zum Zeitpunkt der Herstellung der **technischen Betriebsbereitschaft der Offshore-Anlage** zu errichten.[345] § 31 Abs. 4 EEG greift

---

343 *Salje*, EEG, § 31 Rn 21.

344 BT-Drucks. 17/6071, S. 76.

345 Hierzu stehen Gerichtsverfahren bevor, die die Verantwortung und mögliche Ersatzansprüche der Netzbetreiber klären sollen; vgl. z.B. http://www.e21.info/news/118795 und http://www.e21.info/news/117332.

ausdrücklich nur für Fälle der **Einspeiseverzögerung**, die der Netzbetreiber nicht zu vertreten hat.

Beispiel
Windenergie Offshore
Degression bis 2017: 0,0 %, ab 2018: 7 %; Vergütungszeitraum 20 Jahre (Stauchungsmodell: 12 Jahre)

Jahr der Inbetriebnahme	Grundvergütung in ct/kWh	Erhöhte Anfangsvergütung in ct/kWh	Anfangsvergütung im Stauchungsmodell
2012	3,5	15,0	19,0
2013	3,5	15,0	19,0
2014	3,5	15,0	19,0
2015	3,5	15,0	19,0
2016	3,5	15,0	19,0
2017	3,5	15,0	19,0
2018	3,26	13,95	–
2019	3,03	12,97	–
2020	2,82	12,07	–
2021	2,62	11,22	–

Die **erhöhte Anfangsvergütung** für Windenergie auf See wird in den ersten 12 Jahren ab der Inbetriebnahme der Anlage gewährt. Sie verlängert sich für jede über 12 Seemeilen hinausgehende volle Seemeile um 0,5 Monate und für jeden über eine Wassertiefe von 20 m hinausgehenden zusätzlichen vollen Meter Wassertiefe um 1,7 Monate. Im Falle des **Stauchungsmodells** wird in dem aus Küstenentfernung und Wassertiefe resultierenden Verlängerungszeitraum die gleiche Vergütung gewährt, wie in der „normalen“ Vergütungsvariante (§ 31 Abs. 3 S. 2).

---

3. Solare Strahlungsenergie – §§ 32 f. EEG

Der **Ausbau der Photovoltaik** hat in Deutschland zuletzt stark zugenommen; allein im Jahr 2010 wurden ca. 7.400 MW neue Kapazitäten errichtet. Vor diesem Hintergrund wurde bereits 2010 die Vergütung gekürzt und die Degression (**„atmender Deckel“**) deutlich verschärft. Deshalb konzentrieren sich die Änderungen im EEG 2012 vor allem auf **Maßnahmen zur Netzintegration.** 173

Der **Ausbaukorridor** und die Degression („atmender Deckel“) bleiben weitgehend unverändert, ebenso die **Eigenverbrauchsregelung**, die bis Ende 2013 verlängert wird. Dagegen sind **Freiflächenanlagen auf Konversionsflächen**, die in Nationalparks und Naturschutzgebieten liegen, künftig nicht mehr vergütungsfähig.[346] 174

Im Rahmen des aktuellen PV-Änderungsgesetzes[347] sind wiederum umfassende Änderungen an der Vergütungsstruktur erfolgt. Das Gesetz wurde rückwirkend zum 175

346 „Das Erneuerbare-Energien-Gesetz (EEG) („EEG 2012“) – Informationen und häufig gestellte Fragen zur Novelle“, BMU KI III 1, abrufbar unter www.bmu.de.
347 „Gesetz zur Änderung des Rechtsrahmens für Strom aus solarer Strahlungsenergie und zu weiteren Änderungen im Recht der erneuerbaren Energien“ vom 17.8.2012 (BGBl. I S. 1754).

1.4.2012 wirksam. Anlass der kurzfristigen Anpassungen nach der umfassenden Novellierung des EEG war der unerwartet starke Anstieg des Zubaus von Photovoltaikanlagen im Jahr 2011[348]. Die Änderung dient dabei vorrangig einer Reduzierung der Vergütung von PV-Anlagen. Es wurde parallel aber ergänzend die Gelegenheit ergriffen, einzelne Regelungen nachzubessern und die Marktintegration auszubauen[349].

a) Vergütung nach dem EEG 2012 (Fassung ab 1.1.2012)

176 Aufgrund wesentlicher Änderungen in der Vergütungssystematik werden folgend zunächst die Regelungen nach dem EEG 2012 (ab 1.1.2012) dargestellt und nachfolgend das neue System nach dem PV-Änderungsgesetz separat behandelt.

b) Vergütungssystem

177 Die Vergütung solarer Strahlungsenergie nach §§ 32 f. EEG werden nach der Anbringung der Anlage differenziert. Die Vergütung für Anlagen, die nicht an, in oder auf einem Gebäude angebracht sind (**Freiflächenanlagen und Anlagen an oder auf baulichen Anlagen**) richtet sich nach § 32 EEG, für **Gebäudeanlagen** gilt dagegen § 33 EEG. Für **Altanlagen** besteht insoweit **Bestandsschutz** nach den Voraussetzungen des § 66 Abs. 1 Ziff. 12 und Abs. 11 EEG.

178 Bei der Berechnung der Vergütungssätze ist zu beachten, dass sich die gesetzlich festgelegten Vergütungssätze bereits zum 1.1.2012 entsprechend des „atmenden Deckels" nach § 20a Abs. 2–4 EEG verringern.[350]

c) Freiflächenanlagen

179 Die Vergütung erfolgt bei einer **Freiflächenanlage** nach § 32 Abs. 1 EEG,
- wenn diese an oder auf einer **baulichen Anlage** angebracht (Ziff. 1),
- auf einer nach § 38 Abs. 1 BauGB **überplanten Freifläche** errichtet worden ist (Ziff. 2) oder
- auf einer **Fläche im Bebauungsplan** nach § 30 BauGB errichtet wird (Ziff. 3).

180 Zur Begründung der geänderten Fassung im Rahmen der Novellierung des EEG wird im Regierungsentwurf wie folgt ausgeführt:[351]

> *„Den **Grundvergütungssatz** nach Absatz 1 erhalten nach Nummer 1 Anlagen zur Erzeugung von Strom aus solarer Strahlungsenergie auf baulichen Anlagen, die keine Gebäude sind und vorrangig*

348 BT-Drucks. 17/8877, S. 1.
349 *Von Oppen/Groß*, ZNER 2012, 347 ff.
350 BT-Drucks. 17/6071, S. 76.
351 BT-Drucks. 17/6071, S. 76.

zu anderen Zwecken errichtet worden sind. Dabei kommt es nicht darauf an, ob die bauliche Anlage zum ***Zeitpunkt der Inbetriebnahme*** *tatsächlich gerade entsprechend der Funktion ihres abstrakten, rechtlich qualifizierten Nutzungszwecks (z.B. Lärmschutzwand) genutzt wird. Eine vor oder nach Inbetriebnahme der Anlage tatsächlich erfolgte* ***Aufgabe der ursprünglichen anderweitigen Hauptnutzung*** *bleibt also bedeutungslos.*
Ebenfalls den Grundvergütungssatz nach Absatz 1 erhalten zudem bestimmte Freiflächenanlagen, die bisher vergütungsfähigen ***Flächenkategorien*** *bleiben unverändert.*
Aus Klarstellungsgründen wird bei Freiflächen nach Absatz 1 Nummer 3 und Absatz 3 jedoch nicht mehr auf die Errichtung der Anlagen im Geltungsbereich eines Bebauungsplans abgestellt, da dies erhebliche Rechtsunsicherheit geschaffen hat, insbesondere in den Fällen, in denen sich die Verkündung des Bebauungsplans verzögert hat. Deswegen soll künftig auf den ***Satzungsbeschluss der Gemeinde über die Aufstellung oder Änderung des Bebauungsplans*** *abgestellt werden.*
Weiterhin wird mit der Ergänzung in Nummer 3 Buchstabe b klargestellt, dass der Strom aus Anlagen zur Erzeugung von Strom aus solarer Strahlungsenergie auch dann eine Vergütung nach § 32 Absatz 1 erhält, wenn die Fläche in einem ***Bebauungsplan vor dem 1. Januar 2010*** *als* ***Gewerbe- oder Industriegebiet*** *ausgewiesen und die Festsetzung nach dem 1. Januar 2010 zumindest auch mit dem Zweck geändert wurde, eine* ***Anlage zur Erzeugung von Strom aus solarer Strahlungsenergie zu errichten.***
Im Sinne der Nummer 3 Buchstabe c sind Autobahnen alle ***Bundesautobahnen nach dem Bundesfernstraßengesetz*** *sowie (soweit nicht identisch) alle Bundesautobahnen, die* ***nach der Straßenverkehrsordnung als Autobahnen beschildert*** *worden sind (Zeichen 330.1 der Anlage 3 zu Richtzeichen der Straßenverkehrsordnung). Die Randstreifen an diesen Autobahnen sind in der Regel aufgrund von Lärm und Abgasen vorbelastet. Deswegen soll Strom aus Anlagen auf diesen Flächen grundsätzlich vergütungsfähig sein."*

d) Versiegelte oder Konversionsflächen

Eine erhöhte Vergütung erfolgt gem. § 32 Abs. 2 EEG bei Errichtung im Geltungsbe- 181
reich eines Bebauungsplans nach § 30 BauGB, wenn dieser nach dem 1.9.2003 zumindest auch **mit dem Zweck der Errichtung einer Anlage zur Erzeugung von Strom aus solarer Strahlungsenergie** aufgestellt worden ist. Der Vergütungstatbestand des § 32 Abs. 2 EEG wird vom Gesetzgeber wie folgt begründet:[352]

„In Absatz 2 wird eine besondere Vergütungshöhe für Strom aus Anlagen zur Erzeugung von Strom aus solarer Strahlungsenergie auf bestimmten ***Konversionsflächen und versiegelten Flächen*** *festgelegt. Diese war auch im bisherigen Recht verankert, allerdings stellt sich in der Praxis die Frage nach der Vergütungshöhe, wenn die Anlage auf einer Konversionsfläche errichtet wird, die zugleich eine Fläche im Sinne des Absatz 1 darstellt. Dieses Verhältnis wird durch Absatz 2 klar gestellt. Durch die Formulierung „abweichend von Absatz 1" wird verdeutlicht, dass der höhere* ***Vergütungsanspruch auf Konversionsflächen*** *auch dann gilt, wenn die Fläche zugleich eine Fläche nach Absatz 1 ist.*
Eine Änderung des bisherigen Rechts wird in Absatz 2 Nummer 2 vorgenommen. Hiernach erhalten Anlagen zur Erzeugung von Strom aus solarer Strahlungsenergie auf ***wirtschaftlichen, verkehrlichen, wohnungsbaulichen oder militärischen Flächen*** *künftig* ***keine feste EEG-Vergütung***

352 BT-Drucks. 17/6071, S. 77.

mehr, wenn diese Flächen zugleich rechtsverbindlich als Naturschutzgebiete im Sinne des § 23 Bundesnaturschutzgesetz oder als Nationalpark im Sinne des § 24 Bundesnaturschutzgesetz vor dem Aufstellungsbeschluss über einen Bebauungsplan festgesetzt worden sind. Insbesondere militärische Konversionsflächen haben oft eine vergleichsweise hohe naturschutzfachliche Bedeutung aufgrund ihrer langjährigen spezifischen Nutzung mit großflächig geringer Versiegelung, Zerschneidung, Störungsintensität und geringer Nährstoffbelastung. Die Änderung dient daher dem Natur- und Landschaftsschutz und soll verhindern, dass wert- volle Naturlandschaften durch die Errichtung von Freiflächenanlagen zur Nutzung von solarer Strahlungsenergie beeinträchtigt werden.“

182 Ein Vergütungsanspruch kommt deshalb alternativ für nach dem 1.9.2003 aufgestellte oder geänderte Bebauungspläne **nur bei bereits bestehender Versiegelung zum Stichtag oder bei Konversionsflächen** in Frage.[353]

e) Gebäude- oder Lärmschutzanlagen

183 Eine erhöhte Vergütung erfolgt in § 33 EEG für Gebäudeanlagen als lex specialis zu der Grundvorschrift des § 32 EEG für **bauliche Anlagen.**

184 Der **Gebäudebegriff** ist in § 33 Abs. 3 EEG legaldefiniert. Danach sind Gebäude selbstständig benutzbare, überdeckte bauliche Anlagen, die von Menschen betreten werden können und vorrangig dazu bestimmt sind, dem Schutz von Menschen, Tieren oder Sachen zu dienen.

185 Da es Sinn und Zweck der Privilegierung des § 33 EEG ist, diejenigen baulichen Anlagen besonders zu fördern, die über den ihnen typischerweise anhaftenden Nutzen hinaus einen **Zusatznutzen durch die Stromerzeugung** ermöglichen und damit eine weitere **Versiegelung von Natur und Landschaft ausschließen**, ist der Gebäudebegriff des EEG, gleichwohl dem Sachenrecht (§ 94 BGB) und dem öffentlichen Baurecht (§ 35 BauGB) entlehnt, weit auszulegen.[354]

186 **Lärmschutzwände** i.S.d. § 33 EEG sind bauliche Anlagen, die der Abwehr von Schallemissionen dienen und dazu typische Baumaterialien wie Holz, Metall, Natur- oder Kunststeine nutzen. Erdwälle **hingegen sind keine Lärmschutzwände**, weil sie nicht aus typischen Baumaterialien hergestellt sind und auch einer statischen Überprüfung nicht bedürfen.[355]

187 Nach dem Hinweis der Clearingstelle ist eine Lärmschutzwand *„eine bauliche Anlage, deren Ausdehnung in der Höhe und der Breite die in der Tiefe deutlich übersteigt und die vorrangig dazu bestimmt ist, dem Schutz von Menschen oder Tieren vor*

353 *Salje*, EEG, § 32 Rn 36.
354 BT-Drucks. 16/8148, S. 61; *Salje*, EEG, § 33 Rn 7 ff. m.w.N.
355 Reshöft/Steiner/Dreher/*Bönning*, § 33 Rn 15; *Salje*, EEG, § 33 Rn 21 f.

schädlichen, nachteiligen, belästigenden oder sonst störenden oder unerwünschten Geräuschen (Lärm) zu dienen."[356]

Beispiel
Anlagen in, an oder auf Gebäuden
Degression: 9 % zzgl. bzw. abzgl. atmender Deckel, Vergütungszeitraum 20 Jahre
Vergütung für Strom, der in das öffentliche Netz eingespeist wird (Einspeisevergütung)

Zubau im Jahr 2011 (neu installierte Leistung)	Degression für das Jahr 2012	bis 30 kW	ab 30 kW	ab 100 kW	ab 1 MW
~ 5.200 MW	15 %	24,43	23,23	21,98	18,33

---

f) Ersatz von Modulen

In der Praxis hatte die Vergütungsberechnung nach §§ 32, 33 EEG Schwierigkeiten 188 bereitet, wenn Einzelmodule einer Gesamtanlage wegen **Defekt, Beschädigung oder Diebstahl** ausgetauscht werden mussten. Da jedes Modul als einzelne Anlage i.S.d. § 3 Ziff. 4 EEG gilt und eine Zusammenfassung gem. § 19 EEG **ausschließlich für die Vergütungsberechnung** erfolgt, hätte dies regelmäßig zu einer neuen Inbetriebnahme geführt. Die Folge wäre ein neuer Beginn des Vergütungszeitraums zu den dann geltenden Vergütungssätzen für das ersetzte Modul gewesen. Deshalb sieht § 32 Abs. 3 EEG jetzt für alle Solaranlagen – auch gerade die des § 33 EEG – eine Ersetzungsbefugnis vor, die **keine Auswirkungen auf die Vergütung** hat.

g) Eigenverbrauch

Nach § 33 Abs. 2 EEG wird eine Vergütung auch für Strom gewährt, der nicht in das 189 **Netz der allgemeinen Versorgung** eingespeist, sondern durch den Anlagenbetreiber oder einen Dritten in **unmittelbarer räumlicher Nähe zur Anlage** verbraucht wird. Diese Regelung ist derzeit bis zum 31.12.2013 befristet (Inbetriebnahmezeitpunkt).

Die Möglichkeit zum Eigenverbrauch besteht dabei nur für Anlagen mit einer **ins-** 190 **tallierten Leistung von bis zu 500 kW**. Anlage ist dabei sowohl das einzelne Modul als auch, bei mehreren Modulen, die Installation, die nach § 19 Abs. 1 EEG als **„eine Anlage"** gilt. Die **„installierte Leistung"** ist die elektrische (Nenn-)Wirkleistung der Module i.S.d. § 3 Nr. 6 EEG in Gleichspannung; auf die Leistung des Wechselrichters kommt es nicht an.[357]

---

356 Clearingstelle EEG Hinweis 2011/10 vom 16.12.2011, dort Ziff. 2 und Rn 69 ff., abrufbar unter http://www.clearingstelle-eeg.de/files/2011-10_Hinweis.pdf.
357 Clearingstelle EEG, Empfehlung 2011/2/1 vom 29.9.2011 Rn 11 ff., abrufbar unter http://www.clearingstelle-eeg.de/files/2011-2-1_Empfehlung.pdf.

191 **„Dritter"** im Sinne der Regelung ist jeder, der über ein anderes **Anschlussnutzungsverhältnis**[358] mit Strom zum eigenen Verbrauch versorgt wird als der Anlagenbetreiber. Ein Verbrauch in „unmittelbarer räumlicher Nähe" erfolgt dann, wenn der in der Solarstromanlage erzeugte Strom **nicht über ein Netz für die allgemeine Versorgung** zu dem Dritten gelangt. Von einem Verbrauch in „unmittelbarer räumlicher Nähe" ist nur dann nicht mehr auszugehen, wenn sich der **Netzverknüpfungspunkt** der Solarstromanlage und die **Anschluss-/Entnahmestelle des Dritten**, über die diese bzw. dieser im Übrigen mit Strom versorgt wird, **nicht innerhalb desselben Netzbereiches** im Netz für die allgemeine Versorgung befinden. Den maßgeblichen Netzbereich stellen dabei alle zusammengehörigen Netzabschnitte einer Spannungsebene dar.[359]

192 Um eine **Doppelvergütung** zu vermeiden, trifft § 16 Abs. 2 S. 5 EEG für Strom aus solarer Strahlungsenergie die abweichende Regelung, dass in diesem Fall **zwischengespeicherter Strom entgegen § 16 Abs. 2 S. 1 EEG nicht vergütungsfähig** ist. Ansonsten bestünde für den Anlagenbetreiber die Möglichkeit, zunächst den erzeugten Strom durch Speicherung selbst zu „verbrauchen" und diesen zeitlich nachgelagert gegen erneute Vergütung in das öffentliche Netz einzuspeisen. Wird Strom aus solarer Strahlungsenergie in einer Batterie zwischengespeichert und hierfür die Eigenverbrauchsvergütung nach § 33 Abs. 2 in Anspruch genommen, kann für diesen Strom, der nach der Zwischenspeicherung in das Netz eingespeist wird, nach Abs. 2 S. 5 keine Vergütung nach § 16 in Anspruch genommen werden.[360]

Beispiel
Vergütung für den selbst verbrauchten Strom (Eigenverbrauchsvergütung) in ct/kWh

bis 30 kW		ab 30 kW		ab 100 kW	
Eigennutzung		Eigennutzung		Eigennutzung	
bis 30%	über 30%	bis 30%	über 30%	bis 30%	über 30%
8,05	12,43	6,85	11,23	5,60	9,98

193 Besonders zu beachten ist auch die **umsatzsteuerliche Behandlung des Eigenverbrauchs** gem. §§ 33 Abs. 2 EEG.[361] In der Praxis ist es angeraten, dass sich der Anlagenbetreiber und der Netzbetreiber über die entsprechende Rechnungslegung

358 Vgl. § 3 NAV.
359 Clearingstelle EEG, Empfehlung 2011/2/1 vom 29.9.2011 Rn 23 ff., abrufbar unter http://www.clearingstelle-eeg.de/files/2011-2-1_Empfehlung.pdf.
360 BT-Drucks. 17/6071, S. 66.
361 Vgl. BMF-Schreiben vom 1.4.2009 – IV B8 – S 7124/07/10002, abgedruckt in BStBl. 2009 I, 523.

und umsatzsteuerliche Abwicklung abstimmen, um den Aufwand für alle Beteiligten gering zu halten und die **Steuerausweisung** rechtssicher vorzunehmen.[362]

h) Vergütung nach dem EEG 2012 n.F. (ab 1.4.2012 nach PV-Änderungsgesetz)

Das EEG 2009, EEG 2010 (Eigenverbrauchsförderung ausgedehnt auf 500 kW) und 194
das EEG 2012 (alt) differenzierten noch zwischen Solarstromanlagen in, an oder auf Gebäuden oder Lärmschutzwänden (§ 33 EEG) und sonstigen Solarstromanlagen (§ 32 EEG). Demgegenüber sind nunmehr im EEG 2012 (neu) die Vergütungsanforderungen für **sämtliche Solarstromanlagen** nur noch in § 32 EEG 2012 (neu) geregelt, wohingegen § 33 EEG 2012 (neu) nur noch das **„PV-Marktintegrationsmodell"** betrifft. Die Möglichkeit der **Eigenverbrauchsvergütung**[363] entfällt dabei für Neuanlagen ab dem 1.4.2012, dafür werden in Verbindung mit dem „PV-Marktintegrationsmodell" ergänzte Möglichkeiten zur Direktvermarktung geschaffen.[364]

aa) Vergütungssystem in § 32 EEG 2012 (neu) für Neuanlagen

§ 32 EEG 2012 (neu) differenziert in: 195

- Abs. 2 nach Solarstromanlagen, die ausschließlich in, an oder auf **Gebäuden oder Lärmschutzwänden** angebracht sind, und
- Abs. 1 nach **sonstigen Solarstromanlagen**, wobei
- Abs. 3 hinsichtlich der Vergütung von Strom aus Solarstromanlagen,

die ausschließlich in, an oder auf einem Gebäude angebracht sind, das **kein Wohngebäude** ist und im Außenbereich nach § 35 des Baugesetzbuchs errichtet wurde, nur in den dort genannten Fällen eine „Gebäudevergütung" nach § 32 Abs. 2 EEG 3012 (neu) gewährt, in allen übrigen Fällen aber auf § 32 Abs. 1 Nr. 1 EEG 2012 (neu) verweist.

Der **Gebäudebegriff** ist nach § 33 Abs. 4 S. 1 EEG 2012 (neu) wie auch im EEG 196
2009, 2010 und 2012 (alt) wie folgt definiert:

> *„Gebäude sind selbständig benutzbare, überdeckte bauliche Anlagen, die von Menschen betreten werden können und vorrangig dazu bestimmt sind, dem Schutz von Menschen, Tieren oder Sachen zu dienen."*

---

362 Vertiefend hierzu: *Franz*, REE 2011, 74, 74 ff.

363 Siehe oben Rn 189–193.

364 Siehe oben Rn 122 ff.

197 Die **Clearingstelle EEG**[365] hat die Begriffe „Gebäude“ und „Lärmschutzwand“ abschließend erläutert.[366] Diese Entscheidung ist vollständig auf die novellierten Regelungen in § 32 Abs. 2 und 4 S. 1 EEG 2012 (neu) anwendbar.

198 Zu beachten ist, dass aufgrund von § 32 Abs. 3 EEG 2012 (neu) nun nicht jedes „Gebäude“ nach § 32 Abs. 4 EEG 2012 (neu) eine „Gebäudevergütung“ erhält, sondern nur Wohngebäude sowie solche nach § 32 Abs. 3 EEG 2012 (neu).

(1) Differenzierung zwischen „Gebäude“ und „Wohngebäude“ nach § 32 Abs. 3 EEG 2012 (neu)

199 § 32 Abs. 3 EEG 2012 gewährt hinsichtlich der Vergütung von Strom aus Solarstromanlagen, die ausschließlich in, an oder auf einem Gebäude angebracht sind, das **kein Wohngebäude** ist und das im **Außenbereich nach § 35 BauGB** errichtet wurde, nur in den dort genannten Fällen eine „Gebäudevergütung“ nach § 32 Abs. 2 EEG 3012 (neu). In allen übrigen Fällen entfällt nicht die Vergütung, vielmehr verweist § 32 Abs. 3 EEG 2012 (neu) auf § 32 Abs. 1 Nr. 1 EEG 2012 (neu).

200 Ein **Wohngebäud**e nach § 32 Abs. 3 EEG 2012 (neu) wird in § 32 Abs. 4 S. 2 EEG 2012 (neu) wie folgt definiert:

> *„Wohngebäude sind Gebäude, die nach ihrer Zweckbestimmung überwiegend dem Wohnen dienen, einschließlich Wohn-, Alten- und Pflegeheimen sowie ähnlichen Einrichtungen.“*

201 Diese neu eingeführte Definition wird in der Begründung des Fraktionsentwurfs[367] wie folgt erläutert:

> *„In Absatz 4 Satz 1 wurde die bisher in § 33 Absatz 3 EEG geregelte Gebäudedefinition unverändert übernommen. Der neue Absatz 4 Satz 2 enthält eine Definition für Wohngebäude. Hiernach sind Wohngebäude alle Gebäude, die nach ihrer Zweckbestimmung überwiegend dem Wohnen dienen, einschließlich Wohn-, Alten- und Pflegeheimen sowie ähnlichen Einrichtungen. Diese Definition entspricht der gängigen Definition von Wohngebäuden (siehe § 2 Nummer 1 EnEV, § 2 Absatz 2 Nummer 10 Buchstabe a EEWärmeG).“*

202 Daher lassen sich folgende **Fallgruppen** unterscheiden:

203 Auf Solarstromanlagen, die ausschließlich in, an oder auf einem Gebäude angebracht sind, das ein **Wohngebäude** nach der vorstehenden Definition in § 32 Abs. 4 S. 2 EEG 2012 (neu) ist, sind **immer** die **Vergütungsregelungen nach § 32 Abs. 2 EEG 2012 (neu)** anzuwenden.

---

365 Entscheidung im Verfahren 2011/10; http://www.clearingstelle-eeg.de/hinwv/2011/10.

366 Siehe auch oben Rn 183–187.

367 BT-Drucks. 17/8877, S. 19 f.

Auf Solarstromanlagen, die ausschließlich in, an oder auf einem Gebäude[368] angebracht sind, das **kein Wohngebäude** ist, aber im **Innenbereich einer Gemeinde nach § 34 BauGB** errichtet worden sind, sind ebenfalls die Vergütungsregelungen nach § 32 Abs. 2 EEG 2012 (neu) anzuwenden. Hierunter fallen z.B. auch Ställe, Carports oder sonstige Unterstände, wenn diese im Innenbereich einer Gemeinde stehen und die Voraussetzungen der Gebäudedefinition erfüllen. Insbesondere ist für die Tatbestandsvoraussetzung, dass es sich um ein Gebäude im Innenbereich einer Gemeinde nach § 34 BauGB handelt, der Anlagenbetreiber nachweispflichtig, da es sich hier um eine anspruchsbegründende Tatsache zur Vergütungsvoraussetzung handelt. 204

Auf Solarstromanlagen, die ausschließlich in, an oder auf einem Gebäude angebracht sind, das **kein Wohngebäude** ist, aber **nicht im Innenbereich sondern im Außenbereich** einer Gemeinde nach § 35 BauGB errichtet worden sind, sind nur dann die Vergütungsregelungen nach § 32 Abs. 2 EEG 2012 (neu) anzuwenden, wenn die gesetzlich normierten Voraussetzungen erfüllt werden. Hierunter fallen dann z.B. auch die vorstehend genannten Ställe, Carports oder sonstige Unterstände, wenn diese im Außenbereich einer Gemeinde stehen und die Voraussetzungen der Gebäudedefinition erfüllen. 205

Auch muss das Gebäude **vor dem 1.4.2012** errichtet oder zumindest der Bauantrag gestellt oder die Bauanzeige erstattet worden sein bzw. das Kenntnisgabeverfahren durchgeführt oder in sonstigen Fällen mit der Bauausführung begonnen worden sein. Der Nachweis ist durch den Anlagenbetreiber unter Vorlage der entsprechenden Unterlagen zu führen. Unterbleibt der Nachweis oder gelingt dieser nicht, so verbleibt für die Anlage nur eine **„Freiflächenvergütung"** nach § 32 Abs. 1 EEG 2012 (neu) sofern die unten genannten Voraussetzungen erfüllt sind. 206

Wenn die vorstehend genannten **Handlungen des Anlagenbetreibers** (Antrag, Anzeige usw.) erst ab dem 1.4.2012 vorgenommen wurden/werden, ist diese Regelung wegen **Verfristung** nicht mehr anwendbar. 207

Der **restriktive Charakter der Ausnahmeregelungen** nach § 32 Abs. 3 Nr. 1–3 EEG 2012 (neu) entspricht dem Willen des Gesetzgebers, der durch **Beschlussempfehlung des Umweltausschusses** des Deutschen Bundestages konkretisiert wurde:[369] 208

> *„Nach § 32 Absatz 3 EEG – neu – erhalten Photovoltaikanlagen auf* ***neu errichteten Nichtwohngebäuden*** *(z.B. Scheunen oder Schuppen) im* ***Außenbereich*** *künftig nicht mehr die höhere Dachanlagenvergütung, sondern die niedrigere Freiflächenvergütung (13,5 ct/kWh). Die Regelung dient der* ***Vermeidung von sogenannten „Solarstadln"****, also von Gebäuden, deren vorrangiger Zweck die Erzielung der höheren Dachanlagenvergütung ist. Denn aufgrund der bisherigen Regelung, die die höhere Dachanlagenvergütung unterschiedslos für alle Gebäudearten gewährte, entstand das weit verbreitete Phänomen, das Gebäude im Außenbereich nur gebaut wurden, um die höhere Dachan-*

368 Nach der Gebäudedefinition in § 32 Abs. 4 S. 2 EEG 2012 (neu).

369 BT-Drucks. 17/9152, S. 29 f.

lagenvergütung zu erhalten, ohne dass sie einen weiteren realen Zweck erfüllten. Diese Entwicklung führte zu höheren Kosten des EEG und zu einer erhöhten Flächeninanspruchnahme, die aus Gründen des Natur- und Landschaftsschutzes bedenklich gewesen ist. Durch die Absenkung der Vergütung auf das Niveau für Freiflächen wird dieser Entwicklung wirksam begegnet.
Durch die Neufassung des § 32 Absatz 3 EEG werden abschließend die Gebäude benannt, auf denen weiterhin die erhöhte Dachanlagenvergütung in Anspruch genommen werden kann; alle anderen Anlagen erhalten die geringere Vergütung für Freiflächenanlagen. Begünstigt sind daher, wie schon im Gesetzentwurf, ***Wohngebäude unabhängig vom Zeitpunkt ihrer Errichtung sowie vor dem Inkrafttreten dieses Gesetzes bestehende Nichtwohngebäude****; Absatz 3 Nummer 1 Buchstabe a bis c entspricht unverändert Absatz 1 Nummer 1 bis 3 des Gesetzentwurfs. Neu aufgenommen werden mit Nummer 2 alle Nichtwohngebäude, die im Zusammenhang mit der Errichtung eines neuen land- oder forstwirtschaftlichen Hofes errichtet werden. Hierdurch sollen insbesondere sogenannte Aussiedlungen ganzer Höfe im Zusammenhang mit dem Strukturwandel der Landwirtschaft ermöglicht werden: Wenn ein landwirtschaftlicher Hof aus dem Innenbereich vollständig in den Außenbereich aussiedelt und dort neu errichtet wird, soll auch auf den Nichtwohngebäuden (Ställen, Scheunen) die erhöhte Dachanlagenvergütung beansprucht werden können, wenn diese Nichtwohngebäude im räumlich-funktionalen Zusammenhang mit der neu errichteten Hofstelle stehen. Die Begriffe* ***„Hofstelle“*** *und* ***„räumlich-funktionaler Zusammenhang“*** *sind § 35 Absatz 4 Nummer 1 Buchstabe e des Baugesetzbuchs (BauGB) entnommen und genauso auszulegen wie dort. Demnach ist der räumlich-funktionale Zusammenhang nur anzunehmen, wenn die Gebäude in unmittelbarer Nähe zur Hofstelle liegen oder selbst Bestandteil der Hofstelle sind und selbst dem land- oder forstwirtschaftlichen Betrieb dienen. Gebäude, die von der Hofstelle entfernt liegen (z.B. Feldscheunen), fallen nicht hierunter.*
Schließlich werden mit der neuen Nummer 3 – ***unabhängig vom Datum ihrer Errichtung*** *– auch Tierställe begünstigt, da diese Gebäude typischerweise in den Außenbereich gehören und Landwirte im Außenbereich insofern nicht gegenüber Landwirten benachteiligt werden sollen, die Tierställe im Innenbereich neu errichten. Auch verfügen gerade* ***Tierställe*** *typischerweise oftmals – im Gegensatz etwa zu Scheunen und Schuppen – über einen relevanten Eigenstromverbrauch, so dass bei diesen Anlagen auch das Marktintegrationsmodell nach § 33 EEG – neu – sinnvoll angewandt werden kann. Voraussetzung ist außerdem, dass diese Tierställe* ***baurechtlich genehmigungsbedürftig*** *sind und von der nach Landesrecht zuständigen Baubehörde genehmigt worden sind. Fotovoltaikanlagen auf neuen nichtgenehmigungsbedürftigen Tierställen erhalten die Freiflächenvergütung.*
Die beiden Neuregelungen in Absatz 3 Nummer 2 und 3, die an bestehende, rechtlich klar abgegrenzte Kriterien anknüpfen, sind ***als Ausnahmen*** *von dem Grundsatz, dass alle neuen Nichtwohngebäude im Außenbereich die Freiflächenvergütung erhalten sollen,* ***eng auszulegen****. Weitere Ausnahmen sind aus Gründen der Missbrauchsvermeidung nicht angezeigt.“*

209 Auch die Begründung des Regierungsentwurfs enthält entsprechende Ausführungen.[370]

370 BT-Drucks. 17/8877, S. 19 f.: *„Durch die Einfügung des neuen § 32 Absatz 3 wird den vermehrt aufgetretenen Fällen entgegengewirkt, dass Nichtwohngebäude insbesondere im Außenbereich (§ 35 BauGB) vor allem deswegen errichtet werden, um die höhere Dachanlagenvergütung für Strom aus solarer Strahlungsenergie zu erhalten. Dieser Missbrauch hat zu einer verstärkten, nicht notwendigen Versiegelung des Bodens und erhöhten Kosten für die Verbraucherinnen und Verbraucher geführt. Vor diesem Hintergrund erhalten künftig Nichtwohngebäude im Außenbereich,*

(2) Vergütung für Strom aus sonstigen Solarstromanlagen

Treffen die Vergütungsvoraussetzungen nach § 32 Abs. 2 oder 3 EEG 2012 (neu) nicht zu, kommt für Solarstromanlagen nur noch eine Vergütung nach § 32 Abs. 1 EEG 2012 (neu) in Frage. Auch diese Auffangregelung enthält für die Vergütung zusätzliche Voraussetzungen. Erfüllt eine Solarstromanlage keine der in § 32 Abs. 1 EEG 2012 (neu) genannten Voraussetzungen, besteht für den Strom aus dieser Anlage auch **keine Vergütungspflicht des Netzbetreibers.**[371] 210

Hinsichtlich **der sonstigen Tatbestandsmerkmale in § 32 Abs. 1 Nr. 1, 2 und 3a) bis c) EEG 2012 (neu)** hat die **Clearingstelle EEG** in der Vergangenheit umfassende Entscheidungen veröffentlicht, deren Inhalte weiterhin Anwendung auf die novellierten gesetzlichen Regelungen finden.[372] 211

---

die nach dem Inkrafttreten dieses Gesetzes errichtet wurden, die niedrigere Vergütung, die für Freiflächenanlagen und für Anlagen auf sonstigen baulichen Anlagen nach § 32 Absatz 1 Nummer 1 EEG gilt. Ausgenommen sind lediglich Nichtwohngebäude, bei denen vor dem Inkrafttreten
– ein Bauantrag oder ein Antrag auf Zustimmung gestellt oder eine Bauanzeige erstattet worden ist,
– im Fall einer nicht genehmigungsbedürftigen Errichtung, die nach Maßgabe des Bauordnungsrechts der zuständigen Behörde zur Kenntnis zu bringen ist, die erforderliche Kenntnisgabe an die Behörde erfolgt ist oder
– im Fall einer sonstigen nicht genehmigungsbedürftigen, insbesondere genehmigungs-, anzeige- und verfahrensfreien Errichtung mit der Bauausführung begonnen worden ist.“

371 Vgl. entsprechend Clearingstelle EEG, Verfahren 2007/4, http://www.clearingstelle-eeg.de/votv/2007/4; Empfehlung 2008/16, Link: http://www.clearingstelle-eeg.de/empfv/2008/16.

372 Zu baulichen Anlagen die „*vorrangig zu anderen Zwecken als der Erzeugung von Strom aus solarer Strahlungsenergie errichtet worden*“ sind:
– Votum 2008/42, http://www.clearingstelle-eeg.de/votv/2008/42
Zum Erfordernis eines „*beschlossenen Bebauungsplans*“:
– Votum 2011/9, http://www.clearingstelle-eeg.de/votv/2011/9
Zur Nicht-Ersetzung eines Bebauungsplans durch eine Baugenehmigung nach §§ 34 oder 35 BauGB:
– Votum 2007/4, http://www.clearingstelle-eeg.de/votv/2007/4,
– Empfehlung 2008/16, http://www.clearingstelle-eeg.de/empfv/2008/16
– Votum 2011/9, http://www.clearingstelle-eeg.de/votv/2011/9
Zum „*Gewerbe- oder Industriegebiet im Sinne der §§ 8 und 9 der Baunutzungsverordnung*“:
– Hinweis 2011/4, http://www.clearingstelle-eeg.de/hinwv/2011/4
– Votum 2011/7, http://www.clearingstelle-eeg.de/votv/2011/7
Zu „*Flächen, die längs von Autobahnen oder Schienenwegen liegen*“:
– Hinweis 2011/8, http://www.clearingstelle-eeg.de/hinwv/2011/8
Zu „*Konversionsflächen*“:
– Empfehlung 2010/2, http://www.clearingstelle-eeg.de/empfv/2010/2
– Votum 2011/18, http://www.clearingstelle-eeg.de/votv/2011/18
– Votum 2011/16, http://www.clearingstelle-eeg.de/votv/2011/16.

(3) Vergütungssätze für Solarstromanlagen mit Inbetriebnahme ab dem 1.4.2012 (Neuanlagen)

212 Das Bundesministerium für Umwelt, Naturschutz und Reaktorsicherheit hat für **Solarstromanlagen mit Inbetriebnahme ab dem 1.4.2012**, auf die die Übergangsregelungen in § 66 EEG 2012 (neu) nicht anwendbar sind, folgende Tabelle mit Erläuterungen veröffentlicht:[373]

	Installierte Anlagenleistung von Dachanlagen				Freiflächenanlage bis 10 MW
	bis 10 kW	bis 40 kW	bis 1 MW		bis 10 MW
Vergütungsfähiger Anteil des gesamten Stromertrags	100 %	90 %	90 %	100 %	100 %
Inbetriebnahme					
ab 1.4.2012	19,50	18,50	16,50	13,50	13,50
Degression	1%				
ab 1.5.2012	19,31	18,32	16,34	13,37	13,37
Degression	1%				
ab 1.6.2012	19,11	18,13	16,17	13,23	13,23
Degression	1%				
ab 1.7.2012	18,92	17,95	16,01	13,10	13,10
Degression	1%				
ab 1.8.2012	18,73	17,77	15,85	12,97	12,97
Degression	1%				
ab 1.9.2012	18,54	17,59	15,69	12,84	12,84
Degression	1%				
ab 1.10.2012	18,36	17,42	15,53	12,71	12,71
Degression	in Abhängigkeit des Zubaus im Juli, August und September 2012				
ab 1.11.2012	Bekanntgabe durch die BNetzA spätestens am 31.10.2012				

213 Die als **„Dachanlagen"** in der vorstehenden BMU-Tabelle bezeichneten Anlagen sind nur solche, die ausschließlich in, an oder auf einem Gebäude angebracht worden sind und die **Vergütung für „Gebäudeanlagen"** nach § 32 Abs. 2 EEG 2012 (neu) in Anspruch nehmen können. **„Freiflächenanlagen"** sind in Abgrenzung hierzu alle Anlagen, die nicht diese Vergütung in Anspruch nehmen können, aber in den Anwendungsbereich von § 32 Abs. 1 EEG 2012 (neu) fallen, sei es direkt, sei es als **„Solarstadl-Anlage"** nach § 32 Abs. 3 EEG 2012 (neu), die nicht als „Gebäudeanlage" vergütungsfähig ist.

214 Die **Vergütungsberechnung** bei „Dachanlagen" bzw. „Gebäudeanlagen" ist bei Überschreiten der 10 kWp-Grenze wie bisher in den jeweiligen Schwellenbereichen nach der kWp-Leistung der Gesamtanlage zu berechnen.

373 http://www.erneuerbare-energien.de/files/pdfs/allgemein/application/pdf/pv_verguetung_1206_bf.pdf.

bb) Anwendung auf Altanlagen

Gemäß § 66 Abs. 18 S. 1, 2. Hs. EEG 2012 (neu) gilt prinzipiell das EEG 2012 in der bis zum 31.3.2012 geltenden Fassung für alle Solarstromanlagen weiter, die gemäß der Inbetriebnahmedefinition nach § 3 Nr. 5 EEG 2012 (alt) vom **1.1.2012 bis einschließlich dem 31.3.2012 in Betrieb genommen** worden sind. 215

(1) Gemeinsame Messeinrichtung

§ 66 Abs. 18, S. 1, 1. Hs., EEG 2012 (neu) bestimmt jedoch, dass für diese Anlagen **nach dem 31.12.2013** § 33 Abs. 4 EEG 2012 (neu) Anwendung findet. Dies bedeutet, dass Anlagenbetreiber Strom aus einer Solarstromanlage nur mit Strom aus anderen Anlagen über eine **gemeinsame Messeinrichtung** abrechnen dürfen, soweit alle Anlagen jeweils derselben Begrenzung der vergütungsfähigen Strommenge nach § 33 Abs. 1 S. 1 Nr. 1 oder 2 EEG (neu) unterliegen. Bei Verstößen gegen diese Regelung **verringert sich der Vergütungsanspruch für den gesamten Strom**, der über die gemeinsame Messeinrichtung abgerechnet wird, auf den Wert „MWSolar(a)"; dies gilt bis zum Ablauf des ersten Kalendermonats, der auf die Beendigung des Verstoßes folgt (§ 33 Abs. 4 S. 2 EEG 2012 (neu)). 216

Anlagenbetreiber dürfen somit die Messung von Strom aus Anlagen, die ab dem 1.1.2012 und vor dem 1.4.2012 in Betrieb genommen worden sind, **ab dem 1.1.2014 nicht über dieselbe Messeinrichtung** erfassen, die auch für die Messung von Strom aus Anlagen verwendet wird, deren vergütungsfähige Strommenge nach § 33 Abs. 1 S. 1 Nr. 1 oder 2 EEG (neu) auf 90 % begrenzt wird. Anderenfalls ergibt sich für den **gesamten Strom**, der über diese Messeinrichtung gemessen bzw. abgerechnet wird, eine **Vergütungsreduktion** auf den Wert „MWSolar(a)".[374] Diese Vergütungsreduktion dauert solange an, wie der Verstoß praktiziert wird, zuzüglich des gesamten auf die Beendigung des Verstoßes folgenden Kalendermonats. 217

Für Anlagen mit Inbetriebnahme bis einschließlich dem 31.12.2013 gilt § 33 Abs. 4 EEG 2012 (neu) nicht unmittelbar. Werden diese Anlagen allerdings über Messeinrichtungen gemessen, die auch den Strom aus Anlagen erfassen, deren vergütungsfähige Strommenge nach § 33 Abs. 1 S. 1 Nr. 1 oder 2 EEG (neu) auf 90 % begrenzt wird, gilt für diese Neuanlagen § 33 Abs. 4 EEG 2012 (neu). Werden nun diese Alt- und Neuanlagen von einer gemeinsamen Messung erfasst, trifft die Rechtsfolge von § 33 Abs. 4 EEG 2012 (neu) über die Neuanlagen auch die Bestands-Solarstromanlagen mit Inbetriebnahme bis einschließlich dem 31.12.2013. Dementsprechend gilt bei einer gemeinsamen messtechnischen Erfassung von Neuanlagen mit Geltung des „PV-Marktintegra- 218

374 Der Wert „MWSolar(a)" ist gem. § 33 Abs. 3 EEG 2012 n.F. (neu) der Quotient aus der Summe der nach Nr. 2.4.2 der Anlage 4 zu diesem Gesetz für die Monate Januar bis Dezember eines Kalenderjahres berechneten tatsächlichen Monatsmittelwerte des Marktwerts für Strom aus solarer Strahlungsenergie („MWSolar") und dem Wert 12.

tionsmodells“ und Bestandsanlagen über diese Neuanlagen auch immer § 33 Abs. 4 EEG 2012 (neu) für alle diese Anlagen.

219 Folglich sollte für die Neuanlagen mit Geltung des „PV-Marktintegrationsmodells“ eine separate messtechnische Erfassung gewählt werden, um die drastische Kürzung der Vergütung bzw. die Nicht-Anrechnung in der Direktvermarktung zur Herabsetzung der EEG-Umlage zu vermeiden.

(2) § 66 Abs. 18a S. 1 EEG 2012 (neu)

220 Laut § 66 Abs. 18a S. 1 EEG 2012 (neu) gilt für Strom aus Solarstromanlagen nach § 32 Abs. 1 EEG 2012 (neu), die nach dem 31.3.2012 und vor dem 1.7.2012 nach der Inbetriebnahmedefinition in § 3 Nr. 5 EEG 2012 (neu) in Betrieb genommen worden sind, nach dem 31.12.2013 § 33 Abs. 4 EEG 2012 (neu) und im Übrigen, unabhängig von der installierten Leistung und vorbehaltlich von § 66 Abs. 11 EEG 2012 (neu), das Erneuerbare-Energien-Gesetz in der am 31.3.2012 geltenden Fassung.

(3) Anwendung von § 66 Abs. 11 EEG 2012 (neu) als abschließende Voraussetzung nach § 66 Abs. 18a S. 1 Nr. 1 und 2 EEG 2012 (neu)

221 Die Anwendung von § 66 Abs. 18a Abs. 1 Nr. 1 und 2 EEG 2012 (neu) steht unter dem Vorbehalt von § 66 Abs. 11 EEG 2012 (neu). Hiernach besteht der Vergütungsanspruch für Strom aus Solarstromanlagen auf Konversionsflächen i.S.d. § 32 Abs. 1 Nr. 3 Buchstabe c Doppelbuchstabe cc EEG 2012 (neu) auch auf Flächen, die rechtsverbindlich als Naturschutzgebiet i.S.d. § 23 des Bundesnaturschutzgesetzes oder als Nationalpark i.S.d. § 24 des Bundesnaturschutzgesetzes festgesetzt worden sind.

222 Die Geltung der Übergangsregelung ist damit nicht an eine bestimmte Leistung der Anlage gebunden. So stellt die Begründung des Beschlussvorschlages des Umweltausschusses des Deutschen Bundestages zu dem Entwurf dieses Änderungsgesetzes folgendes klar:[375]

> *„Die Übergangsvorschrift gilt für alle Fotovoltaik-Freiflächenanlagen unabhängig von ihrer Größe. Dies bedeutet, dass auch Anlagen, deren installierte Leistung 10 MW übersteigt, in den Anwendungsbereich der Übergangsvorschrift fallen und somit die alte Rechtlage, die bislang noch keine Größenbegrenzung kannte, fortgelten soll.“*

223 Allerdings betrifft die Übergangsregelung auch nur solche Module, die die Voraussetzungen § 66 Abs. 18a S. 1 EEG 2012 (neu) erfüllen. Dies gilt insbesondere hinsichtlich der Inbetriebnahme dieser Module nach dem 31.3.2012 und vor dem 1.7.2012 nach der Inbetriebnahmedefinition in § 3 Nr. 5 EEG 2012 (neu). Module, die erst **nach dem**

375 BT-Drucks. 17/9152, S. 37 f.

30.6.2012 nach dieser Inbetriebnahmedefinition in Betrieb genommen worden sind, **werden nicht mehr von dieser Regelung erfasst.**

Dies gilt auch dann, wenn sie leistungsseitig gemäß den Vorgaben von § 19 Abs. 1 S. 1 und Abs. 1a EEG 2012 (neu) mit anderen, vor dem 1.7.2012 in Betrieb genommenen Module zusammengefasst werden müssen, da eine mögliche **leistungsseitige Zusammenfassung der Module** gem. § 19 Abs. 1 S. 1 und Abs. 1a EEG 2012 (neu) sich **nicht auf den Inbetriebnahmezeitpunkt der einzelnen Module auswirkt.**[376] § 19 Abs. 1a EEG 2012 (neu) rechtfertigt keine von § 19 Abs. 1 S. 1 EEG 2012 (neu) in dieser Hinsicht abweichende Ansicht, da beide Regelungen strukturell und inhaltlich vergleichbar aufgebaut sind und auch aus den Gesetzesmaterialien keine Anhaltspunkte dafür erkennbar sind, dass § 19 Abs. 1a EEG 2012 (neu) zu einer Zusammenlegung von Inbetriebnahmezeitpunkten führen soll. 224

(4) § 66 Abs. 18a S. 2 EEG 2012

Eine weitere Übergangsregelung für Solarstrom-Freiflächenanlagen enthält § 66 Abs. 18a S. 2 EEG 2012. Hiernach ist für Strom aus Solarstromanlagen Anlagen nach § 32 Abs. 1 Nr. 3 Buchstabe c Doppelbuchstabe cc EEG 2012 (neu), die **nach dem 30.6.2012 und vor dem 1.10.2012** nach der Inbetriebnahmedefinition in § 3 Nr. 5 EEG 2012 (neu) in Betrieb genommen worden sind, § 66 Abs. 18a S. 1 EEG 2012 entsprechend anzuwenden mit der Maßgabe, dass die **Vergütung 15,95 ct/kWh** beträgt. Werden diese Anlagen nach § 17 Abs. 2 Nr. 1 EEG 2012 registriert, gelten sie abweichend von § 20a Abs. 5 S. 2 unabhängig von der installierten Leistung als geförderte Anlagen i.S.d. § 20a Abs. 5 S. 1 (§ 66 Abs. 18a S. 2 EEG 2012). 225

Da § 66 Abs. 18a S. 2 EEG 2012 (neu) keine eigenen Voraussetzungen aufstellt, kann die „entsprechende Anwendung“ von § 66 Abs. 18a S. 1 EEG 2012 (neu) nur eine Rechtsfolgenverweisung darstellen. Dementsprechend gelten dann auch die Rechtsfolgen des § 66 Abs. 18a S. 1 EEG 2012 (neu) im Falle des § 66 Abs. 18a S. 2 EEG 2012 (neu) entsprechend. 226

Diese Feststellungen werden durch die Begründung des Beschlussvorschlages des Umweltausschusses des Deutschen Bundestages zu dem Entwurf dieses Änderungsgesetzes bestätigt:[377] 227

> *„Für Anlagen auf Konversionsflächen werden durch Satz 2 auch Anlagen von der Übergangsregelung erfasst, die nach dem 30. Juni 2012 und vor dem 1. Oktober 2012 nach dem neuen, „technischen“ Inbetriebnahmebegriff in Betrieb genommen werden. Für sie gilt entsprechend der alten Rechtslage zum 1. Juli 2012 eine Degression von 15 Prozent; sie kommen so auf einen Vergütungssatz von 15,95 Cent je Kilowattstunde.“*

---

376 Vgl. zu §19 Abs. 1 EEG 2009: Clearingstelle EEG, Hinweis 2011/11, http://www.clearingstelle-eeg.de/hinwv/2011/11.

377 BT-Drucks. 17/9152, S. 37 f.

4. Biomasse – §§ 27 ff. EEG

228 Die Biomasse leistet neben der Windenergie die größten Beiträge zur Stromerzeugung aus erneuerbaren Energien. Im novellierten EEG wurde eine **neue Vergütungsstruktur** für die Biomasse eingeführt und dadurch die Förderung einfacher und übersichtlicher gestaltet. Auch sollen existierende Überförderungen sowie ökologische Fehlanreize behoben werden.[378]

229 § 27 Abs. 1 EEG regelt die **Grundvergütung** für Strom aus Biomasse im Sinne der Biomasseverordnung. In § 27 Abs. 2 EEG werden die zuvor separat geregelten Boni (NawaRo-Bonus, KWK-Bonus etc.) ersetzt und in das neue Vergütungssystem überführt. Durch die zusätzliche Vergütung anhand von **Einsatzstoffvergütungsklassen** wird nunmehr auch der Einsatz sonstiger Biomasse ermöglicht. Das **Ausschließlichkeitsprinzip** wurde dementsprechend vom Gesetzgeber gelockert.[379] Der Einsatz sonstiger Biomasse wird zwar weiterhin nicht vergütet, es besteht jedoch in dieser Hinsicht das zuvor geltende Einspeisehindernis bei Vermischung nicht mehr fort.

a) Biomasseverordnung

230 Der Satz der **zusätzlichen Vergütung** gem. § 27 Abs. 2 EEG bemisst sich nach der eingesetzten Biomasse. Diese wird nach den Anlagen 2 und 3 zur Biomasseverordnung in zwei **Einsatzstoffvergütungsklassen** eingeteilt, die unterschiedlich vergütet werden.

231 Die Biomasseverordnung trifft darüber hinaus Regelungen zu den eingesetzten **technischen Verfahren** und den einzuhaltenden **Umweltanforderungen**.

b) Vergütungssystem

232 Von entscheidender Bedeutung für die Grundvergütung nach § 27 Abs. 1 EEG ist die **Bemessungsleistung** der jeweiligen Anlage gem. § 18 Abs. 1 Ziff. 1 EEG. Danach ist die **Vergütung in Abhängigkeit von der Bemessungsleistung** proportional denjenigen Erzeugungsmengen zuzurechnen, die den gesetzlichen **Schwellenwerten** zugeordnet werden. Eine Anlage von 20.000 kW wird also so behandelt, als ob es sich um vier Anlagen handelt, von denen eine 150 kW, die zweite 350 kW (500 kW minus 150 kW), die dritte 4,5 MW (5.000 kW minus 150 kW minus 350 kW) und die vierte 15 MW an elektrischer Leistung einbringen.[380]

233 Auch ist weiterhin eine **Stützfeuerung mit Pflanzenmethylester** nach den Vorgaben des § 27 Abs. 1 S. 2 EEG zulässig. Dies bedeutet auch eine **uneingeschränkte**

378 „Das Erneuerbare-Energien-Gesetz (EEG) („EEG 2012“) – Informationen und häufig gestellte Fragen zur Novelle“, BMU KI III 1, abrufbar unter www.bmu.de.

379 BT-Drucks. 16/8148, S. 56.

380 *Salje*, EEG, § 27 Rn 64.

Abrechnungsfähigkeit der im Rahmen der Anfahr-, Zünd- und Stützfeuerung erzeugten Strommengen.

Für Strom aus Anlagen, die Biogas einsetzen und **nach dem 31.12.2013 in Betrieb genommen** werden, gelten nach § 27 Abs. 3 EEG die § 27 Abs. 1, 2 EEG nur, wenn die installierte Leistung der Anlage 750 kW nicht übersteigt. Ab diesem Zeitpunkt soll Strom aus Anlagen entsprechender Größe **nur noch unter Nutzung der Marktprämie** gem. § 33h EEG direkt vermarktet werden.[381] 234

c) Zusatzanforderungen

§ 27 Abs. 4, 5 EEG definiert einen Katalog an **zusätzlichen Anforderungen** an Biomasseanlagen, deren Einhaltung für die Förderung nach dem EEG erforderlich ist. 235

Nach Abs. 4 ist für einen Anspruch auf Vergütung nach den Abs. 1 und 2 an die Verpflichtung gekoppelt, entweder einen **Anteil von mindestens 60 %** (25 % bis zum Ende des ersten auf die erstmalige Erzeugung von Strom in der Anlage folgenden Kalenderjahres) **in Kraft-Wärme-Kopplung** nach Maßgabe der Anlage 2 zum EEG erzeugt wird oder ein **Mindestgülleeinsatz von 60 %** zur Stromerzeugung erfolgt. Die Anlage 2 umfasst dabei eine **Positivliste der zulässigen Wärmenutzung im KWK-Prozess** und definiert abschließend die entsprechenden Anforderungen. 236

Die Einschränkungen des Abs. 4 gelten nur für die **Festvergütung** des § 27 EEG, eine **Direktvermarktung** nach §§ 33c, 33h EEG ist davon unabhängig möglich.[382] 237

Bei Biogasanlagen ist darüber hinaus zu beachten, dass der **Mais-Einsatzanteil** auf 60 Masseprozent gem. Abs. 5 Ziff. 1 beschränkt wird. Für den Fall eines Verstoßes gegen die Anforderungen der Abs. 4 und 5 verringert sich der Vergütungsanspruch nach den Abs. 1 und 2 in dem jeweiligen Kalenderjahr insgesamt auf den tatsächlichen Monatsmittelwert der Stundenkontrakte am Spotmarkt der Strombörse EPEX Spot SE in Leipzig. 238

d) Nachweispflichten

Die Abs. 6–8 des § 27 EEG regeln die **Nachweisanforderungen des Anlagenbetreibers** und die an Verstöße geknüpften **Sanktionen**. 239

Nach § 27 Abs. 5, 6 EEG besteht für den Anlagenbetreiber die Pflicht, ein **Einsatzstoff-Tagebuch** zu führen, welches Angaben und Belege über Art, Menge und Einheit sowie Herkunft der eingesetzten Stoffe enthält und somit einen **Positivnachweis der Vergütungsvoraussetzungen** führt. 240

Die Nachweise müssen dabei einerseits **bei erstmaliger Inanspruchnahme der Vergütung** gem. § 16 EEG und **darauf folgend jährlich** bis zum 28.2. für das voran- 241

381 Vgl. auch BT-Drucks. 17/6071, S. 71.

382 BT-Drucks. 17/6071, S. 71 f.

gegangene Jahr durch entsprechende Gutachten und Vorlage des Einsatzstoff-Tagebuchs nachgewiesen werden.

e) Übergangsregelungen für Altanlagen

242 Wird in Biomasse-Bestandsanlagen **Altholz und/oder Pflanzenölmethylester** regulär und zugelassen weiter eingesetzt, gilt für diese Anlagen die Biomasseverordnung in der vor dem 1.1.2012 geänderten Fassung weiter.[383] Der NawaRo-Bonus aus Anlage 2 des EEG 2009 findet auf Bestandsanlagen dagegen nur noch teilweise Anwendung.[384]

243 Die Betreiber von **Biogas-Bestandsanlagen** sind nicht an die Anforderungen zum Maiseinsatz gem. § 27 Abs. 5 Ziff. 1 EEG gebunden.[385] Betreibern von Anlagen, die feste Biomasse einsetzen und deren Anlagen nach dem BImSchG genehmigt sind, steht ein explizit auszuübendes **Wahlrecht** zu, ob sie eine Vergütung nach dem EEG 2009 oder EEG 2012 beanspruchen.[386] Dies gilt auch noch für Anlagen, die **im Jahr 2012 erstmalig in Betrieb genommen** werden.

5. Deponie-, Klär- und Grubengas

244 § 27c Abs. 2 EEG sieht einen besonderen Vergütungsanreiz vor, wenn eine der Fördergasarten auf **Erdgasqualität** aufbereitet und dann in einer der in der Anlage 1 zum EEG aufgezählten Anlagen eingesetzt wird. Dieser **Gasaufbereitungs-Bonus** löst den früheren Technologie-Bonus ab. Der Bonus ist dabei nur für Anlagen **bis zu einer Leistung von 5 MW** zu zahlen.[387]

245 Wegen der **Förderumstellung auf Direktvermarktung** wird ab dem 1.1.2014 der Gasaufbereitungs-Bonus gem. § 27c Abs. 3 EEG nur für Anlagen bis zu einer installierten Leistung von 750 kW gezahlt. Dies entspricht der oben dargestellten Kappungsgrenze der Förderung für Biomasseanlagen in gleicher Höhe.[388]

6. Geothermie

246 Um den bislang kaum erfolgten Ausbau der Geothermie zu beschleunigen, wird im neuen EEG die Vergütung von 23 auf 25 ct/kWh erhöht und die **Degression** erst ab dem Jahr 2018, dann jedoch mit 5 %, wirksam (bisher: 1 %). Der **Wärmenutzungsbo-**

383 § 66 Abs. 2 EEG.
384 § 66 Abs. 2, 3 EEG.
385 § 66 Abs. 4 EEG.
386 § 66 Abs. 6 EEG.
387 *Salje*, EEG, § 27c Rn 21 ff.
388 Vgl. Rn 265.

nus und der **Frühstarterbonus** werden somit in die Vergütung integriert. Mit diesen Regelungen soll insbesondere die aufgrund des bestehenden **„Fündigkeitsrisikos"** erschwerte Finanzierung von Geothermieprojekten unterstützt werden.

VII. Direktvermarktung

Neben der festen **Einspeisevergütung** gem. §§ 16 ff. EEG 2012 sieht das EEG die Möglichkeit der **Direktvermarktung** des Stroms aus erneuerbaren Energien durch die Anlagenbetreiber vor. Bei der Direktvermarktung verkauft der Anlagenbetreiber – statt die gesetzlich garantierte Vergütung in Anspruch zu nehmen – den Strom an der **Strombörse** (EEX) oder aber außerbörslich **„over the counter"** (OTC-Märkte). 247

Einspeisevergütung und Direktvermarktung stehen dabei gem. § 33e EEG 2012 in einem Alternativverhältnis hinsichtlich der finanziellen Förderung durch das EEG.[389] Die Direktvermarktung bildet eine Ausnahme von dem mit der Einspeisevergütung einhergehenden **Andienungszwang** des § 16 Abs. 3 EEG 2012.[390] 248

1. Historie

Die Direktvermarktungsmöglichkeit wurde erstmals im EEG 2009 gesetzlich kodifiziert.[391] Dies diente einerseits dazu, das sog. „Rosinenpicken" zu verhindern, dass nämlich die Anlagenbetreiber in Zeiten hoher Strompreise den Strom selbst vermarkten, in Zeiten geringerer Marktpreise jedoch auf die Festvergütung des EEG zurückgreifen und auf diese Weise die Risiken der Erzeugung von Strom aus erneuerbaren Energien allein beim Stromvertriebsunternehmen verbleiben.[392] Andererseits diente die Einführung der Direktvermarktung der schrittweisen **Markt- und Systemintegration** der erneuerbaren Energien; die Anlagenbetreiber sollten an die nachfrageorientierte Vermarktung ihres Stromes am Strommarkt herangeführt werden.[393] 249

Die Direktvermarktung des Stroms aus erneuerbaren Energien wurde im EEG 2012 gänzlich neu geregelt, um diesen Effekt zu verstärken.[394] Bisher in § 17 EEG 2009 nur rudimentär angelegt, wurde sie nun in Teil 3a als eigener Gesetzesteil zur Marktintegration eingefügt.[395] Die Direktvermarktung wird mit den neu aufgenommenen §§ 33a ff. EEG 2012 eigenständige Säule des EEG,[396] die als grundsätzlich gleichbe- 250

389 *Wustlich/Müller*, ZNER 2011, 380, 382.
390 Zu § 17 EEG 2009: *Salje*, EEG, § 17 Rn 1; Frenz/Müggenborg/*Ekardt*, § 17 Rn 6.
391 Vgl. § 17 EEG 2009; Frenz/Müggenborg/*Ekardt*, § 17 Rn 1.
392 BT-Drucks. 16/8148, S. 49 re. Sp.
393 BT-Drucks. 16/9477, S. 24 li. Sp.; *Thomas*, NVwZ-Extra 2012, 1.
394 *Wustlich/Müller*, ZNER 2011, 380, 388 und 394.
395 BT-Drucks. 17/6071, S. 45 re. Sp.
396 BT-Drucks. 17/6071, S. 45 re. Sp.

rechtigte Alternative neben die feste Einspeisevergütung tritt.[397] Zentrale Neuerung ist dabei die Einführung von **Marktprämien.**[398] Diese gleichen die Differenz zwischen dem durchschnittlich erzielbaren Marktpreis und der jeweiligen EEG-Vergütung aus[399] bzw. enthalten die zusätzliche sog. **„Managementprämie"**. Diese soll die Kosten der EEG-Anlagenbetreiber für die Handelsanbindung, Prognoseerstellung und den Ausgleich von Prognoseabweichungen etc. decken.[400] Für die Anlagenbetreiber besteht damit ein Anreiz, durch innovative Lösungen wie den Einsatz von **Speichern** ihre Stromerzeugung am Bedarf auszurichten, um dadurch am Markt über dem durchschnittlichen Marktpreis liegende Erlöse zu erzielen.[401] Damit kann der Anlagenbetreiber die Differenz zwischen dem durchschnittlichen **Marktpreis** und dem **tatsächlich erzielten Preis** als zusätzlichen **Erlös** erwirtschaften.[402] Dies kann zu einer Verlagerung von Einspeisung in Hochpreiszeiten und damit zu einer Erhöhung des Angebots und einer Senkung des Preises (sog. **Merit-Order-Effekt**) führen.[403] Dies soll zu insgesamt sinkenden Strompreisen führen.[404]

251 Diese Neuregelung der Direktvermarktung wird von den Anlagenbetreibern bisher sehr gut angenommen. Bereits im Januar 2012 wurden 40 % der Windstrommengen unter Inanspruchnahme der Marktprämie direkt veräußert.[405]

252 Die direkt vermarkteten Mengen fallen aus dem EEG-Ausgleichsmechanismus heraus. Auch dies reduziert den finanziellen Aufwand des Netzbetreibers für die Auszahlung der Marktprämie und wirkt damit ebenfalls preisdämpfend auf die EEG-Umlage.[406] Dies gilt indes nicht für die Managementprämie, die jedenfalls vorerst zu

---

397 *Wustlich/Müller*, ZNER 2011, 380, 380, 395.

398 Im Gesetzgebungsverfahren für das EEG 2009 gab es bereits Bestrebungen, einen „Eigenvermarktungsbonus" einzuführen, diese wurden jedoch aufgegeben; vgl. BT-Drucks. 16/8148, S. 49 f; vgl. dazu die Zwischenbilanz ein halbes Jahr nach Einführung der Marktprämie von *Schomerus/Henkel*, ER 2012, 13 ff.

399 Beispielsweise wurde in Spanien schon mit dem königlichen Dekret RD 436/2004 ein Prämienmodell eingeführt. Derzeit ist dieses im königlichen Dekret 661/2007 geregelt, abrufbar unter http://www.boe.es/aeboe/consultas/bases_datos/act.php?id=BOE-A-2007-10556.

400 Vgl. die entsprechende Definition in Nr. 1.1, 4. Spiegelstrich der Anlage 4 zum EEG 2012; zu den davon verursachten zusätzlichen Kosten, die mit der EEG-Umlage zu decken sind, vgl. *Kroll/* Langrock, et 2011, 86, 89.

401 Vgl. *Oschmann*, ZNER 2010, 117, 124; zur Kritik am Marktprämienmodell vgl. hib – heute im bundestag Nr. 242 v. 8.6.2011 Nr. 3; abrufbar unter http://www.bundestag.de/presse/hib/2011_06/2011_242/03.html.

402 *Oschmann*, ZNER 2010, 117, 124.

403 Vgl. *Oschmann*, ZNER 2010, 117, 124; im Einzelnen zum Merit-Order-Effekt vgl. *Wissen/Nicolosi*, et 2008, 110 ff. und Sondergutachten der Monopolkommission gem. § 62 Abs. 1 EnWG, BT-Drucks. 17/7181, S. 140 f. Rn 538 ff; kritisch *Lindenberger*, et 2012, 45.

404 *Kroll/Langrock*, et 2011, 86, 89.

405 *Thomas*, NVwZ-Extra 2012, 1 unter Verweis auf FAZ 7/2012 v. 9.1.2012, „Ökostrom-Anbieter von neuer Förderung begeistert".

406 *Scholtka/Helmes*, NJW 2011, 3185, 3187.

zusätzlichen Kosten gegenüber dem herkömmlichen Vergütungssystem der Einspeisevergütung führt, die über die EEG-Umlage zu decken sind.[407]

Die Monopolkommission kritisiert das EEG-Fördersystem indes als nicht marktnah genug. Sie schlägt einen grundsätzlichen Systemwechsel zur Implementierung wettbewerblicher Strukturen innerhalb der erneuerbaren Energien vor. Sie spricht sich insofern für ein **Quotensystem** aus, nach dem jeder Stromverkäufer zu bestimmten Zeitpunkten bestimmte Mengen an erneuerbaren Energien in sein Portfolio integrieren muss.[408] Alternativ hält sie die Einführung von **Kapazitätsmärkten**[409] oder **Kapazitätszahlungen** durch den Staat für erneuerbare Energien für möglich.[410] 253

2. Der neue Teil 3a des EEG 2012

Der neue Teil 3a des EEG 2012 gliedert sich in einen Abschnitt 1[411] mit allgemeinen Vorschriften zu den Voraussetzungen und Formen der Direktvermarktung sowie einen Abschnitt 2[412] mit besonderen Förderbestimmungen und den Prämien für die Direktvermarktung. Die Vorschriften zur Berechnung der Prämien finden sich in Anlage 4 und 5 zum EEG 2012. 254

3. Grundsatz – § 33a EEG 2012

§ 33a EEG 2012 sieht als zentrale Norm die grundsätzliche Zulässigkeit der Direktvermarktung vor. Direktvermarktung wird gesetzlich definiert als Veräußerung des Stroms aus Anlagen an Dritte, die ausschließlich erneuerbare Energien oder Grubengas einsetzen.[413] 255

Parallel zur Regelung in § 16 Abs. 3 Nr. 2 EEG 2012 stellt § 33a Abs. 2 EEG 2012 klar, dass die **Veräußerung des Stroms an Dritte**, die diesen in unmittelbarer räumlicher Nähe der Anlage ohne Inanspruchnahme eines **öffentlichen Netzes** verbrauchen, keine Direktvermarktung im Sinne des EEG darstellt.[414] Da mit diesem Absatz die bestehende Rechtslage nur bestätigt werden sollte, ist der Begriff der „unmittelbaren 256

407 *Kroll/Langrock*, et 2011, 86, 89.

408 Sondergutachten der Monopolkommission gem. § 62 Abs. 1 EnWG, BT-Drucks. 17/7181, S. 143 Rn 553.

409 Vgl. dazu auch *Attig*, et 2012, 13, 15 sowie *Herrmann/Ecke*, et 2012, 28, 28 ff.

410 Sondergutachten der Monopolkommission gem. § 62 Abs. 1 EnWG, BT-Drucks. 17/7181, S. 143 Rn 554.

411 §§ 33a–f EEG 2012.

412 §§ 33g–i EEG 2012.

413 Vgl. zum Begriff der Ausschließlichkeit oben Rn 12 f.

414 BT-Drucks. 17/6071, S. 78 li. Sp.

räumlichen Nähe“ in § 33a Abs. 2 entsprechend § 16 Abs. 3 Nr. 2 EEG 2012 auszulegen.[415]

4. Formen der Direktvermarktung – § 33b EEG 2012

257 § 33b EEG 2012 sieht folgende Formen der Direktvermarktung vor:

- Direktvermarktung zum Zweck der Inanspruchnahme der **Marktprämie,**[416]
- Direktvermarktung zum Zweck der **Verringerung der EEG-Umlage** durch ein EVU (sog. **„Grünstromprivileg“**),[417]
- **Sonstige Direktvermarktung.**[418]

Die drei Direktvermarktungsformen schließen sich gegenseitig aus. Eine gleichzeitige Direktvermarktung in mehreren Formen verstößt gegen das Verbot der Doppelvermarktung in § 56 Abs. 1 S. 2 EEG 2012.[419]

258 § 33b Nr. 1 und 2 EEG 2012 – Direktvermarktung in die **Marktprämie** und das **Grünstromprivileg** – sind die nach dem EEG geförderten Formen der Direktvermarktung. Im ersten Falle erhält der Anlagenbetreiber neben dem Verkaufserlös durch die Direktvermarktung vom Netzbetreiber die Differenz zwischen der festen Einspeisevergütung, die der Anlagenbetreiber für den Strom in Anspruch nehmen könnte, und dem durchschnittlichen monatlichen Marktwert des Stroms erstattet (Marktprämie).[420] Im zweiten Falle ist die Förderung indirekt: Der Anlagenbetreiber erhält vom EVU, das das Grünstromprivileg gem. § 39 Abs. 1 EEG 2012 nutzt,[421] einen höheren Preis für den von ihm direkt vermarkteten Strom.[422]

259 Die dritte Vermarktungsform – die **sonstige Direktvermarktung** – umfasst jeden weiteren Vermarktungsweg neben den beiden erstgenannten Varianten und dient

415 Zum Begriff der unmittelbaren räumlichen Nähe siehe Clearingstelle EEG, Empfehlung 2011/2/1, Rn 71 ff., abrufbar unter http://www.clearingstelle-eeg.de/empfv/2011/2.

416 § 33b Nr. 1 EEG 2012; zu den ersten Erfahrungen damit vgl. *Schomerus/Henkel*, ER 2012, 13 ff.

417 § 33b Nr. 2 EEG 2012.

418 § 33b Nr. 3 EEG 2012.

419 BT-Drucks. 17/6071, S. 78 re. Sp.; *Wustlich/Müller*, ZNER 2011, 380, 382; siehe unten Rn 341 ff.

420 Siehe unten Rn 284 ff.

421 Das Grünstromprivileg bewirkt gem. § 39 Abs. 1 EEG 2012 die Reduzierung bzw. Befreiung von der EEG-Umlage, weil mindestens 50 % des von ihm angebotenen Stroms aus erneuerbaren Energien und mindestens 20 % aus Wind- und Solarenergie stammen; im Einzelnen dazu siehe unten Rn 305 ff.

422 Die Verweisung in § 33b Nr. 2 EEG 2012 bezieht sich nur auf das in § 39 Abs. 1 EEG 2012 geregelte herkömmliche Grünstromprivileg, also nicht auf das in § 39 Abs. 3 EEG 2012 neu aufgenommene eigene Grünstromprivileg für die Lieferung von Solarstrom an Dritte in unmittelbarer räumlicher Nähe ohne Nutzung eines öffentlichen Netzes – z.B. die Direktlieferung vom Vermieter an den Mieter – weil dieses gerade keine Direktvermarktung darstellt (wobei § 39 Abs. 3 EEG 2012 mit Blick auf die EEG-Umlage für eine Gleichbehandlung dieses Stroms mit dem nach §§ 33a ff. EEG 2012 direkt vermarkteten Solarstrom sorgen soll); vgl. zum Ganzen BT-Drucks. 17/8877, S. 24.

daher als **Auffangnorm.**[423] Insofern stellt sich die Frage, ob darin auch der **Direktverbrauch** i.S.d. § 16 Abs. 3 Nr. 2 EEG 2012 enthalten ist, soweit er durch Dritte gegen Entgelt erfolgt. Denn es ist i.S.d. § 16 Abs. 3 Nr. 2 EEG 2012 Direktverbrauch, wenn ein **Dritter** Strom in unmittelbarerer Nähe und ohne Durchleitung durch ein Netz der allgemeinen Versorgung verbraucht. Jedenfalls für den – zwischenzeitlich entfallenen[424] – Eigenverbrauchsbonus gem. § 33 Abs. 2 EEG 2009, der in § 33 Abs. 2 EEG 2012 a.F. (Fassung vom 28.7.2011)[425] noch enthalten war, geht die Clearingstelle EEG davon aus, dass der Eigenverbrauch **keine Direktvermarktung** darstellte – auch wenn er durch Dritte und gegen Entgelt erfolgte.[426] Dies lag nahe, weil im Fall des Eigenverbrauchsbonus gem. § 33 Abs. 2 EEG 2009 – der ausnahmsweise nur im Fall des Solarstroms gewährt wurde – Anspruch auf eine (reduzierte) Einspeisevergütung bestand. Die Clearingstelle nahm insoweit an, dass trotz dieser Einspeisevergütung ein (auch entgeltlicher) Verbrauch durch Dritte möglich war, solange die Voraussetzungen des „Eigenverbrauchs" gem. § 33 Abs. 2 EEG 2009 vorlagen.[427] Trotz der faktisch vorliegenden „Vermarktung" an Dritte wurde aufgrund des Einspeisevergütungsanspruchs nicht von einer Direktvermarktung ausgegangen, da sich beides gegenseitig ausschließt.[428] Da der Eigenverbrauchsbonus für Solarstrom indes im EEG 2012 in der Fassung vom 17.8.2012[429] entfallen ist und für andere erneuerbare Energien nie bestand, besteht ein Anspruch auf Einspeisevergütung im Fall des Direktverbrauchs für EEG-Strom einheitlich nicht (mehr). Insofern drängt sich nunmehr die Frage auf, ob die faktische Vermarktung von Strom an Dritte im Rahmen des Direktverbrauchs gem. § 16 Abs. 3 Nr. 2 EEG 2012 vom Auffangtatbestand der „sonstigen Direktvermarktung" gem. § 33b Nr. 3 EEG 2012 erfasst ist. Es bleibt daher abzuwarten, welche Relevanz diese Frage in der Praxis haben und ob es hierzu zu Entscheidungen kommen wird.

Im Falle der sonstigen Direktvermarktung besteht kein Anspruch auf Förderun- **260**
terstützung durch das EEG. Daher gelten die Vorschriften der §§ 33b-i EEG 2012 für sonstige Formen der Direktvermarktung nur in Teilen: Zwar muss sonstige Direktvermarktung nicht den Voraussetzungen des § 33c Abs. 2 EEG 2012 genügen, d.h. es muss

423 BT-Drucks. 17/6071, S. 78 re. Sp.

424 Siehe dazu oben Rn 28 ff.

425 EEG v. 25.10.2005 (BGBl. I. S. 2074)) in der Fassung v. 28.7.2011 (BGBl. I S. 1634).

426 Vgl. Clearingstelle EEG, Empfehlung 2011/2/1, Rn 87 ff., abrufbar unter http://www.clearingstelle-eeg.de/empfv/2011/2; vgl. insoweit auch die Anmerkung von Schnelle, IR 2012, 66, 67.

427 Vgl. Clearingstelle EEG, Empfehlung 2011/2/1, Rn 82 ff., abrufbar unter http://www.clearingstelle-eeg.de/empfv/2011/2; vgl. insoweit auch die Anmerkung von *Schnelle*, IR 2012, 66, 67.

428 Vgl. Clearingstelle EEG, Empfehlung 2011/2/1, Rn 97, abrufbar unter http://www.clearingstelle-eeg.de/empfv/2011/2.

429 EEG v. 25.10.2005 (BGBl. I S. 2074)) in der Fassung v. 17.8.2012 (BGBl. I S. 1754).

sich nicht um vergütungsfähigen Strom i.S.d. § 16 EEG handeln, doch gelten die Meldepflichten gem. § 33d EEG 2012 und die Rechtsfolge des § 33e EEG 2012 – Wegfall des Anspruchs auf feste Einspeisevergütung – sowie § 33c Abs. 1 und § 33f EEG 2012 auch für die sonstige Direktvermarktung.

5. Pflichten bei der Direktvermarktung – § 33c EEG 2012

261 Die allgemeinen Pflichten der Direktvermarktung unabhängig von der Förderungsart sind in § 33c EEG 2012 geregelt. Sie dienen vor allem dazu, **Missbrauch** und **Doppelvermarktung** zu verhindern sowie sicherzustellen, dass die Fördermechanismen der §§ 33g-i EEG 2012 nur für förderfähigen Strom in Anspruch genommen werden.[430]

a) Vollständige Direktvermarktung bei gemeinsamer Messeinrichtung

262 § 33c Abs. 1 EEG 2012 gilt für alle Formen der Direktvermarktung. Demnach ist die Direktvermarktung von Strom, der über eine gemeinsame Messeinrichtung mit Strom aus mindestens einer anderen Anlage abgerechnet wird, nur möglich, wenn der **gesamte über die Messeinrichtung abgerechnete Strom** direkt vermarktet wird. Diesem Grundsatz geht die Spezialregelung des § 33f EEG 2012 vor, der die Möglichkeit anteiliger Direktvermarktung vorsieht.[431]

b) Förderfähigkeit des Stroms

263 § 33c Abs. 2 EEG 2012 – der nur für die geförderte Direktvermarktung gilt – enthält besondere Pflichten der Anlagenbetreiber. Abs. 2 Nr. 1a) der Vorschrift stellt klar, dass für den direkt vermarkteten Strom **dem Grunde nach ein Vergütungsanspruch gem. § 16 EEG 2012** bestehen muss.

264 Der Anspruch aus § 16 EEG darf gem. § 33c Abs. 2 Nr. 1a) EEG 2012 auch nicht wegen Verstoßes gegen Vorgaben des EEG 2012 nach § 17 EEG 2012 ausgeschlossen oder verringert sein. Diese Einschränkung flankiert die gesetzliche Wertung in § 17 EEG 2012.[432] So wird sichergestellt, dass nur nach dem EEG grundsätzlich förderfähiger Strom auch tatsächlich gefördert wird.[433] Das Vermarktungsverbot des § 16 Abs. 3 EEG 2012 für Regelenergie[434] gilt insoweit für die Direktvermarktung nicht.[435] Denn

430 BT-Drucks. 17/6071, S. 78 re. Sp.
431 BT-Drucks. 17/6071, S. 78 re. Sp.
432 BT-Drucks. 17/6071, S. 79 li. Sp.
433 *Wustlich/Müller*, ZNER 2011, 380, 383.
434 Siehe dazu oben Rn 44.
435 Seit 2001 decken die ÜNB ihren Bedarf an Regelleistung im Wege eines Ausschreibungswettbewerbs gem. § 22 Abs. 2; siehe Marktinformationen auf www.regelleistung.net, der Internetplattform zur Ausschreibung von Regelleistung durch die deutschen ÜNB;

diese Vorschrift steht nur der Geltendmachung des Einspeiseanspruchs und nicht seinem Bestehen dem Grund nach entgegen. Dies zeigt im Übrigen auch § 56 Abs. 1 S. 3 EEG 2012, der die Vermarktung als Regelenergie im Rahmen der Direktvermarktung ausdrücklich als mit dem Doppelvermarktungsverbot vereinbar ausweist.

Ist der Anspruch auf eine **feste Einspeisevergütung** nach § 17 EEG 2012 verringert, 265
so reduziert sich die Einspeisevergütung in der Regel auf das tatsächliche Monatsmittel des energieträgerspezifischen Marktwertes gem. Nr. 1.1 der Anlage 4 zum EEG 2012. Entsprechend entfällt im Falle der Direktvermarktung der Anspruch auf die **Marktprämie** gänzlich, wenn die Voraussetzung des § 33c Abs. 2 Nr. 1a) EEG 2012 nicht erfüllt ist: Der Anlagenbetreiber erzielt selbst einen Erlös aus der Direktvermarktung, der den durchschnittlichen Marktwert zwar über- oder unterschreiten kann, diesem aber grundsätzlich entspricht. Eine darüber hinausgehende Marktprämie soll dem Anlagenbetreiber dann nicht zukommen.[436]

c) Kein vermiedenes Netzentgelt nach § 18 StromNEV

Nach § 18 Abs. 1 S. 1 der StromNEV[437] erhalten Betreiber von dezentralen Erzeugungs- 266
anlagen vom Betreiber des Elektrizitätsverteilernetzes, in dessen Netz sie einspeisen, grundsätzlich ein Entgelt, das den gegenüber den vorgelagerten Netz- oder Umspannebenen durch die jeweilige Einspeisung **vermiedenen Netzentgelten** entspricht.[438] Der § 33c Abs. 2 Nr. 1b) EEG 2012 bestimmt jedoch, dass für den nach dem EEG 2012 geförderten, direkt vermarkteten Strom nicht gleichzeitig vermiedenes Netzentgelt nach § 18 Abs. 1 S. 1 StromNEV in Anspruch genommen werden darf. Durch diese Regelung wird eine Doppelvergütung des Stroms verhindert. Die Regelung, die durch die gleichzeitige Anpassung der StromNEV begleitet wird,[439] entspricht der **bishe-**

---

einen Überblick über die Entscheidungen der BNetzA über Festlegungen für die Ausschreibung von Regelenergie und insbesondere zu den zuletzt erfolgten Festlegungen zu Verfahren zur Ausschreibung von Regelenergie in der Gestalt der Minutenreserve v. 18.10.2011 – BK6-10-099 – bietet *Brunz*, IR 2012, 65, 65 f.

436 Vgl. BT-Drucks. 17/6071, S. 79 li. Sp.

437 Gesetz v. 25.7.2005 (BGBl. I S. 2225) in der Fassung v. 28.7.2011 (BGBl. I S. 1690).

438 Stromnetzbetreiber erheben von den Netznutzern für den Transport und die Verteilung der Energie Netzentgelte. In einer Netzebene mit dezentraler Einspeisung durch Anlagenbetreiber reduzieren sich die Netzentgelte an die vorgelagerte Netzebene, da aus dem vorgelagerten Netz geringere Energiemengen bezogen werden. Der dezentrale Netzeinspeiser erhält für diese Netzdienstleistung von dem Betreiber des Elektrizitätsverteilernetzes die Differenz zu dem Netzentgelt, das ohne dezentrale Einspeisung zu zahlen wäre. Diese Differenz wird vermiedenes Netzentgelt genannt, vgl. § 18 StromNEV v. 25.7.2005 (BGBl. I S. 2225) in der Fassung v. 28.7.2011 (BGBl. I S. 1690).

439 BT-Drucks. 17/6071, S. 79 li. Sp.; vgl. Art. 9 des Gesetzes für die Änderung des Rechtsrahmens für die Förderung der Stromerzeugung aus erneuerbaren Energien (EEG-Novelle 2011), BGBl. I 2011 S. 1634.

rigen Rechtslage für die feste Einspeisevergütung. Unter dem EEG 2009 durfte für Strom, der fest vergütet wurde, kein zusätzliches vermiedenes Netzentgelt in Anspruch genommen werden. An die **Nutzer des Grünstromprivilegs** wurden die vermiedenen Netzentgelte nach dem EEG 2009 jedoch noch ausgekehrt. § 33c Abs. 2 Nr. 1b) EEG 2012 bedeutet daher für sie eine **Verschlechterung der Rechtslage.**[440]

d) Technische Voraussetzungen der Direktvermarktung

267 § 33c Abs. 2 Nr. 2–4 EEG 2012 stellen technische Anforderungen an die Anlagen, damit deren Strom direkt vermarktet werden kann. Die Anlage muss gem. Nr. 2 die **technischen Einrichtungen nach § 6 Abs. 1 Nr. 1 EEG 2012** aufweisen. Dies dient nicht nur der Klarstellung, da § 6 EEG 2012 – anders als die Vorschriften zur Direktvermarktung – nicht alle Bestandsanlagen erfasst.[441] Weiterhin muss gem. Nr. 3 die Anlage in **viertelstündlicher Auflösung** gemessen und bilanziert werden. Gemäß Nr. 4 muss der Strom in einem **Bilanz-** oder **Unterbilanzkreis**[442] bilanziert werden, in dem ausschließlich Strom bilanziert wird, der in derselben Direktvermarktungsform direkt vermarktet wird. Dabei handelt es sich um einen Bilanzkreis, der dem Anlagenbetreiber zugeordnet ist (sog. **„Erzeugerbilanzkreis“**).[443] Dieser dient ausschließlich der Aufnahme von Strom, der in derselben Form des § 33b Nr. 1 oder 2 EEG 2012 vermarktet wird. Bei gleichzeitiger Vermarktung in das Grünstromprivileg und die Marktprämie müssen daher für beide Vermarktungsformen **getrennte Unterbilanzkreise** gebildet werden. Mit diesen Anforderungen wird sichergestellt, dass die Bilanzierung nachvollziehbar ist; sie dienen damit der **Missbrauchsvermeidung.**[444]

e) Sonderfall: Strom aus Biomasse

268 Für Erzeuger von Strom aus Biomasse gelten Besonderheiten: Diese dürfen gem. § 33c Abs. 3 EEG 2012 ihren Strom auch dann direkt vermarkten, wenn die technologie-

440 Wustlich/Müller, ZNER 2011, 380, 383.

441 Vgl. § 66 Abs. 1 Nr. 1–3 EEG 2012; BT-Drucks. 17/6071, S. 79 li. Sp.

442 Gemäß § 3 Nr. 10a EnWG ist ein Bilanzkreis *„im Elektrizitätsbereich innerhalb einer Regelzone die Zusammenfassung von Einspeise- und Entnahmestellen, die dem Zweck dient, Abweichungen zwischen Einspeisungen und Entnahmen durch ihre Durchmischung zu minimieren und die Abwicklung von Handelstransaktionen zu ermöglichen“*.

443 In Abgrenzung zum „Händlerbilanzkreis“, in dem der Stromhändler alle seine Einspeise- und Entnahmestellen innerhalb einer Regelzone zusammenfasst und der dem Zweck dient, Abweichungen zwischen Einspeisungen und Entnahmen durch ihre Durchmischung zu minimieren sowie die Abwicklung von Handelstransaktionen zu ermöglichen; fließt in diesen Strom verschiedener Herkunft und verschiedener Vermarktungsformen ein, vgl. BT-Drucks. 17/6071, S. 79 re. Sp.

444 BT-Drucks. 17/6071, S. 79 li. Sp.

spezifischen besonderen Vergütungsvoraussetzungen für diese Stromerzeugungsart in § 27 Abs. 4 EEG 2012 nicht eingehalten werden. Damit wird für Anlagen, die **keine Mindestwärmenutzung** oder einen **Mindestanteil Gülle** nachweisen können und für die daher gem. § 27 Abs. 4 EEG 2012 der Anspruch auf die feste Einspeisevergütung entfällt, der **Wechsel in die Direktvermarktung** besonders attraktiv.[445] Durch § 33c Abs. 3 EEG 2012 wird klargestellt, dass für **große Biomasseanlagen** (Leistung über 750 kW), die nach dem 31.12.2013 in Betrieb genommen werden, trotz des Wegfalls des Anspruchs auf feste Einspeisevergütung[446] die Direktvermarktungsmöglichkeit besteht.

6. Wechsel zwischen Formen der Direktvermarktung bzw. der festen Einspeisevergütung – § 33d EEG 2012

Ein Wechsel in die Direktvermarktung, zwischen verschiedenen Formen der Direkt- **269**
vermarktung bzw. zurück in die feste Einspeisevergütung nach § 16 EEG 2012 ist nach Maßgabe des § 33d EEG 2012 möglich. Diese Norm weitet die bereits in § 17 Abs. 1 S. 1 EEG 2009 zum Wechsel in die Direktvermarktung enthaltene Regelung auf den **Wechsel zwischen den Direktvermarktungsformen** aus.[447]

Ein Wechsel gem. § 33d EEG 2012 ist jeweils nur zum ersten Tag eines Kalender- **270**
monats möglich. Entsprechende **Mitteilungspflichten** der Anlagenbetreiber gegenüber dem Netzbetreiber im Falle eines Wechsels finden sich in § 33d Abs. 2 Nr. 1 und 2 EEG 2012. Der Anlagenbetreiber muss mitteilen, welche Vermarktungsform gewählt wird und welchem **Bilanzkreis** i.S.d. § 3 Nr. 10a) EnWG[448] der Strom zugeordnet werden soll. Danach ist ein Bilanzkreis *„im Elektrizitätsbereich innerhalb einer Regelzone die Zusammenfassung von Einspeise- und Entnahmestellen, die dem Zweck dient, Abweichungen zwischen Einspeisungen und Entnahmen durch ihre Durchmischung zu minimieren und die Abwicklung von Handelstransaktionen zu ermöglichen."* Diese Mitteilung muss dabei **vor Beginn des jeweils vorangegangenen Kalendermonats**, also mit mindestens einem Monat Vorlauf, erfolgen. Sie unterliegt zurzeit **keinen Formvorschriften.**[449] Wie nach alter Rechtslage unter dem EEG 2009 ist daher davon auszugehen, dass es sich um eine **einseitige empfangsbedürftige Willenserklärung** gem. § 130 BGB handelt. Daher muss die Mitteilung für ihre Wirksamkeit dem Adressaten zugehen.[450] § 33d Abs. 3 EEG 2012 statuiert jedoch die Pflicht der Netzbetreiber, ihrerseits *„unverzüglich, spätestens jedoch ab 1.1.2013 [...] bundesweit*

445 BT-Drucks. 17/6071, S. 79 re. Sp.
446 § 27a Abs. 2 und § 27c Abs. 3 EEG 2012.
447 BT-Drucks. 17/6071, S. 79 re. Sp.
448 EnWG v. 7.7.2005 (BGBl. I S. 1970, 3621) in der Fassung v. 22.12.2011 (BGBl. I S. 3044).
449 Dies entspricht der Rechtslage unter dem EEG 2009; vgl. *Wustlich/Müller*, ZNER 2011, 380, 384.
450 *Salje*, EEG, § 33d Rn 2 ff.; Frenz/Müggenborg/*Ekardt*, § 17 Rn 10. Zu den Einzelheiten des Zugangs: Palandt/*Ellenberger*, § 130 BGB Rn 5 ff.

einheitliche, massengeschäftstaugliche Verfahren“ für die elektronische Übermittlung der Wechselmitteilungen einzurichten, um einen **effektiven Datenabgleich** sicherzustellen.[451] Nach Abs. 4 der Vorschrift sind die Anlagenbetreiber in der Pflicht, diese Verfahren – sobald sie eingerichtet sind – für ihre Mitteilungen zu nutzen.[452] Nach § 47 Abs. 1 Nr. 1 EEG 2012 müssen die Wechselmitteilungen vom Netzbetreiber an den ÜNB übermittelt werden, der diese wiederum auf seinen Internetseiten nach § 52 EEG 2012 (sog. „**Transparenzplattform**“[453]) veröffentlicht.

271 Für die in § 33d EEG 2012 geregelten Pflichten könnte sich indes die bereits oben angesprochene Frage auswirken, ob der Wechsel in den **Direktverbrauch** in der Form, dass Dritte entgeltlich in unmittelbarer Nähe Strom verbrauchen, der nicht durch ein Netz zur allgemeinen Versorgung durchgeleitet wurde, als „sonstige Direktvermarktung“ gem. § 33b Nr. 3 EEG 2012 anzusehen ist.[454] Denn nur in diesem Fall würden die Pflichten des § 33d EEG 2012 auch für den Wechsel in oder aus dieser Form des Direktverbrauchs gelten. Für das Rechtsregime unter dem EEG 2009 ging die Clearingstelle EEG jedenfalls für Solarstrom im Rahmen des sog. „Eigenverbrauchsbonus“ gem. § 33 Abs. 2 EEG 2009 für den entgeltlichen Verbrauch durch Dritte davon aus, dass keine Direktvermarktung vorlag und die Vorschriften dafür weder direkt noch analog Anwendung finden sollten. Daraus wurde geschlossen, dass ein Wechsel zwischen Volleinspeisung und Eigenverbrauch in **beliebigen zeitlichen Intervallen** zulässig war und nicht den Mitteilungspflichten des § 17 EEG 2009 unterlag.[455] Damit mussten dem Netzbetreiber nur die gem. §§ 45 ff. EEG 2009 und zur Durchführung des bundesweiten Ausgleichs nach §§ 34 EEG 2009 erforderlichen Informationen – entsprechend dem Gesetzeswortlaut „unverzüglich“ – zur Verfügung gestellt sein.[456] Es bleibt abzuwarten, ob diese Auffassung auch für die Zukunft für den Direktverbrauch – auch anderen Stroms aus erneuerbaren Energien – Bestand haben kann bzw. wird.

7. Anteilige Direktvermarktung – § 33f EEG 2012

272 § 33f EEG 2012 sieht die Möglichkeit anteiliger Direktvermarktung vor, die bereits in § 17 Abs. 2 EEG 2009 für die Verteilung zwischen **Direktvermarktung** und **Festvergü-**

---

451 BT-Drucks. 17/6071, S. 79 re. Sp.

452 Die Anlagenbetreiber können die Mitteilungspflichten jedoch nach allgemeinen zivilrechtlichen Grundsätzen auf den Händler übertragen, vgl. BT-Drucks. 17/6071, S. 79 re. Sp.

453 Vgl. BT-Drucks. 17/6071, S. 79 re. Sp.

454 Vgl. dazu oben Rn 259.

455 Vgl. Clearingstelle EEG, Empfehlung 2011/2/1, Rn 95 ff., abrufbar unter http://www.clearingstelle-eeg.de/empfv/2011/2; vgl. insoweit auch die Anmerkung von *Schnelle*, IR 2012, 66, 67; zur messtechnischen Erfassung und Abrechnung in diesem Fall vgl. Clearingstelle EEG Empfehlung 2011/2/2, Rn 6 ff., abrufbar unter http://www.clearingstelle-eeg.de/empfv/2011/2.

456 Vgl. Clearingstelle EEG, Empfehlung 2011/2/1, Rn 109, abrufbar unter http://www.clearingstelle-eeg.de/empfv/2011/2; vgl. insoweit auch die Anmerkung von *Schnelle*, IR 2012, 66, 67.

tung geregelt war.[457] § 33f EEG 2012 erfasst darüber hinaus die Verteilung des Stroms auf **verschiedene Formen der Direktvermarktung.** Daher kann der Anlagenbetreiber bestimmte Anteile (Prozentsätze) des in der Anlage erzeugten Stroms auf die verschiedenen Vermarktungsformen verteilen und dies sogar mit der Nutzung der festen Einspeisevergütung für einen weiteren Anteil kombinieren. Gemäß Abs. 1 Nr. 1 unterliegt die anteilige Direktvermarktung sowie jede **Änderung der prozentualen Anteile** der **Mitteilungspflicht** nach § 33d Abs. 2 EEG 2012.[458]

Voraussetzung der anteiligen Direktvermarktung ist, dass die Anlagenbetreiber 273 den mitgeteilten Prozentsatz „nachweislich jederzeit" einhalten. **„Jederzeitige" Einhaltung** verlangt dabei – wie unter dem EEG 2009[459] – nicht nur die Einhaltung des mitgeteilten prozentualen Anteils im Monatsdurchschnitt über die Dauer der Direktvermarktung, sondern die Einhaltung in jeder Messeinheit, d.h. in jedem 15-Minuten-Intervall.[460] Das Verfahren für die **Messung in viertelstündlicher Auflösung** und **Bilanzierung** wird nicht vorgegeben.

8. Rechtsfolge – § 33e EEG 2012

Die Rechtsfolge der Direktvermarktung im EEG 2012 entspricht der Rechtslage nach 274 § 17 Abs. 1 S. 2 und 3 EEG 2009. Demnach entfällt gem. § 33e EEG 2012 im Falle voller Direktvermarktung der Vergütungsanspruch nach § 16 Abs. 1 und 2 EEG 2012. Zusätzlich wird klargestellt, dass auch die Andienungspflicht nach § 16 Abs. 3 EEG 2012 für die Dauer der Direktvermarktung nicht besteht. Im Falle anteiliger Direktvermarktung entfällt gem. § 33f Abs. 2 EEG 2012 der **Festvergütungsanspruch** aus § 16 EEG 2012 nur in Höhe des Anteils an direkt vermarktetem Strom. Für den verbleibenden Anteil können Anlagenbetreiber die Festvergütung verlangen. § 33f Abs. 1 EEG 2012 stellt damit gem. Abs. 2 der Vorschrift eine Ausnahme zu § 33e EEG 2012 dar.

Der Zeitraum der Direktvermarktung wird weiterhin auf die **Vergütungsdauer** 275 des § 21 Abs. 2 EEG 2012 angerechnet; die gesetzliche Vergütungsdauer verlängert sich durch die Direktvermarktung daher – wie unter § 17 Abs. 1 S. 3 EEG 2009 – nicht.[461]

9. Sanktionierung von Verstößen – §§ 33g Abs. 3, 39 Abs. 2 EEG 2012

Folgen von Verstößen gegen die **Verhaltens- und Mitteilungspflichten** der §§ 33a–f 276 EEG 2012 sind im EEG 2012 – anders als noch im EEG 2009[462] – ausdrücklich geregelt.

457 Zur alten Regelung vgl. *Salje*, EEG, § 17 Rn 12 ff.; Frenz/Müggenborg/*Ekardt*, § 17 Rn 17 ff.
458 BT-Drucks. 17/6071, S. 80 re. Sp.
459 *Salje*, EEG, § 17 Rn 14; Frenz/Müggenborg/*Ekardt*, § 17 Rn 20.
460 BT-Drucks. 17/6071, S. 80 li. Sp.
461 BT-Drucks. 17/6071, S. 80 li. Sp.
462 *Salje*, EEG, § 17 Rn 17, 19, 22; Frenz/Müggenborg/*Ekardt*, § 17 Rn 13, 21, 23.

Sie richten sich nach § 33g Abs. 3 EEG 2012 und § 39 Abs. 2 EEG 2012. Die Regelungen haben nach der Gesetzesbegründung Sanktionscharakter.[463] Eine **Sanktionierung** wurde als notwendig angesehen, da die Nichteinhaltung der Verhaltens- und Mitteilungspflichten durch die Anlagenbetreiber erhöhten Aufwand nur bei den Netzbetreibern, nicht aber bei den Anlagenbetreibern selbst erzeugt; ohne Sanktionierung besteht daher kein eigener ökonomischer Anreiz der Anlagenbetreiber, diese Pflichten einzuhalten.[464] Es handelt sich hierbei rechtstechnisch um **Einwendungen**; der **zahlungspflichtige Netzbetreiber** trägt die **Darlegungs- und Beweislast** für das **Vorliegen der Sanktionsvoraussetzungen.**[465]

277 Sanktion im Falle der Direktvermarktung zum Zweck der Inanspruchnahme der Marktprämie ist der Wegfall des Anspruchs auf die Marktprämie[466] bzw. im Falle der Nutzung des Grünstromprivilegs der Wegfall der Anrechenbarkeit des jeweiligen Stromanteils auf die Portfolio-Anforderungen des § 39 Abs. 1 EEG 2012.[467] Die **Marktprämie** entfällt dabei jeweils bis zum Ablauf des dritten Kalendermonats, der auf die Beendigung des Verstoßes folgt.[468] Die Anrechenbarkeit im Rahmen des **Grünstromprivilegs** entfällt hingegen nur in dem jeweiligen Kalendermonat, in dem der Verstoß andauert.[469]

278 Für den Fall, dass die Marktprämie bereits ausgezahlt worden ist, steht dem Netzbetreiber ein Rückforderungsanspruch aus § 812 Abs. 1 S. 1 Alt. 1 oder S. 2 BGB (**Leistungskondiktion**) zu. Der der Zahlung zu Grunde liegende Rechtsgrund, nämlich die gesetzliche Verpflichtung zur Zahlung der Marktprämie, fällt nachträglich weg oder fehlte bereits ursprünglich, wenn der Anspruch auf die Vergütung nach den Sanktionsregelungen des § 33g Abs. 3 EEG 2012 entfällt.[470]

279 § 33g Abs. 3 und § 39 Abs. 2 EEG 2012 sind bei einem Verstoß gegen die Pflichten bei der **Direktvermarktung** in § 33c Abs. 1 und 2 EEG 2012[471] anwendbar. Nach diesen Vorschriften entfällt der Anspruch auf die Marktprämie bzw. das Grünstromprivileg ebenso, wenn gegen die **Mitteilungspflichten bei Wechsel der Vermarktungsform** gem. § 33d Abs. 2 i.V.m. Abs. 1 Nr. 1 oder 2 und Abs. 4 EEG 2012[472] verstoßen wird.

280 Verstöße gegen § 33d Abs. 1 Nr. 3 EEG 2012 (Wechsel in die **feste Einspeisevergütung**) sowie die entsprechende Mitteilungspflicht unterliegen hingegen dem Regime der festen Einspeisevergütung, richten sich also nach § 17 Abs. 3 EEG 2012. Danach

463 Vgl. BT-Drucks. 17/6071, S. 80 li. Sp.
464 *Wustlich/Müller*, ZNER 2011, 380, 384.
465 *Wustlich/Müller*, ZNER 2011, 380, 390.
466 § 33g Abs. 3 EEG 2012.
467 § 39 Abs. 2 EEG 2012.
468 § 33g Abs. 3 S. 2 EEG 2012.
469 § 39 Abs. 2 S. 2 EEG 2012.
470 Vgl. *Salje*, EEG, § 56 Rn 43.
471 Siehe oben Rn 261 ff.
472 Siehe oben Rn 270.

reduziert sich die feste Einspeisevergütung auf den **tatsächlichen Monatsmittelwert des energieträgerspezifischen Marktwertes**. Die Reduzierung gilt bis zum Ablauf des dritten Monats nach Beendigung des Verstoßes.

Entsprechend ist die Sanktion im Falle **anteiliger Direktvermarktung** in § 33f 281
Abs. 3 und §§ 33g Abs. 3, § 39 Abs. 2 EEG 2012 geregelt: Im Falle eines Verstoßes gegen die Mitteilungspflicht aus § 33f Abs. 1 Nr. 1 EEG 2012 oder aber die „jederzeitige" Einhaltung der den jeweiligen Vermarktungsformen zugewiesenen Anteile gem. § 33f Abs. 1 Nr. 2 EEG 2012[473] reduziert sich der Vergütungsanspruch für den in der Anlage erzeugten Strom, der auf die feste Einspeisevergütung entfällt, gem. § 33f Abs. 3 EEG 2012 auf den **tatsächlichen Monatsmittelwert des energieträgerspezifischen Markwertes** nach Nr. 1.1. der Anlage 4 zum EEG 2012. Den Gesetzesmaterialien ist insoweit zu entnehmen, dass die Sanktion sowohl für den Fall der **Mehreinspeisung** (Überschreiten des Prozentsatzes, der fest vergütet werden soll) als auch für die **Mindereinspeisung** (Unterschreiten des Prozentsatzes, der fest vergütet werden soll) gilt. Dies war unter dem EEG 2009 noch unklar.[474] Die Reduzierung gilt bis zum Ablauf des dritten Monats nach Beendigung des Verstoßes.[475] Im Übrigen, d.h. hinsichtlich des Anteils, der gem. § 33b Nr. 1 oder 2 EEG 2012 direkt vermarktet wird, richtet sich die Sanktionierung wiederum nach den § 33g Abs. 3 Nr. 3 EEG 2012 bzw. § 39 Abs. 2 EEG 2012; damit entfällt der Anspruch auf die **Marktprämie** bzw. das **Grünstromprivileg** hinsichtlich dieses Anteils.[476]

10. Förder- und Anreizsysteme

Anders als unter der Regelung im EEG 2009 sind Anlagenbetreiber nicht mehr darauf 282
angewiesen, ihre Stromerzeugungskosten im Falle der Direktvermarktung vollständig aus den Markterlösen zu decken. Die Neuregelung der Direktvermarktung in §§ 33g–i, § 39 EEG 2012 sieht vielmehr eine Reihe von **Förder- bzw. Anreizsystemen** vor.

a) Marktprämie – §§ 33b Nr. 1, 33g, 33h EEG 2012

Das EEG 2012 enthält als zentrale Neuerung die Einführung einer **Marktprämie.**[477] 283

473 Siehe oben Rn 272 f.

474 Vgl. *Salje*, EEG, § 17 Rn 16, 18; Frenz/Müggenborg/*Ekardt*, § 17 Rn 22, 23.

475 Somit ist die Sanktionsdauer im Vergleich zu § 17 Abs. 2 Nr. 3 EEG 2012, der im Fall des Anspruchs nach § 16 EEG 2012 auch bei einer Mindereinspeisung einschlägig ist, sogar verlängert.

476 So auch *Salje*, EEG, § 33g Rn 21 ff.

477 Vgl. *Wustlich/Müller*, ZNER 2011, 380, 380 („Herzstück"); zu den ersten Erfahrungen damit vgl. *Schomerus/Henkel*, ER 2012, 13 ff.

aa) Allgemeines

284 Mit dieser Regelung in § 33g EEG 2012 kam der Gesetzgeber einer Handlungsempfehlung des **EEG-Erfahrungsberichtes 2011** nach.[478] Die Marktprämie soll als **Anreiz** dienen, trotz der (noch) fehlenden Marktfähigkeit erneuerbarer Energien den Strom direkt zu vermarkten. Dem Anlagenbetreiber wird vom Netzbetreiber eine Marktprämie gezahlt, die die Differenz zwischen der EEG-Vergütung nach §§ 16 ff. EEG 2012 und einem energieträgerspezifischen **Referenzmarktwert**, der sich am durchschnittlichen **Börsenstrompreis** orientiert, ausgleicht. Zusätzlich erhält der Anlagenbetreiber eine **Managementprämie**, die Prognosefehler und die Kosten der Handelsanbindung kompensiert. Die Anreizfunktion liegt darin, dass der Anlagenbetreiber höhere Erlöse erzielen kann, wenn der von ihm an der Börse erzielte Preis oberhalb des durchschnittlichen Börsenpreises liegt (Nutzung des **„Preis-Spreads"**).[479]

285 § 33g Abs. 1 EEG 2012 ist als **Anspruchsgrundlage** der **Anlagenbetreiber** ausformuliert. Für den nach § 33b Nr. 1 EEG 2012 vermarkteten Strom können sie vom Netzbetreiber eine Marktprämie verlangen. Der Anspruch richtet sich gegen den **Netzbetreiber**, an dessen Netz die Anlage angeschlossen ist oder in dessen Netz der Strom nach § 8 Abs. 2 EEG 2012 weitergegeben wird.[480] Der § 33g Abs. 1 S. 2 EEG 2012 stellt dabei klar, dass der Anspruch nur für Strom aus erneuerbaren Energien oder Grubengas gilt, der tatsächlich eingespeist und von einem Dritten abgenommen wird. Diese Klarstellung entspricht derjenigen in § 16 Abs. 1 S. 2 EEG 2012.[481] Durch die Klarstellung soll verhindert werden, dass Anlagenbetreiber in Zeiten niedriger Strompreise die Stromerzeugung drosseln und ihre Lieferverpflichtung durch an der Börse gehandelten **Graustrom**, d.h. Strom, dessen Herkunft nicht nachvollzogen werden kann, erfüllen. In diesem Fall besteht kein Anspruch auf die Marktprämie.[482]

286 Für die Marktprämie besteht keine Umsatzsteuerpflicht. Da – anders als im Fall der festen Einspeisevergütung – der Pflicht zur Zahlung der Marktprämie durch den Netzbetreiber keine Austauschleistung des Anlagenbetreibers gegenübersteht, handelt es sich nicht um steuerbares Entgelt i.S.v. § 10 UStG.[483]

478 EEG-Erfahrungsbericht 2011 der Bundesregierung, S. 10, abrufbar unter http://www.bmu.de/files/pdfs/allgemein/application/pdf/eeg_erfahrungsbericht_2011_bf.pdf.

479 *Sellner/Fellenberg*, NVwZ 2011, 1025, 1030; *Wustlich/Müller*, ZNER 2011, 380, 388; *Thomas*, NVwZ-Extra 2012, 1, 10.

480 BT-Drucks. 17/6071, S. 80 re. Sp.

481 BT-Drucks. 17/6071, S. 80 re. Sp.; vgl. dazu auch oben Rn 24.

482 BT-Drucks. 17/6071, S. 81 li. Sp.; Wustlich/Müller, ZNER 2011, 380, 389.

483 BT-Drucks. 17/6071, S. 97 li. Sp.; Wustlich/Müller, ZNER 2011, 380, 389.

bb) Berechnung

Die Höhe der Marktprämie berechnet sich gem. § 33g Abs. 2 EEG nach Maßgabe von Anlage 4 zum EEG 2012, die die **Berechnungsformel** für die Marktprämie enthält, wie folgt: 287

$$MP = EV - RW$$

Nach Nr. 1.2 dieser Anlage 4 berechnet sich die Höhe der **Marktprämie („MP")** somit aus der Differenz zwischen dem **anzulegenden Wert („EV")**[484] und dem **energieträgerspezifischen Referenzmarktwert („RW")**.

Der **anzulegende Wert** EV, in § 33h EEG 2012 geregelt, entspricht der festen Einspeisevergütung gem. § 16 EEG 2012 nach Maßgabe der §§ 17 bis 33 EEG 2012, also der Einspeisevergütung, die dem Anlagenbetreiber für den direkt vermarkteten Strom in der konkreten Anlage tatsächlich zustehen würde, einschließlich aller Boni.[485] Damit wirken sich die Regelungen des EEG 2012 zur Höhe der Einspeisevergütung[486] mittelbar auf die Vergütung in der Direktvermarktung aus. Im Falle von **Biogasanlagen**, denen in Folge der Regelungen in § 27 Abs. 3 und 4, § 27a Abs. 2 sowie § 27c Abs. 3 EEG 2012 kein Anspruch auf Einspeisevergütung zukommt,[487] die ihren Strom jedoch gem. § 33c Abs. 3 EEG 2012 direkt vermarkten dürfen, wird der anzulegende Wert nach Maßgabe der § 27 Abs. 1 und 2, § 27a Abs. 1 bzw. § 27c Abs. 2 EEG 2012 in diesen Fällen fingiert. Dies regelt § 33h S. 2 EEG 2012 ausdrücklich.[488] 288

Der **Referenzmarktwert** RW berechnet sich gem. Nr. 2 der Anlage 4 grundsätzlich nach folgender Formel: 289

$$RW = MW - P_M$$

RW bezeichnet demnach den jeweils rückwirkend berechneten[489] **tatsächlichen Monatsmittelwert des Marktwertes am Spotmarkt für den jeweiligen Energieträger („MW")** abzüglich einer sog. **„Managementprämie" („P_M")**. Die Ermittlung des jeweiligen Referenzmarktwertes erfolgt energieträgerspezifisch nach Maßgabe von Nr. 2.1–2.4 der Anlage 4. Dabei errechnet sich der Referenzmarktwert jeweils auf

---

484 Gemäß § 33h EGG 2012 in ct/kWh.

485 BT-Drucks. 17/6071, S. 81 li. Sp.

486 Siehe Rn 60 ff.

487 Biogasanlagen, die keine Mindestwärmenutzung oder einen Mindestanteil Gülle nachweisen können (§ 27 Abs. 3 und 4 EEG 2012) sowie große Biogasanlagen (Leistung über 750 kW) bei Inbetriebnahme ab 2014 (§ 27a Abs. 2, § 27c Abs. 3 EEG 2012).

488 Dazu auch *Wustlich/Müller*, ZNER 2011, 380, 391.

489 Bei einer Ex-ante-Bestimmung des Marktwertes bestehen zu große Prognoseunsicherheiten; vgl. *Sensfuß/Ragwitz*, Weiterentwickeltes Fördersystem für die Vermarktung von erneuerbarer Stromerzeugung, Fraunhofer Institut System- und Innovationsforschung, S. 8, abrufbar unter http://isi.fraunhofer.de/isi-de/x/mitarbeiter/fs.php?WSESSIONID=4969f687de8b22fa6df882bc00d487c8.

Grundlage des tatsächlichen Monatsmittelwertes der Stundenkontrakte am Spotmarkt der Strombörse EPEX Spot SE in Leipzig in ct/kWh.[490] Energieträger wie Strom aus Windenergie sowie Strom aus solarer Strahlungsenergie sind von schwankenden Faktoren abhängig und speisen fluktuierend ein. Daher muss für diese Technologien der Monatsmittelwert des Marktwerts jeweils spezifisch anhand der Summe der stündlichen Verkaufserlöse für die in dieser Zeit erzeugte Strommenge geteilt durch die bundesweiten Einspeisungen der jeweiligen Technologie in dem Monat berechnet werden (Nr. 2.2–2.4 Anlage 4). Für Strom aus steuerbaren erneuerbaren Energien wie Wasserkraft, Deponiegas, Klärgas, Grubengas, Biomasse und Geothermie ist die Einspeisung weitgehend konstant.[491]

290 Von diesem ex post ermittelten durchschnittlichen Marktwert wird die Managementprämie abgezogen. Diese Prämie soll die Kosten der Direktvermarktung für die Anlagenbetreiber, insbesondere die *„notwendigen Kosten der Börsenzulassung, Kosten der Handelsanbindung, Transaktionen für die Erfassung der Ist-Werte und die Abrechnung, für die IT-Infrastruktur, das Personal und die Dienstleistungen für die Erstellung der Prognosen und für Abweichungen der tatsächlichen Einspeisung von der Prognose"* (vgl. Nr. 1.1, 4. Spiegelstrich Anlage 4) ausgleichen und die Direktvermarktung für die Anlagenbetreiber somit attraktiver gestalten. Namentlich Prognoseunsicherheiten hinsichtlich der fluktuierend einspeisenden Technologien stellen ein großes wirtschaftliches Risiko für die Anlagenbetreiber dar.[492] Durch den zusätzlichen Ausgleich erleidet der Anlagenbetreiber, der seinen Strom direkt vermarktet, im Schnitt keinen Verlust im Vergleich zur Inanspruchnahme der festen Einspeisevergütung.[493] Die Höhe der **Managementprämie** ist in Anlage 4 zum EEG 2012 jeweils energieträgerspezifisch geregelt; sie verläuft in allen Fällen **degressiv** bis zum Jahr 2015.[494]

---

490 Daher werden andere Energiemärkte, an denen eventuell höhere Erlöse erzielt werden können, attraktiver; vgl. *Wustlich/Müller*, ZNER 2011, 380, 390; vgl. zur Ermittlung des Börsenpreises für Strom: Lindner, S. 20 ff.

491 *Sensfuß/Ragwitz*, Weiterentwickeltes Fördersystem für die Vermarktung von erneuerbarer Stromerzeugung, Fraunhofer Institut System- und Innovationsforschung, S. 3 ff., 15, abrufbar unter http://isi.fraunhofer.de/isi-de/x/mitarbeiter/fs.php?WSESSIONID=4969f687de8b22fa6df882bc00d487c8.

492 *Sensfuß/Ragwitz*, Weiterentwickeltes Fördersystem für die Vermarktung von erneuerbarer Stromerzeugung, Fraunhofer Institut System- und Innovationsforschung, S. 9, abrufbar unter http://isi.fraunhofer.de/isi-de/x/mitarbeiter/fs.php?WSESSIONID=4969f687de8b22fa6df882bc00d487c8.

493 *Sellner/Fellenberg*, NVwZ 2011, 1025, 1030. Kritisch jedoch zu den Kosten der Management-Prämie für das EEG-System: *Hummel*, et 2012, 49, 50.

494 Die Höhe der Managementprämie ergibt sich konkret aus Nr. 2.1.2, 2.2.3, 2.3.4 und 2.4.3 der Anlage 4 und kann durch Rechtsverordnung gem. § 64f Nr. 3 EEG 2012 geändert werden; zu den davon verursachten voraussichtlichen zusätzlichen Kosten, die mit der EEG-Umlage zu decken sind, vgl. *Kroll/Langrock*, et 2011, 86, 89.

Beispiel
Das folgende Berechnungsbeispiel wird für eine Biogasanlage vorgenommen,
- die 2010 in Betrieb genommen wurde,
- eine Bemessungsleistung von 500 kW hat,
- nachwachsende Rohstoffe verwendet,
- eine maximale Kapazität der Gasaufbereitungsanlage von weniger als 700 Normkubikmetern aufbereitetes Rohgas pro Stunde hat und
- den Strom in Kraft-Wärme-Kopplung erzeugt.

Die feste Einspeisevergütung nach dem EEG 2009 beträgt für eine solche Anlage 19,18 ct/kWh. Dieser Wert setzt sich zusammen aus der Grundvergütung von 9,18 ct/kWh[495] zuzüglich dem Bonus für nachwachsende Rohstoffe von 6 ct/kWh,[496] einem Technologiebonus von 1,0 ct/kWh[497] und dem Bonus für die KWK-Nutzung von 3 ct/kWh.[498] Wegen der jährlichen Degression von 1 % in § 20 Abs. 1, Abs. 2 Nr. 5 EEG 2009 beträgt die Einspeisevergütung für diese 2010 in Betrieb genommene Anlage daher 18,99 ct/kWh bis zum Jahr 2030.
Sollte der Anlagenbetreiber in die Direktvermarktung gem. § 33b Nr. 1 EEG 2012 wechseln, so betrüge – bei einem angenommenen tatsächlichen Monatsmittelwert des Marktwertes am Spotmarkt von 4,86 ct/kWh – der energiespezifische Referenzmarktwert in diesem Monat 4,56 ct/kWh, da von dem tatsächlichen Monatsmittelwert die Managementprämie in Höhe von 0,3 ct/kWh[499] abgezogen werden muss. Die Marktprämie betrüge dann 14,43 ct/kWh (18,99 ct/kWh abzüglich des energiespezifischen Referenzmarktwertes von 4,56 ct/kWh).

Die Angaben, die zur Ermittlung des energieträgerspezifischen Referenzmarktwertes erforderlich sind, müssen – um Transparenz herzustellen – von den ÜNB auf ihrer Transparenzplattform[500] für jeden Kalendermonat bis zum zehnten Werktag des Folgemonats veröffentlicht werden. Falls die Daten nicht rechtzeitig verfügbar sind, muss die Berechnung und Veröffentlichung jedoch bis spätestens bis zum 31.1. des Folgejahres nachgeholt werden.[501] 291

b) Flexibilitätsprämie – § 33i EEG 2012

Ebenfalls neu eingeführt durch das EEG 2012 wurde die Flexibilitätsprämie, die die bedarfsorientierte Stromerzeugung von Biogas fördern soll. 292

495 § 27 Abs. 1 Nr. 2 EEG 2009.
496 Nr. IV. 1. a) aa) Anlage 2 zum EEG 2009.
497 Nr. I 2. b) der Anlage 1 zum EEG 2009.
498 § 27 Abs. 4 Nr. 3 EEG 2009.
499 Nr. 2.1.2 der Anlage 4 zum EEG 2012.
500 § 48 Abs. 3 Nr. 1 EEG 2012.
501 Nr. 3 der Anlage 4 zum EEG 2012; vgl. dazu auch *Salje*, EEG, § 33g Rn 17.

aa) Allgemeines

293 Biogasanlagen sind schon heute technisch in der Lage, Strom bedarfsorientiert und flexibel zu erzeugen. Die fehlende Nutzung dieses Potenzials ist vor allem auf fehlende wirtschaftliche Anreize zur Direktvermarktung zurückzuführen.[502] Dieser Anreiz besteht im EEG 2012 nunmehr in Form der Marktprämie. Die Direktvermarktung wird daher für große Biogasanlagen (Leistung über 750 kW) mit § 27 Abs. 3, § 27a Abs. 2 EEG 2012 bei Inbetriebnahme ab 2014 verbindlich eingeführt. Eine Einspeisevergütung ist dann nicht mehr vorgesehen.[503] Der flexible, marktorientierte Anlagenbetrieb erfordert jedoch zusätzliche Investitionen der Anlagenbetreiber in die Infrastruktur der Biogasanlage in Form von nur phasenweise nutzbaren Stromerzeugungskapazitäten, größeren Gasspeichern und Generatoren sowie Wärmespeichern, die die zeitverschobene und somit bedarfsgerechte Stromerzeugung ermöglichen.[504] Der Abdeckung dieser zusätzlichen Investitionen dient die Flexibilitätsprämie.[505] Auf diese Weise soll die **bedarfsorientierte Verschiebung der Stromerzeugung** aus Biogas um bis zu zwölf Stunden ermöglicht werden.[506] Die Flexibilitätsprämie geht wie die Marktprämie auf eine Empfehlung des EEG-Erfahrungsberichts 2011 zurück.[507] Ihre Ausgestaltung beruht auf einer Ausarbeitung des Fraunhofer Instituts für Windenergie und Energiesystemtechnik (IWES).[508]

294 Die Marktprämie wird für Biogasanlagenbetreiber, die ihren Strom gem. § 33a Nr. 1 EEG 2012 vertreiben, durch die optionale Flexibilitätsprämie gem. § 33i EEG 2012 – wie eben dargestellt – flankiert; sie können diese daher zusätzlich in Anspruch nehmen. Ebenso wie die Marktprämie ist die Flexibilitätsprämie in § 33i Abs. 1 als **Anspruch des Anlagenbetreibers gegen den Netzbetreiber**, an dessen Netz die Anlage angeschlossen ist oder in dessen Netz der Strom nach § 8 Abs. 2 EEG 2012 weitergegeben wird, ausgestaltet.

---

502 *Wustlich/Müller*, ZNER 2011, 380, 394.

503 BT-Drucks. 17/6071, S. 70 re. Sp. zu § 27 EEG 2012 und S. 73 zu § 27a EEG 2012, wobei die Gesetzesbegründung jedoch ungenau ist, da sie ausführt, die Marktprämie werde verpflichtend vorgeschrieben. Denn verbindlich eingeführt wird die Direktvermarktung, nicht die Marktprämie; auch die Nutzung des Grünstromprivilegs ist damit möglich, vgl. Wustlich/Müller, ZNER 2011, 380, 389.

504 *Wustlich/Müller*, ZNER 2011, 380, 394.

505 BT-Drucks. 17/6071, S. 45 re. Sp.; *Sellner/Fellenberg*, NVwZ 2011, 1025, 1030.

506 BT-Drucks. 17/6071, S. 45 re. Sp.

507 EEG-Erfahrungsbericht 2011 der Bundesregierung, S. 10, 15, abrufbar unter http://www.bmu.de/files/pdfs/allgemein/application/pdf/eeg_erfahrungsbericht_2011_bf.pdf.

508 *Holzhammer/Rohrig/Hochloff* u.a., Flexible Stromproduktion aus Biogas und Biomethan – Die Einführung einer Kapazitätskomponente als Förderinstrument, Fraunhofer IWES, 2011, abrufbar unter http://www.iwes.fraunhofer.de/de/publikationen0/uebersicht/publikationen_veroeffentlichungengesamt/2011/flexible_stromproduktionausbiogasundbiomethan/_jcr_content/pressrelease/linklistPar/download/file.res/Flexible%20Stromproduktion%20aus%20Biogas%20und%20Biomethan.pdf.

bb) Voraussetzungen

Der Anspruch auf die Flexibilitätsprämie unterliegt den Voraussetzungen der § 33i Abs. 1 Nr. 1–4 EEG 2012, die für die Entstehung des Anspruches erfüllt sein müssen.[509] 295

- Zunächst muss der Strom gem. § 33i Abs. 1 Nr. 1 EEG 2012 nach § 33b Abs. 1 Nr. 1 oder 3 EEG 2012 direkt vermarktet werden, d.h. entweder muss für den direkt vermarkteten Strom die Marktprämie bezogen werden oder es muss sich um sonstige **Direktvermarktung** handeln. Damit kann die Flexibilitätsprämie also auch in Anspruch genommen werden, wenn eine sonstige Form der Direktvermarktung i.S.d. § 33b Nr. 3 EEG 2012 gewählt wird, für die kein Förderanspruch nach dem EEG 2012 besteht. Im Falle der Inanspruchnahme des **Grünstromprivilegs** hingegen besteht gem. § 33i Abs. 1 Nr. 1 EEG 2012 kein Anspruch auf die zusätzliche Flexibilitätsprämie.
- Daneben muss gem. § 33i Abs. 1 EEG 2012 – wie § 33c Abs. 2 Nr. 1a) EEG 2012 bereits klarstellt – für den Strom dem Grunde nach ein **Anspruch auf feste Einspeisevergütung** gem. § 16 EEG 2012 bestehen, der nicht nach § 17 EEG 2012 verringert ist. Die Formulierung macht deutlich, dass die Flexibilitätsprämie nur im Falle **vollständiger Direktvermarktung** gewährt wird; eine anteilige Direktvermarktung ist nicht zulässig.[510] Insofern geht § 33i Abs. 1 Nr. 1 EEG 2012 dem § 33f EEG 2012 vor.[511]
- Zudem muss die Direktvermarktung für den **gesamten Zeitraum des § 33i Abs. 4 EEG 2012,** d.h. für zehn Jahre, eingehalten werden. Ein zwischenzeitlicher Wechsel in die feste Einspeisevergütung oder das Grünstromprivileg ist damit nicht möglich. Ein zwischenzeitlicher Ausstieg aus der Direktvermarktung unter Inanspruchnahme der Marktprämie oder der sonstigen Direktvermarktung führt zu einem Entfallen des Anspruchs für die gesamte Zukunft.[512]
- § 33i Abs. 1 Nr. 2 EEG 2012 enthält eine technische Anforderung: Die Bemessungsleistung gem. § 3 Nr. 2a EEG 2012 muss in dem jeweiligen Kalenderjahr, für das die Flexibilitätsprämie in Anspruch genommen wird, mindestens das 0,2-fache der installierten Leistung i.S.d. § 3 Nr. 6 EEG 2012 betragen. Durch diese Gewährleistung einer **Mindestauslastung der Anlage** wird verhindert, dass nicht genutzte Kapazität der Anlage gefördert wird.[513] Für die Berechnung der Bemessungsleistung gelten Besonderheiten im ersten und zehnten Kalenderjahr der Inanspruchnahme, die sich nach Nr. 1, 1. Gedankenstrich der Anlage 5 zum EEG 2012 richten.
- Aus § 33i Abs. 1 Nr. 3 und Nr. 4 EEG 2012 folgen **prozedurale Anforderungen**: Standort und Leistung der Anlage sowie die Inanspruchnahme der Flexibilitäts-

509 BT-Drucks. 17/6071, S. 81 f.
510 *Wustlich/Müller*, ZNER 2011, 380, 394.
511 BT-Drucks. 17/6071, S. 81 re. Sp.
512 BT-Drucks. 17/6071, S. 81 re. Sp.
513 BT-Drucks. 17/6071, S. 81 re. Sp.

prämie muss der BNetzA vorab mitgeteilt werden. Die Inanspruchnahme der Flexibilitätsprämie muss der Anlagenbetreiber zudem dem Netzbetreiber vorab mitteilen.[514] Gemäß Abs. 1 Nr. 4 muss ein Umweltgutachter (einmalig) bescheinigt haben, dass die Anlage zum bedarfsorientierten Betrieb technisch geeignet ist.

cc) Berechnung

296 Die Berechnung der Flexibilitätsprämie erfolgt gem. § 33i Abs. 2 EEG 2012 kalenderjährlich und nach Maßgabe der Formel in Nr. 2.1 der Anlage 5 zum EEG 2012:

$$FP = \frac{P_{Zusatz} \times KK \times 100 \frac{ct}{€}}{P_{Bem} \times 8760 \frac{h}{a}}$$

297 Die in dieser Formel verwendeten Kürzel werden in Nr. 1 der Anlage 5 („Begriffsbestimmungen“) erläutert. Demnach berechnet sich die Höhe **der Flexibilitätsprämie („FP“)** in €/kWh anhand des zentralen Berechnungsfaktors der **Zusatzleistung („P_{Zusatz}“).**[515] Dies ist die zusätzliche, flexibel einsetzbare Leistung der Anlage oder in den Worten des Gesetzes *„die zusätzlich bereitgestellte installierte Leistung für die bedarfsgerechte Erzeugung von Strom in Kilowatt pro Jahr“.*[516]

298 Der Formel zufolge wird zunächst die Zusatzleistung in Kilowatt mit **einer Kapazitätskomponente („KK“)** multipliziert, die auf 130 €/kW festgesetzt ist.[517] Daraus ergibt sich ein **Erlös** in € pro Jahr, der auf die tatsächlich durch die Anlage eingespeiste Strommenge in Kilowattstunden umgelegt wird. Dafür ist die **Bemessungsleistung („P_{Bem}“)** mit den vollen Zeitstunden eines Kalenderjahres (8.760) zu multiplizieren.[518] Die Flexibilitätsprämie wird dann durch Umrechnung in ct/kWh ermittelt.

299 Die Höhe der **Zusatzleistung** P_{Zusatz} ergibt sich dabei gem. Nr. 2.2. S. 1 der Anlage 5 nach folgender Formel:

$$P_{Zusatz} = P_{Inst} - (f_{Kor} \times P_{Bem})$$

aus der Differenz zwischen der **installierten Anlagenleistung („P_{Inst}“)** gem. § 3 Nr. 6 EEG 2012 und der **Bemessungsleistung („P_{Bem}“)** gem. § 3 Nr. 2a EEG 2012. Für Letztere

514 § 33i Abs. 3 EEG 2012.

515 Im Vorschlag des Fraunhofer Instituts „Zusatzkapazität“, vgl. *Holzhammer/Rohrig/Hochloff* u.a., Flexible Stromproduktion aus Biogas und Biomethan – Die Einführung einer Kapazitätskomponente als Förderinstrument, Fraunhofer IWES 2011, S. 8, abrufbar unter http://www.iwes.fraunhofer.de/de/publikationen0/uebersicht/publikationen_veroeffentlichungengesamt/2011/flexible_stromproduktionausbiogasundbiomethan/_jcr_content/pressrelease/linklistPar/download/file.res/Flexible%20Stromproduktion%20aus%20Biogas%20und%20Biomethan.pdf.

516 Nr. 1, 3. Spiegelstrich der Anlage 5.

517 Nr. 2.3 Anlage 5; eine Änderung des Betrages ist gem. § 64f Abs. 4b) EEG 2012 durch Rechtsverordnung möglich.

518 Zur Bemessungsleistung vgl. oben Rn 66 ff.

ist zum Zweck der Berechnung der Höhe der Flexibilitätsprämie zu beachten, dass diese im ersten und im zehnten Kalenderjahr der Inanspruchnahme der Prämie mit der Maßgabe zu bestimmen ist, dass nur die vollen Zeitstunden der Kalendermonate bzw. die darin erzeugten Kilowattstunden zu berücksichtigen sind, während derer die Flexibilitätsprämie in Anspruch genommen wird.[519]

Wegen der bei Biogasanlagen typischerweise unterschiedlichen Anlagenaus- 300
lastung wird in die Berechnung der für die Prämienberechnung zu Grunde gelegten Bemessungsleistung gem. Nr. 2.2 S. 2 der Anlage 5 ein **Korrekturfaktor („f_{Kor}")** einbezogen **(1,1 für Biogas und 1,6 für Biomethan)**, der die unterschiedliche Verfügbarkeit der Anlagen und deren unterschiedliche Auslastung abhängig vom Einsatzkonzept ausgleichen soll.[520] Der Korrekturfaktor errechnet sich aus den vollen Zeitstunden eines Kalenderjahres dividiert durch die durchschnittliche Anzahl der Volllaststunden einer Biogas- bzw. Biomethananlage.[521] Der höhere Korrekturfaktor für Biomethan ist darauf zurückzuführen, dass für die wärmegeführten und daher nur zu bestimmten Zeiten betriebenen Biomethananlagen von einer geringeren Auslastung, d.h. einer geringeren Anzahl von Volllaststunden pro Jahr ausgegangen werden muss.[522]

Die anrechenbare **Zusatzleistung** unterliegt gem. Nr. 2.2 S. 3 der Anlage 5 zum 301
EEG 2012 bestimmten Grenzen: Die Bemessungsleistung muss mindestens 20 % der installierten Leistung betragen. Wird dieser Wert unterschritten, wird die Zusatzleistung auf den Wert Null festgesetzt,[523] so dass die Flexibilitätsprämie entfällt. Dies

---

519 Nr. 1, 1. Spiegelstrich der Anlage 5 zum EEG 2012.

520 EEG-Erfahrungsbericht 2011 der Bundesregierung, 2011, S. 21, abrufbar unter http://www.bmu.de/files/pdfs/allgemein/application/pdf/eeg_erfahrungsbericht_2011_bf.pdf; *Wustlich/Müller*, ZNER 2011, 380, 395; *Holzhammer/Rohrig/Hochloff* u.a., Flexible Stromproduktion aus Biogas und Biomethan – Die Einführung einer Kapazitätskomponente als Förderinstrument, Fraunhofer IWES 2011, S. 8, abrufbar unter http://www.iwes.fraunhofer.de/de/publikationen0/uebersicht/publikationen_veroeffentlichungengesamt/2011/flexible_stromproduktionausbiogasundbiomethan/_jcr_content/pressrelease/linklistPar/download/file.res/Flexible%20Stromproduktion%20aus%20Biogas%20und%20Biomethan.pdf.

521 *Holzhammer/Rohrig/Hochloff* u.a., Flexible Stromproduktion aus Biogas und Biomethan – Die Einführung einer Kapazitätskomponente als Förderinstrument, Fraunhofer IWES 2011, S. 8, Fn 3, 4, abrufbar unter http://www.iwes.fraunhofer.de/de/publikationen0/uebersicht/publikationen_veroeffentlichungengesamt/2011/flexible_stromproduktionausbiogasundbiomethan/_jcr_content/pressrelease/linklistPar/download/file.res/Flexible%20Stromproduktion%20aus%20Biogas%20und%20Biomethan.pdf.

522 *Holzhammer/Rohrig/Hochloff u.a.*, Flexible Stromproduktion aus Biogas und Biomethan – Die Einführung einer Kapazitätskomponente als Förderinstrument, Fraunhofer IWES 2011, S. 33, abrufbar unter http://www.iwes.fraunhofer.de/de/publikationen0/uebersicht/publikationen_veroeffentlichungengesamt/2011/flexible_stromproduktionausbiogasundbiomethan/_jcr_content/pressrelease/linklistPar/download/file.res/Flexible%20Stromproduktion%20aus%20Biogas%20und%20Biomethan.pdf.

523 Nr. 2.2 S. 3, 1. Spiegelstrich der Anlage 5.

sanktioniert eine **Unterschreitung** der von § 33i Abs. 1 Nr. 2 EEG 2012 geforderten **Mindestauslastung.**[524] Diese Grenze der Nr. 2.2 S. 3 der Anlage 5 zum EEG 2012 bezieht sich ausdrücklich auf die Bemessungsleistung und gewährleistet damit keine Mindestgröße der Zusatzleistung (unmittelbar). Die Formulierung der Vorschrift wird in Fachkreisen deshalb teilweise mit dem Argument als fehlerhaft angesehen, dass an Stelle der „Bemessungsleistung" die „Zusatzleistung" stehen müsste.[525]

302 Nach oben hin ist der Wert der Zusatzleistung gem. Nr. 2.2 S. 3, 2. Spiegelstrich der Anlage 5 auf das 0,5-fache der installierten Leistung begrenzt. Damit wird indirekt die **maximal mögliche jährliche Vergütungshöhe** festgelegt. Gleichzeitig entspricht dies der durch das Gesetz angestrebten möglichen Verschiebung der Stromerzeugung um zwölf Stunden.[526]

Beispiel

Zur Erläuterung wird für folgendes Berechnungsbeispiel davon ausgegangen, dass der Betreiber einer Biogasanlage mit einer Bemessungsleistung von 500 kW nunmehr einen Gasspeicher verwendet, der zu einem Verlagerungspotenzial von 300 kW führt. Die installierte Leistung der Anlage beträgt damit 800 kW. In diesem Falle beträgt die Zusatzkapazität 250 kW. Dies ergibt sich aus der Differenz zwischen der installierten Leistung und der Bemessungsleistung, wobei Letztere zuvor mit dem Korrekturfaktor von 1,1 multipliziert werden muss.

Diese Zusatzleistung ergibt einen Erlös von 32.500 € pro Jahr (Zusatzleistung von 250 kW multipliziert mit der Kapazitätskomponente von 130 € pro kW pro Jahr). Umgelegt auf die von der Anlage erzeugte Strommenge in dem jeweiligen Jahr (errechnet aus der Bemessungsleistung von 500 kW multipliziert mit den Zeitstunden eines Jahres) ergibt dies eine spezifische Flexibilitätsprämie von 0,74 ct/kWh.[527]

---

dd) Abschläge und Dauer

303 Auf die zu erwartende Prämienzahlung sind gem. § 33i Abs. 2 S. 1 EEG 2012 **monatliche Abschläge** zu leisten. Die Flexibilitätsprämie wird gem. § 33i Abs. 4 EEG 2012 für die Dauer von zehn Jahren gezahlt. Dieser feste Zeitraum beginnt am ersten Tag des übernächsten Kalendermonats nach Mitteilung der Inanspruchnahme der Flexibilitätsprämie an den Netzbetreiber gem. § 33i Abs. 1 Nr. 3 EEG 2012.

---

524 *Wustlich/Müller*, ZNER 2011, 380, 395.

525 Vgl. *Holzhammer*, Markt- und Flexibilitätsprämie – Umsetzung und Chancen für landwirtschaftliche Biomasseanlagen, Vortrag am 5.10.2011, Fraunhofer IWES, S. 18, abrufbar unter www.sachsen-ahalt.de//fileadmin/Elementbibliothek/Bibliothek_Politik_und_Verwaltung/Bibliothek_LLFG/dokumente//KoNaRo/veranstaltungsbeitraege/2011/EBMT2011_05102011/Holzhammer_05102011_Bernburg.pdf.

526 *Wustlich/Müller*, ZNER 2011, 380, Fn 144.

527 Vgl. auch die Darstellung mit einem anderen Berechnungsbeispiel bei *Valentin/Buchmüller*, Biogas Journal 2011, 126, 128.

c) Grünstromprivileg – § 33b Nr. 2, § 39 Abs. 1 EEG 2012

Das Grünstromprivileg stellt – wie die Marktprämie – eine Fördermöglichkeit in der Direktvermarktung dar. 304

aa) Allgemeines

Das Grünstromprivileg – im EEG 2009 noch in § 37 Abs. 1 S. 2 mit geregelt – findet 305 sich nunmehr in einem eigenen Paragrafen.[528] Aus systematischen Gründen ist es im Anschluss an die Vorschriften zur EEG-Umlage geregelt,[529] weil das Grünstromprivileg eine Ausnahme von der Pflicht zur Zahlung der EEG-Umlage in § 37 Abs. 2 EEG 2012 darstellt.[530]

Im Falle der Direktvermarktung in das Grünstromprivileg verkauft der Anlagen- 306 betreiber seinen Strom an einen Grünstromhändler. Die Förderung des Anlagenbetreibers erfolgt – anders als bei der Marktprämie – nur mittelbar: Das Grünstromprivileg selbst dient unmittelbar nur der Entlastung des Händlers, der deshalb wiederum dem Anlagenbetreiber regelmäßig einen höheren Strompreis zahlt. Die konkrete Ausgestaltung des Vertragsverhältnisses zwischen Anlagenbetreiber und Händler bleibt dabei dem freien Spiel der Marktkräfte überlassen.[531]

Die Privilegierung der Grünstromhändler wird wie folgt erreicht: Grundsätzlich 307 müssen gem. § 37 Abs. 2 EEG 2012 alle EVU die sog. EEG-Umlage zahlen. Diese verteilt die durch die Förderung des Stroms aus erneuerbaren Energien entstehenden Kosten auf alle Elektrizitätsversorger, die diese wiederum auf ihre Letztverbraucher umlegen.[532] Die EEG-Umlage wird für Grünstromhändler reduziert: Sie verringert sich nach Maßgabe des § 39 Abs. 1 EEG 2012 um 2,0 ct/kWh, höchstens jedoch in Höhe der EEG-Umlage. Neben diesen wirtschaftlichen Anreiz tritt die Möglichkeit, den Strom als „Strom aus erneuerbaren Energien" gem. §§ 53 ff. EEG 2012 gegenüber dem Letztverbraucher zu kennzeichnen, woraus sich regelmäßig wirtschaftliche Vorteile ergeben, weil dieser Strom zu höheren Preisen vermarktet werden kann.[533]

---

528 § 39 Abs. 1 EEG 2012.

529 §§ 34 bis 38 EEG 2012.

530 Deshalb wurde im EEG 2012 in der Fassung v. 17.8.2012 (BGBl. I S. 1754) ein eigenes Grünstromprivileg für die Lieferung von Solarstrom an Dritte in unmittelbarer räumlicher Nähe ohne Nutzung eines öffentlichen Netzes – z.B. die Direktlieferung vom Vermieter an den Mieter – in § 39 EEG 2012 n.F. in einem neuen Abs. 3 aufgenommen; dies ist indes keine Direktvermarktung gem. § 33b EEG 2012, sondern stellt nur klar, dass dieser Solarstrom grundsätzlich der EEG-Umlagepflicht unterliegt, wobei gleichzeitig mit Blick auf die EEG-Umlage für eine Gleichbehandlung dieses Stroms mit dem nach §§ 33a ff. EEG 2012 n.F. direkt vermarkteten Solarstrom gesorgt wird; vgl. zum Ganzen BT-Drucks. 17/8877, S. 24.

531 *Wustlich/Müller*, ZNER 2011, 380, 392.

532 Im Jahr 2012 beträgt die EEG-Umlage 3,592 ct/kWh, vgl. www.eeg-kwk.net.

533 *Wustlich/Müller*, ZNER 2011, 380, 387; eine Kennzeichnung ist gem. § 55 Abs. 1 S. 2, § 56 Abs. 2 EEG 2012 ausgeschlossen für Strom, der mit der festen Einspeisevergütung gem. § 16

308 Aus Sicht der Bundesregierung birgt das Grünstromprivileg neben dem unübersehbaren Vorteil der Einfachheit auch Nachteile.[534] Die Nutzung des Grünstromprivilegs führt zu einer Erhöhung der EEG-Umlage für die verbleibenden Energieversorger.[535] Nach Ansicht des BMU hätte die mittelfristig zu erwartende volle wirtschaftliche Nutzung des Potenzials des Grünstromprivilegs einen Anstieg der EEG-Umlage auf bis zu 0,5 ct/kWh bewirkt.[536] Zudem tendierten die das Grünstromprivileg nutzenden Stromhändler dazu, vor allem Strom aus kostengünstigen, marktnahen Energieträgern wie Wasserkraft und Deponiegas anzukaufen. Für eine Vermarktung fluktuierender erneuerbarer Energien mit hoher Marktintegrationswirkung, wie z.B. aus Photovoltaik, bestand im Rahmen des Grünstromprivilegs im EEG 2009 kein wirtschaftlicher Anreiz, so dass keine Technologiedifferenzierung stattfand.[537] Bereits im Rahmen des **„Europarechtsanpassungsgesetz Erneuerbare Energien"**[538] vom April 2011 hat der Gesetzgeber daher das Grünstromprivileg, d.h. die Verringerung der EEG-Umlage, auf höchstens 2 ct/kWh begrenzt.[539] Im EEG 2012 hat er das Privileg weiteren Einschränkungen unterworfen und zusätzliche Kriterien festgelegt, die das Vertriebsunternehmen erfüllen muss, um in den Genuss des Grünstromprivilegs zu kommen.[540] In der öffentlichen Diskussion wird teilweise davon ausgegangen, dass das Grünstromprivileg mit dem EEG 2012 faktisch so gut wie abgeschafft werde.[541] Der Neuregelung des Grünstromprivilegs wurde im Gesetzgebungsverfahren vor allem vorgeworfen, dass sie eine wirtschaftliche Nutzung des Grünstromprivilegs unmöglich mache.[542]

EEG 2012 vergütet oder für den die Marktprämie gem. § 33g EEG 2012 in Anspruch genommen wird; zur Kritik an dieser Regelung vgl. *Beckmann*, Rechtliche Stellungnahme: Marktprämie und Herkunftsnachweise im Regierungsentwurf für das EEG 2012, 2011, S. 9 ff.

534 Vgl. *Wustlich/Müller*, ZNER 2011, 380, 392.

535 Vgl. *Gabler*, REE 2011, 68–74, 73; *Klemm*, REE 2011, 61, 65.

536 EEG-Erfahrungsbericht 2011 der Bundesregierung, S. 17, abrufbar unter http://www.bmu.de/files/pdfs/allgemein/application/pdf/eeg_erfahrungsbericht_2011_bf.pdf.

537 EEG-Erfahrungsbericht 2011 der Bundesregierung, S. 8, abrufbar unter http://www.bmu.de/files/pdfs/allgemein/application/pdf/eeg_erfahrungsbericht_2011_bf.pdf; vgl. auch BT-Drucks. 17/6071, S. 83 li. Sp.

538 BGBl. I 2011 S. 619; vgl. hierzu *Klemm*, REE 2011, 61, 61 ff.

539 Vgl. *Klemm*, REE 2011, 61, 65.

540 Vgl. BT-Drucks. 17/6071, S. 83 li. Sp.; vgl. auch *Kroll/Langrock*, et 2011, 86, 89; *Moench/* Rutloff, RdE 2012, 134, 134; *Hummel*, et 2012, 49, 49f.

541 hib – heute im bundestag Nr. 242 v. 8.6.2011 Nr. 3; abrufbar unter http://www.bundestag.de/presse/hib/2011_06/2011_242/03.html; *Moench/Rutloff*, RdE 2012, 134, 134; *Hummel*, et 2012, 49, 50; nur eine marginale weitere Reduktion der Nutzung des Grünstromprivilegs *Kroll/Langrock*, et 2011, 86, 89.

542 Vgl. *BDEW*, Stellungnahme zum Referentenentwurf zur EEG-Novelle 2012, S. 5, abrufbar unter www.bdew.de; Fraktion der SPD im Bundestag, Entschließungsantrag zur BT-Drucks. 17/6071 v. 28.6.2011, BT-Drucks. 17/6363, S. 80 f.; Fraktion Bündnis 90/Die Grünen im Bundestag, Entschließungsantrag zur BT-Drucks. 17/6071 v. 28.6.2011, BT-Drucks. 17/6363, S. 85, 86.

bb) Voraussetzungen der Nutzung des Grünstromprivilegs

Erste Voraussetzung der Nutzung des Grünstromprivilegs ist gem. § 39 Abs. 1 Nr. 1a) EEG 2012, dass ein EVU den Grünstrom vertreibt. Unter dem EEG 2009 wurde insoweit diskutiert, ob sich der Begriff „Elektrizitätsversorgungsunternehmen" auf einzelne juristische Personen bezieht, so dass Tochterunternehmen eines Unternehmens eigene Grünstromportfolios bilden können oder ob auf die wirtschaftliche Einheit des Unternehmens abzustellen ist, die auch aus einer Gruppe miteinander verbundener Unternehmen bestehen kann.[543] Anders als im EEG 2009 ist der Begriff in § 3 Nr. 2d) EEG 2012 nunmehr legaldefiniert. Danach ist ein **EVU** *„jede natürliche oder juristische Person, die Elektrizität an Letztverbraucherinnen oder Letztverbraucher liefert"*. Dieser Wortlaut scheint damit eher auf die konkret handelnde juristische Person abzustellen,[544] so dass damit das Angebot von Grünstrom im Rahmen des entsprechenden Privilegs durch Tochterunternehmen von Versorgungsunternehmen, die dieses Privileg nicht nutzen können, möglich erscheint.[545] 309

Das EVU muss gem. § 39 Abs. 1 Nr. 1a) EEG 2012 mindestens 50 % des Stroms, den das EVU an den Letztverbraucher liefert, aus nach dem EEG vergütungsfähigem Strom aus erneuerbaren Energien i.S.d. §§ 23 bis 33 EEG 2012 bestehen. Insofern entspricht diese Regelung § 37 Abs. 1 S. 2 EEG 2009. Der § 39 Abs. 1 Nr. 1b) EEG 2012 bestimmt darüber hinaus, dass als Teilmenge hiervon mindestens 20 % des Stroms aus fluktuierenden erneuerbaren Energien i.S.d. §§ 29 bis 33 EEG 2012 bestehen müssen. Dieser Anteil wird auf die 50 %-Quote angerechnet (sog. „Portfolio-Anforderungen").[546] 310

Die Quote berechnet sich anhand der Strommengen, die das Unternehmen an die **Letztverbraucher** physisch liefert.[547] Dabei dürfen nie mehr als 100 % des tatsächlichen Bedarfs der Letztverbraucher in Ansatz gebracht werden, wie § 39 Abs. 1 Nr. 1, letzter Hs. EEG 2012 klarstellt.[548] Zeitweise **Überproduktion** von Strom aus fluktuierenden Energieträgern kann daher nicht auf die **Quote** angerechnet werden. Nunmehr wird in § 33 Abs. 1 S. 1 EEG 2012 zudem ausdrücklich gefordert, dass die Quote im Durchschnitt des jeweiligen Kalenderjahres sowie zugleich jeweils im Durchschnitt von mindestens acht Monaten dieses Kalenderjahres erfüllt sein muss. Im EEG 2009 war dies nicht geregelt; nach herrschender Meinung genügte die Erfüllung der Portfolio-Anforderungen im Jahresdurchschnitt.[549] 311

In der neuen Fassung des § 39 Abs. 1 EEG 2012 v. 17.8.2012 wurde mit Blick auf das neue **„Marktintegrationsmodell"** in § 33 Abs. 1 EEG 2012 zudem die Regelung 312

543 *Strohe*, et 2011, 84, 86; *Moench/Rutloff*, RdE 2012, 134, 135 f.
544 Ebenso *Strohe*, et 2011, 84, 86.
545 Ebenso: *Moench/Rutloff*, RdE 2012, 134, 135.
546 BT-Drucks. 17/6071, S. 83 re. Sp.; *Strohe*, et 2011, 84, 86.
547 BT-Drucks. 17/6071, S. 83 re. Sp.
548 BT-Drucks. 17/6071, S. 83 re. Sp.; *Hummel*, et 2012, 49, 50.
549 *Strohe*, et 2011, 84, 86; *Gabler*, REE 2011, 68, 72; *Salje*, EEG, § 17 Rn 9 ff.; *Wustlich/Müller*, ZNER 2011, 380, 392.

aufgenommen, dass für bei der Berechnung der Anteile gem. § 39 Abs. 1 Hs. 1 EEG 2012 für solare Neuanlagen nur die Strommengen berücksichtigt werden dürfen, die nach § 33 Abs. 1 EEG 2012 dem Grunde nach in dem Kalenderjahr vergütungsfähig sind. Solarstrom, der oberhalb der förderfähigen Strommenge direkt vermarktet wird, kann nicht mehr angerechnet werden.[550]

cc) Mitteilungs- und Nachweispflichten

313 Die **prozeduralen Anforderungen** folgen aus § 39 Abs. 1 Nr. 2 und 3 EEG 2012. Danach müssen die EVU die Inanspruchnahme des Grünstromprivilegs dem ÜNB vorab bis zum 30.9. des vorhergehenden Kalenderjahres mitteilen.[551] Zudem müssen die EVU das Vorliegen der Voraussetzungen des § 39 Abs. 1 Nr. 1 EEG 2012 nachweisen. Hierzu gehört die Einhaltung der Portfolio-Anforderungen an die Zusammensetzung des Stroms sowie die Tatsache, dass bei der Berechnung der Anteile kein Strom über den Gesamtverbrauch der Letztverbraucher hinaus berücksichtigt wurde. Dies muss – auf Verlangen des ÜNB – nach Maßgabe des § 50 EEG 2012 geschehen, d.h. ggf. mittels einer Prüfung durch Wirtschaftsprüfer.[552]

d) Sonstige Direktvermarktung – § 33b Nr. 3 EEG 2012

314 Die sonstige Direktvermarktung dient als **Auffangtatbestand** für alle übrigen Formen der direkten Vermarktung, die nicht dem Grünstromprivileg oder der Marktprämie zuzuordnen sind. Sie wird durch das EEG grundsätzlich nicht finanziell gefördert. Allerdings kann auch bei der sonstigen Direktvermarktung ein **Herkunftsnachweis** gem. § 55 Abs. 1 EEG 2012 ausgestellt werden, so dass dieser gegenüber den Letztverbrauchern als „Strom aus erneuerbaren Energien" gekennzeichnet werden kann. Bei der Erzeugung von Strom aus Biogas kann für die Bereitstellung zusätzlicher installierter Leistung für eine bedarfsorientierte Stromerzeugung gem. § 33i Abs. 1 Nr. 1 EEG 2012 auch im Rahmen der sonstigen Direktvermarktung die **Flexibilitätsprämie** in Anspruch genommen werden.

---

550 BT-Drucks. 17/8877, S. 24 li. Sp.

551 Für das Jahr 2012 enthält § 66 Abs. 8 EEG 2012 eine Übergangsvorschrift, nach der die Anmeldungsfrist für 2012 bis zum 29.2.2012 läuft; § 39 Abs. 4 EEG 2012 sieht insofern – in Anlehnung an § 33d Abs. 3 EEG 2012 – nunmehr vor, dass unverzüglich, spätestens zum 1.9.2012, ein standardisiertes elektronisches Übermittlungsverfahren einzuführen ist, vgl. BT-Drucks. 17/8877, S. 23 re. Sp.

552 *Wustlich/Müller*, ZNER 2011, 380, 393; *Strohe*, et 2011, 84, 87.

11. Direktvermarktung durch Bestandsanlagen: Übergangsregelung

Für Bestandsanlagen, d.h. Anlagen, die vor dem 1.1.2012 in Betrieb genommen worden sind, sind die Vorschriften über die Direktvermarktung nach der Übergangsregelung des EEG 2012 in § 66 Abs. 1 Nr. 10 ab dem 1.1.2012 grundsätzlich anzuwenden. Demnach gelten sämtliche Vorschriften über die **Direktvermarktung**[553] auch für **Bestandsanlagen**, insbesondere also auch der Anspruch auf die Marktprämie. § 17 EEG 2009 wird daher ab dem 1.1.2012 durch die §§ 33a ff. EEG 2012 ersetzt.[554] Der anzulegende Wert i.S.d. § 33h EEG 2012 – also die hypothetische Berechnung der Einspeisevergütung zur **Ermittlung der Marktprämie** – richtet sich für Bestandsanlagen nach den Vorschriften über die feste Einspeisevergütung der im **Zeitpunkt der Inbetriebnahme der jeweiligen Anlage maßgeblichen EEG-Fassung**. Auch die **Flexibilitätsprämie** in § 33i EEG 2012 kann von Bestandsanlagen gem. § 66 Abs. 1 Nr. 11 EEG 2012 beansprucht werden, wenn für den gesamten in der Anlage erzeugten Strom ein Vergütungsanspruch nach der für die Anlage maßgeblichen EEG-Fassung besteht und sie die Anforderungen des § 33i EEG 2012 an Neuanlagen erfüllt.[555] 315

VIII. Überwachung der Einhaltung der Vergütungsregeln

Die Überwachung der Einhaltung der Vorschriften über die Vergütung der Anlagenbetreiber durch die Netzbetreiber ist durch § 61 Abs. 1 Nr. 2, Abs. 1a EEG 2012 der **BNetzA** zugeordnet. Die Bundesnetzagentur für Elektrizität, Gas, Telekommunikation, Post und Eisenbahnen ist eine selbstständige Bundesoberbehörde im Geschäftsbereich des BMWi. Ihre Hauptaufgabe ist es, durch Liberalisierung und Deregulierung für die weitere Entwicklung der genannten Märkte zu sorgen.[556] Die in § 61 Abs. 1 Nr. 2, Abs. 1a EEG 2012 übertragene Aufgabe trägt – wie die anderen Überwachungsaufgaben, die das EEG der BNetzA zuteilt – den Informationsbedürfnissen der Öffentlichkeit Rechnung und dient der Gewährleistung von Transparenz im Rahmen des bundesweiten EEG-Belastungsausgleichs.[557] 316

1. Historie

Die Überwachungsaufgaben der BNetzA waren bereits im EEG 2006 und EEG 2009 geregelt, umfassten jedoch lediglich die Überprüfung der Einhaltung der Vergütungs- 317

553 §§ 33a bis 33g EEG 2012.

554 Vgl. *Wustlich/Müller*, ZNER 2011, 380, 395.

555 Gemäß § 66 Abs. 1 Nr. 10 S. 2 a.E., § 64f Abs. 4 EEG 2012 können durch Rechtsverordnung abweichende Berechnungsparameter der Flexibilitätsprämie für Bestandsanlagen geschaffen werden.

556 www.bundesnetzagentur.de.

557 Vgl. BT-Drucks. 16/2455, S. 7 re. Sp.

regeln des Ausgleichsmechanismus beginnend beim Netzbetreiber zu den ÜNB, den EVU bis hin zum Letztverbraucher.[558] Die Überwachung der Vergütung der Anlagenbetreiber als erste Stufe des EEG-Belastungsausgleichs hingegen fiel nicht in die Zuständigkeit der BNetzA. Diese war lediglich der zivilgerichtlichen Kontrolle im Verhältnis zwischen Anlagen- und Netzbetreiber unterworfen. Dies wurde seinerzeit als ausreichend angesehen.[559] Wegen des hohen Missbrauchpotenzials[560] wird der BNetzA im EEG 2012 nunmehr das Recht eingeräumt, **alle Stufen des Vergütungsmechanismus** zu überwachen.[561]

2. Reichweite der Überwachungsaufgabe

318 Die Überwachungszuständigkeit der BNetzA für die erste Stufe des Wälzungsmechanismus ergibt sich zwar nicht unmittelbar aus dem Wortlaut des § 61 Abs. 1 Nr. 2 EEG 2012, wird aber in der Zusammenschau mit § 61 Abs. 1a EEG 2012 deutlich. Erfasst von der Überwachung durch die BNetzA sind die Vergütungen nach den §§ 16 bis 33 EEG 2012 sowie die Prämienzahlungen nach §§ 33g und 33i EEG 2012. Es gehört jedoch nicht nur die Überprüfung der Einhaltung der Vergütungshöhe zu den Aufgaben der BNetzA, sondern nach der Gesetzesbegründung auch die Überwachung der Registrierungspflicht, der vollständigen Andienungspflicht, der Fristeinhaltung bei der Direktvermarktung etc.[562]

319 Die BNetzA unterliegt in der Entscheidung über das Aufgreifen eines möglichen Fehlverhaltens auf Seiten der Anlagenbetreiber trotz des insoweit missverständlichen Wortlauts des § 61 Abs. 1 EEG 2012 („*hat die Aufgabe zu überwachen, dass...*“) nicht dem Legalitätsprinzip.[563] Vielmehr kann sie einschreiten, wenn sie Kenntnis von einer Verletzung von Pflichten durch einen Anlagenbetreiber erlangt. Dies ergibt sich aus § 61 Abs. 2 EEG 2012, der u.a. auf § 65 Abs. 1 EnWG[564] verweist. Letzterer enthält die Generalklausel für die Aufsichtstätigkeit der BNetzA und billigt dieser ein **Entschließungsermessen** zu. Die BNetzA muss daher auch im Rahmen des § 61 Abs. 1 EEG 2012

558 Vgl. § 61 Abs. 1 Nr. 1–3 EEG 2009; BT-Drucks. 16/8148, S. 74 re. Sp.; Frenz/Müggenborg/*Ehricke*, § 61 Rn 5; *Salje*, EEG, § 61 Rn 2.
559 BT-Drucks. 17/6071, S. 90 re. Sp.; BT-Drucks. 16/8148, S. 74 re. Sp.
560 BMU, Entwurf des EEG-Erfahrungsberichts 2011, S. 179, abrufbar unter http://www.bmu.de/files/pdfs/allgemein/application/pdf/eeg_erfahrungsbericht_2011_entwurf.pdf; dies war auch die Begründung für die Ersteinführung der Überwachungsbefugnisse der Bundesnetzagentur in der EEG-Novelle 2006, vgl. BT-Drucks. 16/2455, S. 7 li. Sp.
561 BT-Drucks. 17/6071, S. 90 re. Sp.
562 BT-Drucks. 17/6071, S. 90 re. Sp.
563 Vgl. insofern zum EEG 2009: Frenz/Müggenborg/*Ehricke*, § 61 Rn 22; *Salje*, EEG, § 61 Rn 12.
564 EnWG v. 7.7.2005 (BGBl. I S. 1970, 3621) in der Fassung v. 22.12.2011 (BGBl. I S. 3044).

nur im Falle einer Ermessensreduzierung auf Null eingreifen. Deshalb ist es ihr auch erlaubt, Antragsteller auf den Zivilrechtsweg zu verweisen.[565]

3. Verfahren

Grundsätzlich obliegt die Einhaltung der Vergütungsvorschriften des EEG den EEG-Anlagen- und Netzbetreibern.[566] Die Überwachung durch die BNetzA ist gem. § 61 Abs. 1b EEG 2012 auf **Stichproben** zu beschränken, was angesichts der Menge an Anlagenbetreibern auch der einzig praktikable Weg erscheint. Da das behördliche Verfahren rechtsstaatlichen Anforderungen genügen muss, darf die Anlagenbetreiberauswahl jedoch nicht willkürlich erfolgen.[567] 320

Das Verfahren und die Handlungsmöglichkeiten der BNetzA, wenn sie einen Verstoß gegen die Vorschriften der §§ 16 bis 33, 33 a–i EEG 2012 untersucht, folgen über die Verweisung in § 61 Abs. 2 EEG 2012 aus der entsprechenden Anwendung des achten Abschnitts des EnWG.[568] Demnach kann die Behörde von Amts wegen oder auf Antrag[569] ein behördliches Aufsichtsverfahren nach den §§ 65 ff. EnWG analog einleiten. Die Kompetenzen der BNetzA hinsichtlich der Ermittlung des Sachverhaltes bestimmen sich analog §§ 68 ff. EnWG; insbesondere kommen ihr daher Auskunfts-, Betretungs- und Beschlagnahmerechte zu. Wird in diesem Verfahren ein Verstoß festgestellt, so kann die BNetzA den Betroffenen gem. § 65 Abs. 1 EnWG verpflichten, dieses Verhalten abzustellen; sie kann hierzu *„alle erforderlichen Abhilfemaßnahmen verhaltensorientierter oder struktureller Art vorschreiben, die gegenüber der festgestellten Zuwiderhandlung verhältnismäßig und für eine wirksame Abstellung der Zuwiderhandlung erforderlich sind“*. Zudem kann sie Maßnahmen zur Einhaltung der gesetzlichen Verpflichtungen der Anlagen- und Netzbetreiber anordnen.[570] Hinsichtlich der **Auswahl** zwischen diesen möglichen Rechtsfolgen kommt der BNetzA **Ermessen** zu.[571] 321

Das Verfahren endet analog § 73 EnWG entweder mit einer Entscheidung oder mit der Mitteilung, dass eine Entscheidung nicht ergehen wird. Die das Verfahren abschließende Entscheidung wird gem. § 61 Abs. 3 EEG 2012 i.V.m. § 59 EnWG durch Beschlusskammern innerhalb der BNetzA getroffen. Diese bestehen aus einem Vorsit- 322

565 *Salje*, EEG, § 61 Rn 14.

566 *Meyenborg*, Neue Aufgaben und Befugnisse der Bundesnetzagentur, Vortrag auf dem 9. Fachgespräch der Clearingstelle EEG am 9.9.2011, Folie 8, abrufbar unter http://www.clearingstelle-eeg.de/fachgespraeche.

567 Vgl. den Hinweis in BT-Drucks. 17/6071, S. 90 re. Sp.

568 §§ 65 bis 108; § 61 Abs. 2 EEG 2012 nimmt folgende Vorschriften von der Verweisung aus: §§ 69 Abs. 1 S. 2, Abs. 10; 91; 92; 95 bis 101 (regulierungsbehördliches Bußgeldverfahren) sowie 102 bis 105 EnWG (Bestimmungen über das gerichtliche Verfahren).

569 Vgl. § 66 Abs. 1 EnWG.

570 § 65 Abs. 1 S. 2 und Abs. 2 EnWG.

571 Frenz/Müggenborg/*Ehricke*, § 61 Rn 25; *Salje*, EEG, § 61 Rn 34.

zenden und zwei Beisitzenden, die die Voraussetzungen des § 59 Abs. 2 und 3 EnWG erfüllen müssen.[572] Dies soll eine justizähnliche, den strengen europarechtlichen Vorgaben entsprechende Unabhängigkeit der Überwachungsmechanismen sicherstellen.[573] Gegen die Entscheidung der BNetzA kann der betroffene Anlagenbetreiber Beschwerde zum für den Sitz der BNetzA zuständigen OLG gem. § 75 Abs. 1 S. 1 EnWG einlegen, die in der Regel keine aufschiebende Wirkung hat.[574] Gegen dessen Entscheidung ist Rechtsbeschwerde zum BGH gem. § 86 Abs. 1 EnWG zu erheben.

323 Die **Zuwiderhandlung** gegen eine **vollziehbare Anordnung der BNetzA** ist gem. § 62 Abs. 1 Nr. 2 EEG 2012 eine **Ordnungswidrigkeit**, die mit einem Bußgeld von bis zu 200.000 € geahndet werden kann.

324 Gemäß § 61 Abs. 1b S. 2 EEG 2012 bleibt das Recht der Anlagenbetreiber unberührt, die **ordentlichen Gerichte** anzurufen oder ein Verfahren vor der **Clearingstelle** gem. § 57 Abs. 3 EEG 2012 einzuleiten. Nach § 57 Abs. 3 EEG 2012 kann die Clearingstelle EEG, deren Hauptaufgabe die Klärung von Fragen und Streitigkeiten zur Anwendung und Auslegung der §§ 3 bis 33i, 45, 46, 56 und 66 EEG 2012 ist, Streitfragen zwischen Anlagen- und Netzbetreibern der außergerichtlichen Klärung zuführen.[575] Die Entscheidungen der BNetzA müssen jedoch von der Clearingstelle gem. § 57 Abs. 2 S. 2 EEG 2012 beachtet werden.

IX. Herkunftsnachweise

325 § 55 EEG 2012 enthält die Regelung des Systems der Herkunftsnachweise.

1. Historie

326 § 55 EEG 2012 geht weitgehend auf das EAG EE[576] (in Kraft seit dem 1.5.2011) zurück.[577] Darin wurde das System der Herkunftsnachweise vollkommen neu geregelt.[578]

572 Die Befähigung für eine Laufbahn des höheren Beamtendienstes und die Beamteneigenschaft. Die Inkompatibilitätsregelung in Abs. 3 bestimmt zudem, dass die Mitglieder weder ein Unternehmen der Energiewirtschaft innehaben oder leiten, noch Mitglied des Vorstandes oder Aufsichtsrates eines solchen sein noch der Landes- oder Bundesregierung, dem Bundestag oder einem Landesparlament angehören dürfen.

573 Vgl. die Gesetzesbegründung zur 2. EnWG-Novelle 2005, BT-Drucks. 15/3917, S. 70 li. Sp.; Frenz/Müggenborg/*Ehricke*, § 61 Rn 26.

574 § 76 Abs. 1 EnWG.

575 Die Clearingstelle hält hierzu vier verschiedene Verfahren bereit: Einigungs-, Votums-, Empfehlungs- und Hinweisverfahren; siehe www.clearingstelle-eeg.de.

576 Gesetz zur Umsetzung der RL 2009/28/EG zur Förderung der Nutzung von Energie aus erneuerbaren Quellen v. 12.4.2011, BGBl. I S. 619.

577 BT-Drucks. 17/6071, S. 88 li. Sp.

578 *Klemm*, REE 2011, 61, 62.

Die Anpassung diente vor allem der Umsetzung des Art. 15 der RL 2009/28/EG.[579] § 64d EEG 2012 enthält eine Verordnungsermächtigung an das BMU zur Ausgestaltung des Systems der Herkunftsnachweise. Die HkNV ist gem. § 8 der Verordnung seit dem 9.12.2011 in Kraft.[580] Gemäß § 6 HkNV wird das Umweltbundesamt im Einzelnen dazu ermächtigt, im Einvernehmen mit dem BMU und dem BMWi vor allem mit Blick auf Ausstellung, Anerkennung, Übertragung und Entwertung von Herkunftsnachweisen und das Herkunftsnachweisregister weitere Anforderungen zu regeln.

2. Der Begriff des Herkunftsnachweises

Ein Herkunftsnachweis ist gemäß der gesetzlichen Definition in § 3 Nr. 4a EEG 2012 *„ein elektronisches Dokument, das ausschließlich dazu dient, gegenüber einem Endkunden im Rahmen der Stromkennzeichnung nach § 42 Abs. 1 Nr. 1 EnWG*[581] *nachzuweisen, dass ein bestimmter Anteil oder eine bestimmte Menge des Stroms aus erneuerbaren Energien erzeugt wurde.“*[582] Der Mindestinhalt ist in § 2 HkNV geregelt.[583] Herkunftsnachweise dienen somit der **Stromkennzeichnung** nach § 42 EnWG.[584] Mit dem Herkunftsnachweis kann gegenüber dem **Letztverbraucher** deutlich gemacht werden, dass der Strom aus erneuerbaren Energien stammt.[585] Dies birgt wirtschaftliches Nutzungspotenzial. 327

Die Betonung, dass die Herkunftszertifikate „ausschließlich“ dazu und keinen anderen Zwecken dienen sollen, soll nicht etwa die gesonderte Handelbarkeit der Herkunftszertifikate einschränken, sondern dient der Abgrenzung von den sog. **„Grünstromzertifikaten“**.[586] Diese Zertifikate dienen EVU als Nachweis, dass sie 328

---

579 RL 2009/28/EG v. 23.4.2009 zur Förderung der Nutzung von Energie aus erneuerbaren Quellen und zur Änderung und anschließenden Aufhebung der RL 2001/77/EG und 2003/30/EG, ABl L 140 v. 5.6.2009, S. 16–62.

580 HkNV v. 28.11.2011, BGBl. I S. 2447, abrufbar unter http://www.clearingstelle-eeg.de/files/HkNV_BGBl_I_2011_2447.pdf; vgl. auch den Entwurf mit Begründung unter http://www.clearingstelle-eeg.de/files/HkNV_Begruendung.pdf.

581 EnWG v. 7.7.2005 (BGBl. I S. 1970, 3621) in der Fassung v. 22.12.2011 (BGBl. I S. 3044).

582 Diese Definition greift diejenige in Art. 2j) der RL 2009/28/EG auf, vgl. RL 2009/28/EG v. 23.4.2009 zur Förderung der Nutzung von Energie aus erneuerbaren Quellen und zur Änderung und anschließenden Aufhebung der RL 2001/77/EG und 2003/30/EG, ABl L 140 v. 5.6.2009, S. 16 ff.

583 Dazu im Einzelnen vgl. die Begründung des Entwurfs der HkNV, S. 19 f., abrufbar unter http://www.clearingstelle-eeg.de/files/HkNV_Begruendung.pdf.

584 *Klemm*, REE 2011, 61, 62; *Wustlich/Müller*, ZNER 2011, 380, 387.

585 BMU, Hintergrundinformation zur Umsetzung der RL 2009/28/EG, September 2010, S. 1, abrufbar unter http://www.erneuerbare-energien.de/files/pdfs/allgemein/application/pdf/hg_eag_ee_bf.pdf.

586 *Klemm*, REE 2011, 61, 62; vgl. auch Erwägungsgrund 52 der RL 2009/28/EG zur Förderung der Nutzung von Energie aus erneuerbaren Quellen und zur Änderung und anschließenden Aufhebung der RL 2001/77/EG und 2003/30/EG, ABl L 140 v. 5.6.2009, S. 16 ff.

eine bestimmte Menge von Strom aus erneuerbaren Energiequellen erworben haben, um somit eine gesetzlich festgelegte Quote für grünen Strom zu erfüllen.[587] Sie sind daher – anders als die Herkunftsnachweise, die Transparenz herstellen sollen – Teil eines marktwirtschaftlich orientierten Fördersystems für erneuerbare Energien.[588]

329 Herkunftsnachweise werden für eine bestimmte Menge von Strom ausgestellt. Sie können jedoch unabhängig von dieser konkreten Strommenge übertragen und **selbstständig gehandelt** werden.[589] Dies regelt § 3 HkNV im Einzelnen.[590] Die Herkunftsnachweise belegen, dass eine bestimmte Strommenge aus erneuerbaren Energien erzeugt wurde, nicht jedoch, dass die konkret gelieferte Strommenge aus erneuerbaren Energien stammt.[591] Damit ist die Deklarierung von Strom aus konventionellen Energiequellen als Grünstrom möglich, wenn ein Herkunftsnachweis erworben wird.[592] Durch diese „Entkopplung" der Herkunftsnachweise von dem Strom, für den sie ausgestellt wurden, erhalten sie einen eigenen **wirtschaftlichen Wert**.

330 Im neu eingefügten § 55 Abs. 5 EEG 2012 wird klargestellt, dass Herkunftsnachweise keine Wertpapiere im Sinne des KWG oder des WpHG sind. Durch diese Klarstellung wird der Handel mit Herkunftszertifikaten für Anlagenbetreiber und kleine Stromhändler deutlich erleichtert.[593] Wegen des eigenen wirtschaftlichen Wertes der Nachweise könnten diese grundsätzlich unter den Wertpapierbegriff des § 1 Abs. 11 KWG[594] bzw. § 2 Abs. 1 WpHG[595] fallen. In diesem Falle unterläge der Handel mit den Nachweisen der Aufsicht der Bundesanstalt für Kreditwesenaufsicht nach dem KWG; es fielen erhebliche Transaktionskosten an und es ergäben sich aus dem KWG hohe Zulassungsanforderungen. Solche Beschränkungen würden den Handel mit Herkunftsnachweisen für Anlagenbetreiber und kleine Stromhändler ggf. unmöglich, zumindest aber wirtschaftlich äußerst unattraktiv machen.[596] Aufgrund der Regelung des § 55 Abs. 5 EEG 2012 kann der Handel mit Herkunftszertifikaten nunmehr ohne Einschränkungen parallel zum Handel mit Strom verlaufen. Um Fehlentwicklungen begegnen zu können, ist in § 64d Nr. 5 EEG 2012 vorgesehen, dass in der Herkunfts-

---

587 Europäische Kommission, Mitteilung der Kommission zur Förderung von Strom aus erneuerbaren Energiequellen – KOM(2005) 627 – S. 5.

588 *Klemm*, REE 2011, 61, 62.

589 BT-Drucks. 17/6071, S. 88 li. Sp.

590 Dazu im Einzelnen vgl. die Begründung des Entwurfs der HkNV, S. 21 f., abrufbar unter http://www.clearingstelle-eeg.de/files/HkNV_Begruendung.pdf.

591 BT-Drucks. 17/6071, S. 88 re. Sp.

592 BT-Drucks. 17/6071, S. 88 re. Sp.; vgl. auch *Moench/Rutloff*, RdE 2012, 134, 138 f.

593 BT-Drucks. 17/6071, S. 88 re. Sp.

594 Kreditwesengesetz v. 9.9.1998 (BGBl. I S. 2776) in der Fassung v. 22.12.2011 (BGBl. I S. 3044); siehe dazu auch Boos/Fischer/Schulte-Mattler/*Schäfer*, § 1 Rn 218.

595 Wertpapierhandelsgesetz v. 9.9.1998 (BGBl. I S. 2708) in der Fassung v. 22.12.2011 (BGBl. I S. 3044); siehe dazu auch Assmann/Schneider/*Assmann*, § 2 Rn 4–12.

596 BT-Drucks. 17/6071, S. 88 re. Sp.

nachweisverordnung die **Freistellung der Herkunftsnachweise** aus dem **Anwendungsbereich des KWG und WpHG** wieder rückgängig gemacht werden kann.[597]

3. Voraussetzungen der Erteilung

331 Grundsätzlich besteht für Strom aus erneuerbaren Energien ein **Anspruch auf Ausstellung eines Herkunftsnachweises.** Dies gilt jedoch gem. § 55 Abs. 1 S. 2 EEG 2012 nicht für Strom, der nach dem EEG unmittelbar finanziell gefördert wird (Direktvermarktung in die **Marktprämie** bzw. Einspeisung gegen feste **Einspeisevergütung**), weil dieser Strom bereits bei der Kennzeichnung gem. § 54 EEG 2012 berücksichtigt wird.[598] Eine Zuwiderhandlung verstößt gegen das **Doppelvermarktungsverbot** des § 56 Abs. 2 EEG 2012. Damit werden Herkunftsnachweise nur für Strom aus erneuerbaren Energien erteilt, der unter Nutzung des **Grünstromprivilegs**[599] oder auf **sonstige Weise** direkt vermarktet wird.[600] Diese Einschränkung dient der Vermeidung der Überförderung der erneuerbaren Energien. Strom, für den die feste Einspeisevergütung oder aber die Marktprämie in Anspruch genommen wird, wird bereits über das EEG gefördert. Weitere wirtschaftliche Vorteile darüber hinaus sollen nicht gewährt werden.[601] Nach der Gesetzesbegründung hat die Regelung ihren Grund zudem im **Verbraucherschutz:**[602] Die Grünstromeigenschaft des über die Marktprämie geförderten Stroms wird mittels der EEG-Umlage schließlich von allen Letztverbrauchern finanziert. Daher soll der finanzielle Gewinn, der aus der Ausweisung als Grünstrom folgt, durch die Kennzeichnung nach § 54 EEG 2012 allen Letztverbrauchern und nicht nur dem direkt vermarktenden Anlagenbetreiber und seinem Vertragspartner zugutekommen.[603]

332 In frühen Entwürfen des EEG 2012 war vorgesehen, in der Verordnungsermächtigung in § 64d Nr. 1 EEG 2012 die Regelungsmöglichkeit zu eröffnen, die Herkunftsnachweise in Abweichung von § 55 Abs. 1 S. 2 EEG 2012 auch im Falle der Inanspruchnahme der Marktprämie zu erlauben.[604] Dies wurde im Laufe des Gesetzgebungsverfahrens

---

597 BT-Drucks. 17/6071, S. 92.

598 Danach müssen EVU den Anteil an Strom aus erneuerbaren Energien an dem von ihnen gelieferten Strom kennzeichnen. Mit der Marktprämie geförderter Strom wird behandelt wie Strom, für den die volle Einspeisevergütung gezahlt wurde.

599 § 33b Nr. 2 EEG 2012.

600 § 33c Nr. 3 EEG 2012.

601 *Wustlich/Müller*, ZNER 2011, 380, 387; *Moench/Rutloff*, RdE 2012, 134, 138 f.

602 BT-Drucks. 17/6071, S. 89 li. Sp.

603 BT-Drucks. 17/6071, S. 89 li. Sp.; *Wustlich/Müller*, ZNER 2011, 380, 387.

604 BT-Drucks. 17/6071, S. 92 li. Sp.; Gesetzesentwurf der Bundesregierung zum EEG 2012, S. 51. Der Entwurf des § 64d Abs. 1 EEG 2012 a.E. enthielt den Zusatz „*[...] hierbei kann auch geregelt werden, dass abweichend von § 55 Abs. 1 S. 2 Herkunftsnachweise auch für Strom ausgestellt werden dürfen, der nach § 16 vergütet oder in der Form nach § 33b Nr. 1 direkt vermarktet wird.*“

gestrichen.[605] Die fehlende Möglichkeit, Strom als Strom aus erneuerbaren Energien gegenüber den Letztverbrauchern zu kennzeichnen, macht das Marktprämienmodell nach jetziger Gesetzeslage aus Sicht der Grünstromhändler wirtschaftlich unattraktiver.[606]

4. Zuständigkeit des Umweltbundesamtes

333 Die Herkunftsnachweise werden nunmehr vom **Umweltbundesamt** als „zuständiger Behörde" ausgestellt. Dies ergibt sich aus § 55 Abs. 1 S. 1, Abs. 4 EEG 2012.[607] Das Umweltbundesamt ist gem. § 55 Abs. 1 S. 3, Abs. 4 EEG 2012 auch für die Übertragung und Entwertung der Herkunftsnachweise zuständig. Die Entwertung erfolgt dabei nach der Vorgabe der RL 2009/28/EG zwingend nach zwölf Monaten.[608] Dies wurde in § 3 HkNV ganz entsprechend geregelt.[609]

5. Herkunftsnachweisregister

334 Alle Herkunftsnachweise werden gem. § 56 Abs. 3 EEG 2012 in einer vom Bundesumweltamt eingerichteten **elektronischen Datenbank** geführt, in der die **Ausstellung, Anerkennung, Übertragung** und **Entwertung von Herkunftsnachweisen** registriert werden. Die konkrete Ausgestaltung wird der in § 64d EEG 2012 vorgesehenen Rechtsverordnung zu Herkunftsnachweisen überlassen. Insoweit enthält § 1 HkNV die einschlägigen Regelungen für dieses Herkunftsnachweisregister.[610] Während nach alter Rechtslage die Übertragung der Herkunftsnachweise durch zivilrechtlichen Vertrag auf den Erwerber stattfand,[611] muss das Register nach seiner Einführung gem. § 55 Abs. 3 EEG 2012 auch für den Handel mit Herkunftsnachweisen genutzt werden,[612] wie es entsprechend in § 1 Abs. 2 HkNV geregelt worden ist. Der Tag der

---

605 Vgl. Gesetzesbeschluss des Deutschen Bundestages zum EEG 2012, BR-Drucks. 392/11, S. 6.

606 Vgl. für Kritik an dieser Ausgestaltung von *Beckmann*, Rechtliche Stellungnahme: Marktprämie und Herkunftsnachweise im Regierungsentwurf für das EEG 2012, 2011, S. 3, 9 ff.

607 Nach alter Rechtslage waren Umweltgutachter mit entsprechender Zulassung für die Ausstellung von Herkunftsnachweisen zuständig, vgl. *Salje*, EEG, § 55 Rn 6 ff.; Frenz/Müggenborg/*Boemke*, § 55 Rn 10 ff.

608 BT-Drucks. 17/6071, S. 88 li. Sp.; vgl. Art. 15 Abs. 3 RL 2009/28/EG zur Förderung der Nutzung von Energie aus erneuerbaren Quellen und zur Änderung und anschließenden Aufhebung der RL 2001/77/EG und 2003/30/EG, ABl L 140 v. 5.6.2009, S. 16 ff.

609 Dazu im Einzelnen vgl. die Begründung des Entwurfs der HkNV, S. 21 f., abrufbar unter http://www.clearingstelle-eeg.de/files/HkNV_Begruendung.pdf.

610 Dazu im Einzelnen vgl. die Begründung des Entwurfs der HkNV, S. 18 f., abrufbar unter http://www.clearingstelle-eeg.de/files/HkNV_Begruendung.pdf.

611 *Klemm*, REE 2011, 61, 62.

612 Bis zur Einrichtung der Datenbank gilt gemäß der Übergangsvorschrift in § 66 Abs. 9 EEG 2012

Inbetriebnahme der Datenbank ist im **elektronischen Bundesanzeiger** bekannt zu geben.[613] Die Durchführungsverordnung gem. § 6 HkNV soll gem. Abs. 1 Nr. 2c dieser Vorschrift die Anerkennung, Übertragung und Entwertung von Herkunftsnachweisen regeln, die vor der Inbetriebnahme des Herkunftsnachweisregisters ausgestellt worden sind.[614]

§ 55 Abs. 3 EEG 2012 dient der Umsetzung von Art. 15 Abs. 5 der RL 2009/28/EG,[615] 335
der die Mitgliedstaaten verpflichtet, Mechanismen zu schaffen, um sicherzustellen, dass Herkunftszertifikate elektronisch ausgestellt, anerkannt, übertragen und entwertet werden und vor Missbrauch geschützt sind.[616] Das Herkunftsnachweisregister dient daher dem Ziel, die Stromkennzeichnung transparenter zu gestalten und Doppelvermarktung zu verhindern.[617]

6. Anerkennung von Herkunftsnachweisen aus dem Ausland

Der durch das EEG 2012 neu gefasste § 55 Abs. 2 EEG 2012 behandelt die Anerken- 336
nung von Herkunftszertifikaten aus dem Ausland. § 55 EEG in der Fassung, die er durch das EAG EE[618] erhielt, sah bereits die Anerkennung von Herkunftsnachweisen aus anderen EU-Mitgliedstaaten vor. § 55 Abs. 2 EEG 2012 ist nunmehr so formuliert, dass auch die **Anerkennung von Herkunftsnachweisen** aus **Nicht-EU** und **EWR-Staaten** möglich ist.[619]

In beiden Fällen müssen die Herkunftsnachweise die in Art. 15 Abs. 6 und 9 der RL 337
2009/28/EG[620] geregelten Vorgaben erfüllen, wie es entsprechend in § 3 Abs. 3 HkNV geregelt worden ist. Das weitere Verfahren und die weiteren Voraussetzungen für die

aber die Rechtslage hinsichtlich der Ausstellung, Anerkennung, Übertragung und Entwertung von Herkunftsnachweisen nach § 55 EEG in der Fassung vor dem 30.4.2011.

613 § 1 Abs. 1 S. 2 HkNV.

614 Für den Übergangszeitraum bis zur Veröffentlichung des Registers hat das Umweltbundesamt am 26.1.2012 online Informationen zur Verfügung gestellt: http://www.umweltbundesamt.de/energie/archiv/hknr/uebergangsregelungen.pdf.

615 RL 2009/28/EG v. 23.4.2009 zur Förderung der Nutzung von Energie aus erneuerbaren Quellen und zur Änderung und anschließenden Aufhebung der RL 2001/77/EG und 2003/30/EG, ABl L 140 v. 5.6.2009, S. 16 ff.

616 BT-Drucks. 17/6071, S. 88 li. Sp.

617 BR-Drucks. 647/10, S. 67.

618 Gesetz zur Umsetzung der RL 2009/28/EG zur Förderung der Nutzung von Energie aus erneuerbaren Quellen v. 12.4.2011, BGBl. I S. 619.

619 Vgl. BT-Drucks. 17/6071, S. 88 li. Sp.; die Ausgestaltung der Anerkennung ist wiederum der Rechtsverordnung nach § 64d Nr. 1c) EEG 2012 überlassen.

620 RL 2009/28/EG v. 23.4.2009 zur Förderung der Nutzung von Energie aus erneuerbaren Quellen und zur Änderung und anschließenden Aufhebung der RL 2001/77/EG und 2003/30/EG, ABl L 140 v. 5.6.2009, S. 16 ff.

Ausstellung, Übertragung und Anerkennung sollen in der Durchführungsverordnung auf der Grundlage des § 6 Abs. 1 Nr. 2b HkNV festgelegt werden.[621]

338 Wenn ausländische Herkunftsnachweise die o.g. Vorgaben des Art. 15 Abs. 6 und 9 der RL 2009/28/EG[622] enthalten, ergibt sich schon aus Art. 15 Abs. 9 und 10 der RL 2009/28/EG[623] eine **Pflicht zur Anerkennung.**[624] Denn danach kann diese nur verweigert werden, wenn „begründete Zweifel" an der „Richtigkeit, Zuverlässigkeit oder Wahrhaftigkeit" der Angaben in dem Herkunftsnachweis bestehen. Bei insofern ungerechtfertigter Weigerung eines Mitgliedstaates kann die **Kommission** eine bindende Entscheidung über die Pflicht zur Anerkennung treffen. § 55 Abs. 2 EEG 2012 und § 3 Abs. 3 HkNV sind in diesem Sinne richtlinienkonform auszulegen.

339 § 55 Abs. 2 S. 3 EEG 2012 enthält die **gesetzliche Fiktion**, dass Strom aus dem Ausland, für den ein Herkunftsnachweis anerkannt worden ist, als Strom gilt, der auf sonstige Weise nach § 33b Nr. 3 EEG 2012 direkt vermarktet worden ist. Diese gesetzliche Fiktion stellt sicher, dass solcher Strom ausländischer Herkunft nicht auf die Portfolioanforderungen des § 39 Abs. 1a) und b) EEG 2012 angerechnet werden kann.[625] Eine Nutzung zur Vermarktung in das **Grünstromprivileg** ist damit nicht möglich.

X. Doppelvermarktungsverbot

340 § 56 EEG 2012 enthält das Verbot der mehrfachen Vermarktung von Strom aus erneuerbaren Energien, des in ein Gasnetz eingespeisten Deponie- oder Klärgases sowie von Gas aus Biomasse (Doppelvermarktungsverbot).

1. Inhalt

341 Die Doppelvermarktung ist gem. § 56 Abs. 1 S. 1 EEG 2012 definiert als der mehrfache Verkauf oder die mehrfache anderweitige Überlassung von Strom aus erneuerbaren Energien bzw. die Veräußerung dieses Stroms entgegen dem Verbot des § 34 EEG 2012 an eine dritte Person. Im EEG 2012 fällt gemäß dem neu eingefügten § 56 Abs. 1 S. 2

621 Vgl. die Begründung des Entwurfs der HkNV, S. 22, abrufbar unter http://www.clearingstelle-eeg.de/files/HkNV_Begruendung.pdf.

622 RL 2009/28/EG v. 23.4.2009 zur Förderung der Nutzung von Energie aus erneuerbaren Quellen und zur Änderung und anschließenden Aufhebung der RL 2001/77/EG und 2003/30/EG, ABl L 140 v. 5.6.2009, S. 16 ff.

623 RL 2009/28/EG v. 23.4.2009 zur Förderung der Nutzung von Energie aus erneuerbaren Quellen und zur Änderung und anschließenden Aufhebung der RL 2001/77/EG und 2003/30/EG, ABl L 140 v. 5.6.2009, S. 16 ff.

624 Vgl. BT-Drucks. 17/6071, S. 88 li. Sp.

625 BT-Drucks. 17/6071, S. 88.

nunmehr auch die Direktvermarktung des Stroms in mehreren Formen des § 33b EEG 2012 oder mehrfach in derselben Form des § 33b EEG 2012 darunter.

„Mehrfacher Verkauf oder anderweitige Überlassung" bezieht sich dabei nur 342 auf die Vermarktung von Strom an mehrere Personen auf einer Handelsstufe, nicht aber die aufeinanderfolgende Vermarktung in Handelsketten.[626] Verboten werden die Rechtshandlungen, die eine **doppelte Inanspruchnahme des ökologischen Vorteils der Stromerzeugung aus erneuerbaren Energien** mit sich bringen. Im Rahmen des Doppelvermarktungsverbots gem. § 56 Abs. 1 S. 1 EEG 2012 sind dem Verkauf ein anderweitiges (und damit auch unentgeltliches) Überlassen sowie ein Veräußern entgegen § 34 EEG 2012 durch den (weitergabepflichtigen) Netzbetreiber gleichgestellt. Eine mehrfache Vermarktung in diesem Sinn ist anzunehmen, wenn dasselbe „Stromkontingent", für das bereits einmal eine EEG-Förderung gewährt worden ist (z.B. eine Vergütung oder Prämie i.S.d. §§ 16 bis 33i EEG 2012; Teilnahme am Grünstromprivileg), nochmals einem weiteren Abnehmer oder Weiterverteiler aufgrund schuldrechtlicher Verpflichtung zur Verfügung gestellt wird.[627]

Nicht dem Doppelvermarktungsverbot unterfallen jedoch **Spenden- und Bonus-** 343 **modelle**, bei denen sich der Letztverbraucher unter Inanspruchnahme des konventionellen Strommixes dazu bereit erklärt, zur Förderung der Stromgewinnung aus erneuerbaren Energien ein zusätzliches Entgelt für den gelieferten Strom zu bezahlen. Denn in diesen Fällen fehlt es an der Lieferung von Strom als Gegenleistung für die erhaltenen Zahlungen.[628]

Auch der Verkauf von Strom an Dritte im Rahmen des sog. **„Eigenverbrauchs-** 344 **bonus"** für Solarstrom gem. § 33 Abs. 2 EEG 2009 sollte nach der Empfehlung der Clearingstelle EEG 2011/2/1 ebenfalls nicht unter das **Doppelvermarktungsverbot** fallen – obwohl für diesen Strom gem. § 33 Abs. 2 EEG 2009 eine **(reduzierte) Einspeisevergütung** geltend gemacht werden konnte. Die Zulässigkeit des Verkaufs leitet die Clearingstelle dabei vor allem aus Sinn und Zweck der Regelung des § 33 Abs. 2 EEG 2009 – der Anreizung dezentralen Verbrauchs zur Netzentlastung – ab. Der genannte „Eigenverbrauchsbonus" für Solarstrom ist indes im EEG 2012 in der Fassung vom 17.8.2012 – rückwirkend zum 1.4.2012 in Kraft getreten –,[629] entfallen, so dass diese Frage nur noch für entsprechende Altanlagen zukünftig relevant bleibt, für die der Eigenverbrauchsbonus gem. § 33 Abs. 2 EEG 2009 oder nach EEG 2012 in der am 31.3.2012 geltenden Fassung noch möglich ist.[630]

---

626 Frenz/Müggenborg/*Boemke*, § 56 Rn 9.

627 Vgl. *Salje*, EEG, § 56 Rn 7: Hierbei kommt es also nicht darauf an, ob der Strom als Grünstrom oder als konventioneller Strom vermarktet wird.

628 BT-Drucks. 16/8148, S. 73 li. Sp.; *Salje*, EEG, § 56 Rn 25; Frenz/Müggenborg/*Boemke*, § 56 Rn 10.

629 EEG v. 25.10.2008 (BGBl. I S. 2074), in der Fassung v. 17.8.2012 (BGBl. I S. 1754).

630 Zur Fortgeltung des Eigenverbrauchsbonus für Altanlagen siehe oben Rn 29.

345 Zweck des Doppelvermarktungsverbotes ist vornehmlich zu verhindern, dass die ökologischen Vorteile des Stroms aus erneuerbaren Energien mehrfach wirtschaftlich genutzt werden.[631] Es dient damit vor allem dem **Schutz der Stromverbraucher** vor weiteren Kosten,[632] da diese entweder auf freiwilliger Basis aufgrund einer gesonderten Vermarktung ohnehin einen höheren Strompreis zahlen oder zumindest den auf sie umgewälzten Anteil an der EEG-Umlage tragen müssen.[633] Es widerspräche dem Gesetzeszweck, wenn eine Mehrfachvermarktung möglich wäre: Das EEG bezweckt nicht, die Gewinne der Anlagenbetreiber zu erhöhen, sondern lediglich den Ausbau der erneuerbaren Energien zu fördern, indem es den wirtschaftlichen Betrieb von Anlagen ermöglicht.[634]

2. Historie

346 Das Doppelvermarktungsverbot fand sich bereits als § 18 im EEG 2004 und wurde durch das EEG 2009 und EEG 2012 nur geringfügig weiterentwickelt. Es enthält nun jedoch erstmals eine ausdrückliche Sanktionsregelung.[635]

3. Adressaten des Doppelvermarktungsverbotes

347 Adressaten des Doppelvermarktungsverbots in § 56 Abs. 1 EEG 2012 sind – anders als in Abs. 2 der Vorschrift, der nur Anlagenbetreiber erfasst – neben den Anlagenbetreibern auch die Stromhändler und Netzbetreiber.[636] Hinsichtlich eines **Stromhändlers** greift das Doppelvermarktungsverbot ein, wenn er mehr Strom als Strom aus erneuerbaren Energien vermarktet, als in seinem Portfolio vorhanden ist. Zur Feststellung eines Verstoßes muss daher die für einen bestimmten Zeitraum eingekaufte Menge mit der veräußerten Menge an Strom aus erneuerbaren Energien bilanziert werden.[637]

348 Für **Netzbetreiber** gilt das gesondert genannte Doppelvermarktungsverbot in § 56 Abs. 1 S. 1 EEG 2012 a.E. (Veräußerung entgegen § 34 EEG 2012 an eine dritte Person). Netzbetreiber sind nach § 34 EEG 2012 verpflichtet, den von den Anlagenbetreibern in ihr Netz eingespeisten Strom im Netz zu belassen und ihn unverzüglich an den ÜNB weiterzugeben; im Gegenzug erhalten sie eine Vergütung für die Strommenge, die sie ihrerseits dem Anlagenbetreiber gem. § 35 Abs. 1 und 2 EEG 2012 vergütet haben. Es ist ihnen daher untersagt, den Strom überhaupt zu vermarkten. Dies dient dazu, den Strom im gesetzlich angeordneten **Wälzungsmechanismus** zu erhalten und so

631 BT-Drucks. 16/8148, S. 73 li. Sp.; *Ehricke/Breuer*, RdE 2010, 309, 310.
632 Frenz/Müggenborg/*Boemke*, § 56 Rn 3.
633 BT-Drucks. 16/8148, S. 73 re. Sp.
634 BT-Drucks. 16/8148, S. 73 li. Sp.
635 BT-Drucks. 17/6071, S. 88 re. Sp.
636 *Salje*, EEG, § 56 Rn 17 ff.; Frenz/Müggenborg/*Boemke*, § 56 Rn 12.
637 *Salje*, EEG, § 56 Rn 7; Frenz/Müggenborg/*Boemke*, § 56 Rn 20.

sicherzustellen, dass Risiken wie auch Gewinne der Stromerzeugung aus erneuerbaren Energien verallgemeinert werden und nicht nur Einzelnen zu Gute kommen.[638] Das noch im § 56 Abs. 1 EEG 2009 enthaltene gleichartige Veräußerungsverbot für ÜNB ist im EEG 2012 entfallen, da die Vorschrift des § 36 Abs. 4 EEG 2009 aufgrund der Neuregelung des Wälzungsmechanismus obsolet geworden ist. Der Strom wird nunmehr gem. § 37 Abs. 1 EEG 2012 durch die ÜNB vermarktet, nicht mehr als physisches Band an die EVU weitergegeben.[639]

4. Rechtsnatur des Doppelvermarktungsverbotes

Das Doppelvermarktungsverbot ist kein gesetzliches Verbot i.S.d. § 134 BGB, das 349
die **Nichtigkeit** der dem Verbot zuwider geschlossenen Rechtsgeschäfte nach sich zöge.[640] Dies ergibt sich im Rahmen der notwendigen **Auslegung** vor allem daraus, dass sich das Verbot allein gegen den Veräußerer des Stroms richtet, nicht aber auch an den Käufer. Verbietet eine Norm lediglich einer Partei ein bestimmtes Verhalten, so handelt es sich in der Regel nicht um ein Verbotsgesetz i.S.d. § 134 BGB.[641] Daher ist das Rechtsgeschäft in der Regel **wirksam**. Der systematische Zusammenhang spricht ebenfalls gegen eine Verbotsnorm. Es entfällt bei Zuwiderhandlung gem. § 56 Abs. 2 S. 2 und Abs. 4 bereits der Anspruch auf Förderung nach dem EEG. Es ist aber nicht ersichtlich, weshalb der Veräußernde gleichsam doppelt bestraft werden sollte.[642]

5. Doppelvermarktung und Regelenergie

§ 56 Abs. 1 S. 3 EEG 2012 regelt klarstellend, dass die **Vermarktung als Regelener-** 350
gie im Rahmen der Direktvermarktung nicht unter das **Doppelvermarktungsverbot** fällt.[643] Damit stimmig betrifft das Vermarktungsverbot für Regelenergie gem. § 16 Abs. 3 EEG 2012 nur die Geltendmachung der Einspeisevergütung gem. § 16 Abs. 1 EEG 2012.[644]

638 BT-Drucks. 16/1848, S. 73.

639 BT-Drucks. 17/6071, S. 82.

640 So auch *Salje*, EEG, § 56 Rn 12 ff.

641 Vgl. die st. Rspr. zu einseitigen Verbotsgesetzen: BGHZ 46, 26; 78, 271; 89, 373; BGH NJW 2000, 1186; Palandt/*Ellenberger*, § 134 BGB Rn 9.

642 So auch *Salje*, EEG, § 56 Rn 38.

643 Vgl. die Begründung in BT-Drucks. 17/6071, S. 88 re. Sp.; vgl. auch die insoweit relevante Feststellung, dass die Bundesnetzagentur 2011 die Zugangsbedingungen auch für erneuerbare Energien zum Regelenergiemarkt verbessert hat, EEG-Erfahrungsbericht 2011 der Bundesregierung, S. 10, abrufbar unter http://www.bmu.de/files/pdfs/allgemein/application/pdf/eeg_erfahrungsbericht_2011_bf.pdf.

644 Vgl. dazu oben Rn 44 und Rn 264.

351 Da § 16 Abs. 3 EEG 2012 a.E. die Vermarktung von Strom, für den die feste Einspeisevergütung bezogen wird, als Regelenergie verbietet, bleibt diese Möglichkeit nur noch für direkt vermarkteten Strom. Das Doppelvermarktungsverbot des § 16 Abs. 3 EEG 2012 a.E. i.V.m. § 56 Abs. 1 S. 1 EEG 2012 gilt dabei nach dem Willen des Gesetzgebers – anders als dies die herrschende Meinung unter dem EEG 2009 sah[645] – sowohl für positive als auch für negative Regelenergie.[646] Anlagenbetreiber, die ihren Strom auf dem **Regelenergiemarkt** anbieten wollen, müssen ihren Strom daher **direkt vermarkten.**[647]

6. Doppelvermarktung und Herkunftsnachweise

352 § 56 Abs. 2 sieht ein besonderes Doppelvermarktungsverbot für nach dem EEG finanziell unmittelbar geförderten Strom und Herkunftsnachweise vor. Nach derzeitiger Rechtslage darf für Strom, für den die feste **Einspeisevergütung** gem. § 16 EEG 2012 bezogen wird bzw. der unter Inanspruchnahme der **Marktprämie** gem. § 33b Nr. 1 EEG 2012 direkt vermarktet wird, gem. § 55 Abs. 1 S. 2 EEG 2012 kein **Herkunftsnachweis** i.S.d. § 55 Abs. 1 S. 1 EEG 2012 erteilt werden. § 56 Abs. 2 EEG 2012 flankiert dieses Verbot: Danach darf ein Anlagenbetreiber, der entgegen § 55 Abs. 1 S. 2 EEG 2012 im Besitz eines Herkunftsnachweises für den in die Marktprämie direkt vermarkteten oder fest vergüteten Strom ist, diesen Herkunftsnachweis **nicht weitergeben.** Falls er den Herkunftsnachweis dennoch weitergibt, darf er für diesen Strom **keine Marktprämie** mehr geltend machen. Dies dient zum einen der Vermeidung der Überförderung von nach dem EEG finanziell gefördertem Strom, zum anderen dem Verbraucherschutz.[648]

353 „Weitergabe" bedeutet in diesem Kontext gemäß der Gesetzesbegründung zum EEG 2009 *„jede Handlung [...], die eine andere Person berechtigen soll, den Nachweis zu anderen als internen Prüfzwecken zu verwenden."*[649] Damit muss das **Vermarktungselement** der **Weitergabe** im Vordergrund stehen. Gibt der Anlagenbetreiber den Herkunftsnachweis zu Prüfungszwecken weiter und hat er dies hinreichend deutlich vereinbart, liegt kein Verstoß gegen das Weitergabeverbot vor, wenn der

645 Dies wurde vor allem damit begründet, dass sich das Doppelvermarktungsverbot nur auf die elektrische Arbeit bezöge, im Falle negativer Regelenergie jedoch die installierte Leistung vermarktet werde und die Anlagenbetreiber ihre Einspeisung gerade drosseln müssten. vgl. *Wustlich/Müller*, ZNER 2011, 380, 387; *Ehricke/Breuer*, RdE 2010, 309, 312; BMU, Entwurf zum Erfahrungsbericht zum EEG 2011, S. 24, http://www.bmu.de/files/pdfs/allgemein/application/pdf/eeg_erfahrungsbericht_2011_entwurf.pdf.

646 BT-Drucks. 17/6071, S. 66 li. Sp.

647 *Wustlich/Müller*, ZNER 2011, 380, 387.

648 BT-Drucks. 17/6071, S. 89 re. Sp.

649 BT-Drucks. 16/8148, S. 73 re. Sp.

neue Inhaber den Nachweis vermarktet.[650] Um im Fall einer Weitergabe zu Prüfzwecken auszuschließen, dass die weitergegebenen Nachweise anderweitig verwendet werden, empfiehlt es sich, die entsprechenden Nachweise deutlich zu kennzeichnen und darauf hinzuweisen, dass eine Verwendung nur zu Prüfzwecken erfolgen darf.[651]

7. Doppelvermarktung und Emissionsminderungen

§ 56 Abs. 3 EEG 2012 dient der Abgrenzung der Anwendungsbereiche des EEG und 354
des **Projekt-Mechanismen-Gesetzes.**[652] Das ProMechG regelt u.a. das Verfahren und die Zustimmung der Bundesrepublik zu Klimaschutzprojekten im Rahmen der gemeinsamen Projektumsetzung („Joint Implementation") nach dem Protokoll von Kyoto[653] zum Rahmenübereinkommen der Vereinten Nationen über Klimaänderungen vom 11.12.1997.[654] Die Projekte, die auch in Deutschland verwirklicht werden können, dienen der Erzeugung von Gutschriften für Emissionsminderungen, die im EU-Emissionshandel genutzt werden können. Zuständige Stelle für die Zustimmung ist die Deutsche Emissionshandelsstelle. Das ProMechG regelt in seinem § 5 die Voraussetzungen der Zustimmung; hierzu gehört nach § 5 Abs. 1 S. 5 ProMechG,[655] dass für den Fall, dass mit dem Projekt zugleich Strom erzeugt wird, der nach dem EEG grundsätzlich förderfähig ist, die notwendige Zustimmung nicht erteilt wird. Dies dient dem Ziel, nur solche Projekte zu fördern, die eine zusätzliche Emissionsminderung i.S.d. § 2 Nr. 6 ProMechG mit sich bringen.[656] Wenn erst nach der Zustimmung die Voraussetzungen einer Förderung nach dem EEG eintreten, z.B. weil der Strom zunächst auch aus fossilen Brennstoffen, später aber nur aus erneuerbaren Energien erzeugt wird, wäre eine parallele Förderung durch ProMechG und EEG grundsätzlich möglich.[657] Dies verhindert § 56 Abs. 3 EEG 2012. Denn danach ist für den Zeitraum, in dem auf der Grundlage der Zustimmung für die Projekttätigkeit noch Emissionsreduktionseinheiten erzeugt werden können, eine finanzielle Förderung nach dem EEG ausgeschlossen.

---

650 *Salje*, EEG, § 56 Rn 37; Frenz/Müggenborg/*Boemke*, § 56 Rn 24.

651 Frenz/Müggenborg/*Boemke*, § 56 Rn 24.

652 Projekt-Mechanismen-Gesetz v. 22.9.2005 (BGBl. I S. 2826), in der Fassung v. 22.12.2011 (BGBl. I S. 3044).

653 BGBl. II 2002 S. 967.

654 BGBl. II 1993 S. 1784.

655 In der Fassung des Gesetzes ab 1.1.2009 (Fassung v. 25.10.2008, BGBl. I S. 2074); das BVerwG hat die Anwendung des § 5 Abs. 1 S. 5 ProMechG auf laufende Bewilligungsverfahren, die vor dem 1.1.2009 begonnen haben, als unechte Rückwirkung qualifiziert, der kein überwiegendes schutzwürdiges Vertrauen des Antragstellers entgegensteht, vgl. BVerwG, Beschl. v. 17.3.2011 – 7 B 61.10 = ZNER 2011, 348, 348 ff.

656 Frenz/Müggenborg/*Boemke*, § 56 Rn 29.

657 BT-Drucks. 16/8148, S. 73 re. Sp.

8. Sanktionen

355 Im Falle des Verstoßes gegen das Doppelvermarktungsverbot sieht § 56 Abs. 4 EEG 2012 Sanktionen vor. Es entfallen alle **Förderansprüche** nach dem EEG:[658] So verringert sich gem. Abs. 4 Nr. 1–3 der Norm ein etwaiger Anspruch auf die feste Einspeisevergütung auf den tatsächlichen **Monatsmittelwert des energieträgerspezifischen Marktwertes** gem. Nr. 1.1 der Anlage 4 zum EEG 2012. Ein etwaiger Anspruch auf die Marktprämie nach § 33g EEG 2012[659] bzw. die Anrechenbarkeit auf die Portfolio-Anforderungen des Grünstromprivilegs nach § 39 Abs. 1 Nr. 1a) und b) EEG 2012[660] entfallen zur Gänze. Die im Vergleich zu den sonstigen Sanktionen des EEG 2012 strenge Sanktion gilt für den Zeitraum der **Dauer des Verstoßes zuzüglich der folgenden sechs Monate.** Ist die feste Einspeisevergütung oder die Marktprämie bereits ausgezahlt, so steht dem Netzbetreiber ein Rückforderungsanspruch aus § 812 Abs. 1 S. 1 Alt. 1 oder S. 2 BGB zu.[661]

356 Hinsichtlich des Doppelvermarktungsverbots von Strom und Herkunftsnachweisen stellt sich die Rechtlage nunmehr wie folgt dar: Unter dem EEG 2009 stand es dem Anlagenbetreiber noch grundsätzlich frei, dem Verbot des § 56 Abs. 2 EEG zuwiderzuhandeln und den Herkunftsnachweis wirtschaftlich zu nutzen.[662] Ein Verstoß gegen das Verbot des § 56 Abs. 2 S. 1 EEG 2009 zog lediglich nach sich, dass gem. § 55 Abs. 2 S. 2 EEG 2009 der Anspruch auf die feste Einspeisevergütung für den Zeitraum, für den der Herkunftsnachweis ausgestellt wurde, entfiel.[663] Nunmehr regelt die neue Sanktionsregelung des § 56 Abs. 4 EEG 2012 auch für diesen Fall, dass die feste Einspeisevergütung bzw. die Marktprämie nicht nur für den Zeitraum entfällt, für den der Nachweis ausgestellt ist,[664] sondern für weitere sechs Monate.

357 Darüber hinaus erfüllt, wer gegen das Doppelvermarktungsverbot in § 56 Abs. 1 EEG 2012 verstößt, den Tatbestand einer **Ordnungswidrigkeit** nach § 62 Abs. 1 Nr. 1 EEG 2012, die mit einer Geldbuße bis zu 200.000 € geahndet werden kann.

358 Wer dem gesetzlichen Verbot der doppelten Vermarktung in § 56 Abs. 2 EEG 2012 zuwiderhandelt, wer also Herkunftsnachweise für Strom aus erneuerbaren Energien, der bereits über die feste Einspeisevergütung vergütet oder in die Marktprämie direkt vermarktet wurde, weitergibt, erfüllt zudem die Voraussetzungen der §§ 3 ff. UWG und handelt somit **wettbewerbswidrig.**[665]

---

658 BT-Drucks. 17/6071, S. 89 li. Sp.
659 Siehe hierzu oben Rn 284 ff.
660 Siehe hierzu oben Rn 305 ff.
661 Siehe oben Rn 278.
662 BT-Drucks. 16/8148, S. 73 re. Sp.
663 Frenz/Müggenborg/*Boemke*, § 56 Rn 26.
664 So aber die Sanktion im Falle des Verstoßes gegen § 56 Abs. 2 EEG 2009, vgl. BT-Drucks. 16/8148, S. 73 re. Sp.
665 *Salje*, EEG, § 56 Rn 39; Frenz/Müggenborg/*Boemke*, § 56 Rn 27.

C. Wie werden Anlagen durch das KWKG gefördert?

Das Kraft-Wärme-Kopplungsgesetz[666] (KWKG 2012) sieht eine vielschichtige Förderung des Neu- und Ausbaus der Kraft-Wärme-Kopplung vor. Gefördert werden Betreiber von KWK-Anlagen, Wärme- und Kältenetzen sowie Wärme- und Kältespeichern. 359

KWK-Anlagen werden durch eine Anschluss-, Abnahme- und Vergütungspflicht der Netzbetreiber gefördert. Netzbetreiber sind verpflichtet, hocheffiziente KWK-Anlagen unverzüglich vorrangig an ihr Netz **anzuschließen** und den in diesen Anlagen erzeugten KWK-Strom unverzüglich vorrangig **abzunehmen**, zu **übertragen** und zu **verteilen.**[667] Für den aufgenommenen KWK-Strom müssen die Netzbetreiber den Betreibern der KWK-Anlagen **neben der vereinbarten Vergütung** einen **Zuschlag** entrichten. Die Vergütung für Strom aus Kraft-Wärme-Kopplung richtet sich nach §§ 4 ff. KWKG 2012. Die Vergütungsregelung in § 4 KWKG 2012 sieht als Beitrag zur Förderung der KWK neben der üblichen Zahlung des Strompreises einen **Zuschlag für den Strom aus KWK** vor. Die Höhe des Zuschlags wird in den §§ 5, 7 KWKG 2012 geregelt. 360

Neben der Stromgewinnung wird auch die Wärme- und Kältegewinnung sowie die Wärme- und Kältespeicherung gefördert. Zuschlagsberechtigt ist nach §§ 5a, 7a KWKG 2012 auch der **Neu- und Ausbau von Wärme- und Kältenetzen** sowie nach §§ 5b, 7b KWKG 2012 der **Neu- und Ausbau von Wärme- und Kältespeichern.** 361

Zusätzlich ist eine Förderung des Ausbaus und der Erweiterung von Wärmenetzen durch das Marktanreizprogramm der KfW möglich, soweit das Netz durch Wärme aus Anlagen gespeist wird, die erneuerbare Energien nutzen.[668] Darüber hinaus bestehen unterschiedliche Förderprogramme, die den Bau von Mini-KWK-Anlagen[669] sowie andere KWK-Projekte finanzieren.[670] 362

I. Historie

Ziel des KWKG des Jahres 2002[671] war der befristete Schutz und die Modernisierung von KWK-Anlagen sowie der Ausbau der Stromerzeugung in kleinen Blockheizkraft- 363

---

666 Gesetz v. 19.3.2002, BGBl. I S. 1092, in der Fassung v. 18.7.2012 (BGBl. I S. 1494).

667 Vgl. hierzu ausführlich Kap. 4 Rn 198 ff.

668 Siehe KfW-Programm „Erneuerbare Energien“, abrufbar unter www.kfw-foerderbank.de.

669 Zur Entwicklung und Markteinführung von Mikro-Kraft-Wärmekoppelung vgl. das Interview mit *Ramesohl* und *Wilmsmann*, et 2011, 44 ff.; zu alternativen Energieerzeugungskonzepten mit Mini-KWK vgl. auch *Morgenstern*, BLJ 2011, 19.

670 Vgl. Pressemitteilung des BMU zum Marktanreizprogramm v. 7.7.2010, abrufbar unter http://www.bmu-klimaschutzinitiative.de/de/presse?p=1&d=157; vgl. auch die Richtlinien zur Förderung von KWK-Anlagen bis 20 kW v. 17.1.2012, abrufbar unter http://www.bafa.de/bafa/de/energie/kraft_waerme_kopplung/mini_kwk_anlagen/vorschriften/rili_minikwk.pdf.

671 Gesetz v. 19.3.2002 (BGBl. I S. 1092).

werken und die Markteinführung der Brennstoffzelle im Interesse der Energieeinsparung, des Umweltschutzes und der Erreichung der Klimaschutzziele der Bundesregierung.[672] Das KWKG 2002 wurde durch die Novellen 2009[673] und 2012[674] grundlegend verändert.

1. KWKG-Novelle 2009

364 Die **Novelle des Jahres 2009**[675] beruhte auf der Feststellung des Gesetzgebers, dass der vorgesehene Ausbau der Nutzung der KWK im Interesse von Energieeinsparungen und Klimaschutz bis dahin nicht im erforderlichen Umfang stattgefunden hatte. Mit der Novelle sollte der Anteil von Strom aus KWK an der jährlichen Stromerzeugung in Deutschland bis 2020 auf etwa 25 % verdoppelt werden.[676] Diese Novelle diente insoweit auch der Umsetzung der RL 2004/8/EG über die Förderung einer am Nutzwärmebedarf orientierten Kraft-Wärme-Koppelung im Energiebinnenmarkt und zur Änderung der RL 92/42/EWG.[677] Mit dieser Novelle sind eine Reihe von Neuerungen in das KWKG eingeführt worden, die der Wirtschaft Anreize zu einem gezielten Ausbau der KWK-Kapazitäten bieten sollen,[678] darunter die **Ausweitung der Förderung** auf Anlagen mit einer elektrischen Leistung von mehr als 2 MW und die Einführung des **Hocheffizienzkriteriums**. Die Förderzeiträume für die erstmalige Aufnahme des Dauerbetriebs der in der KWKG-Novelle festgelegten Anlagen wurden durch Art. 6 des Gesetzes zur Neuregelung energiewirtschaftsrechtlicher Vorschriften[679] für alle KWK-Anlagen vom 31.12.2016 auf den 31.12.2020 verlängert, um nunmehr bis 2020 weitere Förderimpulse für den von der Bundesregierung angestrebten verstärkten Ausbau der KWK und die angestrebte Modernisierung des Kraftwerkparks zu geben. Neben der Beibehaltung und der Ausweitung der Vergütung von KWK-Strom wurde die **Förderung des Neu- und Ausbaus von Wärmenetzen** eingeführt. Die Förderung soll der Erschließung neuer sog. Wärmesenken (Abnehmer) dienen.[680]

---

672 BT-Drucks. 14/7024, S. 1.

673 Gesetz v. 19.3.2002 (BGBl. I S. 1092), in der Fassung v. 26.7.2011, BGBl. I S. 1554.

674 Gesetz v. 19.3.2002 (BGBl. I S. 1092), in der Fassung v. 18.7.2012, BGBl. I S. 1494.

675 Gesetz v. 19.3.2002 (BGBl. I S. 1092), in der Fassung v. 26.7.2011, BGBl. I S. 1554.

676 BT-Drucks. 16/8305, S. 1; zu den KWK-Potenzialen in Deutschland und deren Erschließung kurz vor der Novelle vgl. *Ziesing*, et 2008, 50 ff.

677 RL 2004/8/EG – ABl EU 2004 L 52 – S. 50.

678 BT-Drucks. 16/9469, S. 2; zu dieser Novelle des KWKG vgl. *Buchmann/Hirschmann*, RdE 2009, 204 ff.; Koch, NvWZ 2011, 641, 644.

679 Gesetz v. 26.7.2011, BGBl. I S. 1554; zu den Änderungen vgl. BT-Drucks. 17/6072, S. 100.

680 BT-Drucks. 16/8305, S. 18 li. Sp.

2. KWKG-Novelle 2012

Die nun verabschiedete KWKG-**Novelle** 2012[681] **hielt an** der **grundsätzlichen Systematik** der Förderung von KWK-Anlagen und Wärmenetzen **fest**. Der Novelle war eine **Zwischenüberprüfung** aus dem Jahr **2011** vorausgegangen, die zu dem Ergebnis kam, dass mit der bestehenden Förderung das Ziel, den Anteil der KWK-Stromerzeugung an der gesamten Stromerzeugung bis 2020 auf 25 % zu erhöhen, nicht erreicht werden kann.[682] Hierauf reagierte der Gesetzgeber mit einer Ausweitung der bestehenden Förderung und einer Erweiterung der Förderung auf bisher nicht geförderte Anlagen (Wärmespeicher, Kältenetze und -speicher). 365

Die **Zuschläge für KWK-Strom** wurden für alle Anlagen, die nach dem Inkrafttreten des KWKG 2012 in Dauerbetrieb genommen werden, **um 0,3 ct/kWh erhöht**. Daneben wurde die **Förderung der Modernisierung** von KWK-Anlagen **erweitert**, indem die Schwelle für die Zuschlagsberechtigung gesenkt wurde. Ausreichend ist es nun, dass die Kosten der Modernisierung **mindestens 25 % (bisher 50 %)** der Kosten der Neuerrichtung betragen. 366

Die Förderung des **Aus- und Neubaus von Wärmenetzen** wurde u.a. durch die **Erhöhung** der **maximalen Förderquote von** 20 % **auf 30 bzw. 40 %** sowie die **Erhöhung** der Förder-**Obergrenze** von **5 Mio. auf 10 Mio. €** pro Projekt ausgeweitet. Neu aufgenommen in die Förderung wurde der Umbau bestehender Wärmenetze für die **Umstellung von Heizdampf auf Heizwasser.** 367

Die Förderung der Wärmenetze wurde durch die Förderung des Neu- und Ausbaus von **Wärmespeichern** ergänzt. Die Förderung von Wärmespeichern erfolgt über die Zahlung eines Zuschlags in Abhängigkeit von der Größe bzw. der Investitionskosten des Speichers. 368

Neu aufgenommen wurde zudem die **Förderung der Kraft-Wärme-Kälte-Kopplung** durch Zuschläge für den Neu- und Ausbau von **Kältenetzen** und **Kältespeichern.** Die Förderung erfolgt analog der Förderung von Wärmenetzen und -speichern. Gesetzestechnisch erfolgte die Einbindung durch Verweisungen auf die Regelungen zu den Wärmenetzen und -speichern. 369

Gleichzeitig wurden in § 5 Abs. 1 Nr. 1–3 KWKG 2009 geregelte **Fördertatbestände wegen Überholung gestrichen**, da deren Förderung im Jahr 2010 bzw. bereits schon früher ausgelaufen war.[683] 370

---

681 Gesetz v. 19.3.2002 (BGBl. I S. 1092), in der Fassung v. 18.7.2012 (BGBl. I S. 1494).

682 Abrufbar unter http://www.bmwi.de/BMWi/Redaktion/PDF/Publikationen/novelle-des-kraft-waerme-kopplungsgesetzes,property=pdf,bereich=bmwi,sprache=de,rwb=true.pdf.

683 Siehe hierzu ausführlich unten Rn 391.

II. Anwendungsbereich – Abgrenzung zum EEG 2012

371 Aus § 2 S. 1 KWKG 2012 folgt, dass das KWKG nicht die Abnahme und Vergütung sämtlichen Stroms aus KWK-Anlagen regelt, sondern nur für den in dieser Vorschrift im Einzelnen näher definierten Kraft-Wärme-Koppelungs-Strom.[684] Als Erzeugungseinheit erfasst sind alle im Geltungsbereich des Gesetzes liegenden Kraftwerke mit KWK-Anlagen auf Basis von Steinkohle, Braunkohle, Abfall, Abwärme (u.a. bei sog. Organic-Rankine-Cycle-Anlagen[685]), Biomasse, gasförmigen oder flüssigen Brennstoffen. Davon erfasst sind damit etwa auch die in Kläranlagen zur Nutzenergiegewinnung eingesetzten Stoffe (Klärschlamm und Bioabfall), die in der Regel erneuerbare Energieträger im Sinn des EEG sind.[686] § 2 S. 2 KWKG 2012 regelt insoweit, dass KWK-Strom, der mit der Einspeisevergütung nach § 16 oder in den Formen der Direktvermarktung unter Inanspruchnahme der Marktprämie oder im Rahmen des Grünstromprivilegs gem. § 33b Nr. 1 oder 2 EEG 2012 vergütet wird, nicht in den Anwendungsbereich des KWKG fällt. Insofern stellt die Formulierung „vergütet wird" in § 2 S. 2 KWKG 2012 klar, dass nur die **tatsächliche Förderung** und nicht bereits ein Förderungsanspruch nach dem EEG 2012 einen Anspruch aus dem KWKG ausschließt.[687] So soll eine **Doppelförderung** ausgeschlossen werden.[688]

1. KWK-Förderungsanspruch als „Mindestförderung"

372 Durch dieses Anknüpfen an die tatsächliche Förderung in § 2 S. 2 KWKG 2012 können Investoren mit der Förderung nach dem KWKG als einer Art „Mindesteinnahme" auch dann kalkulieren, wenn ein Förderungsanspruch nach dem EEG 2012 streitig und damit ungewiss ist.[689] Denn es besteht ein vollumfängliches **Wahlrecht**.[690]

2. Anteilige Vergütung

373 Mit § 2 S. 2 KWKG 2012 ist eine anteilige EEG-Vergütung nicht ausgeschlossen. Damit kommt eine KWK-Förderung etwa für Strom aus Biomasse in Betracht, der die Schwelle von 20 MW des § 27 Abs. 1 Nr. 4 EEG 2012 überschritten hat und damit ober-

684 Vgl. die Legaldefinition in § 3 Abs. 4 KWKG; vgl. dazu auch Danner/Theobald/*Jacobshagen*/*Kachel*, KWKG XVII B 1, § 3 Abs. 4 KWKG.

685 Danner/Theobald/*Jacobshagen*/*Kachel*, § 2 KWKG Rn 1.

686 Zu den Optimierungsmöglichkeiten für Kläranlagen nach dem EEG und dem KWKG: *Bremer*, IR 2010, 197 ff. sowie ZNER 2010, 459 ff.

687 BT-Drucks. 16/8305, S. 24.

688 BT-Drucks. 16/8305, S. 24.

689 So auch Danner/Theobald/*Jacobshagen*/*Kachel*, § 2 KWKG Rn 2.

690 *Rauch*, REE 2011, 133, 134.

halb dieser Schwelle nicht mehr nach dem EEG vergütet werden kann.[691] Insgesamt spricht nichts gegen eine **Aufteilung** des produzierten Stroms in solchen, der nach dem EEG vergütet wird und solchen, der nach dem KWKG einen Zuschlag erhält.[692] Denn eine Doppelförderung findet dadurch nicht statt.

3. KWK-Förderung von Wärmenetzen unabhängig von EEG-Förderung

§ 2 S. 2 KWKG 2012 bestimmt nur, dass KWK-Strom, der nach dem EEG vergütet wird, 374
nicht dem Anwendungsbereich des KWKG unterfällt. Im **Umkehrschluss** folgt daraus, dass dies für **Wärme**, die in einem gekoppelten Prozess in EEG-Anlagen produziert wird, nicht gilt. § 2 Abs. 2 KWKG 2012 verhindert insoweit nur die Doppelvergütung von Strom.[693] Damit kann der Neu- und Ausbau von entsprechenden Wärmenetzen gem. § 5a KWKG 2012 gefördert werden, wenn dessen Voraussetzungen im Übrigen vorliegen.[694] Hätte der Gesetzgeber eine solche Förderung ausschließen wollen, hätte er mit der Einführung der Förderung des Neu- und Ausbaus von Wärmenetzen den Wortlaut der Regelung des § 2 S. 2 KWKG 2012 entsprechend anpassen müssen.[695]

III. Förderung von Strom aus KWK-Anlagen

Die Vergütung für KWK-Strom regelt sich nach den §§ 4 Abs. 3, 5–8 KWKG 2012. 375

1. Der Vergütungsanspruch für KWK-Strom

Der allgemeine Vergütungsanspruch beinhaltet gem. § 4 Abs. 3 KWKG 2012 den **Strom-** 376
preis sowie den **KWK-Zuschlag**. Voraussetzung für diesen Vergütungsanspruch dem Grunde nach ist die **Einspeisung** von **Strom aus einer KWK-Anlage** i.S.d. § 5 KWKG 2012[696] in das **Netz** des **Netzbetreibers** – also gem. § 3 Nr. 9 KWKG 2012 in ein Netz,

691 Vgl. BT-Drucks. 14/7086, S. 2 re. Sp.; ausführlich dazu von *Hesler*, REE 2011, 11, 12.

692 So *Rauch*, REE 2011, 133, 133 f.

693 So auch BAFA, Merkblatt Wärmenetze, Stand 19.8.2011, S. 7, abrufbar unter http://www.bafa.de/bafa/de/energie/kraft_waerme_kopplung/stromverguetung/publikationen/merkblatt_waermenetze.pdf.

694 Danner/Theobald/*Jacobshagen*/*Kachel*, § 2 KWKG Rn 2.

695 Dann hätte etwa geregelt werden können, dass nicht KWK-Strom, sondern KWK-Anlagen aus dem Anwendungsbereich des KWKG ausgenommen sind, für die ein Vergütungsanspruch nach dem EEG 2012 besteht (vgl. insoweit noch die Formulierung des Gesetzesentwurfs in BT-Drucks. 14/8059, S. 3), denn damit wären diese keine KWK-Anlagen i.S.d. § 5a Abs. 1 Nr. 2 KWKG.

696 Dies folgt aus dem systematischen Zusammenhang zur Regelung der Abnahmepflicht für Strom aus KWK-Anlagen i.S.d. § 5 KWKG in § 4 Abs. 1 KWKG, auf die sich die Vergütungspflicht in § 4 Abs. 3 KWKG ersichtlich bezieht; vgl. dazu auch Danner/Theobald/*Jacobshagen*/*Kachel*, § 4 KWKG Rn 40.

das der allgemeinen Versorgung dient.[697] Für den Zuschlag gilt insoweit gesondert § 4 Abs. 3a KWKG 2012, wonach auch der Eigen- und Drittverbrauch zuschlagsberechtigt ist. Der **Zuschlag** ist das eigentliche **KWKG-Förderungselement.** § 5 KWKG 2012 bestimmt insoweit, welche Anlagen zuschlagsberechtigt sind. Gemäß § 6 Abs. 1 KWKG 2012 ist die Zulassung als KWK-Anlage im Sinne dieses § 5 KWKG 2012 Voraussetzung für den Anspruch auf Zahlung des Zuschlags.[698] Die Ermittlung und den Nachweis der maßgeblichen KWK-Strommenge regelt § 8 KWKG 2012.

a) Vereinbarter Strompreis

377 Der Strompreis wird vorrangig durch eine Vereinbarung zwischen Anlagenbetreiber und Netzbetreiber bestimmt, § 4 Abs. 3 S. 1 KWKG 2012.

b) Üblicher Preis zzgl. vermiedener Netznutzungsentgelte

378 Fehlt eine Vereinbarung, ist gem. § 4 Abs. 3 S. 2 KWKG 2012 der übliche Preis zu zahlen zzgl. einer Vergütung für die vermiedenen Netznutzungsentgelte.[699] Durch Letzteres soll der wirtschaftliche **Vorteil, der durch die dezentrale Einspeisung entsteht, bei den dezentralen Einspeisern verbleiben.**[700]

379 Für kleine KWK-Anlagen mit einer elektrischen Leistung bis zu 2 MW wird bezüglich des üblichen Preises in § 4 Abs. 3 S. 3 KWKG 2012 auf den durchschnittlichen Preis für Grundlaststrom an der Strombörse EEX in Leipzig Bezug genommen. Für KWK-

697 Die Bundregierung plant im Rahmen der Novellierung des KWKG die Schaffung neuer Regelungen in § 4 KWKG, die die Möglichkeit der direkten Vermarktung des Stroms durch den Anlagenbetreiber oder einen von ihm beauftragten Dritten schaffen. Dabei sollen verschiedene Rechte und Pflichten von Netzbetreiber und Anlagenbetreiber im Hinblick auf die Bilanzkreisordnung, die Vermarktung des in der KWK-Anlage erzeugten Stroms sowie die Pflicht zu Zuschlagszahlungen festgelegt werden, vgl. den Gesetzentwurf der Bundesregierung v. 14.12.2011, S. 8 und 33 f., abrufbar unter http://www.bkwk.de/bkwk/infos/recht/.

698 Siehe dazu im Einzelnen unten Rn 381 und 390 ff.

699 Stromnetzbetreiber erheben von den Netznutzern für den Transport und die Verteilung der Energie Netzentgelte. In einer Netzebene mit dezentraler Einspeisung durch Anlagenbetreiber reduzieren sich die Netzentgelte an die vorgelagerte Netzebene, da aus dem vorgelagerten Netz geringere Energiemengen bezogen werden. Der dezentrale Netzeinspeiser erhält für diese Netzdienstleitung von dem Betreiber des Elektrizitätsverteilernetzes die Differenz zu dem Netzentgelt, das ohne dezentrale Einspeisung zu zahlen wäre, vgl. § 18 StromNEV v. 25.7.2005 (BGBl. I S. 2225) in der Fassung v. 28.7.2011 (BGBl. I S. 1690). Diese Differenz wird vermiedenes Netzentgelt genannt. Die Bezeichnung „Netznutzungsentgelt" in § 4 Abs. 3 KWKG ist insoweit veraltet. Seit der EnWG-Novelle 2005 wird der Begriff „Netzentgelte" verwendet. Der Begriff des „vermiedenen Netznutzungsentgelts" wurde in § 18 StromNEV durch die Bezeichnung „Entgelt für dezentrale Einspeisung" abgelöst. Sämtliche Begriffe werden synonym verwendet, vgl. dazu Danner/Theobald/*Jacobshagen*/*Kachel*, § 4 KWKG Rn 53 f.

700 Danner/Theobald/*Jacobshagen*/*Kachel*, § 4 KWKG Rn 53.

Anlagen mit einer höheren Leistung gibt es keine solche Regelung. Entsprechend ist der übliche Preis hier im Einzelfall unter Berücksichtigung der Fahrweise der Anlage und der jeweils aktuellen Stromhandelspreise zu ermitteln.[701]

c) Kaufangebot eines Dritten

§ 4 Abs. 3 S. 4 bis 6 KWKG 2012 hat die Höhe der Vergütung im Falle eines **Kaufangebots eines Dritten** zum Gegenstand. Bietet dieser dem Anlagenbetreiber einen bestimmten Preis, muss der Netzbetreiber dem Anlagenbetreiber gem. S. 4 der Vorschrift diesen Preis zahlen, während der Dritte den KWK-Strom vom Netzbetreiber gem. S. 5 der Vorschrift ebenfalls zu diesem Preis abnehmen muss. Dadurch soll vermieden werden, dass der Netzbetreiber seine natürliche Monopolstellung als Nachfrager von KWK-Strom ausnutzt.[702] 380

d) Der KWK-Zuschlag – auch für Eigen- und Drittverbrauch

Zusätzlich zum Strompreis ist gem. § 4 Abs. 3 S. 1 KWKG 2012 der Zuschlag zu zahlen, 381
der sich nach § 5 KWKG 2012 für jeden Anlagentyp unterschiedlich bestimmt und für den entsprechend eine Zulassung einer Anlage als KWK-Anlage i.S.d. § 5 KWKG 2012 erforderlich ist. Dieser Zuschlag bildet den eigentlichen Förderbetrag.

Gemäß § 4 Abs. 3 KWKG 2012 sind zugelassene KWK-Anlagen zuschlagsberech- 382
tigt, die an das Netz angeschlossen sind und deren Strom in das Netz aufgenommen wurde.[703] § 4 Abs. 3a KWKG 2012 bestimmt daneben, dass ein Zuschlag auch für den KWK-Strom zu entrichten ist, der nicht in ein Netz zur allgemeinen Versorgung eingespeist wird.[704] Damit begründet auch die **Eigenbedarfsdeckung** bzw. die **direkte Versorgung Dritter** einen **Anspruch auf den KWK-Zuschlag.**[705] Damit korrespondiert § 3 Abs. 10 S. 3 KWKG 2012, der die Eigenversorgung definiert. Diese liegt nicht nur im Falle der Deckung des Eigenbedarfs aus einer Eigenanlage vor, sondern auch im Fall der unmittelbaren Versorgung aus einer KWK-Anlage, die von einem Dritten ausschließlich oder überwiegend für die Versorgung bestimmbarer Letztverbraucher errichtet und betrieben wird.

Im ursprünglichen Entwurf des Bundestages des § 4 Abs. 3a KWKG 2012 war diese 383
Förderung noch auf KWK-Strom begrenzt, der im Rahmen einer Eigenversorgung in

---

701 Vgl. Danner/Theobald/*Jacobshagen/Kachel*, § 4 KWKG Rn 47.
702 Vgl. BT-Drucks. 14/7086, S. 2.
703 § 4 Abs. 3 S. 1 KWKG.
704 Im Einzelnen zu Netzen außerhalb der allgemeinen Versorgung vgl. Danner/Theobald/*Jacobshagen/Kachel*, § 4 KWKG Rn 62.
705 Der KWK-Zuschlag für selbst genutzten Strom wurde 2009 eingeführt, um den Ausbau der KWK insgesamt effektiver zu fördern, vgl. BT-Drucks. 16/8305, S. 17 re. Sp.; vgl. auch die Darstellung des Gesetzgebungsverfahrens bei Danner/Theobald/*Jacobshagen/Kachel*, § 4 KWKG Rn 57 f.

ein Netz außerhalb der allgemeinen Versorgung eingespeist und an ein Unternehmen des produzierenden Gewerbes geliefert wird.[706] Dies wurde auf Bestreben des Bundesrates bereinigt,[707] so dass nunmehr auch KWK-Strom förderfähig ist, der in Kundenanlagen verbleibt bzw. nicht an das produzierende Gewerbe geliefert wird (wie z.B. bei Hallenbädern, Altenheimen, Hotels oder Krankenhäusern).[708] Damit ist gem. § 4 Abs. 3a KWKG 2012 z.B. bei Kläranlagen auch die Nutzwärme förderfähig, die vom Anlagenbetreiber selbst für Prozesse außerhalb der KWK-Anlage verwendet wird (z.B. Objektheizung oder Klärschlammtrocknung).[709] Da § 4 Abs. 3a KWKG 2012 keine zeitliche Einschränkung enthält, wurde er im Übrigen vom BAFA auch auf Altanlagen angewendet.[710]

384 § 4 Abs. 3b KWKG 2012 enthält zusätzliche Regelungen für die Versorgung von Wohn- und Geschäftsräumen durch hauseigene KWK-Anlagen. Die Aufnahme dieser Vorschrift in das Gesetz hat die Umsetzung der **Eigenversorgung von Wohnobjekten** deutlich erleichtert bzw. in den Fällen, in denen nicht sämtliche Bewohner eines Objekts an der Eigenversorgung teilnehmen wollen, erst möglich gemacht.[711]

e) Der Betreiber der KWK-Anlage als Anspruchsinhaber

385 Anspruchsinhaber ist gem. § 4 Abs. 1 und 3 KWKG 2012 der **Betreiber der KWK-Anlage** gem. § 3 Abs. 10 KWKG 2012, aus der der KWK-Strom stammt.[712] Insoweit ist in § 3 Nr. 10 KWKG ausdrücklich die Betreibereigenschaft i.S.d. KWKG auch für KWK-Anlagen geregelt, die der Eigen- oder Drittversorgung dienen. Die **Betreibereigenschaft** ist gem. § 3 Abs. 10 S. 2 KWKG 2012 unabhängig von der Eigentümerstellung. Betreiber ist derjenige, der die tatsächliche Herrschaft über die Anlage ausübt, ihre Arbeitsweise eigenverantwortlich bestimmt und sie auf eigene Rechnung nutzt, mithin das **wirtschaftliche Risiko** trägt[713] – ohne notwendigerweise Eigentümer sein zu müssen.

---

706 BT-Drucks. 16/8305, S. 8 li. Sp. und S. 25.

707 Vgl. BR-Drucks. 12/08, S. 3 und 23 f. sowie die Empfehlung des Ausschusses für Wirtschaft und Technologie in BT-Drucks. 16/9469, S. 4 und 14 re. Sp.

708 Danner/Theobald/*Jacobshagen*/*Kachel*, § 4 KWKG Rn 58.

709 Bremer, IR 2010, 197, 198 sowie ZNER 2010, 459, 459.

710 Zu dieser Verwaltungspraxis vgl. Danner/Theobald/*Jacobshagen*/*Kachel*, § 4 KWKG Rn 60.

711 Im Einzelnen zu dieser Vorschrift vgl. Danner/Theobald/*Jacobshagen*/*Kachel*, § 4 KWKG Rn 68 ff.; vgl. auch den entsprechenden Beschluss für die Eigenversorgung eines Wohnhauses noch nach alter Rechtslage der BNetzA v. 19.3.2007 – BK6-06-071 – mit Anmerkung von *Jacobshagen*, IR 2007, 139; im Einzelnen zur Abrechnung der Kosten, wenn ein Vermieter eine KWK-Anlage selbst betreibt, vgl. *Wall*, WuM 2010, 211, 212 ff.

712 So schon für die alte Rechtslage BGH, Urt. v. 21.5.2008 – VIII ZR 90/06 = juris, Rn 14.

713 Vgl. schon zur alten Rechtslage in dem Fall einer fondsfinanzierten KWK-Anlage BGH, Urt. v. 13.2.2008 – VIII ZR 280/05 = RdE 2008, 368, 369 f. mit Anmerkung von *Hoch*, IR 2008, 134.

f) Der Netzbetreiber als Anspruchsgegner

Anspruchsgegner ist gem. § 4 Abs. 1 und 3 KWKG 2012 der **Netzbetreiber** des den KWK-Strom aufnehmenden Netzes, unabhängig von der Spannungsebene.[714] Im Fall der **Eigen- oder Drittversorgung** trifft die Pflicht zur Zahlung des Zuschlags gem. § 4 Abs. 3a S. 2 KWKG 2012 den **Betreiber des Netzes für die allgemeine Versorgung**, mit dessen Netz die entsprechende KWK-Anlage **unmittelbar** oder **mittelbar verbunden** ist. Die Netzbetreiber werden durch den Belastungsausgleich gem. § 9 KWKG 2012 entlastet. 386

g) Fälligkeit der Vergütung

§ 4 KWKG 2012 regelt die Fälligkeit der Vergütung nicht. § 8 Abs. 4 KWKG 2012 sieht insoweit vor, dass bereits vor der Vorlage der Abrechnung gem. § 8 Abs. 1 S. 8 bzw. für kleine Anlagen der Mitteilung gem. § 8 Abs. 2 S. 2 KWKG 2012 monatliche **Abschlagszahlungen** verlangt werden können, wenn die Anlage zugelassen ist oder der Antrag auf Zulassung gestellt worden ist. Dies zeigt, dass der Anspruch mit **Vorlage dieser Abrechnung** bzw. (bei kleinen KWK-Anlagen) der genannten **Mitteilung** fällig wird.[715] 387

h) Pflichten des Netzbetreibers nach Wegfall des Zuschlagsanspruchs

Der Abnahme- und Vergütungsanspruch aus dem KWKG endet bei Strom aus **Anlagen mit einer elektrischen Leistung größer als 50 kW** mit dem Anspruch auf Zuschlagszahlung.[716] Mit dem Wegfall des Zuschlagsanspruchs besteht auch **kein Anspruch auf Vergütung** in Höhe des marktüblichen Preises nach § 4 Abs. 3 S. 2 KWKG 2012 mehr. Erhalten bleibt dagegen ein Anspruch auf physische Aufnahme des KWK-Stroms durch den Netzbetreiber sowie auf vorrangigen Netzzugang. 388

Kleine **Anlagen mit einer Leistung bis einschließlich 50 kW** behalten – im Umkehrschluss aus § 4 Abs. 4 S. 1 KWKG 2012 – dagegen auch nach Wegfall des Anspruchs auf Zuschlagszahlungen den Vergütungsanspruch des KWKG, der sich damit nur noch aus dem **vereinbarten Preis für den KWK-Strom** gem. § 4 Abs. 3 2012 ergibt.[717] Damit werden kleine Anlagen auch über die Zuschlagsberechtigung hinaus gefördert, indem die Abnahme und Vergütung des Stroms (naturgemäß ohne den KWK-Zuschlag) durch das KWKG garantiert bleibt. 389

---

714 § 3 Abs. 9 KWKG; hierzu siehe auch BK-EnR/*Lühring*, Band 2, § 4 KWKModG Rn 5.

715 Bei Danner/Theobald/*Jacobshagen*/*Kachel*, § 4 KWKG Rn 40; zur Fälligkeit erst mit Endabrechnung für die alte Rechtslage LG Münster, Urt. v. 9.2.2005 – 21 O 222/04 = ZNER 2005, 172; vgl. dazu die Anmerkung von *Jacobshagen*, IR 2005, 105.

716 § 4 Abs. 4 S. 1 KWKG (zur Dauer des Zuschlags vgl. § 7 KWKG).

717 Vgl. dazu BK-EnR/*Lühring*, § 4 KWKModG Rn 91.

i) Kategorien der zuschlagsberechtigten KWK-Anlagen

390 Zuschlagsberechtigt dem Grunde nach sind ausschließlich die in § 5 KWKG 2012 genannten Anlagen. Die Vorschrift differenziert zwischen den verschiedenen Anlagen u.a. anhand ihrer elektrischen Leistung und danach, ob es sich dabei um Neuanlagen, Ersatzanlagen oder modernisierte Anlagen handelt. Die in § 5 KWKG 2012 genannten Anlagenkategorien werden in § 7 KWKG 2012 im Rahmen der Festlegung der Zuschlagsdauer und -höhe wieder aufgegriffen.

aa) Alte Bestandsanlagen, neue Bestandsanlagen sowie modernisierte Bestandsanlagen nach § 5 Abs. 1 Nr. 1 bis 3 KWKG 2009

391 Durch die KWKG-Novelle 2012[718] wurden die in § 5 Abs. 1 Nr. 1 bis 3 KWKG 2009[719] geregelten Fördertatbestände gestrichen. Geregelt wurde darin die Förderungsfähigkeit der sog. „alten Bestandsanlagen", „neuen Bestandsanlagen", sowie der „modernisierten Bestandsanlagen". Deren Förderung lief im Jahr 2010 bzw. bereits schon vorher aus. Die zeitlich überholten Fördertatbestände wurden daher gestrichen.[720] Die übrigen Fördertatbestände finden – mit Ausnahme der durch die KWKG-Novelle 2012 neu aufgenommenen nachgerüsteten Anlagen in § 5 Abs. 4 KWKG 2012 – eine Entsprechung in § 5 KWKG 2009.

bb) Kleine KWK-Anlagen und Brennstoffzellenanlagen – § 5 Abs. 1 S. 1 Nr. 1 und 2 KWKG 2012

392 Nach § 5 Abs. 1 S. 1 KWKG 2012 besteht ein Anspruch auf Zuschlagszahlung für KWK-Strom aus **hocheffizienten kleinen KWK-Anlagen** mit fabrikneuen Hauptbestandteilen (Nr. 1) und **Brennstoffzellenanlagen** (Nr. 2), die nach dem 1.1.2009 und bis zum 31.12.2020 in Dauerbetrieb genommen worden sind. Die Regelung entspricht § 5 Abs. 2 KWKG 2009.

393 **Kleine KWK-Anlagen** sind nach § 3 Abs. 3 KWKG 2012 KWK-Anlagen, mit Ausnahme von Brennstoffzellenanlagen, mit einer installierten Leistung von bis zu 2 MW.[721] Im Rahmen der Vergütung in § 7 KWKG 2012 wird weiter zwischen kleinen KWK-Anlagen mit einer elektrischen Leistung bis zu 50 kW (§ 7 Abs. 2 KWKG), kleinen KWK-Anlagen mit einer elektrischen Leistung von mehr als 50 kW (§ 7 Abs. 2 KWKG) sowie „sehr kleinen KWK-Anlagen mit einer elektrischen Leistung von bis zu 2 kW" (§ 7 Abs. 3 KWKG) differenziert.

---

718 Gesetz v. 19.3.2002 (BGBl. I S. 1092), in der Fassung v. 18.7.2012 (BGBl. I S. 1494).
719 Gesetz v. 19.3.2002 (BGBl. I S. 1092), in der Fassung v. 26.7.2011, BGBl. I S. 1554.
720 Vgl. BT-Drucks. 17/8801, S. 17 li. Sp.
721 Vgl. hierzu und insbesondere zur Verklammerung mehrere kleiner KWK-Anlagen Kap. 3 Rn 120.

Kleine KWK-Anlagen dürfen dabei eine bereits **bestehende Fernwärmeversorgung** 394
aus KWK-Anlagen **nicht verdrängen.** § 5 Abs. 1 S. 2 und 3 KWKG 2012 stellt klar, wann nicht von einer Verdrängung auszugehen ist.[722]

Zudem müssen die **Hauptbestandteile** kleiner KWK-Anlagen **fabrikneu** sein. 395
Der Begriff der **Hauptbestandteile** wird in § 3 Abs. 3a KWKG 2012 definiert als wesentliche, die Effizienz bestimmende Anlagenteile. Dazu gehören insbesondere Motor, Generator, Turbine, Dampferzeuger und Wärmeauskopplung.[723] Der Begriff der **Fabrikneuheit** wird nicht weiter präzisiert. Es ist davon auszugehen, dass diese jedenfalls dann nicht mehr vorliegt, wenn die Hauptbestandteile schon an einer anderen Stelle genutzt wurden. Nach bisheriger Rechtslage war die Fabrikneuheit der Hauptbestandteile keine notwendige Voraussetzung für eine Förderung. Nach § 5 Abs. 4 KWKG 2009 konnte die Anlage nach dem Jahr der Nutzungsaufnahme der gebrauchten Hauptbestandteile erfolgen, wenn Hauptbestandteile der Anlage schon vor der Aufnahme des Dauerbetriebs über einen Zeitraum von mehr als einem Jahr genutzt worden waren.

Brennstoffzellenanlagen müssen, um dem Grunde nach förderfähig zu sein, 396
hocheffizient sein. Für die Förderung einer Brennstoffzellenanlage ist es unerheblich, ob diese eine bestehende Fernwärmeversorgung verdrängt, da dies nicht Tatbestandsmerkmal ist. Brennstoffzellenanlagen wurden als **zukunftsweisende Technik** 2002 in das KWKG aufgenommen.[724] Diese Technologie ist derzeit noch sehr teuer bzw. noch nicht in den Markt eingeführt.[725] Langfristig wird jedoch ein hohes Einsatzpotenzial der Brennstoffzellen-Technologie gesehen – vor allem mit Blick auf die notwendige flexible und emissionsarme Stromerzeugung zur Flankierung der erneuerbaren Energien.[726]

cc) Neue KWK-Anlagen mit einer Leistung von mehr als 2 MW – § 5 Abs. 2 KWKG 2012

Nach § 5 Abs. 2 KWKG 2012 besteht ein Anspruch auf Zuschlagszahlung für KWK- 397
Strom aus KWK-Anlagen mit fabrikneuen Hauptbestandteilen mit einer **elektrischen Leistung von mehr als 2 MW**, die ab dem 1.1.2009 und bis zum 31.12.2020 in Dauerbetrieb genommen worden sind. Der Anspruch besteht nur, sofern die Anlage **hocheffizient** ist und keine bereits bestehende Fernwärmeversorgung aus KWK-Anlagen verdrängt. Für die Verdrängung verweist § 5 Abs. 2 S. 2 KWKG 2012 auf § 5 Abs. 1 S. 2

722 Vgl. unten Rn 408 ff.

723 BT-Drucks. 17/9617, S. 16 li. Sp.

724 BT-Drucks. 14/7024, S. 12 re. Sp.

725 *Guss/Zipp*, et 2012, 28, 30 (vgl. dort auch die Darstellung von Testphase und erwarteter Markteinführung vor allem von Brennstoffzellen mit maximal 5 kW Leistung für die Versorgung von Wohngebäuden und kleineren Gewerbebetrieben).

726 *Guss/Zipp*, et 2012, 28, 30 f.

und 3 KWKG 2012.[727] Wie die kleinen KWK-Anlagen müssen die **Hauptbestandteile** von KWK-Anlagen mit einer Leistung von mehr als 2 MW **fabrikneu** sein.[728] Die Regelung des § 5 Abs. 2 KWKG 2012 entspricht im Wesentlichen § 5 Abs. 3 KWKG 2009.

dd) Modernisierte KWK-Anlagen und Ersatzanlagen – § 5 Abs. 3 KWKG

398 Die dritte Gruppe des zuschlagsberechtigten KWK-Stroms ist Strom aus Anlagen, die modernisiert oder durch einen neue Anlage ersetzt (**Repowering**) und ab dem 1.1.2009 bis zum 31.12.2020 wieder in Dauerbetrieb genommen worden sind. Die **modernisierte KWK-Anlage** bzw. die **Ersatzanlage** muss hocheffizient sein. Die Förderfähigkeit von modernisierten KWK-Anlagen und Ersatzanlagen war bisher in § 5 Abs. 1 Nr. 4 KWKG 2009 geregelt.

399 Wann eine **Modernisierung** im Sinne dieser Vorschrift vorliegt, regelt § 5 Abs. 3 S. 2 KWKG 2012. Danach liegt eine Modernisierung vor, wenn **wesentliche die Effizienz bestimmende Anlagenteile erneuert** worden sind und die Kosten der Erneuerung **mindestens 25 % der Kosten für die Neuerrichtung** der KWK-Anlage betragen. Die Schwelle für eine förderfähige Modernisierung wurde durch die KWK-Novelle 2012 von 50 %[729] auf 25 % abgesenkt. Hierdurch soll das in Modernisierungsmaßnahmen liegende Effizienzpotenzial leichter erschlossen werden.[730] Korrespondierend hiermit wurde allerdings die Förderungsdauer in § 7 Abs. 5 KWKG 2012 für Anlagen, deren Modernisierungskosten zwar über der Schwelle von 25 %, aber unter 50 % liegen, auf 5 Jahre bzw. 15.000 Vollbenutzungsstunden halbiert. Für Modernisierungen, deren Kosten bei mindestens 50 % der Kosten für die Neuerrichtung liegen, gilt dagegen die Förderungsdauer von 10 Jahren bzw. 30.000 Vollbenutzungsstunden.[731]

400 **Ersatzanlagen** dürfen nach § 5 Abs. 3 S. 3 KWKG 2012 nicht zur Verdrängung einer bestehenden Fernwärmeversorgung aus KWK-Anlagen führen. Die Regelungen in § 5 Abs. 1 S. 2 und 3 KWKG 2012 gelten entsprechend.[732] Der in § 5 Abs. 1 Nr. 4 S. 3 KWKG 2009 enthaltene Verweis für Ersatzanlagen auf die entsprechenden Vorschriften für Neuanlagen wurde im Rahmen der KWKG-Novelle 2012 gestrichen. Grund hierfür dürfte sein, dass in § 5 Abs. 3 S. 3 KWKG 2012 die einschränkende „Verdrängungsklausel" aufgenommen wurde und es eines Verweises daher nicht mehr bedurfte.

727 Vgl. dazu unten Rn 408 ff.
728 Vgl. dazu Rn 395.
729 Vgl. § 5 Abs. 1 Nr. 4 S. 2 KWKG 2009.
730 BT-Drucks. 17/8801, S. 17 li. Sp.
731 Vgl. dazu ausführlich unten Rn 430 und Rn 433.
732 Vgl. hierzu die Ausführungen unter Rn 408 ff.

ee) Nachgerüstete KWK-Anlagen – § 5 Abs. 4 KWKG

Neu durch die KWKG-Novelle 2012 geschaffen wurde die Möglichkeit der Förderung der **Nachrüstung einer Wärmeauskopplung** bei konventionellen Kraftwerken bzw. Heizwerken und industriellen Anlagen in § 5 Abs. 4 KWKG 2012. Die Regelung soll Anreize schaffen, Kraftwerke (Kondensationskraftwerke), die bisher nur Strom herstellen, sowie Heizwerke, die lediglich Wärme produzieren, jeweils durch Nachrüstung der jeweiligen Komponenten zu Kraft-Wärme-Kopplungs-Anlagen umzurüsten, um damit zu mehr Energieeffizienz beizutragen. **401**

Nach § 5 Abs. 4 KWKG 2012 ist KWK-Strom dem Grunde nach zuschlagsberechtigt, der aus Anlagen der ungekoppelten Strom- oder Wärmeerzeugung stammt, bei denen Komponenten zur Strom- und Wärmeauskopplung nachgerüstet werden, wenn die nachgerüstete Anlage eine **elektrische Leistung von mehr als 2 MW** hat, **hocheffizient** ist und ab dem 19.7.2012 bis zum 31.12.2020 wieder in Dauerbetrieb genommen wird. Wie in den Fällen der § 5 Abs. 1 bis 3 KWKG 2012 darf die Anlage **nicht zu einer Verdrängung** einer bereits **bestehenden Fernwärmeversorgung** aus KWK-Anlagen **führen**.[733] **402**

j) Der Anlagenbegriff

Das Verständnis der zuschlagsberechtigten KWK-Anlagen hängt wesentlich von dem in § 3 Abs. 3 KWKG 2012 geregelten **Anlagenbegriff** ab. Dabei ist auch § 3 Abs. 2 S. 2 KWKG 2012 zu beachten, der für mehrere unmittelbar miteinander verbundene kleine KWK-Anlagen an einem Standort regelt, dass sie in Bezug auf die u.a. in § 5 KWKG 2012 genannten Leistungsgrenzen als eine KWK-Anlage gelten (**Verklammerung**).[734] **403**

Werden etwa Module einer **mehrmoduligen Anlage** modernisiert, sollte nach Sinn und Zweck der Vorschrift des § 5 Abs. 3 KWKG 2012 jedes Modul gesondert bewertet und zugelassen werden.[735] Dies entspricht auch der Verwaltungspraxis des BAFA.[736] **404**

k) Aufnahme des Dauerbetriebs

Für die Einordnung einer KWK-Anlage in die Kategorien des § 5 KWKG 2012 ist es wegen der Stichtage maßgeblich, wann genau eine KWK-Anlage ihren Dauerbetrieb aufgenommen hat bzw. als modernisierte KWK-Anlage wieder aufnimmt. Die Auf- **405**

---

733 Vgl. hierzu Rn 408 ff.

734 Vgl. allgemein zum Anlagenbegriff sowie zur Verklammerung Kap. 3 Rn 116 ff., 120.

735 Vgl. BK-EnR/*Topp*, § 5 KWKModG Rn 25.

736 So für § 5 Abs. 1 Nr. 4 KWKG 2009 festgestellt bei Danner/Theobald/*Jacobshagen*/*Kachel*, § 5 KWKG Rn 25; vgl. hierzu BK-EnR/*Topp*, § 5 KWKModG Rn 18 ff., der im Rahmen der Modernisierungstatbestände für eine „blockweise Betrachtung" votiert.

nahme des Dauerbetriebs ist nach der Übergangsbestimmung in § 13 Abs. 1 KWKG 2012 auch für die Frage entscheidend, ob sich die Vergütung nach den höheren Vergütungssätzen der §§ 5, 7 KWKG 2012 oder nach den Vergütungssätzen der §§ 5, 7 KWKG 2009 richtet. Stichtag ist dabei der 19.7.2012, der Tag des Inkrafttretens des KWKG 2012. Eine gesetzliche Definition dieses Begriffes gibt es indes nicht. In der Begründung des Regierungsentwurfs zu § 5 KWKG 2012 heißt es, dass von der Aufnahme des Dauerbetriebes in der Regel auszugehen sei, wenn der **Probebetrieb abgeschlossen** und die **Anlage vollständig abgenommen** ist.[737] In dem „Leitfaden zum Sachverständigengutachten gem. § 6 Abs. 1 Nr. 4 KWKG" des BAFA[738] wird ausgeführt, das Datum der Aufnahme des Dauerbetriebes könne z.B. nachgewiesen werden

- durch ein Protokoll über die Abnahme der Anlage,
- durch ein Protokoll über die Beendigung des Probebetriebes oder
- durch eine Bestätigung des Gefahrenübergangs auf den Anlagenbetreiber.

406 Mit diesem Leitfaden kann indes eine Selbstbindung der Verwaltung nicht eintreten. Abgesehen davon, dass darin nur Beispiele für einen Nachweis des Dauerbetriebes gegeben werden, geht es hier um die Auslegung eines **unbestimmten Rechtsbegriffs**. Dabei bleibt für einen Entscheidungsspielraum der Behörde kein Raum. Die Auslegung hat in der zutreffenden und richtigen Weise zu erfolgen und unterliegt der **gerichtlichen Nachprüfung**.[739]

407 In einem Fall, in dem sich aufgrund technischer Mängel der Zeitpunkt der zivilrechtlichen Abnahme über einen längeren Zeitraum verzögert hatte, hat die Rechtsprechung die Aufnahme des Dauerbetriebs der KWK-Anlage dennoch angenommen, weil nach einem zielgerichteten und beabsichtigten Probebetrieb in der KWK-Anlage in regulärer Weise Energie erzeugt worden war. Später auftretende Schwierigkeiten, die im Laufe der Betriebspraxis entstanden waren, wurden nicht als geeignet angesehen, einen dauerhaft und regulär beabsichtigten Normalbetrieb nachträglich als erneuten Probebetrieb zu qualifizieren.[740] Im umgekehrten Fall erscheint es auch möglich, dass eine Anlage abgenommen und erprobt ist, aber dennoch nicht den Dauerbetrieb aufgenommen hat, wenn sie weder kommerziell noch auf Dauer angelegt betrieben wird.[741]

---

737 BT-Drucks. 14/7024, S. 11 re. Sp.

738 Stand 1.3.2011, S. 8, http://www.bafa.de/bafa/de/energie/kraft_waerme_kopplung/stromverguetung/publikationen/kwk_leitfaden.pdf.

739 VG Frankfurt a.M., Urt. v. 7.4.2005 – 1 E 4376/04 = juris, Rn 20.

740 Danner/Theobald/*Jacobshagen*/*Kachel*, § 5 KWKG Rn 9.

741 Vgl. dazu Danner/Theobald/*Jacobshagen*/*Kachel*, § 5 KWKG Rn 8 f.

l) Verdrängung von bestehender Fernwärmeversorgung

Die Zuschlagsberechtigung in § 5 Abs. 1 S. 1 Nr. 1, Abs. 2, Abs. 3 S. 1 und Abs. 4 KWKG 2012 ist davon abhängig, dass keine bestehende Fernwärmeversorgung verdrängt wird. 408

Wann eine Verdrängung vorliegt, wird in § 5 Abs. 1 S. 2 und 3 KWKG 2012 (auf die für die übrigen Anlagen verwiesen wird)[742] weiter präzisiert. Eine **Verdrängung liegt** danach **nicht vor**, wenn der Umfang der Wärmeeinspeisung aus KWK-Anlagen nicht mehr den Anforderungen nach § 5a Abs. 1 Nr. 2 Buchst. b KWKG 2012 entspricht oder wenn eine bestehende KWK-Anlage vom selben Betreiber oder im Einvernehmen mit diesem durch eine oder mehrere neue KWK-Anlagen ersetzt wird. 409

Wird eine **bestehende KWK-Anlage ersetzt**, muss diese nach § 5 Abs. 1 S. 3 KWKG 2012 nicht stillgelegt werden. Nach der Vorgängerregelung in § 5 Abs. 2 S. 3 KWKG 2009 war dagegen noch von einer Verdrängung auszugehen, wenn eine durch den Betreiber ersetzte KWK-Anlage nicht stillgelegt wurde. 410

Neu aufgenommen wurde die Regelung zur Ersetzung von Wärmenetzen, die nicht mehr den Anforderungen nach § 5a Abs. 1 Nr. 2 Buchst. b KWKG 2012 entsprechen, die **Fernwärmeversorgung** also **durch die bestehenden KWK-Anlagen nicht mit mindestens 60 %** gespeist wird. Liegt der Anteil der KWK-Anlagen unter 60 %, liegt keine Verdrängung vor. Durch die Regelung soll der Anschluss von neuen KWK-Anlagen an bestehende Fernwärmesysteme erleichtert und der Wettbewerb gestärkt werden.[743] Bisher wurde das Verdrängungsverbot so ausgelegt, dass auch ein geringfügiger KWK-Wärmeanteil in einem ansonsten aus reinen Heizwerken gespeisten Netz die Förderung neuer Anlagen an dem Standort verhindert. Der Betrieb relativ kleiner KWK-Anlagen in einer Fernwärme-Heizzentrale konnte dadurch sinnvolle KWK-Projekte im Fernwärmeversorgungsgebiet blockieren. Dies soll durch die Quantifizierung des KWK-Anteils verhindert werden.[744] 411

Die Gesetzesmaterialien weisen zudem darauf hin, dass das Verbot der Verdrängung **durch die Vertragsfreiheit** sowie im Interesse eines Wettbewerbs durch die Möglichkeit zur Wahl einer alternativen Wärmeversorgungstechnik **begrenzt** ist.[745] Eine Verdrängung liege daher nicht vor, wenn die gem. AVBFernwärmeV[746] ursprünglich zwischen Versorger und Nutzer vereinbarte Vertragsdauer einmal verlängert wurde und das Vertragsverhältnis danach durch Vertragsablauf oder Kündigung beendet wurde. Eine Verdrängung liege auch dann nicht vor, wenn der Fernwärmevertrag zum Ablauf der ursprünglich bei Vertragsschluss zwischen Versorger und 412

742 Vgl. § 5 Abs. 2 S. 2, Abs. 3 S. 3, Abs. 4 S. 2 KWKG 2012.
743 BT-Drucks. 17/9617, S. 16 re. Sp.
744 Vgl. BT-Drucks. 17/9617, S. 16 re. Sp.
745 BT-Drucks. 17/9617, S. 16 re. Sp.
746 Verordnung über Allgemeine Bedingungen für die Versorgung mit Fernwärme vom 20.6.1980 (BGBl. I S. 742), zuletzt geändert durch Art. 5 des Gesetzes vom 4.11.2010 (BGBl. I S. 1483).

Nutzer vereinbarten Vertragsdauer endet und sich der Nutzer über eine Heizperiode anderweitig mit Wärme versorgt hat und danach eine KWK-Anlage in Betrieb nimmt. Nach Ablauf dieser Fristen könne die Inbetriebnahme einer KWK-Anlage wieder durch das KWKG gefördert werden.

m) Hocheffizienz

413 Das Kriterium der Hocheffizienz wurde durch die KWKG-Novelle 2009 eingeführt und ist zentrale Voraussetzung für die Förderfähigkeit von nach dem 1.1.2009 in Dauerbetrieb genommenen Anlagen. Am Kriterium der Hocheffizienz wurde im KWKG 2012 festgehalten. Wann eine Anlage hocheffizient ist, bestimmt sich nach § 3 Abs. 11 KWKG 2012, der wiederum nur auf die europarechtlichen Vorgaben der RL 2004/8/EG vom 11.2.2004 (**KWK-Richtlinie**) verweist.[747] Entscheidendes Merkmal der Hocheffizienz ist insoweit, dass Anlagen gegenüber der **getrennten Wärme- und Stromerzeugung** Primärenergie einsparen.[748] Anlage II und III der KWK-Richtlinie[749] enthalten insoweit die technischen und methodischen Vorgaben.[750] Denn nach Erwägungsgrund 15 der KWK-Richtlinie[751] soll es deren Ziel sein, eine einheitliche Methode der Berechnung des aus Kraft-Wärme-Kopplung erzeugten Stroms sowie die erforderlichen Leitlinien für ihre Anwendung festzulegen, wobei die Methoden zu berücksichtigen sind, wie sie *„derzeit von europäischen Normungsgremien entwickelt werden. Diese Methode sollte an den technischen Fortschritt angepasst werden können."* Dies bezieht sich auf das sog. „CEN-Workshop-Agreement".[752] In Deutschland kann dazu das **AGFW-Arbeitsblatt FW 308** herangezogen werden, das dem „CEN-Workshop-Agreement" vergleichbar und an die detaillierten Kommissions-Leitlinien angepasst worden ist.[753]

---

747 Vgl. RL 2004/8/EG v. 11.2.2004 – ABl EU L 52 – S. 50.

748 Vgl. Anhang III a) der RL 2004/8/EG v. 11.2.2004 – ABl EU L 52 – S. 50, wobei danach bei KWK-Blöcken eine Einsparung von mindestens 10 % im Vergleich zu den Referenzwerten für die getrennte Strom- und Wärmeerzeugung vorliegen muss, während für KWK-Klein- und -Kleinstanlagen jegliche Primärenergieeinsparung ausreicht.

749 Vgl. RL 2004/8/EG v. 11.2.2004 – ABl EU L 52 – S. 50.

750 Vgl. hierzu ausführlich Kap. 3 Rn 122 ff.

751 Vgl. RL 2004/8/EG v. 11.2.2004 – ABl EU L 52 – S. 50.

752 BK-EnR/*Topp*, § 9a KWKModG Rn 5; CEN-CENELEC Workshop Agreement Nr. 14 on the Manual for Calculation of CHP-Electricity, abrufbar unter http://www.euroheat.org/Past-Projects-52.aspx.

753 BK-EnR/*Topp*, § 9a KWKModG Rn 5; Download des Arbeitsblattes unter http://www.agfw.de/service/fw-308/; vgl. auch die Bezugnahme auf dieses Arbeitsblatt in dem Leitfaden zum Sachverständigengutachten gem. § 6 Abs. 1 Nr. 5 KWKG des BAFA, Stand 1.3.2011, S. 3 und 5 f., veröffentlicht unter http://www.bafa.de/bafa/de/energie/kraft_waerme_kopplung/stromverguetung/publikationen/kwk_leitfaden.pdf.

2. Höhe und Dauer des Zuschlags für KWK-Anlagen

In § 7 KWKG 2012 werden Höhe und Dauer des Zuschlags für KWK-Strom geregelt. 414
Der Zuschlag ist dabei im Unterschied zu den gem. § 4 Abs. 3 KWKG 2012 daneben zu entrichtenden variablen Stromvergütungen ein fester Betrag, der die erhöhten Kosten der Stromerzeugung aus Kraft-Wärme-Kopplung ausgleichen soll.[754] Höhe und Dauer des Zuschlags richten sich nach den einzelnen **Anlagen-Typen** und dem **Zeitpunkt der Aufnahme des Dauerbetriebs.**

a) Entscheidender Zeitpunkt der Aufnahme des Dauerbetriebs – Zuschläge nach KWKG 2012 oder KWKG 2009

Maßgeblicher Zeitpunkt für die Bestimmung des Zuschlags ist die **Aufnahme des** 415
Dauerbetriebs.[755] **§ 7 KWKG 2012 regelt** die Zuschlagshöhe und -dauer nur für **Anlagen, deren Dauerbetrieb nach dem 19.7.2012** (Inkrafttreten des KWKG 2012) und bis zum 31.12.2020 **aufgenommen** wird. Dies wird in den Vergütungstatbeständen der § 7 Abs. 1 bis 5 KWKG 2012 ausdrücklich geregelt. Keine Regelung findet sich im Vergütungstatbestand für nachgerüstete KWK-Anlagen in § 7 Abs. 6 KWKG 2012. Eine solche Regelung war entbehrlich, da eine Vergütung für solche Anlagen erstmals im Rahmen der KWKG-Novelle 2012 in § 5 Abs. 4 KWKG 2012 aufgenommen wurde und dort als Fördervoraussetzung ausdrücklich eine Aufnahme des Dauerbetriebs nach dem 19.7.2012 geregelt ist.

Für Anlagen, deren **Dauerbetrieb vor dem 19.7.2012 aufgenommen** wurde, 416
finden nach der **Übergangsregelung des § 13 Abs. 1 KWKG** die Vorschriften der §§ 5 und 7 KWKG 2009 in der zuletzt geltenden Fassung Anwendung. Dies hat insbesondere **Auswirkung auf** die **durch die KWKG-Novelle 2012 erhöhte Vergütung**, die vor dem 19.7.2012 in Dauerbetrieb genommenen Anlagen nicht zu Gute kommt. Dies entspricht der Intention des Gesetzgebers. Die erhöhten Fördersätze sollten nur für Anlagen gelten, die ihren Dauerbetrieb nach Inkrafttreten des Gesetzes aufnehmen. Hierdurch soll der Charakter der Anhebung als Investitionsanreiz für Neuanlagen unterstrichen werden.[756] Auswirkungen hat die Übergangsregelung auch auf nachgerüstete KWK-Anlagen nach § 5 Abs. 4 KWKG 2012, da Anlagen, für die vor Inkrafttreten der KWKG-Novelle 2012 keine entsprechende Förderung vorgesehen war, weiter ohne Förderung bleiben.

---

754 Siehe BT-Drucks. 14/7024, S. 1.
755 Zu den Kriterien hierfür vgl. oben Rn 405 ff.
756 BT-Drucks. 17/9617, S. 18 re. Sp.

b) Höhe und Dauer des Zuschlags für KWK-Anlagen mit Inbetriebnahme nach Inkrafttreten des KWKG 2012

417 Höhe und Dauer des Zuschlags für Anlagen, die nach dem Inkrafttreten des KWKG 2012 in Dauerbetrieb genommen werden, wird in § 7 KWKG 2012 festgelegt, jeweils **gesondert für** die jeweiligen in § 5 KWKG 2012 bestimmten **zuschlagsberechtigten Anlagenkategorien.** Teilweise wird dabei noch weiter anhand der Höhe der elektrischen Leistung der Anlagen differenziert.

418 Die **Dauer des Zuschlags** wird entweder in Jahren oder in Vollbenutzungsstunden angegeben, wobei zum Teil auch ein Wahlrecht des Betreibers der KWK-Anlage besteht. Die Berechnung der **Vollbenutzungsstunden** bestimmt sich nach § 3 Abs. 12 KWKG. Demnach ist die Anzahl der Vollbenutzungsstunden der Quotient aus der jährlichen KWK-Nettostromerzeugung und der maximalen KWK-Nettostromerzeugung im Auslegungszustand während einer Betriebsstunde. **Die Höhe des Zuschlags** wird für alle Anlagen gleich nach Leistungsanteilen zwischen 5,41 ct/kWh und 1,8 ct/kWh festgelegt. Die Dauer und Höhe der Zuschlagszahlung berechnet sich für die einzelnen Anlagen folgendermaßen:

aa) Kleine KWK-Anlagen mit einer Leistung bis zu 50 kW und Brennstoffzellen – § 7 Abs. 1 KWKG 2012

419 § 7 Abs. 1 KWKG 2012 regelt die Vergütung für kleine KWK-Anlagen mit einer elektrischen Leistung bis zu 50 kW nach § 5 Abs. 1 S. 1 Nr. 1 KWKG 2012[757] sowie Brennstoffzellen nach § 5 Abs. 1 S. 1 Nr. 2 KWKG 2012,[758] die nach dem Inkrafttreten des KWKG 2012 und bis zum 31.12.2020 in Dauerbetrieb genommen worden sind. Betreiber dieser Anlagen haben für KWK-Strom einen Anspruch auf Zahlung eines Zuschlags in Höhe von **5,41 ct/kWh.**

420 Die **Förderdauer** besteht **wahlweise**:
- für einen Zeitraum von **10 Jahren** oder
- die Dauer von **30.000 Vollbenutzungsstunden** ab Aufnahme des Dauerbetriebs der Anlage.

421 Durch das **Wahlrecht** soll für stromgeführte Anlagen, die aufgrund ihrer Fahrweise eine Auslastung von weniger als 3.000 Benutzungsstunden im Jahr erreichen, eine Anhebung der Förderung ermöglicht und ein Anreiz für eine stärkere Orientierung am Strommarkt geschaffen werden.[759]

422 Das **Wahlrecht erlischt** nach § 7 Abs. 1 S. 2 KWKG 2012 mit der Stellung des Antrags auf Zulassung oder im Fall der Zulassung durch Allgemeinverfügung nach § 6 Abs. 6 KWKG 2012 mit der Anzeige unter Nutzung einer der genannten Optionen. Dies

757 Vgl. dazu Rn 393 ff.
758 Vgl. dazu Rn 396.
759 BT-Drucks. 17/9617, S. 17.

soll einer Optimierung im Verlauf der Förderdauer vorbeugen.[760] Die Wahl zwischen einer an Jahren und einer an Vollbenutzungsstunden orientierten Förderung soll nur einmal zu Beginn der Förderung getroffen werden können.

Für **sehr kleine KWK-Anlagen** und **Brennstoffzellen** mit einer elektrischen 423
Leistung von bis zu 2 kW wurde in § 7 Abs. 3 KWKG 2012 die Möglichkeit einer Pauschalierung der Zuschlagszahlungen geschaffen. Betreiber solcher Anlagen können sich auf Antrag vom Netzbetreiber vorab eine **pauschalierte Zahlung der Zuschläge** für die Erzeugung von KWK-Strom **für die Dauer von 30.000 Vollbenutzungsstunden** auszahlen lassen. Der Netzbetreiber ist verpflichtet, die entsprechende Summe innerhalb von zwei Monaten nach Antragstellung auszuzahlen.

bb) Kleine KWK-Anlagen mit einer Leistung von mehr als 50 kW – § 7 Abs. 2 KWKG 2012

Betreiber kleiner KWK-Anlagen nach § 5 Abs. 1 S. 1 Nr. 1 KWKG 2012[761] mit einer 424
elektrischen Leistung von mehr als 50 kW, die nach dem 19.7.2012 in Dauerbetrieb genommen worden sind, haben ab Aufnahme des Dauerbetriebs einen Anspruch auf Zahlung eines Zuschlags für KWK-Strom für **30.000 Vollbenutzungsstunden.**[762] Ein Wahlrecht i.S.d. § 7 Abs. 1 KWKG 2012 besteht nicht.

Die **Höhe des Zuschlags** ist **nach Leistungsanteilen** gestaffelt: 425

- Leistungsanteil bis 50 kW: 5,41 ct/kWh
- Leistungsanteil zwischen 50 kW und 250 kW: 4 ct/kWh
- Leistungsanteil zwischen 250 kW bis zu 2 MW: 2,4 ct/kWh

Die Leistungsklasse zwischen 50 kW und 250 kW wurde durch das KWKG 2012 neu 426
geschaffen. Dadurch soll das durch die unterschiedliche Förderdauer von Anlagen unter und über 50 kW bedingte Abfallen der Fördersumme für größere Anlagen und die daraus resultierende Verzerrung ausgeglichen werden.[763]

cc) Neuanlagen mit einer Leistung von mehr als 2 MW – § 7 Abs. 4 KWKG 2012

Betreiber von hocheffizienten Neuanlagen nach § 5 Abs. 2 KWKG 2012,[764] die nach 427
dem 19.7.2012 und bis zum 31.12.2020 in Dauerbetrieb genommen werden, haben ab Aufnahme des Dauerbetriebs einen Anspruch auf Zahlung eines Zuschlags für KWK-Strom für 30.000 **Vollbenutzungsstunden.**[765] Wie für die Vergütung nach § 7 Abs. 2

760 BT-Drucks. 17/9617, S. 17.
761 Vgl. dazu Rn 393 ff.
762 Vgl. zum Begriff der Vollbenutzungsstunden oben Rn 418.
763 BT-Drucks. 17/9617, S. 17 re. Sp.
764 Vgl. dazu Rn 397.
765 Vgl. zum Begriff der Vollbenutzungsstunden Rn 418.

KWKG 2012 werden auch die großen KWK-Anlagen (mit einer elektrischen Leistung von mehr als 2 MW) **nach** den gleichen **Leistungsanteilen vergütet:**
- Leistungsanteil bis 50 kW: 5,41 ct/kWh,
- Leistungsanteil zwischen 50 kW und 250 kW: 4 ct/kWh,
- Leistungsanteil zwischen 250 kW bis zu 2 MW: 2,4 ct/kWh,
- Leistungsanteil über 2 MW: 1,8 ct/kWh.

428 Für (ab 2013) dem **Emissionshandel unterliegende KWK-Anlagen**, die ab dem 1.1.2013 in Dauerbetrieb genommen werden, erhöht sich der Zuschlag nach § 7 Abs. 4 S. 3 KWKG 2012 um weitere 0,3 ct. Die besondere Förderung dieser Anlagen soll einen Investitionsanreiz trotz der neuen Kostenbelastung setzen.[766]

dd) Modernisierte KWK-Anlagen mit einer Leistung von bis zu 50 kW – § 7 Abs. 5 S. 1 KWKG 2012

429 Betreiber von modernisierten hocheffizienten KWK-Anlagen nach § 5 Abs. 3 KWKG 2012[767] mit einer elektrischen Leistung von bis zu 50 kW, die nach dem 19.7.2012 und bis zum 31.12.2020 in Dauerbetrieb genommen worden sind, haben einen Anspruch auf Zahlung eines **Zuschlags in Höhe von 5,41 ct/kWh.**

430 Die **Förderdauer** hängt davon ab, ob die Modernisierungskosten mindestens 25 % (und weniger als 50 %) oder mindestens 50 % der Kosten für die Neuerrichtung der KWK-Anlage betragen:
- **Kosten mindestens 25 %** (und weniger als 50 %): **Wahlweise** Zeitraum von **5 Jahren** oder Dauer von **15.000 Vollbenutzungsstunden**;
- **Kosten mindestens 50 %: Wahlweise** Zeitraum von **10 Jahren** oder Dauer von **30.000 Vollbenutzungsstunden.**

431 Für das Erlöschen des Wahlrechts gilt nach § 7 Abs. 5 S. 1, 2. Hs. KWKG 2012[768] die Vorschrift des § 7 Abs. 1 S. 2 KWKG 2012.[769]

ee) Modernisierte KWK-Anlagen mit einer Leistung von mehr als 50 kW – § 7 Abs. 5 S. 2 KWKG 2012

432 Die **Zuschlagshöhe** für KWK-Strom aus modernisierten KWK-Anlagen nach § 5 Abs. 3 KWKG 2012 mit einer elektrischen Leistung von über 50 kW, die nach dem 19.7.2012 und bis zum 31.12.2020 in Dauerbetrieb genommen wurden, richtet sich nach § 7 Abs. 5 S. 2 Nr. 1 und 2 KWKG 2012 nach der Zuschlagshöhe von Neuanlagen mit einer

766 BT-Drucks. 17/8801, S. 18 li. Sp.
767 Vgl. dazu Rn 398.
768 § 7 Abs. 5 S. 1, 2. Hs. KWKG 2012 verweist zwar auf § 7 Abs. 1 S. 1 KWKG. Dabei handelt es sich offenbar aber um ein Redaktionsversehen, da allein ein Verweis auf S. 2 sinnvoll erscheint.
769 Vgl. dazu Rn 422.

elektrischen Leistung von mehr als 2 MW nach § 7 Abs. 4 KWKG 2012. Der Zuschlag beträgt damit **nach Leistungsteilen**:

- Leistungsanteil bis 50 kW: 5,41 ct/kWh,
- Leistungsanteil zwischen 50 kW und 250 kW: 4 ct/kWh,
- Leistungsanteil zwischen 250 kW bis zu 2 MW: 2,4 ct/kWh,
- Leistungsanteil über 2 MW: 1,8 ct/kWh.

Für die **Förderdauer** gilt die gleiche Differenzierung wie für die modernisierten Anlagen mit einer Leistung bis zu 50 kW nach § 7 Abs. 5 S. 1 KWKG 2012. Sie ist abhängig vom Verhältnis der Modernisierungskosten zu den Kosten für die Neuerrichtung der Anlage. Ein Wahlrecht zwischen einer nach Jahren und einer nach Vollbenutzungsstunden orientierten Förderung besteht allerdings nicht. Die Zuschlagsdauer bemisst sich allein in Vollbenutzungsstunden: 433

- **Kosten mindestens 25 %** (und weniger als 50 %): **15.000 Vollbenutzungsstunden,**
- **Kosten mindestens 50 %: 30.000 Vollbenutzungsstunden.**

ff) Nachgerüstete KWK-Anlagen – § 7 Abs. 6 KWKG

Neu in die Förderung durch das KWKG wurden hocheffiziente nachgerüstete KWK-Anlagen nach § 5 Abs. 4 KWKG 2012[770] aufgenommen. Im KWKG 2009 gab es keinen vergleichbaren Fördertatbestand. 434

Die **Zuschlagshöhe** für diese Anlagen richtet sich nach § 7 Abs. 4 KWKG 2012. Damit ergeben sich folgende Zuschläge nach Leistungsanteilen: 435

- Leistungsanteil bis 50 kW: 5,41 ct/kWh,
- Leistungsanteil zwischen 50 kW und 250 kW: 4 ct/kWh,
- Leistungsanteil zwischen 250 kW bis zu 2 MW: 2,4 ct/kWh,
- Leistungsanteil über 2 MW: 1,8 ct/kWh.

Wie bei den modernisierten Anlagen ist die **Förderdauer** in Abhängigkeit vom Verhältnis der Kosten der Nachrüstung zu den Kosten der Neuerrichtung wie folgt gestaffelt: 436

- **mindestens 50 %** der Kosten der Neuerrichtung: **30.000 Vollbenutzungsstunden,**
- **mindestens 25 % und weniger als 50 %** der Kosten der Neuerrichtung: **15.000 Vollbenutzungsstunden,**
- **weniger als 25 % aber mehr als 10 %** der Kosten der Neuerrichtung; **10.000 Vollbenutzungsstunden.**

770 Vgl. dazu Rn 401 f.

c) Höhe und Dauer des Zuschlags für KWK-Anlagen mit Inbetriebnahme vor Inkrafttreten des KWKG 2012

437 Wurde die Anlage bereits vor dem 19.7.2012 (Inkrafttreten des KWKG 2012) in Dauerbetrieb genommen, sind nach § 13 Abs. 1 KWKG 2012 für die Ansprüche der Betreiber auf Zahlung eines Zuschlags die §§ 5 und 7 KWKG 2009 in der bis zum 18.7.2012 geltenden Fassung anwendbar. Dabei ist für die verschiedenen Typen von KWK-Anlagen bezüglich Höhe und Dauer des Zuschlags wie folgt zu differenzieren:[771]

aa) Hocheffiziente modernisierte KWK-Anlagen gem. § 5 Abs. 1 Nr. 4 KWKG 2009

438 In § 7 Abs. 4 KWKG 2009 wird die Dauer und Höhe des Zuschlags für hocheffiziente modernisierte KWK-Anlagen nach § 5 Abs. 1 Nr. 4 KWKG 2009 festgelegt.

439 Modernisierte KWK-Anlagen nach § 5 Abs. 1 Nr. 4 KWKG 2009 sind Anlagen, die zwischen dem 1.1.2009 und dem 19.7.2012[772] wieder in Dauerbetrieb genommen worden und **hocheffizient** sind. Die **Modernisierung** erfordert die Erneuerung wesentlicher und die **Effizienz bestimmender Anlagenteile**. Die Kosten hierfür müssen – anders als nach der Regelung im KWKG 2012[773] – mindestens **50 % der Kosten für die Neuerrichtung** der KWK-Anlage betragen haben.

440 Betreiber hocheffizienter modernisierter Anlagen haben einen Anspruch auf Zahlung eines Zuschlags **für 30.000 Vollbenutzungsstunden**[774] ab der Aufnahme des Dauerbetriebs.[775]

441 Der Höhe nach ist der **Zuschlag** – wie im Rahmen der Vergütung nach dem KWKG 2012 – nach Leistungsanteilen gestaffelt. Der Leistungsanteil zwischen 50 kW und 250 kW wurde erst im Rahmen der KWKG-Novelle 2012 für Anlagen, die nach dem 19.7.2012 in Betrieb genommen wurden, geschaffen und findet für die Vergütung von Altanlagen nach dem KWKG 2009 keine Anwendung. Die Leistungsanteile werden wie folgt vergütet.

– Leistungsanteil bis 50 kW: 5,11 ct/kWh,

---

771 Die in § 7 Abs. 1 bis 3 KWKG 2009 festgelegte Vergütung für Anlagen nach § 5 Abs. 1 Nr. 1–3 KWKG 2009 sowie die Vergütung für nicht hocheffiziente kleine KWK-Anlagen mit einer elektrischen Leistung von mehr als 50 kW nach § 7 Abs. 5 S. 1 KWKG 2009 hat keine Relevanz mehr, da die Förderung 2010 auslief. Auf eine Darstellung wurde daher verzichtet.

772 § 5 Abs. 1 Nr. 4 KWKG 2009 sieht zwar eine Inbetriebnahme bis zum 31.12.2020 vor. Nach der Übergangsbestimmung in § 13 Abs. 1 KWKG 2012 werden aber nur noch Anlagen nach § 7 KWKG 2009 vergütet, die vor dem Inkrafttreten des KWKG 2012 in Dauerbetrieb genommen wurden.

773 Dort ist eine Zuschlagberechtigung nach § 5 Abs. 3 S. 2 KWKG 2012 bereits ab einer Kostenquote von mindestens 25 % vorgesehen; vgl. dazu Rn 399.

774 Vgl. zum Begriff der Vollbenutzungsstunden oben Rn 418.

775 Die früher im KWK vorgesehene Einschränkung des Zuschlags auf vier bzw. sechs Betriebsjahre ist mit der Novelle des KWKG Mitte 2011 weggefallen; vgl. Art. 6 „Änderung des Kraft-Wärme-Kopplungsgesetzes“ des Gesetzes zur Neuregelung energiewirtschaftsrechtlicher Vorschriften (EnWNG), Gesetz v. 26.7.2011 (BGBl. I S. 1554).

- Leistungsanteil von über 50 kW bis zu 2 MW: 2,1 ct/kWh,
- Leistungsanteil von über 2 MW: 1,5 ct/kWh.

bb) Hocheffiziente kleine KWK-Anlagen gem. § 5 Abs. 2 S. 1 Nr. 1 KWKG 2009

Dauer und Höhe des Zuschlags für kleine KWK-Anlagen nach § 5 Abs. 2 S. 1 Nr. 1 KWKG 2009, die **vor dem 19.7.2012 in Dauerbetrieb** genommen worden sind, bemisst sich nach § 7 Abs. 5 und 6 KWKG 2009. 442

Kleine KWK-Anlagen, also Anlagen mit einer elektrischen Leistung von bis zu 2 MW,[776] dürfen nach § 5 Abs. 2 S. 1 Nr. 1 KWKG 2009 eine bereits **bestehende Fernwärmeversorgung** aus KWK-Anlagen nicht **verdrängen.** 443

Im Rahmen der Festlegung der **Dauer und Höhe des Zuschlags differenziert** § 7 KWKG 2009 zwischen kleinen KWK-Anlagen mit einer elektrischen **Leistung von mehr als 50 kW** (Abs. 5 S. 2 bis 4) und Anlagen mit einer elektrischen **Leistung bis zu 50 kW** (Abs. 6). 444

- **Leistung von mehr als 50 kW**: Kleine KWK-Anlagen mit einer elektrischen Leistung von mehr als 50 kW haben nach § 7 Abs. 5 KWKG 2009 nur dann einen Anspruch auf Zahlung eines Zuschlags, wenn sie **nach dem 1.1.2009 in Dauerbetrieb genommen** wurden. Für davor in Dauerbetrieb genommene Anlagen mit einer Leistung von mehr als 50 kW lief die Förderung nach § 7 Abs. 5 S. 1 KWKG 2009 Ende 2010 aus. Diese Anlagen müssen nach § 5 Abs. 2 S. 2 KWKG 2009 zudem **hocheffizient**[777] sein. Erfüllt eine Anlage diese Voraussetzungen, haben die Betreiber einen Anspruch auf Zuschlagszahlung für **30.000 Vollbenutzungsstunden.** Für den **Leistungsanteil von bis zu 50 kW** erhalten sie einen Zuschlag i.H.v. **5,11 ct/kWh** und für den **Leistungsanteil von über 50 kW** einen Zuschlag i.H.v. **2,1 ct/kWh.**
- **Leistung bis zu 50 kW**: Kleine KWK-Anlagen mit einer Leistung von bis zu 50 kW haben nach § 7 Abs. 6 KWKG 2009 einen Anspruch auf Zuschlagszahlung für einen **Zeitraum von zehn Jahren** ab Aufnahme des Dauerbetriebs. Der Zuschlag beträgt **5,11 ct/kWh.** Anders als bei den Anlagen mit einer Leistung von mehr als 50 kW werden dabei auch noch **Anlagen** gefördert, die **vor dem 1.1.2009 in Dauerbetrieb genommen worden sind.** Solche Anlagen müssen nicht hocheffizient sein. Anlagen, die nach dem 1.1.2009 in Dauerbetrieb genommen worden sind, müssen dagegen nach § 5 Abs. 2 S. 1 KWKG 2009 die Anforderungen hinsichtlich Hocheffizienz erfüllen.

776 Die Definition der kleinen KWK-Anlage nach § 3 Abs. 3 S. 1 KWKG 2009 wurde durch das KWKG 2012 nicht verändert. Eine Änderung erfolgte nur in Bezug auf die Verklammerung mehrerer kleiner Anlagen nach § 3 Abs. 3 S. 2 KWKG 2012; vgl. dazu Rn 390.

777 Vgl. dazu Rn 413 sowie ausführlich Kap. 3 Rn 121 ff.

445 Die Vergütungsvorschriften des § 7 Abs. 5 und 6 KWKG 2009 **gelten auch für Ersatzanlagen** nach § 5 Abs. 1 Nr. 4 S. 1 Alt. 2 KWKG 2009 mit einer elektrischen Leistung von bis zu 2 MW. Im Falle des **Ersetzens** einer bestehenden Anlage (Repowering) werden die neuen Anlagen gem. § 5 Abs. 1 Nr. 4 S. 3 KWKG 2009 nicht als modernisierte, sondern als neue Anlagen nach § 5 Abs. 2 S. 1 Nr. 1 KWKG 2009 eingestuft.[778]

cc) Hocheffiziente KWK-Anlagen nach § 5 Abs. 3 KWKG 2009 mit einer elektrischen Leistung von mehr als 2 MW

446 Die Dauer und Höhe des Zuschlags für KWK-Anlagen nach § 5 Abs. 3 KWKG 2009 mit einer elektrischen Leistung von mehr als 2 MW, die nach dem 1.1.2009 und vor dem Inkrafttreten des KWKG 2012 in Dauerbetrieb genommen worden sind, richten sich nach § 7 Abs. 8 KWKG 2009.

447 Diese Anlagen sind nach § 5 Abs. 3 KWKG 2009 nur zuschlagsberechtigt, wenn sie **hocheffizient**[779] sind. Sie dürfen zudem **keine bestehende Fernwärmeversorgung** aus KWK-Anlagen **verdrängen.**

448 Die **Förderdauer** beträgt nach § 7 Abs. 8 S. 1 KWKG 2009 **30.000 Vollbenutzungsstunden.**

449 Die **Höhe des Zuschlags** ist **nach Leistungsanteilen** gestaffelt und entspricht den Zuschlägen für modernisierte Anlagen nach § 5 Abs. 1 Nr. 4 KWKG 2009:
- Leistungsanteil bis 50 kW: 5,11 ct/kWh,
- Leistungsanteil von über 50 kW bis zu 2 MW: 2,1 ct/kWh,
- Leistungsanteil von über 2 MW: 1,5 ct/kWh.

450 Die Vergütungsvorschrift des § 7 Abs. 8 KWKG 2009 **gilt auch für Ersatzanlagen** nach § 5 Abs. 1 Nr. 4 S. 1 Alt. 2 KWKG 2009 mit einer elektrischen Leistung von mehr als 2 MW. Im Falle des **Ersetzens** einer bestehenden Anlage (Repowering) werden die neuen Anlagen gem. § 5 Abs. 1 Nr. 4 S. 3 KWKG 2009 nicht als modernisierte, sondern als neue Anlagen nach § 5 Abs. 3 KWKG 2009 eingestuft.[780]

---

778 Diese Verweisungen sind insoweit als Rechtsgrundverweisungen jeweils für kleine Anlagen mit einer elektrischen Leistung bis zu 2 MW und größere Anlagen anzusehen, da es andernfalls der zweifachen Verweisung nicht bedurft hätte. Denn beide Regelungen, auf die verwiesen wird, enthalten gleichermaßen die Einschränkung, dass ein Anspruch auf den KWK-Zuschlag nicht besteht, soweit eine bereits bestehende Fernwärmeversorgung aus KWK-Anlagen verdrängt wird.
779 Vgl. dazu Rn 413 sowie ausführlich Kap. 3 Rn 121 ff.
780 Diese Verweisungen sind insoweit als Rechtsgrundverweisungen jeweils für kleine Anlagen mit einer elektrischen Leistung bis zu 2 MW und größere Anlagen anzusehen, da es andernfalls der zweifachen Verweisung nicht bedurft hätte. Denn beide Regelungen, auf die verwiesen wird, enthalten gleichermaßen die Einschränkung, dass ein Anspruch auf den KWK-Zuschlag nicht besteht, soweit eine bereits bestehende Fernwärmeversorgung aus KWK-Anlagen verdrängt wird.

dd) Brennstoffzellenanlagen

Die Dauer und Höhe des Zuschlags für Brennstoffzellenanlagen nach § 5 Abs. 2 S. 1 Nr. 2 KWKG 2009, die vor dem 19.7.2012 in Dauerbetrieb genommen worden sind, wird in § 7 Abs. 7 KWKG 2009 geregelt. Gefördert werden nach § 5 Abs. 2 S. 1 Nr. 2 KWKG 2009 auch Anlagen, die vor dem 1.1.2009 aber nach dem 1.4.2002 in Dauerbetrieb genommen wurden. 451

Das **Hocheffizienzkriterium**[781] ist dabei nach § 5 Abs. 2 S. 2 KWKG 2009 **nur für Anlagen, die nach dem 1.1.2009 in Dauerbetrieb** genommen wurden, Voraussetzung für die Zuschlagsberechtigung. 452

Für die Förderung einer Brennstoffzellenanlage ist es unerheblich, ob diese eine bestehende Fernwärmeversorgung verdrängt. Anders als bei KWK-Anlagen ist dies nicht Tatbestandsmerkmal für die Zuschlagsberechtigung. 453

Betreiber zuschlagsberechtigter Brennstoffzellenanlagen erhalten gem. § 7 Abs. 7 KWKG 2009 ab dem Zeitpunkt des Dauerbetriebs **für zehn Jahre** einen Zuschlag. Die Zuschlagshöhe beträgt **5,11 ct pro kWh**. 454

d) Gesamtdeckelung

Die Zuschlagszahlungen für KWK-Anlagen werden – neben der Begrenzung der Zuschlagszahlungen für einzelne Anlagen auf eine bestimmte Anzahl von Jahren oder eine bestimmte Anzahl von Vollbenutzungsstunden – zusätzlich insgesamt gedeckelt. Diese Deckelung erfolgt durch die Festlegung eines **maximalen Förderbetrages für ein Jahr** für **alle KWK-Anlagen** insgesamt. 455

aa) 750 Mio. € abzüglich der Zuschlagszahlungen für Wärmenetze

Gemäß § 7 Abs. 7 S. 1 KWKG erfolgt diese **Deckelung** bei insgesamt **750 Mio. € abzüglich** der **Zuschlagszahlungen für Wärme- und Kältenetze sowie Wärme- und Kältespeicher**. Die Förderung für den Aus- und Neubau von Wärme- und Kältenetzen sowie Wärme- und Kältespeichern ist gem. § 7a Abs. 5 KWKG 2012 auf 150 Mio. € pro Kalenderjahr begrenzt, so dass die Mindestfördersumme für KWK-Strom 600 Mio. € pro Kalenderjahr beträgt. Je nach der Höhe der Summe der Zuschlagszahlungen für Wärme- und Kältenetze sowie Wärme- und Kältespeicher liegt die Obergrenze für die Zuschlagszahlungen für KWK-Strom damit zwischen 600 und 750 Mio. € pro Kalenderjahr. 456

781 Vgl. dazu Rn 413 sowie ausführlich Kap. 3 Rn 121 ff.

bb) Kürzungen für Anlagen mit einer elektrischen Leistung über 10 MW

457 Tatsächlich betroffen von einer solchen Deckelung sind jedoch nur die **hocheffizienten Anlagen-Typen** mit einer elektrischen Leistung von **mehr als 10 MW**. Denn gem. § 7 Abs. 7 S. 2 KWKG 2012 erfolgt im Falle des Überschreitens der genannten Obergrenze eine **Kürzung** von **deren Zuschlag**. Anlagen mit einer Leistung von bis zu 10 MW sind von der Kürzung nicht betroffen.

cc) Nachzahlungsanspruch

458 Kommt es zu einer Kürzung der Zuschläge, haben die betroffenen Anlagen-Betreiber gem. § 7 Abs. 7 S. 5 KWKG 2012 in den **Folgejahren** einen Anspruch **auf Nachzahlung**. Die Kürzungen werden anhand der Daten der ÜNB berechnet und nach dem 30.4. des Folgejahres im Bundesanzeiger veröffentlicht. Die Nachzahlung bestimmt sich dann nach dem Datum der Zulassung der betroffenen Anlagen. Die älteren Anlagen genießen entsprechend Vorrang. Darüber hinaus erfolgen die Nachzahlungen gem. § 7 Abs. 7 S. 6 KWKG 2012 vorrangig vor den originären Ansprüchen auf KWK-Zuschlag aus dem vorangegangenen Kalenderjahr.

e) Änderungsklausel – Verordnungsermächtigung aufgehoben

459 § 7 Abs. 10 KWKG 2009 sah noch eine Verordnungsermächtigung für die Bundesregierung zur jederzeitigen Änderung von Höhe und Dauer der Zuschläge vor, soweit die Entwicklung der Rahmenbedingungen für den wirtschaftlichen Betrieb von KWK-Anlagen dies erforderte. Dies sollte insbesondere dann der Fall sein, wenn sich Strom- und Brennstoffpreise stark ändern. Die **Ermächtigungsgrundlage** wurde im Rahmen der **KWKG-Novelle 2012** nun **ersatzlos gestrichen**. In den Fällen des § 7 Abs. 10 KWKG 2009 soll nach der Gesetzesbegründung nun eine Änderung im „normalen Gesetzgebungsverfahren“ angestrebt werden.[782]

3. Der Zulassungsanspruch

460 Wenn die Voraussetzungen nach § 5 KWKG 2012 erfüllt sind, besteht gem. § 6 Abs. 1 S. 2 KWKG 2012 ein **Anspruch auf die Erteilung der Zulassung** durch das BAFA. Umgekehrt ist die Zulassung Voraussetzung für den Anspruch auf Zahlung des Zuschlags.[783] Zur Beantragung der Zulassung bietet das BAFA Vordrucke für Formulare und elektronische Formulare an.[784]

---

782 BT-Drucks. 17/8801, S. 18 li. Sp.

783 § 6 Abs. 1 S. 1 KWKG.

784 Zugang über www.bafa.de (Unterpunkte: „Energie“, „KWK“, „Stromvergütung/Wärmenetze“, „Formulare“ oder „Elektronische Formulare“).

a) Nachweise gem. § 6 Abs. 1 Nr. 1–3 KWKG

Gemäß § 6 Abs. 1 Nr. 1–3 KWKG 2012 ist neben den erforderlichen Angaben zum Anspruchsberechtigten und -verpflichteten der **Zeitpunkt der Aufnahme des Dauerbetriebs** sowie das Vorliegen **der Voraussetzungen nach § 5 KWKG** 2012 für die entsprechenden KWK-Anlagen nachzuweisen.[785] So kann etwa die Aufnahme des Dauerbetriebs gegenüber dem BAFA durch ein gemeinsames Protokoll von Anlagenbetreiber und Hersteller über den erfolgreichen Abschluss des Probebetriebs für die Anlage, durch ein Protokoll über die Abnahme der Anlage zwischen Anlagenbetreiber und Hersteller oder durch eine Bestätigung des Gefahrübergangs auf den Anlagenbetreiber durch den Hersteller nachgewiesen werden.[786] Daneben sind Angaben zum Anschluss an das Netz für die allgemeine Versorgung oder, soweit erforderlich, an ein geschlossenes Verteilernetz i.S.d. § 110 EnWG zu machen. 461

b) Nachweise gem. § 6 Abs. 1 Nr. 4 KWKG 2012

Gemäß § 6 Abs. 1 Nr. 4 KWKG 2012 ist darüber hinaus ein nach den anerkannten Regeln der Technik erstelltes **Sachverständigengutachten** erforderlich. Hierzu hat das BAFA einen ausführlichen **Leitfaden** veröffentlicht.[787] 462

c) Die Allgemeinverfügung für KWK-Anlagen mit einer elektrischen Leistung bis 50 kW

Für serienmäßig hergestellte neue KWK-Anlagen sowie von Brennstoffzellen mit einer elektrischen Leistung bis 50 kW[788], die ab dem 1.1.2009 in Betrieb gegangen sind, wurde das Verfahren vereinfacht. Die Zulassung muss nicht mehr beim BAFA beantragt werden, sondern wurde durch eine **Allgemeinverfügung** gem. § 6 Abs. 6 KWKG 2012 ersetzt.[789] Damit wird auch die Ausnahmeregelung, dass es für serienmäßig hergestellte kleine KWK-Anlagen bis 2 MW elektrischer Leistung gem. § 6 Abs. 1 Nr. 4 KWKG 2012 keiner Vorlage eines Gutachtens bedarf, sondern geeignete Unterlagen 463

---

785 Siehe dazu oben Rn 390 ff.

786 BAFA, Leitfaden zum Sachverständigengutachten v. 5.11.2002, Stand 1.3.2011, S. 8, abrufbar unter http://www.bafa.de/bafa/de/energie/kraft_waerme_kopplung/stromverguetung/publikationen/kwk_leitfaden.pdf, vgl. dazu auch Danner/Theobald/*Jacobshagen*/*Kachel*, § 5 KWKG Rn 5 ff.

787 Siehe hierzu im Einzelnen den Leitfaden zum Sachverständigengutachten gem. § 6 Abs. 1 Nr. 5 KWKG des BAFA, Stand 1.3.2011, abrufbar unter http://www.bafa.de/bafa/de/energie/kraft_waerme_kopplung/stromverguetung/publikationen/kwk_leitfaden.pdf.

788 Die Leistungsgrenze wurde durch die KWKG-Novelle 2012 von 10 auf 50 kW erhöht.

789 Allgemeinverfügung zur Erteilung der Zulassung für kleine KWK-Anlagen mit einer elektrischen Leistung bis 10 kW v. 17.8.2011, http://www.bafa.de/bafa/de/energie/kraft_waerme_kopplung/stromverguetung/verfuegungen/allgemeinverfuegung_20091016.pdf.

des Herstellers über thermische und elektrische Leistung sowie die Stromkennzahl genügen, in der Praxis obsolet. Denn auch für diese Anlagen gilt die genannte Allgemeinverfügung.

464 Für die Betroffenen gilt die Zulassung allein aufgrund der Allgemeinverfügung als erteilt, sobald die Voraussetzungen in Ziff. 1 der Allgemeinverfügung erfüllt sind. Gemäß Ziff. 2 der Allgemeinverfügung ist die Inanspruchnahme dieser Allgemeinverfügung vier Wochen nach der Inbetriebnahme der KWK-Anlage gegenüber dem BAFA anzuzeigen. Da die Zulassung bereits als erteilt gilt, sobald die Voraussetzungen in Ziff. 1 der Allgemeinverfügung erfüllt sind, hat die fehlende Anzeige gegenüber dem BAFA zunächst keine Auswirkungen auf die Wirksamkeit der Zulassung. Die fehlende Anzeige kann jedoch ggf. den Widerruf der Zulassung durch das BAFA zur Folge haben.[790]

! **Praxistipp**
Eine Eingangsbestätigung für die Anzeige oder sonstige Rückmeldung vom BAFA erfolgt nicht. Das BAFA rät Anlagenbetreibern daher, ggf. Stromnetzbetreibern schon aus Klarstellungsgründen eine Kopie der Anzeige der Allgemeinverfügung als Nachweis vorzulegen.[791]

---

d) Regelungsbeginn und Erlöschen

465 Die Zulassung wird gem. § 6 Abs. 2 KWKG 2012 rückwirkend zum Zeitpunkt der Aufnahme des Dauerbetriebs der Anlage erteilt, wenn der Antrag in demselben Kalenderjahr beim BAFA eingegangen ist. Geht der Antrag in einem der Folgejahre ein, so wird die Zulassung zum 1.1. des Eingangsjahres erteilt. Werden Eigenschaften der Anlage verändert, die Voraussetzung für die Zulassung der Anlage sind, erlischt die Zulassung, ohne dass es hierfür eines Rechtsaktes bedarf.[792]

e) Kosten

466 Die Zulassung von KWK-Anlagen bis 50 kW elektrischer Leistung im Rahmen der Allgemeinverfügung ist gebührenfrei. Für Anlagen über 50 kW elektrischer Leis-

---

790 So die Online-Hinweise des BAFA, abrufbar unter http://www.bafa.de/bafa/de/energie/kraft_waerme_kopplung/stromverguetung/index.html, vgl. den allgemeinen Widerrufsvorbehalt in Ziff. 3 der Allgemeinverfügung zur Erteilung der Zulassung für kleine KWK-Anlagen mit einer elektrischen Leistung bis 10 kW v. 17.8.2011, abrufbar unter http://www.bafa.de/bafa/de/energie/kraft_waerme_kopplung/stromverguetung/verfuegungen/allgemeinverfuegung_20091016.pdf.
791 So die Online-Hinweise des BAFA, http://www.bafa.de/bafa/de/energie/kraft_waerme_kopplung/stromverguetung/index.html.
792 § 6 Abs. 3 KWKG.

tung berechnete das BAFA bisher jeweils 0,2 % der zu erwartenden KWK-Zuschläge (maximal 20.000 € für Großanlagen).[793]

f) Herkunftsnachweis für Strom aus hocheffizienten KWK-Anlagen

Gemäß § 9a KWKG 2012 können Betreiber von hocheffizienten KWK-Anlagen bei der zuständigen Stelle schriftlich die Ausstellung eines Herkunftsnachweises für den KWK-Strom beantragen. Die zuständige Stelle ist das BAFA.[794] Die Regelung dient der Umsetzung der Vorgaben aus der RL 2004/8/EG vom 11.2.2004 (KWK-Richtlinie).[795] In Umsetzung dieser Richtlinie sind in § 9a Abs. 2 Nr. 1–8 KWK die (Mindest-)Angaben aufgeführt, die der Antrag auf die Ausstellung eines Herkunftsnachweises enthalten muss. Gemäß § 9a Abs. 3 S. 3 KWKG 2012 kann die zuständige Stelle (BAFA) aber Angaben darüber hinaus verlangen, wenn dies zur Erfüllung der gemeinschaftsrechtlichen Vorgaben erforderlich ist. Sind die Angaben nicht fehlerhaft und nachvollziehbar und ist die Anlage hocheffizient, besteht gem. § 9a Abs. 3 S. 1 KWKG 2012 ein **Anspruch auf die Erteilung des Herkunftsnachweises**. 467

aa) Nicht fehlerhafte und nachvollziehbare Angaben

Das BAFA muss die Angaben des Antragstellers jedenfalls auf **Schlüssigkeit** und **Glaubhaftmachung nach typischen Erfahrungswerten** prüfen. Es spricht viel dafür, dass ein Nachweis für die in § 9a Abs. 2 geforderten Angaben nur erforderlich ist, wenn die Angaben nicht nachvollziehbar sind, sie mit den Erfahrungswerten des BAFA oder den Regeln der Technik nicht übereinstimmen oder aus sonstigen Gründen Fehler erkennbar sind, da ein solcher Nachweis vom Gesetz nicht ausdrücklich von vornherein verlangt wird.[796] 468

bb) Feststellung der Hocheffizienz

Die Feststellung der Hocheffizienz erfolgt entsprechend § 3 Abs. 11 KWKG 2012.[797] 469

---

793 Vgl. http://www.bafa.de/bafa/de/energie/kraft_waerme_kopplung/stromverguetung/index.html.

794 § 10 Abs. 1 KWKG 2012; BT-Drucks. 16/8305, S. 21 re. Sp.

795 RL 2004/8/EG v. 11.2.2004 – ABl EU L 52 – S. 50.

796 So im Ergebnis auch BK-EnR/*Topp*, § 9a KWKModG Rn 10, der zusätzlich Stichproben als möglich ansieht.

797 Siehe dazu Rn 413.

cc) Wirkung der Erteilung

470 Herkunftsnachweise bewirken keinen Anspruch auf staatliche Förderung, können aber von Staaten als Voraussetzung innerhalb ihrer Fördersysteme genutzt werden.[798] Zudem sind sie grundsätzlich **nicht handelbare Zertifikate.**[799]

dd) Kosten: Ausstellungsgebühr

471 Für die Ausstellung des Nachweises ist derzeit eine Gebühr von 200 € zu zahlen.[800]

IV. Förderung des Neu- und Ausbaus von Wärme- und Kältenetzen

472 Das KWKG 2012 sieht die Förderung des Neu- und Ausbaus von **Wärme- bzw. Kältenetzen vor.**

1. Allgemeines

473 Die Förderung des Neu- und Ausbaus von **Wärmenetzen** wurde bereits im Rahmen der KWKG-Novelle 2009[801] in das KWKG aufgenommen. Durch die KWKG-Novelle 2012[802] wurde diese **Förderung** u.a. durch eine Erhöhung der maximalen Förderquote (von 20 auf 30 bzw. 40 %) sowie eine Anhebung der Obergrenze für Zuschläge (von 5 Mio. auf 10 Mio. €) **ausgeweitet.** Daneben wurde der Umbau bestehender Wärmenetze für die **Umstellung von Heizdampf auf Heizwasser** dem Ausbau von Wärmenetzen gleichgestellt und damit **in die Förderung aufgenommen.**

474 Die Förderung auch der **Kältenetze** stellt eine Neuerung des KWKG 2012 dar. Diese wurde im Wesentlichen durch **Verweise auf** die **Regelungen über** die **Wärmenetze** im KWKG 2012 geregelt.[803]

2. Zuschlagsberechtigter Neu- und Ausbau von Wärme- und Kältenetzen

475 Welche Vorhaben des Aus- und Neubaus von Wärme- bzw. Kältenetzen zuschlagsberechtigt sind, regelt § 5a KWKG 2012. Dazu normiert § 5a Abs. 1 KWKG 2012 die Voraussetzungen für den Zuschlagsanspruch für den **Neubau oder Ausbau von Wärme-**

---

798 Erwägungsgrund 21 der RL 2004/8/EG v. 11.2.2004 – ABl EU L 52 – S. 50.

799 Erwägungsgrund 22 der RL 2004/8/EG v. 11.2.2004 – ABl EU L 52 – S. 50; vgl. BK-EnR/*Topp*, § 9a KWKModG Rn 4.

800 Vgl. das Antragsformular unter http://www.bafa.de/bafa/de/energie/kraft_waerme_kopplung/stromverguetung/formulare/kwk_hka.pdf.

801 Gesetz v. 19.3.2002 (BGBl. I S. 1092), in der Fassung v. 28.7.2011 (BGBl. I S. 1634).

802 Gesetz v. 19.3.2002 (BGBl. I S. 1092), in der Fassung v. 18.7.2012 (BGBl. I S. 1494).

803 Vgl. §§ 3 Abs. 14a, 5a Abs. 5, 6a Abs. 4, 7a Abs. 4 KWKG 2012.

netzen. Auf **Kältenetze** ist die Vorschrift nach § 5a Abs. 5 KWKG 2012 entsprechend anwendbar.

Praxistipp !

Für die Zulassung des Neu- und Ausbaus von Wärmenetzen gem. § 6a Abs. 1 KWKG 2009, für die die Voraussetzungen gem. § 5a Abs. 1 Nr. 1 und 2 KWKG 2009 erfüllt sein müssen, hat das BAFA ein **„Merkblatt Wärmenetze"** für Antragsteller und Wirtschaftsprüfer oder vereidigte Buchprüfer veröffentlicht. Dieses dient der Darlegung der Anforderungen, die das BAFA an die für die Zulassung des Neu- oder Ausbaus von Wärmenetzen nach § 6 Abs. 1a S. 2 Nr. 3 KWKG 2009 erforderliche Bescheinigung u.a. über das Vorliegen der Voraussetzungen nach § 5a Abs. 1 Nr. 1 und 2 KWKG 2009 stellt.[804] Diesem Merkblatt können auch zu den inhaltlichen Anspruchsvoraussetzungen des § 5a Abs. 1 Nr. 1 und 2 KWKG 2009 wertvolle Hinweise entnommen werden. Das Merkblatt ist derzeit noch nicht auf dem Stand des KWKG 2012 und daher in einzelnen Aspekten überholt. Mit einer baldigen Überarbeitung des Merkblattes durch das BAFA ist aber zu rechnen.

---

a) Wärme- und Kältenetz

Der **Begriff des Wärmenetzes** folgt § 3 Abs. 13 KWKG 2012. Danach sind Wärmenetze Einrichtungen zur leitungsgebundenen Versorgung mit Wärme, die eine horizontale Ausdehnung **über die Grundstücksgrenze des Standorts der einspeisenden KWK-Anlage hinaus** haben.[805] An das Wärmenetz muss als öffentliches Netz eine **unbestimmte Anzahl von Abnehmenden** angeschlossen werden können und bereits mindestens ein Abnehmer angeschlossen sein, der nicht gleichzeitig **Eigentümer** oder **Betreiber** der in dieses Netz einspeisenden KWK-Anlage ist. Dabei ist das Grundstück im Sinne der Grundbuchordnung zu definieren. Maßgeblich ist das einzelne Flurstück. Demnach werden Wärmenetze in einem Industriepark nur gefördert, wenn eine entsprechende Parzellierung vorliegt. Die Bedingung des öffentlichen Netzes ist erfüllt, wenn – über den einen angeschlossenen Abnehmer hinaus, der nicht Eigentümer oder Betreiber der einspeisenden KWK-Anlage ist – nach den technischen und örtlichen Gegebenheiten die Möglichkeit besteht, weitere Abnehmer anzuschließen.[806] 476

Der **Begriff des Kältenetzes** wird in § 3 Abs. 14a KWKG 2012 durch einen Verweis auf den Begriff des Wärmenetzes definiert. Die Begriffsbestimmung des § 3 Abs. 13 KWKG 2012 gilt entsprechend. Kältenetze sind danach Einrichtungen zur leitungsgebundenen Versorgung mit Kälte, die eine horizontale Ausdehnung über die Grundstücksgrenze des Standorts der einspeisenden KWK-Anlage hinaus haben und an die 477

---

804 Vgl. Merkblatt Wärmenetze des BAFA v. 19.8.2011, abrufbar unter http://www.bafa.de/bafa/de/energie/kraft_waerme_kopplung/stromverguetung/publikationen/merkblatt_waermenetze.pdf.

805 Vgl. ausführlich zum Begriff des Wärmenetzes Kap. 3 Rn 133 ff.

806 Zum Ganzen vgl. Merkblatt Wärmenetze des BAFA v. 19.8.2011, S. 4, abrufbar unter http://www.bafa.de/bafa/de/energie/kraft_waerme_kopplung/stromverguetung/publikationen/merkblatt_waermenetze.pdf.

als öffentliches Netz eine unbestimmte Anzahl von Abnehmenden angeschlossen werden kann.

b) Der Wärme- und Kältenetzbetreiber als Anspruchsinhaber

478 Anspruchsinhaber sind gem. § 5a Abs. 1 und 5 KWKG 2012 die **Betreiber der Wärme- bzw. Kältenetze.** Nach § 3 Abs. 14 KWKG 2012 sind **Wärmenetzbetreiber** diejenigen, die Wärme über das Wärmenetz verteilen und verantwortlich sind für den Betrieb, die Wartung und den Ausbau des Wärmenetzes. Dabei setzt die Betreibereigenschaft gem. § 3 Abs. 14 S. 2 KWKG 2012 nicht das Eigentum am Wärmenetz voraus. Für **Kältenetzbetreiber** gilt gem. § 3 Abs. 14a KWKG 2012 die Definition des Wärmenetzbetreibers entsprechend.

c) Der Netzbetreiber als Anspruchsgegner

479 Anspruchsgegner ist der **(Strom-)Netzbetreiber** gem. § 3 Abs. 9 KWKG 2012, in dessen Netzgebiet das Wärme- oder Kältenetz verläuft. Erstreckt sich das Wärme- oder Kältenetz über mehrere Netzgebiete, ist gem. § 5a Abs. 4 KWKG 2012 die KWK-Anlage mit der größten elektrischen Leistung bzw. dem frühesten Zeitpunkt der Inbetriebnahme maßgeblich zur Bestimmung des zur Zahlung verpflichteten Netzbetreibers. Ist die so maßgebliche KWK-Anlage nicht an ein Netz angeschlossen, das der allgemeinen Versorgung dient, ist der Netzbetreiber zahlungsverpflichtet, mit dessen Netz das Elektrizitätsnetz verbunden ist, in das die KWK-Anlage einspeist.[807]

d) Neubau, Ausbau und dem Ausbau gleichgestellte Projekte

480 § 5a Abs. 2 und 3 KWKG 2012 regeln die Anforderungen an den Neu- und Ausbau von Wärmenetzen.

aa) Neubau

481 Der Neubau wird in § 5a Abs. 2 KWKG 2012 definiert als **erstmalige Errichtung** eines Wärme- bzw. Kältenetzes einschließlich aller Komponenten, die zur Übertragung von Wärme vom Standort der einspeisenden KWK-Anlage **bis zum Verbraucherabgang** erforderlich sind in einem Gebiet, in dem zuvor keine Versorgung mit Wärme (bzw. Kälte) durch Wärmenetze (bzw. Kältenetze) erfolgte.

482 Der **Begriff des Verbraucherabgangs** wird in § 3 Abs. 17 KWKG 2012 durch einen Verweis definiert als die Übergangsstelle nach § 10 Abs. 1 AVBFernwärmeV,[808] der sog.

---

807 BT-Drucks. 16/8305, S. 18 re. Sp.

808 Verordnung über Allgemeine Bedingungen für die Versorgung mit Fernwärme vom 20.6.1980

Hausanschluss. Der Hausanschluss besteht nach § 10 Abs. 1 S. 2 AVBFernwärmeV aus der Verbindung des Verteilnetzes mit der Kundenanlage. Er beginnt an der Abzweigstelle des Verteilnetzes und endet an der Übergabestelle. Damit endet das förderungsfähige Wärmenetz an der Übergabestelle. Die **Verbindung des Verteilnetzes** mit der **Übergabestelle** gehört damit zum **förderungsfähigen Netzteil.**[809] Dagegen sind die sog. Verbraucheranschlussstation selbst und die zwischen dieser und dem Verbraucherabgang verlegten Leitungen keine förderfähigen Netzteile.[810]

Der **Beginn des förderfähigen Teils des Wärmenetzes** bestimmt sich nach § 5a Abs. 2 KWKG 2012 nach den Komponenten, die zur Übertragung von Wärme vom Standort der einspeisenden KWK-Anlage notwendig sind. Dies umfasst auch die Wärmeauskopplungsanlagen. Der Beginn des Wärmenetzes kann daher mit dem *„regelbaren Ventil oder dem ungeregelten Flansch"* bestimmt werden, mit dem die Wärme ausgekoppelt wird.[811] 483

bb) Ausbau

Der Ausbau ist in § 5a Abs. 3 KWKG 2012 als Erweiterung eines bestehendes Wärmenetzes zum Anschluss bisher nicht durch Wärmenetze versorgter Abnehmer durch die Errichtung **neuer Wärmenetzbestandteile** (mit allen Komponenten, die zur Übertragung von Wärme vom bestehenden Wärmenetz bis zum Verbraucherabgang erforderlich sind) legal definiert. Damit ist auch beim Ausbau von Wärmenetzen weder die Verbraucheranschlussstation[812] noch die zwischen dieser und dem Verbraucherabgang verlegten Leitungen Teil des förderfähigen Netzes.[813] 484

cc) Netzverstärkungsmaßnahmen

Dem Ausbau gleichgestellt sind nach § 5a Abs. 3 S. 2 Alt. 1 KWKG 2012 **Netzverstärkungsmaßnahmen**, die zu einer Erhöhung der **transportierbaren Wärmemenge**[814] 485

(BGBl. I S. 742), die zuletzt durch Artikel 20 des Gesetzes vom 9.12.2004 (BGBl. I S. 3214) geändert worden ist.

809 Vgl. die anschauliche Erläuterung mit einer entsprechenden Skizze im Merkblatt Wärmenetze des BAFA v. 19.8.2011, S. 4 f., abrufbar unter http://www.bafa.de/bafa/de/energie/kraft_waerme_kopplung/stromverguetung/publikationen/merkblatt_waermenetze.pdf.

810 BT-Drucks. 16/8305, S. 18 re. Sp.

811 So BK-EnR/*Topp*, § 3 KWKModG Rn 107.

812 BT-Drucks. 16/8305, S. 18 re. Sp.

813 Vgl. hierzu die Ausführungen und Nachweise im vorangegangenen Abschnitt.

814 Durch das KWKG 2012 wurde der Begriff des Wärmevolumenstroms durch den Begriff der Wärmemenge ersetzt. Dabei handelt es sich nur um eine redaktionelle Anpassung an die fachlich übliche Terminologie (BT-Drucks. 17/8801, S. 17 re. Sp.). Unter Wärmevolumenstrom wurde auch bisher die eingespeiste Wärmemenge verstanden.

von mindestens 50 % im betreffenden Trassenabschnitt führen. In dem betreffenden Trassenabschnitt muss nur die eingespeiste Gesamtwärmemenge erhöht werden. Gemäß dem Merkblatt Wärmenetze des BAFA darf sich der prozentuale Anteil an KWK-Wärme (im Verhältnis zu reiner Heizwärme) im betreffenden Trassenabschnitt nach der Realisierung der Netzverstärkungsmaßnahme gegenüber dem vorher bestehenden Zustand nur nicht verschlechtern. Nicht erforderlich sei hingegen eine Erhöhung allein des im betreffenden Trassenabschnitt befindlichen Anteils an KWK-Wärme.[815]

dd) Zusammenschluss bestehender Wärmenetze

486 Auch der **Zusammenschluss bestehender Wärmenetze** ist nach § 5a Abs. 3 S. 2 Alt. 2 KWKG 2012 dem Ausbau gleichgestellt. Aus dieser Regelung ergibt sich nicht eindeutig, ob dieser Zusammenschluss zwingend die Verbindung zweier bereits bestehender Wärmenetze voraussetzt. Denn der Gesetzeszweck könnte auch dann erfüllt werden, wenn ein Wärmenetz mit einem Nicht-Wärmenetz verbunden wird und dadurch insgesamt ein größeres Wärmenetz entsteht.[816] Denn durch die Förderung des Neu- und Ausbaus von Wärmenetzen sollen neue Wärmeabsatzgebiete erschlossen werden.[817]

ee) Umstellung von Heizdampf auf Heizwasser

487 Schließlich wird in § 5a Abs. 3 S. 3 KWKG 2012 auch der **Umbau bestehender Wärmenetze** für die **Umstellung von Heizdampf auf Heizwasser** dem Ausbau gleichgestellt. Hierauf finden nach § 7a Abs. 1 S. 5 KWKG 2012 die Regelungen über den Zuschlag für den Neu- und Ausbau von Wärmenetzen in § 7a Abs. 1 S. 1 bis 4 KWKG 2012 entsprechend Anwendung. Mit der Umstellung wird eine Absenkung der Wärmeauskopplungstemperatur erreicht, die zu einer erheblichen Steigerung des Stromerzeugungsanteils führt und gleichzeitig die Wärmeverluste im Leitungssystem reduziert. Da die bisher laufenden Umstellungsmaßnahmen wegen der fehlenden Förderung seitens der Betreiber größtenteils zurück- oder eingestellt wurden, nahm der Gesetzgeber die Förderung im Rahmen der KWKG-Novelle 2012 neu auf.[818] **Voraussetzung** hierfür ist, dass dies zu einer **Erhöhung der transportierbaren Wärmemenge von mindestens 50 %** im betreffenden Trassenabschnitt führt.

---

815 Merkblatt Wärmenetze des BAFA v. 19.8.2011, S. 10, abrufbar unter http://www.bafa.de/bafa/de/energie/kraft_waerme_kopplung/stromverguetung/publikationen/merkblatt_waermenetze.pdf.
816 So *Valentin/Krüger*, et 2009, 63, 64.
817 BT-Drucks. 16/8305, S.18 re. Sp.
818 Vgl. BT-Drucks. 17/8801, S. 17 re. Sp.

e) Beginn des Neu- oder Ausbaus

Die Förderung des Neu- und Ausbaus von **Wärmenetzen** wurde durch die KWKG-Novelle 2009 nur für solche Vorhaben aufgenommen, die ab dem 1.1.2009 begonnen worden sind.[819] Eine Rückwirkung der Förderung auf bereits zuvor begonnene Projekte sollte nicht bestehen. Maßgeblicher Zeitpunkt ist der **„erste Spatenstich"**. Vorbereitende Handlungen, z.B. Planungsarbeiten, Ausschreibungen und Beauftragung von Bauunternehmen oder Durchführen von Probebohrungen können davor realisiert werden.[820] 488

Durch die völlige Gleichstellung der **Kältenetze** mit den Wärmenetzen nach §§ 5a Abs. 5, 7a Abs. 4 KWKG 2012 gilt die erst durch die KWKG-Novelle 2012 aufgenommene Förderung im Grundsatz auch für Kältenetze, deren Neu- und Ausbau ab dem 1.1.2009 begonnen wurde. 489

f) Zeitpunkt der Inbetriebnahme

Gemäß § 5a Abs. 1 Nr. 1, Abs. 5 KWKG 2012 muss die Inbetriebnahme des neuen oder ausgebauten Wärme- bzw. Kältenetzes **bis spätestens zum 31.12.2020** erfolgt sein. Als Inbetriebnahme gilt der Zeitpunkt der erstmaligen Aufnahme einer dauerhaften Versorgung mit Wärme.[821] 490

Bedeutung hat der Zeitpunkt der Inbetriebnahme auch für die Höhe der Förderung. Für die Ansprüche der Wärmenetzbetreiber finden **die §§ 5a und 7a KWKG 2012 für Anlagen** Anwendung, die **nach dem 31.12.2011** in Betrieb genommen wurden. Erfolgte die **Inbetriebnahme bis zum 31.12.2011**, finden die Regelungen des **§§ 5a und 7a KWKG 2009 Anwendung**. Dies ist insoweit von Bedeutung, als die Förderung in § 7a KWKG 2012 durch die KWKG-Novelle 2012 erhöht wurde. 491

g) Mindest-Wärmeeinspeisung aus KWK-Anlagen

Als weitere Voraussetzung für die Zuschlagsberechtigung von Wärmenetzen stellt § 5a Abs. 1 S. 2 Nr. 2 KWKG 2012 bestimmte **Mindestanforderungen** an den **Anteil der Wärme aus KWK-Anlagen** an der Versorgung der an das Netz angeschlossenen Abnehmenden bzw. an den Anteil der Wärmeeinspeisung aus KWK-Anlagen für den geplanten Endausbau des Netzbereichs. Die Voraussetzungen gelten nach § 5a Abs. 5 KWKG für **Kältenetze** entsprechend. 492

---

819 § 5a Abs. 1 Nr. 1 KWKG 2009.

820 Zum Ganzen Merkblatt Wärmenetze des BAFA v. 19.8.2011, S. 6, abrufbar unter http://www.bafa.de/bafa/de/energie/kraft_waerme_kopplung/stromverguetung/publikationen/merkblatt_waermenetze.pdf.

821 § 6a Abs. 2 S. 2 KWKG.

493 Als **Wärme** aus KWK-Anlagen **gilt** nach § 5a Abs. 1 S. 2 KWKG 2012 **auch industrielle Abwärme**, die ohne zusätzlichen Brennstoffeinsatz bereitgestellt wird. Die Gleichstellung von industrieller Abwärme mit Wärme aus KWK-Anlagen wurde im Rahmen der KWKG-Novelle 2012 eingefügt. Dadurch können nun auch Wärmenetze gefördert werden, bei denen die eingespeiste Wärme aus KWK-Anlagen nicht die Schwelle von 50 bzw. 60 % erreicht, wenn diese Voraussetzungen unter Berücksichtigung der Einspeisung industrieller Abwärme erfüllt werden. Durch die Nutzung vorhandener industrieller Abwärme bei der Wärmenetzförderung kann zu einer Effizienzsteigerung im Bereich der Wärmeversorgung aus KWK-Anlagen beigetragen werden.[822]

494 Die jeweilige anteilige Versorgung muss durch KWK-Anlagen **„im Anwendungsbereich des KWKG"** erfolgen. Dies sind gem. § 2 KWKG 2012 KWK-Anlagen, die auf Basis von Steinkohle, Braunkohle, Abfall, Abwärme, Biomasse, gasförmigen oder flüssigen Brennstoffen betrieben werden.[823]

495 § 5a Abs. 1 S. 1 Nr. 2 KWKG 2012 sieht **zwei Alternativen** vor (Buchst. a und b), die als Voraussetzung für die Zuschlagsberechtigung alternativ erfüllt werden können. Die in Buchst. b genannte Voraussetzung wurde erst durch das KWKG 2012 eingefügt.

aa) Alternative 1: Voraussetzung des § 5a Abs. 1 S. 1 Nr. 2 Buchst. a KWKG 2012

496 Die erste Alternative sieht zwei Voraussetzungen vor, die zugleich vorliegen müssen:
- Bei der **Inbetriebnahme** muss das Wärmenetz gem. § 5a Abs. 1 Nr. 2 KWKG 2012 überwiegend und damit zu **über 50 % mit Wärme aus KWK-Anlagen** versorgt werden.
- Im geplanten **Endausbau** des Netzbereichs, für den die Förderung beantragt wurde, muss die Wärmeeinspeisung **mindestens zu 60 % aus KWK-Anlagen** erfolgen. Die übrigen 40 % können demnach aus anderen Quellen bereitgestellt werden. So soll sichergestellt werden, dass der Ausbau von Wärmenetzen zu einer verstärkten Nutzung von KWK führt.[824] Das Mindestkriterium für die Wärmeeinspeisung ist ausschließlich hinsichtlich des vom Wärmenetzbetreiber beantragten Wärmenetzprojektes und nicht hinsichtlich des gesamten ggf. bereits bestehenden Versorgungsnetzes zu erfüllen.[825] Das 60 %-Kriterium basiert auf einer **Prognose**.

---

822 Vgl. BT-Drucks. 17/9617, S. 16 re. Sp.
823 Vgl. hierzu Kap. 3 Rn 111.
824 BT-Drucks. 16/8305, S. 18 li. Sp.
825 Merkblatt Wärmenetze des BAFA v. 19.8.2011, S. 7, abrufbar unter http://www.bafa.de/bafa/de/energie/kraft_waerme_kopplung/stromverguetung/publikationen/merkblatt_waermenetze.pdf.

bb) Alternative 2: Voraussetzung des § 5a Abs. 1 S. 1 Nr. 2 Buchst. b KWKG

Die zweite Alternative, mit der der Betreiber die Voraussetzungen des § 5a Abs. 1 S. 1 Nr. 2 KWKG 2012 erfüllen kann, stellt lediglich auf den Endausbau ab. Für den geplanten Endausbau des Netzbereichs muss **mindestens** ein Anteil von **60 %** Wärmeeinspeisung aus KWK-Anlagen **innerhalb von 24 Monaten ab Aufnahme des Dauerbetriebs** nachgewiesen werden. 497

Zum Zeitpunkt der Inbetriebnahme müssen – anders als in § 5a Abs. 1 S. 1 Nr. 2 Buchst. a KWKG 2012 – keine Mindestanforderungen erfüllt werden. Darauf sollte verzichtet werden, um die Förderung von neuen Netzen zu erleichtern, bei denen oftmals erst sukzessive ein höherer KWK-Anteil an der Wärmeeinspeisung erreicht werden kann.[826] Anders als in § 5a Abs. 1 S. 1 Nr. 2 Buchst. a KWKG 2012 muss der Nachweis einer 60 %-Quote jedoch spätestens nach zwei Jahren erbracht sein. 498

h) Zulassung

Gemäß § 5a Abs. 1 Nr. 3 KWKG 2012 entsteht ein Zuschlagsanspruch nur, wenn eine Zulassung gem. § 6a KWKG 2012 erteilt worden ist.[827] 499

3. Höhe der Zuschlagszahlung für den Neu- und Ausbau von Wärme- und Kältenetzen

Die Förderhöhe für den Aus- und Neubau von Wärme- und Kältenetzen regelt § 7a KWKG 2012. In § 7a Abs. 1 bis 3 KWKG 2012 wird die **Zuschlagshöhe für Wärmenetze** geregelt. Diese Regelungen sind nach § 7a Abs. 4 KWKG 2012 **entsprechend auf Kältenetze anwendbar**. 500

§ 7a KWKG 2012 wurde durch die KWKG-Novelle 2012 geändert und ist in dieser Fassung nur anwendbar, wenn die Inbetriebnahme des neu- oder ausgebauten Wärmenetzes nach dem 31.12.2011 erfolgte. Für bis zum 31.12.2011 in Betrieb genommene Wärmenetze sind nach der **Übergangsbestimmung** in § 13 Abs. 2 KWKG 2012 für Ansprüche der Wärmenetzbetreiber auf Zahlung eines Zuschlags die §§ 5a, 7a KWKG 2009 anwendbar. Auswirkungen hat dies insbesondere aufgrund der Erhöhung der Zuschläge im Rahmen der KWKG-Novelle 2012. 501

a) Differenzierung anhand des mittleren Nenndurchmessers

§ 7a Abs. 1 S. 2 Nr. 1 und 2 KWKG 2012 **differenziert** zwischen Wärme- bzw. Kälteleitungen mit einem **mittleren Nenndurchmesser** von **bis zu 100 mm** (DN 100) und Wärme- bzw. Kälteleitungen mit einem mittleren Nenndurchmesser von **mehr** 502

826 BT-Drucks. 17/8801, S. 17 li. Sp.

827 Vgl. dazu unten Rn 516 ff.

als 100 mm. Der Nenndurchmesser ist der **Innendurchmesser der Vorlaufleitung**. Für die Zuordnung ist nach § 7a Abs. 1 S. 2 KWKG 2012 ein mittlerer Durchmesser, der auf Grundlage der Leitungslänge des Projektes bestimmt wird, maßgeblich. Wird bei der Durchführung von Netzverstärkungsmaßnahmen die bisher verwendete Wärmeleitung ersetzt, wird der gesamte Nenndurchmesser der neuen Leitung gefördert. Wird die bisher verwendete Wärmeleitung weiterhin genutzt und eine zweite Leitung zusätzlich gelegt (Parallelbetrieb der alten Leitung), ist der Nenndurchmesser der neuen Leitung anzusetzen.[828]

aa) Wärme- bzw. Kälteleitungen mit einem mittleren Durchmesser von bis zu 100 mm

503 Für Wärme- bzw. Kälteleitungen mit einem mittleren Nenndurchmesser bis zu 100 mm beträgt der Zuschlag gem. § 7a Abs. 1 S. 2 Nr. 1 KWKG 2012 pauschal **100 € je laufendem Meter** der neu verlegten Wärmeleitung. Gegenüber der Vorgängerregelung, die je Millimeter Nenndurchmesser der neu verlegten Wärmeleitung eine Förderung in Höhe von 1 € pro Meter Trassenlänge vorsah, liegt in der neuen pauschalen Förderung eine Erhöhung für alle Wärmeleitungen, deren mittlerer Nenndurchmesser unter 100 mm liegt.

504 Eine **Erhöhung der Förderung** liegt aber vor allem in der Anhebung der maximalen Förderquote. Die maximale Förderquote wird nun verdoppelt und auf **höchstens 40 % der ansatzfähigen Investitionskosten** begrenzt. Nach der bisherigen Regelung in § 7a Abs. 1 S. 3 KWKG 2009 bestand eine Begrenzung auf 20 % der ansatzfähigen Investitionskosten. Welche Investitionskosten ansatzfähig sind, wird in § 7a Abs. 2 KWKG 2012 weiter präzisiert.[829] Neben der maximalen Förderquote ist der Zuschlagshöhe eine absolute Grenze gesetzt. Nach § 7a Abs. 1 S. 4 KWKG 2012 darf der Zuschlag **insgesamt 10 Mio. €** pro Projekt **nicht überschreiten.**[830]

505 Der Zuschlag nach § 7a Abs. 1 S. 2 Nr. 1 KWKG 2012 bemisst sich nach laufenden Metern der **neu verlegten Wärmeleitung.** Durch das Anknüpfen an die „neu verlegten Wärmeleitungen" wird klargestellt, dass die Rücklaufleitungen nicht gefördert werden.[831]

506 Die bisherige Regelung in § 7a Abs. 1 S. 2 KWKG 2009 stellte auf die Trassenlänge ab. Warum nicht am Begriff der Trassenlänge festgehalten wurde, erschließt sich aus den Gesetzesmaterialien nicht eindeutig. Es findet sich jedoch der Hinweis, dass der

828 Merkblatt Wärmenetze des BAFA v. 19.8.2011, S. 8, abrufbar unter http://www.bafa.de/bafa/de/energie/kraft_waerme_kopplung/stromverguetung/publikationen/merkblatt_waermenetze.pdf.
829 Vgl. unten Rn 512.
830 Vgl. unten Rn 510.
831 BT-Drucks. 17/9617, S. 17 re. Sp.

Begriff der Wärmeleitung *„der bisherigen Gesetzeslage entspricht"*.[832] Die Bemessung der neu verlegten Wärmeleitung i.S.d. § 7a Abs. 1 S. 2 Nr. 1 KWKG 2012 wird daher entsprechend dem Begriff der Trasse in § 3 Abs. 15 KWKG 2012 die **Gesamtheit aller Komponenten** umfassen, die zur Übertragung von Wärme oder Kälte vom **Standort der einspeisenden KWK-Anlagen** bis zum **Verbraucherabgang** notwendig sind.[833]

bb) Wärme- bzw. Kälteleitungen mit einem mittleren Durchmesser von mehr als 100 mm

Für Wärme- bzw. Kälteleitungen mit einem mittleren Nenndurchmesser von mehr als 100 mm beträgt der Zuschlag gem. § 7a Abs. 1 S. 1 Nr. 2 KWKG 2012 **30 % der ansatzfähigen Investitionskosten**[834] des Neu- oder Ausbaus. 507

Mit dem **Anknüpfen** der Förderung an die tatsächlich angefallenen **Investitionskosten** anstelle eines pauschalen Betrags pro verlegtem Meter Leitung werden die je nach Komplexität des Neu- oder Ausbaus **schwankenden Kosten besser berücksichtigt**. Die Anhebung der maximalen Förderquote von 20 auf 30 % der ansatzfähigen Investitionskosten führt zu einer **deutlichen Erhöhung der Förderung**. Wie bei den Wärmeleitungen mit einem mittleren Nenndurchmesser von bis zu 100 mm ist der Zuschlagshöhe eine absolute Grenze gesetzt. Nach § 7a Abs. 1 S. 4 KWKG darf der Zuschlag **insgesamt 10 Mio. €** pro Projekt **nicht überschreiten**.[835] 508

b) Deckelung des Wärme- bzw. Kältezuschlags

Die Zuschlagszahlungen für Wärme- und Kältenetze sind auf bestimmte Summen begrenzt. 509

aa) 10 Mio. € Förderung pro Projekt

Gemäß § 7a Abs. 1 S. 4 KWKG 2012 dürfen die ansatzfähigen Investitionskosten des Neu- oder Ausbaus **10 Mio. € pro Projekt** nicht überschreiten. Mit der Deckelung soll verhindert werden, dass die insgesamt zur Verfügung stehende Fördersumme durch einzelne **Großprojekte** aufgebraucht wird und somit eine flächendeckende gleichmäßige Entwicklung gefährdet wird.[836] Die Förderung pro Projekt wurde im Rahmen der KWKG-Novelle von 5 auf 10 Mio. € angehoben. Dies soll einen Beitrag zur Lösung 510

832 BT-Drucks. 17/9617, S. 17 re. Sp.
833 Vgl. dazu Kap. 3 Rn 142 ff.
834 Vgl. zum Begriff der ansatzfähigen Investitionskosten § 7a Abs. 3 KWKG und Rn 512.
835 Vgl. sogleich Rn 510.
836 Siehe BT-Drucks. 16/8305, S. 20 re. Sp.

des Problems des stockenden Ausbaus von Wärmenetzen als Hindernis für die Verbreitung der Kraft-Wärme-Kopplung leisten.[837]

bb) 150 Mio. € pro Kalenderjahr insgesamt

511 Zudem erfolgt wie bei der Förderung des KWK-Stroms auch im Bereich der Wärmenetze gem. § 5a Abs. 5 KWKG 2012 eine **Deckelung des jährlichen Förderungsvolumens**. Die Summe der Zuschlagszahlungen für Wärme- und Kältenetze sowie Wärme- und Kältespeicher darf 150 Mio. € pro Kalenderjahr nicht übersteigen. Der Mechanismus ist der gleiche wie bei § 7 Abs. 7 KWKG 2012. Die Zuschlagszahlung erfolgt entsprechend der Reihenfolge der Zulassung der Projekte. Ist die Gesamtfördersumme von 150 Mio. € pro Kalenderjahr verbraucht, wird in der entsprechenden Reihenfolge der Zulassungen eine **Nachzahlung in den Folgejahren** vorgenommen.

c) Ansatzfähige Investitionskosten – § 7a Abs. 2 KWKG 2012

512 Die ansatzfähigen Investitionskosten sind gem. § 7a Abs. 2 KWKG die tatsächlichen Ausgaben – maßgeblich sind die Nettobeträge (ohne Umsatzsteuer) – für **Leistungen Dritter**, die bei **wirtschaftlicher Betrachtung** erforderlich waren.[838] Es muss insoweit ein unmittelbarer Zusammenhang zwischen den tatsächlich entstandenen Kosten und dem Neu- oder Ausbau des Wärmenetzes bestehen.[839] Dieser ist auch für Kosten anzunehmen, die für die Rücklaufleitung entstanden sind.[840] Hingegen dürfen Kosten, die für Einrichtungen jenseits des Verbraucherabgangs angefallen sind, nicht angesetzt werden, weil diese nicht zum förderfähigen Netzteil gehören.[841]

513 Die rein internen Kosten, die ohnehin angefallen wären, sind indes ähnlich wie bei § 91 ZPO oder § 249 BGB abzuziehen.[842] In § 7a Abs. 2 S. 2 KWKG 2012 ist insofern – nicht abschließend[843] – ausdrücklich geregelt, dass interne Kosten für Konstruktion und Planung, kalkulatorische Kosten, Grundstücks-, Versicherungs- und Finanzierungskosten nicht dazugehören.[844] Damit können aber Planungskosten, die bei

---

837 BT-Drucks. 17/8801, S. 14 li. Sp.

838 Siehe BT-Drucks. 16/8305, S. 20 re. Sp.

839 Zu den im Einzelnen hiervon erfassten Kosten vgl. Merkblatt Wärmenetze des BAFA v. 19.8.2011, S. 8 f., abrufbar unter http://www.bafa.de/bafa/de/energie/kraft_waerme_kopplung/stromverguetung/publikationen/merkblatt_waermenetze.pdf.

840 Merkblatt Wärmenetze des BAFA v. 19.8.2011, S. 7, abrufbar unter http://www.bafa.de/bafa/de/energie/kraft_waerme_kopplung/stromverguetung/publikationen/merkblatt_waermenetze.pdf.

841 BT-Drucks. 16/8305 S. 20 re. Sp.; zu förderfähigen Netzteilen bei Neu- und Ausbau siehe oben Rn 475 ff.

842 BK-EnR/Topp, § 7a KWKModG Rn 7.

843 BT-Drucks. 16/8305, S. 20 re. Sp.

844 Zu weiteren vom BAFA nicht anerkannten Kosten vgl. Merkblatt Wärmenetze des BAFA v.

externen Stellen entstanden sind, ersatzfähig sein.[845] Denn Dritter ist jedes Unternehmen und jede natürliche Unternehmenspersönlichkeit, die nicht identisch mit dem Wärmenetzbetreiber ist. Leistungen, die von ausgegliederten Betriebsteilen erbracht werden (Outsourcing), werden vom BAFA als Leistung Dritter anerkannt.[846]

Nach § 7a Abs. 2 S. 3 KWKG 2012 sind von den ansatzfähigen Investitionskosten 514
daneben **gewährte Bundes-, Länder- und Gemeindezuschüsse** abzusetzen, wenn sie nicht ausdrücklich zusätzlich zum Zuschlag gewährt werden. Die Vorschrift wurde im Rahmen der KWKG-Novelle 2012 neu gefasst. Damit sollte die zuvor etwas unklare Regelung[847] über die Anrechnung von Zuschüssen Dritter klargestellt werden.[848] Nach dem Wortlaut der Vorgängerregelung in § 7a Abs. 2 S. 3 KWKG 2009 waren auch **Investitionskostenminderungen** (z.B. Rabatte) abzusetzen. Dieser Hinweis wurde im Rahmen der KWKG-Novelle 2012 gestrichen.[849] Eine materielle Änderung liegt hierin jedoch nicht. Die ansatzfähigen Investitionskosten stellen die tatsächlichen Ausgaben dar. Werden die Investitionskosten etwa durch Rabatte gemindert, dann sind diese Ausgaben nicht angefallen. Eine entsprechende Regelung war damit überflüssig und konnte gestrichen werden.

d) Abzug von Anschlusskosten des Verbrauchers

Um eine doppelte Entlohnung zu verhindern, sieht § 7a Abs. 3 KWKG 2012 vor, dass 515
der Zuschlag, der für den Teil des Wärmenetzes gezahlt wird, der die Verbindung zwischen dem Verteilungsnetz und dem Verbraucherabgang (Anschlussstelle) herstellt, von den **Anschlusskosten** abzuziehen ist, die dem **Verbraucher** in Rechnung gestellt werden. Diese Regelung kommt nur zum Tragen, wenn tatsächlich Anschlusskosten vereinbart wurden. Da der Anschluss häufig vor der Zuschlagszahlung erfolgen wird, deren genaue Höhe stets erst im Folgejahr durch das BAFA berechnet werden kann, muss sich der Wärmeversorger entscheiden, ob er die Anschlusskosten zunächst in Rechnung stellt und dann den Zuschlag an den Verbraucher zurückzahlt oder ob er sich eine genaue Rechnungsstellung bis zur Auszahlung des Zuschlages vorbehält.[850]

19.8.2011, S. 9, abrufbar unter http://www.bafa.de/bafa/de/energie/kraft_waerme_kopplung/stromverguetung/publikationen/merkblatt_waermenetze.pdf.

845 BK-EnR/*Topp*, § 7a KWKModG Rn 7.

846 Zum Ganzen: Merkblatt Wärmenetze des BAFA v. 19.8.2011, S. 9, abrufbar unter http://www.bafa.de/bafa/de/energie/kraft_waerme_kopplung/stromverguetung/publikationen/merkblatt_waermenetze.pdf.

847 § 7a Abs. 2 S. 3 KWKG 2009 sprach lediglich von „Zahlungen Dritter“.

848 BT-Drucks. 17/8801, S. 18 re. Sp.

849 In den Gesetzesmaterialien finden sich zu den Beweggründen keine Hinweise.

850 BK-EnR/*Topp*, § 7a KWKModG Rn 9.

4. Der Zulassungsanspruch für den Neu- oder Ausbau von Wärme- und Kältenetzen

516 Gemäß § 6a Abs. 1 S. 1 KWKG 2012 ist dem Wärmenetzbetreiber **vom BAFA die Zulassung zu erteilen**, wenn der Neu- oder Ausbau die Voraussetzungen nach § 5a Abs. 1 Nr. 1 und 2 KWKG 2012 erfüllt und die erforderlichen Nachweise vorgelegt werden. Die Erteilung der Zulassung ist nach § 5a S. 1 Abs. 1 Nr. 3 KWKG 2012 Voraussetzung für die Zuschlagsberechtigung. Die Regelungen über die Zulassung von Wärmenetzen in § 6a Abs. 1 bis 3 KWKG 2012 gelten gem. § 6a Abs. 4 KWKG 2012 für **Kältenetze entsprechend.**

a) Angaben nach § 6a Abs. 1 S. 2 Nr. 1 und 2 KWKG 2012

517 Neben den Angaben zum Antragsteller (Wärme- bzw. Kältenetzbetreiber als Anspruchsinhaber)[851] und dem entsprechenden Netzbetreiber[852] ist eine detaillierte Beschreibung des Projekts einschließlich Angaben über die Länge des neu- oder ausgebauten Wärme- bzw. Kältenetzes (Trassenlänge)[853] sowie eine Auflistung der Investitionskosten[854] und das Datum der Inbetriebnahme vorzulegen.[855]

! **Praxistipp**

Bezüglich der **Auflistung der Investitionskosten** ist für die Antragstellung gem. § 6a KWKG gesondert der Fall zu beachten, in dem **Eigentum und Betrieb des** entsprechenden **Wärmenetzes** auseinanderfallen und nur der Eigentümer in das Netz investiert. Dann muss der Betreiber den Eigentümer verpflichten, einen Nachweis der ansatzfähigen Investitionskosten zu führen und die Möglichkeit einzuräumen, diese durch einen Wirtschaftsprüfer attestieren zu lassen. Da die Förderung im Übrigen ausschließlich an den Wärmenetzbetreiber ausgezahlt wird, empfiehlt es sich auch insoweit, im Innenverhältnis von **Wärmenetzeigentümer** und **-betreiber** eindeutige **vertragliche Regelungen** zu treffen.[856]

---

851 Vgl. dazu oben Rn 478.

852 Vgl. dazu oben Rn 479.

853 Vgl. dazu oben Rn 503 ff.

854 Vgl. dazu oben Rn 512; zu den im Einzelnen hiervon erfassten Kosten vgl. Merkblatt Wärmenetze des BAFA v. 19.8.2011, S. 8 f., abrufbar unter http://www.bafa.de/bafa/de/energie/kraft_waerme_kopplung/stromverguetung/publikationen/merkblatt_waermenetze.pdf.

855 Im Rahmen der KWKG-Novelle 2012 wurde auf das Erfordernis der Angabe des geplanten Mindestwärmedurchsatzes in § 6a Abs. 1 S. 2 Nr. 2 KWKG verzichtet. Ein bestimmter Mindestwärmedurchsatz war auch nach dem KWKG 2009 keine Fördervoraussetzung. Auch andere Rechtsfolgen wurden hieran nicht geknüpft.

856 Vgl. Merkblatt Wärmenetze des BAFA v. 19.8.2011, S. 7 ff., abrufbar unter http://www.bafa.de/bafa/de/energie/kraft_waerme_kopplung/stromverguetung/publikationen/merkblatt_waermenetze.pdf sowie die Antworten auf die am häufigsten gestellten Fragen zu einem Wärmenetzantrag auf der Webseite des BAFA, abrufbar unter http://www.bafa.de/bafa/de/energie/kraft_waerme_kopplung/stromverguetung/faq/index.html#sm3351464-anker.

b) Bescheinigung eines Wirtschafts- oder vereidigten Buchprüfers – § 6a Abs. 1 S. 2 Nr. 3 KWKG 2012

Voraussetzung für die Zulassung des Neu- und Ausbaus von Wärme- und Kältenetzen ist nach § 6a Abs. 1 S. 2 Nr. 3 KWKG 2012 eine Bescheinigung des Wirtschaftsprüfers oder eines vereidigten Buchprüfers über das Vorliegen der Voraussetzungen nach § 5a Abs. 1 Nr. 1 und 2 KWKG 2012 sowie über die Angaben nach § 7a Abs. 1 S. 2 und 3 KWKG und die Abzugsbeträge nach § 7a Abs. 3 KWKG 2012. 518

aa) Bescheinigung der Voraussetzungen des § 5a Abs. 1 Nr. 1 und 2 KWKG 2012

Der Wirtschaftsprüfer oder der Buchprüfer muss zum einen das Vorliegen der oben dargelegten Voraussetzungen nach § 5a Abs. 1 Nr. 1 und 2 KWKG 2012[857] bescheinigen – also der Baubeginn nach dem 1.1.2009, die Inbetriebnahme bis spätestens zum 31.12.2020 sowie die Einhaltung der Schwellenwerte für die Mindesteinspeisung von Wärme durch KWK-Anlagen zum Zeitpunkt der Inbetriebnahme und/oder im geplanten Endausbau.[858] 519

Praxistipp !

Das 60 %-Kriterium in § 5a Abs. 1 S. 1 Nr. 2 Buchst. a und b KWKG 2012 basiert auf einer Prognose. Es ist auf der Basis von Plandaten, z.B. anhand eines Businessplans, sowie der Leistung der KWK-Anlagen darzustellen. Hierfür sollte der Wirtschaftsprüfer oder vereidigte Buchprüfer beispielsweise die Auslegungsrechnung der in das Wärmenetz einspeisenden Anlagen nachvollziehen und Einsicht in den Businessplan nehmen.[859]

---

bb) Bescheinigung der Angaben nach § 7a Abs. 1 S. 2 und 3 KWKG 2012 sowie der Abzugsbeträge nach § 7a Abs. 3 KWKG 2012

Daneben muss eine Bescheinigung eines Wirtschafts- oder Buchprüfers über die Angaben nach § 7a Abs. 1 S. 2 und 3 sowie Abs. 3 KWKG 2012 vorgelegt werden. Zunächst umfasst dies eine Bescheinigung darüber, ob der mittlere Nenndurchmesser von bis zu 100 mm (§ 7a Abs. 1 S. 2 Nr. 1 KWKG 2012) oder mehr als 100 mm (§ 7a Abs. 1 S. 2 Nr. 2 KWKG 2012) beträgt. In Abhängigkeit hiervon sind für Wärmeleitungen mit einem mittleren Nenndurchmesser von bis zu 100 mm die Länge der neu verlegten Wärmeleitung sowie die ansatzfähigen Investitionskosten zur Bestimmung der Fördergrenze von 40 % anzugeben. Für Wärmeleitungen mit einem mittleren Nenndurchmesser von mehr als 100 mm sind die ansatzfähigen Investitionskosten zu 520

---

857 Siehe oben Rn 475 f.
858 Merkblatt Wärmenetze des BAFA v. 19.8.2011, S. 6, abrufbar unter http://www.bafa.de/bafa/de/energie/kraft_waerme_kopplung/stromverguetung/publikationen/merkblatt_waermenetze.pdf.
859 Merkblatt Wärmenetze des BAFA v. 19.8.2011, S. 6 f., abrufbar unter http://www.bafa.de/bafa/de/energie/kraft_waerme_kopplung/stromverguetung/publikationen/merkblatt_waermenetze.pdf.

bescheinigen. Schließlich muss das Testat die Abzugsbeträge nach § 7a Abs. 3 KWKG 2012 bescheinigen.

c) Antragsfrist

521 Der Zulassungsantrag kann erst nach Inbetriebnahme gestellt werden. § 6a Abs. 2 KWKG 2012 erlaubt deshalb die Antragsstellung bis zum 1.7. des auf die Inbetriebnahme folgenden Kalenderjahres.[860] Die Antragsfrist wurde im Rahmen der KWKG-Novelle 2012 zur Vereinfachung des Verwaltungsaufwands[861] um vier Monate verlängert.

d) Kosten: Bearbeitungsgebühr

522 Die Bearbeitungsgebühr beträgt 0,2 % des vom BAFA bewilligten KWK-Zuschlagsbetrages, jedoch mindestens 100 € und maximal 10.000 €.[862]

V. Die Förderung von Wärme- und Kältespeichern

523 Das KWKG 2012 sieht erstmals die **Förderung von Wärme- und Kältespeichern** vor.

1. Allgemeines

524 Diese **Förderung** wurde durch die KWKG-Novelle 2012 **neu** in das KWKG **aufgenommen**. Durch die Errichtung von Wärmespeichern werden KWK-Anlagen zeitweise in die Lage versetzt, stärker stromgeführt betrieben zu werden. Wärmespeicher können dadurch einen gewissen Beitrag zum Ausgleich der schwankenden Einspeisung von erneuerbaren Energien in das Stromnetz leisten.[863] Die Förderung erfolgt durch die Zahlung eines Zuschlags in Abhängigkeit von der Kapazität bzw. den Investitionskosten des Vorhabens.

525 **Gesetzessystematisch** ist die Förderung der Speicher an die Förderung des Neu- und Ausbaus der Wärmenetze angelehnt. In § 5b KWKG 2012 wird die Zuschlagsberechtigung, in § 6b KWKG 2012 die Zulassung und in § 7b KWKG die Zuschlagshöhe für den Neu- und Ausbau von Wärmespeichern geregelt. Die Regelungen finden gem.

---

860 BT-Drucks. 16/8305, S 19 re. Sp.
861 BT-Drucks. 17/8801, S. 14 li. Sp.
862 Vgl. http://www.bafa.de/bafa/de/energie/kraft_waerme_kopplung/stromverguetung/index.html.
863 BT-Drucks. 17/8801, S. 14 li. Sp.

§§ 5b Abs. 4, 6b Abs. 4, 7b Abs. 3 KWKG 2012 auf Kältespeicher entsprechend Anwendung.

2. Zuschlagsberechtigter Neu- und Ausbau von Wärme- und Kältespeichern

Das KWKG 2012 regelt die Voraussetzungen der Zuschlagsberechtigung von Kälte- und Wärmespeichern in § 5b KWKG 2012. 526

a) Wärme- und Kältespeicher

Der Begriff des **Wärmespeichers** wird in § 3 Abs. 18 KWKG 2012 definiert. Wärmespeicher sind danach **technische Vorrichtungen zur zeitlich befristeten Speicherung von Nutzwärme** nach § 3 Abs. 6 KWKG 2012 einschließlich aller technischen Vorrichtungen zur Be- und Entladung des Wärmespeichers. 527

Im Hinblick auf die in § 7b KWKG 2012 geregelte **Begrenzung der Zuschlagshöhe** pro Wärmespeicher-Vorhaben enthält § 3 Abs. 18 S. 2 KWKG 2012 eine **„Verklammerung“** von mehreren Wärmespeichern zu einem Wärmespeicher im Rahmen der Anwendung der Begrenzung der Zuschlagshöhe. Nach § 3 Abs. 18 S. 2 KWKG 2012 gelten mehrere unmittelbar miteinander verbundene Wärmespeicher in Bezug auf die in § 7b KWKG 2012 genannte Begrenzung des Zuschlags als ein Wärmespeicher. Auf diese Regelung findet nach § 3 Abs. 18 S. 3 KWKG 2012 die Regelung des § 3 Abs. 3 S. 2 KWKG 2012 entsprechend Anwendung. Damit tritt eine Verklammerung nur ein, soweit die Wärmespeicher innerhalb von **12 aufeinanderfolgenden Kalendermonaten in Dauerbetrieb** genommen wurden. 528

Kältespeicher sind nach § 3 Abs. 19 KWKG 2012 Anlagen zur Speicherung von Kälte, die direkt oder über ein Kältenetz mit einer KWK-Anlage verbunden sind. 529

Auch für Kältespeicher gilt nach § 3 Abs. 19 S. 2 und 3 KWKG 2012 eine **Verklammerung** in Bezug auf die in § 7b KWKG 2012 genannte Begrenzung des Zuschlags. Mehrere unmittelbar miteinander verbundene Kältespeicher an einem Standort gelten in Bezug auf die in § 7b KWKG 2012 genannte Begrenzung des Zuschlags als ein Kältespeicher, soweit sie innerhalb von 12 aufeinanderfolgenden Kalendermonaten in Dauerbetrieb genommen wurden. 530

b) Wärme- und Kältespeicherbetreiber als Anspruchsinhaber

Anspruchsinhaber im Rahmen der Förderung von Wärme- und Kältespeichern ist nach § 5b Abs. 1 und 4 KWKG jeweils deren **Betreiber**. Das KWKG definiert in § 3 Abs. 20 KWKG 2012 den Begriff des Betreibers von Wärme- oder Kältespeichern in Anlehnung an die Definition des Wärmenetzbetreibers in § 3 Abs. 14 KWKG 2012. Betreiber von Wärme- oder Kältespeichern sind nach § 3 Abs. 20 KWKG 2012 diejenigen, welche **die Speicherung** von Wärme oder Kälte aus KWK-Anlagen in Speichern **wahrnehmen** und für deren **Betrieb verantwortlich** sind. Die **Betreibereigenschaft setzt** nach § 3 531

Abs. 20 S. 2 KWKG 2012 **nicht das Eigentum** am Wärme- oder Kältespeicher oder an der einspeisenden KWK-Anlage **voraus.**

c) Der Netzbetreiber als Anspruchsgegner

532 Der **Anspruch** des Betreibers auf Zuschlagszahlung besteht – wie im Rahmen der Förderung von KWK-Anlagen und Wärmenetzen – **gegenüber dem Netzbetreiber**. Netzbetreiber sind nach § 3 Abs. 9 KWKG 2012 die Betreiber von Netzen aller Spannungsebenen für die allgemeine Versorgung mit Elektrizität.

533 Nach § 5b Abs. 3 KWKG 2012 findet die Vorschrift des § 5a Abs. 4 KWKG über Wärmenetze entsprechend Anwendung für den Fall, dass sich der Wärme- oder Kältespeicher über **mehrere Netzgebiete** erstreckt. In diesem Fall ist derjenige Netzbetreiber zur Zahlung verpflichtet, an dessen Netz die KWK-Anlage mit der größten elektrischen Leistung angeschlossen ist, die den Wärme- bzw. Kältespeicher einspeist. Bei mehreren gleich großen Anlagen ist diejenige maßgeblich, die als erste in Betrieb genommen wurde.

d) Neu- und Ausbau von Wärme- und Kältespeichern

534 Der Neu- und Ausbau von Wärmespeichern wird in § 5b Abs. 2 KWKG 2012 definiert. **Neubau** ist danach die erstmalige Errichtung eines Wärmespeichers aus fabrikneuen Komponenten.[864] **Ausbau** ist die Erweiterung einer bestehenden Anlage aus fabrikneuen Komponenten.

e) Beginn des Neu- oder Ausbaus

535 Förderfähig ist nach § 5b Abs. 1 Nr. 1 KWKG 2012 nur der Neu- und Ausbau von Wärme- und Kältespeichern mit dem **nach dem 19.7.2012 begonnen** wurde. Entsprechend dem Beginn des Neu- und Ausbaus von Wärmenetzen wird auch bei den Wärme- und Kältespeichern unter Beginn „der erste Spatenstich" zu verstehen sein.[865] Eine Rückwirkung auf bereits zuvor begonnene Neu- und Ausbauvorhaben war im Hinblick auf die Anreizwirkung der Förderung nicht beabsichtigt.

f) Zeitpunkt der Inbetriebnahme

536 Zuschlagsberechtigt ist der Ausbau nach § 5b Abs. 1 Nr. 1 KWKG 2012 nur, wenn der Wärme- oder Kältespeicher bis zum 31.12.2020 in Betrieb genommen wird. Als Inbe-

864 Vgl. zum Begriff der fabrikneuen Komponenten Rn 395.
865 Vgl. Rn 488.

triebnahme gilt nach § 5b Abs. 1 Nr. 1 S. 2 KWKG 2012 der Zeitpunkt der ersten Befüllung nach Abschluss des Probebetriebs.

g) Anlagenbezogene Voraussetzungen an Speicher und KWK-Anlage

§ 5b KWKG 2012 sieht eine Reihe von Anforderungen an die Wärme- bzw. Kältespeicher für die Zuschlagsberechtigung vor. 537

aa) Mindestgröße

Zuschlagsberechtigt ist nach § 5b Abs. 1 KWKG 2012 nur der Neu- und Ausbau von Wärmespeichern mit einer **Kapazität von mindestens 1 m³ Wasseräquivalent** oder **mindestens 0,3 m³/kW der installierten elektrischen Leistung** der KWK-Anlage. Die Festlegung der Mindestgröße erfolgte zur Verwaltungsvereinfachung.[866] 538

Der Begriff des **Wasseräquivalents** wird in § 3 Abs. 21 KWKG 2012 definiert als Wärmekapazität eines Speichermediums, die der eines Kubikmeters Wasser im flüssigen Zustand bei Normaldruck entspricht. Die Verwendung der Größe des Wasseräquivalents war erforderlich, um eine **präzisere Förderung der Nutzung von Hochdruck in Wärme- und Kältespeichern** zu ermöglichen. Die Förderung von Wärme- und Kältespeichern knüpft an das Speichervolumen gemessen in m³ an. Wird der Speicherinhalt komprimiert, soll sich die Förderung am Nutzen der gespeicherten Wärme bzw. Kälte orientieren.[867] 539

bb) Mindest-Wärme- bzw. Kälteeinspeisung aus KWK-Anlagen

Die **Wärme** des Wärmespeichers muss nach § 5b Abs. 1 Nr. 2 KWKG 2012 **überwiegend** (d.h. zu mehr als 50 %) **aus KWK-Anlagen** stammen, die an das Netz für die allgemeine Versorgung nach § 3 Abs. 9 KWKG angeschlossen sind und die in dieses Netz nach § 4 Abs. 1 KWKG 2012 einspeisen oder einspeisen können. Sofern die Einspeisung aus reinen Heizwerken oder Abwärme 50 % oder mehr der Wärmeeinspeisung insgesamt beträgt, besteht keine Zuschlagsberechtigung. 540

cc) Anforderungen an mittlere Wärmeverluste

Als Voraussetzung für die Zuschlagsberechtigung darf der Wärmespeicher im Betrieb **bestimmte Wärmeverluste nicht überschreiten.** Nach § 5b Abs. 1 Nr. 3 KWKG 2012 müssen die mittleren Wärmeverluste bezogen auf die durchschnittliche Jahrestempe- 541

866 BT-Drucks. 17/8801, S. 17 re. Sp.
867 So BT-Drucks. 17/8801, S. 16 re. Sp.

ratur für die Klimazone Deutschland weniger als 15 W/m² Behälteroberfläche betragen.

dd) Informations- und Kommunikationstechnik

542 Nach § 5b Abs. 1 Nr. 4 KWKG 2012 muss die angeschlossene KWK-Anlage über **Informations- und Kommunikationstechnik verfügen**, um Signale des Strommarktes zu empfangen und technisch in der Lage sein, auf diese Signale zu reagieren.

h) Zulassung

543 Eine weitere Voraussetzung für die Zuschlagsberechtigung von Wärme- bzw. Kältespeichern ist die Erteilung der Zulassung nach § 6b KWKG 2012. Die Zulassung wird nach § 6b Abs. 1 S. 1 KWKG 2012 wiederum auf Antrag erteilt, wenn die Voraussetzungen nach § 5b Abs. 1 Nr. 1 bis 4 KWKG 2012 vorliegen.

3. Höhe und Dauer des Zuschlags für den Neu- und Ausbau von Wärme- und Kältespeichern

544 Der Zuschlag wird durch das BAFA nach § 7b Abs. 1 S. 1 KWKG 2012 festgelegt.

a) Zuschlagshöhe

545 Der Zuschlag beträgt nach § 7b Abs. 1 S. 1 KWKG 2012 **250 €/m³ Wasseräquivalent**[868] des Wärmespeichervolumens.

b) Deckelung des Zuschlags

546 Die Höhe des Zuschlags wird durch verschiedene Regelungen begrenzt. Dabei ist § 3 Abs. 18 S. 2 KWKG 2012 zu beachten. Danach gelten mehrere unmittelbar miteinander verbundene Wärmespeicher in Bezug auf die in § 7b KWKG 2012 genannte Begrenzung des Zuschlags als ein Wärme- bzw. Kältespeicher.[869]

aa) Deckelung für Speicher mit einem Volumen von mehr als 50 m³ Wasseräquivalent

547 Für größere **Speicher von mehr als 50 m³** Wasseräquivalent wird der Zuschlag auf **30 % der Investitionskosten begrenzt**. Dies stellt sicher, dass der überwiegende

868 § 3 Abs. 21 KWKG; vgl. zum Begriff Rn 539.
869 Vgl. dazu Rn 528.

Teil der Investitionen vom Vorhabenträger selbst getragen wird. Für **kleinere Speicher gilt** diese **Begrenzung nicht**. Je nach Kostenintensität sind in diesem Bereich daher weit höhere Förderquoten denkbar.

bb) Höchstens 5 Mio. € pro Projekt

Die maximale Zuschlagshöhe wird in § 7b Abs. 1 S. 2 KWKG 2012 für alle Speichergrö- 548
ßen auf 5 Mio. € festgelegt. Damit soll verhindert werden, dass die zu Verfügung stehende Fördersumme durch wenige kostenintensive Großprojekte aufgebraucht wird.

cc) Gesamtdeckelung

Wie bei der Förderung von Wärme- und Kältenetzen gilt nach § 7b Abs. 4 KWKG 2012 549
eine **Begrenzung der Summe aller Zuschlagszahlungen** für Wärme- und Kältespeicher. Nach § 7a Abs. 5 KWKG 2012 darf die Summe der Zuschlagszahlungen für Wärme- und Kältenetze sowie Wärme- und Kältespeicher **150 Mio. €** nicht überschreiten.[870]

c) Ansatzfähige Investitionskosten

§ 7b Abs. 2 KWKG 2012 legt fest, welche Kosten unter den Begriff der ansatzfähigen 550
Investitionskosten fallen. Danach sind dies alle **Kosten**, die **für erforderliche Leistungen Dritter** im Rahmen des Neubaus von Wärmespeichern **tatsächlich angefallen** sind. **Nicht dazu gehören** insbesondere **interne Kosten** für Konstruktion und Planung, kalkulatorische Kosten, Grundstücks-, Versicherungs- und Finanzierungskosten. Gewährte **Bundes-, Länder- und Gemeindezuschüsse müssen abgesetzt werden**, wenn sie nicht ausdrücklich zusätzlich zum Zuschlag gewährt werden.

Die Begriffsbestimmung in § 7b Abs. 2 KWKG 2012 ist identisch mit der Begriffs- 551
bestimmung der ansatzfähigen Investitionskosten im Rahmen der Förderung der Wärmenetze in § 7a Abs. 2 KWKG 2012. Wegen der Einzelheiten wird auf die dortigen Ausführungen verwiesen.[871]

4. Der Zulassungsanspruch für den Neu- und Ausbau von Wärme- und Kältespeichern

Die **Zulassung** des Neu- und Ausbaus von Wärme- und Kältespeichern ist **Voraus-** 552
setzung für deren **Zuschlagsberechtigung** nach § 5b Abs. 1 Nr. 5 KWKG 2012. Die Zulassung ist nach § 6b Abs. 1 S. 1 KWKG 2012 zu erteilen, wenn die in den Nr. 1 bis 4 genannten Voraussetzungen erfüllt sind. Der Antrag muss diese Voraussetzun-

870 Vgl. hierzu Rn 511.

871 Siehe Rn 512 ff.

gen nach § 6b Abs. 2 S. 2 KWKG 2012 darlegen und ggf. durch bestimmte Nachweise belegen.

a) Angaben nach § 6b Abs. 1 S. 2 Nr. 1 KWKG 2012

553 Zunächst muss der Antrag die für die Entscheidung auf Zulassung erforderlichen **Angaben zu Antragsteller** und **Netzbetreiber** enthalten.

b) Detaillierte Beschreibung mit Angaben nach § 6b Abs. 1 S. 2 Nr. 2 KWKG 2012

554 Daneben muss der Antrag nach § 6b Abs. 1 S. 2 Nr. 2 KWKG 2012 eine detaillierte Beschreibung des Projekts enthalten, einschließlich der Angaben über:

- Wärme- bzw. Kältespeichervolumen,
- jährliche Wärme- bzw. Kälteverluste,
- eine Auflistung der Investitionskosten,
- das Datum der Inbetriebnahme.

c) Bescheinigung eines Wirtschaftsprüfers bei großen Speichern nach § 6b Abs. 1 S. 2 Nr. 3 KWKG 2012

555 Bei großen Speichern (Volumen von mehr als 50 m³ Wasseräquivalent) muss der Antrag eine Bescheinigung eines Wirtschaftsprüfers oder vereidigten Buchprüfers über das Vorliegen folgender Voraussetzungen nach § 5b Abs. 1 Nr. 1 bis 4 KWKG 2012 sowie über die Angaben nach § 7b Abs. 1 KWKG 2012 enthalten:

- Beginn des Neu- oder Ausbaus nach dem 19.7.2012 (Inkrafttreten des KWKG 2012), § 5b Abs. 1 Nr. 1 KWKG 2012,
- Inbetriebnahme vor dem 31.12.2020, § 5b Abs. 1 Nr. 1 KWKG 2012,
- Wärme stammt überwiegend aus KWK-Anlagen, § 5b Abs. 1 Nr. 2 KWKG 2012,
- Anforderungen an mittlere Wärmeverluste, § 5b Abs. 1 Nr. 3 KWKG 2012,
- Informations- und Kommunikationstechnik bei KWK-Anlage, § 5b Abs. 1 Nr. 4 KWKG 2012,
- Speichervolumen, § 7b Abs. 1 KWKG 2012 sowie
- Investitionskosten, § 7b Abs. 1 KWKG 2012.

d) Nachweise bei kleinen Speichern nach § 6b Abs. 1 S. 2 Nr. 4 KWKG

556 Bei kleinen Speichern (Volumen von bis zu 50 m³ Wasseräquivalent) bedarf der Antrag keiner Bescheinigung eines Wirtschaftsprüfers. Der Antragsteller muss jedoch geeignete Nachweise über das Vorliegen dieser Voraussetzungen erbringen. Es ist davon auszugehen, dass das BAFA sich in einem Merkblatt hierzu äußern wird, welche Nachweise es jeweils als geeignet ansieht.

e) Antragsfrist

Der Antrag auf Zulassung kann nach der Inbetriebnahme des neu gebauten Wärmespeichers bis **zum 1.7.** des **auf die Inbetriebnahme folgenden Kalenderjahres** gestellt werden. Je nach Zeitpunkt der Inbetriebnahme kann die Antragsfrist damit um fast ein Jahr variieren. Als Zeitpunkt der Inbetriebnahme gilt nach § 6b Abs. 2 S. 2 KWKG 2012 die erste Befüllung nach Abschluss des Probebetriebs. 557

f) Kosten: Bearbeitungsgebühr

Für die Erteilung der Zulassung werden Gebühren verlangt. Deren Höhe ist derzeit noch nicht festgelegt. 558

g) Zulassung durch Allgemeinverfügung nach § 6b Abs. 5 KWKG

Wie bei der Zulassung von kleinen KWK-Anlagen mit einer elektrischen Leistung bis zu 50 kW[872] kann das BAFA gem. § 6 Abs. 5 KWKG 2012 Zulassungen für **Speicher** mit einem Volumen **bis zu 5 m³ Wasseräquivalent** in Form der **Allgemeinverfügung** nach § 35 S. 2 VwVfG von Amts wegen erteilen. Dies erspart Betreibern von kleinen Speichern den Aufwand des Antragsverfahrens. Nach § 6 Abs. 5 S. 2 KWKG 2012 kann die Allgemeinverfügung mit Auflagen verbunden werden. 559

872 § 6a Abs. 6 KWKG; vgl. oben Rn 442 ff.

Kapitel 6
Der Ausgleichsmechanismus

A. Überblick

Ein zentrales Element in der Förderung der erneuerbaren Energien und der Kraft-Wärme-Kopplung ist die **Wälzung** der durch den Fördermechanismus entstehenden Belastung vom Anlagenbetreiber über die Netzbetreiber auf den Letztverbraucher. Durch diesen Ausgleichsmechanismus soll gewährleistet werden, dass die finanziellen Folgen des Ausbaus von EEG- und KWK-Anlagen gleichmäßig auf die Allgemeinheit verteilt werden. 1

B. Belastungsausgleich nach EEG

I. Bundesweiter Ausgleich

1. Einführung

Der von den EEG-Anlagenbetreibern erzeugte Strom wird im Regelfall über den Betreiber des Netzes, an das die Anlage angeschlossen ist, aufgenommen, an den vorgelagerten ÜNB weitergegeben und von diesem vermarktet. Hierfür erhält der Anlagenbetreiber die gesetzlich festgelegte Vergütung. Die ÜNB gleichen den Strom und die gezahlte Vergütung untereinander aus und ermitteln die EEG-Umlage. Diese wird vom EVU bezahlt, das wiederum hiermit den Letztverbraucher belastet. 2

Üblicherweise werden im Ausgleichsmechanismus **fünf Stufen[1] unterschieden:** 3

- Stufe 1: Der EEG-Strom wird vom nächstgelegenen Netzbetreiber, dem aufnahme- und vergütungspflichtigen Netzbetreiber (avNB), aufgenommen und der Anlagenbetreiber hierfür vergütet. Die Verpflichtung ergibt sich aus den §§ 8 und 16 EEG.
- Stufe 2: Der avNB liefert den EEG-Strom gegen Vergütung unverzüglich an den regelverantwortlichen ÜNB (rÜNB) gem. §§ 34 f. EEG.
- Stufe 3: Die ÜNB gleichen den unterschiedlichen Umfang der Strommengen und der geleisteten Vergütungszahlungen untereinander aus, § 36 EEG und vermarkten den Strom gem. § 37 Abs. 1 EEG an der Börse.
- Stufe 4: Die EVU zahlen an den rÜNB die von den ÜNB aus der Differenz zwischen Vergütungszahlungen sowie weiterer Ausgaben und den Einnahmen durch die Vermarktung ermittelte EEG-Umlage gem. § 37 Abs. 2 EEG.

---

1 Vgl. etwa *Salje*, EEG, § 36 Rn 4 ff.

- Stufe 5: Der Letztverbraucher zahlt dem EVU die EEG-Umlage. Die fünfte Stufe ist im EEG nicht direkt geregelt. §§ 53 f. EEG setzen die Weiterwälzung auf den Letztverbraucher jedoch voraus.

4 Mit der Einführung der Pflicht zur Vermarktung des EEG-Stroms durch die AusglMechV ist die dritte Stufe um ein wesentliches Element erweitert worden, das außerhalb des horizontalen Belastungsausgleichs steht und somit auch als gesonderte Stufe betrachtet werden kann.[2]

5 Der Ausgleichsmechanismus des EEG lässt sich wie folgt schematisch darstellen:

EEG-Ausgleichsmechanismus

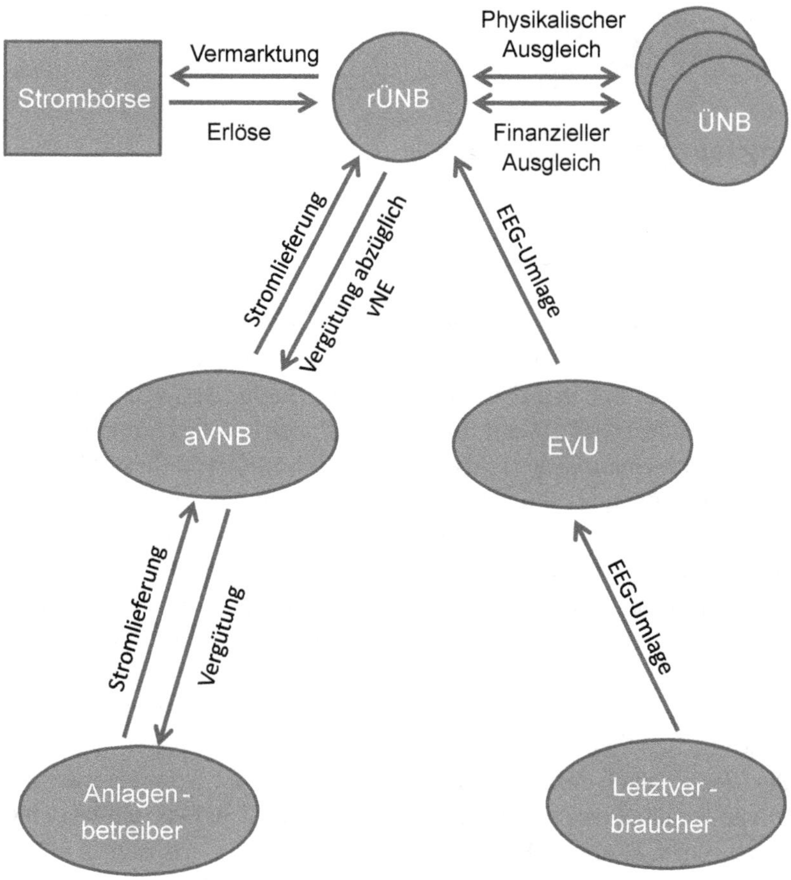

2 So Danner/Theobald/*Oschmann*, § 36 EEG Rn 47.

2. Neuerungen durch AusglMechV

Zum 1.1.2010 wurde der bis dahin bestehende Ausgleichsmechanismus grundlegend neu gestaltet. War der Ausgleich bisher durch eine physikalische Wälzung über alle Stufen geprägt, führte die Verordnung zur Weiterentwicklung des bundesweiten Ausgleichsmechanismus (AusglMechV)[3] einen **Systemwechsel** herbei, nach dem die ÜNB den aufgenommenen Strom vermarkten und für die EVU und als Folge auch die Letztverbraucher keine Verpflichtung zur Abnahme des EEG-Stroms mehr besteht. Vielmehr findet ab der vierten Stufe nur noch ein finanzieller Ausgleich durch Zahlung der EEG-Umlage statt. 6

a) Vermarktung durch Übertragungsnetzbetreiber

Vor Inkrafttreten der AusglMechV waren die ÜNB aus § 36 Abs. 4 EEG 2009 zur Durchleitung des Stroms an ihnen nachgelagerte Elektrizitätsversorgungsunternehmen verpflichtet. Hiermit korrespondierte eine Abnahme- und Vergütungspflicht der Elektrizitätsversorgungsunternehmen aus § 37 Abs. 1 EEG 2009. Durch die AusglMechV wurde die Systematik dahin gehend geändert, dass die **Vermarktung des EEG-Stroms nun von den ÜNB durchgeführt** wird, indem sie ihn an der Strombörse veräußern. Durch diese Neuregelung wird den Letztversorgern die Möglichkeit gegeben, den von ihnen benötigten Strom vollständig frei am Markt zu beschaffen.[4] 7

b) Finanzieller Ausgleich ab der vierten Stufe

Bis Ende 2009 erfolgte auf allen Stufen nicht nur ein finanzieller, sondern auch ein **physikalischer Ausgleich**. Noch nach § 37 EEG 2009 waren Elektrizitätsversorgungsunternehmen, die Strom an Letztverbraucher liefern, verpflichtet, den anteilig auf sie entfallenden EEG-Strom nicht nur zu vergüten, sondern auch abzunehmen. Jedes Elektrizitätsversorgungsunternehmen und in der Folge jeder Letztverbraucher wurde also mit der auf ihn nach der ermittelten Quote entfallenden EEG-Strommenge tatsächlich beliefert. 8

Mit Inkrafttreten der AusglMechV am 1.1.2010 ist die physikalische Lieferung auf der vierten Stufe entfallen. Nach § 37 EEG 2012 ist dementsprechend der Anspruch der ÜNB gegen die Letztverbraucher beliefernden Elektrizitätsversorgungsunternehmen allein auf die Zahlung der EEG-Umlage gerichtet, so dass nur noch ein rein **finanzieller Ausgleich** erfolgt. 9

Der alte Rechtsrahmen hat allerdings im Rahmen von nachträglichen Korrekturen noch Relevanz. § 12 AusglMechV erklärt die AusglMechV für nicht anwendbar auf Strommengen und Vergütungszahlungen, die sich aus den Abrechnungen für die 10

3 BGBl. I 2009 S. 2101.

4 Altrock/Oschmann/Theobald/*Altrock*, AusglMechV Rn 3.

Kalenderjahre 2008 und 2009 ergeben. Korrekturen sind jedoch nicht auf die jeweils vergangenen zwei Jahre beschränkt, sondern unterliegen den allgemeinen Verjährungsregeln. Da es keinen Grund gibt, warum die Jahre vor 2008 dabei anders zu behandeln wären, sind bei Korrekturen von Abrechnungen aus den Jahren vor 2010 noch die physikalischen Lieferungen zu berücksichtigen.

3. Abnahme des Stroms vom Anlagenbetreiber

11 Netzbetreiber sind aus § 8 EEG zur Abnahme des von Anlagenbetreibern eingespeisten EEG-Stroms verpflichtet und müssen diesen nach § 16 EEG vergüten.[5] Sofern der Anlagenbetreiber von der Möglichkeit der Direktvermarktung Gebrauch macht, kann er vom Netzbetreiber nach Maßgabe der §§ 33g und 33i EEG die Zahlung einer Marktprämie und ggf. einer Flexibilitätsprämie verlangen.

12 Für das Verhältnis zwischen Netzbetreiber und Anlagenbetreiber gilt gem. § 35 Abs. 4 S. 3 EEG die Pflicht zur Rückforderung zu viel gezahlter Vergütung oder Prämien entsprechend.[6] Allerdings besteht nach § 35 Abs. 4 S. 3, 2. Hs. EEG insoweit die Ausnahme, dass keine Rückforderung zu erfolgen hat, wenn die Zahlungspflicht sich aus einer vertraglichen Vereinbarung ergibt. Der aufnahme- und vergütungspflichtige Netzbetreiber kann also dem Anlagenbetreiber aufgrund vertraglicher Vereinbarung eine höhere als die gesetzlich geschuldete Vergütung zahlen, die Überzahlung aber nicht vom ÜNB erstattet verlangen.

13 Zur Abrechnung von Strommengen und Vergütung muss der Anlagenbetreiber bis zum 28.2. eines Jahres die für die Endabrechnung des Vorjahres erforderlichen Daten zur Verfügung stellen.

4. Weiterleitung an den Übertragungsnetzbetreiber

14 Netzbetreiber sind nach § 34 EEG verpflichtet, den nach § 16 vergüteten Strom **unverzüglich** an den vorgelagerten ÜNB **weiterzugeben.** Damit korrespondieren die Pflichten des ÜNB zur Vergütung der Strommengen nach § 35 Abs. 1 EEG sowie vom Netzbetreiber ausgezahlter Markt- und Flexibilitätsprämien nach § 35 Abs. 1a EEG.

a) Vermiedene Netzentgelte

15 § 35 Abs. 2 EEG verpflichtet die Netzbetreiber zur Auszahlung der nicht an Anlagenbetreiber gewährten vermiedenen Netzentgelte an den vorgelagerten ÜNB.

16 Die Regelung hat folgenden Hintergrund: § 18 Abs. 1 StromNEV gewährt Betreibern dezentraler Erzeugungsanlagen vom Betreiber des Verteilnetzes, in das sie ein-

5 Eine ausführliche Darstellung zur Abnahme- und Vergütungspflicht findet sich in Kap. 4 und 5.

6 Ausführlich hierzu Rn 19 ff.

speisen, ein Entgelt. Damit wird dem Umstand Rechenschaft getragen, dass dem Verteilnetzbetreiber der durch die dezentrale Erzeugungsanlage eingespeiste Strom zur Verfügung steht, ohne dass er hierfür **Netzentgelte an den vorgelagerten Netzbetreiber** zahlen musste.

Wurde der Strom jedoch nach § 16 EEG vergütet oder direkt vermarktet, besteht 17
nach § 18 Abs. 1 S. 3 StromNEV kein Anspruch des Anlagenbetreibers auf die Zahlung von vermiedenen Netzentgelten. Da der Netzbetreiber gleichwohl Netzentgelte vermeidet, hat er diese an den ÜNB zu zahlen, damit keine **ungerechtfertigte Bereicherung** des Netzbetreibers entsteht.[7]

Der Anspruch des ÜNB auf Zahlung der vermiedenen Netzentgelte ist gem. § 35 18
Abs. 3 EEG mit dem Anspruch des Netzbetreibers auf Zahlung von Vergütung und Prämien zu saldieren.

b) Rückforderung zu viel gezahlter Vergütung

aa) Rückforderungsanspruch

Hat der ÜNB dem Netzbetreiber eine höhere als die gesetzlich vorgesehene Vergütung 19
gezahlt, so ist er nach § 35 Abs. 4 EEG zur Rückforderung des Mehrbetrages verpflichtet. Es handelt sich um einen **speziellen Bereicherungsanspruch**,[8] der neben dem allgemeinen Bereicherungsrecht steht.

Diese erst durch die Novellierung 2012 aufgenommene Regelung entwertet § 16 20
Abs. 1 S. 1 EEG, nach dem Netzbetreiber für den EEG-Strom an den Anlagenbetreiber **mindestens** die in den §§ 18 bis 33 EEG vorgesehene Vergütung zu zahlen haben.[9] Aufgrund von § 35 Abs. 4 S. 3, 2. Hs. EEG bleibt das Prinzip der Mindestvergütung zwar dem Grunde nach erhalten, da der Netzbetreiber dem Anlagenbetreiber auf Grundlage eines Vertrages eine höhere Vergütung zahlen darf als gesetzlich geschuldet. Da er den die gesetzliche Vergütung übersteigenden Anteil aber nicht gegenüber dem ÜNB geltend machen kann, sollte dies eine theoretische Möglichkeit bleiben.

Die Formulierung „*eine höhere als in den §§ 16 bis 18 vorgesehene Vergütung*" wirft 21
die Frage auf, wann eine solche Überzahlung vorliegt. Denkbar sind hier folgende Möglichkeiten:

- Auf jeden Fall erfasst sollten Konstellationen sein, in denen für tatsächlich abgenommene Mengen ein höherer Betrag pro kWh gezahlt wird als gesetzlich geschuldet.
- Eine höhere als die vorgesehene Gesamtvergütung kann sich jedoch auch trotz Anwendung der Vergütungssätze in der richtigen Höhe ergeben. Grund hierfür können irrtümlich oder vorsätzlich falsch abgerechnete Mengen sein. Der gesetz-

7 BT-Drucks. 17/6071, S. 82.
8 *Salje*, EEG, § 35 Rn 48.
9 *Salje*, EEG, § 35 Rn 45.

geberische Wille, dass auch solche Überzahlungen zurückzufordern sind, dürfte nicht zu bezweifeln sein. Die damit verbundene Privilegierung in der Verjährung erfordert es aber, die Vorschrift restriktiv auszulegen. Im geschilderten Fall handelt es sich nicht um die Zahlung einer höheren als geschuldeten Vergütung. Vielmehr bestand für die falsch abgerechnete Menge überhaupt **kein Vergütungsanspruch.** Der gezahlte Betrag ist daher nicht nach § 35 Abs. 4 EEG, sondern bereicherungsrechtlich zurückzufordern. Gleiches gilt für Verstöße gegen das Doppelvermarktungsverbot.

bb) Verjährung

22 Der Rückforderungsanspruch verjährt nach § 35 Abs. 4 S. 2 EEG mit Ende des zweiten auf die Einspeisung folgenden Jahres. Die Verjährungsfrist wird damit erheblich verkürzt, da ohne diese Vorschrift von einem Fristbeginn mit Endabrechnung, üblicherweise also dem Jahr nach der Einspeisung, auszugehen wäre und zudem die regelmäßige Verjährungsfrist von drei Jahren Anwendung fände. Hiermit soll eine Rückabwicklung über längere Zeiträume vermieden werden.[10] Mit dem Anspruch aus § 35 Abs. 4 S. 2 verjähren auch in Anspruchskonkurrenz daneben bestehende Ansprüche, etwa aus § 812 BGB.[11]

23 Gleichzeitig mit der Verjährung des Anspruchs auf Rückforderung erlischt auch die Verpflichtung des ÜNB zu seiner Geltendmachung. Mit dem Erlöschen der Verpflichtung des ÜNB will der Gesetzgeber offenbar Rechtssicherheit für den ÜNB schaffen. Dem ÜNB kann nach Ablauf der Verjährungsfrist nicht mehr vorgeworfen werden, dass er den Anspruch nicht geltend gemacht hat. Das muss auch heißen, dass er selbst die schuldhafte Nichtgeltendmachung des Rückforderungsanspruchs nicht zu verantworten hat und eine solche nicht zu seinen Lasten, sondern **zu Lasten des EEG-Kontos** geht.[12] Auch Schadensersatzansprüche gegen den ÜNB sind ausgeschlossen.

cc) Geltendmachung

24 Der Rückforderungsanspruch nach § 35 Abs. 4 EEG führt nach § 38 Nr. 1 EEG zur Berücksichtigung bei der nächsten Jahresabrechnung, ohne dass es hierzu eines Titels oder einer gleichgestellten Entscheidung nach § 38 Nr. 2 bis 6 EEG bedürfte. Besteht zwischen den Parteien Einigkeit, dass eine Überzahlung vorlag, kann auch

10 BT-Drucks. 17/6071, S. 82.

11 *Salje*, EEG, § 35 Rn 51, für den es sich allerdings nicht um eine Verjährung, sondern um einen Ausschlusstermin handelt.

12 So auch *Salje*, EEG, § 35 Rn 49.

ohne Gang vor Gericht oder Clearingstelle und ohne Anwaltsvergleich die Jahresabrechnung korrigiert werden.

c) Abrechnung

Der Netzbetreiber muss nach § 47 Abs. 1 Nr. 2 EEG dem ÜNB bis zum 31.5. jeden Jahres die Endabrechnung für das Vorjahr für jede einzelne Anlage sowie zusammengefasst vorlegen. 25

5. Horizontaler Belastungsausgleich

§ 36 EEG verpflichtet die ÜNB zum Ausgleich der nach § 16 EEG vergüteten Strommengen und Vergütungen. Hierdurch wird trotz regionaler Unterschiede in der Einspeisung eine **bundesweit gleichmäßige Verteilung** des EEG-Stroms erreicht.[13] 26

a) Speicherung

Nach § 36 Abs. 1 S. 1 Nr. 1 bis 3 EEG sind die ÜNB zunächst verpflichtet, den unterschiedlichen Umfang und den zeitlichen Verlauf der EEG-Strommengen sowie die hierfür gezahlten Vergütungen und die Zahlungen von Prämien für die Direktvermarktung zu speichern. Die Speicherung dient der späteren Nachverfolgung für den Belastungsausgleich. 27

b) Vorläufiger Ausgleich

Die ÜNB gleichen die Strommengen nach § 36 Abs. 1 S. 1 Nr. 4 EEG unverzüglich untereinander vorläufig aus. Zudem entrichten sie gem. § 36 Abs. 1 S. 1 Nr. 5 EEG monatliche Abschläge in angemessenem Umfang auf die Vergütungszahlungen. 28

In der Praxis erfolgt der Mengenausgleich für Wind- und seit dem 1.1.2012 auch für Solarenergie online, d.h. die Mengen werden viertelstündlich untereinander ausgeglichen.[14] Für andere Energiearten erfolgt ein Ausgleich aufgrund eines monatlich ermittelten Fahrplans.[15] In beiden Fällen erfolgen monatliche Zahlungen. Ebenfalls monatlich werden die Kontostände der EEG-Konten untereinander ausgeglichen.[16] 29

13 Altrock/Oschmann/Theobald/*Altrock*, § 34 Rn 4.

14 BDEW, Umsetzungshilfe zum EEG 2009, Version 2.0, S. 103, abrufbar unter http://www.bdew.de/internet.nsf/id/7B073137F0F3186DC1257830004840AA/$file/BDEW-Umsetzungshilfe-zum-EEG-2009_Version2-0_20110823.pdf.

15 BDEW, Umsetzungshilfe zum EEG 2009, Version 2.0, S. 104, abrufbar unter http://www.bdew.de/internet.nsf/id/7B073137F0F3186DC1257830004840AA/$file/BDEW-Umsetzungshilfe-zum-EEG-2009_Version2-0_20110823.pdf.

16 BDEW, Umsetzungshilfe zum EEG 2009, Version 2.0, S. 104, abrufbar unter http://www.bdew.

c) Belastungsausgleich

30 Da der vorläufige Ausgleich auf **Prognosewerten** basiert und damit ungenau ist, wird zur Spitzabrechnung ein jährlicher Ausgleich auf Basis der tatsächlich eingespeisten Mengen und gezahlten Vergütungen durchgeführt. Ziel des Ausgleichs ist die Abnahme und Vergütung einer Strommenge durch jeden ÜNB, die dem Durchschnittswert entspricht.[17] Alle ÜNB sollen nach dem Letztverbraucherabsatz in ihrer Regelzone prozentual gleich belastet werden. Hierfür haben die ÜNB, die größere Mengen abzunehmen hatten, als es ihrem durchschnittlichen Anteil entspricht, einen Anspruch auf Abnahme und Vergütung gegen die anderen ÜNB.

31 Der Durchschnittswert wird nach § 36 Abs. 2 EEG durch Ermittlung des Verhältnisses der im Vorjahr durch die ÜNB abgenommenen und vergüteten Strommenge zur gesamten Strommenge, die im gleichen Zeitraum von EVU an Letztverbraucher geliefert wurde, gebildet.

32 Es werden somit die EEG-Strommenge sowie die an Letztverbraucher gelieferte Strommenge gegenübergestellt. Obwohl § 36 Abs. 2 EEG nur die Berechnung des Verhältnisses für jeden ÜNB verlangt, ist für den Durchschnittswert zusätzlich die Zusammenfassung der EEG-Strommengen und an Letztverbraucher gelieferten Strommengen aus allen Regelzonen erforderlich. Hieraus ergibt sich der **Bundesdurchschnitt**, dessen Wert durch den Ausgleich von jedem ÜNB erreicht werden soll.

Beispiel

Im Jahr 2010 gab es auf die vier ÜNB aufgeteilt sowie deutschlandweit gerundet nachstehende EEG-Strommengen und an Letztverbraucher gelieferte Strommengen[18]:

	EEG-Strommenge in TWh	Letztverbraucherabsatz in TWh	Anteil EEG-Strommenge an LV-Absatz in %
EnBW TNG	7	57	12
Tennet	33	129	26
Amprion	16	140	11
50 Hertz	25	79	32
Deutschland	81	405	20

Aufgrund der überproportional hohen Windeinspeisung in den Regelzonen von Tennet und 50 Hertz ist der Anteil des EEG-Stroms am Letztverbraucherabsatz im Vergleich zu den beiden anderen ÜNB sehr hoch. Der Anteil der EEG-Strommengen am Letztverbraucherabsatz weicht zwischen den ÜNB stark voneinander ab. Um das Ziel einer gleichmäßigen Belastung aller ÜNB mit dem bundesweiten Durchschnittswert von 20 % zu erreichen, mussten Amprion und EnBW TNG EEG-Strom von Tennet und 50Hertz Transmission aufnehmen.

---

de/internet.nsf/id/7B073137F0F3186DC1257830004840AA/$file/BDEW-Umsetzungshilfe-zum-EEG-2009_Version2-0_20110823.pdf.

17 § 36 Abs. 3 EEG.

18 EEG-Jahresabrechnung der ÜNB 2010, abrufbar unter www.eeg-kwk.net.

6. Vermarktung

Die ÜNB werden aus § 37 Abs. 1 EEG zur **selbstständigen oder gemeinsamen Vermarktung** des EEG-Stroms verpflichtet. Dies hat diskriminierungsfrei und transparent zu erfolgen. Die Diskriminierungsfreiheit ist in Bezug auf Strom aus konventioneller Erzeugung zu verstehen; die Vermarktung muss zu den gleichen Konditionen erfolgen.[19] Transparenz wird durch die gesetzlichen Veröffentlichungspflichten der ÜNB erreicht. 33

Konkretisiert wird § 37 Abs. 1 EEG durch § 2 AusglMechV sowie den §§ 1 und 8 der von der BNetzA erlassenen Ausführungsverordnung zur AusglMechV[20] (AusglMechAV). Nach § 2 S. 2 AusglMechV sind die ÜNB gehalten, zur **bestmöglichen Vermarktung** des Stroms die Sorgfalt eines ordentlichen und gewissenhaften Händlers anzuwenden. Bestmöglich bedeutet dabei die Erzielung von maximalen Preisen bei minimalen Kosten.[21] 34

Eingeschränkt wird die bestmögliche Vermarktung durch § 2 S. 1 AusglMechV. Auch wenn sich bei einer Vermarktung über den Terminmarkt wahrscheinlich höhere Erlöse erzielen ließen,[22] darf der Strom nur am vortägigen oder untertägigen **Spotmarkt** vermarktet werden. Der Verkauf längerfristiger Produkte über den Terminmarkt ist nicht zulässig. 35

a) Ablauf der Vermarktung

Die Vermarktung des EEG-Stroms erfolgt in zwei Schritten auf der Basis der aufgrund von Prognosen erwarteten Einspeisung: 36

1. Die ÜNB erstellen gem. § 1 Abs. 3 AusglMechAV vortägige und untertägige **Prognosen** nach dem Stand von Wissenschaft und Technik.
2. Die für den Folgetag prognostizierte Einspeiseleistung des EEG-Stroms wird nach § 1 Abs. 1 S. 1 AusglMechAV stundenweise am Day-ahead-Markt einer Strombörse **veräußert**. Die Differenz zwischen der aufgrund der Vortagesprognose veräußerten Menge und der nach der untertägigen Prognose erwarteten Einspeisung ist nach § 1 Abs. 2 AusglMechAV am jeweiligen Tag am Intraday-Markt zu veräußern oder zu erwerben. Die verbleibende Abweichung zwischen untertägiger Prognose und tatsächlicher Einspeisung wird durch die Inanspruchnahme von Ausgleichsenergie korrigiert; die Abrechnung erfolgt über den EEG-Bilanzkreis.[23]

---

19 *Salje*, EEG, § 37 Rn 13.
20 BGBl. I 2010 S. 134.
21 BT-Drucks. 16/13188, S. 14.
22 Altrock/Oschmann/Theobald/*Altrock*, AusglMechV Rn 14.
23 BDEW, Umsetzungshilfe zum EEG 2009, Version 2.0, S. 105, abrufbar unter http://www.bdew.de/internet.nsf/id/7B073137F0F3186DC1257830004840AA/$file/BDEW-Umsetzungshilfe-zum-EEG-2009_Version2-0_20110823.pdf.

b) Limitierung der Gebote

37 Die ÜNB haben die Verkaufsangebote im Grundsatz **preisunabhängig** einzustellen.[24] Hiernach müssten sie den EEG-Strom auch noch beim technischen Handelslimit der EPEX Spot von –3.000,00 €/MWh verkaufen. Im Herbst und Winter 2009 kam es jedoch an einigen windreichen Tagen zu extrem negativen Börsenpreisen von bis zu –500,00 €/MWh. Als Konsequenz hieraus wurde in § 8 AusglMechAV eine bis Ende Februar 2013 befristete Übergangsregelung geschaffen, nach der im Falle von negativen Preisen und nach einem Aufruf zur zweiten Auktion an der EPEX Spot ausnahmsweise limitierte Gebote eingestellt werden dürfen. Dabei ist die zu veräußernde Strommenge in zehn Tranchen einzuteilen, denen zufallsgesteuert **Preislimits** zwischen –150,00 € und –350,00 € zugeordnet werden. Die Höhe der Limits ist bis zwei Werktage nach der Auktion vertraulich zu behandeln.

c) Transparenz

38 Bereits aus § 37 Abs. 1 EEG ergibt sich, dass die Vermarktung des EEG-Stroms transparent zu erfolgen hat. Dies wird mit § 2 AusglMechAV durch folgende Veröffentlichungspflichten konkretisiert:

- Vortagesprognose für Wind- und Solarenergie,
- am Intraday-Markt beschaffte oder veräußerte Strommengen,
- Differenz der aktuellen Einspeiseprognose zu den vermarkteten Strommengen und
- in Anspruch genommene Ausgleichsenergie zum Ausgleich des EEG-Bilanzkreises.

Die ÜNB veröffentlichen diese Daten über die gemeinsam betriebene Internetseite www.eeg-kwk.net.

d) Anreiz zur bestmöglichen Vermarktung

39 Die Vermarktung durch die ÜNB ist wie der Rest des Ausgleichsmechanismus vom Prinzip der **Kostenneutralität** geprägt. Ihnen sollen keine Kosten durch die Vermarktung entstehen, andererseits sollen sie auch nicht von ihr profitieren. Dies wird anhand der in die EEG-Umlage einfließenden Kostenpositionen zur Vermarktung deutlich.[25]

40 Eine Ausnahme hiervon bildet § 7 AusglMechAV. Darin wird den ÜNB ein Anreiz zur **bestmöglichen Vermarktung** gesetzt. Gelingt es den ÜNB, in einem Jahr die Ver-

---

24 § 1 Abs. 1 S. 2 AusglMechAV.

25 Zu den Positionen der EEG-Umlage vergleiche Rn 53 ff.

marktungskosten pro zu vermarktender Menge unter dem besten Wert der Vorjahre zu halten, steht ihnen nach § 7 Abs. 7 AusglMechAV ein Bonus in Höhe von 25 % der erreichten Reduktion zu.

e) Drittvermarktung

In der AusglMechV ist die Möglichkeit einer Übertragung der Aufgabe der Vermarktung auf Dritte angelegt. Nach § 9 AusglMechV hat die BNetzA dem BMU und dem BMWi bis zum 31.12.2011 einen Bericht zur Evaluierung des Ausgleichsmechanismus vorzulegen, der insbesondere Vorschläge für eine mögliche Drittvermarktung enthalten soll. Im Anschluss hieran ist die BNetzA durch § 11 Nr. 4 AusglMechV ermächtigt, die Vermarktung auf Dritte zu übertragen. **41**

Den Bericht nach § 9 AusglMechV hat die BNetzA zum 14.5.2012 vorgelegt. Hiernach steht sie einer Drittvermarktung zurückhaltend gegenüber und hält eine Direktvermarktung für vorzugswürdig,[26] da die Kostensteigerung aufgrund der Gewinnerzielungsabsicht möglicher Drittvermarkter nur durch deutliche Effizienzsteigerungen ausgeglichen werden könnten.[27] **42**

7. EEG-Umlage

a) Grundlagen

Auf der 4. Stufe des Belastungsausgleichs wird von den ÜNB eine **bundeseinheitliche EEG-Umlage** in ct/kWh ermittelt. Diese wird bis zum 15.10. für das Folgejahr verbindlich veröffentlicht und **von den EVU als Lieferanten der Letztversorger an diese weiterbelastet**. **43**

Der neue **Mechanismus der EEG-Umlage** wurde mit der AusglMechV und der AusglMechAV mit Wirkung zum 1.1.2010 eingeführt. Der novellierte § 37 EEG 2012 liefert nunmehr die formale Rechtsgrundlage für diesen neuen Ausgleichsmechanismus nach.[28] Die Regelungen zur Ermittlung der EEG-Umlage werden dabei umfassend in der AusglMechV getroffen. **44**

Durch § 37 Abs. 2 S. 1 EEG wird der **Anspruch des ÜNB gegenüber dem EVU auf Zahlung der EEG-Umlage** geschaffen. Jedes EVU hat dabei entsprechend dem **45**

---

26 Evaluierungsbericht der BNetzA zur Ausgleichsmechanismusverordnung, S. 8, abrufbar unter: http://www.bundesnetzagentur.de/SharedDocs/Downloads/DE/BNetzA/Sachgebiete/Energie/ErneuerbareEnergienGesetz/EvaluierungsberichtAusglMechV/EvaluierungsberichtAusglMechV.pdf.
27 Evaluierungsbericht der BNetzA zur Ausgleichsmechanismusverordnung, S. 61 f., abrufbar unter: http://www.bundesnetzagentur.de/SharedDocs/Downloads/DE/BNetzA/Sachgebiete/Energie/ErneuerbareEnergienGesetz/EvaluierungsberichtAusglMechV/EvaluierungsberichtAusglMechV.pdf.
28 *Salje*, EEG, § 36, Rn 7.

Umfang der an Letztverbraucher gelieferten elektrischen Arbeit die Umlage an den ÜNB zu entrichten.

46 Da das Förderjahr mit entsprechender Vergütung der eingespeisten Mengen an EEG-Strom sowie das Umlagejahr zeitgleich ablaufen, kann erst nach Ende des jeweiligen Kalenderjahres eine **Endabrechnung** erfolgen. Es steht somit zwangsläufig erst im Folgejahr fest, welche Abweichung sich zwischen den im Rahmen der Umlagekalkulation vorgenommenen Prognosen und den realen Ist-Werten ergibt und wie sich dies in der EEG-Umlage niederschlägt. Diese Endabrechnung durch die ÜNB hat gem. § 48 Abs. 2 S. 1 EEG 2012 bis zum 31.7. des Folgejahres zu erfolgen.

47 Aufgrund des Zeitverzugs besteht nach § 37 Abs. 2 S. 3 EEG 2012 eine Pflicht der EVU zur **Zahlung von angemessenen monatlichen Abschlägen** auf die Umlage. Diese wird regelmäßig zwischen ÜNB und EVU aufgrund einer Meldung prognostischer Verbrauchsmengen vorab kalkuliert. Hierbei werden in der Regel auch die monatlichen Verbrauchsschwankungen, regelmäßig auf Basis der Verteilung der Vorjahresliefermengen je Monat, berücksichtigt, so dass sich der Höhe nach unterschiedliche Abschlagszahlungen ergeben.

b) Ermittlung der Umlage

48 Bis einschließlich 2009 wurden die insgesamt in Deutschland aufgenommenen EEG-Strommengen buchhalterisch an den zuständigen ÜNB weitergegeben, anschließend zwischen allen ÜNB gleich verteilt und schließlich so an alle Elektrizitätsversorgungsunternehmen weitergereicht, dass jeder Lieferant den gleichen Anteil aus erneuerbaren Energien erhielt (sog. **EEG-Quote**) und pro Kilowattstunde dafür die EEG-Durchschnittsvergütung bezahlte. Die Stromlieferanten erhielten den EEG-Strom von den ÜNB **physikalisch in Form eines Grundlastbandes** mit einer monatlich neu festgesetzten Quote.[29]

49 Die **Ermittlung der EEG-Umlage** erfolgt mit Wirkung ab dem 1.1.2010 nach den Regelungen der AusglMechV und AusglMechAV. Entgegen der früheren Verfahrensweise wird nunmehr eine **bundesweit einheitliche Umlage in ct/kWh** ermittelt, der von allen nicht nach dem Grünstromprivileg[30] verfahrenden EVU erhoben und an alle nicht privilegierten Letztverbraucher[31] weiterbelastet wird.

50 Die EEG-Umlage ist gem. § 3 Abs. 1 AusglMechV aus der **Differenz zwischen den prognostizierten Einnahmen** für das folgende Kalenderjahr und den **prognostizierten Ausgaben** für das folgende Kalenderjahr sowie der **Differenz zwischen den**

29 Vgl. dazu Beschaffungsmehrkosten für Stromlieferanten durch das Erneuerbare-Energien-Gesetz 2009, Bericht des IfnE an das BMU, August 2010, abrufbar unter http://www.erneuerbare-energien.de/files/pdfs/allgemein/application/pdf/eeg_differenzkosten_bf.pdf.

30 Vgl. Rn 80 ff. und Kap. 5 Rn 45 ff.

31 Vgl. Ausführungen zur Umlagebefreiung nach §§ 40 ff. EEG Rn 93 ff.

tatsächlichen Einnahmen und den tatsächlichen Ausgaben zum Zeitpunkt der Festlegung der EEG-Umlage zu berechnen.

Die Umlage setzt sich zusammen aus den **Prognosewerten** des Folgejahres und den Abweichungen in den vorangegangenen zwölf Kalendermonaten zwischen den tatsächlichen Einnahmen und Ausgaben.[32] Die Abweichungen zwischen den Prognosewerten und den tatsächlich realisierten Werten verringern sich mit zunehmender Prognosegüte.[33] 51

Die dafür anzustellenden Prognosen, insbesondere bezüglich der Ausgaben durch die EEG-Vergütung an die Anlagenbetreiber und der zugrunde liegenden Letztverbrauchsmengen, wurden für die **Berechnung der EEG-Umlage 2012** bereits auf **Grundlage der Novelle des EEG zum 1.1.2012** vorgenommen.[34] 52

Die bei der Ermittlung **berücksichtigungsfähigen Einnahmen** werden in § 3 Abs. 3 AusglMechV festgelegt. Den wesentlichen Teil bilden dabei die **erwarteten Einnahmen aus der vortägigen und untertägigen Vermarktung** nach § 2 AusglMechV.[35] Diese belaufen sich laut Prognose für das Jahr 2012 auf knapp unter 5 Milliarden €.[36] 53

Für die **Prognose der Einnahmen** ist nach § 4 S. 2 AusglMechV der durchschnittliche Preis für das Produkt Phelix Baseload Year Future an der Strombörse European Energy Exchange AG in Leipzig für das folgende Kalenderjahr zu Grunde zu legen. Maßgeblich ist dabei der **Handelszeitraum** zwischen dem 1.10. des vorangegangenen Kalenderjahres und dem 30.9. des laufenden Kalenderjahres. 54

Mit den Einnahmen zu saldieren sind dann die einbeziehbaren Ausgaben gem. § 3 Abs. 4 AusglMechV und § 6 Abs. 1 AusglMechAV. Den wirtschaftlich größten Posten bilden dabei die **prognostizierten Vergütungen an Anlagenbetreiber gem. §§ 16 ff. EEG** abzüglich der vermiedenen Netznutzungsentgelte. Für das Jahr 2012 belaufen sich die Vergütungszahlungen nach Prognose auf ca. 17,6 Milliarden €.[37] 55

Insbesondere für das Jahr 2012 ergibt sich dahin gehend eine **Prognoseunschärfe durch die im EEG 2012 umfassend novellierte Direktvermarktung**. Zum Stichtag der Veröffentlichung waren aufgrund der neuen Regelungen und der zusätzlich geschaffenen gesetzlichen Anreize, z.B. durch die Markt- und Flexibilitätsprämie, noch keine Erkenntnisse vorhanden, welcher Anteil der EEG-Anlagen für eine Direktvermarktung außerhalb der Grundvergütung der §§ 16 ff. EEG optieren würde. 56

Zusätzlich findet ein **Übertrag des Saldos der Spitzabrechnung des vorausgegangen Jahres** statt. So werden einerseits Korrekturen aufgrund der Abweichungen 57

32 *Arndt/Bost/Halfpap*, RdE 2011, 403 f.

33 BT-Drucks. 16/13188, S. 14 f.

34 Vgl. Prognosekonzept und Berechnung der ÜNB, Stand 14.10.2011, abrufbar unter www.eeg-kwk.net

35 Vgl. zur Vermarktung oben unter III.

36 Vgl. zur Abnahme- und Vergütungspflicht Kap. 4 und 5.

37 Vgl. zur Abnahme- und Vergütungspflicht Kap. 4 und 5.

von Prognose und festgestellten Ist-Daten berücksichtigt als auch der Kontostand des EEG-Kontos fortgeschrieben.[38]

58 Neu ist seit der EEG-Umlage 2012 die Einbeziehung einer sog. **Liquiditätsreserve gem. § 3 Abs. 7 AusglMechV** in die EEG-Umlage. Diese darf 10 % des Differenzbetrages nach § 3 Abs. 1 Nr. 1 AusglMechV (Saldo aus Einnahmen und Ausgaben) nicht überschreiten. Die Liquiditätsreserve dient der **Reduzierung des Kreditbedarfs der ÜNB.**[39] Mit ihrer Einführung sollen regelmäßig auftretende negative Salden auf dem EEG-Konto vorab ausgeglichen werden, um Aufwand und Kosten für die Zwischenfinanzierung dieser Unterdeckungen durch die ÜNB zu reduzieren. Für das Jahr 2012 haben die ÜNB mit einer Liquiditätsreserve von 3 % der prognostizierten Deckungslücke von ca. 13 Milliarden € kalkuliert.[40]

59 Der nach den oben dargestellten Maßgaben ermittelte **Saldo der Kosten und Erlöse** ist dann auf den prognostizierten Letztverbrauch (für 2012: ca. 393 TWh) zu verteilen, so dass sich als Ergebnis die auszuweisende EEG-Umlage in ct/kWh ergibt (für 2012: 3,592 ct/kWh).

c) Transparenz und Veröffentlichungspflichten

60 Die EEG-Umlage für das jeweils folgende Kalenderjahr ist nach § 3 Abs. 2 AusglMechV bis zum 15.10. eines Kalenderjahres **auf den Internetseiten der ÜNB zu veröffentlichen.**[41]

61 Darüber hinaus werden gemäß den gesetzlichen Verpflichtungen aus § 7 AusglMechV und § 3 AusglMechAV durch die ÜNB u.a. die **monatlichen und jährlichen Einnahmen und Ausgaben**, die vermarkteten Strommengen – aufgeschlüsselt nach Energieträgern – sowie der **Kontostand** veröffentlicht. Auch erfolgt durch die ÜNB eine **Abschätzung der Bandbreite der EEG-Umlage** für das übernächste Kalenderjahr sowie eine Prognose für die folgenden 5 Jahre.[42]

d) Verpflichteter

62 **Verpflichtet zur Zahlung der EEG-Umlage** an den ÜNB sind nach § 37 Abs. 2 EEG *„Elektrizitätsversorgungsunternehmen, die Strom an Letztverbraucher liefern."*[43]

63 Hierbei ist eine **Abgrenzung zwischen den umlageverpflichteten EVU und Letztverbrauchern** vorzunehmen. Letztverbraucher werden erst auf der 5. Stufe mit

---

38 Z.B. für 2012: Kontostand EEG-Konto zum 30.9.2011: ca. – 711 Mio. €.
39 BR-Drucks. 341/11, S. 192.
40 Vgl. zur Abnahme- und Vergütungspflicht Kap. 4 und 5.
41 Veröffentlichung unter www.eeg-kwk.net abrufbar.
42 Vgl. BR-Drucks. 341/11, S. 192.
43 Vgl. § 3 Ziff. 2d EEG.

der EEG-Umlage im Rahmen vertraglicher Vereinbarungen mit den jeweiligen Lieferanten belastet, ein Anspruch des ÜNB besteht gerade nicht.

Unter **Letztverbrauchern** sind Kunden des EVU zu verstehen, die die gelieferte Elektrizität selbst verbrauchen und nicht weiterveräußern oder lediglich durchleiten. Nach § 3 Nr. 25 EnWG sind Letztverbraucher *„natürliche oder juristische Personen, die Energie für den eigenen Verbrauch kaufen."*[44] 64

Entscheidend für die Umlagepflichtigkeit ist der Tatbestand einer **Stromlieferung durch das EVU an einen Letztverbraucher**. Aufgrund dessen liegt z.B. bei Eigenverbrauch in bestimmten Fällen eine Befreiung von der Umlagepflicht vor.[45] 65

Eine **Lieferung** liegt nach Art. 2 Ziff. 16 der zugrunde liegenden Binnenmarktrichtlinie Elektrizität 1997[46] vor, wenn den Kunden Elektrizität im Rahmen eines Versorgungsvorgangs zur Verfügung gestellt wird. Der Betrieb eines Netzes der allgemeinen Versorgung ist für die Einstufung als EVU irrelevant.[47] 66

Aus diesem Grund geht der BGH davon aus, dass auch **Lieferungen innerhalb von Objekt- und Arealnetzen der EEG-Umlagepflicht unterfallen.**[48] 67

Praxistipp !

Diese Feststellung verbunden damit, dass dies auch für die Rechtslage ab Inkrafttreten des EEG 2004 zum 1.8.2004 gelte, hat bei betroffenen Unternehmen, die z.B. aus Eigenerzeugungsanlagen auch verbundene Unternehmen innerhalb von Objekt- und Arealnetzen beliefern, zu Nachforderungen seitens der ÜNB geführt. Grundsätzlich besteht für diese die Pflicht, an Letztverbraucher gelieferte Strommengen seit dem 1.8.2004 zu melden und die entsprechende EEG-Umlage, ggf. unter Berücksichtigung einer physikalischen Lieferung von EEG-Strommengen durch den ÜNB, wie nach EEG 2004 und 2009 bis zum 31.12.2009 vorgesehen, nachzuentrichten.

Das Problem wird dadurch verschärft, dass die betroffenen Unternehmen, die regelmäßig gem. §§ 40 ff. EEG privilegiert sind, **keinen rückwirkenden Begrenzungsantrag beim BAFA** stellen können und somit die vollen EEG-Differenzkosten zu tragen haben. Im Rahmen von erstmaligen oder unplausiblen Mengenmeldungen innerhalb von Objekt- und Arealnetzen gehen die ÜNB entsprechenden Verdachtsfällen nach und fordern Auskünfte und Zahlungen ein. Eine Verzinsung der ausstehenden Zahlungen durch Verzug erfolgt mangels Kenntnis des ÜNB vom Bestehen der Forderung regelmäßig nicht.

Aufgrund dieser fehlenden Kenntnis, da entsprechende Unternehmen oftmals keine direkten Netzkunden der ÜNB sind, sind die Nachzahlungsansprüche auch aus den Jahren ab 2004 gem. §§ 195, 199 BGB noch nicht verjährt.

§ 37 Abs. 5 EEG 2012 (nach PV-Änderungsgesetz) konstituiert nunmehr jedoch eine Verzinsung der rückständigen EEG-Umlage sowie eine Fiktion der Fälligkeit. Dieser ist nach § 66 Abs. 22 EEG 2012 n.F. jedoch nicht auf Geldschulden anzuwenden, die vor dem 1.1.2011 fällig geworden oder als fällig gegolten haben. Somit erfolgt für die o.g. Altforderungen keine rückwirkende Verzinsung.

---

44 Vgl. auch Art. 2 Ziff. 9 RL-Elt 2009.

45 Vgl. dazu: Kapitel 6 Rn 80 ff.

46 ABl. EG Nr. L 27 vom 30.1.1997.

47 BGH, RdE 2006, 157, 157 ff.

48 BGH, RdE 2010, 225, 225 ff.

68 Ein **Umgehungsgeschäft** – z.B. die vertragliche Lieferung von durch Strom erzeugter Wärme oder Licht – schließt den Lieferbegriff nicht aus. Auch der zur Erzeugung gelieferte Strom ist mit der EEG-Umlage belastet.[49]

69 Kern des EVU-Begriffs ist, dass **Dritte mit Strom beliefert** werden. Wer **Eigenversorgung** betreibt, beliefert sich selbst und ist kein EVU; er unterliegt § 37 Abs. 2 S. 1 EEG nicht.[50]

70 Der Liefervorgang muss zwischen Lieferndem und Beliefertem **als zwei unterschiedlichen Rechtsträgern im juristischen Sinne** vollzogen werden. Eine wirtschaftliche Abhängigkeit oder gesellschaftsrechtliche Verknüpfung der Gesellschaften hindert die Erfüllung des Tatbestands der Stromlieferung i.S.d. § 37 Abs. 2 EEG nicht. **Lieferungen zwischen Konzernunternehmen**, die rechtlich eigenständige Gesellschaften bzw. unterschiedliche juristische Personen bilden, stellen Stromlieferungen nach § 37 Abs. 2 S. 1 EEG dar.[51]

71 Problematisch sind in diesem Zusammenhang auch die Konstellationen der **Lohnverstromung**. In diesen Vertragskonstellationen erfolgt eine Stromlieferung an den Letztverbraucher, wobei jedoch der zur Erzeugung eingesetzte Primärenergieträger vom Letztverbraucher zur Verfügung gestellt wird. Diese Variante wird in der Praxis z.B. zur Optimierung zwischen Konzerngesellschaften innerhalb eines Objekt- oder Arealnetzes genutzt. Da unter Berücksichtigung der Rechtsprechung des BGH[52] und der Definition des Begriffs der Stromlieferung ein **Lieferverhältnis zwischen unterschiedlichen Rechtsträgern** i.S.d. § 37 Abs. 2 S. 1 EEG vorliegt, ist auch in dieser Konstellation eine EEG-Umlagepflicht für den erzeugten und gelieferten Strom anzunehmen.

e) Eigenverbrauch

72 Wie oben dargestellt ist der **Eigenverbrauch grundsätzlich von der EEG-Umlage befreit**. Seit der BGH-Entscheidung vom 9.12.2009 ist der Bereich der Umlagefreiheit zwar begrenzt und der Kreis der umlagepflichtigen Lieferungen erweitert worden, das Eigenstromprivileg blieb jedoch davon unberührt. Die in der Praxis regelmäßig vorkommenden Eigenverbrauchssachverhalte haben durch § 37 Abs. 3 EEG 2012 jedoch – unter Berücksichtigung der Leitentscheidungen des BGH[53] – weitere **Einschränkungen** erfahren.

---

49 *Salje*, VW 4/2010, 84, 84 ff.
50 *Salje*, EEG, § 37 Rn 23 m.w.N.
51 BGH, RdE 2010, 225, 225 ff.
52 BGH, RdE 2010, 225, 225 ff.
53 BGH, RdE 2006, 157, 157; BGH, RdE 2010, 225, 225.

Zur Begründung führt der Gesetzgeber wie folgt aus:[54] 73

„Der neue Absatz 3 entspricht im Wesentlichen dem Absatz 6 der bisher geltenden Fassung. Allerdings wird die Eigenerzeugung künftig nur dann von der EEG-Umlage befreit, wenn der Strom nicht ***über das öffentliche Netz*** *geleitet wird, es sei denn der Strom wird durch den Betreiber oder Betreiberin einer Stromerzeugungsanlage selbst verbraucht. Der Eigenverbrauch durch den Stromerzeuger wird ähnlich auch nach § 9 Absatz 1 Nummer 3 Buchstabe a des Stromsteuergesetzes von der Stromsteuer befreit. Die Vorschrift im EEG ist in Übereinstimmung mit der Bestimmung aus dem Stromsteuergesetz auszulegen, soweit beide inhaltlich übereinstimmen. Der Begriff Netz ist in § 3 Nummer 7 EEG legaldefiniert und bezieht sich nur auf Netze der allgemeinen Versorgung. Lieferungen von Strom außerhalb des* ***Netzes der allgemeinen Versorgung*** *sind weiterhin nach Absatz 1 von der EEG-Umlage erfasst, es sei denn, es handelt sich um eine Eigenerzeugung, bei der dieselbe juristische Person den Strom erzeugt und ohne Nutzung eines Netzes der allgemeinen Versorgung verbraucht."*

Sinn und Zweck des Abs. 3 ist es, zur **Vermeidung von Ausfällen bei der EEG-Umlage** einerseits alle **Importsachverhalte**, andererseits bestimmte Eigenversorgungssachverhalte der Umlageregelung zu unterwerfen.[55] Mit der Novelle sind dabei die Möglichkeiten zur Vermeidung der EEG-Umlage umfassend begrenzt worden. Allerdings sieht die Gesetzesfassung in Eigenstrom-Durchleitungsfällen mit der Durchleitung gespeicherten Stroms und dem Eigenverbrauch in räumlichem Zusammenhang Ausnahmen vor. 74

Die Umlagepflicht entsteht nach § 37 Abs. 3 Ziff. 2 EEG jedoch, wenn der Strom *„durch ein Netz durchgeleitet wird"*. Der **Begriff des Netzes** wird in § 3 Nr. 7 EEG legaldefiniert. Danach werden von § 37 Abs. 3 Ziff. 2 EEG nur **Netze der allgemeinen Versorgung** erfasst. Wird ein solches Netz zu Stromtransportzwecken genutzt, besteht im Grundsatz die EEG-Umlagepflicht unabhängig davon, ob ein Lieferverhältnis i.S.v. § 37 Abs. 2 S. 1 EEG besteht oder nicht.[56] 75

In der Praxis betrifft dies den häufigen Fall der **Eigenversorgung zwischen unterschiedlichen Werksstandorten von Industrieunternehmen**. In der Vergangenheit wurden in diesen Fällen an einem Standort überschüssige erzeugte Strommengen an andere Werksstandorte weitertransportiert. Dies geschah oft über weite räumliche Distanzen von mehreren hundert Kilometern unter Nutzung öffentlicher Versorgungsnetze. Obwohl in diesen Fällen bei Rechtsträgeridentität eine Eigenversorgung und mithin keine Lieferung i.S.d. § 37 Abs. 1 EEG vorliegt, trifft die EEG-Umlagepflicht nunmehr gem. § 37 Abs. 3 EEG in diesen Fällen den Letztverbraucher. Zur Begründung verweist der Gesetzgeber in diesem Zusammenhang auf die **parallele Regelung im Stromsteuergesetz.**[57] 76

54 BT-Drucks. 17/6071, S. 83.
55 *Salje*, EEG, § 37 Rn 37.
56 *Salje*, EEG, § 37 Rn 52.
57 BT-Drucks. 17/6071, S. 83.

77 Um diesen umfassend praktizierten Fällen einen **Bestandsschutz** zu gewähren, hat der Gesetzgeber in § 66 Abs. 15 EEG eine besondere Ausnahmeregelung eingefügt. Diese ermöglicht unter bestimmten Voraussetzungen die **Beibehaltung dieses Liefermodells ohne Entstehung der EEG-Umlagepflicht** trotz Nutzung allgemeiner Versorgungsnetze. Nach § 66 Abs. 15 EEG gilt für diese Fälle die günstigere Rechtslage des § 37 Abs. 6 EEG 2009 fort, die bei Eigenversorgung auch unter Nutzung öffentlicher Netze keine Umlagepflicht anordnet.

78 Die vom Umweltausschuss eingebrachte Übergangsbestimmung wird wie folgt begründet[58]:

> *„Mit dem neuen § 66 Absatz 15 (Doppelbuchstabe oo) wird zum einen eine Übergangsbestimmung für Unternehmen geregelt, die nach geltendem Recht rechtmäßig für ihre Eigenversorgung mit Strom von der EEG-Umlage befreit gewesen sind: Strom aus Eigenerzeugung war nach § 37 Absatz 6 des EEG 2009 von der EEG-Umlage befreit. Diese Regelung wird zur Vermeidung von Missbrauch durch den neuen § 37 Absatz 3 eingeschränkt. Voraussetzung für eine Umlagebefreiung ist nunmehr, dass der Letztverbraucher oder die Letztverbraucherin den* ***Strom in räumlicher Nähe*** *selbst erzeugt. Bisher war es auch möglich, dass ein erheblicher räumlicher Abstand zwischen der Eigenerzeugungsanlage und dem Verbraucher bestand. Für diese bestehenden Konstellationen schafft der neue Absatz 15 eine* ***Bestandsschutzregelung****. Die Regelung verwendet den Begriff Stromerzeugungsanlage statt des Begriffes Anlage, da hier anders als in § 3 Nummer 1 nicht nur Anlagen zur Erzeugung von Strom aus erneuerbaren Energien, sondern jedwede Stromerzeugungsanlage erfasst sein soll. Dies betrifft insbesondere auch KWK-Anlagen und sonstige konventionelle Anlagen. Maßgeblich für das Eingreifen des Bestandsschutzes ist das Datum des ersten (physischen) Strombezugs.“*

79 Ungeklärt ist in diesem Zusammenhang, ob ein **Umbau oder ein Repowering der Anlage** zu einer erneuten Inbetriebnahme der Anlage i.S.d. § 66 Abs. 15 EEG führt und somit den Bestandsschutz entfallen lässt. Vieles spricht diesbezüglich jedoch dafür, dass die Ausnahmeregelung trotzdem bestehen bleibt, da die Ausnahmeregelung nur an die erstmalige Inbetriebnahme vor dem 1.9.2011 anknüpft. Bei einer **vorübergehenden Außerbetriebnahme der Anlage** zur Modifikation sollte ein Negativattest bei der BNetzA eingeholt werden, um das Eigenversorgungsprivileg des § 66 Abs. 15 EEG nicht zu gefährden.

f) Befreiung von der Umlage

80 Eine Möglichkeit der **Befreiung von der Umlage** für EVU auf der 4. Stufe des Belastungsausgleichs ist die Nutzung des **Grünstromprivilegs**. Dieses ist seit Inkrafttreten des EEG 2009 mehrfach modifiziert worden. Zunächst wurde mit dem EAG EE

58 BT-Drucks. 17/6363.

(2011)[59] die ursprüngliche vollständige Entlastung von der EEG-Umlage auf 2 ct/kWh begrenzt.

Mit der Novellierung des EEG zum 1.1.2012 wurde die Regelung zum Grünstromprivileg in § 39 EEG modifiziert. Zur Einhaltung ist einerseits dem modifizierten Anteilserfordernis von 50 % unter Berücksichtigung einer **Teilmenge fluktuierender Energie**[60] **zu genügen; darüber hinaus sind Pflichten des EVU zur Mitteilung, Dokumentation und Testierung der Mengen- und Anteilserfordernisse festgeschrieben worden.**[61] **Außerdem gewährt § 66 Abs. 16 EEG eine weitere Übergangsregelung für regionale Ansätze zum Grünstromprivileg** bis zum 31.12.2013. Für diese Konstellationen erfolgt eine vollständige Befreiung von der EEG-Umlage unter Dispens der Pflicht zur Nutzung eines Anteils fluktuierender Energie gem. § 39 Abs. 1 Nr. 1 lit. b) EEG. 81

Ungeklärt ist in diesem Zusammenhang die Auslegung des unbestimmten Rechtsbegriffs der „unmittelbaren räumlichen Nähe zur Anlage“ gem. § 66 Abs. 16 Nr. 1 b) aa) EEG. Die Begrifflichkeit findet sich sowohl in § 19 EEG als auch in § 33 Abs. 2 EEG. Nach der Rechtsprechung und entsprechenden Verfahren vor der Clearingstelle ist die jeweilige Auslegung jedoch unterschiedlich nach dem Zweck der jeweiligen Norm vorzunehmen. Aufgrund des Regionalitätsbezugs von § 66 Abs. 16 EEG könnte eine räumlich weitergehende Ausdehnung gegenüber §§ 19, 33 EEG angezeigt sein. Auch spricht für eine enge Auslegung, dass es sich um eine **Ausnahmevorschrift zu § 39 EEG 2012** handelt. Zur Klärung der Regelung sind bereits Gerichtsverfahren anhängig. 82

Die Gesetzesbegründung des Umweltausschusses führt zu der Regelung wie folgt aus[62]: 83

> *„Durch den weiterhin mit Doppelbuchstabe oo eingefügten § 66 Absatz 16 wird schließlich eine* ***Übergangsbestimmung für regionale Ansätze zum Grünstromprivileg*** *geschaffen.* ***Kleinräumige Lösungen,*** *bei denen Erneuerbare-Energien-Anlagen bereits gegenwärtig unmittelbar vor Ort Verbraucher beliefern (z.B. Wasserkraftanlagen, die ihren Strom an ein benachbartes Sägewerk liefern), werden durch den Regierungsentwurf insbesondere aufgrund des Mindestanteils für fluktuierende Erneuerbare Energien (§ 39 Absatz 1 Nummer 1 Buchstabe b) künftig ausgeschlossen. Zur Stärkung des ländlichen Raums und dezentraler Lösungen werden die bestehenden Lösungen übergangsweise weiter ermöglicht.“*

Darüber hinaus ist eine **Begrenzung der EEG-Umlage für stromintensive Unternehmen und Schienenbahnen** nach den §§ 40 ff. EEG möglich.[63] 84

59 Art. 1 Nr. 3d und Art. 6 S. 3 des EAG EE vom 12.4.2011, umgesetzt zum 1.5.2011 (BGBl. I S. 619).

60 §§ 29–33 EEG.

61 Zu den Anforderungen an das Grünstromprivileg vergleiche die Ausführungen unter Rn 247 ff. – Direktvermarktung.

62 BT-Drucks. 17/6363, Anlage 1.

63 Vgl. hierzu Kap. 5 Rn 59 ff.

g) Nachträgliche Korrekturen der Abrechnung – § 38 EEG

85 Nach § 38 EEG sind auch **nachträgliche Korrekturen der EEG-Abrechnung** unter bestimmten Umständen zulässig. Die Notwendigkeit entsteht dadurch, dass für die Abrechnung gesetzliche Fristen[64] vorgesehen sind und aufgrund der Berücksichtigung in der EEG-Umlage **spätere Änderungen nur in Sonderfällen zulässig** sein sollen.

86 Falls jedoch z.B. die Einspeisemengen oder die Vergütungshöhe aufgrund nachträglicher Erkenntnisse zwischen Anlagenbetreiber und Netzbetreiber streitig werden, ist eine abschließende gerichtliche Klärung innerhalb der gesetzlichen Fristen nicht herbeizuführen. Bei Entscheidungen des abschließenden Katalogs des § 38 EEG erfolgt daher eine **Korrektur in der jeweils nächsten Jahresabrechnung**.

87 Zur Begründung wurde im Rahmen der Novelle 2009 dazu wie folgt ausgeführt:[65]

> *„Die Regelung, die auf dem bisherigen § 14 Abs. 4 aufbaut, ermöglicht es den ÜNB, solche Strommengen, die in vorangegangenen Jahren wegen Streitbefangenheit nicht in den Ausgleichsmechanismus eingestellt werden konnten, nach rechtskräftiger Entscheidung in der Hauptsache im nächsten Abrechnungszeitraum zu berücksichtigen. In Zukunft ist dies über die bislang geltende Fassung hinaus auch möglich, wenn ein anderer vollstreckbarer Titel – als das früher allein zulässige Urteil – existiert. Diese Reglung gibt den Netzbetreibern die Möglichkeit, auch ohne Gerichtsverfahren einvernehmlich Korrekturen herbeizuführen. Die Begrenzung auf vollstreckbare Titel stellt sicher, dass unnötige und wiederholte Korrekturen, die auf dem gleichen Sachverhalt beruhen, unterbleiben. So kann der Aufwand für die Beteiligten minimiert werden.“*

88 Die ändernde Entscheidung i.S.d. § 38 EEG muss **abzurechnende Strommengen oder Vergütungs- bzw. Prämienzahlungen** betreffen; d.h., es muss sich um **„erforderliche Daten“ im Hinblick auf den Belastungsausgleich** handeln (Terminologie des § 45 EEG).[66]

8. Weitergabe der Umlage an die Letztverbraucher (§ 8 AusglMechV i.V.m. §§ 53, 54 EEG)

89 Die fünfte Stufe des EEG-Belastungsausgleichs – die (vertragliche) **Weitergabe der EEG-Umlage durch die EVU als Lieferanten an die jeweils belieferten Letztverbraucher** – ist im EEG nicht geregelt. Es ist den EVU/Lieferanten überlassen, ob und wie sie die Belastungen aus der EEG-Umlage weitergeben.

---

64 Bis zum 31.7. des Folgejahres: Horizontalausgleich gem. § 36 Abs. 3; EEG-Umlage gem. § 48 Abs. 2; bis zum 28.2. des Folgejahres: Endabrechnung der Anlagenbetreiber gem. § 46 EEG; bis zum 31.5. des Folgejahres: Abrechnung der Netzbetreiber mit dem ÜNB gem. 47 EEG.

65 BT-Drucks. 16/8148, S. 64.

66 *Salje*, EEG, § 38 Rn 18.

Die Weiterwälzung kann **nur auf vertraglichem Weg** erfolgen. In Sonderkundenverträgen existieren dazu im Regelfall besondere Preisregelungen, die die Weitergabe von Umlagen (EEG, KWKG, Steuer etc.) in jeweils gültiger Höhe ermöglichen. 90

Bei **Grundversorgungskunden**, die zu einem All-inclusive-Preis beliefert werden, ist die EEG-Umlage im Gesamtpreis enthalten. Hier sind die vertraglichen und gesetzlichen Fristen zur Preisanpassung (z.B. gem. § 5 Abs. 2 StromGVV) zu beachten. 91

Von der Rechtsprechung wird die **Wirksamkeit der vertraglichen Regelungen zur Weitergabe der Belastungen** aus der EEG-Umlage großzügig ausgelegt. Entsprechende „Weiterleitungsklauseln" sind in Stromlieferverträgen wirksam.[67] 92

II. Besondere Ausgleichsregelung für stromintensive Unternehmen und Schienenbahnen

Die besonderen Ausgleichsregeln nach §§ 40 ff. EEG 2012 dienen dazu, die Stromkosten bestimmter stromintensiver Unternehmen des produzierenden Gewerbes sowie solcher, die Schienenbahnen betreiben, zu senken um ihre internationale und intermodale **Wettbewerbsfähigkeit** zu erhalten.[68] Zur Erreichung dieses Zieles können Unternehmen nach §§ 40 ff. EEG 2012 beantragen, dass die Weiterwälzung der EEG-Umlage von den Elektrizitätsunternehmen an diese Unternehmen begrenzt wird.[69] Im Ergebnis kann die Umlage auf maximal 0,05 ct/kWh gesenkt werden.[70] Die so entstehenden **Mehrkosten** werden auf die **Gesamtheit aller sonstigen Stromverbraucher** überwälzt, wodurch der Strompreis für diese steigt.[71] Das zuständige BAFA hat ausführliche und hilfreiche Merkblätter veröffentlicht, die den allgemeinen EEG-Ausgleichsmechanismus grundsätzlich und die besonderen Ausgleichsregelungen im Einzelnen erläutern.[72] 93

---

67 *Salje*, EEG § 36 Rn 9; BGH, RdE 2004, 105 ff.; BGH, et 2004, 209.

68 § 40 S. 2 EEG 2012.

69 Weiterwälzung grundsätzlich nach § 53 Abs. 1 EEG 2012 möglich.

70 Vgl. dazu auch Informationen zur Anwendung von § 40 ff. EEG für das Jahr 2011 einschließlich erster Ausblick auf 2012 des BMU v. 15.10.2011, S. 2, abrufbar unter http://www.bmu.de/files/pdfs/allgemein/application/pdf/hg_ausgleichsregelung_2011_bf.pdf.

71 Frenz/Müggenborg/*Posser/Altenschmidt*, § 40 Rn 2.

72 Wobei die Merkblätter für das produzierende Gewerbe II.A. und II A 1. ausführlich an die gesetzlichen Neuerungen des EEG 2012 angepasst und auf den neusten Stand gebracht worden sind, während das Merkblatt für Schienenbahnunternehmen II B. wohl aufgrund der nicht grundlegenden Änderungen im Gesetz noch auf dem Stand des 19.3.2009 ist; alle Merkblätter abrufbar unter http://www.bafa.de/bafa/de/energie/besondere_ausgleichsregelung_eeg/merkblaetter/index.html?fold=false.

1. Historie

94 Die besondere Ausgleichsregelung wurde erstmals im Jahre 2003 in das EEG aufgenommen. Im EEG 2009 folgte dann die Überführung aus § 16 EEG 2004 in einen eigenständigen Abschnitt.[73] Mit § 40 EEG 2009 wurde zudem die Pflicht der beantragenden Unternehmen eingeführt, ihren Energieverbrauch zu überprüfen und auf Minderungspotenziale hin zu bewerten.[74] Im EEG 2012 wurden einige Regelungen verändert. Eine kurze Zusammenfassung dieser Änderungen enthält das V. Merkblatt des BAFA zur Novelle 2012 des EEG.[75] Die gesamte Historie der besonderen Ausgleichsregelung wird ausführlich im Merkblatt II.A. des BAFA dargestellt.[76]

95 Im EEG 2012 wurde vor allem der Gradmesser für die Stromintensität eines produzierenden Unternehmens von 15 % auf 14 % der Bruttowertschöpfung und die Anwendungsschwelle der bezogenen Strommenge auf nur noch 1 GWh pro Jahr[77] abgesenkt. Eine bedeutende Weiterentwicklung für das produzierende Gewerbe liegt weiter in § 41 Abs. 3 EEG 2012 durch Berechnung einer **„gleitenden" Umlage**. Bisher wurde die EEG-Umlage für stromintensive Unternehmen des produzierenden Gewerbes in einzelnen Stufen abhängig vom Stromverbrauch gesenkt. Die Neuregelung sieht nun insoweit fließende Übergänge vor.[78] Dadurch sollen den Wettbewerb verzerrende Sprünge aufgrund von Schwellenwerten für privilegierte Unternehmen beseitigt werden. Denn zum einen konnten Unternehmen, die knapp unter den Schwellenwerten lagen, erhebliche finanzielle Nachteile gegenüber solchen Unternehmen erleiden, die gerade über den Schwellenwerten lagen. Zum andern wurden für Unternehmen, die knapp unter dem relevanten Stromverbrauch lagen, geradezu Anreize geschaffen, mehr Strom zu verbrauchen, um die Privilegierung zu erhalten.[79]

96 Bezüglich der Schienenbahnen sieht § 42 EEG 2012 keine inhaltliche Änderung zum bisher geltenden Recht vor.[80] Aus diesem Grund wurde auch das bisherige Merkblatt des BAFA II B. zu Schienenbahnen nicht verändert. Es enthält die relevan-

---

73 §§ 40 bis 44 EEG 2009.

74 Vgl. Informationen zur Anwendung von § 40 ff. EEG für das Jahr 2011 einschließlich erster Ausblick auf 2012 des BMU v. 15.10.2011, S. 2, abrufbar unter http://www.bmu.de/files/pdfs/allgemein/application/pdf/hg_ausgleichsregelung_2011_bf.pdf.

75 BAFA, V. Merkblatt, Stand 27.7.2011, abrufbar unter http://www.bafa.de/bafa/de/energie/besondere_ausgleichsregelung_eeg/merkblaetter/index.html?fold=false.

76 BAFA, Merkblatt II.A., Stand 9.3.2012, abrufbar unter http://www.bafa.de/bafa/de/energie/besondere_ausgleichsregelung_eeg/merkblaetter/index.html?fold=false.

77 § 41 Abs. 1 Nr. 1 EEG 2012.

78 Zur konkreten Berechnung der EEG-Umlage siehe oben Rn 48 ff.; zur vergleichbaren Berechnungsweise der „gleitenden" Vergütung der Einspeisung erneuerbarer Energien, vgl. Kap. 5 Rn 69.

79 Vgl. Informationen zur Anwendung von § 40 ff. EEG für das Jahr 2011 einschließlich erster Ausblick auf 2012 des BMU v. 15.10.2011, S. 9, abrufbar unter http://www.bmu.de/files/pdfs/allgemein/application/pdf/hg_ausgleichsregelung_2011_bf.pdf.

80 BT-Drucks. 17/6071, S. 86 li. Sp.

ten Erläuterungen des BAFA zu § 42 EEG 2012.[81] In § 42 EEG 2012 ist lediglich aus redaktionellen Gründen ein eigener Begrenzungstatbestand geschaffen worden, da wegen der Änderung des § 41 EEG 2012 nicht mehr auf diesen verwiesen werden kann. Eine Begrenzung der EEG-Umlage erfolgt nicht für die ersten 10 % des verbrauchten Stroms. Im Übrigen bleibt die Umlage für Schienenbahnen gem. § 42 Abs. 1 EEG 2012 weiterhin pauschal begrenzt. Die begrenzte Umlage beträgt pauschal 0,05 ct/kWh.

2. Zuständigkeit und Grundsatzregeln

§ 40 EEG 2012 regelt die Zuständigkeit für das Ausgleichsverfahren. Nach wie vor ist die für den Antrag zuständige Stelle das BAFA, das zum Geschäftsbereich des BMWi gehört.[82] 97

Wie schon gem. § 40 Abs. 1 S. 2 EEG 2009 sind auch die Voraussetzungen des **Erhalts der Wettbewerbsfähigkeit** und des **Nichtgefährdens der Gesetzesziele** darzulegen.[83] Hierbei soll es sich jedoch nicht um Anspruchsvoraussetzungen handeln, sondern vielmehr um eine Auslegungshilfe bei der Anwendung der Ausgleichsregelungen.[84] Eine Praxisrelevanz wird ihnen insofern abgesprochen, als ein Antrag nicht aufgrund der Berufung auf mangelnde Wettbewerbsrelevanz abgelehnt werden wird, da diese bereits bei entsprechendem Stromverbrauch angenommen wird.[85] 98

Anders verhält es sich mit der Vereinbarkeit mit den **Interessen der Gesamtheit der Stromverbraucher**.[86] Die Vereinbarkeit ist eine Anspruchsvoraussetzung. Diese dürfte in der Praxis indes keine Auswirkungen haben. Denn in § 40 Abs. 1 S. 1 EEG 2012 wird auf die Begrenzung der Umlage gem. §§ 41, 42 EEG 2012 auf höchstens 0,05 ct/kWh verwiesen. Durch diese Obergrenze dürften – wie es schon auch für den aufgrund dieser Begrenzung entfallenen § 40 Abs. 2 EEG 2009[87] angenommen worden ist[88] – die Interessen der Stromverbraucher gewahrt sein.[89] 99

---

81 BAFA, Merkblatt II B., Stand 19.3.2009, abrufbar unter http://www.bafa.de/bafa/de/energie/besondere_ausgleichsregelung_eeg/merkblaetter/index.html?fold=false.

82 Vgl. http://www.bmwi.de/BMWi/Navigation/Ministerium/behoerden-im-geschaeftsbereich.html.

83 § 40 Abs. 1 S. 2 EEG 2012.

84 BT-Drucks. 16/8148, S. 64 re. Sp.

85 Vgl. Frenz/Müggenborg/*Posser*/*Altenschmidt*, § 40 Rn 38.

86 § 40 Abs. 1 S. 2 EEG 2012.

87 Zur Ersetzung des § 40 Abs. 2 EEG 2009 durch § 40 Abs. 1 S. 2 i.V.m. §§ 41, 42 EEG 2012 vgl. BT-Drucks. 17/6071, S. 84 li. Sp.

88 Im Rahmen des § 40 EEG 2009 wurde argumentiert, dass die Begrenzung der anteilig weitergereichten Strommenge in § 40 Abs. 2 EEG 2009 bereits die Interessen der Stromverbraucher insgesamt berücksichtigte; die festgeschriebene abzunehmende Strommenge wurde als Ausdruck hiervon angesehen, vgl. hierzu Frenz/Müggenborg/*Posser*/*Altenschmidt*, § 40 Rn 48.

89 Allerdings können Gerichte die Tatsachen, die zu einer Unvereinbarkeit mit den Interessen der

100 Da der Anspruch nach § 40 S. 1 EEG 2012 nur **Letztverbrauchern** zusteht, war bezüglich der gleichlautenden Vorgängerregelung im EEG 2009 zunächst fraglich, ob nur solche Unternehmen antragsberechtigt sind, die Strom aus einem Netz der allgemeinen Versorgung beziehen und solche, die **Strom aus Areal-/Objektnetzen** beziehen, ausgeschlossen sein sollen.[90] Diesbezüglich wurde im Anschluss an ein Urteil des BGH vom 9.12.2009[91] mit der Novellierung des EEG im Jahr 2010[92] in § 66 Abs. 5 EEG 2009 für die Jahre 2009 bis 2011 ein Sonderverfahren zur Beantragung des Ausgleichs für Unternehmen eingeführt, die ihren Strom nicht aus einem Netz für die allgemeine Versorgung bezogen. Insoweit ist durch das EEG 2012 keine Klarstellung erfolgt. Es dürfte jedoch an die bisherige Rechtsprechung anzuknüpfen sein, dass der Strombezug aus einem Areal/Objektnetz von § 40 EEG 2012 erfasst ist, soweit der Strom von der EEG-Umlage betroffen ist.

3. Die Regelung für produzierendes Gewerbe – § 41 EEG 2012

101 § 41 EEG 2012 enthält die konkrete Regelung des Ausgleichs für das produzierende Gewerbe.

a) Antragsteller

102 Zur Inanspruchnahme der EEG-Umlagenbegrenzung nach § 41 Abs. 1 EEG 2012 sind nur Unternehmen des produzierenden Gewerbes berechtigt. Diese Formulierung ist zwar deckungsgleich mit der Vorgängervorschrift des EEG 2009. Der Kreis der Begünstigten scheint sich also formal nicht geändert zu haben. Dies ist jedoch der Sache nach nicht der Fall. Denn durch die neue Begriffsbestimmung in § 3 Nr. 14 wird der Kreis möglicher Antragsteller aus dem **produzierenden Gewerbe** gegenüber dem EEG 2009 jedoch nicht unwesentlich eingeschränkt. Danach sind nur noch Unternehmen antragsberechtigt, die dem Bergbau, der Gewinnung von Steinen und Erden oder dem verarbeitenden Gewerbe in entsprechender Anwendung der Abschnitte B und C der Klassifikation der Wirtschaftszweige des Statistischen Bundesamtes, Ausgabe 2008, zuzuordnen sind.[93]

Gesamtheit der Stromverbrauchern führen, vollumfänglich überprüfen; es besteht jedenfalls kein Beurteilungsspielraum des BAFA. Vgl. Reshöft/*Schäfermeier*, § 40 Rn 31; vgl. auch *Salje*, EEG, § 40 Rn 27 ff., der insoweit von dem Erfordernis einer „materiellen Interessenabwägung" ausgeht.

90 Vgl. die ausführliche Darstellung bei Frenz/Müggenborg/*Posser/Altenschmidt*, § 40 Rn 10 ff.

91 BGH, Urt. v. 9.12.2009 – VIII ZR 35/09 = NVwZ-RR 2010, 315 ff.

92 Vgl. das Erste Gesetz zur Änderung des Erneuerbare-Energien-Gesetzes v. 11.8.2010 (BGBl. I S. 1170).

93 Gemäß amtlichem Hinweis im Gesetz zu beziehen beim Statistischen Bundesamt, Gustav-Stresemann-Ring 11, 65189 Wiesbaden, www.destatis.de.

Praxistipp
Die Art und Weise dieser Zuordnung wird im Merkblatt II.A. des BAFA näher erläutert.[94] **!**

Durch die damit erfolgte Herausnahme von Anlagen, die allein der Energie- und Wassererzeugung dienen, soll dem Trend zu einer vermehrten Antragstellung durch sog. „Contracting-Unternehmen" entgegen gewirkt werden. Denn in der Vergangenheit wurde die Anwendbarkeit der besonderen Ausgleichsregelung des § 41 EEG 2009 oftmals dadurch herbeigeführt, dass relevante Unternehmensteile als Tochterunternehmen ausgegliedert wurden, die dadurch die Bedingungen für die Begünstigung erfüllten. Diesen Einsatz von „Contracting-Unternehmen" hat die Bundesregierung als „Missbrauch" der Ausgleichsregelung eingestuft.[95] Dieser soll durch die genannte Einschränkung des produzierenden Gewerbes auf bestimmte Wirtschaftszweige verhindert werden.[96] 103

Das BAFA entscheidet eigenverantwortlich darüber, ob das antragstellende Unternehmen als ein Unternehmen des produzierenden Gewerbes i.S.d. EEG 2012 anzusehen ist. Es ist an die Zuordnung anderer Behörden nicht gebunden.[97] 104

b) Die Voraussetzungen – § 41 Abs. 1 Nr. 1 EEG 2012

Für die Antragstellung sind die Voraussetzungen gem. § 41 Abs. 1 Nr. 1 EEG 2012 zu beachten. Danach ist für das abgeschlossene Geschäftsjahr nachzuweisen, 105

- dass **mindestens 1 GWh Strom** an einer Abnahmestelle verbraucht wurde (lit. a) der Vorschrift), wobei damit die vormalige Strombezugsgrenze von 10 GWh in § 41 Abs. 1 Nr. 1 EEG 2009 erheblich gesenkt und damit der Kreis der Privilegierten auf den stromintensiven Mittelstand erweitert worden ist,
- dass das **Verhältnis der Stromkosten zur Bruttowertschöpfung** mindestens 14 % betragen hat, vgl. lit. b) der Vorschrift,
- und die **EEG-Umlage** überhaupt an das **Unternehmen** weitergereicht wurde, vgl. lit. c) der Vorschrift.

c) Abnahmestelle – § 41 Abs. 1 Nr. 1a i.V.m. Abs. 4 EEG 2012

Voraussetzung der Antragstellung ist gem. § 41 Abs.1 Nr. 1a) die Darlegung des Stromverbrauchs für eine Abnahmestelle. Insoweit regelt § 41 Abs. 4 EEG 2012, wann eine 106

94 BAFA, Merkblatt II.A., Stand 9.3.2012, S. 18 f., abrufbar unter http://www.bafa.de/bafa/de/energie/besondere_ausgleichsregelung_eeg/merkblaetter/index.html?fold=false (Abruf am 16.4.2012).

95 So zum Ganzen *Poppe*, ZNER 2012, 47, 49 unter Bezugnahme auf den Entwurf des Erfahrungsberichts 2011 zum EEG des BMU, Stand 3.5.11, S. 158.

96 *Poppe*, ZNER 2012, 47, 49.

97 BT-Drucks. 17/6071, S. 62 re. Sp.

Abnahmestelle vorliegt. Danach setzt eine Abnahmestelle voraus, dass die Abgabe der elektrischen Energie an das Unternehmen über räumlich und physikalisch zusammenhängende elektrische Einrichtungen eines Unternehmens erfolgt, die sich auf einem in sich abgeschlossenen Betriebsgelände befinden und über eine oder mehrere Entnahmepunkte mit dem Netz des Netzbetreibers verbunden sind. Hierfür hat eine **wertende Zusammenfassung aller Verbindungsstellen einer Betriebstätte** zu erfolgen, wobei technische Zwänge sowie betriebliche Notwendigkeiten zu berücksichtigen sein sollen.[98] Vorgaben für diese Entscheidung werden in der Gesetzesbegründung gemacht.[99] Sie sieht den räumlichen Zusammenhang der Entnahmestellen als ausschlaggebend an, wobei Grundstücksgrenzen oder die Trennung des Betriebsgeländes durch anderweitig genutzte Flächen beachtlich sein sollen.[100] Funktionelle oder historische Gründe sollen für die Entscheidung jedenfalls keine Rolle spielen.[101] Damit sollen im Ergebnis nur die Unternehmen in den Genuss der Begrenzung der EEG-Umlage gelangen, die tatsächlich an dem jeweiligen Standort für ihre Produktion über einen entsprechend großen Strombedarf verfügen. Damit wird ausgeschlossen, dass verbundene Unternehmen mit Kleinstproduktion an verschiedenen Standorten die Vorgaben der Privilegierung umgehen können.[102]

! **Praxistipp**
Die Voraussetzungen für das Vorliegen einer Abnahmestelle im Einzelnen werden im einschlägigen Merkblatt II.A. des BAFA aufgeführt.[103]

---

d) Stromkosten und Bruttowertschöpfung – § 41 Abs. 1 Nr. 1b) EEG 2012

107 Stromkosten gem. lit. b) des § 41 Abs. 1 EEG 2012 sind die Kosten, die durch den **Bezug von Strom** von einem Elektrizitätsversorgungsunternehmen entstehen. Dabei sind Stromkostenbeihilfen im Rahmen des Emissionshandels bei der Berechnung der Stromintensität zu berücksichtigen.[104] Wird der Strom von mehreren Stromversorgungsunternehmen bezogen, sind die Strommengen zu addieren.[105] Bei einem Wechsel des Elektrizitätsversorgungsunternehmens ist dies dem BAFA mitzuteilen.[106]

---

98 BT-Drucks. 17/6071, S. 84 re. Sp.
99 BT-Drucks. 17/6071, S. 85.
100 BT-Drucks. 17/6071, S. 85 li. Sp.
101 BT-Drucks. 17/6071, S. 85 li. Sp.
102 *Poppe*, ZNER 2012, 47, 49.
103 BAFA, Merkblatt II.A., Stand 9.3.2012, S. 23 ff., abrufbar unter http://www.bafa.de/bafa/de/energie/besondere_ausgleichsregelung_eeg/merkblaetter/index.html?fold=false.
104 BT-Drucks. 17/6071, S. 84 li. Sp.
105 Dazu Frenz/Müggenborg/*Posser*/*Altenschmidt*, § 41 Rn 80.
106 BAFA, Merkblatt II.A., Stand 9.3.2012, S. 13, abrufbar unter http://www.bafa.de/bafa/de/energie/besondere_ausgleichsregelung_eeg/merkblaetter/index.html?fold=false.

Zur Bestimmung der Bruttowertschöpfung nimmt § 41 Abs. 1 Nr. 1b) EEG 2012 Bezug auf die **Definition der Bruttowertschöpfung des Statistischen Bundesamtes,** Fachserie 4, Reihe 4.3, Wiesbaden 2007.[107] 108

Praxistipp !

Das BAFA Merkblatt II.A. nimmt auf diese Definition Bezug und erläutert diese.[108]

e) Anteilige Weiterreichung – § 41 Abs. 1 Nr. 1c) EEG 2012

Nach § 41 Abs. 1 Nr. 1c) EEG 2012 muss nachgewiesen werden, dass die EEG-Umlage vom Unternehmen anteilig getragen worden ist. Insofern wurde zum 1.1.2012 für diese Vorschrift relevant, dass Strom aus dem Grünstromprivileg davor nicht mit einer EEG-Umlage belastet worden ist, seitdem aber gem. § 39 EEG 2012 mit einer verringerten Umlage belastet wird. Nunmehr gilt die Nachweispflicht gem. § 41 Abs. 1 Nr. 1c) EEG 2012 also auch für Grünstrom, da dieser in die Umlagepflicht – wenn auch nur mit einer verringerten Umlage – einzubeziehen ist. Soweit Grünstrom allerdings im Rahmen eines Ökostromangebotes weitergereicht und nicht selbst verbraucht wird, wird er gem. § 41 Abs. 1 Nr. 1 a) EEG 2012 naturgemäß nicht berücksichtigt.[109] 109

Für die erstmalige Anträge für bestimmte Abnahmestellen im Jahr 2012 aufgrund erstmaliger Verpflichtung zur Zahlung der EEG-Umlage gem. § 37 Abs. 3 Nr. 2 sieht § 66 Abs. 13 Nr. 1 als Übergangsvorschrift die Befreiung von dieser Pflicht vor. Diese Unternehmen können also einen Antrag stellen, ohne den entsprechenden Nachweis bringen zu müssen. 110

f) Zertifizierung – § 41 Abs. 1 Nr. 2 EEG 2012

Daneben ist gem. § 41 Abs. 1 Nr. 2 für Unternehmen mit einem Stromverbrauch von 10 GWh und darüber nachzuweisen, dass eine **Zertifizierung** erfolgt ist, mit der der Energieverbrauch und die Potenziale zur Verminderung des Energieverbrauchs erhoben und bewertet worden sind. Das einschlägige Merkblatt des BAFA enthält die ausführliche Darstellung sowohl der formalen als auch der inhaltlichen Anforderungen an diese Zertifizierung.[110] Gegenüber der Zertifizierungspflicht des § 41 Abs. 1 111

107 Gemäß amtlichem Hinweis im Gesetz zu beziehen unter www.destatis.de; vgl. dazu auch die Ausführungen und das Berechnungsschema der Bruttowertschöpfung bei Frenz/Müggenborg/*Posser/Altenschmidt*, § 41 Rn 46 ff.

108 BAFA, Merkblatt II.A., Stand 9.3.2012, S. 27 ff., abrufbar unter http://www.bafa.de/bafa/de/energie/besondere_ausgleichsregelung_eeg/merkblaetter/index.html?fold=false.

109 Zum Grünstrom im Einzelnen vgl. BAFA, Merkblatt II.A., Stand 9.3.2012, S. 41 f., abrufbar unter http://www.bafa.de/bafa/de/energie/besondere_ausgleichsregelung_eeg/merkblaetter/index.html?fold=false.

110 BAFA, Untermerkblatt II A 1., Stand 15.12.2011, S. 5 ff. bzw. S. 9 ff., abrufbar unter http://

Nr. 4 EEG 2009 hat sich vor allem geändert, dass die Zertifizierung nicht für das vergangene Geschäftsjahr gelten muss, sondern es genügt, dass sie im **Zeitpunkt der Antragstellung** gültig ist. Dies soll die Antragstellung flexibler machen.[111]

112 Daneben hat sich gegenüber § 41 Abs. 1 Nr. 4 EEG 2009 in § 41 Abs. 1 Nr. 2 EEG 2012 geändert, dass dieser eine **Ausnahme** von den Energieeffizienzanforderungen für Unternehmen mit einem **Stromverbrauch unter 10 GWh** vorsieht. Dies bedeutet umgekehrt, dass Unternehmen, die mit keiner ihrer einzelnen Abnahmestellen über 10 GWh kommen, mit mehreren Abnahmestellen insgesamt jedoch einen Stromverbrauch von mehr als 10 GWh haben, eine Zertifizierung benötigen.[112]

113 Die Voraussetzung des § 41 Abs. 1 Nr. 2 EEG 2012 ist gem. § 41 Abs. 2 S. 3 EEG 2012 durch die Vorlage einer Bescheinigung der Zertifizierungsstelle nachzuweisen. Dies scheint § 41 Abs. 1 Nr. 4 i.V.m. Abs. 2 S. 2 EEG 2009 zu entsprechen, denn der Wortlaut stimmt überein.[113] Doch die Anforderungen des BAFA an die Zertifizierung folgen im Einzelnen aus deren Untermerkblatt II A 1.

114 Dessen Inhalte haben sich seit dem EEG 2009 verändert. So waren etwa in diesem Untermerkblatt II A 1. mit Stand vom 11.1.2010 für die Zertifizierung noch uneingeschränkt zwei Möglichkeiten vorgesehen:

- Das Unternehmen konnte (freiwillig) an einem Umweltmanagementsystem (EMAS,[114] EN 16001 oder ISO 14001) teilnehmen und die insoweit einschlägigen Bescheinigungen bzw. Bestätigungen vorlegen.[115]
- Andernfalls musste von einem Umweltgutachter bzw. einer Umweltgutachterorganisation oder einem Zertifizierer nach EN 16001 oder ISO 14001 anhand der vom BAFA formulierten inhaltlichen Anforderungen geprüft und bescheinigt werden, dass der Zertifizierer *„die durch das Unternehmen erhobenen Energiedaten und Einsparpotenziale sowie deren Bewertung überprüft und Abweichungen von den Anforderungen nicht festgestellt hat."*[116]

www.bafa.de/bafa/de/energie/besondere_ausgleichsregelung_eeg/merkblaetter/index.html?fold=false; vgl. dazu auch Poppe, ZNER 2012, 47, 50 f.

111 BT-Drucks. 17/6071, S. 84; für Unternehmen mit einem Stromverbrauch von mindestens 10 GWh gilt allerdings gem. § 66 Abs. 13 Nr. 2 EEG 2012 übergangsweise für die Antragstellung im Jahr 2012 noch die Zertifizierungspflicht des § 41 Abs. 1 Nr. 4 EEG 2009 in der am 31.12.2011 geltenden Fassung, der die Zertifizierung für das abgeschlossene Geschäftsjahr verlangt.

112 BAFA, Untermerkblatt II A 1., Stand 15.12.2011, S. 4, abrufbar unter http://www.bafa.de/bafa/de/energie/besondere_ausgleichsregelung_eeg/merkblaetter/index.html?fold=false; vgl. dazu auch *Poppe*, ZNER 2012, 47, 50 f.

113 Vgl. BT-Drucks. 16/9477, S. 27.

114 EMAS = Energy Efficiency Toolkit for Small and Medium sized Enterprises, das Gemeinschaftssystem der Europäischen Union für Umweltmanagement und Umweltbetriebsprüfung, vgl. dazu näher http://www.emas.de.

115 BAFA, Untermerkblatt II A 1., Stand 11.1.2010, S. 6 f., abrufbar unter http://www.energie-gipscomm.de/Formulare/EEM/untermerkblatt_ii_a_1.pdf.

116 BAFA, Untermerkblatt II A 1., Stand 11.1.2010, zu den inhaltlichen Anforderungen vgl. S. 4 ff.,

In dem für das EEG 2012 überarbeiteten Untermerkblatt II A 1. mit Stand vom 15.12.2011 geht das BAFA nunmehr davon aus, dass eine Zertifizierung zukünftig nur noch durch die Teilnahme an einem Umwelt- und Energiemanagementsystem EMAS[117] oder ISO 50001/DIN EN 16001 erfolgen kann.[118] 115

Als Übergangsregelung für die Antragstellung im Jahr 2012 bestimmt § 66 Abs. 13 Nr. 2 EEG 2012 für zertifizierungspflichtige Unternehmen mit einem Stromverbrauch über 10 GWh, dass statt § 41 Abs. 1 Nr. 2 EEG 2012 der § 41 Abs. 1 Nr. 4 der am 31.12.2011 geltenden Gesetzesfassung gelten soll. Der Sinn dieser Ersetzung erschließt sich nicht. Denn beide Regelungen enthalten Zertifizierungsverpflichtungen, die im Wortlaut identisch sind und diese sollen gleichermaßen nur auf Unternehmen mit einem Stromverbrauch über 10 GWh Anwendung finden. Insofern verwundert nicht, dass diese Übergangsregelung gemäß Untermerkblatt II A 1. des BAFA „unbeachtlich" sein soll.[119] 116

Stattdessen enthält das Untermerkblatt II A 1. die vom BAFA formulierten Übergangsregelungen für das Antragsjahr 2012. Danach ist vorgesehen, dass der Nachweis der Zertifizierung im Jahr 2012 noch – alternativ zu dem Nachweis durch die Teilnahme an einem der genannten Umweltmanagementsysteme EMAS oder ISO 50001/DIN EN 16001 – durch Bescheinigungen bzw. Bestätigungen von Umweltgutachtern bzw. Umweltgutachterorganisation oder Zertifizierern für ISO 14001 erbracht wird. Hierfür müssen die inhaltlichen Anforderungen des Merkblattes A II 1. des BAFA eingehalten bzw. – wie es das BAFA auch für die Antragstellung unter dem EEG 2009 verlangt hat – bestätigt werden, dass der Zertifizierer *„die durch das Unternehmen erhobenen Energiedaten und Einsparpotenziale sowie deren Bewertung überprüft und Abweichungen von den Anforderungen nicht festgestellt hat."*[120] Diese Nachweise der Zertifizierung akzeptiert das BAFA mithin nur noch für die Antragstellung im Jahr 2012. Für diese Nachweise der Zertifizierung gilt aber, dass sie vor dem 1.1.2012 aufgestellt worden sein müssen.[121] Damit die betroffenen Unternehmen die Ausstellung 117

zu den formalen Anforderungen vgl. S. 7 ff., abrufbar unter http://www.energie-gipscomm.de/Formulare/EEM/untermerkblatt_ii_a_1.pdf; vgl. dazu auch Frenz/Müggenborg/*Posser*/*Altenschmidt*, § 41, Rn 72; vgl. auch *Poppe*, ZNER 2012, 47, 50 m.w.N.

117 EMAS = Energy Efficiency Toolkit for Small and Medium sized Enterprises, das Gemeinschaftssystem der Europäischen Union für Umweltmanagement und Umweltbetriebsprüfung, vgl. dazu näher http://www.emas.de.

118 BAFA, Untermerkblatt II A 1., Stand 15.12.2011, S. 5 ff., abrufbar unter http://www.bafa.de/bafa/de/energie/besondere_ausgleichsregelung_eeg/merkblaetter/index.html?fold=false.

119 BAFA, Untermerkblatt II A 1., Stand 15.12.2011, S. 4, abrufbar unter http://www.bafa.de/bafa/de/energie/besondere_ausgleichsregelung_eeg/merkblaetter/index.html?fold=false.

120 BAFA, Untermerkblatt II A 1., Stand 15.12.2011, zu den inhaltlichen Anforderungen vgl. S. 9 f., zu den formalen Anforderungen vgl. S. 10 ff., abrufbar unter http://www.bafa.de/bafa/de/energie/besondere_ausgleichsregelung_eeg/merkblaetter/index.html?fold=false.

121 BAFA, Untermerkblatt II A 1., Stand 15.12.2011, S. 8 ff., abrufbar unter http://www.bafa.de/bafa/de/energie/besondere_ausgleichsregelung_eeg/merkblaetter/index.html?fold=false.

der Zertifizierungsbescheinigungen noch vor dem 1.1.2012 betreiben und erreichen konnten, um im Jahr 2012 einen darauf gestützten Antrag stellen zu können, enthielt bereits die Überarbeitung des Merkblatts II A 1. mit Stand vom 6.5.2011 – also bereits mit Blick auf die zu erwartenden Gesetzesänderungen zum 1.1.2012 – entsprechende Erläuterungen zum Antragsjahr 2012 und der zu erwartenden Übergangsregelung.[122]

118 Es gibt indes eine Ausnahme von der Regel für die Antragstellung im Jahr 2012, dass die Nachweise der Zertifizierung bereits vor dem 1.1.2012 ausgestellt worden sein müssen, wenn das Unternehmen nicht an einem der o.g. Umweltmanagementsysteme teilnimmt. Diese gilt für die bereits o.g. Unternehmen, die mit keiner ihrer einzelnen Abnahmestellen über 10 GWh kommen, mit mehreren Abnahmestellen insgesamt jedoch einen Stromverbrauch von mehr als 10 GWh haben und die deshalb zertifizierungspflichtig sind. In diesen Fällen erkennt das BAFA die Zertifizierung auch dann an, wenn sie im Antragsjahr 2012 noch innerhalb der materiellen Ausschlussfrist für die Antragsunterlagen gem. § 43 Abs. 1 S. 1 sowie Abs. 2 EEG 2012 erfolgt ist – also bis zum 30.6.2012 bzw. bei neu gegründeten Unternehmen bis zum 30.9.2012.[123]

! **Praxistipp**
Welche Zertifizierungsbescheinigung von wem, wann und mit welchem Ausstellungsdatum vom BAFA als Darlegung der Voraussetzungen nach § 41 Abs. 1 Nr. 2 i.V.m. Abs. 2 S. 3 EEG 2012 akzeptiert wird bzw. einzureichen ist, ist in der Vorbemerkung des Merkblattes A II 1. „auf einen Blick" zusammengestellt. Diese Darstellung umfasst auch die dargestellten Übergangsregelungen für das Antragsjahr 2012.[124]

---

g) Die Berechnung der abgesenkten Umlage – § 41 Abs. 3 EEG 2012

119 Die Berechnung der abgesenkten Umlage richtet sich nach den neuen Schwellenwerten in § 41 Abs. 3 EEG 2012 für den Stromverbrauch an einer Abnahmestelle.

aa) Selbstbehalt

120 Aus § 41 Abs. 3 Nr. 1a) EEG 2012 folgt ein **Selbstbehalt** für Unternehmen des produzierenden Gewerbes in der Höhe der EEG-Umlage für die erste verbrauchte GWh. Für diesen Stromanteil erfolgt demnach keine Reduzierung der EEG-Umlage.

---

122 BAFA, Untermerkblatt II A 1., Stand 6.5.2011, S. 11 ff., abrufbar unter http://www.effizienz21.de/uploads/media/BAFA-Merkblatt-110506.pdf.

123 BAFA, Untermerkblatt II A 1., Stand 15.12.2011, S. 8, abrufbar unter http://www.bafa.de/bafa/de/energie/besondere_ausgleichsregelung_eeg/merkblaetter/index.html?fold=false; zur materiellen Ausschlussfrist im Einzelnen siehe unten Rn 142.

124 BAFA, Untermerkblatt II A 1., Stand 15.12.2011, S. 4, abrufbar unter http://www.bafa.de/bafa/de/energie/besondere_ausgleichsregelung_eeg/merkblaetter/index.html?fold=false.

bb) Berechnung der Umlage anhand der neuen Schwellenwerte

Der Selbstbehalt gem. § 41 Abs. 3 Nr. 1a) EEG 2012 ist Teil des Systems der **Schwellenwerte** in § 41 Abs. 3 Nr. 1a) bis d) EEG, nach denen die EEG-Umlage für die darauf entfallenden Stromanteile jeweils reduziert wird. Demnach ist von den Unternehmen anteilig für den Stromverbrauch von 1 GW die EEG-Umlage, darüber hinaus bis zu 10 GW nur 10 % der Umlage, darüber hinaus bis 100 GW nur 1 % der Umlage und für den über 100 GW liegenden Anteil nur eine Umlage in Höhe von 0,05 ct/kWh zu tragen. Durch unterschiedliche Reduktion der verschiedenen Anteile erfolgt die **Reduktion der Umlage** fließend. 121

cc) Ausnahme für „vollbegünstigte Unternehmen"

Gemäß § 41 Abs. 3 Nr. 2 EEG 2012 gilt allerdings für Unternehmen, deren Verbrauch über 100 GWh lag und deren Verhältnis der Stromkosten zur Bruttowertschöpfung mehr als 20 % betragen hat, eine Ausnahme. Für diese Unternehmen gilt gem. § 41 Abs. 3 Nr. 2 EEG 2012 insgesamt die begrenzte EEG-Umlage von 0,05 ct/kWh. Sie werden als **„vollbegünstigte" Unternehmen** bezeichnet, da sie keinen Selbstbehalt zu tragen haben. Sie machen etwa ein Viertel der Antragsteller aus und auf sie entfallen etwa 70 % des gesamten begünstigten Stromverbrauchs.[125] 122

dd) Berechnungsbeispiele

Ein Antragsteller, der 90 GWh Stromverbrauch im Geschäftsjahr hatte, muss für die ersten GWh die volle EEG-Umlage zahlen, darüber hinaus bis zur 10. GWh 10 % der EEG-Umlage und für jede weitere GWh 1 % der EEG-Umlage. Hatte das Unternehmen dagegen einen Stromverbrauch von mindestens 100 GWh und betragen die Stromkosten im Verhältnis zur Bruttowertschöpfung mindestens 20 %, verringert sich die EEG-Umlage für den verbrauchten Strom gem. § 41 Abs. 3 Nr. 2 EEG 2012 insgesamt pauschal auf 0,05 ct/kWh. 123

h) Nachweispflicht – § 41 Abs. 2 S. 1 und 2 sowie Abs. 3 S. 2 EEG 2012

Der Nachweis über die Voraussetzungen aus § 41 Abs. 1 Nr. 1 und Abs. 3 EEG 2012 ist gem. § 41 Abs. 2 EEG 2012 mit den dort genannten Unterlagen zu erbringen.[126] 124

---

125 BMU, Entwurf Erfahrungsbericht 2011 zum EEG, Stand 3.5.2011, S. 153; abrufbar unter http://www.bmu.de/files/pdfs/allgemein/application/pdf/eeg_erfahrungsbericht_2011_entwurf.pdf.

126 Vgl. insoweit BT-Drucks. 16/8148, S. 65 li. Sp.; Unternehmen, die durch das neue EEG 2012 erstmals EEG-umlagepflichtig geworden sind, werden allerdings bei der Antragstellung im Jahre 2012 von der Pflicht befreit, nachzuweisen, dass die EEG-Umlage anteilig auf sie umgewälzt wurde, vgl. § 66 Abs. 13 Nr. 1 EEG 2012.

Dabei kommt es für die Stromkosten darauf an, dass die bezogene Strommenge auch bezahlt wurde. In diesem Zusammenhang kann es vorkommen, dass erst im folgenden Jahr die **Rechnung** für im vorangegangenen Jahr bezogenen Strom bezahlt wird. Dies kann berücksichtigt werden, wenn der Nachweis der Zahlung des im Referenzjahr verbrauchten Stroms bis zur **Ausschlussfrist des 30.6. des laufenden Jahres** gem. § 43 Abs. 1 EEG 2012 erfolgt.[127]

i) Die Nichtberücksichtigung der Privilegierung des Vorjahres bei der Berechnung der Stromkosten – § 41 Abs. 1 Nr. 1, Abs. 3 i.V.m. § 43 Abs. 1 Nr. 4 EEG 2012

125 Gemäß § 43 Abs. 1 S. 4 EEG 2012 gilt die **Fiktion der Nichtberücksichtigung der Privilegierung des Vorjahres.** Daraus folgt, dass bei der Berechnung des Verhältnisses der Stromkosten zur Bruttowertschöpfung Vergünstigungen, die aufgrund eines Antrags zur EEG-Umlagebegrenzung im Vorjahr entstanden sind, nicht berücksichtigt werden. Es wird demnach bei der Antragstellung in einem solchen Fall von den fiktiven Stromkosten ausgegangen, die höher liegen als die tatsächlichen, wenn die tatsächlichen Stromkosten wegen der Umlage-Begrenzung geringer ausgefallen sind.[128] Somit werden die EEG-Vergünstigungen des Vorjahres für die aktuelle Antragstellung wieder aus den Stromkosten herausgerechnet.

j) Sonderregelung für selbstständige Unternehmensteile

126 In § 41 Abs. 5 EEG 2012 wird wie bisher geregelt, dass auch selbstständige Unternehmensteile den Antrag stellen können. **Selbstständiger Unternehmensteil** gem. § 41 Abs. 5 EEG 2012 ist nunmehr ein solcher Teil eines Unternehmens, der zwar keine eigene Rechtspersönlichkeit haben muss, aber in der Lage ist, **rechtlich und tatsächlich ein eigenes Unternehmen** zu bilden.[129] Die Formulierung in § 41 Abs. 5 EEG 2012 stellt insoweit klar, dass eine eigene Rechtspersönlichkeit nicht notwendig ist.

127 In § 41 Abs. 5 S. 2 EEG 2012 werden die Bedingungen benannt, wann von einem selbstständigen Unternehmensteil auszugehen ist. So soll verhindert werden, dass durch künstlich geschaffene Unternehmensteile die Vorteile der besonderen Ausgleichsregeln durch eine Ausgliederung stromintensiver Teilbereiche eines Unternehmens in gesonderte Bereiche ausgenutzt werden.[130] Deswegen gelten Unternehmensteile, die lediglich Teil einer Produktionskette sind oder bei denen wesentliche

---

127 Vgl. Hessischer VGH, Urt. v. 14.9.2011 – 6 A 2864/09 = juris Rn 63.

128 Reshöft/*Schäfermeier*, § 43 Rn 12.

129 In der Gesetzesbegründung wird ausführlich dargelegt, wann dies vorliegen soll, vgl. BT-Drucks. 17/6071, S. 85.

130 Vgl. Informationen zur Anwendung von § 40 ff. EEG für das Jahr 2011 einschließlich erster Ausblick auf 2012 des BMU v. 15.10.2011, S. 2, abrufbar unter http://www.bmu.de/files/pdfs/allgemein/application/pdf/hg_ausgleichsregelung_2011_bf.pdf.

betriebliche Funktionsteile fehlen, nicht als eigenständig. Für Unternehmensteile, die durch eine Fusion Teil eines Unternehmens geworden sind, soll dagegen eine Vermutung für ihre Eigenständigkeit bestehen, wenn wesentliche Organisationsstrukturen erhalten geblieben sind.[131]

Praxistipp

Das Merkblatt II.A. des BAFA enthält insofern eine genaue Erläuterung, wann das BAFA von einem selbstständigen Unternehmensteil ausgeht.[132]

Aus diesem Merkblatt II.A. des BAFA wird umgekehrt auch deutlich, dass für die Begünstigung der gesamten an einer Abnahmestelle verbrauchten Strommenge eines Konzerns für jedes Einzelunternehmen des Konzerns, das rechtlich selbstständig ist, die Anspruchsvoraussetzungen erfüllt sein müssen.[133] Dies wird relevant, wenn ein Konzern aus mehreren Einzelunternehmen mit eigener Rechtspersönlichkeit an einer Abnahmestelle besteht, der Konzern insgesamt die Voraussetzungen für die Gewährung einer Begrenzung der EEG-Umlage erfüllt, aber nicht alle Einzelunternehmen für sich genommen.[134] 128

In § 41 Abs. 5 S. 3 und 4 EEG 2012 wird für selbstständige Unternehmensteile eine **Jahresabschlusspflicht** – Bilanz sowie Gewinn- und Verlustrechnung – statuiert. In der bestandsschützenden Übergangsregelung des § 66 Abs. 13a EEG 2012 werden indes solche selbstständigen Unternehmensteile von dieser – aufwendigen – Jahresabschlusspflicht befreit, die bereits früher – spätestens 2011 erstmalig – einen Antrag nach §§ 40 ff. EEG 2009 gestellt und bewilligt bekommen haben. Gemäß § 66 Abs. 13 EEG 2012 ist indes § 41 Abs. 5 S. 2 EEG 2012 gleichwohl bereits ab Antragstellung im Jahre 2012 anzuwenden.[135] 129

131 BT-Drucks. 17/6071, S. 85 re. Sp.

132 BAFA, Merkblatt II.A., Stand 9.3.2012, S. 12 ff., abrufbar unter http://www.bafa.de/bafa/de/energie/besondere_ausgleichsregelung_eeg/merkblaetter/index.html?fold=false.

133 BAFA, Merkblatt II.A., Stand 9.3.2012, S. 12, abrufbar unter http://www.bafa.de/bafa/de/energie/besondere_ausgleichsregelung_eeg/merkblaetter/index.html?fold=false; a.A. Poppe, ZNER 2012, 47, 50 f., für den systematische und teleologische Argumente gegen ein enges Verständnis des § 41 Abs. 5 EEG 2012 sprechen, nach dem auch in einem solchen Fall immer auf die rechtlich kleinste Einheit abzustellen ist; denn das Interesse der nicht begünstigten Stromabnehmer könnte bereits durch die Voraussetzung hinreichend geschützt sein, dass die begünstigte Strommenge an einer Abnahmestelle vorliegen muss, da dadurch ein Missbrauch innerhalb einer Konzernstruktur durch die Addition von Strommengen verschiedener Einzelunternehmen an unterschiedlichen Standorten verhindert wird.

134 So *Poppe*, ZNER 2012, 47, 50.

135 Im Einzelnen dazu *Salje*, EEG, § 43 Rn 73.

k) Sonderregelung für neu gegründete Unternehmen

130 § 41 Abs. 2a S. 1 EEG 2012 regelt, dass **neu gegründete Unternehmen** einen Antrag auf Ausgleich mit der Maßgabe stellen können, dass sie Daten nur für den für sie relevanten Teil des Geschäftsjahres seit der Neugründung übermitteln. Damit wurde die Diskussion im Rahmen des EEG 2009, ob neu gegründete Unternehmen mangels Nachweismöglichkeiten einen Antrag stellen können,[136] zugunsten der neu gegründeten Unternehmen beendet. Als Zeitpunkt der Neugründung gilt der Zeitpunkt, an dem erstmals **Strom zu Produktions- oder Fahrbetriebszwecken** aus dem Stromnetz entnommen wird.[137]

131 In S. 3 der Vorschrift werden solche Unternehmen als neu gegründet legaldefiniert, die unter Schaffung von im Wesentlichen neuem **Betriebsvermögen** ihre **Tätigkeit** erstmals aufnehmen, ohne durch eine **Umwandlung** entstanden zu sein. Der Begriff der Umwandlung ist dabei weiter zu verstehen, als nach dem Umwandlungsgesetz.[138] Er soll nach dem Willen des Gesetzgebers sämtliche Änderungen bereits bestehender Konstruktionen erfassen, sei es durch Verkauf von Unternehmensteilen, Ausgliederung oder Überlassung von Unternehmensteilen an Dritte o.Ä.[139] Liegt eine solche Umwandlung vor, muss ein Antrag gem. § 43 Abs. 1 EEG 2012 gestellt werden, der den Nachweis gem. § 41 Abs. 1 Nr. 1 über das gesamte vorangegangene abgeschlossene Betriebsjahr erfordert. Der privilegierte Antrag für neu gegründete Unternehmen ist nicht möglich.[140]

4. Die Regelung für Schienenbahnen – § 42 EEG 2012

132 § 42 EEG 2012 enthält die besonderen Ausgleichsregeln für Schienenbahnen.[141]

a) Schienenbahnen – § 42 Abs. 2 EEG 2012

133 Schienenbahnen sind alle Unternehmen, die auf Schienen Menschen oder Güter transportieren.[142] Erfasst sind Eisenbahnen aber auch alle anderen Bahnen, wie Schwebebahn, Magnetschwebebahn und nach ihrer Bau- und Betriebsweise ähnli-

136 Etwa VGH Kassel, Urt. v. 14.10.2009 – 6 A 1002/08 = ZNER 2009, 422, 422, das das Antragsrecht noch verneint; vgl. auch *Kachel*, IR 2010, 43, 44.

137 § 41 Abs. 2a S. 3 EEG 2012.

138 Umwandlungsgesetz v. 28.10.1994 (BGBl. I S. 3210; 1995 I S. 428) in der Fassung v. 22.12.2011 (BGBl. I S. 3044).

139 BT-Drucks. 17/6071, S. 84 re. Sp.

140 BT-Drucks. 17/6071, S. 84 re. Sp.

141 Vgl. dazu im Einzelnen BAFA, Merkblatt II B., Stand 19.3.2009, abrufbar unter http://www.bafa.de/bafa/de/energie/besondere_ausgleichsregelung_eeg/merkblaetter/index.html?fold=false.

142 BT-Drucks. 16/8148, S. 66 re. Sp.

che Bahnen.[143] Antragsberechtigt sind die **Betreiber der Bahnen**, wobei der Betrieb nicht der Hauptzweck sein muss. Die Bahn kann also auch dem betriebsinternen Werksverkehr dienen oder eine Bergbahn sein, solange die übrigen Voraussetzungen erfüllt sind.[144]

b) Fahrbetrieb – § 42 Abs. 2 Nr. 1 EEG 2012

Der Strom muss zudem unmittelbar für den **Fahrbetrieb** eingesetzt werden. Dabei 134
ist es unschädlich, wenn für den Fahrbetrieb auch noch andere Primärenergie, etwa Diesel, verwendet wird.[145] Strom für sonstige Einrichtungen wird nicht berücksichtigt.

Praxistipp !

Das BAFA verwendet zur Bestimmung dessen, was zum Fahrbetrieb gehört, die Regelung des § 9 Abs. 2 StromStG,[146] wobei dort betriebsinterner Schienenverkehr und Bergbahnen ausgenommen sind. Hierzu hat es Fallgruppen entwickelt.[147]

---

c) Abnahmestelle – § 42 Abs. 1 i.V.m. Abs. 3 EEG 2012

Für die Begrenzung der EEG-Umlage gem. § 42 Abs. 1 EEG 2012 ist der Stromverbrauch 135
an einer Abnahmestelle entscheidend. In § 42 Abs. 3 EEG 2012 wird Abnahmestelle im Unterschied zu § 41 EEG 2012 wegen der mangelnden Ortsgebundenheit als die **Summe der Verbrauchstellen für den Fahrbetrieb im Schienenbahnverkehr des Unternehmens** definiert. Da es an einem Betriebsgelände fehlt, vor allem wenn fremde Trassen genutzt werden, werden alle elektrischen Lokomotiven, Triebwagen und vergleichbaren Fahrzeuge als eine Abnahmestelle fingiert.[148]

d) Mindestmenge des verbrauchten Stroms – § 42 Abs. 2 Nr. 1 EEG 2012

Auch für die Antragsberechtigung sieht § 42 Abs. 2 Nr. 1 EEG 2012 einen **Mindest-** 136
stromverbrauch vor. Dieser beträgt für die jeweilige Schienenbahn mehr als 10 GWh

---

143 Vgl. Definition im Allgemeinen Eisenbahngesetz, § 2 AEG, sowie ergänzend im Gesetzesmaterial zum EEG 2004, BT-Drucks. 15/2864, S. 18.

144 Frenz/Müggenborg/*Posser/Altenschmidt*, § 42 Rn 11.

145 Frenz/Müggenborg/*Posser/Altenschmidt*, § 42 Rn 13.

146 Stromsteuergesetz v. 24.3.1999 (BGBl. I S. 378), zuletzt geändert durch Art. 2 des Gesetzes v. 1.3.2011 (BGBl. I S. 282).

147 BAFA, Merkblatt II B., Stand 19.3.2009, S. 6, abrufbar unter http://www.bafa.de/bafa/de/energie/besondere_ausgleichsregelung_eeg/merkblaetter/merkblatt_ii_b.pdf.

148 Siehe auch *Salje*, EEG, § 42 Rn 9 f.

an einer Abnahmestelle im vergangenen Geschäftsjahr, sofern dieser für den unmittelbaren Fahrbetrieb verbraucht wurde.

e) EEG-Umlage weitergereicht – § 42 Abs. 2 Nr. 2 EEG 2012

137 Weiterhin muss gem. § 42 Abs. 2 Nr. 2 EEG 2012 die EEG-Umlage tatsächlich zu Lasten der Schienenbahn erhoben worden sein. Dies kann durch Vorlage der entsprechenden **Rechnungen** nachgewiesen werden.

f) Verweis für die Nachweisführung und bezüglich neu gegründeter Unternehmen – § 42 Abs. 3 S. 2 i.V.m. §§ 41 Abs. 2 und 2a EEG 2012

138 Zur Nachweisführung gelten keine Besonderheiten gegenüber § 41 EEG 2012, da in § 42 Abs. 3 S. 2 EEG 2012 auf § 41 Abs. 2 EEG 2012 verwiesen wird. Auch die Regeln zu neu gegründeten Unternehmen in § 41 Abs. 2a EEG 2012 gelten nach dieser Vorschrift entsprechend.

g) Keine Regelung für Unternehmensteile

139 Für Unternehmensteile gibt es dagegen keine Vorgaben, da sie bei Schienenbahnen nicht bedeutsam sind.[149] Das liegt vor allem daran, dass die Bruttowertschöpfung nach dem Gesetz für Schienenbahnen keine Rolle spielt, sie ist keine Antragsvoraussetzung. Dementsprechend ist es für Schienenbahnen uninteressant, besonders stromintensive Unternehmensteile auszugliedern. Es genügt, den Stromverbrauch insgesamt zu ermitteln. Der Wegfall dieser Voraussetzung für Schienenbahnen hat das Ziel, die Antragstellung für Schienenbahnen zu erleichtern, was umweltpolitischen Erwägungen Rechnung trägt.[150]

5. Form, Verfahren, Frist – § 43 Abs. 1 S. 1, Abs. 2 EEG 2012

140 Nach § 43 Abs. 1 S. 1 EEG 2012 sind dem Antrag die **vollständigen Unterlagen** beizufügen. Dazu zählen der Nachweis, dass die Bedingungen für eine Befreiung entsprechend § 41 oder § 42 EEG 2012 vorliegen sowie die Nennung des zuständigen Elektrizitätsversorgungsunternehmens und des zuständigen Netzbetreibers.

141 Des Weiteren ist die **Frist** des § 43 Abs. 1 S. 1 EEG 2012 einzuhalten. Demnach ist der Antrag bis zum 30.6. des laufenden Jahres zu stellen. Hierzu wurde ausdrücklich klargestellt, dass es sich um eine **materielle Ausschlussfrist** handelt, so dass eine Wiedereinsetzung bei einem Versäumnis, selbst wenn dieses unverschuldet eingetre-

149 Vgl. Frenz/Müggenborg/*Posser*/*Altenschmidt*, § 42 Rn 25.
150 Frenz/Müggenborg/*Posser*/*Altenschmidt*, § 42 Rn 25.

ten ist, ausgeschlossen ist.[151] Bei neu gegründeten Unternehmen i.S.d. § 41 Abs. 2a EEG 2012 bzw. in entsprechender Anwendung auf Schienenbahnen kann der Antrag gem. § 43 Abs. 2 EEG 2012 bis zum 30.9. des laufenden Jahres gestellt werden. Im Übrigen gilt das Verwaltungsverfahrensgesetz des Bundes (VwVfG).[152]

Zum Zeitpunkt des Inkrafttretens der EEG-Novelle 2012 am 1.1.2012[153] waren die 142
genannten Antragsausschlussfristen für das Begrenzungsjahr 2012 am 30.6. bzw. 30.9.2011 indes bereits abgelaufen. Damit konnte das neue Recht weder ganz noch teilweise auf die das Jahr 2012 betreffenden Anträge angewendet werden. Anträge für das Jahr 2012 waren auf der Basis des alten Rechts[154] zu stellen und zu entscheiden.[155]

Praxistipp !

Für die Antragstellung im Jahr 2012 gilt die Übergangsvorschrift des § 66 Abs. 13 EEG 2012 bzw. mit Blick auf die Zertifizierung enthält das Untermerkblatt II A 1. des BAFA die Darstellung der vom BAFA akzeptierten Nachweise.[156]

---

6. Adressat und Wirksamkeit der Entscheidung – § 43 Abs. 1 S. 2 und 3 sowie Abs. 3 EEG 2012

Die Entscheidung über den Antrag ergeht gem. § 43 Abs. 1 S. 2 EEG 2012 mit Wirkung 143
gegenüber der **antragstellenden Person**, dem **Elektrizitätsversorgungsunternehmen** und dem **regelverantwortlichen ÜNB**. Dem antragstellenden Unternehmen wird der Bescheid zugestellt, die anderen Betroffenen erhalten einen Durchschlag.[157] Die Wirkung des Bescheides erstreckt sich demgemäß auch auf das Verhältnis des Elektrizitätsversorgungsunternehmens zum ÜNB. Zeitpunkt und Dauer der Wirksamkeit regelt S. 2 der Vorschrift: **jeweils zum 1.1. für ein Jahr**.

Nach § 43 Abs. 3 EEG 2012 wird der **Anspruch des ÜNB** gegen das Elektrizitäts- 144
versorgungsunternehmen auf **Zahlung der EEG-Umlage** entsprechend der Entscheidung des BAFA verringert, was auch im Rahmen des § 36 EEG 2012 zu beachten ist.[158] Dieser regelt den Ausgleich zwischen den ÜNB. Damit wird erreicht, dass sowohl die Elektrizitätsversorgungsunternehmen als auch die ÜNB den Ausfall der EEG-Umlage

---

151 § 43 Abs. 1 EEG 2012.

152 Reshöft/*Schäfermeier*, § 40 Rn 16.

153 EEG 2012 v. 28.7.2011, BGBl. I S. 1634.

154 §§ 40 ff. EEG 2009.

155 Vgl. dazu auch *Salje*, EEG, § 43 Rn 67 f.

156 Zu Antragstellung im Jahr 2012 siehe oben Rn 116 ff. und BAFA, Untermerkblatt II A 1., Stand 15.12.2011, S. 8 ff., abrufbar unter http://www.bafa.de/bafa/de/energie/besondere_ausgleichsregelung_eeg/merkblaetter/index.html?fold=false.

157 BT-Drucks. 16/8148, S. 67 li. Sp.

158 Vgl. Reshöft/*Schäfermeier*, § 44 Rn 5.

nicht auffangen müssen, sondern die EEG-Umlage für alle Letztverbraucher insgesamt steigt.[159]

7. Auskunftspflicht – § 44 EEG 2012

145 Weiterhin entsteht eine **Auskunftspflicht** gem. § 44 EEG 2012. Diese war so auch schon in den Vorgängergesetzen vorgesehen.[160] Sie trifft die Begünstigten einer Entscheidung nach § 40 Abs. 1 EEG 2012. Dies sind das antragstellende Unternehmen, das Elektrizitätsversorgungsunternehmen und der ÜNB. Sie dient dazu, die nötigen Informationen für den **Erfahrungsbericht der Bundesregierung** nach § 65 EEG 2012 zu erhalten.[161] Die Pflicht besteht gegenüber dem BMU und seinen Beauftragten. Sie entsteht jedoch nur auf **Verlangen der Auskunftsberechtigten**. Es ist Auskunft über alle Tatsachen zu geben, die zur Beurteilung darüber benötigt werden, ob die Ziele des § 40 Abs. 1 S. 2 EEG 2012 erreicht werden. Hierzu gehören:
- die tatsächlichen Strombeschaffungskosten,
- die tatsächliche Belastung durch die EEG-Zuschläge und
- die Auswirkungen des EEG auf die Preise der kurzfristigen Strombeschaffung.[162]

146 Die zur Auskunftspflicht geregelte Datenschutzpflicht nach § 44 S. 2 EEG 2012 trifft die Auskunftsberechtigten. Sie gibt den Auskunftspflichtigen nicht das Recht nach dem EEG, die Auskunft unter Berufung auf Geschäfts- und Betriebsgeheimnisse zu verweigern, da diese gem. § 44 S. 2 EEG 2012 gewahrt werden.[163]

8. Rechtsschutz

147 Gegen den Bescheid über die Begrenzung der EEG-Umlage oder die Ablehnung des Antrags ist der Verwaltungsrechtsweg eröffnet.[164] Denn es handelt sich bei dem Bescheid um einen Verwaltungsakt gem. § 35 S. 1 VwVfG. Vor der Klage ist ein Widerspruchsverfahren durchzuführen, wobei das BAFA Widerspruchsbehörde gem. § 73 Abs. 1 Nr. 2 VwGO ist. Klagebefugt sind alle **Adressaten**, somit wiederum sowohl das begünstigte Unternehmen als auch die betroffenen Elektrizitätsversorgungsunternehmen und ÜNB. Dagegen sind **nicht privilegierte Letztverbraucher** nicht klagebefugt, da sie nur reflexiv durch die Ausgleichsregelung betroffen werden.[165]

---

159 Vgl. *Salje*, EEG, § 36 Rn 8.

160 § 44 EEG 2009, § 16 Abs. 9 EEG 2004.

161 BT-Drucks. 16/8148, S. 68 li. Sp.

162 Reshöft/*Schäfermeier*, § 44 Rn 7.

163 Siehe auch EEG-Erfahrungsbericht 2007, S. 156 f., abrufbar unter http://www.bmu.de/files/pdfs/allgemein/application/pdf/erfahrungsbericht_eeg_2007.pdf.

164 *Salje*, EEG, § 43 Rn 49.

165 Altrock/Oschmann/Theobald/*Altrock*/*Theobald*, § 16 Rn 43.

C. Belastungsausgleich nach dem KWKG

I. Einführung

Anders als im EEG findet nach § 9 KWKG lediglich **ein finanzieller Belastungsausgleich** für die vom Netzbetreiber an den Anlagenbetreiber gezahlten Zuschläge statt. Der KWK-Strom wird zwar vom Netzbetreiber abgenommen, aber nicht weitergewälzt. Für die an den Anlagenbetreiber geleisteten Zuschläge erhält der Netzbetreiber einen finanziellen Ausgleich vom vorgelagerten ÜNB. Nachdem die ÜNB die Belastungen untereinander ausgeglichen haben, findet eine **Rückwälzung der Belastung auf die Netzbetreiber** statt. Diese erheben dann gegenüber den Letztverbrauchern einen **Aufschlag auf die Netzentgelte.** Anders als im EEG gibt es damit im eigentlichen Sinne keine Umlage für die KWK-Wälzung. 148

Der **Ausgleichsmechanismus des KWKG** entwickelt sich zunehmend zu einer zentralen Norm für die bundesweit einheitliche Verteilung von in den Regelzonen in unterschiedlicher Höhe auftretenden Kostenpositionen. So werden sowohl die Kosten der Netzanbindung **von Offshore-Anlagen[166] als auch die Kosten der Erdverkabelung bei EnLAG-Projekten[167] zwischen den ÜNB entsprechend § 9 Abs. 3 KWKG untereinander ausgeglichen. Auch die Kosten für den Reservebetrieb eines Kernkraftwerks wären nach § 118a Abs. 3, 2. Hs. auf diese Weise ausgeglichen worden. Mangels Anordnung des Reservebetriebs durch die BNetzA[168] ist diese Regelung aber gegenstandslos.** 149

Während für die Kosten von Offshore-Anbindung und Erdverkabelung lediglich der horizontale Belastungsausgleich des KWKG für anwendbar erklärt wird, kommt für die Verteilung der **Kosten der Netzentgeltbefreiung stromintensiver Verbraucher nach § 19 Abs. 2 StromNEV** der gesamte Ausgleichsmechanismus zum Tragen. § 19 Abs. 2 S. 7, 2. Hs. StromNEV verweist anders als die oben erwähnten Vorschriften auf § 9 KWKG in seiner Gesamtheit. Somit findet auch der **vertikale Belastungsausgleich** Anwendung, weswegen für die entgangenen Erlöse aus § 19 Abs. 2 StromNEV die sog. §-19-Umlage erhoben wird.[169] 150

166 § 17 Abs. 2a S. 7, 2. Hs. EnWG.
167 § 2 Abs. 4 S. 5 EnLAG.
168 Vgl. BNetzA, Bericht zur Notwendigkeit eines Reservekernkraftwerks i.S.d. Neuregelungen des Atomgesetzes vom 31.8.2011.
169 Vgl. auch die Festlegung der BNetzA zur §-19-Umlage vom 14.12.2011 – BK8-11-024 –.

II. Vergütung des Anlagenbetreibers

151 Grundlage der zu wälzenden Belastungen nach dem KWKG sind **die vom Netzbetreiber an den Anlagenbetreiber gezahlten Vergütungen.**[170]

III. Hochwälzung zwischen Netzbetreiber und Übertragungsnetzbetreiber

152 Als **Ausgleich der Zuschlagszahlungen an KWK-Anlagenbetreiber** und/oder Wärmenetzbetreiber erhalten die Netzbetreiber Ausgleichszahlungen vom vorgelagerten ÜNB gem. § 9 Abs. 1 KWKG. Hierauf sind gem. § 9 Abs. 5 KWKG monatliche Abschläge zu leisten. Der Ausgleich der an Wärmenetzbetreiber ausgezahlten Zuschlagszahlungen durch den ÜNB erfolgt dabei fallbezogen auf Rechnung des Netzbetreibers. Der Ausgleichsanspruch richtet sich somit nicht gegen den unmittelbar vorgelagerten Netzbetreiber, sondern gegen den regelverantwortlichen ÜNB. Abgedeckt werden nur die Kosten für die Zuschläge, der für den aufgenommenen KWK-Strom gezahlte Preis selbst wird nicht in den Ausgleichsmechanismus einbezogen.[171]

153 Die Netzbetreiber müssen die in einem Kalenderjahr geleisteten Zuschlagszahlungen an KWK-Anlagenbetreiber und an Wärmenetzbetreiber **bis zum 15.4. des Folgejahres** dem vorgelagerten ÜNB melden, da diese Daten für die Ermittlung des Kürzungssatzes nach § 7 Abs. 9 KWKG erforderlich sind, welche der ÜNB bis zum 30.4. dem BAFA melden muss.[172] Nicht oder nicht rechtzeitig vorgelegte Daten können vom ÜNB geschätzt werden.[173] Der **Fristenkalender ergibt sich dabei aus der Umsetzungshilfe zum KWKG**, gesetzlich sind keine Fristen geregelt.

154 Die Differenz zwischen den Abschlagszahlungen und den tatsächlichen Zuschlagszahlungen an Anlagenbetreiber wird in einer **Jahresabrechnung** ausgeglichen. Zur Nachvollziehbarkeit der Abrechnungen gehört insbesondere, dass der produzierte KWK-Strom entsprechend der Anlagen-Kategorien und der dazugehörigen Fördersätze ausgewiesen wird. Für den Nachweis der Wärmenetzförderung dient die Vorlage einer Kopie des Zulassungsbescheids der zuständigen Stelle.

---

170 Siehe hierzu Kap. 5 Rn 359 ff.

171 *Gabler/Jaskulke*, KWKG 2009, S. 189.

172 § 7 Abs. 9 S. 3 KWKG.

173 Umsetzungshilfe zum Kraft-Wärme-Kopplungsgesetz – KWKG, abrufbar unter: http://www.bdew.de/internet.nsf/id/DE_KWK-G-Umsetzungshilfen.

IV. Horizontaler Belastungsausgleich der Übertragungsnetzbetreiber

Um den **horizontalen Belastungsausgleich gem. § 9 Abs. 3 KWKG** zwischen den ÜNB durchführen zu können, liegt es im Aufgabenbereich jedes ÜNB, den Gesamtumfang von Zuschlags- und Ausgleichszahlungen sowie die gesamte Stromabgabe an Letztverbraucher innerhalb seiner Regelzone im Berechnungszeitraum zu erfassen. Nach Zusammenfassung der Daten aller ÜNB werden die horizontalen Belastungsausgleichszahlungen zwischen den ÜNB ermittelt. Auch auf diese Zahlungen erfolgen monatliche Abschläge. 155

Die gesamte in der jeweiligen Regelzone durch Netzbetreiber für die allgemeine Versorgung an Letztverbraucher ausgespeiste Strommenge wird nach **drei Letztverbrauchergruppen** differenziert. Die Unterscheidung dieser drei Gruppen und die Aufteilung der Letztverbrauchsmengen auf die Endverbrauchskategorien A, B und C ist unter VI. dargestellt. 156

Im Ergebnis dieses Ausgleichsverfahrens tragen **alle ÜNB im Verhältnis die gleiche finanzielle Belastung**. Die Belastungen sind daher trotz regional unterschiedlich hoher Einspeisungen und unterschiedlicher Letztverbraucherstrukturen einheitlich.[174] 157

V. Rückwälzung zwischen Übertragungsnetzbetreiber und Netzbetreiber

Nach § 9 Abs. 4 KWKG haben die ÜNB einen **Anspruch auf Belastungsausgleich** gegen die ihnen unmittelbar und mittelbar nachgelagerten Netzbetreiber, bis alle Netzbetreiber die gleichen wirtschaftlichen Belastungen nach § 9 Abs. 3 KWKG tragen. 158

Netzbetreiber i.S.d. KWKG sind gemäß der Legaldefinition in § 3 Abs. 9 KWKG die **Betreiber von Netzen für die allgemeine Versorgung** mit Elektrizität. **Betreiber von Industrienetzen oder Arealnetzen** werden generell nicht erfasst, es sei denn, es handelt sich im Einzelfall um Netze für die allgemeine Versorgung. Gleiches gilt dementsprechend für **geschlossene Verteilernetze** gem. § 110 EnWG, welche keine Energieversorgungsnetze der allgemeinen Versorgung i.S.d. § 3 Nr. 17 EnWG sind. 159

Die **gleichmäßige Belastung aller Netzbetreiber** ist notwendig, um schließlich über § 9 Abs. 7 KWKG die durch das KWKG entstehenden Belastungen gleichmäßig auf alle Letztverbraucher zu verteilen.[175] Im Zusammenspiel bewirken horizontaler und vertikaler Belastungsausgleich somit, dass die Belastungen gleichmäßig auf alle Netzbetreiber im Bundesgebiet – unabhängig von der konkreten Einspeisesituation im jeweiligen Netz – verteilt werden. 160

---

174 *Gabler/Jaskulke*, KWKG 2009, S. 192.
175 BK-EnR/*Topp*, § 9 KWKModG Rn 16.

161 Da der Belastungsausgleich erst nachträglich erfolgen kann, wenn die tatsächlich im vorangegangenen Jahr vergüteten Strommengen und die gesamte Stromabgabe feststehen, müssen **Abschlagszahlungen** geleistet werden.[176] Andernfalls kämen durch die Vorfinanzierung auf die Betreiber der aufnehmenden Netze zusätzliche Belastungen zu.[177] Die Differenzen zwischen den geleisteten Abschlagszahlungen und der Spitzabrechnung nach Vorliegen der realen Ist-Werte werden im auf die Jahresabrechnung folgenden Jahr angerechnet. Um die Höhe der Ausgleichszahlungen berechnen zu können, melden die Netzbetreiber den ÜNB die Strommengen gemäß den Endverbrauchskategorien A, B und C des § 9 Abs. 7 KWKG.

162 Die Regelung zur Abschlagszahlung findet sowohl im Rahmen des horizontalen Belastungsausgleich der ÜNB untereinander (siehe oben) als auch der ÜNB zu den nachgelagerten Netzbetreibern Anwendung.

163 Gemäß § 9 Abs. 6 S. 2 KWKG kann jeder Netzbetreiber verlangen, dass die anderen Netzbetreiber ihre für den Belastungsausgleich erforderlichen Angaben durch einen Wirtschaftsprüfer oder vereidigten Buchprüfer bescheinigen lassen. Von diesem Recht wird aus Gründen der Rechtssicherheit und Transparenz allgemein Gebrauch gemacht, so dass die **Netzbetreiber ihre Angaben jährlich bescheinigen lassen**.

! **Praxistipp**

Die **Bescheinigungen** enthalten folgende Angaben:
- im Hinblick auf die Zuschlagszahlungen die zuschlagsberechtigten KWK-Strommengen einschließlich der Zuordnung zu den einzelnen Anlagenkategorien;
- die geleisteten Zuschlagszahlungen für den Neu- und Ausbau von Wärmenetzen;
- im Hinblick auf den Letztverbraucherabsatz i.S.d. § 9 Abs. 7 S. 1, 2 und 3 KWKG, einschließlich der Zuordnung zu den einzelnen Endverbrauchskategorien A, B, C.

---

164 Die Prüfungsdurchführung sowie der Aufbau der Bescheinigungen orientieren sich dabei am **Prüfungsstandard des IDW** in der jeweils aktuell gültigen Fassung. Die Bescheinigungen sind dem für den Netzbetreiber verantwortlichen ÜNB bis zum 25.6. des Folgejahres zu übergeben.[178]

165 Ein Netzbetreiber, dessen Aufwand an KWK-Zuschlagszahlungen unter 20.000 € pro Jahr und dessen Erlös an KWK-Aufschlägen von Letztverbrauchern unter 20.000 € pro Jahr liegt, ist **von der Bescheinigungspflicht befreit**. In diesem Fall hat der betreffende Netzbetreiber eine Eigenbestätigung, die sich ebenfalls an der Mustervorlage der Wirtschaftsprüferbescheinigungen gemäß IDW-Prüfungsstandard orientiert, bis 25.6. des Folgejahres an den ÜNB zu übergeben. Die Prüfung der Einhaltung der

---

176 § 9 Abs. 5 KWKG.

177 BT-Drucks. 14/7024, S. 14.

178 Umsetzungshilfe zum Kraft-Wärme-Kopplungsgesetz – KWKG, abrufbar unter: http://www.bdew.de/internet.nsf/id/DE_KWK-G-Umsetzungshilfen.

Bagatellgrenzen erfolgt beim entgegennehmenden ÜNB. Stellt der ÜNB fest, dass eine der o.g. Grenzen überschritten wird, entfällt die Befreiung.[179]

VI. Überwälzung der Mehrkosten auf die Netzentgelte

Die Netzbetreiber sind gem. § 9 Abs. 7 S. 1 KWKG berechtigt, geleistete Zuschlags- 166
zahlungen, soweit sie nicht erstattet worden sind und Ausgleichszahlungen bei der **Netzentgeltberechnung** in Ansatz zu bringen.

Berücksichtigungsfähig sind ausschließlich Zuschlags- und Ausgleichszahlun- 167
gen nach dieser Bestimmung, die tatsächlich bei dem Netzbetreiber verblieben sind, aber keine sonstigen Kosten. Hat der Netzbetreiber Ausgleichszahlungen erhalten oder sonstige Ersparnisse gehabt, sind diese von den berücksichtigungsfähigen Zahlungen abzuziehen.[180]

Die Weiterwälzung erfolgt dementsprechend durch die Netzbetreiber auf die 168
angeschlossenen Letztverbraucher im Rahmen eines **Aufschlags auf die Netzentgelte**. Eine **Definition des Letztverbraucherbegriffs** erfolgt im KWKG nicht. Eine Klarstellung ist derzeit auch nicht in den Entwürfen zur Novellierung des KWKG 2012 vorgesehen, so dass weiterhin auf die generelle Definition des § 3 Nr. 25 EnWG zurückzugreifen ist. Danach sind Letztverbraucher natürliche oder juristische Personen, die Energie für den eigenen Verbrauch kaufen.

Letztverbraucher mit einem Jahresverbrauch von bis zu 100.000 kWh (Kate- 169
gorie A) zahlen dabei den KWK-Aufschlag für den gesamten Strombezug je Abnahmestelle. Auch die Letztverbraucher der Kategorien B und C zahlen bis zur Höhe des Sockelbetrages von 100.000 kWh den Aufschlag in voller Höhe.

Für Letztverbraucher, deren Jahresverbrauch an einer Abnahmestelle mehr als 170
100.000 kWh beträgt, darf sich nach § 9 Abs. 7 S. 2 KWKG das Netznutzungsentgelt für über 100.000 kWh hinausgehende Strombezüge aus dem Netz für die allgemeine Versorgung an dieser Abnahmestelle höchstens um 0,05 ct/kWh erhöhen (**Letztverbraucherkategorie B**).

Auch der **Begriff der „Abnahmestelle"** ist gesetzlich nicht festgelegt. Hierbei 171
kann auf die Definition der BNetzA zur Abnahmestelle im Rahmen der Genehmigung individueller Netzentgelte[181] zurückgegriffen werden. Der Leitfaden führt dazu unter Ziffer 1.6 – Abnahmestelle wie folgt aus:

---

179 IDW PS 971, abrufbar unter www.idw.de.

180 BT-Drucks. 14/7024, S. 14.

181 Leitfaden zur Genehmigung von individuellen Netzentgelten nach § 19 Abs. 2 S. 1 StromNEV und von Befreiungen von den Netzentgelten nach § 19 Abs. 2 S. 2 StromNEV (Stand 2011), abrufbar unter http://www.bundesnetzagentur.de/DE/DieBundesnetzagentur/Beschlusskammern/BK4/Individuelle_Netzentgelte%20Strom/Leitfaden_indiv_Netzentgelte_2011/Leitfaden_neu_2011_download.pdf?_blob=publicationFile.

„Abnahmestelle im Sinne von § 19 Abs. 2 StromNEV sind alle räumlich zusammenhängenden elektrischen Einrichtungen des Unternehmens auf einem Betriebsgelände, das über einen oder mehrere Entnahmepunkte mit dem Netz des Netzbetreibers verbunden ist. Das Bestehen eines räumlichen Zusammenhangs zwischen den elektrischen Einrichtungen auf einem Betriebsgelände setzt voraus, dass die Möglichkeit besteht, die betreffenden Entnahmepunkte untereinander galvanisch zu verbinden. Die Zusammenfassung mehrerer Entnahmepunkte zu einer Abnahmestelle ist dagegen nicht möglich, wenn das Unternehmen an geografisch verschiedenen Stellen mit dem Netz der allgemeinen Versorgungen verbunden ist oder die Abnahme in unterschiedlichen Spannungsebenen oder in unterschiedlichen Netzgebieten erfolgt. Ist das Kriterium räumlich zusammenhängender elektrischer Einrichtungen erfüllt, erfolgt die Bewertung der Genehmigungsvoraussetzungen anhand des Abnahmeverhaltens an der „gesamten" Abnahmestelle des Letztverbrauchers. Ist das Kriterium der galvanischen Verbindung nicht erfüllt, wird das individuelle Netzentgelt bzw. die Befreiung von den Netzentgelten separat für jeden Entnahmepunkt genehmigt.
Im Ergebnis ist der Begriff der Abnahmestelle im Sinne von § 19 Abs. 2 StromNEV somit weiter zufassen, als der im § 17 StromNEV verwendete Begriff der Entnahmestelle."

172 Ergänzend zu beachten ist dabei auch die **Festlegung der BNetzA zum sog. „Pooling"** mehrerer Anschlüsse im Rahmen der Abrechnung.[182]

173 Zu beachten ist hierbei die **Erfordernis des entsprechenden Jahresverbrauchs im Kalenderjahr.** Auch bei abweichenden Abrechnungsperioden (z.B. Geschäftsjahr abweichend vom Kalenderjahr) ist ein kalenderjahrbezogener Nachweis vom Letztverbraucher zu erbringen.

174 Sind Letztverbraucher Unternehmen des produzierenden Gewerbes, deren Stromkosten im vorangegangenen Kalenderjahr 4 % des Umsatzes überstiegen (**Letztverbraucherkategorie C**), darf sich das Netznutzungsentgelt für über 100.000 kWh hinausgehende Lieferungen höchstens um die Hälfte des Betrages nach § 9 Abs. 7 S. 2 KWKG erhöhen.[183] Die gesetzliche Regelung wird dabei in der Umsetzung so verstanden, dass entsprechend der Aufschlagsdeckelung von 0,05 ct/kWh in § 9 Abs. 7 S. 2 KWKG in diesen Fällen ein Maximalbetrag von 0,025 ct/kWh Anwendung findet.

175 Ob es sich um ein **Unternehmen des produzierenden Gewerbes** handelt, ergibt sich nach der abschließenden **Klassifikation der Wirtschaftszweige des Statistischen Bundesamtes.**[184]

176 Ein Letztverbraucher, der eine **Eingruppierung in die Endverbrauchskategorie C (stromintensiver Verbraucher)** anstrebt, hat per Bescheinigung nachzuwei-

182 Festlegung zur Abrechnung mehrerer Entnahmestellen mit zeitgleicher Leistung (Pooling) in Abweichung von § 7 Abs. 8 StromNEV abrufbar unter www.bundesnetzagentur.de.
183 § 9 Abs. 7 S. 3 KWKG.
184 Unternehmen des produzierenden Gewerbes sind Unternehmen des Bergbaus, des verarbeitenden Gewerbes, des Baugewerbes, der Elektrizitäts-, Gas-, Fernwärme- oder Wasserversorgungswirtschaft, die einem Abschnitt A–F in der Klassifikation der Wirtschaftszweige des Statistischen Bundesamts, Ausgabe 2003 (WZ 2003), zuzuordnen sind. Abrufbar unter www.destatis.de.

sen, dass die Stromkosten im vorangegangenen Kalenderjahr 4 % des Umsatzes überstiegen. Liegt die Ersparnis aufgrund dieser Eingruppierung unter 1.000 € pro Jahr im Vergleich zur Letztverbraucherkategorie B, so kann nach Abstimmung mit dem Netzbetreiber in den Folgejahren eine Bescheinigung entfallen, sofern der Letztverbraucher die o.g. Voraussetzungen anderweitig zweifelsfrei nachweist.[185]

Praxistipp !

Die Bescheinigung ist dem zuständigen Netzbetreiber auf Basis von Daten des Jahres t–1 für das Jahr t bis zum 31.3. des Jahres t+1 vorzulegen (z.B. Privilegierung für das Jahr 2010 auf Basis von Daten des Jahres 2009 bis zum 31.3.2011).

Ein entsprechendes **Muster der Bescheinigung** über die Erfüllung des 4 %-Kriteriums findet sich im jeweils aktuellen Prüfungsstandard des IDW.[186] 177

VII. Geschlossene Verteilernetze im Belastungsausgleich

Wie oben dargestellt, nehmen **geschlossene Verteilernetze** gem. § 110 EnWG **nicht am Belastungsausgleich nach dem KWKG teil**, da diese nicht als Netzbetreiber gem. § 3 Nr. 9 KWKG zu klassifizieren sind. 178

Da die Betreiber geschlossener Verteilernetze aus o.g. Grund nach § 4 Abs. 1 KWKG **nicht zur Zahlung von Zuschlägen verpflichtet** sind, treffen sie auch keine finanziellen Lasten, die im Rahmen des Belastungsausgleichs auszugleichen wären.[187] 179

Der für den **Eigenverbrauch** erzeugte Strom ist aus dem Umlagesystem ausgenommen. Er wird daher nach dem KWKG weder vergütet noch mit dem Aufschlag belastet.[188] 180

Differenzierter ist jedoch die Frage zu beleuchten, wie die Situation zu beurteilen ist, wenn **Letztverbraucher, die an ein geschlossenes Verteilernetz angeschlossen sind,** mit Strom versorgt werden, der über ein Netz der allgemeinen Versorgung (durch den geschlossenen VNB oder den Lieferanten) geliefert wurde. 181

Das KWKG verlangt gerade **keine unmittelbare Ausspeisung des Stroms an Letztverbraucher**, so dass auch die mittelbar über geschlossene Verteilernetze an Letztverbraucher gelieferten Strommengen von den Berechnung nach § 9 Abs. 2, 3 182

---

185 Umsetzungshilfe zum Kraft-Wärme-Kopplungsgesetz – KWKG, abrufbar unter: http://www.bdew.de/internet.nsf/id/DE_KWK-G-Umsetzungshilfen.

186 IDW PS 971, abrufbar unter www.idw.de.

187 *Gabler/Jaskulke*, KWKG 2009, S. 203.

188 BT-Drucks. 14/7024, S. 14.

KWKG berücksichtigt werden. Nur wenn auch diese Letztverbraucher erfasst werden, kann eine gleichmäßige Belastung aller Letztverbraucher erreicht werden.[189]

183 Strittig ist jedoch die **Abrechnung des KWK-Aufschlags gegenüber Letztverbrauchern in geschlossenen Verteilernetzen**. Grundsätzlich wird durch die abrechnenden Netzbetreiber der Verbrauch „an der Klemme“, mithin der Bezug aus dem Netz der allgemeinen Versorgung, beaufschlagt. Ungeklärt ist hierbei die Frage, ob das geschlossene Verteilernetz als ein Letztverbraucher zu betrachten ist, so dass nur einmalig die **Sockelmenge von 100.000 kWh** nach Kategorie A abgerechnet wird oder ob diese für jeden an das geschlossene Verteilernetz angeschlossenen Letztverbraucher angesetzt wird.[190]

184 Auch ist bislang ungeregelt, in **welche Letztverbraucherkategorie das geschlossene Verteilernetz** eingestuft wird. Hierbei ist grundsätzlich denkbar, dass diese nach Kategorie B beaufschlagt wird, es sei denn, alle Letztverbraucher im Netz erfüllen die Voraussetzungen der Kategorie C oder es erfolgt eine anteilige Beaufschlagung nach den im Netz vertretenen Kategorien. In der Praxis erfolgt die Abrechnung untereinander aufgrund der testierten Mengen. Die Verteilung des berechneten KWK-Aufschlags an die angeschlossenen Letztverbraucher erfolgt dabei individuell durch den Betreiber des geschlossenen Verteilernetzes.

---

189 BK-EnR/*Topp*, § 9 KWKG Rn 13 m.w.N.

190 Vgl. dazu umfassend *Gabler/Jaskulke*, KWKG 2009, S. 203 ff.

Kapitel 7
Erneuerbare-Energien-Wärmegesetz

A. Zweck und Ziel des Gesetzes und Bedeutung für die Praxis

Fast 20 Jahre hat sich die Klimaschutzgesetzgebung in Deutschland, beginnend mit dem Stromeinspeisegesetz, auf die **Erzeugungsseite** konzentriert. Zwar war das Energieeinsparungsgesetz vom 22.7.1976 bereits am 29.7.1976 in Kraft getreten, wodurch erstmals die Verpflichtung vorgesehen wurde, dass bei der Errichtung von Gebäuden die vermeidbaren Energieverluste beim Heizen und Kühlen unterbleiben sollen. Allerdings war in diesem Zusammenhang keinerlei Bezug zu den erneuerbaren Energien hergestellt.[1] 1

Dies änderte sich mit dem Erneuerbare-Energien-Wärmegesetz, das nach knapp sechsmonatiger Beratung[2] am 7.8.2008 erlassen wurde und am 1.1.2009 in Kraft trat.[3] Unabhängig von der Einsparverpflichtung nach dem Energieeinsparungsgesetz wurden im EEWärmeG Instrumente vorgesehen, die nicht – wie im EEG – die Energieerzeugung aus erneuerbaren Energien, sondern den Einsatz von erneuerbaren Energien auf der **Verbrauchsseite** fördern sollten. Denn Grundprinzip des Gesetzes ist, die Eigentümer von neuerrichteten Gebäuden zu verpflichten, den **Wärme- und Kälteenergiebedarf** der Gebäude durch die anteilige Nutzung von erneuerbaren Energien zu decken.[4] Der Gesetzgeber begründete diesen Schritt damit, dass trotz der großen Potenziale, die im Wärmesektor lägen, bislang ein Instrument fehlte, das ähnlich erfolgreich wie das EEG im Stromsektor sei und den dynamischen Ausbau erneuerbarer Energien bewirke.[5] 2

Aus Sicht des Gesetzgebers war diese Maßnahme durchaus konsequent. Denn es lag auf der Hand, die Nachfrage nach der über das EEG bereits in der Erzeugung geförderten Energie durch entsprechende gesetzliche Vorgaben zumindest in einem für die Beteiligten verlässlichen Rahmen vorhersagbar zu machen. Allerdings ist das System insgesamt von dem **Mechanismus von Angebot und Nachfrage** ohnehin **abgekoppelt**, weil der nach dem EEG geförderte Strom von den vorgelagerten Netzbetreibern grundsätzlich unabhängig davon abgenommen werden muss, ob ein konkre- 3

1 Näher *Ekardt/Heitmann*, ZNER 2009, 346, 353, auch *Müller*, ZNER 2008, 132, 136; einen Überblick zum Gebäude-Wärmeschutz und der Gesetzgebung zu Erneuerbaren Energien gibt *Mechel*, ZUR 2011, 184; zu den landes- und kommunalpolitischen Ansätzen der Wärme und Kälteerezeugung aus erneuerbaren Energien Müller/Oschmann/Wustlich/*Müller*, EEWärmeG, Einl. Rn 50 ff.

2 Regierungsentwurf BT-Drucks. 16/8149; ausführlich zur Entstehungsgeschichte Müller/Oschmann/Wustlich/*Müller*, EEWärmeG, Einl. Rn 89 ff.

3 BGBl. I 2008, S. 1658; zur Gesetzgebungskompetenz *Milkau*, ZUR 2008, 561.

4 Zum europarechtlichen Hintergrund vgl. *Lehnert/Vollprecht*, ZUR 2009, 307, 314 f.

5 BT-Drucks. 16/8149, S. 12 li. Sp.

ter Abnehmer zur Verfügung steht. Anders als bei der herkömmlichen Durchleitung müssen die Betreiber von EEG-Anlagen in keiner mit einem Kunden abgeschlossenen Lieferbeziehung stehen, um den Strom in das Netz einspeisen zu können.

4 Das Instrumentarium des EEWärmeG ist, umgekehrt betrachtet, in Teilen mit der Erzeugung gekoppelt, und zwar mit der Erzeugung vor Ort. So ergänzt es, wie in der oben zitierten Gesetzespassage zum Ausdruck kommt, die mit dem EEG geförderte Stromerzeugung aus erneuerbaren Energien durch die Verpflichtung, den Wärme- und Kältebedarf – anteilig – aus erneuerbaren Energien zu decken. Dies hat in der Praxis zur Folge, dass eine ganz andere Anlagenform durch das EEWärmeG gefördert wird, nämlich in erster Linie **Solarkollektoren** für die Warm- und Heizwasserunterstützung und **Luft-Wärme-Tauscher**. Der Gesetzgeber war der Auffassung, auf diese Weise den von ihm errechneten, notwendigen Anstieg der erneuerbaren Energien bei der Wärme- und Kälteversorgung von seinerzeit 6 % auf 14 % erreichen zu können.[6]

B. Grundzüge der Regelung

I. Betroffene Gebäude

5 Der Kreis der Gebäude, die für ihren Wärme- und Kältebedarf der Nutzungspflicht nach § 3 EEWärmeG unterliegen, ist in mehrfacher Hinsicht **differenziert** zu betrachten.

6 Die erste wesentliche Unterscheidung ist, ob die Gebäude im **privaten Eigentum** stehen oder im **Eigentum der öffentlichen Hand**. Was unter der öffentlichen Hand im Sinne des EEWärmeG zu verstehen ist, wird in § 2 Abs. 2 Nr. 6 EEWärmeG definiert. Danach fällt unter den Begriff der öffentlichen Hand jede inländische Körperschaft, Personenvereinigung oder Vermögensmasse des öffentlichen Rechts mit Ausnahme von Religionsgemeinschaften und jede Körperschaft, Personenvereinigung oder Vermögensmasse des Privatrechts, wenn an ihr eine Person des öffentlichen Rechts allein oder mehrere Personen des öffentlichen Rechts zusammen unmittelbar oder mittelbar die Mehrheit des gezeichneten Kapitals besitzen, über die Mehrheit mit den Anteilen verbundenen Stimmrechte verfügen oder mehr als die Hälfte der Mitglieder des Verwaltungs-, Leitungs- oder Aufsichtsorgans bestellen können.

7 Ist ein Gebäude im **privaten Eigentum**, dann besteht die Pflicht zur Nutzung erneuerbarer Energien für den Wärme- und Kälteenergiebedarf nur, wenn die Gebäude **neu errichtet** werden (§ 3 Abs. 1 S. 1 EEWärmeG).[7] Dies gilt für alle neuerrichteten

6 BT-Drucks. 16/8149, S. 12 li. Sp.; näher zur Berechnung der Zielerreichung Müller/Oschmann/Wustlich/*Müller*, EEWärmeG, § 1 Rn 32 ff.

7 Zu den verfassungsrechtlichen Grenzen einer Erstreckung auf bestehende Gebäude *Böhm/Schwarz*, NVwZ 2012, 129; zur Ausdehnung auf Altbauten aufgrund der Länderklausel in § 3 Abs. 4

Gebäude ab In-Kraft-Treten des Gesetzes, also für alle Neuerrichtungen von Gebäuden nach dem 1.1.2009 (vgl. § 20 EEWärmeG).[8]

Steht das Gebäude im **Eigentum der öffentlichen Hand**, wird die Nutzungs- 8
pflicht gegenüber Gebäuden privater Eigentümer in zweifacher Hinsicht ausgedehnt. Erstens besteht die Nutzungspflicht auch dann, wenn die öffentliche Hand öffentliche Gebäude **im Ausland** errichtet (§ 3 Abs. 1 S. 2 EEWärmeG). Zweitens trifft die öffentliche Hand die Pflicht zur Nutzung erneuerbarer Energien für den Wärme- und Kälteenergiebedarf auch dann, wenn die Gebäude **grundlegend renoviert** werden (§ 3 Abs. 2 EEWärmeG).

Praxistipp !

Im Ausland gilt die Nutzungspflicht für die öffentliche Hand nur, wenn es sich um öffentliche Gebäude handelt. Dies sind i.S.v. § 2 Abs. 2 Nr. 5 EEWärmeG alle Nichtwohngebäude, die für die Gesetzgebung, die vollziehende Gewalt oder die Rechtspflege oder als öffentliche Einrichtung genutzt werden.
Auch Kriterien dafür, wann eine grundlegende Renovierung vorliegt, sind im Gesetz definiert. Nach § 2 Abs. 2 Nr. 3 EEWärmeG besteht eine grundlegende Renovierung in jeder Maßnahme, durch die an einem Gebäude in einem zeitlichen Zusammenhang von nicht mehr als zwei Jahren ein Heizkessel ausgetauscht oder die Heizungsanlage auf einen anderen fossilen Energieträger umgestellt wird und mehr als 20 % der Oberfläche der Gebäudehülle renoviert werden.

Die Nutzungspflicht gilt allerdings nicht unterschiedslos für jede **Gebäudegröße**. 9
Vielmehr muss das betroffene Gebäude eine Nutzungsfläche von mehr als 50 m² haben, die unter Einsatz von Energie beheizt oder gekühlt werden. Gebäude mit bis zu 50 m² Nutzfläche sind daher von der Nutzungspflicht ausgenommen (§ 4 a.A. EEWärmeG). Außerdem entfällt die Nutzungspflicht bei bestimmten **Nutzungsarten**. Dabei handelt es sich um:

- Betriebsgebäude, die überwiegend zur Aufzucht oder zur Haltung von **Tieren** genutzt werden (§ 4 Nr. 1 EEWärmeG),
- Betriebsgebäude, soweit sie nach ihrem Verwendungszweck großflächig und langanhaltend **offen gehalten** werden müssen (§ 4 Nr. 2 EEWärmeG),
- **unterirdische** Bauten (§ 4 Nr. 3 EEWärmeG),
- Unterglasanlagen und Kulturräume für Aufzucht, Vermehrung und Verkauf von Pflanzen, herkömmlich als **Gewächshäuser** bezeichnet (§ 4 Nr. 4 EEWärmeG),
- **Traglufthallen** und **Zelte** (§ 4 Nr. 5 EEWärmeG),
- Gebäude, die dazu bestimmt sind, **wiederholt aufgestellt** und **zerlegt** zu werden, und **provisorische Gebäude** mit einer geplanten Nutzungsdauer von bis zu zwei Jahren (§ 4 Nr. 6 EEWärmeG),

---

EEWärmeG *Wustlich*, NVwZ 2008, 1041, 1046; zur Problematik der An-, Aus- und Umbauten und Nutzungsänderungen Müller/Oschmann/Wustlich/*Wustlich*, EEWärmeG, § 3 Rn 38 ff.

8 Maßgeblich war die Einleitung des Baugenehmigungsverfahrens, *Wustlich*, NVwZ 2008, 1041, 1042.

- Gebäude, die dem Gottesdienst und anderen **religiösen Zwecken** gewidmet sind (§ 4 Nr. 7 EEG),
- Wohngebäude, die für eine Nutzungsdauer von **weniger als vier Monaten jährlich** bestimmt sind, also u.a. herkömmlich als Wochenendhäuser bezeichnete Unterkünfte (§ 4 Nr. 8 EEWärmeG),
- sonstige Betriebsgebäude, die nach ihrer Zweckbestimmung auf eine **Innentemperatur** von weniger als 12 °C oder jährlich weniger als vier Monate beheizt sowie jährlich weniger als zwei Monate gekühlt werden (§ 4 Nr. 9 EEWärmeG),
- Gebäude, die **Teil oder Nebeneinrichtung** einer Anlage sind, die vom Anwendungsbereich des Treibhausgas-Emmissionshandelsgesetzes in der jeweiligen Gattung erfasst ist (§ 4 Nr. 10 EEWärmeG) und
- Gebäude der **Bundeswehr**, soweit die Erfüllung der Nutzungspflicht der Art und dem Hauptzweck der Tätigkeit der Bundeswehr entgegensteht (§ 4 Nr. 11 EEWärmeG).

10 Der im Verhältnis zu den privaten Eigentümern ausgedehnte Anwendungsbereich bei Gebäuden, die im Eigentum der öffentlichen Hand stehen, erklärt sich aus der in § 1a EEWärmeG geregelten **Vorbildfunktion** öffentlicher Gebäude.[9] Die öffentliche Hand soll mit dem sprichwörtlichen guten Beispiel vorangehen und erneuerbare Energien für den Wärme- oder Kältebedarf auch überall dort einsetzen, wo bestehende Gebäude grundlegend renoviert werden.

! **Praxistipp**

Die Notwendigkeit, auch bei der grundlegenden Renovierung erneuerbare Energien für den Wärme- und Kältebedarf einzusetzen, wird auch dazu beitragen, die Integrierbarkeit der entsprechenden Technologien in bestehende Gebäude testen und verbessern zu können. Dies könnte, auch wenn insoweit eine gesetzliche Nutzungspflicht nicht geregelt ist, zur Marktfähigkeit und Sichtbarkeit dieser Technologien im privaten Sektor beitragen. Eventuell führt dies dazu, dass, bei entsprechendem Erfolg und entsprechenden Erkenntnissen über den reibungslosen Einbau, auch bestehende Privatgebäude, sei es bei einer grundlegenden Renovierung, sei es aus Initiative des privaten Eigentümers, für den Wärme- und Kälteenergiebedarf auf erneuerbare Energien umgerüstet werden.

II. Nutzungspflicht und Ersatzmaßnahmen

11 Die Pflicht zur Nutzung erneuerbarer Energien für den Wärme- und Kälteenergiebedarf in Gebäuden ist das **erste der beiden Instrumente**, die der Gesetzgeber mit

9 Zur Vereinbarkeit der Vorbildfunktion mit Art. 84 Abs. 1 S. 7 GG *Kahl/Schmidtchen*, LKV 2011, 439; ausführlich zu den praktischen Auswirkungen *Wustlich*, DVBl. 2011, 525.

dem EEWärmeG geregelt hat.[10] Das zweite Instrument, die finanzielle Förderung, ist sogleich noch anzusprechen.

Die Nutzungspflicht besteht nicht darin, dass in den betroffenen Gebäuden der gesamte Wärme- und Kälteenergiebedarf aus erneuerbaren Energien zu decken ist. Vielmehr sind die **Prozentsätze** des Wärme- und Kälteenergiebedarfs, die aus erneuerbaren Energien zu decken sind, gestaffelt nach Art der verwendeten erneuerbaren Energieträger. 12

Bei Nutzung von solarer Strahlungsenergie, also **Solarkollektoren** (vgl. § 2 Abs. 1 Nr. 3 EEWärmeG), ist die Nutzungspflicht erfüllt, wenn der Wärme- und Kälteenergiebedarf zu mindestens 15 % hieraus gedeckt wird (§ 5 Abs. 1 EEWärmeG).[11] Diese 15 % werden in einer Art pauschalen Betrachtung als erfüllt angesehen, wenn i.S.v. Nr. I der Anlage zum EEWärmeG bei Wohngebäuden mit höchstens zwei Wohnungen solarthermische Anlagen mit einer Fläche von mindestens 0,04 m² Aperturfläche je Quadratmeter Nutzfläche installiert werden. Bei Wohngebäuden mit mehr als zwei Wohnungen muss die Mindestfläche 0,03 m² Aperturfläche je Quadratmeter Nutzfläche ergeben.[12] 13

Praxistipp !

Daraus ergibt sich, dass die Nutzungspflicht eines Einfamilienhauses mit 150 m² Nutzfläche erfüllt ist, wenn mindestens 6 m² Aperturfläche mit Solarkollektoren belegt werden. Für andere Energiearten fehlt es an derartigen Pauschalierungen. Hier muss der Prozentanteil tatsächlich berechnet werden.

Bei Nutzung von **gasförmiger Biomasse** müssen mindestens 30 % des Wärme- und Kälteenergiebedarfs hieraus gedeckt werden (§ 5 Abs. 2 EEWärmeG). Dabei ist zu beachten, dass die Nutzung bei privaten Gebäuden in einer KWK-Anlage zu erfolgen hat (Nr. II 1a Anlage zum EEWärmeG). Bei öffentlichen Gebäuden, die grundlegend renoviert werden, muss ein Heizkessel genutzt werden, der der besten verfügbaren Technologie entspricht, oder, wie bei neuerrichteten Privatgebäuden, die Nutzung einer KWK-Anlage erfolgen (Nr. II 1b Anlage zum EEWärmeG). 14

Bei **flüssiger und fester Biomasse** muss mindestens 50 % des Wärme- und Kälteenergiebedarfs hieraus gedeckt werden (§ 5 Abs. 3 EEWärmeG). Dabei ist zu beachten, dass flüssige Biomasse in einem Heizkessel genutzt werden muss, die der besten verfügbaren Technik entspricht (Nr. II 2a Anlage zum EEWärmeG). Bei der Nutzung fester Biomasse müssen die Umwandlungswirkungsgrade gem. § 14 Abs. 2 Nr. 2 i.V.m. Nr. II 3a der Anlage zum EEWärmeG erfüllt sein. 15

10 Als „zwei Säulen" bezeichnet bei *Wustlich*, ZUR 2008, 113, 115 ff.; *Wustlich*, NVwZ 2008, 1041, 1042; ebenso Müller/Oschmann/Wustlich/*Müller*, EEWärmeG, Einl. Rn 12 ff.

11 Kritisch zum Einssatz von Biomasse Ekardt/*Heitmann*, ZNER 2009, 346, 349 ff.

12 Näher zu dieser „Erfüllungsalternative" Müller/Oschmann/Wustlich/*Wustlich*, EEWärmeG, § 5 Rn 39 ff.

16 Bei Nutzung von **Geothermie** und **Umweltwärme**, herkömmlich als **Wärmepumpen** bezeichnet, muss wie bei der Nutzung von flüssiger oder fester Biomasse mindestens 50 % des Wärme- und Kälteenergiebedarfs hieraus gedeckt werden (§ 5 Abs. 4 EEWärmeG). Weitere technische Einzelheiten sind Nr. III der Anlage zum EEWärmeG zu entnehmen.

17 Bei der Nutzung von **Kälte** aus erneuerbaren Energien findet eine Betrachtung der Wärme- und Kälteerzeugung statt. Maßgeblich sind dabei die vorstehend dargestellten, je nach Energieträger differenzierten Prozentsätze (5 Abs. 5 S. 3 EEWärmeG).

18 Die Nutzungspflicht kann auch durch sog. **Ersatzmaßnahmen** nach § 7 EEWärmeG erfüllt werden. Im Rahmen dieser Ersatzmaßnahme zeigt sich wieder, dass das EEWärmeG in die übrige Gesetzgebung zur Förderung der privilegierten Energieträger eingepasst ist. So gilt die Nutzungspflicht sowohl für private als auch für öffentliche Eigentümer von Gebäuden als erfüllt, wenn der Wärme- und Kälteenergiebedarf zu mindestens 50 % entweder aus Abwärmeanlagen (§ 7 Abs. 1 Nr. 1a EEWärmeG) oder aus KWK-Anlagen (§ 7 Abs. 1 Nr. 1b EEWärmeG) gedeckt wird.[13] Unter bestimmten Umständen, die in Nr. VII der Anlage zum EEWärmeG näher geregelt sind, gelten auch **Maßnahmen zur Einsparung von Energie** als Ersatzmaßnahmen. Schließlich kann auch der Bezug von Fernwärme oder Fernkälte in Höhe der Anteile, die grundsätzlich nach § 5 EEWärmeG vorgesehen sind, als Ersatzmaßnahme gelten. Näheres hierzu regelt § 7 Abs. 1 Nr. 3 i.V.m. Nr. VIII der Anlage zum EEWärmeG.

19 Es ist möglich, die Nutzung erneuerbarer Energien nach Maßgabe von § 5 EEWärmeG und die Ersatzmaßnahmen untereinander und miteinander zu **kombinieren** (§ 8 Abs. 1 EEWärmeG). In diesen Fällen müssen die prozentualen Anteile der tatsächlichen Nutzung der einzelnen erneuerbaren Energien und Ersatzmaßnahmen im Verhältnis zu der jeweils nach diesem Gesetz vorgesehenen Nutzung in der Summe 100 ergeben (§ 8 Abs. 2 EEWärmeG).

20 Für vom Gesetz klassifizierte **Einzel- und Härtefälle** sind die Einzelausnahmen zur Nutzungspflicht nach § 3 Abs. 1 EEWärmeG vorgesehen. Für Eigentümer von Privatgebäuden besteht diese Ausnahme im Wesentlichen, wenn die Erfüllung und die Durchführung von Ersatzmaßnahmen nach § 7 EEWärmeG im Einzelfall technisch unmöglich ist (§ 9 Abs. 1 Nr. 1b EEWärmeG). Für Gebäude der öffentlichen Hand entfällt die Pflicht zur Nutzung erneuerbarer Energien bei grundlegenden Renovierungen insbesondere, wenn denkmalschutzrechtliche Pflichten entgegenstehen (§ 9 Abs. 2 Nr. 1a EEWärmeG).

13 Näher Müller/Oschmann/Wustlich/*Wustlich*, EEWärmeG, § 7 Rn 31 ff. bzw. 61 ff.

III. Förderung

Die zweite Maßnahme, die der Gesetzgeber zur Förderung der Nutzung erneuerbarer Energien für den Wärme- und Kälteenergiebedarf vorgesehen hat, ist die finanzielle Unterstützung aus öffentlichen Mitteln. Hierfür ist insgesamt in den Jahren 2009 bis 2012 ein **Fördervolumen von bis zu 500 Mio. € pro Jahr** vorgesehen (§ 13 S. 1 EEWärmeG). Grundsatz der finanziellen Unterstützung ist, dass **nur die Übererfüllung** der gesetzlichen Nutzungspflicht förderfähig ist. Maßnahmen können nicht gefördert werden, soweit sie der Erfüllung der vorstehend dargestellten Nutzungspflicht dienen (vgl. § 15 Abs. 1 EEWärmeG).[14] Es muss also beispielsweise eine **qualitative** oder **quantitative** Übererfüllung i.S.v. § 15 Abs. 2 Nr. 1 bzw. Nr. 2 EEWärmeG vorliegen. In der Praxis von besonderer Bedeutung ist außerdem die Nutzung von solarthermischen Anlagen zur **Heizungsunterstützung** gem. § 15 Abs. 2 Nr. 4 EEWärmeG.[15] Die Aufzählung der Fördertatbestände in § 15 Abs. 2 EEWärmeG ist **abschließend**.[16] 21

Dieses Prinzip, dass nur die Übererfüllung der gesetzlichen Nutzungspflicht förderfähig ist, wird in den Ausnahmen zu dem vorstehend dargestellten Grundsatz fortgeführt. Die Einschränkung nach § 15 Abs. 1 EEWärmeG gilt nämlich dann nicht, wenn zwar nur die gesetzlichen Pflichten erfüllt werden, diese Erfüllung aber **anspruchsvoller** ist, als die dort vorgesehenen Maßnahmen (§ 15 Abs. 2 Nr. 1 EEWärmeG). Außerdem müssen Maßnahmen, soweit sie nicht anspruchsvoller sind, den gesetzlich vorgesehenen Mindestanteil um mindestens 50 % überschreiten (§ 15 Abs. 2 Nr. 2a EEWärmeG). 22

Praxistipp !

Weitere Fälle, die förderfähig sind, ohne dass die gesetzlichen Anteile überschritten werden müssen, sind Maßnahmen zur Steigerung der Energieeffizienz und Maßnahmen zur Nutzung von Tiefengeothermie, herkömmlich als Erdwärme bezeichnend (§ 15 Abs. 2 Nr. 3 bis 5 EEWärmeG).

14 Näher Müller/OschmannWustlich/*Wustlich*, EEWärmeG, § 15 Rn 24 ff.

15 Kritisch zum Nutzen des Förderregimes mit Blick auf Bestandsgebäude *Ekard/Heitmann*, RdE 2009, 118.

16 Vgl. nur Müller/Oschmann/Wustlich/*Wustlich*, EEWärmeG, § 15 Rn 27.

Kapitel 8
Sonstiges

A. Wer muss wem worüber Auskunft geben und wie können die Rechte durchgesetzt werden?

Bedingt durch die verschiedenen Ebenen, die über das EEG und das KWKG angesprochen sind, sowie bedingt durch die stark differenzierten Berechnungsvorschriften führen beide Gesetze zu verschiedenen Nachweis- und Auskunftspflichten sowohl auf Seiten der Anlagenbetreiber als auch auf Seiten der Netzbetreiber. Um einen besseren Überblick über diese Pflichten zu verschaffen, bietet es sich an, die **Informations- und Auskunftspflichten gegenüber Dritten** von den **Nachweis- und Auskunftspflichten gegenüber Behörden** abzugrenzen. 1

I. Nachweis- und Auskunftspflichten gegenüber Dritten

Die Entwicklung der beiden Gesetze, aber auch die unterschiedliche Regelungstiefe haben zur Folge, dass die Nachweis- und Auskunftspflichten nach dem **EEG** und dem **KWKG** unterschiedlich ausfallen. 2

1. Nachweis- und Auskunftspflichten gegenüber Dritten nach dem EEG

a) Nachweis- und Auskunftspflichten der Netzbetreiber

Netzbetreiber sind nach § 5 Abs. 5, 6 EEG dem **Einspeisewilligen** gegenüber verpflichtet, einen genauen **Zeitplan für die Bearbeitung des Netzanschlussbegehrens** zu übermitteln (§ 5 Abs. 5 EEG). Soweit sie die darin abgeforderten Informationen des Einspeisewilligen erhalten haben, müssen sie einen **Zeitplan für die unverzügliche Herstellung des Netzanschlusses**, alle Informationen, die Einspeisewillige für die Prüfung des **Verknüpfungspunktes** benötigen, sowie einen nachvollziehbaren und detaillierten **Voranschlag der Kosten** übermitteln (§ 5 Abs. 6 S. 1 EEG). Beide Pflichten sind **unverzüglich**, d.h. ohne schuldhaftes Zögern (§ 121 BGB) zu erfüllen. Die Pflicht ist nach § 5 Abs. 6 S. 1 EEG darüber hinaus spätestens innerhalb von **acht Wochen** zu erfüllen. 3

Zur Vorbereitung eines eventuellen Schadensersatzanspruches wegen eines Verstoßes des Netzbetreibers gegen die **Netzausbauverpflichtung** hat der Anlagenbetreiber ein **Auskunftsrecht** gegenüber dem Netzbetreiber (§ 10 Abs. 2 S. 1 EEG). Die Auskunft kann der Netzbetreiber verweigern, wenn sie zur Feststellung, ob ein Schadensersatzanspruch vorliegt, nicht erforderlich ist (§ 10 Abs. 2 S. 2 EEG). 4

Nimmt ein Netzbetreiber ein **Einspeisemanagement** vor, ist er verpflichtet, Anlagenbetreibern, die geregelt werden sollen, spätestens am Vortag, ansonsten unver- 5 züglich über den zu erwartenden Zeitpunkt, den Umfang und die Dauer der Regelung zu **unterrichten**, sofern die Durchführung der Maßnahme vorhersehbar ist (§ 11 Abs. 2 EEG). Außerdem müssen die Netzbetreiber die von dem Einspeisemanagement Betroffenen unverzüglich über die tatsächlichen Zeitpunkte, den jeweiligen Umfang, die Dauer und die Gründe der Regelung **unterrichten** und auf Verlangen innerhalb von vier Wochen **Nachweise** über die Erforderlichkeit der Maßnahme vorlegen (§ 11 Abs. 3 S. 1 EEG).

6 Netzbetreiber müssen zusammen mit Anlagenbetreibern und EVU **einander** die für den **bundesweiten Ausgleich** nach den §§ 34 bis 39 EEG jeweils erforderlichen Daten unverzüglich zur Verfügung stellen (§ 45 S. 1 EEG).

7 Netzbetreiber, die nicht ÜNB sind, haben dem **vorgelagerten ÜNB** die für den **bundesweiten Ausgleich** erforderlichen, in § 47 Abs. 1 Nr. 1 EEG näher bestimmten Angaben zu übermitteln und nach Maßgabe von § 47 Abs. 1 Nr. 2 EEG die **jährlichen Endabrechnungen** vorzulegen. Im Gegenzug müssen die **ÜNB untereinander** diese Informationen austauschen und den EVU entsprechende Mitteilungen machen (vgl. näher § 48 EEG).

8 Die **EVU** müssen in diesem Zusammenhang ihrem regelverantwortlichen ÜNB schließlich die gelieferten Energiemengen **mitteilen** (§ 49 EEG).

b) Nachweis- und Auskunftspflichten der Anlagenbetreiber

9 Bei der Ausführung und Nutzung des Anschlusses hat der Anlagenbetreiber gegenüber dem **Messstellenbetreiber** das Einsichtsrecht für Messstellenbetrieb und Messung gem. § 21h EnWG (§ 7 Abs. 1 S. 2 EEG).

10 Betreiber von Anlagen zur Erzeugung von Strom aus **Wasserkraft** haben den Nachweis zu führen, dass die Anforderungen an die **Zulassung der Wasserkraftnutzung** eingehalten werden (§ 23 Abs. 4 S. 2 EEG). Die Erfüllung der Voraussetzungen kann entweder durch eine Bescheinigung der zuständigen Wasserbehörde oder durch ein Gutachten eines Umweltgutachters, das der Bestätigung durch die zuständige Wasserbehörde bedarf, erbracht werden (näheres siehe § 23 Abs. 4 S. 3 EEG). Dieser Nachweis ist Voraussetzung für die Zahlung der Vergütung (§ 23 Abs. 4 S. 1 EEG).

11 Im Rahmen des Einsatzes von **Biomasse** ist der Anlagenbetreiber verpflichtet, ein **Einsatzstoff-Tagebuch** mit Angaben und Belegen über Art, Menge und Einheiten sowie Herkunft der eingesetzten Stoffe zu führen (§ 27 Abs. 5 EEG). Gleichzeitig müssen die Betreiber der Biomasse-Anlage die für die Inanspruchnahme notwendigen Nachweise führen (vgl. näher § 27 Abs. 6 EEG). In beiden Fällen sind für den Nachweis nicht erforderliche **personenbezogene Angaben** im Einsatzstoff-Tagebuch von den Anlagenbetreibern zu schwärzen (§ 27 Abs. 8 EEG).

12 Führen Betreiber von **Windenergieanlagen**, die vor dem 1.1.2015 in Betrieb genommen werden, den Nachweis, dass sie am Verknüpfungspunkt ab dem Zeitpunkt der Inbetriebnahme die **Anforderungen nach der SDLWindV** erfüllen, erhöht

sich die Anfangsvergütung um den Systemdienstleistungs-Bonus i.H.v. 0,48 ct/kWh (§ 29 Abs. 2 S. 4 EEG).

Betreiber von **Solaranlagen**, die ausschließlich in, an oder auf einem Nichtwohngebäude im Außenbereich angebracht sind, müssen Nachweise über Errichtungszeitpunkt und Nutzung erbringen, wenn sie den Vergütungsanspruch geltend machen wollen (§ 32 Abs. 3 EEG). 13

Beim **Wechsel zwischen verschiedenen Vermarktungsformen** müssen die Anlagenbetreiber den Wechsel dem Netzbetreiber vor Beginn des jeweils vorangegangenen Kalendermonats mitteilen. Netzbetreiber müssen dazu unverzüglich, spätestens jedoch ab dem 1.1.2013, bundesweit **einheitliche, massengeschäftstaugliche Verfahren** einschließlich Verfahren für die vollständig automatisierte elektronische Übermittlung und Nutzung der Meldungsdaten zur Verfügung stellen, die den Vorgaben des Bundesdatenschutzgesetzes genügen (§ 33d Abs. 2 bzw. 3 EEG). Unterlässt ein Anlagenbetreiber diese Mitteilung, kommt es gem. § 17 Abs. 3 S. 1 EEG zu einer **Verringerung des Vergütungsanspruchs**. 14

Auch für die **Verteilung** der verschiedenen Vermarktungsformen ist die Mitteilung Voraussetzung (§ 33f Abs. 1 Nr. 1 EEG). 15

Anlagenbetreiber müssen dem Netzbetreiber die erstmalige Inanspruchnahme der **Flexibilitätsprämie** vorab mitteilen (§ 33i Abs. 3 EEG). 16

Voraussetzung für die **Verringerung der EEG-Umlage** ist, dass die EVU ihrem regelverantwortlichen ÜNB die Inanspruchnahme der Verringerung bis zum 30.9. des jeweils vorangegangenen Kalenderjahres **übermittelt** haben (§ 39 Abs. 1 Nr. 2 EEG) und die Testierung nach § 50 EEG **nachweisen** (§ 39 Abs. 1 Nr. 3 EEG). 17

Zur Durchführung des **bundesweiten Ausgleichs** müssen sich Anlagenbetreiber, Netzbetreiber und EVU gegenseitig die erforderlichen Daten unverzüglich zur Verfügung stellen (§ 45 EEG). Zusätzlich müssen Betreiber von **Solaranlagen** und **Biomasseanlagen** dem Netzbetreiber wesentliche, die Anlage betreffenden **Informationen** liefern (vgl. näher § 46 EEG). 18

2. Nachweis- und Auskunftspflichten gegenüber Dritten nach dem KWKG

Zur Planung des **Anschlusses** haben sich Netzbetreiber und Einspeisewillige jeweils gegenseitig die erforderlichen **Netzdaten** und **Anlagedaten** offen zu legen (§ 4 Abs. 6 S. 3 KWKG). Anders als in § 5 Abs. 6 EEG besteht insoweit keine Frist. Sie kann jedoch aus dem allgemeinen Rechtsgedanken über die rechtsmissbräuchliche Verhinderung von der Inanspruchnahme von Rechten abgeleitet werden. 19

Der Netzbetreiber kann von dem Anlagenbetreiber Einsicht in die **Zulassung** und die **Antragsunterlagen** verlangen, soweit dies für die Prüfung der Ansprüche des Anlagenbetreibers erforderlich ist (§ 6 Abs. 5 KWKG). Entsprechendes gilt für die Betreiber von Wärme- und Kältenetzen (§ 6a Abs. 3, 4 KWKG). 20

Der Anlagenbetreiber hat dem Netzbetreiber den **eingespeisten KWK-Strom** monatlich mitzuteilen (§ 8 Abs. 1 S. 1 KWKG). Zusätzlich muss der Anlagenbetreiber 21

Beauftragten des Netzbetreibers auf Verlangen **Zutritt** zu den Messeinrichtungen gewähren (§ 8 Abs. 1 S. 4 KWKG). Befreit von dieser Mitteilungsverpflichtung sind allein die Betreiber **kleiner KWK-Anlagen**, die nicht über Vorrichtungen zur Abwärmeabfuhr verfügen (§ 8 Abs. 2 S. 1 KWKG).

22 Zur Berechnung des **Belastungsausgleichs** ist jeder Netzbetreiber verpflichtet, den anderen Netzbetreibern die für die Berechnung des Belastungsausgleichs erforderlichen Daten rechtzeitig **zur Verfügung zu stellen** (§ 9 Abs. 6 S. 1 KWKG). In diesem Rahmen haben **Großkunden des produzierenden Gewerbes** i.S.v. § 9 Abs. 7 S. 3 KWKG dem Netzbetreiber auf Verlangen durch Testat eines Wirtschaftsprüfers oder vereidigten Buchprüfers den Stromkostenanteil am Umsatz **nachzuweisen** (§ 9 Abs. 7 S. 4 KWKG). Dies gilt entsprechend für Unternehmen des **schienengebundenen Verkehrs** sowie **Eisenbahninfrastrukturunternehmen** (§ 9 Abs. 7 S. 5 KWKG).

II. Nachweis- und Auskunftspflichten gegenüber Behörden

1. Nachweis- und Auskunftspflichten gegenüber Behörden nach dem EEG

23 Betreiber von **Solaranlagen** müssen der **BNetzA** oder einem entsprechend verpflichteten Dritten den Standort und die installierte Leistung der Anlage **übermitteln**, wenn es nicht zur Verringerung des Vergütungsanspruchs nach § 16 EEG kommen soll (§ 17 Abs. 2 Nr. 1 EEG).

24 Vergleichbares gilt für die Betreiber von Anlagen zur Erzeugung von Strom aus Biogas, wenn sie die Flexibilitätsprämie fordern wollen (§ 33i Abs. 1 Nr. 3 EEG). Die **Begrenzung der EEG-Umlage** setzt voraus, dass **Unternehmen des produzierenden Gewerbes** die entsprechenden Voraussetzungen dem **BAFA** nachweisen (§ 41 Abs. 2 S. 1 EEG). Vergleichbares gilt für **Schienenbahnen** (§ 42 Abs. 2 EEG). Um die **Einhaltung der Zielsetzung** der Begrenzung überprüfen zu können, müssen die entsprechenden Begünstigten dem **Bundesministerium für Umwelt, Naturschutz und Reaktorsicherheit** und seinen Beauftragten auf Verlangen **Auskunft** über alle Tatsachen geben, die für die Beurteilung erforderlich sind (§ 44 EEG).

25 Sowohl Netzbetreiber als auch EVU müssen der **BNetzA** alle Angaben zur Verfügung stellen, die zur Berechnung des **Belastungsausgleichs** erforderlich sind bzw. von Ihnen eingeholt werden (näheres vgl. § 51 Abs. 1 EEG).

2. Nachweis- und Auskunftspflichten gegenüber Behörden nach dem KWKG

26 Die Beauftragten des **BAFA** sind berechtigt, während der üblichen Geschäftszeiten Betriebsgrundstücke, Geschäftsräume und Einrichtungen des Anlagenbetreibers zu **betreten**, dort **Prüfungen** vorzunehmen und die betrieblichen Unterlagen des Anlagenbetreibers **einzusehen**, soweit dies für die Überprüfung der **Zulassungsvoraussetzungen** erforderlich ist (§ 6 Abs. 4 KWKG). Vergleichbares gilt für die Betreiber von Wärme- und Kältenetzen (§ 6a Abs. 3, 4 KWKG).

Außerdem müssen die ÜNB dem **BAFA** die zur Ermittlung der **Zuschlagskürzung** aufgrund der **Schwellenüberschreitung** notwendigen Daten bis zum 30.4. des Folgejahres übermitteln (§ 7 Abs. 7 S. 3 KWKG). 27

Wie schon gegenüber dem Netzbetreiber hat der Betreiber einer KWK-Anlage oder ein von ihm beauftragter Dritter dem **BAFA** monatlich **Mitteilung** über die in das Netz für die allgemeine Versorgung eingespeiste KWK-Strommenge zu machen (§ 8 Abs. 1 S. 1 KWKG). Außerdem muss er bis zum 31.3. eines jeden Jahres eine nach den anerkannten Regeln der Technik gestellte **Abrechnung** vorlegen (§ 8 Abs. 1 S. 8 KWKG). Wiederum sind Betreiber **kleiner KWK-Anlagen** von dieser Pflicht befreit, wenn sie nicht über Vorrichtungen zur Abnahmeabfuhr verfügen. Er muss dann allerdings dem **BAFA** bis zum 31.3. eines jeden Jahres Angaben zu **Brennstoffart und -einsatz** machen (§ 8 Abs. 2 S. 3 KWKG). 28

B. Wie können die Rechte durchgesetzt werden?

Bei der Durchsetzung der Rechte nach dem EEG und KWKG ist zwischen dem **Zivilrechtsweg** und dem **Verwaltungsrechtsweg** zu unterscheiden. 29

I. Zivilrechtsweg

Da sowohl die Rechtsverhältnisse nach dem EEG als auch dem KWKG ihrer rechtlichen Natur nach **Zivilrechtsverhältnisse** darstellen, sind die Streitigkeiten vor den **ordentlichen Gerichten** auszutragen.[1] Hier sind demnach Streitigkeiten über die Höhe der Vergütung sowie, vorgelagert, über den Anschluss der Anlage zu entscheiden. 30

Beispiel

Klage eines Anlagenbetreibers auf Zahlung einer erhöhten Vergütung nach dem KWK-VorschaltG (vgl. BGH, Urt. v. 6.10.2010 – VIII ZR 15/10 = RdE 2011, 408).
Klage eines Anlagenbetreibers nach dem EEG auf Ausbau des Netzes, an das die Anlage angeschlossen werden soll (vgl. BGH, Urt. v. 18.7.2007 – VIII ZR 288/05 = RdE 2008, 18).

Von Bedeutung ist in diesem Zusammenhang insbesondere, dass gem. § 59 EEG das für die Hauptsache zuständige Gericht bereits vor Errichtung der Anlage unter Berücksichtigung der Umstände des Einzelfalls durch **einstweilige Verfügung** regeln kann, dass die Schuldner der entsprechenden Ansprüche **Auskunft** erteilen, die Anlage **vorläufig anschließen** sowie das Netz unverzüglich **ausbauen**, den Strom **abneh-** 31

1 Vgl. Stuhlmacher/Stappert/Schoon/Jansen/*Trzeciak*, Kap 27 C. Rn 44.

men und hierfür einen als billig und gerecht zu erachtenden Betrag als **Abschlagszahlung** leisten. Die einstweilige Verfügung kann auch ohne Vorliegen der Voraussetzungen der §§ 935, 940 ZPO erlassen werden (§ 59 Abs. 2 EEG).

II. Streitigkeiten vor den Verwaltungsgerichten

32 Vor den Verwaltungsgerichten sind demgegenüber die Auseinandersetzungen auszutragen, die sich zwischen den Anlagen- und Netzbetreibern und den Behörden ergeben. Dies betrifft im Rahmen des **KWKG** maßgeblich Streitigkeiten über die **Anlagenzulassung**.

33 Nach dem **EEG** können solche Konflikte aufgrund der Befugnis der **BNetzA** zur **Effizienzprüfung** der vertraglichen Vereinbarungen nach dem EnWG (§ 15 Abs. 2 EEG) entstehen.

34 Auch mit Blick auf die **Begrenzung der EEG-Umlage** können verwaltungsgerichtliche Streitigkeiten zwischen den begünstigten Unternehmen, also Unternehmen des produzierenden Gewerbes bzw. Schienenbahnen, und dem **BAFA** auf der Grundlage von § 43 EEG entstehen.

Beispiel
Klage auf Begrenzung der EEG-Umlage (vgl. BVerwG, Urt. v. 31.5.2011 – 8 C 52/09 = NVwZ 2011, 1069).

---

35 Außerdem hat die **BNetzA** die Aufgabe der **Überwachung** des **Einspeisemanagements** und der ordnungsgemäßen **Umlage** (§ 61 Abs. 1 S. 1 Nr. 1 bzw. 2 EEG). Darüber hinaus sind ihr gem. § 51 wie oben gezeigt die Angaben zu übermitteln sowie die Angaben zur **EEG-Umlage** zu machen § 61 Abs. 1 S. 1 Nr. 3 bzw. 4 EEG). Weiterhin hat die BNetzA die Befugnis, für die Überwachung der **EEG-Umlage** bei begründetem Verdacht bei Anlagenbetreibern **Kontrollen** durchzuführen (§ 61 Abs. 1a S. 1 EEG).

36 Schließlich kann die BNetzA unter Berücksichtigung des Zwecks und Ziels nach § 1 EEG **Festlegungen** nach § 29 Abs. 1 EnWG treffen. Dies betrifft zum einen die **technischen Einrichtungen** nach § 6 Abs. 1 und 2 EEG, von der auch KWK-Anlagen betroffen sind (§ 61 Abs. 1b Nr. 1 EEG). Zum anderen betrifft dies das **Einspeisemanagement** nach § 11 EEG (§ 61 Abs. 1b Nr. 2 EEG). Weiterhin, in der Praxis wahrscheinlich nicht so bedeutsam, betrifft dies die **Datenübermittlung** (näheres vgl. § 61 Abs. 1b Nr. 3 EEG) sowie den **Eigenverbrauch** von Strom aus solarer Strahlungsenergie (näheres vgl. § 61 Abs. 1b Nr. 4 EEG).

37 Für die Wahrnehmung dieser Aufgaben gelten die Bestimmungen des Teils 8 des EnWG mit Ausnahme des § 69 Abs. 1 S. 2, Abs. 10 sowie der §§ 91, 92 und 95 bis 101 sowie des Abschnitts 6 des EnWG entsprechend (§ 61 Abs. 2 EEG). Die Entscheidungen der BNetzA werden in diesen Fällen von den **Beschlusskammern** getroffen. Insofern gelten § 59 Abs. 1 S. 2 und 3, Abs. 2 und 3 sowie § 60 EnWG entsprechend (§ 61 Abs. 3 EEG).

Dies bedeutet insbesondere, dass die Rechtsmittel gegen die Entscheidungen der BNetzA aufgrund der Sonderrechtszuweisung zum **OLG Düsseldorf** bzw. in der Rechtsbeschwerde zum **Kartellsenat des BGH** führen (vgl. §§ 75 ff. EnWG). Insbesondere haben diese Beschwerden und Rechtsbeschwerde keine **aufschiebende Wirkung** (§ 76 bzw. § 88 Abs. 5 S. 1 EnWG). 38

Stichwortverzeichnis

Die Zahlen und Buchstaben in Fettdruck beziehen sich auf die Kapitel des Werkes, die Ziffern beziehen sich auf die Randnummern innerhalb der Kapitel.